Followership und Führungsverhalten

Julia Ruthus

Followership und Führungsverhalten

Eine Betrachtung aus
evolutionspsychologischer Perspektive

Mit einem Geleitwort von Prof. Dr. habil. Rüdiger Reinhard

Julia Ruthus
Wien, Österreich

Dissertation University of Nicosia – Standort Österreich, 2018

ISBN 978-3-658-26000-2   ISBN 978-3-658-26001-9   (eBook)
https://doi.org/10.1007/978-3-658-26001-9

Die Deutsche Nationalbibliothek verzeichnet diese Publikation in der Deutschen National-
bibliografie; detaillierte bibliografische Daten sind im Internet über http://dnb.d-nb.de abrufbar.

Springer Gabler
© Springer Fachmedien Wiesbaden GmbH, ein Teil von Springer Nature 2019

Springer Gabler ist ein Imprint der eingetragenen Gesellschaft Springer Fachmedien Wiesbaden GmbH
und ist ein Teil von Springer Nature
Die Anschrift der Gesellschaft ist: Abraham-Lincoln-Str. 46, 65189 Wiesbaden, Germany

Geleitwort

Peter F. Drucker hat den Begriff der Führungskraft („leader") bereits vor längerer Zeit treffend wie folgt beschrieben: „The only definition of a leader is someone who has followers." Ähnlich argumentierte Peter Senge mit der Feststellung „Leadership and followership are indispensable from each other". Das Problem – in Wissenschaft wie auch Praxis – lässt sich vor diesem Hintergrund recht einfach wie folgt beschreiben: Wissenschaftliche Führungsliteratur versucht zu erklären, was erfolgreiches Leadership bedingt – über ein „erfolgreiches" Followership (was immer das sein könnte), ist demgegenüber vergleichsweise nur sehr wenig bekannt. In der Praxis ist der Followership-Gedanke noch weniger etabliert – oftmals wird der „Follower"- Begriff als Synonym zum Mitarbeiter-Begriff verwendet. Dies ist umso mehr verwunderlich, als dass gerade die praxisbezogene Diskussion über Führungsdefizite nicht mehr überschaubar ist: Die Suche nach den Voraussetzungen für Mitarbeiter-Engagement läuft auf Hochtouren.

In diesem Spannungsfeld lässt sich die vorgelegte Dissertation von Julia Ruthus verorten: Sie untersucht, wer Follower sind, wie sie ihre Rolle ausüben, warum sie sich entscheiden zu folgen und welchen Einfluss sie auf den Führungsprozess und organisationale Erfolgsparameter haben. Hierzu werden die bisher vorhandenen theoretischen Grundlagen von Followership einer kritischen Sichtung und Analyse sowie einer empirischen Überprüfung unterzogen. Die Autorin betrachtet Followership nicht isoliert, sondern aufgrund des symbiotischen Charakters von Führenden und Geführten, explizit unter Berücksichtigung der gegenseitigen Beziehung beider Konzepte. Insbesondere prüft sie, welchen Beitrag die evolutionspsychologische Betrachtungsweise zu einem besseren Verständnis der Entstehung und der Manifestation von Followership und Leadership leisten kann und unterbreitet auf dieser Grundlage weiterführende Anregungen für Organisationen, diese Erkenntnisse in organisationale Strukturen und Prozesse einfließen zu lassen. Frau Dr. Ruthus hat sich somit einem wissenschaftlich sehr anspruchsvollen und praktisch höchst relevanten Thema gestellt, aus dessen Bearbeitung sicher wichtige Impulse für die bisher keineswegs hinreichend theoretisch und vor allem empirisch ausgearbeiteten Konzeptionen zu Followership erwarten lassen.

Neben dem Anspruch auf empirische Fundierung eines innovativen Themas möchte ich aus wissenschaftlicher Sicht auf zwei wichtige Aspekte dieser Arbeit verweisen: Einerseits widersteht Frau Dr. Ruthus der Versuchung, das Konzept „Followership" direkt auf der Basis evolutionspsychologischer Grundlagen zu operationalisieren. Die bisherige Literatur zu diesem Thema zeigt, dass solche Versuche aufgrund der Komplexität der Übertragung evolutionstheoretischer Grundlagen in den Führungskontext zum Scheitern verurteilt sind. Die theoriegeleiteten Analogieschlüsse führen demgegenüber zu klareren theoretischen Aussagen. Andererseits ist die empirische Grundlage der Dissertation beeindruckend: Für die quantitative Vorstudie konnte die Autorin n = 669 TeilnehmerInnen gewinnen. Die darauf aufbauende Interviewstudie wurde mit n = 25 Personen durchgeführt.

Für die Führungspraxis lässt sich zunächst festhalten, dass ein starker Zusammenhang zwischen der wahrgenommenen Qualität des Führungsverhaltens des Vorgesetzten und der

Folgebereitschaft der Follower, d. h. der freiwilligen, zeitlich begrenzten Unterordnung gegenüber der Führungskraft zur Erfüllung einer gemeinsamen Zielsetzung, besteht. Überraschend ist, dass das Rollenverhalten der Follower und das von der Organisation gewünschte Verhalten nicht (!) direkt vom direkten Vorgesetzten beeinflusst werden kann. Bedeutsam ist hierfür vielmehr die persönliche Identifikation mit den Zielen und der Vision der Organisation. Die Autorin schließt ihre Arbeit mit folgendem Hinweis: Die Fähigkeit, als Führungskraft einen Schritt zurücktreten zu können und den Followern die Führung zu überlassen oder ihnen selbstständige Entscheidungen zuzugestehen, sollte von organisationaler Seite gefördert werden. Dieser Befund ist wiederum anschlussfähig an die aktuelle Diskussion um „Digital Leadership" bzw. Agilität.

Ich wünsche den Leserinnen und Lesern dieser innovativen Arbeit spannende Erkenntnisse!

Prof. Dr. habil. Rüdiger Reinhardt

Vorwort

An dieser Stelle möchte ich meinen besonderen Dank nachstehenden Personen entgegen bringen, ohne deren Mithilfe die Anfertigung dieser Dissertation nicht zustande gekommen wäre:

Mein Dank gilt zunächst Herrn Prof. Dr. Rüdiger Reinhardt, meinem Doktorvater, für die Betreuung dieser Arbeit und der mannigfachen Ideengebung, die mir einen kritischen Zugang zu dieser Thematik eröffnete. Jede Phase dieser Arbeit wurde von ihm intensiv, professionell und warmherzig begleitet. Besonders bedanken will ich mich auch für die Freiheit, die er mir während des gesamten Forschungsprojektes gewährte, was maßgeblich zum Gelingen dieser Arbeit beitrug. Sein kompetenter Rat und seine Hilfe kamen mir in zahlreichen Angelegenheiten sehr zugute. Die zahlreichen Gespräche auf intellektueller und persönlicher Ebene werden mir immer als bereichernder und konstruktiver Austausch in Erinnerung bleiben.

Weiterhin danke ich Herrn Univ.-Doz. Dr. Walter Renner als Zweitbetreuer sowie Herrn Dr. Franz Nechtelberger als Drittbetreuer für die hilfsbereite und wissenschaftliche Betreuung. Ferner gilt mein Dank Herrn Dr. Martin Nechtelberger für seine hilfreiche Unterstützung bei der Koordination des Dissertationsvorhabens sowie bei zahlreichen administrativen Angelegenheiten. Auch möchte ich mich bei Herrn Univ.-Prof. Dr. Dr. Barth und Herrn Dr. Ferreira bedanken, die sich als Prüfer zur Begutachtung meiner Dissertation und zur Durchführung der Defensio zur Verfügung gestellt haben.

Mein außerordentlicher Dank gilt Edeltraud Ruthus, meiner Mutter, ohne deren mühevolle Geduld und liebevolles Verständnis in dieser beschwerlichen Zeit ein solcher Arbeitsumfang niemals hätte gelingen können. Die mehrfache Durchsicht dieser Abhandlung, ihre kritischen Betrachtungen, vor allem aber ihr moralischer Beistand und der menschliche Halt, haben mir Kraft und Mut zur Anfertigung und Vollendung meiner Dissertation gegeben. Auch wegen der unzähligen von ihr investierten Stunden des Korrekturlesens gebührt ihr hier mein voller und besonders herauszustellender Dank.

Besonders dankbar bin ich meiner Familie und allen meinen lieben Freunden und Kollegen, die mein Gesuch zur Onlineumfrage so fleißig in ihrem Freundes- und Bekanntenkreis sowie ihrem beruflichen Netzwerk geteilt haben und mich somit dabei unterstützt haben, diesen hohen Stichprobenumfang und damit aussagekräftige Ergebnisse zu generieren. Auch möchte ich mich bei allen Personen bedanken, die sich die Zeit genommen haben, selbst den Onlinefragebogen zu beantworten sowie bei allen Interviewpartnern für ihre Bereitschaft und ihre Zeit. Ohne eure Unterstützung wäre diese Arbeit nicht entstanden.

Julia Ruthus

Inhaltsverzeichnis

Abbildungsverzeichnis

Tabellenverzeichnis

Abkürzungsverzeichnis

Abb.	Abbildung
Abs.	Absatz
ALM	Allgemeines lineares Modell
ANCOVA	Analysis of Covariance
AS	Aspirant
B	Regressionskoeffizient
BE	Bedürftiger
BEE	Berufserfahrung
BL	Blender
Bsp./ bspw.	Beispiel/ beispielsweise
bzgl.	bezüglich
bzw.	beziehungsweise
CB's	Cronbach's
CE	Charaktereinschätzung bezüglich des Vorgesetzten
d. h.	das heißt
dt.	deutsch
EM	Expectation Maximization
engl.	englisch
et al.	und andere
etc.	und so weiter
EX	Experte
FaFB	Faktor Folgebereitschaft
FaSM	Faktor Selbstmanagementüberzeugung
FB	Folgebereitschaft
FK	Führungskraft
FT	Followertyp
FW	Fehlende Werte
Ggf.	Gegebenenfalls
GTL	Global Transformational Leadership Scale
HIWI	Wissenschaftliche Hilfskraft
Hrsg.	Herausgeber

IFT	Implizite Followershiptheorien
IRB	In-Role Behavior
IZV	Identifikation mit den Zielen und der Vision der Organisation
k.A.	keine Angabe
korr.	korrigiert
LMX	Leader-Member-Exchange/ Führer-Geführten-Beziehung
MA	Mitarbeiter
MANCOVA	Multivariate Analysis of Covariance
MBE	Management by Exception
MCAR	Missing completely at random
ML	Mitläufer
MLQ	Multi Leadership Questionnaire
Mt	Mittelwert transformiert
MtL	Motivation to lead
MW	Mittelwert
n	Stichprobengröße
n/a	non applicable
Nr.	Nummer
o.O.	ohne Ortsangabe
o.S.	ohne Seitenangabe
o.V.	ohne Verfasser
OCB	Organizational Citizenship Behavior
OCB-EI (EI)	Organizational Citizenship Behavior - Eigeninitiative
OCB-GH (GH)	Organizational Citizenship Behavior - Gewissenhaftigkeit
OCB-HB (HB)	Organizational Citizenship Behavior - Hilfsbereitschaft
OCB-UK (UK)	Organizational Citizenship Behavior - Unkompliziertheit
P	Perzentil
p	Signifikanz
R	Multipler Korrelationskoeffizient
R²	Bestimmtheitsmaß
S.	Seite
SD	Standardabweichung (*standard deviation*)

SE	Standardfehler (*standard error*)
SF	Skalenfit
SL	Servant Leadership
sog.	sogenannte (r)
SW	Selbstwirksamkeitserwartung
Tab.	Tabelle
TF	Transformationale Führung
TFV	Transformationales Führungsverhalten
TLI	Transformational Leadership Behavior Inventory
TM	Teammitglied
TS	Trennschärfe (Item-Total-Korrelation)
u.a.	unter anderem, unter anderen, und andere/ (s)
UN	Unternehmen
VA	Varianzaufklärung
VG	Vorgesetzter
vgl.	vergleiche
WFV	Wahrgenommene Qualität des Führungsverhaltens
z. B.	zum Beispiel
ZA	Zusammenarbeit
β	Standardisierte Koeffizienten

Der Einfachheit und Lesbarkeit halber, wird im Folgenden weitgehend auf die Unterscheidung der männlichen und weiblichen Form verzichtet.

1   Einführung

Ob Organisationen erfolgreich am Markt bestehen oder scheitern, hängt gemäß der allgemeinen Auffassung meist davon ab, wie gut sie geführt sind. Dabei wird häufig außer Acht gelassen, wie sehr es auf die Personen ankommt, die den Führungskräften folgen (Kelley, 1988).
Immer weniger Arbeitnehmer sind mit Herz, Hand und Verstand bei der Arbeit. Studien belegen, dass die Mehrheit der Mitarbeiter lediglich Dienst nach Vorschrift leistet oder sogar bereits innerlich gekündigt hat (Donau, 2016), obwohl Organisationen stärker denn je auf die
Leistungsbereitschaft ihrer Arbeitnehmer angewiesen sind. Gründe hierfür sind unter anderem
die sich wandelnden Marktbedingungen durch intensivierten Wettbewerb, die stetig steigende
Produktivitätsanforderungen bedingen. Aber auch sich verändernde Managementansätze wie
das Empowerment von Mitarbeitern, technologischer Fortschritt, immer kürzer werdende
Produktzyklen sowie Globalisierung und enormer Wissenszuwachs bei gleichzeitig viel be-
klagtem Fachkräftemangel sind dafür verantwortlich. Dies stellt Organisationen vor die Frage,
wie es gelingen kann, Mitarbeiter dazu zu bewegen, freiwillig mehr zu leisten als vertraglich
von ihnen erwartet werden kann und aufgrund dieses formell nicht einzufordernden Extra-
Rollenverhaltens, sowohl die Effizienz als auch die Effektivität und somit die Überlebensfä-
higkeit und den Erfolg von Organisationen zu steigern (Organ, 1988; Williams & Anderson,
1991).

Seit mehr als einem Jahrhundert versucht die Forschung zu verstehen, welche Führungskräfte
es sind, die Mitarbeiter dazu inspirieren, positive Veränderungen in Organisationen zu erzielen und jenes von Organisationen wünschenswerte Followerverhalten zu demonstrieren. Beträchtliche Investitionen an Zeit und Geld werden getätigt, um zum einen zu versuchen die erfolgsversprechenden Eigenschaften und Verhaltensmuster der idealen Führungskraft in Abhängigkeit der jeweiligen Situation zu erforschen, und zum anderen diese als relevant einge-
schätzten Fähigkeiten und Fertigkeiten sowohl im Recruiting-Prozess bei neu einzustellenden
Führungskräften ausfindig zu machen, bzw. bei den bestehenden Führungskadern weiter zu
entwickeln. Dennoch schätzen Untersuchungen, dass die Versagensquote in Führungssituationen bei etwa 50-75 Prozent liegt (Hogan & Kaiser, 2005; Hurwitz & Hurwitz, 2015; van
Vugt, 2012; van Vugt & Ahuja, 2010; van Vugt, Johnson, Kaiser, & O'Gorman, 2008), mit
teilweise gravierenden Konsequenzen für das Befinden der Gefolgschaft. Angesichts dieser
hohen Misserfolgsrate wird in der gesellschaftlichen und personalwirtschaftlichen Diskussion
die Frage laut, warum modernes Führungsverhalten nach wie vor derart häufig und teilweise
so massiv scheitert, und weshalb es nicht gelingt, Mitarbeiter zu einem für den effizienten und
effektiven Betrieb der Organisation wichtigen freiwilligen Leistungsverhalten zu motivieren.

Eine denkbare Antwort ist, dass der Einfluss der Führungskraft in diesem Zusammenhang
möglicherweise überschätzt wird. Dieser Sichtweise entsprechend kritisieren auch Bjugstad et
al. (2006) die ausschließliche Konzentration der Führungsliteratur auf die Führungskraft, die
durch erfolgsversprechende Führungsstile und -verhalten die organisationalen Ergebnisse erklären (Bjugstad, Spotlight, Thach, Thompson, & Morris, 2006; van den Abeele & Legrand,
2013) und monieren dabei die vernachlässigte Berücksichtigung des Beitrags der Geführten.

© Springer Fachmedien Wiesbaden GmbH, ein Teil von Springer Nature 2019
J. Ruthus, *Followership und Führungsverhalten*,
https://doi.org/10.1007/978-3-658-26001-9_1

Gleichzeitig wird hinterfragt, inwieweit die Bereitschaft zur Leistungserbringung von immanenten Eigenschaften der Follower selbst als auch anderen für die Follower relevanten Faktoren beeinflusst ist, die außerhalb der Führungskraft liegen.

Über die letzten drei Jahrzehnte vollzieht sich jedoch ein langsamer Wandel, bei dem Followership verstärkt Bedeutung beigemessen wird und Organisationen allmählich erkennen, dass unternehmerischer Erfolg nur durch ein Zusammenspiel von Leadership und Followership positiv zu beeinflussen ist. Derartige Annahmen beruhen bisher größtenteils auf einer Vielzahl sozialwissenschaftlicher Theorien, die die Phänomene vor einer enormen Bandbreite an Kontexten theoretisch und empirisch untersuchen. Followership und Leadership stehen jedoch nicht nur im forscherischen Interesse der Sozialwissenschaften, sondern stellen immer öfter auch Untersuchungsgegenstände der Naturwissenschaften dar, die sich insbesondere mit der Verteilung, der Entstehung und den Auswirkungen beider Erscheinungen beschäftigen (Hamilton, 2013; Johnstone & Manica, 2011; King, Johnson, & van Vugt, 2009). Während die Naturwissenschaften Followership und Leadership bislang hauptsächlich innerhalb nichtmenschlicher Zusammenschlüsse betrachten (Conradt & Roper, 2005, 2010; Couzin, Krause, Franks, & Levin, 2005; Smith et al., 2015), mangelt es sozialwissenschaftlichen Untersuchungen hingegen häufig an einer evolutionären Perspektive (Smith et al., 2016). Daher wird in der vorliegenden Dissertation der Versuch unternommen, eine Synthese der Disziplinen zu vollziehen und auf diese Weise neue Erkenntnisse zu schaffen, warum sich Followership und Leadership herausbilden und welche Parameter neben Führungsverhalten weiteren Einfluss auf das gezeigte Verhalten von Followern ausüben.

1.1 Problemstellung und Ausgangssituation

Followership als Pendant zu Leadership hat in der akademischen Literatur im Vergleich zur Führungsforschung bislang relativ wenig Aufmerksamkeit erlangt (Baker, 2007; Bligh, Kohles, & Pillai, 2011; Carsten, Uhl-Bien, West, Patera, & McGregor, 2010; Crossman & Crossman, 2011; Sy, 2010; Uhl-Bien, Riggio, Lowe, & Carsten, 2014). Während uns die Führungsliteratur im Überfluss zu erklären versucht, was erfolgreiches Leadership bedingt, verstehen wir bisher wenig über die Maßgaben erfolgreichen Followerships. Führungstheorie und -praxis bevorzugen traditionell die Perspektive des Leaders einzunehmen, wenn es um die Diskussion geht, inwiefern Führung zum Unternehmenserfolg beitragen kann. Tatsächlich werden Follower klassisch als diejenigen angesehen, die den Anweisungen der Führungskräfte folgen, und verhältnismäßig wenige Untersuchungen beschäftigen sich damit, wie Follower als aktive Partner und Mitbeteiligte am Führungsprozess teilhaben und zum Unternehmenserfolg beitragen können (Hollander, 1992b).

Während sich in der akademischen Forschung über die letzten drei Jahrzehnte ein erkennbarer Wandel vollzieht und man sich mittlerweile vermehrt mit der Thematik Followership auseinandersetzt, ist dieser Trend in der allgemeinen Managementliteratur bisher nicht zu verzeichnen. Eine Buchsuche auf Amazon zeigt rund 200.000 Treffer für den Suchbegriff „Leadership", während die Suche nach „Followership" lediglich um die 250 Ergebnisse liefert, wovon eine Vielzahl von Büchern hierbei politische oder spirituelle Anhänger adressiert und verstärkt auch ein Bezug auf Social Media zu verzeichnen ist. Dieses Ungleichgewicht in der Forschung scheint ironisch, vergegenwärtigt man sich, dass diese beiden Phänomene untrennbar miteinander verbunden sind. So stellt Chaleff bereits 1997 fest: „We are a society in love with leadership and uncomfortable with followership, though the two are inseparable" (S. 51).

Nähert man sich dem Ungleichgewicht von Followership und Leadership aus evolutionärer Perspektive, so tauchen derartige Asymmetrien erst gar nicht auf. Denn die Evolutionspsychologie vertritt die Meinung, dass sich Leadership und Followership als Adaptionen menschlichen Verhaltens (wie bei anderen Spezies auch) herausbildeten, um gegenwärtige Koordinationsprobleme gemeinsam besser zu lösen, wie bspw. als Gruppe eine spezifische Problemstellung erfolgreicher bewältigen zu können als ein einzelnes Individuum (van Vugt & Ronay, 2014).

Grundlegend ist das Ziel der evolutionspsychologischen Forschung, ein Verständnis für die Herausbildung des menschlichen Geistes und der Muster menschlichen Verhaltens im Hinblick auf unsere Ursprünge als Lösungen immer wiederkehrender Probleme, mit denen unsere Vorfahren konfrontiert waren, zu erlangen (Cosmides & Tooby, 2006). Diese evolutionäre Perspektive versucht dabei, die kontemporäre Psychologie mit einer zentralen Idee der Biowissenschaften zu verbinden, der Theorie von Charles Darwin zur Evolution durch natürliche Selektion. Die Theorie der natürlichen Selektion besagt, dass die besser an ihre Umwelt angepassten Organismen dazu tendieren, mehr Nachkommen zu erzeugen (um ihre Gene weiterzugeben) als Organismen mit schlechterer Adaption. Dabei ist die evolutionstheoretische Herangehensweise an die Psychologie jene, welche die Relevanz der Anpassungsfähigkeit durch Verhalten und Denken unterstreicht, basierend auf der Annahme, dass sich kognitive Fähigkeiten ebenso über Millionen von Jahren herausbildeten als dies bei physischen Merkmalen der Fall war, um spezifischen Anpassungserfordernissen besser gerecht zu werden (Zimbardo, Gerrig, & Graf, 2008).

Im Gegensatz zu Fachrichtungen wie etwa der Sozial-, Lern- oder Kognitionspsychologie kann die evolutionspsychologische Perspektive auf jedes Teilgebiet der Psychologie angewandt werden. Sie stellt somit einen inhaltlich unbegrenzten und konzeptionell neuen Ansatz zur Erklärung von menschlichem Erleben, Verhalten und Handeln dar, welcher die klassischen psychologischen Erkenntnisse weiterhin berücksichtigt, bspw. jedoch um Wissen und Gesetzmäßigkeiten der Evolutionstheorie, wie unter anderem der Stammesgeschichte des Menschen, Jäger-und-Sammler-Studien und ökonomische Modelle ergänzt (Cosmides & Tooby, 2006).

Aus evolutionspsychologischer Perspektive wird Leadership als emergentes Phänomen von Followership angesehen, d.h., Leadership entstand, nachdem die Gruppe (Follower) einen Führer aufgrund seiner spezifischen Kompetenzen zur besseren gemeinschaftlichen Aufgabenbewältigung legitimierte und ihm somit soziale Macht verlieh. Denn nicht zu vergessen: „[A] leader […] is someone people follow" (Maccoby, 2007, S. xvi). Dabei behielt ein Führender nur solange seine Sonderstellung, als dass er der Gruppe in seiner Funktion dienlich war (Alznauer, 2013).

Diesen einleitenden Gedanken zufolge kann Führung nicht getrennt von Followership betrachtet werden. Es besteht Forschungsbedarf, besser nachzuvollziehen, wer Follower sind, warum sie sich entscheiden zu folgen, wie sie sich definieren und ihre Rolle ausüben sowie zu verstehen, welchen Einfluss sie auf den Führungsprozess und unternehmerische Erfolgsparameter haben. Insbesondere soll dabei berücksichtigt werden, welchen Beitrag die evolutionspsychologische Betrachtungsweise zu einem besseren Verständnis der Thematik leisten kann.

1.2   Ziel der Arbeit und Benennung der Forschungslücke

Ziel der Arbeit ist es, zunächst das Konzept Followership sowie seine Teilbereiche vorzustellen, näher zu definieren und kritisch zu würdigen. Hierbei soll Followership nicht isoliert betrachtet werden, sondern aufgrund des symbiotischen Charakters von Führenden und Geführten, explizit unter Berücksichtigung der gegenseitigen Beziehung beider Konzepte. Es soll unter Bezugnahme auf bisherige akademische Studien und Publikationen zu Followership, aber auch anhand der Durchsicht der bestehenden Führungsliteratur diskutiert werden, welche Followertypen bislang identifiziert werden konnten, welche Verhaltensweisen und Eigenschaften sie auszeichnen und welche dieser Ansätze geeignet erscheinen, um Followership aus einer evolutionspsychologischen Perspektive zu beschreiben. Anschließend werden Dimensionen für die spätere Operationalisierung des Konstrukts für die empirische Studie abgeleitet.

Entsprechende Veröffentlichungen beschränken sich bislang größtenteils auf Beschreibungen, wie Menschen folgen und welche Attributionen für einen guten Follower wünschenswert erscheinen. Die vorliegende Arbeit versucht daher einen Erkenntnisgewinn zu schaffen, indem insbesondere betrachtet werden soll, warum sich Menschen entscheiden zu folgen und nicht wie bisher ausschließlich betrachtet, auf welche Weise sie dies tun. Vor diesem Hintergrund soll analysiert werden, ob die evolutionspsychologische Betrachtungsweise dabei helfen kann, das Konstrukt Followership besser zu erklären.

Auf Basis einer umfassenden Literaturrecherche sozialwissenschaftlicher und evolutionspsychologischer Publikationen wird der Versuch unternommen, eine Antwort auf die Frage zu geben, welche proximaten und ultimaten Verhaltensursachen Follower dazu veranlassen zu folgen. Insbesondere soll hierbei auch hinterfragt werden, welche spezifischen Verhaltensweisen von Führenden aufgrund dessen an den Tag gelegt werden sollten, um Follower zu erlangen bzw. die Legitimation derer nicht zu verlieren. Des Weiteren wird versucht festzustellen, ob jenes evolutionsgerechte Führungsverhalten in Hinblick auf mögliche verschiedene Follower-Dimensionen oder situative Rahmenbedingungen variiert.

Ferner soll eruiert werden, wie hoch der Einfluss der Führungskraft bzw. des Führungsverhaltens aus evolutionspsychologischer Perspektive auf die Erreichung der organisationalen Zielsetzung ist oder ob angenommen werden kann, dass Followership stattdessen für jene Stellgrößen maßgebend ist. Derzeitige Publikationen zu Followership scheinen mehrheitlich theoretischer Natur zu sein und lassen größtenteils eine empirische Validierung vermissen. Daher soll in der vorliegenden Arbeit in Form eines mehrstufigen Verfahrens der Versuch unternommen werden, ein valides und reliables Messinstrument von Followership zu entwickeln, das explizit evolutionspsychologische Führungstheorien berücksichtigt und dadurch eventuell zu einem besseren Verständnis der Wechselbeziehung zwischen Führenden und Geführten beiträgt.

1.3 Aufbau der Arbeit

Die Struktur der Arbeit folgt der Frage, welchen Beitrag Followership und entsprechendes Führungsverhalten aus evolutionspsychologischer Perspektive zum Unternehmenserfolg und zur Erreichung der Unternehmensziele leisten können. Der Leser erhält nach der Abbildung theoretischer Konzeptionen ein grundlegendes Verständnis der Thematik, sowie einen strukturierten Überblick des bisher in der wissenschaftlichen Literatur vorherrschenden Verständnisses zu Followership und Leadership. Des Weiteren wird untersucht, inwiefern sich verschiedene Ansätze zu Followership und Leadership aus sozialwissenschaftlicher und evolutionspsychologischer Perspektive unterscheiden lassen. Die Dissertation gliedert sich in einen theoretischen und einen empirischen Teil und umfasst fünf Kapitel. Der theoretische Teil dient als Grundlage für die Erstellung von Hypothesen, die im empirischen Teil mittels eines mehrstufigen Verfahrens verifiziert werden.

Die nachfolgende Abbildung verdeutlicht den soeben geschilderten Aufbau der vorliegenden Arbeit noch einmal:

Kapitel 1: Einführung

Inhalt: Einführende Bemerkungen zum Thema Followership und Führungsverhalten aus evolutionspsychologischer Perspektive, Vorstellung der zentralen Problemstellung und Aufbau der Arbeit.

Ziel: Darlegung der Ausgangssituation, Benennung der Forschungslücke und der Relevanz des Dissertationsvorhabens.

↓

Kapitel 2: Theoretische Grundlagen

Inhalt: Begriffliche Einordnung und theoretische Grundlagen zu Evolutionspsychologie, Followership und Leadership.

Charakterisierung der Denkrichtung der Evolutionspsychologie, Vorstellung verschiedener sozialwissenschaftlicher Ansätze zu Followership- und Führungsverhalten, Identifikation gemeinsamer Schnittmengen mit evolutionspsychologischen Ansätzen.

Ziel: Vermittlung theoretischer Grundlagen und Erläuterung spezifischer sozialwissenschaftlicher und evolutionspsychologischer Perspektiven zu Followership und Leadership.

Schaffung eines Verständnisses für die Ursachen der Differenziertheit von Followern und Leadern in Abhängigkeit der verschiedenen Theorien.

↓

Kapitel 3: Methode und Vorgehen der empirischen Forschung

Inhalt: Konzeption eines mehrstufigen Untersuchungsverfahrens zu Followership und Führungsverhalten aus evolutionspsychologischer Perspektive, welches sich in eine quantitative Onlinebefragung und eine qualitative Studie gliedert.

Ziel: Darstellung der Vorgehensweise zur Operationalisierung von Followership und Führungsverhalten aus evolutionspsychologischer Perspektive für das mehrstufige Untersuchungsverfahren und zur Aufstellung der Forschungshypothesen.

↓

Kapitel 4: Ergebnisse der empirischen Forschung

Inhalt: Darstellung der empirischen Ergebnisse der quantitativen und qualitativen Untersuchung zu Followership und Führungsverhalten aus evolutionspsychologischer Perspektive.

Ziel: Aufzeigen von Zusammenhängen und Wechselbeziehungen zwischen Folgenden und Geführten und deren Beitrag zur Erreichung der organisationalen Zielsetzung.

Darstellung signifikanter Unterschiede der verschiedenen Followertypen und Überprüfung der Hypothesen anhand empirischer Daten.

↓

Kapitel 5: Diskussion und Grenzen der Untersuchung

Inhalt: Zusammenfassung der Forschungsergebnisse und Schlussbetrachtung, sowie kritische Auseinandersetzung mit den Gütekriterien der Untersuchung.

Ziel: Aufzeigen der zentralen Erkenntnisse der Dissertation.

Abb. 1: Struktur und Aufbau der Dissertation

2 Theoretische Grundlagen

In diesem Kapitel werden die Grundlagen und die Denkrichtung der Evolutionspsychologie vorgestellt sowie die Begriffe Leader und Leadership als auch Follower und Followership erläutert. Im weiteren Verlauf werden die Entstehung von Followership und die Beweggründe zu folgen näher betrachtet. Daraufhin werden die historische Behandlung von Followern in der Führungsforschung und anschließend das entstehende Paradigma der Followershipforschung aus einer sozialwissenschaftlichen Perspektive dargelegt und der evolutionspsychologischen Auffassung gegenüber gestellt, bevor das Kapitel mit einer zusammenfassenden Betrachtung des Status quo zu Followership endet.

2.1 Einführung in die Evolutionspsychologie

Die *Evolutionäre Psychologie* (oder auch *Evolutionspsychologie*) beschäftigt sich, als innovativer Ansatz, mit dem wissenschaftlichen Gegenstand der Erforschung des menschlichen Geistes als Produkt der Evolution durch natürliche Selektion (Barkow, Cosmides, & Tooby, 1992a, 1992b; Sterelny & Fitness, 2003) sowie daraus resultierenden Adaptionen in der Physis und dem menschlichen Verhalten (Schneider, 2009). Sie sorgt für leidenschaftliches Interesse und ambivalente Diskussionen, sowohl innerhalb der akademischen als auch in der populärwissenschaftlichen Welt.

Für Befürworter und Enthusiasten läutet der Aufstieg der Evolutionspsychologie eine neue, aufregende Ära im Hinblick auf die Untersuchung des menschlichen Geistes ein, die die Ursprünge und Funktionen unseres Verstandes zu beleuchten verspricht. Für Kritiker und Gegner hingegen, stellt sie eine reduktionistische, deterministische Überzeugung dar, die ihnen zufolge bestenfalls als einfältige Vorliebe für das im Nachhinein schlüssige „Zusammengereime" von evolutionstheoretisch motivierten Erklärungsmustern beschrieben werden kann, und schlimmstenfalls als getarnte Form einer Neuauflage des einstigen Sozialdarwinismus bezeichnet werden muss (Sterelny & Fitness, 2003). Tatsächlich wirft die Evolutionspsychologie noch viele Fragen auf, und viele Antworten, die die Disziplin zu geben versucht, werden als unkritisch oder kaum belegbar abgewertet. Dennoch sehen sich Evolutionspsychologen häufig zu Unrecht Verleumdungen und Kritik ausgesetzt, die auf häufige Missverständnisse in Hinblick auf die Evolutionstheorie und weitverbreitete Unwissenheit in diesem Feld zurückzuführen sind (Buss, 2004; Sterelny & Fitness, 2003).

Die Evolutionspsychologie wird u. a. als radikal neue Wissenschaft (Buss, 2004) bezeichnet, die eine Synthese der modernen Prinzipien der Psychologie sowie der Evolutionsbiologie darstellt (Dunbar & Barrett, 2007) und sich dementsprechend eindeutig von der Mehrheit der Wissenschaftler abgrenzt, die innerhalb lang bestehender Paradigmen arbeiten. Kenner des psychologischen Forschungsfeldes monieren die überwiegend isolierte Entwicklung einzelner psychologischer Sparten, wie der Kognitions-, Sozial-, Persönlichkeits- oder Entwicklungspsychologie und die somit inflationäre Aufstellung von sog. *Mini-Theorien*, die zur Erklärung einer besonderen Gruppe von Phänomenen entwickelt werden, ohne sie zueinander in Bezie-

© Springer Fachmedien Wiesbaden GmbH, ein Teil von Springer Nature 2019
J. Ruthus, *Followership und Führungsverhalten*,
https://doi.org/10.1007/978-3-658-26001-9_2

hung zu setzen (Buss, 2003). Buss (2003) bemerkt in diesem Zusammenhang etwas pointiert: „Gelegentlich wird hier ein Begriff und da eine Methode ausgeborgt, wie man sich hin und wieder eine Tasse Zucker von den Nachbarn ausleiht. Innerhalb der einzelnen Sparten gelingt es den Psychologen ebenso wenig, eine Übereinstimmung zu erzielen" (S. 137).

Die evolutionäre Psychologie hingegen, versucht ein neues theoretisches Paradigma zu formen und kann als konzeptionelles Werkzeug (Buss, 2003, 2004, 2005, 2016; Roberts, van Vugt, & Dunbar, 2012) oder auch als *Meta-Theorie* (Buss, 2003, 2004, 2005, 2016) verstanden werden. Die Evolutionspsychologie gibt unserem Verständnis des menschlichen Geistes einen alles umfassenden Rahmen, indem sie

> ...Erkenntnisse aus allen Disziplinen des Geistes heran[zieht], u. a. bildgebenden Verfahren (brain imaging); aus Lernen und Gedächtnis; Aufmerksamkeit, Emotion und Leidenschaft; Attraktion, Eifersucht und Sexualität; Selbstwertgefühl, Status und Aufopferung; aus Elternschaft, Überzeugungen und Wahrnehmungen; aus Verwandtschaft, Kriegsführung und Aggression; Kooperation; Altruismus und Hilfsbereitschaft; Ethik, Moral und Medizin; aus Verpflichtungen, Kultur und Bewusstsein. (Buss, 2004; S. 24)

Das Wesen der evolutionären Psychologie geht auf Darwins Theorien der natürlichen Selektion (1859) zurück, weswegen der Naturforscher und Theologe auch als erster Evolutionspsychologe bezeichnet werden kann. Während die meisten Menschen heutzutage Darwins Theorie der natürlichen Auslese gemeinhin akzeptieren, um z.B. den langen Hals einer Giraffe oder das farbenprächtige Federkleid eines Pfaus zu erklären, reagieren sie nach wie vor zurückhaltend, wenn es darum geht, die gleiche Logik auf bspw. das menschliche Erleben von Liebe, Kreativität oder auch Beziehungen anzuwenden (Kenrick & Luce, 2004). Darwin prophezeit bereits im Jahre 1859, dass die Psychologie zukünftig wichtige Erkenntnisse auf Basis der Menschheitsgeschichte ableiten wird:

> In the distant future I see open fields for far more important researches. Psychology will be based on a new foundation, that of the necessary acquirement of each mental power and capacity by gradation. Light will be thrown on the origin of man and his history. (Darwin, 1859, S. 488)[1]

Die folgenden Abschnitte versuchen die Gründe für die Zurückhaltung in Bezug auf die Anwendung evolutionspsychologischer Paradigmen darzulegen und ein Verständnis für den evolutionspsychologischen Zugang sowie dessen Grundlagen zu schaffen als auch einige Fehlannahmen in diesem Zusammenhang aus dem Weg zu räumen.

---

[1] Aus dem Englischen übersetzt von H. G. Bronn: "In einer fernen Zukunft sehe ich Felder für noch weit wichtigere Untersuchungen sich öffnen. Die Psychologie wird sich auf eine neue Grundlage stützen, sie wird anerkennen müssen, dass jedes Vermögen und jede Fähigkeit des Geistes nur stufenweise erworben werden kann. Neues Licht wird auf den Ursprung der Menschheit und ihre Geschichte fallen" (Darwin, Carus und Bronn, 1867).

2.1.1 Evolutionsbiologische Grundlagen

2.1.1.1 Die Theorie der natürlichen und sexuellen Selektion

Die Evolutionspsychologie durchlebt eine lange historische Entwicklung. Bereits weit vor der Zeit Darwins wird vermutet, dass es Evolution, d. h. Veränderungen von Organismen im Laufe der Zeit gibt. Jedoch ermangelt es bis zu Darwins Abwandlungen der natürlichen Selektion einer Theorie, die den kausalen Prozess des organischen Wandels erklären kann. Mit der Veröffentlichung seiner Theorie zur natürlichen Auslese und dem in diesem Zusammenhang entsprechenden „Überleben der Tauglichsten" (*survival of the fittest*), löst Darwin eine wissenschaftliche Revolution in der Biologie aus und leistet somit einen herausragenden Beitrag zur Evolutionsbiologie.

Dabei darf jedoch nicht dem Irrglauben erlegen werden, die natürliche Selektion vollziehe sich vorausschauend oder unterläge bestimmten Absichten und Zielen. Bei dem Prozess der natürlichen Auslese, handelt es sich um einen allmählichen und sozusagen *blind* in der Natur verlaufenden Prozess, der über eine Vielzahl von Generationen hinweg, anhand zahlreicher Selektionsvorgänge, die heute bekannten, organischen Mechanismen formt (Buss, 2004; Hoffrage & Vitouch, 2008; Roos, 2010). Revolutionär an der besagten Theorie ist die erstmalige Begründung der Herkunft von Kreaturen in Ermangelung jeglicher überirdischer, teleologischer Kräfte, mit der Darwin seine damaligen Zeitgenossen bestürzt (Roos, 2010; Wuketits, 2005). Damals, wie auch heute, gibt es zahlreiche Anhänger des neusprachlich bezeichneten *Kreationismus* oder *Intelligent Designs* (Beuttler, 2008; Kutschera, 2007; Mocek, 1986), denen die Vorstellung zuwider ist, die Natur und ihre Fortentwicklung habe sich ohne übernatürliches Zutun oder einen intelligenten Plan eines allmächtigen Schöpfers vollstreckt (Wuketits, 1988, 2005), sondern anhand sich allmählich vollziehender Veränderungen von Organismen im Laufe der Zeit (Buss, 2004): „Ist der Mensch im traditionellen Weltbild einem Schöpfer unterworfen, dessen Absichten letztlich unergründlich bleiben, so ist er im evolutionären Weltbild nur eines von unzähligen Resultaten eines Entwicklungsprozesses, der gar keine Absicht verfolgt" (Wuketits, 2005, S. 58).

Die Theorie Darwins setzt sich aus drei wesentlichen Bestandteilen zusammen: *Variation*, die die zahlreichen Unterschiede zwischen einzelnen Organismen beschreibt und somit die Basis der Evolution darstellt, *Vererbung*, die die Weitergabe der Variationen von Eltern an ihre Nachkommen erklärt und *Selektion*, die die vorteilhafte Weitergabe vererbbarer Variationen zusammenfasst (Buss, 2004). Darwin postuliert, dass sich die natürliche Auslese vollzieht, indem bestimmte vererbbare Eigenschaften von den Eltern an ihre Nachkommen weitergegeben werden. Dabei werden jene Variationen im Vergleich zu anderen bevorzugt an die nächste Generation vererbt, die zum Überleben oder der Fortpflanzung von Organismen förderlich sind. Variationen mit weniger vorteilhaften Eigenschaften, die dem Überleben bzw. der Fortpflanzung von Variationen möglicherweise im Weg stehen, replizieren sich vergleichsweise weniger häufig, da Organismen, die diese Variationen in sich tragen, diese folglich seltener und somit langsamer übertragen (Confer et al., 2010). Zusammengefasst kommt es zur natürlichen Selektion, wenn bestimmte vererbbare Variationen zu größerem Fortpflanzungserfolg führen als andere und es somit zu im Laufe der Zeit stattfindenden Veränderungen des Organismus kommt (Buss, 2004).

Neben der *Theorie der natürlichen Selektion*, die teilweise auch als *Überlebensselektion* bezeichnet wird, stellt Darwin noch eine weitere Evolutionstheorie vor, die Theorie der *sexuellen Selektion*. Im Unterschied zur natürlichen Auslese, die sich auf Anpassungen in Folge des erfolgreichen Überlebens fokussiert, konzentriert sich die Theorie der sexuellen Selektion auf Anpassungen als Resultat von Erfolgen bei der Partnerwahl und gelungener Paarung. Dabei erfolgt die sexuelle Auslese mittels zweier unterschiedlicher Prozesse: Dem *intrasexuellen Wettbewerb* und der *intersexuellen Selektion* (Buss, 2004).

Der *intrasexuelle Wettbewerb* befasst sich mit den Auswirkungen von gleichgeschlechtlichen Konkurrenzkämpfen, bei dem die Gewinner bessere Paarungsaussichten und somit eine höhere Fortpflanzungswahrscheinlichkeit genießen. Dabei werden jene Dispositionen wie z. B. Körpergröße, Stärke und athletische Fähigkeiten, die innerhalb des gleichgeschlechtlichen Wettkampfes zum Erfolg führen, durch den Fortpflanzungserfolg des Siegers an die nächste Generation weitergeben. Dementsprechend können sich evolutionäre Veränderungen bereits infolge des reinen intrasexuellen Wettbewerbs vollziehen (Buss, 2004). Die *intersexuelle Selektion* befasst sich mit der Thematik der bevorzugten Partnerwahl und beschreibt die höhere Fortpflanzungswahrscheinlichkeit solcher Individuen, die aufgrund des Besitzes von vom anderen Geschlecht begehrten Eigenschaften, höhere Paarungschancen haben. In diesem Falle vollziehen sich evolutionäre Veränderungen, da erstrebenswerte Partnereigenschaften infolge der Fortpflanzung in jeder nachfolgenden Generation häufiger auftreten (Buss, 2004).[2]

2.1.1.2 Die Gesamtfitness-Revolution

Die *Theorien der natürlichen* und *sexuellen Selektion* lassen einige Fragen der Entstehung bestimmten Verhaltens unbeantwortet, so wie bspw. die Entwicklung von Altruismus (Rachlin

---

[2] Darwins Theorien der natürlichen und der sexuellen Selektion lassen sich verhältnismäßig leicht beschreiben, sorgen aber bis heute noch für viel Verwirrung. Zum einen ist es wichtig zu verstehen, dass die natürliche und die sexuelle Auslese nicht die einzigen Ursachen für evolutionären Wandel sind. Manche Veränderungen treten auch wegen des sog. *genetischen Drifts* auf, der als zufällige Veränderung im Genpool einer Population definiert ist. Solche zufälligen Veränderungen ergeben sich als Auswirkungen verschiedener Prozesse, wie *Mutation* (eine zufällige Veränderung des DNA-Erbguts), *Gründereffekten* und dem *genetischen Flaschenhals*. Zufällige Veränderungen können sich durch den *Gründereffekt* ergeben, der eintritt, wenn ein kleiner Teil einer Population eine neue Kolonie bildet und die Gründer dieser Kolonie die ursprüngliche Bevölkerung genetisch nicht in vollem Umfang repräsentieren. Gründereffekte können dann zu evolutionären Veränderungen führen, z. B. durch die Vermehrung von Genen, die zur verstärkten Ausprägung eines bestimmten Merkmals führen. Ähnliche zufällige Veränderungen können durch einen *genetischen Flaschenhals* zustande kommen. Dies geschieht, wenn eine Population schrumpft, etwa durch eine zufällig eingetretene Katastrophe, wie z. B. einem Erdbeben. Die Überlebenden dieser Katastrophe tragen nur eine Teilmenge der Gene der Ursprungspopulation in sich. Auch wenn also zusammenfassend die natürliche Auslese der Hauptgrund für den evolutionären Wandel und die einzige bekannte Ursache für Adaptionen ist, ist sie dennoch nicht der einzige Grund für evolutionäre Veränderungen. Siehe hierzu Buss (2004, S. 30f.)

& Jones, 2008). Dies führt zu einigen, weiteren Modifikationen der Evolutionstheorie und begründete so schließlich die *Theorie der Inklusiven Fitness* oder auch *Gesamtfitness-Theorie* (Hamilton, 1964a, 1964b), die von manchen Evolutionsbiologen als alles vereinigende Doktrin angesehen wird (Hoffrage & Vitouch, 2008).

Im Gegensatz zur *klassischen Fitness*[3] bezieht die *Gesamtfitness-Theorie (engl.: inclusive fitness)* nicht nur den Fortpflanzungserfolg eines Individuums bzw. eines Organismus mit ein, sondern ebenfalls die Auswirkungen seiner Handlungen auf den Reproduktionserfolg seiner genetischen Verwandten. Gemäß dieser Überzeugung werden bei der natürlichen Selektion diejenigen Merkmale präferiert, die dabei helfen, Gene eines Organismus weiterzugeben, unabhängig davon, ob der Organismus sich direkt fortpflanzt oder nicht. So werden bspw. elterliche Investitionen in die eigenen Nachkommen als Besonderheit der artgenössischen Fürsorge gewertet, da ein Organismus die Weitergabe der eigenen Gene auch in Form der Reproduktionsförderung von Verwandten unterstützen kann (Buss, 2004). Der Ansatz aus der Perspektive des Gens, dem sog. *Gen-Blickwinkel* (Buss, 2004) über die Selektion nachzudenken, hat zwar lediglich metaphorischen Nutzen, liefert jedoch gleichzeitig zahlreiche neue Implikationen, die zum Verständnis sozialer Phänomene wie Helfen, Gruppenbildung oder Aggression beitragen (Buss, 2004; Hoffrage & Vitouch, 2008).

Weitere entscheidende Forschungsschritte kommen von Wegbereitern der Evolutionspsychologie wie Williams (1966), der den Niedergang der *Theorie der Gruppenselektion* zugunsten der *genetischen Selektion* bewirkt und strenge Identifikationskriterien für Adaptionen definiert sowie von Trivers, der die drei beachtenswerten Theorien des *reziproken Altruismus* (1971), der *elterlichen Investitionen* (1972) und des *Eltern-Kind-Konflikts* einführt (1974), die bis heute von Bedeutung sind (Buss, 2004). Ebenso trägt Wilson (1975) durch die Publikation seines damals höchst umstrittenen Buchs der Soziobiologie *(engl.: Sociobiology: a new synthesis)* entscheidend zur Benennung und Verbreitung der neuen wissenschaftlichen Disziplin der Evolutionstheorie bei, indem er eine außerordentliche Anzahl an wissenschaftlichen Bemühungen in verwandten Fachrichtungen wie der Zellbiologie, integrativer Neurophysiologie, Ethologie, vergleichende Psychologie, Populationsbiologie und Verhaltensökologie zusammenträgt (Buss, 2004). Auch die Arbeiten Dawkins (1976) haben, aufgrund seiner Erkenntnisse hinsichtlich der Genetik, erheblichen Einfluss auf die Evolutionstheorie und führen dazu, dass Aspekte der Evolutionsgeschichte zum Teil gänzlich umformuliert, nachvollziehbar gemacht oder verifiziert werden (Schneider, 2009).

2.1.1.3 Phylogenetische Anpassungsleistungen des Organismus

Das Resultat der Mechanismen der natürlichen und sexuellen Auslese sind phylogenetische Anpassungsleistungen bzw. Adaptionen, also genetisch vererbbare, sich zuverlässig entwickelnde Merkmale eines Organismus, die ihm Vorteile bei der Fortpflanzung verschaffen

---

[3] Klassische Fitness bezeichnet „eine Maßeinheit, die den direkten Reproduktionserfolg eines Individuums mittels Weitergabe von Genen durch die Zeugung von Nachkommen bestimm[t]" Buss (2004, S. 37).

(Buss, 2004; Hoffrage & Vitouch, 2008; Roos, 2010) [4]. „[U]m sich als [phylogenetische An-passungsleistung oder] Adaption zu qualifizieren, muss sie sich zur angemessenen Zeit im Leben eines Organismus in intakter Form entwickeln und charakteristisch für die meisten o-der alle Angehörigen einer Art sein" (Buss, 2004, S. 71). Die in der Vergangenheit vorherr-schende Umwelt begründet die Herausbildung bestimmter Adaptionen, während die heutzuta-ge geltenden Rahmenbedingungen und Umstände die Aktivierung der Adaptionen bedingen (Buss, 2004). Die zuvor bezeichnete Eigenschaft der zuverlässigen Herausbildung einer Adaption setzt jedoch nicht voraus, dass sie bereits von Geburt an ausgeprägt sein muss. Viele dieser Anpassungsleistungen und Adaptionen vollziehen sich erst im Laufe des Lebens (bspw. Laufen zu lernen nach etwa einem Lebensjahr oder die Entwicklung weiblicher Brüste in der Pubertät). „Merkmale, die kurzlebig oder vorübergehend sind, leicht durch die Umwelt ge-stört werden oder sich nur bei einigen Angehörigen einer Art entwickeln, entsprechen daher nicht der Definition von Adaptionen" (Buss, 2004, S. 71).

Der Nutzen dieser adaptiven Eigenschaften liegt in der Lösung adaptiver Probleme, die dem Überleben und der Reproduktion des Organismus im Wege stehen. Dabei bedingen sich Prob-leme und Adaptionen (Problemlösungen) gegenseitig, indem sie sich dieselben naturge-schichtlichen Nahtstellen teilen. Erweist sich eine adaptive Problemlösung als *nützlich*, leistet sie einen Beitrag zur *inklusiven Fitness* des Organismus, d.h. zur Reproduktion (Roos, 2010). Weitere kausale Prozesse der Evolution können, neben den Adaptionen, in *Nebenprodukten oder auch Begleiterscheinungen* der Adaptionen (*engl.: by-products*) sowie in *Zufallsrau-schen* (*engl.: noise*) resultieren (Barkow et al., 1992b; Buss, 2004; Confer et al., 2010). [5]

---

[4] Brater (2011) wählt in seiner Publikation folgendes anschauliches Beispiel, um den Vorhang der Mutation zu verdeutlichen: An einem warmen Ort, an dem Korn auf dunklen Äckern wächst leben dunkle Hasen, die sich aufgrund ihrer Physis in den zugrundeliegenden Begebenheiten gut verbergen können und daher nur selten Opfer natürlicher Feinde werden und sich dementsprechend vermehren können. Nun ändern sich die klimati-schen Gegebenheiten von Jahrzehnt zu Jahrzehnt und Jahrhundert zu Jahrhundert. Es wird graduell immer kälter, was dazu führt, dass immer häufiger Schnee fällt und immer länger liegen bleibt. Dies erschwert die Lebensbedingungen der dunklen Hasen, da sie auf dem hellen Untergrund weithin sichtbar sind und immer häufiger von natürlichen Feinden gejagt und schließlich gefressen werden. Daraufhin kommt, aufgrund einer zufälligen Verteilung und Neuzusammenfügung von Erbanlagen bei der Paarung zweier Hasen oder einer ebenso zufälligen Veränderung des Erbguts (einer Mutation), ein Hase mit etwas hellerem Fell zur Welt. In den früheren Zeiten wäre dieser Hase der erste gewesen, der natürlichen Feinden aufgrund seiner auffälligen helleren Fellfarbe im dunklen Acker erlegen wäre, vermutlich noch bevor er der Gelegenheit gehabt hätte, sich weiter zu vermehren. Wegen der veränderten Umweltbedingungen und der nun helleren Umgebung hat der Außenseiter den Vorteil schwerer erkannt zu werden als seine Artgenossen. Er pflanzt sich fort und gibt die Gene, die für die hellere Fellfarbe verantwortlich sind, an seine Nachkommen weiter. In der Folge wer-den in den nachfolgenden Generationen neben dunklen Hasen immer wieder auch hellere geboren. Da die dunkleren Nager rasch von natürlichen Feinden dezimiert werden, häufig bevor sie das natürliche Fortpflan-zungsalter erreichen, vermehren sich die Helleren kontinuierlich weiter. Zusammengefasst: Die helle Fellfar-be, die unter Normalbedingungen ein Todesurteil darstellte, erweist sich in der veränderten Umgebung als Vorteil. Somit werden die für die Fellveränderung verantwortlichen Erbanlagen in der Gesamtheit der Ha-sengene (dem sogenannten Genpool) immer häufiger, während diejenigen, die die Tiere dunkler machen, allmählich verschwinden. Eine derartige Veränderung dauert unter Umständen Zigtausend bis hin zu Millio-nen von Jahren.

[5] Die Bestimmung, um welches evolutionäre Produkt es sich konkret handelt, obliegt strengen Normen wis-senschaftlicher Überprüfung, bei der die Bestandteile einer Art genau analysiert werden. Buss (2004, S. 70)

Eine in diesem Zusammenhang von Zahavi und Zahavi (1999) aufgestellte, vorerst widersprüchlich wirkende Theorie, bezieht sich auf das sog. *Handicap-Prinzip*. Dieses besagt, dass auch auf den ersten Blick nicht nützlich oder gar nachteilig erscheinende Adaptionen, sprich scheinbare Handicaps, über einen reproduktiven Vorteil verfügen, indem sie gleichzeitig Stärke demonstrieren. Artgenossen, die trotz eines vermeintlichen Nachteils den Kampf mit einem Konkurrenten aufnehmen und erfolgreich überstehen, vermitteln gemäß der Theorie ihrer Umwelt, äußerst potent zu sein und über besonders gute Gene zu verfügen, da sie sich das Handicap sozusagen leisten können, d. h. sie signalisieren auf diese Weise ihre Überlegenheit gegenüber Geschlechtsgenossen (Grafen, 1990). Aufgrund dieser Tatsache wirken sie auf das andere Geschlecht besonders attraktiv und werden bevorzugt als Partner ausgewählt. Ein Beispiel stellt hier der männliche Pfau dar, der aufgrund seines umfangreichen Schwanzgefieders am Fliegen gehindert wird und daher im Falle eines Angriffs bei seiner Flucht eingeschränkt ist. Dennoch hat das schwere Gefieder den Verlauf der natürlichen Selektion überdauert, da der Pfau auf diese Weise seinen potenziellen Sexualpartnern glaubwürdig signalisiert, trotz des Handicaps über die Fähigkeiten zu verfügen, Nahrung zu finden sowie Angreifern aus dem Weg zu gehen und dementsprechend überlegene Stärke und Mobilität beweist (Zahavi & Zahavi, 1999).

Diese im ersten Moment nachteilig erscheinenden, aber auch augenscheinlich nützliche adaptive Eigenschaften, die von Generation zu Generation durch das Selektionssieb gefiltert werden, steuern also dazu bei, Überlebens- und Fortpflanzungsprobleme zu überkommen. Deshalb besteht das Wesen aller tierischen Schöpfungen, zu denen auch der Mensch gehört, aus einer umfassenden Anzahl an Adaptionen.

Einige dieser Adaptionen sind die Sinnesorgane - Augen, Ohren, Nase und Geschmacksnerven, die Fenster zu relevanten Informationen unserer Umwelt darstellen. Einige dieser Adaptionen helfen uns dabei, uns durch unsere Umwelt zu bewegen, wie der aufrechte Gang, Beinknochen und unsere großen Zehen. Evolutionäre Psychologen tendieren dazu, sich auf eine spezielle Unterklasse der Adaptionen zu konzentrieren; die psychologischen Adaptionen und die Nebenprodukte dieser Adaptionen. (Buss, 2004, S. 74)

Mit welchen Kernannahmen sich die Evolutionären Psychologen befassen und mit welcher Fragestellung sie sich insbesondere auseinandersetzen, soll im nächsten Abschnitt näher beleuchtet werden.

---

unterscheidet die drei erwähnten evolutionären Produkte folgendermaßen: „ [Adaptionen sind] [v]ererbbare und sich zuverlässig entwickelnde Merkmale, (entstanden) durch die natürliche Selektion, da mit ihrer Hilfe Überlebens- oder Reproduktionsprobleme besser gelöst werden konnten als durch alternative Modelle, die während ihrer Evolutionsperiode in der Population existierten. Beispiel: Nabelschnur [und Angst vor Schlangen]", „[Nebenprodukte sind] Merkmale, die keine adaptiven Probleme lösen und kein funktionelles Design aufweisen; sie sind ‚Anhängsel' von Merkmalen mit funktionellem Design, da sie an diese Adaptionen angekoppelt sind. Beispiel: Bauchnabel [und Angst vor harmlosen Schlangen]" und „[Zufallsrauschen sind] Zufallsprodukte, die durch zufällige Mutationen, plötzliche und einmalige Veränderungen in der Umwelt oder Zufälle während der Entwicklung entstehen. Beispiel: Besondere Form des Bauchnabels einer bestimmten Person."

2.1.2 Psychologische Grundlagen

Obwohl die Evolutionspsychologie noch eine relative junge Fachrichtung ist, hat sie sich in weniger als 30 Jahren bereits als eine bedeutende, theoretische Sichtweise etabliert, die eine stetig wachsende Anzahl empirischer Studien hervorbringt und immer mehr Präsenz in der psychologischen Forschung einnimmt (Confer et al., 2010; Cornwell, Palmer, Guinther, & Davis, 2005). So hat sie bereits Eingang in viele bestehende Bereiche der Psychologie gefunden, u.a. der Sozial-, Organisations-, Kognitions-, Entwicklungs- sowie auch der klinischen Psychologie (Roberts et al., 2012). Gleichzeitig ruft die Evolutionspsychologie im psychologischen Forschungsumfeld Kritik hervor und bleibt unter manchen Psychologen umstritten. Besonders *Mainstream*-Psychologen (Confer et al., 2010), die mit den evolutionspsychologischen Grundstrukturen sowie den theoretischen Paradigmen nicht vertraut sind, diskutieren ihre Anwendbarkeit kontrovers. Falsche Vorstellungen und Missverständnisse hinsichtlich der besagten Disziplin sind auch in diesem Milieu noch allgegenwärtig (Confer et al., 2010; Cornwell et al., 2005; Park, 2007).

Wenngleich die oben beschriebenen evolutionären Grundsätze der natürlichen Selektion geschichtlich bereits lange Zeit Anwendung in Bezug auf anatomische und physiologische Fragestellungen finden, werden sie erst kürzlich auch verstärkt als geeignete Werkzeuge gewürdigt, um psychologische, strategische oder auch verhaltensbasierte Adaptionen sowohl bei Tieren als auch bei Menschen zu erklären (Buss, 2004, 2005; Confer et al., 2010). So werden, basierend auf Darwins Publikationen, in den letzten Jahrzehnten zahlreiche theoretische und empirische Erkenntnisse in der Psychologie, der Anthropologie sowie der Ökonomie erlangt, die bspw. das Marketing, die Medizin sowie die Wirtschaft in steigendem Maße beeinflussen (Griskevicius, Cantú, & van Vugt, 2012).

Die evolutionäre Psychologie geht, wie bereits angedeutet, davon aus, dass die natürliche sowie sexuelle Selektion unser Verhalten und unsere psychologischen Neigungen ebenso formen wie auch unsere morphologischen Merkmale und Besonderheiten (Kenrick, Griskevicius, Neuberg, & Schaller, 2010). Genau wie physiologische Adaptionen, die sich herausbilden, um den spezifischen Problemen des Überlebens und der Fortpflanzung zu begegnen (z. B. die Herausbildung des Immunsystems zur Abwehr von Krankheiten), entstehen auch psychologische Adaptionen, da diese ebenfalls Aufgaben im Zusammenhang des Überlebens und der Reproduktion lösen (z. B. die Angst vor Fremden, um vor potentiell gefährlichen Unbekannten zurückzuschrecken) (Barkow et al., 1992b; Buss, 2016; Confer et al., 2010; Tooby & Cosmides, 1992). Menschen erben dementsprechend einen derart ausgestatteten Körper und Verstand, der sich adaptiv an die Gegebenheiten anpasst, in denen sich unsere Vorfahren entwickeln und prosperieren (Cosmides & Tooby, 1992; Griskevicius et al., 2012; Kenrick et al., 2010).

Im Gegensatz zu zahlreichen Veränderungen, die sich nach Darwins bahnbrechenden Theorien in der Evolutionsbiologie vollziehen, nimmt die Psychologie einen anderen Weg. Während *Freud* (*1856; †1939) (Freud & Crick, 1999) und *James* (*1842, †1910) (James, 2015) nachhaltig von der Evolutionstheorie der natürlichen Selektion beeinflusst sind und die Existenz herausgebildeter evolutionärer Instinkte annehmen, entfernt sich die Psychologie in den 1920er Jahren von der Evolutionstheorie und wendet sich dem radikalen Behaviorismus zu, der die Disziplin ein halbes Jahrhundert lang determiniert (Buss, 2004).

Der Behaviorismus gilt als Gegenentwurf zur Evolutionstheorie, indem er Menschen als unbeschriebenes Blatt (*lat.: tabula rasa*) annimmt (Pinker, 2003), die lediglich mit einer einzigen Eigenschaft zur Welt kommen und zwar einer „auf der Verstärkung von Konsequenzen basierende[n] generelle[n] Lernfähigkeit" (Buss, 2004, S. 56). Behavioristen argumentieren „die Natur der menschlichen Natur bestehe darin, (...), dass der Mensch keine Natur habe" (Buss, 2004, S. 56); er also als leerer Schwamm zur Welt kommt und erst auf seine Befüllung wartet: „The process of acquiring knowledge is about filling up the pores and remembering is about squeezing the sponge" (Mithen, 1998, S. 34). Sein Wesen wird ihm gemäß jener Doktrin ausschließlich von außen, anhand der sozialen und kulturellen Umwelt, eingeflößt. Cosmides und Tooby (2006) kritisieren die auch heute noch weit verbreitete Ansicht vieler Philosophen und Wissenschaftler, der menschliche Geist sei "free of content until written on by the hand of experience" (S.3), zumal diese Ansicht auf einer Feststellung beruht, die Locke (*1632; †1704) bereits im Jahre 1690 getroffen hat, und diese ihrer Meinung nach mittlerweile längst überholt ist:

Let us then suppose the mind to be, as we say, white paper void of all characters, without any ideas. How comes it to be furnished? Whence comes it by that vast store which the busy and boundless fancy of man has painted on it with an almost endless variety? Whence has it all the materials of reason and knowledge? To this I answer, in one word, from EXPERIENCE. (Locke, 1690/ 1947 S. 26, zitiert nach Pinker, 2003, S. 5)

Pinker (2003), der eine der umfassendsten Ableitungen zur *Nature and Nurture*-Debatte verfasst hat, entgegnet dem etwas pointiert, dass es heutzutage niemanden mehr geben dürfe, der den Geist als unbeschriebenes Blatt charakterisiere und bemerkt:

Isn't it obvious to anyone with more than one child, to anyone who has been in a heterosexual relationship, or to anyone who has noticed that children learn language but house pets don't, that people are born with certain talents and temperaments (Pinker, 2003, S. vii).

Dennoch widerspricht er einer rein genetischen Determinierung und nimmt einen ausgeglichenen Standpunkt zwischen Vererbung und Umwelt ein, indem er dafür plädiert, die beiden nicht als Gegensätze anzusehen, sondern Verhalten als Wechselwirkung beider zu begreifen.

Im Laufe der Zeit sorgen immer häufigere Verstöße gegen die generellen behavioristischen Lerngesetze und die Annahme der inhaltslosen menschlichen Natur dafür, sich vom radikalen Behaviorismus abzuwenden. So lassen bspw. verschiedene Laborexperimente an Affen und Raten darauf schließen, dass es zum einen eine Art genetische Vorprogrammierung gibt, gewisse Dinge problemlos und andere überhaupt nicht erlernen zu können (Buss, 2004; Confer et al., 2010; Garcia, Ervin, & Koelling, 1966; Harlow, 1971; Harlow & Harlow, 1966) und zum anderen weitere verhaltensbestimmende Faktoren außerhalb der Umwelt existieren, die sich innerhalb des Organismus abspielen. Auch Chomskys (2002) Ende der 50er Jahre durchgeführte Sprachstudien, die das Vorhandensein eines universellen Sprachorgans proklamieren sowie der allmähliche Erfolgszug des Computers, der den Psychologen dazu verhilft, kausale Prozesse verständlicher darzulegen, führen schließlich zur sog. *kognitiven Revolution*, der Wende vom Behaviorismus zum Kognitivismus (Buss, 2004; Tooby & Cosmides, 1992).

Mit dem Untergang bestimmter behavioristischer Annahmen und dem Aufschwung der kognitiven Revolution wird schließlich das Paradigma der *Black Box* überkommen. Der Psychologie wird die Verantwortung zurückgegeben, wieder Einblick „in die Köpfe" der Menschen zu nehmen, anstelle nur äußerliche Kontingenzen der Verstärkung (Pavlov, 1927; Watson, 1924) zu betrachten, die beobachtbares Verhalten nicht in ausreichendem Maße begreiflich machen können (Buss, 2004). Im Gegensatz zu vorher wird die Berücksichtigung innerer, geistiger Zustände nun nicht mehr als unwissenschaftlich, sondern gar als Notwendigkeit angesehen, um Verhalten schlüssig zu erklären. Die Mehrheit der Kognitionsforscher jener Zeit erliegt jedoch einem Fehlschluss des Behaviorismus und übernimmt *die Equipotenz-Annahme der Bereichsallgemeinheit* (Buss, 2004; Tooby & Cosmides, 1992). Demzufolge werden die im Behaviorismus proklamierten bereichsübergreifenden Lernprozesse durch bereichsübergreifende Mechanismen ausgetauscht, anstelle möglicherweise privilegierte Informationsklassen zu berücksichtigen, auf deren Verarbeitung die kognitiven Mechanismen spezifisch programmiert sind (Buss, 2004; Tooby & Cosmides, 1992) .

Wenn Evolutionspsychologen sich auf den Verstand beziehen, sprechen sie wie andere Kognitionswissenschaftler auch von *informationsverarbeitenden Mechanismen*, die in unserem neuralen Gewebe sowie unserem Nervensystem eingebettet sind und sich verantwortlich für unsere bewussten und unbewussten mentalen Aktivitäten zeigen, welche letztlich unser Verhalten hervorbringen (Buss, 2004; Tooby & Cosmides, 2016). Jedoch gehen sie dabei von einigen unterschiedlichen Annahmen aus. Ein Grund, warum die Erforschung des menschlichen Geistes von Evolutionspsychologen über die anderer Forscher hinausgeht, ist, dass sie sich einer vernachlässigten Perspektive Gebrauch machen: Der Annahme, alle in unserem Gehirn ablaufenden Programme haben sich herausgebildet, um adaptive Probleme unserer Vorfahren zu lösen. Unsere natürlich innewohnenden Kompetenzen, wie bspw. die Fähigkeit zu sehen, zu sprechen, einen Gefallen zu erwidern und unzählige andere, sind nur möglich, da eine Vielzahl komplexer Mechanismen diese Aktivitäten unterstützen und steuern (Cosmides & Tooby, 2006). Diese Mechanismen und Programme, die von Evolutionspsychologen als Art *Instinkte* bezeichnet werden, funktionieren so gut, dass häufig übersehen wird, dass sie überhaupt existieren. Diese *Instinktblindheit (engl.: instinct blindness)*, wie sie Cosmides und Tooby (2006) charakterisieren, ist u. a. auf die Unterstellung der menschlichen Überlegenheit im Vergleich zum Tier zurückzuführen, die sich im Gegensatz zu Letzteren, nicht von Instinkten, sondern vom Verstand leiten lasse.

Diese Haltung resultiert in einer Vernachlässigung der Erforschung immanenter Prozesse und Mechanismen des Menschen, die gemäß den evolutionären Psychologen das menschliche

Wesen ausmachen. Die Evolutionspsychologie hingegen versucht diese Instinktignoranz zu überkommen, indem sie explizit die im Laufe der Zeit herausgebildeten psychologischen Mechanismen betont und greift in diesem Zusammenhang ein Zitat Einsteins auf: „It is the theory which decides what we can observe" (zitiert nach Cosmides & Tooby, 2006, S. 2). Evolutionspsychologen gehen sogar davon aus, dass nicht die Instinktarmut, sondern die Instinktvielfalt der Menschen, im Verglich zu anderen Lebewesen, für deren flexible Intelligenz verantwortlich ist (Cosmides & Tooby, 2006) und sehen den Aufbau des Geistes als Art Schweizer Taschenmesser an, in welchem eine Vielzahl an bereichsspezifischen Werkzeugen (Roos, 2010) und zweckdienlichen Instinkten integriert sind.

Abb. 2: Komplementäre Erklärungsebenen der Evolutionspsychologie (Quelle: Cosmides & Tooby, 2006, S. 2)

Dieser evolutionäre Fokus und das damit verbundene Hintergrundwissen helfen Evolutionspsychologen dabei, sich der Erforschung des Geistes systematisch anzunähern. In einem ersten Schritt werden Theorien zu einem spezifischen, zugrundeliegenden *adaptiven Problem* und den sich daraus entwickelten *adaptiven Problemlösemechanismen* aufgestellt (Kognitives Programm). In einem weiteren Schritt werden Überlegungen zu den Aufgaben getroffen, die ein bestimmter Problemlösemechanismus bzw. das kognitive Programm erfüllen muss, um ein adaptives Problem erfolgreich zu lösen. Auf diese Weise werden *Hypothesen zur Programmstruktur und den Mechanismen unseres menschlichen Geistes* formuliert, die anschließend verifiziert werden (Neurophysiologische Grundlagen). Es ist möglich, Rückschlüsse und Folgerungen zwischen den einzelnen Erklärungsebenen zu treffen, was durch die Pfeile in der obigen Abbildung demonstriert wird (Cosmides & Tooby, 2006; Tooby & Cosmides, 2016).

Wie oben angedeutet, muss der Organismus zuerst eine Reihe von kognitiven Problemen der Informationsverarbeitung lösen, um in der Lage zu sein, einen gewissen Auftrag zu erfüllen.[6] Dabei nehmen die dazu notwendigen Mechanismen der Informationsverarbeitung gemäß den Evolutionspsychologen begrenzte Informationseinheiten als Input auf, wandeln diese aufgrund von bestimmten Entscheidungsregeln und Repräsentationen um und erzeugen somit Verhalten als funktionalen Output, das dazu vorgesehen ist, adaptive Probleme zu lösen (Buss, 2004; Confer et al., 2010; Tooby & Cosmides, 1992).

Im Gegensatz zu Kognitionspsychologen, die von einer universellen (*engl.: general purpose*) und inhaltsfreien (*engl.: content-free*) kognitiven Architektur ausgehen, nehmen Evolutionspsychologen den konträren Standpunkt ein und postulieren die Zusammensetzung des menschlichen Geistes aus einer Vielzahl spezialisierter Mechanismen (*engl.: content-*

---

[6] Um bspw. sehen zu können ist ein groß angelegtes System zur Informationsverarbeitung notwendig, das eine Vielzahl spezialisierter Mechanismen erfordert, z. B. eine Linse, Netzhaut, Hornhaut, Pupille, spezielle seitliche Detektoren, Stäbchen, Zapfen, bestimmte Bewegungsmelder, spezialisierter Sehnerv etc. (siehe hierzu Buss 2004, S. 60).

specific), die jeweils darauf abgestimmt sind, ein bestimmtes adaptives Problem zu lösen (Buss, 2004; Cosmides & Tooby, 1994; Duchaine, Cosmides, & Tooby, 2001). So kann gemäß Evolutionspsychologen z.b. ein psychologischer Mechanismus, der erfolgreich in der Lage ist, Probleme im Zusammenhang mit der Nahrungssuche zu lösen (z.b. giftige Inhaltsstoffe vermeiden), nicht grundsätzlich auf adaptive Probleme in Bezug auf die erfolgreiche Partnerwahl (z.b. Vermeidung solcher Partner, die Kosten verursachen und Schaden zufügen) oder für die Suche nach geeignetem Lebensraum angewandt werden (Buss, 2004; Confer et al., 2010).

Verschiedene Annahmen der traditionellen kognitiven Psychologie werfen Probleme bei der Betrachtung und Beurteilung von Verhalten auf. Die Annahme eines *universellen Mechanismus der Informationsverarbeitung* vernachlässigt die Tatsache, dass sich eine erfolgreiche adaptive Lösung von Funktionsbereich zu Funktionsbereich unterscheidet (die Qualitäten, die für die erfolgreiche Nahrungssuche benötigt werden, unterscheiden sich von denen, die für die erfolgreiche Partnersuche notwendig sind). Weiterhin wäre die Vielfalt möglicher Verhaltensweisen, die durch allgemeine Mechanismen entstehen, nahezu unendlich und der Organismus hätte keine Handhabe, die erfolgreichen adaptiven Lösungen aus der Flut erfolgloser herauszufiltern (Problem der *kombinatorischen Explosion* und der Rahmung). Die Ansicht, der Mensch verfüge über eine Art Ausrüstung bzw. Veranlagung, einige Informationsarten zu verarbeiten und andere nicht (eine *bereichsspezifische Rahmung*), hat die Basis für die Entwicklung der Evolutionspsychologie geschaffen, die eine Verschmelzung der modernen Psychologie und der modernen Evolutionsbiologie darstellt (Buss, 2004; Roos, 2010).

Auch die Auffassung der Kognitionspsychologen, informationsverarbeitende Mechanismen ohne ein Wissen über die zugrundeliegenden adaptiven Probleme, für die sie entwickelt worden sind (*engl.: evolved function*), untersuchen zu können, verhindert eine Integration ihrer Annahmen zur Informationsverarbeitung in weitere Wissenschaften (*funktioneller Agnostizismus*) (Buss, 2004; Confer et al., 2010; Tooby & Cosmides, 1992). Die Evolutionspsychologen hingegen untersuchen die menschliche Kognition mittels funktioneller Analyse. Sie sind der Annahme, dass die Funktionen kognitiver Mechanismen wie bspw. Denken, Kategorisieren, Urteile fällen und Dinge im Gedächtnis zu speichern und anschließend wieder abzurufen, nicht begreifbar sind, solange nicht verstanden wird, welche Aktivitäten ihnen zu Grunde liegen (Buss, 2004; Confer et al., 2010; Tooby & Cosmides, 2016).[7] Dementsprechend proklamieren Cosmides und Tooby (1987, S. 303) eine Synthese beider Disziplinen als adäquate Analyseebene zur Beschreibung und Erforschung menschlichen Verhaltens und postulieren:

The goal of evolutionary theory is to define the adaptive problems that organisms must be able to solve. The goal of cognitive psychology is to discover the information processing mechanisms that have evolved to solve them. Alone, each is incomplete for the understanding of human behavior. Together, applied as a unified research program, they

---

[7] Bspw. ist es nicht möglich, die Funktion der Leber ohne Kenntnis über die zugrundeliegende Aufgabe der Ausfilterung von Giftstoffen zu verstehen.

offer the promise that by using their organizing principles, the level of analysis appropriate for describing and investigating human behavior has, at last, been found.

Über die Jahre hat sich der Gebrauch der technischen Metapher, mit der die Struktur des menschlichen Geistes beschrieben wird, konsistent von *blank slate* zu *switchboard* bis hin zum *general purpose computer* verändert. An der grundlegenden Annahme, dass jeder spezifische Inhalt dem Geist ursprünglich von außen durch seine Umwelt bzw. Sozialisation zugefügt wird, und die herausgebildete Architektur des Geistes aus einer überschaubaren Anzahl von universellen und inhaltsunspezifischen Mechanismen besteht, die unter den Begriffen Lernen, Induktion, Intelligenz, Imitation, Rationalismus oder Kultur bekannt sind, hat sich jedoch bislang kaum etwas getan (Cosmides & Tooby, 2006). Gemäß dieser Perspektive, die Cosmides und Tooby (2006) als Standardmodell der Sozialwissenschaften (*engl.: standard social science model*) bezeichnen und von der sie sich vehement abgrenzen, besteht der Inhalt unseres Geistes aus „...primarily (or entirely) free social constructions, and the social sciences are autonomous and disconnected from any evolutionary or psychological foundation" (Cosmides & Tooby, 2006, S. 3).

2.1.3 Die Unterscheidung proximater und ultimater Verhaltensursachen

Ein zum Verständnis der Unterscheidung proximater und ultimater Verhaltensursachen wichtiger, im 20. Jahrhundert neubegründeter Bereich innerhalb der Evolutionsbiologie, ist die sog. *Ethologie* oder auch *vergleichende Verhaltensforschung* bzw. *Tierpsychologie*, die sich erstmalig mit der biologischen Erforschung von Verhalten beschäftigt (Tinbergen, 2005). Aufbauend auf Arbeiten von Lorenz (*1903; †1989) und Huxley (*1825; †1895) formuliert der Ethnologe und spätere Nobelpreisträger Tinbergen (*1907; †1988) (1969; 2005) in Anlehnung an die von Huxley vorgeschlagenen drei wesentlichen Forschungsgegenstände der Biologie (*causation, survival value* und *evolution*) vier Fragen, mit denen es gelingen soll eine biologische Sichtweise auf Verhalten anzuwenden und deren Ursachen zu ergründen. Wissend, dass sich einige der Bereiche überschneiden, ist er dennoch vom Nutzen der Unterscheidung und der Relevanz einer konsistenten Berücksichtigung sowie Integration in diesem Forschungsfeld überzeugt. Tinbergens Überlegungen, die später auch als die „*Vier-Warum-Fragen des Verhaltens*" bekannt werden (Buss, 2004), befassen sich (1) mit den unmittelbaren Einflüssen auf das Verhalten (*engl.: causation*), (2) der Funktion des Verhaltens bzw. dem adaptiven Zweck (*engl.: survival value*), (3) den phylogenetischen Ursprüngen des Verhaltens (*engl.: evolution*) und (4) den von Tinbergen zusätzlich eingeführten Gedanken zu entwicklungsbezogenen Einflüssen auf das Verhalten (*engl.: ontogeny*) (Buss, 2004; Tinbergen, 2005).

Die unmittelbaren und entwicklungsbezogenen Einflüsse (*causation* und *ontogeny*) können als proximate Ursachen bezeichnet werden und mit dem bereits von Aristoteles eingeführten Begriff *causa efficiens*, also der Wirkungsursache gleichgesetzt werden, wohingegen die Funktion und der phylogenetische Ursprung des Verhaltens als ultimate Ursachen zusammengefasst werden können und mit dem von Aristoteles verwendeten Begriff *causa finalis*, also der Zweckursache verglichen werden können (Dewsbury, 1992; Drickamer & Gillet, 1998;

Mayr, 1961; van Vugt, 2012). Üblicherweise gibt es, wie es typisch für biologische Systeme ist, bei der Betrachtung der Verhaltensleistung von Menschen oder Tieren nicht nur eine einzige proximate oder ultimate Erklärung, sondern zumeist eine Reihe von Verhaltenserklärungen, die miteinander interagieren (Naguib, 2006; Schradin, 2002). Jede der Verhaltensleistungen kann aus allen vier Perspektiven und deren Kombinationen untersucht werden (Naguib, 2006). Die nachfolgende Tabelle soll dabei helfen, das entsprechend erweiterte Konzept der Verhaltensbetrachtung von Tinbergen (1969) zu verdeutlichen.

	Proximate Faktoren		Ultimate Faktoren	
	Faktoren, die das Verhalten unmittelbar auslösen; Faktoren, die den Ablauf von Verhalten direkt beeinflussen; Faktoren, die der Steuerung von Verhalten zu Grunde liegen; Faktoren, die dazu führen ein unmittelbares Ziel zu erreichen		Faktoren, die sich auf die Konsequenz bzw. den Anpassungswert des Verhaltens beziehen; Faktoren, die sich mit den stammesgeschichtlichen Entwicklung auseinandersetzen	
Grund-fragen	Fragen nach den unmittelbaren Zusammenhängen (Nahursachen); Fragen nach dem Wie?		Fragen nach den grundlegenden Zusammenhängen (Letztursache); Fragen nach den langfristigen, evolutionären Funktionen von Verhalten; Fragen nach der Konsequenz und dem Anpassungswert von Verhalten?; Fragen nach dem Warum und Wozu?	
Ebenen der Verhaltensanalyse	**Verursachung** *(causation)*	**Ontogenese/ Einzelentwicklung** *(ontogeny)*	**Anpassungswert/ Funktion** *(survival value)*	**Phylogenese/ Stammesentwicklung** *(evolution)*
Aspekte der Verhaltensanalyse	Verhaltensauslösende und verhaltenssteuernde (Umwelt-)Faktoren und Mechanismen; Unmittelbare Einflüsse auf das Verhalten	Entwicklungsbezogene Einflüsse des Verhaltens; d.h., wie sich ein Verhalten im Verlauf der Individualentwicklung zeigt und verändert	(Biologische) Funktion/ Adaptiver Zweck des Verhaltens/ Überlebensvorteil	Phylogenetischer/ evolutionärer Ursprung des Verhaltens/ Reproduktiver Vorteil
Fragen nach Tinbergen (1969)	Was sind die Mechanismen eines Verhaltens?	Wie entwickelt sich ein Verhalten?	Welche Funktion hat ein Verhalten?	Welchen phylogenetischen Ursprung hat ein Verhalten?
Beispiel für Fragestellungen aus der Ethologie & Nachbardisziplinen	Wie sind biologische Vorprogrammierungen, Lernen, Intellekt sowie Können, Wollen und Sollen miteinander verbunden? Wie funktioniert ein bestimmtes Verhalten? Welche Unterschiede gibt es in Abhängigkeit von Alter, Geschlecht und Verhaltensbereich? Welche Bezüge haben Wahrnehmung, subjektives Innenleben und Verhalten der Umwelt?	Welche Auswirkungen haben Hormone und Reafferenzen für Reifungsprozesse und prägungsähnliche Schritte? Welchen Einfluss haben diese Prozesse auf Lernleistungen? Was wird gelernt?	Was sind die Kosten und Nutzen einer Verhaltensweise? Welche Veränderungen ergaben sich an bestehengebliebenen, stammesgeschichtlich älteren Merkmalen des Verhaltens unter den Selektionsbedingungen jüngerer Verhaltensmerkmale?	Welche Merkmale waren stammesgeschichtlich Vorbedingungen welcher neuen Merkmale? Welche Folgen haben ältere Merkmale für weitere Entwicklungen (z. B. Hormonfunktionen, neuroanatomische Strukturen und Verhaltensmerkmale? Welche Verhalten wurden von Vorfahren gezeigt?
Beispiel: Soziale Haut- und Fellpflege (Könneker, 2000)	Der Endorphinspiegel steigt bei Sender und Empfänger bei der sozialen Fell- und Hautpflege, wodurch eine Bindung angebahnt und verstärkt wird sowie Stress abgebaut wird.	Kinder erkennen sich mit ca. 20 Monaten im Spiegel. Das ist eine der Grundlagen für soziale Kognition, z. B.: erste einfache Perspektivenübernahmen als Voraussetzung für kogniti-	Soziale Zusammenschlüsse dienen dem Schutz vor Raubtieren, der kollektiven Jagd oder Bautätigkeiten. Freundliches Verhalten hilft Bindungen zu stiften und	Die Brutpflege und das Eltern-Kind-Band waren Bedingungen für soziale Bindungen. Elemente des Brutpflegeverhaltens fanden im Rahmen dieser Entwicklung Verwen-

		ven Altruismus und Kooperation	zu erhalten als Basis für gegenseitige Unterstützung, z. B. bei Brutpflege oder Auseinandersetzungen	dung als sozial freundliches Verhalten, z.B. Kuss und Schnäbeln sowie soziale Fell- und Gefiederpflege
Beispiel: Prägemechanismus bei Entenjungen (Buss, 2004)	Bewegung der Entenmutter löst Prägemechanismus bei Entenjungen aus	Ereignisse, die im Laufe eines Entenlebens zu Veränderung hinsichtlich des Prägemechanismus führen	Ständige Nähe des Entenkükens zur Mutter, die sein Überleben sichert	Welche Folge evolutionärer Ereignisse verursachte die Entwicklung eines Prägemechanismus bei Enten?
Beispiel: Sehvermögen bei Lebewesen (van Vugt, 2012)	Was ist der Mechanismus des Sehvermögens? Wie funktioniert das Sehvermögen?	Welchen Veränderungen unterliegt das individuelle Sehvermögen im Laufe des Lebens?	Wozu verfügen Lebewesen über Sehvermögen? Lebewesen verfügen über Sehvermögen, um Nahrung zu finden und Gefahren zu vermeiden.	Welche evolutionären Faktoren bildeten das Sehvermögen heraus?

Tab. 1: Systematik proximater und ultimater Erklärungsebenen für Verhalten (Quelle: In Anlehnung an Könneker, 2000; Naguib, 2006)

Das Verständnis über die sich herausgebildeten Funktionen psychologischer Mechanismen oder in Bezug auf die Beantwortung der Frage, *warum* ein bestimmtes Verhalten existiert (ultimate Verhaltenserklärung), bietet eine komplementäre Analyseebene zum Verständnis, *wie* ein bestimmter Mechanismus funktioniert (proximate Verhaltenserklärung). Beide Verhaltenserklärungen sind für ein vollständiges Verständnis notwendig und sind einander sogar behilflich, die komplementäre Analyseebene zu durchdringen, „wobei die Frage nach der ultimaten Ursache die logisch vorgeschaltete ist" (Hoffrage & Vitouch, 2008, S. 638). Laut Confer et al. (2010) ist bspw. die Kenntnis über die psychologische Adaption der Angst vor Fremden bei Kleinkindern unvollständig, ohne die zugrundeliegende Funktion zu begreifen (*möglicherweise gefährlichen Fremden aus dem Weg zu gehen*), sowie zu verstehen, wie die entsprechenden Prozesse funktionieren und sich zeigen (*eine vorhersagbare Entwicklung der Funktion zwischen sechs bis acht Monaten, eine höhere Sensibilisierung gegenüber fremden Männern als fremden Frauen, eine internale Aktivierung von Gefühlen, das äußerliche Verhaltenssignal Weinen an die Versorger, die Aktivierung spezifischer neuronaler Schaltkreise etc.*).

Nachdem die Inhalte der vier Fragen umfassend beschrieben worden sind, soll die nachfolgende Abbildung den Zusammenhang zwischen den verschiedenen Faktoren, die den vier Fragen Tinbergens zugrunde liegen, verdeutlichen.

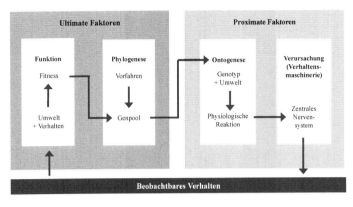

Abb. 3: Zusammenhang und Interaktion zwischen den vier Fragen Tinbergens (Quelle: Schradin, 2002)

Das *beobachtbare Verhalten* wird vom *zentralen Nervensystem (ZNS)* gesteuert bzw. verursacht (*Verhaltensmaschinerie*), welches sich im Laufe der *Ontogenese* individuell spezifisch entwickelt und durch Reize der Umwelt aktiviert wird. Das Verhalten selbst kann Fitnesskonsequenzen haben und bestimmt auf diese Weise die *Funktion*, wodurch der Genpool nachfolgender Generationen beeinflusst wird (*Phylogenese*). Das bedeutet, wenn unterschiedliche Individuen einer Population über ungleiche Fitness verfügen und dies zumindest teilweise durch genetische Abweichungen zwischen den Individuen bedingt ist, führt dies zur Evolution, also einer Veränderung in der Zusammensetzung des Genpools. Auf diese Weise wird über die Funktion die Phylogenese nachfolgender Generationen bestimmt, und der Genpool selbst wiederum gibt die möglichen individuellen Genotypen vor. Der Genotyp eines Lebewesens bestimmt, welche Reaktionen in der gegeben Umwelt möglich sind, wodurch die Phylogenese direkt mit der Ontologie zusammenhängt. Die Ontogenese von Verhalten schildert Reaktionen des Individuums auf Umweltreize, welche die Entwicklung und somit die Form der Verhaltensmaschinerie (ZNS) bedingt, die das Verhalten auslöst (Schradin, 2002).

Zusammengefasst kann festgehalten werden, dass die Kenntnis ultimater Verhaltenserklärungen unabdingbar bei der Suche nach proximaten Verhaltenserklärungen ist, genauso wie die Kenntnis proximater Verhaltenserklärungen zum Verständnis ultimater Funktionen beiträgt. Dabei bedienen sich Evolutionspsychologen aller standardmäßigen Forschungsmethoden anderer Psychologen, um Forschungshypothesen zu testen, einschließlich von Laborexperimenten, Beobachtungstechniken, Fragebögen, Aufzeichnungen sowie physiologische, genetische als auch bildgebende Verfahren (Buss, 2004; Confer et al., 2010; van Vugt, 2012). Zusätzlich verwenden Evolutionspsychologen teilweise für die Psychologie untypische Forschungsmethoden wie spezies- und artenvergleichende Analysen, ethnografische Aufzeichnungen, archäologische Funde sowie paläontologische und lebensgeschichtliche Daten (Confer et al., 2010; van Vugt, 2012).

Bezogen auf den adaptiven Nutzen des Verhaltens, der bei evolutionstheoretischen Ansätzen in den Mittelpunkt der Betrachtung gerückt wird, wird in dieser Fachrichtung stets der Frage nachgegangen, wie ein bestimmtes Verhalten unseren Vorfahren in der Vergangenheit dabei behilflich gewesen ist zu überleben oder sich fortzupflanzen. Daher konzentriert sich der evolutionstheoretische Ansatz hauptsächlich auf die Frage „Warum"? (Griskevicius et al., 2012). Setzt man sich mit der Fragestellung auseinander, warum Kinder Süßigkeiten gegenüber Gemüse bevorzugen, kann als mögliche Antwort angenommen werden, dass Süßigkeiten besser schmecken und das Belohnungszentrum in Gehirn stärker angesprochen wird. Der evolutionstheoretische Ansatz hingegen fragt weiterhin, weshalb Süßigkeiten in erster Instanz gut schmecken und weshalb sie das Belohnungszentrum stärker aktivieren.

Aus evolutionärer Sicht liegt die Antwort in diesem Falle darin begründet, dass Menschen eine Präferenz für fettige und süße Lebensmitteln geerbt haben, da diese Lebensmittel unsere Vorfahren, besser mit den dringend benötigten Kalorien in einer nahrungsknappen Umgebung versorgt haben, als dies bei niedrigkalorischen Nahrungsmitteln der Fall gewesen ist (z. B. bei Wurzeln, Blätter, unreife Früchte), legt man zugrunde, dass die Nahrungsversorgung eine der größten Herausforderungen unserer Ahnen dargestellt hat (Elner & Hughes, 1978; Griskevicius et al., 2012; Rozin, 2000, 2005). So ist auch die menschliche Aversion für bittere Geschmacksstoffe zu begründen, da diese zumeist auf giftige Inhaltsstoffe schließen lässt (Haidt, McCauley, & Rozin, 1994; Rozin, 2005; Rozin, Millman, & Nemeroff, 1986). Obwohl heutzutage bekannt ist, dass Lebensmittel mit hoher Kaloriendichte der Gesundheit eher unzuträglich sind, fällt Menschen der Verzicht aufgrund der sich über Millionen Jahre hinweg entwickelten Mechanismen, die ihnen diesbezüglich adaptive Vorteile signalisieren, dennoch schwer (Griskevicius et al., 2012; Rozin, 2005). Diese evolutionstheoretische Erklärung hinsichtlich menschlicher Nahrungspräferenzen ist unter dem Begriff ultimate Verhaltensursache einzuordnen (Kenrick et al., 2010; van Vugt, 2012).

Die evolutionstheoretische Perspektive trifft eine wichtige Unterscheidung zwischen ultimaten und proximaten Verhaltensursachen. Verhaltensforscher befassen sich vorrangig mit proximaten Verhaltensursachen, d. h., sie setzen sich mit unmittelbaren Auslösern für bestimmte Verhaltensweisen auseinander. Diese können u. a. Kultur, bestimmte Anreize, Erlerntes, ein gewisser Nutzwert, Freude, Glück, Werte, Emotionen oder in der Persönlichkeit begründete Ursachen sein. Die Evolutionstheorie hingegen verfechtet den Nutzen und die Wichtigkeit der Auseinandersetzung mit ultimaten Verhaltensursachen und wirft in diesem Zusammenhang die Frage auf, weshalb sich ein gewisses Verhalten in der Menschheit in erster Instanz überhaupt entwickelt hat. Obwohl es kaum Zweifel an dem Wert der Erklärungskraft der Evolutionstheorie hinsichtlich des menschlichen Verhaltens gibt, ist die zielgerichtete Anwendung dieses Wissens weitaus seltener, als vermutet werden könnte. Dennoch gibt es Wissenschaftler, die jene Erkenntnisse für sich nutzen und versuchen, ein weites Feld an praktischen Anwendungsbereichen hinsichtlich menschlichen Verhaltens sowie menschlicher Bemühungen vor dem Hintergrund der Evolutionspsychologie zu erschließen (Griskevicius et al., 2012; van Vugt, Hogan, & Kaiser, 2008).

2.1.4 Zusammenfassung

Die letzten Abschnitte widmen sich einleitenden Gedanken zur Evolutionspsychologie. Die nachfolgende Übersicht fasst die wichtigsten Kerngedanken zusammen:

Zusammenfassung und Überblick der Einführung in die Evolutionspsychologie

Die **Evolutionspsychologie** beschäftigt sich mit dem wissenschaftlichen Gegenstand der Erforschung des menschlichen Geistes als Produkt der Evolution durch natürliche Selektion (Barkow et al., 1992a, 1992b; Sterelny & Fitness, 2003) sowie daraus resultierenden Adaptionen in der Physis und dem menschlichen Verhalten (Schneider, 2009) und stellt eine Synthese der modernen Prinzipien der Psychologie sowie der Evolutionsbiologie dar (Dunbar & Barrett, 2007). Sie kann als neues theoretisches Paradigma, als konzeptionelles Werkzeug (Buss, 2004, 2016; Roberts et al., 2012) oder auch als Meta-Theorie (Buss, 2003, 2005, 2016) verstanden werden.

Der Evolutionspsychologie liegt die **Theorie Darwins** (1859) zur **natürlichen Auslese** zugrunde. Sie wird durch weitere Theorien der **sexuellen Selektion** (Darwin, 1859) ergänzt sowie durch Theorien wie die **Gesamtfitness** (Hamilton, 1964a, 1964b) modifiziert. Als weitere wichtige Wegbereiter der Evolutionspsychologie gelten **Williams** (1966), der Identifikationskriterien für Adaptionen festlegt (1966), **Trivers**, der die Theorien des reziproken Altruismus (1971), der elterlichen Investitionen (1972) und des Eltern-Kind-Konflikts einführt (1974) sowie **Wilson** (1975) und **Dawkins** (1976) aufgrund ihrer Forschungsarbeiten.

Das Resultat der Mechanismen der natürlichen und sexuellen Auslese sind **phylogenetische Anpassungsleistungen** bzw. **Adaptionen**, die sich aufgrund der vorherrschenden Umweltbedingungen herausbilden und zu Vorteilen bei der Fortpflanzung führen (Buss, 2004; Hoffrage & Vitouch, 2008; Roos, 2010; Zahavi & Zahavi, 1999). Dabei geht die evolutionäre Psychologie davon aus, dass die natürliche sowie sexuelle Selektion unser Verhalten und unsere psychologischen Neigungen ebenso formen wie auch unsere morphologischen Merkmale und Besonderheiten (Kenrick et al., 2010).

Der **Behaviorismus** gilt als Gegenentwurf zur Evolutionstheorie, indem er Menschen als unbeschriebenes Blatt (*lat.: tabula rasa*) annimmt (Pinker, 2003), die ausschließlich mit einer auf Verstärkung beruhenden generellen Lernfähigkeit geboren werden (Buss, 2004). Im Gegensatz zu den im Behaviorismus und Kognitivismus angenommenen **bereichsübergreifenden Lernprozessen**, die weiterhin von einer universellen (*engl.: general purpose*) und inhaltsfreien (*engl.: content-free*) kognitiven Architektur ausgehen, nehmen **Evolutionspsychologen** den konträren Standpunkt ein und vermuten die Zusammensetzung des menschlichen Geistes aus einer **Vielzahl spezialisierter Mechanismen** (*engl.: content-specific*), die jeweils darauf abgestimmt sind, ein bestimmtes adaptives Problem zu lösen (Buss, 2004; Cosmides & Tooby, 1994; Duchaine et al., 2001).

Die evolutionstheoretische Perspektive trifft eine wichtige **Unterscheidung** zwischen **ultimaten** (funktional, phylogenetisch hervorgetretenen) und **proximaten** (unmittelbaren, entwicklungsbezogenen) **Verhaltensursachen** (Buss, 2004; Tinbergen, 2005). Während sich Verhaltensforscher überwiegend mit proximaten Ursachen für beobachtbare Verhaltensweisen befassen, (d. h. unmittelbaren Verhaltensauslösern wie Kultur, Anreize und Nutzwert, Erlerntes, Freude, Glück, Werte, Emotionen oder in der Persönlichkeit begründet), treten Evolutionspsychologen für den Wert der Auseinandersetzung mit ultimaten Verhaltensursachen ein und hinterfragen, weshalb sich ein gewisses Verhalten in der Menschheit in erster Instanz überhaupt entwickelt hat (Griskevicius et al., 2012; van Vugt, Hogan et al., 2008).

Abb. 4: Zusammenfassung und Überblick der Einführung in die Evolutionspsychologie

2.2 Begriffsbestimmung: Leader und Leadership

Bevor sich in dieser Dissertation dem Gegenstand von Followern und Followership als primäres Forschungsinteresse zugewandt wird, ist es erforderlich zu definieren, was unter Leadern und Leadership in der allgemeinen Führungsliteratur zu verstehen ist und welche Qualitäten sie auszeichnen. Weiterhin ist es notwendig festzulegen, welches Begriffsverständnis von Leadern und Leadership in der vorliegenden Dissertation herrscht. Es ist die komplexe Natur der Führung selbst, die jenes Phänomen so untersuchenswert erscheinen lässt, jedoch gleicher Hand eine Herausforderung in der Erforschung darstellt (Stentz, Plano Clark, & Matkin,

2012). So bemerkt auch Burns (1978, S. 2) in seinem Pulitzerpreis gekrönten Buch: "Leadership is one of the most observed and least understood phenomena on earth."

Im anglosächsischen Sprachgebrauch wird zwischen Leadership und Management für den deutschen Begriff Führung klar unterschieden. Diese Differenzierung findet mittlerweile auch im deutschen Sprachraum verstärkt Anwendung, um dem Begriff *Leadership* für Führung eine besondere Bedeutung beizumessen. Impliziert man, dass auch Management eine bestimmte Form der Führung ist, so macht eine Unterscheidung der Begrifflichkeiten Sinn. Die Schwierigkeit der Unterscheidung erübrigt sich, sobald die deutsche Übersetzung beider Begriffe aus dem Englischen näher betrachtet wird. Während Leadership (*to lead*) im Englischen mit „*to go*", „*to travel*" oder „*to guide*" gleichgesetzt werden kann (Brown, 1993, S. 1551), bedeutet Management (*to manage*) im Gegensatz „*to hand*" (Brown, 1993, S. 1681). Raich (2005, S. 43) bewertet dieses Oxymoron entsprechend: „Leadership kann [...] mit einer Reise in Verbindung gebracht werden, d.h. eine Führungskraft, die Leadership praktiziert, versucht, neue Chancen zu entdecken und Mitarbeiter zu herausragenden Leistungen zu mobilisieren. Management bedeutet Dinge in die Hand zu nehmen." Kouzes und Posner (1987, S. 33) unterscheiden in gleicher Weise:

A major difference between management and leadership can be found in the root meanings of the two words – the difference between what it means to handle things and what it means to go places. The unique reason for having leaders – their differentiating function – is to move us forward. Leaders get us going someplace.

Management-Gurus wie Drucker, Bennis und Covey (2004, S. 161) grenzen die Begrifflichkeiten folgendermaßen ab: „Management is doing things right; leadership is doing the right things". Covey (2004, S. 101) führt diese Unterscheidung noch weiter aus und stellt fest: "Management is efficiency in climbing the ladder of success; leadership determines whether the ladder is leaning against the right wall."

Diese Ausführungen sind wohl unter den Bekanntesten in der Führungsliteratur. Diese Differenzierung wird hier nicht getroffen, um zu diskutieren, welche der beiden Paradigmen für die organisatorische Zielerreichung von größerer Bedeutung ist, da beide zweifelsohne relevant sind. Kotter (1999) bemerkt in diesem Zusammenhang: „[L]eadership and management are two distinctive and complementary systems of action. Each has its own function and characteristic activities. Both are necessary for success in an increasingly complex and volatile business environment" (S. 51). Diese Unterscheidung wird in der vorliegenden Dissertation getroffen, um zu verdeutlichen, dass der eben abgegrenzte Leadershipaspekt beleuchtet werden soll, wenn von Führungsverhalten gesprochen wird.

In Anbetracht der schieren Masse an Führungsliteratur ist es kein Leichtes, eine plausible Arbeitsdefinition von Führung zu entwickeln. Auch Sadler (2003, S. 4) stellt fest: „The literature on leadership is more extensive than impressive. It contains more in the way of myth and legend than fact or substance." Stogdill (1974, S. 7) bringt es treffend auf den Punkt, wenn es um die Definition von Führung geht: „There are almost as many different definitions of leadership as there are persons who have attempted to define the concept." Nicholson (2000) grenzt sich ebenfalls bewusst von den, seiner Ansicht nach, klischeehaften Auslegungen von Leadership ab, die für ihn aufgrund ihrer Abstraktheit allesamt keinen Beitrag leisten, das Phänomen besser zu verstehen und definiert Führungspositionen selbst ohne Ausschweife als „the positions of highest authority within a social group" (S. 98). Und auch Neuberger (1995) ist der Auffassung, dass Führung im Rahmen abstrakter Definitionen nicht erfasst werden kann.

Dennoch werden im Folgenden einige Definitionen vorgestellt, die aufzuzeigen versuchen, dass es sich bei Führung um ein sehr komplexes, vielschichtiges und multidisziplinäres Phänomen handelt (Gardner, Lowe, Moss, Mahoney, & Cogliser, 2010; Raich, 2005; Stentz et al., 2012), das gleichzeitig auch viele Divergenzen mit sich bringt. In einem arbeitsbezogenen Kontext wird Leadership in der wissenschaftlichen Literatur gemeinhin als „absichtliche und zielbezogene Einflussnahme auf das Verhalten von Organisationsmitgliedern […] bezeichnet und obliegt einer speziell hierfür ausgewählten Gruppe an Unternehmensmitgliedern, den sog. Führungskräften" (Dries, 2002, S.9). Wie Dries (2002) feststellt, obliegt der Prozess der Führung hierfür ausgesuchten Personen, die gemäß ihrer Position auch als Vorgesetzte, Überstellte oder Chefs bezeichnet werden können.

Um einer konsistenten Wortwahl zu folgen, werden die Personen, die Leadership ausüben, in der vorliegenden Dissertation als Leader bezeichnet. Gängige Definitionen sind u.a: „[S]omeone able to exert social influence on others in order to accomplish a common goal" (van Vugt & Ahuja, 2010, S. 14), „[someone who] creates a sense of common purpose and a sense of belonging" (Sadler, 2003, S.20). Und Kouzes und Posner (2012, S. 1) postulieren:

Leaders get people moving. They energize and mobilize. They take people and organizations to places they have never been before. [They] (…) inspire people to do things differently, to struggle against uncertain odds, and to persevere toward a misty image of a better future.

Sadler (2003, S. 9) definiert die Aufgabe der Führung per se als „a social process involving influence and persuasion. As such it involves interaction between people who offer leadership and people who accept the offer and act as followers." Weitere Auslegungen beschreiben Leadership als „a process that changes and transforms people. It is concerned with emotions, values, ethics, standards, and long-term goals" (Northouse, 2013, S. 185), „a process whereby an individual influences a group of individuals to achieve a common goal" (Polelle, 2008, S. xi) oder kurz „an influence process" (Northouse, 2015, S. 6). Aus der Vielzahl verschiedener Definitionen lassen sich einige elementare Gemeinsamkeiten abstrahieren: (1) Führung kann als Prozess verstanden werden, (2) Führung orientiert sich an Zielen, (3) Führung vollzieht sich in der Gruppe und (4) Führung ist Verhaltensbeeinflussung (Day & Antonakis, 2012; Northouse, 2013; Raich, 2005).

Um besser zu verstehen, wie sich der Prozess der Führung gestaltet, werden in den letzten Jahrzehnten in der Führungsforschung zahlreiche Theorien entwickelt, die je nach Schwerpunktsetzung und eingenommener Perspektive zu einer Vielzahl an Führungskonzepten führen. Vergleichbar mit der Mode verändern sich die „angesagten" Forschungsansätze hinsichtlich Führung mit der Zeit. So verschwinden einige Trends, andere bauen aufeinander auf und manche kehren nach einiger Zeit der Abstinenz in neuem Glanz etwas modifiziert zurück (Northouse, 2015). Um diese Entwicklungen besser nachvollziehen zu können, soll an dieser Stelle ein kurzer historischer Überblick der unterschiedlichen Führungsansätze gegeben werden, die in der nachstehenden Abbildung illustriert werden. (Eine detaillierte Betrachtung der bisherigen Führungsforschung wird später in Abschnitt 2.5 gegeben.)

Während die Führungsforschung zuerst von der Suche nach den richtigen Führungspersönlichkeiten (Eigenschaftstheorien) geprägt ist (Mann, 1959; Stogdill, 1948) oder wie es Dries (2002) ausdrückt, dem „Stoff, aus dem die Helden sind", wendet sie sich dann verstärkt der Suche nach den erfolgsversprechenden Verhaltens- oder Führungsstilen (Verhaltenstheorien) zu (Blake & Mouton, 1964; Katz, Maccoby, Gurin, & Floor, 1951; Stogdill & Coons, 1957). Anschließend werden situative Aspekte in die wissenschaftliche Forschung miteinbezogen und die Kontingenztheorien bilden sich heraus (Fiedler, 1967, 1971; House, 1971; Kerr & Jermier, 1978; Vroom & Jago, 1988; Vroom & Yetton, 1973). Den Kontingenztheorien ähnelnd, befassen sich weitere Theorien mit dem Kontext in dem Führung sattfindet, wie bspw. Hierarchieebenen, kultureller Hintergrund oder organisationale Besonderheiten (Antonakis, Avolio, & Sivasubramaniam, 2003; Hannah, Uhl-Bien, Avolio, & Cavarretta, 2009; House, Aditya, & R. N., 1997; Shamir & Howell, 1999).

Kurz darauf entstehen Theorien, die sich vorranging mit sozialen Austauschprozessen sowie der Beziehung zwischen Mitarbeitern und Führungskräften auseinandersetzen (Dansereau, Graen, & Haga, 1975; Graen & Uhl-Bien, 1995). In den 1970er und 1980er Jahren sieht sich die Führungsforschung mit einigen Herausforderungen konfrontiert, indem die Validität empirischer, quantitativer Forschung in Frage gestellt und auf implizite Führungstheorien sowie Attributionen der Befragungsteilnehmer zurückgeführt wird (Eden & Leviatan, 1975; Meindl & Ehrlich, 1987; Meindl, Ehrlich, & Dukerich, 1985; Pfeffer, 1977; Rush, Thomas, & Lord, 1977). Etwa zur gleichen Zeit häufen sich weiterhin die sog. New Leadership-Ansätze, die u. a. Ansätze wie transformationale (Bass, 1985, 1998; Bass & Avolio, 1994; Bass, Avolio, & Atwater, 1996) oder charismatische Führung (Bennis & Nanus, 1985; Conger & Kanungo, 1987) beinhalten und Ansätze, die sich mit der Perspektive der Kognition sowie Informationsverarbeitung im Zusammenhang mit der Bewertung von Führung befassen, d.h. wie Führung legitimiert und Leadern bspw. aufgrund der Erfüllung prototypischer Eigenschaften der Gruppe Einfluss verliehen wird (Lord, Foti, & Vader, 1984; Wofford, Goodwin, & Whittington, 1998).

Jüngst häufen sich Theorien, die einem neuartigen Forschungsparadigma entstammen. Sie ähneln zwar in gewisser Weise den Eigenschaftstheorien der Führungsforschung, indem individuelle Unterschiede zwischen Personen erfasst werden, jedoch werden diese aus einer eher naturwissenschaftlichen Perspektive betrachtet. Sie vergleichen direkt messbare Eigenschaften (z.B. biologische Variablen oder Prozesse) und setzen sich weiterhin damit auseinander, weshalb bestimmte Merkmale einem Organismus evolutionäre Vorteile verschaffen (Day & Antonakis, 2012). So werden u.a. die Verhaltensgenetik von Führung geschlechtervergleichchend untersucht (Arvey, Rotundo, Johnson, Zhang, & McGue, 2006; Arvey, Zhang, Avolio, & Krueger, 2007; Ilies, Arvey, & Bouchard, 2006), die Wirkung von Hormonen auf Führungskorrelate, wie bspw. Dominanz, betrachtet (Grant & France, 2001; Sellers, Mehl, & Josephs, 2007) und neurowissenschaftliche und evolutionäre Perspektiven der Führung erforscht (Kramer, Arend, & Ward, 2010; Smith, Larimer, Littvay, & Hibbing, 2007; van Vugt & Schaller, 2008).

Kontinuierlich entwickeln sich neue, aufstrebende Theorien der Führung, die den klassischen Ansätzen hinzugefügt werden (Antonakis, Cianciolo, & Sternberg, 2004; Day & Antonakis, 2012; Northouse, 2015; Sadler, 2003), bspw. sind hier ethische Führung (Brown & Treviño, 2006; Turner, Barling, Epitropaki, Butcher, & Milner, 2002), authentische Führung (Gardner, Cogliser, Davis, & Dickens, 2011; Neider & Schriesheim, 2011), Spiritual Leadership (Chen & Chin-Fang, 2012; Chen & Li, 2013; Fry, 2003; Fry, Vitucci, & Cedillo, 2005) und Servant Leadership (Hunter et al., 2013; Liden, Wayne, Zhao, & Henderson, 2008; Parris & Peachey, 2013; van Dierendonck & Nuijten, 2011) zu nennen. Die Einteilung verschiedener Theorien zu bestimmten Führungsansätzen ist nicht immer eindeutig und wird teilweise von einzelnen Autoren unterschiedlich gehandhabt. Dies allein zeugt von der Herausforderung der Zuordnung und von der Komplexität des Führungsgegenstandes selbst.

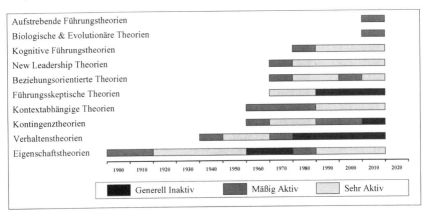

Abb. 5: Historische und zukünftige Entwicklungen in der Führungsforschung (Quelle: Angelehnt an Day & Antonakis, 2012; Northouse, 2015)

Das Paradigma Leadership als sozialen Austauschprozess zwischen Leadern und Followern anzusehen (Beziehungstheorien), erzeugt, wie in der oben dargestellten Abbildung ersichtlich, unter anderem wieder verstärktes Forschungsinteresse in den letzten Jahren. Northouse (2015) betitelt Führung gemäß dieser Sichtweise sogar als Beziehung zwischen Führenden und Folgenden, deren Qualität auf der Güte gegenseitiger Kommunikation, anstelle lediglich auf den Eigenschaften und Fähigkeiten der Führungskraft beruhen und stellt fest: „Leadership is a relationship" (S. 6).

Sobald Leadership als Beziehung verstanden wird, wird Führung zum Prozess gemeinsamer Zusammenarbeit zwischen Leadern und Followern (Northouse, 2015; Rost, 1993). Der Leader beeinflusst seine Follower, wird jedoch auch gleichzeitig von Followern beeinflusst, sowie beide zusätzlich von der gegenwärtigen Situation beeinflusst werden. Diese Perspektive verdeutlicht, dass Leadership nicht als einseitige Einflussnahme angesehen werden darf, sondern vielmehr als interaktives Ereignis gewertet werden muss. Während in den traditionellen Führungsansätzen die Ausübung von Autorität üblicherweise von oben herab geschieht, wird in den interaktiven Führungsansätzen Autorität und Einflussnahme untereinander geteilt. Wenn Leadership auf diese Weise verstanden wird, ist Führung in der Konsequenz jedem zugänglich und nicht mehr nur exklusiv der formell berufenen Führungskraft vorbehalten (Northouse, 2015).

Dieses Paradigma der Führung plädiert dafür, dass Leader ihre Follower in den Prozess der Führung miteinbeziehen und sich dementsprechend die Charaktere, Interessen, Wertehaltungen, Einstellungen und Motivation ihrer Follower bewusst machen. Weiterhin betont diese Sichtweise einen wichtigen ethischen Aspekt, indem er mit Nachdruck auf die Notwendigkeit der Zusammenarbeit zwischen Leader und Follower verweist, um gemeinsame Absichten und Ziele erreichen zu können. Dieser Fokus der Gemeinsamkeit bzw. Gegenseitigkeit verringert die Wahrscheinlichkeit, dass Vorgesetzte Verhaltensweisen bzw. Handlungen ihrer Mitarbeiter einfordern, die unethisch oder erzwungen sind und erhöht gleichzeitig die Chancen, zusammen auf ein gemeinsames Vorhaben zuzusteuern (Northouse, 2015; Rost, 1993).

In der vorliegenden Dissertation wird Leadership ebenfalls als Beziehung bzw. gegenseitige Interaktion zwischen Leadern und Followern verstanden. Es wird eine systemische Perspektive eingenommen und der Prozess betrachtet, der abläuft, wenn Menschen in sozialen Begebenheiten miteinander agieren und untersucht, wie diese Prozesse aufgrund von Beziehungen, Verhaltensweisen und Persönlichkeiten der Akteure gleichzeitig Leadership und Followership erzeugen. Es wird sich hierbei von einer autoritären oder hierarchischen Annäherung die Thematik betreffend distanziert.

Dementsprechend werden Leader hier in Übereinstimmung mit Monös (2013) Definition verstanden als „[a]n individual who is temporarily given more influence by a group of people with the objective to help guide the group towards a common goal or vision" (S. 102) oder schlichtweg nach Maccoby (2007) definiert als „a leader is someone people follow" (S. xvi) – und dies freiwillig ohne aufgrund organisationaler Strukturen dazu gezwungen zu sein. Dies führt für die vorliegende Dissertation zu folgender Arbeitsdefinition von Leadern und Leadership:

Ein **Leader** ist ein Individuum, welchem zeitweise höherer Einfluss von seinen Followern verliehen wird, um die Aufgabe der Führung einer Gruppe hin zu einem gemeinsamen Ziel oder einer gemeinsamen Vision ausüben zu können. (Die Begriffe Anführer, Führende und Führungskräfte werden in der vorliegenden Dissertation synonym für den Begriff der Leader verwendet.)

Leadership ist die temporäre Ausübung einer übergeordneten Rolle und kann als interaktiver Prozess der Einflussnahme auf eine Gruppe zum Zweck der Erreichung gemeinsamer Ziele oder einer gemeinsamen Vision verstanden werden. Die Qualität des Prozesses hängt dabei von der Beziehung zur zu führenden Gruppe oder den zu führenden Gruppenmitgliedern ab.

Abb. 6: Arbeitsdefinition Leader und Leadership für die vorliegende Dissertation

2.3 Begriffsbestimmung: Follower und Followership

In nahezu 150 Jahren Führungsforschung haben verhältnismäßig wenige Forscher versucht, das Konzept Followership zu verstehen und zu definieren (Carsten et al., 2010; Carsten, Harms, & Uhl-Bien, 2014; Crossman & Crossman, 2011). Dies bedeutet jedoch nicht, dass Follower in der Führungsforschung nicht erwähnt werden. Ganz im Gegenteil diskutieren die meisten Artikel und Publikationen der Führungsforschung, wie Leader ihre Follower lenken, inspirieren und zur Erreichung gewünschter Unternehmensergebnisse motivieren können (Carsten et al., 2014; Yukl & van Fleet, 1982). Was jedoch in der Führungsforschung größtenteils fehlt, ist eine konkrete Definition der Follower. Die wenigsten Forscher bemühen sich zu erklären, wer die Follower sind und wie sie mit Leadern kollaborieren, um gemeinsame Ziele zu erreichen (Carsten et al., 2014; Collinson, 2006).

Daher gilt es zu klären, was unter den Begriffen Follower und Followership in der vorliegenden Dissertation zu verstehen ist. Bevor sich einer eigenen Definition angenähert wird, werden vorab verschiedene Begriffsverständnisse der akademischen Literatur diskutiert.

Van Vugt und Ahuja (2010) definieren den Follower sehr allgemein als „... an individual who coordinates his actions with another individual, the leader. This means setting aside your own goals and adopting the objectives of the leader" (S. 67). Gemäß dieser relativ generellen Auslegung, gibt es verschiedene Formen zu folgen. Den kurzfristigen Follower, der sich bspw. dem Freundeskreis für soziale Aktivitäten anschließt, den überdauernden Follower, der bspw. eine politische Bewegung unterstützt, den widerwilligen Follower, der trotz Vorbehalten die Anweisungen des Vorgesetzten ausführt oder den leidenschaftlichen Follower, der sich z. B. einem religiösen Kult oder gar terroristischen Organisationen anschließt (van Vugt & Ahuja, 2010).

Diese Dissertation befasst sich jedoch ausschließlich mit Followern in einem arbeitsbezogenen Kontext. In der angelsächsischen Literatur wird der Begriff Follower in diesem Zusammenhang seit etwa Anfang der 1980er Jahre verstärkt als Synonym für die Begrifflichkeit *subordinate* (Crossman & Crossman, 2011; Lord & Brown, 2004; Steger, Manners, & Zimmerer, 1982; Zaleznik, 1965) verwendet, was den deutschen Worten *Untergebener* oder *Befehlsempfänger* gleichkommt. Die stattfindende Glorifizierung des Führungsmythos (Alznauer, 2013; Kellerman, 2008; Monö, 2013) geht soweit, dass Follower größtenteils als passive Objekte wahrgenommen werden, die lediglich Aufträge ihres Leaders entgegennehmen und diese je nach den Führungsqualitäten Letzterer mit mehr oder minder großer Motivation und Erfolg ausführen. Hurwitz und Hurwitz (2015) bezeichnen die Einstellung Vieler gegenüber Followern metaphorisch pointiert als das „F-Word". Diese Auffassung hinsichtlich Followern ist jedoch in Zeiten intensiviertem globalen Wettbewerbs nicht mehr haltbar (Chaleff, 1995; Kelley, 1988; Monö, 2013). Follower müssen als gleichberechtigte Partner und Teilhaber angesehen und behandelt werden, die einen gleichrangigen Anteil zur Erreichung der Unternehmensziele leisten (Chaleff, 1995; Hurwitz & Hurwitz, 2009).

Auf der Suche nach geeigneteren Ausdrücken und vor allem, um den negativen Assoziationen (Agho, 2009) und dem anhaftenden Stigma (Bjugstad et al., 2006) mit dem Begriff Follower entgegenzuwirken, wählen einige Autoren Begrifflichkeiten wie *participant* (dt. Beteiligte, Mitwirkende), *collaborator* (dt. Mitarbeiter, Kollaborateur), *partner* (dt. Partner) (Uhl-Bien, 2006) oder *constituent* (dt. Bestandteil, Komponente, Glied) (Kouzes & Posner, 2012). Letzterer Ausdruck wird als besonders neutral angesehen, weshalb er vor allem in der Führungsforschung in eher sensiblen, politischen bzw. mikropolitischen Kontexten Verwendung findet (Crossman & Crossman, 2011).

Yukl (2006) hingegen unterscheidet bewusst zwischen Untergebenen (engl. subordinates) und Followern, indem er Erstere als Bestandteil einer hierarchischen Abhängigkeit ansieht und Letztere als Individuen kennzeichnet, die sich bewusst dafür entscheiden, einem Leader zu folgen, selbst wenn dies aufgrund fehlender formaler Hierarchien nicht notwendig wäre, z. B. indem sie sich Kollegen oder Gleichgesinnten anschließen. Auch Monö (2013) differenziert in ähnlicher Weise und definiert Follower als „[a]n individual who by free will chooses to follow someone else's directives for a limited period of time in order to achieve a goal or vision, which is shared with the leader and the other co-followers" (S. 102). Andere Autoren differenzieren nicht derart strikt und definieren den Begriff Follower bezogen auf die hierarchische Beziehung und im organisationalen Kontext. So bezeichnet Kellerman (2008: xix) Follower als „subordinates who have less power, authority, and influence than do their superiors and who therefore usually, but not invariably, fall into line." Hollander (1974, S. 20-21) postuliert: „It is commonly assumed that a cleavage exists between those who lead and those who follow, and that being a follower is not being a leader. [...] Only some members of a group have 'leadership qualities' [...] and stand out as 'leaders'. [...] Followers are treated essentially as 'nonleaders', which is a relatively passive residual category." Dixon und Westbrook (2003) heben hingegen hervor, dass das Konzept Followership nicht mit Untergeben- oder Unterlegenheit gleichzusetzen ist. „Being a subordinate is mechanical or physical, it is being under the control of the superiors as if in some hypnotic trance. Being a follower is a condition and not a position. (Dixon & Westbrook, 2003, S. 20). Rost (1993, S. 112) löst sich gänzlich von der hierarchischen Unterscheidung zwischen Followership und Leadership und bemerkt:

... followers do leadership not followership. And while followers sometimes change places and become leaders, they do have to be leaders to exert influence, to use power resources to persuade others of their position. In sum, followers are active agents in the leadership relationship, not passive recipients of the leader's influence.

Und auch Bass und Bass (2009, S. 400) stellen fest:

> Successful leaders influence their followers and bringe about changes in their followers' attitudes and behavior. In the same way, by accepting, modifying, or rejecting the influence, follower influence the leader's subsequent behavior and attitudes. Sometimes, subordinates lead and superiors follow. Leaders and followers matter to each other, as do the quality of relations between them.

In der vorliegenden Dissertation wird sich der Unterscheidung Yukls (2006), Monös (2013) sowie Dixons und Westbrooks (2003) angeschlossen und zwischen tatsächlichen Followern und Personen, die sich lediglich in einer formellen, hierarchischen Abhängigkeit befinden unterschieden. Vor diesem Hintergrund werden die Begriffe *Geführte, Folgende* und *Gefolgschaft* synonym für den Begriff des *Followers bzw. der Follower* eingesetzt, während die Begriffe *Mitarbeiter, Unterstellter* und *Belegschaft* alternativ für solche Personen gewählt werden, die aufgrund eines hierarchischen Verhältnisses anderen *untergeordnet* sind.

Auch der Begriff Followership wird von Autoren in unterschiedlicher Weise verwendet: Als Gegenstück zu Leadership auf einem Leadership-Followership-Kontinuum (Hollander & Webb, 1955), als eine direkt oder indirekt beeinflussende Tätigkeit, als Rolle per se, die nicht mit den Personen, die sie füllen verwechselt werden sollte (Hollander, 1974; Monö, 2013) oder als Sammelbegriff solcher, die von Führungskräften beeinflusst werden. Zumeist hängt die konkrete Definition des Konstrukts Followership mit der Beziehung zu dem aufgegriffenen Führungskonzept zusammen (Crossman & Crossman, 2011). Auch Hollander und Webb (1955) machen darauf aufmerksam, dass die Definition von Followership davon abhängig ist, ob das Konstrukt aus dem Blickwinkel der Leader oder der Follower betrachtet wird und wählen für ihre Definition von Followership die Perspektive Erstgenannter: „Followership is the extent to which an individual is desired by potential leaders of a group functioning within a circumscribed institutional context" (Hollander & Webb, 1955, S. 166).

Crossman und Crossman (2011) zeigen in ihrer Publikation fundiert verschiedene Perspektiven der Followershipdefinition auf, deren Ausarbeitung hier teilweise aufgegriffen wird. Eine leaderzentrierte Begriffsbestimmung, die dabei beschrieben wird, ist die Definition Bjugstads et al. (2006, S. 304): „Followership may be defined as the ability to effectively follow the directives and support the efforts of a leader to maximize a structured organization." Jedoch gibt es auch Autoren, die Followership und Leadership mindestens den gleichen Rang einräumen und daher als eher followerzentriert gewertet werden können. So postulieren bspw. Heller und van Til (1982, S. 406): „Leadership and followership are best seen as roles in relationship" und Schindler (2012, S. 28) stellt fest: „Followership is a role equally as relevant to achieving group and organization goals as is the leadership role." Dixon und Westbrook (2003) sind gar der Ansicht, dass Followership allein durch die zahlenmäßige Überlegenheit Organisationen dominiert. Und Collinson (2006, S. 179) bemerkt: „the essence of leadership is followership and [...] without followers there can be no leaders."

Unbestritten greifen Followership sowie Leadership ineinander (Hollander, 1992a) und die Grenzen zwischen Leadern und Followern verschwimmen (Schindler, 2012): „Leaders also are followers, and followers also exhibit leadership" (Hackman & Wageman, 2007, S. 45). Es gibt wenige (falls überhaupt) Führungskräfte, die uneingeschränkte Autorität besitzen. Jeder Vorgesetzte, selbst leitende Angestellte, Hauptgeschäftsführer oder Vorstandsvorsitzende sind dazu verpflichtet, an eine Art höhere Instanz oder überstellte Person bzw. Gruppe zu rapportieren. Diese Tatsache bedeutet für Personen, die formale Führungspositionen innehaben, ständig den Spagat bewältigen zu müssen zwischen der Ausübung der Follower- und der Leaderrolle. Es bedarf eines hohen Maßes an Eignung und persönlicher Reife, gleichzeitig die unterschiedlichen Positionen auszubalancieren (Hackman & Wageman, 2007).

Trotz der Diversität an existierenden und vorgestellten Follower- und Followership-Definitionen wird es für die vorliegende Dissertation in Anbetracht der inzwischen global vorherrschenden wirtschaftlichen sowie technologischen Rahmenbedingungen und der sich daraus ergebenden immer stärkeren Angewiesenheit auf Follower vorgezogen, Follower als einen zentralen Bestandteil in der Erreichung organisationaler Erfolgsparameter anzusehen, die wesentlichen Einfluss sowohl auf Unternehmensergebnisse als auch auf den Erfolg ihrer Vorgesetzten ausüben (Offermann, 2004). Entgegen der bislang vorherrschenden Auffassung wird hier die Ansicht vertreten, dass Follower große Einflussnahme ausüben und über weitreichende Kontrolle über ihr persönliches Schicksal sowie das des Unternehmens verfügen, indem sie sich entscheiden zu folgen oder nicht.

Es darf an dieser Stelle nicht vergessen werden zu erwähnen, dass Leadern Macht verliehen wird, indem Follower sich dazu entschließen, ihnen zu folgen (Kilburn, 2010) und dadurch die Wirtschaftlichkeit und Persistenz von Organisationen in erheblichem Maße positiv oder auch negativ beeinflusst werden können (Dixon & Westbrook, 2003). Daher wird sich der Auffassung Carstens et al. (2010, S. 559) angeschlossen, die das Konzept Followership folgendermaßen definieren:

Followership is a relational role in which followers have the ability to influence leaders and contribute to the improvement and attainment of group and organizational objectives. It is primarily a hierarchically upwards influence.

Es wird in der vorliegenden Dissertation unterstellt, dass Follower sich in erster Linie den Zielen der Organisation verpflichten und sich bewusst dafür entscheiden, diese zu verfolgen. In Abhängigkeit der wahrgenommenen Übereinstimmung der Ziele ihrer Führungskräfte, sprich der Ziele ihrer Vorgesetzten, mit den Zielen der Organisation, entscheiden sich Follower in nächster Instanz ihren Leadern zu folgen oder sie entsprechend in Richtung der Kongruenz mit den Zielen der Organisation zu beeinflussen. Dies führt für die vorliegende Dissertation zu folgender Arbeitsdefinition von Followern und Followership:

Ein **Follower** ist ein Individuum, welches für eine zeitlich begrenzte Dauer freiwillig die Führung eins Leaders annimmt und sich unterordnet, um ein gemeinsames Ziel oder eine gemeinsame Vision mit dem Leader und anderen Followern besser erreichen zu können als alleine. Dabei sind Follower aktive Beteiligte am Führungsprozess, die einen wesentlichen Anteil zur Erreichung angestrebter Ergebnisse leisten und nicht lediglich Empfänger des Einflusses des Leaders sind. (Die Begriffe Geführte, Folgende und Gefolgschaft werden in der vorliegenden Dissertation synonym für den Begriff der Follower verwendet.)

Followership als komplementäre Strategie zu Leadership kann bezeichnet werden als die freiwillige temporäre Ausübung einer untergeordneten Rolle zur Erreichung gemeinsamer Ziele oder einer gemeinsamen Vision.

Abb. 7: Arbeitsdefinition Follower und Followership der vorliegenden Dissertation

Auf welche Weise es Followern gelingt, Einfluss auf den organisationalen Erfolg zu nehmen, wird in den nachfolgenden Abschnitten theoretisch erarbeitet und anschließend in der hierzu konzipierten Studie versucht zu validieren.

2.4 Vertiefung: Entstehung von Followership und Beweggründe zu folgen

In diesem Abschnitt werden die Entstehung von Followership und die Beweggründe zu folgen vertiefend betrachtet, d.h. es wird untersucht, warum jenes Verhalten existiert und damit die ultimate Erklärungsebene erforscht. Hierzu werden sowohl psychoanalytische, kognitionspsychologische, sozialpsychologische als auch evolutionspsychologische Erklärungsansätze diskutiert, die aufzuzeigen versuchen, weshalb sich Follower entscheiden Leadern zu folgen und auf diese Weise Followership entsteht.

2.4.1 Die psychoanalytische Perspektive

Gemäß der psychoanalytischen Perspektive ist Führung und die Motivation zu folgen größtenteils das Ergebnis von Projektions- und Übertragungsprozessen seitens der Follower (Kets de Vries, 1988; Shamir, 2007). Shamir (2007) interpretiert Projektion dabei als den Prozess der Attribution von Idealen, Wünschen, Begierden und Fantasien auf eine andere Person, während er Übertragung als den Vorgang beschreibt, bei dem ein Mensch Gefühle, Affekte oder Erwartungen hinsichtlich anderer Personen reaktiviert und ihnen gegenüber reagiert, als seien diese der Vater, die Mutter oder andere signifikante Gestalten der frühen Kindheit und diesen Personen Gedanken oder Charakterzüge zuschreibt, die dort in der Realität (vielleicht) nicht vorhanden sind.

Gemäß den psychoanalytischen Theorien verfallen Follower besonders in Zeiten der Unsicherheit, Hilflosigkeit oder Bedrohung in Verhaltens- und Denkmuster der Kindheit zurück und entwickeln in derartigen Situationen eine besondere Zuneigung zum Leader. Ihre Idealisierung und Ehrfurcht gegenüber dem Leader ist nicht durch die Verhaltensweisen oder Eigenschaften der Führungskraft selbst bedingt, sondern aufgrund des Übertragungsprozesses innerhalb dessen der Leader den Vater, die Mutter oder eine andere allmächtige Person repräsentiert, und in der Lage ist, die Ängste der Follower zu reduzieren und Schutz zu bieten (Shamir, 2007).

Im Vergleich zu anderen Lebewesen ist der Mensch nach seiner Geburt gänzlich von der Pflege seiner Eltern bzw. anderen Erwachsenen, die sich dem Kind annehmen, abhängig, was laut bedeutenden Theoretikern kritische Auswirkungen auf die menschliche Entwicklung während des ganzen Lebens zeigt (Bowlby, 1997; Freud, 1920; Lipman-Blumen, 2007; Popper, 2014). Die Sehnsucht nach einer Führungsperson, die uns leitet und das gleichzeitige Verlangen nach einer Autoritätsperson, die uns genau wie in frühen Kindheitsjahren vor äußerlichen Bedrohungen beschützt und Gefahren von uns abwendet, ist eine der psychologischen Äußerungen dieses ursprünglich zugrundeliegenden Prozesses (Lipman-Blumen, 2007; Pillai, 1996; Popper, 2014). Das Bedürfnis nach Sicherheit ist ein zentrales menschliches Anliegen. Daher fühlen sich Menschen von Personen angezogen, die ihnen stärker und weiser erscheinen als sie selbst (Bowlby, 1997; Freud, 1920):

> These early authority figures loom large in our lives, deeply branding our psyches with the importance of pleasing and obeying them. As children, we realize we cannot get along without them, since these larger-than-life figures provide us with the basics of food, shelter, clothing, care, safety, and love that we cannot provide for ourselves. (Lipman-Blumen, 2007, S. 3)

Wahlmöglichkeiten und Freiheit sind zunächst außerhalb der Reichweite junger Menschen, die in die Abhängigkeit geboren werden. Die Möglichkeiten von Autonomie und Selbstbestimmung werden erst während des Heranwachsens zugänglich und so bemühen sich junge Menschen zumeist in etwa ab dem Alter der Pubertät, sich von der elterlichen Kontrolle zu lösen und auf eigenen Beinen zu stehen. „As grown-ups, we want to dance to our own tune" (Lipman-Blumen, 2007, S. 4). Zu dem Zeitpunkt, an dem Heranwachsende jedoch in der Lage sind, selbst Verantwortung für ihr Sein zu übernehmen, ist die Prägung sich auf diejenigen zu verlassen, die als stärker und erfahrener empfunden werden, bereits erfolgt.

> When our parents and other caretakers recede into the shadows, we think we are on our own, composing our own music. Nonetheless, the melody of parental care and control is profoundly embedded in our psyches. Despite our yearning for autonomy, when we hear those familiar strains, we begin to tap our toes. Before long, we finde ourselves dancing mindlessly to that nostalgic tune, ignoring its dark undertones. This time, however, the conductors are likely to be other authority figures - bosses, pastors, professors, presidents, or any other would-be leaders - who, unlike our parents, may not know, much less cherish, our best interests. (Lipman-Blumen, 2007, S. 4)

Besonders in Krisen oder in Situationen, in denen Menschen ihre Gesundheit und ihr Wohlergehen in Gefahr sehen, neigen sie dazu in frühkindheitliche Muster zurückzufallen und ihre Freiheit gegen das trügerische Versprechen von Sicherheit, das von Leadern gegeben wird, einzutauschen (Fromm, 1994; Lipman-Blumen, 2007; Pillai, 1996; Popper, 2012; Shamir, 2007), teilweise sogar in Form demütiger Unterwerfung gegenüber gefährlichen und destruktiven Leadern, wie die Geschichte bedauerlicherweise zeigt (Fromm, 1994).

2.4.2 Die kognitionspsychologische Perspektive

Forschung im Rahmen der Kognitionspsychologie konzentriert sich auf mentale Zustände jeglicher Art, die durch Aufnahme, Verarbeitung, Speicherung und Weitergabe von Informationen erzeugt und verändert werden (Beller & Bender, 2010; Strube, 1996). Sie untersucht, wie Menschen die Realität wahrnehmen sowie ob es Gesetze und Regeln (Heuristiken) gibt, die den Verarbeitungsprozess der wahrgenommenen Informationen bestimmen (Beller & Bender, 2010; Weick, 1995).

Kognitionspsychologische Begründungen, warum Menschen folgen, betonen ebenfalls den Leader. Sie rücken ihn hierbei in den Mittelpunkt der Informationsverarbeitung, indem sie ihn als zentralen Bestandteil bei der Interpretation von Informationen bestimmen. Mit der Person des Leaders steht ein verhältnismäßig simples Erklärungsmuster für komplexe Phänomene zur Verfügung, welches die immanente Forderung nach Verständnis und Zuordenbarkeit komplizierter Vorgänge erfüllt und somit zur Unsicherheitsvermeidung von Individuen beiträgt (Meindl et al., 1985). Weick (2007) stellt in diesem Zusammenhang fest: „It is the combination of thrownness, unknowability, and unpredictability that makes having some direction, any direction, the central issue for human beings, and by implication, the central issue for leadership phenomena" (S. 286). Obwohl das Bedürfnis der Unsicherheitsvermeidung nicht mit dem Schutz vor existenziellen Bedrohungen gleichzusetzen ist, handelt es sich dennoch um ein psychologisches Phänomen, welches tief in der Menschheit verankert ist. Menschen streben danach, die Komplexität der Umwelt, die sie umgibt, zu reduzieren und die Sicherheit in der Interpretation und Auslegung ihres individuellen Weltbildes zu stärken (Popper, 2014; Weick, 1995).

Das Erscheinungsbild, die Ausdrucksweise und das Verhalten des Leaders sind jeweils spezifische Informationseinheiten innerhalb der Gesamtheit der die Menschen umgebenden Informationen, die es zu absorbieren und zu verarbeiten gilt. Dabei zeigt die Forschung, dass Individuen dazu neigen, diese aufgenommen Informationen in ganz besonderer Weise zu interpretieren, indem Sachverhalte als in der Person liegend begründet werden, anstelle sie den Gegebenheiten geschuldet anzusehen (Popper, 2014). Dieser kognitive Bias ist als *Fundamentaler Attributionsfehler* bekannt (Gilbert & Malone, 1995). Vor dieser Perspektive betrachtet werden bspw. große Errungenschaften oder bedeutende Veränderungen Leadern zugeschrieben, anstelle diese auf komplexe Prozesse zu attribuieren. Meindl et al. (1985) bezeichnen diese Erscheinung als *Romance of Leadership*, welche gemäß Tversky und Kahneman (1973) auf zwei Urteilsheuristiken der Informationsverarbeitung zurückzuführen sind: Verfügbarkeit und Repräsentativität. Dementsprechend können auch Leader als Heuristik dienen, indem sie die augenscheinlichste und am leichtesten zugängliche Erklärung darstellen, wenn es darum geht, komplexe Situationen zu evaluieren (Popper, 2014).

Basierend auf Mischels (1973) Forschung zur sozial-kognitiven Lerntheorie und der Rekonzeptualisierung von Persönlichkeit (*reconceptualization of personality*) beschreibt Popper (2014), wie Individuen ihre eigene Realität und Persönlichkeitseigenschaften anderer konstruieren. Er versucht dadurch die zugrundeliegende Argumentation, weshalb subjektive Unsicherheit innerhalb von Individuen zustande kommt und weshalb Follower sich in Folge nach Leadern sehnen, zu begründen. Dabei werden grundsätzlich zwei Situationen unterschieden: Zum einen Situationen, die durch ein hohes Ausmaß an Sicherheit, Ordnung und Beständigkeit geprägt sind wie bspw. Routinearbeiten (*strong psychological situations*) und zum anderen Situationen, die sich durch Unsicherheit bis hin zu existenziellen Bedrohungen auszeichnen (*weak psychological situations*). Anhand dieser Unterscheidung leitet Popper (2014, S. 114) das nachfolgende theoretische Prinzip ab: „…the more individuals are deeply involved (according to their feeling) in ‚weak psychological situations', the stronger their craving for a leader and the more intensive their attraction to a charismatic leader." Wenn die individuell wahrgenommene Unsicherheit weniger stark ausgeprägt ist (im Vergleich zu Situationen existenzieller Bedrohung durch Krieg oder Terror), aber dennoch Unsicherheit vorherrscht (z. B. in Bezug auf Ursachen- und Wirkungszusammenhänge), werden instinktive Erklärungselemente automatisch reduziert und kognitive Erklärungstheorien, respektive Attributionstheorien, bevorzugt herangezogen und der Leader somit als zentrales Erklärungsmuster aus Sicht der Follower gewertet.

Vor dieser Argumentation ist der Leader die am leichtesten verfügbare Informationseinheit, die in der Wahrnehmung der Follower erscheint und Followern somit ermöglicht, widersprüchliche oder im Überfluss vorhandene Informationen zu komprimieren und zu kategorisieren. Wenn sich Menschen allerdings in Situationen befinden, die durch ein hohes Maß an Beständigkeit und Ordnung gekennzeichnet sind und sie sich *in Sicherheit* fühlen, kann der Aspekt der Führung generell eher als vernachlässigbar oder sogar als überflüssig gewertet werden (Popper, 2014) und es entsteht Spielraum für Substitute von Führung (Gronn, 2002).

2.4.3 Die sozialpsychologische Perspektive

Bisher wurden die Motive einem Anführer zu folgen mit dem Streben nach Sicherheit als primäres Überlebensbedürfnis sowie dem Streben nach Ordnung und Berechenbarkeit als universales Bestreben begründet. Beide Erklärungsansätze gelten kulturübergreifend. Sozialpsychologische Erklärungsansätze unterscheiden sich in dieser Hinsicht, indem sie ein tiefgreifendes Verständnis sozialpsychologischer Prozesse in spezifischen sozialen und kulturellen Kontexten voraussetzen (Markus & Kitayama, 2003). Dieses Verständnis ist gemäß Popper (2014) essentiell, um den Ursprung individueller Anziehung und Gehorsam für einen Leader zu identifizieren.

Aus sozialpsychologischer Perspektive ist die Bereitschaft sich einem Leader anzuschließen, tief in der eigenen Identität bzw. dem eigenen Selbstkonzept verankert, das bereits in der frühen Kindheit beginnt sich herauszubilden und den Kern der sozialpsychologischen Diskussion darstellt (Markus & Wurf, 1987). Die eigene Identität, das Selbst (*self*) bzw. die verschiedenen Selbstkonzepte (*selves*) entwickeln sich, indem Individuen versuchen, sich auf den Kontext, der sie umgibt, einzustellen. Diese Selbstkonzepte sollen Antworten auf die universalen Fragen liefern, wen oder was das Individuum in Bezug auf den umgebenden Kontext darstellt, wie es sich in der spezifischen Umgebung zu verhalten hat und auf welche Weise es in Verbindung zu anderen steht. Die Selbstkonzepte stellen Schemata vergangener, gegenwärtiger und zukünftiger Verhalten dar, sind situationsabhängig und reflektieren daher stets den umgebenden Kontext in signifikanter Weise (Markus & Kitayama, 2010).

Es wird davon ausgegangen, dass Menschen über verschiedene Identitätshierarchien verfügen. Identitäten höheren Ranges sind dabei einfacher zu aktivieren und auch herausstechende bzw. auffällige Ereignisse sowie Personen üben Einfluss auf das Hervortreten individueller Identitäten aus (Popper, 2014). Es ist anzunehmen, dass Leader als eine in dieser Weise bedeutende Person wahrgenommen werden und Einfluss auf die Aktivierung einer bestimmten Identität des Individuums nehmen, insofern sie als primärer Repräsentant einer Geschichte, Handlung oder Angelegenheit, die das Individuum emotional beschäftigt, angesehen werden (Shamir, House, & Arthur, 1993). Gemäß dieser Denkweise ist die Entscheidung, sich einem bestimmten Leader anzuschließen, die Konstruktion oder Akzeptanz einer Geschichte, die Follower als Teil ihrer Identitätsbildung kreieren (Lord & Brown, 2004; Popper, 2014).

Um diesen Erklärungsansatz detaillierter zu betrachten, eignet sich die Verwendung einer spezifischen Identität bzw. Selbstkonzepts, respektive dem sozialen Selbst (*social self*) (Markus & Kitayama, 1991). Die menschliche Wirklichkeit wird oftmals nicht als objektiv wahrgenommen, sondern mit diversen subjektiven Inhalten und Bedeutungen versehen, die durch Symbole repräsentiert werden. Diese stehen ihrerseits wiederum für abstrakte und komplexe Phänomene. Bestimmte derartige Symbole dienen als Sinn-, Identität- oder Kommunikationsmerkmale untereinander. In gleicher Weise repräsentieren gewisse Handlungen und bestimmte Personen einen symbolischen Wert. Leader können symbolische Repräsentationen kultureller sowie sozialer Kategorien sein, die dazu dienlich sind, das soziale Selbst der Follower zu definieren bzw. herauszukristallisieren (Popper, 2014; Shamir et al., 1993).[8]

---

[8] Zum besseren Verständnis führt Popper (2012) verschiedene Führungspersönlichkeiten auf. Als Beispiel sei hier u.a. die Geschichte Abraham Lincolns (1809-1865) genannt, der auch heute noch der meist genannte und meist zitierte Präsident in der amerikanischen Geschichte ist – häufiger als George Washington (1732-1799), was von daher überraschend erscheint, da es gewöhnlicherweise die Gründungsväter der Nation sind, die am meisten verehrt werden. Lincolns Verwandlung zu einer Führungsikone im Laufe der Zeit ist von dem her faszinierend, als dass sie nicht auf seine Persönlichkeit selbst zurückzuführen ist, sondern auf den oben beschriebenen psychologischen Prozess im Zusammenhang mit der Versinnbildlichung und Konstruktion einer landesweiten Führungslegende. Die Industrialisierung und Verstädterung dieser Zeit hatte weitreichende Folgen als auch soziologische Effekte auf die Gesellschaft. Erbliche Statussymbole der Agrargesellschaft verloren an Wert, Geld wurde zum beherrschenden Statussymbol und auch Lebensgewohnheiten sowie kulturelle Symbole veränderten sich mit dem Leben in der Stadt.
Während George Washington als Leader wahrgenommen wurde, da er die menschliche Symbolisierung seiner Zeit darstellte (Großgrundbesitzer, Militäroffizier, aus gutem Hause), personifizierte Abraham Lincoln die Werte der neuen Welt. Seine Lebensgeschichte passte zu den Veränderungen, die sich in der amerikanischen Gesellschaft vollzogen hatten. Er stammte nicht aus reichem Hause, er hatte nicht an einer Eliteuniversität studiert. Er kam aus einer bürgerlichen Familie und musste hart dafür arbeiten, sein Studium zu finanzieren. Dementsprechend dient seine Biographie als die Versinnbildlichung des amerikanischen Ideals eines „self-made man", mit dem sich Amerikaner gerne identifizieren.
Auch Nelson Mandelas (1918-2013) Geschichte ist ein weiteres illustratives Beispiel für die Entstehungsdynamik einer Führungslegende. Nach 27 Jahren Inhaftierung aufgrund seiner Aktivitäten gegen die Apartheid-

Indem die symbolische Ausdrucksweise bzw. Kodierung einer bestimmten Kultur entschlüsselt wird, ist es möglich die Erwartungen von Followern an ihre Leader zu bestimmen und zu erkennen, welchem Leader sie sich anschließen und folgen (Popper, 2014). Bspw. postuliert Hofstede (2001), dass Leader als Helden einer spezifischen Kultur angesehen werden können, und als solche das Grundverständnis und die Motivation, die in einer Gruppe vorherrschen, repräsentieren bzw. sich diese zu Nutze machen. Auch frühe Soziologen und Sozialpsychologen sehen den Leader als Inbegriff der Gruppe an, der deren Charakteristiken und Sehnsüchte repräsentiert und als Katalysator von Identifikationsprozessen innerhalb der Gruppe fungiert (Hogg, 2001; Hogg & Reid, 2006; Popper, 2012, 2014).

Es ist anzunehmen, dass in Situationen erhöhter Unsicherheit, in denen das Bedürfnis nach Ordnung sowie Zuordenbarkeit ausgebildeter ist (Mischel, 1973) als auch in Situationen, in denen das Bedürfnis nach Identität und Sinn ausgeprägter ist, die Anziehung zu einem Leader steigt (Shamir et al., 1993). Im ersten Falle des Ordnungsbedürfnisses ist dies auf das Streben nach Sicherheit zurückzuführen, das psychobiologisch in uns verankert ist und daher als universal gültig und kulturübergreifend angenommen werden kann. Im zweiten Falle des Sinnbedürfnisses ist dies in dem spezifischen Streben bestimmter Gruppen nach Identität begründet. Daher ist es elementar, die Charakteristika individueller Follower und den kulturellen Kontext, der sie umgibt, zu verstehen, um Vorhersagen treffen und erklären zu können, wer die Leader sind, denen sie sich anschließen. Somit unterscheidet sich der zweite Fall grundlegend vom ersten, da Begründungen hierbei in höchstem Maße kulturbedingt sind (Popper, 2014).

Vergleiche berühmter Führungspersönlichkeiten wie bspw. George Washington, Mahatma Gandhi oder Nelson Mandela, die in gewisser Weise als Väter ihrer Nation bezeichnet werden können, lassen bei näherer Untersuchung kaum Gemeinsamkeiten erkennen, weder in deren Persönlichkeit, noch in ihrer sozialen Herkunft oder ihrer Wirkungsweise. Dennoch sind sie unübertroffen darin, Identitätsprozesse zu katalysieren. Anders ausgedrückt kann festgehalten werden, dass das Bedürfnis nach Identität kulturübergreifend besteht, aber ihr Ursprung und ihre Entwicklung ein tiefes Verständnis der Psyche der spezifischen Follower erfordern, und zwar der Geschichte, der Kultur und der psychischen Hintergründe. Die Größe und das Charisma solcher oben genannten Anführer ist eine Geschichte des Zeitgeists, der sich unverwechselbar in den Gesichtern der Follower dieser Zeit wiederspiegelt. Den historischen und kulturellen Kontext der Zeit zu verstehen, ist der Schlüssel zum Verständnis, weshalb sich Follower einem Leader anschließen.

Im Gegensatz zu den zwei vorherigen Erklärungsansätzen (psychoanalytisch und kognitionspsychologisch), die sich kulturübergreifend auf psychologische Prozesse beziehen, ist die Per-

---

politik in seiner Heimat wurde er nach seiner Entlassung zum Vater der Nation. Obwohl ihn kaum Menschen persönlich getroffen hatten und er sich nur selten in der Öffentlichkeit zeigte, waren spärliche Informationen zu seiner Person ausreichend, um ihn durch Mundpropaganda zur Führungslegende zu mythisieren. Nicht nur war er gemäß jenen Erzählungen der stolze schwarze Mann, der sich nicht vor der weißen Bevölkerung beugte, auch war er derjenige, der sich nicht durch seine Inhaftierung brechen ließ, sondern dadurch sogar an Stärke gewann.

spektive, Leadern als Symbol oder als Geschichte zu folgen, eindeutig kultur- und kontextabhängig. Leader sind Symbole und Ausdruck der Kultur, ihren Einfluss zu verstehen bedeutet vielmehr wichtige Symbole in einer bestimmten Kultur zu verstehen. Laut Popper (2014) sind auch beim sozialpsychologischen Erklärungsansatz die zugrundeliegenden psychologischen Prozesse letztendlich entweder auf das Bedürfnis nach Sicherheit (Maslow, 1970), Zuordenbarkeit (Weick, 1995) oder Identität und Zugehörigkeit (Shamir et al., 1993) zurückzuführen.

2.4.4 Die evolutionspsychologische Perspektive

Bemüht zu erklären, warum sich Statusunterschiede universell in menschlichen Zivilisationen herausbilden, beschäftigen sich Evolutionsforscher unvermeidbar mit der Frage, welche ultimaten Nutzen die Konzepte Followership und Leadership für das Überleben von Arten mit sich bringen (van Vugt, Hogan et al., 2008). Laut Van Vugt (2006) erfahren sowohl Leader als auch Follower offensichtliche Vorteile durch die hierarchische Organisation, werden die Vorzüge der Gruppenzugehörigkeit und die gleichzeitig entstehende Notwendigkeit der Koordination sowie Anpassung berücksichtigt.

Die evolutionäre Perspektive hält grundsätzlich zwei widersprüchliche Theorien bzgl. der Entstehung von Followership und Leadership für denkbar. Die erste Sichtweise nimmt Führung als eine Art Nebenprodukt bzw. Begleiterscheinung an (*by-product theory*), die sich als Ergebnis von Konkurrenzkämpfen innerhalb von Gruppen abzeichnet. Hierfür spricht, dass die Evolution Individuen mit einer psychologischen Tendenz ausgestattet hat, um nach Status und Dominanz wettzueifern, da deren hierarchische Stellung innerhalb einer Gruppe deren Reproduktionserfolg bestimmt (Gillet, Cartwright, & van Vugt, 2011). Diese Annahme, die auch als Theorie Sozialer Dominanz bekannt ist (Pratto, Sidanius, Stallworth, & Malle, 1994) und von einigen Evolutionsbiologen vertreten wird (Wilson, 1975), spricht dafür, dass Leadership als Ergebnis von Statuskämpfen entsteht, indem dominantere Leader die oberste Position innerhalb der Hierarchie einnehmen und aufgrund ihrer Stellung Macht über niedriger Gestellte ausüben (Gillet et al., 2011).

Eine alternative Sichtweise ist, Followership und Leadership als Adaptionen auf Gruppenebene anzusehen (*group-level adaption*), die Individuen dazu befähigen, als gemeinsame Einheit besser zu funktionieren (Gillet et al., 2011). Van Vugt (2006) beschreibt die Entstehung von Followership und Leadership als Antwort auf adaptive Probleme, mit denen sich jede Spezies konfrontiert sieht. Die Konzepte können als Anpassung menschlichen Verhaltens (wie bei anderen Spezies auch) gelten, welches sich herausbildete, um gegenwärtige Koordinationsprobleme gemeinsam besser zu lösen, wie bspw. als Gruppe eine spezifische Problemstellung erfolgreicher bewältigen zu können als ein einzelnes Individuum (King et al., 2009; van Vugt & Ronay, 2014).[9]

---

[9] Der Anschaulichkeit halber wird an dieser Stelle ein Beispiel aus der Tierwelt aufgegriffen, welches den Koordinationsnutzen innerhalb geführter Gruppen hervorheben soll: Tiere auf der Futtersuche müssen sich entscheiden, wo, wann und für welche Nahrung sie Ausschau halten. Die Futtersuche wird weiterhin verkompliziert, indem sich die einzelnen Gruppenmitglieder für diese Entscheidung miteinander abstimmen müssen, da

Bereits die frühen Evolutionstheorien nehmen an, dass die Gruppen mit höherer Koordinations-, Kooperations- und Innovationsfähigkeit wahrscheinlicher gegenüber weniger gut ausgestatteten Gruppen fortbestehen (Darwin, 1859). Dieser Koordinations-, Kooperations- und Entscheidungsaufwand verlangt nach kompetenten Leadern und pflichtbewussten Followern, die sich, entsprechend der vorherrschenden Situation, den Anweisungen der Leader fügen (Carsten et al., 2014; van Vugt, 2012; van Vugt, Hogan et al., 2008), insofern sie dem übergeordneten Ziel (wie im Bsp. beschrieben der Nahrungssuche sowie der -aufnahme) dienen. Es ist anzunehmen, dass es eine Art natürliche Gefolgschaftsveranlagung (Alznauer, 2013) gibt, die uns, aufgrund der spürbaren Vorteile in gut geführten Gemeinschaften, Hierarchien intuitiv akzeptieren lässt. Forschungsergebnisse belegen, dass sich Individuen auch in ursprünglich führerlosen Gruppen in Situationen von Gruppenkonflikten oder äußeren Bedrohungen spontan in Führer- und Geführten-Rollen einfinden (Van Vugt, 2006).

Gemäß der Denkweise der Evolutionspsychologie ergibt sich in Hinsicht auf dieses Verhalten ein Selektionsvorteil derer, die sich als Follower einer Gruppe sowie einem Anführer anschließen, um von Vorzügen wie bspw. Zusammenhalt oder Sicherheit zu profitieren und somit ihren Fortbestand sichern (Van Vugt, 2006). Jene Persönlichkeiten, die angesichts der zu behebenden Situation über höhere Intelligenz, Problemlösungsorientierung und Initiative verfügen, zeichnen sich entsprechend als Leader ab, während diejenigen, die die genannten Eigenschaften missen, die Rolle als Followern einnehmen (Alznauer, 2007; Carsten et al., 2014). Demnach weisen bereits die Ursprünge von Followership aus evolutionärer Perspektive deutlich auf eine Unterscheidung hin, zwischen den Ergebnissen die ein Leader erzielen kann und ein Follower nicht. Die Auffassung und Konzeptualisierung von Leadership und Followership haben sich laut Van Vugt (2006) über die Jahrtausende der Evolution so tief in unserem Bewusstsein und unseren sozialen Strukturen verwurzelt, dass Leader immer noch als diejenigen wahrgenommen werden, die intelligent, fähig und proaktiv sind und Follower als diejenigen angesehen werden, die zum Überleben und Wohlergehen von Leadern abhängen. Dies ist auch dafür verantwortlich, dass Menschen zumeist die implizite Erwartung hegen, dass Leader die Verantwortung für schwerwiegende Entscheidungen übernehmen sollten, da Follower in dieser Hinsicht wenig vorzuweisen haben.

Als Resultat sind die passiven, unterwürfigen Attributionen so tief in unser Wertesystem eingebrannt, dass sich viele nicht einmal darüber bewusst sind, dass sie existieren (Carsten et al., 2014). An dieser Stelle muss erneut in aller Deutlichkeit darauf verwiesen werden, dass sich Leader und Follower stets situationsabhängig hervorgetan haben und sich je nach zu lösendem Problem neu positionierten, die Ausübung der spezifischen Rolle also temporär war. Obwohl Umwelt und Gesellschaft wesentlich komplexer geworden sind und sich die Herausforderungen, denen Menschen sich täglich zu stellen haben, sich grundlegend verändert haben, haben es ihre Ansichten zu Followern und Followership bislang kaum.

---

die Nahrungssuche in der Gruppe sicherer ist, als für ein Individuum alleine. Hierbei wird als kritischer Faktor angesehen, wie die Gruppenmitglieder zu einem Konsens hinsichtlich der Gruppenaktivität (hier der Futtersuche) gelangen und ihre Handlungen gegenseitig koordinieren. Dies kann üblicherweise dadurch gelingen, indem ein Individuum die Initiative ergreift und die anderen sich fügen und folgen (van Vugt, 2006).

2.4.5 Zusammenfassung

Die letzten Abschnitte dieses Kapitels beschäftigten sich mit der Entstehung von Followership und den Beweggründen zu folgen aus verschiedenen psychologischen Perspektiven. Die nachfolgende Übersicht fasst die wichtigsten Kerngedanken zusammen:

Zusammenfassung & Überblick der Theorien über die Beweggründe zu folgen

Aus **psychoanalytischer Perspektive** bildet sich Followership aufgrund des Bedürfnisses nach Sicherheit bzw. dem Schutz vor existenzieller Bedrohung heraus. Follower schließen sich der Führungskraft an, da diese für sie eine Vater-, Mutter- oder anderweitig schutzbietende Rolle repräsentiert und somit ihres Erachtens Bedrohungen abwenden kann (Popper, 2012; Shamir, 2007).

Aus **kognitionspsychologischer Perspektive** entsteht Followership aufgrund des zentralen Bedürfnisses, Informationen möglichst einfach und verständlich zu interpretieren und somit Unsicherheit zu vermeiden (Meindl et al., 1985). Menschen erliegen dabei dem fundamentalen Attributionsfehler und schreiben Sachverhalte nicht den Umständen zu (Popper, 2014), sondern aufgrund der Urteilsheuristiken von Verfügbarkeit und Repräsentativität (Tversky & Kahneman, 1973) dem Leader und in seiner Person liegenden Ursachen .

Aus **sozialpsychologischer Perspektive** schließen sich Follower dem Leader an, da dieser den spezifischen sozialen und kulturellen Kontext symbolisch repräsentiert und auf diese Weise als Katalysator von Identifikationsprozessen unter den Followern dient (Popper, 2014; Shamir et al., 1993). Das Bedürfnis nach der eigenen Identität besteht kulturübergreifend und wird durch den Leader in prototypischer Weise versinnbildlicht, was ihn zum Vorbild seiner Anhänger macht (Hofstede, 2001; Popper, 2014).

Die **evolutionspsychologische** Perspektive nimmt die Entstehung von Followership sowie auch von Leadership als Antwort auf adaptive Probleme, mit denen sich jede Spezies konfrontiert sieht, an (van Vugt, 2012). Die komplementären Strategien ermöglichen es Followern und Leadern, spezifische Problemstellungen gemeinsam besser zu lösen als dies einzelnen Individuen möglich ist, und erhöhen somit auf diese Weise die Chancen zu überleben (King et al., 2009).

In allen dargestellten Perspektiven wird deutlich, dass Führung Followership nachgelagert ist. Die Anziehung gegenüber einem Leader und der Gehorsam, der ihnen gegenüber geleistet wird sowie die individuelle Konstruktion seines Persönlichkeitsbilds, seiner Fähigkeiten und Verhaltensweisen sind größtenteils subjektive Erzeugnisse der Follower und leiten sich nicht notwendigerweise von tatsächlichen Qualitäten der Leader ab. Followership und die Motivation zu folgen entsteht, da Führungskräfte die Bedürfnisse der Follower nach Sicherheit, Zuordenbarkeit und Identität erfüllen und sie ihnen dabei helfen, Herausforderungen gemeinsam besser zu lösen. Die nachfolgende Abbildung in Anlehnung an Shamir (2007, S. xvi) verdeutlicht den beschriebenen Zusammenhang:

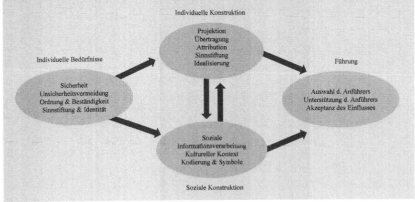

Abb. 8: Zusammenfassung und Überblick der Theorien über die Beweggründe zu folgen

2.5 Followership und Leadership in der akademischen Führungsforschung

Leadership und Followership sind untrennbar miteinander verbunden. Obwohl unumstritten ist, dass ohne Follower und Followership kein Leadership stattfinden kann, kommt den Begrifflichkeiten bislang vergleichsweise nur wenig Aufmerksamkeit (Baker, 2007; Bjugstad et al., 2006; Bligh et al., 2007; Carsten et al., 2010; Kellerman, 2008; Kelley, 1988; Sy, 2010) in den im Überfluss vorhandenen Publikationen und Studien der Führungsforschung zu (Yukl, 2012).

Mit der Erscheinung des Artikels „In Praise of Followers" von Kelley im Jahre 1988, welcher sowohl in der akademischen also auch populärwissenschaftlichen Presse weitreichende Beachtung findet, lässt sich hinsichtlich der verhaltenen Verwendung der Begrifflichkeiten Follower und Followership erstmalig eine gewisse Kehrtwende in der Diskussion um Führungsforschung und Organisationsentwicklung verzeichnen (Baker, 2007). Kelley (1988) proklamiert den aktiven Beitrag von Followern auf den Unternehmenserfolg und nimmt Abstand von der Haltung, lediglich Führungskräfte für unternehmerische Ergebnisse zu verantworten. Eine weitere Publikation, welche die Annahme Follower seien mehr als bloße Befehlsempfänger bekräftigt, ist das im Jahre 1995 veröffentlichte Buch Chaleffs „The courageous follower". Jene beiden Erscheinungen bilden den Grundstein für die fortan aufflammende Diskussion, Leadership könne nicht mehr in Isolation oder lediglich mit minimaler Beachtung von Followership erforscht werden, sondern müsse explizit Eigenschaften und Verhaltensweisen der Follower in den gegenseitigen Wirkungszusammenhang der Führer-Geführten-Beziehung miteinbeziehen (Baker, 2007).

Mit der aufstrebenden Debatte um das Konstrukt Followership machen sich wenige Managementtheoretiker und Forscher die Mühe vor die Zeit Kelleys und Chaleffs zurückzublicken und die wahren Ursprünge des Forschungsparadigmas zu ergründen. Dies resultiert darin, dass bei lediglich oberflächlicher Beschäftigung mit dem Konstrukt Followership, häufig der Fehlannahme erlegen wird, die wissenschaftliche Auseinandersetzung mit der Thematik habe sich erst Ende des 20. Jahrhunderts herausgebildet.

Tatsächlich beginnt die wissenschaftliche Bearbeitung des Forschungsgegenstandes Followership jedoch bereits ca. 30 Jahre zuvor. Die Diskussion um die Konzepte Follower und Followership selbst, wenngleich zumeist auch unter anderen Namen bzw. Etiketten, nimmt in sozial- und gesellschaftswissenschaftlichen Publikationen sogar schon Jahrzehnte vorher ihre Anfänge (Baker, 2007). Grundsätzlich ist es möglich, die verschiedenen Ansätze bzw. Theorien zu Followern und Followership in mehrere grobe, sich teilweise überschneidende Kategorien einzuordnen (Baker, 2007; Carsten et al., 2010; Crossman & Crossman, 2011; Shamir, 2007; Uhl-Bien et al., 2014). Die Differenzierung von Uhl-Bien et al. (2014), die größtenteils mit der Einteilung von Shamir (2007) übereinstimmt, erscheint am systematischsten, weshalb sie hier für die Einordung der Literatur gewählt wird.

Der besseren Übersicht und eines einfacheren Verständnisses halber, werden die verschiedenen Kategorien in der nachfolgenden Abbildung dargestellt. Die Spaltenüberschriften repräsentieren dabei jeweils die verschiedenen Ansichten zu Followern bzw. Followership aus historischer Perspektive und listen die unterschiedlichen Theorien und Ansätze auf, die den entsprechenden Perspektiven zuzuordnen sind. Eine Skizze unterhalb der Spaltenüberschriften verdeutlicht zudem anhand von Pfeilgrafiken, welches Verständnis der Followerrolle in den verschiedenen Sichtweisen zukommt.

Historische Behandlung von Followern in der Leadershipliteratur und Führungsforschung			Entstehendes Paradigma der Followershipforschung	
Leaderzentrierte Ansätze (Leader-centric Approaches)	**Followerzentrierte Ansätze** (Follower-centric Approaches)	**Leader-Follower-Beziehungsansätze** (Relational View)	**Rollenbasierte Followershipansätze** (Role-based Followership)	**Konstruktionistische Followershipansätze** (Constructionist Followership)
-Scientific Management (Taylor, 1914) -Universelle Eigenschaftstheorien & Universelle Verhaltenstheorien (Fleishman, 1953; Hollander & Webb, 1955; Stogdill, 1948) -Situative Eigenschaftstheorien (Blake, Mouton, & Bidwell, 1962; Hersey & Blanchard, 1977; House, 1971; Katz & Kahn, 1978; Likert, 1961; Tannenbaum & Schmidt, 1958; Vroom & Yetton, 1973) -Charismatische & Transformationale Führung (Avolio & Bass, 1995; Conger & Kanungo, 1987, 1988a)	-Romance of Leadership (Meindl et al., 1985) -Implizite Führungstheorien (Eden & Leviatan, 1975; Schneider, 1973) -Soziale Identitätstheorie der Führung (Hogg, 2001; van Knippenberg & Hogg, 2003)	-Lords Connectionist information-processing (Lord & Brown, 2001; Lord, Brown, Harvey, & Hall, 2001) -Follett's "power with" (Follett, 1949) -Hollanders Relational view (Hollander, 1958, 1971; Hollander, 1984; Hollander & Julian, 1969) -Leader-Member-Exchange Theorie (Graen, Novak, & Sommerkamp, 1982; Graen & Uhl-Bien, 1995) -Shamir's co-production (Shamir, 2007) -Klein & House's Charisma on Fire (Klein & House, 1995) -Padilla, Hogan & Kaisers "Toxic Triangle" (Padilla, Hogan, & Kaiser, 2007)	**Followership Typologien** -Deskriptive Verhaltenstypologien (Kelierman, 2008; Kelley, 1988, 1992; Lipman-Blumen, 2005; Rosenbach, Pittman, & Potter, 2012; Steger et al., 1982; Zaleznik, 1965) -Präskriptive Verhaltenstypologien (Chaleff, 1995; Hauschildt & Konradt, 2012; Howell & Méndez, 2008; Hurwitz & Hurwitz, 2015; Lord, 2008; Monö, 2013, 2015; Neck & Manz, 2010) -Situative Verhaltenstypologien (Carsten et al., 2010; Sy, 2010; Thoroughgood, Padilla, Hunter, & Tate, 2012) **Followership Verhalten** (Blass, 1991; Bolino, 1999; Burger, 2009; Sims, 1980; Tepper et al., 2006; Tepper, Duffy, & Shaw, 2001; Tepper, Uhl-Bien, Kohut, Lockhart, & Ensley, 2006)	-DeRue & Ashford's Leadership Identity construction process (DeRue & Ashford, 2010) -Generative Partnership Model (Hurwitz & Hurwitz, 2015) -Collinsons post-structuralist identity view (Collinson, 2006) -Fairhurst & Uhl-Bien's relational (discursive) approach (Fairhurst & Uhl-Bien, 2012)

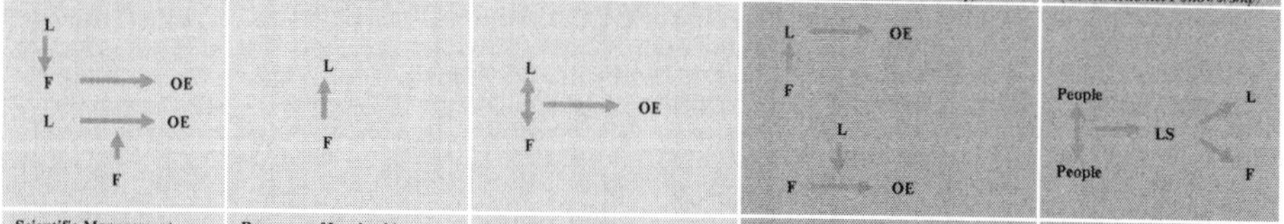

L = Leader; F = Follower; OE = Organisationale Ergebnisse; LS = Leadership

Abb. 9: Followershipaspekte in der Leadershipliteratur (Quelle: Eigene Darstellung in Anlehnung an Uhl-Bien et al., 2014)

Diese Übersicht scheint notwendig aufgrund der Missverständnisse darüber, was das Konstrukt Followership tatsächlich ist und in welcher Beziehung es zum Konstrukt Leadership steht. Diese Missverständnisse und Fehlinterpretationen treten auf, da Leadership nicht als Prozess verstanden wird, der durch die Interaktion und gegenseitige Wechselwirkung verschiedener Akteure aufgrund unterschiedlicher Kontextfaktoren entsteht, sondern als Phänomen gesehen wird, das von den Eigenschaften und Verhaltensweisen der Leader abhängt (Fairhurst & Uhl-Bien, 2012). In diesem beschriebenen Prozess kann Leadership jedoch nur entstehen, wenn es auch Followership gibt: „…without followers and following behaviors there is no leadership" (Uhl-Bien et al., 2014, S. 83).

Unser Verständnis von Leadership ist folglich unvollständig, solange wir nicht die Bedeutung von Followership verstehen. Um zu einem besseren Verständnis von Followership beizutragen, wird in den nachfolgenden Abschnitten versucht, einen systematischen Überblick der Followershipansätze und -theorien im Zeitverlauf zu geben, indem die Führungsforschungsliteratur aus dem Blickwinkel von Followern und Followership durchleuchtet wird. Es werden dabei fünf Kategorien unterschieden, die der Einteilung Uhl-Biens und Kollegen (2014) entsprechen: (1) Leaderzentrierte Ansätze (*leader-centric*), die die Führungskräfte in den Mittelpunkt der Überlegungen rücken und Follower als Empfänger bzw. Moderatoren des Einflusses der Führungskraft klassifizieren; (2) Followerzentrierte Ansätze (*follower-centric approaches*), die Führung als soziale Konstruktion aufgrund impliziter Annahmen und Projektion von Followern verstehen und (3) Leader-Follower-Beziehungsansätze (*relational views*), die sich mit gegenseitigen Wechselwirkungen zwischen Leadern und Followern beschäftigen. Forschungsarbeiten, die sich innerhalb dieser ersten drei Kategorien zusammenfassen lassen, diskutieren zwar alle Follower aber nicht notwendigerweise Followership.

Zwei verhältnismäßig jüngere Forschungsansätze setzten sich mit einem moderneren Verständnis von Followership auseinander und diskutieren (4) rollenbasierte Followershipansätze (*role-based followership*), die Followership in formalen Hierarchien untersuchen und Follower als Hauptakteure im Führungsprozess ansehen sowie (5) konstruktionistische Followershipansätze (*constructionist followership*), die Führung als Prozess begreifen, der durch die gemeinsame Interaktion von Follower als auch Leader sozial konstruiert wird und somit Führung erzeugt.

2.5.1 Die historische Behandlung von Followern in der Leadershipliteratur und Führungsforschung

2.5.1.1 Führerzentrierte Ansätze

Diese Ansätze der Führungsforschung konzentrieren sich mehrheitlich auf die Auseinandersetzung mit dem Bild der außergewöhnlichen (Burns, 2010), gar herausragenden (Mumford, Antes, Caughron, & Friedrich, 2008; Strange & Mumford, 2002) Führungskraft, die als Hauptakteur durch ihre besonderen Eigenschaften und Verhaltensmuster Follower aktiv beeinflusst und dadurch auf die Unternehmensergebnisse bzw. den Unternehmenserfolg maß-geblich einwirkt (Yukl, 2012). Follower werden als Empfänger bzw. Moderatoren des Einflusses der Führungskraft angesehen (Shamir, 2007). Dementsprechend definieren die traditionellen Führungstheorien die Eigenschaften und Verhaltensweisen der Leader als unabhängige Variable und Einstellungen, Auffassungen und Verhalten von Followern als abhängige Variable (Shamir, 2007). Yukl und van Fleet (1992) stellen fest: „Most of the prevailing leadership theories have been simple, undirectional models of what a leader does to subordinates" (S. 186) und auch Northouse (2013) beschreibt Leadership als „a one way event – the leader affects the subordinate" (S. 113).

Diese vorherrschenden Sichtweisen hinsichtlich der sozialen Einflussnahme zwischen Leader und Follower können als Subjekt-Objekt-Beziehungen verstanden werden, welche in unseren gesellschaftlichen Strukturen einem tief verankerten Menschenbild entsprechen. Diese zwischenmenschlichen Beziehungen sind von einem Dominanzcharakter geprägt, der einem Herrschaftsverhältnis gleichkommt und werden im Wesentlichen auf eine einseitige Einflussnahme reduziert, in der der Geführte als passives und gestaltbares Objekt angesehen wird und der Führende die Macht hat, auf das Verhalten der Follower gemäß seinen Vorstellungen einzuwirken (Dachler, Pless, & Raeder, 1994; Manchen Spörri, 2000; Raich, 2005). Dieses Subjekt-Objekt-Modell hat die Führungsforschung nachhaltig beeinflusst, so dass nicht nur traditionelle Führungsmodelle, sondern selbst neuere Theorien der Führung wie transformationale, visionäre oder charismatische Führung unter diesem Aspekt einer Kritik unterzogen werden können, indem sich die dort beschriebenen Beeinflussungstaktiken nur unwesentlich von denen früherer Theorien im Sinne einer einseitigen Einflussnahme unterscheiden (Raich, 2005).

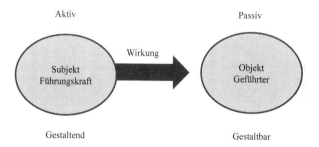

Abb. 10: Subjekt-Objekt-Modell der Führung (Quelle: Raich, 2005, S. 58)

Es gibt eine Vielzahl an Theorien und Modellen in der Führungsliteratur, denen das Subjekt-Objekt-Modell zugrunde liegt. Stereotypen hinsichtlich der Rolle des Followers als Counterpart zur Führungskraft, gemäß dieser Perspektive, waren zur Zeit der frühen Führungstheorien vorrangig *Untergebene* (Follett & Graham, 2003) oder *Befehlsempfänger* (Zaleznik, 1965). Hollander und Webb (1955) beschreiben sie als Akteure ohne Führungsqualitäten, welche sich bezogen auf den Leader am anderen Ende eines Statuskontinuums bewegen. Kelley beschreibt die hinlängliche Auffassung Followern gegenüber sogar als minderwertige Wesen, die der Anleitung, Motivation und des Schutzes der Führungskraft bedürfen (Kelley, 2008) sowie deren Anweisungen und Launen widerspruchslos ertragen (Kelley, 1988). Erste Ursprünge dieses Ansatzes können bereits zu Zeiten Taylors gesehen werden, der Manager als überlegen und Mitarbeiter als unterlegene, gar faule Befehlsempfänger ansieht, die Vorschriften ihrer Vorgesetzten benötigen (Taylor, 1914).

Die frühen Forschungsarbeiten des leaderzentrierten Ansatzes unterscheiden zunächst zwei Forschungsphasen. Die Erste beschäftigt sich vorerst mit jenen Eigenschaften, welche Führende von Geführten unterscheidet, während sich die Zweite mit der Frage der Unterscheidbarkeit erfolgreicher und nicht erfolgreicher Führungskräfte beschäftigt. Stogdill (1948), der erstmalig verschiedene Studien und Forschungsmethoden gegenüberstellt, entdeckt dabei die auffallend große Streuung der Korrelationsmaße sowie die geringe Korrelation zwischen individuellen Eigenschaften von Führungskräften und Führungserfolg.

Diese Resultate sind richtungsweisend für die weitere Führungsforschung und haben zur Folge, dass die Führungsforschung im Kontext der *Universellen Eigenschaftstheorien* nach Mitte des 20. Jahrhunderts an Bedeutung verliert, nachdem sie nicht in der Lage ist, erfolgreiche Führung plausibel zu erklären (Uhl-Bien et al., 2014). Die Ergebnisse werden von Stogdill (1948) dahingehend interpretiert, dass der Erfolg des Führenden weniger von seinen Persönlichkeitsmerkmalen abhängt, als mehr von einem adäquaten Verhalten entsprechend der Situation, was den *Universellen Verhaltenstheorien* (engl. behavioral approaches) ab Mitte des 20. Jahrhunderts zunehmend Aufmerksamkeit verschafft.

Nach Ende des zweiten Weltkrieges wandeln sich die Forschungsfragen im Kontext der Führungsforschung von „Wer ist eine erfolgreiche Führungskraft?" zu „Wie verhält sich eine erfolgreiche Führungskraft?". Verschiedene Studien, die an der Ohio State University (Fleishman, 1953; Stogdill, 1950) und der University of Michigan (Blake et al., 1962; Katz & Kahn, 1978; Likert, 1961) durchgeführt werden, konzentrieren sich vorrangig auf zwei Dimensionen des Führungsverhaltens, der Aufgabenorientierung des Leaders (*initiation of structure*; Judge, Piccolo, & Ilies, 2004, S. 36), sprich der Strukturierung der Arbeit per se (z.B. durch klare Rollenverteilung, Schaffung eindeutiger Kommunikationsstrukturen, welches als ergebnisorientiertes Verhalten subsumiert werden kann), als auch der Beziehungsorientierung des Leaders (*consideration*; Judge et al., 2004, S. 36) in Hinsicht auf die Follower. Es wird angenommen, dass jene Mitarbeiterorientierung der Führungskraft wesentlichen Einfluss auf die Motivation der Follower und somit letztendlich auch auf Arbeitsergebnisse Letzterer hat. Nach wie vor werden Leader bei diesem Ansatz als die zentralen Steuerungselemente betrachtet, die je nach Angemessenheit des gezeigten Führungsstils in der jeweiligen Situation, ihre Follower zu besserer oder schlechterer Arbeitsleistung befähigen (Uhl-Bien et al., 2014). Follower spielen keine aktive Rolle im Führungsprozess, was die nachfolgende Abbildung verdeutlichen soll:

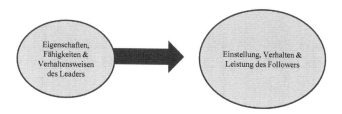

Abb. 11: Leaderzentrierte Sicht: Follower als Empfänger des Einflusses der Leader (Quelle: In Anlehnung an Shamir, 2007, S. xii)

Die Führungsforschung verändert sich mit der Entstehung der *situativen Führungstheorien*. Obwohl viele einflussreiche Theorien dieser Zeit Follower nach wie vor als passive Empfänger des Einflusses der Leader annehmen, erkennen sie doch an, dass Follower den Einfluss der Leader aufgrund persönlicher Charakteristika beeinflussen (Shamir, 2007). Die *Kontingenztheorie* Fiedlers (1967), Tannenbaum und Schmidts *Kontinuum-Theorie* (1958) als auch die *Situative Reifegrad-Theorie* von Hersey und Blanchard (1977) bspw. erachten Follower folglich erstmals als situative Faktoren, die es von Leadern entsprechend zu berücksichtigen und zu manipulieren gilt, um die gewünschten Resultate zu erzielen (Uhl-Bien et al., 2014). Gemäß Hersey und Blanchard (1977) hängt die Effektivität des gewählten Führungsstils (ob eher aufgabenorientiert, eher mitarbeiterorientiert, hoch in beiden Bereichen oder niedrig in beiden Bereichen) vom Reifegrad der Follower ab, sprich ihrer Fähigkeiten und ihrer Motivation. Fiedler (1967) nennt in diesem Zusammenhang die Einstellung und Akzeptanz der Follower gegenüber der Führungskraft als Kriterium der Effektivität des aufgaben- oder mitarbeiterorientierten Führungsstils.

House (1971) postuliert in seiner *Path-Way-Theorie* (dt. Weg-Ziel-Theorie) die Angemessenheit des gewählten Führungsstils in Abhängigkeit der Followerbedürfnisse und schlägt bspw. einen strukturierteren, aufgabenorientierten Führungsstil in Situationen vor, in denen sich der Mitarbeiter nach Orientierung sehnt und einen eher helfenden, mitarbeiterorientierten Stil im Falle des Bedürfnisses der Mitarbeiter nach Unterstützung. Eine Theorie, die das Ungleichgewicht, welches Leadern und Followern beigemessen wird, nach wie vor verdeutlicht, ist das *Normative Entscheidungsmodell* von Vroom und Yetton (1973). Im Rahmen dieser Theorie sind Führungskräfte zwar angehalten, Mitarbeiter in den Entscheidungsprozess miteinzubeziehen, allerdings nur unter bestimmten Umständen und bis zu dem Grad, der notwendig erscheint, um die Kooperation der Mitarbeitern aufrecht zu erhalten (Uhl-Bien et al., 2014; Vroom & Yetton, 1973). Laut Vroom und Yetton (1973) hängt die Angemessenheit und die Effektivität des partizipativen Führungsstils von der Sachkundigkeit der Follower hinsichtlich der zu treffenden Entscheidung ab und davon, ob sie die gleichen Werte mit dem Leader teilen. Wie die frühen leaderzentrierten Ansätze, konzentrieren sich auch diese jüngeren Ansätze hauptsächlich auf den Einfluss der Führungskraft, welche ihre Art mit Followern zu kommunizieren lediglich der Empfänglichkeit Letzterer in Hinblick auf ihr Führungsverhalten oder ihren Führungsstil anpassen. Dies wird in der folgenden Abbildung verdeutlicht:

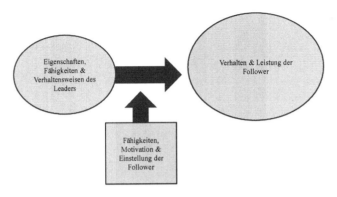

Abb. 12: Follower als Moderatoren des Einflusses von Leadern (Quelle: In Anlehnung an Shamir, 2007, S. xiii)

Seit Mitte der 1980er Jahre werden verstärkt Ansätze der charismatischen als auch transformationalen Führung diskutiert (Avolio & Bass, 1995; Bass, 1985; Conger & Kanungo, 1987, 1988a; Conger, Kanungo, & Menon, 2000). Bei der Frage, welche Dispositionen und Verhaltensweisen transformationale Führung bedingen, weisen die einschlägigen Konzepte weitestgehende Kongruenz auf und lassen sich den von Bass (1985) eingeführten Dimensionen *Idealized Influence, Inspirational Motivation, Intellectual Stimulation* und *Individualized Consideration* zuordnen. Die wahrscheinlich erste Fragebogenentwicklung zur Messung transformationaler Führung geht auf Bass (1985) zurück, der den *Multi-Leadership Questionnaire (MLQ)* entwickelt, der neben der Erfassung von transformationaler Führung auch transaktionale Führung misst. Dieser Fragebogen ist im Laufe der folgenden Jahre und Jahrzehnte stets weiterentwickelt und in zahlreiche Sprachen übersetzt worden (Felfe, 2006). Neben dem MLQ stehen weitere Verfahren wie bspw. das *Transformational Leadership Behavior Inventory (TLI)* von Podsakoff, MacKenzie, Moorman, & Fetter (1990) zur Verfügung, die weitgehende konzeptionelle Übereinstimmungen aufweisen. Aufgrund der großen Überlappungen zwischen charismatischer und transformationaler Führung werden die Begriffe hier synonym verwendet, ebenso wie die Ansätze visionärer und inspirierender Führung (Shamir et al., 1993). Dennoch gibt es Autoren wie bspw. van Vugt und Ahuja (2010), die die genannten Führungsstile strikt trennen. Sie begründen dies mit ihrer Ansicht, dass transformationale Führungskräfte Follower bewusst inspirieren möchten, Änderung in Organisationen oder im Verhalten zu bewirken, während charismatische Führungskräfte nicht notwendigerweise beabsichtigen eine Veränderung herbeiführen zu wollen.

Die Untersuchungen setzen einen neuen Schwerpunkt in Richtung emotionaler Einflussnahme der Führungskraft und betonen insbesondere die sinnstiftende sowie inspirierende Beeinflussung des Leaders hinsichtlich der Follower (Felfe, 2006; Geyer & Steyrer, 1998; van Vugt & Ahuja, 2010). Führungskräfte motivieren ihre Mitarbeiter auf diese Weise zu höheren, intrinsischen Zielen, die über deren unmittelbare Eigeninteressen hinausgehen und steigern somit außerdem die Leistungsbereitschaft und Ergebnisse der Follower (Conger et al., 2000; Felfe, 2006; Shamir et al., 1993). Dies erreichen die Leader durch Konzentration auf die Entwicklungsbedürfnisse und Anliegen der Follower (Bass & Riggio, 2006). Obwohl bei diesen Ansätzen ein Fokus auf die Verbesserung der Beziehungsqualität von Führungskräften und Geführten gelegt wird, sind diese dennoch leaderzentriert. Explizite Eigenheiten oder die Motivation von Followern selbst werden nicht gewürdigt.

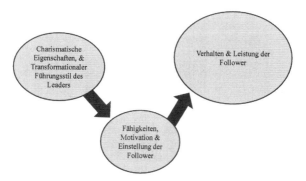

Abb. 13: Follower als Empfänger und Moderatoren des transformationalen Einflusses der Leader (Quelle: Eigene Darstellung in Anlehnung an Shamir, 2007)

Meindl (1995) kritisiert die Überbetonung der Führungskraft und die alleinige Zuschreibung des Einflusses der Führungskraft durch adäquate Eigenschaften und Verhaltensweisen auf Follower oder die Organisation. Auch andere Kritiker (Bennis, 1999; Gronn, 2002; Shamir, 2007) monieren die Unangemessenheit jener Ansätze, da bedeutende Errungenschaften ein Resultat gemeinsamer Anstrengungen sind, zu denen mehrere Parteien und Faktoren beitragen. Falsch ist es laut Shamir (2007) auch, wenn sich die meisten Organisationen der leaderzentrierten Perspektive anschließen und sich hauptsächlich auf die Entwicklung von Führungskräften fokussieren: „Leadership development is viewed synonymous with leader development" (Shamir, 2007, S. x) und vernachlässigt den Beitrag der Geführten. Meindl (1995) beklagt ebenfalls diese Haltung und proklamiert eine followerzentrierte Perspektive einzunehmen, die im nachfolgenden Abschnitt konkreter erläutert wird.

2.5.1.2   Followerzentrierte Ansätze

Immer mehr Aufmerksamkeit erlangen followerzentrierte Ansätze (Lord & Emrich, 2000; Meindl, 1995), welche eine komplementäre Perspektive zu führerzentrierten Ansätzen eröffnen, indem sie die Geführten in den Mittelpunkt der Untersuchung rücken, wie die nachfolgende Abbildung demonstriert:

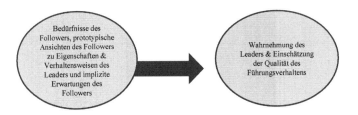

Abb. 14: Followerzentrierte Sicht (Quelle: Eigene Darstellung)

Forschung im Rahmen der followerzentrierten Perspektive von Führung untersucht, auf welche Weise Follower den Prozess der Führung gestalten, wie Persönlichkeitseigenschaften von Followern die Auffassung von Führung beeinflussen (Schyns & Felfe, 2006) und wie Follower sich selbst, ohne direkte Einflussnahme, führen können (*self-management*; Manz & Sims, 1980) bzw. wie sich der Führungsprozess unter einander geteilt werden kann (*shared-leadership*; Pearce & Conger, 2003). Shamir (2007) verweist in diesem Zusammenhang auf Theorien, die Führung als sozial oder kognitiv konstruierten Prozess der Follower ansehen. Er betont insbesondere psychoanalytische Theorien, bei denen Follower in Zeiten der Unsicherheit Führungskräfte idealisieren und ihnen die Rolle des Beschützers zuschreiben, um ihre individuellen Besorgnisse zu reduzieren. Gemäß den psychoanalytischen Theorien sind es die Follower, die Leadership aufgrund von Projektion und Übertragung erzeugen und nicht die Führungskraft mittels ihres demonstrierten Verhaltens (Shamir, 2007).

Die Auffassung, dass Followern eine aktive Rolle in der Entstehung von Führung zukommt, wird auch bei der Untersuchung impliziter Führungstheorien (Eden & Leviatan, 1975) geteilt. Diesen Ansätzen gemäß wird davon ausgegangen, dass die Mehrheit der Mitarbeiter konkrete Vorstellungen darüber hat, wie gute oder schlechte Führung auszusehen hat bzw. welches Verhalten von Führungskräften an den Tag gelegt werden sollte, um ihnen Effektivität und Angemessenheit aus Sicht der Follower zuzuschreiben (Herrmann & Felfe, 2009; Uhl-Bien et al., 2014). Diese Vorstellungen, die Mitarbeiter hinsichtlich Verhaltens- und Eigenschaftsmerkmalen der Führungskraft besitzen, werden in Anlehnung an das Konzept der impliziten Persönlichkeitstheorie von Schneider (1973) als implizite Führungstheorien (Eden & Leviata, 2005; Eden & Leviatan, 1975; Herrmann & Felfe, 2009) bezeichnet. Sie beschreiben abstrakte Ansichten der Mitarbeiter über idealtypische Eigenschaften und Verhaltensmuster von Führungskräften, wie bspw. Charisma und Intelligenz (Herrmann & Felfe, 2009). Diese beruhen auf vergangenen Erfahrungen oder Sozialisation (Schyns & Meindl, 2005) und werden aktiviert, wenn Mitarbeiter das Verhalten der eigenen Führungskraft mit ehemaligen Vorgesetzten oder idealtypischen Musterführungskräften vergleichen (Uhl-Bien et al., 2014). Diese impliziten Erwartungen der Mitarbeiter beeinflussen die Einschätzung der Qualität des Führungsverhaltens sowie die Bereitschaft, der Führungskraft zu folgen (Eden & Leviatan, 1975; Lord & Emrich, 2000; Uhl-Bien et al., 2014) und können die Wahrnehmung der Führungskraft verzerren oder im Extremfall nur subjektive Führungskonstruktionen widerspiegeln (Herrmann & Felfe, 2009; Meindl, 1995). Erneut bestimmt hierbei nicht die Führungskraft selbst den Führungsprozess, sondern die impliziten Annahmen der Follower.

Implizite Führungstheorien beinhalten nicht nur implizite Erwartungen zu Eigenschaften und Verhaltensmuster von Führungskräften, sondern auch die Auffassung darüber, wie hoch die Einflussmöglichkeiten der Führungskräfte sind (Herrmann & Felfe, 2009). *Romance of Leadership* (Meindl et al., 1985), als kognitionspsychologischer Erklärungsansatz für die Entstehung von Führung und Followership, kann als spezielle implizite Führungstheorie angesehen werden, die sich besonders mit Annahmen zum Einfluss der Führungskraft und Führung auseinandersetzt. Die Romantisierung der Führung konstatiert, dass die Bedeutung der Führung im Vergleich zu alternativen Einflussgrößen hinsichtlich organisationaler Erfolgsparameter überschätzt wird. Meindl et al. (1985) zeigen auf, dass insbesondere auffällige oder unvorhergesehene Ergebnisse in der Führung begründet werden und führen dies darauf zurück, dass vor allem besondere und unterwartete Resultate zur verstärkten Suche nach einer Erklärung führen (Herrmann & Felfe, 2009; Meindl et al., 1985). Laut Meindl et al. (1985) ist Führung eine soziale Konstruktion, herbeigeführt durch die Geführten. Durch die fundamentale Attribution (Gilbert & Malone, 1995) des organisationalen Erfolgs bzw. Misserfolgs auf die Führungskraft steht ein simples Erklärungsmuster für komplexe Phänomene zur Verfügung, welches das Bedürfnis nach Verständnis, Einfachheit und Zuordenbarkeit in verworrenen Situationen erfüllt (Herrmann & Felfe, 2009; Pfeffer, 1977). Auch in dieser Theorie haben weder die Eigenschaften noch Verhaltensweisen der Führungskraft einen besonderen Einfluss auf die Entstehung der Führungsbeziehung. Der Effekt beruht laut Shamir (2007) primär auf der Natur der Umstände und dem Bedürfnis, organisationale Ergebnisse erklären zu können und so fasst er zusammen: „The source of the phenomenom is in the followers, not in the leaders" (S. xv).

Die soziale Konstruktion der Führung wird auch in der *Sozialen Identitätstheorie der Führung* (*social identity theory of leadership*; van Knippenberg & Hogg, 2003) herausgestellt. Laut dieser Theorie, die den sozialpsychologischen Erklärungsansätzen zur Entstehung von Followership und Leadership zuzuordnen ist, tritt ein Leader dann hervor und wird von einer Gruppe akzeptiert, wenn er sich prototypisch für die Gruppe verhält. D.h. je mehr ein Leader die zentralen Gruppennormen, -charakteristika, -werte und -zielsetzungen vertritt, desto wahrscheinlicher wird er als Leader legitimiert und akzeptiert. Eine zentrale Annahme der Theorie ist, dass Menschen (egal ob Follower oder Leader) einen Teil ihres Selbstkonzeptes von sozialen Gruppen ableiten, denen sie sich zugehörig fühlen und auf diese Weise ihr kollektives Selbst definieren (Hogg & Reid, 2006). Umso stärker sich ein Individuum mit einer Gruppe identifiziert oder umso größer das Bedürfnis nach Gruppenakzeptanz des Einzelnen ist, desto konformer befolgt die Person die Gruppennormen, um ihre eigene Selbsteinschätzung positiv zu bestärken (Uhl-Bien et al., 2014).

In der sozialen Identitätstheorie der Führung ist die Gruppe dem Leader vorgelagert. Sobald Follower einer Gruppe angehören und sich mit den zentralen Charakteristika der Gruppe identifizieren, akzeptieren sie als Leader ausschließlich eine Person, die die zentralen Merkmale der Gruppe verkörpert (Shamir, 2007). Die auch bereits in anderen Theorien diskutierte soziale Konstruktion der Führung, lässt sich in diesem Fall auf drei Aspekte zurückführen: Zum einen erweckt die Person, die sich am prototypischsten hinsichtlich der Gruppennorm verhält, den Eindruck, *Einfluss* über die anderen Gruppenmitglieder auszuüben und ist weiterhin aufgrund dieses prototypischen Verhaltens bei allen Gruppenmitgliedern *beliebt*. Ihre soziale Beliebtheit befähigt die Person, andere zu beeinflussen und verleiht ihr gleicher Hand *Status*. Der letzte Aspekt ist auch hier wie bei anderen followerzentrierten Ansätzen eine Fehlzuschreibung, bei der Gruppenmitglieder wiederum den ultimativen Attributionsfehler begehen und den Einfluss des Leaders seiner Persönlichkeit und seinem Verhalten beimessen, anstatt seiner prototypischen Stellung in der Gruppe (Hogg, 2001; Shamir, 2007). Auch hierbei entsteht Führung nicht durch die Führungskraft selbst, sondern durch die Follower. Ähnliche Konzepte, die im Zusammenhang mit der followerzentrierten Perspektive aufzuführen sind, sind die *Leadership Categorization Theory* von Lord et al. (1984), die *Social Contagion*-Theorie von Meindl (1990), die an dieser Stelle jedoch nicht weiter ausgeführt werden.

Obwohl die in diesem Abschnitt beschriebenen Ansätze einen neuartigen Beitrag zur Führungsforschung liefern, indem untersucht wird, welche Ansichten Follower hinsichtlich ihrer Vorgesetzten und Führung vertreten, tragen sie bisher doch wenig zu einem verbesserten Verständnis von Followership per se bei.

2.5.1.3 Leader-Follower-Beziehungsansätze

Leader-Follower-Beziehungsansätze (*relational views*; Uhl-Bien et al., 2014) stellen die Relevanz der wissenschaftlichen Auseinandersetzung mit Beziehungsdynamiken in den Vordergrund der Betrachtung und definieren Führung als einen gemeinsamen Beeinflussungsprozess zwischen Leadern und Followern (Northouse, 2015; Rost, 1993; Uhl-Bien et al., 2014). Einige Forscher erkennen bereits relativ früh, im Vergleich zu anderen zeitgenössischen Autoren, die gegenseitige Verbindung zwischen Leadern sowie Followern an und sprechen sich für die Wichtigkeit der Untersuchung jener Beziehung aus (Follett, 1960; Mead, 1949). Shamir (2007) erklärt, sobald Führung als soziale Beziehung anerkannt wird, so lässt sich, wie für jede andere Beziehung auch, schlussfolgern, dass beide Seiten, Leader und Follower, zu ihrer Entstehung, ihrer Qualität und ihren Auswirkungen beitragen und stellt weiterhin fest: „Leadership emerges in the interaction between leaders and followers" (S. xix).

Tatsächlich erkennen mittlerweile viele Autoren Führung als eine gegenseitige Beziehung an, die gemeinsam von Leadern und Followern erzeugt wird (Graen & Uhl-Bien, 1995; Klein & House, 1995; Yukl & van Fleet, 1992). Diese Beziehung wird, im Gegensatz zu einseitiger Einflussnahme, als ineinandergreifend und voneinander abhängig beschrieben (Hollander & Webb, 1955), als gegenseitiger Beeinflussungsprozess (Hollander & Julian, 1969) und als wechselseitig und komplex (Baker, 2007; Burns, 1978). Raich (2005) bezeichnet diesen Wirkungszusammenhang als Subjekt-Subjekt-Modell und definiert Führung als „soziale Interaktion, basierend auf wechselseitiger Einflussnahme der beteiligten Akteure" (S.59). Diese Beeinflussung wird als Prozess des gegenseitigen Helfens und Unterstützens der beteiligten Akteure verstanden, bei dem die Individuen nicht mehr ausschließlich als „Mittel zum Zweck im Sinn von Instrumenten, die hinsichtlich der Zielerreichung manipuliert werden" (Raich, 2005, S. 60), angesehen werden. Wie in der nachfolgenden Abbildung ersichtlich, werden Follower unter diesem Aspekt ebenfalls als Subjekt gewertet und nicht mehr als Objekt.

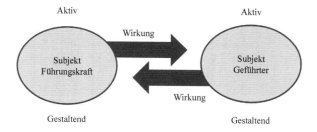

Aktiv   Aktiv

Wirkung

Subjekt   Subjekt
Führungskraft   Geführter

Wirkung

Gestaltend   Gestaltend

Abb. 15: Subjekt-Subjekt-Modell der Führung (Quelle: Raich, 2005, S. 60)

Vor diesem Hintergrund argumentieren auch Lord und Brown (2001), dass die alleinige Einnahme der leaderzentrierten Perspektive für ein verbessertes Verständnis von Führung zu kurz kommt, da diese Ansätze organisationale Ergebnisse ausschließlich an leicht zu beobachtendem Verhalten der Führungskraft festmachen und zu Grunde liegende Prozesse und Mechanismen der Führung schlichtweg ignorieren. Wenn die Beeinflussung von und die Interaktion mit Followern als wesentlicher Aspekt von Führung verstanden wird, dann ist eine Auseinandersetzung mit den Fragestellungen, wie ein Leader Einfluss auf Follower ausübt und auf welche Weise sich Follower von Leadern beeinflussen lassen, zwingend notwendig, um das Phänomen Führung besser zu verstehen (Lord & Brown, 2001; Uhl-Bien et al., 2014).

Da jedoch von einer gegenseitigen Einflussnahme ausgegangen wird, ist es ebenfalls notwendig den Prozess zu untersuchen, wie Follower mit Leadern interagieren und Letztere beeinflussen (Oc & Bashshur, 2013). Lord et al. (2001) nehmen eine systemische Perspektive ein und gehen davon aus, dass Leadership aufgrund verschiedener sich gegenseitig bedingender Faktoren wie dem Kontext (bspw. Kultur), der Aufgabe selbst und der Eigenschaften und Charakteristika sowohl von Leadern als auch von Followern entsteht. Alle der eben genannten Faktoren beeinflussen gemeinsam die Einschätzung der Führung durch die Follower (Uhl-Bien et al., 2014). Auch Dachler und Kollegen (1994) verlangen, sich von der Sichtweise der „Führung von sozialen Prozessen" zu verabschieden und stattdessen „Führung als sozialen Prozess" (S. 10) zu begreifen.

Die Rolle des Followers als dynamischer Akteur in einem gegenseitigen Beeinflussungsprozess kann auch bereits in frühen Ansätzen der Führungsforschung gesehen werden. Weit ihrer Zeit voraus, erkennt Follett (1949) die hierarchische Natur von Leadern und Followern an, lehnt aber bereits die Auffassung ab, dass Leader notwendigerweise die Verantwortung tragen und Befehlsgeber sind, während Follower im Gegensatz stets zu Befehlsempfängern degradiert werden. Weiterhin kritisiert sie die zu große Aufmerksamkeit, die der Debatte um Überstellung und Unterstellung im Management gezollt wird und bemerkt, dass Manager ebenfalls Anweisungen ihrer Unterstellten annehmen können (Follett, 1949; Uhl-Bien et al., 2014). Sie betont die Relevanz von „power with" versus „power over" (Follett & Graham, 1995, S. 103) und hebt die gemeinsame Beziehung zwischen Leadern und Followern hinsichtlich des Erfolgs von Teams hervor, der nur durch vereinte Kräfte entstehen kann und nicht durch die Fähigkeit der Führungskräfte, Follower zu bevormunden sowie zu dominieren (Follett, 1949; Follett & Graham, 2003).

Die Betonung der vereinten Anstrengungen hinsichtlich der Entstehung von Führung wird auch in den Theorien Hollanders (1958, 1971, 1984) deutlich, der als einer der ersten Wissenschaftler Führung als einen interdependenten Prozess zwischen Leadern und Followern betrachtet und die Überbetonung von Führungskräften und die Vernachlässigung von Followern in der Forschung missbilligt. Weiterhin stellt er fest, dass ein Großteil der Verwirrung in der Führungsforschung darauf zurückzuführen ist, dass Führung als Prozess nicht von der Führungskraft als Person differenziert wird, die dennoch eine zentrale Rolle in diesem Prozess besetzt. Er plädiert für ein Führungsverständnis, bei dem Leadership als gegenseitiger Beeinflussungsprozess mehrerer Personen angesehen wird, die zur gemeinsamen Zielerreichung voneinander abhängig sind. Diese Abhängigkeit variiert unter anderem durch die Gruppengröße, -struktur, -ressourcen und -geschichte (Hollander & Julian, 1969). Die Beziehung zwischen dem Führenden und den Geführten bildet sich dabei mit der Zeit und beinhaltet einen gegenseitigen Austauschprozess, bei dem Leader und Follower sowohl geben als auch nehmen. Der Leader lenkt und gibt die Richtung im Sinne der gemeinsamen Zielerreichung vor und erhält im Gegenzug größeren Einfluss, verbunden mit Status sowie Anerkennung durch die Follower, was zu seiner Legitimation beiträgt (Hollander & Julian, 1969).

Die Auffassung, dass Führung auf einem gemeinsamen Austauschprozess zwischen Leadern und Followern basiert, wird auch in der Leader-Member-Exchange (LMX) Theorie vertreten (Graen et al., 1982). Die Theorie untersucht auf welche Weise Leader und Follower miteinander interagieren, um möglichst wertvolle Arbeitsbeziehungen aufzubauen und somit möglichst hochwertige Führungsresultate zu erzielen (Graen & Uhl-Bien, 1995; Uhl-Bien et al., 2014). Während sich frühe Theorien hinsichtlich der Beziehung vertikaler Dyaden mit dem Follower als vertrauenswürdigem Assistenten der Führungskraft beschäftigen, der bei der Aufgabenerfüllung unterstützt, beschreiben spätere Arbeiten Follower als aktive Partner der Führungskräfte, die aufgrund qualitativ hochwertiger Beziehungen konstruktiv zusammenarbeiten (Uhl-Bien et al., 2014). Obwohl die LMX-Theorie Follower als Teil der Führungsbeziehung würdigt, so erscheint sie doch marginal die leaderzentrierte Perspektive einzunehmen, da sie die Führungskraft für den Prozess der Beziehungs- und Vertrauensbildung verantwortlich macht.

Shamir (2007) bietet einen weiteren Ansatz, der die soziale Beziehung zwischen Leader und Follower in den Vordergrund stellt und dabei Followern die gleiche aktive Rolle einräumt, wie Leadern. Basierend auf der LMX Theorie (Graen & Uhl-Bien, 1995) stellt Shamir (2007, S. xx) fest: „leadership is a relationship". Wie die nachstehende Abbildung zeigt, hängen die Ergebnisse und Konsequenzen der Führung von der Natur der Beziehung ab und werden gemeinsam von Followern und Leadern erzeugt. Dabei ist weiterhin festzustellen, dass nicht nur die Qualität der Führungsbeziehung von den Charakteristika und Verhaltensweisen der Follower und Leader abhängt, sondern dass das Verhalten der Follower ebenfalls die Leader beeinflusst und vice versa. Im Unterschied zu anderen Theorien hebt Shamir (2007) die Bedeutung der Follower in diesem Prozess besonders hervor und betont, wie groß deren Beitrag in der Erreichung organisationalen Erfolgs ist und grenzt sich somit von eher führerzentrierten Theorien ab, die den Followern eine eher passive Rolle zuschreiben (Klein & House, 1995). Da Shamir (2007) im Rahmen seiner Theorie die gegenseitige Beziehung zwischen Leader und Follower als Voraussetzung für die Konstruktion von Führung bezeichnet, kann diese Theorie auch den konstruktionistischen Ansätzen zugeordnet werden.

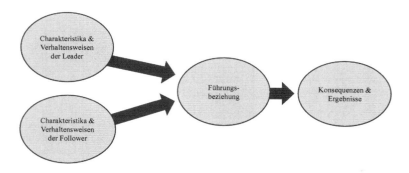

Abb. 16: Co-Produktionsmodell der Führung (Quelle: Shamir, 2007, S. xx)

Ein weiterer Führungsansatz, der auf der Beziehung zwischen Leader und Followern basiert, ist Klein und Houses (1995) „Charisma on Fire". Die Autoren beschreiben Charisma als Ergebnis einer Führenden-Geführten-Beziehung. Dabei nutzen Klein und House (1995) die Feuermetapher und beschreiben Charisma als eine Beziehung zwischen Vorgesetzten mit charismatischen Fähigkeiten (der Funke) und Geführten, die Charisma gegenüber offen sind (entflammbares Material) und sich in einer Charisma fördernden Umgebung (Sauerstoff) befinden. Und obwohl Follower in der Theorie als Teil der Beziehung angesehen werden, werden sie doch zu passiven Teilnehmern degradiert, die darauf warten, entzündet zu werden. Somit zeigt diese Theorie keine großen Unterschiede zu Theorien auf, die Follower als Moderatoren des Einflusses der Führungskraft ansehen.

(Padilla et al., 2007) gehen noch einen Schritt weiter und betrachten nicht nur die dyadischen Beziehung zwischen Anführern und Folgenden, sondern inkludieren weiterhin situative Faktoren in ihre Überlegungen. Dabei konzentrieren sie sich auf die Rolle, die Follower in destruktiver Führung spielen. Um schädliche organisationale Auswirkungen zu erklären, nehmen die Autoren eine systemische Perspektive ein (Klein & House, 1995; Weierter, 1997) und schreiben die Konsequenzen dem Zusammenspiel von Leadern, Followern und vorherrschenden Umständen zu, anstelle lediglich die Führungskraft aufgrund ihrer individuellen Charakteristiken zur Verantwortung zu ziehen. Dieses Zusammenwirken benennen die Autoren als *toxic triangle*. Es entsteht, wenn empfängliche Follower narzisstischen Anführern mit negativer Weltanschauung und eigennützigen Machtbegierden folgen. Die Follower werden dabei unterschieden in *conformists*, die sich den destruktiven Leadern aus Angst heraus fügen und in *colluders*, die bewusst mit den destruktiven Leadern gemeinsame Sache machen. Obwohl beide aus Eigeninteresse heraus handeln, versuchen *conformists* negative Konsequenzen für sich zu minimieren, indem sie vermeiden alleine dazustehen, während *colluders* nach persönlicher Bereicherung und individuellen Vorteilen streben (Uhl-Bien et al., 2014). Wenn zudem noch begünstigende Umweltbedingungen (wie z. B. Instabilität, wahrgenommene Bedrohung, schädliche kulturelle Werte oder fehlende institutionelle Normen) wirken, ist das sogenannte giftige Dreieck vollkommen. Padilla und Kollegen (2007) plädieren für eine weniger ideologische Sichtweise, die anerkennt, dass Führung sowohl konstruktive als auch destruktive Auswirkungen bedingen kann und nicht außer Acht lässt, welche gefährlichen Konsequenzen destruktive Führer, empfängliche Follower und begünstigende situative Bedingungen für die Lebensqualität der Beteiligten und für das Wohlergehen der Gesellschaft haben können.

Wird abschließend dem Verlauf der historischen Betrachtung von Leadership von führerzentrierten über followerzentrierten bis zu Leader-Follower-Beziehungsansätzen gefolgt, kann überraschenderweise festgestellt werden, dass Führung bereits seit langem als gemeinsamer Prozess zwischen Leadern und Followern, die im Kontext handeln, verstanden wird. Es besteht weitestgehend Einigkeit darüber, dass Leadership ohne der Berücksichtigung von Followership oder respektive der Rolle der Follower nicht verstanden werden kann (Uhl-Bien et al., 2014). Umso erstaunlicher erscheint es demnach, wie wenige Publikationen sich explizit mit dem Gegenstand von Followership befassen. Bevor sich in dieser Dissertation selbst verstärkt der *Followershipforschung* zugewandt wird, ist es notwendig, den bisherigen Forschungsstand von Followership systematisch zu erfassen.

2.5.2 Das entstehende Paradigma der Followershipforschung

Obwohl die bisherigen Ansätze und Untergliederungen der Literatur zeigen, dass die Führungsforschung Follower auf gewisse Arte und Weise würdigt, so ist die wissenschaftliche Auseinandersetzung mit Followership als eigenem Forschungsfokus dennoch noch relativ jung (Carsten et al., 2010; Collinson, 2006; Sy, 2010; Uhl-Bien et al., 2014). Followershipansätze als eigener Forschungsgegenstand unterscheiden sich von vorherigen Ansätzen in der Form, als dass sie die Rolle der Follower im Führungsprozess in den Vordergrund stellen, sie Followership als Forschungsrichtung die gleiche Relevanz einräumen wie der Führungsforschung und sie der Grundüberzeugung sind, dass Führung nicht hinlänglich verstanden werden kann, wenn nicht Follower und deren Beitrag zum Führungsprozess berücksichtigt werden (Carsten et al., 2010; Sy, 2010; Uhl-Bien et al., 2014).

2.5.2.1 Rollenbasierte Followershipansätze

Rollenbasierte Followershipansätze untersuchen das Phänomen Führung in einem hierarchischen Kontext und versuchen ein besseres Verständnis zu erlangen, wie Follower (in diesem Falle Unterstellte) mit Leadern (in diesem Falle Überstellte) agieren, um gemeinsam den organisationalen Erfolg zu begünstigen oder zu vermindern (Carsten et al., 2010; Sy, 2010; Uhl-Bien et al., 2014). Dabei befassen sie sich insbesondere mit dem impliziten Rollenverständnis von Followern und Fragestellungen, wie Followereigenschaften, -verhaltensweisen, -charakteristika oder Followershipstile Vorgesetzte beeinflussen und Führungsergebnisse be-

dingen. D. h. sie interessieren sich für die Frage: „What is the proper mix of follower characteristics and follower behavior to promote desired outcomes?" (Graen & Uhl-Bien, 1995, S.
223). Die nachfolgende Abbildung versucht den Wirkungszusammenhang zu verdeutlichen:

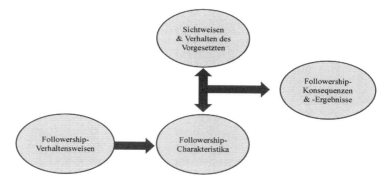

Abb. 17: Rollenbasierte Followershipansätze (Quelle: Uhl-Bien et al., 2014, S. 98)

2.5.2.1.1 Followertypologien und Modelle

Die Rolle von Followern oder Mitarbeitern, kann vollkommen unterschiedlich ausgeübt werden. Follower haben eine Wahl, angefangen mit der Wahl zu folgen und anschließend die
Wahl, in welcher Weise sie folgen. Follower können sich entscheiden, proaktiv auf die Führungskraft zuzugehen oder zu warten, bis auf sie zugekommen wird. Follower können sich
entscheiden Probleme selbst zu lösen oder darauf warten, dass dies die Führungskraft für sie
erledigt. Follower können sich entscheiden Aufgaben selbstständig zu lösen oder abwarten,
bis sie konkrete Anweisungen erhalten (Kilburn, 2010). Basierend auf ihren Entscheidungen
können Follower in verschiedene Typologien eingeteilt werden, die nachfolgend näher erläutert werden.

Über die letzten Jahrzehnte haben einige Autoren mit Hilfe von Studien versucht, valide Beschreibungen bzw. Charakteristiken für die verschiedenen Followerkategorisierungen zu entwickeln und somit Führungskräften mittels Kernangaben hinsichtlich ihrer Follower zu helfen, diese besser zu verstehen und erfolgreicher zu führen. Verschiedene Forscher haben Versuche unternommen, diese unterschiedlichen Followerkonzepte zu bewerten sowie sie entsprechend ihrer Ergebnisse zu klassifizieren und einzuordnen. So unterscheiden Bjugstad et
al. (2006) die verschiedenen Publikationen hinsichtlich Followern in drei theoretische Bereiche: (1) Publikationen, die sich mit der *Motivation* von Followern befassen, (2) Publikationen,
die sich mit den *Werten* von Followern auseinandersetzen und (3) Publikationen, die *effektive
von ineffektiven Followern* unterscheiden. Baker (2007) hingegen klassifiziert die Followershipliteratur in vier unterschiedliche Hauptbereiche: (1) Publikationen, die sich mit der
Rolle, die Follower und Leader spielen beschäftigen, (2) Publikationen, die den *aktiven Beitrag von Followern* betonen, (3) Publikationen, die die *gemeinsamen Zielvorstellungen* von

Followern und Leadern in den Vordergrund stellen und (4) Publikationen, die sich auf die *Beziehung zwischen Followern und Leadern* konzentrieren.

Für die vorliegende Dissertation wird der Einteilung von Crossman und Crossman (2011) gefolgt, die mit ihrer Differenzierung eine interessante Alternative zu den beiden Pionierwerken von Bjugstad et al. (2006) und Baker (2007) bieten. Sie unterscheiden dabei drei Kategorien: (1) *Deskriptive Followerverhaltenstypologien*, die sich mit den tatsächlich von Followern gezeigten Verhaltensweisen auseinandersetzen und somit bspw. als aktiv oder passiv, unterstützend oder Autorität untergrabend gewertet werden können. (2) *Präskriptive Followerverhaltenstypologien*, die sich auf idealisierte Followerverhaltensweisen konzentrieren und sich vorwiegend damit beschäftigen, wie sich Follower idealerweise verhalten sollten anstelle sich damit zu befassen, welches Verhalten sie tatsächlich an den Tag legen und (3) *situative Faktoren* hinsichtlich Followership. Diese bislang noch wenigen Publikationen setzten sich mit der Kompatibilität bestimmter Followership- und Leadershipstile auseinander und beziehen kontextuale Faktoren wie bspw. die Organisationskultur oder wirtschaftliche Rahmenbedingungen der Organisationen mit ein.

Im Folgenden werden verschiedene Typologien vorgestellt und anhand der Klassifizierung von Crossman und Crossman (2011) den deskriptiven, präskriptiven und situativen Followerverhaltenstypologien zugeteilt. Jede der Typologien bzw. Kategorisierungen basiert auf unterschiedlichen Dimensionen und enthält somit eigene Charakterisierungen. Weiterhin werden zusätzliche Modelle anderer Autoren skizziert, die sich von der Verwendung von Followertypologien abgrenzen und eigene Unterscheidungsmerkmale vorschlagen.

2.5.2.1.1.1 Deskriptive Followerverhaltenstypologien

Nachfolgend werden verschiedene deskriptive Followerverhaltenstypologien vorgestellt und anschließend auf gemeinsame Schnittmengen hin untersucht. Da eine detaillierte Charakterisierung aller vorgestellten Kategorisierungen den Umfang der vorliegenden Dissertation bei weitem übersteigt, kann hier nur ein erster Eindruck vermittelt werden.

Zalezniks *Subordinacy*-Ansatz (1965)

Zalezniks (1965) Bemühungen sind der erste bemerkenswerte Versuch, Mitarbeiter gemäß gemeinsamer Verhaltensbeschreibungen bzw. Charakteristiken in verschiedene Typen zu kategorisieren und stellen die Grundlage für spätere Ansätze von Followertypologien dar (Kilburn, 2010). Zaleznik unterteilt die Belegschaft anhand einer zweidimensionalen Matrix in vier Mitarbeitertypen: *Impulsive, Compulsive, Masochistic, Withdrawn*. Die X-Achse der Matrix stellt dabei ein Verhaltenskontinuum mit den Polen Aktivität und Passivität dar, an dessen jeweiligen Endpunkten der Mitarbeiter entweder als Initiator von Aktivitäten angesehen wird (aktiv) oder als teilnahmslos und uninteressiert wahrgenommen wird (passiv). Die Y-Achse stellt ein Kontrollkontinuum mit den Polen Dominanz und Unterwürfigkeit dar, an deren Endpunkte der Mitarbeiter entweder die Kontrolle über seinen Vorgesetzten erlangen möchte (dominant) oder von seinem Vorgesetzten kontrolliert werden möchte (unterwürfig).

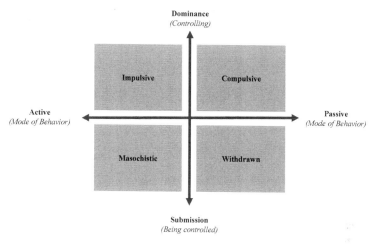

Abb. 18: Followertypologien nach Zaleznik (Quelle: Zaleznik, 1965, S. 122)

Der erste Quadrant der Matrix und somit die erste Gruppe an Mitarbeitern wird von Zaleznik als *Impulsive subordinates* bezeichnet. Diese Mitarbeiter werden sowohl als dominant als auch aktiv angesehen. Sie möchten Kontrolle ausüben, fürchten sie aber zugleich. Sie haben Schwierigkeiten, Autoritäten zu akzeptieren. Aufgrund ihrer Impulsivität und ihres mangelnden Interesses an Konformität erzeugen sie häufig sehr innovative Ideen und sind vor allem bei jenen Vorgesetzten beliebt, die genug von Ja-Sagern haben. Der zweite Typ wird als *Compulsive Subordinates* betitelt und fasst Mitarbeiter zusammen, die zwar dominant aber passiv sind. Während impulsive Mitarbeiter handeln ohne nachzudenken, neigen zwanghafte (*engl. compulsive*) Mitarbeiter dazu, ihr Handeln zu sehr zu überdenken und agieren häufig aufgrund von Gewissensbissen oder gar Schuldgefühlen. Sie würden gerne Kontrolle übernehmen, sind aber aufgrund ihrer beinahe zwanghaften Passivität und ihrer Verweigerung Verantwortung zu übernehmen, nicht dazu in der Lage. Die dritte Gruppe an Mitarbeitern wird anhand ihres masochistischen Verhaltens zu *Masochistic Subordinates* zusammengefasst. Sie sind aktiv und zugleich unterwürfig, d. h. sie haben keine Intention Kontrolle zu übernehmen. Obwohl diese Art von Mitarbeitern über alle Voraussetzungen für gute Leistungen verfügen, zeigen sie sie nicht, da sie innerlich an Tadel und der Rolle des Sündenbocks Freude haben. Die letzte Gruppe, die von Zaleznik unterschieden wird, sind die *Withdrawn Subordinates*, die weder ein Bedürfnis nach Kontrolle verspüren, noch aktiv im Unternehmen mitwirken. Sie ziehen sich zurück, haben wenig Vertrauen in andere und kein Interesse sich zu involvieren.

Zaleznik sieht die Verhaltensweisen der Belegschaft und ihre Beziehung zu Vorgesetzten in ihrer frühen Kindheit und im Jugendalter begründet und postuliert, dass diese Beziehung das Verhältnis zur Vaterfigur wiederspiegele. Diese Typologie wird einerseits von Zaleznik eingeführt, um Vorgesetzten zu helfen, sich besser auf ihre Mitarbeiter einzustellen, andererseits jedoch auch, um Followern eine Richtung vorzugeben, die selbst gerne einmal eine Leadershipposition innehaben möchten (Uhl-Bien et al., 2014). So stellen Zaleznik und Kets de Vries (1975) fest: „the person who aspires to leadership must negotiate the risky passage between dependency and assertiveness." Ob es sich bei der Differenzierung der verschiedenen Mitarbeiter um Follower im eigentlichen Sinne der Arbeitsdefinition handelt, sprich jemandem, der freiwillig die Führung des Leaders annimmt, wird bei der Unterteilung Zalezniks nicht deutlich.

Stegers et al. *Self-Enhancement/Self-Protection*-Ansatz (1982)

Unter der Annahme, dass effektive Leader ihren Führungsstil gemäß dem Followershipstil ihrer Mitarbeiter adaptieren können, unterscheiden Steger et al. (1982) neun verschiedene Followertypen, die sie anhand eines zweidimensionalen Followermodells definieren. Gemäß der Autoren sind die grundlegenden Dimensionen von Followership zum einen (1) der Wunsch nach beruflicher Weiterentwicklung und Anerkennung *(Self-Enhancement)* und zum anderen (2) der Wunsch vor Misserfolg und Versagen beschützt zu werden *(Self-Protection)*. Beide Tendenzen intervenieren miteinander und stehen letztendlich im Konflikt zueinander. Das Verlangen beruflich aufzusteigen, höhere Verantwortung zu übernehmen und daher auch höhere Risiken in Kauf zu nehmen, wird wegen der Angst zu Scheitern vermindert. Jene Angst vor Misserfolg kann so überwältigend sein, dass sie das Motiv nach beruflicher Weiterentwicklung völlig erstickt.

Ist dies der Fall, wird sich die Führungskraft fragen müssen, ob dieser Zustand organisationalen bzw. organisationskulturellen Rahmenbedingungen geschuldet ist, ob die Führungskraft selbst Ursache jener Tatsache ist oder der Grund in der Persönlichkeit des Mitarbeiters zu suchen ist. In diesem Zusammenhang kann festgestellt werden, dass vor allem in Abhängigkeit der Verankerung von formalen Anerkennungssystemen in der Organisation und der gelebten Fehlerkultur, die verschiedenen Followertypen mit unterschiedlichen Wahrscheinlichkeiten zu Tage treten. Je nach Ausprägung beider Dimensionen ergeben sich die neun folgenden Followertypen: *Game Player, Achiever, Kamikaze, Bureaucrat, Super Follower, Artist, Apathetic, Donkey* und *Deviant*.

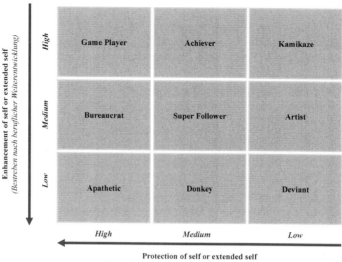

Abb. 19: Followertypologien nach Steger et al. (Quelle: Steger et al., 1982, S. 50)

Der *Game Player* zieht Status der eigentlichen Leistungserbringung vor, z. B. indem er mittels seiner akademischen Abschlüsse, erworbenen Zertifikate oder anderen Prestigemerkmalen sein Ansehen und seine Glaubwürdigkeit im Unternehmen steigert. Er ist jederzeit bestens über die mikropolitischen Machenschaften des Unternehmens informiert, wodurch er im Falle von organisationalen Veränderungen sein Misserfolgsrisiko erheblich minimieren kann, da er von vorn herein die richtige Seite wählt. Der *Achiever* ist ein sehr ambitionierter Mitarbeiter, der in hohem Maße nach Anerkennung strebt und stark leistungsorientiert ist. Er benötigt kontinuierlich Feedback und ist organisationalen Veränderungen gegenüber offen. Der *Kamikaze* verfügt über ein hohes Energielevel und ist i. d. R. produktiv. Aufgrund seiner hohen Risikobereitschaft kann er im Falle von Veränderungen eine große Stütze sein. Wegen seiner Unreife und Unbekümmertheit kann er dem Unternehmen jedoch auch beträchtliche Kosten verursachen.

Der *Bureaucrat* ist üblicherweise in den administrativen Reihen des Unternehmens zu finden. Er zeichnet sich durch geringe Risikobereitschaft aus, ist bestrebt ein gutes Leistungsniveau zu erreichen und ist sich dennoch seiner persönlichen Grenzen bewusst. Der *Superfollower* kann über lange Zeit ein hohes Produktivitätslevel beibehalten und sich im Falle organisationaler Veränderungen stets selbst zum Wandel motivieren. Der *Artist* ist risikofreudig und verfügt über eine positive Haltung gegenüber Veränderungen. Er benötigt ein hohes Maß an formaler Anerkennung und ist detailversessen. Findet sich die richtige Aufgabe für diese Form des Mitarbeiters, können seine Leistungen herausragend sein. Der *Apathetic* ist weder produktiv, noch den organisationalen Zielen verpflichtet. Aufgrund seiner Defensivität und seiner Angst vor Veränderung tendiert er gemäß den Autoren dazu, sich Schutz bei anderen Stellen als der formalen Organisation zu suchen, z. B. bei Betriebsräten oder der Gewerkschaft. Seine Negativität kann ansteckend auf andere wirken und muss daher dringend forciert werden. Der *Donkey* ist der Annahme, dass bereits die pure Bemühung die eigentliche Leistung darstellt. Er ist kaum leistungsorientiert, wenig produktiv und arbeitet ausschließlich, wenn er dazu angewiesen wird. Der letzte Followertyp ist laut den Autoren der *Deviant*, der keinerlei Ambitionen hat, sich in das formale Leistungsgefüge der Organisation einzugliedern und ebenso wenig Interesse an Leistung zeigt. Zumeist verweilen diese Mitarbeiter nicht lange im Unternehmen bzw. sollte ein Weg gefunden werden, diese Form von Mitarbeitern schnellstmöglich wieder zu entlassen. Auch bei dieser Unterteilung ist nicht ersichtlich, ob es sich bei den unterschiedenen Mitarbeitertypen um Follower im Sinne der verwendeten Definition handelt.

Kelley's *Effective-Followership*-Ansatz (1988)

Unter der Prämisse die Motivation und Sichtweisen von Followern besser zu verstehen, identifiziert auch Kelley (1988) zwei zugrundeliegende Dimensionen hinsichtlich des Followerverhaltens, die den Unterschied zwischen effektivem und ineffektivem Followership besser verdeutlichen sollen. Diese Dimensionen messen, inwiefern ein Follower selbstständig als auch kritisch denkt und wo er sich auf einem Passiv-Aktiv-Kontinuum befindet. Im Rahmen der von Kelley (1988) konzipierten Matrix mit den eben beschrieben zugrundeliegenden Dimensionen ergeben sich fünf verschiedenen Followertypen: *Sheep, Yes People, Alienated Followers, Survivors* und *Effective Followers*. Die verschiedenen Kategorisierungen werden in der nachfolgenden Abbildung deutlich:

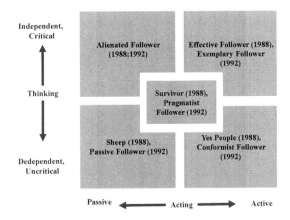

Abb. 20: Followertypologien nach Kelley (Quelle: Kelley, 1988, 1992)

Kelley (1988) beschreibt die verschiedenen Followertypologien folgendermaßen: Er stellt die *Sheep Follower* als passive, unkritische Mitarbeiter dar, denen es an Initiative und Verantwortungsbewusstsein mangelt und lediglich Dienst nach Vorschrift leisten. *Yes People* beschreibt er zwar als lebendigere Follower, die dennoch von der Inspiration ihrer Vorgesetzten abhängen und sich bei Zeiten äußerst unterwürfig und ehrerbietig zeigen. *Alienated Follower* bezeichnet er als Mitarbeiter, die zwar kritisch und unabhängig denken, diese Überlegungen jedoch nicht aktiv äußern und umsetzen können. Sie haben sich durch Vorkommnisse in der Vergangenheit von der Arbeit und ihren Aufgaben entfremdet und sind daher häufig zynisch, geben aber aufgrund ihrer mangelnden Fähigkeit den Unmut gegenüber der Führungskraft nicht offen zu und geben zumeist verärgert nach. Die Gruppe der *Survivors* befindet sich genau im Zentrum des von ihm entworfenen Diagramms und beschreibt Follower, die sich wie ein „Fähnchen im Wind" verhalten und nach dem Motto leben „Vorsicht ist besser als Nachsicht". Sie sind geübt darin, Wandel zu tolerieren und sich trotz Veränderungen irgendwie „durchzumogeln". Die letzte Untergliederung bezeichnet schließlich die *Effective Followers*, die selbstständig denken, ihre Aufgaben ohne Anweisungen und selbstbewusst erledigen sowie aufgrund ihrer Problemlösefähigkeiten und einem adäquaten Risikobewusstsein sowohl bei Vorgesetzten als auch bei Kollegen hoch geachtet sind.

In einer späteren Publikation wählt Kelley (1992) andere Begrifflichkeiten für die von ihm vorgenommene Unterteilung, verändert an den zugrundeliegenden Dimensionen der Matrix jedoch nichts. Der von Kelley (1992) entwickelte 20-Item-Likert-Skala Fragebogen ist das bislang meist verwendete Messinstrument hinsichtlich Followern, obwohl der Autor keine Angaben zu Reliabilität oder Validität zur Verfügung stellt (Colangelo, 2000; Smith, 2009). Andere Autoren, die sich Kelleys (1992) Fragebogen für ihre Forschungsarbeiten zu Nutze machen und in Folge überprüfen, äußeren sogar Bedenken hinsichtlich der Reliabilität und Validität (Colangelo, 2000; Geist, 2001). Laut Kelley (1992) misst der von ihm entwickelte Fragenbogen die oben vorgestellten zwei Verhaltensdimensionen, die zu effektivem Followership führen. Eine von Colangelo (2000) im Rahmen seiner Dissertation durchgeführte Faktorenanalyse stellt jedoch vier Dimensionen fest, auf die die 20 Items des *Followership Questionnaires* laden. Er benennt diese als: *Active Engagement, Critical Independent Thinking, Passion* und *Team Mindedness*. Geists (2001) Überprüfung der internen Skalenkonsistenz und der Faktorstruktur des *Followership Questionnaires* durch Cronbachs α variiert in Abhängigkeit der befragten Untersuchungsteilnehmer von 0,51 bis 0,78. Er äußert jedoch Bedenken, da einige Items nicht am höchsten in den ihnen zugehörigen Skalen laden (Geist, 2001; Smith, 2009). Weiterhin ist anzumerken, dass auch Kelley nicht im Sinne der Arbeitsdefinition zwischen Mitarbeitern und Followern im eigentlichen Sinne unterscheidet.

Kellerman's *Level of Engagement*-Ansatz (2008)

Kellerman (2008) unterscheidet in ihrer Followertypologie fünf verschiedene Abstufungen, die lediglich anhand einer Dimension, nämlich dem Ausmaß des persönlichen Engagements (*level of engagement*) differenziert werden. Dabei geht das Spektrum von *„feeling and doing absolutly nothing"* bis hin zu *„being passionately committed and deeply involved"* (Kellerman, 2008, S. 85) und unterscheidet dabei *Isolates, Bystanders, Participants, Activists* und *Diehards*. Obwohl Kellerman proklamiert, Follower einzig und allein anhand ihres demonstrierten Engagements zu unterscheiden, differenziert sie Follower dennoch weiterhin nach ihrer Fähigkeit Leader kritisch zu hinterfragen. So beschreibt sie gute Follower als diejenigen, die ihre Leader aktiv unterstützen, insofern sie moralisch und ethisch einwandfreie Ziele verfolgen, bzw. als diejenigen, die sich aktiv gegen Leader auflehnen, insofern diese ineffektiv oder unethisch handeln und schlechte Follower vice versa als diejenigen, die sich konträr verhalten.

Die nachfolgende Grafik illustriert die Anordnung der einzelnen Followertypen auf dem Kontinuum des *Levels of Engagement*:

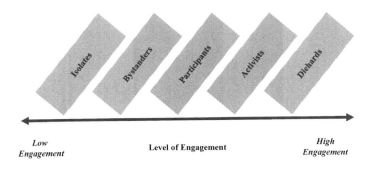

Abb. 21: Followertypologien nach Kellerman (Quelle: Kellerman, 2008)

Kellermans Beschreibung der verschiedenen Followertypen vollzieht sich wie folgt: *Isolates* sind völlig abgesondert, sie scheren sich weder um die Belange ihres Vorgesetzten, noch kennen sie seine Gepflogenheiten, noch interagieren sie mit ihm in irgendeiner Form. Ihre Distanzierung ist dauerhaft. Diese innere Einstellung von nichts etwas wissen und nichts unternehmen zu wollen, resultiert standardmäßig jedoch darin, dass Isolates ihre Führungskraft, die ohnehin bereits die Oberhand besitzt, weiter bestärken. *Bystanders* hingegen beobachten aufmerksam, beteiligen sich jedoch ebenfalls wie die Isolates nicht. Die Entscheidung nur zuzusehen und weder mit dem Vorgesetzten zu kollaborieren, noch sich in die Gruppendynamik zu integrieren, wird bewusst getroffen. Dieser innere Rückzug ist letztendlich Ausdruck ihrer Neutralität und trägt letztendlich ebenfalls zu stillschweigender Inkaufnahme und Unterstützung derer bei, die den Status quo begründen. Die *Participants* hingegen involvieren sich in das organisationale Geschehen. Entweder befinden sie ihre Vorgesetzen, das Team und die Organisation eindeutig als gut oder eindeutig als schlecht. In beiden Fällen interessieren sie sich ausreichend, um ihren Worten Taten folgen zu lassen, und ihre persönlichen Ressourcen wie bspw. ihre Zeit einzusetzen, um selbst Einfluss ausüben zu können.

Activists liegt im Vergleich zu Participants sehr viel an ihren Vorgesetzten und handeln daher auch dementsprechend. Sie sind fleißig, tatkräftig und engagiert. Die starke Einbindung in Prozesse und die hohe Konzentration auf zwischenmenschliche Beziehungen kann entweder zugunsten der Führungskraft erfolgen oder aber darin resultieren, dass Activists versuchen, die Autorität ihrer Vorgesetzten zu untergraben oder gar versuchen, sie von ihrem Thron zu schubsen. Die letzte Kategorie an Mitarbeitern sind die *Diehards*, deren Zweck ihre Mittel heiligt und die bereit sind, alles zu unternehmen, um eine Idee, eine Person oder auch beides zu unterstützen. Diehards sind ihren Vorgesetzten entweder vollkommen ergeben oder bereit, alles zu unternehmen, was notwendig erscheint, um Führungskräfte aus ihrer Stellung der Macht, Autorität und Einflussnahme zu entheben. In beiden Fällen zeichnen sich Diehards durch ihre Hingabe und ihre Bereitschaft aus, Leib und Leben zu riskieren, insofern es der Sache dient. Auch bei der Unterscheidung Kellermans wird keine konsequente Unterscheidung getroffen, ob es sich bei den beschriebenen Followern tatsächlich um Follower im Sinne der Arbeitsdefinition handelt. Es werden lediglich dargelegte Verhaltensweisen von Mitarbeitern gegenüber ihren Vorgesetzten beschrieben.

Rosenbach, Pittman und Potter *Relationship-Performance*-Ansatz (2012)

Eine weitere Followertypologie stammt von Rosenbach et al. (2012), die unterstellen, dass sich Mitarbeiter in Zeiten dynamischer Weltwirtschaft und sich ständig verändernder Technologien darüber bewusst sind, nur erfolgreich sein zu können, wenn sie sich zu Höchstleistungen und Schaffung vertrauensvoller und effektiver Beziehungen zu Vorgesetzten sowie Kollegen verpflichten. Vor diesem Hintergrund unterscheidet er vier Followertypen, die er anhand der Dimensionen *performance initiative* und *relationship initiative* klassifiziert. Die Dimension *performance initiative* beschreibt die aktiven Eigenbemühungen der Mitarbeiter, gute Arbeitsleistungen zu erbringen und sich kontinuierlich zu verbessern. Dabei findet Berücksichtigung, wie der Mitarbeiter die Arbeitsaufgabe verrichtet, wie er mit anderen zusammenarbeitet, wie offen er sich gegenüber Veränderung zeigt und wie selbstachtsam er ist. Die zweite Dimension *relationship initiative* bezieht sich auf die aktiven Versuche, die Arbeitsbeziehung zum Vorgesetzten zu verbessern. Hierbei findet Beachtung, inwiefern der Mitarbeiter sich mit der Führungskraft identifiziert, wie stark er Vertrauen aufbaut, wie beherzt er Kommunikation pflegt und inwiefern er versucht, Differenzen aus dem Weg zu schaffen.

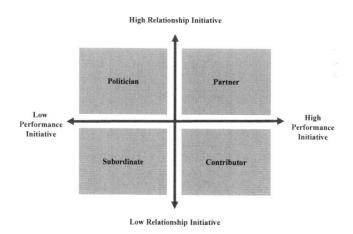

Abb. 22: Followertypologien nach Rosenbach, Pittman und Potter (Quelle: Rosenbach et al., 2012)

Aus den von Rosenbach, Pittman und Potter (2012) beschrieben Dimensionen ergeben sich vier Followertypen: Der *Subordinate*, der macht was von ihm erwartet wird; der *Contributor*, der sich stets vorbildlich verhält, hart und qualitativ hochwertig arbeitet, jedoch eher auf Anweisungen wartet, anstelle selbst Initiative zu zeigen; der *Politician*, der sich vorrangig auf die Qualität der Beziehungen zu Vorgesetzten und Kollegen anstelle auf Leistungserbringung konzentriert und zuletzt den *Partner*, der über die Kompetenz verfügt, die ihm zugewiesenen Aufgaben zu erledigen und gleichzeitig stets die Interessen der Organisation im Hinterkopf behält und versucht proaktiv beizusteuern. Erneut wird auch bei dieser Typologie der Unterscheidung, ob es sich lediglich um Mitarbeiter oder tatsächlich um Follower im Sinne der Arbeitsdefinition handelt, keine Beachtung geschenkt.

Lipman-Blumens Followeransatz (2005)

In der Diskussion um die dunkle Seite von Followership und weshalb sich Follower bereitwillig dazu entscheiden, destruktiven Leadern zu folgen, unterscheidet Lipman-Blumen (2005) drei verschiedene Kategorien von Followern, die ihrer Meinung nach die schlechten Leader unterstützen und überhaupt erst zu ihrem Handeln befähigen. Während Lipman-Blumen (2005) den von ihr beschriebenen drei Followertypen keine klare Bezeichnung zuweist, benennen Uhl-Bien et al. (2014) diese als *Benign Followers*, die *Leader's Entourage* und *Malevolent Followers*. Benign Followers charakterisieren leichtgläubige Individuen, die ihre Leader nicht in Frage stellen. Die Follower, die als Leader's Entourage bezeichnet werden, bestärken, wie der Name bereits andeutet, aktiv ihre Leader und deren Pläne. Und die letzte Gruppe der Malevolent Follower fasst Personen zusammen, die von Habgier und Missgunst getrieben und insgeheim selbst auf die Rolle des Leaders erpicht sind und ihn daher sabotieren. Auch hier wird die Unterscheidung, ob es sich um Follower entsprechend der Arbeitsdefinition handelt, nicht deutlich.

2.5.2.1.1.2 Präskriptive Followerverhaltenstypologien

Die zweite Untergliederung, der bislang verhältnismäßig weniger Aufmerksamkeit in der Followershipliteratur geschenkt worden ist, beschäftigt sich mit Verhaltensweisen, die Follower idealtypischer Weise demonstrieren, anstatt sich mit jenen Attributen auseinanderzusetzen, die Follower tatsächlich zeigen.

Chaleffs *Courageous Followership*-Ansatz (1995)

Chaleffs Werk kann in diesem Rahmen gewissermaßen als Pionierarbeit bezeichnet werden, da es die erste Publikation ist, die sich auf *Follower Development* anstelle von *Leadership Development* konzentriert (Kellerman, 2008). Forscher haben festgestellt, dass viele der Qualitäten, die effektive Leader auszeichnen, paradoxerweise auch diejenigen sind, die effektive Follower kennzeichnen. Was Leader und Follower unterscheidet ist die Rolle, die sie ausüben (Kelley, 1988; Smith, 2009). Während sich die meisten Forscher (und so auch die bisher vorgestellten Autoren) mit Persönlichkeitseigenschaften, Verhalten und Persönlichkeitstypen auseinandersetzen, um Follower zu kategorisieren, wählt Chaleff (1995) als Unterscheidungs-kriterium die Rolle, die effektive Follower jeweils ausüben und proklamiert sowohl die Rolle des Followers als auch die Rolle des Leaders als ebenwürdig anzusehen.

Diese geforderte Parität der Rollenbilder kann laut Chaleff erreicht werden, indem sich be-wusst gemacht und anerkannt wird, dass Leader ihre Rolle und ihre korrespondierende Macht in den seltensten Fällen über längere Zeit bedacht und effektiv ausüben. Es sei denn, sie wer-den dabei von couragierten Followern unterstützt, die sich der Fallstricke und Verführungen der Macht, die mit Führung einhergeht, bewusst sind und das Rückgrat besitzen, ihnen entge-genzuwirken. So stellt er fest: „Power tends to corrupt, and absolute power corrupts absolute-ly" (Chaleff, 1995, S. 3) und appelliert an die Follower beherzt einzuschreiten, sollte sich der Leader nicht als würdig erweisen. In diesem Zusammenhang beschreibt Chaleff fünf Qualitä-ten, die für ihn couragiertes Followership auszeichnen: Den Mut Verantwortung zu übernehmen (*courage to assume responsibility*), den Mut zu dienen (*courage to serve*), den Mut andere herauszufordern (*courage to challenge*), den Mut sich an Veränderungsprozessen zu beteiligen (*courage to participate in transformation*) und den Mut moralische Schritte einzuleiten (*courage to take moral action*).

„*The courage to assume responsibility*" bezeichnet die Fähigkeit couragierter Follower, Ver-antwortung sowohl für sich als auch für die Organisation zu übernehmen, indem sie Chancen entdecken oder kreieren, um ihr volles Potenzial zu entfalten und somit ihren Wert für die Or-ganisation zu maximieren. „*The courage to serve*" bezeichnet das Verständnis couragierter Follower der harten Arbeit und den schwerwiegenden Entscheidungen gegenüber, die teilwei-se von Leadern getroffen werden müssen, um die Organisation zum Erfolg zu führen. Sie scheuen nicht davor zurück, zusätzliche Verantwortung anzunehmen, um ihre Leader dadurch zu entlasten und somit auf ein gemeinsames Ziel zuarbeiten zu können. „*The courage to chal-lenge*" ist die Fähigkeit couragierter Follower, ihr Missbehagen zu zeigen, wenn Verhalten der Leader ihrem Gerechtigkeitssinn oder ihrem Verständnis widersprechen. Sie schätzen Harmonie und eine gute Beziehung zur Führungskraft, jedoch nicht auf Kosten ihrer Integri-tät. Somit nehmen sie in Kauf, Konflikte zu erzeugen oder Ablehnung hervorzurufen, wenn dies der Erreichung der übergeordneten organisationalen Ziele dient. „*The courage to partici-pate in transformation*" bezeichnet die Fähigkeit couragierter Follower, im Bedarfsfall Ver-änderungen aktiv herbeizuführen und ihren Leadern zur Seite zu stehen, wenn andere Kolle-gen Schwierigkeiten haben den Wandel zu akzeptieren. „*The courage to take moral action*" bezeichnet die Fähigkeit couragierter Follower, sich übergeordneten moralischen Werten zu verpflichten und sich ggf. gegenüber den Leadern aufzulehnen und Anordnungen zu missach-ten, sollten diese fragwürdige Ziele verfolgen.

Neben den eben beschriebenen Qualitäten, die ein Follower idealerweise an den Tag legt, ist es laut Chaleff (1995) ebenfalls Aufgabe eines couragierten Followers sich selbst zu reflektie-ren und zu verstehen, welchen individuellen Followershipstil er verfolgt und Verantwortung für die eigene Entwicklung und die Weiterentwicklung des persönlichen Followershipverhal-tens zu übernehmen. Oftmals beklagen Vorgesetzte die mangelnde Verantwortungsübernah-me der Belegschaft und wünschen sich Follower, die eigene Ideen generieren und in die Tat

umsetzen. Und obwohl es zahlreiche Gründe dafür geben kann, weshalb sich Mitarbeiter gegen ein derartiges Verhalten entscheiden, sei es aufgrund des gelebten Führungsstils des Vorgesetzten oder in der Organisationskultur verankerte Ursachen, so monieren die meisten Leader doch fehlende Mitarbeiterinitiative (Chaleff, 1995).

Der erste Schritt für Follower diese Verantwortung anzunehmen und somit den organisationalen Erfolg positiv zu beeinflussen, liegt gemäß Chaleff in der Auseinandersetzung mit sich
selbst: „We cannot remain static ourselves and expect to improve the organization" (Chaleff,
1995, S. 38). Um Followern eine Selbsteinschätzung der eigenen Stärken und Entwicklungsbedürfnisse zu ermöglichen, entwickelte Chaleff ein zweidimensionales Modell, welches auf
den beiden Achsen Unterstützung *(support)* und Herausforderung *(challenge)* hinsichtlich der
Führungskraft basiert. Auf diese Weise unterscheidet er vier verschiedene Followertypen:
Den *Partner*, den *Implementer*, den *Individualist* und die *Resource*, die in der nachfolgenden
Abbildung dargestellt werden.

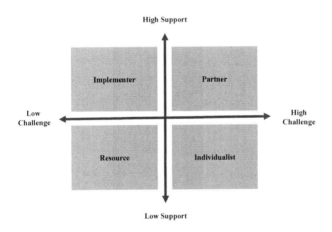

Abb. 23: Model of Followership-Style (Quelle: Chaleff, 1995, S. 41)

Ein Follower, der sich im ersten Quadrant sieht, wird als *Partner* beschrieben und zeichnet
sich sowohl durch hohe Unterstützung hinsichtlich des Vorgesetzten als auch durch die Bereitschaft, die Führungskraft kritisch zu hinterfragen, aus. Obwohl auch in diesem Feld die
Möglichkeit der Weiterentwicklung besteht, befinden sich diese Follower dennoch im gewünschten und effizientesten Quadrant. Der *Implementer* ist der Followershipstil, den sich die
meisten Führungskräfte wünschen. Sie arbeiten ambitioniert für die Ziele der Organisation,
würden jedoch ihre Vorgesetzten nicht hinterfragen bzw. sie darauf hinweisen, wenn sie drauf
und dran sind, einen Fehler zu begehen. Das Entwicklungspotenzial in diesem Quadranten
liegt in der Bereitschaft und der Fähigkeit, den Vorgesetzen effektiv und produktiv herauszufordern.

Der *Individualist* zeichnet sich vorrangig durch seine geringe Rücksichtnahme und Achtung gegenüber der Führungskraft aus. Er scheut nicht davor zurück, allen Prozessbeteiligten seine Meinung gegenüber dem Vorgesetzten mitzuteilen und zeigt aufgrund seiner tendenziell negativen Einstellung gegenüber der Führungskraft zumeist auch geringes Engagement. Entwicklungspotenzial für Follower, die diesen Followershipstil demonstrieren, liegt in der Erkenntnis, dass es der Kollaboration von Followern und Leadern zur gemeinsamen Zielerreichung bedarf und sie somit die wahrgenommene Unterstützung gegenüber dem Vorgesetzen erhöhen. Die *Resources* bezeichnet die Gruppe an Followern, die sich weder durch überdurchschnittliche Unterstützung noch durch hohe Herausforderung des Status quo auszeichnen. Chaleff bezeichnet sie als „people who do an honest day's work for a day's pay but don't go beyond the minimum expected of them" (Chaleff, 1995, S. 42). Entwicklungspotenzial für Follower, die diesen Followershipstil verfolgen, liegt in der Chance, ihrer Tätigkeit mehr Priorität zu verleihen. Sobald der Beschäftigung mehr Vorrang verliehen wird, werden sie den Vorgesetzten stärker unterstützen, um eine bessere Reputation zu erlangen und Bereiche der Arbeit erkennen, die der Verbesserung bedürfen. Chaleff (1995) merkt jedoch an, dass es nicht auf die Selbsteinschätzung des Followershipstils alleine ankommt, sondern auch auf die Wahrnehmung des gezeigten Followershipstils von anderen. Abermals wird nicht ausgeführt, ob es sich dabei um Follower im Sinne der Arbeitsdefinition handelt.

Monös *Collaborationship*-Ansatz (2013)

Monö (2013) beschreibt ebenfalls, wie sich Follower seiner Ansicht nach idealerweise verhalten und über welche prototypischen Eigenschaften sie verfügen sollten, um bestmögliche organisationale Ergebnisse zu erzielen. Jedoch grenzt er sich explizit von einer Unterteilung in verschiedene Followertypen ab, da Individuen seiner Meinung nach nicht geboren werden, um zu folgen oder zu führen, sondern grundsätzlich zu beidem geschaffen sind: „Being a follower has nothing to do with intelligence or personality. It is just a role that we choose (temporarily) in order to achieve success together within a group of people" (Monö, 2013, S. 147). Daher sollte sich auf die Qualitäten konzentriert werden, die gute Follower auszeichnen und eruiert werden, wie stark diese Qualitäten gezeigt werden während Follower folgen. Followership als temporäre Rollenorientierung bedeutet weiterhin, dass das Ausmaß von Followership in Abhängigkeit gewisser Faktoren wie bspw. der Vision oder dem Ziel der Gruppe, dem Leader, den anderen Followern, der sozialen Umgebung, geplanten Handlungen der Gruppe oder der eigenen psychischen Verfassung stark variieren kann. Wie stark oder schwach das Followership einer Person ist, hängt laut Monö (2013) davon ab, wie ausgeprägt das Level an persönlicher Verpflichtung (*commitment*) und aktiver Beteiligung (*active involvement*) in erster Instanz und das Level an Unabhängigkeit (*independency*) und Kommunikation (*communication*) in nächster Instanz ist.

Wahre Identifikation und echte persönliche Verpflichtung gegenüber einer Sache ist die beste Voraussetzung, jemandem oder etwas aufrichtig zu folgen und stellt das Differenzierungskriterium zu *Yes-men* dar. Die wahrhaftige Verbundenheit etwas gegenüber führt automatisch dazu, sich energisch für die Sache einbringen zu wollen, selbst wenn dies den zeitweisen Verzicht der Verfolgung eigener Interessen bedeutet oder mit sich bringt, Risiken eingehen zu müssen, vermehrt Verantwortung zu übernehmen sowie ggf. auch dem Vorgesetzten zu widersprechen, sollte dies notwendig sein (hier sei als Bsp. das Milgram-Experiment genannt; Milgram, 1974). Hierfür ist es notwendig, dem Vorgesetzen konstruktive Rückmeldung zu seinem Verhalten oder der Leistung der Gruppe zu geben und gegebenenfalls Konflikte auszutragen, sollte dies für die Zielerreichung von Nöten sein. Diesen Prozess, bei dem Individuen eine gemeinsame Vision teilen und mit vereinten Kräften handeln, um gemeinsame Synergien zu erzielen und somit das Ergebnis der Gruppe maximieren, nennt Monö (2015) *collaborationship* und stellt in diesem Zusammenhang fest: „Leadership as well as followership are just instruments used to strengthen collaborationship" (Monö, 2013, S. 67). Im Gegensatz zu einer Vielzahl seiner Kollegen unterscheidet Monö (2013, 2015) eindeutig zwischen Followern im Sinne der Arbeitsdefinition und Mitarbeitern, die lediglich in einer hierarchischen Abhängigkeit stehen und moniert die mangelnde begriffliche Trennung vieler Autoren.

Aufmerksamkeit hinsichtlich des idealen Followerverhaltens erwecken auch Studien vor dem Hintergrund der Thematik *self-leadership*, bei denen Followern die Erwartung entgegengebracht wird, aufgrund ihrer Fähigkeiten und Kompetenzen ohne formelle Anweisungen ihrer Vorgesetzten hohe Leistungen zu erbringen (Howell & Méndez, 2008; Lord, 2008), indem sie sich persönliche Standards setzen, ihre eigene Performanz kontinuierlich hinsichtlich der gesetzten Standards evaluieren und Konsequenzen hinsichtlich ihres Handelns im Rahmen dieses Evaluationsprozesses für die Zukunft ziehen (Manz & Sims, 1980). Dabei erweitert das Konzept des *self-leadership* vorhergehende Konzepte des *self-managements*, indem explizit die Relevanz der Zukunftsorientierung in Bezug auf die individuelle Selbststeuerung hervorgehoben wird (Hauschildt & Konradt, 2012; Manz & Sims, 1980). Neck und Manz (2010) beschreiben *self-leadership* relativ allgemein als „the process of influencing oneself" (S. 4), während es Manz selbst, der das Konzept 1983 ursprünglich einführt, definiert als „a comprehensive self-influence perspective that concerns leading oneself toward performance of naturally motivating tasks as well as managing oneself to do work that must be done but is not naturally motivating" (S. 589). Die aktive Kontrolle von Handlungen in die Hände der Mitarbeiter zu geben, führt gemäß Studien von Stewart, Courtright, und Manz (2010) sowie von Hauschildt und Konradt (2012) zu höherer intrinsischer Motivation und höherer Leistungserbringung, um den Bogen zu präskriptiven Followerverhalten zu spannen.

2.5.2.1.1.3 Situative Theorien

Dieser dritte Bereich, der sich im Rahmen der Followertypologien identifizieren lässt, beschäftigt sich mit demonstriertem Followershipverhalten in Abhängigkeit des Kontexts und untersucht, inwieweit das Followerverhalten durch entsprechende situative Rahmenbedingungen variiert. Wortman (1982) postuliert bspw. in einer frühen Studie zu strategischem Management und sich verändernden Leader-Followerrollen, dass Leadership eher in höheren Managementleveln zu finden ist, während sich Followership eher in operativen Leveln abspielt. Weiterhin ist festzustellen, dass das Followerverhalten von der Organisationskultur beeinflusst wird und innovative Organisationen z.B. Kreativität und Eigeninitiative fördern, während konservativere Organisationen Werte wie Stabilität und Fleiß schätzen (Crossman & Crossman, 2011; Wortman, 1982).

Weitere frühe Publikationen entwickeln Kontingenztheorien, die Follower- und Leader-Rollenverhalten als situative Faktoren verstehen (Gibbons, 1992; Griffin, 1979). Diese Theorien haben auch heute noch hohe Relevanz und proklamieren, dass sich in Abhängigkeit der unterschiedlichen Followermotivation, der Aufgabenanforderung und dem Leaderverhalten, bei entsprechender Abstimmung und Berücksichtigung, bestmögliche organisationale Erfolge erzielen lassen. Zur Veranschaulichung, welche Followership- und Leadershipstile besonders harmonieren, werden in der Regel Modelle gewählt, die anhand von Quadranten die geeignetste Passung demonstrieren. Wenngleich die meisten dieser Studien keine empirische Validierung aufweisen, so richten sie dennoch die Aufmerksamkeit auf den passenden Abgleich von Follower- und Leadererwartungen und das somit entstehende Potenzial an Leistung und Produktivität (Crossman & Crossman, 2011). Auch neuere Veröffentlichung wie bspw. von Bjugstad et al. (2006) nutzen diese Methode, um den von Kelley (1992) publizierten Followerquadranten (*alienated, exemplary, confirmist, passive follower*) den von Hersey und Blanchard (1982) vorgestellten situativen Führungsstilen (*telling, selling, delegating* und *participating*) zu überlagern und schlagen vor, den *participating style* für *alienated follower* zu wählen, den *selling style* für *passive followers*, den *telling style* für *conformist followers* sowie den *delegating style* für *exemplary followers*.

Etwas anders gestaltet sich der Aufbau des *Generative Partnership Models* von Hurwitz und Hurwitz (2015), welches fünf Kompetenzpaare mit entsprechend komplementären Verhaltensweisen von Followern und Leadern assoziiert. Die Autoren verweisen mit ihrem Model auf das mögliche Potenzial symbiotischer Follower- und Leaderverhaltensweisen und stellen dabei die Gleichung auf, dass eine funktionale Partnerschaft zwar gute Ergebnisse liefert (1+1 = 2), eine generative Partnerschaft unter Befolgung der vorgeschlagenen Verhaltensweisen dies jedoch bei weitem übertrifft (1+1 > 2 + NEW). Gemäß Hurwitz und Hurwitz (2015) sind die von ihnen vorgestellten Verhaltensprinzipien als Art „Best Practice" zu verstehen, die entsprechend der individuell vorherrschenden Situation adaptiert werden können.

Die nachfolgende Abbildung zeigt die komplementären Verhaltensprinzipien. Während die linke Seite die fünf vorgeschlagenen idealen Followerverhaltensweisen demonstriert, zeigt die rechte Seite die komplementären Verhaltensweisen von Leadern. Laut Hurwitz und Hurwitz (2015) sollten Follower die *Entscheidungen ihrer Führungskräfte unterstützen*, ihre eigene *Leistung auf hohem Level halten* und diese dem organisationalen Zweck anpassen sowie stets eine *fließende Kommunikation aufrechterhalten* und eine *vertrauensvolle Beziehung zur Führung aufbauen*. Leader sind hingegen dazu angewiesen, eine *Atmosphäre zu schaffen*, in der *qualitativ hochwertige Entscheidungen* getroffen werden können und individuelle Entwicklung stattfinden kann. Weiterhin sollen sie die *Richtung für beste organisationale Ergebnisse weisen* sowie ihrerseits *Informationen an unter Ränge weitergeben* und einen *Boden für vertrauensvolle Zusammenarbeit bereiten*.

Um sowohl das eigene Führungsverhalten, aber auch das eigene Followerverhalten zu beurteilen, entwickeln Hurwitz und Hurwitz (2015) ein 60-Item Bewertungstool, welches sowohl zur Selbsteinschätzung als auch als 360-Grad-Beurteilung genutzt werden kann. Sie weisen darauf hin, dass es sich bei den verschiedenen Kompetenzeinschätzungen nicht um absolute

Skalen handelt, sondern es sich eher um einen situativen Vergleich der eigenen Stärken und Entwicklungsbereiche handelt, der sich entsprechend evtl. eintretender Veränderungen (neuer Vorgesetzter, neue Kollegen, neue berufliche Herausforderung oder anderer Arbeitsplatz) verändern kann.

Follower-Partner-Fähigkeiten	Leader-Partner-Fähigkeiten
Entscheidungsbefürwortung	Entscheidungsgestaltung
Kommunikationsinstrument	Kommunikationsschaltung
Organisationale Agilität	Organisationales Mentoring
Beziehungsbildung	Beziehungsgestaltung
Spitzenleistungen	Leistungscoaching

Peer-to-Peer Partner-Fähigkeiten

◄───►

Abb. 24: Generative Partnership Model (Quelle: Hurwitz & Hurwitz, 2015, S. 9)

Eine weitere in diesen Abschnitt einzuordnende Typologie stammt von Howell und Méndez (2008), die drei verschiedene Perspektiven auf Followership bieten, indem sie verschiedene Rollenorientierungen der Follower (*engl.: role orientation*) differenzieren, die unterschiedlichen Einfluss auf die Effektivität bzw. Ineffektivität der Leader-Follower-Beziehung ausüben. Situative Faktoren, die die Rollenorientierung der Follower beeinflussen, sind wie in der nachstehenden Abbildung ersichtlich das *Selbstkonzept der Follower*, die spezifischen *Erwartungen der Führungskraft* an die Mitarbeiter als auch *organisationale Faktoren*, die bestimmte Verhaltensweisen fördern.

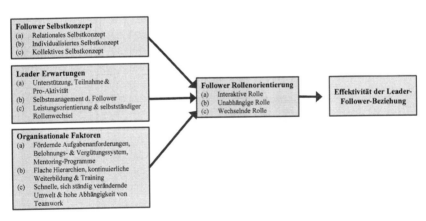

Abb. 25: Antezedenzien der Followerrollenorientierung (Quelle: In Anlehnung an Howell und Méndez, 2008, S. 27)

Howell und Méndez (2008) grenzen dabei Followership als *interaktive Rolle* (*engl.: interactive role orientation*), als unabhängige Rolle (*engl.: independent role orientation*) und als wechselnde Rolle (*engl.: shifting role orientation*) voneinander ab. Followership als interaktive Rolle wird in ihrer Wichtigkeit, um organisationale Ergebnisse zu erreichen, mit Leadership gleichgestellt. Verhaltensweisen, die mit dieser Rollenorientierung korrespondieren und die Effektivität der Leader-Follower-Beziehung fördern, sind unter anderem Demonstration von Kompetenz und Wissen, Aufbau von wertvollen Beziehungen zu Kollegen und Vorgesetzten sowie Beeinflussung des Vorgesetzten, um ggf. kostspielige Fehler zu vermeiden. Follower mit dieser Rollenorientierung „know their place" (Howell & Méndez, 2008, S. 28). Problematisch wird diese Rollenorientierung jedoch, wenn Follower sich aufgrund zu geringen Selbstwerts z.B. nicht durchringen können, Leader auf Missstände hinzuweisen (vgl. Kelleys, 1988: *sheep follower*) oder gar destruktiven Leadern leichtgläubig folgen (vgl. Lipman-Blumens, 2005: *leader's entourage*, Padillas et al., 2007: *conformers* oder Thoroughgoods et al., 2012: *bystanders*).

Followership als *unabhängige Rolle* umfasst Follower, die aufgrund ihrer Kompetenzen, Fähigkeiten, Wissen und intrinsischer Motivation (z.B. Piloten, Ingenieure, Professoren) ohne formelle Führung agieren und organisationale Zielsetzungen selbstständig forcieren. Dementsprechend gelten sie als Substitut für Leadership und können mit dem Self-Leadership-Ansatz von Neck und Manz (2010) verglichen werden. Die letzte Rollenorientierung bezeichnet Followership als *wechselnde Rolle*, in welcher sich der Einzelne je nach spezifischer Anforderung, Aufgabe oder Projekt zwischen der Rolle des Followers und der Rolle des Leaders bewegt. Burke, Fiore, und Salas (2003, S. 109) beschreiben dies als Situation, in der die Beteiligen „fluid leadership roles" ausüben.

Thoroughgoods et al. Followeransatz (2012)

Aufbauend auf der Theorie des „Toxic Triangles" destruktiver Führung von Padilla et al. (2007) leiten Thoroughgood et al. (2012) eine Followertaxonomie ab, die sie den *Susceptible Circle* nennen. Im Gegensatz zu anderen Autoren, die sich mit dem Beitrag von *exemplary*, *courageous* oder *star* Followern in Bezug auf organisationale Ergebnisse auseinandersetzen (Chaleff, 1995; Kelley, 1988, 1992; Potter, Rosenbach, & Pittmann, 2001; Riggio, Chaleff, & Lipman-Blumen, 2008), beleuchten Thoroughgood et al. (2012), wie auch Lipman-Blumen (2005) zuvor, die dunkle Seite von Followership, schließen jedoch insbesondere situative Faktoren in ihre Überlegungen mit ein. In ihrer Theorie beschreiben sie die Kerncharakteristika der verschiedenen Follower anhand Barbutos (2000) „*Theory of follower compliance*" und heben die psychologischen Prozesse hervor, die Follower dazu veranlassen, sich destruktiven Leadern zu fügen. Als beeinflussende Faktoren werden die zugrundeliegende Macht des Leaders, der Anlass der Followermotivation sowie die Widerstandfähigkeit der Follower gewertet. Wie bereits Padilla et al. (2007) unterscheiden auch Thoroughgood et al. (2012) die gleichen zwei Typen an dieser Hinsicht empfänglichen Followern: *conformers*, die schlichtweg Gehorsam leisten und *colluders*, die aus Eigenantrieb aktiv ihren Beitrag leisten. Aufbauend auf deren Theorie untergliedern sie die *conformers* in drei Unterkategorien: *lost souls*, *authoritarians* und *bystanders* sowie die *colluders* in zwei Unterkategorien: *acolytes* und *opportunists*, was in nachstehender Abbildung ersichtlich wird.

Lost Souls
IT: Leader Identification
M: External Self-Concept
PB: Referent
Characteristics:
-Unmet Basic Needs (High)
-Personal Life Distress (High)
-Self-Concept Clarity (Low)
-Core Self-Evaluation (Low)

Authoritarians
IT: Role Legitimacy
PB: Coercive
Characteristics:
-Authoritarianism (High)
-Cognitive Rigidity (High)
-Just-World Thinking (High)

Bystanders
IT: Manipulative
M: Instrumental
PB: Coercive
Characteristics:
-Core Self-Evaluation (Low)
-Extraversion and Dominance (Low)
-Courageous Prosocial Disposition (Low)
-Self Monitoring (High)

Destructive Leaders

IT= Influence Trigger
M= Motivation
PB= Power Base

Acolytes
IT: Goal-Identification & Value Based
M: Goal Internalization
PB: Expert
Characteristics:
-Congruent Values & Goals with the
Destructive Leader

Opportunists
IT: Exchange
M: Instrumental
PB: Reward
Characteristics:
-Personal Ambition (High)
-Machiavellianism (High)
-Greed (High)
-Impulsive Control (Low)

Abb. 26: Susceptible Circle (Quelle: Thoroughgood et al., 2012)

Lost souls sind besonders bedürftig und fühlen sich aufgrund ihres negativen Selbstkonzepts in besonderem Maße von charismatischen Führern angezogen, von denen sie glauben, Sinn, Richtung, Zugehörigkeit und ein klares Selbstbild erhalten zu können. *Authoritarians* hingegen haben unbeugsame Hierarchievorstellungen, die das Recht der Leader, Macht auszuüben, legitimieren. Ihre Neigung Autorität bedingungslos zu akzeptieren und ihr starker Gehorsam veranlassen sie rein aufgrund des höheren Ranges des Leaders zu folgen und nicht aufgrund der Suche nach Akzeptanz, wie die Lost Souls. *Bystanders* sind im Gegensatz zu lost souls und authoritarians passiv und in erster Linie von Angst getrieben. Dieser Typ ist vermutlich der am häufigsten vertretene unter den susceptible followers. Sie versuchen ihre Kosten (z. B. Positions-, Eigentums-, Statusverlust etc.), die ihnen möglicherweise entstehen, wenn sie sich gegen den Leader auflehnen, zu umgehen, indem sie sich dem Leader unterwerfen und somit zulassen, dass destruktive Führung entsteht.

Opportunists ähneln in ihren dunklen Charakterzügen denen der destruktiven Leader und sehen ihr Bündnis mit dem Vorgesetzten als Chance persönlicher Bereicherung und mannigfaltiger Vorteile an. Es besteht ein direkter Zusammenhang ihrer Konformität und eventueller Gegenleistung. Je höher die Follower den Einfluss der Leader einschätzen, desto höher ihr Gehorsam. *Acolytes* (dt. Gefolgsmann, Ministrant) dagegen basieren ihre Loyalität nicht wie die Opportunists auf dem Potenzial möglicher Belohnung, sondern auf der ehrlichen Gemeinsamkeit übereinstimmender Werte und Ziele mit dem Leader. Sie besitzen ein starkes Selbstkonzept und leben ihre ideologischen Werte und Glaubensansätze durch die Mission ihres Leaders aus. Somit sind sie *true believers*, die keine gesonderten Anreize ihrer destruktiven Leader benötigen, um die schädlichen Absichten ihrer Organisation zu unterstützen (Thoroughgood et al., 2012).

Weitere Publikationen, die innerhalb der situativen Ansätze zu verordnen sind, sind Carstens et al. (2010) *Followershiprollenorientierung* und Sys (2010) *Implizite Followershiptheorien.* Carsten et al. (2010) erläutern, dass Follower über unterschiedliche Rollenorientierungen verfügen und untersuchen erstmalig im Rahmen einer empirischen, qualitativen Studie, wie Follower selbst ihre Rolle bewerten und ausüben, als auch welche persönlichen Qualitäten und kontextuellen Faktoren die Umsetzung begünstigen oder behindern. In Einklang mit der bisherigen Followershipliteratur gibt es hierbei Follower, die ihre Rolle eher *als passiv und unterordnend* ansehen, während andere ihre Rolle eher als *partnerschaftlich* in Hinblick auf den Vorgesetzten beschreiben. Ob Follower in der Lage sind ihr persönliches Rollenverständnis auch tatsächlich auszuleben, ist vom vorherrschenden organisationalen Kontext abhängig (hier wurden u.a. der Unterschied zwischen autoritärem oder befähigendem Führungsstil des Vorgesetzen genannt, aber auch bürokratisches und motivierendes Organisationsklima differenziert.) Weiterhin wird im Rahmen der Studie aufgezeigt, dass Mitarbeiter, die in der Organisation nicht entsprechend ihrer Rollenorientierung agieren können, unzufriedener sind und über Anzeichen von Stress berichten (Carsten et al., 2010).

Sy (2010) untersucht ebenfalls Rollenverständnisse von Followern, befragt allerdings Führungskräfte zu deren Auffassungen Followern gegenüber, sprich deren *impliziten Followershiptheorien (IFT)*. Diese sollten Eigenschaften und Verhaltensweisen aufzählen, die sie mit Followern in Verbindung bringen. Die auf diese Weise generierten Items wurden Faktorenanalysen unterzogen und bilden eine Sechs-Faktoren-Lösung erster Ordnung im Rahmen der explorativen Faktorenanalyse (*industry, enthusiasm, good citizen, conformity, insubordination* und *incompetence*) und eine Zwei-Faktoren-Lösung zweiter Ordnung im Rahmen einer konfirmatorischen Faktorenanalyse, die zum einen den *Followership Prototyp* (*industry, enthusiasm, good citizen*) und zum anderen den *Followership Antiprototyp* (*conformity, insubordination, incompetence*) abbildeten. Sy (2010) stellt die Relevanz von impliziten Followershiptheorien heraus, da diese die Beziehungsqualität zum Mitarbeiter bedingen und daher letztlich deren Leistung, deren Vertrauen und deren Zufriedenheit beeinflussen (Whiteley, Sy, & Johnson, 2012).

2.5.2.1.2 Followershipverhalten

Innerhalb der rollenbasierten Followershipansätze setzen sich Uhl-Bien et al. (2014) mit Verhaltensweisen auseinander, die Personen demonstrieren, während sie ihre Rolle als Follower ausüben. Das klassische Followershipverhalten wird bislang in Verbindung gebracht mit gehorsamen sowie unterwürfigen Individuen (Kelley, 1988; Uhl-Bien et al., 2014; Zaleznik, 1965), denen die Fähigkeit zu führen fehlt. Der Negativismus, den das Wort Follower mit sich trägt, wird weiter verstärkt durch Beispiele an unkritischen, ihre Augen verschließenden Followern, die inakzeptable, unwürdige und verachtende Verhalten ausführen, lediglich weil sie von ihren Leadern dazu angewiesen werden (z.B. in Zeiten des Naziregimes) (Padilla et al., 2007; Thoroughgood et al., 2012). Und obwohl bekannt ist, dass es Follower gibt, die Autoritätspersonen blinden Gehorsam leisten, gibt es auch diejenigen, die in konstruktiver und zielführenderweise Weise mit ihren Leadern kooperieren, um die Ziele der Gruppe bestmöglich zu erreichen (Carsten et al., 2014). Besonders innerhalb der letzten 30 Jahre können einige wichtige Veränderung im organisationalen Kontext festgestellt werden, die dazu veranlassen, sich näher mit Verhaltensweisen von Followern wie Wiederstand und Proaktivität auseinanderzusetzen. Beispielhaft seien an dieser Stelle Entwicklungen genannt wie die Einführung von Total Quality Management, Lean Management, Empowerment von Mitarbeitern, aber auch strukturelle Veränderungen organisationaler Systeme wie die Einführung von 360 Grad-Beurteilungen, bei denen Vorgesetzte von ihren Mitarbeitern beurteilt werden und diese Einschätzungen Auswirkungen auf ihren Erfolg als Führungskraft zeigen (Brown, 2003).

Weit verbreitete Vorurteile gegenüber Followern wie Passivität, Unterwürfigkeit und Unterordnung sind auf die traditionelle Ansicht in der Managementliteratur zurückzuführen, dass Führung auf Hierarchie und Autorität beruht. Dieses Hierarchiedenken, welches auf der Annahme basiert, dass manche Individuen aufgrund ihrer hierarchischen Position über höhere Fähigkeiten und Effektivität verfügen und sie deshalb zu Autoritätspersonen legitimiert sind, führt zur gleichzeitigen Auffassung, dass die Rolle der Follower umfasst, Anweisungen auszuführen ohne Widerworte zu geben (Uhl-Bien et al., 2014). Follower zeigen Gehorsam und Leader zeigen sich verantwortlich, Entscheidungen zu treffen, Probleme zu lösen und Ziele zu setzen, so die vorherrschende Meinung (Cremer & van Dijk, 2005; Uhl-Bien et al., 2014). Und selbst wenn Follower dazu aufgefordert werden ihr eigenes Rollenverständnis zu beschreiben, nennen viele es als ihre Pflicht, Aufträge auszuführen und zu tun, was der Vorgesetzte erwartet (Carsten et al., 2010).

Auch das Milgram Experiment (Milgram, 1974) und Replikationen des Versuchsaufbaus (Burger, 2009) zeigen, wie stark das Bedürfnis zu gehorchen ist. Es handelt sich dabei um ein tief im Menschen verankertes Phänomen, welches bereits durch frühe Sozialisation in der Kindheit ausgelöst wird, bspw. den Eltern, Lehrern oder Polizisten etc. Folge zu leisten (Blass, 2009; Burger, 2009; Milgram, 1974). Studien zeigen weitere Zusammenhänge zwischen verschiedenen Faktoren wie der moralischen Entwicklung von Individuen, der sozialen Intelligenz, der Kontrollüberzeugung aber auch demografischen Variablen wie des Bildungsgrades, religiösen Überzeugungen sowie kulturellem Hintergrund und der Bereitschaft Gehorsam zu leisten auf (Blass, 1991). Auch sie stellen vor allem den Zusammenhang des eigenen traditionellen Rollenverständnisses des passiven, gehorsamen Followers und der Wahrscheinlichkeit, sich an unethischen Handlungen des Vorgesetzten zu beteiligen, heraus (Stichwort: *crimes of obedience*) (Blass, 1991; Carsten & Uhl-Bien, 2013; Hinrichs, 2007; Uhl-Bien et al., 2014).

Aufgrund der Konzentration auf passive, gehorsame Follower und der normativen, leaderzentrierten Ausrichtung der Führungsforschung wird der Aspekt, dass nicht alle Follower im eigentlichen Sinne folgen, häufig außer Acht gelassen. Dementsprechend wird nicht genügend Aufmerksamkeit auf andere Followerverhalten wie bspw. Widerstand zu leisten, gelegt (Uhl-Bien et al., 2014). Tepper et al. (2001) untersuchten den Aspekt, wie Follower im Zusammenhang mit missbräuchlicher Führung (*abusive supervision*) reagieren und auf welche Weise sie Widerstand leisten. Der Begriff *abusive supervision* wurde erstmalig von Tepper (2000) in die wissenschaftliche Diskussion eingebracht und bezeichnet eine als feindselig wahrgenommene Führung, die sich verbal oder auch non-verbal äußert (ausgenommen physischer

Übergriffe) und u.a. Verhaltensweisen wie öffentliches Bloßstellen, kränkende Bemerkungen und Ignorieren der Mitarbeiter, zusammengefasst alle Formen des Mobbings von Seiten des Vorgesetzten umfasst (Tepper et al., 2001). Tepper et al. (2001) können aufzeigen, dass Mitarbeiter Widerstand auf zwei verschiedene Arten leisten, entweder in dysfunktionaler oder in konstruktiver Weise. Dysfunktionaler Widerstand umfasst passiv-aggressive Verhaltensweisen wie z.b. die Anweisungen des Vorgesetzen willentlich zu ignorieren, zu behaupten, zu beschäftigt zu sein, um sich einer Aufgabe annehmen zu können oder vorzugeben, eine Anweisung nicht gehört zu haben. Konstruktiver Widerstand hingegen umfasst Verhaltensweisen, die von Seiten des Mitarbeiters dazu beitragen sollen, den Teufelskreis an Feindseligkeit zu durchbrechen, bspw. durch das Suchen eines Dialoges mit dem Vorgesetzten, um Verständigung herbeizuführen. Weiterhin untersuchen sie die Häufigkeit des Auftretens beider Widerstandsarten in Zusammenhang mit dem Fünf-Faktoren-Modell der Persönlichkeit (McCrae & Costa, 1992) und weisen nach, dass die gezeigten Verhaltensweisen teilweise von der Ausprägung der Persönlichkeitsfaktoren Verträglichkeit und Gewissenhaftigkeit beeinflusst sind.

In einer Folgestudie befassen sich Tepper und Kollegen (Tepper et al., 2006) mit den Reaktionen der Vorgesetzen, die diese hinsichtlich der demonstrierten Widerstandshandlungen der Mitarbeiter zeigen. Die Autoren unterscheiden dabei zwei Sichtweisen der Vorgesetzen auf Widerstandsreaktionen der Mitarbeiter, einmal die konstant dysfunktionale Perspektive *(uniformly dysfunctional perspective)*, bei der die Vorgesetzten alle Erscheinungsformen von Widerstand negativ bewerten und die multifunktionale Perspektive *(multifunctional pe*rspective), bei der Vorgesetzte die Erscheinungsformen von Widerstand unterschiedlich einschätzen, je nachdem welche Widerstandtaktik eingesetzt wird. Sie vermuten, dass LMX (Graen & Uhl-Bien, 1995) als Moderator fungiert und bestätigen, dass konstant dysfunktionale Einschätzungen innerhalb schlechter Führer-Geführten-Beziehungen auftreten, während multifunktionale Einschätzungen innerhalb qualitativ hochwertiger Führer-Geführten-Beziehungen vorkommen. Obwohl Geführte ungeachtet der Qualität der Beziehung zum Vorgesetzten Beeinflussungstaktiken (z.B. Verhandlungen) einsetzen, sind Vorgesetzte ihnen gegenüber nur von Mitarbeiter empfänglich, mit denen sie eine gute Beziehung unterhalten. Andere Untersuchungen im Zusammenhang mit gezeigtem Widerstand von Mitarbeitern zeigen auf, dass die Bereitschaft Gehorsam zu verweigern mit der Ausprägung der Followerüberzeugung zusammenhängt, selbst am Führungsprozess mitwirken zu können *(co-production belief;* Shamir, 2007) und durch die Romantisierung der Führungskraft moderiert wird (Carsten et al., 2010; Carsten & Uhl-Bien, 2013; Lapierre & Carsten, 2014; Shamir, 2007; Uhl-Bien et al., 2014).

Gerade in der heutigen Zeit, der stetig flacher werdenden Hierarchien (Ashby & Miles, 2002) und der sich dadurch zwangsweise vollziehenden Verantwortungs- und Machtdelegation (Baker, 2007) werden proaktive Verhaltensweisen von Followern immer wichtiger. Die Arbeitsgesellschaft wandelt sich zu einer Wissensgesellschaft und die vorherrschende Komplexität der Märkte sorgt dafür, dass Leader auf die Expertise ihrer Follower und deren eigenständige Einflussnahme, Einforderung von Feedback und Verantwortungsübernahme angewiesen sind (Bennis, 1999; Kipnis & Schmidt, 1988; Lapierre & Carsten, 2014; Morrison & Phelps, 1999). Grant und Ashford (2008) definieren proaktive Verhaltensweisen von Mitarbeitern als

„anticipatory action that employees take to impact themselves and/or their environments" (S. 4).

Diese vorausschauenden und proaktiven Handlungen von Mitarbeitern umfassen alle Aktivitäten, die durchgeführt werden, um eine Veränderung herbeizuführen, u. a. aber auch Verhaltensweisen, wie sich selbst Gehöre zu verschaffen, Regelbrüche und Normabweichungen zum Wohle der Allgemeinheit oder um den Status quo in organisationalen Gegebenheiten herauszufordern. Dabei spielt es keine Rolle, ob diese Handlungen im Rahmen der eigentlichen Rollenobligation erfolgen oder zusätzliches Rollenverhalten im Sinne von Extraleistungen und besonderer Anstrengung sind (Grant & Ashford, 2008). Wichtig an dieser Stelle zu erwähnen ist die Tatsache, dass es sich bei der Diskussion um proaktive Followerverhaltensweisen um Handlungen von Followern im Kontext und in Interaktion mit ihren Vorgesetzten handelt. In diesem Zusammenhang kommt es ebenfalls darauf an, wie Führungskräfte diesbezüglich gegenüber ihren Mitarbeitern reagieren. Dies ist von daher relevant, da die Forschung zeigt, dass nicht alle Vorgesetzen positiv auf proaktive Verhaltensweisen von Mitarbeitern reagieren und diese teilweise sogar als Aufmüpfigkeit, Ungehorsamkeit, Autoritätsüberschreitung, Bedrohung oder selbst als Anbiederung und Schleimerei werten (Bolino, 1999; Uhl-Bien et al., 2014). Analog mit der Demonstration von Widerstand von Followern, lässt sich auch im Zusammenhang mit proaktiven Verhaltensweisen von Followern feststellen, dass Mitarbeiter mit hoher Überzeugung, den Führungsprozess beeinflussen zu können, eher dazu neigen, diese zu zeigen. Beeinflusst wird dieser Zusammenhang von Kontextvariablen wie dem Führungsstil des Vorgesetzten, einem autonomen Arbeitsklima und der Qualität der Beziehung zum Vorgesetzten (Carsten & Uhl-Bien, 2012; Uhl-Bien et al., 2014).

Gemäß der Unterscheidung, ob sich gewisse Verhaltensweisen im Rahmen der eigentlichen Rollenobligation vollziehen (Williams & Anderson, 1991) oder als Extraleistung gewertet werden können, setzen sich diverse neuere Studien mit dem in den 1980ern eingeführten Begriffs des *Organizational Citizenship Behaviors* (OCB) als Einflussgröße auf organisationalen Erfolg auseinander. Im Gegensatz zu den soeben beschriebenen Followertypologien, -kategorisierungen und -verhaltensweisen, die sich zumeist mit theoretischen Dimensionen in Form einer Art von Aktivität, Engagement, kritischem Denken, Widerstand oder Unterwürfigkeit befassen und größtenteils eine empirische Validierung vermissen lassen, untersuchen mittlerweile zahlreiche Studien z. B. den Einfluss der Qualität des wahrgenommenen Führungsverhaltens (Reed, 2015; Yang, Ding, & Lo, 2016) oder der allgemeinen Jobzufriedenheit (Bateman & Organ, 1983; Ma, Qu, & Wilson, 2016) auf OCB als Kriteriumsvariable und in diesem Zusammenhang als erstrebenswertes Followershipverhalten. Diese für Organisationen wünschenswerten Verhaltensweisen werden folgendermaßen definiert: „OCB represents individual behavior that is descretionary, not directly or explicitly recognized by the formal reward system, and in the aggregate promotes the efficient and effective functioning of the organization" (Organ, 1988, S. 4). Es wird angenommen, dass diese Form des Mitarbeiterverhaltens die organisationale Effektivität und Effizienz verbessert, indem zusätzliche Leistungsanstrengungen investiert werden, zu denen der Mitarbeiter im eigentlichen Sinne nicht verpflichtet ist, die formell von den Vorgesetzten nicht eingefordert werden können (Bass, 1985) und die durch das formale Belohnungs- und Vergütungssystem der Organisation nicht anerkannt werden (Organ, 1988; Smith, Organ, & Near, 1983). Studien in diesem Zusammenhang beschreiben Followerverhalten nicht als rein theoretisches Konstrukt, sondern setzen es in Relation zu verschiedenen Kontextvariablen (z.b. Jobzufriedenheit, Arbeitsatmosphäre, Persönlichkeit der Mitarbeiter), die das Ausmaß dieses erfolgsbestimmenden Verhaltens für Organisationen beeinflussen (Organ, 1988; Smith et al., 1983). Seitdem das Konstrukt vor etwa 30 Jahren Einzug in die akademische Diskussion gefunden hat, versuchen Forscher die motivationalen Hintergründe dieses freiwilligen Verhaltens zu ergründen und nehmen an, dass die Demonstration des Verhaltens in der sozialen Austauschtheorie (*engl.: social exchange theory*) begründet ist (Blau, 1964; Homans, 1961) und Mitarbeiter diese Verhaltensweisen im Gegenzug für positive Investitionen und Bemühungen von Seiten der Organisation oder des Vorgesetzten zeigen (Podsakoff, P. M., MacKenzie, S. B., Paine, J. B., & Bachrach, D. G., 2000).

Die im Rahmen der *Rollenbasierten Followershipansätze* vorgestellten Theorien befassen sie sich insbesondere damit, wie Followership und Leadership im hierarchischen Kontext zwischen Mitarbeitern und Vorgesetzten entstehen und untersuchen, wie spezifische Followercharakteristika und -verhaltensweisen die Zusammenarbeit mit dem Vorgesetzten und somit die angestrebten organisationalen Ergebnisse beeinflussen. Die Rollenbasierten Followershipansätze ähneln damit den bisher vorgestellten klassischen Theorien der Führungsforschung, indem sie sich mit der Beziehung zwischen Vorgesetzten und Mitarbeitern in einem hierarchischen Kontext auseinandersetzen. Sie verändern jedoch die Perspektive insofern, als dass sie nicht die Vorgesetzten als Hauptakteure für die Erreichung organisationaler Erfolge werten, sondern die Follower als hierfür ausschlaggebend betrachten. Während Shamir (2007) und Uhl-Bien et al. (2014) feststellen, dass die Führungsforschung letzten Endes weder die Leader, noch die Follower in den Fokus der Betrachtung rücken sollte und erwünschte organisationale Ergebnisse, als Resultat gemeinsamer Anstrengung beider ausgeübter Rollen angesehen werden sollten, proklamieren sie dennoch, dass die Forschung zum momentanen Zeitpunkt von Erkenntnissen, wie Follower Einfluss auf Leader ausüben und welchen Beitrag Follower zum Organisationserfolg leisten, profitieren würde.

2.5.2.2 Konstruktionistische Followershipansätze

Konstruktionistische Followershipansätze nehmen wie die Leader-Follower-Beziehungsansätze ebenfalls eine systemische Perspektive ein und betrachten den Prozess, der abläuft wenn Menschen in sozialen Situationen miteinander agieren und wie diese Prozesse aufgrund von Beziehungen, Verhaltensweisen und Persönlichkeiten der Akteure gleichzeitig Followership und Leadership hervorrufen (DeRue & Ashford, 2010; Shamir, 2007). Die nachfolgende Abbildung verdeutlicht diesen Zusammenhang:

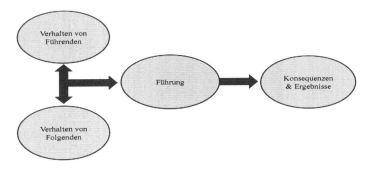

Abb. 27: Konstruktionistische Followershipansätze (Quelle: Uhl-Bien et al., 2014, S.98)

Die in diesen Theorien untersuchte Interaktion zwischen Followership und Leadership geht dabei nicht notwendigerweise mit den hierarchischen Positionen der Beteiligten einher. Followership wird hierbei nicht als Rolle deklariert, sondern mehr als eine spezifische Verhaltensweise angesehen, die u. a. beinhaltet, die versuchte Einflussnahme anderer zu legitimieren und zu akzeptieren: „If there is no following behaviors, there is no leadership" (Uhl-Bien et al., 2014, S. 96).

DeRue und Ashford (2010) bieten eine konstruktionistische Sichtweise, bei der Leadership sowie auch Followership entsteht, indem Individuen die entsprechenden Identitäten interaktiv und gegenseitig beanspruchen sowie einander zugestehen, was in der nachfolgenden Abbildung grafisch verdeutlicht wird.

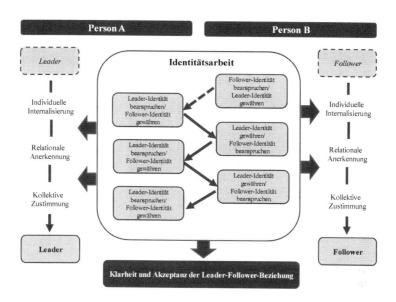

Abb. 28: Konstruktionsprozess der Führungsidentität (Quelle: DeRue & Ashford, 2010, S. 631)

Die Inanspruchnahme erfolgt, wenn ein Individuum entweder die Identität als Leader oder als Follower einnimmt (z. B. verbal durch direkte Kommunikation „Ich bin hier die Führungskraft" oder auch nonverbal durch die Annäherung an andere Führungskräfte) und die Gewährung erfolgt, indem das Gegenüber der Person die Rolle zugesteht und selbst die komplementäre Identität annimmt (z. B. „Ich gestehe dir die Identität als Führungskraft zu und beanspruche selbst die Identität als Follower"). Hierbei lösen sich DeRue und Ashford (2010) im Gegensatz zu anderen Autoren (Collinson, 2006; Kellerman, 2008) von einer statischen Identität von Leadern und Followern. Sie proklamieren, dass die Führer-Geführten-Beziehung zwar eine hierarchisch stabile Form annehmen kann, dass die Identitäten sich innerhalb der Gruppe, im Rahmen eines sozialen Konstruktionsprozesses in Abhängigkeit verschiedener situativer Faktoren, aber auch verschieben können. Sie beschreiben dies als „dynamic exchange of leadership and followership that is constantly being renegotiated across time and situations" (DeRue & Ashford, 2010, S. 634) und stellen weiterhin fest: „the boundaries between leader and follower identities are permeable; as a result, few identity conflicts and little tension over leadership will emerge" (DeRue & Ashford, 2010, S. 634). Es kann es jedoch auch passieren, dass Leadership nicht konstruiert wird, indem Mitarbeiter dem Vorgesetzten die Legitimation verweigern und die Identität als Follower nicht annehmen. Dies erklärt, weshalb es Führungskräfte gibt, die keine Leader im eigentlichen Sinne sind und andersherum, warum es Leader gibt, die dennoch keine formalen Führungspositionen innehaben. Dies verdeutlicht einmal mehr, weshalb es semantisch inkorrekt ist, Manager und Leader als auch Follower und Unterstellte gleichzusetzen (Uhl-Bien et al., 2014).

Collinson (2006) untersucht Followership vor dem Hintergrund, wie Follower ihre eigene Identität schaffen und beleuchtet diese Zusammenhänge aus poststrukturalistischer Perspektive. Poststrukturalistische Ansätze nehmen an, dass das Leben des Menschen untrennbar mit der sozialen Welt, die sie umgibt, verwoben ist. Individuen werden daher am besten als soziale Entität verstanden (Burkitt, 2008; Collinson, 2006; Layder, 2006), deren Handlungen stets im Zusammenhang mit ihren komplexen Anforderungen und Auswirkungen betrachtet werden müssen (Giddens, 1984) und als ein Konstrukt diskursiver und nichtdiskursiver Machtpraktiken angesehen werden sollten (Foucault, 1990, 1995). Collinson (2006) zeigt auf, wie Follower ihre hierarchische Unterordnung innerhalb des organisationalen Kontexts und bestehender Machtverhältnisse ausleben und Reaktionen erzeugen, die Vorgesetzte in dieser Form unter Umständen nicht vorhersehen. Er unterscheidet dabei drei Identitäten: (1) Das *konformistische Selbst* (engl.: *conformist selves*), das bestimmungsgemäß idealtypische Verhaltensweisen ausführt und den „perfekten" Follower darstellt; (2) das *resistente Selbst* (engl.: *resistant selves*), das aufständische Verhaltensweisen an den Tag legt, obwohl es sich der Gefahr von Disziplinarmaßnahmen oder Sanktionen bewusst ist (hier ist als Beispiel „whistle blowing" zu nennen) und (3) das *dramaturgische Selbst* (engl.: *dramaturgical selves*), das sich seiner kontinuierlichen Beobachtung innerhalb des organisationalen Kontexts bewusst ist, was eine verstärkte Selbstaufmerksamkeit und dementsprechende manipulative Handlungsweisen bedingt (bspw. bewusste Weitergabe, Übertreibung, Vorenthaltung oder Vernachlässigung von Informationen).

Fairhurst und Uhl-Bien (2012) stellen einen weiteren konstruktionistischen Ansatz vor und betrachten den Führungsprozess aus einer Beziehungsperspektive, der sowohl von Leadern als auch von Followern bedingt wird. Diese relationale Sichtweise „recognizes leadership not as a trait or behavior of an individual leader, but as a phenomenon generated in the interactions among people acting in context" (Fairhurst & Uhl-Bien, 2012, S. 1043). Um Führungsprozesse zu untersuchen, nutzen sie die organisationale Diskursanalyse als alternative Forschungsmethode, d.h. sie untersuchen die Mikrodynamiken der Kommunikation innerhalb zwischenmenschlicher Beziehungen von Leadern und Followern und ziehen auf diese Weise Rückschlüsse auf die Herausbildung von Followership und Leadership. So betrachten sie, wie Vorgesetzte und Unterstellte verbal Autorität und Kontrolle beanspruchen, wie kollektive Handlungen in sozialen Interaktionen semantisch angestoßen werden und wie durch eine bestimmte Ausdrucksweise oder durch gewisse „Sprachspielchen" auf Führenden- bzw. Folgendenverhalten geschlossen werden kann und auf diese Weise Führung *co-konsturiert* wird (Fairhurst & Uhl-Bien, 2012).

Abschließend kann an dieser Stelle festgehalten werden, dass Followern und Followership eine essentielle Rolle im Führungsprozess zukommt. Uhl-Bien et al., 2014, S. 96) bringen diese Tatsache sehr treffend auf dem Punkt:

If there is no following behaviors, there is no leadership. In fact, it is probably easier to recognize leadership in following behaviors than it is in leadership behaviors, since individuals attempting to be leaders are only legitimized in the responses and reception of those willing to follow.

Besonders die hier vorgestellten konstruktionistischen Ansätze zeigen, dass Followership ein unerlässlicher Bestandteil in der *Co-Konstruktion von Leadership* ist. Die semantische Verwendung des Begriffs Followership lässt jedoch noch immer quasi automatisch auf individuelle Verhalten oder Rollenidentitäten von Followern schließen, anstelle Followership als bedingende Komponente von Leadership zu verstehen, indem durch tatsächliches Folgeverhalten Führung entweder erschaffen oder verhindert wird. Im Gegensatz zu den Rollenbasierten Followershipansätzen beziehen sich die konstruktionistischen Followershipansätze bei ihrer Betrachtung von Leadership und Followership nicht lediglich auf die Phänomene im hierarchischen Kontext zwischen Mitarbeitern und Vorgesetzten, sondern untersuchen, wie bestimmte Verhaltensweisen in sozialen Konstellationen generell die Ausübung der verschiedenen Rollen bedingen und rücken damit erneut den situativen Aspekt der Führung und des Folgens in den Vordergrund.

2.5.3 Zusammenfassung

Die letzten Abschnitte haben sich mit der historischen Behandlung von Followern in der Leadershipliteratur und Führungsforschung auseinandergesetzt und das entstehende Paradigma der Followershipforschung vorgestellt. Die nachfolgende Übersicht fasst die wichtigsten Kerngedanken zusammen, bevor die Konstrukte Followership und Leadership anschließend aus der evolutionspsychologischen Perspektive betrachtet werden.

Zusammenfassung und Überblick der Theorien über Followership und Leadership in der akademischen Führungsforschung

Führerzentrierte Ansätze nehmen Leader sowie ihre Eigenschaften und Verhaltensweisen als unabhängige Variable an, während Follower als abhängige Variable bzw. Moderatoren betrachtet werden (Fleishman, 1953; Hersey & Blanchard, 1977; Stogdill, 1948; Taylor, 1914). Auch wird hier vom Subjekt-Objekt-Modell der Führung gesprochen, bei welchem der Vorgesetzte einseitig Einfluss auf den Mitarbeiter ausübt (Raich, 2005).

Followerzentrierte Ansätze entwickelten sich als Antwort auf die führerzentrierten Ansätze und sehen den Follower als Verursacher von Führung an (Felfe & Schyns, 2006). Führung wird dabei als soziale Konstruktion von Followern angesehen, welche die Qualität von Führung von der Übereinstimmung mit deren Annahmen zu prototypischen Führungskräften, den eigenen Bedürfnissen und den eigenen impliziten Erwartungen abhängig machen (Eden & Leviatan, 1975; Hogg, 2001; Schneider, 1973; van Knippenberg & Hogg, 2003). Followercharakteristika werden als unabhängige Variable verstanden, während Leader als abhängige Variable oder Moderatoren betrachtet werden (Uhl-Bien et al., 2014).

Leader-Follower-Beziehungsansätze (relational views; Northouse, 2015; Rost, 1993; Shamir, 2007; Uhl-Bien et al., 2014) sind bemüht, ein ausgeglichenes Modell zu zeichnen, dass sowohl den Einfluss der Leader als auch den Einfluss der Follower auf die Führungsbeziehung betonen. Diese Theorien betonen nicht nur die Qualität der gegenseitigen Beziehung zwischen Leader und Follower, die für die Zielerreichung verantwortlich ist (Follett, 1949; Graen & Uhl-Bien, 1995; Hollander & Julian, 1969), sondern beziehen auch weitere Faktoren (Kontext, Aufgabe, wahrgenommene Umwelt, kulturelle Werte, institutionale Normen, Gruppengröße, -struktur, -ressourcen, und -geschichte) in die Überlegungen mit ein (Hollander & Julian, 1969; Lord & Brown, 2001; Padilla et al., 2007).

Rollenbasierte Followershipansätze untersuchen Führung im hierarchischen Kontext und setzen sich mit der Frage auseinander, wie Followereigenschaften, -verhaltensweisen oder Followershipstile Führungsergebnisse bedingen und drehen damit sozusagen den Spieß um, indem sie die Follower als Hauptakteure zur Erreichung organisationaler Ergebnisse deklarieren (Meindl & Shamir, 2007). Entsprechend dieser Differenzierungskriterien können Follower in unterschiedliche Typologien bzw. Kategorien eingestuft werden, die hier in deskriptive (Kellerman, 2008; Kelley, 1988; Steger et al., 1982; Zaleznik, 1965), präskriptive (Chaleff, 1995; Howell & Méndez, 2008; Manz & Sims, 1980) und situative (vom Kontext abhängige) Followerverhaltenstypologien unterteilt werden (Carsten et al., 2010; Sy, 2010). Dabei dürfen die Followertypen der unterschiedlichen Kategorisierungen nicht als statisch angesehen werden. In Abhängigkeit der erlebten Führung oder im Falle von Veränderungen in der organisationalen Umwelt können sich Followertypen zwischen den unterschiedlichen Einstufungen bewegen und ihr Verhalten ändern (Kilburn, 2010).

Konstruktionistische Followershipansätze betrachten, wie sowohl Follower als auch Leader aufgrund gemeinsamer Interaktion in Abhängigkeit des umgebenden Kontexts, Führung und entsprechende Resultate erzeugen (Uhl-Bien et al., 2014). Dabei gehen konstruktionistische Theorien nicht notwendigerweise davon aus, dass die Follower- bzw. Leaderrolle in Übereinstimmung mit deren hierarchischen Positionen eingenommen werden müssen. Sie proklamieren, dass die beiden Identitäten durch entsprechendes Verhalten demonstriert werden und sowohl die Leader- als auch Followeridentität vom Gegenüber legitimiert werden müssen (Collinson, 2006; DeRue & Ashford, 2010; Fairhust & Uhl-Bien, 2012). Die eingenommenen Rollen sind nicht statisch, sondern verändern sich in Abhängigkeit der Situation.

Abb. 29: Zusammenfassung und Überblick der Theorien über Followership und Leadership in der akademischen Führungsforschung

2.6 Followership und Führung aus evolutionspsychologischer Perspektive

Die evolutionspsychologische Betrachtungsweise von Followership und Leadership setzt sich in erster Instanz nicht mit wünschenswerten Eigenschaften und Verhaltensweisen von Followern auseinander, sondern versucht die Fragestellung aus einer erweiterten Perspektive zu betrachten und eine Antwort auf die Frage zu geben, welchen adaptiven Wert die beiden Phänomene haben und weshalb sie sich im Verlauf unserer Evolution herausgebildet haben. Das bedeutet, dass sich evolutionspsychologische Fragestellungen mit den ultimaten Faktoren von Followership und Leadership befassen, anstelle, wie sozialwissenschaftliche Ansätze, ausschließlich die proximaten Faktoren zu betrachten.

Der Facettenreichtum und die kaum mehr überblickbare Vielfalt an Theoriebildung der Führungslehre, aber auch an Theorien, wie sich Führende und Geführte herausbilden, ist vorwiegend auf die multidisziplinäre Verfasstheit der Führungsforschung zurückzuführen. Sie vermag jedoch wenig Beitrag zu leisten, wenn es um das Verständnis geht, weshalb Followership und Leadership tatsächlich entstehen. Daher wird verstärkt die Forderung laut, diese teilweise sehr verschiedenartigen Ansätze vor dem Hintergrund einer integrierenden Herangehensweise zu beleuchten (Deeg & Weibler, 2012) und auf diese Weise den Versuch zu unternehmen, ein verbessertes Grundlagenverständnis zu erlangen.

Diese integrierende Herangehensweise könnte sich in Form von *evolutionären Führungstheorien* darstellen (van Vugt & Ahuja, 2010), die die zahlreichen bisherigen Theorien in der Form kombinieren, als dass sie die Leadership- und Followershipansätze der Psychologie, der Biologie, der Neurowissenschaften, der Ökonomie, der Anthropologie und der Primatologie gleichermaßen berücksichtigen (van Vugt & Ahuja, 2010). Dabei versuchen die evolutionären Führungstheorien jene evolutionären Rahmenbedingungen sowie proximate als auch ultimate Verhaltensursachen (Scott-Phillips, Dickins & West, 2011) zu erforschen, die die Herausbildung von Führung und Followership zur Folge hatten, wie diese unterschiedlichen Faktoren zu verschiedenen Leadership- und Followershipstilen in der Menschheitsgeschichte geführt haben könnten und welche Erkenntnisse dies für das heutige Führungsverständnis bereit hält (Van Vugt & Ahuja, 2010). Im Gegensatz zur exzessiven Menge an managementtheoretischer Literatur zu Leadership und auch Followership in der akademischen Führungsforschung ist der Bestand an Publikationen aus evolutionspsychologischer Perspektive bislang deutlich eingeschränkter.

2.6.1 Die natürliche Entwicklung der Führung

An dieser Stelle wird sich vorerst vom evolutionären Zweck von Followership und Leadership ab- und dem phylogenetischen Ursprung beider Verhalten zugewandt und betrachtet, wie sich die beiden Phänomene im Laufe der Menschheitsgeschichte entwickelten. Eine Durchsicht der Führungsliteratur zeigt, dass Leadership im Laufe der Menschheitsgeschichte einigen großen Veränderungen unterlag und diese Übergänge in vier bedeutende Stadien differenziert werden können (King et al., 2009; van Vugt, 2012; van Vugt & Ahuja, 2010; van Vugt, Hogan et al., 2008).

	Zeitalter	Gesellschaft	Gruppengröße	Führungs-struktur	Leader	Leader-Follower-Beziehung
1	Vor mehr als 2,5 Mio. Jahren	Vormenschliche Zusammenschlüsse	Variabel (aber verhältnismäßig klein)	Situations-abhängig	Unbestimmtes Individuum, häufig dominante Gruppenmitglieder (Alphamann)	Demokratisch oder despotisch
2	Vor 2,5 Mio. bis 13.000 Jahren	Hominide Gruppen, Klans & Stämme	Dutzende bis Hunderte	Informell, Kompetenz-basierend	Big Men, Oberhäupter	Egalitär und Konsens-orientiert
3	Vor 13.000 bis vor 250 Jahren	Stammes-fürstentümer, Königreiche, Kriegsherren-gesellschaften	Tausende	Formalisiert, zentralisiert, vererblich	Häuptlinge, Könige, Kriegsherren	Hierarchisch
4	Vor 250 Jahren bis heute	Nationen, Staaten, Unternehmen und Organisationen	Tausende bis Millionen	Zentralisiert, demokra-tisch, gegliedert	Staatsoberhäupter, CEOs, Politiker, Manager	Hierarchisch, aber partizipativ

Tab. 2: Die natürliche Entwicklung der Führung (Quelle: van Vugt, Hogan et al., 2008)

Wie die Tabelle zeigt, ging Führung im ersten Stadium in prehominiden Zusammenschlüssen hervor, mit dem Zweck einfache Koordinationsprobleme zu lösen. Hierbei kann sich ein unbestimmtes Individuum als Anführer abzeichnen, indem es die Initiative ergreift und andere folgen (dies kann u.a. bei Insektenschwärmen, Zugvögeln und vielen anderen Spezies beobachtet werden) (van Vugt, 2012).

Im zweiten Stadium, in der Zeit vor etwa 2,5 Millionen Jahren bis zum Ende der Eiszeit vor etwa 13.000 Jahren, bildet sich Führung heraus, um die gemeinschaftliche Zielverfolgung in Situationen, die von Konflikt und Unfrieden geprägt sind, sicherzustellen. Die wachsenden Gruppengrößen und Sozialstrukturen und das damit zusammenhängende Wachstum unseres Gehirnumfangs haben substantielle Konsequenzen für unser immanentes Verständnis von Führung, welches uns auch heute noch zu eigen ist. Unsere Vorfahren leben zu dieser Zeit vermutlich in seminomadischen Jäger-Sammler-Zusammenschlüssen mit Gruppengrößen von durchschnittlich 100-150 Individuen (Dunbar & Barrett, 2007), die den egalitären Lebensgewohnheiten von Jäger-Sammler-Stämmen unserer Tage wie den !Kung San der Kalahari Wüste oder den nordaustralischen Aborigines ähneln. Anführer stellen zu dieser Zeit Big Men oder Häuptlinge dar, die sich jedoch durch relativ geringe Machtdistanz auszeichnen und die durch die Gruppe aufgrund ihrer hervortretenden Kompetenzen zuerst legitimiert werden müssen (van Vugt, 2012). Diese Phase endet mit der Entstehung der Landwirtschaft und der infolgedessen eintretenden Sesshaftwerdung vor etwa 13.000 Jahren. Diese Gesellschaftsform ermöglicht ein exponentielles Bevölkerungswachstum, da erstmals Ressourcenüberschuss vorherrscht. Anführern kam zu dieser Zeit die Rolle der Ressourcenverteiler zu und infolge sich vermehrender Konflikte auch die Aufgabe, diesbezügliche Auseinandersetzungen zu beenden. Ihr Einfluss, aber auch gleichzeitig die Möglichkeit des Machtmissbrauchs stiegen, da sie privilegiert Ressourcen abschöpfen und durch entsprechende Verteilung gesellschaftliche Eliten schaffen konnten (van Vugt, 2012).

Der Anfang der vierten Phase der Führung fällt mit der industriellen Revolution zu Beginn des 18. Jahrhunderts zusammen. Zu dieser Zeit bilden sich aus den ursprünglichen Gemeinschaften des Zusammenlebens Staaten und Nationen heraus und große Unternehmen sowie Organisationen entwickeln sich. Obwohl den *Nicht-Führern* oder Unterstellten zu Anfang dieser Zeitepoche absolute Unterordnung aufgezwungen wird, verändern sich die Machtverhältnisse im Laufe der Zeit erneut zu ihren Gunsten, indem sie die Möglichkeit haben, sich von einem autoritären Führer abzuwenden. Die im Laufe der Zeit geschaffenen Machtstrukturen ähneln wieder stärker den egalitären Verhältnissen unserer Vorfahren, die ihrerseits den Anführer Macht verleihen und diese zu ihrer Funktion berechtigen, stimmen jedoch noch nicht mit ihnen überein. Obwohl moderne bürokratische Arrangements einen wirtschaftlichen Nutzen zu haben scheinen, passen sie laut van Vugt (2012) nicht mit unserem evolutionär herausgebildeten Führungsverständnis zusammen.

2.6.2 Die Evolutionäre Psychologie der Führung und des Folgens als Lösung der Probleme sozialer Gemeinschaften

Damit ein Primatenstamm erfolgreich überleben kann und die Mitglieder voneinander profitieren können, nimmt Van Vugt (2006) an, dass sich ein Individuum dazu entschließen muss zu führen und die anderen sich bereiterklären müssen zu folgen. Entscheiden sich alle für die Inanspruchnahme der Führung oder alle für Gefolgschaft, kann der Stamm seinen Herausforderungen nicht erfolgreich begegnen und die Schwierigkeiten der Koordination und Adaption können nicht gelöst werden. Demnach müssen Individuen sich entsprechend der Situation und dem zu bewältigenden Problem entscheiden, wer die Rolle als Leader einnimmt und wer die Rolle der Geführten (Carsten et al., 2014; van Vugt, 2006).

2.6.2.1 Gruppenkoordination und Entscheidungsfindung in sozialen Gemeinschaften

Es stellt sich die Frage, wie die Gruppe zu dieser Zeit zu Entscheidungen findet, z. B. wo sie hingehen wollen, um nach Nahrung zu suchen. Dieses Koordinationsproblem kann auf einfache Weise überkommen werden, indem ein Individuum die Initiative ergreift und andere es ihm nachtun und folgen. Leadership im Rahmen von Gruppen- oder Herdenbewegungen ist heutzutage über das ganze Tierreich hinweg dokumentiert, von Insekten über Fische und Vögel bis hin zu Säugetieren (King et al., 2009). Es ist anzunehmen, dass es keiner besonderen Intelligenz bedarf, um Leadership zu erzeugen. Eine einfache Entscheidungsregel, im Sinne von „ If one individual moves, I move along" (van Vugt, 2012, S. 147), könnte ein followershipähnliches Phänomen begründet haben und daher durch Zufall in Folge auch Leadership. Werden überdauernde, individuelle Unterschiede in der Befolgung derartiger Entscheidungsregeln unterstellt und gleichzeitig angenommen, einige Individuen ergreifen stets die Initiative, führt dies in Folge automatisch zu Leadern und Followern (van Vugt, 2012). Nachdem diese rudimentären Mechanismen erstmals implementiert sind, können die Entscheidungsregeln auf schwierigere Herausforderungen wie die häufigsten Überlebensprobleme (Ressourcensuche und Ressourcenverteilung, Konfliktschlichtung, Kriegsführung, Bündnisschließung sowie die Weitergabe von Wissen), denen sich unsere Stammesvorfahren ausgesetzt sehen, ausgeweitet werden. Eine erfolgreiche Ausübung der Einnahme von Leader- und Followerrollen in jedem der genannten Bereiche führt sehr wahrscheinlich dazu, den Reproduktionserfolg derartiger Zusammenschlüsse zu erhöhen (van Vugt, 2012; van Vugt & Ahuja, 2010).

Eine weiterer Ansatz, der teilweise verfolgt wird, um die Herausbildung von Followership und Leadership zu erklären, ist der der *Evolutionären Spieltheorie* (Maynard Smith, 1982; Maynard Smith & Price, 1973). Im Rahmen der evolutionären Spieltheorie wird Entscheidungsverhalten innerhalb sozialer Interaktionen in einer Art mathematischem Spiel modelliert, indem man zwischenmenschliche Strategien in darwinistischer Manier („survival oft he fittest" Darwin, 1859) rivalisieren lässt (van Vugt, 2006; van Vugt, Hogan et al., 2008; van Vugt & Kurzban, 2007). Unter Zuhilfenahme dieser Technik entwickeln Evolutionspsychologen Theorien zu sozialen Veranlagungen wie *reziprokem Altruismus*, *Kooperation* oder *Konformität*. Diese Verhaltensweisen sind Voraussetzung für die Entstehung von Leadership und Followership (van Vugt & Ahuja, 2010), werfen jedoch für Forscher in Anbetracht des vorherrschenden Konkurrenzdenkens im Rahmen der natürlichen Selektion noch zahlreiche Fragen auf (Buss, 2004). Eines der bekanntesten Beispiele der Spieltheorie ist das Gefangenendilemma, in dem zwei Verdächtige (Spieler A und Spieler B) beschuldigt werden, ein gemeinsames, ungeklärtes Verbrechen begangen zu haben und daher in Gewahrsam genommen und angeklagt werden. Die Beweislage ist nicht eindeutig, weshalb der Staatsanwalt beiden Verdächtigen unabhängig voneinander den in der nachfolgenden Abbildung dargestellten Handel vorschlägt:

		Spieler B	
		Kooperation	Abtrünnigkeit
Spieler A	Kooperation	B = 3 Belohnung für gegenseitige Kooperation	T = 0 Ergebnis des Trottels
	Abtrünnigkeit	V = 5 Versuchung, abtrünnig zu werden	S = 1 Strafe für gegenseitige Abtrünnigkeit

Abb. 30: Gefangenendilemma-Matrix (Quelle: Axelrod & Hamilton, 1981)[10]

Wenn z.B. Spieler A Spieler B denunziert, kommt Spieler A frei und erhält eine kleine Belohnung dafür, geständig gewesen zu sein (Ergebnis für Spieler A = 5), wohingegen Spieler B zu einer Haftstrafe verurteilt wird (Ergebnis für Spieler B = 0). Umgekehrt erhält Spieler A eine Haftstrafe (Ergebnis für Spieler A = 0), wenn Spieler B gegenüber seinem Komplizen abtrünnig wird (Ergebnis für Spieler B = 5). T steht dabei in der obigen Abbildung für das „Ergebnis des Trottels", der selbst geschwiegen, jedoch das Pech hatte, von seinem Komplizen verraten zu werden. Falls sowohl Spieler A als auch Spieler B ihren Partner belasten, reichen die Beweise aus, beide zu verhaften (Ergebnis sowohl für Spieler A als auch für Spieler B = 1). Die naheliegendste Entscheidung, entsprechend der obigen Auszahlungsmatrix, wäre sowohl für Spieler A als auch für Spieler B, den anderen zu verraten, was jedoch für beide zu einem schlechteren Ergebnis führt, als wenn sie sich dazu entscheiden, einander zu vertrauen und zu schweigen (Ergebnis für beide = 3), daher auch das Dilemma (Allman, 1996; Axelrod & Hamilton, 1981; Buss, 2004).

Es zeigt sich, dass die dominante Strategie (also das Verhalten, das mit der größten Wahrscheinlichkeit demonstriert wird) bei lediglich einmaligem Spielen ist, den Komplizen zu denunzieren und somit in Nichtkooperation resultiert. D.h., wenn davon ausgegangen wird, dass man in Zukunft keinerlei Berührungspunkte mehr miteinander haben wird, ist die am besten anmutende Lösung, in Analogie mit der natürlichen Selektion und dem somit zu erzielenden Fitnessvorsprung, seinen Partner zu belasten, trotz des scheinbar paradoxen Ergebnisses schlechter dazustehen als wenn kooperiert wird. Diese Vorgehensweise kann als *evolutionär-stabile* Strategie (*engl.: evolutionary stable strategy*) bezeichnet werden, d.h. keine andere Strategie kann die eben genannte schlagen, wenn die Mehrheit der Angehörigen einer Population diese konsequent verfolgt (Axelrod & Hamilton, 1981; Dawkins, 1976; Maynard Smith, 1982). Erst wenn zusätzliche Annahmen getroffen werden, wie bspw. wiederholte Entscheidungssituationen bei mehrmaligem Spielen oder das persönliche Ansehen Schaden nehmen könnte, bildet sich Kooperation zwischen den Spielern heraus (Axelrod, 2006; Hardy, 2006; van Vugt, 2012). Auch Followership und Leadership können in Form der Spieltheorie modelliert werden, um die Annahme zu überprüfen, dass es sich bei beiden Phänomenen, um sich ergänzende, *evolutionär-stabile* Strategien handelt, die letztlich soziale Koordination erzeugen. Um diesen Zusammenhang zu verdeutlichen, eignet sich laut van Vugt (2012) am besten ein konkretes Beispiel, das die Notwendigkeit von Kooperation und somit die Voraussetzung von Leadership zeigt. Dieses sog. Koordinationsspiel wird in der nachfolgenden Abbildung

---

[10] Der Nachvollziehbarkeit halber werden die Spielentscheidungen mit Auszahlungsbeträgen versehen. Das Ziel ist es, ein möglichst hohes Ergebnis zu erzielen. Das Spiel besteht aus 2 Strategien sowie 200 Runden und ist definiert als: V > B > S> T und B > (V+T)/ 2 (Axelrod & Hamilton, 1981).

dargestellt, bei dem beide Spieler symmetrische Interessen besitzen. Obwohl es sich dabei um die simpelste Form des Koordinationsspiels handelt, könnte diese Analyse auch auf größere, komplexere Gruppen angewandt werden.

Angenommen Spieler A und Spieler B bewegen sich in der der afrikanischen Savanne und müssen sich zwischen Wasserloch X und Wasserloch Y entscheiden. Um sich vor feindlichen Angriffen zu schützen, müssen sie sich gemeinsam fortbewegen. Führung stellt die Lösung des Dilemmas, wohin sie sich fortbewegen sollen, dar. Übernimmt einer der beiden die Führerschaft und bewegt sich in Richtung eines Wasserlochs, bleibt dem anderen keine Wahl als zu folgen. Es spielt keine Rolle, ob sie letztendlich am Wasserloch X oder Y ankommen, so lange sie gemeinsam gehen (van Vugt, 2012; van Vugt & Ahuja, 2010). Diese Art der Führung in Form von Koordination, kann innerhalb vieler Tierherden beobachtet werden und zeigt, dass Leadership stets in solchen Situationen auftritt, in denen der Nutzen die Kosten übersteigt (King et al., 2009).

Spieler A		Spieler B	
		Wasserloch X	Wasserloch Y
Spieler A	Wasserloch X	1; 1	0; 0
	Wasserloch Y	0; 0	1; 1

Abb. 31: Koordinationsspiel (Quelle: van Vugt, 2012, S. 154)

In der Natur kann i.d.R. jedoch keine Interessenkonvergenz der Beteiligten angenommen werden und Konflikte stellen vermutlich eher den Normalfall dar. Daher stellt sich die Frage, wie Leadership entsteht, wenn die entstehenden Vorteile für die Teilnehmer asymmetrisch verteilt sind. Wie in der nachfolgenden Abbildung dargestellt, kann Spieler A sich entscheiden das Wasserloch X aufzusuchen, welches ihm ein Ergebnis von 3 verschafft, wohingegen Spieler B bevorzugt zu Wasserloch Y ziehen möchte, da er in diesem Fall ein Ergebnis von 3 erhält. Die Ergebnisse der Abbildung belegen, dass beide nach wie vor davon profitieren, gemeinsam zum gleichen Wasserloch zu ziehen, da die Ergebnisse 1 oder 3 betragen, jedoch besteht ein Interessenskonflikt, welches Wasserloch angesteuert werden soll (van Vugt, 2012; van Vugt & Ahuja, 2010).

Spieler A		Spieler B	
		Wasserloch X	Wasserloch Y
Spieler A	Wasserloch X	3; 1	0; 0
	Wasserloch Y	0; 0	1; 3

Abb. 32: Anführerspiel (Quelle: van Vugt, 2012, S. 155)

Es ist anzunehmen, dass sich Leadership in Situationen von Interessenskonflikten langsamer entwickelt, da beide Beteiligten aufgrund der möglichen verbesserten Gewinnaussichten einen Anreiz haben, die Führung zu übernehmen und das von ihnen bevorzugte Wasserloch anzuvisieren. Denn Leader erfreuen sich nachweislich besserer Gesundheit, größeren Reichtums und höherem Reproduktionserfolg (van Vugt, 2012). Dieses beschriebene Ungleichgewicht bezüglich der zu erwartenden Vorteile zwischen Leadern und Followern sorgt auch heute noch für andauernde Spannungen. Mit zunehmender Ungleichheit der antizipierten Vorzüge, sinkt gleichzeitig die Bereitschaft zu folgen (van Vugt, 2012). Weitere Analysen im Zusammenhang der Spieltheorien zeigen, dass Leadership mit Eigenschaften wie *Initiativenübernahme*, *Intelligenz*, *Selbstbewusstsein* und *Extraversion* korreliert (Judge, Bono, Ilies, & Gerhardt, 2002) und die intelligenteren Individuen weiterhin begabter darin sind, die Ergebnispräferenzen anderer vorherzusagen und daher faire und für die Gemeinschaft nachhaltige Fortbewegungsstrategien anwenden (Burks, Carpenter, Goette, & Rustichini, 2009; van Vugt, 2012).

Zusammengefasst kann gemäß der Evolutionären Führungstheorien festgehalten werden, dass diejenigen, die von der Gruppe als Leader akzeptiert werden, Persönlichkeiten darstellen, die in Anbetracht des zu lösenden Problems über überlegene Fähigkeiten verfügen, Chancen und Bedrohungen in der Umwelt zu identifizieren und geeignete Lösungen zu präsentieren (van Vugt, 2006; Vaughn, Eerkens, & Kantner, 2010). Auch ist anzunehmen, dass sie sich als Anführer herausbilden, indem sie in der Lage sind, Konflikte in der Gruppe oder zwischen Stämmen zu schlichten. Nachdem unterstellt wird, dass Stämme in der Urzeit häufig mit anderen Stämmen bzgl. verfügbarer Ressourcen in Konflikt gestanden sind, dient es der Gruppe, einen Anführer zu haben, der durch seine Geduld, Umsicht, Kooperation, Sozialkompetenz und Intelligenz auffällt. Individuen mit hohem Kompetenzlevel und bewiesenen Fähigkeiten, Ziele zu erreichen (z.B. erfolgreiche Jagd), zeichnen sich ebenfalls mit hoher Wahrscheinlichkeit als Leader ab (Carsten et al., 2014). Follower auf der anderen Seite, sind Individuen, die, hinsichtlich des zu lösenden Problems, nicht in entsprechender Weise durch jene Eigenschaften auffallen und daher von Leadern profitieren, die der Gruppe dienen und das Überleben sichern (van Vugt, Hogan et al., 2008).

2.6.2.2 Die Herausbildung verschiedener Führungsstile

Werden die unterschiedlichen Versionen der Spieltheorie, die oben in Abb. 31 (Koordinationsspiel) und Abb. 32 (Anführerspiel) dargestellt sind und damit die unterschiedlichen Herausbildungen von Führungssituationen genauer verglichen, so kommt van Vugt (2009) zu der Annahme, dass in Situationen höherer Interessenskonflikte Persönlichkeitseigenschaften in Verbindung mit Dominanz, Aggression und Autorität eine verhältnismäßig bedeutendere Stellung zukommt, da es in diesen Fällen für Führende einen Anreiz gibt, anderen Gruppenmitgliedern ihren Willen aufzuzwingen.

Diese Spieltheorieanalyse vermag ebenso Aufschluss darüber zu geben, weshalb sich evolutionär verschiedene Führungsstile herausbilden, da ein gewisser Stil in bestimmten Situationen erfolgsversprechender erscheint als in anderen. Die Spieltheorieauswertung lässt vermuten, dass verschiedene Stile bzw. Strategien der Führenden sich für die Beteiligten in den jeweiligen Situationen marginal unterschiedlich auszahlen und daher zu unterschiedlichen Dynamiken zwischen den Leadern und den Followern führen (van Vugt, 2009, 2012). So kann vermutet werden, dass sich ein aufgabenorientierter Führungsstil als Lösung des Koordinationsspiels herausgebildet hat, bei dem die zu erwartenden Vorteile für Führende und Geführte identisch sind und die Aufgabe des Führenden lediglich darin besteht, Gruppenaktivitäten zu koordinieren.

Vom beziehungsorientierten Führungsstil hingegen wird vermutet, sich in Situationen bewährt zu haben, in denen die zu erwartenden Vorteile für Führende und Geführte voneinander abweichen. Auch in Situationen, in denen die Möglichkeit besteht, dass Leader ihre Follower ausnutzen und sich Follower in der Konsequenz vom Leader abwenden, wird von der Anwendung eines beziehungsorientierten Stils ausgegangen. Die Hauptaufgabe des Führenden besteht in derartigen Sachlagen darin, den Zusammenhalt der Gruppe zu gewährleisten (Fiedler, 1967; van Vugt, 2009, 2012) und auf diese Weise dafür zu sorgen, den Zweck, weshalb sich die Gruppe ursprünglich zusammengefunden hat, gemeinsam erfolgreicher zu erfüllen (Alznauer, 2013).

Die unterschiedliche Einschätzung über die Rentabilität bestimmter Szenarien und die ungleichen, zu erwartenden Vorteile von Führenden und Geführten (Anführerspiel) begründen die Differenzierung von transaktionalen und transformationalen bzw. charismatischen Führungsstilen. Transaktionale Leader sprechen vor allem das Eigeninteresse von Followern an, da sie für die geleistete Unterstützung faire Gegenleistungen von Seiten des Leaders erhalten und daher in erster Linie opportunistisch handeln. Je stärker sich die Follower für die Interessen des Leaders engagieren, desto proportional höher schätzen sie die Profitabilität ihres Engagements ein oder umgekehrt, je höher die Zuwendungen von Seiten des Führenden sind, desto stärker werden sich Follower einbringen (Bass, 1985; van Vugt, 2012).

Transformationale Leader hingegen setzen ihr Charisma ein und zeichnen eine für die Follower erstrebenswerte Vision, um Follower über ihr unmittelbares Eigeninteresse hinaus zu inspirieren und sie dazu zu bewegen, ihnen zu folgen und die gemeinsame Zielsetzung zu erfüllen (Bass, 1985; Burns, 1978; van Vugt, 2012). Häufig beeinflussen transformationale Leader die Rentabilität bestimmter Szenarien bzw. die zu erwartenden ungleichen Vorteile zugunsten der Follower, indem sie selbst um der Follower Willen zurückstecken und Opfer erbringen. Gleichzeitig ist es jedoch auch möglich, dass transformationale Leader aufgrund ihres geschickten Sprachgebrauchs und ihres charismatischen Auftretens die Follower nur Glauben machen, sie seien besser gestellt und in Wahrheit selbst die Oberhand behalten. Vor allem Leader mit dunkler Triade-Persönlichkeit (ein psychologisches Konstrukt, das sich aus den gesellschaftlich geächteten Persönlichkeitseigenschaften Machiavellismus, Narzissmus und Psychopathie zusammensetzt) verfügen häufig über besondere charismatische Fähigkeiten und können ihre Ausstrahlung dazu verwenden, Follower zu manipulieren und diese von ihren vermeintlich gutmütigen Absichten zu überzeugen, während sie tatsächlich lediglich egoistische Ziele verfolgen (Jonason & Webster, 2012; van Vugt, 2012).

Die Unterscheidung zwischen transaktionaler und transformationaler Führung ähnelt in gewisser Weise der Differenzierung von egoistischer und aufopfernder Führung (*selfish leadership* und *servant leadership*; Gillet et al., 2011). In manchen Situationen vermag der Anführer sich dazu entscheiden, das Wasserloch anzusteuern, welches von dem anderen Spieler (dem Follower) präferiert wird (im zuvor genannten Beispiel könnte also Spieler A Spieler B vorschlagen, zu Spieler Bs bevorzugtem Wasserloch zu gehen) und übt damit im Wesentlichen Servant Leadership aus, da er mit seinem uneigennützigen Verhalten ein Opfer erbringt (van Vugt, 2012). Auch bei anderen Lebewesen ist dies durchaus kein unübliches Verhalten, bspw. wenn Hyänen sich aus Gründen der Nahrungsaufnahme an einem toten Tierkadaver zu schaffen machen und eine der Hyänen die Aufgabe übernimmt, feindliche Raubtiere von dem begehrten Fleisch fernzuhalten, anstelle sich selbst der Nahrungsaufnahme zu widmen.

In Anbetracht der Kosten dieser Strategie für ein Individuum ist es nicht offensichtlich, weshalb sich diese Form der Führung herausbildet. Es kann vermutet werden, dass dies im Rahmen der Gesamtfitnesstheorie zu erklären ist, die den Reproduktionserfolg bezogen auf eine bestimmte Handlung eines einzelnen Organismus auf die gesamten genetischen Verwandten betrachtet (Hamilton, 1964a, 1964b) und die Ausübung von *Servant Leadership* somit in diesem Moment der ganzen Verwandtschaft zu Gute kommt. Auch kann *Reziproker Altruismus* als mögliche Erklärung für die Demonstration dieses Verhaltens angenommen werden, indem sich die unterschiedlichen Hyänen in ihrer Rolle abwechseln und dieses Gebaren somit der ganzen Gruppe zuträglich ist (van Vugt, 2012). In menschlichen Gesellschaften kann weiterhin der Heldenstatus als Kompensation für die persönliche Aufopferungsbereitschaft und die Demonstration von Servant Leadership angesehen werden, der letztendlich ebenfalls einen reproduktiven Vorteil generiert (van Vugt, 2012).

Die Existenz von Servant Leadership kann von Gillet et al. (2011) im Rahmen von Laborexperimenten nachgewiesen werden, bei dem Gruppen, bestehend aus vier Teilnehmern, dazu angehalten sind, Koordinationsszenarien mit variierendem Konfliktpotenzial im Rahmen der Spieltheorie anonym und somit ohne die Möglichkeit des Aufbaus einer guten Reputation zu lösen. Die Ergebnisse zeigen, dass jene Individuen, die sich als Leader abzeichnen, stets schlechter abschneiden als ihre Follower und die auf diese Weise demonstrierte Form der Führung positiv mit prosozialen Persönlichkeitseigenschaften sowie negativ mit als selbstsüchtig bewerteten Persönlichkeitseigenschaften korreliert (Gillet et al., 2011).

Auswertungen der Spieltheorie zufolge kann, solange kein Konfliktpotenzial innerhalb von Gruppen besteht, im Grunde jeder die Führung übernehmen, da seine Handlung keine gravierenden Auswirkungen zeigen, d.h., reine Koordinationsprobleme können auch von despotischen Anführern mit egoistischem Führungsverhalten überkommen werden. Insofern jedoch die zu erwartenden Vorteile, wie zuvor bei der Differenzierung der Anwendung von transaktionalem und transformationalem Führungsverhalten, asymmetrisch verteilt sind und damit unweigerlich zu Missgunst innerhalb der Gruppe führen, muss der Leader im Sinne der Friedfertigkeit der Gruppe Zugeständnisse machen, um Follower davon abzuhalten zu rebellieren und somit seine Stellung als Anführender nicht zu gefährden (van Vugt, 2012).

Dennoch besteht die Gefahr, dass Leader die versprochenen Zugeständnisse nicht einhalten, was dazu führt, dass Follower teilweise eine gewisse Kontrolle hinsichtlich der Gruppenentscheidungen zurückfordern, um ihre strategischen Interessen zu schützen (van Vugt, 2012).

Die Annahme der Führung eines Leaders sowie die entsprechende Verfolgung gemeinsamer Absichten von Seiten der Follower als auch die im Gegenzug zu leistende Gewährung und Einhaltung von Zugeständnissen durch den Leader, kann als Form der gegenseitigen Kooperation bzw. des reziproken Altruismus verstanden werden, dem im folgenden Abschnitt genauere Aufmerksamkeit geschenkt werden soll.

2.6.2.3 Die Bedeutung von Reziprokem Altruismus, Kooperation und Reputation zur Aufrechterhaltung von sozialem Austausch

In diesem Abschnitt wird auf den Wert von Reziprokem Altruismus innerhalb von Gruppen eingegangen und die diesbezügliche Bedeutung des sozialen Vertrages beschrieben. Dabei wird das Problem des Betrogenwerdens in Zusammenhang mit Reziprokem Altruismus aufgegriffen und Maßnahmen zur Aufrechterhaltung von Kooperation vorgestellt. Weiterhin wird Altruismus unter dem Licht des Handicap-Prinzips diskutiert.

Reziproker Altruismus

Reziproker Altruismus ist als eine Art kooperativer Allianz zu verstehen, die in erster Instanz verwunderlich erscheint, bedenkt man das Konkurrenzdenken, von der die natürliche Selektion geprägt ist sowie die Nachteile und die Kosten, die dem Gewährenden persönlich entstehen, während die anderen Beteiligten Vorteile erlangen (Buss, 2004). Die Tatsache, dass das Phänomen des sozialen Austauschs und der Kooperation zwischen Nichtverwandten jedoch sowohl kulturübergreifend als auch bei anderen Tierarten und ebenfalls anderen Primaten vorkommt, lässt auf eine lang zurückreichende Evolutionsgeschichte hindeuten (Axelrod, 2006; Buss, 2004; Cosmides & Tooby, 1992). Indem die Begünstigten die ihnen gewährten Vorteile zu einem späteren Zeitpunkt erwidern, stellt dies ökonomisch eine Art Zugewinn durch Handel dar, von dem alle Parteien profitieren und die Beteiligen besser gestellt sind als die ausschließlich eigennützig Handelnden.[11] Auf diese Weise entwickeln sich psychologische Mechanismen für reziproken Altruismus heraus, die aufgrund der entstehenden evolutionären Vorteile an nachfolgende Generationen weitergegeben werden (Buss, 2004). Kurzum kann der reziproke Altruismus etwas flapsig als „Eine-Hand-wäscht-die-andere-Beziehung" bezeichnet werden (Allman, 1996, S. 96). Neben dyadischen Allianzen formen Menschen auch kooperative Koalitionen, bei denen Gruppen aus mehr als zwei Individuen zusammenarbeiten, um ein gemeinsames Ziel zu erreichen (Alznauer, 2013; Buss, 2004). Zu Zeiten unserer Stammesvorfahren ist dies bspw. bei der Großwildjagd oder der Verteidigung gegenüber feindlichen Gruppen der Fall.

---

[11] Als weitere Verdeutlichung für den gegenseitigen Nutzen von reziprokem Altruismus kann das Beispiel zwei befreundeter Jäger mit variierendem Jagderfolg dienen: In der einen Woche teilt der eine Jäger das zu viel erbeutete Fleisch, das er mit seiner Familie nicht konsumieren könnte und es infolge verderben würde. Der Verlust für den Jäger ist relativ gering, für den befreundeten Jäger, der in der gleichen Woche jedoch nichts erbeutete, stellt dies einen großen Gewinn dar, da er sonst hungern müsste. In der nächsten Woche stellt sich die Situation umgekehrt dar. Beide befreundeten Jäger ziehen aus dem reziproken Altruismus Vorteile und stehen besser da, als wenn sie beide die Beute egoistisch für sich beanspruchen würden (Buss, 2004).

Theorie des sozialen Vertrags

Das Problem des reziproken Altruismus und der Kooperation ist, dass der wechselseitige Austausch in der Regel nicht simultan stattfindet. Ein Individuum muss, nachdem es einen Gefallen geleistet hat, darauf vertrauen, dass die Leistung in der Zukunft erwidert wird. Wird die Gunst nicht zurückgegeben, erleidet das Individuum, das sich kooperativ gezeigt hat, einen Verlust. Einmal geleistete Unterstützung kann nicht mehr rückgängig gemacht werden (Buss, 2004), was gegenseitige Beziehungen grundsätzlich anfällig für Betrug macht (Cosmides & Tooby, 1992). Um zu erklären, wie Menschen das Problem des abtrünnigen Verhaltens lösen und um aufzuzeigen, wie Kooperation entsteht, entwickelten Cosmides und Tooby (1992) die Theorie des *sozialen Vertrages* (*engl.: social contract theory*) und schlagen bestimmte kognitive Kapazitäten vor, die Menschen dazu veranlassen, soziale Verträge mit anderen einzugehen:

Zum einen das Vermögen viele andere Individuen wiederzuerkennen und sich an die Aspekte der Interaktionen mit ihnen zu erinnern. Zum anderen müssen Menschen in der Lage sein, ihrem Gegenüber die eigenen Werte zu vermitteln und sie über die persönlichen, individuellen Wünsche und Bedürfnisse in Kenntnis zu setzen. D.h., der andere muss verstehen, welche Vorteile sich von der gegenseitigen Interaktion versprochen werden und die persönliche Verärgerung erkennen, wenn der Austausch nicht zur eigenen Zufriedenheit stattgefunden hat. Im Umkehrschluss setzt dies weiterhin die Fähigkeit voraus, die Werte, Wünsche und Bedürfnisse der anderen zu begreifen und gleichzeitig zu verstehen, welchen tatsächlichen Wert eine erbrachte Leistung hat. D.h., Kosten und Nutzen einer großen Varietät an Gütern und Leistungen, die gegenseitig ausgetaucht werden können, zu erkennen und kognitiv zu repräsentieren (Allman, 1996; Buss, 2004; Cosmides & Tooby, 1992).

Das Problem des Betrogenwerdens

Das größte Problem des *reziproken Altruisten* stellen *Betrüger* dar, die die ihnen entstehenden Vorteile genießen ohne diese zu einem späteren Zeitpunkt zu erwidern. Um das Problem des Betrogenwerdens zu minimieren, haben sich im Laufe der Zeit in uns psychologische Mechanismen herausgebildet, um das adaptive Problem dieses betrügerischen Verhaltens zu lösen (Buss, 2004). Adaptionen, die die kooperativen Koalitionen begünstigen, können sich nur herausbilden, insofern die Probleme der Abtrünnigkeit und des Trittbrettfahrens gelöst werden, d.h. diejenigen bestraft werden, die ihren einzubringenden Anteil der Gruppe verweigern (Buss, 2004). Dabei leisten diejenigen, die Betrüger und Trittbrettfahrer bestrafen, ein Engagement, welches diejenigen, die die Bestrafung verweigern, nicht aufbringen (Buss, 2004; McNamara & Trumbull, 2009; Vaughn et al., 2010). Insofern ebenfalls Strafen für solche Individuen etabliert werden, die die Bestrafung von Betrügern verweigern, entstehen Koalitionen auf hohem Niveau, da zum einen die Chance erhöht wird, Mitglieder dazu zu bewegen ihren Anteil zu leisten und nachteilige Fitnessunterschiede eliminiert werden (Buss, 2004).

Gemäß McNamara und Trumbull (2009) kommt dem Leader eine zentrale Rolle zu, wenn es darum geht, diese Betrüger innerhalb der Gruppe zu enttarnen und dafür zu sorgen, dass diese sog. *Free-Riders* die Kooperation innerhalb der Gruppe nicht ausbeuten und die Ordnung innerhalb der Gruppe gefährden. Um darzustellen, auf welche Weise der Leader unkooperativen Gruppenmitglieder Einhalt gebieten kann, um die Existenz von sozialem Austausch auch für kommende Zeiten zu gewährleisten und somit eine prosperierende Zukunft für die Gruppe sicherzustellen, wird sich an dieser Stelle als Metapher für das Problem der Kooperation erneut dem Gefangenendilemma als Beispiel der Spieltheorie zugewandt.

Axelrod und Hamilton (1981) können in ihren Computersimulationen nachweisen, dass die Voraussetzung von Kooperation darin besteht, die Spielsituationen mehrmals zu wiederholen, da bei lediglich einmaligem Spielen stets der persönliche Nutzen überwiegt abtrünnig zu werden, d. h. seinen Komplizen zu verpfeifen und im Gegenzug frei zu kommen. Wissen die beteiligten Spieler, vergleichbar wie im wahren Leben, jedoch nicht, wann das Spiel endet, ist die beste und gleichzeitig evolutionär-stabile Strategie, sich getreu dem Motto „Wie du mir, so ich dir" (*engl.: tit-for-tat*) zu verhalten und auf diese Weise Kooperation zu fördern (Axelrod & Hamilton, 1981).

Kooperationsfördernde Verhaltensmaßnahmen

Entsprechend der Analyse der *Tit-for-Tat*-Strategie ergeben sich einige praktische Konsequenzen für die Förderung kooperativen Verhaltens in der Gruppe: (1) Die wichtigste kooperationsfördernde Kraft ist auf den „Schatten, den die Zukunft wirft" (Allman, 1996; S. 109) zu verweisen und den Betroffenen vor Augen zu führen, dass sie auch in Zukunft ähnliche Vereinbarungen miteinander treffen werden und regelmäßig miteinander interagieren müssen (Allman, 1996; Buss, 2004). (2) Eine weitere Strategie ist Reziprozität respektive die *Tit-for-Tat*-Strategie zu lehren und deren Vorteile herauszustellen, was darin resultiert, dass immer mehr Beteiligte sich kooperativ zeigen werden und die Nutznießer darunter leiden, indem es immer weniger gibt, die sie ausbeuten können. (3) Weiterhin ist es zur Förderung kooperativen Verhaltens essentiell, nicht auf mehr als auf seinen fairen Anteil zu bestehen und dementsprechend nicht mehr einzufordern als im Austausch gegeben wird. (4) Auch muss auf unkooperatives Verhalten sofort reagiert und Vergeltung geübt werden, um dem Gegenüber eindeutig zu demonstrieren, dass Ausbeutungsversuche nicht toleriert werden. (5) Die letzte Taktik zur Förderung von Kooperation ist die eigene Reputation als Reziprokator auszubauen, da der Ruf letztlich darüber entscheidet, ob andere den sozialen Austausch anstreben oder vermeiden (Axelrod & Hamilton, 1981; Buss, 2004).

Reputation und wiederholte Interaktion

Jedoch ist Reputation allein kein verlässlicher Indikator auf vergangenes Verhalten. Lediglich Informationen, die durch wiederholte Interaktionen zwischen Individuen selbst abgeleitet werden, können reliabel Aufschluss über nachhaltige Qualitäten der spezifischen Kooperationspartner geben. Dies bedeutet, nicht nur die Reputation einer Person in Erinnerung behalten zu müssen, sondern sich auch alle vergangenen Interaktionen mit jedem Kooperationspartner einzuprägen (McNamara & Trumbull, 2009). Gemäß McNamara und Trumbull (2009) hat das Problem der Abtrünnigkeit in Bezug auf kooperativen Austausch in gewisser Weise also die Evolution unserer Gedächtniskapazität gefördert, indem viele wechselseitige Beziehungen berücksichtigt werden müssen.

Dunbar (1997) stellt fest, dass die Komplexität sozialer Gemeinschaften mit höherer Gruppengröße exorbitant ansteigt. Im Rahmen von Untersuchungen innerhalb zwölf verschiedener Spezies, gelingt es ihm nachzuweisen, dass die Größe des Neokortex exakt mit der Gruppengröße und der korrespondierenden Frequenz sozialer Interaktionen korreliert. Je größer die Gruppengröße und somit die Notwendigkeit sich sowohl an die Qualität von Beziehungen zu als auch zwischen anderen Individuen zu erinnern, desto größer die Gehirnmasse. Doch nicht nur die Erinnerung an vergangene Interaktionen beeinflusst die Größe des Neokortex, sondern auch das vermehrte Erfordernis innerhalb größerer Gruppen, drohende Konflikte abzuwenden. Die statistische Beziehung der Parameter lässt auf eine ideale Gruppengröße innerhalb der menschlichen Spezies von 150 Mitgliedern schließen, eine Kennzahl, die seit ihrer Entdeckung auch als *Dunbar's Number* in der evolutionspsychologischen Literatur bekannt ist (Buss, 2004; McNamara & Trumbull, 2009; van Vugt, 2012). Dieses gängige soziologische Prinzip besagt, dass Menschen lediglich in der Lage sind, qualitativ hochwertige Beziehungen zu etwa 150 Personen zu unterhalten. Wächst die Gruppengröße über diese Anzahl hinaus, bilden sich stärkere hierarchische Strukturen heraus, die unserem eigentlichen Bedürfnis nach Informalität und persönlichen zwischenmenschlichen Kontakten in überschaubaren Gruppengrößen widerspricht (Dunbar, 1997; van Vugt, 2012; van Vugt & Ahuja, 2010).

Bestrafung von Free-Ridern zur Aufrechterhaltung von Kooperation

Um Kooperation und Ordnung in der Gruppe sicherzustellen, kommt insbesondere den Aspekten der Bestrafung von Seiten des Leaders gegenüber den Betrügern sowie der eigenen Reputation eine wichtige Bedeutung zu. Der Erfolg von Kooperierenden wird durch ihre Fähigkeit beeinflusst, ihre Kooperation mit dem Gegenüber von dessen Ruf abhängig zu machen. D.h. davon, ob das Gegenüber dafür bekannt ist, Betrüger zu bestrafen und daraufhin seine eigene Verhaltensweise entsprechend anzupassen (Brandt, Hauert, & Sigmund, 2003; McNamara & Trumbull, 2009).

Diese Art sozialen Austauschs unter Vorbehalt vollzieht sich in zwei Stufen: In erster Instanz entscheiden die Individuen, ob sie kooperieren oder abtrünnig werden. Danach entscheiden die Individuen abhängig vom Ergebnis der ersten Stufe, ob sie den Gegenspieler für sein Verhalten bestrafen. Somit ergeben sich durch den beschriebenen zweistufigen Entscheidungsprozess vier grundsätzlich verschiedene Verhaltensweisen, die gegenüber unkooperativen Gegenspielern angewandt werden können: (1) Die *soziale Verhaltensstrategie*, bei der das Individuum selbst kooperiert und Abtrünnigkeit bestraft, (2) die *paradoxe Verhaltensstrategie*, bei der das Individuum selbst abtrünnig wird und gleichzeitig bestraft, (3) die *asoziale Verhaltensstrategie*, bei der das Individuum weder kooperiert noch bestraft und (4) die *milde Verhal-*

tensstrategie, bei der das Individuum selbst kooperiert aber dennoch nicht bestraft, wenn andere abtrünnig werden (Brandt et al., 2003; McNamara & Trumbull, 2009).

Sowohl die *paradoxe* als auch die *asoziale Strategie* können sich nicht dauerhaft durchsetzen und sterben innerhalb der ersten paar Generationen aus. Die paradoxe Strategie (nicht kooperieren und bestrafen) erscheint besonders widersinnig, wenn derartige Individuen auf ihresgleichen treffen. Auch Verfechter der *asozialen Strategie* (nicht kooperieren und nicht bestrafen) werden letztendlich nicht überdauern, da sich ihre Gegenspieler aufgrund der mangelnden Kooperation letztendlich anderen möglichen Kooperationspartnern zuwenden. Vertreter der *milden Strategie* (kooperieren und nicht bestrafen) hingegen könnten sich bspw. aufgrund eines genetischen Drifts, sprich der zufälligen Veränderung im Genpool einer Population, vermehren und unbeabsichtigt den Einmarsch der Vertreter der *asozialen Verhaltensstrategien* begünstigen. Denn solange Nichtkooperierende für ihr Verhalten nicht bestraft werden und weiterhin sozialer Austausch mit ihnen betrieben wird, werden sich diejenigen mit *asozialer Strategie* vermehren, was dauerhaft in einer unkooperativen Gesellschaft endet und dazu führt, dass keine Kooperation in der Gruppe mehr hervortritt (Brandt et al., 2003; McNamara & Trumbull, 2009). Dieses Ergebnis ändert sich drastisch, wenn sowohl Bestrafung und Reputation in die taktischen Überlegungen miteinbezogen werden und Spieler über die Vergeltungsneigungen ihrer Gegenspieler erfahren. Sobald potenziell kooperative Spieler erfahren, dass die Ausbeutung von *Free-Ridern* bestraft wird, sind sie eher dazu geneigt sozialen Austausch zu betreiben (Brandt et al., 2003; McNamara & Trumbull, 2009).

Altruismus als Handicap

Während McNamara und Trumbull (2009) argumentieren, dass Leader aus altruistischen Beweggründen an der Aufrechterhaltung von Austauschbeziehungen innerhalb der Gruppe interessiert sind und kooperationsfördernde Strategien anwenden, betrachten Deutsch Salamon und Deutsch (2006) die altruistischen Verhaltensweisen aus einer gänzlich anderen Perspektive und sehen diese als *kostspieligen Signalmechanismus* an, der auf die zugrundeliegenden Qualitäten, der sich am Austausch Beteiligenden schließen lässt. In der Evolutionspsychologie werden solche Eigenschaften als *kostspielige Signale* (*engl.: costly signals*) bezeichnet, die schwer zu fingieren sind und dementsprechend von Betrügern schwer vorzutäuschen sind. Derart kostspielige Eigenschaften oder Verhaltensweisen als Beweis weitergabewürdiger Gene, sind eine Art Versprechen an die nächste Generation und müssen, um ihren evolutionären Zweck zu erfüllen, zuverlässig und schwer vorzutäuschen sein, damit sie reproduktiven Erfolg verheißen (McNamara & Trumbull, 2009; Nicholson, 2013; Zahavi, 1995; Zahavi & Zahavi, 1999).

Anstelle die Kosten, die mit altruistischen Verhaltensweisen verbunden sind, also als Problem anzusehen, argumentieren Deutsch Salamon und Deutsch (2006), dass sich Individuen explizit aufgrund der potenziellen Kosten dazu entscheiden, diese Verhaltensweisen zu demonstrieren und auf diese Weise um ihre soziale Stellung innerhalb der Gruppe konkurrieren. Vor dem Hintergrund des in Abschnitt 2.1.1.3 vorgestellten Handicap-Prinzips sagen die Autoren, dass diese im ersten Augenblick für ein Individuum nachteilig erscheinenden sowie auch persönlich kostspieligen altruistischen Verhaltensweisen gleichzeitig verlässlich Informationen hinsichtlich ihrer überlegenen Qualitäten an andere vermitteln und sie daher als attraktiver Partner angesehen werden. D. h., diese Verhaltensweisen bergen Vorteile sowohl für den Signalgeber als auch für die Signalempfänger, da diese altruistischen Verhaltensweisen gemäß der Theorie zu kostspielig sind, um von weniger qualifizierten Individuen vorgetäuscht werden zu können (ein weniger qualifiziertes Individuum könnte sich die Demonstration derart kostspieliger altruistischer Verhaltensweisen nicht leisten).[12] Der Signalgeber profitiert, indem er sich von anderen weniger kompetenten Artgenossen durch sein Verhalten abgrenzen kann und auf diese Weise vermutlich besseren Zugang zu Sexualpartner erlangt und die Signalempfänger profitieren, indem sie Informationen über die ansonsten verborgen gebliebenen Fähigkeiten des Signalgebers erhalten, die für sie wiederum von Nutzen sind. Dieser gegenseitige Vorteil sowohl für Signalgeber als auch Signalempfänger begründet die Tatsache, dass die sog. kostspieligen Signale den Prozess der Selektion überdauert haben (Deutsch Salamon & Deutsch, 2006).

Gerade die hohen Kosten eines Verhaltens sind ausschlaggebend dafür, dass eine zu signalisierende Information auch tatsächlich verlässlich ist. So sagen Zahavi und Zahavi (1999) bezugnehmend auf ihre Theorie des Handicap-Prinzips: „in order to be effective, signals have to be reliable; in order to be reliable, signals have to be costly" (S. xiv). Sie stellen zusammenfassend fest, dass Individuen, die sich an großzügigen Handlungen beteiligen oder ein gemeinschaftliches Gut erbringen, ihrer Ansicht nach weder aus altruistischen Motiven heraus handeln, um zu einem späteren Zeitpunkt eine Gegenleistung zu erhalten, noch um den Wohle der Gruppe zu dienen. Sie verhalten sich entsprechend, um ihre überlegenen Fähigkeiten zur Schaue zu stellen, die ansonsten für die Gruppe nicht sichtbar sind, sowie auf diese Weise um Status innerhalb der Gruppe zu buhlen oder Vergünstigungen in einer anderen Form zu erhalten als auch ihre positive Reputation auszubauen.

2.6.2.4 Austauschbeziehungen zwischen Leadern und Followern und die diesbezügliche Bedeutung von Prestige und Dominanz

In diesem Abschnitt wird beschrieben, wie Leader und Follower miteinander interagieren, wie Kooperation und Ordnung innerhalb der Gruppe durch Leader und Follower sichergestellt werden kann und welche gegenseitigen Leistungen die unterschiedlichen Rollen füreinander erbringen. Weiterhin wird betrachtet, welche Bedeutung dabei die Reputation, der Charakter

---

[12] Als weiteres Beispiel neben den altruistischen Verhaltenswiesen kann hier die Begegnung einer Gazelle und eines Wolfes dienen: Wenn Gazellen einen Wolf entdecken, dann verhalten sie sich so verdächtig wie möglich, um von dem Wolf bemerkt zu werden, anstelle vor dem Wolf zu flüchten. Durch dieses kostspielige Verhalten zeigt die Gazelle dem Wolf, dass sie über die überlegene Stärke verfügt, vor ihm fliehen zu können und schreckt den Wolf auf diese Weise davon ab, eine sinnlose Verfolgungsjagd zu beginnen, die für beide Parteien kräftezehrend ist und der Ausgang gleichzeitig im Vorhinein schon fest steht. Im Gegenzug würde eine Gazelle, die nicht über die besagte Fitness verfügt, sich nicht in einer solchen Art und Weise verhalten, da sie fürchten muss, Energie zu verschwenden, die sie für die Flucht benötigt, insofern der Wolf das Signal ignoriert. Zahavi and Zahavi (1999)

sowie das subjektive Fairnessempfinden spielen und wie die Einschätzung der eigenen Fähigkeiten die persönliche Stellung innerhalb von Dominanzhierarchien beeinflusst.

Sicherstellung von Kooperation und Ordnung innerhalb von Gruppen

Es ist sehr wahrscheinlich, dass sowohl in hominiden Zusammenschlüssen als auch in frühen menschlichen Gesellschaften die Bestrafung von einem Individuum geleistet werden musste, welches entweder über die soziale Unterstützung der Gruppe oder über die physische Stärke verfügt, entsprechende Vergeltungsmaßnahmen gegenüber unkooperativen Gruppenmitgliedern durchzusetzen. McNamara und Trumbull (2009) gehen davon aus, dass dies eine zweifältige Strategie der Leader zur Folge hat, um Kooperation und Ordnung innerhalb der Gruppe sicherzustellen: Zum einen der Sicherung des sozialen Austausches durch Reputation und Prestige, bei der der Anführer aufgrund seines aufrichtigen Charakters, Vertrauen in anderen erzeugt, um die Kooperation innerhalb der Gruppe zu fördern (*prestigeorientierte Strategie*) oder zum anderen die Anwendung einer von Dominanz geprägten Strategie, bei der der Anführer seine politische Macht ausnutzt, um Ausbeuter nachhaltig zu bestrafen und seinen Willen durchzusetzen. Letztere Strategie scheint jedoch nur für eine gewisse Zeit von Wirkung zu sein und muss letztendlich durch die prestigeorientierte Strategie ergänzt werden, um langfristig soziale Ordnung in der Gruppe zu erzeugen (McNamara & Trumbull, 2009).

Leader-Follower-Reziprozität

Price und van Vugt (2015) argumentieren in ähnlicher Weise und vermuten, dass Leadership und Followership selbst als reziproker Altruismus zu verstehen sind und sich als besondere Form der dyadischen Kooperation herausbilden, die letztendlich dazu führt, dass Kooperation auch zwischen einem Individuum und zahlreichen Gruppenmitgliedern hervortritt. Price und van Vugt (2015) betiteln dies als *Service-for-Prestige-Theorie* und räumen diesbezüglich ein, dass die Entstehung von reziprokem Altruismus auf Gruppenebene bislang nur mit unterschiedlichem Erfolg nachgewiesen werden konnte (Boyd & Richerson, 1988; Price, 2003; Takezawa & Price, 2010; Tooby, Cosmides, & Price, 2006) und wichtige theoretische Fundierungen noch zu erbringen sind. Daher nutzen sie den allgemeinen Terminus *Reziprozität* anstelle von *Reziprokem Altruismus* und definieren Leader-Follower-Reziprozität als „mutually beneficial transaction, with each side paying costs in exchange for benefits" (Price & van Vugt, 2015, S. 173).

Sie nehmen im Rahmen ihrer *Service-for-Prestige-Theorie* (Price & van Vugt, 2014) an, dass Führung und Gefolgschaft ein gegenseitiges, aber nicht zuletzt jeweils egoistisches Übereinkommen darstellt, bei dem beide Parteien Vorteile generieren. Leader stellen ihre überlegenen Fähigkeiten der Gruppe zur Verfügung und Follower gewähren ihnen im Gegenzug Prestige und Respekt. Gute Beziehungen des Anführers zu außenstehenden Gruppen, aber auch die Aufrechterhaltung von Ordnung innerhalb der eigenen Gruppe durch den Anführer oder Jagd- und Kampfexpertise des Anführers bieten einen immensen Nutzen für das Allgemeinwohl der Gruppe. Für den Leader hingegen bringt dieses Verhalten Kosten mit sich, bspw. in Form von erhöhter Lebensgefahr aufgrund der Tatsache, dass der Leader den Kampf anleitet oder aufgrund der Zeit und den Ressourcen, die der Leader aufwenden muss, um sein Wissen zu teilen oder schwerwiegende Entscheidungen zu fällen (Price & van Vugt, 2015), was er sich jedoch gemäß des Handicap-Prinzips aufgrund seiner überlegenen Fähigkeiten leisten kann (Deutsch Salamon & Deutsch, 2006; Zahavi & Zahavi, 1999).

Welche Kosten den Followern entstehen, indem sie dem Anführer gegenüber Respekt erbringen, erscheint dabei weniger offensichtlich. Der Prozess, jemand anderem Prestige zu verleihen, ist nach genauerer Betrachtung allerdings deshalb kostspielig, da es für Follower bedeutet, ihre eigenen Interessen denen der angesehenen Person unterzuordnen, Opfer zu erbringen, um deren Wohlergehen sicherzustellen und somit einen großen Anteil der sozialen, materiellen und reproduktiven Ressourcen der eigenen Gruppe der prestigeträchtigeren Person abzutreten. Price und van Vugt (2015) betonen, dass prestigeträchtige Personen Ansehen genießen, da sie über Eigenschaften verfügen, die andere zu schätzen wissen, z.B. physische Attraktivität, Expertise in einem Fachbereich oder Verlässlichkeit als Informationsquelle. Diese Attribute machen sie zu begehrten Verbündeten, die von anderen gut behandelt werden, um sie nicht als Freunde oder Alliierte zu verlieren. Die Verleihung von Prestige innerhalb sozialer Gruppen ist also daher kostspielig, da verehrte Personen über überlegenen Zugang zu Ressourcen verfügen, die anderenfalls von den restlichen Gruppenmitgliedern genutzt werden könnten.

Die Verleihung von Prestige kann als *kollektives Handlungsproblem* (*engl.: collective action problem*[13]; Price & van Vugt, 2014, S. 3) der Follower betrachtet werden, indem einzelne Follower alleine nicht in der Lage sind, dem Anführer ausreichend Prestige zu zollen und sie ihre Anstrengungen infolge bündeln müssen, um die Gnade des Leaders nicht zu verspielen (Price & van Vugt, 2014). Diese Gegebenheiten können mit der Situation heutiger Organisa-

---

[13] Um verständlich zu machen, weshalb Price und van Vugt (2014) die Verleihung von Prestige der Follower gegenüber des Leaders als kollektives Handlungsproblem betrachten, behelfen sie sich der Definition Emersons (1962) von sozialer Macht, um die Beziehung zwischen Macht und Abhängigkeit zu verdeutlichen: Individuum X besitzt Macht über Individuum Y in dem Ausmaß, in dem Y bei der Erreichung seines Ziels von X abhängt und X die Fähigkeiten von Y, sein Ziel zu erreichen, kontrollieren kann. Da Ys Zielerreichung wahrscheinlich die Erlangung von Vorteilen und die Vermeidung von Schaden beinhaltet, kann Xs Macht (d.h. die Abhängigkeit von Y hinsichtlich X und Xs Kontrolle über Ys Zielerreichung) auch als die Fähigkeit von X angesehen werden, Y gegenüber Vorteile zu generieren oder Schaden auszuüben. Wenn X über große Macht verfügt, sollte sich dies positiv auf die Ressourcenverfügbarkeit von X ausüben. Insofern X über zahlreiche Möglichkeiten verfügt, anderen Vorteile zu gewähren und Schaden zuzufügen, sollten diejenigen, die die Vorteile bzw. den Schaden erlangen können, daran interessiert sein, das Wohlergehen Xs sicherzustellen und dementsprechend Sorge dafür zu tragen, weiterhin ein gutes Verhältnis zu X zu unterhalten und auf diese Weise entweder die Vorteile abzuschöpfen oder Schaden abzuwenden. Als Resultat werden Individuen alles unternehmen, um das Wohlergehen Xs zu sichern, indem sie seinen Interessen nachgeben, ihre Ressourcen teilen, Schmerzen in Kauf nehmen, um Schaden von X abzuwenden oder mit X zu kooperieren. Hohe soziale Macht (Status) dient dementsprechend der Fitness von X und verbessert seinen Zugang zu Ressourcen. Dabei unterscheiden Price und van Vugt (2014) in Analogie mit Henrich und Gil-White (2001) Prestige als die freiwillige Verleihung sozialen Status gegenüber Personen, die Vorteile offerieren und Dominanz als zwangsweise eingeforderter sozialer Status derer, die anderen Schaden androhen.

tionen assoziiert werden, indem prestigeträchtigeren Mitarbeitern höhere Zusatzleistungen gewährt werden (Day & Antonakis, 2012; Roberts et al., 2012; van Vugt & Ahuja, 2010).

Diese reziproke Beziehung ist dann optimal, wenn Leader und Follower über jeweils relativ ebenbürtige Verhandlungspositionen verfügen, also der „Service", den beide Parteien leisten, in etwa gleich kostspielig ist und Leader geringe Möglichkeiten haben, Follower auszubeuten. Die *Service-for-Prestige-Theorie* befasst sich sowohl mit den Gegebenheiten, die eine ideale Follower-Leader-Beziehung hervorrufen, als auch mit den Faktoren, die dafür sorgen können, dass sich eine auf Gegenseitigkeit beruhende Follower-Leader-Beziehung zu einer Zwangs- bzw. gewaltsamen Beziehung wandelt (Price & van Vugt, 2015). Dies ist vor allem dann der Fall, wenn sich die Möglichkeiten des Anführers erhöhen, Follower auszubeuten.

Dies kann bspw. aufgrund mangelnder *Exit-Options* (Price & van Vugt, 2015, S. 169) der Fall sein, d.h. aufgrund eingeschränkter Möglichkeiten der Follower, sich vom Anführer abzu- wenden und die ursprünglich gegenseitige Beziehung vermutlich zu einem einseitigen Ab- hängigkeitsverhältnis wandeln. Das Leader-Follower-Verhältnis basiert dann auf der Angst der Follower, vom Leader Schaden zugefügt zu bekommen anstatt auf dem gegenseitigen Austausch von Leistungen. Price und van Vugt (2014) nehmen an, dass Leader versuchen, ih- ren Status in der für sie am günstigsten möglichen Weise aufrecht zu erhalten. Dies bedeutet, dass sie keine Leistungen für oder Zugeständnisse gegenüber Followern erbringen werden, in- sofern sie nicht aufgrund der Aufrechterhaltung ihres Status dazu gezwungen sind und daher eher versuchen werden, ihre Ziele durch die Anwendung von Dominanz und Ausbeutung von Gruppenmitgliedern zu erreichen.

Gemäß der Service-for-Prestige-Theorie haben Follower Adaptionen herausgebildet, Leader zu bevorzugen, die sowohl Willens als auch in der Lage sind, ihnen Leistungen und Vorteile zu gewähren (Price & van Vugt, 2014, 2015). Untersuchungen, wie die in 61 verschiedenen Kulturen durchgeführte GLOBE Studie belegen, dass prosoziale Verhaltensweisen (wie Fair- ness, Integrität und Zuverlässigkeit) sowie der Gruppe dienliche Fähigkeiten (wie Intelligenz, Vision oder Kompetenz) universell wertgeschätzte Eigenschaften von Führungskräften dar- stellen (Den Hartog et al., 1999; Hogan & Kaiser, 2005; Price & van Vugt, 2014). Weiterhin betonen die Studien Eigenschaften wie Anstand und Bescheidenheit, was darauf schließen lässt, dass Follower Leader bevorzugen, die nicht übermäßig selbstsüchtig sind und demen- sprechend die Bedürfnisse der Follower nicht aus den Augen verlieren (Hogan & Kaiser, 2005; Price & van Vugt, 2014). Weitere Ergebnisse der GLOBE-Studie weisen darauf hin, dass eine kulturübergreifende Abscheu gegenüber Führungseigenschaften wie Dominanz oder Egoismus existiert, da Follower besorgt sind, ihre Interessen nicht ausreichend berücksichtigt zu finden (Den Hartog et al., 1999; Price & van Vugt, 2014).

Reputation und die Bedeutung von Charakter

Wie oben beschrieben lässt eine gute Reputation alleine nicht zweifelsfrei auf den Charakter oder die Glaubwürdigkeit einer Person schließen, sondern ausschließlich die Betrachtung und

Erinnerung vergangener gegenseitiger Interaktionen. In Einklang mit der *Service-for-Prestige-Theorie* (Price & van Vugt, 2015) nehmen McNamara & Trumbull (2009) an, dass Individuen nach aufrichtigen, verlässlichen und intelligenten Verbündeten suchen, die es wert sind, eine kooperative Partnerschaft einzugehen. Notwendige Informationen hinsichtlich der möglichen Bündnispartner erhalten die Individuen sowohl über den ihm vorauseilenden Ruf als auch über Geschwätz und Gerüchte über dessen Charakter. Gemäß McNamara und Trumbull (2009) stellt der Charakter die entscheidende Komponente bei der Entstehung von Kooperation dar, da die Einschätzung des Charakters dabei hilft, das Problem der Abtrünnigkeit zu lösen. *Free-Ridern* mag es zwar möglich sein, ihre Beteiligung in Bezug auf einen kooperativen Austausch auf bestimmte Art und Weise zu erschleichen, jedoch werden sie nicht überdauernd einen aufrichtigen Charakter vortäuschen können, da die Entwicklung eines solchen für Betrüger ein zu kostspieliges Unterfangen darstellt.

Die Autoren betonen die Entwicklung und Aufrechterhaltung eines integren Charakters sowie eines einwandfreien Rufs als kooperationsfördernde Maßnahme und stellen die Hypothese auf, dass die aufrichtigsten Charaktere sich in frühen menschlichen Zusammenschlüssen aufgrund ihrer optimalen Kombination von Verlässlichkeit, Expertise, Intelligenz und Aufrichtigkeit als Leader herauskristallisierten. Diese schwer zu fingierenden Eigenschaften, die ebenfalls als kostspielige Signale angesehen werden können, besagen: „I possess a sterling character…therefore you can trust me for purposes of cooperation. I will contribute more than my fair share and will not betray you. You can believe these claims because character cannot be faked by the free-riders" (McNamara & Trumbull, 2009, S. 14).

Das subjektive Empfinden von Fairness

Herausforderungen in Bezug auf Kooperation können nicht nur auftreten, wenn Anführer fehlgeleitet sind und den beschriebenen aufrichtigen Charakter missen, sondern auch dann entstehen, wenn verschiedene Fraktionen innerhalb der eigenen Gruppe über ungleiche politische Interessen verfügen und dementsprechend unterschiedliche Leistungen von ihrer Führungskraft einfordern bzw. ungleiche Einschätzungen hinsichtlich eines aufrichtigen Charakters des Anführers vornehmen. Dies kann dazu führen, dass keine Reziprozität stattfindet, da der Leader es aufgrund unterschiedlicher Individual- oder Fraktionsinteressen versäumt, mit allen Gruppenmitgliedern in gleich effektiver Weise zu kooperieren (Price & van Vugt, 2015). In modernen Organisationen können diese verschiedenen Fraktionsinteressen bspw. mit unterschiedlichen Abteilungen oder Fachbereichen verglichen werden. Besonders heikel wird dies, wenn die unterschiedlichen Interessensgruppen verschiedene Fairness-Normen unterhalten, da es sowohl in urzeitlichen als auch in modernen Zusammenschlüssen eine der Hauptaufgaben des Leaders ist, Ressourcen fair innerhalb der Gruppe zu verteilen (Den Hartog et al., 1999; Price & van Vugt, 2015). Fairness ist jedoch ein ambivalenter Terminus, der der Evolutionspsychologie zufolge stark vom persönlichen Verständnis einzelner Individuen abhängt. So kann Fairness bspw. in Bezug auf *Gleichheit* (alle Gruppenmitglieder bekommen das Gleiche), auf *Leistung* (Gruppenmitglieder, die mehr zum Ergebnis beitragen bekommen mehr) oder auf *Bedürftigkeit* (bedürftigere Gruppenmitglieder erhalten mehr) definiert werden. Jeder dieser Verteilungsmechanismen gewährt bestimmten Gruppenmitgliedern Vorteile gegenüber anderen (Price & van Vugt, 2015).

Während in modernen Leistungsgesellschaften Fairness eher in Bezug zu Leistung gesetzt wird und dies i.d.R. von hochausgebildeten, gut situierten Erfolgstypen bevorzugt wird (Kunovich & Slomczynski, 2007), ziehen weniger privilegierte Gesellschaftsmitglieder, die weniger Beitrage zum Gemeinwohl leisten können, Fairness bezogen auf Gleichheit vor (Price & van Vugt, 2015). Diese Bevorzugungen stellen Adaptionen dar, welche aus Jäger-Sammler-Zeiten stammen, in denen muskulösere Männer gegenüber weniger muskulösen aggressivere Verhaltensweisen an den Tag legen und vermehrt in den Kampf ziehen, da dies ihre Chancen auf Erfolg in sozialen Begebenheiten fördert (Price & van Vugt, 2014, 2015; Sell, Tooby, & Cosmides, 2009). Dieser Perspektive entsprechend, hängt die Beurteilung von Fairness der Führungskraft zum einen von der spezifischen Ausübung von Fairness des Leaders ab, zum anderen jedoch auch von den Charakteristiken der Follower. Da verschiedene Follower verschiedene Arten von Fairness bevorzugen, ist es für Führungskräfte schwer, gleichzeitig Reziprozität und Kooperation mit allen Followern aufrechtzuerhalten (Price & van Vugt, 2014).

Price und van Vugt (2014) gehen davon aus, dass die freiwillige nicht unter Zwang stattfindende Version der Service-for-Prestige-Theorie viele Gemeinsamkeiten und Überschneidungen mit Verhaltensweisen aufweist, die im Allgemeinen mit kooperativen Interaktionen wie reziprokem Austausch, kollektiven Handlungen oder der Bestrafung von Nicht-Kooperierenden in Zusammenhang stehen, ein Forschungsfeld, welches mittlerweile verstärkt auch das Interesse der Neurowissenschaften hervorruft. Sollte sich die Annahme als richtig erweisen, dass sich die im Laufe der Evolution herausgebildeten neuronalen Systeme, die die dyadische Kooperation zwischen Individuen bedingen, auch als grundlegend für die Austauschbeziehungen zwischen Leadern und Followern anzunehmen sind, dann existiert bereits ein umfassender Bestand neurowissenschaftlicher Forschung, der für die Service-for-Prestige-Theorie spricht.

Forschung, die im Rahmen der Neurowissenschaften betrieben wird, steht in Zusammenhang mit dem Ultimatum-Spiel, welches ebenfalls als einfache Form des Leader-Follower-Austausches interpretiert werden kann. Das Ultimatum-Spiel (Güth, Schmittberger, & Schwarze, 1982; Stahl, 1972) zählt, neben dem Gefangenendilemma, zu den wichtigsten Vertretern der Spieltheorie, bei dem den zwei Beteiligten überdauernd die Rollen als *Proposer* und *Responder* zugewiesen werden. Der *Proposer* erhält einen Geldbetrag und entscheidet, wie viel er davon dem *Responder* anbieten möchte. Akzeptiert der *Responder* den ihm vorgeschlagenen Handel, d.h., beide Parteien einigen sich auf den Betrag, wird die Summe wie vereinbart ausgezahlt. Lehnt der *Responder* das ihm vorgeschlagene Geschäft ab, erhält keiner der beiden Spieler etwas. Die Parteien können sich weder vorher abstimmen, noch kann der

Handel wiederholt werden.[14] Aus rein ökonomischen Gesichtspunkten muss davon ausgegangen werden, dass ein rational handelnder *Responder* jedes Angebot akzeptiert, welches über Null liegt (selbst wenn es noch so gering ist), da er damit dennoch stets besser abschneidet, als wenn er ablehnt und nichts erhält. Umgekehrt kann vermutet werden, dass ein rational handelnder *Proposer* stets den geringsten Betrag über Null wählt, um seinen Gewinn zu maximieren. Forschungsergebnisse belegen jedoch, dass Responder Angebote, die zu weit unter 50 % liegen i. d. r. ablehnen und auch Proposer normalerweise Angebote unterbreiten, die nahe der 50 % liegen (Bowles & Gintis, 2011). Wird ein Vergleich zu Führungstheorien gezogen, so kann der Proposer als Leader angesehen werden, und Charaktereigenschaften wie Egoismus und mangelnde Fairness, die den gegenseitigen Handel bereits im Spiel unterbinden, sind solche, die, wie oben dargestellt, von Followern mit dominanter oder schlechter Führung assoziiert werden (Den Hartog et al., 1999; Price & van Vugt, 2014).

Die Einschätzung der eigenen Stellung innerhalb von Hierarchien

Gemäß Allman (1996) zählen Dominanz und Aggression in der Gesellschaft ironischerweise dennoch zu wichtigen Parametern, um Frieden zu erhalten und verhelfen dazu, die komplizierte *Hackordnung* aufrechtzuerhalten, die i. d. R. bei den meisten Primatengruppen aufzufinden sind. Der Ausdruck leitet sich vom Verhalten von Hennen ab, die bei ihrer ersten Begegnung häufig kämpferische Auseinandersetzungen initiieren. Im Zeitverlauf reduziert sich die Anzahl der Kämpfe, da die Hennen ihre subjektive Stellung in der Hierarchie zu verstehen lernen und begreifen, wem sie sich überordnen können und wem sie sich zu unterstellen haben. Nicht die Hackordnung selbst oder auch die sog. Dominanzhierarchie (Buss, 2004) als Eigenschaft der Gruppe erfüllt dabei eine eigentliche Funktion, sondern vielmehr die dominanten bzw. unterwürfigen Verhaltensweisen der Gruppenmitglieder, die auf diese Weise eine beständige Hierarchie erzeugen (Buss, 2004; Cummins & Allen, 1998).

Sowohl für die über- als auch die untergeordneten Gruppenmitglieder ist diese Hierarchie vorteilhaft, indem erstere nicht ständig ihren Rang verteidigen und kostbare Ressourcen sowie Zeit verschwenden müssen, als auch zweitere nicht in Gefahr laufen, von den überlegenen Gruppenmitgliedern verletzt oder gar getötet zu werden (Buss, 2004). Auch wenn das unterwürfige Gruppenmitglied aufgrund seines Verhaltens vorerst Ressourcen einbüßt, kann es ggf., nun immer noch körperlich unversehrt, auf einen anderen Zeitpunkt spekulieren, bei dem seine Gewinnaussichten von höherer Wahrscheinlichkeit geprägt sind (Buss, 2004; Nicholson, 2013; Pinker, 2015).

Es spricht einiges dafür, dass die natürliche und sexuelle Selektion psychologische Mechanismen hervorgebracht hat, die die realistische Einschätzung der eigenen relativen Fähigkeiten im Vergleich zu anderen Individuen begünstigen und auf diese Weise, schwerwiegende Auseinandersetzungen mit anderen zu vermeiden, indem der Ausgang der Konfrontation be-

---

[14] Konkret bedeutet das, dass der Proposer sich entscheidet 40 % von 10 Euro dem Responder anzubieten. Akzeptiert dieser den Vorschlag, bedeutet dies, dass der Responder 4 Euro erhält und der Proposer mit 6 Euro nach Hause geht. Lehnt der Responder ab, bekommt keiner der Spieler Geld (Price & van Vugt 2014).

reits antizipiert werden kann. Alexander (1961) und Dawkins (1976) können derartige Verhaltensstrategien auch bei Experimenten mit Grillen nachweisen. Bei menschlichen Lebewesen kann jedoch davon ausgegangen werden, dass sich die Beurteilung der eigenen Qualitäten nicht nur auf rein physische Merkmale und die individuellen Kompetenzen beschränkt, sondern auch auf die Fähigkeiten beziehen, Bündnispartner für sich zu gewinnen und Koalitionen zu bilden (Buss, 2004).

Auch Nicholson (2013) merkt an, dass der Wettstreit um Dominanz nicht zwangsläufig physischer Natur sein muss und verweist bspw. auf Vögel, die ihre vorteilhaften Gene durch attraktive Balzgesänge oder Nestbauqualitäten unter Beweis stellen. Er vergleicht Führung einerseits mit dem Erlangen der Dominanzposition innerhalb der menschlichen Hackordnung, die aufgrund des somit verliehenen Status besseren Fortpflanzungserfolg verspricht. Andererseits räumt er ein, dass es in unserer menschlichen Gesellschaft zahlreiche weitere Möglichkeiten gibt, sich von Mitstreitern abzugrenzen, z. B. durch artistisches Geschick, spezielle Expertise oder besonderen Unterhaltungswert. Die Entscheidung, eine Führungsposition anzustreben, basiert laut Nicholson (2013) sowohl auf Instinkt als auch auf persönlichem Kalkül. Individuen entscheiden intuitiv, ob sie über ausreichend Aspiration verfügen, um generell um die Dominanzposition zu konkurrieren und rechnen sich anschließend aus, welche Chancen auf Erfolg sie mitbringen (*risk-reward-calculus;* Nicholson, 2013, S. 24). Die Teilnahme in aussichtslosen Kämpfen birgt nicht nur die Gefahr der körperlichen Versehrtheit sowie Bloßstellung, sondern bedroht auch den Frieden innerhalb der Gruppe. Er stellt fest: „There are advantages to being a follower. You don't have to fight, parade or pretend – you can just do your thing under the protection of the leader" (Nicholson, 2013, S. 24).

Van Vugt und Kollegen (2008) argumentieren in gleicher Weise, dass Follower ihre relative Stellung aufgrund ihrer immanenten Fähigkeiten innerhalb einer Hierarchie intuitiv erkennen sowie die Kosten und Nutzen im Kampf um einen höheren Status realistisch einzuschätzen wissen und Followership wählen, wenn die Kosten den Nutzen übersteigen (Gangestad & Simpson, 2000). Dawkins (1976) vermutet ebenfalls eine Prädisposition des menschlichen Gehirns, die darauf schließen lässt, dass Follower, insofern sie selbst nicht in der Lage sind der Leader zu sein, das Beste aus ihrer Situation machen und sich fügen.

Laut Nicholson (2013) bedarf es für effektive Führung sowohl *der persönlichen Motivation,* die Verantwortung der Führungsrolle annehmen zu wollen als auch der *individuellen Qualitäten,* die die entsprechende Situation erfordert. Gemäß diesen Dimensionen lassen sich, wie in der nachfolgenden Abbildung gezeigt, verschiedene Typen unterscheiden, die ihre Stellung infolge der persönlichen Einschätzung ihrer Fähigkeiten einnehmen. Die Motivation zu führen und die entsprechenden Führungsqualitäten stehen dabei laut Nicholson (2013) häufig in Korrelation zueinander, da viele, die die Rolle der Führung annehmen möchten, dies aufgrund ihrer positiven Beurteilung der eigenen Qualitäten tun.

Führungsqualitäten		
	Hohe Übereinstimmung mit den Anforderungen	Geringe Übereinstimmung mit den Anforderungen
Führungs-motivation Hoch	Q1: Motivierter Leader	Q2: Ungeeigneter Leader
Gering	Q3: Widerwilliger Leader	Q4: Motivierter Follower

Abb. 33: Führungseignung (Quelle: Nicholson, 2013, S. 154)

Die Koordination und die entsprechende Rollenaufteilung in Anbetracht der zu bewältigenden Situation dienen demnach sowohl den Führenden als auch den Geführten. Obwohl die Übernahme der Führungsrolle vermutlich lohnender sein dürfte unter Berücksichtigung der zu generierenden Vorteile wie bspw. bevorzugter sexueller Fortpflanzung und erhöhtem verliehenen Status (van Vugt & Ahuja, 2010; van Vugt, Hogan et al., 2008). Auch Cummins (1998) betont, dass eine höhere Stellung innerhalb derartiger Dominanzhierarchien zuverlässig zu besserem Ressourcenzugang und daher besseren Überlebens- sowie Reproduktionschancen führt.

2.6.3 Leader- und Follower-Beziehungen aus evolutionspsychologischer Perspektive

Im Folgenden sollen die Beweggründe zu folgen und zu führen aus evolutionspsychologischer Sicht nach van Vugt und Ahuja (2010) aufgezeigt werden sowie die Bedeutung der Fähigkeitsvermittlung durch den Leader und der entsprechenden Imitation durch die Follower beschrieben werden (McNamara & Trumbull, 2009).

Beweggründe zu folgen

Van Vugt und Ahuja (2010) nennen vor dem Hintergrund der von ihnen entwickelten Evolutionären Führungstheorie weitere Gründe, weshalb sich Follower dazu entscheiden zu folgen und kategorisieren die Follower entsprechend ihrer Beweggründe in *Apprentices* (dt. Auszubildender/ Lehrling), *Disciples* (dt. Jünger bzw. Schüler), *Loyalists* (dt. Anhänger bzw. Loyalist), *Supporter* (dt. Unterstützer bzw. Befürworter oder auch: Anhänger) und *Subordinates* (dt. Untergebene bzw. Befehlsempfänger).

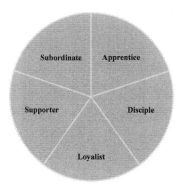

Abb. 34: Followertypologien nach Van Vugt und Ahuja (2010)

Bereits die Übersetzungen der englischen Begriffe ins Deutsche legt nahe, dass die verschiedenen Einstufungen gewisse Überschneidungen beinhalten. Van Vugt und Ahuja (2010) beschreiben ihre verschiedenen Kategorisierungen folgendermaßen: Der *Apprentice* bezeichnet denjenigen Follower, der selbst der Führungsrolle nacheifert und sich anstelle der Anwendung der *Trial-and-Error*-Methode dazu entschließt, dem Beispiel des Leaders zu folgen, um früher oder später selbst eine Führungsposition einnehmen zu können. Der *Disciple* sucht, gemäß den Autoren, in seinem Leader moralische Weisheit und Führung, die ihn zu einem besseren Leben befähigen sollen und ihm verhilft, Unsicherheit zu vermeiden. Für ein besseres Verständnis nennen sie als heutiges Beispiel dieses Followertyps den versierten Leser von Managementliteratur von „Wirtschaftsgurus" wie Peter Drucker oder Michael Porter.

Der *Loyalist* bezeichnet derartige Follower, die sich aufgrund des Wunsches nach Gruppenzugehörigkeit einem Leader anschließen. Als heutiges Pendant dieses Followertyps werden Personen genannt, die dem Erhalt eines Long-Service-Awards entgegenfiebern, einer Anerkennung für mehrjährige Betriebszugehörigkeit. Der *Supporter* bezeichnet Follower, die sich dem Leader aufgrund seiner charismatischen Fähigkeiten anschließen und zuletzt der *Subordinate*, der nur deswegen folgt, da ihm jemand hierarchisch überstellt ist und er sich folglich fügt. Diese Gruppe ist gemäß den Autoren diejenige, in die die meisten Mitarbeiter einzuordnen sind und führen dies auf das „to stick with the herd"-Bedürfnis (van Vugt & Ahuja, 2010, S. 93) Vieler zurück und/ oder auf die Tatsache, dass ihnen die Übernahme einer Führungsrolle aufgrund mangelnder Aspiration und Fähigkeiten nicht in den Sinn kommt.

Laut van Vugt und Ahuja (2010) ist eine Unterscheidung zwischen den verschiedenen Followertypen deshalb sinnvoll, da sie dazu beitragen können, in Ergänzung zu Eigenschaften wie bspw. *Commitment* gemäß Kellerman (2008) oder anderen bekannten Dimensionen vielzitierter Autoren, die Beweggründe von Followern besser zu verstehen und Führungskräften dabei helfen, die richtigen Mitarbeiter zu rekrutieren, im Unternehmen zu halten oder ggf. eine verloren gegangene Beziehung wiederherzustellen. Um ihren Standpunkt zu verdeutlichen, wählen sie folgendes Beispiel:

[…] a charismatic CEO who champions his employees and is generous with his wisdom, while delivering profits that are shared among employees is going to appeal to followers across the board. He will be a teacher to his apprentices, a source of inspiration to his disciples, a defender to his loyalists, a figurehead to his supporters and a provider to his subordinates. It's a tall order – and […] it takes a Big Man to keep all followers happy. (van Vugt & Ahuja, 2010, S. 93)

Beweggründe zu führen

Nachdem die unterschiedlichen Beweggründe zu folgen laut van Vugt und Ahuja (2010) aufgeführt wurden, schlagen die Autoren weiterhin sechs verschiedene kognitiv angestammte Führerprototypen bzw. Führungsrollen vor *(cognitive ancestral leadership prototyps ,CALPs'*; S. 211), die der idealtypischen Führung zur Erreichung gemeinsamer adaptiver Ziele entsprechen und nachfolgend dargestellt sind:

Abb. 35: Führerprototypen nach Van Vugt und Ahuja (2010)

Diese verschiedenen Führungsrollen sind: Der *Warrior (dt.: Krieger)*, dessen Expertise darin liegt, die Gruppe vor Angreifern zu schützen. Vertreter dieser Kategorie zeichnen sich meist durch Mut, starkes Konkurrenzdenken, Dominanz und hohe Schmerztoleranz aus, was heutzutage Geschäftsleuten in stark umworbenen Branchen entsprechen könnte. Der *Scout (dt.: Entdecker)* ist darauf spezialisiert, Ressourcen und neue Chancen für die Gruppe aufzudecken. Ihn zeichnen Attribute wie Neugierde, Ausdauer, Intelligenz und Offenheit für neue Erfahrungen aus. Als kontemporäre Vertreter des Entdeckertyps führen van Vugt und Ahuja (2010) Persönlichkeiten wie Richard Branson, Bill Gates oder Steve Jobs auf.

Eine weitere Rolle ist der *Diplomat (dt.: Diplomat)*, der besonders begabt darin ist, Allianz mit anderen Gruppen aufzubauen und diese zu erhalten, da dies vor allem in Zeiten knapper Ressourcen besonders relevant ist. Eigenschaften wie rhetorisches Geschick, Feingefühl, Empathie und Charme zeichnen den Diplomat aus, jedoch auch Machiavellismus und manipulative Fähigkeiten können zu seinem Repertoire zählen. Zeitgenössische Beispiele sind laut den Autoren populäre Sportbotschafter, internationale Diplomaten wie Condoleezza Rice und Hillary Clinton oder besonders humanitäre Persönlichkeiten wie Mutter Theresa, Kofi Annan sowie Ban Ki-moon. Eine weitere urzeitliche Führungsrolle nimmt der *Arbiter* (*dt.: Schlichter*) ein, der für die Erhaltung des Friedens innerhalb der Gruppe und den Zusammenhalt zwischen den Followern verantwortlich ist. Jäger-Sammler-Gesellschaften waren häufig durch Konflikte gespalten und es bedurfte Charaktere, die aufgrund ihrer emotionalen Stabilität und Empathie, ihres rhetorischen Geschicks und ihres unnachgiebigen Gerechtigkeitssinns die Harmonie innerhalb der Gruppe wieder herstellten. Als heutige Beispiele hierfür nennen die Autoren Richter und Gerichtsvertreter, Schiedsrichter oder hochrangige Polizeibeamte.

Die nächste Führungsrolle nimmt der *Manager* (*dt.: Manager*) ein, der effizient Ressourcen zuteilt und Dinge in die Wege leitet, indem er Gruppenaktivitäten koordiniert. Dieser Führungstyp ist gekennzeichnet durch hohe Gewissenhaftigkeit und Pflichtbewusstsein sowie Geduld, Fairness und planerische Qualitäten, jedoch auch einen Mangel an Charisma und emotionaler Ausdrucksstärke. Als heutige Beispiele nennen van Vugt und Ahuja (2010) Staatsoberhäupter hoch technokratischer Länder wie Angela Merkel oder sehr erfolgreiche CEOs wie Howard Schulz (Starbucks) und Jim Skinner (McDonalds), denen jedoch kaum Aufmerksamkeit in der Öffentlichkeit zukommt. Die letzte Führungsrolle ist gemäß den Autoren der *Teacher* (*dt.: Lehrer*), welcher enthusiastisch und effizient sein Wissen an die Gruppe weitergibt. Dieser Typ kann durch seine rhetorischen Fähigkeiten, aber auch seine bemerkenswerte Offenheit gegenüber Neuem, seiner Empathie und seines Intellekts charakterisiert werden. Beispiele der heutigen Zeit sind laut den Autoren sowohl religiöse Persönlichkeiten wie der Papst, charismatische Politiker wie Barack Obama oder Medienstars wie Oprah Winfrey, die regelmäßig nach ihrem Urteil befragt werden.

Fähigkeitsvermittlung und Imitation

Im Gegensatz zu van Vugt und Ahuja (2010), die den Lehrer als eine spezielle der unterschiedlichen evolutionären Führungsrollen ansehen, nehmen McNamara und Trumbull (2009) an, dass es die Aufgabe eines jeden Leaders ist, ihr Wissen umfassend an die Follower weiterzugeben, ihnen Kooperation zu lehren und sie auf diese Weise letztendlich zu Leadern zu transformieren, um dauerhaft erfolgreiches Überleben sicherzustellen. McNamara und Trumbull (2009, S. 19) grenzen gute von schlechten Anführern ab, indem sie feststellen: „A poor leader will attempt to induce fear, passivity and blind obedience in his followers while a positive leader will do the opposite: dispel fears, educate followers and push followers into taking responsibility for leadership."

McNamara und Trumbull (2009) verfechten, dass ein Weg von Followern, um selbst Leader zu werden, ist, den Leader nachzuahmen und den Charakter sowie die Fähigkeiten des Leaders zu imitieren. Diese Nachahmung stellt einen wichtigen Lernmechanismus dar, der quasi automatisch in sozialen Interaktionen aktiviert wird, häufig unbewusst und unfreiwillig. Dieser automatische Imitationsprozess und die damit verbundene Effizienz, die es ermöglicht, sich neue Verhaltensweisen anzueignen, stellt Fluch und Segen zugleich dar, indem keine kognitive Auswahl getroffen wird, was gelernt wird. Ist der Nachahmer lediglich mit schlechten Vorbildern konfrontiert, werden sich seine Verhaltensweisen, aller Wahrscheinlichkeit nach, jenen der negativen Beispiele angleichen (McNamara & Trumbull, 2009).

Die Voraussetzung für eine erfolgreiche Nachahmung ist für McNamara und Trumbull (2009) das Vorhandensein von Sympathie für den Leader und die Abwesenheit negativer Gefühle wie Wut, Missgunst, Hass oder Neid gegenüber dem Anführer. Da dies dem intrinsischen Wunsch, wie er sein zu wollen und sich in seine Lage zu versetzen, entgegensteht und die Überzeugung schürt, nicht der Führungsrolle fähig zu sein. Insbesondere das Empfinden von Neid impliziert den eigenen Mangel bestimmter Kapazitäten gegenüber dem Anführer, während ein Nachahmungsbedürfnis darauf schließen lässt, überzeugt zu sein, die Qualitäten zu besitzen, deren es bedarf, ein guter Leader zu sein. Zudem setzt erfolgreiche Nachahmung sowohl die Bereitschaft als auch die Fähigkeit des Leaders voraus, ein Lehrer für seine Follower zu sein. McNamara und Trumbull (2009) setzten die Leader-Follower-Beziehung gar mit einem Lehrer-Schüler-Verhältnis gleich.

In Analogie mit charismatischer Führung vermuten die Autoren, dass besonders charismatische Lehrer aufgrund ihrer besonderen Begabung verstärkt Schüler anziehen und auf diese Weise besonders erfolgreich sind. Ähnlich wie Price und van Vugt (2014) mit ihrer *Service-for-Prestige*-Theorie nehmen McNamara und Trumbull (2009) an, dass Lehrer ihr Wissen an die Schüler weitergeben und ihnen hierfür im Gegenzug die vereinte Unterstützung ihrer Schüler zugutekommt, was ebenfalls einer speziellen Form der Kooperation gleicht und letztendlich reproduktive Vorteile für alle Beteiligten birgt. Bezüglich der Auswahl eines potenziellen Lehrers macht es gemäß McNamara und Trumbull (2009) Sinn, sich an einer Person zu orientieren, die von anderen bereits als guter Lehrer identifiziert worden ist. Somit kommt erneut der Wert einer guten Reputation zum Tragen, die, wie oben beschrieben, anhand kostspieliger Signale bestärkt werden muss.

2.6.4 Zusammenfassung

Die letzten Abschnitte beschäftigten sich mit Followership und Führung aus evolutionspsychologischer Perspektive. Dabei werden sowohl die natürliche Entwicklung der Führung in den letzten 2,5 Millionen Jahren betrachtet, als auch Implikationen zu Führung und Gefolgschaft als Lösung urzeitlicher Probleme in sozialen Gemeinschaften abgeleitet. Die nachfolgende Übersicht fasst die wichtigsten Kerngedanken zusammen:

Zusammenfassung und Überblick der Theorien über die Herausbildung von Followership und Leadership
Je nach zu bewältigendem Problem und der Situation entscheidet sich, wer die Rolle des Führenden und der Geführten einnimmt (Carsten et al., 2014; Nicholson, 2013; van Vugt, 2006).
Es existieren verschiedene Theorien, wie Leadership und Followership sich in den jeweiligen Situationen herausbilden:
(1) Ein beliebiges Individuum ergreift die **Initiative** und die anderen folgen, z.B. wie bei Herdenbewegungen. Hierbei stellen Followership und Leadership sich ergänzende, evolutionär-stabile Strategien dar, die soziale Koordination erzeugen, da der Nutzen die entstehenden Kosten überwiegt (vgl. Koordinationsspiel) (King et al., 2009; van Vugt, 2012).
(2) Ein Individuum verfügt über **überlegene Fähigkeiten** in Anbetracht des zu lösenden Problems (Kriegsführung, Ressourcensuche, Bündnisschließung, Konfliktschlichtung, Ressourcenverteilung und Weitergabe von Wissen)

und kristallisiert sich als Anführer heraus. Die anderen Gruppenmitglieder profitieren von seinen Fähigkeiten und schließen sich an und folgen (vgl. Anführerspiel) (van Vugt, 2012; Vaughn et al., 2010).

(3) Followership und Leadership können als **gegenseitige Kooperation bzw. Reziprozität** angesehen werden. Der Leader, der über überlegene Fähigkeiten verfügt, stellt diese der Gruppe im Austausch gegen erhöhten verliehenen Status zur Verfügung. Die Follower profitieren im Gegenzug vom Wissen des Leaders, welches dem Allgemeinwohl der Gruppe zu Gute kommt. Die gegenseitige Beziehung ist optimal, wenn beide Parteien über annähernd gleiche Verhandlungspositionen verfügen und nicht aufgrund mangelnder Auswegoptionen ein Abhängigkeitsverhältnis besteht (vgl. Service-for Prestige-Theorie) (Price & van Vugt, 2014, 2015).

Bereits zu Jäger-und-Sammlerzeiten bilden sich **verschiedene Führungsstile** heraus, die je nach Situation erfolgsversprechender sind als andere, z.B. ein aufgabenorientierter, transaktionaler oder egoistischer Führungsstil bei übereinstimmenden Interessen und ein beziehungsorientierter, transformationaler oder aufopfernder Führungsstil bei abweichenden Interessen (Bass, 1985; Gillet et al., 2011; van Vugt, 2009, 2012).

Die Evolution bildete verschiedene **kognitive Adaptionen** heraus, um das Problem des Betrogenwerdens zu lösen und sich erfolgreich am gegenseitigen Austausch (d.h. Führen und Folgen) zu beteiligen (vgl. Theorie des sozialen Vertrages) (Allman, 1996; Buss, 2004; Cosmides & Tooby, 1992).

Dem Leader kommt eine besondere Aufgabe zu, wenn es darum geht, Kooperation und entsprechend **kooperationsfördernde Strategien** in der Gruppe zu lehren und Betrüger zu bestrafen. Dies kann ihm entweder mittels einer prestige- oder dominanz-basierten Strategie gelingen (McNamara & Trumbull, 2009).

Follower bevorzugen **Leader**, die in der Lage sind, ihnen **Vorzüge zu verschaffen**. Dabei bevorzugen sie Leader, die sich durch prosoziale Verhaltensweisen wie Fairness und Zuverlässigkeit auszeichnen und verabscheuen Leader, die durch Gier und Selbstsucht charakterisiert sind. Die Einschätzung von Fairness variiert jedoch stark vom einzelnen Individuum (Den Hartog et al., 1999; Hogan & Kaiser, 2005; McNamara & Trumbull, 2009; Price & van Vugt, 2014). Die Beurteilung des **Charakters des Leaders** basiert sowohl auf seiner **Reputation** als auch auf vergangenen Interaktionen mit ihm (vgl. *costly signaling*). (McNamara & Trumbull, 2009; van Vugt & Ahuja, 2010).

Innerhalb von Jäger-und-Sammler-Gruppen entsteht automatisch eine Art **Dominanzhierarchie bzw. Hackordnung**, innerhalb derer die Gruppenmitglieder intuitiv einzuschätzen wissen, wem sie sich über- und unterzuordnen haben. Diese Einschätzung kann sowohl auf physischen Merkmalen, als auch auf besonderen Kenntnissen oder der Fähigkeit zur Bildung von Allianzen basieren. Entsprechend verstehen Follower ihre relative Stellung innerhalb der Gruppe, gemäß der vorherrschenden Situation, einzuschätzen und wählen Followership, wenn die Kosten zur der Erreichung der Dominanzstellung den Nutzen übersteigen (Buss, 2004; Cummins & Allen, 1998; Nicholson, 2013; Pinker, 2015).

Evolutionäre Psychologen schlagen ebenfalls verschiedene Follower- und Leader-Prototypen vor, welche entsprechend ihrer Bedürfnisse und Expertise in bestimmten Situationen hervortreten. Eine wichtige **Aufgabe des Leaders** betrachten einige Autoren darin, ihr Wissen an Follower weiterzugeben und sie demzufolge zu **Anführern auszubilden** - ein gegenseitiges Verhältnis, das einer Lehrer-Schüler Beziehung ähnelt (McNamara & Trumbull, 2009; Nicholson, 2013; van Vugt & Ahuja, 2010).

Abb. 36: Zusammenfassung und Überblick der Theorien über die Herausbildung von Followership und Leadership

2.7 Synthese von sozialwissenschaftlichen und evolutionspsychologischen Führungs- und Followershipansätzen

Evolutionspsychologische Erklärungsansätze machen häufig von dem Ansatz der *Vier-Warum-Fragen* Gebrauch, der erstmals von Aristoteles geprägt und später von Huxley und Tinbergen weiterentwickelt worden ist, um wissenschaftliche Hinweise auf biologische und psychologische Adaptionen zu erhalten (Dewsbury, 1992; Drickamer & Gillet, 1998; Mayr, 1961; Tinbergen, 1969; van Vugt, 2012). Entsprechend dieses erweiterten Konzepts der Verhaltensbetrachtung von Tinbergen (1969) kann nach der Verursachung, Ontogenese, Funktion und Phylogenese von Followership und Leadership gefragt werden (van Vugt, Hogan et al., 2008), von denen angenommen wird, dass sie sich als spezialisierte Mechanismen herausbildeten, um das adaptive Problem des Überlebens sowohl von Individuen als auch von Gruppen zu lösen.

Während sich sozialwissenschaftliche bzw. managementtheoretische Theorien der Führungsforschung überwiegend mit proximaten Faktoren von Followership und Leadership befassen, konzentrieren sich evolutionspsychologische Theorien neben den proximaten Faktoren auch auf die ultimaten Ursachen und können daher als Art Meta-Theorie der herkömmlichen psychologischen Paradigmen aufgefasst werden. Jede der Fragestellungen Tinbergens gibt Aufschluss über eine unterschiedliche Perspektive von Followership und Leadership, die gemeinsam zu einem vollständigeren Verständnis beitragen (van Vugt, 2012). In der nachfolgenden Abbildung werden alle bisher beschriebenen Ansätze und deren verschiedene Merkmale zu Followership und Leadership sowohl aus sozialwissenschaftlicher als auch aus evolutionspsychologischer Perspektive, entsprechend der Einordnung Tinbergens, gegenübergestellt und zusammenfassend aufgezeigt:

	Proximate Faktoren (Wie?)		**Ultimate Faktoren (Warum & Wozu?)**	
	Faktoren, die Follower- und Führungsverhalten *unmittelbar* auslösen; Faktoren, die das Followership- und Führungsverhalten *direkt* beeinflussen; Faktoren, die der Steuerung von Followership und Leadership zugrunde liegen; Faktoren, die dazu führen ein unmittelbares Ziel zu erreichen		Faktoren, die sich auf die Konsequenz bzw. den Anpassungswert von Followership- und Führungsverhalten beziehen; Faktoren, die sich mit der stammesgeschichtlichen Entwicklung von Followership und Leadership auseinandersetzen	
Verhaltens-analyseebe-nen	**Verursachung** *(causation)*	**Ontogenese/ Einzelentwicklung** *(ontogeny)*	**Anpassungswert/ Funktion** *(survival value)*	**Phylogenese/ Stammesentwicklung** *(evolution)*
Verhaltens-ursachen/ Aspekte der Verhaltens-analyse: Beispiel: Follo-wership und Leadership	**Biologische Vorprogrammierung:** **a) Follower:** -Physische & Psychische Konstitution, Motivation, Leistung, Intelligenz, Fähigkeiten und unmittelbare Bedürfnisse *(Chaleff, 1995; House, 1971; Manz & Sims, 1980; Neck & Manz, 2010; Rosenbach et al., 2012; Steger et al., 1982; Vroom & Yetton, 1973)* -Stimmung *(Monö, 2013)* -Dominanz und Initiative *(Kellerman, 2008; Kelley, 1988; Zaleznik, 1965)* **b) Leader:** -Physische & Psychische Konstitution, Motivation, Intelligenz und Fähigkeiten *(Avolio & Bass, 1995; Bass, 1998; Conger & Kanungo, 1987; Fleishman, 1953; Katz & Kahn, 1978; Stogdill, 1948)* -Stimmung *(Monö, 2013)* -Dominanz und Initiative *(Monö, 2013; Nicholson, 2013)* **Verhalten der Umwelt & äußere Auslöser:** - Identifikation mit Vision & Zielsetzung der Organisation *(Carsten et al., 2010; Crossman & Crossman, 2011; Howell & Méndez, 2008; Klein & House, 1995; Lord & Brown, 2001; Monö, 2013; Padilla et al., 2007; Steger et al., 1982; Wortman, 1982)* -Organisationskultur *(Howell & Méndez, 2008; Monö, 2013; Nicholson, 2013)* -Organisations- und Gruppengröße *(Dunbar, 1997; Hollander & Julian, 1969; van Vugt, 2012)* -Aufgabenanforderung *(Hersey & Blanchard, 1982)* -Independenz vs. Kontrolle *(Monö, 2013)* **Soziale Einflüsse:** -Teamatmosphäre & Co-Follower *(Deutsch Salamon & Deutsch, 2006; Hurwitz & Hurwitz, 2015; Monö, 2013)* -Führer-Geführten-Beziehung *(Follett, 1949; Graen & Uhl-Bien, 1995; 1995; Hollander, 1984; Oc & Bashshur, 2013; Schyns & Collani, 2002; Shamir, 2007)* -Wahrgenommenes Führungsverhalten des Vorgesetzten (bei Followern) *(Eden & Leviatan, 1975; Meindl, 1995; Popper, 2014; Schneider, 1973)* -Wahrgenommenes Followerverhalten der Unterstellten (bei Vorgesetzten) *(Howell & Méndez, 2008; Sy, 2010)*	**Entwicklungsbezo-gene Einflüsse:** -Persönliche Reifeprozesse & Weiterentwicklung, Lernen *(Hersey & Blanchard, 1982)* -Wandelnde Bedürfnisse *(Popper, 2014)* -(Berufs-)Erfahrung, Alter, akademische Ausbildung, erreichte Karriereposition im Laufe der Zeit *(Colangelo, 2000; Geist, 2001; Koo & Choi, 2000; Monö, 2013; Smith, 2009)* -Selbstwirksamkeits-erwartung *(Schyns & Collani, 2002)* -Erworbene Selbst-führungsfähigkeiten *(Howell & Méndez, 2008; Manz & Sims, 1980; Neck & Manz, 2010)*	**Adaptiver Zweck d. Verhaltens/ Überlebensvorteil:** -Bessere gemeinsame Zielerreichung, gemeinsame Umsetzung einer Vision, Unsicherheitsvermeidung, Überwindung von Gruppenkonflikten, Schutz vor Bedrohung *(McNamara & Trumbull, 2009; van Vugt, 2006; van Vugt & Ahuja, 2010)* -Service-for-Prestige: Leader stellt seine überlegenen Fähigkeiten (Kriegsführung, Ressourcensuche, Bündnisschließung, Konfliktschlichtung, Ressourcenverteilung & Wissensweitergabe) der Gruppe zur Verfügung *(costly signaling; Zahavi & Zahavi, 1999)* Follower profitieren von diesem wohl zugutekommt. Damit Leader Fähigkeiten zur Verfügung stellen, wird ihnen von den Followern Respekt entgegengebracht. *(Price & van Vugt, 2015)* -Soziale Zusammenschlüsse durch die Bildung von Koalitionen & Kooperation dienen dem Schutz vor Bedrohungen & der Erreichung gemeinsamer Ziele bzw. Visionen, z. B. Nahrungssuche oder kämpferische Auseinandersetzungen *(Alznauer, 2007; 2013; Monö, 2013; van Vugt & Ahuja, 2010)*	**Evolutionärer Verhaltensursprung:** -Followership & Leadership stellen sich ergänzende, evolutionär stabile Strategien dar und sind die Bedingung für soziale Koordination und somit Voraussetzung um zu überleben *(McNamara & Trumbull, 2009; Monö, 2013; van Vugt & Ahuja, 2010)* -Sicherheitsbedürfnis bzw. Bedürfnis nach Schutz vor existenzieller Bedrohung *(Lipman-Blumen, 2007; Pillai, 1996; Popper, 2014)* -Bedürfnis nach Unsicherheitsvermeidung und Komplexitätsreduktion der Umwelt *(Meindl et al., 1985; Popper, 2014; Weick, 2007)* - Identitätsbedürfnis und Wunsch nach Zugehörigkeit *(Hogg & Reid, 2006; Marksa & Kitayama, 2010; Mischel, 1973; Popper, 2012, 2014; Shamir et al., 1993)* -Kooperation & Reziproker Altruismus *(McNamara & Trumbull, 2009)* **Reproduktiver Vorteil:** -Leader genießen verbesserten Zugang zu Ressourcen und verfügen dementsprechend über reproduktive Vorteile *(Alznauer, 2013; Buss, 2008; van Vugt & Ahuja, 2010)* -Individuen, die sich als Follower einem Leader anschließen, profitieren vom koordinierten Gruppenleben und erhöhen somit ihre Überlebens- und Fortpflanzungswahrscheinlichkeit *(Carsten et al., 2014; King et al., 2009; van Vugt, 2006)* -Kooperation (in Form von Followership & Leadership) ist die Bedingung für soziale Allianzen, welche wiederum zu erhöhter Überlebens- und Fortpflanzungswahrscheinlichkeit führen *(Allman, 1996; Buss, 2004; Cosmides & Tooby, 1992; McNamara & Trumbull, 2009; Nicholson, 2013)*

Abb. 37: Proximate und ultimate Erklärungsebenen von Followership und Leadership

2.7.1 Proximate Faktoren von Followership- und Leadershipverhalten

Fragestellungen, die sich mit der *Verursachung* von Followership und Leadership beschäftigen, setzen sich mit den *Mechanismen* der Phänomene auseinander, d. h., wie die Phänomene funktionieren und durch welche Verhaltensweisen sie sich manifestieren, was vor allem für Sozial-, Arbeits- und Organisationspsychologen aufschlussreich ist. Sie befassen sich insbesondere mit Fragen, welche Eigenschaften gute Follower (Kellerman, 2008; Kelley, 1988; Organ, 1988) und Leader (Avolio & Bass, 1995; Bass, 1998; Conger & Kanungo, 1987; Fleishman, 1953; Katz & Kahn, 1978; Stogdill, 1950) auszeichnen oder in welchen Situationen ein bestimmter Stil am erfolgversprechendsten ist (Price & van Vugt, 2014; van Vugt, 2012). Im Rahmen der rollenbasierten Followeransätze sind sowohl deskriptive, präskriptive und situative Verhaltenstypologien vorgestellt worden als auch weiter Verhaltensweisen wie z.B. OCB, die alle wünschenswerte Attribute von Followern beschreiben und versuchen ein Verständnis zu vermitteln, wie Follower mit Leadern agieren, um gemeinsam den organisationalen Erfolg zu begünstigen oder zu vermindern.

Wird der Frage nachgegangen, worin der Wert dieser Kategorisierungen bzw. Typologien aus einer organisationalen Perspektive liegt, so verweist Kilburn (2010) auf die Nutzung als Messinstrument sowie der Möglichkeit der akkuraten Einstufung von Followern und der dementsprechenden Anwendbarkeit des richtigen Führungsstils der Leader, um Follower im Sinne eines besseren Followerverhaltens zu beeinflussen. Auch können die Einstufungen laut Chaleff (1995) dafür verwendet werden, als Follower sein eigenes Followershipverhalten zu identifizieren und jenes anschließend im positiven Sinne zu verändern. Problematisch erscheint bei einer entsprechenden Betrachtung jedoch die Ermangelung empirisch valider und reliabler Instrumente zur Messung der verschiedenen Konstrukte. Auch wurde bereits festgestellt, dass unklar bleibt, was die unterschiedlichen Autoren unter effektivem Followership verstehen, wie dieses gemessen werden kann und mit Hilfe welcher Variablen positive Effekte durch Followership hinsichtlich des organisationalen Erfolgs aufgezeigt werden können.

Einen Unterschied macht hier das bislang in der expliziten Followershipliteratur wenig verwendete, jedoch in zahlreichen anderen Studien validierte OCB-Verhalten als Kriterium, das aus organisationaler Perspektive wünschenswertes Mitarbeiterverhalten misst. Dieses Verhalten geht über formell einzufordernde Verhaltensweisen in Organisationen hinaus und kann sich entweder auf Individuen direkt beziehen (*z.B. Kollegen oder Vorgesetzte zu unterstützen*) oder auf die Organisation selbst (*z.B. keine extra Pausen einzulegen*) (Williams & Anderson, 1991). Dieses Verhalten wird für den reibungslosen Betrieb von Organisationen als essentiell angesehen, und es besteht die Befürchtung, dass Mitarbeiter die Demonstration dieses Verhaltens mindern oder womöglich erst gar nicht zeigen, wenn sie mit negativen Einflussfaktoren konfrontiert sind (Hurst, Baranik, & Clark, 2016). Das OCB-Verhalten ist auch Untersuchungsgegenstand aus evolutionspsychologischer Perspektive, indem der Frage nachgegangen wird, weshalb Follower diese wünschenswerten und zumeist altruistischen Verhaltensweisen an den Tag legen und welche Variablen das Ausmaß dieses Verhaltens beeinflussen (Deutsch Salamon & Deutsch, 2006).

Viele der bereits betrachteten sozialwissenschaftlichen und evolutionspsychologischen Ansätze verweisen auf situative Gegebenheiten und die Relevanz von Kontextfaktoren (Markus & Kitayama, 2010), wenn es darum geht, ob Führung grundsätzlich angenommen wird, d.h., Followership zustande kommt und wünschenswerte Followershipverhaltensweisen an den Tag gelegt werden (vgl. Abschnitt 2.5.2). Dabei spielen gemäß den Autoren dieser Ansätze vor allem *die Identifikation mit der Organisationskultur* sowie die *Atmosphäre* (Carsten et al., 2010; Crossman & Crossman, 2011; Howell & Méndez, 2008; Klein & House, 1995; Lord & Brown, 2001; Monö, 2013; Padilla et al., 2007; Steger et al., 1982; Sy, 2010; Wortman, 1982), *eine mit den persönlichen Werten übereinstimmende Organisationsvision* (Alznauer, 2013; Kellerman, 2008; Monö, 2013), die *Qualität der Beziehung zwischen Vorgesetzten und Unterstellten* (Follett, 1949; Follett & Graham, 2003; Graen et al., 1982; Graen & Uhl-Bien, 1995), die *wahrgenommene Qualität des Führungsverhaltens* des Vorgesetzen (Bjugstad et al., 2006; Carsten et al., 2010; Chaleff, 1995; Monö, 2013; Sy, 2010) sowie *Gruppengröße* (Dunbar, 1997; Hollander & Julian, 1969; van Vugt, 2012) und zur *Verfügung stehende Ressourcen* (Hollander & Julian, 1969) eine entscheidende Rolle. Diese Kontextfaktoren können gemäß der Abbildung 37 und entsprechend der Unterteilung nach Tinbergen (2005) *unter Verhalten der Umwelt und äußeren Auslösern* eingestuft werden und dem Bereich der *Verursachung* als *proximate Faktoren* zur Entstehung von Followership zugeordnet werden.

Weiterhin ist die Einschätzung der vorherrschenden Situation ausschlaggebend, ob sich Follower einem Leader unterordnen oder nicht. Je nachdem wie bedrohlich oder schwierig eine Situation grundsätzlich bewertet wird, stellt sich heraus, ob Individuen sich dazu entscheiden, Führung anzunehmen oder Führung womöglich sogar irrelevant erscheint, z.B. bei Routinearbeiten oder Situationen, die von hoher Sicherheit, Ordnung und Beständigkeit geprägt sind und die Aufgabenanforderungen daher als verhältnismäßig gering beurteilt werden (Popper, 2014). Weiterhin bestimmt das Vorhandensein positiver *Exit-Optionen* von Followern, d.h. einer positiven Einschätzung sich einem anderen Leader anschließen zu können oder im heutigen Unternehmenskontext einen neuen Arbeitsplatz finden zu können, die Bereitschaft, sich einem Leader unterzuordnen (Price & van Vugt, 2014).

Ähnlich wie die frühen leaderzentrierten Eigenschafts- bzw. Verhaltenstheorien der Führung (Blake et al., 1962; Fleishman, 1953; Katz & Kahn, 1978; Likert, 1961; Stogdill, 1948) befassen sich *evolutionäre Führungstheorien* ebenfalls mit wünschenswerten Eigenschaften von Führungskräften (McNamara & Trumbull, 2009; Nicholson, 2013; van Vugt, 2012). Sie untersuchen diese erstrebenswerten Eigenschaften jedoch nicht aus einer Profit- bzw. Ergebnisperspektive, sondern eruieren welche Attribute aus Sicht der Follower begehrenswert erscheinen, so dass Followership und Führung in erster Linie überhaupt zu Stande kommen. In diesem Zusammenhang verweist Alznauer (2013) darauf, dass Führung als Aufgabe verstanden werden muss, bei der der Führende Sorge dafür zu tragen hat, dass aktuelle gemeinsame Ziel besser zu erreichen, um Überlebensherausforderungen der Gruppe erfolgreicher zu bewältigen. Er zitiert in diesem Zusammenhang d'Artagnan aus Alexandre Dumans Roman *Die drei*

Musketiere: „Alle für einen und einer für alle" (Alznauer, 2013, S. 27) und bezeichnet diese Haltung als urzeitliches gegenseitiges Leistungsversprechen, welches er als Grundprinzip des menschlichen Überlebens und somit als Teil unserer herausgebildeten Psychologie annimmt. Dieses gegenseitige Leistungsversprechen, wie es Alznauer (2013) ausdrückt, erklärt laut ihm, weshalb Zuverlässigkeit, Berechenbarkeit sowie Vertrauen so wichtig für uns Menschen sind und weshalb wir Arroganz, Hochnäsigkeit und Überheblichkeit aufgrund der Gefährdung des Friedens in der Gruppe ablehnen.

Unser immanentes Führungsverständnis hat sich über mehrere Millionen Jahre entwickelt, in denen unser Vorfahren unter ihresgleichen in familiären Gemeinschaften und egalitären Zusammenschlüssen lebten und sich Führung dementsprechend informell, in gegenseitigem Einvernehmen, demokratisch und situativ gestaltete (van Vugt & Ahuja, 2010). *Evolutionäre Führungstheorien* nehmen an, dass diese psychologischen Prägungen auch heute noch Einfluss darauf nehmen, wie Menschen auf Führung reagieren und dies zu einer möglichen Inkongruenz zwischen des sich über Millionen von Jahren entwickelten und dem modernen Führungsverständnisses führt (van Vugt, 2012), welches eher durch starke Hierarchien gekennzeichnet ist. Diese vorwiegend egalitären Zusammenschlüsse unserer Urahnen, mit minimalen Status- und Vermögensunterschieden, stehen in beträchtlichen Widerspruch zu heutigen CEO-Gehältern, die die Durchschnittsgehälter häufig um das 200-fache übersteigen, und diese somit dem herausgebildeten immanenten Führungsverständnis widerstreben (Price & van Vugt, 2015; van Vugt, 2012).

Heutige Führungspositionen zeichnen sich meist durch massive Sonderzulagen, Privilegien und hohes Prestige aus, ganz im Gegensatz zu damaligen Verhältnissen. Wenn ein Gruppenoberhaupt es mit den von seiner Seite eingeforderten Privilegien übertrieb, wurde er von der Gruppe in die Schranken gewiesen oder gegebenenfalls gar seiner Sonderstellung entmachtet (Vaughn et al., 2010). Extreme Profitabilitätsunterschiede widersprechen dem menschlichen Verständnis von Fairness, welches sich über Millionen von Jahren entwickelt hat. Während geringe Abweichungen seitens der Anführer in Bezug auf die Gruppennorm wegen ihrer Sonderstellung geduldet werden, müssen sie dennoch die Erwartungen, die an sie aufgrund ihrer Führungsposition gestellt werden, streng bedienen (Hollander, 1961).

Weiterhin hatte das für eine bestimmte Aufgabe am höchsten qualifizierte Gruppenmitglied den größten Einfluss auf gemeinschaftliche Handlungen und es kam äußerst selten vor, dass ein Gruppenmitglied Entscheidungen für alle anderen traf. Mit der Bürokratisierung ändert sich dies, und formale Führungspositionen werden implementiert, bei denen ein Vorgesetzter äußerst flexibel eine Vielzahl verschiedener Aufgaben und Funktionen, teilweise sogar miteinander konkurrierende Vorgaben, bewältigen muss - eine Fähigkeit, die den meisten Managern fehlt (Kaiser, Lindberg, & Craig, 2007).

Dies vermag einer der Gründe zu sein, weshalb die Rate des Führungsversagens besonders im Topmanagement bei bis zu 50-75 % liegt (Hogan & Kaiser, 2005; Hurwitz & Hurwitz, 2015; van Vugt, 2012; van Vugt & Ahuja, 2010; van Vugt, Johnson et al., 2008) und die Auffassung, Leadership sei ein Prozess, der innerhalb der Gruppe geteilt werden sollte, steigende Popularität gewinnt, da dies unserem evolutionären Führungsverständnis am nächsten kommt (van Vugt, 2012). Essentiell ist es in diesem Zusammenhang, noch einmal darauf zu verweisen, dass Leadership zu Zeiten unserer Stammesvorfahren situationsabhängig war und je nach zu lösendem Problem variierte, d. h., je nach zu lösendem adaptiven Problem ein anderer Anführer sowie andere Führungsstile hervorgerufen worden sind (van Vugt, 2009, 2012). Führung war zu Zeiten unserer Jäger-Sammler-Vorfahren anpassungsfähig und jeweils in Abhängigkeit der vorherrschenden Gegebenheiten und Erfordernisse bildeten sich unterschiedliche Führende heraus. So führte bspw. der beste Jäger die Jagd an, das weiseste Gruppenmitglied schlichtete interne Konflikte und der beste Krieger steuerte den Kampf (van Vugt, 2012; van Vugt, Johnson et al., 2008).

Ähnlich den Theorien zu Mitte des 20. Jahrhunderts (Judge et al., 2004) nehmen evolutionäre Theorien an, dass ein der Situation angemessener Führungsstil gute Führungsergebnisse, d. h. in diesem Fall ein hohes Ausmaß an Followership bedingt (van Vugt, 2012). Die verschiedenen Führungsstile bzw. -strategien (aufgabenorientiert vs. beziehungsorientiert, transaktional vs. transformational, despotisch vs. demokratisch oder egoistisch vs. aufopfernd) treten gemäß der Evolutionspsychologie aufgrund verschiedener Ausgangssituationen hervor, die für die Beteiligten unterschiedlich lohnenswert sind und daher zu verschiedenen Dynamiken zwischen Leader und Follower führen (van Vugt, 2012). Van Vugt und Ahuja (2010) nehmen im Rahmen der Auseinandersetzung mit ihrer evolutionären Führungstheorie ebenfalls eine Konzeptualisierung der vorhandenen sozialwissenschaftlichen Führungstheorien vor und bewerten diese nach deren Eignung und Anwendbarkeit aus evolutionspsychologischer Perspektive. Die Autoren kommen zu dem Ergebnis, dass unterschiedliche Situationen und Rahmenbedingungen verschiedene Führungsstile begründen, Menschen jedoch ein instinktives Gespür für idealtypische Führung besitzen und diese eine Mischung zwischen Transformationaler Führung und Servant Leadership darstellt:

> We like this composite figurehead because he is wise and inspirational, and because he does not place himself too far above us […]. He is approachable, in the same way that favoured individuals were in ancestral tribes, earning their status by improving the welfare of the groups. And his prime concern is the welfare of the group, not himself. (van Vugt & Ahuja, 2010, S. 40)

Bass (1985) beruft sich diesbezüglich auf zahlreiche empirische Studien, die einen positiven Zusammenhang zwischen transformationalem Führungsverhalten und der Mitarbeiterzufriedenheit, der Selbsteinschätzung der gezeigten Leistung und der aufgebrachten Anstrengungen belegen. Trotz dieser positiven Ergebnisse ist es jedoch an dieser Stelle wichtig zu erwähnen, dass die meisten dieser Studien sich mit den Auswirkungen des transformationalen Führungsverhaltens auf die eigentliche Leistungserbringung der Mitarbeiter konzentrieren, die von ihnen vertraglich zu erwarten ist, anstelle der Extraleistung, die nicht formell eingefordert werden kann (Podsakoff et al., 1990). Obwohl die Effekte transformationaler Führung auf das formelle Leistungsverhalten untersuchenswert erscheinen, erfassen sie nicht den eigentlich wichtigsten Effekt transformationaler Führung, Mitarbeiter zu besonderen Leistungen und Anstrengungen zu inspirieren. Transformationale Führungskräfte „lift ordinary people to extraordinary heights" (Boal & Bryson, 1988; Podsakoff et al., 1990) und bringen Mitarbeiter dazu, mehr als das von ihnen verlangte zu leisten und die an sie gestellten Erwartungen zu übertreffen (Bass, 1985; Podsakoff et al., 1990).

Während zahlreiche Forscher den Leader als hauptsächlichen Einflussfaktor auf den organisationalen Erfolg annehmen (vgl. Führerzentrierte Ansätze), sieht Kelley (1992) den Follower als maßgebend für unternehmerische Errungenschaften an und wird dabei von anderen Sozialwissenschaftlern bekräftigt (Bennis, 1999; Bjugstad et al., 2006; Kelley, 1992; Meindl et al., 1985), die aufgrund ihrer Forschung ebenfalls unterstützende Daten dafür liefern, Führungskräften keine zu große Bedeutung auf das künftige Schicksal eines Unternehmens beizumessen. Auch andere Autoren stützen diese Annahme, wenn auch nicht empirisch untermauert (Chaleff, 1995; Monö, 2013; Zaleznik, 1965). Weiterhin ist anzunehmen, dass auch die Effektivität des demonstrierten Führungsverhaltens und das auf diese Weise vermutlich zu erreichenden Ausmaßes an Followership, durch b*estimmte Charakteristika der Follower* selbst beeinflusst wird (Hersey & Blanchard, 1977). Wie bereits Hersey und Blanchard (1977), die die Effektivität in Abhängigkeit zu *Fähigkeiten der Follower* setzen, und Vroom und Yetton (1973), die den zu wählenden Führungsstil ebenfalls in Relation zur Sachkundigkeit der Follower in Bezug auf die zu treffende Entscheidung setzen, nehmen auch van Vugt und Ahuja (2010) an, dass die Einschätzung der Fähigkeiten der Follower eine entscheidende Rolle beim Ausmaß des gezeigten Followerships spielen. Jedoch kommt es gemäß der evolutionären Führungstheorie nicht auf die Einschätzung der Fähigkeiten von Seiten der Führungskräfte an, sondern auf die individuelle Bewertung der eigenen Fähigkeiten durch den Follower. Evolutionäre Theorien verweisen auf eine herausgebildete Dominanzhierarchie bzw. Hackordnung (Allman, 1996; Buss, 2004), innerhalb derer Follower intuitiv ihre Stellung in Bezug auf ihre Fähigkeiten einzuschätzen wissen und sich anschließend entweder bereitwillig unterordnen oder die Führung ablehnen und selbst die Führungsposition beanspruchen (Buss, 2004; Pinker, 2015). Die Einschätzung der relativen Fähigkeiten sowie die Kalkulation der Gewinnaussichten im Vergleich zu anderen Individuen bezeichnet Nicholson (2013) als *risk-reward-calculus*, der sowohl den Frieden innerhalb der Gruppe als auch das Überleben sicherstellt.

Ob ein Follower also die Führung eines Leaders annimmt und sich unterordnet, hängt allerdings nicht ausschließlich von der Einschätzung der eigenen Fähigkeiten ab, sondern auch vom intrinsischen Wunsch und der Motivation, selbst irgendwann die Führungsrolle übernehmen zu wollen, d.h. von deren Führungsaspiration (Nicholson, 2013). Follower, die selbst einmal die Führungsrolle einnehmen möchten, schließen sich bereitwilliger einem Leader an und akzeptieren dessen Führung häufiger, da sie von ihm lernen wollen (McNamara & Trumbull, 2009; van Vugt & Ahuja, 2010). So sorgt z.B. eine hohe Identifikation mit der Führungskraft (Steger et al., 1982) verstärkt für den Wunsch, dieser Person und deren Rolle nachzueifern (*engl.: emulation*) und somit für die Voraussetzungen, sich Wissen aneignen zu wollen und zu lernen (McNamara & Trumbull, 2009).

Die Kategorisierung, Follower anhand der Einschätzung ihrer Fähigkeiten sowie dem Streben nach einer Führungsposition einzuteilen, geht auf van Vugt und Ahuja (2010) sowie auf

Nicholson (2013) zurück. Die Beurteilung der eigenen Fähigkeiten zur Unterscheidung von Followern wird jedoch von zahlreichen weiteren Autoren getroffen, die hohe Leistungserbringung als wünschenswertes Attribut von Followern herausstellen (Lord, 2008; Manz & Sims, 1980) und auf die Relevanz von Kompetenzen, Fähigkeiten und Wissen der Follower verweisen (Howell & Méndez, 2008). Auch Blass (1991) hebt soziale Intelligenz, die eigene Kontrollüberzeugung und demografische Variablen wie u.a. den Bildungsgrad als wichtige Einflussfaktoren auf Unterordnung oder Selbstbestimmung hervor und zahlreiche weitere Untersuchungen verweisen auf die Herausbildung des Leaders aufgrund überlegener Fähigkeiten und Kompetenzen (McNamara & Trumbull, 2009; Nicholson, 2013; Price & van Vugt, 2014). Andere Studien können bspw. nachweisen, dass die Bereitschaft Gehorsam zu verweigern mit der Einschätzung zusammenhängt, selbst den Führungsprozess beeinflussen zu können (Shamir, 2007). Die Überzeugung einer Person, in der Lage zu sein, ein bestimmtes Verhalten ausführen zu können, wird in der Literatur auch als Selbstwirksamkeitserwartung bezeichnet (Schyns & Collani, 1999).

Überlegungen in diesem Zusammenhang können gemäß Tinbergens Verhaltensbetrachtungen (1969) den Fragen nach der *Ontogenese* zugeordnet werden, die sich mit den entwicklungsbezogenen Einflüssen von Followership und Leadership auseinandersetzen und sich insbesondere damit beschäftigen, wie sich ein Verhalten im Laufe der Individualentwicklung zeigt und verändert. Spezifische Fragestellungen in dieser Hinsicht sind vor allem für Entwicklungs- und Persönlichkeitspsychologen interessant und befassen sich damit, ob die Rollen angeboren oder erlernt werden, oder ob bspw. Followership- und Leadershipstile sich im Zusammenhang mit Alter, Erfahrung etc. verändern (van Vugt, 2012). Viele der im Rahmen der rollenbasierten Followershipansätze vorgestellten Typologien beschäftigen sich mit diesen Fragen, teilen jedoch Follower ausschließlich anhand gezeigter Verhaltensweisen und wünschenswerter Attributionen in unterschiedliche Gruppen ein.

Welchen Beitrag sie zum organisationalen Erfolg leisten, bleibt entweder unberücksichtigt oder mehrheitlich eine theoretische Überlegung, die wie oben erwähnt, größtenteils eine empirische Validierung misst. Auch die Tatsache, dass generell Followership im Sinne der Arbeitsdefinition stattfindet, wird dabei grundsätzlich vorausgesetzt. Die weitaus wichtigere Frage, warum sich Follower überhaupt entscheiden zu folgen, wird bei den bisherigen Ansätzen und Typologien nicht gestellt. Es besteht daher Forschungsbedarf, besser nachzuvollziehen, wer Follower sind, weshalb sie sich entscheiden zu folgen, wie sie sich definieren und ihre Rolle ausüben sowie zu verstehen, welchen Einfluss sie auf den Führungsprozess und unternehmerische Erfolgsparameter haben.

Bislang ist die Kategorisierung der Follower anhand der beiden Dimensionen Führungsanwärterschaft (*aspiration*) und Einschätzung der Fähigkeiten (*ability*) theoretischer Natur, bietet jedoch im Rahmen der evolutionspsychologischen Perspektive Anhaltspunkte für eine explorative empirische Untersuchung. Die gewählte Unterscheidung lässt vermuten, Einfluss auf die Beweggründe, warum Follower sich entscheiden zu folgen, auszuüben und das Ausmaß ihres Followerships zu bedingen.

Proximate Faktoren (Verursachung und Ontogenese) fassen alle Prozesse zusammen, die sich direkt auf das Followership- bzw. Führungsverhalten auswirken. D.h., das individuelle Verhalten ist von inneren Bedingungen, äußeren Auslösern, sozialen Bindungen und persönlichen Entwicklungsprozessen unmittelbar beeinflusst. Da Menschen dazu neigen, ihr biosoziales Wesen an sich wandelnde Lebensumstände anzugleichen (Krumm & Parstorfer, 2014), kann das individuelle Follower- und Führungsverhalten in Rahmen sich verändernder proximater Faktoren variieren und ist daher als dynamisch anzusehen. Eine Verhaltensbeschreibung (hier das gezeigte Ausmaß an Followership) bzw. Kategorisierung von Followern (hier die Einstufung der Follower entsprechend ihrer Rollenorientierung) ist daher stets als Momentaufnahme zu verstehen, welche in Abhängigkeit sich verändernder Parameter variiert.

2.7.2 Ultimate Faktoren von Followership- und Leadershipverhalten

Wird sich nun der Zweckursache, also den ultimaten Faktoren von Followership und Leadership, zugewandt, stellen sich im Rahmen der Verhaltensbetrachtung nach Tinbergen (1969) Fragen nach der ursprünglichen Funktion und dem reproduktiven Vorteil der beiden komplementären Strategien. Fragen nach der *Funktion* bzw. dem *Anpassungswert* erörtern, ob Followership und Leadership dazu dienlich waren, das Überleben zu sichern und den Fortpflanzungserfolg unserer Stammesvorfahren zu begünstigen, so dass die beiden Phänomene Teil unserer evolutionär herausgebildeten Psychologie geworden sind. Diese Frage ist besonders für evolutionär gesinnte Biologen und Psychologen von Interesse (van Vugt, 2012). Im Fokus stehen dabei Aspekte der gemeinsamen Zielerreichung von Gruppen, die gemeinsame Umsetzung einer Vision, die effizientere Ressourcennutzung sowie der Zusammenschluss zu Gruppen, um sich besser vor Gefahren und Bedrohungen zu schützen (Price & van Vugt, 2014; van Vugt, 2012).

Der vierte und letzte Bereich der Verhaltensbetrachtung nach Tinbergen (1969) befasst sich damit, welche evolutionären Ereignisse oder Faktoren zur Herausbildung von Followership und Leadership geführt haben (*Phylogenese*) und in welchen Situationen sich diese Merkmale bei unseren Vorfahren zeigen (Brosnan, Newton-Fisher, & van Vugt, 2009). Diese Fragestellung interessiert vor allem Biologen, Primatologen und Zoologen (van Vugt, 2012), die sich mit der Erforschung der Phänomene befassen und beides als Antwort auf adaptive Probleme verstehen (King et al., 2009). Aber auch die weiteren in Abschnitt 2.4 vorgestellten Beweggründe zu folgen, sind hier aufzuführen, die aus *psychoanalytischer Perspektive* auf das zu befriedigende Sicherheitsbedürfnis von Followern (Popper, 2012; Shamir, 2007), aus *kognitionspsychologischer Perspektive* auf das zu befriedigende Bedürfnis nach Unsicherheitsvermeidung und Zuordenbarkeit (Meindl et al., 1985; Popper, 2014; Tversky & Kahneman, 1973) sowie aus *sozialpsychologischer Perspektive* auf die Befriedigung des Identitätsbedürfnisses (Hofstede, 2001; Popper, 2014; Shamir et al., 1993) von Followern verweisen.

Zusammenfassend ist an dieser Stelle festzuhalten, dass es an empirischer Forschung sowohl zu proximaten als auch ultimaten Faktoren bezüglich Followership mangelt. Bereits 1984 konstatieren Nolan und Harty die Notwendigkeit der Entwicklung geeigneter Messinstrumente von Followership, die den zahlreichen Messinstrumenten von Leadership ähneln. Obwohl seither mehr als 30 Jahre vergangen sind, gibt es auch heute noch sehr wenige Instrumente, die Followership messen (Colangelo, 2000; Smith, 2009). Obwohl bekannte Bedenken bzgl. Kelleys (1992) Followership Questionnaire existieren, bildet jenes Messinstrument bislang die Grundlage der meisten Forschungsarbeiten in Richtung Followership (Colangelo, 2000; Geist, 2001; Koo & Choi, 2000; Smith, 2009). Einige der wenigen weiteren Messinstrumente, die in der Literatur erwähnt werden, sind das *Teacher Sentimental Inventory* (Steyer, 2001), der *Follower Maturity Index* (Moore, 1976), der *Performance und Relationship Questionnaire* (Rosenbach, Pittman, & Potter, 1997), das *Followership Profile* (Dixon, 2003) und der *Implicit Followership Theory Scale* (Sy, 2010).

In Ermangelung reliabler und valider Messinstrumente zur Erfassung von Followership besteht Bedarf der Entwicklung eines geeigneten Messinstruments. Die bisherigen Forschungsanstrengungen beschränken sich größtenteils auf die Überprüfung der von verschiedenen Autoren entwickelten Followertypologien oder der Untersuchung statistischer Zusammenhänge zwischen *Followerverhalten* und unterschiedlichen *soziodemografischen Merkmalen* wie dem *Geschlecht*, dem *Alter*, der *akademischen Ausbildung*, der *derzeitigen Karriereposition* oder der *beschäftigten Branche* (Colangelo, 2000; Geist, 2001; Koo & Choi, 2000; Smith, 2009). Ferner konzentrieren sich die bislang vorliegenden Followertypologien auf die Messung von *Dimensionen des Followerverhaltens* (Kellerman, 2008; Kelley, 1992; Steger et al., 1982; Zaleznik, 1965) und versuchen aufzuzeigen, wie eine Änderung des eigenen Followerverhaltens im Sinne der Selbstentwicklung (Chaleff, 1995) oder durch die geeignete Beeinflussung der Führungskraft (Steger et al., 1982) in Richtung wünschenswertem Followerships bewegt werden kann. Was jedoch unter wünschenswertem Followership zu verstehen ist, wie dieses konkret gemessen werden kann oder mit Hilfe welcher Variablen positive Effekte durch Followership hinsichtlich des organisationalen Erfolgs aufgezeigt werden können, ist bislang unklar.

3 Empirischer Teil

In Kapitel drei wird das methodische Vorgehen der mehrstufigen empirischen Untersuchung, in Form einer quantitativen und qualitativen Befragung, dargelegt. Hierzu werden jeweils das gewählte Untersuchungsdesign, die Durchführung der Untersuchung sowie die Konstruktoperationalisierung für die Onlinebefragung und der Entwurf des Interviewleitfadens beschrieben. Ferner werden Stichprobengewinnung sowie die Auswertungsmethoden beider Untersuchungen dargestellt und die Rahmenbedingungen erläutert.

3.1 Ziel der mehrstufigen Untersuchung

Die vorliegende Untersuchung soll vor dem Hintergrund der vernachlässigten Followership-Perspektive in der Führungsforschung dazu beitragen, weitere Erkenntnisse zu Followership und beeinflussenden Faktoren auf das Ausmaß von Followership zu erhalten. Während die Führungsliteratur im Überfluss zu erklären versucht, was erfolgreiches Leadership bedingt, ist noch sehr wenig über die Maßgaben erfolgreichen Followerships bekannt. Entsprechend der evolutionspsychologischen Argumentation erscheint dieses Ungleichgewicht von Followership und Leadership in der Forschung unverständlich, da beide Phänomene untrennbar miteinander verbunden sind und sich entwickelten, um als Gruppe gemeinsam spezifischen Anpassungserfordernissen besser gerecht zu werden. Dennoch bevorzugen Führungstheorie und -praxis traditionell die Perspektive des Leaders einzunehmen, wenn es um die Diskussion geht, inwiefern Führung zum Unternehmenserfolg beitragen kann. Follower werden klassisch als diejenigen angesehen, die den Anweisungen der Führungskräfte folgen, und verhältnismäßig wenige Untersuchungen beschäftigen sich damit, wie Follower als aktive Partner und Mitbeteiligte am Führungsprozess teilhaben und zum Unternehmenserfolg beitragen.

Ziel des mehrstufigen Forschungsverfahrens ist es daher, sowohl quantitativ als auch qualitativ besser nachzuvollziehen, wer Follower sind, warum sie sich entscheiden zu folgen, wie sie ihre Rolle ausüben sowie zu verstehen, welchen Einfluss sie auf den Führungsprozess und den unternehmerischen Erfolg haben. Weiterhin wird versucht herauszufinden, welche spezifischen Verhaltensweisen von Führungskräften aufgrund dessen an den Tag gelegt werden sollten, um Follower zu erlangen bzw. deren Legitimation nicht zu verlieren und festzustellen, wie hoch der Einfluss der Führungskraft bzw. des Führungsverhaltens auf das wünschenswerte Followerverhalten tatsächlich sind.

Wie im Untersuchungsmodell in Abbildung 38 im nachfolgenden Abschnitt dargestellt, wird im Rahmen der Onlinebefragung beabsichtigt, sowohl quantitative Zusammenhänge zwischen der *wahrgenommenen Qualität des Führungsverhaltens des Vorgesetzten (WFV)* als auch der *persönlichen Identifikation mit den Zielen und der Vision der Organisation (IZV)* als Prädiktoren und auf das *Follower-OCB-Verhalten (OCB)* sowie der *Folgebereitschaft (FB)* als Kriterien zu ermitteln. Dies erfolgt zum einen durch die Berechnung einfacher und multipler Regressionen, als auch anhand eines allgemeinen linearen Modellansatzes (ALM) in Form mehrdimensionaler Kovarianzanalysen, da nicht davon ausgegangen werden kann, dass alle

© Springer Fachmedien Wiesbaden GmbH, ein Teil von Springer Nature 2019
J. Ruthus, *Followership und Führungsverhalten*,
https://doi.org/10.1007/978-3-658-26001-9_3

Variablen im Untersuchungsmodell voneinander unabhängig sind (Backhaus, Erichson, & Weiber, 2013).

Ferner wird der Versuch unternommen, ein reliables Messinstrument zur Unterscheidung der verschiedenen Followertypen zu entwickeln, welches die verschiedenen Beweggründe zu folgen aus evolutionspsychologischer Perspektive abbildet. Dabei sollen Follower, entsprechend ihrer Motivation zu folgen, kategorisiert werden und untersucht werden, ob die spezifischen Followertypen Einfluss auf das gezeigte Followershipverhalten und die Folgebereitschaft nehmen. Hierfür wird überprüft, ob sich die aus der Theorie abgeleiteten Followertypen anhand der Dimensionen *Ability* und *Aspiration* empirisch begründen lassen und sich die fünf angenommenen Followertypen signifikant unterscheiden. Dies soll anhand von Varianzanalysen in Form von Mittelwertvergleichen realisiert werden. Die Datenverarbeitung und -analyse erfolgt mittels des Programmes SPSS Statistics.

Ziel der qualitativen Untersuchung ist es, Aufschluss über eventuelle zusätzliche Einflussfaktoren auf Followership zu erhalten, die im Rahmen der bisherigen Literaturrecherche unberücksichtigt geblieben sind sowie herauszufinden, weshalb sich einzelne Individuen im Speziellen dazu entscheiden zu folgen. Weiterhin wird versucht zu erfassen, wie die Befragungsteilnehmer zu den Begriffen Follower und Followership stehen und was sie persönlich damit in Verbindung bringen. Dies erfolgt anhand eines eigens für die qualitative Befragung entwickelten halbstandardisierten Interviewleitfadens. Weiterhin sollen Hinweise erlangt werden, wie sich die verschiedenen Followertypen konkret in ihrem Folgeverhalten unterscheiden. Die Datenverarbeitung und -analyse der Interviews erfolgt anhand des Programmes MAX QDA.

Anschließend werden die Ergebnisse der quantitativen Untersuchung den Ergebnissen der halbstandardisierten Interviews gegenüber gestellt, um aufgedeckte Zusammenhänge mittels der Daten der Onlinebefragung auch qualitativ überprüfen zu können und die quantitativen Daten zu validieren.

3.2 Untersuchungsfragestellung und Hypothesenableitung

Im Rahmen der Literaturauswertung finden sich zahlreiche Hinweise, die die Fähigkeiten, Kompetenzen und Leistung von Followern, aber auch deren Motivation selbst zu führen, als relevant für die Bereitschaft sich unterzuordnen einschätzen. Die bislang theoretische Überlegung, Follower anhand der beiden Dimensionen Führungsanwärterschaft (*aspiration)* und Einschätzung der Fähigkeiten (*ability)* zu unterscheiden (Nicholson, 2013; van Vugt & Ahuja, 2010), lässt im Rahmen der evolutionspsychologischen Perspektive vermuten, Einfluss auf die Beweggründe, warum Follower sich entscheiden zu folgen, auszuüben. Auch wird von den beiden Dimensionen angenommen, das Ausmaß des Followerships zu bedingen, indem Follower intuitiv ihre Stellung innerhalb einer evolvierten Dominanzhierarchie bzw. Hackordnung einzuschätzen wissen (Allman, 1996; Buss, 2004) und sich demzufolge entweder bereitwillig unterordnen oder versuchen, selbst die Führungsposition für sich zu beanspruchen (Buss, 2004; Pinker, 2015).

Je nach Ausprägung der beiden vorgestellten Dimensionen „Aspiration" und „Ability" wird vermutet, dass sich fünf verschiedene Follower-Typen unterscheiden lassen, die Einfluss auf das Follower-OCB-Verhalten und die Folgebereitschaft nehmen. In der nachfolgenden Abbildung werden diese grafisch dargestellt: (1) Der Führungsbedürftige (geringe Fähigkeiten/ geringe Führungsaspiration), (2) der Blender (geringe Fähigkeiten/ hohe Führungsaspiration), (3) der Mitläufer (mittlere Fähigkeiten/ mittlere Führungsaspiration), (4) der Experte/ Know-how-Träger (hohe Fähigkeiten/ geringe Führungsaspiration) und der (5) der Führungsanwärter (hohe Fähigkeiten/ hohe Führungsaspiration).

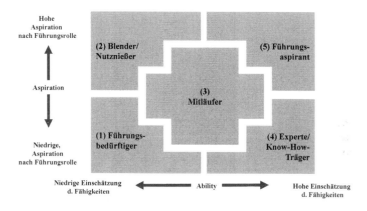

Abb. 38: Aus der Theorie abgeleitete Followertypen (Quelle: Eigene Darstellung)

Gemäß den eben geschilderten Ausführungen soll anhand der quantitativen Untersuchung überprüft werden, ob sich die theoretischen aus der Literatur abgeleiteten Followertypen auch empirisch begründen lassen und sich tatsächlich Unterschiede im Folgeverhalten, respektive dem Follower OCB-Verhalten und der Bereitschaft zu folgen, nachweisen lassen. Daraus ergeben sich die nachfolgendenden Hypothesen:

> *__H 1.0:__ Es lassen sich keine signifikanten Unterschiede hinsichtlich des Follower-OCB-Verhaltens und den verschiedenen Followertypen feststellen.*
>
> *__H 1.1:__ Es lassen sich signifikante Unterschiede hinsichtlich des Follower-OCB-Verhaltens und den verschiedenen Followertypen feststellen.*
>
> *__H 2.0:__ Es lassen sich keine signifikanten Unterschiede hinsichtlich der Bereitschaft zu Folgen zwischen den verschiedenen Followertypen feststellen.*
>
> *__H 2.1:__ Es lassen sich signifikante Unterschiede hinsichtlich der Bereitschaft zu Folgen zwischen den verschiedenen Followertypen feststellen.*

Der weiteren theoretischen Ausführung zufolge wird außerdem angenommen, dass verschiedene Verhaltensweisen und Eigenschaften der Leader einen entscheidenden Einfluss auf die Bereitschaft zu folgen sowie das Followershipverhalten im Allgemeinen haben. Ein Faktor, dem gemäß der Auswertung der verarbeiteten Literatur ein maßgeblicher Einfluss auf das

Followershipverhalten unterstellt wird, ist die wahrgenommene Qualität der Führung (McNamara & Trumbull, 2009; Nicholson, 2013; van Vugt & Ahuja, 2010). Die wahrgenommene Qualität der Führung wird bestimmt durch die Beziehung zwischen Mitarbeiter und Vorgesetztem (LMX), der Einschätzung des Charakters des Vorgesetzen (CE) sowie dem gezeigten Führungsverhalten des Vorgesetzten. Entsprechend der evolutionspsychologischen Literatur nach van Vugt und Ahuja (2010) verfügen Menschen über ein instinktives Gespür idealtypischer Führung, welche einer Mischung aus transformationalem Führungsverhalten (TFV) und Servant Leadership (SL) entspricht. Monö (2013) argumentiert hingegen, dass in erster Linie die Identifikation mit der Zielsetzung und der Vision der Organisation (IZV) ausschlaggebend für Folgebereitschaft ist und erst anschließend die Bewertung der Führungskraft und der wahrgenommenen Qualität der Führung erfolgt. Gemäß Monö (2013) schließen sich Menschen Leadern nicht aufgrund dessen an, wer diese als Individuum sind oder wie diese sich verhalten. Sondern sie schließen sich ausschließlich dann an, wenn es ihrem Eigeninteresse dient, und zwar, wenn die eigene Zielsetzung mit der des Leaders und der der Organisation übereinstimmt. Unterbleibt die Identifikation mit der Zielsetzung der Organisation, entsteht laut dem Autor kein Followership. Diese Argumentation soll ergänzend im Rahmen dieser Untersuchung überprüft werden. Hieraus leiten sich die folgenden Forschungshypothesen ab:

H 3.0: Die wahrgenommene Qualität des Führungsverhaltens steht in keinem Zusammenhang mit dem Follower-OCB-Verhalten.

H 3.1: Die wahrgenommene Qualität des Führungsverhaltens steht in einem Zusammenhang mit dem Follower-OCB-Verhalten.

H 4.0: Die wahrgenommene Qualität des Führungsverhaltens steht in keinem Zusammenhang mit der Folgebereitschaft der Follower.

H 4.1: Die wahrgenommene Qualität des Führungsverhaltens steht in einem Zusammenhang mit der Folgebereitschaft der Follower.

H 5.0: Die persönliche Identifikation mit den Zielen und der Vision der Organisation steht in keinem Zusammenhang mit dem Follower-OCB-Verhalten

H 5.1: Die persönliche Identifikation mit den Zielen und der Vision der Organisation steht in einem Zusammenhang mit dem Follower-OCB-Verhalten.

Entsprechend den Untersuchungsergebnissen aus den Hypothesen 1 und 2 zur Unterscheidbarkeit verschiedener Followertypen hinsichtlich ihres Follower-OCB-Verhaltens und der Folgebereitschaft, lassen sich weiterhin die folgenden Hypothesen formulieren:

H 6.0: Der Zusammenhang zwischen wahrgenommener Qualität des Führungsverhaltens und dem Follower-OCB-Verhalten wird durch den Followertyp nicht beeinflusst.

H 6.1: Der Zusammenhang zwischen wahrgenommener Qualität des Führungsverhaltens und dem Follower-OCB-Verhalten wird durch den Followertyp beeinflusst.

H 7.0: Der Zusammenhang zwischen wahrgenommener Qualität des Führungsverhaltens und der Folgebereitschaft der Follower wird durch den Followertyp nicht beeinflusst.

H 7.1: Der Zusammenhang zwischen wahrgenommener Qualität des Führungsverhaltens und der Folgebereitschaft der Follower wird durch den Followertyp beeinflusst.

Der Zusammenhang der aufgestellten Hypothesen soll im nachfolgenden Untersuchungsmodell für die quantitative Untersuchung der Dissertation grafisch verdeutlicht werden:

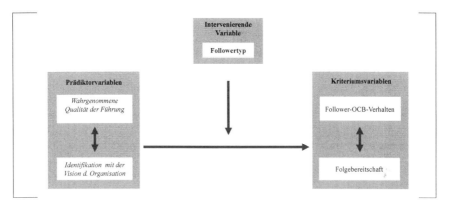

Abb. 39: Untersuchungsmodell der quantitativen Untersuchung der Dissertation

In den nächsten Abschnitten wird sowohl die Konzeption des mehrstufigen Forschungsdesigns näher beschrieben, als auch die Entwicklung des Fragebogens zur quantitativen Befragung sowie des halbstandardisierten Interviewleitfadens aufgezeigt.

3.3   Forschungsdesign und Untersuchungsform

Die Durchführung des empirischen Forschungsvorhabens erfolgt in Form eines mehrstufigen Verfahrens und gliedert sich in eine quantitative Onlinebefragung sowie in eine qualitative Komponente halbstandardisierter Interviews. Die zu verifizierenden Hypothesen sind anhand der im Theorieteil der Dissertation durchgeführten Literaturanalyse, sowohl sozialwissenschaftlicher als auch evolutionspsychologischer Konzeptionen, zu den Themenbereichen Followership und Leadership entwickelt worden.

In der quantitativen Onlinebefragung werden überwiegend geschlossene Fragen verwendet, die in Form von Likert-Skalen zu beurteilen sind, um somit später statistisch die Forschungshypothesen falsifizieren zu können. Den Teilnehmern wird zusätzlich zum Ende des Fragebogens in einem offenen Antwortfeld die Möglichkeit gegeben, weitere Einflussmöglichkeiten auf Followership und Leadership zu benennen, sowie weitere Anmerkungen als auch Kommentare zu geben, um eventuelle neue Aspekte, die bei der Konzeption des Fragebogens möglicherweise unberücksichtigt blieben, zu identifizieren. Dies verfolgt die Absicht, weitere

129

relevant erscheinende Aspekte in die im zweiten Schritt durchgeführte qualitative Untersuchung integrieren zu können und sie ggf. im Interviewleitfaden zu berücksichtigen.

Die quantitative Untersuchungsmethode, als erster Schritt des mehrstufigen Untersuchungsdesigns, wird gewählt, um einen möglichst großen Stichprobenumfang zu generieren und auf diese Weise durch die Anwendung statistischer Prüfverfahren eine objektive, unvoreingenommene Messung und Quantifizierung der Sachverhalte zu gewährleisten und die Überprüfung statistischer Zusammenhänge zu ermöglichen. Korrelative Aussagen können aufgrund des quantitativen Forschungsdesigns getroffen werden, kausale Aussagen sind jedoch mit Vorsicht zu interpretieren, da alle Variablen zu einem Messzeitpunkt erfasst werden und dabei eventuelle weitere intervenierende Variablen oder Störvariablen nicht kontrollierbar sind. Die quantitative Befragung ist den Probanden online über das Portal Soci-Science unter dem Link *https://www.soscisurvey.de/followership-fuehrungsverhalten/* zugänglich gemacht worden und ist für den Zeitraum vom 07.05.2017 – 31.05.2017 freigeschaltet gewesen. Nach Ende des Befragungszeitraumes wurde der Link offline gesetzt.

In der qualitativen Studie wird in einem weiteren Schritt der Versuch unternommen, die in der quantitativen Befragung verwendeten Skalen und Followertypen anhand von halbstandardisierten Interviews zu validieren. Zusätzlich wird versucht, weitere eventuelle Einflussfaktoren auf das Followershipverhalten zu identifizieren, die im Rahmen der bisherigen Literaturrecherche und somit der quantitativen Befragung möglicherweise unberücksichtigt geblieben sind. Des Weiteren wird gezielt nach den Key-Learnings der quantitativen Untersuchung gefragt, um die quantitativen Untersuchungsergebnisse in der qualitativen Befragung zu vertiefen. Weiterhin soll herausgefunden werden, wie die Probanden selbst erfolgreiches Followershipverhalten definieren, wie sie ihren Beitrag als Follower auf den organisationalen Erfolg werten und welches Führungsverhalten sie als angemessen empfinden, um sich zu entscheiden, ihrer Führungskraft zu folgen.

Ethische Einwände hinsichtlich des Forschungsvorhabens bestehen nicht. Die Teilnahme an der Onlinebefragung sowie an den vertiefenden Interviews zur Validierung erfolgt ausdrücklich freiwillig und anonym. Insbesondere wird großer Wert darauf gelegt, keinerlei personenbezogene Daten wie bspw. Browserinformationen, Timestamps oder Cookie-Informationen zu erfassen, die nachträglich eine eventuelle Identifikation der teilnehmenden Probanden ermöglichen hätten können. Im Rahmen der in der Dissertation veröffentlichten Ergebnisauswertungen sind keinerlei Rückschlüsse auf die Untersuchungsteilnehmer möglich. Die Probanden der Onlinestudie werden vor der Beantwortung der ersten Frage in einem kurzen Einleitungstext über den Zweck und Gegenstand des Forschungsvorhabens aufgeklärt, und die Verwendung der erhobenen Daten erfolgt ausschließlich zur Beantwortung der Forschungsfragen, bezogen auf das vorliegende Dissertationsvorhaben. Analog werden die Interviewteilnehmer über den Hintergrund der Befragung informiert.

3.4 Erste Stufe: Quantitative Onlinebefragung

Um Followershipverhalten zu messen und respektive das Ausmaß des gezeigten Follower-OCB-Verhaltens vorherzusagen, wird entsprechend der Literaturanalyse in Kapitel zwei ein Onlinefragebogen entwickelt, mit Hilfe dessen die aufgestellten Forschungshypothesen verifiziert werden sollen.

3.4.1 Operationalisierung und Fragebogenkonstruktion

Neben dem Follower-OCB-Verhalten und der Bereitschaft zu folgen, soll dieser Fragebogen spezifische Einflussgrößen wie die *wahrgenommene Qualität der Führung (WFV)* und die *Identifikation mit den Zielen und der Vision der Organisation (IZV)* auf das Followerverhalten ermitteln und verschiedene Followertypen als möglichen Einfluss erfassen. Die verwendeten Konstrukte, Dimensionen und Items werden anhand umfassender Auseinandersetzung mit sozialwissenschaftlicher und evolutionspsychologischer Literatur, Journalen und Artikeln erarbeitet und ausgewählt. Um eine möglichst hohe Reliabilität hinsichtlich der Untersuchung sicherzustellen, wird, soweit möglich, auf bereits empirisch validierte Messinstrumente zurückgegriffen.

Das Antwortformat der einzelnen verwendeten Messinstrumente wird zum Zweck einer einheitlichen Skalenlänge auf eine 5-Punkte Likert Skala standardisiert und weicht daher teilweise von den Originalantwortformaten ab. Um eine anschließende Vergleichbarkeit der Ergebnisse sicherzustellen, werden die Mittelwerte zu Vergleichszwecken auf einen Wertebereich von 0-100 transformiert. Die Skalenendpunkte reichen u. a. von „trifft voll zu" bis „trifft nicht zu" bzw. „stimme voll zu" bis „stimme nicht zu" bis hin zu „immer" bis „nie".

Die Operationalisierung der einzelnen Konstrukte und die Gründe für die entsprechende Auswahl werden in den nachfolgenden Abschnitten näher erläutert. Die verschiedenen Messinstrumente und Dimensionen, die vorab für die Operationalisierung der Konstrukte zur Konzeption des Fragebogens miteinander verglichen wurden, sind aus Platzgründen in Anhang A dargestellt.

3.4.1.1 Operationalisierung der Prädiktorvariablen

Bei der umfassenden Betrachtung der bisherigen Literatur zu Followership und Leadership aus sozialwissenschaftlicher sowie auch evolutionspsychologischer Perspektive lassen sich, wie oben erläutert, vor allem verschiedene Verhaltensweisen und Eigenschaften der Leader als entscheidende Einflüsse auf die Bereitschaft zu folgen sowie das Followershipverhalten im Allgemeinen identifizieren.

In der Literatur genannte Faktoren, die die wahrgenommene Qualität der Führung und damit das Followerverhalten beeinflussen, sind die Beziehung zwischen Mitarbeiter und Vorgesetztem (LMX), die Beurteilung des Charakters des Vorgesetzen (CE) sowie das gezeigte transformationale Führungsverhalten (TFV) und auch die Demonstration von Servant Leadership (SL) des Vorgesetzten. Zur Erfassung des wahrgenommenen Führungsverhaltens wird, wie nachfolgend beschrieben, auf bereits empirisch validierte Messinstrumente zurückgegriffen.

Ein weiterer Einfluss auf die Folgebereitschaft und das OCB-Verhalten der Follower wird der persönlichen Identifikation mit den Zielen und der Vision der Organisation (IZV) unterstellt. Zur Erfassung von IZV wird eine eigene Skala entwickelt. Um des Weiteren eventuelle, zusätzliche Einflussfaktoren auf das Follower-OCB-Verhalten und die Folgebereitschaft ausfindig zu machen, werden zur Identifikation der Größe der Organisation sowie zur Größe der Gruppe im Teil D des Onlinefragebogens (siehe Anhang C) allgemeine Fragen zur Person und zur Organisation gestellt und dabei die Mitarbeiteranzahl und Anzahl der Kollegen im Team erfasst.

3.4.1.1.1 Identifikation mit den Zielen und der Vision der Organisation

Für die *Identifikation mit den Zielen und der Vision der Organisation* ist anhand der ausgewerteten Literatur eine eigene Skale entwickelt worden, welche sich aus 5 Items zusammensetzt und bspw. das Item „Meine persönliche Überzeugung und die Zielsetzung meiner Organisation stimmen überein" enthält und auf einer 5-Punkte Likert Skala von „trifft voll zu" bis „trifft nicht zu" zu beurteilen ist.

3.4.1.1.2 Beziehung zum Vorgesetzten

Für die Operationalisierung der Beziehung zwischen Vorgesetzen und Mitarbeiter wird sich für den zu entwickelnden Fragebogen für das eindimensionale Modell LMX 7 von Schyns und Paul (2002) entschieden, da es zum einen in Anbetracht der Länge des Fragebogens mit nur 7 Items als sehr praktikabel erscheint, zum anderen mit einer internen Skalenkonsistenz (Cronbachs) von .92 sehr zufriedenstellende Reliabilitätswerte erreicht. Es handelt sich bei dem Instrument um eine von Schyns und Paul (2002) vorgenommene Übersetzung des englischen LMX7 von Graen und Uhl-Bien (1995), dessen Formulierung der Einzelitems im Vergleich zur englischen Originalversion teilweise vereinfacht wurde, um die Teilnahme auch weniger gebildeter Probandengruppen zu ermöglichen.

3.4.1.1.3 Führungsverhalten des Vorgesetzten

Gemäß den theoretischen Ausführungen in Kapitel zwei, haben Menschen ein instinktives Gespür für idealtypische Führung. Diese liegt laut van Vugt & Ahuja (2010) zwischen transformationaler Führung und Servant Leadership. Aus diesem Grund werden für die vorliegende empirische Untersuchung diese beiden Führungsstile erfasst.

Das am weitesten verbreitete und in der empirischen Forschung genutzte Instrument zur Erfassung von transformationaler sowie auch transaktionaler Führung ist der MLQ von Bass et al. (1996), welcher jedoch aufgrund seiner Länge für die vorliegende Untersuchung ungeeignet erscheint. Auch Kurzvarianten des Instruments scheinen wegen in der Literatur häufig ge-äußerter Bedenken hinsichtlich seiner Reliabilität und Validität, trotz der zahlreichen empiri-schen Verwendung, nicht die Skalen der Wahl. Heinitz (2006) bemängelt bspw. die verschie-denen Faktorstrukturen des Konstrukts bei unterschiedlichen empirischen Studien und ver-weist weiterhin auf die hohen Skaleninterkorrelationen der einzelnen Dimensionen. Daher wird für den zu konstruierenden Fragebogen auf das eindimensionale Instrument „Global Transformational Leadership Scale" (GTL) von Carless, Wearing und Mann (2000) zurück-gegriffen, welches ein Cronbach's von .93 aufweist und durch eine 5-Punkte-Likert-Skala er-fasst wird. Für die Verwendung des GTLs für den Onlinefragebogen wurden die englischen Items ins Deutsche übersetzt (siehe Anhang B) und die Skalenbegrenzungen „immer", „oft", „gelegentlich", „selten" und „nie" verwendet.

Zur Erfassung von Servant Leadership wird sich in Anbetracht der Länge des zu konstruie-rende Fragebogens erneut für ein kurzes Messinstrument, respektive für das SL-7 Messin-strument von Liden et al. (2015) entschieden, welche eine Kurzform des von Liden et al. (2008) entwickelten SL-28 darstellt. Die Autoren unterzogen die Skala zahlreichen Reliabili-täts- und Validitätsprüfungen und es zeigt sich, dass das Instrument, trotz der drastischen I-tem-Reduktion, noch immer eine akzeptable interne Skalenkonsistenz (Cronbachs) von .80 erreicht, anstelle der Langversion von .95.

3.4.1.1.4 Beurteilung des Charakters des Vorgesetzen

Für die *Beurteilung des Charakters des Vorgesetzen* ist ebenfalls mittels der Literaturanalyse eine eigene Skale entwickelt worden, welche sich aus 7 Items zusammensetzt und bspw. das Item „Mein Vorgesetzter ist eine Person, die ich als Mensch sehr schätze" enthält und auf ei-ner 5-Punkte-Likert Skala von „trifft voll zu" bis „trifft nicht zu" zu beurteilen ist.

3.4.1.1.5 Operationalisierung der Kriteriumsvariablen

Followership wird für die Onlinestudie sowohl mittels der Bereitschaft zu folgen gemessen, als auch anhand des Ausmaßes von für Organisationen wünschenswertem Followerverhalten in Form von Organizational Citizenship Behavior (OCB).

3.4.1.1.6 Follower-OCB-Verhalten

Wie bereits in den theoretischen Ausführungen der Dissertation beschrieben, misst das Kon-strukt OCB ein für Organisationen wünschenswertes Mitarbeiterverhalten, welches einen effi-zienten Betrieb der Organisationen sicherstellt, indem von den Individuen mehr Engagement eingebracht wird als formell gefordert werden kann und es somit als organisationaler Er-folgsparameter gewertet wird. Auch scheint das Konstrukt aufgrund der mangelnden formel-len Einforderbarkeit in Organisationen auf ein freiwilliges Verhalten der Mitarbeiter hinzu-deuten, welches der Arbeitsdefinition der vorliegenden Dissertation zu Followership ent-spricht. Weiterhin erscheint das Messinstrument dank seiner bereits empirisch erwiesenen Validität (Podsakoff et al., 1990; Smith et al., 1983; Williams & Anderson, 1991) erheblich besser geeignet als Followership-Messinstrumente anderer Autoren (Chaleff, 1995; Kelley, 1988).

Podsakoff, MacKenzie, Paine und Bachrach (2000) stellen im Rahmen einer Metaanalyse zu OCB fest, dass kaum Konsens in Bezug auf die Dimensionalität des Konstrukts besteht und nahezu 30 verschiedene Formen des Verhaltens in der Literatur erwähnt sind. Alle beinhalten jedoch eine Form von helfendem Verhalten (*helping behavior*), Fairness (sportsmanship), Loyalität gegenüber der Organisation (organizational loyalty), Beachtung organisationaler Vorschriften (organizational compliance), individueller Initiative (individual initiative), Rechtschaffenheit (civic virtue) und persönlicher Weiterentwicklung (self development). Nachdem unterschiedliche Skalen zur Messung von OCB verglichen wurden, wird infolge detaillierter Recherche schließlich das deutschsprachige Messinstrument von Staufenbiel und Hartz, (2000) gewählt.

Die Entscheidung fällt auf dieses Instrument, da es in Form einer Meta-Analyse alle bis zum Zeitpunkt der Entwicklung auf dem amerikanischen Markt vertretenen Versionen vergleicht und die am häufigsten verwendeten und am ehesten der Definition nach Organ (1988) entsprechenden Items vereint, welcher OCB-Verhalten als kumuliert über Personen und Zeit als förderlich für Organisationen ansieht. Weiterhin schließt das von Staufenbiel und Hartz (2000) entwickelte Instrument ebenfalls eine Skala zum tatsächlich einzufordernden Rollenverhalten mit ein, welche auf dem In-Role-Behavior von Williams und Anderson (1991) basiert und auf diese Weise eine vollständige Abdeckung des Konstruktbereiches Arbeitsleistung bereitstellt. Diese Skala findet im vorliegenden Forschungsvorhaben jedoch keine Verwendung. Das ursprünglich 5-dimensionale Messinstrument von OCB wurde von Staufenbiel und Hartz (2000) einer Hauptkomponentenanalyse unterzogen, wodurch sich letztendlich eine empirisch gestützte 4-Faktoren Lösung abzeichnete und die Dimension Courtesy (Rücksichtnahme) entfernt wurde. Ein weiterer Vorteil des OCB-Messinstruments nach Staufenbiel und Hartz (2000) ist, dass es, wie auch im hier für die vorliegende Dissertation verwendeten Fragbogen angedacht, als Selbsteinschätzungsvariante für die Mitarbeiter vorliegt und nicht, wie die Mehrheit der Instrumente, nur in der Fremdeinschätzungsvariante durch den Vorgesetzten.

Veranlasst durch die Zielsetzung für alle abzufragenden Items eine einheitliche Skalenlänge zu verwenden, wird die von Staufenbiel und Hartz (2000) ursprüngliche verwendete 7-Punkt-Likert-Skala um die Ausprägungen „trifft voll und ganz zu" und „trifft überhaupt nicht zu" auf eine 5-Punkt-Likert-Skala gekürzt, so dass die neuen Ausprägungen „trifft voll zu", „trifft eher zu", „trifft teilweise zu", „trifft eher nicht zu" und „trifft nicht zu" lauten.

3.4.1.1.7 Folgebereitschaft

Zur Erfassung der *Folgebereitschaft* wird anhand der ausgewerteten Literatur erneut eine eigene Skale entwickelt, welche sich aus 7 Items zusammensetzt und bspw. das Item „Meinen

Vorgesetzten sehe ich nicht lediglich als weisungsbefugt an, sondern als tatsächliche Führungskraft, die mir die Richtung weist" enthält und auf einer 5-Punkt-Likert Skala von „trifft voll zu" bis „trifft nicht zu" zu beurteilen ist.

3.4.1.2 Operationalisierung der Followertypen

Für die Operationalisierung der Followertypen werden Messinstrumente betrachtet, die die identifizierten Dimensionen *Ability* und *Aspiration* beschreiben können, um die fünf vorgeschlagenen Kategorien an Followern zu unterscheiden, von denen ein Einfluss auf das gezeigte Follower-OCB-Verhalten und die Folgebereitschaft angenommen wird.

3.4.1.2.1 Einschätzung der eigenen Fähigkeiten

Zur Erfassung der Dimension *Ability*, d.h. zur Einschätzung der eigenen beruflichen Fähigkeiten, wird die Kurzform des Messinstruments zur Einschätzung der beruflichen Selbstwirksamkeit von Schyns & Collani (1999) gewählt, da es mit 8-Items als relativ zeiteffizient zu betrachten ist, es über einen zufriedenstellenden Reliabilitätswert von .88 (Cronbachs α) verfügt und es weiterhin bereits in deutscher Sprache vorliegt.

3.4.1.2.2 Führungsaspiration

Um die Dimension *Aspiration*, d.h. die Führungsaspiration der Befragungsteilnehmer zu messen, werden verschiedene Instrumente zur Führungsmotivation betrachtet und miteinander verglichen. Zwar gibt es bereits einige deutschsprachige Messinstrumente wie bspw. das Hamburger Führungsmotivationsinventar (FÜMO) von Felfe, Elprana, Gatzka und Stiehl (2012), das Freiburger Persönlichkeitsinventar (FPI) von Fahrenberg, Hampel und Selg (2010), welches u.a. Führungsmotivation als Dimension erfasst oder das Bochumer Inventar zur berufsbezogenen Persönlichkeitsbeschreibung (BIP) von Hossiep und Paschen (2003), welches Dominanz als verwandte Dimension abbildet, jedoch sind diese Instrumente nicht freizugänglich.

Daher wird auf das englische Messinstrument zur Erfassung der Führungsmotivation „*Motivation to Lead*" (MtL) zurückgegriffen, welches von Chan und Drasgow (2001) entwickelt wurde und die drei Dimensionen, *Noncalculative MtL*, *Social-Normative MtL* und *Affective-Identity MtL* mit jeweils 9 Items misst. Anderen Studien, welche sich ebenfalls mit dem Konstrukt MtL auseinandersetzen (Amit & Bar-Lev, 2013; Gottfried et al., 2011; Hong, Catano, & Liao, 2011; Waldman, Galvin, & Walumbwa, 2013), liegen allesamt das genannte Messinstrument von Chan und Drasgow (2001) zugrunde, weshalb das ursprüngliche Messinstrument Verwendung findet. Für die Erfassung der Führungsaspiration wird hier die Subskala *Affective-Identity MtL* verwendet, welche mit einem Cronbachs von .90 eine hervorragende Reliabilität aufweist.

3.4.1.3 Erfassung soziodemografischer Merkmale

Um die zu generierende Stichprobe näher beschreiben zu können und zu überprüfen, ob gewisse soziodemografische Faktoren zusätzlichen Einfluss auf das Folgeverhalten der Follower ausüben, werden die Probanden weiterhin gefragt nach: Geschlecht, Altersgruppe, höchstem Bildungsabschluss, Art der Beschäftigung, Branche, Hierarchieebene, Berufserfahrung, Mitarbeiteranzahl in der Gesamtorganisation und im eigenen Team sowie der Dauer der Zusammenarbeit mit dem direkten Vorgesetzten als auch dem Geschlecht des Vorgesetzten.

3.4.2 Rahmenbedingungen und Vorgehen der quantitativen Untersuchung

In den folgenden Abschnitten werden die Kriterien zur Beurteilung der Güte von Fragebögen, die Durchführung des Pretests der quantitativen Untersuchung, die Gewinnung der Stichprobe und die Datenauswertung beschrieben.

3.4.2.1 Kriterien zur Beurteilung der Güte von Fragebögen

Es gibt verschiedenen Kriterien, anhand derer die Eignung zur Messung von latenten (nicht beobachtbaren) Personenmerkmalen in psychologischen Fragebögen evaluiert werden kann (Rost, 2004). Da diese Kriterien sowohl für die Auswahl der bereits existierenden und erprobten Messinstrumente als auch für die Analyse der Eignung der selbst entworfenen Skalen eine entscheidende Rolle spielen, sollen sie an dieser Stelle kurz erläutert werden.

Als Hauptgütekriterien zur Bewertung psychologischer Tests, zu denen die hier herangezogenen Skalen zu zählen sind (Bühl, 2014), werden die Validität und die Reliabilität verwendet (Bortz & Döring, 2006). Die Validität (auch Gültigkeit) gibt Aufschluss darüber, wie gut der Test das misst, was er zu messen vorgibt und kann unter verschiedenen Aspekten beurteilt werden:

- *Inhaltliche Validität* gibt Aufschluss darüber, dass die Skala das zu untersuchende Merkmal mit ihren Fragen (Items) zutreffend und korrekt misst.
- *Konvergente Validität* ist gegeben, wenn Messwerte einer Skala handfeste Zusammenhänge mit Skalen zeigen, die ein übereinstimmendes oder ähnliches Merkmal messen.
- *Diskriminante Validität* herrscht vor, wenn eine Skala in der Lage ist, zwischen Gruppen mit unterschiedlicher Merkmalsausprägung zu trennen.
- *Kriteriumsbezogene Validität* besteht, wenn die durch eine Skala ermittelten Messwerte in Bezug zu einem akzeptierten Außenkriterium stehen. Einen Sonderfall stellt die prognostische Validität einer Skala dar, die dann vorherrscht, wenn die erfassten Messwerte das Eintreten zukünftiger Ereignisse voraussagen können.
- *Konstruktvalidität* ist gegeben, wenn Skalen in einem mehrdimensionalen Fragebogen die erwartete Beziehung untereinander und zu anderen Konstrukten darstellen und die Skalenwerte die angenommenen Muster über Personengruppen liefern.

Die Reliabilitätsprüfung gibt Aufschluss über die Zuverlässigkeit eines Fragebogeninstruments und gibt an, wie genau die Messung ist. Die interne Skalenkonsistenz ist ein Maß dafür, wie gut die einzelnen Items untereinander korrelieren. Eine hohe interne Konsistenz erlaubt die Zusammenfassung der einzelnen Items zu einer Skala, da erwartet werden kann, dass sie etwas konzeptionell Gemeinsames erfassen. Zur Ermittlung der internen Skalenkonsistenz wird die Testgröße Cronbach's α berechnet, die für Analysen, die auf Gruppenvergleiche abzielen, mindestens 0,7 betragen sollte. Zur Reliabilitätsprüfung in der vorliegenden Arbeit, wird die interne Konsistenz als Maß der Skalenhomogenität für alle Skalen, sowohl für die im Vorfeld anhand der Literaturrecherche entwickelten als auch für die bereits wissenschaftlich erprobten und validierten Messinstrumente anderer Autoren, durch Cronbachs α kontrolliert (Ware & Gandek, 1998).

3.4.2.2 Pretest der quantitativen Untersuchung

Der Fragebogen wurde in seiner ursprünglichen Papierversion zuerst den drei betreuenden Supervisoren zur Genehmigung vorgelegt, um Hinweise zur Eindeutigkeit und Verständlichkeit der Fragen sowie des Aufbaus des Fragebogens zu erhalten und um inhaltliche Verbesserungsvorschläge einzuarbeiten. Nach anschließender Diskussion der Inhalte wurde der Fragebogen im Bereich D (Fragen zur Person und Organisation) um zwei Fragen gekürzt, da der Inhalt verwirrend bzw. redundant war und schließlich am Ende der Befragung platziert, anstelle wie ursprünglich vorgesehen gleich zu Beginn. Weiterhin wurden der Branchenschlüssel, die Unternehmensgröße und die Altersgruppen weniger differenziert dargestellt.

Nachdem der Fragebogen im Anschluss ebenfalls von der Ethikkommission der University of Nicosia freigegeben wurde, wurde der Fragebogen online verfügbar gemacht und an insgesamt fünf Freunde und Kollegen versandt, die im Vorfeld möglichst wenig über die Untersuchung wussten und verschiedenen Branchen angehörten. Die Pretester hatten die Möglichkeit den Fragebogen im Debug-Modus der Plattform Soci-Science auszuprobieren und dabei in einem Kommentarfeld unter jeder Einzelfrage Anmerkungen zu hinterlassen. Nach der Korrektur einiger Tippfehler, der Anpassung einiger sprachlicher Feinheiten sowie der Schriftgröße der Befragung im Webbrowser, wurde der Onlinefragebogen erneut den Pretestern zugesandt, um zu überprüfen, ob die Änderungen so zufriedenstellend waren. Anschließend wurde der Onlinefragebogen einem technischen Funktionstest unterzogen, um sich Gewissheit zu verschaffen, ob der Import der erhobenen Daten erwartungsgemäß funktioniert und alle Variablen wie gewünscht erfasst werden. Weiterhin wurde kontrolliert, dass tatsächlich keine Zuordnung der angegeben Emailadressen und der angegebenen Befragungsdaten möglich ist.

3.4.2.3 Gewinnung der Stichprobe

Um die quantitative Studie einer breiten Öffentlichkeit zugänglich zu machen und eine möglichst hohe Stichprobengröße für die Untersuchung zu generieren, wurde die Rekrutierung der Probanden über verschiedene Online-Kanäle angestrebt:

Via E-Mail wurde der persönliche Aufruf zur Teilnahme an bestehende, erwerbstätige Kontakte der Doktorandin versandt. Der Aufruf war, neben dem Gesuch an der Umfrage teilzunehmen, verbunden mit der Bitte, die Anfrage im Sinne eines Schneeballsystems an weitere erwerbstätige Personen im Freundes- und Bekanntenkreis oder dem beruflichen Netzwerk weiterzuleiten.

Weiterhin wurden verschiedene Social-Media-Portale genutzt, um potenzielle Befragungsteilnehmer für die Studie zu gewinnen. Dies umfasste verschiedene Netzwerke wie Facebook, WhatsApp, Xing und LinkedIn, auf denen zum einen Kontakte persönlich angeschrieben wurden oder zum anderen der Link und das Gesuch zur Teilnahme entweder im Newsfeed der Plattformen oder auch in verschiedenen Gruppen geteilt wurde. Von der Schaffung von Anreizen zur Befragungsteilnahme, wie z.B. der Verlosung von Preisen, wurde abgesehen, lediglich die Möglichkeiten der späteren Ergebnisbereitstellung dienten als Anreiz. Um sicherzustellen, dass sich die später auszuwertende Stichprobe aus für die Untersuchungsfragestellung relevanten Personen zusammensetzt, wurden verschiedene Filter eingebaut, um diese identifizieren zu können (wie bspw. der Frage nach einer aktuellen Erwerbstätigkeit oder dem Vorhandensein eines Vorgesetzten).

3.4.2.4 Datenauswertung

Die Datenverarbeitung und -analyse erfolgte anhand des Computerprogrammes SPSS-Statistics. Neben der Ermittlung deskriptiver Statistiken der Stichprobe kamen psychometrische Analysen der verwendeten Items und Skalen zum Einsatz sowie Analysen zur Überprüfung des entworfenen Untersuchungsmodells.

3.4.2.4.1 Datenaufbereitung

Die über das Online Portal Socisurvey.de gewonnenen Daten wurden über eine SPSS-Syntax heruntergeladen und direkt in SPSS-Statistics eingelesen. Plausibilitätskontrollen zur Überprüfung von Eingabefehlern waren daher nicht notwendig. Für alle verwendeten Skalen werden die entsprechenden Skalenrohwerte durch Summieren der einzelnen Itemantworten berechnet und anschließend durch die Anzahl der aufsummierten Items dividiert. Fehlende Werte wurden nach Prüfung der MCAR-Bedingung durch listenweisen Fallausschluss ausgeschlossen und aufgrund der hohen Stichprobe nicht durch den Mittelwert der übrigen Items dieser Skala ersetzt. Falls notwendig, wurden im Sinne der Skala negativ formulierte Items vor der Skalenwertberechnung umgepolt, d.h. so rekodiert, dass der niedrigste Itemwert die schwächste Ausprägung des jeweiligen Merkmals kennzeichnet und der höchste Itemwert die stärkste Ausprägung anzeigt. Dementsprechend bedeutet ein hoher Wert bei der Identifikation mit der Vision des Unternehmens auch eine starke Identifikation mit der Organisation und bspw. ein hoher Wert bei der Beurteilung des Charakters des Vorgesetzten eine besonders positive Einschätzung. Dies erfolgt, um die Interpretation der Daten zu erleichtern.

3.4.2.4.2 Psychometrische Analysen der Items und Skalen

Es können zwei methodische Ansätze unterschieden werden, um Items und Skalen psycho-metrisch zu analysieren: Die klassische Testtheorie und die Item-Response-Theorie, die sich beide jedoch nicht gegenseitig ausschließen. Für die hier vorliegende Arbeit und die aufge-führten Auswertungen finden die Verfahren der klassischen Testtheorie Anwendung. Von der Item-Response-Theorie wurde Abstand genommen, da diese idealerweise dann zum Einsatz kommt, wenn aus einem großen Itempool eine eindimensionale Kurzskala (Liden et al., 2015) oder ein computeradaptives Testverfahren (Van der Linden & Glas, 2000) zu erstellen ist. In der vorliegenden Arbeit liegt der Fokus jedoch darauf, ein in schriftlichen Befragungen ein-setzbares Messinstrument zu Followership, respektive der Folgebereitschaft und des OCB-Followerverhaltens zu konzipieren bzw. zu validieren. Wobei bereits bei der Fragebogenent-wicklung Wert darauf gelegt wurde, dass kurze und mehrheitlich eindimensionale Skalen zum Einsatz kommen.

Die Überprüfung der psychometrischen Güte erstreckt sich auf alle Skalen, die im Selbsturteil durch die Befragungsteilnehmer zur Erfassung der Identifikation mit den Zielen und der Visi-on der Organisation, des wahrgenommenen Führungsstils des Vorgesetzten, der eigenen Füh-rungsaspiration sowie der Einschätzung hinsichtlich der eigenen Fähigkeiten, der Folgebereit-schaft und schließlich dem eigenen Follower-OCB-Verhaltens eingesetzt wurden. Die Vorge-hensweise zur psychometrischen Überprüfung der Skalen richtet sich nach Ware und Gandek (1998) sowie Perrin (1995).

Zuerst werden die Eigenschaften auf Ebene der Einzelitems geprüft. Dabei kommen folgende Kriterien zur psychometrischen Bewertung der Items zum Einsatz:

- *Ausmaß fehlender Daten:* Das vermehrte Auftreten fehlender Werte kann ein Indiz für die unzulängliche Eignung des Items sein, die u. a. in der Unverständlichkeit der Frage, man-gelhafter Antwortkategorien oder nicht ausreichender Akzeptanz begründet sein kann. Als akzeptable Grenze wird ein Anteil fehlender Werte von < 5 % angesehen, um anschlie-ßend für die Regressionsschätzungen nur die kompletten Fälle zu benutzen sowie die an-deren Fälle ohne weitere Behandlung aus der Analyse auszuschließen (listenweiser Fall-ausschluss bei SPSS). In Anbetracht der vielfältigen Risiken von Imputationsverfahren, wird die Ergebnisverzerrung die von weniger als 5 % fehlender Fälle hervorgerufen wer-den kann, als vernachlässigbar angesehen (Baltes-Götz, 2013; Urban, Mayerl, & Wahl, 2016). Im Falle einer höheren Anzahl fehlender Werte wurde anhand des Missing-Completely-At-Random (MCAR)-Tests nach Little überprüft, ob die fehlenden Werte von Mustern der Datenwerte abhängen oder völlig zufällig fehlen. Wenn Variablenpaare dazu tendieren, fehlende Werte in mehreren Fällen aufzuweisen, d. h. Fälle mit fehlenden Wer-ten sich systematisch von Fällen ohne fehlende Werte unterscheiden, können die Ergeb-nisse irreführend sein. Regressionsschätzungen liegt die Annahme zugrunde, dass das Muster der fehlenden Werte nicht von den Datenwerten abhängt. Diese Bedingung ist als völlig zufällig fehlend bzw. MCAR bekannt. Daher ergeben alle Schätzmethoden (einschließlich der hier verwendeten Expectation Maximization [EM]-Methode) bei MCAR-Daten konsistente und unverzerrte Schätzungen der Korrelationen und Kovarianzen.

- *Mittelwert:* Innerhalb einer Skala sollten die Items in etwa den gleichen Mittelwert aufweisen. Sollte das nicht der Fall sein, so sollten die Mittelwerte in einer plausiblen Rangfolge angeordnet sein. Außerdem wurden die Skalenmittelwerte zusätzlich auf einen Wertebereich von 0-100 transformiert, um anschließende Vergleiche zu vorherigen Studien vornehmen zu können, die andere Skalenlängen verwenden.

- *Häufigkeitsverteilung, Streuung und Schiefe:* Die Breite der Antwortmöglichkeiten einer Skala sollte vollständig ausgeschöpft werden und die Antworten annähernd einer Normalverteilung entsprechen. Es wird überprüft, ob eine eingipflige Antwortverteilung vorliegt, d.h. die Antwortverteilung der einzelnen Items rechts- oder linkssteil ist. Weiterhin sollte die Streuung der einzelnen Items einer Skala, die hier sowohl in Form der Standardabweichung (SD) und des Standardfehlers des Mittelwerts (SE) erfasst wird, in etwa gleich groß sein. Eine eingeschränkte Streuung sowie eine ausgeprägte Schiefe eines Items deuten auf einen Boden- oder Deckeneffekt hin.

- *Item-Skalen-Korrelation (Trennschärfe):* Es sollte ein linearer Bezug jedes einzelnen Items zu seiner Skala vorherrschen, der sich in einer Korrelation des Items mit seiner Skala von mittlerer Höhe ausdrückt (bereinigte Item-Skalen-Korrelationen zwischen 0,40 und 0,70). Weiterhin sollten die Item-Skalen-Korrelationen innerhalb einer Skala in etwa von gleicher Größe sein. Items mit Trennschärfen < 0,40 sollten eliminiert werden.

- *Item-Schwierigkeit:* Die Schwierigkeit eines Items wird anhand eines Indexes gekennzeichnet, der dem prozentualen Anteil von Probanden entspricht, die dem Item voll zustimmen. Der Index dient der Differenzierung von Untersuchungsteilnehmern mit hoher und niedriger Merkmalsausprägung. Paradoxerweise ist der Schwierigkeitsindex bei schwer zu beantwortenden Items niedrig und bei leicht zu beantworten hoch. Unbrauchbare Items werden sowohl anhand der Trennschärfe als auch des Schwierigkeitsindexes selektiert. Dies sind i.d.R. Items mit Schwierigkeitsindex unter 20 % oder über 80 % (Bühl, 2014).

Im Anschluss an die Prüfung der Items werden die Skalen psychometrisch begutachtet, wobei in Anlehnung an Perrin (1995) und Bettge (2004) die folgenden Kriterien angesetzt wurden:

- *Geringes Ausmaß an fehlenden Werten:* Wie bereits bei der Prüfung der einzelnen Items, sollten auch bei der Berechnung der Skalenwerte weniger als 5 % fehlende Werte auftreten.

- *Reliabilität:* Die interne Konsistenz der Skalen sollte ausreichend sein (Cronbach's Alpha mindestens 0,70)

- *Boden- und Deckeneffekte:* Als Boden- und Deckeneffekte werden Messfehler bezeichnet, die auf der Über- oder Unterschreitung des Messbereichs beruhen. Diese Messfehler drücken überproportional hohe Anteile an Antworten mit dem niedrigsten- oder höchstmöglichen Wert der betreffenden Skala aus. Hierzu wird der prozentuale Anteil der Untersuchungsteilnehmer ermittelt, der in der entsprechenden Skala 0 Prozentpunkte, d.h. den niedrigsten Wert der Skala im Sinne maximaler Beeinträchtigung (Boden), bzw. im Falle des Deckeneffekts den höchsten Wert mit 100 Prozentpunkten erreicht (keine Beeinträchtigung = Decke). Mittels des Boden- und Deckeneffekts ist zu erkennen, wie viele Untersuchungsteilnehmer anteilig den Wert 0 bzw. 100 erreichen und wie viele sich folglich im mittleren Bereich zwischen 1-99 bewegen. Wenn die Formulierung des Tests bzw. der Skala zu leicht ist, erreichen zu viele Probanden das optimale Ergebnis von 100 Prozentpunkten, obwohl ihre objektiven Gegebenheiten sehr verschieden sind (Deckeneffekt). Bzw. wenn die Konstruktion zu schwer ist, erreichen zu viele Probanden das minimale Ergebnis von 0 Prozentpunkten. Die Skalenwerte sollten sich über den gesamten Bereich der Skala verteilen und Boden- und Deckeneffekte dementsprechend < 10 % sein.

3.4.2.4.3 Analysen zur Überprüfung des gesamten Operationalisierungskonzepts

In Bezug auf die Gesamtstichprobe soll nun geprüft werden, ob sich ein Modell entwickeln lässt, in welchem durch die Identifikation mit den Zielen und der Vision der Organisation und durch die wahrgenommene Qualität des Führungsverhalten des Vorgesetzten die Folgebereitschaft und das Follower-OCB-Verhalten vorhergesagt werden können. Zu diesem Zwecke werden zunächst Analysen zur Dimensionalität der einzelnen Skalen in der vorliegenden Operationalisierung vorgenommen. Eine Korrelationsmatrix der Skalenwerte erlaubt eine Einschätzung, ob die Skalen miteinander in Beziehung stehen, aber unterschiedliche Konstrukte abbilden. In diesem Fall sollten die Skaleninterkorrelationen von mittlerer Höhe $(0,25 < r < 0,50)$ sein.

Zur Überprüfung der Dimensionsstruktur werden Faktorenanalysen der Skalenwerte durchgeführt, sowohl für die bereits empirisch validierten Skalen anderer Autoren als auch für die aus der Literatur abgeleiteten, selbstentwickelten Skalen. Die Faktorenanalyse dient der Erfassung der Dimensionalität, die einem beobachtbaren Muster von untereinander korrelierten Item- und Skalenwerten zugrunde liegt. Das Verfahren führt eine größere Anzahl an Variablen anhand der gegebenen Fälle auf eine geringere Anzahl unabhängiger Einflussgrößen (Faktoren) zurück, indem es diejenigen Variablen zusammenfasst, die untereinander stark korrelieren. Variablen unterschiedlicher Faktoren korrelieren gering untereinander (Bortz & Döring, 2006; Bühl, 2014). Ermöglichen diese extrahierten Faktoren eine sachlogische, plausibel zu kennzeichnende Klassifikation der empirisch beobachteten Variablen, dann können sie die Grundlage weiterer statistischer Analysen bilden (Eckstein, 2006).

Dieses Vorgehen verfolgt den Zweck zum einen zu diagnostizieren, welche Variablengruppen sich gemäß der persönlichen Erfahrungswelt der Probanden zu latenten Merkmalsdimensionen zusammenfassen lassen und zum anderen zu überprüfen, ob die theoretischen aus der Literatur abgeleiteten Konzeptionen einer empirischen Überprüfung standhalten.

Bei der Faktorenanalyse wird für jede Skala einzeln eine Hauptkomponentenanalyse mit Varimax-Rotation vorgenommen. Als Kriterium für die Anzahl der zu extrahierenden Faktoren wird ein Eigenwert des Faktors von ≥ 1 angesetzt. Es werden lediglich Items pro Dimension berücksichtigt und dargestellt, die über eine Faktorenladung von $r \geq 0,4$ verfügen und daher interpretationsrelevant erscheinen. Items, die auf mehreren Faktoren laden, werden entsprechend gekennzeichnet und schließlich dem Faktor zugeordnet, auf welchen sie höher laden bzw. bei gleicher Faktorenladung auf mehrere Faktoren dem zugewiesen, zu welchem sie inhaltlich besser zu deuten sind, so dass schließlich eine Einfachstruktur der Faktoren erreicht wird (Fromm, 2012). Weiterhin werden die durch die Faktoren extrahierten Varianzanteile herangezogen, um die Aussagekraft der Faktorenanalyse zu beurteilen.

3.4.2.4.4 Analysen zur Überprüfung des Untersuchungsmodells anhand der formulierten Hypothesen

Im Anschluss an die psychometrischen Analysen der einzelnen Items, Skalen sowie des Gesamtkonzepts zur Operationalisierung der *wahrgenommenen Qualität des Führungsverhaltens (WFV)* und des *Follower-OCB-Verhaltens (OCB)* wird analysiert, welcher Zusammenhang zwischen den Skalen IZV und WFV in Bezug auf den Followertyp und weitere soziodemografische Variablen herrscht.

Gruppenunterschiede werden anhand von t-Tests und Varianzanalysen auf statistische Signifikanz geprüft, wobei ein α-Fehler-Niveau von 5 % zugrunde gelegt wird. Ferner wird analysiert, ob sich die in der Theorie angenommenen Beziehungen bzw. Einflüsse von IZV und WFV als Prädiktoren auf die Kriterien FB und OCB nachweisen lassen. Hierfür werden Korrelations- und Regressionsanalysen eingesetzt. Korrelationsanalysen geben Aufschluss darüber, ob Einzelskalen sowie Subskalen und die daraus formierten aggregierten Skalen zur Erfassung des zugrundeliegenden Merkmals Beziehungen in der erwarteten Richtung und Höhe mit den Zielgrößen zeigen.

Zur Beantwortung der Frage, ob die Identifikation mit den Zielen und der Vision der Organisation sowie die Qualität des wahrgenommenen Führungsverhaltens als statistisch bedeutsame Einflussgrößen auf die Folgebereitschaft und das erwünschte Follower-OCB-Verhalten angenommen werden können, kommen einfache und multiple Regressionen zum Einsatz. Beurteilungskriterien für die Resultate der Regressionen sind die Höhe und die Signifikanz der Regressionsparameter (β) der einzelnen Prädiktoren und der durch die Prädiktoren aufgeklärte Varianzanteil des Kriteriums.

Da nicht davon ausgegangen werden kann, dass alle Variablen im Untersuchungsmodell voneinander unabhängig sind, werden die Zusammenhänge und Wechselwirkungen weiterhin in Form eines allgemeinen linearen Modellansatzes (ALM) analysiert. Respektive findet die multivariate Kovarianzanalyse (MANCOVA) Anwendung, um den Einfluss von mehreren Prädiktoren auf mehrere Kriterien gleichzeitig überprüfen zu können (Backhaus et al., 2013). Der Vorteil des allgemeinen linearen Modellansatzes besteht darin, dass die Prädiktoren auch diskrete Werte annehmen können, d.h. ein nominales oder ordinales Messniveau vorliegen kann, ohne gegen die Modellvoraussetzungen zu verstoßen (Bühl, 2014), so dass die Bedeutung des Einflusses des Followertyps auf die Kriterien überprüft werden kann.

Bei der MANCOVA werden insbesondere die Einflüsse von Drittvariablen (Kovariaten) auf das Kriterium rechnerisch konstant gehalten, sprich deren Einflüsse herauspartialisiert (Rey, 2017), was hier für den Einfluss und die gegenseitige Wechselwirkung der Prädiktoren IZV und WFV auf die Kriterien OCB und FB vorgenommen wird. Um zu untersuchen, ob sich diese Einflüsse insbesondere zwischen den verschiedenen Followergruppen voneinander unterscheiden, werden die MANCOVA-Analysen zuerst für die Gesamtstichprobe und anschließend für die fünf Followertypen vorgenommen. Als Beurteilungskriterien der Einflüsse gelten die Höhe der Signifikanz, die Regressionskoeffizienten sowie die partiellen Eta^2-Werte, die den Anteil der Varianzaufklärung der einzelnen Variablen anzeigen (Backhaus et al., 2013).

3.5 Zweite Stufe: Qualitative halbstandardisierte Interviewbefragung

Während die quantitative Wissenschaft eher an allgemeinen Prinzipien, Gesetzlichkeiten oder gesetzesähnlichen Aussagen ansetzt, um Zusammenhänge zu erklären, orientiert sich die qualitative Wissenschaft am Einmaligen und Individuellen, um Zusammenhänge zu verstehen (Mayring, 2015; Wright, Grewendorf, & Meggle, 1974). So möchte die quantitative Forschung möglichst isolierte Daten und Fakten finden, die frei sind von störenden Nebeneffekten, wie sie in der Alltagsrealität vorhanden sind, wohingegen die qualitativen Verfahren, die menschliche Wirklichkeit als vielfältig und komplex akzeptieren (Schön, 1979). Daher wird in der vorliegenden qualitativen Studie die Zielsetzung verfolgt, die Bedeutung von Followership für die einzelnen Befragungsteilnehmer in Erfahrung zu bringen. Es wird der Versuch unternommen zusätzliche Einflussfaktoren auf das Followershipverhalten zu identifizieren, die im Rahmen der bisherigen Literaturrecherche und somit der quantitativen Befragung möglicherweise unberücksichtigt geblieben sind und auf diese Weise die bisherigen Auswertungsergebnisse zu vertiefen.

Zudem sollen die im quantitativen Verfahren verwendeten Skalen, die aufgedeckten Zusammenhänge und die unterschiedenen Followertypen anhand der halbstandardisierten Interviews validiert werden. Es soll außerdem herausgefunden werden, wie die Probanden selbst erfolgreiches Followerverhalten im Gegensatz zum in der Onlinebefragung vorgegebenen OCB-Verhalten definieren, wie sie ihren Beitrag als Follower auf den organisationalen Erfolg werten und welches Führungsverhalten sie als angemessen empfinden, um sich zu entscheiden, ihrer Führungskraft zu folgen. Unter Berücksichtigung der verschiedenen Followertypen (Aspirant, Experte, Mitläufer, Blender, Bedürftiger) werden Gemeinsamkeiten und Unterschiede hinsichtlich des Folgeverhaltens und der Folgebereitschaft herausgearbeitet und untersucht, ob diesen unterschiedliche systematisch beeinflussende Faktoren zu Grunde liegen.

3.5.1 Operationalisierung und Interviewleitfadenkonstruktion

Im Folgenden werden die Vorgehensweise der Entwicklung des Interviewleitfadens und der spätere Einsatz beschrieben. Bevor die einzelnen Themenfelder und ihre Indikatoren, die anhand umfassender Literaturrecherche erarbeitet und zusammengefasst wurden, näher erläutert werden, gibt die nachfolgende Abbildung einen kurzen Überblick:

Themenfelder	Indikatoren
Identifikation mit den Zielen und der Vision der Organisation	• Kenntnis & Bewertung der Ziele und Vision der Organisation • Übereinstimmung der eigenen Ziele mit denen der Organisation • Persönliches Engagement, um Organisationsziele zu erreichen
Verhalten am Arbeitsplatz (Indikatoren auf Followerverhalten)	• Bewertung der eigenen Position bzw. Rolle in der Organisation • Persönlicher Beitrag zum Organisationserfolg • Einschätzung der beruflichen Fähigkeiten/ Leistungsbereitschaft • Auffassung gegenüber dem Begriff Follower & Followership • Verhalten & Eigenschaften eines guten & schlechten Followers • Vorteile & Nachteile, ein Follower zu sein
Zusammenarbeit mit dem Vorgesetzten (Indikatoren auf die wahrgenommene Qualität des Führungsverhaltens und Folgebereitschaft)	• Einschätzung zur Zusammenarbeit mit dem direkten Vorgesetzten • Identifikation & Vorleben der Organisationsziele und -vision durch den Vorgesetzten • Beurteilung des Charakters & des Führungsstils des Vorgesetzten • Identifikation von Attributionen eines guten Vorgesetzten bzw. einer guten Beziehung zum Vorgesetzten • Annahme der Führung & Folgebereitschaft durch Follower • Vor- und Nachteile laut Follower, einen Vorgesetzten zu haben • Vorbildfunktion des Vorgesetzten • Bedürfnis des Followers vom Vorgesetzten lernen zu können

Abb. 40: Themenfelder und Indikatoren zur Leitfadenentwicklung

3.5.1.1 Identifikation mit den Zielen und der Vision der Organisation

Hierbei geht es darum zu überprüfen, ob sich die Auffassung entsprechend der Arbeitsdefinition gegenüber Followern als zutreffend erweist. Diese besagt, dass Follower für eine zeitlich beschränkte Dauer, freiwillig die Führung eines Leaders annehmen, um ein gemeinsames Ziel oder eine gemeinsame Vision zusammen mit dem Leader und anderen Followern besser zu erreichen als alleine. Dies setzt voraus, dass der Follower sich in erster Instanz zu einem Ziel oder einer Vision bekennt und im nächsten Schritt dazu entscheidet, sich im Sinne deren Erreichung dem Leader unterzuordnen. Dies erfordert zum einen die Kenntnis der Ziele und der Vision der Organisation sowie eine entsprechende positive Bewertung als auch eine Übereinstimmung dieser mit den eigenen Zielen und Werten. Es wird angenommen, dass Follower entsprechendes Engagement zeigen, um die Ziele und die Vision der Organisation zu erfüllen, insofern diese mit ihren eigenen kongruent sind.

3.5.1.2 Verhalten am Arbeitsplatz

Die Arbeitsdefinition der Follower besagt weiterhin, dass Follower aktive Beteiligte am Führungsprozess sind und einen wesentlichen Anteil zur Erreichung angestrebter Ergebnisse leisten und nicht lediglich Empfänger des Einflusses der Leader sind. Hierzu gilt es die Bewertung der eignen Position bzw. Rolle in der Organisation in Erfahrung zu bringen und die Einschätzung des persönlichen Beitrags zum Organisationserfolg zu erwägen. Um Unterschiede und Gemeinsamkeiten im Leistungsverhalten zwischen den verschiedenen Followertypen festzustellen, wird weiterhin nach der Bewertung der eigenen beruflichen Fähigkeiten und

Leistungsbereitschaft gefragt. Zudem gilt es Kenntnis darüber zu erlangen, welche Auffassung Follower selbst gegenüber dem Begriff Follower und Followership vertreten und welche Verhaltensweisen bzw. Eigenschaften sie guten und schlechten Followern zuschreiben. Auch soll herausgefunden werden, welche Vorteile bzw. Nachteile Follower selbst in der Ausübung ihrer Rolle sehen.

3.5.1.3 Zusammenarbeit mit dem Vorgesetzten

Entsprechend der Arbeitsdefinition zu Leadership, muss Führung als ein interaktiver Prozess verstanden werden, dessen Qualität von der Beziehung zwischen Führenden und Geführten abhängt, die hierfür von den befragten Followern näher erläutert werden soll. Leadern wird zeitweise höhere Macht verliehen, indem Follower sich dazu entscheiden zu folgen, um ein gemeinsames Ziel zu erreichen. Hier geht es um die Überprüfung der angenommenen Bedingung, dass Vorgesetzte und Mitarbeiter über ein gemeinsames Ziel bzw. eine gemeinsame Vision verfügen, welche vom Vorgesetzten vorgelebt wird. Gemäß dem evolutionspsychologischen Paradigma schließen sich Follower verstärkt Leadern an, insofern diese über prosoziale Charaktereigenschaften und eine gute Reputation verfügen sowie die Interessen der Follower berücksichtigen und die Kooperation in der Gruppe bzw. im Team fördern. Hierzu gilt es die Einschätzung der Follower hinsichtlich des Führungsverhaltens und der Charaktereigenschaften des Vorgesetzten in Erfahrung zu bringen. Weiterhin wird angenommen, dass Follower das Bedürfnis haben, von ihren Leadern aufgrund deren hoher Kompetenzen lernen zu können und diese als Vorbild sehen, was ebenfalls überprüft werden soll. Ferner soll Kenntnis darüber erlangt werden, was es für Follower selbst bedeutet, sich unterzuordnen und zu folgen sowie herauszufinden, welche Vor- und Nachteile sie darin sehen, einen Vorgesetzten zu haben. Zuletzt soll erfragt werden, ob die Follower selbst ggf. Interesse hegen, einmal eine (höhere) Führungsposition einzunehmen.

3.5.2 Rahmenbedingungen und Vorgehen der qualitativen Untersuchung

Das Leitfadeninterview oder auch halbstandardisierte Interview ermöglicht den Gesprächspartnern durch sein mehr oder weniger flexibel aufgebautes und anzuwendendes Frageschema ein relativ offenes Gespräch, in dem die Probanden verhältnismäßig frei zu Wort kommen können. Der Interviewer darf unverstandene Fragen klären und Fragen ggf. präzisieren oder umformulieren und von der vorgegebenen Reihenfolge der Fragen abweichen, sollte sich dies durch den Gesprächsverlauf anbieten. Laut Bogner, Littig, und Menz (2014) ist es lediglich wichtig, „die Befragten gleichermaßen ‚zum Reden zu bringen' hinsichtlich der forschungsrelevanten Fragestellung" (S. 28). Aufgrund der geforderten Flexibilität stellt diese Vorgehensweise hohe wissenschaftliche Anforderungen an den Interviewer und setzt voraus, dass dieser einen guten Überblick des in der Konversation bereits Gesagten behält. Nur wenn es gelingt, ein Gespräch zu eröffnen und aufrechtzuerhalten, werden wesentliche Informationen mit dem Interviewer geteilt (Bewley, 1999). Außerdem besteht die Befürchtung, die Probanden im Rahmen des Interviews zu überfordern, wenn die Fragestellung zu eng an die mittels der Literaturrecherche erarbeiteten Indikatoren, welche in der Onlinebefragung verwendet worden sind, angelehnt wird. Daher wird sich im Sinne einer umfassenden Datengenerierung dafür entschieden, die Fragestellung für das Interview zu öffnen und die Befragungsteilnehmer generell zu drei Themenfeldern zu interviewen:

- Themenfeld 1: Identifikation mit den Zielen und der Vision der Organisation
- Themenfeld 2: Verhalten am Arbeitsplatz
- Themenfeld 3: Zusammenarbeit mit dem Vorgesetzten

Auf diese Weise soll Aufschluss darüber erlangt werden, wie Follower selbst ihre Rolle wahrnehmen, wie sie selbst gutes Followerverhalten definieren und weshalb sie sich entscheiden, zu folgen. Um die Konzentrationsfähigkeit des Interviewers und des Interviewten nicht zu überfordern, sollte das Interview eine Zeitdauer von 45-60 Minuten nicht überschreiten.

3.5.2.1 Pretest der qualitativen Untersuchung

Wie auch bei der Onlinefragebogen, wurde der halbstandardisierte Interviewleitfaden ebenfalls den drei betreuenden Supervisoren zur Genehmigung vorgelegt, um Hinweise zu Eindeutigkeit und Verständlichkeit der Interviewfragen zu erhalten und inhaltliche Verbesserungsvorschläge einzuarbeiten.

Zudem wurde der Interviewleitfaden zwei befreundeten Kolleginnen vorgelegt, um die Verständlichkeit der Fragen abermals von fachfremden Personen überprüfen zu lassen. Ferner wurde vorab ein Probeinterview geführt, welches nicht zu den eigentlichen empirischen Forschungsergebnissen hinzugefügt wurde, um zu untersuchen, ob die gestellten Fragen die erwarteten Antworten bzw. die erwartete Antwortrichtung erzielte. Anhand der gewonnenen Erkenntnisse wurde der Interviewleitfaden im Anschluss geringfügig modifiziert. Der Interviewleitfaden wurde desgleichen von der Ethikkommission der University of Nicosia evaluiert und im Anschluss freigegeben.

3.5.2.2 Gewinnung der Stichprobe und Datenauswertung

Die Interviews fanden im Freundes- und Bekanntenkreis der Doktorandin statt. Hierbei wurde Wert darauf gelegt, eine ausgeglichene Verteilung der Probanden zu erreichen, was Alter, Branche, Bildungsniveau und Führungsebene betraf. Es war vorgesehen insgesamt 25 Interviews zu führen, um fünf Interviews eines jeden Followertyps miteinander vergleichen zu können. Die Probanden wurden alle von der Doktorandin persönlich angesprochen, ob Interesse an der Teilnahme eines Interviews besteht, und alle stimmten zu. Vor dem eigentlichen Interview wurden die Teilnehmer gebeten, einen kurzen Vorabfragebogen zu soziodemografischen Merkmalen zu beantworten und weiterhin die Skalen *Selbstwirksamkeitserwartung (SW)* und *Motivation to Lead (MtL)* auszufüllen, anhand derer im Anschluss der Followertyp, analog zur Vorgehensweise in der quantitativen Studie (vgl. Abschnitt 4.3.1), bestimmt wurde. In der Endphase der Datenerhebung wurden nur noch solche Teilnehmer interviewt, die in die Followergruppen fielen, die noch unvollständig waren.

Die insgesamt 25 Interviews wurden im Zeitraum zwischen 27. September 2017 und 20. Oktober 2017 durchgeführt. Hiervon wurden 22 von Angesicht zu Angesicht geführt und drei Interviews telefonisch vorgenommen. Die Interviewzeit reichte hierbei zwischen 22:02 und 74:34 Minuten, i.d.R. betrugen die Interviews in etwa 40 Minuten. Die 25 geführten Interviews wurden digital aufgezeichnet und anschließend mit der Software MAXQDA transkribiert und kodiert. Bei der Transkription wurden kleinere grammatikalische Fehler verbessert und stark dialektgeprägte Aussagen in korrektes Schriftdeutsch transformiert. Am Inhalt der Aussagen wurden keine Änderungen vorgenommen. Die Auswertung der Interviews erfolgte anhand der Aufzeichnungen. Insofern Namen der Organisation oder von Kollegen und Vorgesetzten genannt wurden, sowie weitere Informationen, die Rückschlüsse auf die Identität der Interviewten zugelassen hätten, sind diese generalisiert worden, so dass die Anonymität der Befragten gewährleistet werden kann.

Eine genaue Auflistung der soziodemografischen Merkmale der Probanden, sowie die Skalenmittelwerte als auch die Interviewzeit der einzelnen Gespräche befinden sich im Anhang K.

4 Ergebnisse der empirischen Untersuchung

In diesem Kapitel sind sowohl die Ergebnisse der quantitativen als auch der qualitativen Studie aufgeführt.

Im Rahmen der Ergebnispräsentation der quantitativen Onlinebefragung werden zunächst die Responseanalyse, die soziodemografische Zusammensetzung der Stichprobe und Resultate zur Vollständigkeit der vorliegenden Datensätze dargestellt. In Abschnitt 4.2 sind sowohl die Ergebnisse der psychometrischen Prüfungen der verwendeten Items und Skalen zusammengefasst, sowie die Ergebnisse der Analysen zur Dimensionalität *der wahrgenommenen Qualität des Führungsverhaltens des Vorgesetzten (WFV)* sowie des *Follower-OCB-Verhaltens (OCB)* beschrieben. Weiterhin sind die psychometrischen Eigenschaften der genannten Skalen dargestellt. Die Subskalen zur mehrdimensionalen Erfassung von WFV als auch von OCB werden anschließend zu den jeweiligen Gesamtskalen zusammengefasst (Bortz & Döring, 2006; Brähler, Holling, Leutner, Petermann, & Brinkenkamp, 2002).

Daraufhin werden die verschiedenen *Followertypen (FT)* gebildet und die Ergebnisse entsprechend den Forschungshypothesen dargestellt. Es werden Ergebnisse zu den beobachtbaren Zusammenhängen zwischen der *Identifikation mit den Zielen und der Vision der Organisation (IZV)* sowie der *wahrgenommenen Qualität des Führungsverhaltens (WFV)* und der *Folgebereitschaft (FB)* sowie dem *Follower-OCB-Verhalten (OCB)* beschrieben und Ergebnisse zur Überprüfung des aufgestellten Untersuchungsmodells dargestellt. Die Überprüfung erfolgt getrennt für die Gesamtstichprobe und die verschiedenen Followertypen.

Die Ergebnisse der qualitativen Studie werden im Abschnitt 4.5 zusammengefasst und anhand der drei gewählten Themenfelder *Identifikation mit den Zielen und der Vision der Organisation, Verhalten am Arbeitsplatz* und *Zusammenarbeit mit dem direkten Vorgesetzten* unterteilt. Zum einen wird in Form der qualitativen Befragung überprüft, ob sich die Ergebnisse der quantitativen Befragung bestätigen lassen, zum anderen wird eruiert, welche Gemeinsamkeiten und Unterschiede sich zwischen den verschiedenen Followertypen aufzeigen lassen.

4.1 Ergebnisse der quantitativen Onlinebefragung

In den folgenden Abschnitten werden die Ergebnisse der empirischen quantitativen Onlinebefragung abgebildet. Nach der Darstellung der soziodemografischen Charakteristika der Stichprobe werden die auf Grundlage der theoretischen Konzeptionen entwickelten Hypothesen anhand der gewonnenen empirischen Daten überprüft. Anschließend folgt eine kurze Erläuterung der Probandenantworten in der freien Anmerkungsmöglichkeit zu Ende der Onlinebefragung.

© Springer Fachmedien Wiesbaden GmbH, ein Teil von Springer Nature 2019
J. Ruthus, *Followership und Führungsverhalten*,
https://doi.org/10.1007/978-3-658-26001-9_4

4.1.1 Responseanalyse

Wie im Abschnitt 3.5.3 bereits dargelegt, wurde der Befragungslink zum einen an die persönlichen Kontakte der Doktorandin versandt, zum anderen auch auf verschiedenen Social-Media-Kanälen verbreitet. Aufgrund der gewählten Vorgehensweise ist es nicht möglich, Responseraten der Gesamtstichprobe der quantitativen Befragung zu errechnen.

Insgesamt wurden 3302 „Klicks" auf den Befragungslink gezählt, wobei jeder Aufruf des Fragebogens als Klick gewertet wird, unabhängig davon, ob der Teilnehmer den Fragebogen anschließend wieder geschlossen, nur die Einleitung gelesen oder weiter bearbeitet hat. Daher ist die Anzahl der Klicks nur ein sehr unzuverlässiger Indikator. Wenn ein Proband den Fragebogen (etwa versehentlich) bspw. mehrfach aufruft, so zählt jeder Aufruf als Klick. Dies gilt auch bei der Verwendung personalisierter Links. Zudem werden auch Klicks gezählt, die durch Abrufe des Fragebogens (bzw. der ersten Seite davon) von Suchmaschinen erfolgen. Insgesamt beantworteten 1007 Teilnehmer die erste Frage der Onlinebefragung nach dem vorherigen Lesen der Einleitung, wobei die Abbruchrate mit jeder weiteren Frage sukzessive zunimmt. Von diesen 1007 Teilnehmern beendeten 717 Personen den Fragebogen vollständig bis zur letzten Frage. Eine Übersicht der letzten bearbeiteten Seite befindet sich im Anhang.

4.1.2 Beschreibung der Stichprobe

Von den 717 Personen, die den Fragebogen vollständig bis zur letzten Seite ausfüllen, geben 22 Personen an, derzeit keiner beruflichen Tätigkeit nachzugehen und werden daher entsprechend des Filterkriteriums zur aktuellen Erwerbstätigkeit aus dem Datensatz entfernt. Von den verbleibenden 695 Untersuchungsteilnehmern geben weitere 26 Personen an, über keinen Vorgesetzten zu verfügen und klassifizieren sich somit ebenfalls nicht für die zu untersuchende Stichprobe der Follower, so dass im Weiteren von einer Gesamtstichprobe von N = 669 berichtet wird. Diese Gesamtstichprobe setzt sich folglich aus Befragungsteilnehmern zusammen, die derzeit einer beruflichen Beschäftigung nachgehen und angeben, einen Vorgesetzten zu haben. Die nachfolgenden beiden Tabellen zeigen die soziodemografischen Merkmale der 669 Befragungsteilnehmer.

Soziodemografische Merkmale der Stichprobe		Anzahl(n)	Anteil (%)
Geschlecht	Männlich	274	41,0 %
	Weiblich	395	59,0 %
Altersgruppe	21-30 Jahre	201	30,0 %
	31-40 Jahre	261	39,0 %
	41-50 Jahre	125	18,7 %
	51-60 Jahre	67	10,0 %
	≥ 61 Jahre	19	2,3 %
Höchster	Promotion	18	2,7 %
Bildungs-	Hochschulabschluss	348	52,0 %
abschluss	Anerkannte Fortbildungsgänge	95	14,2 %
	Anerkannte Ausbildungsberufe	191	28,6 %
	Keine Ausbildung	4	0,6 %
	Sonstiges	13	1,9 %

Beschäftigungsart	Angestellter	599	89,5 %
	Freischaffend/ Selbstständig	23	3,4 %
	Staatsangestellter	32	4,8 %
	Sonstige	15	2,2 %
Berufserfahrung	Noch keine Berufserfahrung	6	0,9 %
	< 1 Jahr Berufserfahrung	23	3,4 %
	< 2 Jahre Berufserfahrung	34	5,1 %
	< 5 Jahre Berufserfahrung	116	17,3 %
	< 10 Jahre Berufserfahrung	164	24,5 %
	≥10 Jahre Berufserfahrung	326	48,7 %
Führungsebene	Oberste Führungsebene (z.B. Geschäftsleitung, Vorstand, Direktor)	47	7,0 %
	Mittlere Führungsebene (z.B. Bereichsleitung, Abteilungsleitung)	208	31,1 %
	Untere Führungsebene (z.B. Teamleitung, Meister)	150	22,4 %
	Keine Führungsebene (z.B. Fachkraft, Sachbearbeiter, Spezialist)	264	39,5 %
Gesamt		669	100 %

Tab. 3: Soziodemografische Merkmale der Stichprobe (Teil 1)

Von den 669 befragten Followern sind 274 Personen dem männlichen Geschlecht (41,0 %) und 395 Personen dem weiblichen Geschlecht (59,0 %) zugehörig. Bezogen auf die Stichprobe der Follower gehören 201 Personen der Altersgruppe der 21 bis30-Jährigen an (30,0 %), 261 Personen den 31 bis 40-Jährigen (39,0 %), 125 Personen den 41 bis 50-Jährigen (18,7 %), 67 Personen den 51 bis 60-Jährigen (10,0 %) und 19 Personen sind 61 Jahre und älter (2,3 %).[15]

Von den 669 Followern verfügen 18 Personen über eine Promotion (2,7 %), 348 Personen haben einen Hochschulabschluss (52,0 %), 95 Personen haben anerkannte Fortbildungsgänge wie z.b. einen Meister, Fachwirt oder Techniker absolviert (14,2 %), 191 Personen üben anerkannte Ausbildungsberufe aus (28,6 %), 4 Personen geben an, keine Ausbildung abgeschlossen zu haben (0,6 %), und 13 Personen wählen die Antwortmöglichkeit „Sonstiges" (1,9 %).

Neben der fachlichen Ausbildung ist weiterhin nach der Beschäftigungsart im Unternehmen gefragt worden. 599 Follower geben an, in einem Angestelltenverhältnis tätig zu sein (89,5 %), 23 Follower bezeichnen sich als selbstständig oder freischaffend (3,4 %), 32 Follower sind als Staatsangestellte tätig (4,8 %) und 15 Personen geben an, in einem sonstigen Beschäftigungsverhältnis zu stehen (2,2 %).

47 Follower fühlen sich der obersten Führungsebene zugehörig und bezeichnen sich bspw. als Geschäftsführer, Vorstand oder Direktor (7,0 %), 208 Follower geben an, der mittleren Führungsebene anzugehören und sind z.b. Bereichsleiter oder Abteilungsleiter (31,1 %), 150 Follower arbeiten auf unterer Führungsebene u.a. als Teamleitung oder Meister (22,4 %) und 264 Follower geben an, keine Führungsverantwortung inne zu haben und sind bspw. als Fachkraft, Sachbearbeiter, Spezialist oder Assistenz tätig (39,5 %).

---

[15] Ergänzend ist zu erwähnen, dass keiner der Befragungsteilnehmer 20 Jahre oder jünger ist und diese zu wählende Variablenausprägung daher aus der Abbildung entfernt wurde.

Die Frage nach der einschlägigen Berufserfahrung, die die Probanden zur Ausübung des derzeitigen Berufs qualifiziert, ergibt die folgenden Antworten: 6 Personen geben an, noch über
keine einschlägige Berufserfahrung zu verfügen (0,9 %), 23 Probanden verfügen über weniger
als 1 Jahr Berufserfahrung (3,4 %), 34 Personen haben weniger als 2 Jahre Berufserfahrung
(5,1 %), 116 Personen haben weniger als 5 Jahre Berufserfahrung (17,3 %), 164 Probanden
verfügen über weniger als 10 Jahre Berufserfahrung im einschlägigen Bereich (24,5 %) und
326 Personen geben an, bereits 10 Jahre und mehr Berufserfahrung zu haben (48,7 %).

Soziodemografische Merkmale der Stichprobe		Anzahl(n)	Anteil (%)
Größe des Wirtschafts- unternehmens	1-9	48	7,2 %
	10-49	75	11,2 %
	50-249	176	26,3 %
	250-499	98	14,6 %
	500	227	33,9 %
	Frage trifft auf mich nicht zu (Selbstständiger)	10	1,5 %
	Frage trifft auf mich nicht zu (Staatsangestellter)	35	5,2 %
Kollegenanzahl im Team	1-5	204	30,5 %
	6-10	178	26,6 %
	11-15	108	16,1 %
	16-20	65	9,7 %
	≥ 21	109	16,3 %
	Ich habe keine Kollegen	5	0,7 %
Branchen- zugehörigkeit	Produktion	51	7,6 %
	Dienstleistung	451	67,4 %
	Handel	25	3,7 %
	Öffentliche Verwaltung	30	4,5 %
	Vereine & Verbände	11	1,6 %
	Sonstige Branchen	101	15,1 %
Zusammenarbeit mit dem direkten Vorgesetzten	1 Jahr	159	23,8 %
	1-2 Jahre	219	32,7 %
	3-4 Jahre	144	21,5 %
	5 Jahre und mehr	147	22,0 %
Geschlecht des direkten Vorgesetzten	Männlich	461	68,9 %
	Weiblich	208	31,1 %
Gesamt		669	100 %

Tab. 4: Soziodemografische Merkmale der Stichprobe (Teil 2)

Auf die Frage nach der Größe des Wirtschaftsunternehmens, für welches die Follower tätig
sind, antworten 48 Personen in einem Wirtschaftsunternehmen von 1-9 Mitarbeitern, welches
einem Kleinstunternehmen entspricht (7,2 %), 75 Personen arbeiten in einem Kleinunterneh-
men mit einer Mitarbeiteranzahl von 10-49 (11,2 %), 176 Personen arbeiten in einem Wirtschaftsunternehmen mit 50-249 Mitarbeitern (26,3 %) sowie 98 Personen in einem Wirtschaftsunternehmen mit 250-499 Mitarbeitern (14,6 %), die zu den Wirtschaftsorganisationen
mittlerer Unternehmensgröße zusammengefasst werden. 227 Personen geben an, in einem
Wirtschaftsunternehmen mit einer Mitarbeiteranzahl von 500 und mehr beschäftigt zu sein
(33,9 %), auf 10 Personen trifft diese Frage aufgrund von Selbstständigkeit sowie freiberufli-
cher Tätigkeit (1,5 %) oder der Tätigkeit als Staatsangestellter (5,2 %) nicht zu.

Auf die Frage nach der Größe des Teams, in dem die Follower arbeiten, gestalten sich die
Antworten wie folgt: 204 Personen arbeiten in einem Team mit einer Kollegenanzahl von 1-5

Kollegen (30,5 %), 178 Follower arbeiten in einem Team von 6-10 Personen (26,6 %), 108 Follower sind in einem Team mit einer Kollegenanzahl von 11-15 Personen beschäftigt (16,1 %), 65 Personen sind in Teams mit einer Anzahl von 16-20 Kollegen tätig (9,7 %) und 109 Follower geben an in Teamgrößen von 21 Kollegen und mehr zu arbeiten (16,3 %). 5 Follower berichten davon, keine Kollegen zu haben (0,7 %).

51 Follower geben an, in der Produktion beschäftigt zu sein (7,6 %), 451 Follower arbeiten im Bereich Dienstleistung (67,4 %), 25 Follower sind im Handel tätig (3,7 %), 30 Follower arbeiten in der öffentlichen Verwaltung (4,5 %), 11 Follower sind für Verbände und Vereine tätig (1,6 %) sowie 101 Follower in sonstigen Branchen beschäftigt (15,1 %). 159 Follower arbeiten bisher weniger als ein Jahr für ihren direkten Vorgesetzten (23,8 %), 219 Personen arbeiten seit 1-2 Jahren für den direkten Vorgesetzten (32,7 %), 144 Follower sind seit 3-4 Jahren für den direkten Vorgesetzten tätig (21,5 %), 147 Personen arbeiten bereits seit 5 Jahren und länger für den direkten Vorgesetzten (22,0 %). Weiterhin geben 461 der befragten Follower an, für einen männlichen Vorgesetzten tätig zu sein (68,9 %), während 208 Follower für eine weibliche Vorgesetzte arbeiten (31,1 %).

4.2 Psychometrische Eigenschaften und Beschreibung der Variablen

In diesem Abschnitt werden die Ergebnisse der psychometrischen Analysen der im Online-fragebogen erhobenen Items und Skalen aufgezeigt. Die Einschätzung der Skalen und Items erfolgt nach den in den Abschnitten 3.5.4.2 und 3.5.4.3 beschriebenen Kriterien. Für die Einzelitems wird der Anteil fehlender Werte, Mittelwert, Streuung (Standardabweichung und Standardfehler), Schiefe, Item-Korrelation (Trennschärfe) und Schwierigkeitsindex berechnet. Für jede Skala werden die zugehörigen Items aggregiert und anschließend durch ihre Gesamtanzahl dividiert und wiederum fehlende Werte, Mittelwert, Streuung, Schiefe, Boden- und Deckeneffekte sowie Cronbach's α als Maß für die interne Konsistenz betrachtet.

4.2.1 Psychometrische Eigenschaften und Beschreibung der Prädiktorvariablen

Alle teilnehmenden Probanden beantworteten die gleichen Fragen zu den Skalen *Identifikation mit den Zielen und der Vision der Organisation (IZV)*, sowie zu den Subskalen *Leader-Member-Exchange (LMX)*, *Charaktereinschätzung des Vorgesetzten (CE)*, *transformationelles Führungsverhalten (TFV)* und *Servant Leadership (SL)*, die zur Gesamtskala *wahrgenommene Qualität des Führungsverhaltens (WFV)* zusammengefasst werden.

4.2.1.1 Identifikation mit den Zielen und der Vision der Organisation

Von den 5 Items der Skala *Identifikation mit den Zielen und der Vision der Organisation (IZV)* sind drei positiv formuliert (höhere Werte bedeuten eine stärkere Identifikation), die verbleibenden zwei sind negativ formuliert und werden für die Auswertung so rekodiert (umgepolt), dass ebenfalls höhere Werte eine stärkere Identifikation signalisieren. Die psychometrischen Eigenschaften der Items der Skala IZV zeigt die nachfolgende Tabelle:

Nr	Items	FW	M	SD	SE	Schiefe	TS
1	Stehe hinter den Zielen	0,6 %	4,07	,906	,035	-,960	,735
2	Übereinstimmung eigene Zielsetzung & ORG-Vision	0,7 %	3,79	,983	,038	-,657	,662
3	Mit Zielen kann ich mit nicht identifizieren*	0,9 %	3,98	1,214	,047	-1,043	,486
4	Ich stehe für die Erreichung der Ziele ein	0,9 %	4,26	,858	,033	-1,218	,591
5	Hauptsache ich werde anständig bezahlt*	0,9 %	4,28	1,050	,041	-1,603	,446

Skala von 1 = trifft nicht zu bis 5 = trifft voll zu
*Item wurde vor der Auswertung rekodiert

Tab. 5: Psychometrie Einzelitems der Skala IZV

Die Items weisen zwischen 0,7 % und 0,9 % fehlende Werte auf. Eine Berechnung des Skalenwerts ist aufgrund von fehlenden Werten in 1,9 % der Fälle nicht möglich. Damit liegt der Anteil fehlender Werte im Toleranzbereich (< 5 %).

Die Antwortverteilung der einzelnen Items ist zumeist rechtssteil, was vor allem für das umgepolte Item 5 „Die Ziele und die Vision der Organisation sind mir relativ egal, Hauptsache ich werde ordentlich bezahlt" auffällt. Der Skalenmittelwert liegt bei 4,08, transformiert auf einen Wertebereich von 0 bis 100 liegt er bei 81,6 Punkten.

Die Item-Total-Korrelationen (Trennschärfen) liegen mit Werten zwischen ,446 und ,735 für 4 Items im erwünschten Bereich zwischen 0,4 und 0,7 und mit einem Item marginal höher. Die Item-Schwierigkeit liegt für die 5 Items im Bereich von 69,8 % -82,0 %, mit Item 4 und 5 minimal über der Toleranzgrenze von < 80 %. Die Skala weist insgesamt eine akzeptable bis gute interne Konsistenz von Cronbach's α = ,791 auf.

4.2.1.2 Qualität des wahrgenommenen Führungsverhaltens

In den folgenden Abschnitten werden die Subskalen der wahrgenommenen Qualität des Führungsverhaltens auf ihre psychometrischen Eigenschaften hin überprüft. In einem weiteren Schritt wird bewertet, wie gut die eingesetzten Subskalen die Erfassung des Konstrukts *wahrgenommene Qualität des Führungsverhaltens (WFV)* abbilden und ob sich die einzelnen Subskalen sinnvoll zu einer Skala zusammenfügen lassen.

4.2.1.2.1 Beziehung zum Vorgesetzten (Leader-Member-Exchange)

Die sieben Items der *Leader-Member-Exchange (LMX)* Skala sind alle positiv formuliert und sind anhand unterschiedlicher Antwortkategorien zu beantworten, die alle über eine einheitliche Skalenlänge von fünf Abstufungen verfügen. Dies geht aus der nachfolgenden Tabelle hervor:

Nr	Items	FW	M	SD	SE	Schiefe	TS
1	Wissen um die Einschätzung des VGs	0,9 %	3,80	,816	,032	-,851	,481
2	Verständnis des VGs um Probleme und Bedürfnisse	1,0 %	3,59	,992	,039	-,491	,781
3	VG erkennt Entwicklungsmöglichkeiten	1,6 %	3,51	1,037	,040	-,530	,726
4	VG nutzt Einfluss, um bei Arbeitsproblemen zu helfen	0,6 %	3,69	1,055	,041	-,555	,781
5	VG hilft auf seine Kosten aus der Klemme	2,5 %	3,08	1,219	,048	-,156	,677
6	Vertrauen in VG, um Entscheidungen zu verteidigen	0,6 %	3,72	,964	,037	-,745	,760
7	Arbeitsverhältnis zum VG	0,3 %	3,87	,899	,035	-,678	,759

Skala Item 1 von 1 = nie bis 5 = immer; Skala Item 2 & 3 von 1 = gar nicht bis 5 = sehr gut; Skala Item 4 & 5 von 1 = gering bis 5 = hoch, Skala Item 6 von 1 = trifft gar nicht zu bis 5 = völlig, Skala Item 7 von 1 = sehr ineffektiv bis 5 = sehr effektiv

Tab. 6: Psychometrie Einzelitems der Skala LMX

Die verwendeten Items weisen fehlende Werte zwischen 0,3 % und 2,5 % auf und liegen damit im Toleranzbereich. Die Berechnung des Skalenwerts ist in 5,2 % der Fälle nicht möglich und liegt damit knapp über dem Toleranzbereich (< 5 %). Eine Analyse der fehlenden Werte liefert keine signifikanten Ergebnisse und es können keine eventuellen Muster oder signifikante Unterschiede zwischen Probanden, die die Items beantworten und solchen, die dies nicht tun, ausfindig gemacht werden. Es wird daher davon ausgegangen, dass die fehlenden Werte rein zufällig fehlen (*missing completely at random*).

Die Verteilung der Antwortmöglichkeiten der einzelnen Items ist rechtssteil. Der Skalenmittelwert ist 3,60 und liegt transformiert auf einen Wertebereich von 0-100 bei 72,0. Die Trennschärfen der Items liegen bei Werten zwischen ,481 und ,781. 5 der 7 Items liegen oberhalb des erwünschten Bereiches zwischen 0,40 und 0,70. Die Schwierigkeitsindices der Items liegen mit Werten zwischen 52,0 % -71,8 % alle im wünschenswerten Rahmen.

Die Skala verfügt insgesamt über eine hervorragende interne Reliabilität von Cronbach's α = ,900 und verbessert sich auf ,907 wenn das Item 1 *„Wissen Sie im Allgemeinen, wie Ihr Vorgesetzter Sie einschätzt?"* eliminiert wird.

4.2.1.2.2 Beurteilung des Charakters des Vorgesetzten (CE)

Von den 7 verwendeten Items der Skala CE sind 5 Items positiv und 2 Items negativ formuliert. Diese werden vor der Auswertung entsprechend invertiert, so dass hohe Werte für eine positive Beurteilung des Charakters des Vorgesetzten sprechen. Die psychometrischen Eigenschaften der Skala sind in nachfolgender Tabelle aufgeführt:

Nr	Items	FW	M	SD	SE	Schiefe	TS
1	VG ist Person, die als Mensch geschätzt wird	0,6 %	3,90	1,120	,043	-,879	,793
2	VG hat ehrlichen und aufrichtigen Charakter	1,2 %	3,82	1,175	,046	-,861	,842
3	VG verfügt über guten Ruf	1,3 %	3,76	1,099	,043	-,671	,736
4	VG ist überwiegend auf eigenen Vorteil bedacht*	1,5 %	3,34	1,265	,049	-,420	,695
5	VG setzt immer den eigenen Willen durch*	1,2 %	3,12	1,196	,047	-,202	,536
6	VG ist stets fair und zuverlässig	0,4 %	3,61	1,099	,043	-,547	,795
7	VG hat hohe Intelligenz & für Job relevante Fähigkeiten	0,6 %	4,01	1,061	,041	-1,010	,646

Skala von 1 = trifft nicht zu bis 5 = trifft voll zu
*Item wurde vor der Auswertung rekodiert

Tab. 7: Psychometrie Einzelitems der Skala CE

155

Die Items zeigen fehlende Werte zwischen 0,4 % und 1,5 % auf, eine Berechnung des Skalenmittelwerts war aufgrund fehlender Werte in 4,0 % der Fälle nicht möglich, was im Toleranzbereich von < 5 % liegt. Der Skalenmittelwert ist 3,65 und liegt bei 73,0, insofern der Mittelwert auf einen Wertebereich von 0-100 transformiert wird.

Die Verteilung der Antwortmöglichkeiten ist erneut rechtssteil, was besonders für das Item 7 „Mein Vorgesetzter verfügt über hohe Intelligenz und die für den Job relevanten Fähigkeiten und Kompetenzen" auffällt. Die Item-Total-Korrelationen liegen im Bereich zwischen ,536 und ,842. Vier der sieben Items liegen oberhalb des erwünschten Bereichs zwischen 0,40 und 0,70. Die Item-Schwierigkeit liegt für alle Items im erwünschten Ausmaß mit Werten von 53,0 % -75,3 %.

Die Skala verfügt über eine ausgezeichnete interne Konsistenz von Cronbach's α = ,905. Die interne Reliabilität verbessert sich sogar auf Cronbach's α = ,911, insofern das Item 5 *„Mein Vorgesetzter setzt seinen Willen durch, komme was wolle"* gelöscht wird.

4.2.1.2.3 Transformationales Führungsverhalten (TFV)

Die Skala TFV besteht aus 7 Items, die alle positiv formuliert sind. Wie der nachfolgenden Tabelle zu entnehmen ist, weisen die verschiedenen Items fehlende Werte zwischen 0,4 % und 1,3 % auf:

Nr	Items	FW	M	SD	SE	Schiefe	TS
1	VG kommuniziert positive Zukunftsvision	1,0 %	3,56	1,024	,040	-,456	,738
2	VG schätzt Individuen & unterstützt Entwicklung	1,2 %	3,67	1,057	,041	-,506	,824
3	VG ermutigt & wertschätzt Mitarbeiter	0,4 %	3,61	1,068	,041	-,474	,822
4	VG fördert Vertrauen, Einbindung und Kooperation	1,0 %	3,53	1,117	,043	-,462	,818
5	VG fördert Innovation und hinterfragt Annahmen	1,3 %	3,59	1,077	,042	-,521	,747
6	VG steht zu Werten und tut, was er sagt	0,6 %	3,77	1,045	,041	-,649	,743
7	VG verursacht Stolz und inspiriert mich	1,3 %	3,36	1,180	,046	-,343	,813

Skala von 1 = trifft nicht zu bis 5 = trifft voll zu

Tab. 8: Psychometrie Einzelitems der Skala TFV

Der Skalenmittelwert liegt bei 3,58 und bei einem Wertebereich transformiert von 0-100 bei 71,6. Bei 4,5 % der Fälle ist die Berechnung des Skalenmittelwerts aufgrund fehlender Werte nicht möglich, was unterhalb der Toleranzgrenze von 5 % liegt.

Die Antwortverteilungen der einzelnen Items sind rechtssteil, was vor allem für das Item 6 „Mein Vorgesetzter steht klar zu seinen Werten und tut was er sagt" auffällt. Die Trennschärfe der einzelnen Items liegt bei Werten von ,738 bis ,824 und damit bei allen Items über dem erwünschten Bereich von 0,70. Dies deutet auf einen sehr leichten Schwierigkeitsgrad hin, spricht jedoch auch für die sehr gute Vorhersagekraft der einzelnen Items auf das gesamte Testergebnis der Skala. Die Überprüfung der Schwierigkeitsindices zeigt für alle Items Ergebnisse im Wertebereich zwischen 52,0 % - 71,8 % und liegt damit im wünschenswerten Ausmaß. Die interne Konsistenz der Skala TFV, gemessen durch Cronbach's α, ist mit einem Wert von ,934 als hervorragend zu werten.

4.2.1.2.4 Servant Leadership (SL)

Die Skala SL besteht wie die Skala TFV aus 7 Items, die ebenfalls alle positiv formuliert sind und somit hohe Werte bei allen Items eine hohe Zustimmung signalisieren. Die psychometrischen Eigenschaften der Skala SL sind in der nachfolgenden Tabelle aufgeführt:

Nr	Items	FW	M	SD	SE	Schiefe	TS
1	VG erkennt, wenn arbeitsbezogenes schief läuft	0,7 %	3,75	,945	,037	-,599	,515
2	VG macht meine berufliche Entwicklung zur Priorität	2,1 %	2,82	1,154	,045	,012	,675
3	Suche bei persönlichem Problem Hilfe bei VG	0,4 %	2,89	1,364	,053	,023	,654
4	VG betont Wichtigkeit, an Gemeinschaft zurückzugeben	3,6 %	2,95	1,201	,047	-,003	,643
5	VG stellt mein Wohl vor das Seine	6,9	2,25	1,064	,043	,479	,714
6	VG lässt Freiheit, schwierige Situationen selbst zu lösen	0,6 %	3,78	1,055	,041	-,827	,429
7	VG bricht keine ethischen Grundsätze	7,5 %	3,75	1,234	,050	-,772	,451

Skala von 1 = trifft nicht zu bis 5 = trifft voll zu

Tab. 9: Psychometrie Einzelitems der Skala SL

Die Items der Skala SL weisen insgesamt fehlende Werte zwischen 0,6 % und 7,5 % auf, was deutlich über dem Toleranzbereich (< 5 %) liegt. Dies fällt vor allem bei Item 5 „*Mein Vorgesetzter stellt mein Wohl vor das Seine*" (fehlende Werte 6,9 %) und Item 7 „*Um erfolgreich zu sein, würde mein Vorgesetzter ethische Grundsätze nicht missachten*" (7,5 %) auf. Die Berechnung des Skalenmittelwerts ist aufgrund fehlender Werte in 15,1 % der Fälle nicht möglich. Eine Analyse der fehlenden Werte anhand des MCAR-Tests nach Little ergibt jedoch keine signifikanten Ergebnisse und ebenfalls keine signifikanten Muster zwischen Probanden, die die Items beantworteten und solchen, die dies nicht tun. Deshalb wird sich aufgrund des dennoch hohen Stichprobenumfangs (N = 568) weiterhin für die Methode des listenweisen Fallsausschlusses entschieden.

Der Skalenmittelwert liegt bei 3,14, was einem Wert von 62,8 entspricht, wird der Mittelwert von 0-100 transformiert. Die Verteilung der Antwortkategorien ist annähernd normal verteilt. Die Item-Total-Korrelationen liegen bei Werten zwischen ,451 und ,714 und sind damit annähernd alle im erwünschten Bereich zwischen 0,40 bis 0,70, wobei die Items 1, 5 und 6 eher niedrige Trennschärfen aufweisen. Eine Eliminierung der Items wirkt sich jedoch nicht positiv auf die interne Konsistenz der Skala aus. Die Items liegen mit Schwierigkeitsindices von 31,3 % - 68,8 % alle im wünschenswerten Wertebereich. Die Skala verfügt insgesamt über eine gute interne Reliabilität von Cronbach's α = ,831.

4.2.1.2.5 Bildung einer Gesamtskala zur Erfassung der wahrgenommenen Qualität des Führungsverhaltens (WFV)

Nach der Analyse der psychometrischen Eigenschaften aller einzelnen Items und Subskalen zur mehrdimensionalen Erfassung der *wahrgenommenen Qualität des Führungsverhaltens (WFV)*, wird in einem weiteren Schritt überprüft, wie gut die verwendeten Skalen das Gesamtkonzept *Wahrgenommene Qualität des Führungsverhaltens (WFV)* in seinen verschiedenen Facetten abbilden und ob sich die eingesetzten Subskalen sinnvoll zu einer Skala zusammenfügen lassen.

In Kapitel 2 wird die Bereitschaft zu folgen von der Beziehung zum Vorgesetzten, der Einschätzung dessen Charakters und von der Demonstration eines evolutionären Führungsstils des Vorgesetzten abhängig gemacht, welcher sich, gemäß den theoretischen Ausführungen, aus einer Mischform aus transformationalem Führungsverhalten und Servant Leadership zusammensetzt (van Vugt & Ahuja, 2010). Mit den vier in der Befragung eingesetzten Subskalen wird der Versuch unternommen, diese Dimensionen zu operationalisieren. In diesem Abschnitt werden die Ergebnisse der Korrelations- und Faktorenanalysen zu der Frage berichtet, welche Dimensionalität den Subskalen zu WFV zugrunde liegen und ob sich die aus der Theorie abgeleiteten vier Dimensionen von WFV bestätigen lassen. Alle Analysen erfolgen auf Basis der Skalenwerte der Subskalen zu WFV.

Um zu überprüfen, welche Dimensionen den verwendeten Subskalen zur Erfassung von WFV zugrunde liegen, werden die Korrelationen der Skalenwerte der vier Skalen *Follower-Leader-Beziehung (LMX)*, *Beurteilung des Charakters des VGs (CE)*, *transformationales Führungsverhalten (TFV)* und *Servant Leadership (SL)* betrachtet.

	Skala	n	Fehlende Werte (in %)	CB's α	M	LMX	CE	TFV	SL
1	LMX	634	5,2	,900	3,60	--	--	--	--
2	CE	642	4,0	,905	3,65	,780	--	--	--
3	TFV	639	4,5	,934	3,58	,837	,821	--	--
4	SL	568	15,1	,831	3,14	,787	,762	,815	--
	Gesamt	**536**	**19,9**	,967	3,47	,915	,916	,951	,909

Tab. 10: Korrelationen der Skalen zur Erfassung von WFV

Korrelationen mittlerer Höhe ($0,25 \leq r \leq 0,50$) sprechen dafür, dass Skalen zwar miteinander in Beziehung stehende Konstrukte messen, aber konzeptuell Unterschiedliches messen. Die in der obigen Tabelle fettgedruckten Korrelationskoeffizienten weisen auf hohe Korrelationen ($r > 0,50$) hin, die anzeigen, dass sich die vier Subskalen scheinbar inhaltlich stark überschneiden und gemeinsam etwas konzeptuell Ähnliches erfassen.

Zunächst wird anhand einer Faktorenanalyse überprüft, ob die vier verwendeten Subskalen LMX, CE, TFV und SL selbst eindimensional sind, was der Fall ist. Für alle vier Skalen kann nur ein Faktor mit einem Eigenwert über 1 extrahiert werden. Anschließend wird eine weitere Faktorenanalyse vorgenommen, in die als Variablen die für die Gesamtstichprobe vorliegenden Skalenwerte der vier Subskalen LMX, CE, TFV und SL eingesetzt werden. Auf diese Weise wird ein Eigenwert von 3,44 extrahiert, der eine Varianzaufklärung von 85,97 % erreicht. Die vier Subskalenwerte laden in etwa gleicher Höhe auf dem Faktor (LMX = ,922, CE = 9,19, TFV = 9,51 und SL = ,917).

Die Skala WFV weist entsprechend ihrer Subskalen weder einen Boden- noch Deckeneffekt auf und erreicht einen optimalen Skalenfit von 100 %, d. h. alle Items der Subskalen korrelieren am höchsten mit ihren eigenen Skalen. Weiterhin verfügt die Gesamtskala über eine hervorragende interne Konsistenz von Cronbach's α = ,967. Die weiteren psychometrischen Eigenschaften der Skala WFV sind in nachfolgender Tabelle zusammengefasst:

Skala	Items	Trennschärfe	Trennschärfe ≥ 0,40	Skalenfit	Cb 's α
LMX (Führer-Geführten-Beziehung)	7	,481 - ,781	100 %	100 %	,900
CE (Charaktereinschätzung VG)	7	,536 - ,842	100 %	100 %	,905
TFV (Transformationales Führungsverhalten)	7	,738 - ,824	100 %	100 %	,934
SL (Servant Leadership)	7	,451 - ,714	100 %	100 %	,831
Gesamt	28	,451 - ,824	100 %	100 %	,967

Tab. 11: Psychometrie Skala WFV

Diese Ergebnisse bestätigen die Möglichkeit, die vier Subskalen zu einer Gesamtskala zusammenzufassen. Eine Analyse der psychometrischen Eigenschaften weist insgesamt 19,9 % fehlende Werte auf, was den Toleranzbereich von 5 % deutlich übersteigt. Diese hohe Anzahl ist durch die hohe Menge fehlender Werte der SL-Subskala zurückzuführen. Aufgrund der dennoch hohen Stichprobenanzahl von N = 536 wird weiterhin die Methode des listenweisen Fallausschlusses beibehalten und es werden keine Mittelwerte ersetzt. Die Erfüllung der MCAR-Bedingung wurde bereits für die Subskala SL überprüft und ergab keine Muster zwischen Probanden, die die Items beantworteten und solchen, die es nicht taten.

4.2.2 Psychometrische Eigenschaften und Beschreibung der intervenierenden Variablen

Weiterhin wurden in der Onlineuntersuchung Fragen zu den Skalen *Selbstwirksamkeitserwartung (SW)* und *Motivation to Lead (MtL)* beantwortet, von deren jeweiliger Ausprägung die Einstufung des Followertyps abhängig gemacht wird.

4.2.2.1 Beurteilung der eigenen Fähigkeiten (berufliche Selbstwirksamkeitserwartung)

Alle Items der Skala *Berufliche Selbstwirksamkeitserwartung (SW)* sind positiv formuliert, so dass höhere Werte auf eine stärkere Ausprägung hinweisen. Die psychometrischen Eigenschaften der Skala sind in der nachfolgenden Tabelle aufgeführt:

Nr	Items	FW	M	SD	SE	Schiefe	TS
1	In unerwarteten Situationen weiß ich, wie ich mich verhalte	0,1 %	3,71	,754	,029	-,667	,595
2	Für jedes Problem habe ich eine Lösung	0,7 %	3,66	,781	,030	-,594	,608
3	Verlass auf die eigenen Fähigkeiten	0,1 %	3,87	,857	,033	-,679	,722
4	Ideenreichtum, um mit Problemen fertig zu werden	0,1 %	3,84	,741	,029	-,161	,570
5	Positiver Umgang gegenüber Konfrontation mit Neuem	0,3 %	3,87	,700	,027	-,320	,625
6	Klarkommen, egal was im Berufsleben passiert	0,7 %	4,14	,778	,030	-,813	,590
7	Durch berufl. Erfahrung gut auf berufl. Zukunft vorbereitet	0,4 %	4,20	,778	,030	-,805	,677
8	Erreichen der gesetzten beruflichen Ziele	1,5 %	3,98	,796	,031	-,442	,515
9	Fühle mich beruflichen Anforderungen gewachsen	0,1 %	4,22	,688	,027	-,672	,639

Skala von 1 = trifft nicht zu bis 5 = trifft voll zu

Tab. 12: Psychometrie Einzelitems der Skala SW

Die Items weisen zwischen 0,1 % und 0,7 % fehlende Werte auf. Eine Berechnung des Skalenwertes konnte in 2,7 % der Fälle wegen fehlender Werte nicht erfolgen und liegt innerhalb des Toleranzbereichs (< 5 %). Die Antwortmöglichkeiten der einzelnen Items sind vorwiegend rechtssteil, was in einem relativ hohen Skalenmittelwert von 3,95 resultiert. Transformiert auf einen Wertebereich zwischen 0-100 liegt dieser bei 79,0. Die Skala verfügt über eine gute bis sehr gute interne Konsistenz von Cronbachs α = ,875.

Obwohl die Inter-Item-Korrelation mit Werten zwischen ,515 und ,722 insgesamt im erwünschten Bereich oder marginal höher liegt, wird eine Hauptkomponentenanalyse mit Varimax-Rotation vorgenommen, um die Struktur der Daten zu überprüfen. Diese bestätigt die Eindimensionalität der Skala, indem lediglich ein Faktor mit einem Eigenwert >1 extrahiert werden kann. Die Schwierigkeitsindices der verwendeten Items liegen mit Prozentwerten von 66,5 % - 80,5 % für 8 Items im wünschenswerten Rahmen, lediglich das Item 9 führt zur minimalen Überschreitung der Grenze von 80 %.

4.2.2.2 Führungsaspiration (Motivation to Lead)

Von den neun Items der Skala *Führungsaspiration (MtL)* sind fünf positiv formuliert (höhere Werte bedeuten eine stärkere Motivation, andere zu führen), die verbleibenden vier Items sind negativ formuliert und werden für die Auswertung so rekodiert (umgepolt), dass ebenfalls höhere Werte eine stärkere Motivation, andere zu führen, signalisieren. Die psychometrischen Eigenschaften der Items der Skala MtL zeigt die nachfolgende Tabelle:

Nr	Items	FW	M	SD	SE	Schiefe	TS
1	Ziehe es vor, die Gruppe zu führen	0,6 %	3,49	,930	,036	-,260	,704
2	Kein Interesse, andere zu führen*	0,1 %	3,89	1,071	,041	-,815	,649
3	Nicht der geborene Anführer*	0,3 %	3,67	1,169	,045	-,636	,647
4	Bestimme gerne, was andere tun	0,7 %	2,99	1,001	,039	-,109	,518
5	Bin einer Gruppe als Follower dienlicher*	1,5 %	3,56	1,026	,040	-,480	,676
6	Normalerweise möchte ich Leader in Gruppen sein	0,3 %	3,05	1,025	,040	-,139	,722
7	Unterstütze Leader, möchte aber keiner sein*	0,4 %	3,37	1,106	,043	-,340	,657
8	Neigung, die Führung zu übernehmen in Gruppen	0,7 %	3,28	1,057	,041	-,279	,754
9	Keine Scheu, Führung zu übernehmen	1,0 %	3,45	1,126	,044	-,509	,609

Skala von 1 = trifft nicht zu bis 5 = trifft voll zu
*Item wurde vor der Auswertung rekodiert

Tab. 13: Psychometrie Einzelitems der Skala MtL

Die Items weisen zwischen 0,1 % und 1,5 % fehlende Werte auf. Eine Berechnung des Skalenwerts ist aufgrund von fehlenden Werten in 3,3 % der Fälle nicht möglich und liegt damit innerhalb des Toleranzbereichs (< 5 %).

Die Antwortverteilung der einzelnen Items ist zumeist rechtssteil, was vor allem für das umgepolte Item 2 „*Ich bin der Typ Mensch, der kein Interesse daran hat, andere zu führen*" auffällt. Der Skalenmittelwert liegt bei 3,89, transformiert auf einen Wertebereich von 0-100 liegt er bei 77,8 Punkten.

Die Item-Total-Korrelationen (Trennschärfen) liegen mit Werten zwischen ,518 und ,754 für 6 Items im erwünschten Bereich zwischen 0,4 und 0,7 und mit drei Items marginal höher. Die Schwierigkeitsindices der verwendeten Items liegen mit Prozentwerten von 49,8 % - 72,3 % für alle Items im wünschenswerten Rahmen.

Die Skala weist insgesamt eine gute interne Konsistenz von Cronbach's α = ,896 auf. Obwohl die Inter-Item-Korrelationen insgesamt im erwünschten Bereich oder marginal höher liegen, wird eine Hauptkomponentenanalyse mit Varimax-Rotation vorgenommen, um die Struktur der Daten zu überprüfen.

Es können zwei Faktoren mit einem Eigenwert > 1 extrahiert werden, die zusammen 67,30 % der Varianz aufklären. Für die Zuordnung der Items wird das Kriterium der Faktorladung ≥ 0,40 gewählt. In der rotierten Komponenten-Matrix lassen sich alle Items eindeutig einem der beiden Faktoren zuweisen. Die Ergebnisse sind in der nachfolgenden Tabelle aufgeführt und zeigen die Zuordnung der Items zu den Faktoren und ihre Faktorladungen:

Nr.		Items	Komponente		Kumm. Varianz
			1	2	
F1	1	Ziehe es vor, die Gruppe zu führen	,726		
	4	Bestimme gerne, was andere tun	,761		
	6	Normalerweise möchte ich Leader in Gruppen sein	,824		55,08
	8	Neigung, die Führung zu übernehmen in Gruppen	,800		
	9	Keine Scheu, Führung zu übernehmen	,630		
F2	2	Kein Interesse, andere zu führen*		,825	
	3	Nicht der geborene Anführer*		,821	67,30
	5	Bin einer Gruppe als Follower dienlicher*		,753	
	7	Unterstütze Leader, möchte aber keiner sein*		,722	
		F1 = Leaderpräferenz (Motivation to Lead)			
		F2 = Followerpräferenz (Motivation to Follow)			

* Item wurde vor der Auswertung rekodiert

Tab. 14: Faktorenanalyse Skala Motivation to Lead (MtL)

Faktor 1 lässt sich im Sinne der Führungsaspiration und einer *Leader-Präferenz* deuten, Faktor 2 kann gegenteilig als *Follower-Präferenz* interpretiert werden. Auffällig ist, dass Faktor 1 alle positiv formulierten Items zusammenfasst und Faktor 2 alle negativ formulierten Items vereint, die vor der Auswertung jedoch korrekt invertiert wurden.

Eine Konstruktvalidierung der MtL-Skala nach ihrer Faktoranalytischen Zerlegung in zwei Subskalen „Leader-Präferenz" und „Follower-Präferenz" erbringt folgende Resultate: Die Items korrelieren mit ihren Subskalen in Höhe von ,563 bis ,796, was zu den Werten der eindimensionalen Skala von ,518 bis ,754 keine deutliche Verbesserung darstellt. Die internen Konsistenzen der extrahierten Faktoren liegen bei Cronbach's α = ,848 für die Skala Followerpräferenz und bei Cronbach's α = ,862 für die Skala Leaderpräferenz, was im Vergleich zur internen Konsistenz der Skala MtL von Cronbach's α = ,896 eine Verschlechterung bedeutet. Hieraus ist der Schluss zu ziehen, dass die Aufteilung der Skala MtL in die Subskalen Followerpräferenz und Leaderpräferenz keine Vorteile bringt, was den Skalenfit und die internen Reliabilitäten anbelangt und wird daher verworfen.

4.2.3 Psychometrische Eigenschaften und Beschreibung der Kriteriumsvariablen

Alle teilnehmenden Probanden beantworteten die gleichen Fragen zu den Skalen *Folgebereitschaft (FB)*, sowie zu den Subskalen *OCB-Hilfsbereitschaft (OCB-HB)*, *OCB-Gewissenhaftigkeit (OCB-GH)*, *OCB-Unkompliziertheit (OCB-UK)* und *OCB-Eigeninitiative (OCB-EI)*, von denen angenommen wird, dass sie sich durch die Skalen IZV und WFV als Prädiktoren vorhersagen lassen.

4.2.3.1 Folgebereitschaft (FB)

Von den sieben Items der anhand der Literaturanalyse selbstentwickelten Skala FB, die die Folgebereitschaft der Mitarbeiter messen soll, sind fünf Items positiv formuliert und zwei negativ. Diese wurden vor der Auswertung entsprechend rekodiert. Die psychometrischen Eigenschaften der Skala FB zeigt die nachfolgende Tabelle:

Nr	Items	FW	M	SD	SE	Schiefe	TS
1	VG nicht nur weisungsbefugt, sondern richtungsweisend	1,0 %	3,37	1,074	,042	-,499	,686
2	VG bewegt mich zu besonderen Leistungen	0,3 %	3,35	1,111	,043	-,365	,647
3	Führungsannahme im Sinne der Zielerreichung	2,1 %	3,52	,976	,038	-,568	,482
4	Überzeugung, Job besser als der VG machen zu können*	1,8 %	3,73	1,117	,044	-,620	,553
5	Berechtigung der Überstellung des VG	4,8 %	3,84	1,119	,044	-,968	,507
6	Kein Unterschied, ob es Vorgesetzten gibt oder nicht*	1,5 %	2,67	1,233	,048	,327	,342
7	Überzeugung, vom Vorgesetzten lernen zu können	0,7 %	3,39	1,248	,048	-,298	,687

Skala von 1 = trifft nicht zu bis 5 = trifft voll zu
*Item wurde vor der Auswertung rekodiert

Tab. 15: Psychometrie Einzelitems der Skala FB

Die Items weisen fehlende Werte zwischen 0,3 % und 2,1 % auf, mit dem Item 5 als Ausreißer mit einem Wert von 4,8 %. Die Berechnung des Skalenmittelwerts ist in 8,4 % der Fälle aufgrund von fehlenden Werten nicht möglich und liegt damit oberhalb des Toleranzbereichs von < 5 %. Eine Analyse der fehlenden Werte anhand des MCAR-Tests nach Little zeigt keine signifikanten Ergebnisse und auch die Suche nach Mustern zwischen Probanden, die die Items beantworteten und solchen, die dies nicht tun, zeigt keine Auffälligkeiten. Der Skalenmittelwert entspricht 3,41 und liegt transformiert auf einen Wertebereich von 0-100 bei 68,2.

Die Antwortverteilung der einzelnen Items ist zumeist rechtssteil, mit Ausnahme des umgepolten Items 6 *„Ob es meinen Vorgesetzten gibt oder nicht, macht für mich keinen Unterschied, die von mir erbrachte Leistung ist immer gleich"*, welches stark linkssteil ist mit mehr als der Hälfte der Antworten in den beiden niedrigsten Kategorien „trifft voll zu" und „trifft eher zu".

Die Trennschärfen der einzelnen Items liegen für sechs der sieben Items mit Werten zwischen ,482 und ,687 im Toleranzbereich, lediglich das Item 6 weist mit ,342 eine geringe Trennschärfe auf. Die Schwierigkeitsindices der verwendeten Items liegen alle im erwünschten Bereich mit Werten zwischen 41,8 % und 68,3 %. Die Skala hat insgesamt eine gute interne

Konsistenz von Cronbach's α = ,814, die sich durch die Elimination des Items 6 auf Cronbach's α = ,828 verbessert.

Angesichts der ansonsten guten Item-Eigenschaften könnte die geringe Item-Skalen-Korrelation (Trennschärfe) des Items 6 darauf verweisen, dass dieses Item etwas anderes misst als die übrigen Items und die Skala nicht eindimensional ist. Um dies zu überprüfen, wird eine Faktorenanalyse der sieben Items durchgeführt.

Es können zwei Faktoren mit einem Eigenwert > 1 extrahiert werden, die zusammen 63,30 % der Varianz aufklären. Für die Zuordnung der Items wird das Kriterium der Faktorladung ≥ 0,40 gewählt. In der rotierten Komponenten-Matrix lassen sich alle Items bis auf Item 5 eindeutig einem der beiden Faktoren zuweisen. Die Ergebnisse sind in der nachfolgenden Tabelle aufgeführt und zeigen die Zuordnung der Items zu den Faktoren und ihre Faktorladungen:

	Nr.	Items	Komponente		Kumm. Varianz
			1	2	
F1	1	VG nicht nur weisungsbefugt, sondern richtungsweisend	,813		
	2	VG bewegt mich zu besonderen Leistungen	,809		48,76 %
	3	Bereitwillige Führungsannahme im Sinne der Zielerreichung	,781		
	7	Überzeugung, vom Vorgesetzten lernen zu können**	,658		
F2	4	Überzeugung, den Job besser als der VG machen zu können		,747	
	5	Berechtigung der Überstellung des VG**		,469	63,30 %
	6	Kein Unterschied, ob es Vorgesetzten gibt oder nicht		,813	
		F1 = Folgebereitschaft (FaFB)			
		F2 = Selbstmanagementüberzeugung (FaSM)			

**Item lädt auf mehr als einem Faktor

Tab. 16: Faktorenanalyse der Skala FB

Nachdem Item 5 *„Dass mein Vorgesetzter mir überstellt ist, hat bezogen auf die Zielerreichung der Organisation seine Berechtigung"* sowohl auf Faktor 1 als auch auf Faktor 2 mit einer Faktorenladung von über 0,4 lädt, wird es dem Faktor zugeordnet, mit dem es inhaltlich besser korrespondiert. Faktor 1 kann im Sinne von Folgebereitschaft gedeutet werden, Faktor 2 kann als Selbstmanagementüberzeugung interpretiert werden.

Die Konstruktvalidierung der Skala FB nach ihrer faktoranalytischen Zerlegung in zwei Subskalen erbringt folgende Resultate: Die jeweiligen Items korrelieren mit ihren Subskalen in sehr hohem Maße (zwischen r = ,691 und r = ,834). Die internen Konsistenzen der Subskalen liegen für *Selbstmanagementüberzeugung (FaSM)* bei Cronbach's α = ,596 und für *Folgebereitschaft (FaFB)* bei Cronbach's α = ,825. Die Item-Total-Korrelationen zeigen, dass sich die interne Konsistenz der Skala FaSM auf Cronbach's α = ,599 verbessert, insofern Item 5 eliminiert wird. Die beiden Subskalen korrelieren untereinander in mittlerer Höhe von r = ,531. Korrelationen mittlerer Höhe (0,25 ≤ r ≤ 0,50) sprechen dafür, dass Skalen zwar miteinander in Beziehung stehende Konstrukte, aber konzeptuell Unterschiedliches messen. Dennoch wird in Anbetracht der fragwürdigen internen Konsistenz des zweiten Faktors „Selbstmanagementüberzeugung" entschieden, dass die Aufteilung der Skala FB in zwei Subskalen keine Vorteile bringt und wird daher verworfen.

4.2.3.2 Follower-OCB-Verhalten

Das Follower-OCB-Verhalten wird anhand der Subskalen OCB-HB, OCB-GH, OCB-UK und OCB-EI gemessen, welche in den nachfolgenden Abschnitten näher beschrieben werden.

4.2.3.2.1 OCB-Hilfsbereitschaft (OCB-HB)

Die Subskala OCB-HB setzt sich aus 5 Items zusammen, die alle positiv formuliert sind. Die psychometrischen Eigenschaften der Skala sind in nachfolgender Tabelle zusammengefasst:

Nr	Items	FW	M	SD	SE	Schiefe	TS
1	Anderen helfen bei Überlastung	0,3 %	4,30	,733	,028	-,925	,483
2	Bei Meinungsverschiedenheiten ausgleichend einwirken	0,6 %	4,08	,789	,031	-,561	,467
3	Freiwillige Initiative zur Einarbeitung neuer Kollegen	0,9 %	4,08	,867	,034	-,814	,515
4	Aktive Bemühung, Schwierigkeiten mit Kollegen vorzubeugen	0,4 %	4,11	,804	,031	-,842	,571
5	Ermunterung von niedergeschlagenen Kollegen	0,3 %	4,37	,705	,027	-,988	,576

Skala von 1 = trifft nicht zu bis 5 = trifft voll zu

Tab. 17: Psychometrie Einzelitems der Skala OCB-HB

Die Items weisen fehlende Werte zwischen 0,3 % und 0,9 % auf, wodurch die Berechnung des Skalenmittelwerts in 1,9 % nicht möglich ist und damit innerhalb des Toleranzbereich (< 5 %) liegt. Der Skalenmittelwert liegt bei 4,19 was einem transformierten Mittelwert von 0-100 von 83,8 entspricht.

Die Antwortmöglichkeiten der einzelnen Items sind stark rechtssteil, was insbesondere für Item 5 *„Ich ermuntere Kollegen, wenn diese niedergeschlagen sind"* mit einem Mittelwert von 4,37 und Item 1 *„Ich helfe anderen, wenn diese mit der Arbeit überlastet sind"* auffällt, mit jeweils fast der Hälfte der Antworten in der positivsten Kategorie. Die Item-Total-Korrelationen liegen mit Werten zwischen ,483 und ,576 alle im erwünschten Bereich. Die Schwierigkeitsindices der verwendeten Items bewegen sich im Rahmen von 77,0 % - 84,25 % und überschreiten mit Item Nr. 1 (82,5 %) und Item Nr. 5 (84,3 %) den Toleranzbereich. Die interne Skalenkonsistenz gemessen in Cronbach's α entspricht ,754 und ist damit als gut einzustufen.

4.2.3.2.2 OCB-Gewissenhaftigkeit (OCB-GH)

Die Skala OCB-GH setzt sich ebenfalls aus 5 positiv formulierten Items zusammen, wie in der nachfolgenden Tabelle ersichtlich.

Nr	Items	FW	M	SD	SE	Schiefe	TS
1	Pünktlichkeit	1,2 %	4,52	,834	,032	-2,048	,357
2	Frühzeitige Information über Fehlzeiten	0,7 %	4,77	,558	,022	-3,165	,340
3	Besonders wenige Fehlzeiten	0,4 %	4,55	,735	,028	-1,661	,452
4	Sorgfältige Beachtung von Vorschriften & Anweisungen	0,4 %	4,22	,803	,031	-,812	,389
5	Freinehmen nur in dringenden Fällen	1,6 %	3,77	1,178	,046	-,658	,372

Skala von 1 = trifft nicht zu bis 5 = trifft voll zu

Tab. 18: Psychometrie Einzelitems der Skala OCB-GH

Die Items weisen fehlende Werte zwischen 0,4 % und 1,6 % auf, weswegen die Berechnung des Skalenmittelwerts in 3,4 % der Fälle nicht möglich ist und damit innerhalb des Toleranzbereichs von < 5 % liegt. Alle Items sind rechtssteil, davon besonders auffällig Item 1 „Ich komme immer pünktlich zur Arbeit", Item 2 „Ich informiere frühzeitig, wenn ich nicht zur Arbeit kommen kann" und Item 3 „Ich ergreife freiwillig die Initiative, neuen Kollegen bei der Einarbeitung zu helfen" mit Mittelwerten von über 4,5 mit jeweils über zwei Drittel der Antworten in der höchsten Antwortkategorie „trifft voll zu". Der Mittelwert der Skala liegt bei 4,37, was einem transformierten Mittelwert bei einem Wertebereich von 0-100 von 87,4 entspricht.

Die Item-Total-Korrelationen liegen zwischen ,340 und ,452 und sind damit relativ niedrig und bedingen die ebenfalls niedrige Reliabilität der Skala mit Cronbach's α = ,611. Nur Item 3 liegt in Bezug auf die Item-Total-Korrelationen im erwünschten Wertebereich zwischen 0,40 und 0,70. Die Items zeigen weiterhin einen sehr leichten Schwierigkeitsgrad mit Prozentwerten zwischen 69,3 % und 94,3 %. Nur das Item Nr. 5 liegt im erwünschten Bereich von < 80 %.

Die niedrigen Trennschärfen der Items und die geringe interne Skalenkonsistenz könnte ein Hinweis darauf sein, dass die Skala nicht eindimensional ist. Um die Hypothese zu überprüfen, wird abermals eine Faktorenanalyse der 5 Items durchgeführt. Es können zwei Faktoren mit einem Eigenwert von > 1 extrahiert werden, die zusammen 62,43 % der Varianz aufklären. Für die Zuordnung der Items zu den Faktoren wurde das Kriterium der Faktorladung $r \geq 0,4$ gewählt. In der rotierten Komponentenmatrix lassen sich alle 5 Items eindeutig einem Faktor zuordnen. Die nachfolgende Tabelle zeigt die Zuordnung der Items zu den Faktoren und ihre Faktorladung:

Nr.	Items	Komponente		Kumm. Varianz
		1	2	
F1	3	Besonders wenige Fehlzeiten	,748		
	4	Sorgfältige Beachtung von Vorschriften & Anweisungen	,597		40,63
	5	Freinehmen nur in dringenden Fällen	,831		
F2	1	Pünktlichkeit		,813	62,43
	2	Frühzeitige Information über Fehlzeiten		,847	
		F1= Eifer/Folgsamkeit			
		F2= Tugendhaftigkeit			

Tab. 19: Faktorenanalyse Skala OCB-GH

Faktor 1 lässt sich im Sinne von Eifer und Folgsamkeit interpretieren, Faktor 2 im Sinne von Tugendhaftigkeit. Die Validierung der zwei Subskalen der ursprünglichen Skala OCB-GH erbringt folgende Resultate: Die Items korrelieren mit ihren Subskalen in mittlerem bis starkem Maße (zwischen r = ,650 bis r = ,920). Die internen Konsistenzen der Subskalen liegen für die Subskala *Eifer/Folgsamkeit* bei Cronbach's α = ,576 und für die Subskala *Tugendhaftigkeit* bei Cronbach's α = ,578, was im Vergleich zur Reliabilität der Gesamtskala von α = ,611 eine Verschlechterung darstellt. Die beiden Subskalen korrelieren untereinander nur in geringer Höhe mit r = ,326. Hieraus ist der Schluss zu ziehen, dass die Aufteilung der Skala OCB-GH in die Subskalen *Eifer/Folgsamkeit* und *Tugendhaftigkeit* keine Vorteile birgt, was Skalenfit und interne Konsistenz anbelangt und wird daher verworfen.

4.2.3.2.3 OCB-Unkompliziertheit (OCB-UK)

Die Skala OCB-UK setzt sich aus fünf negativ formulierten Items zusammen, die vor der Auswertung invertiert wurden, so dass niedrige Werte hier für ein hohes Maß an wünschenswertem Followerverhalten sprechen. Die nachfolgende Tabelle zeigt die psychometrischen Eigenschaften der Items der Skala OCB-UK auf:

Nr	Items	FW	M	SD	SE	Schiefe	TS
1	Beklagen über Belanglosigkeiten*	1,0 %	4,08	,900	,035	-,866	,608
2	Aus Mücke einen Elefanten machen*	0,4 %	4,16	,898	,035	-1,050	,616
3	Negative Ansichten gegenüber dem UN*	0,4 %	4,49	,762	,030	-1,390	,472
4	Kritik an Kollegen*	0,7 %	4,18	,824	,032	-,798	,586
5	Vorbehalte gegenüber Veränderungen im UN*	1,2 %	4,26	,857	,033	-1,235	,465

Skala von 1 = trifft nicht zu bis 5 = trifft voll zu
*Item wurde vor der Auswertung rekodiert

Tab. 20: Psychometrie Einzelitems der Skala OCB-UK

Die Items der Skala weisen fehlende Werte zwischen 0,4 % und 1,2 % auf, weshalb die Berechnung des Skalenmittelwerts in 2,2 % der Fälle nicht möglich ist, was innerhalb des Toleranzbereichs von < 5 % liegt. Der Skalenmittelwert liegt bei 4,23, was einem transformierten Mittelwert auf einem Wertebereich von 0-100 von 84,6 entspricht. Wie bereits an dem hohen Skalenmittelwert zu vermuten, sind alle Items der Skala rechtssteil mit jeweils zwei Drittel der Antworten in den obersten beiden Antwortkategorien „trifft eher nicht zu" und „trifft nicht zu".

Die Item-Total-Korrelationen liegen mit Werten zwischen ,465 und ,616 für alle Items im erwünschten Bereich zwischen 0,40 und 0,70. Die Item-Schwierigkeit ist tendenziell mit Werten zwischen 77,0 % und 87,3 % als leicht zu beurteilen und liegt für Item 5 (81,5 %) und Item 3 (87,3 %) oberhalb des Toleranzbereichs. Die interne Reliabilität der Skala gemessen in Cronbach's α = ,776 und ist somit als gut zu bewerten.

4.2.3.2.4 OCB-Eigeninitiative (OCB-EI)

Die Skala OCB-EI umfasst fünf Fragen zur demonstrierten Eigeninitiative in verschiedenen Situationen im Unternehmenskontext. Die psychometrischen Eigenschaften der allesamt positiv formulierten Items zeigt die nachfolgende Tabelle:

Nr	Items	FW	M	SD	SE	Schiefe	TS
1	Aktive Beteiligung Besprechungen & Versammlungen	1,6 %	4,01	,891	,035	-,788	,535
2	Information über UN-Entwicklungen	0,1 %	4,12	,830	,032	-,823	,625
3	Innovative Qualitätsverbesserungsvorschläge	1,0 %	4,04	,888	,035	-,864	,617
4	Laufende Fortbildungen zur Arbeitsqualitätsverbesserung	1,3 %	3,85	,956	,037	-,466	,556
5	Initiativergreifung, um Unternehmen vor Problemen zu schützen	2,5 %	3,78	,976	,038	-,605	,641

Skala von 1 = trifft nicht zu bis 5 = trifft voll zu

Tab. 21: Psychometrie Einzelitems der Skala OCB-EI

Die einzelnen Items weisen fehlende Werte zwischen 0,1 % und 2,5 % auf, weshalb eine Berechnung des Skalenmittelwerts in 4,5 % der Fälle nicht möglich ist, was noch innerhalb des Toleranzbereiches von < 5 % liegt. Die Items der Skala OCB-EI sind alle insgesamt rechtssteil und verfügen über Item-Total-Korrelationen von ,535 und ,641. Somit liegen alle Items innerhalb des erwünschten Bereichs von 0,40 und 0,70. Auch die Schwierigkeitsindices der Items liegen mit Werten zwischen 69,5 % und 78 % alle im Toleranzbereich. Die Skala verfügt über eine gute interne Konsistenz von Cronbach's α = ,807.

4.2.3.2.5 Bildung einer Gesamtskala zur Erfassung des Follower-OCB-Verhaltens

Nach der Analyse der psychometrischen Eigenschaften der einzelnen Items und Subskalen zur Erfassung des Follower-OCB-Verhaltens, wird in einem weiteren Schritt analysiert, wie gut die vier verwendeten Subskalen das Gesamtkonzept *Organizational Citizenship Behavior* in seinen verschiedenen Aspekten abbilden und ob sich die eingesetzten Subskalen, wie aufgrund der theoretischen Konzeptionen angenommen, sinnvoll zu einer Gesamtskala verdichten lassen.

Um zu überprüfen, welche Dimensionen den verwendeten Skalen zur Erfassung des Follower-OCB-Verhaltens zugrunde liegen, werden die Korrelationen der Skalenwerte der vier Skalen OCB-HB, OCB-GH, OCB-UK und OCB-EI betrachtet, die in der nachfolgenden Tabelle aufgeführt sind.

	Skala	n	FW (in %)	CB's α	M	OCB-HB	OCB-GH	OCB-UK	OCB-EI
1	OCB-HB	656	1,9	,754	4,19	--	--	--	--
2	OCB-GH	646	3,4	,611	4,37	,291	--	--	--
3	OCB-UK	654	2,2	,776	4,23	,221	,154	--	--
4	OCB-EI	639	4,5	,807	3,97	,342	,182	,309	--
Gesamt	OCB	607	9,27	,801	4,20	,677	,552	,637	,704

Tab. 22: Korrelationen der Skalen zur Erfassung des Follower-OCB-Verhaltens

Die kursiv gedruckten Korrelationskoeffizienten zeigen niedrige Korrelationen an ($r < 0,25$) während die normal gesetzten Korrelationskoeffizienten auf Korrelationen mittlerer Höhe hinweisen ($0,25 \leq r \leq 0,50$). Niedrige Korrelationen sind als Hinweis dafür zu werten, dass die Items dieser Skala nicht gut in das Gesamtkonzept des Follower-OCB-Verhaltens integrierbar sind. Mittlere Korrelationen zeigen an, dass die Skalen etwas konzeptionell Verschiedenes messen, jedoch miteinander in Beziehung stehende Konstrukte erfassen. Auffällig ist, dass die Skala OCB-GH durchweg sehr niedrige bis niedrige Korrelationen mit den anderen OCB-Subskalen aufweist, was durch die fragwürdige interne Konsistenz (Cronbach's $\alpha = ,611$) bedingt sein könnte. Insgesamt sind die Korrelationen der Skalen als eher niedrig einzuschätzen, was eine Integration der Subskalen zu einer Gesamtskala erschwert.

Eine explorative Faktorenanalyse mit den 20 Items der Subskalen ergibt fünf Faktoren mit Eigenwert > 1, die zusammen einen Varianzanteil von 56,75 % erklären. Faktor 1 vereint die 5 Items der Skala OCB-EI und verfügt über einen Eigenwert von 4,37 und erklärt 21,89 % der Varianz, Faktor 2 vereint die 5 Items der Skala OCB-UK (Eigenwert 2,18 und Varianzanteil 10,89 %), Faktor 3 fasst die 5 Items der Skala OCB-HB zusammen (Eigenwert 2,03 und Varianzanteil 10,14 %), Faktor 4 enthält 3 Items der Skala OCB-GH (Eigenwert 1,67 und Varianzanteil 8,33 %) und Faktor 5 enthält die verbleibenden beiden Items der Skala OCB-GH (Eigenwert 1,10 und Varianzanteil 5,52 %). Da eine Unterteilung der Skala OCB-GH wie oben beschrieben aus psychometrischen Gesichtspunkten wenig sinnvoll erscheint, wird eine 4-faktorielle Lösung erzwungen mit nach wie vor hohen Faktorladungen zwischen ,578 und ,785 im Gegensatz zur 5-faktoriellen Lösung mit Faktorladungen zwischen ,588 und ,791.

Eine weitere Faktorenanalyse, in die als Variablen die Skalenwerte der vier Subskalen des Follower-OCB-Verhaltens aufgenommen werden, zeigt, dass alle eingesetzten Skalen auf einen Faktor laden, indem lediglich ein Faktor mit einem Eigenwert von > 1 extrahiert wird und einen Varianzanteil von 42,37 % erklärt. Die Skalenwerte der Subskalen laden jedoch in unterschiedlicher Höhe auf dem Faktor (OCB-HB = ,728, OCB-GH = ,537, OCB-UK = ,607 und OCB-EI = ,713). Angesichts der Höhe der Faktorladungen sowie der Stichprobengröße gilt der Faktor noch als interpretierbar (Bühner, 2006) und kann daher als Bestätigung des Untersuchungsmodells angesehen werden. Die Subskalen können zur Skala OCB zusammengefasst werden.

Eine Analyse der psychometrischen Eigenschaften der Gesamtskala OCB weist insgesamt 9,27 % fehlende Werte auf, was deutlich über dem Toleranzbereich von < 5 % liegt. Aufgrund der hohen Stichprobenanzahl von N = 607 wird dennoch der listenweise Fallausschluss beibehalten und keine Mittelwerte ersetzt, um die Fallzahl zu erhöhen. Die Gesamtskala erreicht einen optimalen Skalenfit von 100 %, d. h. alle Items der Subskalen korrelieren am höchsten mit ihrer eigenen Skala.

Die interne Konsistenz der Gesamtskala mit den eingesetzten 20 Items erreicht insgesamt einen guten Wert von Cronbach's $\alpha = ,801$.

Skala	Items	Trennschärfe	Trennschärfe ≥ 0,40	Skalenfit	Cb 's α
OCB-HB (*Hilfsbereitschaft*)	5	,467-,576	100 %	100 %	,754
OCB-GH (*Gewissenhaftigkeit*)	5	,340-,452	20 %	100 %	,611
OCB-UK (*Unkompliziertheit*)	5	,465-616	100 %	100 %	,776
OCB-EI (*Eigeninitiative*)	5	,535-,641	100 %	100 %	,807
Gesamt	20	,340-,641	80 %	100 %	,801

Tab. 23: Psychometrie Gesamtskala OCB – Gesamtstichprobe

Insgesamt ist fragwürdig, ob die Gesamtskala OCB aufgrund der teilweise geringen bis mittleren Interkorrelationen der Subskalen OCB-HB, OCB-GH, OCB-UK und OCB-EI unterschiedliche Facetten eines zugrundeliegenden latenten Merkmals erfasst. Auch wenn die Skala selbst einen optimalen Skalenfit erreicht und mit 80 % der Items mit Item-Total-Korrelationen (Trennschärfen) von ,340-,641 größtenteils im erwünschten Bereich liegt, erscheinen weitere empirische Untersuchungen notwendig, um zu überprüfen, ob tatsächlich Hilfsbereitschaft, Gewissenhaftigkeit, Unkompliziertheit und Eigeninitiative das wünschenswerte Follower-OCB-Verhalten kennzeichnen. Hierauf wird in der qualitativen Befragung verstärkt Augenmerk gelegt.

4.2.4 Zusammenfassung: Psychometrie der eingesetzten Skalen

Die nachfolgende Tabelle zeigt die Korrelation zwischen den eingesetzten Skalen. Um sich bei der Prüfung nach Normalverteilung nicht ausschließlich auf den optischen Eindruck des Histogramms zu verlassen, wird die Normalverteilung zusätzlich nach dem Kolmogorov-Smirnov-Test überprüft (Bühl, 2014). Da keine der verwendeten Skalen hinreichend normalverteilt ist (Signifikanzniveau bei allen Skalen $p < 0,001$), wird die Korrelation der Skalen untereinander nach dem Rangkorrelationskoeffizient nach Spearman und Kendall berechnet. Die Korrelationen der eingesetzten Subskalen der Skalen WFV und OCB befinden sich im Anhang E.

Die fettgedruckten Korrelationskoeffizienten weisen auf hohe Korrelationen ($r > 050$) hin, während die normal gesetzten Korrelationskoeffizienten Korrelationen mittlerer Höhe ($0,25 \leq r \leq 0,50$) kennzeichnen. Kursiv gesetzte Korrelationskoeffizienten verweisen auf sehr niedrige Korrelationen ($r < 0,25$).

Auffällig ist die hohe Korrelation der *wahrgenommenen Qualität des Führungsverhaltens (WFV)* mit der *Bereitschaft zu folgen (FB)*. Die Korrelation zwischen der *wahrgenommenen Qualität des Führungsverhaltens (WFV)* und dem *wünschenswerten Follower-OCB-Verhalten (OCB)* ist jedoch eher gering, und auch die *Identifikation mit den Zielen und der Vision (IZV)* korreliert nur in mittlerer Höhe mit den *wünschenswerten Follower-OCB-Verhalten (OCB)*, wie die nachfolgende Tabelle zeigt:

Skalen	n	FW (%)	CB's α	M	Mt	SD	SE	IZV	WFV	SW	MtL	FB
1 IZV	656	1,9	,791	4,08	81,3	,744	,029	--	--	--	--	--
2 WFV	536	19,9	,962	3,45	69,0	,808	,035	,460**	--	--	--	--
3 SW	651	2,7	,875	3,95	79,0	,539	,021	,243**	,114**	--	--	--
4 MtL	647	3,3	,896	3,42	68,4	,779	,031	,143**	(-,005)	,411**	--	--
5 FB	613	8,4	,814	3,41	68,2	,773	,031	,305**	,724**	(-,055)	(-,041)	--
6 OCB	607	9,3	,801	4,20	84,0	,383	,015	,442**	,267**	,435**	,265**	,188**

$**p \leq ,01$ / $*p \leq ,05$ / Eingeklammerte Werte = $p > ,05$

Tab. 24: Skalenkorrelationen der Gesamtskalen der qualitativen Befragung

4.3 Quantitative Ergebnisdarstellung nach Forschungshypothesen

In den folgenden Abschnitten wird sowohl die Unterteilung der Gesamtstichprobe in fünf verschiedenen Followertypen beschrieben als auch die vermuteten signifikanten Unterschiede zwischen den *Followertypen (FT)* in Bezug auf ihre *Folgebereitschaft (FB)* und ihrem *Follower-OCB-Verhaltens (OCB)* analysiert. Weiterhin wird untersucht, welche Abweichungen sich hinsichtlich des Zusammenhangs der *wahrgenommenen Qualität des Führungsverhaltens (WFV)* und der *Identifikation mit den Zielen und der Vision (IZV)* auf das *Follower-OCB-Verhalten* und die *Folgebereitschaft* zwischen den Followertypen ergeben. Wie bereits in Abbildung 36 detailliert erläutert, erfolgt die Einteilung der Followertypen anhand der beiden Skalen *Selbstwirksamkeitserwartung (SW)* und *Motivation to Lead (MtL)*. Die nachfolgende Abbildung verdeutlicht das zu überprüfende Untersuchungsmodell noch einmal grafisch:

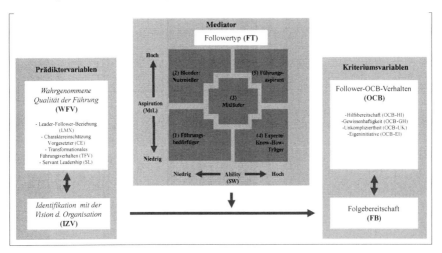

Abb. 41: Untersuchungsmodell inklusive Skalenabkürzungen

Außerdem veranschaulicht Abbildung 41 die bereits beschriebene Bildung der Skalen zur Erfassung der *wahrgenommenen Qualität des Führungsverhaltens (WFV)* (Abschnitt 4.2.1.2.5) und des *Follower-OCB-Verhaltens (OCB)* (Abschnitt 4.2.3.2.5) anhand ihrer im Onlinefragebogen eingesetzten Subskalen. Für die weiteren statistischen Analysen wird im Sinne einer effizienten Datenreduktion ausschließlich von den gebildeten Skalen WFV und OCB Gebrauch gemacht. Die konkrete Vorgehensweise zur Unterteilung der Followertypen ist im nachfolgenden Abschnitt aufgeführt.

4.3.1 Unterteilung der Followertypen

Wie in den theoretischen Ausführungen in Kapitel zwei beschrieben, wird angenommen, dass sich verschiedene Followertypen anhand der *Dimensionen Einschätzung eigener Fähigkeiten* und *Führungsaspiration* unterscheiden lassen (Nicholson, 2013; van Vugt & Ahuja, 2010). Wie in Kapitel drei erläutert, werden die Dimension *Einschätzung der Fähigkeiten* anhand der Skala *Berufliche Selbstwirksamkeitserwartung (SW)* und die Dimension *Führungsaspiration* anhand der Skala *Motivation to Lead (MtL)* operationalisiert. Wie in Abbildung 38 verdeutlicht, lassen sich fünf verschiedenen Followertypen je nach Ausprägung auf den beiden Skalen differenzieren: Der *Bedürftige*, der weder über Führungsaspiration verfügt noch seine Selbstwirksamkeit als hoch einschätzt. Der *Blender*, welcher über hohe Führungsaspiration verfügt, jedoch seine Selbstwirksamkeit als gering einstuft. Der *Mitläufer*, der sich auf beiden Skalen im mittleren Bereich einstuft. Der *Experte*, der eine hohe Selbstwirksamkeitseinschätzung trifft, aber keine Führungsaspiration hat und der *Aspirant*, der über hohe Führungsaspiration und hohe Selbstwirksamkeitseinschätzung verfügt.

Vor dem Hintergrund der dürftigen Literatur werden für die Einstufung in niedrige, mittlere und hohe Werte für beide Skalen, basierend auf einem Mediansplit, jeweils die sechs Perzentilbereiche der tatsächlichen Befragungsverteilung genutzt, so dass die Gruppe der Mitläufer in Anlehnung an die Einschätzung nach van Vugt und Ahuja (2010) die größte Einheit bildet. Diese gehen davon aus, dass die meisten Mitarbeiter sich hierarchisch unterordnen und folgen, aufgrund deren evolutionärer Motivation sich einer gut geführten Gruppe anzuschließen („to stick with the herd", S. 93), weil die Möglichkeit der Annahme einer Führungsrolle ihnen entweder nicht in den Sinn kommt oder sie wegen mangelnder Fähigkeiten und Aspiration diese auch gar nicht übernehmen wollen.

Um aufgrund fehlender Werte und der bisher verwendeten Methode des listenweisen Fallausschlusses in diesem Falle keinen Verlust in Bezug auf die Stichprobengröße der unterschiedlichen Followertypen hinnehmen zu müssen, werden die fehlenden Werte für die beiden Skalen mittels Regressionsimputation geschätzt und ergänzt. Da sich die fehlenden Werte der beiden Skalen ohnehin lediglich zwischen 2,7 und 3,3 % belaufen und die MCAR Bedingung erfüllt ist, d.h. dass die fehlenden Werte rein zufällig ohne zugrundeliegendes Muster fehlen, zeigen sich lediglich sehr geringe Abweichungen zwischen der ursprünglichen Skala (listenweiser Fallausschluss) und der vervollständigten Skala (Regressionsimputation) in Hinsicht auf Mittelwert und Streuung, was die nachfolgende Tabelle abbildet.

Skala	Selbstwirksamkeitserwartung (SW)		Motivation to Lead (MtL)	
	Ursprüngliche Skala	Vervollständigte Skala	Ursprüngliche Skala	Vervollständigte Skala
N	651	669	647	669
Fehlende Werte (in %)	2,7	0	3,3	0
Schiefe	-,493	-,484	-,464	-,443
Standardabweichung	,539	,542	,779	,780
MW	3,95	3,94	3,42	3,42
Median	4,00	4,00	3,44	3,44
Minimum	1,67	1,67	1,00	1,00
Maximum	5,00	5,00	5,00	5,00
1. Perzentil d. MW (P $\leq$ 16,67 %)	3,44	3,44	2,67	2,62
2. Perzentil d. MW (16,67 % · P $\leq$ 33,33 %)	3,78	3,78	3,11	3,11
3. Perzentil d. MW (33,33 % · P $\leq$ 50,0 %)	4,00	4,00	3,44	3,44
4. Perzentil d. MW (50,0 % · P $\leq$ 66,67 %)	4,22	4,22	3,78	3,78
5. Perzentil d. MW (66,67 % · P $\leq$ 83,33 %)	4,44	4,44	4,22	4,22
6. Perzentil d. MW (83,33 % · P $\leq$ 100 %)	5,00	5,00	5,00	5,00

Tab. 25: Mittelwertverteilung der gewählten Perzentile für die Followertypen

D. h. bspw. für die vervollständigte Skala SW, dass 16,67 % der in der Befragung ermittelten Mittelwerte $\leq$ 3,44 sind und damit im ersten gewählten Perzentilbereich liegen (dies bezieht sich auf die unterschiedliche Höhe der errechneten Mittelwerte und nicht darauf, wie häufig sich ein Mittelwert durch die tatsächliche Antwortverteilung der Befragungsteilnehmer ergab). Abbildung 42 zeigt die grafische Einteilung der verschiedenen Followertypen anhand ihrer Lage entsprechend der gebildeten Mittelwerte, bezogen auf die beiden Skalen SW (x-Achse) und MtL (y-Achse). (Ein Punktdiagramm der tatsächlichen Verteilung befindet sich in Anhang G.)

Die Ziffern in der Abbildung stehen für die folgenden Followertypen: 1 = Bedürftiger (niedrige SW, niedrige MtL), 2 = Blender (niedrige SW, hohe MtL), 3 = Mitläufer (mittlere SW, mittlere MtL), 4 = Experte (hohe SW, niedrige MtL) und 5 = Aspirant (hohe SW, hohe MtL). Wie die nachfolgende Tabelle verdeutlicht, ergeben sich die pro Followertyp unterschiedliche Gruppengrößen:

Ziffer	Followertyp	n	Anteil in (%)	SW-Einstufung	MtL-Einstufung
1	Bedürftiger	155	23,2 %	Niedrig	Niedrig
2	Blender	74	11,1 %	Niedrig	Hoch
3	Mitläufer	233	34,8 %	Mittel	Mittel
4	Experte	54	8,1 %	Hoch	Niedrig
5	Aspirant	153	22,9 %	Hoch	Hoch
	Gesamt	**669**	**100 %**	--	--

Tab. 26: Gruppengröße pro Followertyp

Die Legenden der beiden verwendeten Dimensionen in der nachfolgenden Abbildung stehen für die Unterteilung in die gewählten sechs Perzentilbereiche. Wenn der errechnete Mittelwert eines Probanden bspw. für die Skala SW 3,00 beträgt (dieser Wert fällt in das 1. Perzentil der Skala SW) und für die Skala MtL 2,00 ist (der Wert befindet sich ebenfalls im 1. Perzentil der Skala MtL), so ergibt sich eine Koordinatenposition von (1/1), was den spezifischen Befragungsteilnehmer als den Followertyp Bedürftiger (Ziffer 1) identifiziert.

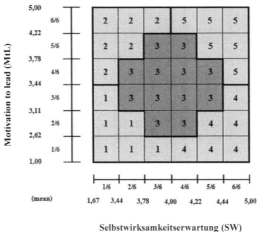

Abb. 42: Aufteilung der Followertypen anhand der Mittelwertverteilung

Die eben beschriebene Unterteilung der teilnehmenden Probanden wird im Folgenden genutzt, um zu überprüfen, ob sich signifikante Unterschiede in Bezug auf die Folgebereitschaft und das Follower-OCB-Verhalten zwischen den Followertypen aufzeigen lassen, die im nachfolgenden Abschnitt detailliert aufgeführt sind. Weiterhin wird beleuchtet, ob sich Diskrepanzen hinsichtlich der internen Skalenkonsistenz und möglicher Boden- und Deckeneffekte zwischen den unterschiedlichen Followertypen ergeben. Diese Ergebnisse befinden sich im Anhang G und Anhang H.

4.3.2 Unterschiede im Follower-OCB-Verhalten in Abhängigkeit des Followertyps

Es wird überprüft, ob sich signifikante Unterschiede zwischen den Followertypen und ihrem Follower-OCB-Verhalten feststellen lassen, weshalb die nachfolgende Hypothese formuliert wird:

H 1.0: Es lassen sich keine signifikanten Unterschiede hinsichtlich des Follower-OCB-Verhaltens und den verschiedenen Followertypen feststellen.

H 1.1: Es lassen sich signifikante Unterschiede hinsichtlich des Follower-OCB-Verhaltens und den verschiedenen Followertypen feststellen.

Im Weiteren wird den Ergebnissen der Frage nachgegangen, inwiefern die verschiedenen Follower, ihrer Selbsteinschätzung nach, das wünschenswerte Extrarollenverhalten OCB, welches arbeitsvertraglich nicht eingefordert werden kann, demonstrieren. Methodisch wird für die Skala OCB in Abhängigkeit des Followertyps (FT) eine einfaktorielle Varianzanalysen durchgeführt und im Falle eines signifikanten Ergebnisses mittels Scheffé-Test geprüft, welche Ausprägung der unabhängigen Variable, d.h. welcher Followertyp für die signifikante

Differenz verantwortlich ist. Aus Gründen der Übersichtlichkeit werden jeweils nur die signifikanten Unterschiede dargestellt:

Mittelwerte der Skala OCB in Abhängigkeit der Followertypen							
Dimension: Follower-OCB-Verhalten	FT 5: Aspirant	FT4: Experte	FT 3: Mitläufer	FT 2: Blender	FT 1: Bedürftiger	Follower Gesamt	Signifikanz
OCB F = 31,793/ p_a = ,000	4,38		4,21				p_s = ,000
	4,38			4,07			p_s = ,000
	4,38				3,97	4,20	p_s = ,000
		4,39	4,21				p_s = ,031
		4,39		4,07			p_s = ,000
		4,39			3,97		p_s = ,000

Legende: *-Signifikanz von $p_s \leq 0,05$ p_a-Signifikanz ANOVA

             **-Signifikanz von $p_s \leq 0,01$ p_s-Signifikanz Scheffé Test

             ***-Signifikanz von $p_s \leq 0,001$

Tab. 27: Unterschiede im OCB-Verhalten in Abhängigkeit des Followertyps

Die Betrachtung der Gruppenunterschiede im *Follower-OCB-Verhalten* zeigt folgende Ergebnisse: Die Gruppe der Aspiranten schätzt ihre Demonstration des vom Arbeitgeber als wünschenswert erachteten Follower-OCB-Verhaltens (M = 4,38) als signifikant höher ein als die Gruppe der Mitläufer (M = 4,21; p_s = ,000) sowie die Gruppe der Blender (M = 4,07; p_s = ,000) als auch der Bedürftigen (M = 3,97; p_s = ,000). Auch in Bezug auf die Gruppe der Experten zeigt sich, dass diese, ihrer Einschätzung nach, signifikant häufiger das beschriebene Verhalten an den Tag legen (M = 4,39) als die Gruppe der Mitläufer (M = 4,21; p_s = ,031), der Blender (M = 4,07; p_s = ,000) und der Bedürftigen (M = 3,97; p_s = ,000). Es zeigen sich keine Unterschiede zwischen der Gruppe der Aspiranten und der Experten bezogen auf die Skala OCB, sowie sich ebenso wenig Unterschiede zwischen den Followertypen Mitläufer, Blender und Bedürftiger selbst zeigen. Entsprechend der obigen Ausführungen kann die Nullhypothese H 1.0 abgelehnt werden, es lassen sich signifikante Unterschiede im Follower-OCB-Verhalten zwischen den verschiedenen Followergruppen nachweisen.

4.3.3 Unterschiede in der Folgebereitschaft in Abhängigkeit des Followertyps

Weiterhin wurde überprüft, ob sich signifikante Differenzen in der Bereitschaft zu folgen zwischen den verschiedenen Followertypen ergeben. Die entsprechenden Hypothesen lauten:

H 2.0: Es lassen sich keine signifikanten Unterschiede, hinsichtlich der Bereitschaft zu folgen, zwischen den verschiedenen Followertypen feststellen.

H 2.1: Es lassen sich signifikante Unterschiede, hinsichtlich der Bereitschaft zu folgen, zwischen den verschiedenen Followertypen feststellen.

Die Prüfung auf Gruppenunterschiede mittels einfaktorieller Varianzanalyse zwischen den Followertypen in Bezug auf die Skala FB (F = 0,831/ p_a = ,506) ergibt keine bedeutsamen Unterschiede hinsichtlich der Bereitschaft zu folgen. Somit gilt die Nullhypothese H 2.0 als bestätigt.

4.3.4 Unterschiede des Follower-OCB-Verhaltens und der Folgebereitschaft in Abhängigkeit weiterer soziodemografischer Merkmale

Zusätzlich soll überprüft werden, ob neben dem Followertyp auch andere Faktoren Einfluss auf die Selbsteinschätzung des Follower-OCB-Verhaltens und der Folgebereitschaft der Probanden haben. Daher werden an dieser Stelle weitere Gruppenunterschiede in Abhängigkeit der erhobenen soziodemografischen Merkmale berechnet.

Weder das Geschlecht der Probanden, die Altersgruppe, das Bildungsniveau, die Beschäftigungsart, die Branche in der die Follower beschäftigt sind, die Größe des Unternehmens, die Teamgröße noch das Geschlecht des Vorgesetzten zeigten einen signifikanten Einfluss auf die Selbstbeurteilung hinsichtlich des *Follower-OCB-Verhaltens* oder der *Folgebereitschaft* der Probanden. Es zeigen sich jedoch signifikante Unterschiede in der Selbsteinschätzung im Follower-OCB-Verhalten in Abhängigkeit der Führungsebene, wie die nachfolgende Tabelle verdeutlicht:

Mittelwerte der Skala OCB in Abhängigkeit der Führungsebene						
Dimension: OCB-Verhalten	Oberste Führungsebene (n = 45)	Mittlere Führungsebene (n = 197)	Untere Führungsebene (n = 135)	Keine Führungsverantwortung (n = 230)	Gesamt N = 607	Signifikanz
OCB F = 20,626/ p_a = ,000	4,48	4,28			4,20	p_s = ,013
	4,48		4,18			p_s = ,000
	4,48			4,08		p_s = ,000
		4,28		4,08		p_s = ,000

Legende: ▨ *-Signifikanz von $p_s \leq 0,05$ p_a-Signifikanz ANOVA

   ▨ **-Signifikanz von $p_s \leq 0,01$ p_s-Signifikanz Scheffé Test

   ▮ ***-Signifikanz von $p_s \leq 0,001$

Tab. 28: Unterschiede im Follower-OCB-Verhalten in Abhängigkeit der Führungsebene

Follower, die sich der obersten Führungseben zugehörig fühlen, glauben das wünschenswerte Follower-OCB-Verhalten signifikant häufiger zu demonstrieren (M = 4,48) als Follower der mittlerer Führungsebene (M = 4,28; p_s = ,013), der unteren Führungsebene (M = 4,18; p_s = ,000) oder im Vergleich zu Followern, die keine Führungsverantwortung innehaben (M = 4,08; p_s = ,000). Ein höchstsignifikanter Unterschied besteht zudem zwischen Followern mittlerer Führungsebene (M = 4,28) und Followern ohne Führungsverantwortung (M = 4,08; p_s = ,000), die, ihrer Meinung nach, erneut kennzeichnend seltener das erstrebte Verhalten an den Tag legen.

Die Betrachtung der Mittelwerte für die verschiedenen Führungsebenen spricht dafür, dass das Follower-OCB-Verhalten, der Selbsteinschätzung nach, häufiger von Followern gezeigt wird, die bereits höher die Karriereleiter erklommen haben. Ob die höhere Position durch die häufigere Demonstration des von Arbeitgebern geschätzten Follower-OCB-Verhaltens begründet werden kann oder das exemplarische Verhalten von Followern in höherer Stellung im Sinne einer Vorbildfunktion häufiger demonstriert wird, d. h. ob es sich um eine Korrelation oder Kausalität handelt, kann an dieser Stelle nicht erklärt werden. Diese Fragestellung wird jedoch in der qualitativen Untersuchung erneut aufgegriffen. Signifikante Unterschiede in der

Folgebereitschaft der Follower können in Abhängigkeit der Führungsebene nicht festgestellt werden.

4.3.5 Zusammenhang der Prädiktorvariablen und der Kriteriumsvariablen im Untersuchungsmodell in Abhängigkeit der Followertypen

Um zu überprüfen, ob die *wahrgenommene Qualität des Führungsverhaltens (WFV)* in Zusammenhang mit der Selbsteinschätzung des *Follower-OCB-Verhaltens (OCB)* und der *Folgebereitschaft (FB)* der Follower steht, und zum anderen festzustellen, ob die *wahrgenommene Qualität des Führungsverhaltens (WFV)* in der Lage ist, den Grad des *Follower-OCB-Verhaltens (OCB)* und die Höhe der *Folgebereitschaft (FB)* vorherzusagen, wurden die nachfolgenden Forschungshypothesen formuliert:

__H 3.0:__ Die wahrgenommene Qualität des Führungsverhaltens steht in __keinem__ Zusammenhang mit dem Follower-OCB-Verhalten.

__H 3.1:__ Die wahrgenommene Qualität des Führungsverhaltens steht in __einem__ Zusammenhang mit dem Follower-OCB-Verhalten.

__H 4.0:__ Die wahrgenommene Qualität des Führungsverhaltens steht in __keinem__ Zusammenhang mit der Folgebereitschaft der Follower.

__H 4.1:__ Die wahrgenommene Qualität des Führungsverhaltens steht in __einem__ Zusammenhang mit der Folgebereitschaft der Follower.

Gemäß den theoretischen Konzeptionen in Kapitel zwei, wird weiterhin vermutet, dass die *Identifikation der Follower mit den Zielen und der Vision der Organisation (IZV)* in Zusammenhang mit der Demonstration des *wünschenswerten Follower-OCB-Verhaltens (OCB)* steht und in der Lage ist, das für Organisationen positive Verhalten vorherzusagen. Hierzu werden die nachfolgenden Hypothesen formuliert:

__H 5.0:__ Die persönliche Identifikation mit den Zielen und der Vision der Organisation steht in __keinem__ Zusammenhang mit dem Follower-OCB-Verhalten

__H 5.1:__ Die persönliche Identifikation mit den Zielen und der Vision der Organisation steht in __einem__ Zusammenhang mit dem Follower-OCB-Verhalten.

Weiterhin ist von Interesse, ob das *Follower-OCB-Verhalten* und die *Folgebereitschaft* als Kriterien neben der *wahrgenommenen Qualität des Führungsverhaltens (WFV)* und der *Identifikation mit den Zielen und der Vision der Organisation (IZV)* als Prädiktoren auch durch den Followertyp selbst beeinflusst werden. Entsprechend werden die Forschungshypothesen 6-8 formuliert:

__H 6.0:__ Der Zusammenhang zwischen wahrgenommener Qualität des Führungsverhaltens und dem Follower-OCB-Verhalten wird durch den Followertyp __nicht__ beeinflusst.

__H 6.1:__ Der Zusammenhang zwischen wahrgenommener Qualität des Führungsverhaltens und dem Follower-OCB-Verhalten wird durch den Followertyp beeinflusst.

__H 7.0:__ Der Zusammenhang zwischen wahrgenommener Qualität des Führungsverhaltens und der Folgebereitschaft der Follower wird durch den Followertyp __nicht__ beeinflusst.

H 7.1: *Der Zusammenhang zwischen wahrgenommener Qualität des Führungsverhaltens und der Folgebereitschaft der Follower wird durch den Followertyp beeinflusst.*

H 8.0: *Der Zusammenhang zwischen der Identifikation mit den Zielen der Organisation und dem Follower-OCB-Verhalten wird durch den Followertyp nicht beeinflusst.*

H 8.1: *Der Zusammenhang zwischen der Identifikation mit den Zielen der Organisation und dem Follower-OCB-Verhalten wird durch den Followertyp beeinflusst.*

Zur Überprüfung der aufgestellten Hypothesen werden verschiedene Varianzanalysen durchgeführt, die separat für die Gesamtstichprobe und die unterschiedlichen Followertypen berechnet und anschließend miteinander verglichen werden. Aus Platzgründen sind jeweils nur die Ergebnisse dargestellt, die herangezogenen Berechnungen befinden sich im Anhang I.

Die Berechnung einer einfachen linearen Regression der *wahrgenommenen Qualität des Führungsverhaltens (WFV)* als Prädiktor auf das *Follower-OCB-Verhalten (OCB)* unter Anwendung der Einschlussmethode ergibt einen höchstsignifikanten Zusammenhang (p = ,000), jedoch nur eine gerade noch akzeptable Varianzaufklärung von 7,0 %. Eine weitere Regression nach der gleichen Methode der *wahrgenommenen Qualität der Führung (WFV)* als Prädiktor auf die *Folgebereitschaft (FB)* ergibt ebenfalls einen höchstsignifikanten Zusammenhang (p = ,000) und eine sehr hohe Vorhersagekraft mit 56,3 % Varianzaufklärung.

Eine in gleicher Form durchgeführte Regressionsschätzung der *Identifikation mit den Zielen und der Vision der Organisation (IZV)* als Prädiktor auf das Follower-OCB-Verhalten (OCB) zeigt erneut einen höchstsignifikanten Zusammenhang (p = ,000) und eine Varianzaufklärung von 19,5 %. Eine ebenfalls durchgeführte Regressionsschätzung der *Identifikation mit den Zielen und der Vision der Organisation (IZV)* als Prädiktor auf die *Folgebereitschaft (FB)* weist auch einen höchstsignifikanten Zusammenhang (p = ,000) mit einer eher schwachen Varianzaufklärung von 11,8 % auf.

Es kann aufgrund der Ergebnisse angenommen werden, je höher die *wahrgenommene Qualität des Führungsverhaltens (WFV)* sowie die *Identifikation mit den Zielen und der Vision der Organisation (IZV)* ist, umso höher ist auch die Demonstration de *Follower-OCB-Verhaltens (OCB)* und die *Folgebereitschaft (FB)*. Einschränkend muss an dieser Stelle jedoch festgestellt werden, dass es sich bei den hierbei beschriebenen Zusammenhängen um korrelative und keine kausalen Aussagen handelt.

Bei der Betrachtung der Skaleninterkorrelationen in Tab. 24 zeigt sich allerdings, dass es sich bei den Prädiktoren IZV und WFV nicht um voneinander unabhängige Variablen handelt (r = ,460) und sich ebenfalls eine höchstsignifikante Korrelation zwischen den beiden Kriterien OCB und FB feststellen lässt, auch wenn diese lediglich relativ schwach ausgeprägt ist (r = ,188). Die Tatsache, dass weder die beiden Prädiktoren noch die beiden Kriterien voneinander unabhängig sind, könnte zu fehlerhaften Zusammenhangsvermutungen und falschen Rückschlüssen bei den einfachen linearen Regressionen führen, da die gegenseitigen Einflüsse und Wechselwirkungen zwischen den Variablen keine Berücksichtigung finden.

Um derartige Fehlschlüsse zu vermeiden, sollen nachfolgend der Zusammenhang und die Wechselwirkung zwischen den Variablen überprüft werden. Um die Beeinflussung von mehreren Prädiktoren auf mehrere Kriterien analysieren zu können, werden im Folgenden Varianzanalysen, respektive Kovarianzanalysen, nach der Methode des Allgemeinen linearen Modellansatzes durchgeführt. Bei der Kovarianzanalyse wird insbesondere der Einfluss von Drittvariablen (Kovariaten) auf das Kriterium rechnerisch konstant gehalten, sprich deren Einfluss herauspartialisiert (Rey, 2017), so dass im vorliegenden Untersuchungsmodell die gegenseitige Wechselwirkung von IZV und WFV als Einfluss auf die Kriterien herausgerechnet wird.

Die Berechnungen erfolgen zum einen für die Gesamtstichprobe und im Anschluss separat für die verschiedenen Followertypen, um in Erfahrung zu bringen, ob das *Follower-OCB-Verhalten (OCB)* und die *Folgebereitschaft (FB)* als Kriterien neben der *wahrgenommenen Qualität des Führungsverhaltens (WFV)* und der *Identifikation mit den Zielen und der Vision der Organisation (IZV)* als Prädiktoren auch durch den *Followertyp (FT)* selbst beeinflusst werden. Denn eine Berechnung der zuvor beschriebenen einfachen linearen Regressionen von WFV als Prädiktor auf OCB, IZV als Prädiktor auf OCB, sowie von WFV als Prädiktor auf FB und IZV als Prädiktor auf FB, unterteilt nach den fünf Followertypen, ergab bereits deutliche Unterschiede in der Varianzaufklärung und somit der Vorhersagekraft der einzelnen Modelle (vgl. Anhang I).

4.3.5.1 Der gemeinsame Einfluss der wahrgenommenen Qualität der Führung sowie der Identifikation mit den Zielen und der Vision der Organisation auf das Follower-OCB-Verhalten

Zur Berechnung des gemeinsamen Einflusses der *wahrgenommenen Qualität des Führungsverhaltens (WFV)* und der *Identifikation mit den Zielen und der Vision der Organisation (IZV)* sowie des *Followertypen (FT)* als festem Faktor auf das *Follower-OCB-Verhalten (OCB)*, wird eine zweifaktorielle univariate Kovarianzanalyse (ANCOVA) durchgeführt. Das allgemeine lineare Modell (ALM) liefert eine Varianzaufklärung von 32,6 % und beweist, dass sowohl der Followertyp selbst (p = ,000) als auch die Skala IZV (p =,000) in einem höchstsignifikanten Zusammenhang mit OCB stehen und gemeinsam 28,9 % der Varianz des *Follower-OCB-Verhaltens* erklären.

Die Skala WFV hingegen zeigt in diesem Modell, unter Aufnahme des *Followertyps* als festem Faktor und unter Einschluss der beiden Kovariaten IZV und WFV, keine signifikanten Auswirkungen mehr auf das *Follower-OCB-Verhalten* (p =,253), was die zuvor, anhand der einfachen linearen Regression, getroffene Annahme eines bedeutsamen Einflusses der *wahrgenommenen Qualität der Führung (WFV)* auf das *Follower-OCB-Verhalten (OCB)* widerlegt. D.h. auch wenn sowohl die *wahrgenommene Qualität der Führung des Vorgesetzten* als auch die eigene *Identifikation mit den Zielen und der Vision der Organisation* als hoch bewertet werden, hat die *Führungsqualität* keinen bedeutenden Einfluss auf ein höheres *Follower-*

OCB-Verhalten entsprechend der Selbsteinschätzung der Follower, im Gegensatz zur *Identifikation mit den Zielen und der Vision der Organisation (IZV)*.

Dieses Ergebnis lässt sich nicht nur für die Gesamtstichprobe nachweisen, sondern ebenfalls für alle fünf Followertypen. Die beste Modellgüte der zweifaktoriellen ANCOVA unter Verwendung der beiden Kovariaten IZV und WFV auf OCB wird mit einer Varianzaufklärung von 31,1 % bei der Followergruppe der *Bedürftigen* erreicht, gefolgt von den *Blendern* mit 24,0 %, den *Mitläufern* mit 21,0 %, den *Experten* mit 13,6 % und den *Aspiranten* mit 13,1 %.

Die Betrachtung der unstandardisierten Regressionskoeffizienten zeigt, dass der Zusammenhang zwischen der *Identifikation mit den Zielen und der Vision* und der Selbsteinschätzung des *Follower-OCB-Verhaltens* am höchsten für den Followertyp *Bedürftiger* ist (B = ,286), gefolgt von den *Blendern* (B = ,205), den *Mitläufern* (B = ,189), den *Aspiranten* (B = ,158) und zuletzt den *Experten* (B = ,139), bei denen die Identifikation den geringsten Einfluss zeigt. Je höher die Identifikation mit den Zielen und der Vision, desto höher das Follower-OCB-Verhalten (vgl. Anhang I).

4.3.5.2   Der gemeinsame Einfluss der wahrgenommenen Qualität der Führung sowie der Identifikation mit den Zielen und der Vision der Organisation auf die Folgebereitschaft

Zur Berechnung des gemeinsamen Einflusses der *wahrgenommenen Qualität des Führungsverhaltens (WFV)* und der *Identifikation mit den Zielen und der Vision der Organisation (IZV)* sowie des *Followertypen (FT)* als festem Faktor auf die *Folgebereitschaft (FB)*, wird erneut eine zweifaktorielle univariate Kovarianzanalyse (ANCOVA) durchgeführt. Das allgemeine lineare Modell (ALM) liefert eine Varianzaufklärung von 58,3 %.

Es zeigt sich, dass sowohl der *Followertyp* selbst (p = ,000) als auch die Skala WFV (p = ,000) in einem höchstsignifikanten Zusammenhang mit der *Folgebereitschaft (FB)* stehen und gemeinsam 55,5 % der Varianz der Folgebereitschaft erklären, wohingegen die Skala IZV in diesem Modell unter Aufnahme des Followertyps als festem Faktor und unter der Verwendung der beiden Kovariaten IZV und WFV keine signifikanten Auswirkungen mehr auf die Folgebereitschaft zeigt (p = ,120), was ebenfalls die zuvor anhand der einfachen linearen Regression getroffene Annahme eines bedeutsamen Einflusses der *Identifikation mit den Zielen und der Vision der Organisation* auf die *Folgebereitschaft* widerlegt. D. h., auch wenn sowohl die eigene *Identifikation mit den Zielen und der Vision der Organisation* als auch die *wahrgenommene Qualität der Führung des Vorgesetzten* als hoch bewertet werden, hat die *persönliche Identifikation* keinen bedeutenden Einfluss auf eine höhere Folgebereitschaft, im Gegensatz zur *wahrgenommenen Führungsqualität*.

Auch hinsichtlich dieses Zusammenhangs lässt sich das Ergebnis nicht nur für die Gesamtstichprobe aufzeigen, sondern ebenfalls für alle fünf Followertypen. Die beste Modellgüte der zweifaktoriellen ANCOVA unter Verwendung der beiden Kovariaten IZV und WFV auf FB wird mit einer Varianzaufklärung von 68,1 % bei der Followergruppe der *Blender* erreicht, gefolgt von den *Mitläufern* mit 65,4 %, den *Aspiranten* mit 59,1 %, den *Experten* mit 58,7 % und schließlich den *Bedürftigen* mit einem deutlichen Abfall der Varianzaufklärung auf 40,4 %. Bei der Betrachtung der einzelnen Modelle ist festzustellen, dass lediglich bei der Followergruppe der *Aspiranten* die *Identifikation mit den Zielen und der Vision der Organisation* einen signifikanten Einfluss auf die Folgebereitschaft ausübt (p = ,025), für die anderen vier Followertypen ist kein Einfluss abzuleiten. Jedoch ist der Einfluss von IZV bei den Aspiranten mit einer Varianzaufklärung von 4,3 % so gering, dass er vernachlässigbar erscheint, indem er die Voraussetzung gültiger Modelle von mindestens 5 % Varianzaufklärung nicht erfüllt.

Hingegen zeigt die *wahrgenommene Qualität des Führungsverhaltens (WFV)* für alle fünf untersuchten Followergruppen einen höchstsignifikanten Einfluss (p = ,000) auf die *Folgebereitschaft (FB)*. Die Betrachtung der unstandardisierten Regressionskoeffizienten zeigt, dass der Zusammenhang zwischen der *wahrgenommenen Qualität des Führungsverhaltens (WFV)* und der *Folgebereitschaft (FB)* am höchsten für den Followertyp *Mitläufer* ist (B = ,818), gefolgt von den *Blendern* (B = ,795), den *Aspiranten* (B = ,681), den *Experten* (B = ,644) und schließlich den *Bedürftigen* (B = ,616), bei denen die *wahrgenommene Qualität der Führung* den geringsten Einfluss zeigt. Je höher die *wahrgenommene Qualität*, desto höher die *Folgebereitschaft* (vgl. Anhang I).

4.3.5.3 Der gemeinsame Einfluss der wahrgenommenen Qualität der Führung sowie der Identifikation mit den Zielen und der Vision der Organisation auf das Follower-OCB-Verhalten und die Folgebereitschaft

Nachdem festzustellen ist, dass auch die Kriteriumsvariablen *Follower-OCB-Verhalten (OCB)* und *Folgebereitschaft (FB)* signifikant, obgleich auch nur in niedrigem Maße (r = ,188) miteinander korrelieren, soll an dieser Stelle in Form einer multivariaten Kovarianzanalyse (MANCOVA) abschließend auch der gemeinsame Einfluss der *wahrgenommenen Qualität der Führung (WFV)* und *der Identifikation mit den Zielen und der Vision der Organisation (IZV)* als Prädiktoren auf die beiden Kriterien *Follower-OCB-Verhalten (OCB)* und *Folgebereitschaft (FB)* gleichzeitig untersucht werden.

Wenn mittels der Methode des allgemeinen linearen Modellansatzes die gegenseitigen Wechselwirkungen sowohl der beiden Prädiktoren WFV und IZV als auch der beiden Kriterien OCB und FB herausgerechnet werden, d.h., die wechselseitigen Beeinflussungen konstant gehalten werden, zeigt sich, wie bereits anhand der univariaten zweifaktoriellen Varianzanalysen vermutet werden konnte (vgl. Abschnitt 4.3.5.1 und 4.3.5.2), dass die *Identifikation mit den Zielen und der Vision der Organisation (IZV)*, bezogen auf die Gesamtstichprobe, lediglich einen höchstsignifikanten Einfluss (p = ,000) auf das *Follower-OCB-Verhalten (OCB)* ausübt und dabei eine Varianzaufklärung von 16,4 % erreicht. Auf die *Folgebereitschaft (FB)* der Follower hat die *Identifikation mit den Zielen und der Vision der Organisation (IZV)* keinen signifikanten Einfluss (p = ,468).

Wie die univariaten zweifaktoriellen Varianzanalysen ebenfalls erwarten lassen, zeigt sich weiterhin ein höchstsignifikanter Zusammenhang (p = ,000) der *wahrgenommenen Qualität der Führung (WFV)* und der *Folgebereitschaft (FB)* der Follower gegenüber dem Vorgesetzten und liefert hierfür eine Varianzaufklärung von 48,1 %. Auf das *Follower-OCB-Verhalten (OCB)* hingegen, zeigt die Skala WFV keinen signifikanten Einfluss (p = ,223). Die nachfolgende Abbildung verdeutlicht die Zusammenhänge zwischen den verschiedenen Variablen noch einmal grafisch:

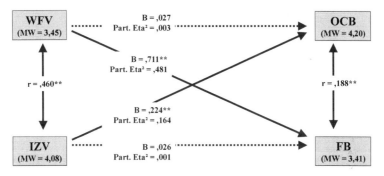

Korrigiertes Modell WFV & IZV auf OCB = R² = ,218 // Korrigiertes Modell WFV & IZV auf FB = R² = ,546
**p ≤,01 / *p≤,05

Abb. 43: Untersuchungsmodell mit statistischen Zusammenhängen (Gesamtstichprobe)

Die Abbildung zeigt, neben den Korrelationen der beiden Prädiktoren sowie der beiden Kriterien, die Haupteffekte in Form des unstandardisierten Regressionskoeffizienten (B) der *Identifikation mit den Zielen und der Vision der Organisation (IZV)* sowie der *wahrgenommenen Qualität des Führungsverhaltens (WFV)* auf das *Follower-OCB-Verhalten (OCB)* sowie die *Folgebereitschaft (FB)*. Da für alle in der Onlinebefragung eingesetzten Skalen eine einheitliche Skalenlänge in Form einer 5-Punkte-Likert-Skala verwendet wurde, können die unstandardisierten Regressionskoeffizienten zur Interpretation der Effektstärke herangezogen werden. Weiterhin ist die Eta-Statistik aufgeführt, welche, in Form der partiellen Eta²-Werte, die Erklärungskraft der einzelnen Faktoren im Hinblick auf die abhängige Variable angibt und dem Varianzaufklärungsanteil entspricht. Der berechnete Erklärungsanteil des partiellen Eta²-Werts ist um die Einflüsse der übrigen im Modell enthaltenen Faktoren bereinigt (Backhaus et al., 2013). Zudem markieren durchgezogene Linien in den Abbildungen signifikante Zusammenhänge, während gestrichelte Linie nichtsignifikante Beziehungen kennzeichnen.

Im Folgenden soll, abgesehen von der Gesamtstichprobe, untersucht werden, ob sich die dargestellten Effekte in der Form auch für die verschiedenen Followertypen nachweisen lassen. Aus Platzgründen sind die hierfür herangezogenen Berechnungen nur in Anhang I dargestellt. Wie für die Gesamtstichprobe auch, werden die Zusammenhänge zwischen den verschiedenen Variablen im Folgenden für die unterschiedlichen Followertypen grafisch dargestellt und die signifikanten Einflüsse kommentiert.

4.3.5.4 Followertyp Aspirant

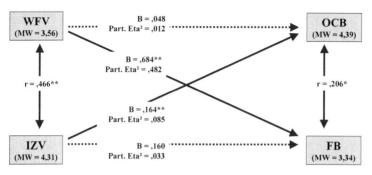

Korrigiertes Modell WFV & IZV auf OCB = R² = ,142 // Korrigiertes Modell WFV & IZV auf FB = R² = ,579
**p ≤,01 / *p≥,05

Abb. 44: Untersuchungsmodell mit statistischen Zusammenhängen (Followertyp Aspirant)

Die Demonstration des *Follower-OCB-Verhaltens* kann bei den *Aspiranten* mittels des verwendeten Modells anhand der Skalen WFV und IZV als Prädiktoren mit einer Varianzaufklärung von 14,2 % weniger gut vorhergesagt werden als für die Gesamtstichprobe. D. h., dass die Demonstration des *OCB-Verhaltens* für den Followertyp *Aspirant* stärker von anderen Faktoren abhängig ist. Die *Folgebereitschaft (FB)* hingegen kann verglichen mit der Gesamtheit durch die Skalen WFV und IZV etwas besser vorhergesagt werden, mit einer Varianzaufklärung von 57,9 %.

Wie bei der Gesamtstichprobe auch, zeigt sich für die Aspiranten ein höchstsignifikanter Effekt (p = ,000) der *wahrgenommenen Qualität des Führungsverhaltens (WFV)* auf die *Folgebereitschaft (FB)*. Im Vergleich zur Gesamtstichprobe ist der Effekt nahezu unverändert mit einer aufgeklärten Varianz von 48,2 %. Der Mittelwert der *Folgebereitschaft (FB)* liegt für die *Aspiranten* bei 3,34 und weicht damit nur unwesentlich von der Gesamtstichprobe und anderen Followertypen ab. Ebenso zeigt sich ein höchstsignifikanter Effekt (p = ,002) von IZV auf OCB, dessen Erklärungskraft mit 8,5 % jedoch nur in etwa halb so hoch ist wie bei der Gesamtstichprobe. D. h., die Demonstration des *Follower-OCB-Verhaltens (OCB)* hängt bei den *Aspiranten* stärker von anderen Faktoren ab, die nicht mit der *Identifikation mit den Zielen und der Vision der Organisation (IZV)* zusammenhängen. Die *Aspiranten* zeigen im Vergleich, entsprechend ihrer Selbsteinschätzung, am häufigsten das wünschenswerte *Follower-OCB-Verhalten* (MW = 4,39).

4.3.5.5 Followertyp Experte

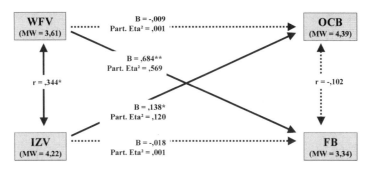

Korrigiertes Modell WFV & IZV auf OCB = R² = ,125 // Korrigiertes Modell WFV & IZV auf FB = R² = ,588
**p ≤,01 / *p≤,05

Abb. 45: Untersuchungsmodell mit statistischen Zusammenhängen (Followertyp Experte)

Im Vergleich ist die Erklärungskraft des angewandten Modells anhand der Skalen WFV und IZV als Prädiktoren auf OCB für die *Experten* geringer, mit einer Varianzaufklärung von 12,5 %. In Hinsicht auf die *Folgebereitschaft (FB)* ist sie jedoch als höher zu bewerten (VA = 58,8 %). Der Mittelwert der Folgebereitschaft liegt für die *Experten*, wie bei den Aspiranten auch, bei 3,34. Erneut zeigt sich ein höchst signifikanter Effekt von WFV auf FB (p = ,000) mit einem vergleichsweise hohen Varianzerklärungsanteil von 56,9 %. D.h., die *Folgebereitschaft (FB)* kann bei den *Experten* stärker auf die *wahrgenommene Qualität der Führung (WFV)* zurückgeführt werden.

Auch die Demonstration des *Follower-OCB-Verhaltens (OCB)* lässt sich für die Experten vergleichsweise besser durch die *Identifikation mit den Zielen und der Vision der Organisation (IZV)* erklären, wobei die Höhe der Demonstration des *wünschenswerten Followerverhaltens (OCB)*, entsprechend ihrer Selbsteinschätzung, mit der der Aspiranten übereinstimmt (MW = 4,39). Auffallend für die Gruppe der Experten ist, dass kein signifikanter Zusammenhang zwischen dem *Follower-OCB-Verhalten (OCB)* und der *Folgebereitschaft (FB)* nachweisbar ist (r = -,102, p = ,506).

4.3.5.6 Followertyp Mitläufer

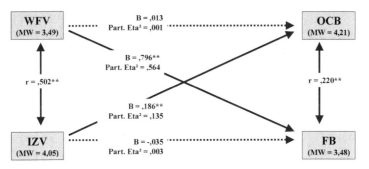

Korrigiertes Modell WFV & IZV auf OCB = R² = ,198 // Korrigiertes Modell WFV & IZV auf FB = R² = ,642
**p ≥,01 / *p≥,05

Abb. 46: Untersuchungsmodell mit statistischen Zusammenhängen (Followertyp Mitläufer)

Die Demonstration des *Follower-OCB-Verhaltens (OCB)* kann bei den *Mitläufern* mittels des verwendeten Modells anhand der Skalen WFV und IZV als Prädiktoren mit einer Varianzaufklärung von 19,8 % im Vergleich zu den Aspiranten und Experten besser vorhergesagt werden. Auch die *Folgebereitschaft (FB)* kann verglichen mit den Aspiranten durch die Skalen WFV und IZV besser prognostiziert werden, mit einer Varianzaufklärung von 64,2 %.

Der Varianzerklärungsanteil der Skala IZV auf OCB liegt für die *Mitläufer* bei 13,5 % sowie für die Skala WFV auf FB bei 56,4 %. Der Mittelwert für die Demonstration des *Follower-OCB-Verhaltens (OCB)* liegt bei den *Mitläufern* bei 4,21 und damit vergleichsweise signifikant niedriger als bei den Aspiranten und den Experten (vgl. Tab. 27). Gemäß ihrer Selbsteinschätzung verhalten die *Mitläufer* sich also weniger entsprechend des wünschenswerten *Follower-OCB-Verhaltens (OCB)*. Dafür ist die *Folgebereitschaft (FB)* marginal höher ausgeprägt, mit einem Mittelwert von 3,48.

4.3.5.7 Followertyp Blender

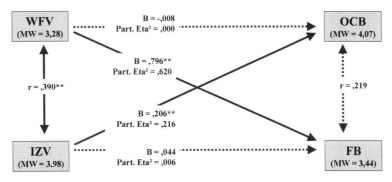

Korrigiertes Modell WFV & IZV auf OCB = R^2 = ,238 // Korrigiertes Modell WFV & IZV auf FB = R^2 = ,665
**p ≤,01 / *p≤,05

Abb. 47: Untersuchungsmodell mit statistischen Zusammenhängen (Followertyp Blender)

Im Vergleich zu den bisher betrachteten Followergruppen der Aspiranten, Experten und Mitläufer, ist die Erklärungskraft des angewandten Modells anhand der Skalen WFV und IZV als Prädiktoren auf OCB für die *Blender* als höher einzustufen, mit einer Varianzaufklärung von 23,8 %. Auch hinsichtlich der Vorhersagekraft auf die *Folgebereitschaft (FB)* liefert das Modell die höchste Varianzaufklärung von 66,5 %. Erneut zeigt sich ein höchst signifikanter Effekt von WFV auf FB (p = ,000) mit dem vergleichsweise höchsten Varianzaufklärungsanteil von 62,0 %. D.h., die *Folgebereitschaft (FB)* kann bei den *Blendern* am besten durch die *wahrgenommene Qualität des Führungsverhaltens (WFV)* prognostiziert werden.

Die Demonstration des *Follower-OCB-Verhaltens (OCB)* lässt sich für die *Blender* ebenfalls besser durch die *Identifikation mit den Zielen und der Vision der Organisation (IZV)* erklären (VA = 21,6 %), wobei die Höhe der Demonstration des *wünschenswerten Followerverhaltens (OCB)*, entsprechend ihrer Selbsteinschätzung, mit einem Mittelwert von 4,07 signifikante unter dem Wert der Aspiranten und Experten liegt (vgl. Tab. 27). Die *Folgebereitschaft (FB)* zeigt mit einem Mittelwert von 3,44 keine bedeutsamen Abweichungen zu den bereits betrachteten Followergruppen. Auch für die Gruppe der Blender, wie bereits bei den Experten, ist kein signifikanter Zusammenhang zwischen dem *Follower-OCB-Verhalten (OCB)* und der *Folgebereitschaft (FB)* nachweisbar ist (r = -,219, p = ,090).

4.3.5.8 Followertyp Bedürftiger

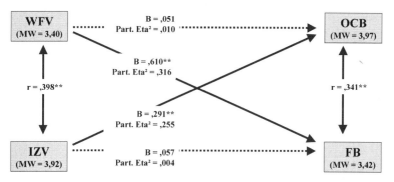

Korrigiertes Modell WFV & IZV auf OCB = R^2 = ,313 // Korrigiertes Modell WFV & IZV auf FB = R^2 = ,365
**p $\leq$,01 / *p$\geq$,05

Abb. 48: Untersuchungsmodell mit statistischen Zusammenhängen (Followertyp Bedürftiger)

Die Demonstration des *Follower OCB-Verhaltens (OCB)* kann bei den *Bedürftigen* mittels des verwendeten Modells anhand der Skalen WFV und IZV als Prädiktoren mit einer Varianzaufklärung von 31,3 % prognostiziert werden. Die Erklärungskraft liegt hierbei, verglichen mit den anderen Followergruppen, deutlich höher. Hingegen ist die Vorhersagekraft auf die *Folgebereitschaft (FB)* deutlich geringer im Vergleich zu anderen Followergruppen, mit einem Varianzanteil von lediglich 36,5 %.

Der Varianzerklärungsanteil der Skala IZV auf OCB liegt für die Bedürftigen bei 25,5 % und somit deutlich über den partiellen Eta²-Werten der anderen Followergruppen, d. h., die *Identifikation mit den Zielen und der Vision der Organisation (IZV)* beeinflusst die *Bedürftigen* wesentlich stärker darin, das *wünschenswerte Followerverhalten (OCB)* zu zeigen, als vergleichsweise die anderen Follower. Dennoch liegt der Mittelwert für OCB bei 3,97 und damit deutlich unter den anderen Followergruppen. Die *wahrgenommene Qualität der Führung (WFV)* hat für die Gruppe der Bedürftigen einen vergleichsweise geringeren Einfluss auf die *Folgebereitschaft (FB)*, mit einem Varianzaufklärungsanteil von 31,6 %. Dies liegt deutlich unterhalb der Erklärungskraft der Skala WFV der anderen Gruppen, mit partiellen Eta²-Werten zwischen 48,2 % und 62,0 %. Der Mittelwert der *Folgebereitschaft (FB)* mit 3,42 zeigt dabei keine besonderen Abweichungen.

4.3.5.9 Zusammenfassung

Die für die Gesamtstichprobe nachgewiesenen Effekte lassen sich in dieser Form auch für die verschiedenen Followergruppen replizieren. Die *wahrgenommene Qualität der Führung (WFV)* hat für keine der Followergruppen einen signifikanten Einfluss auf das *Follower-OCB-Verhalten (OCB)*. Wohingegen die *Identifikation mit den Zielen und der Vision der Or-*

ganisation (IZV) für alle Followergruppen einen signifikanten Einfluss auf das demonstrierte *Follower-OCB-Verhalten (OCB)*, entsprechend ihrer Selbsteinschätzung, zeigt (vgl. Anhang I Tab. 78 und 79). Der stärkste Einfluss zeigt sich für die Followergruppe der *Bedürftigen* (p = ,000; B = ,291; VA = 25,5 %), gefolgt von der Gruppe der *Blender* (p = ,001; B = ,206; VA = 21,6 %), den *Mitläufern* (p = ,000; B = ,186; VA = 13,5 %), den *Experten* (p = ,039; B = ,138; VA = 12,0 %) und den *Aspiranten* (p = ,002; B = ,160; VA = 8,5 %).

Wie bei der Gesamtstichprobe auch, lässt sich für keine der Followergruppen ein signifikanter Einfluss der *Identifikation mit den Zielen und der Vision der Organisation (IZV)* und der *Folgebereitschaft (FB)* nachweisen. Allerdings zeigt sich für alle untersuchten Followergruppen ein höchstsignifikanter Einfluss der *wahrgenommenen Qualität der Führung (WFV)* und der *Folgebereitschaft (FB)* der Follower. Der Effekt von WFV ist am höchsten für die Followergruppe der *Blender* (p = ,000; B = ,796; VA = 62,0 %), gefolgt von den *Experten* (p = ,000; B = ,684; VA = 56,9 %), den *Mitläufern* (p = ,000; B = ,796; VA = 56,4 %), den *Aspiranten* (p = ,000; B = ,684; VA = 48,2 %) und den *Bedürftigen* (p = ,000; B = ,610; VA = 31,6 %).

4.3.6 Zusammenfassende Beurteilung des Untersuchungsmodells zur Falsifikation der aufgestellten Hypothesen

Die nachfolgende Abbildung fasst die Überprüfung aller Forschungshypothesen zusammen. Es zeigt sich, dass sechs der Nullhypothesen falsifiziert und folglich abgelehnt werden konnten, wohingegen sich zwei der Nullhypothesen als richtig herausstellten und dementsprechend bestätigt wurden.

Nr.	Null-Hypothese	Ergebnis
H 1.0:	Es lassen sich keine signifikanten Unterschiede hinsichtlich des Follower-OCB-Verhaltens und den verschiedenen Followertypen feststellen.	Abgelehnt
H 2.0:	Es lassen sich keine signifikanten Unterschiede hinsichtlich der Bereitschaft zu folgen zwischen den verschiedenen Followertypen feststellen.	**Bestätigt**
H 3.0:	Die wahrgenommene Qualität des Führungsverhaltens steht in keinem Zusammenhang mit dem Follower-OCB-Verhalten.	**Bestätigt**
H 4.0:	Die wahrgenommene Qualität des Führungsverhaltens steht in keinem Zusammenhang mit der Folgebereitschaft der Follower.	Abgelehnt
H 5.0:	Die persönliche Identifikation mit der Unternehmensvision steht in keinem Zusammenhang mit dem Follower-OCB-Verhalten	Abgelehnt
H 6.0:	Der Zusammenhang zwischen wahrgenommener Qualität des Führungsverhaltens und dem Follower-OCB-Verhalten wird durch den Followertyp nicht beeinflusst.	**Bestätigt**
H 7.0:	Der Zusammenhang zwischen wahrgenommener Qualität des Führungsverhaltens und der Folgebereitschaft der Follower wird durch den Followertyp nicht beeinflusst.	Abgelehnt
H 8.0:	Der Zusammenhang zwischen der Identifikation mit der Unternehmensvision und Follower-OCB-Verhalten wird durch den Followertyp nicht beeinflusst.	Abgelehnt

Abb. 49: Übersicht der in der Arbeit verifizierten Forschungshypothesen

Es zeigt sich, dass sich die verschiedenen Follower signifikant in ihrem *Follower-OCB-Verhalten (OCB)* unterscheiden und eine Unterteilung der verschiedenen Typen als gerechtfertigt erscheint. Jedoch ergeben sich keine Unterschiede zwischen den unterschiedlichen Followertypen in Bezug auf ihre *Folgebereitschaft (FB)*.

Im Rahmen einer einfachen linearen Regression kann festgestellt werden, dass die *wahrgenommene Qualität des Führungsverhaltens (WFV)* in der Lage ist, das *Follower-OCB-Verhalten (OCB)* für die Gesamtstichprobe vorherzusagen, wenn auch nur in geringem Maße (VA = 7,0 %). Wird jedoch die Wechselwirkung mit der *Identifikation mit den Zielen und der Vision der Organisation (IZV)* berücksichtigt, verliert die *wahrgenommene Qualität der Führung (WFV)* ihre Bedeutung gänzlich, indem keine signifikanten Einflüsse mehr auf das *Follower-OCB-Verhalten (OCB)* feststellbar sind. Wesentlich besser kann das *Follower-OCB-Verhalten (OCB)* aufgrund der *Identifikation mit der Vision und den Zielen der Organisation (IZV)* vorausgesagt werden. Im Vergleich zum *Follower-OCB-Verhalten (OCB)* hat die *wahrgenommene Qualität der Führung (WFV)* jedoch eine sehr starke Vorhersagekraft auf die Folgebereitschaft der Follower, die durch IZV nicht prognostiziert werden kann. Dabei unterscheiden sich die beschriebenen Einflüsse in ihrer Höhe zwischen den verschiedenen Followergruppen und werden somit auch durch den Followertyp selbst beeinflusst.

4.4 Darstellung der Ergebnisse der offenen Antwortmöglichkeit

Den Teilnehmern wurde am Ende der Befragung die Möglichkeit gegeben, im Rahmen eines freien Kommentarfelds, weitere eventuelle Einflussfaktoren auf Followership und Leadership zu nennen bzw. weitere Anmerkungen, das Forschungsthema betreffend, zu hinterlassen. Da die vorliegende Studie auf einem mehrstufigen Untersuchungsaufbau basiert und eine umfassende qualitative Befragung folgt, werden die hinterlassenen Kommentare nicht qualitativ ausgewertet. Dennoch soll ein Überblick über die geleisteten Angaben skizziert werden, die teilweise auch Berücksichtigung für den Entwurf des qualitativen halbstandardisierten Interviewleitfadens fanden.

Insgesamt machten 65 Personen von der Möglichkeit des freien Textfeldes Gebrauch. Hiervon gehören 11 Personen dem Followertyp der *Bedürftigen* an, 7 Personen der Gruppe der *Blender*, 23 Personen sind *Mitläufer*, 4 Personen *Experten* und 20 Personen *Aspiranten*. Die ursprünglich angedachte Vorgehensweise, die genannten Anmerkungen anhand der entsprechenden Zuordnung zu den Followertypen einzuteilen, wird verworfen, da keine bedeutsamen Unterschiede hinsichtlich der Kommentare hervorgetreten sind.

Am häufigsten wird sowohl die fachliche Kompetenz als auch die soziale Kompetenz des Vorgesetzten als Voraussetzung genannt, ihm Folge zu leisten und sich unterzuordnen. Als besonders wichtig wird weiterhin angesehen, noch etwas von seiner Führungskraft lernen zu können. Auch nennen die Befragungsteilnehmer vielfach die Wichtigkeit von Wertschätzung und Anerkennung als notwendige Gegenleistung für erbrachte Arbeit und betonen die Relevanz von Geben und Nehmen, um zu folgen.

Mehrfach wird von den Befragungsteilnehmern betont, wie wichtig Sympathie gegenüber dem Vorgesetzten ist, um zu folgen. Ähnliche Rückmeldungen unterstreichen die Chemie zwischen Follower und Leader, ein freundschaftliches Verhältnis oder ein gemeinsames Level in Bezug auf Werte und Humor. Viele Kommentare beziehen sich auf die Notwendigkeit einer starken Persönlichkeit des Vorgesetzten bzw. eines starken Charakters und nennen in diesem Zusammenhang Attribute wie natürliche Autorität, Authentizität, Empathie und Menschenkenntnis sowie Ehrlichkeit und Zuverlässigkeit.

Häufig wird ein aufrichtiges Interesse am Wohlergehen sowie auch an der Person des Mitarbeiters von Seiten der Führungskraft als wünschenswert herausgestellt und gleichzeitig bemängelt, dass dies zu selten der Fall sei in der heutigen Arbeitswelt. Mehrere Probanden heben außerdem die Wichtigkeit von Vertrauen, Entscheidungsfreiheit und Kompromissbereitschaft bei der Ausübung von Aufgaben hervor.

Weitere Anmerkungen einzelner Befragungsteilnehmer betonen die Relevanz der Begeisterungsfähigkeit der Führungskraft, die Fähigkeit zu kommunizieren, den Erhalt regelmäßigen Feedbacks, die Fähigkeit zur Selbstreflexion des Vorgesetzten und die Notwendigkeit von Seiten der Führungskraft, sich an gemachte Vorgaben auch selbst zu halten. Außerdem wird Kontinuität in der Führung wie auch die Unternehmensgröße als Einflussfaktor auf die Folgebereitschaft genannt, indem in Großkonzernen der Mitarbeiter als Mensch zu kurz komme.

Mehrere Befragungsteilnehmer merken an, dass ihre Vorgesetzten auch Follower höhergestellter Instanzen seien und ihnen dadurch die Hände in Bezug auf Entscheidungen gebunden seien und sie keine Möglichkeiten hätten, Geschehnisse tatsächlich zu lenken oder zu beeinflussen. Einige kritisieren mangelndes Verständnis für die Arbeitsbelastung sowie interne Probleme und stellen fest, dass dadurch die Folgebereitschaft sinkt.

Einige weitere Kommentare beziehen sich auf den seltenen Kontakt mit dem direkten Vorgesetzten oder die geringe wöchentliche Arbeitszeit, was ebenfalls einen negativen Effekt auf die Folgebereitschaft sowie die Identifikation mit der Organisation habe.

4.5   Ergebnisse der qualitativen halbstandardisierten Interviews

In den folgenden Abschnitten wird die Auswertung der Interviews dargestellt. Insgesamt werden drei Themenblöcke genauer betrachtet: Die Identifikation der Follower mit den Zielen und der Vision der Organisation, das Verhalten am Arbeitsplatz und die Zusammenarbeit mit dem Vorgesetzten. Die Abschnitte sind jeweils so aufgebaut, dass sie exemplarische Auszüge aus den Interviews aufführen, die die gesamte Bandbreite der Antworten zur jeweiligen Fragestellung abbilden und damit als anekdotische Evidenz dienen (Mayring, 2015). Die Quellenangaben nach den wörtlichen Zitaten der Befragungsteilnehmer verweisen auf die Absatznummern in den Transkripten der jeweiligen Interviews. Außerdem werden im Sinne der empirischen Evidenz Kategorien je Indikator gebildet und ausgewertet (Mayring, 2015). Weiterhin werden diese Kategorien in Abhängigkeit der Followertypen verglichen, um mögliche

Gemeinsamkeiten sowie Unterschiede zwischen den Befragungsgruppen aufzudecken. Eine Kategorie an Antworten wird gebildet, wenn mindestens zwei der Befragungsteilnehmer eine inhaltlich gleiche oder sehr ähnliche Aussage treffen. Zuerst werden die Antworten der Gesamtstichprobe aufgeführt und anschließend gemäß der gebildeten Followertypen differenziert. Insgesamt sind für jeden der fünf gebildeten Followertypen *Aspirant*, *Experte*, *Mitläufer*, *Blender* und *Bedürftiger* fünf Interviewteilnehmer befragt worden. Die genaue Vorgehensweise zur Einteilung in die entsprechenden Followertypen ist in Abschnitt 4.3.2 beschrieben. Die detaillierten soziodemografischen Merkmale der einzelnen Befragungsteilnehmer befinden sich im Anhang K.

4.5.1 Beschreibung der Stichprobe

Um eine bessere Vergleichbarkeit der Interviewteilnehmer und der Befragungsteilnehmer der Onlinestudie zu gewährleisten, beantworteten die Probanden vor dem Interview die gleichen soziodemografischen Fragen, wie sie im Onlinefragebogen gestellt wurden. Aus Platzgründen werden an dieser Stelle nicht alle soziodemografischen Ergebnisse genauer beschrieben, sondern nur die mehrheitlich vorzufindenden Antwortkategorien kommentiert. Die nachfolgenden beiden Tabellen zeigen die vollständigen soziodemografischen Merkmale der 25 Interviewteilnehmer:

Soziodemografische Merkmale der Stichprobe		Anzahl(n)	Anteil (%)
Geschlecht	Männlich	10	40,0 %
	Weiblich	15	60,0 %
Altersgruppe	21-30 Jahre	6	24,0 %
	31-40 Jahre	14	56,0 %
	41-50 Jahre	4	16,0 %
	51-60 Jahre	1	4,0 %
	≥ 61 Jahre	0	0,0 %
Höchster Bildungsabschluss	Promotion	1	4,0 %
	Hochschulabschluss	8	32,0 %
	Anerkannte Fortbildungsgänge	3	12,0 %
	Anerkannte Ausbildungsberufe	12	48,0 %
	Keine Ausbildung	0	0,0 %
	Sonstiges	1	4,0 %
Beschäftigungsart	Angestellter	24	96,0 %
	Freischaffend bzw. Selbstständig	0	0,0 %
	Staatsangestellter	1	4,0 %
	Sonstige	0	0,0 %
Berufserfahrung	Noch keine Berufserfahrung	0	0,0 %
	~ 1 Jahr Berufserfahrung	0	0,0 %
	~ 2 Jahre Berufserfahrung	1	4,0 %
	~ 5 Jahre Berufserfahrung	3	12,0 %
	~ 10 Jahre Berufserfahrung	7	28,0 %
	≥10 Jahre Berufserfahrung	14	56,0 %
Führungsebene	Oberste Führungsebene (z.B. Geschäftsleitung, Vorstand, Direktor)	0	0,0 %
	Mittlere Führungsebene (z.B. Bereichsleitung, Abteilungsleitung)	5	20,0 %
	Untere Führungsebene (z.B. Teamleitung, Meister)	2	8,0 %
	Keine Führungsebene (z.B. Fachkraft, Sachbearbeiter, Spezialist)	18	72,0 %
Gesamt		25	100 %

Tab. 29: Soziodemografische Merkmale der Interviewteilnehmer (Teil 1)

Ähnlich wie bei der Onlinebefragung, sind 40,0 % Personen dem männlichen Geschlecht und 60,0 % dem weiblichen Geschlecht zugehörig. Der größte Anteil der Interviewteilnehmer (56,0 %) befindet sich im Alter zwischen 31 und 40 Jahren und verfügt überwiegend entweder über einen Hochschulabschluss (32,0 %) oder eine anerkannte Ausbildung (48,0 %). Die Interviewteilnehmer haben zumeist langjährige Berufserfahrung, 56,0 % der Befragten mit bereits über 10 Jahre. Der überwiegende Anteil der Interviewteilnehmer verfügt über keine Führungsverantwortung (72,0 %). Wie die nachstehende Tabelle weiterhin zeigt, arbeiten die meisten Probanden in einem Wirtschaftsunternehmen mit über 500 Mitarbeitern (64,0 %) und sind überwiegend in der Dienstleistungsbranche tätig. Die verschiedenen Branchen, die unter der Kategorie Dienstleistung zusammengefasst werden, befinden sich im Anhang K.

Soziodemografische Merkmale der Stichprobe		Anzahl(n)	Anteil (%)
Größe des	1-9	0	0,0 %
Organisation	10-49	5	20,0 %
	50-249	1	4,0 %
	250-499	2	8,0 %
	> 500	16	64,0 %
	Frage trifft auf mich nicht zu (Selbstständiger)	0	0,0 %
	Frage trifft auf mich nicht zu (Staatsangestellter)	1	4,0 %
Kollegenanzahl im Team	1-5	9	36,0 %
	6-10	6	24,0 %
	11-15	6	24,0 %
	16-20	0	0,0 %
	≥ 21	4	16,0 %
	Ich habe keine Kollegen	0	0,0 %
Branchenzugehörigkeit	Produktion	1	4,0 %
	Dienstleistung	21	84,0 %
	Handel	0	0,0 %
	Öffentliche Verwaltung	3	12,0 %
	Vereine & Verbände	0	0,0 %
	Sonstige Branchen	0	0,0 %
Beschäftigungszeitraum	< 6 Monate Betriebszugehörigkeit	1	4,0 %
in der Organisation	< 1 Jahr Betriebszugehörigkeit	0	0,0 %
	< 2 Jahre Betriebszugehörigkeit	4	16,0 %
	< 5 Jahre Betriebszugehörigkeit	8	32,0 %
	< 10 Jahre Betriebszugehörigkeit	6	24,0 %
	≥10 Jahre Betriebszugehörigkeit	6	24,0 %
Zusammenarbeit mit	< 1 Jahr	4	16,0 %
dem direkten	1-2 Jahre	9	36,0 %
Vorgesetzten	3-4 Jahre	9	36,0 %
	5 Jahre und mehr	3	12,0 %
Geschlecht des direkten	Männlich	13	52,0 %
Vorgesetzten	Weiblich	12	48,0 %
Gesamt		25	100 %

Tab. 30: Soziodemografische Merkmale der Interviewteilnehmer (Teil 2)

Im nächsten Abschnitt folgt die Darstellung der Ergebnisse des im Interview abgefragten ersten Themenfeldes.

4.5.2 Darstellung der Antworten des Themenfelds 1: Identifikation mit den Zielen und der Vision der Organisation

Im ersten Themenfeld werden die Befragungsteilnehmer gebeten, über die Vision und die Ziele der Organisation zu erzählen, für die sie tätig sind. Dies dient dazu, Hinweise zu erhalten, ob die Ziele und die Vision den Interviewten generell bekannt sind und welche Rolle diese für die Befragten spielen. Weiterhin soll in Erfahrung gebracht werden, ob die Ziele und die Vision der Organisation mit der persönlichen Überzeugung der Befragungsteilnehmer übereinstimmen.

4.5.2.1 Kenntnis der Ziele und Vision der Organisation

Die Mehrheit der Follower (23 von 25 Befragten) kennt die Ziele und die Vision der Organisation und kann diese beschreiben. Aufgrund der sehr unterschiedlichen Betätigungsfelder der Befragten, sind die Nennungen der konkreten Ziele und der Visionen sehr differenziert und an dieser Stelle gleichzeitig von untergeordnetem Interesse, weswegen auf eine Kategorisierung der genannten Antworten verzichtet wird. Angaben, die häufig gemacht werden, sind Umsatz und Wachstum bzw. wirtschaftlicher Erfolg sowie Kundenzufriedenheit, aber auch Ziele wie Mitarbeiterbindung, Nachhaltigkeit oder fairer Umgang mit Geschäftspartnern werden genannt.

Zwei Befragungsteilnehmer können die Ziele und die Vision nur teilweise wiedergeben bzw. bemängeln eine gewisse Undurchsichtigkeit bei der Vermittlung der Ziele. So sagt der Experte 1:

> Vision und Ziele, die sind bei uns ein wenig verschwommen, weil die nicht konkret rübergebracht werden. Ich weiß nicht, wie ich das am besten ausführen soll. Wir werden immer als große Einheit dargestellt, aber es ist recht undurchsichtig, was unsere Führungsebene, die ganz Oberen, im Endeffekt wirklich planen. Es wird nie richtig rübergebracht, man erwischt sie sehr oft dabei, dass das nicht ganz stimmt, was sie da so von sich geben. (Abs. 2)

Experte 4 antwortet wie folgt auf die Bitte, etwas über die Ziele und die Vision der Organisation zu erzählen:

> Äußerst schwer, weil ich finde, dass die selten in eine Richtung gehen. Die sind mal so, mal so. Ich würde jetzt sagen, sie sollten eigentlich in Richtung Kundenzufriedenheit gehen. Der Kunde ist König, gerne mal die Extrameile gehen, aber nicht zu viel natürlich, weil das lässt die Arbeit nicht zu. Ja, ich denke, gute Produkte auf den Markt zu bringen. (...) Auf jeden Fall die Mitarbeiteranzahl zu reduzieren und die Kosten zu reduzieren [ironisches Lachen]. (Abs. 2)

Diese beiden Interview-Zitate lassen bereits eine gewisse Diskrepanz in der Übereinstimmung der eigenen Ziele und Vision mit denen der Organisation vermuten. Auf diesen Zusammenhang wird im nachfolgenden Abschnitt näher Bezug genommen.

4.5.2.2 Übereinstimmung der eigenen Ziele und Vision mit denen der Organisation

Auf die Frage, ob die Ziele und die Vision der Organisation mit den eigenen Zielen übereinstimmen, zeigt sich ein sehr weites Spektrum an Antworten. So antwortet Mitläufer 3:

> Meine persönliche Überzeugung für die Firma zu arbeiten, basiert darauf, dass die Firma mir die Option bietet, meine technischen Interessen zu verfolgen. Aber meine Ziele persönlicher Natur sind nicht vereinbar mit den Unternehmenszielen (…) oder ich formuliere es anders: Das Geld, das wir [als Organisation] verdienen interessiert mich nicht. Weil mein Boni, es ist ein Boni-orientiertes Unternehmen, hängt nicht [an meiner Tätigkeit]. (Abs. 6)

Blender 5 bemerkt bezüglich der Zielübereinstimmung: „Eigentlich nicht mehr großartig, deshalb kucke ich mich auch um" (Abs. 4), und der Bedürftige 3 sagt: „Das eine hat mit dem anderen gar nichts zu tun. Wir sind eine ausführende Kraft, ich habe Vorschriften und nach denen muss ich Dienst leisten. Da ist nicht die persönliche Meinung gefragt, sondern die auszuführende Kraft" (Abs. 6).

Auf der anderen Seite zeigt sich auch eine sehr hohe Übereinstimmung der eigenen Ziele einiger Befragungsteilnehmer mit denen der Organisation. So erklärt z.B. Mitläufer 4: „Ich bin eigentlich nur dahin bzw. ich habe mich initiativ dort beworben, weil ich von der Firmenkultur (…) ziemlich überzeugt war. Das war tatsächlich der Grund, warum ich mich dort beworben habe. Sonst hätte ich das nicht gemacht" (ML4 Abs. 4).

Auch fällt auf, dass die Vision und die Ziele, wie sie von organisationaler Seite offiziell kommuniziert werden, mehrheitlich gut geheißen werden und die Befragten dahinter stehen. Dennoch bemängeln viele eine große Diskrepanz dessen, was offiziell als Ziel und Vision der Organisation verkauft wird und was tatsächlich gelebt und umgesetzt wird. So führen Experte 1 und Experte 4 auf die Frage nach der Übereinstimmung der Organisationsziele und der eigenen Überzeugung aus:

> Es ist schwierig zu sagen. Die Ziele an sich, die würden schon meiner Überzeugung entsprechen, wenn das alles so passt, wie sie [die Vorgesetzten] das sagen. Bloß die Umsetzung dabei, die ist ein bisschen schwierig, die ist ein bisschen schwer nachzuvollziehen. (EX1 Abs. 6)

> Bedingt stimmen sie überein, aber bei vielen Dingen, bin ich nicht unbedingt der Meinung, dass man die so durchführen müsste, wie sie durchgeführt werden. (…) Das, was sie sich nett ausgerechnet haben, bleibt leider auf der Strecke. Die Theorie war schon nicht schlecht, aber die Praxis funktioniert nicht. (EX4 Abs. 6)

Anhand der Antworten der Interviewteilnehmer werden für die Übereinstimmung der Ziele der Organisation und der eigenen Zielsetzung fünf verschiedenen Kategorien gebildet: Bezogen auf die Gesamtstichprobe (N = 25) sagen 32 %, dass die Ziele der Organisation *voll und ganz* mit den eigenen übereinstimmen. Weitere 28 % bestätigen, dass die Ziele *überwiegend* mit der eigenen Zielsetzung übereinstimmen, 12 % geben an *teilweise* mit der Zielsetzung einverstanden zu sein, 12 % bemerken, dass die eigene Zielsetzung und die der Organisation *eher nicht* übereinstimmen und 16 % konstatieren, dass die Ziele der Organisation und die eigene *überhaupt nicht* übereinstimmen bzw. dass sie ihnen *völlig egal* sind, wie die nachfolgende Abbildung zeigt:

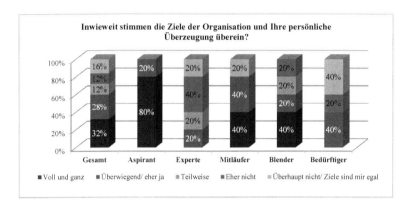

Abb. 50: Übereinstimmung der Ziele der Organisation mit den Eigenen

Werden die Aussagen differenziert nach den verschiedenen Followertypen betrachtet (Stichprobenumfang pro Followertyp stets n = 5) zeigt sich, dass bei den Aspiranten die höchste Übereinstimmung der eigenen Zielsetzung mit der der Organisation vorherrscht, mit 80 % der Aussagen in der Kategorie *voll und ganz* sowie 20 % in *überwiegend*. Für die Gruppe der Bedürftigen kann ein konträres Bild wahrgenommen werden: 60 % der Befragungsteilnehmer sehen entweder *überhaupt keine* Übereinstimmung der eigenen Ziele mit denen der Organisation oder *eher keine*. Keiner der Bedürftigen kann sich *voll und ganz* mit den Zielen identifizieren. Für die anderen Followergruppen zeichnet sich kein eindeutiger Trend hinsichtlich der Identifikation mit den Zielen und der Vision der Organisation ab.

4.5.2.3 Persönliches Engagement, um Organisationsziele zu erreichen und der persönliche Beitrag zum Organisationserfolg

Während der Interviews zeigt sich, dass die beiden Fragen „Wie tragen Sie persönlich dazu bei, dass die Ziele und die Vision der Organisation erreicht werden?" und „Wie tragen Sie persönlich zum Erfolg der Organisation bei?", die im zweiten Themenfeld zum Verhalten am Arbeitsplatz gestellt wurden, von den Interviewten nicht differenziert beantwortet werden können. Entweder kommentierten Befragungsteilnehmer bei der zweiten Fragestellung: „Das ist eigentlich identisch" (EX5 Abs. 22) oder „Kann ich dem noch was hinzufügen im Vergleich zu vorhin?" (ML4 Abs. 12). Zumeist wird bei der zweiten Frage Bezug auf die Aussagen der ersten Fragestellung genommen und detaillierter ausgeführt. Daher werden die Antworten beider Fragestellungen zusammengefasst und nicht getrennt voneinander ausgewertet.

Die integrierten Antworten befinden sich bei den Ergebnissen zum Themenfeld zwei im Abschnitt 4.5.3.1.

4.5.3 Darstellung der Antworten des Themenfelds 2: Verhalten am Arbeitsplatz

Im zweiten Themenfeld werden die Befragungsteilnehmer gebeten, Fragen zu ihrem Verhalten am Arbeitsplatz zu beantworten, um Hinweise auf ihr Followerverhalten zu erlangen.

4.5.3.1 Persönlicher Beitrag zum Organisationserfolg

Bereits anekdotisch zeigt sich, dass die Beurteilungen des persönlichen Beitrags zur Erreichung der Ziele und des Erfolgs der Organisation deutlich voneinander abweichen. So postuliert Aspirant 4, dass er persönlich zum Organisationserfolg beitrage, durch „...viel Einsatz und Energie, die ich da reinstecke, weil ich mich auch ganz gut mit [der Organisation] identifizieren kann und ich mache mir sehr viele Gedanken und versuche auch mit Rat und Tat etwas zu verbessern" (Abs. 14). Aspirant 5 antwortet: „...dass man das dem Team kommuniziert, wo die Ziele sind, das ist ganz wichtig. Und dass man sie auch vorlebt (...) und mit meiner Motivation und mit meiner Persönlichkeit" (Abs. 14). Mitläufer 2 konstatiert: „Ich hoffe maßgeblich. (...) ich versuche das auf der einen Seite ganz persönlich zu tun, indem ich vorangehe mit Dingen, die motivierend sind aus einer positiven Lebenseinstellung heraus, die ich gerne auch nach außen bringen möchte" (Abs. 6). Bei vorsichtiger Interpretation könnten diese Aussagen eventuell als Extrarollenverhalten gewertet werden, die in der Form arbeitsvertraglich nicht einzufordern sind.

Hingegen sprechen die folgenden Aussagen eher für das sog. In-Role-Behavior, d.h. arbeitsvertraglich vereinbarte Leistungen, so bemerkt Mitläufer 3: „Persönlich, indem ich meine Arbeitsleistung einbringe. Aber das ist ja durch mein Gehalt abgedeckt" (Abs. 16). Experte 1 stellt fest: „Indem ich meinen Teil der Arbeit leiste, den alle anderen auch machen" (Abs. 16) und Experte 2 sagt: „.... schlichtweg damit, dass ich meine Arbeit verrichte, dass ich meinen Job mache. Dass das ganze Werk, das Große und Ganze überhaupt funktioniert, da bin ich ein kleiner Bestandteil des Gesamtbildes." (Abs. 12), der Bedürftige 1 stellt fest: „Indem ich das mache, was mir aufgetragen wird, so schnell und so gut ich kann" (Abs. 14), der Bedürftige 3 merkt an: „Indem ich einen korrekten Job mache, dass ich die Ausführung meiner Vorschriften korrekt durchführe" (Abs.12). Und der Bedürftige 4 hält fest: „Ich bin ein Arbeiter, der macht seine Arbeit wirklich sehr gut, aber so frei nach dem Motto: Das Pferd springt nur so hoch, wie es muss" (Abs. 8).

Werden sämtliche Aussagen der Interviewten bezüglich ihres Beitrags zum Erfolg der Organisation sowie ihrem Anteil zur Erreichung der Ziele und der Vision der Organisation ausgewertet, so können bei 84 % der Befragungsteilnehmer Verhaltensweisen identifiziert werden, die als Follower-OCB-Verhalten interpretiert werden können. Dies entspricht den arbeitsvertraglich nicht einzufordernden Leistungen, während bei 16 % der Interviewten, die getroffenen Angaben auf das sog. IRB-Verhalten schließen lassen (vgl. Anhang M Tab. 92-96). Die

nachfolgende Abbildung verdeutlicht die Einschätzung des eigenen Verhaltens am Arbeitsplatz grafisch für die Gesamtstichprobe und ebenfalls in Abhängigkeit der verschiedenen
Followertypen.

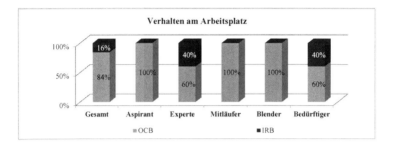

Abb. 51: Verhalten am Arbeitsplatz

Die von den 25 Befragungsteilnehmern getroffenen Aussagen bezüglich ihres Beitrags zum
Organisationserfolg, können zu zwölf gemeinsamen Kategorien zusammengefasst werden,
wie die nachfolgende Abbildung zeigt. Eine Diskussion, welche Verhaltensweisen tatsächlich
als In-Role-Behavior und welche als *Follower-OCB-Verhalten* zu beurteilen sind, erfolgt in
Kapitel fünf.

Abb. 52: Persönlicher Beitrag zur Zielerreichung und zum Erfolg der Organisation (Gesamtstichprobe)

Alle 25 Befragungsteilnehmer antworten auf die beiden zusammengefassten Fragen. Mehr-
fachnennungen sind möglich gewesen und in der obigen Abbildung berücksichtigt. Um als

eigene Kategorie gewertet werden zu können, mussten mindestens zwei der Befragungsteilnehmer übereinstimmende Antworten geben. Einmalige Erwähnungen von Aussagen wurden für die Auswertung nicht miteinbezogen. Die differenzierte Auswertung der Kategorien in Abhängigkeit der Followertypen sowie die jeweilige Textevidenz der einzelnen Befragungsteilnehmer befinden sich in Anhang L bis Anhang M.

52 % der Befragten antworten, dass sie durch die Einhaltung von Vorgaben ihren persönlichen Beitrag zur Zielerreichung und zum Erfolgs der Organisation leisten (Bsp. BE1 Abs. 14: „…indem ich das mache, was mir aufgetragen wird"), 44 % entgegnen, dass sie durch eine effiziente Arbeitsweise beitragen (Bsp. BL4 Abs. 10: „…ich schaffe u.a. (…) die Prozesse, um effizientes Arbeiten zu ermöglichen"). 40 % der Befragten antworten durch Kollegialität und Teamarbeit (Bsp. AS2 Abs. 12: „…indem ich neue MA versuche so gut es geht zu fördern und zu trainieren" oder ML4 Abs. 6: „…menschlich halte ich das Team (…) bei Laune"). 28 % der Befragten geben an, sich dafür zu engagieren, dass die Wirtschaftlichkeit der Organisation gewährleistet wird (Bsp. ML4 Abs. 8: „…ich versuche zu unterstützen, dass wir mehr Besucher, mehr Bestellungen, mehr Umsatz generieren"), weitere 28 % sehen ihren Beitrag darin, Verbesserungsvorschläge einzubringen (Bsp. AS4 Abs. 8: „…,dass ich Ideen selber mit einbringe und Verbesserungsvorschläge mache, neue Technik heraussuche").

24 % geben an, durch die Übernahme von Extraleistungen zu unterstützen (Bsp. EX1 Abs. 10 „…ich habe jetzt die Ausbildung [der Lehrlinge] übernommen" und BE5 Abs. 12 „…, dass ich z.B. Rechnungen schreibe, obwohl das gar nicht meine Aufgabe ist, aber nur dadurch kommt Geld rein"). 16 % steuern bei, indem sie Kundenzufriedenheit sicherstellen (Bsp. BE1 Abs.14: „…ich versuche eine persönliche Beziehung zu den Mandanten aufzubauen"), weitere 16 % nennen regelmäßige Fortbildungen (Bsp. ML5 Abs. 18 „…indem ich mich weiterqualifiziere"). Jeweils 12 % geben an, nach Innovationen und Trends Ausschau zu halten (Bsp. ML3 Abs. 10: „…ich erweitere meinen Horizont, indem ich weiß, was es Neues gibt"), weitere 12 % erwähnen den Austausch mit Kollegen (Bsp. BL3 Abs. 8 „…immer den Dialog suchen zu anderen") und weitere 12 % nennen klare Kommunikation (Bsp. AS5 Abs. „…, dass man dem Team kommuniziert, wo die Ziele liegen"). 8 % der Befragten sehen ihr Fachwissen als Beitrag an (Bsp. BE1 Abs. 10: „…indem ich eine hohe Qualifikation in meinem Beruf erlernt habe").

4.5.3.2 Einschätzung der beruflichen Fähigkeiten

Auf die Frage nach der Einschätzung der beruflichen Fähigkeiten ergibt sich erneut ein Spektrum an Antworten, wohingegen die Aussagen im Vergleich zu obigen Fragen nicht so weit voneinander abweichen. Zum einen Follower, die sehr überzeugt von ihren beruflichen Fähigkeiten sind, so z.B. der Aspirant 5: „Die sind sehr gut, (…) ich habe eine Ausbildung gemacht, ich habe studiert, ich habe mit einer Eins abgeschlossen. Ich habe mit einer Auszeichnung abgeschlossen. (…) ich bin absolut super qualifiziert für diesen Job, bin eigentlich unterfordert zurzeit" (Abs. 16-18) oder der Bedürftige 1:

In dem Bereich, [in dem ich tätig bin], würde ich meine beruflichen Fähigkeiten schon als sehr hoch ansehen. (…) über 10 Jahre Berufserfahrung und ich habe alle Weiterbildungen gemacht, die man bis zu der Ebene machen kann. Die würde ich schon als hoch einstufen. (Abs. 18).

Zum anderen gibt es Follower, die ihre beruflichen Fähigkeiten differenzierter einschätzen, so z.B. Mitläufer 3: „Meine [technischen Fähigkeiten] schätze ich als sehr gut ein, meine [Verkaufsfähigkeiten] mittelmäßig und (…) politisch zu agieren (…) eher schlecht" (Abs. 18). Auch gibt es Follower, die ihre Fähigkeiten in Relation zu anderen Arbeitskollegen setzen, wie bspw. Blender 1:

Ich würde es jetzt einfach mal mit den Kollegen vergleichen, die bei uns im Team sind. Da sind viele Kollegen dabei, die seit vielen langen Jahren im Team sind, die viel Hintergrundwissen haben und auch die Firma sehr gut kennen. Im Vergleich dazu bin ich sehr „Junior" würde ich sagen. (…) ansonsten fachlich gesehen, würde ich nicht sagen, dass ich zu sehr hinten dran, aber auch nicht vorne bin. (Abs. 14)

Die Einschätzungen der Interviewten können in drei Kategorien gegliedert werden: 48 % stufen ihre beruflichen Fähigkeiten als *sehr gut* ein, 32 % als *gut* und 20 % als *o.k. bzw. mittelmäßig*. Die nachfolgende Abbildung zeigt die Kategorieneinstufungen einmal für die Gesamtstichprobe und untergliedert in Abhängigkeit der Followertypen:

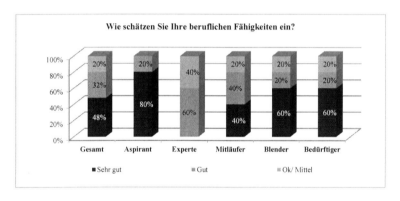

Abb. 53: Einschätzung der beruflichen Fähigkeiten

Die Aspiranten schätzen ihre Fähigkeiten durchgehen als *sehr gut* (80 %) und *gut* (20 %) ein und erzielen damit die höchste durchschnittliche Einschätzung. Durchschnittlich am niedrigsten bewerten die Experten ihre Fähigkeiten, mit 60 % der Befragten, die ihre Leistungen als *gut* einstufen und 40 %, die sie als *o.k. bzw. mittelmäßig* ansehen. Keiner der Experten beurteilte sich mit *sehr gut*. Die Followergruppen Blender und Bedürftiger bewerten ihre Fähigkeiten identisch mit 60 % als *sehr gut*, 20 % als *gut* sowie 20 % als *o.k. bzw. mittelmäßig* und auch zur Gruppe der Mitläufer ergeben sich keine bedeutsamen Unterschiede. Diese schätzen die Fähigkeiten minimal darunter ein mit 40 % der Aussagen im Bereich *sehr gut* und 40 % der Aussagen im Bereich *gut* (siehe hierzu Anhang M Tab. 97-102).

Weiterhin werden die Befragungsteilnehmer im Rahmen ihrer Einschätzung der beruflichen Fähigkeiten nach dem Umgang mit beruflichen Problemen oder Herausforderungen befragt. Hierbei reichen die Antworten von einer komplett eigenständigen Lösung von Problemen wie bei Aspirant 4: „Ja, die nehme ich an und suche eine Lösung. Entweder habe ich direkt eine parat oder ich suche mir eine heraus. Dann versucht man, den Problemursprung ausfindig zu machen und versucht, das abzustellen oder zu verbessern" (Abs. 20) über Aussagen, bei denen die Interviewten angaben, Probleme erst einmal selbstständig zu lösen versuchen und sich anschließend Hilfe zu holen, insofern sie nicht weiterkommen, wie bspw. Experte 2:

Ich versuche erst mal selber zu verstehen, warum es überhaupt zu dem Problem gekommen ist. Ich überlege mir, ob ich selber eine Lösung finde, ansonsten frage ich Vorgesetzte und Kollegen, ob die mir bei einem Lösungsansatz behilflich sein können, wenn ich selbst nicht darauf komme. (Abs. 22)

Oder Experte 5: „Immer zuerst zu sehen, dass ich es selbst lösen kann. Und ansonsten kann ich meine Chefs fragen" (Abs. 30). Andere Befragungsteilnehmer geben an, sich direkt mit anderen auszutauschen, wenn sich ein berufliches Problem ergibt, so z.B. der Mitläufer 2:

Wenn es Inhalte sind, die ich nicht in meinem Erfahrungsrepertoire habe, dann suche ich mir Menschen, die das in ihrem Erfahrungsrepertoire haben. (…) Austausch ist wichtig, der dann final bei mir zur Meinungsbildung führt. Und Meinungsbildung führt dann tatsächlich zur Lösung des Sachverhalts in die eine oder andere Richtung (Abs. 14).

Blender 2 sucht sich ebenfalls Hilfestellung von anderen, unterscheidet aber auf diese Frage hin kategorisch zwischen Herausforderungen und Problemen und merkt an:

Herausforderung empfinde ich als positiv und Probleme empfinde ich nicht als positiv. Und wenn ich mit Herausforderungen konfrontiert bin, dann ist es für mich gut, das mag ich, das motiviert mich. Wenn ich mit Problemen konfrontiert bin, was ich ja jetzt auch längere Zeit war, dann habe ich ein Problem. Dann habe ich insgesamt ein Problem, dann verliere ich das Interesse an dem Job, dann mag ich das nicht mehr, dann würde ich mich am liebsten nicht mehr blicken lassen, dann würde ich es am liebsten ausschalten. (…) Im zweiten Schritt reagiere ich dann so, (…), dass ich eben aktiv werde und mir Rat hole von anderen. (Abs. 18)

Auch der Mitläufer 4 gibt an, sich mit Kollegen zu beratschlagen und erwähnt weiterhin die Relevanz, seinen Vorgesetzten über auftretende Probleme zu informieren:

Ich gehe dann gleich direkt persönlich und mit Kollegen in die tiefere Analyse hinein. Und wenn es dann wirklich was ist, wovon auch hierarchisch der Abteilungsleiter wissen sollte, weil er damit auch konfrontiert werden kann, dann gehe ich auch proaktiv den Weg und informiere ihn zumindest. (Abs. 20)

Teilweise wird von Befragungsteilnehmern auch differenziert, um welche Art des Problems es sich handelt, so sagt der Bedürftige 1:

Also berufliche Probleme und Herausforderungen sind auf der einen Seite (...) fachliche Themen, die auf einen zukommen, die neu sind. (...) irgendwelche Spezialthemen, die man so vielleicht noch nicht hatte. Da kann ich mir sehr gut helfen, indem ich weiß, wo ich nachlesen muss und wir haben offenen Kontakt in der [Organisation]. Wir haben auch drei angestellte [Spezialisten] und dann arbeitet man sowas zusammen aus. Und das andere ist, wenn es persönliche Herausforderungen gibt im zwischenmenschlichen Bereich, da versuche ich, das anzusprechen und suche dann auch öfter mal das Gespräch zu Dritt. Also ehrlich gesagt, wende ich mich da schon oft auch an den Vorgesetzten, wie man da weitermachen soll. (Abs. 20)

Der Aspirant 2 merkt in diesem Sinne an: „Schnellstmöglich nach Lösungen suchen oder Eigeninitiative zu ergreifen (...). Es gibt Probleme, die wir (...) selber nicht lösen können und auch nicht dürfen. Bei Problemen, die nicht in unser Gebiet fallen, sind Manager da, um das Problem zu lösen" (Abs. 28). Die nachfolgende Abbildung zeigt die Kategorisierung der getroffenen Aussagen:

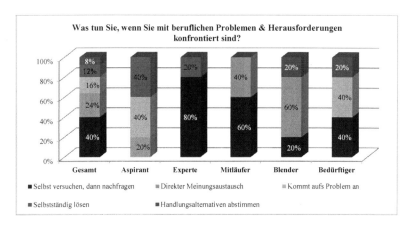

Abb. 54: Umgang mit beruflichen Problemen & Herausforderungen

Bezogen auf die Gesamtstichprobe ist die mit 40 % am häufigsten getroffene Aussage, bezogen auf berufliche Probleme und Herausforderungen, zuerst zu versuchen, diese selbstständig zu lösen und ggf. Hilfe hinzuzuziehen, sollten die Interviewten in der Angelegenheit nicht weiter kommen. 24 % der Befragten geben an, sich direkt mit anderen über das Problem auszutauschen und erwähnen in diesem Zusammenhang Freunde, Familie, Partner, Kollegen und auch Vorgesetzte. 16 % stellen fest, dass ihr Verhalten davon abhängt, um welches Problem es sich dabei handelt. Weitere 12 % geben an, Probleme völlig eigenständig zu lösen und 8 % erwähnen, sich zuerst verschiedene Handlungsoptionen zurechtzulegen und diese anschließend mit dem Vorgesetzten zu besprechen.

Im Vergleich der verschiedenen Followergruppen zeigt sich, dass die Aspiranten mit 40 % diejenigen sind, die am häufigsten völlig eigenständig nach Problemlösungen suchen, gefolgt von Experten mit 20 %. Weder Mitläufer, noch Blender oder Bedürftige geben an, Probleme ohne fremde Hilfe zu lösen. Die überwiegende Mehrheit der Experten mit 80 % der Interviewten gibt an, zwar erst selbst nach der Problemlösung zu suchen, sich daraufhin allerdings mit anderen diesbezüglich auszutauschen. Auch die Mehrheit der Mitläufer mit 60 % versucht Probleme erst selbst und dann durch zurate ziehen von anderen zu beseitigen oder beratschlagen sich von Anfang an mit anderen (40 %). Ebenso die Mehrheit der Blender, die sich mit 60 % direkt in den Meinungsaustausch mit anderen begibt. Bei der Betrachtung der Bedürftigen ergibt sich kein eindeutiger Trend, teilweise wird selbst eine Lösung des Problems angestrebt und daraufhin Hilfe hinzugezogen (40 %), teilweise, sagen sie, komme es auf die Art des Problems an (40 %) und teilweise werden Handlungsoptionen entwickelt und diese daraufhin besprochen (20 %). Die entsprechende Textevidenz bezüglich der Einteilung der Kategorien und ebenfalls in Abhängigkeit der verschiedenen Followertypen befindet sich in Anhang M.

4.5.3.3 Auffassung gegenüber dem Begriff Follower und Followership

Auf die Frage, was die Interviewten mit den Begriffen Follower und Followership verbinden, antworten 24 von 25 Personen. Ein Befragungsteilnehmer entgegnet auf die Frage: „(…) ich bin kein Fan davon, dass man in Deutschland alles so ‚verenglischt'" (Abs.26). „[Ich habe keine Vorstellung davon, was das ist]" (Abs. 28).[16] Die Begriffsverständnisse der Befragungsteilnehmer hinsichtlich Followern und Followership weichen stark voneinander ab. Während die Definitionen der einzelnen Interviewten selbst ein weites Spektrum aufweisen (vgl. Anhang M), fällt auf, dass die Begriffsinhalte grundsätzlich drei Kategorien zugeordnet werden können: Follower als eher negativ konnotierte Bezeichnung, als eher neutral bewertet und als eher positiv assoziiert. Die folgenden Interviewzitate spiegeln diese drei unterschiedlichen Konnotationen innerhalb der Stichprobe wieder.

Befragungsteilnehmer, die den Begriff Follower eher negativ assoziieren, merken bspw. wie der Mitläufer 3 an: „Follower ist ganz salopp formuliert, keine eigene Meinung zu haben und die Meinung anderer zu adaptieren" (Abs. 24). Oder der Bedürftige 2 beschreibt:

> Im Prinzip (…) ein Mitläufer. Einer, (…) der sich einfach darauf einlässt. (…) Der nur (…), teilnimmt (…) im laufenden Betrieb, der (…) sich auch nicht wirklich einmischt, (…) sondern einfach sagt o.k. [ich] mache das mit und der Rest interessiert mich eigentlich nicht wirklich. (Abs. 16)

Aspirant 1 ergänzt: „Der Arbeiter halt, der sich zwar auch miteinbringt, der sich aber inhaltlich nicht solche Gedanken macht" (AS1 Abs. 22). Alle negativ assoziierten Interviewzitate betonen hierbei fehlende Initiative, mangelndes Interesse und zu wenig Einsatz.

---

[16] Um das Interview entsprechend fortsetzen zu können und dem Befragungsteilnehmer die Möglichkeit zu geben auf Folgefragen zu antworten, wurde der Begriff von der Interviewerin als „Folgender, jmd. der jemandem folgt" übersetzt.

Eher neutrale Konnotationen zur Bezeichnung Follower lauten: „Das ist jemand, der anderen folgt" (EX1 Abs. 25), „Das [bedeutet] für mich, dass ich jemand dann wortwörtlich folge, aber nicht irgendwie Hörigkeit oder Zugehörigkeit, sondern eher im Sinne von nicht negativ behaftet ‚Handlanger'. Im Sinne von Zuarbeiten. Miteinander arbeiten"(EX3 Abs. 36) oder „Der folgt Anweisungen. Ist nicht wirklich derjenige, der die Anweisungen gibt oder die Richtung angibt" (AS2 Abs. 29) und stellen hierbei eher die ausführende Kraft oder Tätigkeit in den Vordergrund.

Auch gibt es Befragungsteilnehmer, die den Begriff als eher positiv bewerten und zum einen die Entwicklungschancen des „Follower-Seins" und zum anderen deren Beitrag zum Erfolg hervorheben. Entsprechende Aussagen wie z.B. von Blender 1 und Blender 2 lauten wie folgt:

(…) ein Follower ist [ein Mitarbeiter], der seinem Vorgesetzten oder jemand [anderem] auf den er heraufblickt folgt. (…) Und so, schaue ich mir auch viele Techniken bei [meiner Kollegin] ab, die sie einsetzt und merke dann immer wieder, wie sie das Ganze angeht oder wie sie Probleme behandelt und versuche, die dann in meiner eigenen Art zu implementieren. Also nicht zu kopieren, sondern zu implementieren, weil ich ja natürlich am Ende niemals sie sein würde und auch nie sie sein möchte, weil jeder immer noch seinen eigenen Charakter mitbringt. (BL1 Abs. 18)

(…) Jemand [folgt] jemandem, so wie das auch wörtlich ist und das möglichst nicht in Frage stellt. (…). Da ist eine Leitfigur, die möglichst auch diese Fähigkeit hat zu leiten und etwas Interessantes bietet und ein Anderer oder mehrere Andere gehen auf der Fährte dieser Person mit und folgen und tragen dazu bei, etwas zum Gelingen zu bringen. (BL2 Abs. 24)

Teilweise fällt auf, dass der Gegenstand oder das Objekt des Followers bzw. des Folgens differenziert betrachtet wird. So wird zum Teil die Person, der gefolgt wird, in den Vordergrund gestellt: „(…) es ist für mich die *Person*, die einfach folgt. Eigentlich immer einer Person, weniger den Zielen einer Person, sondern der Person an sich" (ML2 Abs. 16), andere verbinden den Begriff des Followers und des Folgens nicht zwangsläufig mit der Beziehung zwischen Individuen sondern zum Teil auch auf eine *konkrete Anweisung* bezogen: „(…) in meinem Berufsfeld ist [Folgen] eher auf eine Sache oder auf ein Durchführen von Arbeiten bezogen" (AS2 Abs. 32) und wieder andere betonen auch das *Ziel* oder einen höheren Sinn, dem gefolgt wird und bestreiten, dass es „die" allgemeingültige Definition des Begriffes gibt: „ Man folgt immer einem Ziel, einem Vorgesetzten, was auch immer. (…) man geht einfach in eine bestimmte Richtung und weicht nicht groß ab von der Masse" (EX4 Abs. 25) oder:

[Ich muss] mich soweit motivieren können, so dass ich sage, das was wir hier machen wirft genug Sinn für mich ab, dass ich jeden Morgen aufstehe und (…) in die Firma komme. Und ich finde, dass es auch sicherlich verschiedene Typen an Followern gibt, die einen, die vielleicht immer Ja und Amen sagen und das immer alles ausführen, und die anderen, die dann vielleicht trotzdem noch so versuchen, eigenes [Gedankengut mit in die Entscheidung einfließen zu lassen]. Deswegen darf ja trotzdem vorne gerne einer sein, der vorne weg rennt, aber ich glaube, dass es da schon nochmal Abstufungen gibt bei Followern an sich. Ich glaube ‚den Follower' gibt es nicht" (BE5 Abs. 24).

Empirisch sollen die verschiedenen Häufigkeiten an Aussagen in der nachfolgenden Abbildung verdeutlicht werden:

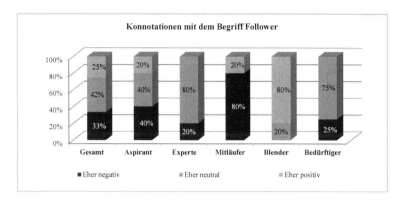

Abb. 55: Konnotationen mit dem Begriff Follower

Bezogen auf die Gesamtstichprobe werten 33 % der Interviewten den Begriff als eher negativ, 42 % als eher neutral und 25 % als eher positiv. Für die Aspiranten ergeben sich anteilig kaum Abweichungen, im Vergleich zur Gesamtstichprobe, mit 40 % eher negativer, 40 % eher neutraler und 20 % eher positiver Bewertung. Für die Experten zeichnet sich ein anderes Bild: Die überwiegende Mehrheit mit 80 % der Interviewten werten den Begriff als eher neutral und die verbleibenden 20 % als eher negativ. 80 % der Mitläufer, und damit die deutliche Mehrheit, erachten die Bezeichnung Follower als eher negativ, die verbleibenden 20 % als eher positiv. Die Blender hingegen sehen den Begriff mit 80 % der Antworten überwiegend als positiv an, die verbleibenden 20 % sind neutral. Die Bedürftigen sind mit 75 % mehrheitlich neutral dem Begriff Follower gegenüber eingestellt, die verbleibenden 25 % assoziieren die Bezeichnung als eher negativ.

Auf die Frage was mit dem Begriff Followership verbunden wird, können lediglich 60 %, d.h. 15 Befragte antworten. Aussagen, die diesbezüglich getroffen werden sind z.B. „das ist das Gesamte" (BL5 Abs. 24), „das ist (…) deren Haltung, mit der [Follower etwas ausführen] oder das ist das Phänomen" (ML4 Abs. 23), „so eine Art Gefolgschaft. Mehrere miteinander, die miteinander zu tun haben in dem Job und in einer guten Struktur mit klaren Hierarchieverhältnissen in einem System funktionieren" (BL2 Abs. 28) oder auch:

(…) in unserer Gesellschaft, glaube ich, (wird das) unterschätzt, alle sprechen immer von Leadern und von Leadership (…), aber Leader funktionieren ja auch nur, wenn sie Follower haben und Followership irgendwie existiert. (…) Das ist, glaube ich, so das hässliche Entlein gegenüber Leadership. (BE5 Abs. 26)

Dies zeigt, dass kein einheitliches Begriffsverständnis unter den Befragten herrscht. Eine Ansicht, die der in dieser Dissertation verwendeten Arbeitsdefinition von Followership als „freiwillige, kontemporäre Ausübung einer untergeordneten Rolle zur Erreichung gemeinsamer Ziele" am ehesten entspricht wird von Aspirant 1 geteilt:

> Das Followership von [uns] Piloten: Wir sind zwar auch alle Führungspersonen, aber natürlich haben wir beim Management, was jetzt die höhere Ebene ist, kein Leadership zu machen. Das ist die Führung und wir werden von ihnen geführt. (…) das Followership von den Piloten [im Vergleich zu Bodenmitarbeitern] ist sicherlich ein anderes (…) gegenüber dem Management. Also inwiefern lassen die sich rumkommandieren, inwiefern geben die auch Kontra und sagen so [geht es] nicht. Und das muss eher so und so sein, mischen sich also auch wirklich ein. Das ist bei dem Followership von Bodenmitarbeitern vielleicht weniger, weil die vielleicht auch nicht so ausgesucht sind. Das sehe ich bei uns Piloten, wir sind alle dafür ausgesucht, dass wir irgendwann auch mal Kapitän werden und eben Leitung übernehmen und die Crew anführen können. (Abs. 22)

Drei der 15 Interviewten, die eine Definition von Followership nennen, leiten ihre Antwort von dem Vergleich zwischen Leadern und Leadership ab und geben zu, mit der Bezeichnung Followership noch nie konfrontiert gewesen zu sein, wie bspw. der Mitläufer 2:

> Followership ist dann für mich das Größere, ähnlich wie Leader und Leadership. Dass ich sage, die Person ist der Leader. Leadership bezieht sich (…) eher auf die Verhaltensweisen einer Person. Dann würde ich das direkt ableiten auf Follower und Followership. Es sind Verhaltensweisen, die Follower ausmachen. (Abs. 17)

28 % geben an, mit der Bezeichnung entweder nichts in Verbindung zu bringen, wie z.B. der Bedürftige 4: „Followership, kann ich gar nichts mit anfangen" (Abs. 18) oder „ich verbinde da gar nichts mit" (BE1 Abs. 24). Weitere 12 % haben ein fehlerhaftes Begriffsverständnis und verwechseln den Begriff Followership mit Leadership, wie bspw. der Mitläufer 1: „[man hat] einen Leader oder einen Abteilungsleiter, wie auch immer man das nennen mag, der gewisse Ziele vorgibt und der durch inspirierende Arbeitsweisen oder Visionen sein Team dazu bekommt, ihm zu folgen" (Abs. 22).

4.5.3.4 Verhalten und Eigenschaften eines guten bzw. schlechten Followers

Für die Auswertung, welche Verhaltensweisen und Eigenschaften gute Follower bzw. schlechte Follower ausmachen, werden sowohl die Frage 8 „Welche Verhaltensweisen und Qualitäten zeichnen für Sie gute bzw. schlechte Follower aus?" und die Frage 11 „Würden Sie sich selbst als guten Follower bezeichnen? Warum ja bzw. warum nein?" zusammen betrachtet und die getroffenen Aussagen beider Fragestellungen zu einer gemeinsamen Kategorisierung zusammengefügt, um alle positiven bzw. alle negativen Attributionen miteinander vergleichen zu können.

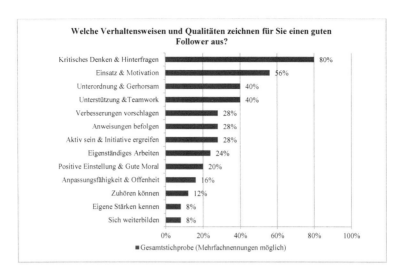

Abb. 56: Verhaltensweisen und Qualitäten guter Follower (Gesamtstichprobe)

Um Verhaltensweisen und Eigenschaften guter Follower zu definieren, wird am häufigsten mit 80 % der Aussagen „kritisches Denken und die Fähigkeiten Sachverhalte zu hinterfragen" genannt (Bsp. BE2 Abs. 26: „Wenn es irgendetwas gibt, was beschlossen wird und mir das nicht gefällt, dann widerspreche ich auch"). Am zweithäufigsten mit 56 % der Antworten, die sich dieser Kategorie zuordnen lassen, werden persönlicher Einsatz und Motivation postuliert. Experte 4 bemerkt in diesem Zusammenhang: „[Ich] versuche, wirklich im Interesse meines Arbeitgebers zu arbeiten. Nicht nur weil das jeder macht, sondern weil das dann auch Sinn macht" (Abs. 42) oder Mitläufer 5 erwähnt „[arbeiten mit] Herzblut und dass man auch noch was verändern möchte" (Abs. 34).

Jeweils 40 % nennen *Unterordnung und Gehorsam* sowie *Unterstützung und Teamwork* als essentielle Attribute guter Follower. In Bezug auf die Fähigkeit, sich unterzuordnen betont Blender 2: „Dass [man] sich selber zurücknimmt und die Vision, die im Vordergrund stehen sollte und die [man] auch hoffentlich kennt, dass [man] im Sinne dieses Ziels agiert und sich selbst soweit wie möglich rausnimmt" (Abs. 30). Und Aspirant 1 betont hinsichtlich *Unterstützung und Teamwork*: „Ich frage mich (…) was der [Leader] (braucht) und [wie] ich ihn so unterstützen (kann), dass ich, wenn ich in seiner Position wäre, [denke], o. k., der hilft mir dabei sehr gut weiter" (Abs. 38).

Jeweils 28 % der Aussagen können den Kategorien *Verbesserungen vorschlagen* (Bsp. ML1 Abs. 32: „Vorschläge bringen, die vielleicht besser zum Ziel führen"), „Anweisungen befolgen" (Bsp. BE1 Abs. 30 „Sachen abzuarbeiten, so wie man sie auf den Tisch bekommt") und „Initiative ergreifen und aktiv sein" (Bsp. ML5 Abs. 44: „Ich versuche, mit Kollegen, die evtl. völlig in eine andere Richtung denken oder sich quer stellen, (…) zu reden und mal einen anderen Blick (..) zu schaffen") zugeordnet werden. 24 % betonen die „Fähigkeit eigenständig zu arbeiten", so sagt bspw. Blender 4 Abs. 18: „Ich (gehe) schon relativ strukturiert vor und (teile) mir den Tag da so ein, dass ich sage, (..) das macht jetzt Sinn".

Der Kategorie *positive Einstellung und gute Moral* können 20 % der Aussagen zugeordnet werden, so betont Bedürftiger 1: „[Jmd., der] versucht, insgesamt auch die anderen zu motivieren und nicht nur schlechte Stimmung zu machen" (Abs. 28). 16 % der Befragungsteilnehmer nennen *Anpassungsfähigkeit und Offenheit* als Attributionen guter Follower. So schildert bspw. der Bedürftige 5, dass ein guter Follower „...offen genug sein [sollte], um eine Diskussion über Themen zuzulassen" (Abs. 28). 12 % beschreiben die *Fähigkeit, Zuhören zu können*, 8 % die Kompetenz, seine *eigenen Stärken zu kennen* und weitere 8 % den *Willen, sich weiterzubilden*.

Die Verhaltensweisen und Eigenschaften schlechter Follower werden genau entgegengesetzt beschrieben, so kommentiert der Aspirant 1 bspw. „Genau das Gegenteil" (Abs. 26). Die getroffenen Antworten können in sechs Kategorien eingeteilt werden: 60 % äußern *fehlende Motivation, mangelnden Einsatz bzw. schlechte Moral*, 40 % sehen *unkritisches Denken* als Eigenschaft schlechter Follower an, jeweils 20 % sagen, dass schlechte Follower sich den *Anweisungen widersetzen* und *keine Teamplayer* sind und 8 % nennen die *nicht vorhandene Fähigkeit, sich unterzuordnen*. So sagt bspw. der Bedürftige 5 in diesem Zusammenhang:

(…) zumindest auf lange Sicht ein schlechter Follower wird immer jemand sein, der selber eigentlich den Drang zum Leader hat, weil der (sich) auf Dauer in dieser Position des Followers nicht wohl fühlen wird. Und der da, glaube ich, Bedürfnisse, die er vielleicht hat, unterdrücken muss oder möchte (…) und das beeinträchtigt ihn in seiner Leistung, weil er Energie dafür aufbringen muss, Sachen nicht zu tun oder anders zu tun, als er sie vielleicht tun würde. Das macht ihn jetzt nicht notwendigerweise zu einem schlechten Follower im Sinne von er muss immer schlechte Leistung bringen, sondern ich glaube einfach, dass er sich dafür halt dann nicht so eignet. Und dass das dann einfach Energie aus dem Gesamtumfeld abzieht, die man sinnvollerweise für etwas anderes verwenden würde. (Abs. 30)

Die entsprechende Übersicht der Kategorien und die Textevidenzen befinden sich im Anhang M. Nachdem sich dieser Abschnitt mit eher allgemeinen Attributionen guter und schlechter Follower befasst, wird sich im nachfolgenden Abschnitt der Frage gewidmet, ob sich die Befragungsteilnehmer selbst mit der Rolle als Follower identifizieren können.

4.5.3.5 Selbstidentifikation der Befragungsteilnehmer als Follower

Zuerst wurden die Befragungsteilnehmer gebeten, auf die Frage zu antworten, ob sie sich selbst als Follower bezeichnen würden. Hierbei reichen die getroffenen Aussagen von einer *völligen Identifikation* mit der Rolle als Follower wie bspw. der Experte 3: „Ich bin, glaube ich, der typische Follower, also immer so die zweite Geige, weil ich gerne zuarbeite und (..) mich beratschlage. Und dann auch sehe, wie (jemand) mit meinen Followertipps Erfolg hat" (Abs. 44), über eine *partielle Zustimmung* wie bei Mitläufer 4: "Ich glaube, ich habe Anteile, ich denke ich bin eine Mischung (...), so eine Hybrid-Rolle" (Abs. 33) oder Mitläufer 5: „das ist themen- und situationsabhängig" (Abs.40) bis hin zu *überwiegender Ablehnung* der Rolle wie z.B. Aspirant 4:

> Nicht unbedingt, nein. (...) weil ich lieber meinen Kopf benutze und selber Ideen habe und mir selber was ausdenke und vorantreibe. Ich möchte gerne etwas schaffen. (...): [Als Follower ist das nur] eingeschränkt [möglich]. Wenn man einer ist, der sehr gut mitdenkt, dann hat das zwangsläufig für mich zur Folge, dass der Mann dann auch aufsteigt und eine Führungsrolle übernimmt. (Abs. 38-42)

Die nachfolgende Abbildung verdeutlicht die Antworten grafisch:

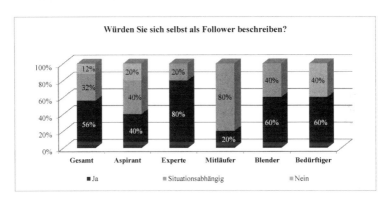

Würden Sie sich selbst als Follower beschreiben?

Abb. 57: Selbstverständnis der Befragten als Follower

Bezogen auf die Gesamtstichprobe identifizieren sich 56 % der Befragten mit der Rolle als Follower, 32 % machen es von der Situation abhängig und 12 % können sich mit der Rolle als Follower nicht identifizieren. Am häufigsten mit 80 % der Aussagen beschreibt sich die Followergruppe der Experten selbst als Follower, gefolgt von den Blendern und den Bedürftigen mit 60 %. Bezogen auf die Aspiranten identifizieren sich noch 40 % voll und ganz mit der Rolle als Follower. Am seltensten, mit lediglich 20 % der Aussagen, kann sich die Followergruppe der Mitläufer als Follower definieren.

Es fällt auf, dass sich 76 % der Befragungsteilnehmer bei der Frage nach der Identifikation als Follower, konkret auf eine Person, zumeist den direkten Vorgesetzten beziehen und in Abhängigkeit dieser Person ihre Rolle als Follower bewerten. So konstatiert Aspirant 5:

> Ja, ich war Follower, aber ich habe das im letzten Monat aufgegeben, das Following. Und jetzt kucke ich nach einem neuen [Leader] (...) Na ja, also ich wechsle die Firma aus bestimmten Gründen (...) und weil ich meine Chefin so satt habe, und deswegen suche ich mir jetzt einen neuen [Leader] und werde da auch wieder follown. (Abs. 42-44)

16 % berücksichtigen bei der Selbsteinschätzung als Follower sowohl den Vorgesetzten als auch die Umstände. Bspw. sagt Mitläufer 5 in diesem Zusammenhang: „Das ist themen- und situationsabhängig. (…) Aktuell ja, also mit dem aktuellen Chef ja. Weil sehr viele innovative Ideen kommen. Der möchte etwas vorantreiben und das kann ich mittragen" (Abs. 42). Nur 8 % der Befragten beurteilen ihre Rolle als Follower nicht in Relation zu einer Person, sondern heben eine gemeinsame Zielsetzung hervor (Bsp. EX4 Abs. 42: „…ich versuche im Interesse meines Arbeitgebers zu arbeiten" und BL2 Abs. 30: „…im Sinne dieses Ziels und der Vision, die im Vordergrund stehen sollte, zu agieren").

Nachdem die Interviewten gebeten werden, eine Selbstidentifikation bezüglich der Followerrolle vorzunehmen, werden sie im Anschluss gebeten, zu beurteilen, ob sie sich als guten Follower bezeichnen. Hierbei ist anzumerken, dass diejenigen Befragungsteilnehmer, die sich zuvor nicht mit der Rolle als Follower identifizieren können, von der Interviewerin darauf hingewiesen worden sind, das eigene Verhalten als Unterstellter gegenüber dem Vorgesetzten an dieser Stelle zu beurteilen. So entgegnet bspw. Aspirant 4, der sich nicht als Follower identifizieren kann auf die Frage:

> Ich denke schon [, dass ich ein guter Follower bin]. Ich mache weder alles, was sie mir sagen, ohne darüber nachzudenken, noch wehre ich alles ab, was sie von mir wollen, weil sie die bösen Chefs sind. Ich denke halt mit und mache, was ich machen muss. (Abs. 44)

Auch hinsichtlich der Selbstidentifikation zeigt sich ein differenziertes Bild, wobei sich die Mehrheit der Befragten mit 76 % der Aussagen als gute Follower beschreiben. Diese Einschätzung begründet der Experte 3 bspw. wie folgt:

> Ja. (…), ich sehe das (..) so wie einen Personal-Assistant. Ich versuche immer dem Leader den Rücken frei zu halten und mache auch gerne (..) Sachen wie, also nur symbolisch und bildlich betrachtet, wie Kaffeekochen, also im Sinne von Sachen erarbeiten, ausarbeiten, rapportieren, so dieses Kaffeekochen, Kaffee anreichen, wenn der Kaffee getrunken ist wieder abräumen. Dieses im Hintergrund arbeiten. (…) Ich glaube, ich kann manchmal auch so ein bisschen Sachen übertragen, z.B. wenn der Leader aufgeregt ist oder wenn der Leader unvorbereitet ist, dass ich ihm das nehme. Entweder gebe ich ihm die Ruhe, dass er nicht aufgeregt ist, jetzt auch bildlich betrachtet, oder tue alles dafür, dass der- oder diejenige steht. (Abs. 51-53)

Aspirant 3 legitimiert seine Einordnung als guter Follower folgendermaßen: „…ich habe (..) schon einige größere Projekte angestoßen bei uns, die ich auch selbst begleite und deshalb würde ich sagen, dass das auch wesentlich dazu beigetragen hat, dass auch meine Chefin erfolgreich ist" (AS3 Abs. 46) und hebt hiermit, im Sinne der in dieser Dissertation getroffenen Arbeitsdefinition von Followern, die Erreichung eines gemeinsamen Ziels, entsprechend hervor.

Auch die Selbstidentifikation als guter Follower machen 20 % der Interviewten von der Situation bzw. dem Vorgesetzten selbst abhängig. So entgegnet bspw. der Mitläufer 2:

In meiner jetzigen Position bin ich ein guter Follower. Ich glaube ich hatte auch schon Situationen in meinem Leben, da war ich kein guter Follower und das führte mittelfristig dann tatsächlich zu Frustration und dazu, dass ich zumindest die Rolle, die ich hatte, so nicht mehr haben wollte oder vertreten konnte. Deshalb bin ich im Idealfall ein guter Follower und nur dann auch ein guter Mitarbeiter. (…) In meiner vorherigen Rolle hatte ich einen Vorgesetzten (…) und dann gab es einzelne Themen, (…), bei denen ich folgen musste und nicht nur folgen, sondern auch umsetzen musste. Dinge, die ich weder diskutieren konnte im Vorfeld, weil sie nicht in meinem Verantwortungsradius lagen und die ich trotzdem verantwortlich durchführen musste und das habe ich als sehr, sehr schwer empfunden. (Abs. 31-33)

4 % der Befragungsteilnehmer beschreiben sich selbst nicht als guten Follower, wie der Mitläufer 3, der antwortet:

Nein. Ich hinterfrage sehr viele Entscheidungen meines Chefs (…) [bis hin zu] komplettem Negieren der Anweisung (…), wenn ich nicht davon überzeugt bin, dann kann ich (…) sehr ins Negative abdriften, indem ich ihn (..) zerlege mit sehr vielen Fragen (…) [und] es ist natürlich schon so, dass mir das dann auch Spaß macht. (Abs. 44-46)

Die nachfolgende Abbildung verdeutlicht die drei Kategorien an getroffenen Aussagen grafisch, zum einen für die Gesamtstichprobe und untergliedert entsprechend der verschiedenen Followertypen:

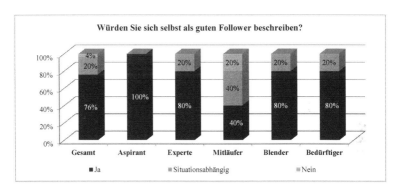

Abb. 58: Selbstverständnis der Befragungsteilnehmer als guter Follower

Alle Befragungsteilnehmer, die dem Followertyp Aspirant zuzuordnen sind, erachten sich als gute Follower. Auch die Followergruppen der Experten, der Blender und der Bedürftigen schätzen sich mit 80 % überwiegend als gute Follower ein. Am kritischsten, mit lediglich 40 %iger Einschätzung als guter Follower, ist die Gruppe der Mitläufer.

4.5.3.6 Vor- und Nachteile, ein Follower zu sein

Aus evolutionspsychologischer Perspektive ist vor allem interessant, weshalb sich Followership als Pendant zu Leadership herausbildet und weshalb sich Menschen entscheiden, sich einer Führungskraft anzuschließen und zu folgen. Zu diesem Zweck wurden die Befragungsteilnehmer gebeten, aus ihrer Sicht Vor- und Nachteile der Rolle des Followers aufzuzählen.

Einige der Interviewten merken zu Beginn ihrer Ausführungen an: „…das ist personenbezogen" (AS3 Abs. 34), „…das ist Einstellungssache" (AS4 Abs. 34), „…kommt auf die Person an" (EX4 Abs. 34 und ML1 Abs. 28). Dennoch sind die Vor- und Nachteile, die die Interviewten in der Rolle als Follower sehen, vielfältig.

Eine erste Differenzierung, die getroffen werden kann, ist, ob Befragungsteilnehmer direkt die subjektiven Vorteile ihrer eigenen Stellung erläutern und sich somit direkt selbst mit der Rolle als Follower identifizieren oder eher Vorteile aus einer generellen Perspektive aufzählen. So erkennt der Bedürftige 5 bspw. seine Rolle als Follower an und stellt fest:

> Also ich finde, dass Followership aus meiner Perspektive durchaus seine Reize haben kann und ich will auch gar nicht dauernd vorne wegrennen. Das passt auch gar nicht so sehr zu mir. Ich bin schon gerne im Gefolge. Ich mag da auch meinen Kopf nicht ausschalten, ich möchte dann auch sinnvoll über Sachen nachdenken, aber so ein Team, das in gemeinschaftlicher Arbeit etwas voranbringt, was dann möglicherweise jemand [anderen] wieder eine Staffel höher trägt (…), das ist schon (..) eine feine Sache und ich glaube, da wird das so ein bisschen unterschätzt. (Abs. 26)

Auch der Experte 3 bemerkt „wenn ich persönlich zu viel Verantwortung habe, (fühle) ich mich nicht (wohl) und (überlasse) lieber die Verantwortung jemandem, der die Erfahrung hat" (Abs. 44). Mitläufer 4 hingegen bezieht die Vorteile auf andere und identifiziert sich selbst eher weniger mit der Rolle als Follower:

> [Es gibt] bestimmt Menschen, die erst dann ihren Beitrag zu 100 % leisten können, wenn sie folgen dürfen. (…) Das ist sicherlich was, bei dem die Leute sich in erster Linie auch gut dabei fühlen. Die wollen vermutlich (gar nicht) führen und das Zepter in der Hand haben und Entscheidungen fällen und die Leitplanken setzen (…) und so können die dann etwas beitragen. (Abs. 23)

Ebenso werden kritische Stimmen deutlich, wenn es sich um die Vorteile der Rolle des Followers dreht. So sagt Mitläufer 2:

> Ich weiß nicht, ob ich diese Vorteile (immer) positiv empfinde (…) Die Tatsache, dass ich einem Leader das Gefühl gebe, ihm sehr blind zu folgen, offeriert, natürlich abhängig vom Leader keine Frage, Vorteile für mich persönlich. (…). (Es geht) um Kompensation meines Verhaltens, die sich niederschlägt in Gehaltserhöhungen, (..) in Beförderungen oder in was auch immer. (…) rein moralisch betrachtet keine positiven Dinge

für mich, aber ich kann mir sehr wohl vorstellen, dass das persönlich sehr sinnvoll ist. (Abs. 25).

Auch wird erwähnt, dass es vom Leader abhängt, ob es Vor- bzw. Nachteile hat, ein Follower zu sein:

> Es gibt sehr wahrscheinlich Leute, die sich sehr gut in dieser Rolle fühlen. Da gehöre ich (..) auch dazu, wenn man einen guten Leader hat, der einem das auch selber vorlebt. Dann ist es absolut in Ordnung, auch ein guter Follower zu sein. Es kommt natürlich auch auf die Rolle von dem an, der das dann leitet. (AS3 Abs. 34)

Oder „Kann Vorteile haben, aber dann muss man den Richtigen haben, dem man [folgt]. Weil ich glaube nicht, dass es mir was nützt, wenn ich jetzt meiner Chefin [folgen] würde. Im Gegenteil" (AS5 Abs. 36).

Nachteile, die in diesem Zusammenhang angeführt werden sind u. a. die Abhängigkeit vom Vorgesetzten: „Wenn der Vorgesetzte (…) seine Position ausnutzt und das zu seinem Vorteil macht, dann kann das ganz klar auch zu meinem Nachteil werden" (AS2 Abs. 54).

Die getroffenen Aussagen bezüglich Vor- und Nachteilen, können zu verschiedenen Kategorien zusammengefasst werden, die in den beiden nachfolgenden Abbildungen dargestellt sind. Die genannten Vorteile lassen sich in sieben Kategorien einteilen: 40 % der Interviewten erachten es als Vorteil, weniger Verantwortung tragen zu müssen (Bsp. AS4 Abs. 24: „[Für] Leute, die vielleicht Angst vor Verantwortung haben, die sich selber nicht so belasten wollen mit solchen Themen"), 32 % sehen es als vorteilhaft an, in der Rolle als Follower etwas vom Vorgesetzten lernen zu können (Bsp. BL1 Abs. 26 „…gerade in den Zeiten der Unsicherheit, in denen man noch viel zu lernen hat und vor allem (…) noch viel kopieren muss"), weitere 32 % betonen den geringeren Druck (Bsp. BE5 Abs. 32: „man hat (…) ein etwas ruhigeres Leben als Follower").

16 % erachten es als Vorteil, weniger Entscheidungen treffen zu müssen (Bsp. BE5 Abs. 32: „Ich muss bestimmte Entscheidungen einfach nicht treffen"). Jeweils 12 % empfinden es als positiv, im Hintergrund agieren zu können (Bsp. EX3 Abs. 50: „ich lieber im Hintergrund bin als im Rampenlicht") und betonen die persönlichen Vorteile, die einem als Follower gewährt werden (Bsp. AS5 Abs. 38: „dass man weiterkommt, wenn man Karrieremöglichkeiten hat"). Weitere 8 % stellen den Vorteil, lediglich Anweisungen ausführen zu müssen, heraus (Bsp. AS4 Abs. 36: „Arbeiten, ohne sich selber Gedanken zu machen, was man eigentlich macht. Sondern einfach nach Anforderung arbeiten").

Abb. 59: Verbundene Vorteile mit der Rolle als Follower (Gesamtstichprobe)

Die Aussagen, die von den Interviewten hinsichtlich der Nachteile in der Rolle als Follower genannt werden, lassen sich in fünf Kategorien aufteilen. 12 % der Befragungsteilnehmer können keine Nachteile in der Rolle als Follower sehen, so sagt Experte 5: „Nein, für mich als Person fallen mir keine Nachteile ein" (Abs. 48) und der Bedürftige 4 sagt: „Wenn du ein guter Follower bist und dich gut in eine Gruppe einbringst, dann kannst du als Follower eigentlich gar keine großen Nachteile haben" (Abs. 26). Die nachfolgende Abbildung stellt die Kategorien dar:

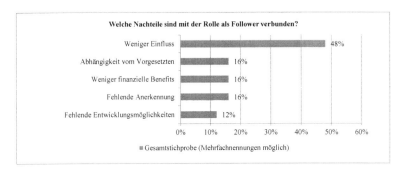

Abb. 60: Verbundene Nachteile mit der Rolle als Follower (Gesamtstichprobe)

48 % der genannten Nachteile lassen sich der Kategorie *weniger Einfluss* zuteilen (Bsp. EX4 Abs. 36: „…manche Dinge kann man dann eben nicht bewegen [oder] ändern"). Jeweils 16 % bemängeln die *persönliche Abhängigkeit* vom Vorgesetzten (Bsp. BE1 Abs. 36: „…man ist halt abhängig vom Vorgesetzten"), die *geringeren monetären Leistungen*, die Follower erhalten (Bsp. ML3 Abs. 38: „Finanzieller Natur, da kann man nicht so weit springen, wie man gerne möchte") und die *fehlende Anerkennung* (Bsp. BE2 Abs. 34: „…weil ich (..) immer irgendwo im Schatten stehe"). 12 % monieren *fehlende Entwicklungsmöglichkeiten* (Bsp. BE2

Abs. 34: „...[ich] will (...) irgendwo weiterkommen und habe meinen Ehrgeiz und als Follower habe ich da sicherlich kaum Chancen").

4.5.4 Darstellung der Antworten des Themenfelds 3: Zusammenarbeit mit dem Vorgesetzten

Im dritten Themenfeld werden die Befragungsteilnehmer gebeten, Fragen bezüglich der Zusammenarbeit mit ihrem direkten Vorgesetzten zu beantworten, um Indikatoren auf die *wahrgenommene Qualität des Führungsverhaltens* ihres Vorgesetzten und ihrer *Folgebereitschaft* ausfindig zu machen.

4.5.4.1 Einschätzung der Zusammenarbeit mit dem direkten Vorgesetzten

Auf die Bitte, die Zusammenarbeit mit dem direkten Vorgesetzten etwas näher zu beschreiben, ist festzustellen, dass bezogen auf die Gesamtstichprobe 56 % der Befragten die Zusammenarbeit als positiv beschreiben, 20 % als eher neutral und 24 % als negativ.

Die näheren Erläuterungen, weshalb die Zusammenarbeit als positiv bzw. negativ empfunden wird, sind sehr vielfältig. Die häufigsten Aussagen der Befragungsteilnehmer, die sowohl eine positive als auch negative Zusammenarbeit begründen, werden erneut zu Kategorien zusammengefasst, die die nachfolgende Abbildung zeigt:

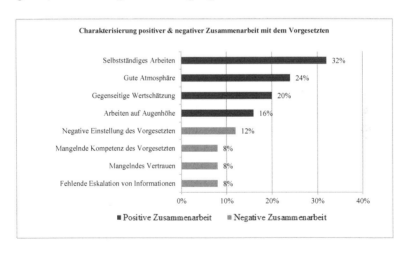

Abb. 61: Charakterisierung positiver und negativer Zusammenarbeit mit dem Vorgesetzten (Gesamtstichprobe)

32 % der Befragten empfinden es hinsichtlich der Zusammenarbeit mit dem direkten Vorgesetzten als positiv, *selbstständig arbeiten* zu können, ohne dass sich der Vorgesetzte einmischt. Dies belegen bspw. die Aussagen des Aspiranten 3: „...sie lässt mich Vieles einfach

machen. Und wenn es dann Probleme gäbe, dann würde ich zu ihr hinkommen" (Abs. 50), die des Mitläufers 5: „...er lässt mir völligen Freiraum"(Abs. 46) oder des Blenders 3: „...ich kann eigentlich fast alles machen, was ich möchte und er steht (..) voll hinter mir" (Abs. 46).

Die *gute Arbeitsatmosphäre*, als Einfluss auf eine positive Zusammenarbeit zwischen Unterstelltem und Vorgesetztem wird von 24 % hervorgehoben, so z.b. von Blender 4: „[Die Zusammenarbeit ist] sehr vertraut, also ich kann meiner Vorgesetzten ziemlich alles anvertrauen, sowohl beruflich als auch privat" (Abs. 44). *Gegenseitige Wertschätzung* wird von 20 % akzentuiert. Mitläufer 2 bemerkt dahingehend: „Die Zusammenarbeit ist geprägt von viel Respekt auf beiden Seiten. (...) Wir schätzen einander und respektieren uns, sowohl beruflich als auch persönlich" (Abs. 35).

16 % betonen das *Arbeiten auf Augenhöhe* und *Kollegialität*, bspw. sagt Aspirant 1: „Das ist wirklich fast als wären wir auf einer Augenhöhe (...), als würde man mit einem guten Freund arbeiten" (Abs. 40) und der Experte 3 bestätigt: „Ich würde jetzt nicht sagen freundschaftlich, aber schon sehr unhierarchisch. (...) man (ist) so auf einer Augenhöhe" (Abs. 59) und Blender 3 ergänzt: „Wir haben ein sehr kollegiales Verhältnis zueinander. Nicht von oben herab, sondern fast schon gleichwertig." (Abs. 30).

Nicht förderlich für die Zusammenarbeit wird hingegen eine negative Einstellung des Vorgesetzten empfunden, wie die folgenden Aussagen belegen: „...die Einstellung ist mir manchmal etwas zuwider, die er an den Tag legt. Von daher besteht da manchmal etwas Konfliktpotenzial" (AS4 Abs. 46) oder „...dann mag ich es z.B. überhaupt nicht, dass sie, wenn man auf die Arbeit kommt schon schlecht gelaunt ist. Das ist ein riesiges Problem. (...) das geht nicht" (AS5 Abs. 52).

Weiterhin werden von jeweils 8 % der Befragten die *mangelnde Kompetenz* des Vorgesetzten kritisiert (Bsp.: „Seine Fähigkeit als Manager ist manchmal fragwürdig" (ML3 Abs. 58), so wie das *mangelnde entgegengebrachte Vertrauen* des Vorgesetzten (Bsp.: „...das sind so Stasi-Methoden, die sie anwenden" (AS5 Abs. 79) oder „ ..., dass man auch total kontrolliert wird, ist (..) für mich schwer gewesen. (...) Das hat was von Kontrollzwang und kein Vertrauen" (BL5 Abs. 46) und weiterhin die *fehlende Eskalation von Informationen* an die nächst höhere Instanz. So sagt Experte 4 in diesem Zusammenhang:

(...) was ich an ihm bemängeln würde (...) ist definitiv, dass er viel zu wenig eskalieren lässt mit seinem Vorgesetzten, also mit dem eins darüber (...), was für mich wichtig wäre, denn ich kann noch so oft meine Meinung äußern, wenn die nicht dahin kommt, wo die wirklich was ausmacht, dann ist das schwierig. (Abs. 46)

Auf die Frage hin, welche Aufgaben die Unterstellten für den Vorgesetzten erledigen, zeigt sich ebenfalls ein weites Spektrum an Antworten. Die Mehrheit der Interviewten nennt in diesem Zusammenhang völlig unterschiedliche, sehr spezifische Tätigkeiten, die kaum kategorisiert werden können. 28 % der Befragten entgegnen, dass sie *vollständig autark arbeiten* und keinerlei Aufgaben direkt für den Vorgesetzten ausführen (Bsp. ML1 Abs. 42: „...Aufgaben

214

in dem Sinne eher weniger"; ML3 Abs. 54: „Nichts" oder ML5 Abs. 48: „…für ihn selbst überhaupt nichts"). Aufgaben, die zu Kategorien zusammengefasst werden können, sind *zuarbeitende und unterstützende Tätigkeiten*, wie sie von 24 % der Befragten genannt werden (Bsp. BE4 Abs. 38: „ich ihm da viel vorbereite für Meetings und Begründungen. Dass er also auch Stoff hat, um sich rechtfertigen zu können"). 16 % der Aussagen fallen in die Kategorie „Anweisungen befolgen und den laufenden Betrieb sicherstellen", wie bspw. Aspirant 4 bemerkt: „…,dass ich (…) [den] Betrieb (…) sicherstelle während er im Büro andere Dinge tut" (Abs. 48).

Als sehr negativ wird es wahrgenommen, wenn Unterstellte Aufgaben für den Vorgesetzten erledigen müssen, weil diese nicht als kompetent genug empfunden werden. Der Blender 5 bemerkt diesbezüglich:

> Wir wissen nicht mehr im Team, was unsere Vorgesetzte den ganzen Tag eigentlich macht. Dadurch, dass unsere Stellvertretung und ich, wir beide, die nach ihr kommen, (eigentlich) schon alles leiten. (…) wir übernehmen auch viele Aufgaben, die unsere Abteilungsleitung nicht kann. Oder wir ihr die erst zeigen müssen. Aber wenn es dann gemacht ist, dann verkauft sie es immer als das Eigene. (Abs. 48)

Weitere 8 % der Befragten, nennen keine konkreten Aufgaben, die sie für den Vorgesetzten erledigen, sondern betonen, dass sie durch die *Erledigung ihrer Arbeit* einen Betrag dazu leisten, den Erfolg des Vorgesetzten sicherzustellen, wie bspw. Aspirant 3 feststellt:

> Das Projekt, welches ich gerade habe, das hat mit ihr nicht viel zu tun. Das hätte eher was damit zu tun, dass das ihren Erfolg garantieren würde, wenn das Projekt abgeschlossen ist, weil das auch unter ihrem Dach passiert, also unter ihrer Abteilung. (Abs. 52)

Die Frage nach dem Einfluss, den die Unterstellten auf den Vorgesetzten ausüben, führt für einige der Befragungsteilnehmer zu längerem Überlegen, bis sie schließlich eine Aussage treffen. Insgesamt können auf diese Frage drei Kategorien unterschieden werden: „Einfluss durch Kundgabe der eigenen Meinung", „Einfluss durch Einnehmen der Rolle als Sprachrohr" und „Beeinflussung durch ausgleichende Verhaltensweisen".

60 % der Befragten geben an, dass sie den Vorgesetzten beeinflussen, indem sie ihre Meinung kundtun und Rat erteilen. In diesem Zusammenhang bemerkt Mitläufer 2:

> Ich versuche, den respektvollen Umgang und den Respekt voreinander sowie die Wertschätzung, die wir füreinander empfinden, auch dazu zu nutzen, sie an der ein oder anderen Stelle (..) davon zu überzeugen, dass es auch andere Wege gibt als ihre. Sie neigt manchmal dazu, Dinge aus der Hüfte heraus (…) zu entscheiden und dann auch entsprechend (..) schnell umzusetzen ohne ernsthaft darüber nachzudenken, was das für Konsequenzen hat oder wie durchdacht der Prozess an sich ist. Und das sind genau die Momente, bei denen ich versuche, sie davon zu überzeugen, dass es andere Wege gibt. (Abs. 39)

Weitere 20 % der Befragungsteilnehmer stellen fest, dass sie durch die Übernahme der Rolle als Sprachrohr Einfluss auf den Vorgesetzten ausüben. Insbesondere dadurch, dass sie zwischen dem Vorgesetzten und Kollegen bzw. zwischen dem Vorgesetzten und den hierarchisch unterstellten Teammitgliedern eine vermittelnde Position einnehmen und Informationen (zum Teil gefiltert) weitergeben. Aussagen, die dies bestätigen, sind u.a.: „Wir reden auch über das Team und über das Zwischenmenschliche, und da bekommt er von mir auch mal Input, (…) manchmal verpacke ich das und trage das an ihn heran" (ML4 Abs. 41), oder „Ich konnte auch schon viel Einfluss nehmen, so dass Leute, wie z.B. das Team eher auf mich zukommen. Und ich bespreche es dann mit ihr, anstelle des Teams, das dann nicht direkt auf sie zugeht." (BL5 Abs. 57).

Eine weitere Form des Einflusses der Unterstellten ist, indem ausgleichende oder komplementierende Verhaltensweisen gegenüber dem Vorgesetzten an den Tag gelegt werden. Bspw. konstatiert Blender 4: „Sie ist sehr aufbrausend, ich beruhige sie manchmal. Ich merke relativ schnell, wenn es ihr nicht gut geht oder wenn irgendwas vorgefallen ist, dann reden wir darüber, dann versuche ich, ihr Beistand zu leisten oder eine Alternative aufzuzeigen" (Abs. 48) oder der Bedürftige 5: „Ich versuche, ein bisschen Ordnung ins Chaos zu bringen und ihn auch immer mal wieder auf den Boden der Tatsachen zurückzuholen" (Abs. 42).

Der letzte Aspekt, der hinsichtlich der Einschätzung der Zusammenarbeit mit dem Vorgesetzten beleuchtet wird, ist die Frage danach, was der direkte Vorgesetzte für die Befragungsteilnehmer tut. Abermals zeigt sich ein weites Spektrum an Aussagen. Von Unterstellten, die sehr zu schätzen wissen, was der Vorgesetzte für sie leistet, wie bspw. Mitläufer 1, der bemerkt: „Sie ist immer erreichbar, immer für mich da" (Abs. 50) oder Mitläufer 4, der feststellt: „(er) setzt sich stark ein" (Abs. 43). Aber im Gegenzug auch Interviewte, die keinerlei Einsatz von Seiten des Vorgesetzten individuell für sie empfinden.

Es kann angenommen werden, dass die wahrgenommenen Aufgaben und Leistungen, die der Vorgesetzte für die Unterstellten erfüllt, direkten Einfluss auf die Einschätzung der Qualität der Zusammenarbeit ausüben. So bemerkt bspw. Aspirant 4, der sich kritisch über die Zusammenarbeit mit dem direkten Vorgesetzten äußert, auf die Frage, was der Vorgesetzte für ihn tue:

Klingt gemein, aber so richtig fällt mir da nichts ein. Er lässt mir (…) freien Lauf, (..) lässt mich frei entfalten. Da kann er sich wohl auch darauf verlassen. Aber so richtig direkt, dass er was für mich tut, nee eher nicht. (Abs. 54)

Gleiches gilt für Aspirant 5: „Ja das habe ich mich auch letztens schon gefragt. Also eigentlich recht wenig. Eigentlich gar nichts. Ich kann von ihr (auch) nichts lernen. Ich kann nur lernen, dass man so nicht ist" (Abs. 59). Blender 2 erwähnt: „Ich wüsste jetzt ehrlich gesagt nicht, was sie für mich macht. (…) Sie hat eigentlich nichts Positives für mich gemacht, ich wüsste jetzt wirklich nichts. Vielleicht bin ich jetzt ungerecht, aber ich glaube, sie tut nichts für mich" (Abs. 52).

Im Sinne der evolutionspsychologischen Führungstheorien, innerhalb derer angenommen wird, dass der Anführer die Aufgabe hat, die Kooperation innerhalb der Gruppe sicherzustellen und sog. *Free-Rider*, die die Kooperation gefährden, zu bestrafen (McNamara & Trumbull, 2009), postuliert Mitläufer 4:

[Der Vorgesetzte] gibt viel, aber auf jeden Fall musst du von der Arbeitsqualität her mithalten, sonst ist das Ungleichgewicht schnell hergestellt. (…) Das erwartet er auch. (…) Da wird nicht gegen jemanden gearbeitet, da wird nicht toleriert, dass einer außen vor bleibt, da darf auch keiner von uns aus dem Team einen auf ‚Ich raste mal komplett aus, und keiner kann mich mehr einfangen' machen. Als Team sollen wir funktionieren und das wird erwartet und so arbeitet er mit uns. (Abs. 37)

Insgesamt können die getroffenen Aussagen hinsichtlich der Aufgabenerledigung des Vorgesetzten für die Unterstellten in sieben Kategorien untergliedert werden, die in nachfolgender Abbildung grafisch dargestellt sind:

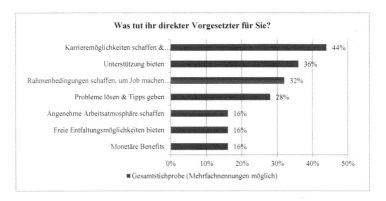

Abb. 62: Aufgabenerledigung der Vorgesetzten für die Unterstellten

Die am häufigsten getroffene Aussage mit 44 % der Antworten, was der Vorgesetzte individuell für sie leistet, ist, *Karrieremöglichkeiten zu schaffen* und die *persönliche Weiterentwicklung* zu fördern (Bsp. BL4 Abs. 44: „Sie challenged mich auch sehr (…) sie fördert mich, sie sieht zu, dass ich mich bei den entsprechen Stellen, also auf beruflicher Ebene, präsentieren kann"), 36 % betonen die *persönliche Unterstützung*, die sie von Seiten des Vorgesetzten erfahren (Bsp. BE1 Abs. 54: „Sie ist einfach als Ansprechpartnerin da. Ich weiß, ich kann mich an sie wenden, egal ob ich fachliche oder persönliche Probleme habe, kann ich mich an sie wenden, und sie hilft einem gerne"). Weiterhin wird von 32 % der Befragten wertgeschätzt, dass der Vorgesetzte die *Rahmenbedingungen für sie schafft, um ihren Job gut ausführen zu können* (Bsp. AS3 Abs. 58: „Wann immer ich ein Problem habe, ich Budget brauche, dann versucht sie, das alles möglich zu machen, damit ich meine Aufgaben gut erledigen kann. (…) Das ist das, was sie direkt für mich macht, was sie jeden Tag möglich macht").

28 % der Interviewten stellen fest, dass der Vorgesetzte ihnen dabei behilflich ist, *Probleme oder Konflikte zu lösen* (Bsp. EX5 Abs.58: „Wenn Dinge anfallen, bei denen ich nicht weiterkomme, (...) dann findet da ein kurzes Gespräch statt und dann weiß ich (...), ob ich es entweder direkt abgebe (...) oder ich weiß dann, was ich zu tun habe"). Weitere 16 % erkennen die *angenehme Arbeitsatmosphäre* an, die vom Vorgesetzten für sie geschaffen wird (Bsp. EX3 Abs. 67: „...sie gibt mir (...) das Gefühl, dass ich gerne zur Arbeit komme"). Jeweils 16 % nennen in diesem Zusammenhang die *freien Entfaltungsmöglichkeiten*, die ihnen vom Vorgesetzten geboten werden (Bsp. ML2 Abs. 41: „...das Vertrauen zu besitzen, [alles] auch einfach durchführen zu dürfen mit den Konsequenzen. (...) Ich habe zu keinem Zeitpunkt das Gefühl, ich fühle mich beschnitten, in dem was ich mache") und die *monetären Benefits*, die ihnen durch den Vorgesetzten ermöglicht werden (Bsp. EX4 Abs. 54: „...er verhilft mir zu Gehaltserhöhungen").

4.5.4.2 Identifikation und Vorleben der Organisationsziele und -vision durch den Vorgesetzten

Auf die Frage, ob der Vorgesetzte hinter den Zielen der Organisation steht und die Vision vorlebt, reicht die Bandbreite an Antworten von Befragungsteilnehmern, die dies eindeutig bejahen (Bspw. BE4 Abs. 48: „Absolut. (...) das lebt er einfach") bis hin zu Personen, die dem gänzlich widersprechen, so führt der Aspirant 5 bspw. aus:

Nein. Nein. Überhaupt nicht. Sie hasst [die Organisation] und sie sagt das auch jedes Mal wieder und sie sagt, sie weiß auch gar nicht, warum sie hier arbeitet. (...) Aber hinter [der Organisation] und der Vision steht sie definitiv nicht. (Abs. 61)

Andere Interviewte stimmen teilweise zu (Bsp. EX4 Abs. 56: „Bedingt. In manchen Sachen schon und bei vielen Sachen nicht"). Auch gibt es Befragungsteilnehmer, die ihre Antwort genauer spezifizieren und feststellen, dass der Vorgesetzte zwar hinter den Zielen der Organisation steht, bemängeln allerdings das fehlende Vorleben derselben bzw. der Vision. In diesem Zusammenhang bemerkt Aspirant 4: „Identifikation ja, Vorleben nein: Das Ziel, (...), da steht er voll dahinter. Das Vorleben würde ich mal in Anführungszeichen setzen. Weil um das vorzuleben, erwarte ich, dass man sich da mehr engagiert" (Abs. 60). Mitläufer 2 erwähnt ebenfalls:

Sie steht in jedem Fall hinter den Zielen der Organisation. Absolut. Ob sie wirklich immer die Vision vorlebt, ich glaube nicht. Ich glaube, auch sie, und das ist in meiner Wahrnehmung menschlich, verliert sich oftmals in Kleinigkeiten, die nicht wirklich mit der Vision zu tun haben oder lebt diese auch einfach nicht vor. (...) Im Großen und Ganzen tatsächlich schon, was auch (...) damit zu tun hat, dass sie seit mehr als 30 Jahren für diese Organisation arbeitet und seit mehr als 30 Jahren eine sehr loyale Mitarbeiterin ist, weshalb natürlich die Vision des Unternehmens auch ein Stück weit ihre Visionen sind. (...) D.h. im Grundsatz ist das schon ihr Fleisch und Blut, und sie kann das auch darstellen, aber vorleben nicht an jedem Tag. Nein. (Abs. 43)

Und Aspirant 3 hat bezüglich der Identifikation mit den Zielen und der Vision der Organisation von Seiten des Vorgesetzten zu ergänzen, dass die gegenseitige Übereinstimmung hinsichtlich der Ziele und der Vision eine Grundvoraussetzung für eine gute Zusammenarbeit darstellt, so führt er an:

> Auf jeden Fall. Da kann ich zu 100 % Ja sagen, dass sie hinter den Zielen der Organisation steht. (…) Weil wenn das nicht zusammenpassen würde, dann würde ich sagen, dass das was ich als Erfolg verstehe und meine Chefin das nicht als Erfolg versteht, dann würden wir da auch nicht zusammenkommen. (…) Ich glaube eine gute Beziehung zu Vorgesetzten ist, dass die vorleben, was die Werte der Firma sind. (…) und da sieht man halt, dass sie das nicht nur einfach sagt, dass sie dahinter steht, sondern auch ihre Actions. Sie also schnell Erfolge reinfährt für das Unternehmen und sich auch demnach verhält. (AS3)

Die nachfolgende Abbildung zeigt die Einschätzungen bzgl. der Identifikation mit den Zielen und dem Vorleben der Vision des Vorgesetzten, sowohl für die Gesamtstichprobe als auch unterteilt nach Followertypen:

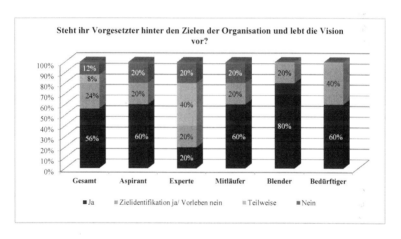

Abb. 63: Zielidentifikation und Vorleben der Vision des Vorgesetzten

Bezogen auf die Gesamtstichprobe sagen 56 % der Befragungsteilnehmer, dass ihr Vorgesetzter *hinter den Zielen steht und die Vision vorlebt*. 24 % bemerken, dass die *Ziele zwar vertreten werden, die Vision allerdings nicht vorgelebt* wird. 8 % stimmen *teilweise* zu und 12 % *widersprechen* dem. Am häufigsten, mit 80 % der Aussagen, bestätigt der Followertyp Blender die Identifikation mit den Zielen und der Vision des Vorgesetzten, gefolgt von den Followertypen Aspirant, Mitläufer und Blender mit jeweils 60 %. Am kritischsten sind die Experten, die zu 40 % der Meinung sind, dass der Vorgesetzte nur teilweise hinter den Zielen steht und die Vision vorlebt und zu 20 % gänzlich widersprechen.

4.5.4.3 Beurteilung des Charakters des Vorgesetzten

Weiterhin wurden die Befragungsteilnehmer gebeten, den Charakter ihrer Vorgesetzten einzuschätzen. Dies verfolgte die Zielsetzung, herauszufinden, ob Führungskräfte, denen die Interviewten bevorzugt folgen, über bestimmte Wesenszüge oder Persönlichkeitsmerkmale verfügen. Die Nennung derartiger positiv belegter Charaktereigenschaften variiert sehr stark unter den Befragungsteilnehmern und ist vermutlich von der ausgeübten Tätigkeit und der zugehörigen Branche abhängig. Es ist festzustellen, dass das Spektrum an Charakterbeschreibungen von völlig positiv belegten persönlichen Merkmalen, wie bspw. *mitfühlend, ehrlich* und *humorvoll* bis hin zu gänzlich negativ besetzten Eigenschaften wie *egoistisch, geizig* oder *kleinlich* reicht.

Bei 60 % der Befragten ist eine *Sympathie* für den Vorgesetzten spürbar oder wird auch konkret benannt (Bsp. EX2 Abs. 58: „…da (war) gleich so eine Sympathie") Hingegen lassen 24 % eine *Antipathie* für den Vorgesetzten erkennen (Bsp. BE4 Abs. 50: „…für mich ist er eiskalt.") und 4 % äußern sich *neutral*. Weitere 12 % grenzen persönliche *Sympathie für den Mensch als private Person und die Sympathie für den Mensch als Vorgesetzten* voneinander *ab*. So sagt Aspirant 4 in diesem Zusammenhang: „…also nicht als Chef gesehen, ist er ein ganz netter Kerl, umgänglich, freundlich" (Abs. 62). Experte 3 erwähnt: „Menschlich würde ich sie ganz anders einschätzen als beruflich" (Abs. 77). Und Blender 5 äußert diesbezüglich:

Ich glaube, wenn wir nicht zusammenarbeiten würden, also befreundet wären wir nicht. Weil er da einfach an bestimmten Punkten andere Werte vertritt und auch hat als ich. Und bestimmte Sachen, die mir einfach sehr wichtig sind, so nicht lebt. Witzigerweise kommen wir als Arbeitsteam gut miteinander klar. Aber rein menschlich gesehen, finde ich ihn manchmal anstrengend. Auch als Chef, aber das eine bedingt ja auch irgendwie das andere. (Abs. 48)

Auch kann vermutet werden, je ähnlicher die Befragungsteilnehmer ihren Vorgesetzten sind, desto positiver schätzen sie dessen Charakter ein. So äußert sich Aspirant 1 positiv gegenüber den Vorgesetzten:

Man versteht sich [sehr] gut, als würde man die schon seit Jahren kennen, weil wir alle vom selben Schlag sind. Ich sage mal ähnlicher Bildungsabschluss, auch ähnlicher Typ. (…) da sind wir uns alle sehr ähnlich. (…) Wir sind alle vom Typ Mensch her gleich. Als wären das Leute, mit denen ich jetzt nicht aufgewachsen bin, aber lustigerweise 300 verschiedene Kapitäne, aber alle so ähnlich. Ist halt alles Ergebnis des Auswahlverfahrens der [Organisation]. (Abs. 51)

Entgegengesetzt bemerkt Mitläufer 2 eher kritisch gegenüber der Vorgesetzten:

Und ganz persönlich empfinde ich sie manchmal auch als einsam. Und diese Einsamkeit kompensiert sie mit vielen Tätigkeiten, die sie macht und spiegelt aber wieder, dass sie das eigentlich auch von ihrem gesamten Umfeld erwartet. Die Disziplin, die sie selbst an den Tag legt, erwartet sie von jedem mit dem sie zu tun hat. Und das empfinde ich persönlich oftmals als anstrengend. Wenn mir jemand erzählt ‚ich war so und so viele 1000 Kilometer joggen am Wochenende' und mein Wochenende darin bestand, dass ich die Couch nicht verlassen habe, dann ist das schwierig darzustellen. Wenn Wörter wie Disziplin eigentlich alles überwiegen. (Abs. 47)

Die getroffenen positiven und wertschätzenden Aussagen hinsichtlich der Charaktereigenschaften des Vorgesetzten sind in der nachfolgenden Abbildung dargestellt. Es ist festzustellen, dass sich die Interviewten auf die Frage nach der Beurteilung des Charakters und der Wertschätzung diesbezüglich nicht auf Persönlichkeitseigenschaften beschränken, sondern auch konkrete Verhaltensweisen benennen. Daher sind beide Merkmale an Kategorien gemeinsam aufgeführt. Insgesamt können neun Kategorien an Aussagen unterschieden werden:

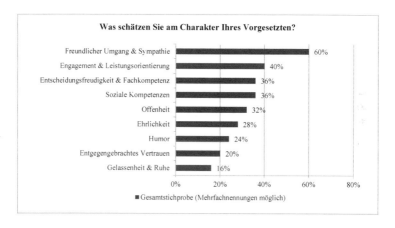

Was schätzen Sie am Charakter Ihres Vorgesetzten?

Abb. 64: Wertschätzung am Charakter des Vorgesetzten (Gesamtstichprobe)

Die am häufigsten getroffene Aussage bezüglich des Charakters, mit 60 % der Nennungen der Befragten, ist die *Sympathie* des Vorgesetzten und die Wertschätzung für den *freundlichen Umgang* miteinander. 40 % der Interviewten schätzen das *Engagement und die Leistungsorientierung* des Vorgesetzen (Bsp. BE2 Abs. 50: „...sehr zuverlässig, sehr fleißig (...), dass sie sich wirklich auch einsetzt für uns"). Jeweils 36 % beschreiben und schätzen die *Entscheidungsfreudigkeit und die Fachkompetenz* am Vorgesetzten (Bsp. AS1 Abs. 51: „...schnelle Entscheidungen fällen zu können und dann das Richtige zu tun") sowie dessen soziale Kompetenz (Bsp. AS5 Abs. 63: „...sie hat Mitgefühl", ML5 Abs. 64: „...sehr geschickt in der Kommunikation" und EX3 Abs. 79: „..., dass sie zuhören kann").

Offenheit empfinden 32 % als positiv und achten diese Eigenschaft (Bsp. BE4 Abs. 52: „..., dass er mir das Gefühl gibt, (...) immer offen zu sein"), genauso wie *Ehrlichkeit* von 28 % an ihren Vorgesetzten wertgeschätzt wird (Bsp. EX2 Abs. 58: „...ich immer weiß, woran ich bei ihr bin. (...) sie ist sehr ehrlich ist im Umgang mit uns allen"). 24 % erwähnen den *Humor* des Vorgesetzten (Bps. ML1 Abs. 54: „...eine positive Person mit viel Humor"). 20 % beschreiben ihren Vorgesetzten als eine Person, die *Vertrauen entgegenbringt* und wissen dies zu würdigen (Bsp. BL1 Abs. 46 „…ich schätze ihr Vertrauen") und 16 % loben die *Gelassenheit und Ruhe*, die vom Vorgesetzten ausgestrahlt wird (Bsp. BL3 Abs. 58: „…, dass er diese innere Ruhe beibehält").

Auf die Frage, welche Reputation der Vorgesetzte genießt, zeigt sich ebenfalls eine große Bandbreite an Antworten. Die getroffenen Aussagen reichen von einem vollkommen positiven Ruf (Bsp. ML5 Abs. „…er ist anerkannt, sehr zielorientiert") bis hin zu sehr negativen Einschätzungen (Bsp. AS5 Abs. „…sie stößt (..) sehr, sehr oft an. (…) sie hat keine gute Reputation"). Die genannten Antworten, die Reputation betreffend, werden in fünf Kategorien aufgeteilt: *Positiv, eher positiv, unterschiedlich, eher negativ* und *negativ*. Die nachfolgende Abbildung zeigt die Einstufungen für die Gesamtstichprobe und differenziert nach Followertypen:

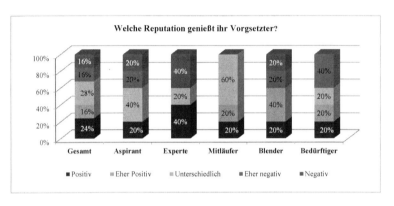

Abb. 65: Einschätzung der Reputation des Vorgesetzten

Bezogen auf die Gesamtstichprobe schätzen 24 % der Befragten die Reputation ihres Vorgesetzten als *positiv* ein, 16 % als *eher positiv*, 28 % als *unterschiedlich*, 16 % als *eher negativ* und weitere 16 % als *negativ*. Unterteilt nach Followertypen lässt sich diesbezüglich kein Trend erkennen. Die Aussagen, die zur Kategorie *unterschiedlich* zusammengefasst werden, spiegeln die Auffassung wieder, dass die Reputation differiert, je nachdem bei wem man sich diesbezüglich erkundigt. So bemerkt der Aspirant 3:

> Eine gute bis mittelmäßige [lacht]. Das kommt ein bisschen darauf an, wen man fragt. Innerhalb der Geschäftsstelle hat sie eine sehr gute, eine gut angesehene Führungskraft. In den [Zweigstellen] hat sie eher eine gemischte bis mittelmäßige Reputation. Das liegt natürlich daran, dass sie oft Entscheidungen trifft, die dann weh tun in den [Zweigstellen], z.B. dass sie sagt, kleinere [Zweigstellen] bekommen nicht mehr so viel Drucksachen zur Verfügung gestellt usw. Und das betrifft dann eben eine einzelne [Zweigstelle] und dadurch ist ihre Reputation draußen in den [Zweigstellen] nicht immer gut, sondern gemischt. (Abs. 72)

Und Mitläufer 2 weiß zu ergänzen:

Ich glaube, es gibt viele Mitarbeiter, die sie schätzen und die sie als eine sehr, sehr gute Führung für unser [Unternehmen] ansehen. Davon bin ich überzeugt. Das sind all jene Mitarbeiter, die in irgendeiner Form relativ eng mit ihr zusammenarbeiten und die die gleichen Werte oder die gleichen Verhaltensweisen an den Tag legen wie sie. Gleichzeitig weiß ich nicht, oder glaube nicht, dass das für jeden im [Unternehmen] gilt. Das hat viel damit zu tun, na ja, sie kann sich keine Namen merken, d.h. sie neigt dazu durch Abteilungen zu laufen und 'Hallo' zu sagen oder klassisch zu fragen, 'Wie geht es denn?' oder 'Wir haben uns schon lange nicht mehr gesehen' und die Person arbeitet den 10. Tag in Folge. Das alles sind Dinge, die nicht dazu führen, dass ihre Reputation im [Unternehmen] sehr hoch ist. (Abs. 51)

Experte 1 macht deutlich, dass es bei der Einschätzung der Reputation nicht nur darauf ankommt, wer danach gefragt wird, sondern auch darauf, innerhalb welcher Position der betreffenden Person, der Ruf zu beurteilen ist:

Als Kollege muss man sagen, er ist ja auch erst kurz nachdem ich in der Firma angefangen habe mein Vorgesetzter geworden, vorher war er ein Kollege. Und da (...) war er richtig kompetent und super in seinen Job und jetzt [nachdem] er aufgestiegen ist, hat er das Ding, er ist überfordert. Er ist wirklich maßlos überfordert, er kommt nicht hinterher. Das ist das Problem. Er ist da in etwas reingeworfen worden, wo man vorher schon zwei bis drei Teamleiter verheizt hat. (Abs. 76)

So verschlechtert sich die positive Reputation, die die Person als Kollege hatte mit der Einnahme der übergeordneten Stellung.

4.5.4.4 Kennzeichnung eines guten Vorgesetzten bzw. einer guten Beziehung zum Vorgesetzten

Um in Erfahrung zu bringen, welche Eigenschaften eines Vorgesetzten als positiv erachtet werden und was für die Befragungsteilnehmer eine gute Beziehung zum Vorgesetzten kennzeichnet, werden verschiedene Fragen gemeinsam ausgewertet. Zum einen werden die Interviewten gebeten, die Führung bzw. den Führungsstil des direkten Vorgesetzten zu beschreiben, um positive Konnotationen in den Ausführungen herauszufiltern. Weiterhin werden die Befragungsteilnehmer angehalten, eine Situation bzw. einen Fall näher zu schildern, bei dem die Zusammenarbeit mit dem direkten Vorgesetzten als besonders gut empfunden worden ist. Danach werden die Interviewten ganz konkret gefragt zu benennen, was generell einen guten Vorgesetzten oder eine positive Beziehung zum Vorgesetzten für sie bedeutet, losgelöst vom derzeitigen Vorgesetzten. Erwartungsgemäß wird von den Befragungsteilnehmern eine Vielzahl an Attributionen aufgelistet, die sie von einem guten Chef erwarten. Die getroffenen Aussagen werden insgesamt zu 19 verschiedenen Kategorien zusammengefasst, die in der nachfolgenden Abbildung grafisch dargestellt sind.

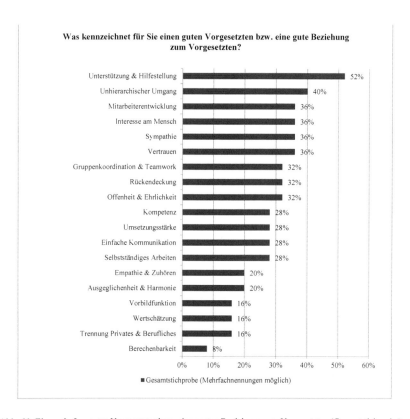

Abb. 66: Eigenschaften guter Vorgesetzter bzw. einer guten Beziehung zum Vorgesetzten (Gesamtstichprobe)

Am häufigsten, mit 52 % der Befragten, wird von einem guten Vorgesetzten erwartet, dass er *unterstützt und Hilfestellung leistet*, wenn es Probleme gibt. Experte 3 sagt bspw.: „...wenn ich nicht weiterkomme, ich zu ihr gehen kann und um Rat fragen kann" (Abs. 85). Oder der Bedürftige 2 erwähnt: „...also wenn es um etwas geht oder wenn es brennt, (dass) dann (...) eine Lösung für das Problem gefunden (wird)" (Abs. 56). Am zweithäufigsten, mit 40 % der Aussagen der Interviewten, wird ein *unhierarchischer Umgang* als Voraussetzung für eine gute Beziehung zum Vorgesetzten genannt. Der Blender 5 begründet: „Ich fände es schlimm, wenn ein Vorgesetzter so unnahbar ist. Ich würde mich dann immer unwohl fühlen, weil er dann ganz oben wäre und ich ganz da unten" (Abs. 68). Blender 3 führt aus: „Autorität finde ich, braucht man heutzutage nicht mehr, man muss die nicht mehr ausleben. Alles so von oben aufgedrückt zu bekommen, da verliert man einen Mitarbeiter" (Abs. 70). 36 % der Befragten empfinden es als Aufgabe eines guten Vorgesetzten, ihre *Mitarbeiter zu fördern und sie weiterzuentwickeln* (Bsp. AS4 Abs. 76: „...er muss Schwächen ausmerzen und Stärken fördern." oder BL4 Abs. 64: „...[er muss] Feedback geben, was gut war und was wir noch verbessern könnten.")

Weitere 36 % erachten es als essentiell, dass ein guter Vorgesetzter seinen Mitarbeitern *Rückendeckung* bei auftretenden Schwierigkeiten gibt. Der Bedürftige 3 erwähnt in diesem Zusammenhang: „Jemand, der hinter dir steht, falls mal was ist und keiner, der dir dann in den Rücken fällt" (Abs. 74) und der Bedürftige 4 ergänzt: „Dass, wenn was von außen einprasselt, [der Vorgesetzte] sich immer vor sein Team (stellt)" (Abs. 66). Wirkliches *Interesse am Mitarbeiter als Mensch* und nicht nur als Arbeitskraft wird ebenfalls von 36 % von einem guten Vorgesetzten erwartet. Aspirant 2 sagt über seine Führungskraft: „Er geht auf seine Mitarbeiter ein und ist nicht so oberflächlich. (…) Wir sind nicht nur Nummern, sondern er schätzt auch die Persönlichkeit eines jeden Einzelnen" (Abs. 112). Blender 3 postuliert:

Dass man einfach fragt, ‚Geht's dir gut?' Einfach diese blöde Frage ‚Geht's dir gut?' Aber auch nicht zwischen Tür und Angel, sondern sich Zeit nimmt. Und sich mal in die Augen schaut und fragt: ‚Geht's dir wirklich gut?' Weil diese Frage kann sehr viel bewirken. Und sich einfach mal die Zeit zu nehmen, die Person auch kennenzulernen, was hat der für ein familiäres Umfeld etc. (Abs. 70)

Der Experte 2 ergänzt: „…, dass der Vorgesetzte seine Teammitglieder kennt und zwar nicht nur den Lebenslauf, was sie vorher gemacht haben, sondern auch den familiären Hintergrund. Auch persönliche Dinge. Das wird total unterschätzt" (Abs. 70).

Sympathie kennzeichnet desgleichen für weitere 36 % der Befragungsteilnehmer eine gute Beziehung zum Vorgesetzten. So argumentiert der Mitläufer 1:

Also ich glaube tatsächlich mittlerweile, nach all den Jahren, dass ein gewisses Maß an Sympathie wichtig ist. Früher habe ich immer gedacht, man muss das strikt trennen können. Dadurch, dass ich mit der ehemaligen Vorgesetzten so gut zusammengearbeitet habe und die Sympathie einfach so gestimmt hat, habe ich gemerkt, wie viel man dadurch erreichen kann. Oder wie sehr man das Ergebnis zum Positiven beeinflussen kann. Ich glaube, das spielt schon eine sehr große Rolle: Sympathie. (Abs. 70)

Und Mitläufer 2 führt in diesem Zusammenhang aus: „…, dass man Werte teilt. Sicherlich einzelne Verhaltensweisen ähnlich sind (…), das muss auf einer persönlichen Ebene in meiner Wahrnehmung matchen" (Abs. 57). Weiterhin wird *Vertrauen* von 36 % der Befragten als Voraussetzung für eine gute Beziehung zum Vorgesetzten angesehen. Experte 3 beschreibt die vertrauensvolle Beziehung zu seiner Führungskraft entsprechend und verdeutlicht auch in diesem Zusammenhang erneut die Relevanz, sein Gegenüber wahrhaftig zu kennen, die Stärken des anderen zu erkennen und die Person als das anzuerkennen, was sie wirklich ist:

[Meine Vorgesetzte] hat gesagt: ‚Ich sehe gerade deine ganzen Schwerpunkte, die du bearbeitest, sind nicht deine tatsächlichen Schwerpunkte. Du führst sie eigentlich nur aus, weil sie aufgetragen wurden.' und hat dann eigentlich meinen Aufgabenschwerpunkt verlagert, weil sie dachte, mir liegen andere Dinge besser und hat eigentlich dadurch das erreicht, was dringend notwendig war: Dass ich zu mir selbst finde, zu der Passion [für den Beruf] finde und auch innerhalb von sechs Monaten befördert werden konnte, weil ich dann einfach ‚performen' konnte, so wie ich ‚performe'. Und die Zusammenarbeit war auch die ausschlaggebende, so dass wir auch zueinander als Follower und Leader gefunden haben. Weil ich als Follower gesehen habe, ich kann ihr folgen, weil sie ihr Vertrauen in mich setzt und sie als Leader gesehen hat, das ist ein guter Follower, weil sie mir vertrauen konnte. (Abs. 88)

32 % betonen, dass ein guter Vorgesetzter in der Lage sein muss, *das Team zu koordinieren* und eine gute Zusammenarbeit aufrecht zu erhalten. Aspirant 2 begründet dies hinsichtlich seiner Führungskraft wie folgt: „Er (hat) es geschafft, dass bei uns sehr viel gut läuft, weil wir miteinander arbeiten und füreinander und nicht gegeneinander oder jeder für sich oder Ellbogenverfahren anwenden" (Abs. 140) und Mitläufer 4 beschreibt seinen Vorgesetzten folgendermaßen: „…[er ist] auf jeden Fall teamorientiert, er legt keinen Wert darauf, dass Menschen individuell Spitzenleistungen erbringen, sondern das Team soll sich weiterentwickeln und nicht einzelne Mitglieder (..) besonders hervorstechen" (Abs. 57) und hebt dies als positiv hervor.

Weitere 32 % betonen *Offenheit und Ehrlichkeit* als wichtige Eigenschaft eines guten Vorgesetzten (Bsp. ML1 Abs. 72: „… eine ehrliche, offene Art und Weise an den Tag zu legen, die transparent ist"). 28 % erwarten von ihren Vorgesetzten *fachliche Kompetenz.* So sagt Aspirant 5: „Ich möchte Halt haben, jemand der fachliche Kenntnisse hat" (Abs. 79) und der Bedürftige 2 fügt in gleicher Manier an: „Jemand, der auf jeden Fall Bescheid weiß. Nicht einer, der nur Halbwissen hat" (Abs. 20).

Auch *Umsetzungsstärke* wird als wünschenswerte Eigenschaft des Vorgesetzten von 28 % der Befragten genannt. Aspirant 4 sagt: „…wenn irgendwelche Arbeiten zu erledigen sind, dann muss er dafür sorgen, dass das gemacht wird oder ggf. auch selbst mal ran" (Abs. 76) und der Bedürftige 4 erwähnt: „Ein Chef, muss für mich Probleme einfach handeln und sie nicht zu lange hinauszögern" (Abs. 66). Weitere 28 % der Befragungsteilnehmer führen *einfache Kommunikation* als Prämisse einer guten Beziehung zum Vorgesetzten an. Blender 1 begründet: „…, dass er erreichbar ist, wenn ich sage, ich brauche dringend etwas und ich weiß, dass ich diese Antwort auch heute noch bekommen werde" (Abs. 52) und Bedürftiger 3 bemerkt: „…, dass klare Ansagen herrschen. Es wird nicht um den heißen Brei (…) geredet, sondern es wird ganz klar gesagt: Das oder das" (Abs. 70).

Die Möglichkeit *selbstständig zu arbeiten* wird von 28 % in der Zusammenarbeit mit dem Vorgesetzten als wichtig erachtet (Bsp. BL4 Abs. 62: „…, dass sie mir auch Raum gibt, um Sachen auszuprobieren"). Genauso wie 20 % der Befragten *Empathie* und die *Fähigkeit zuzuhören* als wichtige Eigenschaften eines guten Vorgesetzten aufzählen (Bsp. EX3 Abs. 90: „…die Eigenschaft haben, sich in andere hineinversetzen zu können" oder ML5 Abs. 70: „…[jemand], der Empathie zeigt"). Von weiteren 20 % wird *Ausgeglichenheit* als wichtiges Attribut von Vorgesetzten genannt (Bsp. EX5 Abs. 88: „…auf jeden Fall ausgeglichen, nicht cholerisch").

16 % nennen die *Vorbildfunktion,* die ein Vorgesetzter in ihren Augen vermitteln muss (Bsp. AS5 Abs. 79: „…er muss ein Vorbild sein" oder ML1 Abs. 52: „Leading by Example") und ebenfalls 16 % betonen, dass der Vorgesetzte auch in der Lage sein muss, *Wertschätzung* zu

zeigen (Bsp. EX2 Abs. 70: „…Wertschätzung gegenüberbringen, für die Arbeit, die [man] leistet"). Weitere 16 % betonen die Fähigkeit, Dienstliches und Privates trennen zu können (z.B. AS1 Abs.67). 8 % führen *Berechenbarkeit* als wichtige Tugend an, so wünscht sich der Bedürftige 2: „…, dass sie dann auch dahinter steht und ihre Meinung nicht ändert" (Abs. 60).

4.5.4.5 Annahme der Führung sowie Folgebereitschaft durch die Follower

Auf die Frage, ob die Führung des Vorgesetzten bereitwillig angenommen wird, zeigt sich erneut das volle Spektrum von völliger Zustimmung bis hin zu gänzlicher Ablehnung. Die nachfolgende Abbildung verdeutlicht die Antwortverteilung grafisch:

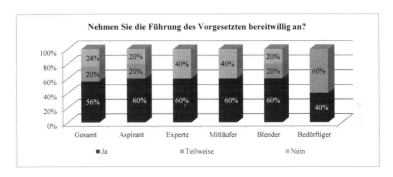

Abb. 67: Annahme der Führung des Vorgesetzten

Bezogen auf die Gesamtstichprobe geben 56 % der Befragten an, dass sie die Führung ihres Vorgesetzten annehmen und ihren Vorgesetzten auch als wahre Führungskraft ansehen, und nicht nur lediglich als hierarchisch überstellt. Der Bedürftige 5 sagt bspw. in diesem Zusammenhang: „Mein Chef ist schon ein Visionär und schafft es definitiv, andere Leute von seiner Vision zu begeistern und dazu zu bringen, dass sie sich einbringen wollen, für das was er tut und wo er hin will" (Abs. 66). Mitläufer 2 erwähnt, dass die Persönlichkeit der Führungskraft den Ausschlag gab, sich überhaupt für die Position im Unternehmen zu entscheiden: „…schon im Vorstellungsgespräch (habe ich mich) für genau diese Person entschieden, die natürlich das [Unternehmen] repräsentiert hat und natürlich auch die Aufgabe und die Funktion" (Abs. 59). Mitläufer 4 nennt die Vorbildfunktion als Grund, die den Vorgesetzten für ihn als Führungskraft charakterisiert und weswegen er folgt:

> (…) dadurch, dass er wirklich das, was er von anderen erwartet bei sich erfüllen will (…) und das dann auch wirklich lebt. Er stürzt sich nicht auf einen Status einer ihm verliehenen Position, sondern er reflektiert erst einmal, welche Anforderungen er den erfüllen (muss), um die Position überhaupt sinnvoll zu besetzen. Und das macht es für mich aus. Das ist für mich der Kern, und diesen Anforderungen stellt er sich auch immer wieder. Er sagt jetzt nicht, ich bin jetzt hier schon seit drei Jahren Chef, und hier wird nicht hinterfragt, ob ich das gut mache sondern anders herum. Was kann ich machen, um ein noch besserer Chef zu sein? (Abs. 67)

20 % der Befragungsteilnehmer geben an, die Führung ihres Vorgesetzten *teilweise* anzunehmen. So erklärt z. B. der Bedürftige 5: „Jein. Meistens tue ich das, weil sich das so bewährt hat. (…) bei manchen Sachen erlaube ich mir, ein Veto einzulegen" (Abs. 64) und der Aspirant 4 trägt diesbezüglich bei:

> Eingeschränkt. Also solange ich mit ihm einer Meinung bin, dann mache ich ohne Probleme, was er sagt und folge dann auch gerne. Wenn ich aber erkenne, dass da Dinge sind, die so nicht funktionieren können oder gänzlich falsch sind, dann wird das ausdiskutiert. (Abs. 78)

Weitere 24 % der Befragungsteilnehmer negieren dies und verweigern die Annahme der Führung. Mitläufer 3 begründet: „Weil ich die Führung, so wie sie stattfindet, einfach nicht wertschätze und auch nicht verstehe. Und erst mit dem Verständnis kann ich sie ja mittragen" (Abs. 94) oder der Aspirant 5, der legitimiert: „weil mir der Führungsstil absolut nicht gefällt und ich nicht dahinter stehen kann. Darum mache ich auch immer mein eigenes Ding und das Team ist mit mir, und [die Vorgesetzte] hangelt da so ein bisschen rum" (Abs. 81).

Während dieselben Personen, die angaben, die *Führung anzunehmen*, gleichzeitig auch alle bestätigen, den Vorgesetzten als Führungskraft anzusehen, unterscheidet sich diese Einschätzung von den Befragungsteilnehmern, die angaben die Führung nur *teilweise anzunehmen*. Von den 5 Interviewten (20 %) die sagen, die Führung teilweise anzuerkennen, sagen nur noch 2 Personen, dass sie den Vorgesetzten teilweise als Führungskraft erachten, die anderen lehnen die Person als wahre Leitungsperson ab. Dies entspricht insgesamt 36 % der Befragungsteilnehmer, die den Vorgesetzten lediglich als hierarchisch überstellt ansehen.

Die Antworten auf die Frage, was es für die Befragungsteilnehmer bedeutet, jemandem zu folgen, können zu vier verschiedenen Kategorien gebündelt werden, wie die nachfolgende Abbildung verdeutlicht:

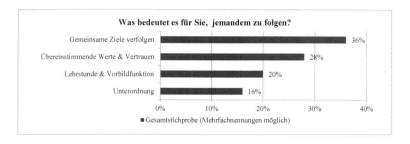

Abb. 68: Bedeutung zu folgen (Gesamtstichprobe)

Am häufigsten wird von 36 % der Befragten genannt, dass zu folgen, für sie persönlich ausmacht, *ein gemeinsames Ziel zusammen mit dem Vorgesetzten zu verfolgen.* Blender 5 beschreibt sein Verständnis zu folgen dementsprechend als:

Jemanden zu unterstützen. Wenn diese Person eine Vision hat oder Ziele hat oder etwas gut verkaufen kann, was man vorhat. (...) dann folge ich dieser Person auch sehr gerne und unterstütze die Person (..) dabei. Wobei der Leader es dann auch schaffen muss, dass es auch die Vision von den Followern wird. Damit die auch wirklich überzeugt sind von dem Ganzen. Also nicht, dass ich nur Unterstützer bin, damit mein Vorgesetzter das erreicht, sondern ich unterstütze meinen Vorgesetzten, dass wir zusammen das erreichen, weil wir von den gleichen Zielen überzeugt sind. (Abs. 82)

Und der Bedürftige 5 definiert seine Auffassung zu folgen in ähnlicher Weise:

Jemandem zu folgen heißt für mich, (...), dass ich sehe, dass jemand in eine Richtung unterwegs ist, die ich gut finde, die ich interessant finde und ich mich beteiligen oder einreihen möchte und ich das Gefühl habe, dass er davon mehr weiß oder mehr versteht oder da einfach mehr [Geschwindigkeit] in die Sache reinbringen kann. (...) eine Vision zeichnet oder irgendwie eine gute Idee hat (...). Und dass ich dann in diese Richtung mitlaufen möchte und (..) meine Energie und das, was ich beizutragen habe, in den Dienst der Sache stelle. (Abs. 68)

Weitere 28 % der Befragungsteilnehmer betonen, dass es für sie, um folgen zu können, Voraussetzung ist, die *gleichen Werte mit der Führungsperson zu teilen und es Vertrauen in die Person und die vorgegeben Ziele* bedarf. So definiert Experte 2 zu folgen für sich entsprechend: „...hinter der Person und hinter der Entscheidung der Person zu stehen, der ich folge. Auch brauche ich ein gewisses Vertrauen in die Richtigkeit der Sache oder in die Werte der Führungsperson" (Abs. 78) und Experte 1 trägt bei: „..., [indem] ich meine Arbeit in dem Sinne umsetze, so wie meine Führungskraft das von mir verlangt. In eine gewisse Richtung. (...), weil ich Vertrauen in das habe, was er mir vorgibt" (Abs. 100-102).

Für weitere 20 % der Befragten bedeutet zu folgen, *sich ein Vorbild zu suchen, von dem man noch etwas lernen kann.* So sagt Aspirant 1: „...ich sehe es als Lehrstunde" (Abs. 73). Aspirant 5 bemerkt: „...weil man (...) noch etwas lernen kann und für sich persönlich etwas mitnehmen kann" (Abs. 85) und Blender 1 fügt hinzu: „..., dass ich die richtige Person ausgewählt habe, bei der ich keine Bedenken haben muss, etwas Falsches zu übernehmen" (Abs. 60). 16 % der getroffenen Aussagen lassen sich am ehesten der Kategorie *Unterordnung* zuteilen. So sagt der Bedürftige 2, für ihn ist zu folgen „...sich jederzeit bewusst [zu sein], dass ich nicht selbst derjenige bin, der die letzte Entscheidung trifft oder das letzte Wort hat. Und dass man das auch akzeptieren muss, was da entschieden wird von der Person" (Abs. 66) und der Bedürftige 3 bestätigt: „ [jemand], der dir (sagt), was Sache ist" (Abs. 82).

4.5.4.6 Vor- und Nachteile laut Follower, einen Vorgesetzten zu haben

Auf die Frage nach Vor- und Nachteilen, die damit verbunden sind, einen Vorgesetzten zu haben, finden alle Befragungsteilnehmer grundsätzlich Vorzüge an der Konstellation. 28 % der Interviewten können keinerlei Nachteile der Situation aufzählen. Die getroffenen Aussagen der Befragungsteilnehmer bezüglich der Vorteile, können zu sechs Kategorien gebündelt werden, wie die nachfolgende Abbildung darstellt:

Abb. 69: Verbundene Vorteile mit Vorgesetzten (Gesamtstichprobe)

Der am häufigsten geäußerte Vorteil, der von 76 % der Befragungsteilnehmer genannt wird, ist *Rückendeckung vom Vorgesetzten* in schwierigen Sachlagen zu erhalten und weniger Verantwortung tragen zu müssen. Aspirant 1 und Blender 1 erwähnen in diesem Zusammenhang froh zu sein, nicht selbst den Kopf hinhalten zu müssen für Entscheidungen (AS1 Abs. 79 und BL1 Abs. 72). Aspirant 5 merkt an: „..., dass man halt jemanden hat, der einen verteidigt" (Abs. 89) und Experte 1 sieht den Vorteil, einen Vorgesetzten zu haben, darin, dass ohne ihn „... der Druck größer werden (würde)" (Abs. 104) und sagt über seinen Vorgesetzten: „...er hält uns (..) den Rücken frei und holt sich selber den Anpfiff ab und verteilt das nicht nach unten" (Abs. 104) und fügt zudem an: „...[es] gibt keine Verantwortung, ich kann Sachen nach oben abgeben" (Abs. 106).

Von weiteren 52 % wird es als Vorteil erachtet, jemanden zu haben, den sie *um Rat fragen* können. Folgende Interviewzitate belegen dies: „...es jemanden gibt, auf den ich nochmal zurückgreifen kann oder um Rat fragen kann" (AS2 Abs. 138); „...wenn man nicht weiter weiß, dann kann man ihn [den Vorgesetzten] fragen" (EX3 Abs. 100); „...wenn irgendwas passiert, [gibt es jemanden] der mit mir dann gemeinsam an einer Lösung arbeitet" (BL1 Abs.72) und „[es gibt] immer nochmal einen Ansprechpartner, der vielleicht mehr Erfahrung hat oder über einem steht" (BL5 Abs. 86).

Vom Vorgesetzten eine *Richtung vorgegeben zu bekommen* sehen 44 % der Befragungsteilnehmer als Vorteil an und betonen die Orientierung, die durch diese Person geschaffen wird. Bspw. sagt Experte 2: „...es ist auch ein wenig eine Richtfigur" (Abs. 84), Experte 3 bemerkt: „Dass man sich immer orientieren kann (...), dass sie mir Themenbereiche zuordnet, dass ich Projekte ausarbeite, die sie mir aufgrund meiner Stärken gibt" (Abs. 98-100). Blender 5 erwähnt: „...[man hat] immer ein Vorbild, an dem man sich ein bisschen orientieren kann" (Abs. 86) und Blender 5 ergänzt: „...ich bin nicht die, die sich diese Vision aus dem Kopf pressen muss" (Abs. 72) und der Bedürftige 4 führt aus:

Ich komme aus dem Sport, und ich vergleiche das halt dann immer sehr gerne mit Fußball, weil ich das lange gespielt habe. Eine Mannschaft stellt sich oft selber auf, in dem

Fall die Gruppe, aber du brauchst den Trainer, der dich führt. Und so ist für mich auch ein Chef. Der Chef muss einfach wissen, stelle ich den nach rechts außen, stelle ich den nach links außen, dass das Team zusammen läuft. Der Chef muss für mich dann diese taktischen Vorgaben geben, und so ist es im Team auch. Er muss sagen, was er haben will, wie er es braucht, damit das Team das dann umsetzen kann, um letztendlich erfolgreich zu sein. Daher ist es für mich sehr wichtig, einen Chef zu haben. (Abs. 80)

40 % sehen den Vorgesetzten als eine Person, die dazu beiträgt, das *Arbeitspensum zu erleichtern*. So sagt Aspirant 3 in diesem Zusammenhang: „…über mich werden (…) viele Aufgaben herangetragen und sie kann dann auch immer noch abwehren. (…) Ansonsten könnte ich nicht mehr so strukturiert arbeiten, wie ich das jetzt tue" (Abs. 94). Der Mitläufer 4 bemerkt: „…[ich] kann mich mehr meiner fachlichen Kompetenzen widmen, ich müsste sonst viel mehr (…) tun" (Abs. 73). Weitere 20 % nennen, in Hinsicht auf die Vorteile einen Vorgesetzten zu haben, die persönliche Überzeugung, *noch etwas lernen zu können* (Bspw. EX3 Abs.71: „…, [dass] sie mir aufgrund ihrer Arbeitserfahrung auch Sachen beibringt." oder ML2 Abs. 80: „…ich habe jemanden, der mir Impulse gibt."). Von 16 % der Befragungsteilnehmer wird es als positiv empfunden, vom Vorgesetzten *Feedback zu erhalten*. So sagt Aspirant 1: „…[ich] bekomme Feedback (…), weil gefühlt ist es einfacher, die Hierarchie herunter ein Feedback zu geben" (Abs. 77) und Mitläufer 2 begründet dies folgendermaßen: „[Ein Vorgesetzter ist jemand], der mich auch in die Schranken weist auf die ein oder andere Art und Weise" (Abs. 71).

Die Aussagen, die von den Interviewten hinsichtlich der Nachteile, die mit einem Vorgesetzten verbunden sind, genannt werden, lassen sich in vier Kategorien aufteilen. Befragungsteilnehmer, die keine Nachteile darin erkennen können, einen Vorgesetzten zu haben, sagen z.B. „Für mich persönlich sehe ich keinen Nachteil" (EX2 Abs. 68). Die nachfolgende Abbildung stellt die Kategorien dar:

Abb. 70: Verbundene Nachteile mit Vorgesetzten (Gesamtstichprobe)

Der häufigste Nachteil, den 36 % der Befragungsteilnehmer darin sehen, einen Vorgesetzten zu haben, ist *fremdbestimmt* zu sein und gewisse *Einschränkungen* in der freien Entfaltung hinnehmen zu müssen (AS4 Abs. 90 und ML2 Abs. 73). Experte 4 sagt bspw.: „Ich könnte [ohne Vorgesetzten] mit Sicherheit mehr bewirken" (Abs. 108) und der Bedürftige 5 ergänzt:

„…manchmal ist es ein Nachteil, weil man sich dem dann fügen muss, was die Geschäftsspitze oder der Vorgesetzte ggf. entscheidet" (Abs. 74).

Für 24 % ist es ein Nachteil, sich bei *Meinungsverschiedenheiten* dennoch fügen zu müssen und sich unterzuordnen, so sagt Mitläufer 1: „Ein Nachteil [ist], wenn die Meinungen jetzt völlig auseinander gehen" (Abs. 86) und der Blender 4 bestätigt: „…wenn man mal nicht einer Meinung ist, dann muss man die Sachen natürlich so tragen, wie der Vorgesetzte das macht" (Abs. 82). Auch wird von weiteren 20 % der Befragungsteilnehmer bemängelt, dass sich *Prozesse* durch die vielen Hierarchieebenen *zu sehr in die Länge ziehen* (Bspw. ML1 Abs. 82: „Viele Dinge (könnten) schneller und effizienter entschieden werden [ohne Vorgesetzten]" oder BL2 Abs. 82: „Viele Prozesse, die gehen sehr viel schneller [ohne Vorgesetzten]"). 20 % erwähnen in diesem Zusammenhang die *negativen Folgen*, die resultieren, wenn der Vorgesetzten ein *schlechtes Führungsverhalten* an den Tag legt, oder wenn die Kollaboration nicht von Qualität zeugt. So erwähnt Experte 2: „Wenn die Zusammenarbeit nicht gut ist, dann ist es schwierig, weil der Vorgesetzte dich dann auch gängeln kann, wenn es ein schlechtes Verhältnis ist" (Abs. 86). Der Bedürftige 1 sagt diesbezüglich: „…, dass man [den Vorgesetzten] so oft hilflos ausgeliefert ist, egal was man von deren Qualitäten hält oder nicht" (Abs. 102).

4.5.4.7 Vorbildfunktion des Vorgesetzten

Die Frage, ob der direkte Vorgesetzte ein Vorbild darstellt, wenn es darum geht, selbst einmal Führungskraft zu sein, wird sehr unterschiedlich beantwortet. 36 % der Befragten sehen ihren derzeitigen direkten Vorgesetzten *als Vorbild* an (Bspw. BL4 Abs. 84: „Ja, weil sie (das) meiner Meinung nach sehr gut macht."). 24 % der Befragten sehen ihren Vorgesetzten *teilweise als Vorbild* an, was die Führung betrifft. So sagt der Aspirant 3: „Teilweise. Viele Sachen würde ich sehr wahrscheinlich genauso machen wie sie. Es gibt aber auch Punkte, die ich wirklich anders machen würde" (Abs. 97). Mitläufer 2 entgegnet in ähnlicher Weise, ergänzt jedoch, dass man sich auch negative Verhaltensweisen zum Vorbild nehmen kann, um selbst nicht ähnliche Fehler zu begehen:

Ich glaube, jeder Mensch, der schon mal geführt wurde, lernt von seiner Führungskraft ganz viel und wenn es nur Dinge sind, die man nicht machen möchte. Es gibt viele Verhaltensweisen, die ich von ihr gerne annehme. Es gibt aber auch viele Verhaltensweisen, die ich nicht gerne annehmen möchte. Wenn wir z.B. über den Bereich des Micro-Managings sprechen, wenn wir über Vorgaben von Meinungen ohne Diskussion sprechen. Dann sind das alles Dinge, die ich nicht übernehmen würde. Man muss fairerweise aber auch sagen, dass zwischen uns zwei Generationen liegen und ihre Prägung eine ganz andere ist als meine. Mein Glauben ist immer, dass man viele Dinge als Team erreichen kann und das es auch leichter ist (…) für ein Team, jemandem zu folgen, wenn man gemeinsame Dinge erschafft. Das entspricht nicht dem, was so ihre Auffassung ist, und das ist bestimmt, weil sie eben so viel älter ist, und weil die Prägung (einfach) eine andere ist. Aber im Grundsatz kann ich viel von ihr lernen und wenn es im Zweifel tatsächlich all das ist, was ich nicht machen möchte. (Abs. 75)

Die Mehrheit der Befragten, mit 40 % der Antworten, sieht ihren Vorgesetzten nicht als Vorbild an und nennt in diesem Zusammenhang z.B. *mangelndes Engagement* (Bspw. AS4 Abs. 94) oder *fehlende Empathie* (Bspw. ML5 Abs. 92). Ein Trend hinsichtlich der Vorbildfunktion des Vorgesetzten in Bezug auf die verschiedenen Followertypen zeigt sich nicht, weswegen auf eine grafische Darstellung der Antworten an dieser Stelle verzichtet wird.

4.5.4.8 Bedürfnis der Follower, vom Vorgesetzten lernen zu können

Die Tendenz auf die Frage, wie wichtig es für die Interviewten ist, vom Vorgesetzten etwas lernen zu können, ist eine eindeutig positive. Die getroffenen Aussagen der verschiedenen Follower können in drei unterschiedliche Kategorien eingeteilt werden: *Wichtig, nicht wichtig* und *Lernen von anderen*, d.h. Lernen ist grundsätzlich wichtig, muss aber nicht zwingend durch den Vorgesetzten sein. Die nachfolgende Abbildung zeigt die Verteilung der Antworten:

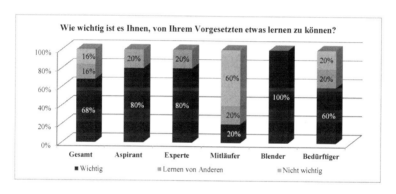

Abb. 71: Wichtigkeit, vom Vorgesetzten etwas lernen zu können

Bezogen auf die Gesamtstichprobe erachten es 68 % als wichtig, von ihrem Vorgesetzten etwas lernen zu können und jeweils 16 % sagen, dass es ihnen entweder nicht wichtig ist, von ihrem Vorgesetzten etwas zu lernen oder betonen, dass es nicht unbedingt der Vorgesetzte sein muss, von dem etwas erlernt wird. Am wichtigsten ist es dem Followertyp Blender, vom Vorgesetzten lernen zu können, mit 100 % der Interviewten, die dies als wichtig erachten. Auch für die Aspiranten und die Experten spielt dieser Faktor eine große Rolle, mit 80 %iger Relevanz, vom Vorgesetzten zu lernen. Die verbleibenden 20 % ermessen das Erlernen von neuem ebenfalls als wichtig, müssen dieses neue Wissen aber nicht zwangsläufig durch den Vorgesetzten vermittelt bekommen. 60 % der Bedürftigen sehen das Lernen vom Vorgesetzten als relevant an, 20 % müssen das Wissen ebenfalls nicht durch den Vorgesetzten erhalten, und 20 % erachten dies als unwichtig. Am wenigsten wichtig ist es für die Mitläufer, vom Vorgesetzten zu lernen, mit 60 % der Erläuterungen in der Kategorie *nicht wichtig.*

Nachfolgende ausgewählte Zitate sollen die Inhalte der gebildeten Kategorien verdeutlichen und die Bedeutung, vom Vorgesetzten lernen zu können, herausstellen. Befragungsteilnehmer, die es als sehr wichtig erachten, vom Vorgesetzten zu lernen, lassen auch erkennen, dass dies für sie die Voraussetzung ist, sich unterzuordnen bzw. zu folgen. So sagt Experte 3: „100 % wichtig, weil sonst bräuchte ich ja keinen Vorgesetzten, weil sonst würde ich mir das alles selbst anlesen und würde mir das Learning by Doing beibringen. Aber ich will ja von jemandem, der die Station oder Situation schon erlebt hat, lernen können" (Abs. 106). Bedürftiger 2 bemerkt: „Ja, schon sehr wichtig, weil ansonsten denke ich mir, wofür habe ich sie jetzt? Was macht sie eigentlich? Ist ihre Position überhaupt gerechtfertigt? Warum kann ich das nicht einfach für mich selber machen?" (Abs. 78). Bedürftiger 1 bestätigt: „Das ist mir schon wichtig. (…) Wenn mir der (…) nichts lernen kann, dann sehe ich nicht ein, warum ich unter dem arbeiten sollte" (Abs. 110) und Aspirant 3 ergänzt: „Wichtig, weil wenn sie mir nichts beibringen könnte, dann wäre es schwierig, ihr zu folgen. Sie müsste auf jeden Fall mehr Expertise haben als ich, sonst würde sie sich als Führungskraft nicht durchsetzen können" (Abs. 105).

Die Tatsache vom Vorgesetzten lernen zu können, verdeutlicht mitunter abermals den Wunsch, die Führungskraft auch als Vorbild ansehen zu können. Bspw. sagt Blender 1 in diesem Zusammenhang: „…ich selbst sehe das als Motivation, wenn ich ein Vorbild habe auf das ich aufblicken kann und sage, so in der Art möchte ich später auch einmal sein" (Abs. 26) und der Bedürftige 4 sagt: „…schon wichtig, ich muss zu einem Chef aufschauen können" (Abs. 86).

Befragungsteilnehmer, die Neues zu erlernen als wichtig erachten, dies aber nicht notwendigerweise vom Vorgesetzten vermittelt bekommen müssen, sagen bspw.: „Also für mich ist es sehr wichtig, von anderen etwas lernen zu können. Ob das unbedingt jetzt der Vorgesetzte sein muss, sei mal dahingestellt. Aber neue Dinge zu lernen und seinen Horizont zu erweitern, finde ich grundsätzlich wichtig" (AS4 Abs.100) oder:

Ich glaube, das kommt darauf an (…) Ich glaube (…), dass Menschen trotzdem so unterschiedlich sind, dass mich andere Dinge mehr interessieren und die muss ich mir dann halt von außen holen. Also ich würde nicht sagen, dass ein guter Vorgesetzter notwendigerweise jemand ist, von dem ich was lernen kann. (BE5 Abs. 78)

Stimmen, die das Lernen vom Vorgesetzten als nicht wichtig erachten, lassen verlauten, dass dies bspw. entweder aufgrund fehlender Führungsaspiration für sie nicht wichtig ist, wie der Mitläufer 3, der sagt: „Da ich ja nicht in die Managementschiene möchte, sondern weiterhin als Spezialist tätig sein will, kann ich da wenig lernen. (…), es ist mir nicht wichtig" (Abs. 112) oder dies aufgrund der fortgeschrittenen Karriere als weniger relevant erachtet wird:

Ich halte das grundsätzlich für immer weniger wichtig. Zu einem früheren Zeitpunkt habe ich das als sehr wichtig empfunden, weil natürlich das fachliche Lernen noch ein anderes war, und da war es für mich immer ganz wichtig, ganz viel zu lernen von meinen Vorgesetzten, um einfach meinen Erfahrungsschatz ausbauen zu können. Das, was ich jetzt natürlich lernen kann oder was man glaube ich ganz grundsätzlich lernt, wenn die Karriere so ein wenig vorangeschritten ist, sind dann eher persönliche Verhaltensweisen. Und ich glaube, es ist mir nicht so wichtig, von meiner Vorgesetzten etwas zu lernen als zu wissen, dass wir moralisch auf einem Level liegen. (ML2 Abs. 77).

Dennoch stellen die Personen, die das Lernen als nicht wichtig erachten, mit 16 % eher die Minderheit dar.

4.5.4.9 Wunsch, selbst eine (höhere) Führungsposition einzunehmen

Auf die Frage, ob die Befragungsteilnehmer selbst die Intention hegen, einmal eine Führungsposition innezuhaben bzw. für diejenigen, die bereits über Führungsverantwortung verfügen, eine höhere Führungsposition zu bekleiden, antworten 36 % kategorisch mit *nein*. Die verbleibenden 64 % der Interviewten *können sich dies vorstellen*. Die nachfolgende Abbildung stellt die Einschätzungen grafisch dar:

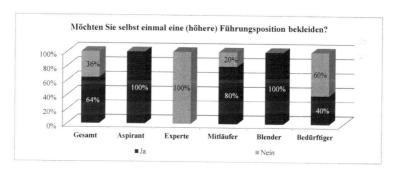

Abb. 72: Wunsch nach einer (höheren) Führungsposition

Hinsichtlich des Wunsches, selbst eine Führungsposition bzw. eine höhere Führungsposition innezuhaben, zeigen sich deutliche Unterschiede zwischen den Followergruppen. Auffallend ist, dass sich alle Aspiranten und alle Blender eine Führungsposition wünschen, wohingegen keiner der Experten dies möchte. Bei den Mitläufern und den Bedürftigen zeigt sich ein gemischtes Bild, jedoch wollen mehr Mitläufer mit 80 % Zustimmung eine Führungsposition als dass das bei den Bedürftigen der Fall ist. Diese können sich nur zu 40 % vorstellen zu führen.

Die Antworten auf die Frage, weshalb es so attraktiv ist, eine Führungsposition zu bekleiden werden in fünf Kategorien unterteilt, wobei die Befragungsteilnehmer mehrere Gründe angeben können. 24 % der Interviewten erklären, dass der Anreiz zu führen für sie darin besteht, das *eigene Wissen an andere weitergeben zu können*. So sagt Aspirant 4: „Mir gibt das Freude, wenn ich Leuten etwas beibringen kann, was man ja als Führungskraft dann notwendigerweise auch ein bisschen mitmacht" (Abs. 106) und Blender 4 bestätigt: „...weil ich es toll finde, selber Wissen zu vermitteln, Leuten etwas beizubringen" (Abs. 90). Auch wird die *persönliche Weiterentwicklung* und die *Möglichkeit Verantwortung zu übernehmen* von 20 % als

Grund angeführt: „…[das ist] natürlich eine riesige Verantwortung, bei der man auch lernt, wie man mit so etwas umgeht" (AS1 Abs. 89) oder „…weil man Feedback bekommt, weil man sich, glaube ich, selber ganz anders wahrnimmt als Menschen, die einem unterstellt sind. Und ich glaube, wenn man so einen Austausch hat, dann ist es auch wichtig, sich weiterzuentwickeln" (BL4 Abs. 90).

Spaß am Führen wird von 8 % der Befragungsteilnehmer als Begründung genannt: „…alleine ein Team zu führen macht unglaublich Spaß" (AS1 Abs. 89) oder „…ein Team erfolgreich zu leiten. Ich finde es einfach toll, andere für irgendetwas zu begeistern" (BL5 Abs. 100). Weitere 8 % begründen ihre Aussage mit der *größeren Autonomie*, die einem in einer Führungsposition zuteil wird: „…, dass man selber entscheiden könnte" (AS3 Abs. 109) oder „Attraktiv ist es, eine gewisse Freiheit zu haben" (ML1 Abs. 94). Erneute 8 % betonen den *monetären Anreiz* (Bsp. AS1 Abs. 77: „…, dass man später mehr verdient"). Weitere Gründe, die genannt werden, sind unter anderem, sich grundsätzlich der Herausforderung zu stellen, sollte sich die Möglichkeit einer Führungsposition ergeben.

Gründe, die für die Befragungsteilnehmer gegen eine Führungsposition sprechen, können grundsätzlich in zwei Kategorien einsortiert werden. Dabei nennen 20 % der Befragungsteilnehmer *zu hohe Opportunitätskosten*, wie bspw.: „…[man] hat einen Haufen Verantwortung und das Geld, glaube ich, macht es nicht wett" (EX 1 Abs. 122) und stellen vor allem die Vernachlässigung des Privatlebens in den Vordergrund „…in Hinblick auf mein Privatleben ist mir das definitiv zu stressig" (EX4 Abs. 118) oder „…da liebe ich mein Privatleben zu sehr, als dass ich sagen würde, das wäre es mir wert" (BE3 Abs. 98). Die weiteren Aussagen können in die generelle Kategorie *Followerpräferenz* zusammengefasst werden. So wird u.a. genannt: „Ich habe schon immer lieber ausgeführt, als dass ich der Sprecher war" (EX3 Abs. 108), „…ich bin einfach keine Führungskraft, ich bin der Arbeiter. Ich arbeite gerne, aber ich möchte nicht führen" (BE3 Abs. 92) oder „…nein, weil ich die Verantwortung für Mehrere nicht übernehmen möchte" (EX5 Abs. 114).

4.5.5 Charakterisierung der verschiedenen Followertypen

Während in den vorherigen Abschnitten der qualitativen Auswertung überwiegend die Zusammenhänge und Ergebnisse der Gesamtstichprobe dargestellt wurden, sollen nun explizit die Gemeinsamkeiten und Unterschiede von und zwischen den Followergruppen herausgestellt werden. Es wird differenziert für die einzelnen Followergruppen beschrieben, welche Erkenntnisse anhand der Interviewantworten gewonnen werden konnten. Die entsprechenden Interviewauszüge befinden sich unterteilt nach Interviewfragen und Followertypen in den Anhängen L-N.

4.5.5.1 Followertyp Aspirant

Die Aspiranten sind die Gruppe der Befragungsteilnehmer, die die höchste Übereinstimmung der eigenen Überzeugung und der organisationalen Zielsetzung sowie der Vision aufweisen.

80 % der Aspiranten identifizieren sich voll und ganz mit der Zielsetzung und der Vision sowie 20 % überwiegend. Alle Interviewten sind weiterhin der Meinung, persönlich zum Erfolg der Organisation beitragen zu können und beschreiben ihren Beitrag entsprechend der Definition von OCB-Verhalten, d. h. einem arbeitsvertraglich nicht einforderbaren Verhalten. So sagt bspw. Aspirant 4: „...ich (bringe) Ideen selber mit ein und (mache) Verbesserungsvorschläge" (Abs. 8) und „...mit viel Einsatz und Energie, die ich da reinstecke, weil ich mich damit (...) gut identifizieren kann und ich mache mir sehr viele Gedanken" (Abs. 14).

Weiterhin schätzen die Aspiranten ihre eigenen beruflichen Fähigkeiten am höchsten ein im Vergleich zu anderen Followergruppen. 80 % der Befragungsteilnehmer erachten ihre Fähigkeiten als sehr gut und 20 % als gut. Auch geben die Aspiranten im Vergleich zu anderen Followergruppen am häufigsten an, berufliche Probleme direkt selbst zu lösen, ohne sich mit anderen abzustimmen oder beim Vorgesetzten nachzufragen (mit 40 % der Nennungen). Aspirant 5 bemerkt diesbezüglich:

Ich schaue mir das an und dann schaue ich, was hat man schon Ähnliches in der Vergangenheit gemacht. Wenn man kein Beispiel in der Vergangenheit hat, dann versuche ich mich da irgendwie ranzutasten und versuche zu überlegen, wie machen das andere und dann geht das meistens auch irgendwie schon. Eigentlich gibt es immer eine Lösung zu jedem Problem. (Abs. 20)

Alle Aspiranten sind davon überzeugt, selbst ein guter Follower zu sein, so entgegnet Aspirant 1 bspw.: „...ich habe eine Vorstellung davon, wie ich einen guten Follower empfinden würde. So würde ich mich auch selbst reflektieren und schauen, dass ich so bin" (Abs. 36).

Auch geben alle befragten Aspiranten an, selbst gerne eine Führungsposition bzw. eine höhere Führungsposition, als es jetzt der Fall ist, einnehmen zu wollen. Daher sehen sie den wichtigsten Vorteil in der Rolle als Follower, etwas vom Vorgesetzten in seiner Ausübung als Überstellter lernen zu können. Bspw. sieht Aspirant 5 den Vorteil darin, „..., dass man sieht, was macht derjenige und dann kann man auch sehen, ist der Weg richtig oder falsch. Und dann kann man sich auch ganz gute Tipps geben lassen" (Abs. 38) und Aspirant 1 begründet:

Ich weiß ja, ich werde auch mal diesen Platz haben, dass ich wirklich der oberste an Bord bin. Aber im Moment habe ich noch die Position, dass ich umsteigen kann auf einen Follower und kucken kann, wie der Kapitän das denn macht. [Befürworte ich] das, wie können wir das vielleicht anders machen, auch mit ihm darüber reden können. Aber dieser Druck, den er hat, dadurch dass er die Verantwortung hat und das Team führen muss, der ist bei mir sehr viel geringer, und dadurch habe ich Kapazitäten frei für [anderes] und fürs Beobachten und Lernen von ihm. (Abs. 30)

Als häufigster Nachteil wird von den Aspiranten genannt, weniger Einfluss ausüben zu können, als es der Vorgesetzte kann. Aspiranten sehen ihre Aufgabe hauptsächlich darin, ihre Vorgesetzten zu unterstützen sowie ihnen den Rücken frei zu halten und beschreiben ihren Einfluss auf die Vorgesetzten damit, ihnen gegenüber ihre Meinung kundzutun und auch als Sprachrohr für das Team zu fungieren (AS3 Abs. 54: „...ich erzähle ihr vieles, was sie sonst nicht mitkriegen würde"). Andersherum erkennen Aspiranten am stärksten an, dass ihr Vorgesetzter ihnen Karrieremöglichkeiten verschafft bzw. sich um ihre Weiterentwicklung bemüht (AS4 Abs. 58: „...[mein Vorgesetzter] hat das Potenzial erkannt, das ich mitbringe. (...) Er gestattet mir die Meisterschule, obwohl eigentlich noch kein Bedarf da ist").

Auf die Frage, was für Aspiranten generell einen guten Vorgesetzten bzw. eine gute Beziehung zum Vorgesetzten kennzeichnet, werden am häufigsten, mit jeweils 60 % der Nennungen, *Unterstützung von Seiten des Vorgesetzten* genannt, sowie *hohe Kompetenz* des Vorgesetzen und die *Ausübung einer Vorbildfunktion*. Die Frage nach der persönlichen Bedeutung zu folgen, beantworten Aspiranten am häufigsten damit, es als *persönliche Lehrstunde* anzusehen und sich vom Vorgesetzten noch etwas aneignen zu können, wenn es selbst um die Ausübung einer Führungsfunktion geht. Den größten Vorteil einen Vorgesetzten zu haben, sehen die Aspiranten, wie alle anderen Followertypen auch, darin, weniger Verantwortung ausüben zu müssen und Rückendeckung vom Vorgesetzten zu bekommen. Zudem erwähnen sie den Nutzen, ein Ziel vorgegeben zu bekommen, an dem man sich orientieren kann. Analog berichtet auch die überwiegende Mehrheit, mit 80 % der Nennungen, die Wichtigkeit vom Vorgesetzten etwas lernen zu können und somit selbst einmal in der Lage zu sein, Führungsverantwortung zu tragen.

4.5.5.2 Followertyp Experte

Die Experten können sich, im Vergleich zu den Aspiranten, eher weniger mit den Zielen und der Vision der Organisation, für die sie tätig sind, identifizieren. 60 % der Befragten sagen, dass die Ziele und die Vision der Organisation *eher nicht* oder *überhaupt nicht* mit ihrer eigenen Zielsetzung übereinstimmen. Bestrebungen, wie sie bspw. die Aspiranten äußern, sich selbst sehr stark einzubringen, um den Wohlstand der Organisation zu sichern (AS1 Abs. 4: „...ich habe ein großes Interesse, dass das Unternehmen weiterhin die Nummer 1 bleibt" oder AS2 Abs. 6: „...ich (bin) vom Unternehmen überzeugt und ich finde auch gut, wenn wir größer werden und europaweit wachsen") sind bei den Experten nicht erkennbar, Experte 2 sagt bspw.: „...ich persönlich habe innerhalb der Organisation keine großen Bestrebungen (...) die Unternehmensziele sind für mich eher zweitrangig. Für mich ist es wichtig, dass es mir gut geht, dass ich Spaß an der Arbeit habe und ich mich wohl fühle" (Abs. 6). Ihr eigenes Verhalten am Arbeitsplatz beschreiben lediglich 60 % der Experten entsprechend der Definition von OCB-Verhalten, was gemeinsam mit der Gruppe der Bedürftigen, dem geringsten Wert entspricht.

Weiterhin kann man eine gewisse Infragestellung der Organisationsführung bei den Experten vernehmen, bspw. sagt Experte 4: „Das, was sie sich nett ausgerechnet haben, bleibt leider auf der Strecke. Die Theorie war schon nicht schlecht, aber die Praxis funktioniert nicht" (Abs. 6) und Experte 1 merkt diesbezüglich an: „...es ist recht undurchsichtig, was unsere Führungsebene, die ganz Oberen, im Endeffekt wirklich planen. Es wird nie richtig rübergebracht, man erwischt sie sehr oft dabei, dass das nicht ganz stimmt, was sie da so von sich geben" (Abs. 2). Der Beitrag der Experten besteht gemäß eigenen Angaben hauptsächlich darin, die *Vorga-*

ben der Organisation zu befolgen (EX2 Abs. 12: „…schlichtweg damit, dass ich meine Arbeit verrichte, dass ich meinen Job mache" oder EX3 Abs. 16: „…ich (arbeite) meine Regelarbeitszeit (…) und die Ziele, die mir vorgegeben werden, (halte ich ein)".

Anders als aufgrund ihrer Einschätzung in Hinsicht auf die Skala *Selbstwirksamkeitseinschätzung (SW)* im Vorfragebogen zu den Interviews erwartet, schätzt keiner der Experten seine beruflichen Leistungen als *sehr gut* ein, sondern mit 60 % der Aussagen als *gut* und 40 % lediglich als *mittel*. Bezüglich ihres Problemlöseverhaltens beschreiben 80 % der Experten, das Problem zwar erst einmal *selbst zu lösen versuchen, dann jedoch die Hilfe von anderen* in Anspruch zu nehmen, insofern sie nicht weiterkommen. Die Gruppe der Experten ist diejenige, die sich im Vergleich zu anderen mit größter Mehrheit selbst direkt als Follower beschreibt (80 %) und sich dabei auch überwiegend, mit 80 % der Nennungen, als guten Follower betrachtet. Die häufigste Attribution, die Experten für gute Follower finden, ist *kritisch zu denken* und *Dinge zu hinterfragen*, was auch mit der zuvor benannten Infragestellung der Führung einhergeht. Selbst möchte jedoch niemand der befragten Experten eine Führungsposition einnehmen, da sie *zu hohe Einbußen* im Sinne der Familie und der Freizeit in Kauf nehmen müssten und ihnen das das Opfer nicht wert sei.

Auch die Experten sehen den größten Vorteil in der Rolle als Follower, wie die Mehrheit der anderen Befragungsgruppen, darin, *weniger Verantwortung* übernehmen zu müssen. Im Vergleich zu anderen Gruppen bemängeln 60 % der Experten die schlechteren Vorzüge und Zuwendungen, die einem als Follower zuteil werden, was auffallend ist, da diese Argumentation ansonsten lediglich von einer weiteren Person aller Befragungsteilnehmer verfolgt wird. In Hinsicht auf die Zusammenarbeit gibt die Mehrheit der Experten an, *völlig autark* zu arbeiten und nennt keine Aufgaben, die sie für ihre Vorgesetzten erledigt.

Am meisten schätzen Experten an ihren Vorgesetzten, dass sie für sie *Probleme lösen* und ihnen *Tipps geben* (z.B. EX5 Abs. 58: „…wenn Dinge anfallen, bei denen ich nicht weiterkomme, (…) dann findet ein kurzes Gespräch statt und dann weiß ich (…), ob ich es entweder direkt abgebe (…) oder weiß, was ich zu tun habe und mache es dann fertig") sowie *die Schaffung einer positiven Arbeitsatmosphäre* (EX5 Abs. 66: „…er sieht zu, dass ich einen schönen Arbeitsplatz habe (…), dass ich meine Wünsche an Freitagen, Freizeiten etc. (…) bekomme. Also eigentlich geht er so ziemlich auf das ein, was ich will"), als auch *gegenseitige Sympathie, Offenheit* und *Humor*, was erneut die Bestrebung wiederspiegelt, lediglich seine Arbeit in angenehmer Umgebung verrichten zu wollen, ohne sich weittragende Gedanken diesbezüglich machen zu müssen. Zu folgen bedeutet für 80 % der Experten gemeinsame Werte zu vertreten und Vertrauen in die Führungskraft zu haben, so sagt Experte 3: „…ich glaube, dass meine Werte nicht verletzt werden, als Mensch und als Arbeitskraft" (Abs. 96), was abermals den zwischenmenschlichen Aspekt in den Fokus rückt, im Gegensatz zu leistungsorientierten Gesichtspunkten anderer Followergruppen.

4.5.5.3 Followertyp Mitläufer

Die Mitläufer sind die Followergruppe, die sich am zweithöchsten mit den Zielen und der Vision der Organisation, für die sie tätig sind, identifizieren kann. 40 % der Mitläufer sagen, ihre persönliche Zielsetzung und die der Organisation stimmen *voll und ganz* überein, 40 % sehen die Übereinstimmung als *überwiegend* an. Alle befragten Mitläufer sehen ihren Beitrag zum Organisationserfolg in ihrer Kollegialität sowie ihrer Teamarbeit begründet und beschreiben ihr Arbeitsverhalten im Sinne des wünschenswerten Extra-Rollenverhaltens. Die Einschätzung der beruflichen Fähigkeiten liegt, verglichen mit den anderen Followergruppen, erwartungsgemäß im Mittelmaß ohne besondere Auffälligkeiten mit 40 % der Mitläufer, die die Fähigkeiten als *sehr gut* einschätzen und 40 % als *gut* und 20 % als *mittel*. 60 % der Mitläufer versuchen, auftretende Herausforderungen im Beruf *primär selbst zu lösen* und erkundigen sich dann bei anderen, sollten sie zu keinem Ergebnis gelangen. 40 % gehen in den *direkten Meinungsaustausch* mit anderen, so bspw. Mitläufer 2, der sagt:

> Dann hole ich mir Meinungen ein. Wenn es fachliche Fragen sind, die ich nicht beantworten kann, dann recherchiere ich. Wenn es Inhalte sind, die ich nicht in meinem Erfahrungsrepertoire habe, dann suche ich mir Menschen, die das in ihrem Erfahrungsrepertoire haben. (Abs. 14)

Auffallend für die Befragungsgruppe der Mitläufer ist, dass 80 % eine negative Konnotation mit dem Begriff Follower verbinden. Mitläufer 2 und Mitläufer 4 bemerken z.B.:

> Ich verbinde mit dem Begriff Follower: ‚Ich folge jemand‘, wobei ich ihn jetzt nicht grundsätzlich positiv finde, weil dieses Folgen wenig aktiv, eher klassisch devot ist. Ich folge jemand unabhängig davon, oder ich stelle mir gar nicht die Frage, wie ich finde, was jemand tut, sondern ich folge relativ blind. (ML2 Abs. 16)

> Ein Follower (…) im beruflichen Kontext ist jemand, der eben gerne mitgenommen werden will und erst dann aktiv wird. Wenn du jetzt von einem Team von Menschen ausgehst, dann gibt es Follower, d.h. die, die darauf warten, dass einer die Führung übernimmt und dann entscheiden bzw. vielleicht überhaupt erst dadurch mitgehen und aktiv sind, d.h. ihren Beitrag leisten oder sich überhaupt zu Wort melden. (ML4 Abs. 22)

Demzufolge beschreiben sich auch lediglich 20 % der befragten Mitläufer als Follower und 80 % äußern, dass dies *situationsabhängig* sei. Auf die Frage, ob sich die Mitläufer selbst als guten Follower beschreiben, respektive nach der Spezifikation, dass es an dieser Stelle das Verhalten als Unterstellter gegenüber dem Vorgesetzten zu beurteilen gilt, schätzen sich 40 % als *guten Follower* ein, 40 % erachten dies als *situationsbedingt* und 20 % *verneinen* dies.

Die Vorteile, ein Follower zu sein, sehen die Mitläufer sehr differenziert, so werden u.a. *weniger Verantwortung*, die Möglichkeit *vom Vorgesetzten zu lernen*, *weniger Entscheidungen* treffen zu müssen und *im Hintergrund verweilen* zu können genannt. Ein mehrheitlicher Vorzug, den alle Mitläufer positiv anerkennen, lässt sich nicht identifizieren. Anders verhält es sich bei den angegebenen Nachteilen als Follower: 80 % der Mitläufer bemängeln den *niedrigeren Einfluss*, den sie in ihrer Rolle ausüben können. Entsprechend bemerkt Mitläufer 4: „Es kann passieren, dass du übergangen wirst" (Abs. 31). Dennoch gibt die Mehrheit der Mitläufer an, mit 60 % der Nennungen, *völlig autark* zu arbeiten.

Ihre Einflussnahme auf den Vorgesetzten sehen *alle* befragten Mitläufer darin, ihre Meinung zu äußern und den Vorgesetzten zu beratschlagen, sollte dieser in eine falsche Richtung gehen (ML1 Abs. 48: „…ich (habe) gesagt: ‚Ich finde das nicht so gut und würde es eher in die und die Richtung machen' und da merkt man schon, dass das dann schon miteinbezogen wurde"; ML2 Abs. 39: „…[ich versuche], sie an der ein oder anderen Stelle davon zu überzeugen, dass es auch andere Wege gibt als ihre. (…) bin für sie (eine) wichtige Ratgeberin"; ML4 Abs. 41: „…ich fordere ihn schon auch mal. Ich konfrontiere ihn auch schon manchmal mit Ideen oder mit Situationen"; ML5 Abs. 50: „…er lässt sich da schon ein wenig zum Nachdenken inspirieren").

Wie die Aspiranten auch, antworten die Mitläufer auf die Frage, was ihr Vorgesetzter für sie tue, mehrheitlich damit, dass er sich um ihre Karriere- und Weiterentwicklung bemüht, sowie die Unterstützung, die er ihnen zukommen lässt. Weiterhin schätzt der Großteil der Mitläufer, mit 80 % der Nennungen, *Kompetenz, Entscheidungsfreudigkeit, Engagement und Leistungsorientierung* am Vorgesetzten. Die Mehrzahl der Mitläufer beschreibt eine gute Zusammenarbeit mit dem Vorgesetzten bzw. einen guten Vorgesetzten durch *gebotene Rückendeckung*, *Sympathie* und einen *menschlichen, unhierarchischen Umgang* (ML2 Abs. 57: „…, dass sich beide auf Augenhöhe begegnen können"). Als Vorteile einen Vorgesetzten zu haben, wird von den Mitläufern, wie von den Aspiranten und Experten auch, die Tatsache genannt, *weniger Verantwortung* übernehmen zu müssen und mehrheitlich wird weiterhin aufgeführt, dass sie die *tägliche Arbeit erleichtern*.

Das Gros der Mitläufer definiert für sich, jemandem zu folgen, dadurch, *Ziele gemeinsam zu verfolgen*. So sagt Mitläufer 2: „…unseren Strategien zu folgen und damit ganz maßgeblich dazu beizutragen, dass die miteinander definierten Ziele umgesetzt werden" (Abs. 63). Dabei *vom Vorgesetzten lernen zu können*, erachtet der Großteil der Mitläufer als nicht wichtig (ML2 Abs. 77: „…ich halte das grundsätzlich für immer weniger wichtig. (…) es ist mir nicht so wichtig (…) etwas zu lernen als zu wissen, dass wir moralisch auf einem Level liegen" oder ML4 Abs. 79: „…es ist schön, wenn es so ist, aber für mich persönlich ist es nicht so wichtig"), obwohl 80 % der Mitläufer äußern, selbst gerne einmal eine Führungsposition einnehmen zu wollen.

4.5.5.4 Followertyp Blender

Die Identifikation mit den Zielen und der Vision der Organisation stellt sich bei den Blendern relativ differenziert dar. Jedoch sagen 60 % der Befragungsteilnehmer, dass die Zielsetzung der Organisation und die eigene entweder *voll und ganz* oder zumindest *überwiegend* mit der eigenen übereinstimmt. Ihren persönlichen Beitrag zum Erfolg der Organisation und der Erreichung der Ziele sehen die Blender mehrheitlich vor allem in ihrer effizienten Arbeitsweise begründet (Bsp. BL4 Abs. 10: „...ich schaffe u.a. (...) die Prozesse, um effizientes Arbeiten zu ermöglichen, deswegen würde ich sagen, leiste ich einen sehr großen Beitrag"). Alle Blender beschreiben ihr Verhalten am Arbeitsplatz entsprechend der Definition des OCB-Verhaltens.

Anders als aufgrund des auszufüllenden Vorfragebogens vor dem Interview erwartet, schätzen die Blender ihre Fähigkeiten überwiegend, mit 80 % der Nennungen, als *sehr gut* oder *gut* ein. So sagt Blender 3 bspw.: „...sehr gut, also das, was von mir verlangt wird, mache ich auch. Dass erfülle ich zu 100 %, denke ich" (Abs. 16) und Blender 4 ergänzt:

> Ich bin von meinen beruflichen Fähigkeiten überzeugt, weil ich, glaube ich, eine sehr gute Ausbildung genossen habe (...) Ich arbeite gut, ich arbeite schnell, aber auch sehr genau. Ich bin da sehr pingelig, wenn irgendwelche Sachen abzuliefern sind, dann mache ich das auch detailliert, dass es dann perfekt ist. (Abs. 18)

Wenn es darum geht, beruflichen Problemen bzw. Herausforderungen zu begegnen, gehen Blender größtenteils, mit 60 % der Nennungen, direkt in den *Meinungsaustausch mit anderen*, z.B. Familie, Freunde, aber auch Kollegen und dem Vorgesetzten. Bei den Blendern fällt auf, dass die überwiegende Mehrheit, im Vergleich zu anderen Followergruppen, den Begriff Follower als positiv konnotiert ansieht. Als Beispiel führt Blender 5 an: „..., dass ich als Person jemandem folge, jemand, dem ich vertraue. (...) Und auch an diese Person zu glauben, dass die mich weiterbringt und das Team weiterbringt und die Organisation weiterbringt. Und nicht nur sich selbst" (Abs. 22).

Und Blender 1 und Blender 2 ergänzen in ähnlicher Weise:

> Jemand, der (...) jemandem, auf den er hinaufblickt, folgt. (...) und so schaue ich mir auch viele Techniken bei [meiner Kollegin] ab, die sie einsetzt und merke dann immer wieder, wie sie das Ganze angeht oder wie sie Probleme behandelt und versuche, die dann in meiner eigenen Art zu implementieren. (BL1 Abs. 18)

> Dass jemand jemandem folgt, so wie das auch wörtlich ist. (...). Da ist eine Leitfigur, die möglichst auch diese Fähigkeit hat zu leiten und etwas Interessantes bietet, und ein anderer oder mehrere andere gehen auf dieser Fährte dieser Person mit und folgen und tragen dazu bei, etwas zum Gelingen zu bringen. (BL2 Abs. 24)

Für die Blender wie auch für die anderen Followergruppen zeichnet vor allem die Fähigkeit *kritisch zu denken* und *Annahmen zu hinterfragen* einen guten Follower aus. Auf die Frage, ob sie sich selbst als Follower bezeichnen, antworten 60 % mit *Ja* und 40 % damit, dass dies *situationsabhängig* sei, wie bspw. Blender 5:

> Es kommt darauf an. Ich bin beides gerne mal. Ich folge auch gerne mal, wenn ich in einem Team sehe, einer hat die Idee oder die besseren Argumente. Dann vertraue ich darauf und folge dieser Person dann. Wenn ich aber merke, ich kann mich viel mehr

einbringen, dann gebe ich auch mal mehr, als nur zu folgen und leite dann auch eher mal. Es kommt wirklich auf die Situation an, würde ich sagen oder auf das Thema, worum es gerade geht. (Abs. 38)

Die Mehrheit der Blender, mit 80 % der Nennungen, sieht sich außerdem als guten Follower an. Verbundene Vorteile mit der Rolle als Follower sehen die Blender im Vergleich zu anderen Followergruppen ganz erheblich darin, in dieser Position noch *viel lernen zu können*, vor allem auch, selbst einmal Führungskraft zu sein (Bspw.: BL3 Abs. 36: „…du musst (nicht) jedem folgen, sondern nur denen, die dich weiterbringen, denen solltest du folgen"; BL4 Abs. 36: „…ich glaube, man kann enorm viel lernen, wenn man Follower ist"; BL5 34: „…gerade am Anfang lernt man dadurch ja auch noch, ein Leader zu werden") und so äußern auch alle Blender, selbst gerne einmal eine Führungsposition innehaben zu wollen.

Die Wichtigkeit des Aspekts etwas Lernen zu können, wird abermals verdeutlicht, indem Blender als Grund, eine Führungskraft sein zu wollen, angeben, sich dadurch selber weiterentwickeln zu können (Bsp.: BL4 Abs. 90: „…weil man Feedback bekommt, weil man sich, glaube ich, selber ganz anders wahrnimmt als Menschen, die einem unterstellt sind" oder BL5 Abs. 100: „…Feedback von seinem Team holen, weil ich glaube, manchmal wird man ein wenig blind als Vorgesetzter, wie man wirkt"). Auch der Gesichtspunkt, *anderen etwas beibringen zu können* und das *eigene Wissen zu vermitteln,* ist ein wichtiger Anreiz für Blender, die übergeordnete Rolle auszuführen (Bspw. BL1 Abs. 80: „…einfach Wissen weiterzuvermitteln und anderen eine Richtung zu weisen" oder BL4 Abs. 90: „…weil ich es toll finde, selber Wissen zu vermitteln, Leuten etwas beizubringen").

Eine positive Interaktion mit dem Vorgesetzten beschreiben Blender hauptsächlich anhand einer *guten Arbeitsatmosphäre, gegenseitiger Wertschätzung* und *Zusammenarbeit auf Augenhöhe* und heben mehrheitlich die *Unterstützung,* die ihnen durch den Vorgesetzten zuteil wird, hervor. Auch betonen Blender, besonders *Offenheit* und *Ehrlichkeit* am Vorgesetzten zu schätzen. Dies wird ebenfalls in Bezug auf die Frage deutlich, was generell einen guten Vorgesetzten ausmacht: 80 % der Blender antworten, dass ein guter Vorgesetzter *Interesse am Mitarbeiter als Mensch* demonstriert (Bspw. BL3 Abs. 70: „…die Zeit zu nehmen, die Person auch kennenzulernen, was hat der für ein familiäres Umfeld etc."; BL4 Abs. 66: „…also für mich ist diese persönliche Ebene sehr wichtig. (…) und ich finde es sehr wichtig bei meiner Vorgesetzten, (…), dass sie (…) weiß, wenn ich Probleme habe, sei es im Studium oder privat oder sonst irgendwas" und BL5 Abs. 68: „…schon ein bisschen das Offene und Private, (…) nicht dass es immer nur um Arbeit geht.")

Die Vorteile einen Vorgesetzten zu haben und die persönliche Bedeutung zu folgen, beantwortet die Mehrheit der Blender, mit 80 % der Nennungen und erneut den Aspekt des Lernens aufgreifend, zum einen mit dem Vorzug, jemanden zu haben, den man um *Rat fragen* kann und zum anderen, Folgen als *Lehrstunde* anzusehen, wie Blender 1 bestätigt: „…für mich bedeutet das, dass ich die richtige Person ausgewählt habe, bei der ich keine Bedenken haben muss, etwas Falsches zu übernehmen" (Abs. 60).

4.5.5.5 Followertyp Bedürftiger

Die Bedürftigen sind die Gruppe an Followern, die die größte Diskrepanz in der Überein-stimmung mit der eigenen Zielsetzung und denen der Organisation aufzeigen. 60 % der Be-dürftigen können sich entweder *überhaupt nicht* oder *eher nicht* mit den Zielen und der Visi-on identifizieren, wie der Bedürftige 3 verdeutlicht: „Das eine hat mit dem anderen gar nichts zu tun" (Abs. 6).

Den persönlichen Beitrag, den die Bedürftigen zum Unternehmenserfolg und der Erfüllung der organisationalen Zielsetzung beisteuern, erachten alle Bedürftigen in Form ihrer effizien-ten Arbeitsweise (Bsp. BE1 Abs. 10: „...indem ich das mache, was mir aufgetragen wird, so schnell und so gut wie ich kann. Ich versuche sehr genau zu arbeiten"; BE2 Abs. 6: „...ich schaue, dass das Projekt so strukturiert wie möglich stattfindet und dass das innerhalb von kürzester Zeit abgewickelt wird"; BE3 Abs. 16: „..., dass ich so gut wie möglich meine Ar-beit mache" und BE4 Abs. 12: „...es bringt mir ja nichts, wenn ich nur Mist abliefere und es dann fünfmal nacharbeiten muss. Nur durch die Eigenschaft und den Willen es richtig zu ma-chen. Das ist mein persönliches Ziel, das ich habe"). Die Beschreibung des Arbeitsverhaltens der Bedürftigen fällt zu 40 % in die Kategorie *In-Role-Behavior* und zu 60 % in die Kategorie *Follower-OCB-Verhalten*.

Ihre beruflichen Fähigkeiten schätzen die Bedürftigen, mit 80 % der Nennungen, als *sehr gut* bis *gut* ein, was tendenziell höher ist, als aufgrund des Vorfragebogens vor Durchführung des Interviews erwartet werden konnte. So entspricht diese Einstufung der eigenen Fähigkeiten genau der der Blender, von denen gemäß Vorfragebogen ebenfalls eine vergleichsweise nied-rigere Einordnung angenommen wurde. Dennoch ist an dieser Stelle anzumerken, dass keiner der 25 Befragungsteilnehmer angibt, seine beruflichen Fähigkeiten als schlecht zu bewerten.

Der Umgang mit beruflichen Problemen und Herausforderungen liefert kein einheitliches Bild, 40 % der Bedürftigen äußern, dass die Herangehensweise *vom Problem abhängig* ist, 40 % versuchen, erst einmal *selbst eine Lösung zu finden und holen sich dann Hilfe* (BE4 Abs. 16: „...erst mal versuche ich das bis zu einem Punkt, an dem ich nicht weiterkomme, und dann muss ich mir Hilfe holen") und 20 % erarbeiten zuerst selbst *Handlungsoptionen* und stimmen diese im Anschluss mit dem Vorgesetzten ab.

Die Mehrheit der Bedürftigen ist dem Begriff Follower gegenüber *neutral* eingestellt, be-zeichnet sich selbst als Follower und schätzt sich zudem als guter Follower ein, die sie mit 80 % der Nennungen dadurch beschreiben, *Sachverhalte zu hinterfragen* und *kritisch zu den-ken, Einsatz und Motivation* am Arbeitsplatz zu zeigen und *Teamwork sowie Kollegialität* zu demonstrieren. Der letzte Aspekt erscheint für die Bedürftigen besonders relevant, da 80 % im Zusammenhang mit Eigenschaften schlechter Follower erneut aufgreifen, *kein Teamplayer* zu sein (Bsp. BE2 Abs. 30: „...ich mache mein Ding, ich will nicht im Team arbeiten" oder BE4 Abs. 22: „...andere Kollegen [im Stich] lassen").

Den größten Vorteil in der Rolle als Follower sehen die Bedürftigen darin, weniger Druck zu haben, wie Bedürftiger 2 ausführt: „...es (ist) bequemer. Schon, weil ich mich zurücklehnen kann und sagen kann o. k., den Rest müssen die anderen machen" (Abs. 32). Der Bedürftige 4 fährt fort: „...es hat Vorteile, ein Follower zu sein, wenn du sagst, ich würde gern einfach nur arbeiten, ich würde gern monatlich mein Geld verdienen, ich würde gern meine Familie durchbringen" (Abs. 24) und der Bedürftige 5 sagt: „...man hat, glaube ich, ein etwas ruhigeres Leben als Follower" (Abs. 32).

Auf die Frage, was der Vorgesetzte für die Bedürftigen tue, ist die am häufigsten gegebene Antwort, die *Rahmenbedingungen* zu schaffen, damit der Job gut erledigt werden kann, wie der Bedürftige 4 ausführt: „...was er persönlich für mich macht, ist, wenn ich den nötigen Schutz brauche und nicht weiterkomme, dann gibt er mir den" (Abs. 44). In ähnlicher Weise äußert der Großteil der Bedürftigen auch, was eine gute Beziehung zum Vorgesetzten oder einen guten Vorgesetzten generell für sie auszeichnet, dass er ihnen *Rückendeckung* gibt (Bsp. BE1 Abs. 78: „...wenn z. B. von außen irgendwelche Kunden wirklich blöd waren, dann ist er auch einfach dazwischen gegangen" oder BE4 Abs. 66: „..., dass wenn was von außen einprasselt, er sich immer vor sein Team (stellt)"). Weiterhin nennt die Mehrheit der Bedürftigen *Unterstützung und Hilfestellung* durch den Vorgesetzten, *gegenseitiges Vertrauen* und die *Sicherstellung von Teamwork und Koordination* innerhalb der Gruppe.

Für die Bedürftigen geht die Bedeutung zu folgen am ehesten mit Unterordnung einher, indem z. B. der Bedürftige 2 sagt: „..., dass mir schon jederzeit bewusst ist, dass ich nicht selbst derjenige bin, der die letzte Entscheidung trifft oder das letzte Wort hat. Und dass man das auch akzeptieren muss, was da entschieden wird von der Person" (Abs. 66) oder der Bedürftige 3, der anführt: „...da hast du einen Chef (..), der dir (sagt), was Sache ist" (Abs. 82). Als häufigster Vorteil einen Vorgesetzten zu haben, wird von den Bedürftigen genannt, die Richtung vorgegeben zu bekommen, so äußert der Bedürftige 5:

Der Vorteil einen Vorgesetzten zu haben, ist definitiv, dass der sich um ein paar Dinge kümmert, um die ich mich nicht kümmern muss. (...), sondern ich komme in der Früh, mache meinen Computer an und dann arbeite ich halt. (...) Er muss sich natürlich sehr viel mehr Gedanken darüber machen, wo will ich denn mit diesem Unternehmen eigentlich hin? Also ich habe ja den Vorteil, sozusagen, dass ich sagen kann: ‚Und wo wollen wir denn jetzt hin?' und dann kann er sagen ‚Ja da vorne' und dann kann ich sagen ‚Cool, dann gehe ich da auch hin.' Aber ich bin nicht die, die sich diese Vision aus dem Kopf pressen muss. (Abs. 72)

Dementsprechend möchte das Gros der Bedürftigen selbst auch keine Führungsposition einnehmen und begründet dies mit zu hohen *Opportunitätskosten* (Bsp. BE3 Abs. 98: „...nein, (...) finanziell ist es nicht attraktiv bei uns. Da brauche ich mir die Verantwortung gar nicht anzutun. (...) das ist es mir einfach nicht wert.") oder schlichtweg der Präferenz, lieber ein Follower zu sein, so wie der Bedürftige 2 anmerkt: „...hatte ich schon mal und habe für mich selber festgestellt, dass das nicht so meine Welt ist. Dass ich gerne im Team arbeite, aber nicht als Führungskraft" (Abs. 80) oder der Bedürftige 3, der sagt: „...ich bin einfach keine

Führungskraft, ich bin einfach der Arbeiter. Ich arbeite gerne, aber ich möchte nicht führen" (Abs. 92).

4.6 Gegenüberstellung der quantitativen und qualitativen Untersuchungsergebnisse

Im Folgenden werden die Ergebnisse der quantitativen Onlinebefragung und die Ergebnisse der halbstandardisierten Interviews gegenübergestellt. Dies erfolgt entsprechend der in der Onlinestudie verwendeten Skalen und den korrespondierenden Themenfeldern der Interviews.

Bevor die Ergebnisse der beiden Untersuchungen miteinander verglichen werden, wird in einem ersten Schritt die inhaltliche Validität der in der Onlinestudie eingesetzten Skalen kontrolliert. D.h., es wird evaluiert, ob die im Fragebogen eingesetzten Skalen mit ihren Fragen bzw. Items die zu untersuchenden Merkmale in der Form erfassen, wie sie die Befragungsteilnehmer in ihren Interviewantworten beschreiben. Daraufhin wird überprüft, ob sich die aus der Onlinebefragung gewonnenen Erkenntnisse auch mittels der Aussagen der halbstandardisierten Interviews bestätigen lassen. Die Erläuterung der Ergebnisse ist rein deskriptiv, die Interpretation der Ergebnisse erfolgt in Kapitel fünf.

4.6.1 Validierung der eingesetzten Skalen der Onlinebefragung

Wie bereits in Abschnitt 3.5 erläutert, gibt die inhaltliche Validität einer Skala darüber Aufschluss, ob diese mit ihren Fragen bzw. Items ein zu untersuchendes Merkmal zutreffend und konkret misst. Zu diesem Zweck werden die Interviewantworten und die daraus gebildeten Kategorien den Items und Dimensionen der verwendeten Skalen in der Onlinebefragung gegenübergestellt und verglichen, ob die in der Form durchgeführte Operationalisierung der Konstrukte in der quantitativen Studie gerechtfertigt erscheint (siehe hierzu Anhang P).

4.6.1.1 Validierung der Skala Identifikation mit den Zielen und der Vision der Organisation

Im Rahmen der vorliegenden Dissertation wird untersucht, inwieweit die Argumentation Monös (2013) verifiziert werden kann, dass die beste Voraussetzung jemandem oder einer Sache zu folgen, wahre Identifikation und persönliche Verpflichtung darstellen. Monö (2013) argumentiert, dass das Ausmaß des Followerships als temporäre Rollenorientierung und die Demonstration der Qualitäten guter Follower stark in Abhängigkeit von Faktoren wie den Zielen sowie der Vision einer Gruppe bzw. Organisation variieren können. Er bemerkt weiterhin, dass sich Menschen nicht in erster Linie einem Leader aufgrund dessen anschließen, wie er sich als Person verhält, sondern rein aus Eigeninteresse, da er dieselbe Zielsetzung oder Vision verfolgt.

In Ermangelung einer bereits empirisch validierten Skala, wurde eine eigene Skala entworfen, um die *Identifikation mit den Zielen und der Vision der Organisation* zu erfassen. Um mit der Skala vergleichbare Interviewaussagen zu erhalten, werden die Befragungsteilenehmer gebeten, die Fragen *„Erzählen Sie mir ein wenig über die Vision und die Ziele der Organisation,* *für die Sie tätig sind?"*, *„Inwieweit stimmen die Ziele der Organisation und Ihre persönliche Zielsetzung überein?"* und *„Wie tragen Sie persönlich dazu bei, dass die Ziele und die Vision der Organisation erreicht werden?"* zu beantworten. Werden die Aussagen der Interviewten mit den Skaleneinzelitems verglichen, ist ersichtlich, dass sich die Antworten der Interviewten weitestgehend decken (vgl. Tab. 203 im Anhang P). 32 % berichten, sich voll und ganz mit der Organisation zu identifizieren (Bsp. ML4 Abs. 4: „...ich bin eigentlich nur dahin bzw. ich habe mich initiativ dort beworben, weil ich von der Firmenkultur (...) überzeugt war") und 44 % beschreiben das persönliche Engagement, um zur Zieleerreichung und der Vision der Organisation beizutragen (Bsp. BL4 Abs. 10: „...ich schaffe u.a. (...) die Prozesse, um effizientes Arbeiten zu ermöglichen, deswegen würde ich sagen, leiste ich einen sehr großen Beitrag").

4.6.1.2 Validierung der Skala wahrgenommene Qualität des Führungsverhaltens

Gemäß der Literaturanalyse in Kapitel zwei, wird die Qualität des wahrgenommenen Führungsverhaltens vor allem durch die Beziehung zwischen dem Vorgesetzten und Unterstellten bestimmt, sowie der Einschätzung des Charakters des Vorgesetzten als auch der Demonstration eines evolutionären Führungsverhaltens, von welchem vermutet wird, eine Mischform aus transformationalem Führungsverhalten und Servant Leadership darzustellen (van Vugt & Ahuja, 2010).

Für die Operationalisierung des wahrgenommenen Führungsverhaltens für die quantitative Untersuchung wurden größtenteils Messinstrumente verwendet, deren Validität bereits als empirisch bestätigt gilt. Lediglich die Skala CE zur *Beurteilung des Charakters des Vorgesetzten* wurde anhand der Literaturanalyse durch die Doktorandin selbst entwickelt. Da es Ziel der vorliegenden Dissertation ist, Einsichten zu gewinnen, welches Führungsverhalten von Vorgesetzten an den Tag gelegt werden sollte, um Follower zu erhalten bzw. deren Legitimation nicht zu verlieren, gilt es an dieser Stelle zu überprüfen, ob die in der Onlineumfrage durchgeführte Operationalisierung in Form der Skalen LMX, CE, TFV und SL nicht nur theoretisch, sondern auch praktisch vertretbar ist.

Um in Erfahrung zu bringen, welche Verhaltensweisen und Eigenschaften die Befragungsteilnehmer als wünschenswert in Bezug auf die Beziehung zum Vorgesetzten oder den Führungsstil dessen erachten und ihm demzufolge vermutlich folgen, wurden im dritten Themenfeld der Interviews zur Zusammenarbeit mit dem direkten Vorgesetzten verschiedene Fragen gestellt (vgl. Interviewleitfaden in Anhang J Fragen 12, 14, 15 und 16).

Wie auch bereits bei der quantitativen Untersuchung in Form der hohen Skalen-Interkorrelationen der vier Subskalen zu WFV ($,762 \leq r \leq ,837$) zeigen sich auch bei den Interviewantworten der qualitativen Studie hohe Überschneidungen. Die anhand der Interviewantworten gebildeten Kategorien weisen hohe Schnittmengen in den Bereichen der als positiv wahrgenommenen *Charaktereigenschaften des Vorgesetzten*, der guten *Beziehung zum Vor-*

gesetzten und der *Kennzeichnung eines guten Führungsstils bzw. Attributionen guter Vorgesetzter* auf.

Werden die Aussagen der Befragungsteilnehmer auf diese Fragen mit den verwendeten Items der Subskalen LMX, CE, TFV und SL zur wahrgenommenen Qualität des Führungsverhaltens verglichen, fällt auf, dass sich die abgefragten Verhaltensweisen in Form der Einzelitems mit den Antworten der Interviewten überwiegend decken (vgl. Anhang P Tab. 204).

Der Skala LMX von Schyns und Paul (2002), die die Qualität der Beziehung zwischen Vorgesetztem und Mitarbeiter erfassen soll, lassen sich die folgenden Kategorien, die anhand der Interviewaussagen erstellt wurden, zuordnen: 44 % der Befragten, die ihre Beziehung zum Vorgesetzten im Rahmen der qualitativen Studie als positiv bewerten, geben an, dass ihr Vorgesetzter ihr Entwicklungspotenzial erkennt und sie dahingehend fördert, so wie durch das obige Messinstrument vorgeschlagen. 36 % nennen das Vertrauen, das zwischen dem Vorgesetztem und ihnen herrscht, als Basis einer guten Beziehung und weitere 36 % betonen die Unterstützung sowie Rückendeckung, die ihnen vom Vorgesetzten im Falle von Schwierigkeiten zuteilwird.

36 % stellen heraus, wie wichtig das aufrichtige Interesse am Mitarbeiter als Mensch ist sowie 24 % die *gute Arbeitsatmosphäre* als Voraussetzung dafür hervorheben, dass der Vorgesetzte die eigenen Probleme und Bedürfnisse gut versteht. 32 % betonen, dass sie die gegenseitige gute Arbeitsbeziehung zu schätzen wissen, dass der Vorgesetzte die *Rahmenbedingungen* schafft, damit sie als Mitarbeiter ihre Tätigkeit gut ausführen können. 28 % erachteten es als positiv, dass der Vorgesetzte in Konfliktsituationen seinen Einfluss nutzt, um die *Probleme aus dem Weg zu schaffen.* Weiterhin wird von 20 % die gegenseitige Wertschätzung erwähnt sowie von 16 % die Zusammenarbeit auf Augenhöhe. Schließlich betonen 40 % der Befragten weiterhin, dass es für sie die Voraussetzung einer guten Beziehung zum Vorgesetzten ist, dass die Zusammenarbeit und der gegenseitige Umgang *unhierarchisch und menschlich* verlaufen. So begründet der Bedürftige 3: „…(du) hast jahrelang in einer Dienstgruppe (gedient) und dann sind die eines Tages aufgestiegen und schauen dich nicht einmal mehr an" (Abs. 100) und verleiht damit dem Frust über die Zusammenarbeit Ausdruck.

Auch hinsichtlich der Dimension positive Beurteilung des Charakters des Vorgesetzten decken sich die Einzelitems mit den Aussagen der Interviewten. Ziel ist auch hier, Kenntnis darüber zu erlangen, ob sich Führungskräfte, denen sich Follower anschließen, durch bestimmte Wesenszüge oder Charaktereigenschaften auszeichnen. Vor allem wird von den Befragungsteilnehmern, mit 40 % der Nennungen, die *Sympathie* herausgestellt, die von ihrer Seite gegenüber dem Vorgesetzten herrschen muss. Auf die Frage nach der Beurteilung des Vorgesetzten als Mensch bzw. des Charakters beschränken sich die Interviewteilnehmer allerdings nicht nur auf Persönlichkeitsmerkmale, sondern nennen an dieser Stelle auch bestimmte Kompetenzen, so z.B. die *fachlichen Fähigkeiten* sowie *Entscheidungskompetenz* (40 %) und die *soziale Kompetenz* (36 %). Weiterhin werden entsprechend der Skala CE von 32 % *Offenheit* und von 28 % *Ehrlichkeit* herausgestellt.

Weitere wünschenswerte Attributionen, die als positiv gegenüber dem Vorgesetzten geäußert werden, allerdings keine Berücksichtigung in Form der Skala CE gefunden haben, sind *Engagement, Einsatz und Leistungsorientierung* (40 %), die die Führungskraft zeigen sollte, sowie *Humor* (24 %), *Vertrauenswürdigkeit* (20 %), *Ausgeglichenheit und Harmonie* (20 %) sowie *Gelassenheit und Ruhe* (16 %). Dieser Denkrichtung entsprechend beklagen sich 12 % über Egoismus als sehr negative Charaktereigenschaft und bestätigen das Bedürfnis von Seiten der Follower nach Leadern, die ihren fairen Anteil der Gruppe gegenüber leisten.

4.6.1.3 Validierung der Einteilung der Followertypen anhand der Skalen Selbstwirksamkeitserwartung und Führungsaspiration

Wie bereits in Abschnitt 3.2 zur Operationalisierung beschrieben, finden sich in der Literatur zahlreiche Hinweise, dass die Fähigkeiten und Kompetenzen von Followern sowie deren Motivation selbst zu führen, Auswirkung auf das von ihnen gezeigte Verhalten und ihre Folgebereitschaft haben (Allman, 1996; Buss, 2004; Nicholson, 2013; Pinker, 2015; van Vugt & Ahuja, 2010). Für die Operationalisierung der Einschätzung der eigenen Fähigkeiten und der Motivation zu führen, werden die Skalen *berufliche Selbstwirksamkeitseinschätzung (SW)* von Schyns und Collani (1999) und *Affective-Identity Motivation to Lead (MtL)* von Chan und Drasgow (2001) im Onlinefragebogen verwendet.

Um in der qualitativen Untersuchung Hinweise auf die Selbsteinschätzung der beruflichen Fähigkeiten der Befragungsteilnehmer zu erhalten und vergleichbare Aussagen mit den quantitativen Analysen zu generieren, werden die Interviewten gebeten, die Fragen „*Wie schätzen Sie Ihre beruflichen Fähigkeiten ein?*" und „*Was tun Sie, wenn Sie mit beruflichen Herausforderungen bzw. Problemen konfrontiert sind?*" zu beantworten. Die getroffenen Aussagen zur Beurteilung der eigenen beruflichen Fähigkeiten und dem eigenen Problemlöseverhalten entsprechen größtenteils den Skalenitems der Skala SW (vgl. Tab. 205). So beurteilt der Mitläufer 2 seine Fähigkeiten entsprechend hoch und meint: „…ich halte mich für jemand, der sehr fundiert ist in dem, was er tut und das sehr gut gelernt hat" (Abs. 12). Und der Aspirant 4 bemerkt bezüglich seines Umganges mit beruflichen Problemen: „…ja die nehme ich an und suche eine Lösung. Entweder habe ich direkt eine parat oder ich suche mir eine raus" (Abs. 20).

Zur Beurteilung der Führungsmotivation der Befragungsteilnehmer wurden die folgenden Fragen analysiert: „*Welche Vor- und Nachteile sind für Sie mit der Rolle als Follower verbunden?*", „*Welche Vor- und Nachteile sehen Sie darin, einen Vorgesetzten zu haben?*" und „*Würden Sie selbst gerne einmal eine (höhere) Führungsposition innehaben?*". Auch hier zeigen die Befragungsantworten weitgehende Kongruenz mit den Skalenitems der Skala MtL, so dass dieses Messinstrument als inhaltlich valide angenommen werden kann. Zwei Personen, die bspw. der Followergruppe der Experten zugeordnet werden und mit entsprechend niedriger Führungsmotivation ausgestattet sind, sagen: „…(ich fühle mich nicht wohl), wenn ich persönlich zu viel Verantwortung habe, und (überlasse) die Verantwortung lieber jemand, der die Erfahrung hat" (EX3 Abs. 44) und „…ich (präsentiere) (…) gerne Dinge, die ich erarbeite, aber nichtsdestotrotz (bin ich) lieber im Hintergrund, als im Rampenlicht" (EX3 Abs. 50).

4.6.1.4 Validierung der Skala Folgebereitschaft

Um die Folgebereitschaft von Followern zu messen, wurde in Ermangelung einer bereits empirisch validierten Skala mittels umfassender Literaturanalyse eine eigene entworfen. Im Sinne der Arbeitsdefinition von Followern und Followership der vorliegenden Dissertation, wird vor allem die Freiwilligkeit der Ausübung der untergeordneten Rolle betont, um eine höhere Zielsetzung bzw. Vision einer Organisation mit der Führungskraft gemeinsam besser zu erreichen. Während teilweise mehrere Interviewfragen Aufschluss über die Freiwilligkeit der Unterordnung der Befragungsteilnehmer geben, zielen insbesondere die folgenden Fragen auf die zugrundeliegenden Beweggründe sich unterzuordnen ab: *„Würden Sie der Aussage zustimmen, dass Sie die Führung Ihres Vorgesetzten bereitwillig annehmen? Warum ja bzw. warum nein?"* bzw. die Spezifikationen *„Ist ihr Vorgesetzter eine wirkliche Führungskraft oder lediglich hierarchisch überstellt?"* oder *„Was bedeutet es für Sie, jemandem zu folgen?"*

Auch wurden die Befragungsteilnehmer gebeten, zu beurteilen, was sich für sie *beruflich verändern würde, sollte es den direkten Vorgesetzten nicht mehr geben, wie wichtig sie es empfinden vom Vorgesetzten etwas Lernen zu können* und *ob der Vorgesetzte für sie ein Vorbild ist, wenn es darum geht, selbst einmal Führungskraft zu sein.* Auch hier zeigen sich starke inhaltliche Übereinstimmungen zu den verwendeten Skalenitems der Skala FB (vgl. Tab. 207). Besonders die Antworten auf die Frage nach der individuellen Bedeutung zu folgen, bestätigen mit 36 % der Aussagen ein *gemeinsames Ziel zu verfolgen*, mit 28 % *Vertrauen, die richtige Richtung gewiesen zu bekommen* und mit 16 % e*in Vorbild zu haben, von dem man noch etwas lernen kann.* So bemerkt bspw. Blender 5: „...ich unterstütze meinen Vorgesetzten, dass wir zusammen, etwas erreichen. Weil wir von den gleichen Zielen überzeugt sind" (Abs. 82).

4.6.1.5 Validierung der Skala Follower-OCB-Verhalten

Das wünschenswerte Followerverhalten, von dem angenommen wird, den Erfolg von Organisationen zu begünstigen, ist für die quantitative Onlinestudie anhand des Konstrukts OCB operationalisiert worden. Gründe hierfür sind die bereits nachgewiesene empirische Validierung des Messinstruments sowie insbesondere die einhergehende Betonung der Freiwilligkeit dieses sog. Extra-Rollenverhaltens. Da es Ziel der vorliegenden Dissertation ist, Aufschluss darüber zu erlangen, was tatsächlich unter einem wünschenswerten Followerverhalten zu verstehen ist, gilt es zu überprüfen, ob die Operationalisierung durch das Konstrukt OCB gerechtfertigt erscheint.

Wie oben angeführt stellen (Podsakoff, P. et al., 2000) im Rahmen einer Meta-Analyse des Konstrukts bereits fest, dass in der Literatur über 30 verschiedene Formen des besagten Verhaltens erwähnt sind und kaum Konsens über die Dimensionalität des Konstrukts herrscht.

Daher gilt es an dieser Stelle zu vergleichen, was die Interviewten unter einem erstrebenswerten Mitarbeiterverhalten verstehen und ob sich dies mit dem verwendeten *Follower-OCB-Konstrukt* von Staufenbiel und Hartz (2000) deckt. Hierzu werden die Fragen nach dem *persönlichen Beitrag zum Organisationserfolg* und die *Charakterisierung von Qualitäten und Verhaltensweisen guter Follower* herangezogen (vgl. Anhang Tabelle 91 und Tabelle 121).

Werden die Aussagen der Befragungsteilnehmer auf diese Fragen mit den verwendeten Items der Subskalen zum OCB-Verhalten verglichen, fällt auf, dass die im Messinstrument von Staufenbiel und Hartz (2000) abgefragten Verhaltensweisen zu OCB in den Antworten der Interviewten größtenteils Erwähnung finden (vgl. Anhang P Tab. 208).

Insbesondere Verhaltensweisen wie die penible *Einhaltung von Vorgaben*, die von 52 % der Befragten genannt werden oder die *Demonstration effizienter Arbeitsweisen*, die von 44 % der Interviewten erwähnt werden, lassen sich der OCB-Dimension *Gewissenhaftigkeit (OCB-GE)* des Messinstruments nach Staufenbiel und Hartz (2000) zuordnen. Beispielhaft hierfür ist folgendes Interview-Zitat aufzuführen:

Ja, ich befolge so die Zielsetzung. (…) Ich arbeite immer, wenn ich kann. Und ich versuche dann nicht, so oft krank zu sein. Und ich versuche auch meine Regelzeit zu arbeiten. Ja und versuche natürlich die Ziele, die mir vorgegeben werden, zu erfüllen. Sprich, Deadlines einzuhalten. Das ist so mein persönliches dazu beitragen, dass es so funktioniert. Oder, dass meine Position dazu beiträgt, dass Ziele erreicht werden. (…) ich möchte das Aushängeschild von dem [Unternehmen] sein. (EX3 Abs. 22)

Die beiden Kategorien *Wirtschaftlichkeit gewährleisten* (mit 28 % Nennungen) und *Kundenzufriedenheit sicherstellen* (mit 16 % Nennungen) können entsprechend ihrer Textevidenz thematisch ebenfalls im weiteren Sinne dem Schlagwort *Gewissenhaftigkeit* zugeordnet werden, werden jedoch in der Form im Rahmen der Einzel-Items der Dimension nicht berücksichtigt.

Auch werden helfende Verhaltensweisen wie *Unterstützung*, *Teamwork* und *Kollegialität* gemäß der OCB-Dimension *Hilfsbereitschaft (OCB-HI)* von 40 % der Befragten bezüglich des persönlichen Beitrags zum Organisationserfolg sowie von 40 % auf die Frage nach guten Followerqualitäten genannt, wie die nachfolgende Aussage beispielhaft belegt: „…indem ich (versuche), neue Mitarbeiter so gut es geht zu fördern und zu trainieren" (AS1 Abs. 14).

Mit der OCB-Dimension *Unkompliziertheit (OCB-UK)* korrespondieren vor allem die Kategorien *gute Moral und positive Einstellung* mit 20 % der Nennungen sowie *Anpassungsfähigkeit und Offenheit* mit 16 % Erwähnung von Seiten der Befragungsteilnehmer, wie das nachfolgende Zitat beispielhaft zeigt: „…es bringt nichts, wenn ich in der Gruppe einen Follower habe, der zwar gut arbeitet, aber permanent aufmüpfig ist und permanent irgendwie ein Quertreiber ist" (BE4 Abs. 20).

Bezüglich der OCB-Dimension *Eigeninitiative (OCB-EI)* erscheinen die folgenden Kategorien übereinzustimmen: 28 % begründen ihren persönlichen Beitrag durch *Verbesserungs-*

vorschläge, die von ihnen erbracht werden, 16 % erwähnen die *regelmäßigen Fortbildungen*, die von ihnen absolviert werden, 12 % der Befragten sehen von ihnen selbstständig einge-brachte *Innovationen und Trends* als ihren Beitrag zum Organisationserfolg und weitere 12 % erwähnen ihren *regelmäßigen Austausch mit Kollegen*. Inhaltlich verwandte Kategorien der Auswertung der qualitativen Befragung, die thematisch Übereinstimmungen mit der Dimen-sion *Eigeninitiative* zeigen, allerdings als Items in der *OCB-EI Skala* nicht erwähnt sind, sind *eigenständiges Arbeiten* (24 % Nennungen), seine *eigenen Stärken zu kennen* und diese ent-sprechend gewinnbringend für die Organisation einzusetzen (8 % Nennungen) sowie die von 80 % der Befragten aufgeführte und somit am häufigsten genannte Qualität eines guten Followers, *kritisch zu denken und Dinge zu hinterfragen*, um Prozesse und Ergebnisse der Organisation von sich aus positiv zu beeinflussen.

Werden die weiteren Kategorien betrachtet, die anhand der Interviewantworten der Befra-gungsteilnehmer gebildet wurden, fällt auf, dass es gemäß den Interviewten noch einige wei-tere Aspekte gibt, die den Erfolg von Organisationen begünstigen, welche jedoch ebenfalls im Konstrukt OCB nach Staufenbiel und Hartz (2000) keine Berücksichtigung finden. Diese wei-teren wünschenswerten Verhaltensweisen von Followern, die laut den Befragungsteilnehmern demonstriert werden sollten, sind mit 56 % der Aussagen, *Einsatz und Motivation* zu zeigen, 40 % nennen die Fähigkeit, sich im Sinne der Erreichung eines gemeinsamen Zieles *unter-ordnen zu können und Gehorsam zu zeigen*, 24 % geben die Übernahme von *Extraleistungen oder -aufgaben* an, 12 % schildern die *klare Kommunikation von Zielen und das Vorleben* dergleichen und jeweils 8 % führen Fähigkeiten wie *Fachwissen* oder *zuhören zu können* an.

Zusammenfassend kann an dieser Stelle festgehalten werden, dass sich das Konstrukt OCB in Form seiner vier Dimensionen *Hilfsbereitschaft, Gewissenhaftigkeit, Unkompliziertheit* und *Eigeninitiative* im Wesentlichen mit den Aussagen, die von den Befragungsteilnehmern be-züglich wünschenswerter Followerverhaltensweisen aufgeführt werden, deckt. Jedoch sollten die Dimensionen teilweise um weitere Items vervollständigt oder gar wie oben beschrieben durch zusätzliche Dimensionen ergänzt werden, um ein vollständiges Bild des von Organisa-tionen als wertvoll und erfolgsfördernd angesehenen Followerverhaltens zu erhalten.

4.6.2 Ergebnisse der quantitativen und qualitativen Studie im Vergleich

In diesem Abschnitt wird überprüft, ob sich die Ergebnisse der im Rahmen der quantitativen Onlinestudie zu verifizierenden Forschungshypothesen auch anhand der Interviewantworten replizieren lassen. Daher werden im Folgenden die Ergebnisse der quantitativen Untersu-chung den Ergebnissen der halbstandarisierten Interviews gegenüber gestellt. Die Gegen-überstellung erfolgt anhand der statistischen Berechnungen mittels der generierten Daten der Onlinebefragung und den gebildeten Kategorien der in den Interviews getroffenen Aussagen der Befragungsteilnehmer. Die Kategorien, gemäß den Interviewantworten, wurden als nomi-nale Variablen in SPSS überführt, um deskriptive Analysen in Form von Kreuztabellen durch-führen zu können und auf diese Weise aufgedeckte Zusammenhänge der quantitativen On-linedaten auch qualitativ zu betrachten (vgl. Anhang O.)

4.6.2.1 Gruppenunterschiede zwischen den verschiedenen Followertypen

Im Rahmen der Literaturanalyse wird vorgeschlagen, dass die Einschätzung der eigenen Fähigkeiten und Kompetenzen sowie die Motivation andere zu führen Einfluss darauf ausüben, sich unterzuordnen. Dementsprechend gilt es zu untersuchen, ob sich die in der Form unterschiedenen Followertypen in ihrem Follower-OCB-Verhalten und in ihrer Folgebereitschaft unterscheiden.

Anhand der Verifizierung von Hypothese 1 lässt sich in Form der quantitativen Untersuchung zeigen, dass sich signifikante Unterschiede hinsichtlich der Selbsteinschätzung in Bezug auf die Demonstration des *Follower-OCB-Verhaltens* zeigen. Diese kennzeichnenden Unterschiede bezogen auf das Follower-OCB-Verhalten zeigen sich vor allem zwischen der Gruppe der Aspiranten und den Mitläufern, Blendern und Bedürftigen, indem Aspiranten der Ansicht sind, das wünschenswerte Followerverhalten deutlich häufiger an den Tag zu legen. Gleiches gilt zwischen der Gruppe der Experten und den Mitläufern, Blendern und Bedürftigen. Keine Unterschiede ergeben sich zwischen den beiden Gruppen der Aspiranten und Experten sowie ebenso wenig zwischen den drei Gruppen Mitläufer, Blender und Bedürftige selbst. So liegt die Vermutung nahe, dass dies eventuell auf die Einschätzung der eigenen Fähigkeiten der Follower zurückzuführen ist, die sowohl bei den Aspiranten als auch bei den Experten vergleichsweise hoch ausfällt im Gegensatz zu den Followertypen Mitläufer, Blender und Bedürftige.

Wird die Skala SW explorativ als Prädiktor auf das Kriterium OCB in eine einfache lineare Regression eingesetzt, ergibt sich eine akzeptable Modellgüte bezogen auf die Varianzaufklärung, indem 18,0 % des OCB-Verhaltens durch die Einschätzung der eigenen Fähigkeiten vorhergesagt werden können ($\beta = ,424$). Vergleicht man die Antworten der Befragungsteilnehmer auf die Frage nach der Einschätzung ihrer beruflichen Fähigkeiten, zeigt sich ein ähnliches Bild. Grundsätzlich sind 84 % der Aussagen der Befragungsteilnehmer als sog. Extrarollenverhalten zu beurteilen und 16 % als arbeitsvertraglich einzufordernde Arbeitsleistung, was exakt dem hohen transformierten Mittelwert von 84,0 % auf einem Wertebereich von 0-100 entspricht. Umso besser die eigenen beruflichen Fähigkeiten beurteilt werden, umso häufiger zeigen die Interviewten, laut eigenen Einschätzungen, das OCB-Verhalten. Von denjenigen Befragungsteilnehmern, die ihre Fähigkeiten als sehr gut einstufen, demonstrieren 92 %, laut eigenen Angaben, das wünschenswerte Followerverhalten. Von den Interviewten, die ihre Fähigkeiten als gut einstufen, zeigen 75 % das Follower-OCB-Verhalten und von denen, die ihre Fähigkeiten als mittelmäßig beurteilen, immerhin noch 60 % (vgl. hierzu Kreuztabellen im Anhang O). Eine Testung auf signifikante Unterschiede in Bezug auf die qualitativen Daten ist aufgrund des geringen Stichprobenumfanges der einzelnen Followergruppe nicht möglich. Allerdings zeigt sich, dass sich die Einschätzung der beruflichen Fähigkeiten im Interview nicht gänzlich mit der Selbsteinstufung bezogen auf die Skala SW deckt, da Experten bspw. teilweise ihre Fähigkeiten nur als mittelmäßig einstufen, obwohl sie sich laut der Skala hoch bewertet haben sowie vice versa die Followergruppe der Bedürftigen.

Die Hypothese 2, die besagt, dass sich keine signifikanten Unterschiede bezüglich der Folge-bereitschaft zwischen den Followertypen ergeben, kann aufgrund der Daten der Onlinebefra-gung bestätigt werden. Die Aussagen der qualitativen Studie bezüglich der Frage, ob die Be-fragungsteilnehmer die Führung des Vorgesetzten bereitwillig annehmen bzw. den Vorgesetz-ten als wirkliche Führungskraft ansehen und nicht als lediglich hierarchisch überstellt, bestä-tigen die Ergebnisse. Es zeigen sich keine auffallenden Unterschiede zwischen den Follo-wergruppen. Von den 25 Befragungsteilnehmern antworten 56 %, dass sie ihren *Vorgesetzten als tatsächliche Führungskraft* ansehen, 8 % entgegen *teilweise* und 36 % sehen den *Vorge-setzten nicht als wirkliche Führungskraft* an. Die Antworten auf die Frage nach der Annahme der Führung des Vorgesetzten variieren geringfügig, indem zwei Befragungsteilnehmer, die angeben, ihren Vorgesetzten nicht als Führungskraft zu akzeptieren, sich teilweise dennoch im Sinne eines reibungslosen Arbeitsablaufes entscheiden, sich unterzuordnen. Ein Interview-ter gibt an, den Vorgesetzten zwar als wirkliche Führungskraft zu erachten, jedoch trotzdem nur teilweise die Führung anzunehmen. Der transformierte Mittelwert der Onlinebefragung liegt für die Skala FB bei 68,2 % Folgebereitschaft.

4.6.2.2 Gemeinsame Auswirkung der wahrgenommenen Qualität des Führungsverhaltens und der Identifikation mit den Zielen und der Vision der Organisation auf Follower-OCB-Verhalten und Folgebereitschaft

Weiterhin galt es im Rahmen der Forschungshypothesen 3 und 4 zu untersuchen, ob die *wahrgenommene Qualität des Führungsverhaltens (WFV)* in Zusammenhang mit dem gezeig-ten *Follower-OCB-Verhalten (OCB)* und der *Folgebereitschaft (FB)* steht. So wie es im Rahmen der Hypothese 5 zu verifizieren galt, ob ein Zusammenhang zwischen der *Identifika-tion mit den Zielen und der Vision der Organisation (IZV)* und dem *Follower-OCB-Verhalten (OCB)* besteht.

Da sich sowohl anhand der Skaleninterkorrelation der Skalen WVF und IZV (r = ,460) als auch anhand der Skaleninterkorrelation der Skalen OCB und FB (r = ,188) zeigte, dass weder die beiden Prädiktoren noch die beiden Kriterien voneinander unabhängig sind, wurden alle Variablen in ein gemeinsames allgemeines lineares Modell überführt, wenngleich der Zu-sammenhang zwischen den Kriteriumsvariablen sehr schwach erschien. Diese Vorgehenswei-se wurde verfolgt, um fehlerhafte Zusammenhangsvermutungen und falsche Rückschlüsse aufgrund mangelnder Berücksichtigung von gegenseitigen Einflüssen und Wechselwirkungen der Variablen in den einfachen linearen Regressionen zu vermeiden. Nachdem die gegenseiti-ge Beeinflussung und die Wechselwirkung der Prädiktor- und Kriteriumsvariablen bei der Kovarianzanalyse nach der Methode des allgemeinen linearen Modellansatzes rechnerisch konstant gehalten wurden, stellte sich heraus, dass die zuerst, aufgrund der Berechnung der einfachen linearen Regressionen, angenommenen signifikanten Zusammenhänge zwischen den Variablen nicht zutreffend waren (vgl. Abschnitt 4.3.5).

Werden in dem allgemeinen linearen Modell, hier respektive einer zweifaktoriellen multivari-aten Kovarianzanalyse (MANCOVA), die beiden Skalen IZV und WFV als gemeinsame Prädiktoren auf OCB und FB eingesetzt, zeigt sich, dass die *wahrgenommene Qualität der Führung (WFV)* sowohl für die Gesamtstichprobe als auch für alle fünf Followergruppen, keinen signifikanten Einfluss auf die Selbsteinschätzung des *Follower-OCB-Verhalten (OCB)* der Befragungsteilnehmer erkennen lässt (Gesamtstichprobe: p = ,223; part. Eta^2 = ,003). Jedoch wird ein signifikanter Effekt sowohl für die Gesamtstichprobe als auch für alle Followergruppen auf die *Folgebereitschaft (FB)* ausgeübt (Gesamtstichprobe: p = ,000; part. Eta^2 = ,481). Diese Effekte lassen sich anhand der Interviewaussagen bestätigen:

Die qualitativen Ergebnisse lassen ebenso wenig einen direkten Zusammenhang zwischen der *wahrgenommenen Qualität der Führung* und dem *Follower-OCB-Verhalten* erkennen. Erwartungsgemäß könnte davon ausgegangen werden, dass die Befragungsteilnehmer, die ihre Zusammenarbeit mit dem direkten Vorgesetzten als negativ beschreiben, weniger bereit sind, dass wünschenswerte Followerverhalten zu demonstrieren, was jedoch nicht der Fall ist. Alle Befragungsteilnehmer, die die Kollaboration mit dem Vorgesetzten als schlecht darstellen, beschreiben ihr Verhalten bzw. ihren Beitrag am Arbeitsplatz dennoch entsprechend der Definition des Extrarollenverhaltens OCB. Umgekehrt beschreiben 21,4 % der Befragungsteilnehmer ihren Beitrag am Arbeitsplatz lediglich entsprechend des arbeitsvertraglich einzufordernden Verhaltens (IRB), obwohl sie die Zusammenarbeit mit dem Vorgesetzten als positiv bewerten (vgl. Tab. 199 in Anhang P). Entsprechend konnte die Hypothese 3 bestätigt werden, indem sich kein Zusammenhang zwischen der *wahrgenommenen Qualität der Führung* und dem *Follower-OCB-Verhalten* zeigt, weder quantitativ noch qualitativ.

Auch bekräftigen die qualitativen Ergebnisse den starken Zusammenhang zwischen *der wahrgenommenen Qualität des Führungsverhaltens* und der *Folgebereitschaft* der Follower. Von den Interviewten, die die Kollaboration mit dem Vorgesetzten als negativ kennzeichnen, sieht niemand den Vorgesetzten als tatsächliche Führungskraft an, sondern lediglich als hierarchisch überstellt. Hingegen beschreiben 92,9 % der Befragungsteilnehmer, die die Zusammenarbeit als positiv kennzeichnen, ihre Vorgesetzten als wirkliche Führungskraft und bestätigen, die Führung des Vorgesetzten anzunehmen. Die Forschungshypothese 4 wurde demzufolge abgelehnt, es zeigt sich ein Zusammenhang zwischen der wahrgenommenen Qualität der Führung und Folgebereitschaft, sowohl quantitativ als auch qualitativ.

Bezogen auf Hypothese 5 zeigt sich quantitativ, dass für alle Untersuchungsgruppen ein signifikanter Einfluss der *Identifikation mit den Zielen und der Vision der Organisation (IZV)* und dem *Follower-OCB-Verhalten (OCB)* besteht (Gesamtstichprobe: p = ,000; part. Eta^2 = ,164), d.h. je stärker sich die Befragungsteilnehmer mit den Zielen identifizieren, desto höher ist gemäß ihrer Selbsteinschätzung die Demonstration des OCB-Verhaltens.

Werden die Ergebnisse der qualitativen Befragung betrachtet, so zeigt sich ebenfalls, dass je höher die *Identifikation mit den Zielen und der Vision der Organisation* ist, auch die Selbsteinschätzung der Demonstration des *OCB-Verhaltens* der Befragungsteilnehmer umso höher ist. Alle Interviewten, die angeben, dass die eigene Überzeugung *voll und ganz* bzw. *überwiegend* mit den Zielen der Organisation übereinstimmt, beschreiben ihr eigenes Verhalten am

Arbeitsplatz auch entsprechend des von Organisationen erstrebenswerten Followerverhaltens. Diejenigen Befragungsteilnehmer, die angeben, sich entweder nur *teilweise, eher nicht* oder *überhaupt nicht* mit der Zielsetzung der Organisation zu identifizieren, beschreiben ihr Verhalten, mit 40,0 % der Aussagen, als klassisches, arbeitsvertraglich einforderbares Arbeitsverhalten und damit als IRB-Verhalten. Die Forschungshypothese 5 wird daher abgelehnt, es besteht ein Zusammenhang zwischen der *Identifikation mit den Zielen und der Vision der Organisation* und dem *Follower-OCB-Verhalten*, der sich sowohl quantitativ als auch qualitativ nachweisen lässt.

Weiterhin ist festzustellen, dass sich kein signifikanter Effekt der Skala IZV als Prädiktor auf FB im Allgemeinen linearen Modell nachweisen lässt (Gesamtstichprobe: p = ,468; part. Eta^2 = ,001). Dieser Zusammenhang stellt sich gemäß den Interviewaussagen anders dar, indem 85,7 % der Befragten, die sich entweder *voll und ganz* oder zumindest *überwiegend* mit den Zielen sowie der Vision der Organisation identifizieren können, ihren *Vorgesetzten als tatsächliche Führungskraft* ansehen. Weitere 77,8 % der Interviewten, die sich entweder nur *teilweise, eher nicht* oder *überhaupt nicht* mit den Zielen der Organisation identifizieren, sehen ihren *Vorgesetzten nicht als Führungskraft* an (vgl. Tab. 201). Ob dieser Zusammenhang bezogen auf die qualitativen Daten kausal, korrelativ oder lediglich zufällig ist, kann aufgrund des vorliegenden Datenformats und der geringen Stichprobengröße (N = 25) nicht geklärt werden.

Was an dieser Stelle weiterhin von Interesse ist, ist dass gemäß den Ausführungen in Kapitel zwei angenommen wird, dass sich Follower in erster Linie den Zielen der Organisation verpflichten und sich bewusst dafür entscheiden, diesen zu folgen. In Abhängigkeit der wahrgenommenen Deckung der Ziele ihrer Vorgesetzten mit den Zielen der Organisation entschließen sich Follower dann im zweiten Schritt, ihren Vorgesetzten zu folgen oder auf diese in Richtung Übereinstimmung mit den Zielen der Organisation einzuwirken. Zu diesem Zweck werden die *Identifikation mit den Zielen und der Vision der Organisation der befragten Follower* und die *Identifikation deren Vorgesetzter* gegenübergestellt. Der Vergleich zeigt, dass von den 15 Followern, die sich entweder *voll und ganz* oder zumindest *überwiegend* mit den Zielen der Organisation identifizieren, 66,7 % gleichzeitig bestätigen, dass auch ihr Vorgesetzter dies tut. 26,7 % dieser 15 Follower geben an, dass ihr Vorgesetzter sich zwar mit den Zielen identifiziert, diese jedoch nicht aktiv vorlebt. Weiterhin geben 85,7 % dieses Personenkreises an, ihren *Vorgesetzten als tatsächliche Führungskraft* zu empfinden. Es gibt lediglich einen Follower, der angibt, sich selbst voll und ganz mit den Organisationszielen zu identifizieren, dies jedoch beim Vorgesetzten nicht der Fall ist. Dieser bestätigt zudem, den Vorgesetzten nicht als Führungskraft anzusehen und die Führung ebenso wenig anzunehmen (= 6,7 %).

Im Rahmen der Forschungshypothesen 6 bis 8 sollte weiterhin überprüft werden, ob das *Follower-OCB-Verhalten* und die *Folgebereitschaft* als Kriterien neben der *wahrgenommenen Qualität des Führungsverhaltens (WFV)* und der *Identifikation mit den Zielen und der Vision der Organisation (IZV)* als Prädiktoren auch durch den *Followertyp* selbst beeinflusst werden. Dies konnte quantitativ anhand der Ergebnisse der Onlinebefragung nachgewiesen werden, indem die Zusammenhangsberechnungen nach dem allgemeinen linearen Modellansatz nicht nur für die Gesamtstichprobe, sondern auch für alle Followertypen separat durchgeführt wurden und entsprechende Unterschiede aufzeigten (vgl. Abschnitt 4.3.5.4 bis 4.3.5.9). Die Hypothesen wurden somit abgelehnt, da sich Einflüsse durch den Followertyp nachweisen lassen. Welche Unterschiede und Gemeinsamkeiten sich weiterhin in Abhängigkeit des Followertyps nachweisen lassen, wird in den nachfolgenden Abschnitten beleuchtet.

4.6.3 Beweggründe zu Folgen und Ausübung der Followerrolle in Abhängigkeit der verschiedenen Followertypen

Während sich zahlreiche Publikationen ausschließlich darauf beschränken zu schildern, wie Menschen folgen und welche Eigenschaften bzw. Verhaltensweisen einen guten Follower auszeichnen, versucht die vorliegende Dissertation weiterhin zu betrachten, warum sich Personen entscheiden zu folgen. In den nachfolgenden Abschnitten werden sowohl die Beweggründe zu folgen als auch die Ausübung der Followerrolle, differenziert nach Followertypen, dargestellt. Hierzu werden die quantitativen Ergebnisse des Abschnitts 4.3 mit den qualitativen Ergebnissen des Abschnitts 4.5 gegenübergestellt und gemeinsam analysiert.

4.6.3.1 Followertyp Aspirant

Die nachfolgende Tabelle gibt einen zusammenfassenden Überblick der wichtigsten Ergebnisse der quantitativen und qualitativen Untersuchung in Bezug auf den Followertyp Aspirant, bevor diese anschließend genauer beschrieben werden:

Aspirant		
Skala/ Interviewfeld	Quantitative Ergebnisse	Qualitative Ergebnisse in Form der Kategorien
IZV	MW = 4,31	**Identifikation mit Zielen und Vision der Organisation:** 80 % voll und ganz ; 20 % überwiegend ja
WFV	MW = 3,56	**Beschreibung der Zusammenarbeit mit dem Vorgesetzten:** 40 % positiv, 20 % neutral, 40 % negativ **Beurteilung des Charakters des Vorgesetzten:** 60 % Sympathie, 20 % Trennung von Privatem und Beruflichem; 20 % Antipathie **Vorgesetzter als Vorbild:** 40 % ja, 20 % teilweise, 40 % nein
SW	MW = 4,52	**Einschätzung der beruflichen Fähigkeiten:** 80 % sehr gut, 20 % gut.
MtL	MW = 4,21	**Wunsch, selbst eine Führungsposition innezuhaben:** 100 % ja
OCB	MW = 4,39	**Beschreibung des eigenen Arbeitsverhaltens:** 100 % OCB-Verhalten
FB	MW = 3,34	**Vorgesetzter als Führungskraft und Annahme der Führung:** 60 % ja, 20 % teilweise, 20 % nein

Tab. 31: Überblick der wichtigsten Ergebnisse der quantitativen und qualitativen Untersuchung (Followertyp Aspirant)

Die Aspiranten sind die Gruppe der Follower, die sowohl ihre Fähigkeiten im Vergleich zu anderen Befragungsgruppen am höchsten einschätzen (MW = 4,31) als auch die stärkste Aspiration äußern, selbst einmal Führungskraft zu sein (MW = 4,21), was sich sowohl mittels der Onlinebefragung als auch anhand der Interviewantworten zeigt. Aufgrund der starken Intention, sich selbst in die Rolle einer Führungsperson bzw. einer höheren Führungsperson zu entwickeln, streben sie kontinuierlich nach Weiterentwicklung und erachten es daher auch als besonders relevant, stetig etwas lernen zu können. 80 % der Aspiranten empfinden es dabei als wichtig bzw. sehr wichtig, direkt vom Vorgesetzten lernen zu können, nur 20 % sagen, dass es grundsätzlich immer wichtig ist, seinen Horizont zu erweitern, dieses Wissen aber nicht zwangsläufig durch den Vorgesetzten vermittelt werden müsse, sondern auch von anderen Personen kommen kann.

Der wichtigste Beweggrund sich einer Führungskraft unterzuordnen und zu folgen, scheint für die Aspiranten die Überzeugung zu sein, die temporäre Ausübung ihrer Followerrolle als Lehrstunde für eine spätere Einnahme einer Führungsposition nutzen zu können, weswegen ihnen auch besonders die Kompetenz des Vorgesetzten wichtig ist. Dementsprechend merkt der Aspirant 1 an, dass er sich darüber bewusst sei, selbst einmal in der Rolle als Vorgesetzter zu sein, aber gerade noch den Vorteil als Follower genieße, sich die entsprechenden Verhaltensweisen aneignen zu können. Ebenso bestätigt Aspirant 5: „Ich würde jemandem folgen, also würde ein Follower sein von jemandem, zu dem ich aufschauen kann und denke, dass ich noch was von demjenigen lernen kann und ich mich persönlich weiterentwickeln könnte" (Abs. 26). In Bezug auf die Folgebereitschaft per se, lassen sich jedoch weder mittels der quantitativen Untersuchung noch anhand der Interviews besondere Tendenzen ableiten. Die Folgebereitschaft ist bei allen Followergruppen annähernd gleich stark ausgeprägt, was auch die nicht signifikanten Ergebnisse der Gruppenvergleiche in Form der einfaktoriellen Varianzanalysen zeigen.

In Bezug auf die Ausübung ihrer Followerrolle sind alle Aspiranten der Annahme, einen Beitrag zum Erfolg der Organisation und zur Umsetzung der Ziele und der Vision beitragen zu können. Entsprechend ihrer Selbsteinschätzung zeigen Aspiranten am häufigsten das wünschenswerte Follower-OCB-Verhalten (MW = 4,39), gemessen an den Antworten der Onlinebefragung. In Bezug auf die Interviewaussagen schildern alle Aspiranten ihr Verhalten am Arbeitsplatz entsprechend der Definition von Follower-OCB-Verhalten. Anhand der quantitativen Untersuchung konnte außerdem aufgezeigt werden, dass die *Identifikation mit den Zielen und der Vision der Organisation* einen signifikanten Einfluss auf die Ausübung des *Follower-OCB-Verhaltens* zeigt.

So ist es wenig verwunderlich, dass die Aspiranten folglich zu der Followergruppe gehören, die sich am stärksten identifizieren kann (Skala IZV MW = 4,31) und im Interview mit 80 % der Nennungen angibt, dass die eigene Zielsetzung mit der der Organisation *voll und ganz* übereinstimmt und mit 20 % der Nennungen zumindest *überwiegend*. Eine Testung auf Mittelwertunterschiede der Skala IZV in Form einer einfaktoriellen Varianzanalyse und anschließender A-Posteriori-Tests zur paarweisen Testung durch Post-Hoc-Mehrfachvergleiche mittels Scheffé ergeben, dass sich die Aspiranten in ihrer Identifikation mit den Zielen und der Vision signifikant von Mitläufern, Blendern und Bedürftigen unterscheiden, lediglich zwischen den Experten zeigt sich keine bedeutsame Differenz.

Weiterhin beschreiben Aspiranten die Aufgaben, die sie für ihre Vorgesetzten ausüben, häufiger als besonders verantwortungsvoll oder teilweise auch als solche Tätigkeiten, die normalerweise im Aufgabenbereich des Vorgesetzten liegen sollten, was eine weitere Unterscheidung in der Ausübung der Followerrolle im Vergleich zu anderen Followergruppen darstellt. Weitere besondere Unterschiede in der Ausübung der Followerrolle lassen sich, gemäß den Interviewantworten, im Vergleich zu den anderen Followergruppen nicht identifizieren.

4.6.3.2 Followertyp Experte

Die folgende Tabelle gibt einen zusammenfassenden Überblick der wichtigsten Ergebnisse der quantitativen und qualitativen Untersuchung hinsichtlich des Followertyps Experte, bevor diese anschließend erläutert werden:

Experte		
Skala/ Interviewfeld	Quantitative Ergebnisse	Qualitative Ergebnisse in Form der Kategorien
IZV	MW = 4,22	**Identifikation mit Zielen und Vision der Organisation:** 20 % überwiegend, 20 % teilweise, 40 % eher nicht, 20 % überhaupt nicht
WFV	MW = 3,61	**Beschreibung der Zusammenarbeit mit dem Vorgesetzten:** 60 % positiv, 20 % neutral, 20 % negativ **Beurteilung des Charakters des Vorgesetzten:** 60 % Sympathie, 20 % Trennung von Privatem und Beruflichem; 20 % Antipathie **Vorgesetzter als Vorbild:** 40 % ja, 20 % teilweise, 40 % nein
SW	MW = 4,47	**Einschätzung der beruflichen Fähigkeiten:** 60 % gut, 40 % o.k./mittel
MtL	MW = 2,69	**Wunsch, selbst eine Führungsposition innezuhaben:** 100 % nein
OCB	MW = 4,39	**Beschreibung des eigenen Arbeitsverhaltens:** 60 % OCB-Verhalten, 40 % IRB-Verhalten
FB	MW = 3,34	**Vorgesetzter als Führungskraft und Annahme der Führung:** 60 % ja, 40 % nein

Tab. 32: Überblick der wichtigsten Ergebnisse der quantitativen und qualitativen Untersuchung (Followertyp Experte)

Die Experten sind gemäß der Einteilung der quantitativen Untersuchung solche Follower, die ihre Fähigkeiten im Vergleich zu anderen hoch einstufen (Skala SW MW = 4,47), jedoch über nur geringe Führungsaspiration verfügen (Skala MtL MW= 2,69). Die Ergebnisse der qualitativen Untersuchung bestätigen dies nur zum Teil. Obwohl die interviewten Experten vorab gebeten wurden, die Skala SW als Teil des Vorfragebogens zum Interview auszufüllen und aufgrund des erzielten Skalenmittelwerts eindeutig der entsprechenden Kategorie zugeteilt werden können, beschreiben die Befragungsteilnehmer ihre beruflichen Fähigkeiten im Interview mit 60 % als *gut* und 40 % äußern, dass sie *o. k. bzw. mittelmäßig* sind. Keiner der Interviewten schätzt die eigenen beruflichen Fähigkeiten als sehr gut ein.

Hingegen stimmen die Ergebnisse der quantitativen und qualitativen Studie in Bezug auf die Führungsaspiration der Experten überein. So beurteilen Experten ihre Führungsmotivation in Form der Skala MtL als niedrig und äußern auch im Interview, selbst keine Führungsposition einnehmen zu wollen. Dies führen sie teilweise auf zu hohe Opportunitätskosten wie fehlende Zeit für Familie und Freizeit zurück, aber auch auf die Tatsache, schlichtweg keine Führungspersönlichkeit zu sein und diesbezüglich keinerlei Bestrebung zu verspüren. Da die Experten über keine Motivation verfügen, in der organisationalen Hierarchie aufzusteigen, fühlen sie sich wohl in ihrer Rolle und sind ihrem Vorgesetzten dankbar, weniger Verantwortung übernehmen zu müssen und vergleichsweise weniger Druck ausgesetzt zu sein (Bsp. EX5 Abs. 44: „...weniger Stress, geregelte Arbeitszeiten, geregelter Urlaub"). Experten möchten in angenehmer Arbeitsatmosphäre und in Ruhe ihrer beruflichen Tätigkeit nachgehen und dabei möglichst im Hintergrund verweilen, wie der Experte 3 folgendermaßen begründet:

Ich glaube, ich bin einfach so der typische Follower, weil ich schon gerne zu den Dingen stehe, die ich sage und auch gerne die Dinge präsentiere, die ich erarbeite, aber nichtsdestotrotz lieber im Hintergrund bin, als im Rampenlicht. Und deswegen bin ich eher nicht der Leader. (Abs. 50)

Weiterhin wird es mehrheitlich von den Experten als Vorzug eines Vorgesetzten genannt, Rückendeckung zu erhalten (Bsp. EX3 Abs. 104: „...er hält uns den Rücken frei und holt sich selber den Anpfiff ab und verteilt das nicht nach unten"), jemanden zu haben, bei dem man sich Rat einholen kann (Bsp. EX2 Abs. 84: „...weil ich immer jemand habe, an den ich mich wenden kann, einen Ansprechpartner") und eine Richtung vorgegeben zu bekommen (Bsp. EX3 Abs. 100: „..., dass man sich immer orientieren kann").

Hinsichtlich der Ausübung ihrer Rolle sind alle Experten der Ansicht, einen Beitrag zum Erfolg der Organisation zu leisten, welcher gemäß den Experten jedoch hauptsächlich darin besteht, sich an die *Vorgaben der Organisation* zu halten. So kann die Beurteilung des eigenen Verhaltens am Arbeitsplatz auch nur bei 60 % der befragten Experten als Follower-OCB-Verhalten gewertet werden. Diese Verhaltensbeschreibung unterscheidet sich ebenfalls von den Ergebnissen der Onlinebefragung, bei dem die Experten den zweithöchsten Wert der OCB-Skala erreichen (MW = 4,21).

Die Mehrheit der interviewten Experten sagt, mit 60 % der Nennungen, weiterhin, dass die eigene Zielsetzung *eher nicht* oder *überhaupt nicht* mit der der Organisation übereinstimmt, was als ein möglicher Grund für das fehlende *OCB-Verhalten* dienen kann. Auch hier stellen sich die quantitativen Ergebnisse anders da, indem die *Identifikation mit den Zielen und der Vision der Organisation* deutlich höher liegt (MW = 4,06). Die Mehrheit der Experten beschreibt sich in ihrer Rolle als Follower als eigenständig, kritisch sowie die alltäglichen Gegebenheiten hinterfragend und auch dazu verpflichtet, Verbesserungsvorschläge einzubringen, sollte dies angebracht erscheinen. Die Aussage des Experten 4 fasst das typische Verhalten dieser Followergruppe zutreffend zusammen:

[Ich denke schon, dass ich ein guter Follower bin], weil ich meine Meinungen immer kund tue und auch versuche, wirklich im Interesse meines Arbeitgebers zu arbeiten. Nicht nur weil das jeder macht, sondern weil das dann auch Sinn macht. (...) [Ich] sage meine Meinung ehrlich und fülle jedes Jahr einen Umfragebogen aus, der darauf abzielt, was uns stört (...) Ich hinterfrage natürlich meine Arbeitsabläufe, tue das kund, versuche auch, manche Probleme wirklich zu beseitigen. (Abs. 42)

4.6.3.3 Followertyp Mitläufer

Die anschließende Tabelle gibt einen Überblick der wichtigsten Resultate der quantitativen und qualitativen Untersuchung in Bezug auf den Followertyp Mitläufer, bevor diese näher erläutert werden:

Mitläufer		
Skala/ Interviewfeld	Quantitative Ergebnisse	Qualitative Ergebnisse in Form der Kategorien
IZV	MW = 4,06	**Identifikation mit Zielen und Vision der Organisation:** 40 % voll und ganz, 40 % überwiegen, 20 % überhaupt nicht
WFV	MW = 3,49	**Beschreibung der Zusammenarbeit mit dem Vorgesetzten:** 60 % positiv, 20 % neutral, 20 % negativ **Beurteilung des Charakters des Vorgesetzten:** 80 % Sympathie, 20 % Antipathie **Vorgesetzter als Vorbild:** 40 % ja, 20 % teilweise, 40 % nein
SW	MW = 3,96	**Einschätzung der beruflichen Fähigkeiten:** 40 % sehr gut, 40 % gut, 20 % o.k./mittel
MtL	MW = 3,48	**Wunsch, selbst eine Führungsposition innezuhaben:** 80 % ja, 20 % nein
OCB	MW = 4,21	**Beschreibung des eigenen Arbeitsverhaltens:** 100 % OCB-Verhalten
FB	MW = 3,48	**Vorgesetzter als Führungskraft und Annahme der Führung:** 60 % ja, 40 % nein

Tab. 33: Überblick der wichtigsten Ergebnisse der quantitativen und qualitativen Untersuchung (Followertyp Mitläufer)

Die Mitläufer sind die Gruppe an Followern, die sowohl ihre beruflichen Fähigkeiten als auch ihre Motivation, andere zu führen in der quantitativen Untersuchung im Mittelfeld einschätzen (SW MW = 3,96, MtL MW = 3,48). Da der Mittelwert bezogen auf die Gesamtstichprobe für die Skala SW bei 3,95 und für die Skala MtL bei 3,42 liegt, was relativ hohen absoluten Werten entspricht und eine starke Rechtssteilheit der Skalen verdeutlicht, sind auch die im Mittelfeld liegenden Mittelwerte für die Followergruppe Mitläufer relativ hoch. Dementsprechend stimmen auch die relativ hohen Selbsteinschätzungen der interviewten Mitläufer in Bezug auf die beruflichen Fähigkeiten und der Bestrebung, eine Führungsposition zu übernehmen, mit den Werten der quantitativen Studie überein. 80 % der befragten Mitläufer stufen ihre beruflichen Fähigkeiten entweder als *sehr gut* oder *gut* ein und weitere 80 % möchten selbst einmal eine Führungsposition bekleiden.

Wie der Name Mitläufer bereits impliziert, handelt es sich bei dieser Followergruppe um Personen, die im Strom mitschwimmen und weder durch besonders hohe noch besonders niedrige Fähigkeiten sowie Führungsaspiration in Erscheinung treten. Sie schließen sich einer Bewegung oder Gruppierung an, um grundsätzlich bei einem gemeinsamen Vorhaben dabei sein zu können, ohne sich übermäßig engagieren zu müssen. Entsprechend nennt die überwiegende Mehrheit der interviewten Mitläufer, mit 80 % der Nennungen, dass zu folgen für sie persönlich bedeutet, ein gemeinsames Ziel zu verfolgen, was gleichzeitig auch den wichtigsten Beweggrund für Mitläufer darstellt, sich einer Führungskraft unterzuordnen. Mitläufer 5 definiert für sich persönlich den Grund zu folgen: „..., dass du mit dabei sein kannst und Teil eines Großen und Ganzen bist. Du musst nicht vorne im Rampenlicht stehen, sondern hast dazu beigetragen, dass das Große und Ganze entstehen kann" (Abs. 82). Einen wichtigen Vorteil einen Vorgesetzten zu haben, sehen die Mitläufer demzufolge, wie die Aspiranten und Experten auch, darin, weniger Verantwortung tragen zu müssen und sich mit beruflichen Herausforderungen weniger auseinandersetzen zu müssen, was den Arbeitsalltag erleichtert. So sagt Mitläufer 5: „...es gibt auch eine gewisse Sicherheit. (…) die unangenehmen Dinge kann alle er machen. Gespräche mit der Personalabteilung, irgendetwas organisieren, wie geht es weiter mit dem Team. Ich kann da ganz entspannt sein" (Abs. 88). Mitläufer 3 führt in ähnlicher Manier auf: „...man kann die Verantwortung für eine Entscheidung abgeben" (Abs. 104) und Mitläufer 4 bemerkt: „...ich kann mich mehr meiner fachlichen Kompetenzen widmen, ich müsste sonst viel mehr (…) tun" (Abs. 73). Eine gute Zusammenarbeit beschreiben Mitläufer durch einen menschlichen, unhierarchischen Umgang von Seiten des Vorgesetzten sowie anhand gegenseitiger Sympathie und Rückendeckung und schätzen vor allem Kompetenz, Entscheidungsfreudigkeit und Leistungsorientierung.

Bezogen auf die Folgebereitschaft merkt Mitläufer 1 an: „...ich kann nur dann jemand folgen, wenn ich fast zu 100 % den Zielen, die derjenige Leader vorgibt, auch zustimme" (Abs. 80), was wiederum die Relevanz der Übereinstimmung der persönlichen Zielsetzung mit den Zielen, die es zu verfolgen gilt, herausstellt. Laut Interviewaussagen sind die Mitläufer die Followergruppe, die sich am zweithöchsten mit den Zielen und der Vision der Organisation identifizieren kann. 80 % der Befragungsteilnehmer, geben an, dass die eigene Zielsetzung und die der Organisation *voll und ganz* oder zumindest *überwiegend* übereinstimmen und engagieren sich entsprechen dafür, einen Beitrag zur Erreichung der Organisationsziele leisten zu können (Skala IZV MW = 4,06). Folglich kann das Verhalten am Arbeitsplatz bei allen befragten Mitläufern als Follower-OCB-Verhalten beurteilt werden (MW = 4,21). Selbst sehen die Mitläufer ihren Beitrag hauptsächlich in ihrer *Kollegialität* und ihrer *Teamarbeit* begründet. In der Ausübung ihrer Followerrolle arbeiten Mitläufer vorwiegend autark, erachten es als wichtig, Annahmen zu hinterfragen sowie kritisch zu denken und sehen es als ihre Aufgabe an, ihre Meinung kund zu tun und den Vorgesetzten zu beraten sowie zu unterstützen. Die Interviewaussage des Mitläufers 2 fasst das typische Mitläuferverhalten treffend zusammen:

Ich glaube ich muss in meiner Funktion ein Follower sein. Ich folge meiner Chefin, keine Frage. Allerdings folge ich meiner Chefin im Grundsatz. Und bei Themen, bei denen ich mir nicht sicher bin, bei Visionen und Strategien, die sich für mich auf den ersten Blick nicht gut anfühlen oder mir nicht gut erscheinen, stelle ich diese dann in Frage, diskutiere sie aus und wenn ich für mich das Gefühl habe, wir finden einen Kompromiss, dann finde ich das sehr gut. Und wenn ich das Gefühl habe, ich muss dennoch folgen, weil es elementare Themen sind, dann folge ich trotzdem, habe aber dann für mich das Gefühl, ich kann das auch, weil ich meine Zweifel dargestellt habe. Nicht mit dem Ziel dann irgendwann zu sagen, ich habe's dir ja gesagt, aber weil ich dann mit mir im Reinen bin und dann kann ich für mich folgen und dann bin ich auch ein Follower und dann bin ich auch ein guter Follower. (Abs. 29)

4.6.3.4 Followertyp Blender

Die nachfolgende Tabelle fasst die wichtigsten Ergebnisse der quantitativen und qualitativen Untersuchung in Bezug auf den Followertyp Blender zusammen, bevor diese anschließend genauer beschrieben werden:

Blender		
Skala/ Interviewfeld	Quantitative Ergebnisse	Qualitative Ergebnisse in Form der Kategorien
IZV	MW = 3,98	**Identifikation mit Zielen und Vision der Organisation:** 40 % voll und ganz, 20 % überwiegend, 20 % teilweise, 20 % eher nicht
WFV	MW = 3,28	**Beschreibung der Zusammenarbeit mit dem Vorgesetzten:** -60 % positiv, 40 % negativ **Beurteilung des Charakters des Vorgesetzten:** 60 % Sympathie, 40 % Antipathie **Vorgesetzter als Vorbild:** 40 % ja, 20 % teilweise, 40 % nein
SW	MW = 3,50	**Einschätzung der beruflichen Fähigkeiten:** 60 % sehr gut, 20 % gut, 20 % o.k./mittel
MtL	MW = 4,09	**Wunsch, selbst eine Führungsposition innezuhaben:** 100 % ja
OCB	MW = 4,07	**Beschreibung des eigenen Arbeitsverhaltens:** 100 % OCB-Verhalten
FB	MW = 3,44	**Annahme der Führung:** 60 % ja, 20 % teilweise, 20 % nein **Vorgesetzter als Führungskraft:** 60 % ja, 40 % nein

Tab. 34: Überblick der wichtigsten Ergebnisse der quantitativen und qualitativen Untersuchung (Followertyp Blender)

Laut Einteilung gemäß der Onlinestudie sind Blender die Followergruppe, die ihre eigenen Fähigkeiten verhältnismäßig gering einstuft (Skala SW MW = 3,50), jedoch trotzdem über eine hohe Führungsaspiration verfügt (Skala MtL = 4,09). Erneut zeigt sich in diesem Zusammenhang, wie es bereits zuvor bei den Experten der Fall war, dass die Selbsteinschätzung im Interview bezogen auf die beruflichen Fähigkeiten nicht der Einstufung entspricht, die aufgrund des auszufüllenden Vorfragebogens vor dem Interview angenommen wurde. Während sich die Experten schlechter bewerten als erwartet, schätzen die Blender ihre Fähigkeiten höher als erwartet ein, indem sie ihre Fähigkeiten überwiegend, mit 80 % der Nennungen, als *sehr gut* oder *gut* einstufen. In Bezug auf die Motivation, selbst einmal eine Führungsposition einnehmen zu wollen, stimmen die Ergebnisse der quantitativen und qualitativen Untersuchung überein, indem alle befragten Blender angeben, selbst Führungskraft sein zu wollen.

Der wichtigste Beweggrund für Blender, ähnlich wie bei den Aspiranten, ist in dieser Funktion noch etwas lernen zu können und vor allem zu erlernen, wie die Rolle als Führungskraft auszuüben ist, bevor sie selbst einmal die Führungsrolle übernehmen. Während andere Followertypen äußern, dass ihnen der Aspekt vom Vorgesetzten zu lernen, nicht sonderlich wichtig ist oder erwähnen, dass Lernen ihnen grundsätzlich zwar wichtig ist, dies aber nicht notwendigerweise durch den Vorgesetzten erfolgen muss, stellen alle interviewten Blender heraus, dass es ihnen elementar wichtig ist, sich von ihrem Vorgesetzten etwas aneignen zu können. Die Relevanz des Aspekts vom Vorgesetzten zu lernen wird auch dadurch verdeutlicht, dass Blender neben der persönlichen Weiterentwicklung als wichtigsten Grund, selbst einmal Führungskraft sein zu wollen, anführen, dadurch anderen Wissen vermitteln zu können. Die Vorzüge, einen Vorgesetzten zu haben, sehen die Blender folglich ebenfalls darin, einen Ansprechpartner zu haben, der Ratschläge erteilen kann. Die persönliche Bedeutung zu folgen ist für die Blender in gleicher Weise mit einer Lehrstunde vergleichbar. Daher sehen Blender, im Vergleich zu anderen Followergruppen, den Begriff Follower auch als positiv konnotiert an.

In Bezug auf die Ausübung ihrer Rolle als Follower sind alle Blender der Ansicht, einen Beitrag zum Erfolg der Organisation leisten zu können und begründen dies vor allem durch ihre effiziente Arbeitsweise. Gleichzeit beschreiben alle Blender ihr Verhalten am Arbeitsplatz entsprechend der Definition von OCB-Verhalten, obwohl gemäß der Interviewaussagen nur 60 % der Blender angeben, sich mit der Zielsetzung der Organisation entweder *voll und ganz* oder zumindest *überwiegend* identifizieren zu können. Gemäß den Ergebnissen der quantitativen Untersuchung gehören die Blender neben den Bedürftigen zu der Followergruppe, deren wünschenswertes Followerverhalten (OCB MW = 4,07) durch die Übereinstimmung der persönlichen Zielsetzung und die der Organisation (IZV MW = 3,98) am besten vorhergesagt werden kann (VA = 21,6 %). In ihrer Rolle als Follower beschreiben sich die Blender, wie die Mehrheit der anderen Followergruppen auch, als kritisch denkend und Annahmen hinterfragend.

4.6.3.5 Followertyp Bedürftiger

Die folgende Tabelle stellt die wichtigsten Ergebnisse der quantitativen und qualitativen Untersuchung hinsichtlich des Followertyps Bedürftiger dar, bevor diese näher beschrieben werden:

Bedürftiger		
Skala/ Interviewfeld	Quantitative Ergebnisse	Qualitative Ergebnisse in Form der Kategorien
IZV	MW = 3,92	**Identifikation mit Zielen und Vision der Organisation:** 40 % überwiegend, 20 % eher nicht, 40 % überhaupt nicht
WFV	MW = 3,40	**Beschreibung der Zusammenarbeit mit dem Vorgesetzten:** 60 % positiv, 40 % neutral
		Beurteilung des Charakters des Vorgesetzten: 40 % Sympathie, 20 % neutral; 20 % Trennung von Privatem und Beruflichem, 20 % Antipathie
		Vorgesetzter als Vorbild: 20 % ja, 40 % teilweise, 40 % nein
SW	MW = 3,40	**Einschätzung der beruflichen Fähigkeiten:** 60 % sehr gut, 20 % gut, 20 % o.k./mittel
MtL	MW = 2,46	**Wunsch, selbst eine Führungsposition innezuhaben:** 40 % ja, 60 % nein
OCB	MW = 3,97	**Beschreibung des eigenen Arbeitsverhaltens:** 60 % OCB-Verhalten, 40 % IRB-Verhalten
FB	MW = 3,42	**Annahme der Führung:** 40 % ja, 60 % teilweise
		Vorgesetzter als Führungskraft: 40 % ja, 20 % teilweise, 40 % nein

Tab. 35: Überblick der wichtigsten Ergebnisse der quantitativen und qualitativen Untersuchung (Followertyp Bedürftiger)

Die Bedürftigen sind die Gruppe an Followern, die sowohl ihre beruflichen Fähigkeiten als auch ihre Motivation, andere zu führen in der quantitativen Untersuchung vergleichsweise niedrig einschätzen (SW MW = 3,40, MtL MW = 2,46). Die Einschätzung der interviewten Bedürftigen hinsichtlich ihrer beruflichen Fähigkeiten und der Führungsmotivation stellt sich jedoch differenzierter dar. 60 % der befragten Bedürftigen schätzen ihre beruflichen Fähigkeiten *sehr gut*, 20 % *gut* und 20 % *o. k. bzw. mittelmäßig* ein. Auch sagen 40 % der Bedürftigen, anders als aufgrund des Vorfragebogens zum Interview angenommen, sich generell vorstellen zu können, selbst eine Führungsposition einnehmen zu können, jedoch nicht in unmittelbarer Zukunft, wie der Bedürftige 1 und der Bedürftige 5 folgendermaßen ausführen:

> Ich merke (…), dass ich mich da schon noch sehr schwer tun würde und dass ich da noch viele Fortbildungen und so (…) brauchen würde, bevor ich sowas machen kann. Und auch keine große Abteilung. Wenn dann vielleicht so 2-3 Leute. (BE1 Abs. 114).

> Also vor einiger Zeit hätte ich wahrscheinlich noch gesagt nein, das ist mir alles viel zu stressig und das kann ich sowieso nicht. Inzwischen glaube ich, dass ich das könnte. Ich glaube, ich mag mir da noch ein bisschen Zeit lassen, aber ich würde das nicht mehr kategorisch verneinen. Unter anderem auch deshalb, weil ich, glaube ich, jetzt langsam auch verstehe, dass es die Führungskraft nicht gibt. (BE5 Abs. 80)

Die Mehrheit der interviewten Bedürftigen, mit 60 % der Nennungen, möchte selbst allerdings keine Führungsposition bekleiden. Die Bedürftigen begründen dies aufgrund von vermuteten Einbußen hinsichtlich der Familie und der Freizeit oder schlichtweg deshalb, lieber die Rolle als Follower innezuhaben.

Den wichtigsten Beweggrund zu folgen und in der Rolle als Follower zu verweilen, sehen die Bedürftigen darin, weniger Druck ausgesetzt zu sein und weniger Verantwortung tragen zu müssen, wie der Bedürftige 3 exemplarisch begründet:

> Ich habe den Vergleich. Ich gehe in meine Arbeit, mache acht bis zehn Stunden meinen Job und so wie ich rausgehe, so kann ich am nächsten Tag wieder weitermachen. Wenn ich meinen Mann ansehe, der hat nach zwei Wochen schon wieder Panik, dass 400 E-Mails da sind. Und ich gehe einfach wieder auf meine Dienststelle und mache meine Arbeit. Und dann wird sich erkundigt, was zu machen ist. Ich muss mir meinen Kopf nicht darüber zu zerbrechen, was in der Arbeit wieder los ist. Ich bekomme das gesagt, was wieder los ist. (Abs. 38)

Weitere Vorteile einen Vorgesetzten zu haben sehen die Bedürftigen, neben weniger Druck und Verantwortung, darin, dass ein *Ansprechpartner* vorhanden ist, der um Rat gefragt werden kann (BE1 Abs. 100: „…man einfach jemanden hat, (…) zu dem man mit Problemen kommen kann (…) oder einem Tipps gibt") und der einem die *Richtung vorgibt* (BE4 Abs. 78: „…für mich wäre es sehr schwer gewesen (…), hätte (ich) keinen Vorgesetzten (gehabt), der mir Ziele gibt (…), weil ich eben keine Ahnung hatte. Bei sowas weiß ich dann auch nie, wo ich ansetzen soll.").

Auf die Frage hin, was eine gute Führungskraft bzw. eine gute Beziehung zur Führungskraft auszeichnet, äußern die Bedürftigen *Unterstützung und Hilfestellung* durch den Vorgesetzten, sowie die Sicherstellung von *Teamwork und Koordination innerhalb der Gruppe* und vor allem den Erhalt von *Rückendeckung* im Falle von Problemen. Zu folgen bedeutet für den Großteil der Bedürftigen, sich jemand anderem, aufgrund seiner überlegenen Fähigkeiten ein gemeinsames Ziel zu erreichen, unterzuordnen, wie der Bedürftige 5 ausführt:

Jemandem zu folgen heißt für mich, (…), dass ich sehe, dass jemand in eine Richtung unterwegs ist, die ich gut finde, die ich interessant finde und ich mich beteiligen oder einreihen möchte und ich das Gefühl habe, dass er davon mehr weiß oder mehr versteht oder da einfach mehr [Geschwindigkeit] in die Sache reinbringen kann. (…) eine Vision zeichnet oder irgendwie eine gute Idee hat (…). Und dass ich dann in diese Richtung mitlaufen möchte und (..) meine Energie und das, was ich beizutragen habe, in den Dienst der Sache stelle. (Abs. 68)

In Bezug auf die Ausübung der Followerrolle sind alle Bedürftigen der Meinung, zum Organisationserfolg aufgrund ihrer effizienten Arbeitsweise beizutragen, wobei die Beschreibungen des Arbeitsverhaltens der Bedürftigen lediglich in 60 % der Fälle gemäß der Definition von *Follower-OCB-Verhalten (OCB)* gewertet werden kann. Laut der quantitativen Befragung zeigen die Bedürftigen entsprechend ihrer Selbsteinschätzung das wünschenswerte Followerverhalten ebenfalls am wenigsten (MW = 3,97) und können sich weiterhin am wenigsten mit den *Zielen und der Vision ihrer Organisation (IZV)* identifizieren (MW = 3,92). Diese Ergebnisse lassen sich auch im Rahmen der qualitativen Studie replizieren, indem die Bedürftigen die Gruppe an Followern sind, die das größte Missverhältnis in der Übereinstimmung mit der eigenen Zielsetzung und denen der Organisation aufzeigen. Bei der Auswertung der Ergebnisse der Onlinestudie zeigte sich, dass das Follower-OCB-Verhalten für die Bedürftigen am besten durch die Identifikation mit den Zielen und der Vision der Organisation vorhergesagt werden kann, indem 25,5 % des Verhaltens direkt darauf zurückzuführen sind. In ihrer Rolle als Follower beschreiben sich die Bedürftigen am häufigsten als *kritisch denkend, motiviert* und *positiv* eingestellt sowie als guten *Teamplayer* und mit *guter Arbeitsmoral* versehen. Die folgende Interviewaussage fasst das typische Followerverhalten der Bedürftigen abschließend zusammen:

Ich bin so gut wie nie krank, die Kollegen können sich auf mich verlassen. Es ist ein Miteinander. (…) Wenn man mal merkt, dass es jemandem nicht gut geht, dann unterstützen wir uns gegenseitig und da bin ich auch jemand, die sofort dabei ist. (…) Ich war nie in einer höheren Position, ich mache meine Arbeit (zuverlässig) und es ist gut. (…) Ich bin keine Führungskraft, ich bin einfach der Arbeiter. Ich arbeite gerne, aber ich möchte nicht führen. Ich will diese Verantwortung nicht, ich möchte zuverlässig meine Arbeit machen und das mache ich gern. Aber ich will keine Führungskraft sein. (BE3 Abs. 42-44)

4.6.3.6 Zusammenfassung

Die nachfolgende Abbildung fasst die Charakterisierung, das spezielle Verhalten und den Grund zu folgen in Abhängigkeit der Followertypen überblickhaft zusammen, bevor im nächsten Kapitel die Diskussion von Methode und Konzept der Dissertation folgen:

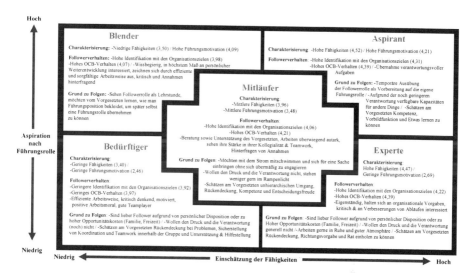

Abb. 73: Zusammenfassung der Beweggründe zu folgen und Ausübung der Followerrolle

5   Diskussion und Grenzen der Untersuchung

Im vorangegangenen Kapitel vier sind die Ergebnisse zu den verschiedenen Fragestellungen hinsichtlich Followership und Führungsverhalten aus evolutionspsychologischer Perspektive dargestellt worden. In diesem Kapitel sollen nun die Ergebnisse abschließend diskutiert, interpretiert und in den theoretischen Rahmen, der in Kapitel zwei umrissen wurde, eingeordnet werden. Neben der Ergebnisdiskussion werden in den jeweiligen Abschnitten zugleich die Limitationen der vorliegenden Studie aufgezeigt und der daher erkennbare Forschungsbedarf thematisiert.

5.1   Diskussion von Konzept und Methode der Arbeit

Ziel der Untersuchung war es, sowohl quantitativ als auch qualitativ besser nachzuvollziehen, wer Follower sind, warum sie sich entscheiden zu folgen, wie sie ihre Rolle ausüben sowie zu verstehen, welchen Einfluss sie auf den Führungsprozess und die Erreichung der organisationalen Zielsetzung haben. Weiterhin wurde versucht herauszufinden, welche spezifischen Verhaltensweisen von Führungskräften aufgrund dessen an den Tag gelegt werden sollten, um Follower zu erlangen bzw. deren Legitimation nicht zu verlieren und festzustellen, wie hoch der Einfluss der Führungskraft bzw. des Führungsverhaltens auf das wünschenswerte Follower-OCB-Verhalten tatsächlich ist.

Abhängig von der konkreten Problemstellung des vorgesehenen Forschungsprojektes eignen sich unterschiedliche Methoden und Techniken der empirischen Sozialforschung zur Bearbeitung, respektive quantitative und qualitative Untersuchungsmethoden. Die beiden methodologischen Ausrichtungen unterscheiden sich zwar in einigen Aspekten, schließen sich aber nicht gegenseitig aus, so dass es keine Seltenheit mehr ist, quantitative und qualitative Methoden zu verknüpfen (Röbken & Wetzel, 2016). Demzufolge wurden auch in der vorliegenden Dissertation die beiden methodischen Ansätze kombiniert, um zu versuchen, die Vor- und Nachteile der beiden Methoden auszubalancieren (Kelle, 2008). Anhand der quantitativen Daten wurde der Versuch unternommen, eine Verallgemeinerbarkeit und Intersubjektivität der Erkenntnisse zu Followership und Führungsverhalten aus evolutionspsychologischer Perspektive herzustellen, während die qualitativen Daten ermöglichen sollten, bislang unbekannte Sinnzusammenhänge diesbezüglich aufzudecken (Kelle, 2008).

5.1.1   Der quantitative Untersuchungsaufbau

Für die zu untersuchende Fragestellung zu Followership und Führungsverhalten aus evolutionspsychologischer Perspektive, wurde im ersten Schritt die quantitative Untersuchungsmethode gewählt. Die Entscheidung für die Untersuchungsmethode liegt darin begründet, als dass der Untersuchungsgegenstand aufgrund theoretischer Konzeptionen bereits soweit bekannt war, dass Hypothesen über eventuelle Zusammenhänge aufgestellt werden konnten (Raithel, 2008). Es galt, wie im Untersuchungsmodell in Abbildung 39 dargestellt, die Zusammenhänge zwi-

© Springer Fachmedien Wiesbaden GmbH, ein Teil von Springer Nature 2019   269
J. Ruthus, *Followership und Führungsverhalten*,
https://doi.org/10.1007/978-3-658-26001-9_5

schen der *wahrgenommenen Qualität des Führungsverhaltens des Vorgesetzten (WFV)* sowie der *Identifikation mit den Zielen und der Vision der Organisation (IZV)* und dem *Follower-OCB-Verhalten (OCB)* sowie der *Folgebereitschaft (FB)* zu ermitteln.

Zudem war es notwendig zu überprüfen, ob die Kategorisierung der Follower, entsprechend ihrer Motivation zu folgen, anhand der Dimensionen *Ability* und *Aspiration* nicht nur theoretisch, sondern auch empirisch begründbar ist und sich tatsächlich Unterschiede im Folgeverhalten und der Folgebereitschaft ergeben. Die auf diese Weise bestätigte Unterscheidbarkeit der fünf Followertypen bildete den Ausgangspunkt, anschließend Interviews mit den verschiedenen Followertypen Aspirant, Experte, Mitläufer, Blender und Bedürftiger führen zu können und somit Unterschiede und Gemeinsamkeiten der Followergruppen in Erfahrung zu bringen.

5.1.1.1 Stichprobenzusammensetzung

Um reliable Aussagen über die Unterschiede zwischen den Followergruppen in Bezug auf die beschriebenen Zusammenhänge und das Folgeverhalten sowie die -bereitschaft zu erhalten, musste ein ausreichend großer Stichprobenumfang zu Grunde gelegt werden. Weiterhin sollte auf diese Weise eine höhere Verallgemeinerbarkeit sowie Objektivität in Bezug auf die Durchführung, Auswertung und Interpretation gewährleistet und die Vergleichbarkeit der Ergebnisse sichergestellt werden. Um einen möglichst hohen Stichprobenumfang zu generieren, wurden zum einen die persönlichen Kontakte der Doktorandin angeschrieben, zum anderen wurde der Link zur Umfrage auf diversen Social Media Plattformen wie Facebook, Xing oder LinkedIn geteilt. Zudem wurden die an der Untersuchung teilnehmenden Probanden dazu angehalten, das Gesuch zur Teilnahme an der Studie im Sinne eines Schneeballsystems an weitere erwerbstätige Personen im Freundes- und Bekanntenkreis, sowie dem beruflichen Netzwerk weiterzuleiten. Kritisch hervorzuheben an dieser Vorgehensweise ist, dass den Vorteilen von Onlinebefragungen wie Kosten- und Zeiteffizienz der Nachteil gegenübersteht, größtenteils nur solche Probanden zu erreichen, die aktiv das Internet nutzen und auf Social-Media-Portalen aktiv sind. Damit ist die Generalisierbarkeit der Ergebnisse stark eingeschränkt (Raithel, 2008). Auch ist es aufgrund des gewählten Untersuchungsdesigns nicht möglich, eine Response-Rate zu ermitteln. Allerdings konnte mit 669 Teilnehmern in der Gesamtstichprobe, die angaben aktuell einer Erwerbstätigkeit nachzugehen und über einen Vorgesetzten zu verfügen, eine hinreichende Stichprobengröße erreicht werden. Einschränkend ist anzumerken, dass die Probandenangaben bei Onlinebefragungen nicht auf ihre Richtigkeit kontrolliert werden können und darauf vertraut werden muss, dass die getroffenen Antworten der Teilnehmer der Wahrheit entsprechen.

Die für die Untersuchung gewonnene Stichprobe kann als Ad-Hoc-Stichprobe oder Gelegenheitsstichprobe identifiziert werden. Ad-hoc-Stichproben bezeichnen gerade zur Verfügung stehende oder leicht zugängliche Personen, die an der Untersuchung teilnehmen. Für die vorliegende Dissertation ist dies der Fall aufgrund des Vorgehens zur Probandenakquise mittels der geteilten Inhalte auf Social-Media-Plattformen und dem Gesuch, den Link an Freunde, Bekannte und Kollegen weiterzuleiten. Der umgangssprachliche Verweis, die Stichprobe sei nach dem Zufallsprinzip zustande gekommen, ist nicht mit dem Begriff einer Zufallsstichprobe zu verwechseln. So ist auch die Generalisierbarkeit der Ergebnisse auf die Gesamtpopulation durch die hier vorliegende Gelegenheitsstichprobe im Vergleich zu einer Zufallsstichprobe relativ gering (Bortz & Döring, 2006; Guttmann, Kittner, Wegscheider, & Pirkner, 1994). Weiterhin kann die Stichprobe als nichtprobabilistische Stichprobe bezeichnet werden, da die Auswahlwahrscheinlichkeit der Untersuchungsteilnehmer aus einer Population unbekannt bzw. unkontrollierbar war (Bortz & Döring, 2006).

Die Zusammensetzung der Stichprobe für die quantitative Untersuchung zeigt, dass überdurchschnittlich viele Frauen (59 %) an der Befragung teilnahmen. Die Altersgruppe der Teilnehmer liegt überwiegend im Bereich zwischen 21-40 Jahren (69 %), vor allem Teilnehmer über 51 Jahre sind unterrepräsentiert (12,3 %). Auffällig ist auch die hohe Teilnahme von Probanden, die über einen Hochschulabschluss verfügen mit 52 %. Die überwiegende Teilnahme erfolgt von Probanden im Angestelltenverhältnis (89,5 %), die in der unteren, mittleren und oberen Führungsebene tätig sind und damit mehrheitlich selbst über Führungsverantwortung verfügen (60,5 %). Überwiegend sind die Probanden für Organisationen tätig, die mehr als 500 Mitarbeiter haben, zumeist in der Dienstleistungsbranche (67,4 %). Zudem fällt auf, dass 68,9 % der Befragungsteilnehmer angeben, einen männlichen Vorgesetzten zu haben. Eine Repräsentativität der vorliegenden Stichprobe für die Bevölkerung in Deutschland ist nicht gegeben und wurde auch nicht angestrebt.

Die Einteilung der Followergruppen zu den fünf Followertypen Aspirant, Experte, Mitläufer, Blender und Bedürftiger erfolgte anhand ihrer Angaben im Rahmen der Datenerhebung. Dementsprechend handelt es sich hierbei um ein sog. Ex-post-facto-Design (Kelle, 2008). Mittels dieser A-posteriori-Untersuchungsanlage können Gruppen miteinander verglichen werden, wobei die Zuweisung von Personen zu den Vergleichsgruppen nicht ex ante geplant ist und Einschränkungen bzgl. des Erkenntnisgewinns hinzunehmen sind, da der Stimulus durch den Untersuchungsleiter nur bedingt kontrollierbar ist. Ex-post-facto-Designs werden auch als Korrelationsanordnungen bezeichnet, die Verwendung finden, um Hypothesen zu prüfen, ohne jedoch die Prädiktorvariablen manipulieren zu können und ohne eine Randomisierung der Prädiktorvariablen vorzunehmen (Kelle, 2008).

Dies trifft auf die vorliegende Dissertation in der Form zu, als dass die Einteilung der Followertypen anhand der getroffenen Antworten der tatsächlichen Befragungsverteilung in Bezug auf die Einschätzung der eigenen Fähigkeiten und ihrer Führungsmotivation vorgenommen wurde. Wie in Abschnitt 4.3.1 beschrieben, erfolgt die Unterteilung basierend auf einem Mediansplit und der anschließenden Aufteilung entsprechend der sechs Perzentilbereiche der tatsächlichen Mittelwertverteilungen. Vorabüberlegungen zur Untersuchung, die Followertypen anhand zuvor eingeteilter Bereiche mittels der Skalensummen zu unterscheiden (z.B. bei einer maximal erreichbaren Skalensumme 45 bei 9 Items, die anhand einer 5-Punkt-Likert-Skala zu bewerten sind, zu entscheiden, das Werte zwischen 5-15 als niedrig bewertet werden, Werte von 16-34 als mittel gelten und Werte zwischen 35-45 als hoch), wurden verworfen, da die Befürchtung bestand, nicht genügend Probanden für die einzelnen Bereiche generieren zu können. Die hohen Mittelwerte und die ausgeprägte Schiefe der beiden Skalen SW (MW = 3,95, Schiefe = -493) und MtL (MW = 3,42, Schiefe = -464) zeigen, dass diese Befürchtungen angemessen waren und somit das gewählte Vorgehen gerechtfertigt erschien.

Nachdem oben bereits die Zusammensetzung der Gesamtstichprobe diskutiert wurde, soll nun noch die Zusammensetzung der einzelnen Followergruppen nähere Beachtung finden und Besonderheiten herausgestellt werden. Auffallend ist vor allem, dass die Geschlechterzusammensetzung innerhalb der Followergruppen stark variiert. Während bei den Bedürftigen die überwiegende Mehrheit der Probanden mit 72,9 % aus Frauen besteht, sind es bei den Blendern nur 56,8 %, bei den Mitläufern 61,4 % und bei den Experten 51,9 %. Die Gruppe der Aspiranten ist die einzige Followergruppe, die einen Überschuss mit 54,9 % an männlichen Probanden aufweist. Eine Testung auf Gruppenunterschiede zeigt, dass männliche Probanden ihre Fähigkeiten höchstsignifikant besser einschätzen (MW = 4,06) als weibliche (MW = 3,88) und auch deren Führungsaspiration (MW = 3,58) höchstsignifikant über der der weiblichen Teilnehmer liegt (MW = 3,32).

Auch zeigte sich, dass die Zusammensetzung in Hinblick auf die Führungsebene, in der die Follower tätig sind, beträchtlich zwischen den Gruppen variiert. So verfügen bei den Bedürftigen lediglich 33,5 % über Führungsverantwortung, bei den Blendern 67,6 %, bei den Mitläufern 65,2 %, bei den Experten 44,4 % und bei den Aspiranten sogar 83,0 %. Bei der Testung auf Gruppenunterschiede in Abhängigkeit der Führungsebene ergaben sich höchstsignifikante Ergebnisse sowohl in Bezug auf die Identifikation mit den Zielen und der Vision der Organisation (p_a = ,000), der Einschätzung der eigenen Fähigkeiten (p_a = ,000), der Führungsmotivation (p_a = ,000) als auch der Demonstration des Follower-OCB-Verhaltens (p_a = ,000). Je höher die Führungsebene, der die Probanden angehören, desto höher jeweils auch der Wert der betreffenden Skala. Zudem muss angemerkt werden, dass sich die verschiedenen Followergruppen in ihrer Stichprobengröße unterscheiden. Vor allem die Experten (n = 54) und die Blender (n = 74) sind im Vergleich zu den Bedürftigen (n = 155), den Mitläufern (n = 233) und den Aspiranten (n = 153) unterrepräsentiert, was für die Mittelwertvergleiche und weitere statistische Analysen dazu führte, dass SPSS das harmonische Mittel der Gruppengrößen für die Berechnungen verwendet. Diese Vorgehensweise erhöht das Risiko einen Fehler erster Art zu begehen, d. h., die Nullhypothese verworfen wird, obwohl sie richtig ist, der Test also einen signifikanten Unterschied oder Zusammenhang anzeigt, obwohl es in Wahrheit keinen gibt (Bühl, 2014).

5.1.1.2 Gütekriterien der quantitativen Untersuchung

Bei der Einschätzung der Reliabilität, also der Beurteilung der Replizierbarkeit und der Verlässlichkeit der Ergebnisse, sind weitere Limitationen zu beachten. Für die vorliegende Arbeit wurde die interne Konsistenz der Skalen in Form von Cronbachs α berechnet, das angibt, wie gut die Items innerhalb einer Skala miteinander korrelieren. Hohe Korrelationen, d. h. hohe interne Konsistenzen erlauben, einzelne Items zu einer Skala zusammenzufassen, da davon ausgegangen werden kann, dass sie etwas konzeptionell Gemeinsames erfassen (Ware & Gandek, 1998). Die Prüfung der internen Skalenkonsistenz erfolgte für alle verwendeten Skalen und lieferte Ergebnisse zwischen Cronbachs α von ,791 bis ,962 für die Gesamtstichprobe.

Weiterhin wurden alle eingesetzten Skalen hinsichtlich ihrer internen Konsistenz auch für die verschiedenen Followergruppen untersucht. Während die Überprüfung für die Skalen IZV, WFV, OCB und FB keine besonderen Abweichungen ergaben, fällt für die Skalen SW und MtL, anhand derer die Einteilung der Followergruppen vorgenommen wurde, auf, dass sich teilweise sehr fragwürdige Werte von Cronbachs α ergeben. Besonders bei den Followertypen *Aspirant* (SW α = ,593 und MtL α = ,567), *Experte* (SW α = ,552 und MtL α = ,605) und *Mitläufer* (SW α = ,469 und MtL α = ,284) führt die Überprüfung zu schlechten bis gar inakzeptablen Werten, während die Skalen für die *Blender* (SW α = ,793 und MtL α = ,737) und *Bedürftigen* (SW α = ,710 und MtL α = ,780) wiederum als gut zu bewerten sind. Eine Überprüfung der Faktorstruktur zeigte, dass die beiden Skalen teilweise für die einzelnen Followergruppen nicht eindimensional sind. Dennoch wurde aufgrund der hohen internen Skalenkonsistenz und den faktorstrukturellen Überprüfungen in Bezug auf die Gesamtstichprobe entschieden, die Einteilung der Followergruppen in der Form beizubehalten.

Bezüglich des Anteils fehlender Werte ist festzuhalten, dass bis auf die Skalen WFV und OCB alle eingesetzten Skalen im Toleranzbereich liegen. Die Skala OCB weist fehlende Werte in Höhe von 9,3 % auf und die Skala WFV sogar 19,9 %, was deutlich über dem Toleranzbereich liegt. Vor allem sind diese hohen Anteile fehlender Werte der beiden Skalen dadurch bedingt, dass jeweils eine große Anzahl von Einzelitems zu den Skalen aggregiert wurden (bei OCB 20 Items und bei WFV 28 Items). Die Subskalen zur Skala OCB liegen mit fehlenden Werten zwischen 1,9 % und 4,5 % alle im wünschenswerten Bereich. Der hohe Anteil fehlender Werte für die Skala WFV ist auf die große Anzahl fehlender Werte der Subskala S*ervant Leadership (SL)* zurückzuführen, mit 15,1 %. Vor allem die beiden Items *„Mein Vorgesetzter stellt mein Wohl vor das Seine"* und *„Um erfolgreich zu sein, würde mein Vorgesetzter ethische Grundsätze nicht missachten"* führen mit 6,9 %-7,5 % Nichtbeantwortung zu dieser hohen Summe.

Je mehr Items bzw. Variablen mit fehlenden Werten behaftet sind, desto kleiner wird die Schnittmenge, bei denen keine fehlenden Werte auftreten. Aufgrund des hohen Stichprobenumfanges wurde dennoch entschieden, die Methode des listenweisen Fallausschlusses und damit nur komplette Fälle zu verwenden. Die Behandlung fehlender Werte durch den listenweisen Fallausschluss birgt die Gefahr verzerrter Schätzergebnisse. Insofern nicht der pure Zufall über das Auftreten fehlender Werte entscheidet, kann dies zu verzerrten Parameterschätzern und demzufolge falschen Rückschlüssen führen. Auch ist das Risiko eines Präzisionsverlusts gegeben, da im Datensatz enthaltene Informationen zu einem großen Teil verloren gehen, was wiederum zu vergrößerten Standardfehlern und Konfidenzintervallen bei Parameterschätzern führt und die Aussagekraft von Hypothesentests reduziert (Baltes-Götz, 2013). Vor der Entscheidung zur Behandlung fehlender Werte durch listenweisen Fallausschluss wurde daher eine Prüfung der MCAR-Bedingung für die eingesetzten Skalen vorgenommen, die ergab, dass keine signifikanten Muster zwischen Probanden, die die Skalenitems beantworteten und solchen, die dies nicht taten, vorliegen und die Vorgehensweise daher als gerechtfertigt erschien.

Gründe für die fehlenden Werte in der Onlinebefragung können nur vermutet werden. Dies könnte durch mangelndes Verständnis der Instruktionen oder einzelner Items bedingt sein, sowie auch der Verweigerung der Beantwortung, da Fragen als zu persönlich empfunden werden. Auch ist ein versehentliches Auslassen einzelner Items denkbar oder der vollständige Abbruch des Ausfüllens des Fragebogens aus zeitlichen Gründen bzw. wegen Ermüdung aufgrund der hohen Anzahl der in der Onlinestudie zu beantwortenden Fragen.

Weitere Einflussgrößen, die die Reliabilität der Einschätzung der untersuchten Variablen beeinträchtigen können, sind insbesondere Urteilstendenzen, wie bspw. Halo-Effekte, die von einer sehr positiven Einschätzung eines Prädiktors auf den anderen schließen lassen und umgekehrt (Nerdinger, Blicke, & Schaper, 2014). So könnte bspw. eine sehr hohe Bewertung der *wahrgenommenen Qualität des Führungsverhaltens* eventuell dazu geführt haben, auch die *Identifikation mit den Zielen und der Vision der Organisation* höher zu bewerten. Auch eine gegenseitige Beeinflussung der Subskalen zur Erfassung eines zugrundeliegenden Merkmals ist hierbei nicht auszuschließen. So könnte u. a. eine sehr positive Bewertung des Charakters des Vorgesetzten auch zur Folge gehabt haben, den Führungsstil und die Beziehung besser einzuschätzen. Die Korrelationen der Prädiktorvariablen weisen entsprechend hohe Werte auf.

Auch gilt es zu berücksichtigen, dass die erfassten Messgrößen subjektiven Empfindungen der Probanden entsprechen, die durch individuelle Erfahrung oder andere persönliche Einflüsse variieren können. Daher ist der Einsatz von Fragebögen zur Erfassung von Daten aller Art aufgrund von Verzerrungstendenzen bei Selbstauskünften generell als kritisch anzusehen (Rentzsch, Leplow, & Schütz, 2009). Aus Gründen der sozialen Erwünschtheit ist es möglich, dass Probanden bspw. die Demonstration des wünschenswerten Follower-OCB-Verhaltens bewusst höher bewertet haben, als dies in der Realität tatsächlich der Fall ist. Auch ist es hinsichtlich des Konzepts der sozialen Erwünschtheit als problematisch anzumerken, dass es für viele Bereiche keine allgemeinverbindlichen Normen über wünschenswertes Verhalten oder positive Eigenschaften gibt, sondern dass, abhängig von der Untersuchungsgruppe oder der konkreten Sachlage, unterschiedliche Erwartungen bestehen (Bortz & Döring, 2006). So könnte die grundsätzlich eher negative Konnotation von Followern dazu geführt haben, dass der Einleitungstext zu Followership und Führungsverhalten Probanden dazu veranlasst hat, sich als besonders dominant in Bezug auf die Skala MtL darzustellen, da sie dies als eine besonders positive Eigenschaft und als Attribution für Leader erachten. Andere könnten möglicherweise ihre Einschätzung hinsichtlich der Führungsmotivation untertrieben haben, um sympathischer zu wirken.

Auch in Bezug auf die Einschätzung der Selbstwirksamkeit der Untersuchungsteilnehmer sind Einschränkungen durch die soziale Erwünschtheit zu beachten, aber möglicherweise auch Limitationen durch den sog. Dunning-Kruger-Effekt. Dieser Effekt bezeichnet die systematisch fehlerhafte Neigung verhältnismäßig unwissender Personen, die eigenen Fähigkeiten zu überschätzen und gleichzeitig das Ausmaß ihrer Inkompetenz nicht erfassen zu vermögen. Die Wissenschaftler konnten aufzeigen, dass schwache Leistungen mit höherer Selbstüberschätzung einhergingen als starke Leistungen (Dunning, Johnson, Ehrlinger, & Kruger, 2003; Ehrlinger, Johnson, Banner, Dunning, & Kruger, 2008; Schlösser, Dunning, Johnson, & Kruger, 2013), was möglicherweise zu dem hohen Mittelwert von 3,95 bzw. dem transformierten Mittelwert von 79,0 % geführt haben könnte.

Zudem gilt es bei der Beurteilung des vorliegenden Untersuchungsmodelles weitere Restriktionen im Zusammenhang mit der Korrelation und Kausalität der Variablen zu beachten. Hinsichtlich der hier gewonnenen empirischen Erkenntnisse muss einschränkend festgehalten werden, dass es sich bei der vorliegenden Studie um eine Querschnittsstudie handelt, die Korrelationen zwischen den aus der Theorie abgeleiteten Prädiktor- und den Kriteriumsvariablen erfasst, aber keine abgesicherten Aussagen über Ursache und Wirkung getroffen werden können (Bortz & Döring, 2006). Dennoch ist davon auszugehen, *dass die wahrgenommene Qualität des Führungsverhaltens* die *Folgebereitschaft* beeinflusst sowie die *Identifikation mit den Zielen und der Vision* die *Demonstration des Follower-OCB-Verhaltens* bedingt und nicht umgekehrt.

Zudem sollte der Möglichkeit Rechnung getragen werden, dass zwischen einzelnen Prädiktorvariablen und den Kriteriumsvariablen nicht nur lineare Zusammenhänge wirken, sondern sich die verschiedenen Variablen auch gegenseitig bedingen können. Auch wenn in Form des allgemeinen linearen Modellansatzes der Versuch unternommen wurde, gegenseitig Einflüsse und Wechselwirkungen der eingesetzten Prädiktorvariablen IZV und WFV auf die Kriteriumsvariablen OCB und FB rechnerisch konstant zu halten, so können nicht alle ursächlichen Effekte weiterer, unkontrollierter Mediator- oder Moderatorvariablen abgeschätzt werden (Güttler, 2000; Schumann, 2012). Für die in der vorliegenden Dissertation dargestellten Ergebnisse bedeutet dies, dass zum einen nicht aufgedeckte Zusammenhänge durch weitere, unbekannte Variablen verdeckt, oder aber auch identifizierte Effekte durch die Beeinflussung von Moderator- Mediator- oder Drittvariablen wie z. B. der aktuellen Stimmung der Untersuchungsteilnehmer möglicherweise erhöht oder gemildert wurden (Cleff, 2015; Müller, 2007).

Auch gilt hier zu beurteilen, inwiefern die durchgeführte quantitative Studie tatsächlich das Konstrukt Followership anhand des *wünschenswerten Follower-OCB-Verhaltens* und der *Folgebereitschaft* misst und durch die *Identifikation mit den Zielen und der Vision der Organisation* und die *wahrgenommenen Qualität des Führungsverhaltens des Vorgesetzten* vorhergesagt werden kann. Daher wird an dieser Stelle die Validität der Onlinebefragung diskutiert. Die Itemzusammenstellung der selbst entwickelten Skalen zur Messung der latenten Merkmale IZV und FB sowie die anschließende Gruppierung erfolgten anhand umfassender Recherche theoretischer Erkenntnisse der relevanten sozialwissenschaftlichen sowie evolutionspsychologischen Literatur. Die weiteren zum Einsatz gekommenen Messinstrumente wurden aufgrund vorheriger Untersuchung bezüglich ihrer Eignung und Validität ausgewählt. Eine durchgeführte Überprüfung der Dimensionalität aller eingesetzten Skalen bestätigte, wie oben beschrieben, die einzelnen Items nicht nur wegen theoretischer Überlegungen, sondern auch aufgrund der empirischen Erkenntnisse in der vorliegenden Form zu Skalen zu gruppieren. Die inhaltliche Validität der eingesetzten Skalen wurde im Speziellen anhand der Antworten in der qualitativen Untersuchung überprüft und weitestgehend als gut bewertet, indem die getroffenen Aussagen der Interviewten mit den verschiedenen Items der eingesetzten Skalen übereinstimmten. Somit ist davon auszugehen, dass die in der Onlinebefragung verwendeten Skalen auch tatsächlich das erfassten, was sie zu erfassen vorgaben (vgl. Anhang P).

Da es sich bei dem vorliegenden quantitativen Untersuchungsdesign um ein hypothesentestendes Design handelt, gilt es weiterhin zu diskutieren, ob das angewandte Forschungsdesign in der Lage ist, die Hypothesen eindeutig zu bestätigen bzw. zu widerlegen, also über interne Validität verfügt. Gemäß der obigen Ausführungen zur Vorgehensweise, der internen Konsistenz der verwendeten Skalen und der Reliabilität sowie der inhaltlichen Validität erscheint es als gerechtfertigt, die interne Validität zu bestätigen. Die externe Validität, d. h. die Verallgemeinerbarkeit der Erkenntnisse auf die Gesamtpopulation wurde aufgrund der obigen Argumentation zur Stichprobenzusammensetzung bereits widerlegt (Bortz & Döring, 2006).

Zusammenfassend kann festgestellt werden, dass das quantitative Untersuchungsdesign und die verwendete Methodik - mit den genannten Einschränkungen - sich als geeignet erwiesen haben, aussagekräftige Daten zur Beantwortung der Forschungsfragen zu gewinnen. Insbesondere die hohe Teilnehmerzahl der Onlinebefragung ist positiv hervorzuheben.

5.1.2 Der qualitative Untersuchungsaufbau

Nach Abschluss der im ersten Schritt durchgeführten quantitativen Onlinebefragung und der dadurch erhaltenen Evidenz, die Followertypen entsprechend der im Untersuchungsdesign geplanten Vorgehensweise unterteilen zu können, wurden in einem nächsten Schritt halbstandardisierte Interviews mit jeweils fünf Repräsentanten der verschiedenen Followergruppen Aspirant, Experte, Mitläufer, Blender und Bedürftiger geführt.

In der quantitativen Untersuchung zeigte sich, dass signifikante Unterschiede zwischen den verschiedenen Followergruppen vorherrschen. Diese hervorgetretenen Differenzen, aber auch mögliche Gemeinsamkeiten der unterschiedlichen Followertypen sollten mittels der halbstandardisierten Interviews genauer betrachtet werden. Insbesondere war es Ziel im Rahmen der qualitativen Forschung, Hinweise darüber zu erlangen, welche eventuellen zusätzlichen Faktoren Followership bedingen, die nicht im Rahmen der bisherigen Literaturrecherche identifiziert wurden. Weiterhin war von besonderem Interesse, weshalb sich Individuen im Speziellen dazu entscheiden zu folgen und wie sie sich in ihrem Folgeverhalten unterscheiden. Auf diese Weise sollte die komplexe und vielfältige Wirklichkeit der einzelnen Befragungsteilnehmer zum Untersuchungsgegenstand erfasst werden und individuelle Zusammenhänge verstanden werden (Mayring, 2015; Schön, 1979) sowie die subjektive Sichtweise der Interviewpartner abgebildet und mögliche Ursachen für deren Verhalten verstanden werden (Röbken & Wetzel, 2016; Wolf & Priebe, 2003).

5.1.2.1 Stichprobenzusammensetzung

Zunächst ist festzuhalten, dass die Stichprobe nicht zufällig ausgewählt wurde. Alle Interviewpartner stammten aus dem Freundes- und Bekanntenkreis der Doktorandin. Es wurde für die Auswahl der Befragungsteilnehmer darauf geachtet, eine ausgeglichene Verteilung der Probanden in Hinsicht auf Geschlecht, Alter, Branche, Bildungsniveau und Führungsebene zu erzielen. Alle Interviewpartner wurden von der Doktorandin persönlich angesprochen, ob Interesse besteht, ein Interview zum Forschungsgegenstand Followership und Führungsverhalten zu führen. Alle angesprochenen Personen stimmten zu.

Um die Unterteilung der Probanden in die Followergruppen vornehmen zu können, wurden die Interviewpartner gebeten, einen Vorfragebogen auszufüllen. Die Fragen zu demografischen Merkmalen des Vorfragebogens entsprachen dabei denen der quantitativen Onlinebefragung. Weiterhin wurden die Befragungsteilnehmer angehalten, die Skalen *Selbstwirksamkeitserwartung (SW)* und *Motivation to Lead (MtL)* aus der Onlineuntersuchung zu vervollständigen, um eine exakte Einstufung des Followertyps, die der der quantitativen Befragung entspricht, zu gewährleisten. In der Endphase der qualitativen Datenerhebung wurden dann nur noch jene Personen interviewt, die in eine der Followergruppen fielen, die noch keine vollständigen fünf Befragungsteilnehmer umfassten.

Obwohl versucht wurde auf eine ausgeglichene Verteilung der Interviewpartner zu achten, zeigt die Zusammensetzung der qualitativen Stichprobe, wie bei der quantitativen Studie auch, dass überdurchschnittlich viele Frauen (60,0 %) vertreten sind. Auch liegt die Altersgruppe überwiegend zwischen 21-40 Jahren (80,0 %) und erneut verfügt der Großteil der Befragten über mehr als 10 Jahre einschlägige Berufserfahrung (56,0 %). Wie bei der quantitativen Untersuchung arbeitet die Mehrheit der Interviewten im Angestelltenverhältnis (96,0 %) in der Dienstleistungsbranche (84,0 %). Im Gegensatz zur Onlinebefragung haben die Interviewten mehrheitlich keine Führungsverantwortung (72,0 %) und verfügen weiterhin häufiger über anerkannte Ausbildungsberufe (48,0 %) als über ein Hochschulstudium (32,0 %). Aufgrund der mehrheitlichen Übereinstimmung der Stichprobenzusammensetzung von Onlinebefragung und halbstandardisierten Interviews, erscheint es jedoch zulässig, die Ergebnisse beider Untersuchungen miteinander zu vergleichen und vor allem auch die quantitativen Ergebnisse anhand der qualitativen zu validieren.

Wie zuvor auch für die Onlinebefragung geschehen, gilt es an dieser Stelle im Speziellen noch die Zusammensetzung der einzelnen Followergruppen zu betrachten. So zeigten sich auch bei der qualitativen Untersuchung ähnliche Ergebnisse in Bezug auf die Geschlechterzusammensetzung der einzelnen Followergruppen. Die Gruppe der Aspiranten besteht mit 80 % überwiegend aus männlichen Interviewten, die Gruppe der Experten aus 80,0 % weiblichen, die Mitläufer aus 60,0 % männlichen, die Blender aus 80 % weiblichen und die Bedürftigen ebenfalls aus 80,0 % weiblichen Interviewten. Aufgrund der Tatsache, dass männliche Probanden in der Onlinebefragung ihre Fähigkeiten signifikant höher einschätzten als Frauen, wurde dieser Zusammenhang auch für die Interviews überprüft. Allerdings zeigten sich hier keine bedeutsamen Abweichungen zwischen Männern, die ihre Fähigkeiten zu 50,0 % als sehr gut einstuften und Frauen, die ihre Fähigkeiten zu 46,7 % als sehr gut beurteilten. Eine systematische Testung auf signifikante Gruppenunterschiede ist allerdings aufgrund der geringen Stichprobengröße bei der qualitativen Befragung nicht möglich.

Anders als bei der Onlinebefragung verfügen bei den interviewten Aspiranten lediglich 40 % über Führungsverantwortung, keiner der Experten trägt Führungsverantwortung, bei den Mitläufern haben 40 % und bei den Blendern 60 % Führungsverantwortung, wobei bei den Bedürftigen wiederum keiner über Führungsverantwortung verfügt. Die abgeleiteten Zusammenhänge der quantitativen Befragung, die nachwiesen, dass mit höherer Führungsebene auch eine höhere *Identifikation mit den Zielen und der Vision der Organisation* einhergeht, zeigten sich bei den Interviews nicht. Jedoch konnte aufgezeigt werden, dass Interviewteilnehmer, die über Führungsverantwortung verfügen, ihre Fähigkeiten öfter als sehr gut einstuften (85,7 %) als Probanden ohne Führungsverantwortung (33,3 %). Auch die Einschätzung hinsichtlich der Demonstration des Follower-OCB-Verhaltens variierte, indem 100 % der Personen mit Führungsverantwortung beschreiben, das wünschenswerte Verhalten zu demonstrieren und nur 77,8 % der Personen ohne Führungsverantwortung. An dieser Stelle muss jedoch erneut auf die Restriktionen aufgrund der geringen Stichprobengröße verwiesen werden. Eine Verallgemeinerung der Ergebnisse auf die Gesamtpopulation ist aufgrund der Anzahl der durchgeführten Interviews sowie der Auswahl und Zusammensetzung der Stichprobe ausgeschlossen.

5.1.2.2 Gütekriterien der qualitativen Untersuchung

Wie bei quantitativen Forschungsmethoden gilt es auch bei qualitativen Untersuchungen einige Limitationen zu beachten. Ein gängiger Kritikpunkt von qualitativen Ansätzen ist u. a. die mangelnde *Objektivität*. So wird oftmals argumentiert, dass die Interpretation des im Interview Gesagten kaum kontrollierbar ist und die Auswahl der Fälle über keinerlei Repräsentativität verfügt (Röbken & Wetzel, 2016). Auch Kelle (2008) moniert die unkontrollierten Erhebungs- und Auswertungsmethoden, deren Erkenntnisse weder replizierbar noch intersubjektiv überprüfbar sind. Somit sind die Ergebnisse nicht *reliabel*, sondern hängen in hohem Maße von der Person des Forschers ab. Weiterhin beanstandet auch er die eingeschränkte Generalisierbarkeit in Ermangelung eines geregelten Sampling-Verfahrens und der somit fehlenden Absicherung, dass die untersuchten Fälle in irgendeiner Art und Weise typisch oder repräsentativ für den zu untersuchenden Gegenstandsbereich seien. So muss auch für die vorliegende Dissertation einschränkend festgehalten werden, dass die Auswertung der Interviews auf Grundlage der subjektiven Interpretation der Doktorandin basiert, und es somit möglich ist, dass die eigentlich beabsichtigte Aussage der Befragten von dem Verständnis der Interviewerin abweichen, was besonders die Einstufung der Interviewaussagen in die zur Auswertung gebildeten Antwortkategorien beeinflusst haben könnte. Ebenso muss an dieser Stelle Erwähnung finden, dass insbesondere die Einschätzungen, ob es sich bei dem von den Interviewten beschriebenen Verhaltensweisen am Arbeitsplatz um OCB-Verhalten oder IRB-Verhalten handelt, auf der subjektiven Beurteilung der Doktorandin beruhen.

Auch ist es nicht auszuschließen, dass sich Probanden teilweise beabsichtigt dafür entscheiden, in einer bestimmten Art und Weise zu antworten, da sie sich darüber bewusst sind, der anderen Person bei der Beantwortung der Fragen etwas über sich persönlich mitzuteilen. Diese etwas missverständlich ausgedrückte Form der Informationskontrolle, die sich Selbstdarstellung nennt, bezeichnet den Vorgang von Befragungsteilnehmern, sich ausdrücklich darüber Gedanken zu machen, wer sie als Person sind, was sie dem Interviewer mitteilen wollen und was nicht, bei wem die Informationen letzten Endes ankommen, wie der Empfänger auf die Informationen reagieren könnte und was mit ihnen geschieht (Bortz & Döring, 2006). So könnte bspw. die Beurteilung der Zusammenarbeit mit dem direkten Vorgesetzten oder die Einschätzung dessen Charakters moderater ausgefallen sein, als in der Realität tatsächlich der Fall, und auch die Einschätzung der eigenen beruflichen Fähigkeiten könnte höher vorgenommen worden sein, aus Gründen sozialer Erwünschtheit oder der persönlichen Bekanntschaft zur Doktorandin. Es ist also möglich, dass einige Informationen gar nicht oder nur stark angepasst mitgeteilt wurden, da die Befragungsteilnehmer das aussagten, was ihres Erachtens von der Interviewerin gehört werden wollte, was dann zu Verzerrungen der Ergebnisse geführt hätte. Zudem ist aufgrund der Tatsache, dass die Interviewerin vorab möglichst wenige Auskünfte über den Untersuchungsgegenstand preisgeben wollte, weil die Ergebnisse nicht verfälscht werden sollten, denkbar, dass Befragungsteilnehmer die Fragen nicht richtig verstanden haben.

Trotz aller genannten Limitationen sind qualitative Untersuchungsmethoden insbesondere dann geeignet, wenn es darum geht, differenzierte und ausführliche Beschreibungen individueller Meinungen und Eindrücke zu erfassen sowie kausale Ursachen zu erfassen oder Typologisierungen, wie hier die verschiedenen Followertypen, vorzunehmen (Röbken & Wetzel, 2016). Auch Kelle (2008) hebt hervor, dass das qualitative Forschungsdesign gegenüber den quantitativen Methoden den direkteren Zugang zu der zu erforschenden sozialen Realität und den Sichtweisen der Akteure liefert und damit die relevanteren Forschungsergebnisse erbringt. Eine Objektivität sowie Replizierbarkeit der Datenerhebung und -auswertung und auch die Generalisierbarkeit der Erkenntnisse, lässt sich in Form von Interviews, wie oben beschrieben, jedoch kaum erreichen. Zusammenfassend kann festgestellt werden, dass das qualitative Untersuchungsdesign und die verwendete Methodik - mit den genannten Einschränkungen - sich als geeignet erwiesen haben, die Ausübung der Followerrolle und die Beweggründe, warum sich die verschiedenen Followertypen dazu entscheiden, zu folgen, besser zu verstehen.

5.1.3 Zusammenfassung zum mehrstufigen Untersuchungsaufbau

Es sind unterschiedliche Forschungsziele, die mittels der qualitativen und der quantitativen Methoden verfolgt werden, was das in der vorliegenden Dissertation angewandte mehrstufige Forschungsdesign begründete: So sollte einerseits, anhand der Onlinebefragung, eine Verallgemeinerbarkeit der Befunde, Objektivität und Wiederholbarkeit der Datenerhebung und -analyse zu Followership und Führungsverhalten aus evolutionspsychologischer Perspektive gewährleistet werden. Andererseits sollte durch ein offenes und exploratives Vorgehen, in Form der halbstandardisierten Interviews, eine adäquate Erfassung der individuellen Erfahrungswelt der Follower diesbezüglich sichergestellt und die zuvor erhobenen quantitativen Daten validiert und vervollständigt werden (Kelle, 2008).

5.2 Interpretation und Einordnung der Ergebnisse

In der vorliegenden Dissertation wurde der Versuch unternommen vor dem Hintergrund der vernachlässigten Followerperspektive in der Führungsforschung dazu beizutragen, weitere Erkenntnisse zu Followership und dessen Ausmaß zu erlangen. Ziel des mehrstufigen empirischen

Forschungsdesigns war es, wie oben beschrieben, zum einen quantitativ in Form einer auf Literaturrecherche basierenden Onlinebefragung besser nachzuvollziehen, warum sich Follower entscheiden zu folgen und wie sie ihre Rolle als Follower ausüben sowie auf diese Weise verallgemeinerbare und objektive Ergebnisse zu erzielen. Überdies sollte qualitativ in Form halbstandardisierter Interviews ein zusätzlicher Erkenntnisgewinn geschaffen werden, indem die in der Onlinebefragung generierten Ergebnisse vertiefend betrachtet wurden und Follower zu den aufgedeckten Zusammenhängen im Detail befragt wurden.

Die Gründe liegen wie in Kapitel zwei erläutert vor allem darin, dass Organisationen vor dem Hintergrund sich wandelnder Marktbedingungen und stetig steigendem Wettbewerb mehr denn je auf die Leistungsbereitschaft ihrer Mitarbeiter angewiesen sind, um ihre Ziele und ihre Vision umsetzten zu können und auf diese Weise erfolgreich zu sein. Daher stellte sich die Frage, wie es Organisationen gelingen kann ihre Mitarbeiter dazu zu bewegen, freiwillig mehr zu leisten, als von ihnen vertraglich erwartet werden kann und sich für den Erfolg der Organisationen einzusetzen. Die hierbei bislang mehrheitlich stattgefundene Konzentration auf den Beitrag der Führungskräfte wird immer stärker als überbewertet kritisiert (Bjugstad et al., 2006; Meindl, 1995; van den Abeele & Legrand, 2013) und stattdessen der Beitrag der Follower als aktive Partner am organisationalen Erfolg in den Vordergrund gestellt. Aus einer evolutionären Perspektive betrachtet, ergibt sich diese Disbalance erst gar nicht, da angenommen wird, dass sich sowohl Leadership als auch Followership herausbildeten, um als Gruppe zusammen eine gemeinsame gegenwärtige Problemstellung besser zu bewältigen als dies für ein einzelnes Individuum möglich wäre (Alznauer, 2013; Monö, 2013; van Vugt & Ahuja, 2010).

Dementsprechend waren die zentralen Forschungsfragen, besser zu verstehen, wer Follower sind, warum sie sich entscheiden zu folgen, wie sie ihre Rolle ausüben sowie nachzuvollziehen, welchen Einfluss sie auf den Führungsprozess und den unternehmerischen Erfolg nehmen. Hierzu wurde der Versuch unternommen, quantitativ ein reliables Messinstrument zur Unterscheidung verschiedener Followertypen zu entwickeln, welches die verschiedenen Beweggründe zu folgen aus evolutionspsychologischer Perspektive abbildet. Dabei sollten Follower entsprechend ihrer Motivation zu folgen kategorisiert werden und untersucht werden, ob die spezifischen Followertypen Einfluss auf das gezeigte Followershipverhalten und die Folgebereitschaft nehmen. Qualitativ galt es herauszufinden, weshalb sich die einzelnen Followertypen (Aspiranten, Experten, Mitläufer, Blender und Bedürftige) im Speziellen dazu entscheiden zu folgen und Erkenntnisse zu erlangen, wie sich die verschiedenen Followertypen konkret in ihrem Folgeverhalten unterschieden. Weiterhin wurde versucht zu erfassen, wie die Befragungsteilnehmer zu den Begriffen Follower und Followership stehen und was sie persönlich damit in Verbindung bringen, um zu überprüfen, ob sich die in der Literatur vorherrschende passive Rolle und negative Konnotation von Followern auch hier zeigt (Hurwitz & Hurwitz, 2015).

Weiterhin wurde versucht zu analysieren, welche spezifischen Verhaltensweisen von Führungskräften aufgrund der individuellen Beweggründe zu folgen an den Tag gelegt werden sollten, um Follower zu erlangen bzw. deren Legitimation nicht zu verlieren und festzustellen, wie hoch der Einfluss der Führungskraft bzw. des Führungsverhaltens auf das wünschenswerte

Followerverhalten tatsächlich ist oder ob es andere Stellgrößen sind, die das Verhalten der Follower maßgeblich beeinflussen. Insbesondere sollte dabei Berücksichtigung finden, inwiefern die evolutionspsychologische Sichtweise zu einem besseren Verständnis der Thematik beitragen kann.

5.2.1 Interpretation und Einordnung der quantitativen Ergebnisse

Anhand der im Rahmen der quantitativen Onlinebefragung gewonnenen empirischen Daten wurden mittels deskriptiv statistischer und inferenzstatistischer Untersuchungen (Mittelwertvergleiche, Korrelationsberechnungen, Regressionsberechnungen und allgemeiner linearer Modellansätze) Ergebnisse generiert, die im Folgenden kritisch bewertet und diskutiert werden. An dieser Stelle sei noch einmal deutlich darauf verwiesen, dass die getroffenen Aussagen auf Korrelationen beruhen und eine Kausalität nur aufgrund theoretischer Vorüberlegungen vermutet werden kann. Die generierten Daten besitzen dementsprechend keine Erklärungskraft, sondern können nur Hinweise auf relevante Einflussgrößen bieten.

Im Rahmen der Literaturrecherche wurden zahlreiche Followerunterteilungen aufgezeigt, die jedoch alle Follower anhand ihrer Verhaltensweisen typisieren und nicht entsprechend ihrer Motivation zu folgen. Dabei wurden die *deskriptiven Followerverhaltenstypologien*, die tatsächlich beobachtbare Verhaltensweisen von Followern beschreiben (Kellerman, 2008; Kelley, 1988; Lipman-Blumen, 2005; Rosenbach et al., 2012; Steger et al., 1982; Zaleznik, 1965), die *präskriptiven Followerverhaltenstypologien*, die idealtypische Verhaltensweisen von Followern beschreiben (Chaleff, 1995; Hauschildt & Konradt, 2012; Howell & Méndez, 2008; Hurwitz & Hurwitz, 2015; Lord, 2008; Manz & Sims, 1980; Monö, 2013; Neck & Manz, 2010) und *situative Followerverhaltenstypologien*, die Followerverhalten in Bezug zu kontextualen Faktoren setzen (Carsten et al., 2010; Sy, 2010; Thoroughgood et al., 2012) unterschieden. Keine dieser Typologien kann jedoch einen Beitrag leisten, besser zu verstehen, warum sich Follower entscheiden zu folgen. Weiterhin muss festgehalten werden, dass diese Ansätze größtenteils alle theoretischer Natur sind und eine empirische Validierung der Typologien fehlt.

Anders verhält es sich hierbei mit evolutionspsychologischen Followertypologien, die den Aspekt, warum sich manche Menschen entscheiden zu folgen und weshalb sich andere entschließen, die Führung zu übernehmen, explizit betrachten (Nicholson, 2013; van Vugt & Ahuja, 2010). Aufgrund theoretischer Vorüberlegungen wurde vermutet, dass sich Follower entsprechend ihrer Einschätzung der eigenen Fähigkeiten und ihrer Motivation zu Führen voneinander unterscheiden und diese Einstufung Auswirkungen darauf hat, warum sich Follower entscheiden zu folgen und wie sie ihre Rolle als Follower ausüben. Entsprechend der Höhe der Einschätzung der eigenen Fähigkeiten und der Motivation zu führen, konnten in der vorliegenden Dissertation fünf verschiedene Followertypen je nach Ausprägung auf den beiden Skalen differenziert werden: Der *Bedürftige*, der weder über Führungsaspiration verfügt noch seine Selbstwirksamkeit als hoch einschätzt. Der *Blender*, welcher über hohe Führungsaspiration verfügt, jedoch seine Selbstwirksamkeit als gering einstuft. Der *Mitläufer*, der sich auf beiden Skalen im mittleren Bereich einstuft. Der *Experte*, der eine hohe Selbstwirksamkeitseinschätzung trifft, aber keine Führungsaspiration hat und der *Aspirant*, der über hohe Führungsaspiration und hohe Selbstwirksamkeitseinschätzung verfügt.

Vor dem Hintergrund der dürftigen Literatur wurde sich dafür entschieden, die oben beschriebene Vorgehensweise zur Operationalisierung der Followergruppen so vorzunehmen, dass die Gruppe der Mitläufer, in Anlehnung an die Einschätzung nach van Vugt und Ahuja (2010), die größte Einheit bildet, da die Autoren annehmen, dass die meisten Mitarbeiter sich hierarchisch unterordnen und folgen aufgrund deren evolutionärer Motivation und dem Bedürfnis heraus, sich einer gut geführten Gruppe anzuschließen, um von den dort gebotenen Vorteilen profitieren zu können. Dies geschieht laut den Autoren, weil ihnen die Möglichkeit der Annahme einer Führungsrolle entweder nicht in den Sinn kommt oder sie wegen mangelnder Fähigkeiten und Aspiration diese auch gar nicht übernehmen wollen. Nicholson (2013) geht davon aus, dass die Einschätzung der eigenen Fähigkeiten und die Motivation andere zu führen hoch miteinander korrelieren und sich Menschen, die ihre eigenen Fähigkeiten als hoch einstufen, auch häufiger dazu bereiterklären, die Führung von Gruppen zu übernehmen. Bezogen auf die Gesamtstichprobe konnte zwar eine Korrelation der Skalen SW und MtL in mittlerer Höhe nachgewiesen werden (r = ,410), jedoch müsste sich entsprechend dieser Denkweise die höchste Korrelation für die Aspiranten (r = -,221) und Bedürftigen (r = -,193) nachweisen lassen, was nicht der Fall ist. Für die beiden Gruppen ist die Korrelation sogar negativ, während sich für die Experten (r = ,724) und die Blender (r = ,603) eine starke positive Korrelation zeigt und sich bei den Mitläufer gar keine signifikante Korrelation nachweisen lässt. Allerdings ließ sich feststellen, dass Probanden sich, je höher ihre Führungsposition war, desto höher auch in Bezug auf ihre Fähigkeiten einschätzten. Dies könnte unter Umständen damit zusammenhängen, dass sie ihr eigenes Verhalten in den verschiedensten Führungssituationen bereits erlebt und als erfolgreich wahrgenommen haben. Außerdem wird in der vorliegenden Dissertation angenommen, dass es auch Follower gibt, die ihre Fähigkeiten als sehr hoch einstufen und dennoch kein Interesse daran haben, ein Team zu führen, wie bspw. die Experten, oder konträr Follower, die ihre Fähigkeiten gering einschätzen und trotzdem gerne die Führung übernehmen möchten, wie bspw. die Blender, was den Annahmen von Nicholson (2013) ebenso wiederspricht. Die Beweggründe, warum sich die einzelnen Followertypen dazu entscheiden zu folgen, wurden im Ergebnisteil in Kapitel vier dargestellt und werden im Anschluss im Rahmen der Interpretation der qualitativen Ergebnisse diskutiert.

In der ersten Forschungshypothese im Rahmen der quantitativen Onlinebefragung wurde vermutet, dass sich signifikante Unterschiede hinsichtlich des *Follower-OCB-Verhaltens* und den verschiedenen *Followertypen* nachweisen lassen, was der Fall war. Insbesondere zeigen die Aspiranten und die Experten (Skala OCB beide MW = 4,39) gemäß ihrer Selbsteinschätzung das wünschenswerte Followerverhalten besonders häufig und unterscheiden sich dabei höchstsignifikant von den Mitläufern, den Blendern und den Bedürftigen. In Anlehnung an die Theorie des Handicap-Prinzips von Zahavi (1995) argumentieren Deutsch Salamon und Deutsch (2006), dass es sich bei OCB als Ausdruck überwiegend altruistischer Verhaltensweisen (Organ, 1988) um einen *kostspieligen Signalmechanismus* handelt, der auf die zugrundeliegenden Qualitäten von Followern hinweist. Follower, die das wünschenswerte OCB-Verhalten an den

Tag legen, können sich diese Verhaltensweisen trotz der für sie dabei entstehenden Kosten, wie z. B. der aufgewendeten Zeit oder anderer Ressourcen leisten und grenzen sich auf diese Weise durch ihre überlegenen Fähigkeiten von anderen Followern ab, die diese Kosten nicht aufwenden können. Z. B. vor dem Hintergrund einer anstehenden knappen Deadline die Zeit investieren zu können, andere Mitarbeiter oder Kollegen bei ihren Aufgaben zu unterstützen, deutet auf hohe Fähigkeiten und ein ausgezeichnetes Zeitmanagement hin. Dies ist Zeit, die jemand, der nicht über ein solches Zeitmanagement verfügt, nicht erübrigen kann. Somit kann dieser kostspielige Signalmechanismus als ein verlässlicher Hinweis bezüglich der Qualitäten und Fähigkeiten einer Person angenommen werden. Deutsch Salamon und Deutsch (2006) sehen das OCB-Verhalten im Gegensatz zu Organ (1988) jedoch nicht zwangsläufig als altruistisches Verhalten an, sondern argumentieren, dass Follower dieses Verhalten insbesondere dann zeigen, wenn sie auf diese Weise andere Qualitäten demonstrieren können, die sonst in der spezifischen Situation verborgen bleiben und sich somit Vorteile erhoffen. Die Tatsache, dass insbesondere die Followertypen Aspirant und Experte, die sich beide hoch in Bezug auf ihre Fähigkeiten einschätzen, diese Verhalten gemäß ihrer Selbsteinschätzung am häufigsten zeigen, spricht für die Argumentation von Deutsch Salamon und Deutsch (2006). Zudem ist anzumerken, dass die Selbsteinschätzung aller Follower in Bezug auf das OCB-Verhalten insgesamt relativ hoch liegt mit einem stark rechtssteilen Skalenmittelwert von 4,20, was den hohen Mittelwerten anderer Studien entspricht (Nohe & Michaelis, 2016). Ergänzend stellen Allen, Barnard, Rush, und Russell (2000), die Selbsteinschätzungen und Fremdeinschätzungen durch Unterstellte oder Überstellte hinsichtlich OCB miteinander vergleichen, fest, dass die Selbsteinschätzung stets über der Beurteilung anderer Personen lag. Weiterhin stellt sich die Frage, ob das wünschenswerte Followerverhalten, welches von Organisationen gern gesehen wird und von welchem angenommen wird, den Erfolg von Organisationen positiv zu beeinflussen, anhand des Konstrukts OCB nach Staufenbiel und Hartz (2000) tatsächlich gemessen werden kann. Aufgrund der in diesem Kapitel diskutierten Validität des Konstrukts sowie dem Versuch der Validierung anhand der qualitativen Interviewantworten kann dies als bestätigt angenommen werden.

In der zweiten Hypothese wurde die Annahme getroffen, dass sich signifikante Unterschiede zwischen den Followertypen hinsichtlich ihrer Folgebereitschaft ergeben. Anders als vermutet, zeigten sich jedoch keine signifikanten Unterschiede hinsichtlich der Folgebereitschaft in Abhängigkeit der Followertypen. Weitere Mittelwertvergleiche in Abhängigkeit des Geschlechts, Alters, Bildungsabschlusses, Beschäftigungsart, Branche, Führungsebene, Berufserfahrung, Größe der Organisation, Teamgröße, Dauer der Zusammenarbeit mit dem Vorgesetzten und Geschlecht des Vorgesetzten zeigten ebenfalls keine signifikanten Ergebnisse. Dies könnte für die Annahme sprechen, dass es sich sowohl bei Leadership als auch bei Followership um universelle Phänomene handelt, die sich sowohl bei menschlichen als auch bei tierischen Zusammenschlüssen herausbilden, um als Gruppe gemeinsam ein einheitliches Ziel besser zu erreichen, als dies als Individuum der Fall ist (Alznauer, 2013; Monö, 2013; van Vugt & Ahuja, 2010). Erneut muss die Frage gestellt werden, ob die, in Ermangelung bereits empirisch validierter Messinstrumente, selbst entworfene Skala wirklich die Folgebereitschaft von Followern erfasst. Auch hier kann aufgrund der guten internen Skalenkonsistenz (CBs α = ,814) und den im Interview gegebenen übereinstimmenden Antworten der Befragungsteilnehmer, was es für sie bedeutet zu folgen, vermutet werden, dass die Folgebereitschaft tatsächlich erfasst wird. Ergänzend muss erwähnt werden, dass hier die Folgebereitschaft in Bezug auf den Vorgesetzten gemessen wird und nicht die Folgebereitschaft hinsichtlich einer Vision oder einer Zielsetzung. Allerdings wurden die Items für den Fragebogen so formuliert, dass die organisationale Zielerreichung in den Fokus der Führungsanstrengungen des Vorgesetzten gestellt wurde, wie die beiden nachfolgenden Items der Skala Folgebereitschaft beispielhaft aufzeigen: *„Um die Ziele der Organisation zu erreichen, nehme ich bereitwillig die Führung meines Vorgesetzten an."* und *„Dass mein Vorgesetzter mir überstellt ist, hat bezogen auf die Zielerreichung der Organisation seine Berechtigung."* Neben den *evolutionspsychologischen* Erklärungsansätzen für Followership (Alznauer, 2013; King et al., 2009; van Vugt, 2012) wurden in Kapitel zwei auch Beweggründe zu folgen aus *psychoanalytischer* (Popper, 2012, 2014; Shamir, 2007), aus *kognitionspsychologischer* (Meindl et al., 1985; Popper, 2014; Tversky & Kahneman, 1973) und aus *sozialpsychologischer* Perspektive vorgestellt, die allesamt das universelle immanente Bedürfnis von Individuen herausstellen, sich einer Führungsperson anzuschließen zu wollen, entweder aufgrund des vermeintlich gebotenen Schutzes und der Sicherheit durch den Leader (psychoanalytische Denkrichtung), der Vermeidung von Unsicherheit in Bezug auf Informationsverarbeitung durch den Leader als zentrale und am einfachsten verfügbare Verursachungszuschreibung von Geschehnissen (kognitionspsychologische Denkrichtung) oder der durch den Leader erlangten Stiftung von Identität und der Schaffung von Zugehörigkeit (sozialpsychologische Denkrichtung).

Die Aussage der dritten Forschungshypothese lautete, dass die wahrgenommene Qualität des Führungsverhaltens in Zusammenhang mit dem gezeigten Follower-OCB-Verhalten steht. Dieser Zusammenhang ließ sich, anders als erwartet, nicht aufzeigen. Die Annahme des Zusammenhangs wurde begründet aufgrund zahlreicher leaderzentrierter Theorien der akademischen Führungsforschung (Blake et al., 1962; Fleishman, 1953; Hersey & Blanchard, 1977; Stogdill, 1948), die den Leader in den Fokus der Führungsbeziehung stellen und von einer einseitigen Einflussnahme durch die Leader auf die Follower ausgehen sowie aufgrund weiterer evolutionärer Führungstheorien, die ebenfalls annehmen, dass bestimmte transformationale und charismatische Führungsverhaltensweisen der Leader Follower dazu bewegen, sich über ihr unmittelbares Eigeninteresse hinaus zu engagieren und auf diese Weise die gemeinsame Zielsetzung zu erfüllen (Avolio & Bass, 1995; Bass, 1985; Burns, 1978; Conger & Kanungo, 1988b; Katz & Kahn, 1978; van Vugt, 2012). Die *wahrgenommene Qualität der Führung (WFV)* wird gemäß der Auswertung theoretischer Konzeptionen durch die *Beziehung zwischen Mitarbeiter und Vorgesetztem (LMX)* (Graen & Uhl-Bien, 1995), der *Einschätzung des Charakters des Vorgesetzen (CE)* (McNamara & Trumbull, 2009) sowie dem gezeigten Führungsverhalten des Vorgesetzten bestimmt, welches idealerweise für bestmögliche Führungsergebnisse einer Mischung aus *transformationalem Führungsverhalten (TFV)* und *Servant Leadership (SL)* entspricht (McNamara & Trumbull, 2009; Nicholson, 2013; van Vugt & Ahuja, 2010) und wurde entsprechend operationalisiert.

Die Tatsache, dass sich der vermutete Zusammenhang zwischen *wahrgenommener Qualität der Führung (WFV)* und dem *Follower-OCB-Verhalten (OCB)* jedoch weder für die Gesamtstichprobe noch für die einzelnen Followertypen nachweisen lässt, könnte darauf schließen lassen, dass der angenommene Beitrag der Führungskraft bezüglich des organisationalen Erfolgs tatsächlich überschätzt wird und andere Einflussgrößen, wie z.B. die *Identifikation mit den Zielen und der Vision der Organisation (IZV)* seitens der Follower, für das wünschenswerte Followerverhalten maßgeblich sind. Autoren, wie z.B. Meindl et al. (1985) sowie Eden und Leviatan (1975) nehmen eine followerzentrierte Perspektive ein und konstatieren, dass die Bedeutung von Führung im Vergleich zu anderen alternativen Parametern in Bezug auf den organisationalen Erfolg überbewertet wird und die subjektive Einschätzung der wahrgenommenen Qualität der Führung von Followern ausschließlich auf deren persönlicher Konstruktion idealtypischer Führung basiert, anstelle das tatsächliche Führungsverhalten des Vorgesetzten zu bewerten. Auch sind an dieser Stelle Ansätze wie *Self-Management* (Manz & Sims, 1980) und *Self-Leadership* (Manz, 1986; Neck & Manz, 2010) zu erwähnen, die postulieren, dass sich Follower ohne direkte Einflussnahme durch Vorgesetzte selbst führen können. Ein weiterer Grund könnte zudem sein, dass Follower gemäß des *Handicap-Prinzips* die kostspieligen OCB Verhaltensweisen nur dann demonstrieren (Deutsch Salamon & Deutsch, 2006; Zahavi, 1995; Zahavi & Zahavi, 1999), wenn sie entsprechend ihrer Selbsteinschätzung auch tatsächlich über die zugrundeliegenden Qualitäten verfügen und sich diese Verhaltensweisen erlauben können (*costly signaling*). Dieses verlässliche Signal über immanente Fähigkeiten der Follower könnte demzufolge nicht durch externe Einflussgrößen, die außerhalb der Sphäre der Follower liegen, beeinflusst werden, weshalb sich kein Zusammenhang mit der wahrgenommenen Qualität der Führung zeigt.

Die in der vorliegenden Dissertation generierten Ergebnisse widersprechen anderen Studien, die einen Zusammenhang zwischen Führungsverhalten und OCB nachweisen konnten (Coyle-Shapiro, 2002; Masterson, Lewis, Goldman, & Taylor, 2000; Moorman, Blakely, & Niehoff, 1998; Robinson & Morrison, 1995). Andere Autoren, wie z.B. Thau, Bennett, Stahlberg und Werner (2004) monieren diesbezüglich allerdings die mangelnde Berücksichtigung von Kontextfaktoren in der OCB-Forschung, die teilweise erhebliche moderierende Einflüsse auf das OCB-Verhalten zeigen und daraufhin mögliche Effekte und Einflüsse aufgrund des Verhaltens der Vorgesetzten angenommen werden, bzw. diese eventuell überschätzt werden, die in der Form gar nicht existieren. Dies zeigte sich auch in der vorliegenden Arbeit bei der Berechnung der einfachen Regression bezüglich des *Einflusses der wahrgenommenen Qualität des Führungsverhaltens (WFV)* und dem *Follower-OCB-Verhalten (OCB)* (vgl. Anhang I). Im Rahmen der einfachen Regression von WFV auf OCB, ohne die entsprechende Berücksichtigung der Wechselwirkung sowie des gleichzeitigen Einflusses der Identifikation mit den Zielen und der Vision der Organisation auf das Follower-OCB-Verhalten wie bei der Berechnung nach dem allgemeinen linearen Modellansatzes, konnte ein - wenn auch geringer - Effekt identifiziert werden. Dieser entsprach für die Gesamtstichprobe einem β-Wert von ,265 und das Modell lieferte eine Varianzaufklärung von 7,0 %.

Weiterhin war für die vorliegende Dissertation im Rahmen der Forschungshypothese 4 von Interesse, ob die wahrgenommene Qualität des Führungsverhaltens von Vorgesetzten in Zusammenhang mit der Folgebereitschaft der Follower in Bezug auf den Vorgesetzten steht, was sowohl für die Gesamtstichprobe (part. Eta² = ,481) als auch für alle Followertypen (part. Eta² = zwischen ,316 und ,620) bestätigt werden konnte. Auch wenn sich zeigt, dass die wahrgenommene Qualität des Führungsverhaltens letztendlich nicht die tatsächlichen Verhaltensweisen beeinflussen kann, die Follower im organisationalen Kontext in Form von OCB demonstrieren, hat sie doch eine starke Auswirkung darauf, ob sich Follower der Führungskraft unterordnen und ihr folgen oder nicht. Die für die vorliegende Dissertation anhand umfassender Literaturrecherche getroffene Arbeitsdefinition zu Followership bezeichnet das Phänomen als komplementäre Strategie zu Leadership und als temporäre, freiwillige Ausübung einer untergeordneten Rolle zur Erreichung gemeinsamer Ziele und einer gemeinsamen Vision. Die zentrale Betonung liegt hierbei auf der Freiwilligkeit der Annahme der Followerrolle. Ein Umstand der von den meisten Autoren zu Followershipverhalten ausgeblendet wird, wenn es um die Definition von Followern geht (Kellerman, 2008; Kelley, 1988, 1992; Steger et al., 1982; Zaleznik, 1965).

Leadership wird hingegen definiert als die temporäre Ausübung einer übergeordneten Rolle und wird als interaktiver Prozess der Einflussnahme auf eine Gruppe zum Zweck der Erreichung gemeinsamer Ziele verstanden, dessen Qualität von der Beziehung zu der zu führenden Gruppe und den Gruppenmitgliedern abhängt. Es wurde vermutet, dass die Beziehungsqualität zwischen Follower und Leader sowohl auf einem positiven Arbeitsverhältnis zwischen den beiden basiert, als auch auf gegenseitigem Vertrauen und wie gut man einander kennt und einander einschätzen kann (Graen & Uhl-Bien, 1995; Schyns & Paul, 2002). Im Rahmen der evolutionspsychologischen Führungstheorien wird angenommen, dass sich Follower nur dann zur gemeinsamen Zielerreichung unterordnen und folgen, wenn sie darauf vertrauen können, dass der Leader seinen fairen Anteil der Gruppe gegenüber leistet und die Gruppenmitglieder nach Erreichen der Zielsetzung nicht hintergeht. Daher spielen prosoziale Verhaltensweisen (Den Hartog et al., 1999; Gillet et al., 2011) und die positive Charaktereinschätzung des Vorgesetzten ebenfalls eine wesentliche Rolle bei der Annahme von Führung (McNamara & Trumbull, 2009; van Vugt, 2012; van Vugt & Ahuja, 2010). Weiterhin wurden transformationale Führungsverhaltensweisen (Carless et al., 2000) und Servant Leadership (Liden et al., 2015) in die Operationalisierung für die wahrgenommene Qualität des Führungsverhaltens aufgenommen, da abermals das Aufzeigen einer erstrebenswerten Vision seitens des Leaders für die Follower sowie die Tatsache, dass Leader sogar Einbußen in Kauf nehmen, um ein gemeinsames Ziel zu erreichen, bei diesen Führungsstilen betont werden.

Die Vermutung liegt nahe, dass stets die zu erreichende gemeinsame Vision und die gemeinsame Zielsetzung einer Gruppe im zentralen Fokus stehen. Während van Vugt und Ahuja (2010) annehmen, dass es bei der Ausübung von Followership darum geht, als Follower seine eigenen Ziele beiseite zu stellen und die Ziele des Leaders zu adaptieren, argumentiert Monö (2013) hingegen, dass Followership nur dann entstehen kann, wenn sich Follower ein *gemeinsames* Ziel mit dem Leader und den Co-Followern teilen und sich infolgedessen dazu entscheiden, die Führung des Leaders temporär anzunehmen. Monö (2013) geht so weit zu sagen, dass die gemeinsame Vision der Leader und der Follower der einzige Grund ist, warum sich eine Gruppe überhaupt zusammenschließt, da sie festlegt, was die Gruppe gemeinsam erreichen möchte.

Dementsprechend stellt er fest: „This is why a true follower is just as committed to following, as a leader is to leading; they both want to achieve the same thing - the vision" (S.61). Weiterhin betont er die die Wichtigkeit spezifischer Ziele, um die gemeinsame Vision erreichen zu können, bemerkt jedoch auch, dass manche Gruppen sich als Leader und Follower lediglich zusammenschließen, um ein kurzfristiges Ziel anzustreben und sich nach dessen Erreichung wieder auflösen, was ebenfalls der vorgestellten Denkrichtung der konstruktionistischen Followershipansätze entspricht (DeRue & Ashford, 2010; Fairhurst & Uhl-Bien, 2012; Uhl-Bien et al., 2014). Es kann also folglich vermutet werden, dass es für das Followershipverhalten und die Annahme der Führung wesentlich ist, ob sich ein Individuum persönlich mit einer bestimmten Zielsetzung identifizieren kann und sich Führungskräften nicht aufgrund deren Persönlichkeiten unterordnet, sondern in Folge der Abwägung, ob der Leader den Followern zur Erreichung der Zielesetzung nützlich sein kann. Eine positiv wahrgenommene Qualität des Führungsverhaltens des Vorgesetzten, entsprechend der oben beschriebenen Komponenten (*LMX, CE, TFV und SL*) beeinflusst die Zusammenarbeit zur Erreichung der gemeinsamen Vision und Zielsetzung dabei positiv und führt zur Folgebereitschaft von Followern.

Dieser Argumentation folgend und aufgrund der angenommenen hohen Relevanz der persönlichen Identifikation mit der Vision und den Zielen der Organisation seitens der Follower, um sich für selbige in Form entsprechender für die Organisation wünschenswerter Verhaltensweisen zu engagieren, führte zur Forschungshypothese fünf, bei der angenommen wurde, dass die *persönliche Identifikation mit den Zielen und der Vision der Organisation (IZV)* im Zusammenhang mit dem *Follower-OCB-Verhalten* steht. Dieser Zusammenhang ließ sich sowohl für die Gesamtstichprobe (part. Eta^2 = ,164) als auch für alle Followertypen (part. Eta^2 = zwischen ,085 und ,255) nachweisen. Wenn jedoch entsprechend der Argumentation von Deutsch Salamon und Deutsch (2006) OCB-Verhaltensweisen als kostspieliger Signalmechanismus angesehen werden, dessen Demonstration auf die zugrundeliegenden immanenten Fähigkeiten von Followern hinweisen, stellt sich die Frage, weshalb diese Verhaltensweisen häufiger gezeigt werden, wenn sich die Follower mit der Vision und den Zielen der Organisation identifizieren. Als mögliche Begründung kann angenommen werden, dass Follower, die sich weniger mit der Vision und den Zielen der Organisation identifizieren, sich gleichzeitig weniger mit der Organisation verbunden fühlen und dementsprechend z.B. geringere Wechselbarrieren gegenüber einem neuen Arbeitgeber verspüren. Da die Signalwirkung von OCB-Verhalten als Investition in die Karriere innerhalb der eigenen Organisation gewertet werden kann, sind Follower, die einen möglichen Wechsel des Arbeitgebers stärker in Betracht ziehen, weniger motiviert, die entsprechenden Verhaltensweisen zu demonstrieren, da die investierten Kosten in Form von OCB im Falle des Arbeitsplatzwechsels umsonst sind, da sie keinen Einzug in formale Leistungsbeurteilungen finden (Deutsch Salamon & Deutsch, 2006). Diese Argumentation entspricht auch den Erkenntnissen anderer Autoren, die belegen, dass OCB-Verhalten seltener von Followern gezeigt wird, die über eine hohe Wechselbereitschaft in Bezug auf den Arbeitsplatz verfügen (Hui, Law, & Chen, 1999) oder den externen Arbeitsmarkt außerhalb der eigenen Organisation als attraktiver empfinden und ihre Wechselaussichten positiv beurteilen (Thau et al., 2004). Obwohl aus evolutionspsychologischer Perspektive die Vermutung OCB als kostspieligen Signalmechanismus anzusehen plausibel erscheint, muss dies nicht notwendigerweise die einzige Erklärung sein, weshalb Follower derartige Verhaltensweisen demonstrieren, sondern sollte eher in Form eines ergänzenden Aspekts betrachtet werden. So kann weiterhin angenommen werden, dass Follower in Übereinstimmung mit anderen evolutionären Ansätzen OCB-Verhalten nicht nur zeigen, um die eigenen überlegenen Fähigkeiten zur Schaue zu stellen, sondern auch, um den Erfolg der Gruppe bzw. der eigenen Organisation zu sichern und damit aus altruistischen Leitmotiven heraus handeln, um dem Wohle anderer zu dienen (Buss, 2004; McNamara & Trumbull, 2009; van Vugt, 2012).

Weiterhin galt es im Rahmen der Forschungshypothesen sechs bis acht der quantitativen Untersuchung herauszufinden, ob die Zusammenhänge zwischen *der wahrgenommenen Qualität des Führungsverhaltens (WFV)* und dem *Follower-OCB-Verhalten (OCB)* (*Hypothese 6*), der *wahrgenommenen Qualität des Führungsverhaltens (WFV)* und der *Folgebereitschaft (FB)* (*Hypothese 7*) sowie der *Identifikation mit den Zielen und der Vision der Organisation (IZV)* und dem *Follower-OCB-Verhalten (OCB)* (*Hypothese 8*) durch den Followertyp beeinflusst werden. Wie bereits in diesem Abschnitt bei der Interpretation der quantitativen Ergebnisse aufgeführt, konnte für keinen der Followertypen ein Zusammenhang zwischen der *Führungsqualität* und dem *Follower-OCB-Verhalten* aufgezeigt werden. Die für die Gesamtstichprobe nachgewiesenen Zusammenhänge zwischen der Führungsqualität und der Folgebereitschaft (VA = 48,1 %) ließ sich auch für die verschiedenen Followertypen replizieren. Am besten konnte die Folgebereitschaft aufgrund der wahrgenommenen Qualität der Führung für die *Blender* vorhergesagt werden (VA = 62,0 %), gefolgt von den *Experten* (VA = 56,9 %), den *Mitläufern* (VA = 56,4 %), den *Aspiranten* (VA = 48,2 %) und den *Bedürftigen* (VA = 31,6 %). Der für die Gesamtstichprobe nachgewiesene Zusammenhang zwischen der *Identifikation mit den Zielen und der Vision der Organisation (IZV)* und dem *Follower-OCB-Verhalten (OCB)* (VA = 16,4 %), lässt sich ebenfalls für die unterschiedlichen Followertypen aufzeigen. Am besten kann das OCB-Verhalten durch die Identifikation mit den Zielen und der Vision der Organisation für die *Bedürftigen* (VA = 25,5 %) vorhergesagt werden, gefolgt von den *Blendern* (VA = 21,6 %), den *Mitläufern* (VA = 13,5 %), den *Experten* (VA = 12,0 %) und den *Aspiranten* (VA = 8,5 %). Auf welche Weise sich die verschiedenen Followertypen genau unterscheiden, wird im Folgenden im Rahmen der Interpretation und Einordnung der qualitativen Ergebnisse diskutiert.

5.2.2 Interpretation und Einordnung der qualitativen Ergebnisse

In der qualitativen Untersuchung wurde die Zielsetzung verfolgt, die in der Online-Befragung verwendeten Skalen und aufgedeckten Zusammenhänge zu validieren und die bisherigen Auswertungsergebnisse zu vertiefen. Weiterhin wurde versucht, zusätzliche Einflussfaktoren auf das Followershipverhalten zu identifizieren, die im Rahmen der Literaturrecherche möglicherweise unentdeckt blieben sowie herauszufinden, warum sich die einzelnen Followertypen im Speziellen dazu entscheiden zu folgen und wie sie ihre Rolle als Follower ausüben. Auch war von Interesse, ob sich bestimmte Verhaltensweisen von Führungskräften feststellen ließen, die zu deren Legitimation seitens der Follower führten sowie zu eruieren, wie hoch Follower ihren eigenen Beitrag und den des Vorgesetzten auf den organisationalen Erfolg bewerten.

Aufgrund des in der Onlinebefragung aufgedeckten positiven Zusammenhangs zwischen der Identifikation mit den Zielen und der Vision der Organisation und dem Follower-OCB-Verhalten, sollte dieser auch im Rahmen der Interviews überprüft werden. Zu diesem Zweck wurden die Befragungsteilnehmer gebeten zu beschreiben, inwieweit die Ziele und die Vision der Organisation, für die sie tätig sind, und die eigene Zielsetzung übereinstimmen sowie darzustellen, inwiefern sie selbst dazu beitragen, dass die Ziele und die Vision erreicht werden und die Organisation erfolgreich ist. Der in der Onlinebefragung aufgezeigte Zusammenhang ließ sich auch in Form der Interviews feststellen, indem alle Befragungsteilnehmer, die angaben, sich *voll und ganz* oder zumindest *überwiegend* mit den Zielen und der Vision der Organisation zu identifizieren, ihr eigenes Verhalten entsprechend des freiwillig demonstrierten *Organizational Citizenship Behaviors (OCB)* beschrieben. Personen, die angaben sich lediglich *teilweise*, *eher nicht* oder *gar nicht* mit den Zielen und der Vision der Organisation zu identifizieren, kennzeichneten ihr Verhalten, mit 40 % der Aussagen, als klassisches, arbeitsvertraglich einforderbares Verhalten (IRB). Erneut soll an dieser Stelle Erwähnung finden, dass die Einstufung, ob es sich bei dem beschriebenen Arbeitsverhalten der Interviewten um OCB- oder IRB-Verhalten handelt, auf der subjektiven Interpretation der Doktorandin basiert. Auch kann die Unterscheidung beider Konstrukte einer generellen Kritik unterzogen werden, indem nach wie vor strittig ist, welche Haltungen und Handlungsweisen konkret als freiwilliges, für Organisationen wünschenswertes Extrarollenverhalten zu werten sind, die nicht formal einzufordern sind und welche nicht im Rahmen des formalen Beurteilungssystems berücksichtigt werden sowie unklar bleibt, ob nicht eventuell eines der Verhalten doch zu Lasten des anderen geht (Borman & Motowidlo, 2014; Cheng, Chiu, Chang, & Johnstone, 2014; Deutsch Salamon & Deutsch, 2006; Kiker & Motowidlo, 1999).

Die durch die Interviews generierten Erkenntnisse stimmen mit den theoretischen Vorannahmen gemäß Monö (2013, 2015) überein, der argumentiert, dass die gemeinsame Vision und die gemeinsame Zielsetzung, sowohl als Leader und Follower als auch einer Organisation insgesamt, der ausschlaggebende Grund ist, warum sich eine Gruppe zusammenfindet und sich entsprechend engagiert. Diese Denkweise entspricht auch konkret den Aussagen einiger Befragungsteilnehmer, die beschreiben, dass sie sich lediglich aufgrund der Vision und der Zielsetzung der Organisation dazu entschieden haben, sich bei dieser zu bewerben und andere erklären, dass sie sich z.B. mittlerweile nach einem neuen Arbeitsplatz in einer anderen Organisation umsehen, da sie sich nicht mehr mit der Zielsetzung der eigenen Organisation identifizieren können. Neben Monö (2013, 2015) stellen auch andere Autoren fest, dass die Identifikation mit der organisationalen Zielsetzung und der Vision das Fundament für jegliche Einstellungen und Verhaltensweisen in Bezug auf die Arbeit ist, und Follower entsprechend je höher die Identifikation ist, desto stärker die Perspektive der Organisation einnehmen und zu deren Vorteil agieren (Dutton, Dukerich, & Harquail, 1994; Mael & Ashforth, 1992; van Dick, 2004; van Knippenberg & van Schie, E. C. M., 2000). Auch zeigte sich, dass 86,7 % der Befragungsteilnehmer, die sich *voll und ganz* oder *überwiegend* mit der Vision der Organisation identifizierten, sich vorstellen konnten, später selbst einmal eine führende Position einzunehmen, im Gegensatz zu lediglich 30,0 % der Befragten, die sich nur *teilweise*, *eher nicht* oder *gar nicht* mit den Zielen und der Vision identifizieren. Dies kann ebenfalls als Indiz interpretiert werden, dass Follower, die sich stark identifizieren, eher bereit sind, die verhältnismäßig kostspieligere Rolle als Führungskraft einzunehmen, um den organisationalen Erfolg und die Vision voranzutreiben sowie innerhalb der Organisation aufzusteigen.

Auch konnte die aufgrund theoretischer Vorannahmen getroffene Überlegung, dass sich Follower in erster Linie den Zielen der Organisation verpflichten und sich dann bei übereinstimmenden Zielen ihres Vorgesetzten und denen der Organisation dazu entscheiden, ihm zu folgen, als bestätigt angenommen werden. Von den Befragungsteilnehmer, die berichten, dass sowohl sie selbst als auch der Vorgesetzte sich mit der Vision und den Zielen der Organisation identifizieren, sehen über 80 % ihren Vorgesetzten als wirkliche Führungskraft an und bestätigen, die Führung von ihm anzunehmen und zu folgen. Beispielhaft sind hier die beiden nachfolgenden Zitate aufgeführt, die diesen Zusammenhang belegen: „…ich kann nur dann jmd. folgen, (…) wenn ich fast zu 100 % den Zielen, die derjenige Leader vorgibt, zustimme" (ML1 Abs.80) und „…ihr zu folgen bedeutet für mich (…) unseren Strategien zu folgen und damit ganz maßgeblich dazu beizutragen, dass die miteinander definierten Ziele umgesetzt werden." (ML2 Abs. 63). Dies stimmt mit den Annahmen der *Sozialen Identitätstheorie der Führung* nach van Knippenberg und Hogg (2003) überein, bei denen vor einer sozialpsychologischen Perspektive davon ausgegangen wird, dass Leader dann hervortreten und von der Gruppe akzeptiert werden, wenn sie sich besonders prototypisch für die Gruppe verhalten. D.h., je stärker Vorgesetzte die zentralen Gruppennormen, -werte und -ziel-setzungen vertreten, desto wahrscheinlicher werden sie als Führungskraft legitimiert und akzeptiert.

Weiterhin stellte sich die Frage, was gemäß den Befragungsteilnehmern als wünschenswertes Followerverhalten beschrieben wird, welches die Effektivität und die Effizienz von Organisationen begünstigt sowie zu deren Erfolg beiträgt (Organ, 1988) und ob die generierten Antworten mit der Operationalisierung des Konstrukts OCB nach Staufenbiel und Hartz (2000) übereinstimmten. Zu diesem Zweck wurden verschiedene Interviewfragen gemeinsam ausgewertet, u. a. die Fragen, inwiefern die Interviewten selbst zum Erfolg und der Zielerreichung der Organisation beitragen, was sie als gute Follower auszeichnet und was sie grundsätzlich unter Verhaltensweisen sowie Eigenschaften guter Follower verstehen. Die getroffenen Aussagen der Interviewten und die daraus gebildeten Antwortkategorien können größtenteils den Dimensionen der zum Einsatz gekommenen OCB-Subskalen zugeordnet werden (vgl. Abschnitt 4.6.1.5 und Anhang P für eine detaillierte Darstellung): Z.B. *Vorgaben einzuhalten, die Demonstration effektiver Arbeitsweisen, Wirtschaftlichkeit zu gewährleisten* und *Kundenzufriedenheit* sicherzustellen können der Dimension *Gewissenhaftigkeit (OCB-GE)* zugeordnet werden, Verhaltensweisen wie *Unterstützung, Teamwork* und *Kollegialität* sind der Dimension *Hilfsbereitschaft (OCB-HI)* zuzuweisen und über eine *gute Moral* und *positive Einstellung* zu verfügen sowie *Anpassungsfähigkeit* und *Offenheit* zu demonstrieren korrespondiert mit der Dimension *Unkompliziertheit (OCB-UK)*. Weiterhin wurde von den Interviewten häufig geäußert, durch *Verbesserungsvorschläge* zur Zielerreichung und zum Erfolg der Organisation beizutragen, *Innovationen und Trends* einzubringen, *sich regelmäßig fortzubilden* und sich mit *Kollegen* auszutauschen sowie *selbstständig zu arbeiten* und sich *seiner eigenen Stärken bewusst zu sein und diese gewinnbringend einzusetzen*, was der *Dimension Eigeninitiative (OCB-EI)* entspricht.

Gerade die Dimension Eigeninitiative erschien besonderes relevant und wurde in ähnlicher Weise auch von anderen Autoren verwendet, um Follower entsprechend ihrer gezeigten Verhaltensweisen zu kategorisieren. So wählten Zaleznik (1965) und Kelley (1988, 1992) ein *Aktiv-Passiv-Kontinuum*, um proaktive und selbstständige Verhaltensweisen der Follower abzustufen, Steger et al. (1982) verwenden thematisch passend ein Kontinuum des beruflichen *Weiterentwicklungsbestrebens (engl.: enhancement of self)* und Kellerman (2008) wählte ein Verhaltenskontinuum entsprechend des gezeigten *Engagements* der Follower. Die am häufigsten getroffene Aussage der Interviewten (mit 80 % der Nennungen), wie sie persönlich zum Erfolg der Organisation beitragen und was für sie einen guten Follower auszeichnet, ist jedoch die Fähigkeit, *Sachverhalte kritisch zu hinterfragen.* Eine Dimension, die auch von Kelley (1988, 1992) in Form eines *Critical-Thinking-Kontinuums* sowie von Chaleff (1995) durch ein *Low-High-Challenge-Kontinuum* in die Diskussion zur Unterscheidung von guten und schlechten Followern in die wissenschaftliche Diskussion eingebracht wurde. Eine weitere Verhaltensweise, die die Interviewten im Zusammenhang mit guten Followereigenschaften und dem Beitrag zum Erfolg der Organisation benannten, war *Unterordnung und Gehorsam* im Sinne der Zielerreichung (mit 40 % der Nennungen). Die Fähigkeit, sich selbst zurückzunehmen, um die gemeinsame Vision der Gruppe zu erreichen, entspricht der Arbeitsdefinition von Followern der vorliegenden Dissertation. Sowohl die Kategorie *kritisch zu denken,* als auch *sich unterordnen zu können,* fand allerdings im Rahmen des Messinstruments OCB nach Staufenbiel und Hartz (2000) keine Berücksichtigung. Zusammenfassend ist an dieser Stelle festzuhalten, dass sich das Messinstrument OCB als gute Basis erwiesen hat, wünschenswerte Followerverhaltensweisen zu erfassen, jedoch noch um einige weitere Dimensionen ergänzt werden sollte, um ein umfassendes Bild der wichtigen Verhaltensweisen für gutes Followership entsprechend der Interviewaussagen darzustellen.

Ebenso sollte der im Rahmen der Onlinebefragung aufgedeckte positive Zusammenhang zwischen der wahrgenommenen Qualität des Führungsverhaltens und der Folgebereitschaft der Follower näher betrachtet werden. Dementsprechend war es von Interesse, welche Verhaltensweisen und Eigenschaften die Interviewten bezüglich eines guten Vorgesetzten nannten und wie sie eine positive Zusammenarbeit mit dem Vorgesetzten charakterisierten. Am wichtigsten waren den Interviewten hierbei die *Unterstützung und Hilfestellung* durch den Vorgesetzten (52 %) sowie ein *unhierarchischer Umgang* (40 %). Aber auch Aspekte wie wirkliches *Interesse am Mitarbeiter als Mensch* (36 %), *Sympathie* (36 %) und *Vertrauen* (36 %) wurden betont. Weitere thematisch verwandte Kategorien waren die *gute Arbeitsatmosphäre* (24 %), *gegenseitige Wertschätzung* (20 %) und *Arbeiten auf Augenhöhe* (16 %). Dies entspricht den Annahmen der evolutionären Führungstheorien, die die bevorzugte Führung als informell, in gegenseitigem Einvernehmen, als demokratisch und als situativ gestaltet beschreiben, da dies dem sich über mehrere Millionen Jahre entwickelten Führungsverständnis aufgrund des Zusammenlebens unserer Vorfahren in familiären Gemeinschaften und egalitären Zusammenschlüssen entspricht (Price & van Vugt, 2015; van Vugt, 2012; van Vugt & Ahuja, 2010).

Gemäß den evolutionären Führungstheorien wurde zudem vermutet, dass diejenigen, die von der Gruppe als Leader akzeptiert werden, Persönlichkeiten darstellen, die in Anbetracht des zu lösenden Problems über überlegene Fähigkeiten verfügen, Chancen und Bedrohungen in der Umwelt zu identifizieren und geeignete Lösungen zu präsentieren (van Vugt, 2006; Vaughn et al., 2010). Dies wurde von den Interviewten bestätigt, indem sie betonten, das *Engagement und die Leistungsorientierung* (40 %) sowie die *Kompetenz und Entscheidungsfreudigkeit* am Vorgesetzten besonders zu schätzen (36 %). Als wichtigsten Vorteil in der Ausübung der eigenen Followerrolle geben sie an, selbst *weniger Verantwortung* tragen zu müssen (40 %), *vom Vorgesetzten lernen* zu können (32 %) und *weniger Druck* ausgesetzt zu sein (32 %). Insbesondere der Aspekt des Lernens vom Vorgesetzten in Bezug auf das zu lösende Problem zeigte besondere Relevanz, indem 68 % der Interviewten angeben, dass es ihnen wichtig ist, von der Erfahrung des Vorgesetzten zu profitieren und sich selbst dementsprechendes Wissen und Verhaltensweisen anzueignen. Dies entspricht auch den Annahmen von McNamara und Trumbull (2009) sowie von van Vugt und Ahuja (2010), die es als eine der vorwiegenden Aufgaben des Leaders ansehen, die Follower zu fördern und sie weiterzuentwickeln. Entsprechend kennzeichnen die Interviewten die Mitarbeiterentwicklung in Bezug auf eine positive Zusammenarbeit mit dem Vorgesetzten (36 %) und heben den Aspekt Karrieremöglichkeiten zu schaffen und die persönliche Weiterentwicklung auch vor dem Hintergrund der Frage hervor, was der Vorgesetzte für sie tut (44 %).

Erneut soll an dieser Stelle Erwähnung finden, dass es sich hierbei nicht um grundsätzlich überlegene Fähigkeiten des Leaders handelt, sondern um überlegene Fähigkeiten in Bezug auf eine spezifische Situation oder Aufgabe. Betrachtet man die Antwortkategorien auf die Fragen, welche Eigenschaften, Verhaltensweisen und Kompetenzen gute Vorgesetzte auszeichnen und welche gute Follower, so fällt auf, dass sich die getroffenen Aussagen stark ähneln. In beiden Fällen werden prosoziale Verhaltensweisen und Sozialkompetenzen wie *Teamwork, Unterstützung und Hilfestellung, Offenheit und Ehrlichkeit, Empathie, Zuhören können, klare Kommunikation,* sowie *Ausgeglichenheit* und eine *positive Einstellung* herausgestellt, aber auch *Fachwissen und fachliche Kompetenz* von beiden Seiten. Die Tatsache, dass die gewünschten Eigenschaften und Verhaltensweisen von erfolgreichen Leadern und Followern größtenteils übereinstimmen, kann ebenfalls als Indiz dafür gewertet werden, dass es sich bei beiden Rollen um eine temporäre Ausübung je nach zu lösender Aufgabe bzw. Problem handelt. Im Sinne der temporären Ausübung von Followership stellt Aspirant 1 heraus:

> Ich verstehe Hierarchien und wenn jemand leitet, erkenne ich das. Das muss nicht nur hier an Bord sein, wo klar ist, dass der Kapitän das Sagen hat. Das kann auch bei einer Gruppenarbeit, wie früher einmal in Seminaren, der Fall sein, wo keiner der Kapitän ist, sondern eigentlich alle gleich sind. Aber trotzdem kristallisieren (sich Leute heraus), bei denen man merkt, die nehmen das Zepter in die Hand. Die leiten das. Ich akzeptiere das, auch wenn ich wüsste, ich könnte das auch. Ich frage mich dann, was braucht der? Und wie kann ich den so unterstützen, dass ich, wenn ich in seiner Position wäre denke, der hilft mir dabei sehr gut weiter? (AS1 Abs. 38)

Auch in Bezug auf die vorgenommene Einteilung der Followertypen ist festzuhalten, dass es sich dabei um einen temporären Zustand handelt, der nicht statisch ist und in Abhängigkeit verschiedener proximaler Einflüsse veränderbar ist. So stellte auch bereits Monö (2013) in übereinstimmender Weise fest, dass das Ausmaß an Followership je nach Vision oder Zielsetzung der Gruppe, dem Vorgesetzten, den anderen Followern, der sozialen Umgebung, den geplanten Handlungen der Gruppe oder der momentanen physischen und psychischen Situation der Beteiligten variieren kann.

Da sich bezüglich der Folgebereitschaft der unterschiedlichen Followertypen in der Onlinebefragung keine signifikanten Unterschiede zwischen den Gruppen identifizieren ließen, war im Rahmen der Interviews von besonderem Interesse, was es für die einzelnen interviewten Follower bedeutete, der Führungskraft zu folgen. Die getroffenen Aussagen konnten dabei zu vier Kategorien zusammengefasst werden: Ein gemeinsames Ziel mit der Führungskraft zu verfolgen (36 %), gemeinsame Werte mit der Führungsperson zu teilen und Vertrauen in die Person sowie die gemeinsame Zielsetzung zu haben (28 %), sich darüber bewusst zu sein, dass es sich bei der Ausübung des Folgens um einen persönlichen Lernprozess handelt, im Rahmen dessen defizitäre Eigenschaften und Verhaltensweisen durch die Anleitung des Leaders verbessert werden können (20 %) sowie zu wissen, dass man sich zum Wohle eines gemeinsamen Zieles gegebenenfalls der Führungskraft unterordnen muss und seine eigenen Interessen temporär beiseite stellt (16 %).

Die Beweggründe und die entsprechenden Vorteile zu folgen stellen sich dabei für jeden Followertyp differenziert dar. Dennoch kann jeder der Interviewten Vorteile in der Rolle des Followers erkennen und weiterhin Vorzüge aufzählen, weshalb es positiv ist, einen Vorgesetzten bzw. eine Führungskraft zu haben. Die vor dem Hintergrund der Theorie vermutete negative Konnotation mit den Begriff Follower (Agho, 2009; Bjugstad et al., 2006; Crossman & Crossman, 2011; Hurwitz & Hurwitz, 2015) zeigte sich demnach in den Interviewergebnissen nicht in der angenommenen Stärke. Lediglich 33 % der Befragungsteilnehmer sahen den Begriff als negativ assoziiert, 25 % werteten den Begriff positiv und die Mehrheit mit 42 % war neutral gegenüber dem Begriff eingestellt. Durch ihre hohe Führungsmotivation bedingt, äußerten sowohl die Aspiranten als auch die Blender, selbst eine Führungsposition einnehmen zu wollen und nannten als primären Grund zu folgen, die Möglichkeit, sich durch die Einnahme der untergeordneten Rolle wichtige Fähigkeiten für die Ausübung der Führungsrolle aneignen zu können und schätzen es, von der Vorbildfunktion der Führungskraft zu profitieren. Der Unterschied der beiden Followertypen liegt in der Einschätzung der eignen Fähigkeiten. Während für die Aspiranten vollkommen klar zu sein scheint, dass sie selbst einmal in der Zukunft die Rolle einer Führungskraft einnehmen werden, stellt dies für die Blender einen möglichen, aber erstrebenswerten Zielzustand dar. Die Beweggründe zu folgen für die Experten und die Bedürftigen liegen vorrangig darin, selbst nicht dem immensen Druck und der hohen Verantwortung ausgesetzt sein zu wollen und schätzen in Bezug auf ihre Führungskraft insbesondere die Rückendeckung, die sie von ihm erhalten. Der vorrangige Unterschied der beiden Followertypen liegt darin, dass sich Bedürftige aufgrund der geringeren Einschätzung ihrer Fähigkeiten die Rolle als Leader häufig noch nicht zutrauen und der Meinung sind, sich erst weiterentwickeln oder fortbilden zu müssen. Experten, die ihre Fähigkeiten höher bewerten, äußern, dass sie die Rolle wegen ihrer persönlichen Präferenz des Followerparts gegenüber oder zwecks zu hoher Opportunitätskosten generell nicht einnehmen möchten und lehnen allesamt die Einnahme einer übergeordneten Führungsrolle ab. Die Mitläufer als letzte verbleibende Followergruppe schwimmen, wie der Name bereits andeutet, gerne mit dem Strom mit und bringen sich für ein gemeinsames Ziel ein, ohne sich jedoch übermäßig engagieren zu müssen und schätzen daher ebenfalls die Rückendeckung und die Kompetenz der Führungskraft.

Die zugrundeliegende Denkrichtung von van Vugt und Ahuja (2010) sowie von Nicholson (2013) Individuen, entsprechend ihrer Einschätzung der eigenen Fähigkeiten und ihrer Motivation andere zu führen, zu kategorisieren erwies sich sowohl anhand der quantitativen Onlinebefragung als auch anhand der Interviews als empirisch begründbar und lieferte Erkenntnisse bezüglich der Zusammenhänge, warum sich Follower dazu entscheiden zu folgen und wie sie ihre Rolle als Follower ausüben. Die Analyse der spezifischen Beweggründe, weshalb sich die einzelnen Followertypen einer Führungskraft anschließen und folgen, beruht bislang jedoch auf einer sehr geringen Stichprobengröße von 5 Probanden pro Followertyp, so dass hier weitere Forschungsanstrengungen notwendig sind, um Gemeinsamkeiten unter den gleichen Followertypen und Unterschiede zwischen den verschiedenen Followertypen detaillierter herauszuarbeiten. Die theoretische Unterteilung der Followertypen nach van Vugt und Ahuja (2010) in *Apprentices, Disciples, Loyalists, Supporter* und *Subordinates* konnte wie bereits im Theorieteil der Dissertation vermutet, so nicht dezidiert unterschieden werden. Auch die Einteilung der selbigen Autoren bezüglich der von ihnen vorgeschlagenen evolutionär angestammten Führerprototypen in *Teacher, Warrior, Scout, Diplomat, Arbiter* und *Manager* zeigte sich entsprechend der Interviewergebnisse in der Form nicht. Allerdings lieferten beide Unterscheidungen hilfreiche Hinweise dafür, welche Beweggründe Follower dazu veranlassen zu folgen bzw. welche Verhaltensweisen Follower aufgrund des über Millionen von Jahren vermuteten herausgebildeten immanenten Führungsverständnisses an ihren Leadern zu schätzen wissen und welche Prämissen für erfolgreiche Zusammenarbeit zur Erfüllung einer gemeinsamen Zielsetzung hilfreich erscheinen. Diese Hinweise konnten in die Operationalisierung des Forschungsgegenstandes einfließen und verhalfen dazu, zusätzliche Erkenntnisse zu Followership und Führungsverhalten aus evolutionspsychologischer Perspektive aufzudecken.

5.3 Beitrag der evolutionspsychologischen Perspektive

Um den Prozess der Führung und des Folgens besser zu begreifen, wurden in der akademischen Führungsforschung in den letzten Jahrzenten zahlreiche Theorien entwickelt, die je nach eingenommener Perspektive und Schwerpunktsetzung eine Vielzahl an Leadership- und Followershipkonzepten hervorbrachten (siehe hierzu Kapitel zwei). Kontinuierlich entwickeln sich weitere Theorien, die den traditionellen Ansätzen hinzugefügt werden. Von daher stellt sich die Frage, welchen Nutzen es birgt, Followership und Führungsverhalten zusätzlich vor einem evolutionspsychologischen Hintergrund zu betrachten.

Im Gegensatz zu anderen Strömungen im Rahmen der Psychologie, möchte die Evolutionspsychologie nicht *neben* anderen Disziplinen oder Theorien eingereiht werden, sondern erhebt den Anspruch, für die verschiedenen Disziplinen und Theorien innerhalb der Psychologie eine unentbehrliche *Grundlage* zu sein (Buss, 2004). Sie stellt eine Synthese der modernen Prinzipien der Psychologie sowie der Evolutionsbiologie dar (Dunbar & Barrett, 2007) und hebt sich von anderen psychologischen Forschungsfeldern und der weit verbreiteten isolierten Entwicklung psychologischer Sparten wie der Kognitions-, Sozial-, Persönlichkeits- oder Entwicklungspsychologie ab (Buss, 2003), indem sie als konzeptionelles Werkzeug oder Meta-Theorie versucht, ein neues theoretisches Paradigma zu formen und nicht ausschließlich Mini-Theorien zur Erklärung einzelner besonderer Gruppen von Phänomenen entwickelt (Buss, 2003, 2016; Roberts et al., 2012). Die Betrachtung der Theorien zu Followership und Führungsverhalten aus evolutionspsychologischer Perspektive soll die bisherigen Theorien der akademischen Führungsforschung demnach nicht ersetzen, sondern eine ergänzende Sichtweise bieten und die einzelnen aufgestellten Ansätze der verschiedenen psychologischen Disziplinen miteinander in Verbindung setzen.

Wie in Abschnitt 2.7 dargestellt, ist es vor dem Hintergrund der Evolutionspsychologie und in Anlehnung an das erweiterte Konzept der Verhaltensbetrachtung nach Tinbergen (1969) möglich, sich nicht lediglich mit in erster Instanz wünschenswerten Eigenschaften und Verhaltensweisen von Followern und Leadern auseinanderzusetzen, sondern die Fragestellung aus einer erweiterten Perspektive zu beleuchten und eine Antwort auf die Frage zu geben, welchen adaptiven Wert Followership und Leadership haben und warum sich die Phänomene im Verlauf unserer Evolution herausgebildet haben. Die evolutionspsychologischen Fragestellungen befassen sich demnach mit den ultimaten Faktoren von Followership und Leadership, anstelle, wie sozialwissenschaftliche Ansätze, ausschließlich die proximaten Faktoren zu betrachten. Dabei bedient sich die Evolutionspsychologie der Erkenntnisse anderer Forschungsbereiche wie u. a. der Anthropologie, der Archäologie, der Ethologie, der Genetik, der Paläontologie, der Soziobiologie und der Hirnforschung, um zu möglichst verlässlichen Aussagen zu gelangen (Buss, 2004; Rindermann, 2003; Schneider, 2009). Diese Disziplinen erheben den Anspruch, menschliches und tierisches Verhalten, seine Ziele und Motivation in von Moral- und Idealvorstellungen unbelasteter Weise zu beschreiben und am Ende den stets im Vordergrund stehenden Reproduktionserfolg zu erklären, ungeachtet von subjektiven Gründen und Motiven des Handels sowie des persönlichen Erlebens des Einzelnen. Auf diese Weise erscheint alles erklärbar zu sein und ein Gegenentwurf, der evolutionäre Ansätze widerlegen könne, scheint nicht zu existieren (Rindermann, 2003).

Dennoch ist es für eine umfassende Betrachtung von Followership und Leadership essentiell, sich nicht nur auf reproduktive Vorteile eines Verhaltens zu konzentrieren, sondern stets proximate und ultimate Verhaltensbegründungen heranzuziehen. Für eine rein objektive, von außen vorgenommene evolutionäre Analyse von Verhalten sind subjektive Gründe und Motive des Handelns und Erlebens konzeptuell irrelevant und eine Vielfalt von Erlebensformen fällt zusammen auf eine einzige Dimension der Funktionalität für genetische Reproduktion. Soziale und individuelle Differenzen wie die persönliche Entwicklungsgeschichte, die jedoch zentrale Gegenstände der Humanwissenschaften darstellen, werden dabei außer Acht gelassen. Zur vollständigen Beschreibung von Verhaltensformen kann aber auf derartige Aspekte nicht verzichtet werden, was gleichzeitig die inhaltlichen Grenzen des evolutionären Ansatzes darstellt, da menschliches Verhalten in starkem Maße abhängig ist von der individuellen und kollektiven

Lerngeschichte, von persönlichen Erfahrungen und gesellschaftlichen Traditionen (Rindermann, 2003).

Diese subjektiven und individuellen Einflüsse entsprechen den proximaten Faktoren (Verursachung und Ontogenese), die alle Prozesse zusammenfassen, die sich direkt auf das Followership- bzw. Führungsverhalten auswirken und beschreiben, wie das individuelle Verhalten von inneren Bedingungen, äußeren Auslösern, sozialen Bindungen und persönlichen Entwicklungsvorgängen unmittelbar beeinflusst wird. Da Menschen dazu neigen, ihr biosoziales Wesen an sich wandelnde Lebensumstände anzugleichen (Krumm & Parstorfer, 2014), kann das individuelle Follower- und Führungsverhalten im Rahmen sich verändernder proximater Faktoren variieren und ist daher als dynamisch anzusehen. Eine Verhaltensbeschreibung (hier das gezeigte Ausmaß an Followership in Form der wünschenswerten Followerverhalten und der Folgebereitschaft) bzw. eine Kategorisierung von Followern (hier die Einstufung von Followern entsprechend ihrer Followertypen) ist daher stets als Momentaufnahme zu verstehen, welche in Abhängigkeit sich verändernder Parameter variiert. Dennoch erschließt sich die Manifestation bestimmter Follower- und Leaderverhalten dem Beobachter erst gänzlich, insofern er versteht, wozu ein Verhalten adaptiv dient und welche ultimaten Faktoren (Funktion und Phylogenese) dazu geführt haben, dass beide Phänomene Teil unserer herausgebildeten Psychologie wurden.

Diesen Beitrag vermag die Evolutionspsychologie zu leisten, auch wenn gewisse Rückschlüsse (noch) nicht stets verifiziert werden können, weil das zur Verfügung stehende Material aus verschiedenen Disziplinen uneinheitlich ist, die Fallzahlen zu gering sind oder für gewisse Annahmen noch keine Untersuchungen vorliegen. Dementsprechend steht ein weites Feld für Spekulationen offen, welches zum derzeitigen Stand der Forschung noch nicht geschlossen werden kann (Schneider, 2009). Evolutionspsychologische Ansätze erscheinen gut geeignet, kulturinvariante universelle Verhaltenstendenzen zu erklären, sie können allerdings, wie oben erwähnt, zum Verständnis individueller Merkmale, die reproduktionsirrelevant sind oder gar trotz Reproduktionsschädlichkeit stabil existieren, nicht beitragen. Werden die evolutionären Annahmen dann dennoch zur Beschreibung von Verhalten angewandt, haben sie häufig den Charakter beliebiger Ad-hoc-Erklärungen, welche dazu genutzt werden, heterogene Empirie und Theorie miteinander zu vereinen, anstelle auf andere sozialwissenschaftliche Theorien auszuweichen. Eine in Form der Evolutionstheorie reduktionistische Denkweise, die die Wirklichkeit nur ausschnitthaft und von einem methodischen Standpunkt aus betrachtet, kann für den wissenschaftlichen Erkenntnisgewinn durchaus von Vorteil sein, problematisch erscheint sie jedoch dann, wenn die Methoden einer Disziplin oder die Perspektivität eines Zuganges als allein gültig angenommen werden und anstelle eines angemessenen Umgangs mit dem wissenschaftlichen Gegenstand nur noch zählt, die eigenen Annahmen entsprechend mit dem beabsichtigten Forschungsparadigma zu harmonisieren (Rindermann, 2003).

Der Vorteil solcher neuartiger Erklärungsansätze wie der Evolutionspsychologie gegenüber traditionellen Ansätzen, könnte in einer der Fragestellung angemessenen Verbindung von biologischer, sozialer und individualpsychologischer Perspektive liegen, die wie in der vorliegenden Dissertation anhand der Betrachtung von proximaten und ultimaten Faktoren von Followership und Leadership versucht, durch die Berücksichtigung des Wechselspiels verschiedener Bedingungsfaktoren menschliches Erleben und Verhalten verständlich zu machen (Rindermann, 2003). Dennoch lassen die vorliegenden Erkenntnisse die Vermutung zu, dass es zumindest im Moment keine ansatzweise plausibleren Alternativen gibt, warum Menschen trotz ihrer individuellen Veranlagungen und Ausprägungen bestimmte Muster, Verhaltensweisen, Eigenschaften, Fähigkeiten, Präferenzen und Abneigungen in Bezug auf Followership und Leadership universell zeigen (Schneider, 2009). So kann die Berücksichtigung evolutionärer Annahmen zu einer erweiterten Perspektive und einem besseren Grundlagenverständnis zu Followership und Leadership beitragen, welche traditionelle Ansätze nicht ersetzten möchte, sondern ergänzen soll.

5.4 Fazit und Ausblick aufgrund der gewonnenen Erkenntnisse

Zusammenfassend lässt sich aufgrund der generierten quantitativen und qualitativen Forschungsergebnisse schlussfolgern, dass ein starker Zusammenhang zwischen der wahrgenommenen Qualität des Führungsverhaltens des Vorgesetzten und der Folgebereitschaft der Follower, d.h. der freiwilligen temporären Unterordnung gegenüber der Führungskraft zur Erfüllung einer gemeinsamen Zielsetzung, besteht. Wie sich die Follower bei der Ausübung ihrer temporären Rolle verhalten und ob sie die von Organisationen wünschenswerten Verhaltensweisen demonstrieren, kann dabei von Vorgesetzten allerdings nicht beeinflusst werden. Prämisse hierfür ist die persönliche Identifikation mit den Zielen und der Vision der Organisation. Für eine positive Zusammenarbeit zwischen Führungskraft und Followern sollte berücksichtigt werden, organisationale Rahmenbedingungen zu schaffen, in denen beide Rollen unhierarchisch miteinander im Sinne der gemeinsamen Zielerreichung agieren können und die Strukturen mehr denen des informellen, egalitären Zusammenlebens unserer Vorfahren anzugleichen. Der Grund, weshalb Führung und Followership in unseren heutigen Managementstrukturen häufig scheitern, liegt gemäß den evolutionären Führungstheorien daran, dass sich unser evolutionär herausgebildetes Führungsverständnis nicht im Einklang mit den geschaffenen Organisationsstrukturen heutiger Zeiten befindet (Pinker, 2003; van Vugt, 2012; van Vugt, Hogan et al., 2008; van Vugt, Johnson et al., 2008). Folglich sollten sich Organisationen die Frage stellen, auf welche Weise es möglich ist, Aspekte des Arbeitslebens so zu verändern, dass die Auffassung von Führung und Followership mehr dem ursprünglichen, evolutionären Verständnis entspricht. Sei dies durch die verstärkte Einführung von Projektarbeit, bei dem das Individuum die Führung übernimmt, das für die spezifische Zielsetzung am besten geeignet ist, unabhängig von den hierarchischen Positionen (*shifting leadership*) (Monö, 2013) oder einer generellen Verflachung von formellen Hierarchien (van Vugt, 2012). Die Fähigkeit als Führungskraft einen Schritt zurücktreten zu können und die Follower die Führung übernehmen zu lassen oder ihnen selbstständige Entscheidungen zuzugestehen, kann von organisationaler Seite gefördert werden, indem der Output bzw. der gemeinsame Erfolg als Gruppe in den Vordergrund gestellt wird (Monö, 2013).

Die mehrstufige Untersuchung zu Followership und Führungsverhalten aus evolutionspsychologischer Perspektive konnte weiterhin aufzeigen, dass Follower nicht lediglich als passive Objekte angesehen werden dürfen (Kellerman, 2008; Monö, 2013; Raich, 2005), die ausschließlich Aufträge ihrer Vorgesetzten entgegennehmen und diese je nach den Führungsqualitäten des Vorgesetzten mit mehr oder weniger Engagement und Erfolg ausführen. Es konnte dargestellt werden, dass Follower einen aktiven Beitrag zum Erfolg ihrer Organisationen leisten und insbesondere dann wünschenswerte Verhaltensweisen demonstrieren und im Sinne der Organisation agieren, insofern sie sich, wie oben erwähnt, aufrichtig mit der Vision und der Zielsetzung selbiger identifizieren. Dies bedeutet für die Organisations- und Personalentwicklung, unabhängig davon, ob es sich um Vorgesetzte oder Mitarbeiter als Zielgruppe von Schulungsmaßnahmen handelt, die Vermittlung der Vision und der Zielsetzung der Organisation stärker zu forcieren und allen Organisationmitgliedern verständlich zu machen, zu welchem Zweck sich die Gruppe, ob als Gesamtorganisation, als Abteilung oder als Arbeitsgruppe, zusammengefunden hat. Interviewte, die sich dazu bekannten, die Ziele und die Vision ihrer Organisation nicht zu verstehen, konnten sich entsprechend auch nicht damit identifizieren. Zwar zeigte sich, dass die Folgebereitschaft der Follower gegenüber der Führungskraft in hohem Maße durch die wahrgenommene Qualität deren Führungsverhaltens beeinflusst ist, jedoch ließ sich in Form der Interviewaussagen zudem feststellen, dass Follower nur dann der Führungskraft folgen, wenn diese die gleiche Vision und die Zielsetzung verfolgen als die Follower selbst. Viele Organisationen sind zu vage in der Formulierung ihrer Vision oder verfügen erst gar nicht über eine langfristige Zielsetzung, was es sowohl für Führungskräfte als auch für Follower nahezu unmöglich macht zu verstehen, wie sie persönlich ihren Beitrag zum Erfolg leisten können und sich entsprechend zu organisieren. Auch kommunizieren zahlreiche Organisationen ihre Vision und Zielsetzung nicht klar genug, was Unkenntnis der Beteiligten und ebenfalls mangelnde Identifikation zur Folge hat (Monö, 2013). Daher sollte von Seiten der Organisationsentwicklung und des Personalmanagements verstärkt ein Fokus darauf gelegt werden, allen in der Organisation Beschäftigten - egal ob Leader oder Follower - zu verdeutlichen, in welcher Beziehung die eigene Aufgabe bzw. Rolle in der Organisation zu der Vision und zu der Zielsetzung ebendieser steht. Im Vordergrund sollte stets der gemeinsam als Gruppe zu erreichende Beitrag stehen, der durch eine gute Zusammenarbeit zwischen Leadern und Followern erreicht wird, so wie dies u. a. von Monö (2013) in Form seines *Collaborationship-Ansatzes* oder von Hurwitz und Hurwitz (2015) anhand ihres *Generative-Partnership-Ansatzes* beschrieben wird. Auch evolutionäre Führungstheorien stellen die Wichtigkeit der Aufrechterhaltung von Kooperation und Reziprozität innerhalb der Gruppe zur Erreichung einer gemeinsamen Zielsetzung heraus (McNamara & Trumbull, 2009; Price & van Vugt, 2015). 360-Grad-Beurteilungen und die Implementierung von Feedbacksystemen, sowohl *top-down* als auch *bottom-up* aber auch Selbsteinschätzungstools können dabei behilflich sein, die Ausübung des eigenen Followerships bzw. Leaderships kontinuierlich zu bewerten und im Sinne der organisationalen Zielerreichung im positiven Sinne nachzujustieren (Chaleff, 1995; Hurwitz & Hurwitz, 2015; Monö, 2013).

Die Einstufung der Followertypen nach ihrer Motivation zu folgen anhand der beiden Dimensionen *Aspiration* und *Ability* kann für Organisationen ebenfalls wichtige Anhaltspunkte liefern, weshalb sich ein bestimmter Follower entscheidet, sich seiner Führungskraft anzuschließen oder sich für die Organisation zu engagieren. Die Kenntnis der Beweggründe zu folgen verhilft dazu, Follower besser einzusetzen, als Führungskraft stärker entsprechend der Bedürfnisse der Follower agieren zu können und Follower ihrer Wünsche entsprechend fortzubilden und weiterzuentwickeln. Es darf an dieser Stelle nicht vergessen werden zu erwähnen, dass es sich nicht bei allen Mitarbeitern um Follower im eigentlichen Sinne der Arbeitsdefinition handelt. Auch gibt es diejenigen, die sich lediglich unterordnen, weil sie dafür bezahlt werden und keinen aktiven Beitrag zur Erreichung der Zielsetzung und der Vision der Organisation leisten möchten und nicht mehr als das arbeitsvertraglich Einforderbare für ihren Arbeitgeber investieren (vgl. hierzu Monö, 2013: *Yes-Man*; Kelley, 1988: *Sheep-Follower*; Kellerman, 2008: *Isolates*). Diese Form der Mitarbeiter, also keine Follower gemäß der vorliegenden Arbeitsdefinition, traten auch im Rahmen der Interviews hervor, so dass im strengen Sinne nicht alle 25 interviewten Probanden als Follower bezeichnet werden dürfen.

Die Erkenntnisse der empirischen Studie zeigten, dass es nicht gerechtfertigt erscheint, die Followerperspektive zu vernachlässigen und sich stets auf den Beitrag der Führungskräfte für den organisationalen Erfolg zu konzentrieren. Follower leisten einen erheblichen Anteil zur Erreichung der organisationalen Zielsetzung und sollten dafür enstprechende Wertschätzung erhalten: „If leaders are to be credited with setting the vision for the department or organization and inspiring followers to action, then followers need to be credited with the work that is required to make the vision a reality" (Carsten et al., 2014, S. 16). Gerade in Anbetracht der Tatsache, dass viele wünschenswerte Eigenschaften und Verhaltensweisen von Followern und Leadern übereinstimmen, sollten Arbeitsgruppen und -teams gemeinsam diesbezüglich gefördert und entwickelt werden. In diesem Sinne sollten sich Organisationen auf die Teamentwicklung konzentrieren, anstelle überwiegend Zeit und Geld in die Weiterentwicklung von Führungskräften zu stecken. Bereits Chaleff (1995) forderte vor mehr als 20 Jahren mehr Ressourcen in Followership-Development zu investieren, anstelle sich stets auf Leadership-Development zu fokussieren und allen in der Organisation Beschäftigten zu vermitteln, welche Verhaltensweisen in ihren jeweiligen Rollen erfolgsversprechend erscheinen.

Ein zentrales Anliegen der vorliegenden Dissertation war es, der Vernachlässigung der Followerperspektive in der Führungsforschung zu begegnen und eine erste umfassende Beschreibung von Followern in der deutschsprachigen Literatur zu verfassen. Es wurde eine Forschungslücke geschlossen, indem die bisher mehrheitlich theoretischen Überlegungen zu Followership einer empirischen Überprüfung unterzogen wurden. Auf Basis der Forschungsergebnisse wurde es möglich, besser nachzuvollziehen, warum Follower sich entscheiden zu folgen, anstelle ausschließlich zu beschreiben auf welche Weise sie dies tun und somit nicht nur proximate, sondern auch ultimate Faktoren von Followership und Leadership zu beleuchten. Die evolutionspsychologische Betrachtungsweise verhalf dabei, die Entstehung und die Manifestation beider Phänomene besser zu verstehen und abschließend Anregungen für Organisationen zu geben, diese Erkenntnisse in organisationale Strukturen und Prozesse einfließen zu lassen. Die zu Beginn der Dissertation beschriebenen Entwicklungen auf dem Arbeitsmarkt führen für Organisationen dazu, stärker denn je auf die Leistungsbereitschaft ihrer Arbeitnehmer und ihr formell nicht einforderbares Extra-Rollenverhalten (OCB) angewiesen zu sein, so dass den hier gewonnenen Erkenntnissen zukünftig stärkere Relevanz beigemessen werden sollte, um zu bewirken, dass diese wünschenswerten Verhaltensweisen im Arbeitskontext vermehrt demonstriert werden.

Es gilt genau zu eruieren, was den einzelnen Followertypen ein Bedürfnis ist und welche Anforderungen in spezifischen Situationen erfüllt sein müssen, um eine ausgewogene Organisationsentwicklung und ein sinnvolles Personalmanagement zu etablieren. Hierzu besteht zukünftiger Forschungsbedarf, die gewonnenen Erkenntnisse anhand der Interviews mit einer höheren Stichprobe zu wiederholen, um die Ergebnisse pro Followertyp einer Überprüfung zu unterziehen. Auch erscheint es sinnvoll zu untersuchen, ob sich das Followership im Laufe der Zeit in Abhängigkeit proximater Faktoren tatsächlich wandelt und der Followertyp veränderbar ist. Dies könnte in Form von Längsschnittstudien realisiert werden und birgt zudem den Vorteil, korrelative Aussagen der vorliegenden Dissertation auf ihre Kausalität hin zu analysieren.

Anhangsverzeichnis

© Springer Fachmedien Wiesbaden GmbH, ein Teil von Springer Nature 2019
J. Ruthus, *Followership und Führungsverhalten*,
https://doi.org/10.1007/978-3-658-26001-9

Anhang A: Vergleich verschiedener Messinstrumente zur Operationalisierung der zu erfassenden Konstrukte des Onlinefragebogens

Operationalisierung der Prädiktorvariablen:
Beziehung zum VG & Qualität des wahrgenommenen Führungsverhaltens

Zur Erfassung der Beziehung zwischen Mitarbeitern und Vorgesetzen wurden die in der nachfolgenden Abbildung aufgeführten Messinstrumente für die Konzeption des Fragebogens miteinander verglichen:

Konstrukt	Messinstrument & Dimensionen			
	Paul & Schyns (2002)	Wolfram & Mohr (2004)	(Schyns & Paul. 2002)	Schriesheim, Neider, Scandura, & Tepper (1992)
Beziehung Vorgesetzter-Mitarbeiter	Instrument LMX-MDM 1.) Zuneigung (3 Items) 2.) Loyalität (3 Items) 3.) Fachlicher Respekt (3 Items) 4.) Wahrgenommenes Engagement (3 Items)	Führungsbeziehungsqualität Version Mitarbeiter 1.) Respekt (4 Items) 2.) Vertrauen (4 Items) 3.) Ermutigung (4 Items) 4.) Zuneigung (4 Items)	LMX7 Eindimensiona-les Modell mit 7 Items	1.) Perceived Contribution (2 Items) 2.) Loyality (2 Items) 3.) Affect (2 Items)

Tab. 36: Vergleich verschiedener Messinstrument zur Erfassung der Beziehung zwischen Mitarbeitern und Vorgesetzen (Quelle: Eigene Darstellung)

Die nachfolgende Abbildung zeigt den Vergleich unterschiedlicher Messinstrumente zur Operationalisierung von transformationaler Führung auf.

Messinstrument & Dimensionen zu Transformationaler Führung			
Bass et al. (1996)	Behling & McFillen (1996)	Podsakoff et al. (1990)	Alban-Metcalfe & Alimo-Metcalfe (2000)
Messinstrument: Multi-Leadership Question-naire (MLQ) //(67 Items) (1) Charismatic Leadership (10 Items) (2) Inspirational Motivation (7 Items) (3) Intellectual Stimulation (10 Items), (4) Individualized Considera-tion (10 Items), (5) Contingent Reward (10 Items), (6) Management by Exception (MBE) (Active vs. Passive, 5 Items pro Skala), (7) Laissez faire (10 Items)	Messinstrument: Follower Belief Questionnaire // (33 Items) 1.) Inspiration (5 Items) 2.) Awe (5 Items) 3.) Empowerment (5 Items) 4.) Empathy Display (3 Items) 5.) Dramatizes Vision (3 Items) 6.) Project self-assurance (3 Items) 7.) Enhances image (3 Items) 8.) Assures follower competence (3 Items) 9.) Provides opportunities to ex-perience success (3 Items)	Messinstrument: Transforma-tional Leadership Behavior Inventory (TLI) // (19 Items) Transformational Leader Be-havior: (1) "Core"-Transformational Leader Behavior (3 Items), (2) High Performance Expec-tations (3 Items) (3) Individualized Support (4 Items) (4) Intellectual Stimulation (4 Items) Transactional Leader Behav-ior: (1) Contingent Reward	Messinstrument: Transformational Leadership Questionnaire // 1.) Genuine consideration for others (Items 17) 2.) Political sensitivity and skills (Items 6) 3.) Decisiveness, determination, self-confidence (Items 8) 4 Integrity, trusted, open and honest (Items 9) 5.) Empowers, develops poten-tial (Items 8) 6.) Inspirational networker and promoter (Items 10) 7.) Accessibility, approachability (Items 6) 8.) Clarifies boundaries, involves others in decisions (Items 5) 9.) Encourages critical and stra-tegic thinking (Items 7)

(Carless et al., 2000)	(Geyer & Steyrer, 1998)	(Posner & Kouzes, 1993)	(Conger et al., 2000)
Messinstrument: Global Transformational Leadership Scale (GTL) // (7 Items) 7 Item Skala, um ein eindimensionales globales transformationales Führungsmodell zu erfassen	Messinstrument: Modifizierter MLQ nach explorativer Faktorenanalyse// (35 Items) (1) Core-Transformationale Führung (11 Items), (2) Individuelle Wertschätzung (8 Items), (3) Core-Transaktionale Führung (10 Items), (4) MBE-passiv/ Laissez fairee (6 Items)	Messinstrument: Leadership Practices Inventory // (30 Items) 1.) Model the way (6 Items) 2.) Inspire a shared vision (6 Items) 3.) Challenge the process (6 Items) 4.) Enable others to act (6 Items) 5.) Encourage the heart (6 Items)	Conger-Kanungo Scale (CK-Scale) // (20 Items) 1.) Vision and Articulation (7 Items) 2.) Environmental Sensivity (4 Items) 3.) Unconventional Behavior (3 Items) 4.) Personal Risk (3 Items) 5.) Sensivity to members needs (3 Items)

Tab. 37: Vergleich verschiedener Messinstrument zur Erfassung Transformationaler Führung (Quelle: Eigene Darstellung)

Die folgende Tabelle zeigt die verschiedenen Skalen zur Erfassung von Servant Leadership auf:

Konstrukt	Messinstrument & Dimensionen			
	Ehrhart (2004)	Liden et al. (2008)	Van Dierendonck & Nuijten (2011)	Liden et al (2015)
Servant Leadership	Messinstrument: Servant Leadership Measure // (14 Items) 1.) Forming relationships with subordinates (2 Items) 2.) Empowering subordinates (2 Items) 3.) Helping subordinates grow and succeed (2 Items) 4.) Behaving ethically (2 Items) 5.) Having conceptual skills (2 Items) 6.) Putting subordinates first (2 Items) 7.) Creating value for those outside of the organization (2 Items)	Messinstrument: SL-28 // (28 Items) 1.) Emotional healing (4 Items) 2.) Creating value for the community (4 Items) 3.) Conceptual skills (4 Items) 4.) Empowering (4 Items) 5.) Helping subordinates grow and succeed (4 Items) 6.) Putting subordinates first (4 Items) 7.) Behaving ethically (4 Items)	Messinstrument: Servant Leadership Survey // (30 Items) 1.) Empowerment (7 Items) 2.) Standing back (3 Items) 3.) Accountability (3 Items) 4.) Forgiveness (3 Items) 5.) Courage (7 Items) 6.) Authenticity (4 Items) 7.) Humility (5 Items) 8.) Stewardship (3 Items)	Messinstrument: SL-7 // (7 Items) 7 Item Skala, um ein eindimensionales globales Servant Leadership Verhalten zu erfassen

Tab. 38: Vergleich verschiedener Messinstrument zur Erfassung von Servant Leadership Verhalten (Quelle: Eigene Darstellung)

Operationalisierung der Kriteriumsvariable OCB

Nachdem, wie in der nachfolgenden Tabelle ersichtlich, einige unterschiedliche Skalen zur Messung von OCB verglichen wurden, wurde sich in Folge detaillierter Recherche schließlich für das deutschsprachige Messinstrument von Staufenbiel und Hartz (2000) entschieden.

Kon-strukt	Messinstrument & Dimensionen				
	(Williams & Anderson, 1991)	(Podsakoff et al., 1990)	(Organ, 1988)	(Smith et al., 1983)	(Staufenbiel & Hartz, 2000)
Orga-nizatio-nal Citi-zenship Behavior (OCB)	(1) Performance of in-role behavior (IRB) (7 Items) (2) Organizational Citi-zenship behavior that have a specific individual as target (OCBI) (7 Items) (3) Organizational Citi-zenship behavior that fo-cus on primarily benefit-ing the organization (OCBO) (6 Items)	(1) Altruism (5 Items), (2) Conscien-tiousness (5 Items), (3) Sportsman-ship (5 Items), (4) Courtesy (5 Items), (5) Civic Virtue (4 Items)	(1) Altruism (5 Items), (2) Conscientious-ness (5 Items), (3) Sportsmanship (5 Items), (4) Courtesy (5 Items), (5) Civic Virtue (5 Items),	(1) Altruism (8 Items) (2) Generalized Compliance (8 Items)	(1) Hilfsbereitschaft (5 Items) (2) Gewissenhaftigkeit (5 Items) (3) Unkompliziertheit (5 Items) (4) Eigeninitiative (5 Items) (5) Gefordertes Arbeits-verhalten (5 Items)

Tab 39: Vergleich verschiedener Skalen zur Erfassung von OCB (Quelle: Eigene Darstellung)

Operationalisierung Dimension Ability (zur Unterscheidung der Followertypen)

Zur Einschätzung der eigenen Fähigkeiten wurden die folgenden Messinstrumente miteinander verglichen:

Konstrukt	Messinstrument & Dimensionen			
	Hippler & Krüger (1997)	Schyns & Collani (1999)	Spreitzer (1995)	(Jones, 1986)
Self-Efficacy (Ability)	Messinstrument: Leistungsori-entierung von Angestellten // (26 Items) 1.) Karriereorientierung (14 Items) 2.) Leistungs- und erfolgsför-dernde Arbeitshaltung (7 Items) 3.) Furcht vor Misserfolg (5 Items)	Messinstrument: Berufliche Selbstwirksam-keitserwartung // (19 Items) 19-Item Skala, um ein eindi-mensionales berufliche Selbstwirksamkeitsmodell zu erfassen Kurzform: 8-Items	Messinstrument: Self-Efficacy Measure // (3 Items) 3-Item Skala, um eindi-mensionale generelle Selbstwirksamkeit zu er-fassen	Messinstrument: Self-Efficacy Measure // (8Items) 8-Item Skala, um ein-dimensionale generel-le Selbstwirksamkeit zu erfassen

Tab. 40: Vergleich verschiedener Skalen zur Erfassung von OCB (Quelle: Eigene Darstellung)

Anhang B: Übersetzung englischer Messinstrument-Items für den Fragenbogen

Nr.	Englische Items	Deutsche Übersetzung
Konstrukt: Transformationale Führung		
B.3.1	**Vision:** Communicates a clear and positive vision of the future	… kommuniziert eine klare und positive Zukunftsvision.
B.3.2	**Staff development:** Treats staff as individuals, supports and encourages their development	…behandelt Mitarbeiter als Individuen und unterstützt und ermutigt ihre Entwicklung.
B.3.3	**Supportive Leadership:** Gives encouragement and recognition to staff	…ermutigt Mitarbeiter und schätzt sie wert.
B.3.4	**Empowerment:** Fosters trust, involvement and cooperation among Team-Members	…fördert Vertrauen, Einbindung und Kooperation unter den Mitarbeitern.
B.3.5	**Innovative Thinking:** Encourages thinking about problems in new ways and questions assumptions	…fördert innovative Problemlösungen und hinterfragt Annahmen.
B.3.6	**Lead by Example:** Is clear about his/ her values and practises what he/she preaches	…steht klar zu seinen Werten und tut, was er sagt.
B.3.7	**Charisma:** Instils pride and respect in others and inspires me by being highly competent	…verursacht Stolz und Respekt bei anderen und inspiriert mich durch seine hohe Kompetenz

Tab. 41: Deutsche Übersetzung des englischen Messinstruments "Global Transformational Leadership Scale" von Carless et al. (2000)

Nr.	Englische Items	Deutsche Übersetzung
Konstrukt: Servant Leadership		
B.4.1	My leader can tell if something work-related is going wrong	Mein Vorgesetzter erkennt, wenn etwas arbeitsbezogenes schief läuft
B.4.2	My leader makes my career development a priority	Mein Vorgesetzter macht meine berufliche Weiterentwicklung zu einer Priorität
B.4.3	I would seek help from my leader if I had a personal problem.	Ich würde bei meinem Vorgesetzten Hilfe suchen, wenn ich ein persönliches Problem hätte.
B.4.4	My leader emphasizes the importance of giving back to the community	Mein Vorgesetzter betont die Wichtigkeit, etwas an die Gemeinschaft zurückzugeben
B.4.5	My leader puts my best interests ahead of his/her own	Mein Vorgesetzter stellt mein Wohl vor das seine
B.4.6	My leader gives me the freedom to handle difficult situations in the way that I feel is best.	Mein Vorgesetzter lässt mir die Freiheit, schwierige Situationen so zu lösen, wie ich es für richtig halte
B.4.7	My leader would NOT compromise ethical principles in order to achieve success	Um erfolgreich zu sein, würde mein Vorgesetzter ethische Grundsätze nicht missachten.

Tab. 42: Deutsche Übersetzung des englischen Messinstruments "SL-7" von Liden et al. (2008)

Nr.	Englische Items	Deutsche Übersetzung
Konstrukt: Führungsaspiration/ Motivation to Lead (MtL)		
C.2.1	Most of the time, I prefer being a leader rather than a follower when working in a group.	Bei Arbeiten in der Gruppe ziehe ich es meistens vor, die Gruppe zu führen, anstatt mich unterzuordnen.
C.2.2	I am the type of person who is not interested to lead others. (R)	Ich bin der Typ Mensch, der kein Interesse daran hat, andere zu führen. (R)
C.2.3	I am definitely not a leader by nature.(R)	Ich bin definitiv nicht der geborene Anführer. (R).
C.2.4	I am the type of person, who likes to be in charge of others.	Ich bin der Typ Mensch, der gerne bestimmt, was andere zu tun haben.
C.2.5	I believe I can contribute more to a group if I am a follower rather than a leader	Ich denke, dass ich mehr zu einer Gruppe beitragen kann, wenn ich ein Follower bin anstatt ein Leader (R)
C.2.6	I usually want to be the leader in the groups that I work in.	In Gruppen, in denen ich arbeite, möchte ich normalerweise ich der Anführer sein.
C.2.7	I am the type who would actively support a leader but prefer not to be appointed as leader	Ich bin der Typ Mensch, der aktiv Leader unterstützt, selbst aber lieber keiner sein möchte. (R)
C.2.8	I have a tendency to take charge in most groups or teams that I work in.	Ich neige dazu, in den meisten Gruppen, in denen ich arbeite, die Führung zu übernehmen.
C.2.9	I am seldom reluctant to be the leader of a group.	Ich scheue selten davor zurück, die Führung in einer Gruppe zu übernehmen.

Tab. 43: Deutsche Übersetzung des englischen Messinstruments "Affective Identity MtL" von Chan und Drasgow (2001)

Anhang C: Onlinefragebogen

Begrüßung und Einleitung

Liebe Teilnehmerinnen, liebe Teilnehmer,

ich möchte mich zu Beginn herzlich für Ihre Zeit und Ihre Teilnahme an der Studie bedanken! Die Befragung wird im Rahmen meiner Doktorarbeit in Psychologie an der University of Nicosia durchgeführt und beschäftigt sich mit den Thema: „**Followership und Führungsverhalten.**"

Sie werden ca. 15 Minuten für das Ausfüllen des Fragebogens benötigen. Die Datenerhebung erfolgt absolut anonym, es sind keinerlei Rückschlüsse auf Sie als Person möglich. Sollten Sie an den **Befragungsergebnissen** interessiert sein, so können Sie zum Ende der Befragung Ihre E-Mail-Adresse angeben. (Selbstverständlich erfolgt die Speicherung der E-Mail-Adresse getrennt von den Befragungsdaten, so dass keine Rückschlüsse auf Ihre Einschätzungen möglich sind.)

Hinweise zum Ausfüllen des Fragebogens
Bei der Befragung werden Ihnen Fragen zu den folgenden Bereichen gestellt:

A: Fragen zu den Zielen und der Vision der Organisation
B: Fragen zum direkten Vorgesetzten und seinem Führungsverhalten
C: Fragen zum eigenen Verhalten und der Motivation im beruflichen Umfeld
D: Fragen zur Person und zur Organisation
E: Freie Anmerkungsmöglichkeiten zu Einflussfaktoren auf Followership und Führungsverhalten

Der Fragebogen enthält eine Reihe **standardisierter Fragen**, bei welchen Sie bitte die für Sie zutreffende Antwortmöglichkeit auswählen. Des Weiteren gibt Ihnen eine **offene Antwortmöglichkeit** zum Ende der Befragung die Gelegenheit, Ihre eigene Meinung oder Beurteilung zu Followership und Führungsverhalten festzuhalten. Für den Erfolg der Befragung ist es außerdem wichtig, dass Sie **alle Aussagen des Fragebogens beurteilen,** auch wenn Ihnen manche Fragen eventuell sehr ähnlich erscheinen mögen. Sollten Sie eine oder mehrere Fragen nicht beantworten können, so entscheiden Sie sich in diesem Fall bitte für die Antwortmöglichkeit „keine Angabe".

Es ist empfehlenswert, die entsprechenden Aussagen ohne langes Überlegen auszufüllen. Da es bei dieser Befragung keine „richtigen" oder „falschen" Antworten gibt, möchte ich Sie bitten, jede Aussage nach Ihrer *tatsächlichen* Einschätzung zu beurteilen.

Hintergrund der Befragung

Followership als Gegenstück zu Leadership hat in der Forschung bislang relativ wenig Aufmerksamkeit erlangt. Ob Organisationen erfolgreich am Markt bestehen oder scheitern hängt gemäß der allgemeinen Auffassung meist davon ab, wie gut sie geführt sind. Dabei wird häufig außer Acht gelassen, wie sehr es auf die Personen ankommt, die den Führungskräften folgen. Ziel der Befragung ist es, besser nachzuvollziehen, wer Follower sind, warum sie sich entscheiden zu folgen sowie zu verstehen, welchen Einfluss sie auf den unternehmerischen Erfolg haben.

Vielen Dank für Ihre Teilnahme!

Ich möchte mich ganz herzlich für Ihre Mithilfe bedanken. Sollten Sie weitere Fragen zum Hintergrund dieser Untersuchung haben, kontaktieren Sie mich bitte unter der folgenden E-Mail-Adresse: dissertation.ruthus@gmail.com. Ich setze mich gerne mit Ihnen in Verbindung!

Herzlichen Dank für Ihre Unterstützung und Ihre Teilnahme an der Befragung!

Julia Ruthus
(Doktorandin)

X: Einstiegsfilterfrage:

1. Gehen Sie derzeit einer
   beruflichen Beschäftigung nach:
   ☐ Ja
   ☐ Nein

A: Fragen zu den Zielen und der Vision der Organisation

Dimension	Nr.	A.1: Bitte beurteilen Sie die folgenden Aussagen	Trifft nicht zu	Trifft eher nicht zu	Trifft teilweise zu	Trifft eher zu	Trifft voll zu	Keine Angabe
IZV	A.1.1	Ich stehe hinter den Zielen und der Vision meiner Organisation.	☐	☐	☐	☐	☐	☐
	A.1.2	Meine persönliche Überzeugung und die Zielsetzung meiner Organisation stimmen überein.	☐	☐	☐	☐	☐	☐
	A.1.3	Mit der Vision und den Zielen meiner Organisation kann ich mich nicht identifizieren: (R)[17]	☐	☐	☐	☐	☐	☐
	A.1.4	Ich setze mich persönlich dafür ein, dass die Ziele und die Vision meiner Organisation erreicht werden.	☐	☐	☐	☐	☐	☐
	A.1.5	Die Ziele und die Vision der Organisation sind mir relativ egal, Hauptsache ich werde anständig bezahlt. (R)	☐	☐	☐	☐	☐	☐

B: Fragen zur Einschätzung der beruflichen Beziehung zum direkten Vorgesetzen

Dimension	Nr.	B.1 Bitte beurteilen Sie die folgenden Aussagen	Nie	Selten	Gelegentlich	Oft	Immer	Keine Angabe
LMX	B.1.1	Wissen Sie im Allgemeinen, wie Ihr Vorgesetzter Sie einschätzt?	☐	☐	☐	☐	☐	☐

Dimension	Nr.	B.1: Bitte beurteilen Sie die folgenden Aussagen	Gar nicht	Wenig	Mittelmäßig	Gut	Sehr gut	Keine Angabe
LMX	B.1.2	Wie gut versteht Ihr Vorgesetzter Ihre beruflichen Probleme und Bedürfnisse?	☐	☐	☐	☐	☐	☐
LMX	B.1.3	Wie gut erkennt Ihr Vorgesetzter Ihre Entwicklungsmöglichkeiten?	☐	☐	☐	☐	☐	☐

Dimension	Nr.	B.1: Bitte beurteilen Sie die folgenden Aussagen	Gering	Eher gering	Mittel	Eher hoch	Hoch	Keine Angabe
LMX	B.1.4	Wie hoch ist die Chance, dass Ihr Vorgesetzter seinen Einfluss nutzt, um Ihnen bei Arbeitsproblemen zu helfen?	☐	☐	☐	☐	☐	☐
LMX	B.1.5	Wie groß ist die Wahrscheinlichkeit, dass Ihr Vorgesetzter Ihnen auf seine Kosten aus der Patsche hilft?	☐	☐	☐	☐	☐	☐

---

[17] Das (R) kennzeichnet zu invertierende Items und ist nur in der hier vorliegenden Version des Fragebogens des besseren Verständnisses halber eingezeichnet. Im Online-Fragebogen gab es keine entsprechende Kennzeichnung.

Dimension	Nr.	B.1: Bitte beurteilen Sie die folgenden Aussagen	Trifft gar nicht zu	Trifft wenig zu	Mittelmäßig	Überwiegend	Völlig	Keine Angabe
LMX	B.1.6	Ich habe genügend Vertrauen in meinen Vorgesetzten, um seine Entscheidungen zu verteidigen.	☐	☐	☐	☐	☐	☐

Dimension	Nr.	B.1: Bitte beurteilen Sie die folgenden Aussagen	Sehr ineffektiv	Schlechter als Durchschnitt	Durchschnittlich	Besser als Durchschnitt	Sehr effektiv	Keine Angabe
LMX	B.1.7	Wie würden Sie das Arbeitsverhältnis mit Ihrem Vorgesetzten beschreiben?	☐	☐	☐	☐	☐	☐

Dimension	Nr.	B.2: Bitte beurteilen Sie die folgenden Aussagen Mein Vorgesetzter…	Trifft nicht zu	Trifft eher nicht	Trifft teilweise zu	Trifft eher zu	Trifft voll zu	Keine Angabe
CE	B.2.1	…ist eine Person, die ich als Mensch sehr schätze.	☐	☐	☐	☐	☐	☐
	B.2.2	…hat einen ehrlichen und aufrichtigen Charakter.						
	B.2.3	…verfügt über einen guten Ruf.	☐	☐	☐	☐	☐	☐
	B.2.4	…ist vorwiegend auf seinen eigenen Vorteil bedacht. (R)	☐	☐	☐	☐	☐	☐
	B.2.5	…setzt seinen eigenen Willen durch, komme was wolle. (R)	☐	☐	☐	☐	☐	☐
	B.2.6	…ist stets fair und zuverlässig.	☐	☐	☐	☐	☐	☐
	B.2.7	…verfügt über hohe Intelligenz und die für den Job relevanten Fähigkeiten und Kompetenzen.	☐	☐	☐	☐	☐	

Dimension	Nr.	B.3: Bitte beurteilen Sie die folgenden Aussagen Mein Vorgesetzter…	Nie	Selten	Gelegentlich	Oft	Immer	Keine Angabe
TFV	B.3.1	…kommuniziert eine klare und positive Zukunftsvision.	☐	☐	☐	☐	☐	☐
	B.3.2	…behandelt Mitarbeiter als Individuen und unterstützt und ermutigt ihre Entwicklung.	☐	☐	☐	☐	☐	☐
	B.3.3	…ermutigt Mitarbeiter und schätzt sie wert.	☐	☐	☐	☐	☐	☐
	B.3.4	…fördert Vertrauen, Einbindung und Kooperation unter den Mitarbeitern.	☐	☐	☐	☐	☐	☐
	B.3.5	…fördert innovative Problemlösungen und hinterfragt Annahmen.	☐	☐	☐	☐	☐	☐
	B.3.6	…steht klar zu seinen Werten und tut, was er sagt.	☐	☐	☐	☐	☐	☐
	B.3.7	…verursacht Stolz und Respekt bei anderen und inspiriert mich durch seine hohe Kompetenz.	☐	☐	☐	☐	☐	☐

Dimension	Nr.	B.4: Bitte beurteilen Sie die folgenden Aussagen	stimme nicht zu	stimme eher nicht zu	stimme teilweise zu	stimme eher zu	stimme voll zu	Keine Angabe
SL	B.4.1	Mein Vorgesetzter erkennt, wenn etwas Arbeitsbezogenes schief läuft.	☐	☐	☐	☐	☐	☐
	B.4.2	Mein Vorgesetzter macht meine berufliche Weiterentwicklung zu einer Priorität.	☐	☐	☐	☐	☐	☐
	B.4.3	Ich würde bei meinem Vorgesetzten Hilfe suchen, wenn ich ein persönliches Problem hätte.	☐	☐	☐	☐	☐	☐
	B.4.4	Mein Vorgesetzter betont die Wichtigkeit, etwas an die Gemeinschaft zurückzu-	☐	☐	☐	☐	☐	☐

		geben.						
	B.4.5	Mein Vorgesetzter stellt mein Wohl vor das seine.	☐	☐	☐	☐	☐	☐
	B.4.6	Mein Vorgesetzter lässt mir die Freiheit, schwierige Situationen so zu lösen, wie ich es für richtig halte.	☐	☐	☐	☐	☐	☐
	B.4.7	Um erfolgreich zu sein, würde mein Vorgesetzter ethische Grundsätze nicht missachten.	☐	☐	☐	☐	☐	☐

C: Fragen zum eigenen Verhalten und der Motivation im beruflichen Umfeld

Dimension	Nr.	C.1: Bitte beurteilen Sie die folgenden Aussagen	Trifft nicht zu	Trifft eher nicht zu	Trifft teilweise zu	Trifft eher zu	Trifft voll zu	Keine Angabe
SW	C.1.1	Wenn im Beruf unerwartete Situationen auftauchen, weiß ich immer, wie ich mich verhalten soll.	☐	☐	☐	☐	☐	☐
	C.1.2	Für jedes Problem bei meiner Arbeit habe ich eine Lösung.	☐	☐	☐	☐	☐	☐
	C.1.3	Beruflichen Schwierigkeiten sehe ich gelassen entgegen, weil ich mich immer auf meine Fähigkeiten verlassen kann.	☐	☐	☐	☐	☐	☐
	C.1.4	Wenn ich bei der Arbeit mit einem Problem konfrontiert werde, habe ich meist mehrere Ideen, wie ich damit fertig werde.	☐	☐	☐	☐	☐	☐
	C.1.5	Wenn ich bei der Arbeit mit einer neuen Sache konfrontiert werde, weiß ich, wie ich damit umgehen kann.	☐	☐	☐	☐	☐	☐
	C.1.6	Was auch immer in meinem Berufsleben passiert, ich werde schon klarkommen.	☐	☐	☐	☐	☐	☐
	C.1.7	Durch meine vergangenen beruflichen Erfahrungen bin ich gut auf meine berufliche Zukunft vorbereitet.	☐	☐	☐	☐	☐	☐
	C.1.8	Ich erreiche die beruflichen Ziele, die ich mir setze.	☐	☐	☐	☐	☐	☐
	C.1.9	Ich fühle mich den meisten beruflichen Anforderungen gewachsen.	☐	☐	☐	☐	☐	☐

Dimension	Nr.	C.2: Bitte beurteilen Sie die folgenden Aussagen	stimme nicht zu	stimme eher nicht	stimme teilweise zu	stimme eher zu	stimme voll zu	Keine Angabe
MtL	C.2.1	Bei Arbeiten in der Gruppe ziehe ich es meistens vor, die Gruppe zu führen, anstatt mich unterzuordnen.	☐	☐	☐	☐	☐	☐
	C.2.2	Ich bin der Typ Mensch, der kein Interesse daran hat, andere zu führen. (R)	☐	☐	☐	☐	☐	☐
	C.2.3	Ich bin definitiv nicht der geborene Anführer. (R).	☐	☐	☐	☐	☐	☐
	C.2.4	Ich bin der Typ Mensch, der gerne bestimmt, was andere zu tun haben.	☐	☐	☐	☐	☐	☐
	C.2.5	Ich denke, dass ich mehr zu einer Gruppe beitragen kann, wenn ich ein Follower bin anstatt ein Leader.	☐	☐	☐	☐	☐	☐
	C.2.6	In Gruppen in denen ich arbeite, möchte normalerweise ich der Anführer sein.	☐	☐	☐	☐	☐	☐
	C.2.7	Ich bin der Typ Mensch, der aktiv Leader unterstützt, selbst aber lieber keiner sein möchte. (R)	☐	☐	☐	☐	☐	☐
	C.2.8	Ich neige dazu, in den meisten Gruppen, in denen ich arbeite, die Führung zu übernehmen.	☐	☐	☐	☐	☐	☐
	C.2.9	Ich scheue selten davor zurück, die Führung in einer Gruppe zu übernehmen.	☐	☐	☐	☐	☐	☐

Dimension	Nr.	C.3: Bitte kreuzen Sie im Folgenden die Antwortmöglichkeiten an, die Ihre Einschätzung am besten wiedergibt.	Trifft nicht zu	Trifft eher nicht zu	Trifft teilweise zu	Trifft eher zu	Trifft voll zu	Keine Angabe
FB	C.3.1	Meinen Vorgesetzten sehe ich nicht lediglich als weisungsbefugt an, sondern als tatsächliche Führungskraft, die mir die Richtung weist.	☐	☐	☐	☐	☐	☐
	C.3.2	Mein Vorgesetzter bewegt mich dazu, besondere Leistungen zu erbringen.	☐	☐	☐	☐	☐	☐
	C.3.3	Um die Ziele der Organisation zu erreichen, nehme ich bereitwillig die Führung meines Vorgesetzten an.	☐	☐	☐	☐	☐	☐
	C.3.4	Ich bin überzeugt, den Job meines Vorgesetzten besser machen zu können als	☐	☐	☐	☐	☐	☐

Nr.		Trifft nicht zu	Trifft eher nicht zu	Trifft teilweise zu	Trifft eher zu	Trifft voll zu	Keine Angabe
C.3.5	Dass mein Vorgesetzter mir überstellt ist, hat bezogen auf die Zielerreichung der Organisation seine Berechtigung.	☐	☐	☐	☐	☐	☐
C.3.6	Ob es meinen Vorgesetzten gibt oder nicht, macht für mich keinen Unterschied. Die von mir erbrachte Leistung ist immer gleich. (R)	☐	☐	☐	☐	☐	☐
C.3.7	Ich bin der Meinung von meinem Vorgesetzten noch viel lernen zu können.	☐	☐	☐	☐	☐	☐

Dimension	Nr.	C.4: Bitte kreuzen Sie im Folgenden die Antwortmöglichkeiten an, die Ihre Einschätzung am besten wiedergibt.	Trifft nicht zu	Trifft eher nicht zu	Trifft teilweise zu	Trifft eher zu	Trifft voll zu	Keine Angabe
OCB-Hilfsbereitschaft (OCB-HI)	C.4.1	Ich helfe anderen, wenn diese mit Arbeit überlastet sind.	☐	☐	☐	☐	☐	☐
	C.4.2	Ich wirke bei auftretenden Meinungsverschiedenheiten ausgleichend auf Kollegen ein.	☐	☐	☐	☐	☐	☐
	C.4.3	Ich ergreife freiwillig die Initiative, neuen Kollegen bei der Einarbeitung zu helfen	☐	☐	☐	☐	☐	☐
	C.4.4	Ich bemühe mich aktiv darum, Schwierigkeiten mit Kollegen vorzubeugen.	☐	☐	☐	☐	☐	☐
	C.4.5	Ich ermuntere Kollegen, wenn diese niedergeschlagen sind.	☐	☐	☐	☐	☐	☐
OCB-Gewissenhaftigkeit (OCB-GH)	C.4.6	Ich komme immer pünktlich zur Arbeit.	☐	☐	☐	☐	☐	☐
	C.4.7	Ich informiere frühzeitig, wenn ich nicht zur Arbeit kommen kann.	☐	☐	☐	☐	☐	☐
	C.4.8	Ich zeichne mich durch besonders wenige Fehlzeiten aus.	☐	☐	☐	☐	☐	☐
	C.4.9	Ich beachte Vorschriften und Arbeitsanweisungen mit größter Sorgfalt.	☐	☐	☐	☐	☐	☐
	C.4.10	Ich nehme mir nur in äußerst dringenden Fällen frei.	☐	☐	☐	☐	☐	☐
OCB-Unkompliziertheit (OCB-UK)	C.4.11	Ich verbringe viel Zeit damit, mich über Belanglosigkeiten zu beklagen. (R)	☐	☐	☐	☐	☐	☐
	C.4.12	Ich neige dazu, aus einer Mücke einen Elefanten zu machen. (R)	☐	☐	☐	☐	☐	☐
	C.4.13	Ich sehe alles, was das Unternehmen macht, als falsch an. (R)	☐	☐	☐	☐	☐	☐
	C.4.14	Ich kritisiere häufig an Kollegen herum. (R)	☐	☐	☐	☐	☐	☐
	C.4.15	Ich äußere Vorbehalte gegenüber jeglichen Veränderungen im Unternehmen. (R)	☐	☐	☐	☐	☐	☐
OCB-Eigeninitiative (OCB-EI)	C.4.16	Ich beteilige mich regelmäßig und aktiv an Besprechungen und Versammlungen im Unternehmen.	☐	☐	☐	☐	☐	☐
	C.4.17	Ich informiere mich über neue Entwicklungen im Unternehmen.	☐	☐	☐	☐	☐	☐
	C.4.18	Ich mache innovative Vorschläge zur Verbesserung der Qualität in der Abteilung.	☐	☐	☐	☐	☐	☐
	C.4.19	Ich bilde mich laufend fort, um meine Arbeit besser machen zu können.	☐	☐	☐	☐	☐	☐
	C.4.20	Ich ergreife die Initiative, um das Unternehmen vor möglichen Problemen zu bewahren.	☐	☐	☐	☐	☐	☐

D: Fragen zur Person und zum Unternehmen

Für eine weitere Differenzierung der Befragungsergebnisse, bitte ich Sie einige persönliche Angaben zu machen. Vielen Dank!

D.1: Bitte vervollständigen Sie die folgenden Angaben zu Ihrer Person und zum Unternehmen

1. Geschlecht:

☐ Männlich
☐ Weiblich

2. Altersgruppen:

☐ 20 Jahre und jünger
☐ 21-30 Jahre
☐ 31-40 Jahre
☐ 41-50 Jahre
☐ 51-60 Jahre
☐ 61 Jahre und älter

3. Höchster Bildungsabschluss:
- ☐ Promotion
- ☐ Hochschulabschluss
- ☐ Anerkannte Fortbildungsgänge (z.b. Meister, Fach wirt, Techniker)
- ☐ Anerkannte Ausbildungsberufe
- ☐ Keine Ausbildung
- ☐ Sonstiges

4. Welche Art der Beschäftigung trifft am ehesten auf Sie zu:
- ☐ Angestellter
- ☐ Freischaffend/ Selbstständig
- ☐ Staatsangestellter
- ☐ Sonstige

5. In welcher Branche sind Sie tätig:
- ☐ Produktion
- ☐ Dienstleistung
- ☐ Handel
- ☐ Öffentliche Verwaltung
- ☐ Verbände und Vereine
- ☐ Sonstige Branchen

6. Welche Führungsebene trifft am ehesten auf Sie zu:
- ☐ Oberste Führungsebene (z.b. Geschäftsführung, Vorstand)
- ☐ Mittlere Führungsebene (z.b. Bereichs-, Abteilungs- leitung)
- ☐ Untere Führungsebene (z.b. Teamleitung, Meister)
- ☐ Keine Führungsverantwortung (z.b. Fachkraft, Sachbearbeiter, Spezialist, Assistenz)

7. Einschlägige Berufserfahrung:
(Die mich für die Ausübung meines derzeitigen Berufs qualifiziert)
- ☐ Noch keine Berufserfahrung
- ☐ Weniger als 1 Jahr Berufserfahrung
- ☐ Weniger als 2 Jahre Berufserfahrung
- ☐ Weniger als 5 Jahre Berufserfahrung
- ☐ Weniger als 10 Jahre Berufserfahrung
- ☐ 10 Jahre Berufserfahrung und mehr

8. Ich arbeite in einem Wirtschaftsunternehmen/ Konzern mit einer Mitarbeiteranzahl von insgesamt …
- ☐ 1-9
- ☐ 10-49
- ☐ 50-249
- ☐ 250-499
- ☐ 500 oder mehr
- ☐ Frage trifft auf mich nicht zu, da ich Selbstständig/ Freiberufler bin
- ☐ Frage trifft auf mich nicht zu, da ich Staats angestellter bin

9. Ich arbeite in einem Team mit einer Kollegenanzahl von…
- ☐ 1-5
- ☐ 6-10
- ☐ 11-15

☐ 16-20
☐ 21 oder mehr
☐ Ich habe keine Kollegen

10. Ich arbeite für meinen jetzigen direkten Vorgesetzten seit...
☐ Weniger als 1 Jahr
☐ 1-2 Jahren
☐ 3-4 Jahren
☐ 5 Jahren und mehr
☐ Ich habe keinen Vorgesetzten

11. Das Geschlecht meines direkten Vorgesetzen ist...
☐ männlich
☐ weiblich
☐ Ich habe keinen Vorgesetzten

E: Freie Anmerkungsmöglichkeiten zu Einflussfaktoren auf Followership und Führungsverhalten

Für weitere eventuelle Einflussfaktoren auf Followership und Leadership, die bisher unberücksichtigt blieben sowie für weitere Anmerkungen und Kommentare steht Ihnen das folgende Textfeld zur Verfügung:

_____
_____
_____
_____

Vielen Dank für Ihre Teilnahme!

Anhang D: Einzelstatistik zu Ausstiegszeiten der Onlinebefragung

Insgesamt wurden 3302 Aufrufe (Klicks) für diesen Fragebogen aufgezeichnet (einschließlich versehentlicher doppelter Klicks und Aufrufe durch Suchmaschinen, ...).

Letzte bearbeitete Seite	Datensätze abgeschlossen	Datensätze gesamt	Datensätze kumulativ
Seite 27	717	717	717
Seite 25	0	1	718
Seite 23	0	1	719
Seite 21	0	1	720
Seite 19	0	1	721
Seite 18	0	1	722
Seite 17	0	3	725
Seite 15	0	1	726
Seite 14	0	4	730
Seite 13	0	16	746
Seite 12	0	22	768
Seite 11	0	26	794
Seite 10	0	21	815
Seite 9	0	17	832
Seite 8	0	16	848
Seite 7	0	3	851
Seite 6	0	24	875
Seite 5	0	30	905
Seite 4	0	102	1007
Gesamt	717	1007	

Tab. 44: Einzelstatistik zu Ausstiegsseiten

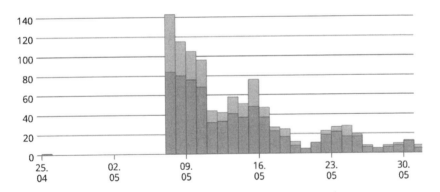

Abb. 74: Rücklaufquote im Zeitverlauf

Anhang E: Skalenkorrelationen der eingesetzten Skalen

Die nachfolgende Tabelle zeigt die Korrelationen der Skalen für die Gesamtstichprobe. Die fettgedruckten Korrelationskoeffizienten weisen auf hohe Korrelationen (r > 050) hin, während die normal gesetzten Korrelationskoeffizienten Korrelationen mittlerer Höhe (0,25 ≤ r ≤ 0,50) kennzeichnen. Kursiv gesetzte Korrelationskoeffizienten verweisen auf sehr niedrige Korrelationen (r < 0,25).

Gesamtstichprobe

	Skalen	CB's α	M	1 IZV	2 WFV	3 LMX	4 CE	5 TFV	6 SL	7 SW	8 MtL	9 FB	10 OCB	11 HB	12 GH	13 UK
1	IZV	,791	4,08	--	--	--	--	--	--	--	--	--	--	--	--	--
2	WFV	,962	3,45	,460**	--	--	--	--	--	--	--	--	--	--	--	--
3	LMX	,900	3,60	,439**	,915**	--	--	--	--	--	--	--	--	--	--	--
4	CE	,905	3,65	,394**	,916**	,780**	--	--	--	--	--	--	--	--	--	--
5	TFV	,934	3,58	,430**	,951**	,837**	,821**	--	--	--	--	--	--	--	--	--
6	SL	,831	3,14	,419**	,909**	,787**	,762**	,815**	--	--	--	--	--	--	--	--
7	SW	,875	3,95	,243**	,114**	,166**	,047	,113**	,131**	--	--	--	--	--	--	--
8	MtL	,896	3,42	,143**	-,005	,053	-,066	,001	,008	,411**	--	--	--	--	--	--
9	FB	,814	3,41	,305**	,724**	,641**	,642**	,700**	,652**	-,055	-,041	--	--	--	--	--
10	OCB	,801	4,20	,442**	,267**	,175**	,257**	,241**	,242**	,435**	,265**	,188**	--	--	--	--
11	HB	,754	4,19	,195**	,122**	,111**	,095**	,109**	,124**	,262**	,075	,125**	,677**	--	--	--
12	GH	,611	4,37	,198**	,130**	,114**	,062	,139**	,124**	,177**	,077	,126**	,552**	,291**	--	--
13	UK	,776	4,23	,414**	,319**	,307**	,295**	,282**	,253**	,263**	,231**	,637**	,221**	,154**	--	--
14	EI	,807	3,97	,346**	,147**	,174**	,056	,144**	,142**	,415**	,377	,041	,704**	,342**	,182**	,309**

**p ≤ ,01 / *p ≤ ,05

Tab. 45: Skalenkorrelationen der quantitativen Befragung (Gesamtstichprobe)

Followertyp: Aspirant

	Skalen	CB's α	M	1 IZV	2 WFV	3 LMX	4 CE	5 TFV	6 SL	7 SW	8 MtL	9 FB	10 OCB	11 HB	12 GH	13 UK
1	IZV	,769	4,31	--	--	--	--	--	--	--	--	--	--	--	--	--
2	WFV	,973	3,56	,466**	--	--	--	--	--	--	--	--	--	--	--	--
3	LMX	,908	3,72	,413**	,932**	--	--	--	--	--	--	--	--	--	--	--
4	CE	,915	3,67	,391**	,937**	,840**	--	--	--	--	--	--	--	--	--	--
5	TFV	,944	3,71	,439**	,971**	,874**	,895**	--	--	--	--	--	--	--	--	--
6	SL	,858	3,25	,442**	,939**	,837**	,822**	,888**	--	--	--	--	--	--	--	--
7	SW	,593	4,52	,149	,152	,089	,119	,137	,093	--	--	--	--	--	--	--
8	MtL	,567	4,21	,027	-,052	-,015	-,003	-,004	-,078	-,221**	--	--	--	--	--	--
9	FB	,857	3,34	,321**	,700**	,633**	,590**	,707**	,696**	,061	-,099	--	--	--	--	--
10	OCB	,804	4,39	,347**	,267**	,166	,228**	,258**	,206**	,037	,206**	--	--	--	--	--
11	HB	,809	4,32	,139	,111	,092	,067	,084	,136	-,051	-,075	,221**	,702**	--	--	--
12	GH	,487	4,46	,240**	,109	,029	,071	,145	,080	,196**	-,008	,088	,545**	,256**	--	--
13	UK	,717	4,41	,374**	,275**	,155	,261**	,245**	,233**	,148	,044	,192**	,634**	,240**	,138	--
14	EI	,784	4,37	,138	,133	,087	,089	,070	,123	,276**	,073	-,059	,614**	,226**	,125	,305**

**p ≤ ,01 / *p ≤ ,05

Tab. 46: Skalenkorrelationen der quantitativen Befragung (Followertyp Aspirant)

Followertyp: Experte

	Skalen	CB's α	M	1 IZV	2 WFV	3 LMX	4 CE	5 TFV	6 SL	7 SW	8 MtL	9 FB	10 OCB	11 HB	12 GH	13 UK
1	IZV	,763	4,22	--	--	--	--	--	--	--	--	--	--	--	--	--
2	WFV	,974	3,61	,344*	--	--	--	--	--	--	--	--	--	--	--	--
3	LMX	,885	3,82	,342	,901**	--	--	--	--	--	--	--	--	--	--	--
4	CE	,926	3,81	,456**	,877**	,714**	--	--	--	--	--	--	--	--	--	--
5	TFV	,946	3,71	,380**	,951**	,795**	,763**	--	--	--	--	--	--	--	--	--
6	SL	,876	3,42	,276	,933**	,760**	,769**	,872**	--	--	--	--	--	--	--	--
7	SW	,552	4,47	,208	,030	,207	-,004	,089	-,008	--	--	--	--	--	--	--
8	MtL	,605	2,69	,191	-,018	,123	-,038	,073	-,058	,724**	--	--	--	--	--	--
9	FB	,723	3,34	,281	,780**	,618**	,700**	,743**	,696**	-,129	-,118	--	--	--	--	--
10	OCB	,676	4,39	,493**	,133	,126	,086	,169	,110	,615**	,530**	-,102	--	--	--	--
11	HB	,712	4,49	,157	-,218	-,217	-,159	-,176	-,111	,369**	,279**	-,204	,542**	--	--	--
12	GH	,558	4,51	,159	,099	,091	-,132	,126	,169	,277**	,259	-,043	,498**	,231	--	--
13	UK	,678	4,47	,384**	,404**	,337*	,324*	,331*	,275	,354**	,196	,206	,486**	,005	,134	--
14	EI	,819	4,05	,339**	-,119	-,035	-,020	-,027	-,223	,509**	,452**	-,258	,732**	,339**	,090	,195

**p ≤ ,01 / *p ≤ ,05

Tab. 47: Skalenkorrelationen der quantitativen Befragung (Followertyp Experte)

Followertyp: Mitläufer

	Skalen	CB's α	M	1 IZV	2 WFV	3 LMX	4 CE	5 TFV	6 SL	7 SW	8 MtL	9 FB	10 OCB	11 HB	12 GH	13 UK
1	IZV	,795	4,05	--												
2	WFV	,967	3,49	,502**	--											
3	LMX	,898	3,60	,501**	,903**	--										
4	CE	,903	3,64	,431**	,920**	,781**	--									
5	TFV	,930	3,56	,475**	,944**	,830**	,832**	--								
6	SL	,829	3,16	,473**	,895**	,830**	,767**	,781**	--							
7	SW	,469	3,96	,031	-,037	-,002	-,103	-,004	-,015	--						
8	MtL	,284	3,48	,017	-,108	-,086	-,063	-,052	-,094	,083	--					
9	FB	,836	3,48	,355**	,793**	,699**	,764**	,773**	,688**	-,089	-,020	--				
10	OCB	,771	4,21	,357**	,235**	,209**	,173*	,234**	,226**	,123	,057	,220**	--			
11	HB	,707	4,17	,112	,105	,078	,084	,079	,140*	,133*	,060	,097	,599**	--		
12	GH	,694	4,38	,144*	,162*	,122	,096	,134*	,147*	,114	,014	,163	,582**	,304**	--	
13	UK	,752	4,28	,346**	,271**	,293**	,287**	,262**	,201**	-,018	-,031	,239**	,614**	,137*	,152*	--
14	EI	,802	3,98	,339**	,105	,134*	,052	,170*	,132	,125	,132	,109	,626**	,228**	,120	,252**

**p ≤ ,01 / *p ≤ ,05

Tab. 48: Skalenkorrelationen der quantitativen Befragung (Followertyp Mitläufer)

Followertyp: Blender

	Skalen	CB's α	M	1 IZV	2 WFV	3 LMX	4 CE	5 TFV	6 SL	7 SW	8 MtL	9 FB	10 OCB	11 HB	12 GH	13 UK
1	IZV	,776	3,98	--												
2	WFV	,967	3,28	,390**	--											
3	LMX	,924	3,52	,393**	,926**	--										
4	CE	,900	3,45	,221	,887**	,776**	--									
5	TFV	,935	3,42	,304**	,938**	,846**	,802**	--								
6	SL	,813	2,98	,344**	,849**	,755**	,704**	,689**	--							
7	SW	,793	3,50	,116	-,005	-,011	-,088	-,128	,081	--						
8	MtL	,737	4,09	,192	-,046	-,003	-,131	-,109	,055	,603**	--					
9	FB	,820	3,44	,256*	,797**	,729**	,684**	,688**	,665**	-,206	-,205	--				
10	OCB	,714	4,07	,424**	,252	,236	,093	,186	,153	,192	,136	,219	--			
11	HB	,684	4,03	,292*	,242	,182	,192	,134	,115	,001	-,065	,168	,602**	--		
12	GH	,607	4,29	,090	-,110	-,095	-,134	-,045	-,018	,054	,102	-,056	,521**	,137	--	
13	UK	,750	4,08	,413**	,389**	,372**	,324**	,310*	,270*	,162	-,026	,435**	,577**	,194	,047	--
14	EI	,730	3,90	,293*	,203	,248*	,050	,144	,158	,088	,253*	,050	,584**	,252*	,139	,176

**p ≤ ,01 / *p ≤ ,05

Tab. 49: Skalenkorrelationen der quantitativen Befragung (Followertyp Blender)

Followertyp: Bedürftiger

	Skalen	CB's α	M	1 IZV	2 WFV	3 LMX	4 CE	5 TFV	6 SL	7 SW	8 MtL	9 FB	10 OCB	11 HB	12 GH	13 UK
1	IZV	,791	3,92	--												
2	WFV	,955	3,40	,398**	--											
3	LMX	,872	3,45	,346**	,905**	--										
4	CE	,883	3,70	,396**	,881**	,723**	--									
5	TFV	,920	3,53	,362**	,931**	,811**	,734**	--								
6	SL	,754	2,99	,311**	,878**	,726**	,666**	,757**	--							
7	SW	,710	3,40	,249**	-,073	-,021	,006	-,008	-,126	--						
8	MtL	,780	2,46	,065	,124	,107	,035	-,007	,116	-,193*	--					
9	FB	,769	3,42	,283**	,630**	,553**	,471**	,626**	,541**	-,072	,023	--				
10	OCB	,748	3,97	,451**	,326**	,315**	,260**	,332**	,193*	,139	,118	,243**	--			
11	HB	,726	4,04	,152	,127	,088	,147	,172*	,031	,097	,028	,243**	,687**	--		
12	GH	,815	4,28	,210*	,202*	,268**	,245**	,228**	,116	,048	,023	,278**	,492**	,228**	--	
13	UK	,815	3,99	,424**	,279**	,288**	,292**	,245**	,180*	,045	-,047	,180*	,561**	,103	,051	--
14	EI	,700	3,55	,278**	,131	,116	,022	,122	,120	,141	,217*	,138	,665**	,375**	,150	,120

**p ≤ ,01 / *p ≤ ,05

Tab. 50: Skalenkorrelationen der quantitativen Befragung (Followertyp Bedürftiger)

Anhang F: Punktdiagramm der Lage der verschiedenen Follower zur Bestimmung der Followertypen anhand der Mittelwerte

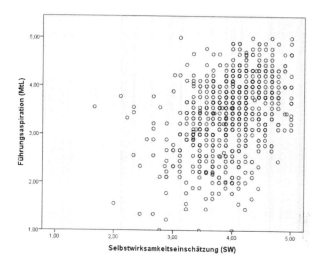

Abb. 75: Punktdiagramm der Lage der verschiedenen Follower zur Bestimmung des Followertyps anhand der Mittelwerte

Anhang G: Boden- und Deckeneffekte der eingesetzten Skalen

Die nachfolgende Abbildung fasst die Decken- und Bodeneffekte der verwendeten Skalen zusammen:

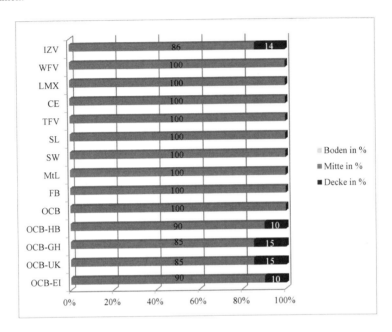

Abb. 76: Boden- und Deckeneffekte der eingesetzten Skalen in der Onlinebefragung

(Skalenabkürzungen // IZV: Identifikation mit den Zielen und der Vision der Organisation, WFV: Qualität des wahrgenommenen Führungsverhaltens, LMX: Follower-Leader-Beziehung, CE: Charaktereinschätzung des Vorgesetzten, TFV: Transformationales Führungsverhalten, SL: Servant Leadership, SW: Selbstwirksamkeitserwartung, MtL: Motivation to Lead, FB: Folgebereitschaft, OCB: Organizational Citizenship Behavior, OCB-HB: Organizational Citizenship Behavior - Hilfsbereitschaft, OCB-GH: Organizational Citizenship Behavior - Gewissenhaftigkeit, OCB-UK: Organizational Citizenship Behavior - Unkompliziertheit, OCB-EI: Organizational Citizenship Behavior - Eigeninitiative)

In der obigen Abbildung sind die Boden- und Deckeneffekte der eingesetzten Skalen dargestellt (siehe zur Erklärung der Boden- und Deckeneffekte im Methodenteil), um die Eignung der einzelnen Skalen zur Überprüfung des Untersuchungsmodells festzustellen. Es zeigt sich, dass bei keiner der verwendeten Skalen ein Bodeneffekt auftritt.

Die Skala *IZV* zeigt insgesamt einen leichten Deckeneffekt mit 13,6 % der Probanden, die den höchsten Wertebereich für die Skala erreichen und liegt damit über dem erwünschten Bereich von <10 %. Der Deckeneffekt wird besonders beim Followertyp Aspirant mit 26,1 % sichtbar, tritt aber nicht bei den Followertypen Blender und Bedürftiger auf.

Die Skalen *WFV, LMX, CE, TFV, SL, SW, MtL* und *FB* zeigen weder Boden- noch Deckeneffekt auf. Die Subskala *OCB-HB* zeigt mit 9,7 % der Probanden, die den höchsten Wertebereich der Skala erreichen eine Tendenz zum Deckeneffekt (bezogen auf die Gesamtstichprobe). Für die Followertypen Aspirant (14,4 %) und Experte (24,1 %) lässt er sich deutlich nachweisen. Die Subskala *OCB-GH* zeigt bezogen auf die Gesamtstichprobe einen Deckeneffekt mit 14,8 % der Skalenwerte im maximal zu erreichenden Bereich. Der Deckeneffekt wird besonders für die Followertypen Aspirant mit 21,6 % und Experte mit 25,9 % deutlich. Die Subskala *OCB-UK* weist bezogen auf die Gesamtstichprobe einen Deckeneffekt mit 14,5 % der Skalenwerte im maximal zu erreichenden Bereich auf. Der Deckeneffekt zeigt sich erneut besonders deutlich bei den Followertypen Aspirant mit 22,2 % und Experte mit 20,4 % deutlich.

Die Subskala *OCB-EI* zeigt mit 9,5 % der Probanden bezogen auf die Gesamtstichprobe, die den maximal möglichen Skalenwert erreichen, eine Tendenz zum Deckeneffekt. Für den Followertyp Aspirant, die sich mit 20,8 % für den höchsten Skalenwert entscheiden, tritt er klar zu Tage. Bezogen auf die Gesamtskala *OCB*, in der die vier Subskalen *OCB-HB, OCB-GH, OCB-UK* und *OCB-EI* aggregiert sind, lässt sich weder Boden- noch Deckeneffekt aufzeigen.

Anhang H: Zusammenfassende Darstellung der Item- und Skalenmittelwerte nach Followertyp

Die nachfolgende Tabelle zeigt die Mittelwerte der verwendeten Skalen für die Gesamtstichprobe und die fünf verschiedenen Followertypen:

IZV Item-Nr.	Gesamt				Aspirant				Experte			
	n	M	SD	SE	n	M	SD	SE	n	M	SD	SE
IZV-1	665	4,07	,906	,035	153	4,32	,848	,069	53	4,11	,824	,113
IZV-2	664	3,79	,983	,038	153	4,04	,924	,075	53	3,94	1,008	,138
IZV-3	663	3,98	1,214	,047	153	4,21	1,145	,093	53	4,32	1,034	,142
IZV-4	663	4,26	,858	,033	152	4,56	,778	,063	53	4,34	,783	,108
IZV-5	663	4,28	1,050	,041	153	4,40	1,060	,086	53	4,37	1,033	,141
Gesamt	656	4,08	,744	,029	152	4,31	,694	,056	53	4,22	,674	,093

Tab. 51: Zusammenfassende Darstellung der IZV-Item- und Skalenmittelwerte nach Followertypen (Teil 1)

IZV Item-Nr.	Mitläufer				Blender				Bedürftiger			
	n	M	SD	SE	n	M	SD	SE	n	M	SD	SE
IZV-1	231	4,04	1,012	,067	74	3,95	,792	,092	154	3,92	,824	,066
IZV-2	231	3,73	1,079	,071	74	3,65	,943	,110	153	3,65	,847	,068
IZV-3	231	3,89	1,330	,088	74	3,92	1,225	,142	152	3,82	1,104	,090
IZV-4	231	4,24	,866	,057	74	4,19	,886	,103	153	4,00	,851	,069
IZV-5	231	4,32	1,013	,067	74	4,18	1,115	,130	151	4,13	1,063	,086
Gesamt	229	4,05	,792	,052	74	3,96	,728	,085	148	3,92	,693	,057

Tab. 52: Zusammenfassende Darstellung der IZV-Item- und Skalenmittelwerte nach Followertypen (Teil 2)

LMX Item-Nr.	Gesamt				Aspirant				Experte			
	n	M	SD	SE	n	M	SD	SE	n	M	SD	SE
LMX-1	663	3,80	,816	,032	151	4,01	,787	,064	54	4,09	,896	,122
LMX-2	662	3,59	,992	,039	150	3,76	1,015	,083	54	3,87	1,010	,137
LMX-3	658	3,51	1,037	,040	150	3,63	1,149	,094	52	3,62	1,032	,143
LMX-4	665	3,69	1,055	,041	152	3,78	1,111	,090	53	3,92	1,053	,145
LMX-5	652	3,08	1,219	,048	150	3,21	1,377	,112	53	3,21	1,261	,173
LMX-6	665	3,72	,964	,037	153	3,83	1,044	,084	54	3,87	,972	,132
LMX-7	667	3,87	,899	,035	152	3,97	,902	,073	54	4,19	,913	,124
Gesamt	634	3,60	,796	,032	147	3,72	,863	,071	51	3,82	,798	,112

Tab. 53: Zusammenfassende Darstellung der LMX-Item- und Skalenmittelwerte nach Followertypen (Teil 1)

LMX Item-Nr.	Mitläufer				Blender				Bedürftiger			
	n	M	SD	SE	n	M	SD	SE	n	M	SD	SE
LMX-1	230	3,77	,748	,049	74	3,61	,808	,094	154	3,62	,849	,068
LMX-2	233	3,59	,966	,063	73	3,51	,974	,114	152	3,36	,966	,078
LMX-3	233	3,54	,991	,065	73	3,40	1,010	,118	150	3,35	,991	,081
LMX-4	233	3,68	1,055	,069	74	3,66	1,011	,117	153	3,57	1,012	,082
LMX-5	227	3,09	1,158	,077	73	2,95	1,257	,147	149	2,96	1,096	,090
LMX-6	232	3,69	,974	,064	73	3,64	,977	,114	153	3,62	,843	,068
LMX-7	233	3,86	,957	,057	73	3,74	,928	,109	155	3,72	,896	,072
Gesamt	225	3,60	,768	,052	70	3,52	,833	,010	141	3,45	,718	,060

Tab. 54: Zusammenfassende Darstellung der LMX-Item- und Skalenmittelwerte nach Followertypen (Teil 2)

CE Item-Nr.	Gesamt n	M	SD	SE	Aspirant n	M	SD	SE	Experte n	M	SD	SE
CE-1	665	3,90	1,120	,043	151	3,93	1,204	,098	54	4,02	1,189	,162
CE-2	661	3,82	1,175	,046	148	3,85	1,236	,102	54	3,89	1,269	,173
CE-3	660	3,76	1,099	,043	150	3,83	1,140	,093	54	3,94	1,140	,155
CE-4	659	3,34	1,265	,049	151	3,26	1,274	,104	53	3,53	1,462	,201
CE-5	661	3,12	1,196	,047	150	3,16	1,199	,098	54	3,26	1,334	,182
CE-6	666	3,61	1,099	,043	152	3,69	1,192	,097	54	3,96	1,098	,149
CE-7	665	4,01	1,061	,041	151	4,01	1,200	,098	54	4,15	1,035	,141
Gesamt	642	3,65	,918	,036	147	3,67	,988	,081	53	3,81	1,025	,141

Tab. 55: Zusammenfassende Darstellung der CE-Item- und Skalenmittelwerte nach Followertypen (Teil 1)

CE Item-Nr.	Mitläufer n	M	SD	SE	Blender n	M	SD	SE	Bedürftiger n	M	SD	SE
CE-1	232	3,91	1,124	074	74	3,74	1,073	,125	154	3,89	1,026	,083
CE-2	230	3,82	1,160	,077	74	3,53	1,208	,140	155	3,90	1,076	,086
CE-3	231	3,77	1,068	,070	74	3,49	1,088	,127	151	3,74	1.086	,088
CE-4	230	3,33	1,263	,083	72	3,18	1,260	,148	153	3,41	1,189	,096
CE-5	229	3,09	1,163	,077	74	2,91	1,207	,140	154	3,18	1,189	,096
CE-6	233	3,54	1,030	,067	73	3,34	1,070	,125	154	3,66	1,092	,088
CE-7	232	3,99	1,026	,067	74	3,85	1,069	,124	154	4,06	,972	,078
Gesamt	224	3,64	,892	,060	71	3,44	,907	,108	147	3,69	,839	0,70

Tab. 56: Zusammenfassende Darstellung der CE-Item- und Skalenmittelwerte nach Followertypen (Teil 2)

TFV Item-Nr.	Gesamt n	M	SD	SE	Aspirant n	M	SD	SE	Experte n	M	SD	SE
TFV-1	662	3,56	1,024	,040	152	3,65	1,087	,088	53	3,74	,984	,135
TFV-2	661	3,67	1,057	,041	149	3,75	1,108	,091	53	3,96	1,116	,152
TFV-3	666	3,61	1,068	,041	151	3,69	1,179	,096	54	3,69	1,271	,173
TFV-4	662	3,53	1,117	,043	152	3,68	1,194	,097	54	3,76	1,181	,161
TFV-5	660	3,59	1,077	,042	151	3,83	1,124	,091	54	3,57	1,283	,175
TFV-6	665	3,77	1,045	,041	153	3,93	1,089	,088	54	3,94	1,172	,160
TFV-7	660	3,36	1,180	,046	150	3,46	1,251	,102	54	3,44	1,298	,177
Gesamt	639	3,58	,916	,036	145	3,71	,998	,083	52	3,71	1,043	,145

Tab. 57: Zusammenfassende Darstellung der TFV-Item- und Skalenmittelwerte nach Followertyp (Teil 1)

TFV Item-Nr.	Mitläufer n	M	SD	SE	Blender n	M	SD	SE	Bedürftiger n	M	SD	SE
TFV-1	231	3,57	1,010	,066	72	3,28	,996	,117	154	3,53	,991	,080
TFV-2	232	3,66	1,057	,069	73	3,41	,910	,107	154	3,61	1,031	,083
TFV-3	233	3,60	,992	,065	73	3,45	1,055	,123	155	3,61	,996	,080
TFV-4	229	3,49	1,079	,071	73	3,40	1,090	,128	154	3,44	1,072	,086
TFV-5	230	3,50	1,027	,068	72	3,51	,904	,107	153	3,52	1,077	,087
TFV-6	233	3,69	1,017	,067	72	3,72	,982	,116	153	3,71	1,012	,082
TFV-7	231	3,35	1,158	,076	73	3,23	1,173	,137	152	3,30	1,103	,089
Gesamt	223	3,56	,874	,059	70	3,42	,876	,105	149	3,53	,853	,070

Tab. 58: Zusammenfassende Darstellung der TFV-Item- und Skalenmittelwerte nach Followertyp (Teil 2)

SL Item-Nr.	Gesamt n	M	SD	SE	Aspirant n	M	SD	SE	Experte n	M	SD	SE
SL-1	664	3,75	,945	,037	152	3,87	,940	,076	53	4,02	,990	,136
SL-2	655	2,82	1,154	,045	149	2,89	1,297	,106	53	3,11	1,204	,165
SL-3	666	2,89	1,364	,053	153	3,07	1,468	,119	53	3,04	1,493	,205
SL-4	645	2,95	1,201	,047	148	2,98	1,327	,109	51	3,49	1,239	,173
SL-5	623	2,25	1,064	,043	146	2,39	1,177	,097	49	2,59	1,117	,160
SL-6	665	3,78	1,055	,041	152	4,02	1,082	,088	54	3,94	1,140	,155
SL-7	619	3,75	1,234	,050	145	3,85	1,325	,110	51	4,08	1,055	,148
Gesamt	568	3,14	,816	,034	133	3,24	,923	,080	44	3,42	,926	,140

Tab. 59: Zusammenfassende Darstellung der SL-Item- und Skalenmittelwerte nach Followertyp (Teil 1)

SL	Mitläufer				Blender				Bedürftiger			
Item-Nr.	n	M	SD	SE	n	M	SD	SE	n	M	SD	SE
SL-1	231	3,63	,918	,060	74	3,70	,856	,099	154	3,75	,992	,080
SL-2	230	2,87	1,078	,071	74	2,77	1,165	,135	149	2,59	1,066	,087
SL-3	232	2,91	1,313	,086	74	2,73	1,296	,151	154	2,70	1,304	,105
SL-4	221	2,96	1,133	,076	73	2,67	1,191	,139	152	2,84	1,110	,090
SL-5	217	2,27	1,065	,072	67	2,01	,945	,115	144	2,06	,925	,077
SL-6	230	3,80	1,020	,067	74	3,66	,983	,114	155	3,50	1,022	,082
SL-7	216	3,69	1,243	,085	65	3,57	1,212	,150	142	3,70	1,179	,099
Gesamt	202	3,16	,786	,055	61	2,98	,755	,097	128	2,99	,694	,061

Tab. 60: Zusammenfassende Darstellung der SL-Item- und Skalenmittelwerte nach Followertyp (Teil 2)

SW	Gesamt				Aspirant				Experte			
Item-Nr.	n	M	SD	SE	n	M	SD	SE	n	M	SD	SE
SW-1	668	3,71	,754	,029	153	4,20	,600	,049	54	4,19	,646	,088
SW-2	664	3,66	,781	,030	152	4,16	,603	,049	54	4,20	,562	,077
SW-3	668	3,87	,857	,033	153	4,58	,508	,041	54	4,50	,541	,074
SW-4	668	3,84	,741	,029	152	4,41	,624	,051	54	4,33	,549	,075
SW-5	667	3,87	,700	,027	152	4,39	,542	,044	54	4,48	,606	,083
SW-6	664	4,14	,778	,030	152	4,76	,446	,036	54	4,54	,539	,073
SW-7	666	4,20	,778	,030	153	4,85	,359	,029	54	4,83	,376	,051
SW-8	659	3,98	,796	,031	152	4,56	,628	,051	54	4,43	,662	,090
SW-9	668	4,22	,688	,027	153	4,77	,437	,035	54	4,69	,469	,064
Gesamt	651	3,95	,539	,021	151	4,52	,259	,021	54	4,47	,260	,035

Tab. 61: Zusammenfassende Darstellung der SW-Item- und Skalenmittelwerte nach Followertyp (Teil 1)

SW	Mitläufer				Blender				Bedürftiger			
Item-Nr.	n	M	SD	SE	n	M	SD	SE	n	M	SD	SE
SW-1	232	3,74	,583	,038	74	3,26	,777	,090	155	3,23	,719	,058
SW-2	231	3,70	,570	,038	74	3,05	,890	,103	153	3,22	,763	,062
SW-3	232	3,90	,556	,037	74	3,26	,845	,098	155	3,20	,863	,069
SW-4	233	3,83	,596	,039	74	3,53	,646	,075	155	3,28	,632	,051
SW-5	232	3,83	,528	,035	74	3,46	,578	,067	155	3,41	,652	,052
SW-6	232	4,18	,630	,041	74	3,72	,750	,087	152	3,55	,771	,063
SW-7	231	4,22	,616	,041	74	3,59	,720	,084	154	3,60	,728	,059
SW-8	227	3,99	,675	,045	72	3,65	,675	,080	154	3,41	,720	,058
SW-9	232	4,21	,529	,035	74	3,82	,582	,068	155	3,70	,695	,056
Gesamt	224	3,96	,256	,017	72	3,50	,437	,052	150	3,40	,403	,033

Tab. 62: Zusammenfassende Darstellung der SW-Item- und Skalenmittelwerte nach Followertyp (Teil 2)

MtL	Gesamt				Aspirant				Experte			
Item-Nr.	n	M	SD	SE	n	M	SD	SE	n	M	SD	SE
MtL-1	665	3,49	,930	,036	153	4,20	,770	,062	54	3,04	,800	,109
MtL-2	668	3,89	1,071	,041	153	4,60	,755	,061	54	3,06	1,089	,148
MtL-3	667	3,67	1,169	,045	153	4,51	,796	,064	54	2,91	1,263	,172
MtL-4	664	2,99	1,001	,039	151	3,61	,909	,074	54	2,33	1,028	,140
MtL-5	659	3,56	1,026	,040	152	4,32	,657	,053	54	2,83	1,005	,137
MtL-6	667	3,05	1,025	,040	153	3,86	,838	,068	54	2,24	,751	,102
MtL-7	666	3,37	1,106	,043	153	4,24	,744	,060	54	2,69	1,006	,137
MtL-8	664	3,28	1,057	,041	153	4,17	,733	,059	53	2,42	,908	,125
MtL-9	662	3,45	1,126	,044	152	4,38	,844	,068	54	2,78	1,192	,162
Gesamt	647	3,42	,779	,031	149	4,21	,371	,030	53	2,69	,493	,068

Tab. 63: Zusammenfassende Darstellung der MtL-Item- und Skalenmittelwerte nach Followertypen (Teil 1)

MtL	Mitläufer				Blender				Bedürftiger			
Item-Nr.	n	M	SD	SE	n	M	SD	SE	n	M	SD	SE
MtL-1	231	3,55	,636	,042	74	4,04	,671	,078	153	2,58	,758	,061
MtL-2	232	4,02	,770	,051	74	4,62	,542	063	155	2,95	1,024	,082
MtL-3	232	3,81	,794	,052	74	4,41	,739	,086	154	2,55	1,048	,084
MtL-4	232	3,00	,840	,055	74	3,53	,798	,093	153	2,35	,845	,068
MtL-5	229	3,68	,760	,050	74	4,22	,647	,075	150	2,55	,848	,069
MtL-6	231	3,06	,758	,050	74	3,89	,610	,071	155	2,14	,748	,060
MtL-7	232	3,41	,858	,056	74	4,04	,766	,089	153	2,36	,929	,075
MtL-8	231	3,35	,776	,051	74	3,95	,680	,079	153	2,25	,755	,061
MtL-9	231	3,45	,907	,060	74	4,10	,557	,065	152	2,44	,828	,067
Gesamt	227	3,48	,305	,020	73	4,09	,383	,045	145	2,46	,521	,043

Tab. 64: Zusammenfassende Darstellung der MtL-Item- und Skalenmittelwerte nach Followertypen (Teil 2)

FB	Gesamt				Aspirant				Experte			
Item-Nr.	n	M	SD	SE	n	M	SD	SE	n	M	SD	SE
FB-1	662	3,37	1,074	,042	151	3,38	1,188	,097	53	3,38	1,130	,155
FB-2	667	3,35	1,111	,043	152	3,59	1,187	,096	53	3,42	1,167	,160
FB-3	655	3,52	,976	,038	150	3,68	1,051	,086	52	3,56	,802	,111
FB-4	657	3,73	1,117	,044	151	3,36	1,146	,093	53	3,64	1,317	,181
FB-5	637	3,84	1,119	,044	147	3,69	1,215	,100	52	3,73	1,359	,188
FB-6	659	2,67	1,233	,048	151	2,20	1,238	,101	54	2,54	1,270	,173
FB-7	664	3,39	1,248	,048	152	3,37	1,321	,107	53	3,43	1,264	,174
Gesamt	613	3,41	,773	,031	140	3,34	,873	,074	49	3,34	,738	,105

Tab. 65: Zusammenfassende Darstellung der FB-Item- und Skalenmittelwerte nach Followertypen (Teil 1)

FB	Mitläufer				Blender				Bedürftiger			
Item-Nr.	n	M	SD	SE	n	M	SD	SE	n	M	SD	SE
FB-1	232	3,45	1,018	,067	73	3,27	1,031	,121	153	3,28	1,042	,084
FB-2	233	3,32	1,077	,071	74	3,20	1,110	,129	155	3,21	1,036	,083
FB-3	230	3,52	,947	,062	74	3,45	,924	,107	149	3,38	1,011	,083
FB-4	229	3,75	1,046	,069	73	3,78	1,121	,131	151	4,07	1,011	,082
FB-5	220	3,91	1,050	,071	69	3,83	1,111	,134	149	3,92	1,023	,084
FB-6	230	2,79	1,200	,079	73	2,99	1,184	,139	151	2,85	1,165	,095
FB-7	230	3,46	1,221	,080	74	3,41	1,193	,139	155	3,28	1,242	,100
Gesamt	215	3,48	,769	,052	69	3,44	,748	,090	140	3,42	,697	,059

Tab. 66: Zusammenfassende Darstellung der FB-Item- und Skalenmittelwerte nach Followertypen (Teil 2)

OCB-HB	Gesamt				Aspirant				Experte			
Item-Nr.	n	M	SD	SE	n	M	SD	SE	n	M	SD	SE
HB-1	667	4,30	,733	,028	152	4,34	,798	,065	54	4,72	,452	,062
HB-2	665	4,08	,789	,031	152	4,22	,807	,065	54	4,44	,664	,090
HB-3	663	4,08	,867	,034	153	4,24	,903	,073	54	4,31	,797	,108
HB-4	666	4,11	,804	,031	153	4,28	,807	,065	54	4,43	,860	,117
HB-5	667	4,37	,705	,027	153	4,52	,689	,056	54	4,56	,604	,082
Gesamt	656	4,19	,554	,022	151	4,32	,607	,049	54	4,49	,470	,064

Tab. 67: Zusammenfassende Darstellung der OCB-HB-Item- und Skalenmittelwerte nach Followertypen (Teil 1)

OCB-HB	Mitläufer				Blender				Bedürftiger			
Item-Nr.	n	M	SD	SE	n	M	SD	SE	n	M	SD	SE
HB-1	232	4,27	,688	,045	74	4,19	,805	,094	155	4,21	,730	,059
HB-2	232	4,06	,762	,050	74	3,93	,782	,091	153	3,89	,791	,064
HB-3	232	4,12	,797	,052	72	3,96	,879	,104	152	3,84	,895	,073
HB-4	232	4,06	,774	,051	73	3,92	,878	,103	154	3,99	,737	,059
HB-5	232	4,37	,696	,046	74	4,19	,715	,083	154	4,23	,719	,058
Gesamt	230	4,17	,504	,033	72	4,03	,541	,064	149	4,04	,536	,044

Tab. 68: Zusammenfassende Darstellung der OCB-HB-Item- und Skalenmittelwerte nach Followertypen (Teil 2)

OCB-GH Item-Nr.	Gesamt n	M	SD	SE	Aspirant n	M	SD	SE	Experte n	M	SD	SE
GH-1	661	4,52	,834	,032	152	4,60	,800	,065	54	4,74	,556	,076
GH-2	664	4,77	,558	,022	151	4,80	,589	,048	54	4,91	,559	,076
GH-3	666	4,55	,735	,028	152	4,69	,578	,047	54	4,65	,588	,080
GH-4	666	4,22	,803	,031	152	4,21	,874	,071	54	4,41	,765	,104
GH-5	658	3,77	1,178	,046	149	3,96	1,150	,094	54	3,83	1,328	,181
Gesamt	646	4,37	,526	,021	146	4,46	,469	,038	54	4,50	,489	,066

Tab. 69: Zusammenfassende Darstellung der OCB-GH-Item- und Skalenmittelwerte nach Followertypen (Teil 1)

OCB-GH Item-Nr.	Mitläufer n	M	SD	SE	Blender n	M	SD	SE	Bedürftiger n	M	SD	SE
GH-1	230	4,50	,769	,051	74	4,39	1,031	,120	151	4,46	,922	,075
GH-2	232	4,79	,459	,030	73	4,67	,647	,076	154	4,73	,608	,049
GH-3	232	4,57	,781	,051	74	4,49	,726	,084	154	4,37	,816	,066
GH-4	231	4,21	,769	,051	74	4,08	,856	,100	155	4,23	,763	,061
GH-5	229	3,79	1,142	,075	73	3,86	1,109	,130	153	3,50	1,198	,097
Gesamt	225	4,38	,544	,036	72	4,29	,559	,066	149	4,28	,528	,043

Tab. 70: Zusammenfassende Darstellung der OCB-GH-Item- und Skalenmittelwerte nach Followertypen (Teil 2)

OCB-UK Item-Nr.	Gesamt n	M	SD	SE	Aspirant n	M	SD	SE	Experte n	M	SD	SE
UK-1	662	4,08	,900	,035	152	4,38	,787	,064	53	4,25	,918	,126
UK-2	666	4,16	,898	,035	153	4,41	,790	,064	54	4,44	,816	,111
UK-3	666	4,49	,762	,030	153	4,58	,783	,063	54	4,63	,708	,096
UK-4	664	4,18	,824	,032	153	4,25	,821	,066	54	4,46	,745	,101
UK-5	661	4,26	,857	,033	153	4,45	,835	,067	53	4,36	,591	,081
Gesamt	654	4,23	,617	,024	152	4,41	,551	,045	52	4,47	,473	,066

Tab. 71: Zusammenfassende Darstellung der OCB-UK-Item- und Skalenmittelwerte nach Followertypen (Teil 1)

OCB-UK Item-Nr.	Mitläufer n	M	SD	SE	Blender n	M	SD	SE	Bedürftiger n	M	SD	SE
UK-1	230	4,13	,833	,055	72	3,89	,928	,109	155	3,74	,961	,077
UK-2	231	4,20	,822	,054	73	3,88	1,027	,120	155	3,87	,958	,077
UK-3	231	4,49	,779	,051	73	4,47	,689	,081	155	4,35	,752	,060
UK-4	231	4,23	,803	,053	72	3,97	,804	,095	154	4,04	,855	,069
UK-5	231	4,34	,812	,053	70	4,14	,804	,096	154	3,97	,970	,078
Gesamt	228	4,28	,578	,038	69	4,08	,608	,073	153	3,99	,685	,055

Tab. 72: Zusammenfassende Darstellung der OCB-UK-Item- und Skalenmittelwerte nach Followertypen (Teil 2)

OCB-EI Item-Nr.	Gesamt n	M	SD	SE	Aspirant n	M	SD	SE	Experte n	M	SD	SE
EI-1	658	4,01	,891	,035	151	4,35	,768	,062	53	4,08	,874	,120
EI-2	668	4,12	,830	,032	153	4,44	,785	,064	54	4,22	,816	,111
EI-3	662	4,04	,888	,035	151	4,44	,762	,062	54	4,26	,894	,122
EI-4	660	3,85	,956	,037	153	4,25	,807	,065	53	4,04	,831	,114
EI-5	652	3,78	,976	,038	152	4,32	,835	,068	53	3,72	1,026	,141
Gesamt	639	3,97	,677	,027	149	4,37	,572	,047	52	4,05	,682	,095

Tab. 73: Zusammenfassende Darstellung der OCB-EI-Item- und Skalenmittelwerte nach Followertypen (Teil 1)

OCB-EI Item-Nr.	Mitläufer n	M	SD	SE	Blender n	M	SD	SE	Bedürftiger n	M	SD	SE
EI-1	230	4,07	,857	,056	73	3,99	,790	,093	151	3,56	,935	,076
EI-2	233	4,14	,772	,051	74	4,05	,738	,086	154	3,75	,866	,070
EI-3	232	4,07	,797	,052	72	3,90	,842	,099	153	3,58	,937	,076
EI-4	232	3,78	,989	,065	71	3,90	,864	,103	151	3,45	,957	,078
EI-5	226	3,77	,890	,059	73	3,71	,905	,106	148	3,30	,986	,081
Gesamt	224	3,98	,635	,042	69	3,91	,582	,070	145	3,55	,626	,052

Tab. 74: Zusammenfassende Darstellung der OCB-EI-Item- und Skalenmittelwerte nach Followertypen (Teil 2)

Anhang I: ALM-Berechnungen zur Überprüfung der Hypothesen 6-8

Regressionsanalyse der Skala WFV als Prädiktor auf Follower-OCB-Verhalten									
Eingeschlossene Skalen	R	R^2	Korr. R^2	Änderung in R^2	B	SE B	β	t	p
Konstante					3,749	,073	--	51,303	,000
WFV	,265	,070	,069	,070	,126	,020	,265	6,184	,000
F = 38,237 / p ≤ ,000									

Tab. 75: Regression der wahrgenommenen Qualität des Führungsverhaltens als Prädiktor für Follower-OCB-Verhalten (Einschlussmethode)

Regressionsanalyse der Skala WFV als Prädiktor auf Folgebereitschaft									
Eingeschlossene Skalen	R	R^2	Korr. R^2	Änderung in R^2	B	SE B	β	t	p
Konstante					,846	,103	--	8,246	,000
WFV	,751	,563	,563	,563	,732	,029	,751	25,576	,000
F = 654,148 / p ≤ ,000									

Tab. 76: Regression der wahrgenommenen Qualität des Führungsverhaltens als Prädiktor für Folgebereitschaft (Einschlussmethode)

Regressionsanalyse der Skala IZV als Prädiktor auf Follower-OCB-Verhalten									
Eingeschlossene Skalen	R	R^2	Korr. R^2	Änderung in R^2	B	SE B	β	t	p
Konstante					3,268	,079	--	41,355	,000
IZV	,441	,195	,193	,195	,228	,019	,441	12,015	,000
F = 144,364 / p ≤ ,000									

Tab. 77: Regression der Identifikation mit den Zielen und der Vision der Organisation als Prädiktor auf Follower-OCB-Verhalten (Einschlussmethode)

Regressionsanalyse der Skala IZV als Prädiktor auf FB									
Eingeschlossene Skalen	R	R^2	Korr. R^2	Änderung in R^2	B	SE B	β	t	p
Konstante					1,965	,165	--	11,873	,000
IZV	,343	,118	,116	,118	,357	,040	,343	8,976	,000
F = 80,563 / p ≤ ,000									

Tab. 78: Regression der Identifikation mit den Zielen und der Vision der Organisation als Prädiktor auf Folgebereitschaft (Einschlussmethode)

Regressionsanalyse der Skala WFV als Prädiktor auf Follower-OCB-Verhalten untergliedert nach Followertypen

Modell	Eingeschlossene Skalen	R	R²	Korr. R²	Änderung in R²	B	SE B	β	t	p
1	Konstante					3,380	,174	--	19,451	,000
	WFV	,318	,101	,093	,101	,174	,050	,318	3,488	,001
2	Konstante					3,825	,200	--	19,135	,000
	WFV	,179	,032	,013	,032	,076	,059	,179	1,298	,200
3	Konstante					3,752	,112	--	33,445	,000
	WFV	,282	,079	,074	,079	,124	,031	,282	3,961	,000
4	Konstante					4,283	,183	--	23,419	,000
	WFV	,082	,007	-,019	,007	,024	,049	,082	,504	,617
5	Konstante					4,030	,136	--	29,704	,000
	WFV	,240	,057	,049	,057	,099	,037	,240	2,680	,008

Modell	Followertyp	
1	Bedürftiger	F = 12,167 / p = ,001
2	Blender	F = 1,685 / p = ,200
3	Mitläufer	F = 15,690 / p ≤ ,000
4	Experte	F = ,254 / p = ,617
5	Aspirant	F = 7,18 / p = ,008

Tab. 79: Regression der Skala WFV als Prädiktor auf OCB untergliedert nach Followertypen

Regressionsanalyse der Skala IZV als Prädiktor auf Follower-OCB-Verhalten untergliedert nach Followertypen

Modell	Eingeschlossene Skalen	R	R²	Korr. R²	Änderung in R²	B	SE B	β	t	p
1	Konstante					2,916	,166	--	17,592	,000
	IZV	,496	,246	,240	,246	,268	,041	,496	6,513	,000
2	Konstante					3,260	,201	--	16,191	,000
	IZV	,463	,215	,202	,215	,204	,050	,463	4,083	,000
3	Konstante					3,497	,114	--	30,767	,000
	IZV	,402	,162	,158	,162	,176	,027	,402	6,407	,000
4	Konstante					3,733	,239	--	15,615	,000
	IZV	,380	,144	,126	,144	,157	,056	,380	2,814	,007
5	Konstante					3,540	,189	--	18,732	,000
	WFV	,361	,130	,124	,130	,197	,043	,361	4,544	,000

Modell	Followertyp	
1	Bedürftiger	F = 42,415 / p ≤ ,000
2	Blender	F = 16,673 / p ≤ ,000
3	Mitläufer	F = 41,054 / p ≤ ,000
4	Experte	F = 7,917 / p = ,007
5	Aspirant	F = 20,646 / p ≤ ,000

Tab. 80: Regressionsanalyse der Skala IZV als Prädiktor auf Follower-OCB-Verhalten untergliedert nach Followertypen (Einschlussmethode)

Regressionsanalyse der Skala WFV als Prädiktor auf Folgebereitschaft untergliedert nach Followertypen

Modell	Eingeschlossene Skalen	R	R²	Korr. R²	Änderung in R²	B	SE B	β	t	p
1	Konstante					1,156	,265	--	4,360	,000
	WFV	,637	,405	,400	,405	,657	,075	,637	8,699	,000
2	Konstante					,694	,261	--	2,664	,010
	WFV	,824	,679	,673	,679	,812	,077	,824	10,592	,000
3	Konstante					,702	,152	--	4,615	,000
	WFV	,812	,660	,658	,660	,793	,042	,812	18,690	,000
4	Konstante					,981	,334	--	2,941	,006
	WFV	,761	,579	,568	,579	,636	,089	,761	7,136	,000
5	Konstante					,642	,221	--	2,903	,004
	WFV	,755	,570	,567	,570	,751	,060	,755	12,514	,000

Modell	Followertyp	
1	Bedürftiger	F = 75,675 / p ≤ ,000
2	Blender	F = 112,199 / p ≤ ,000
3	Mitläufer	F = 349,323 / p ≤ ,000
4	Experte	F = 50,916 / p ≤ ,000
5	Aspirant	F = 156,608 / p ≤ ,000

Tab. 81: Regression der Skala WFV als Prädiktor auf FB untergliedert nach Followertypen (Einschlussmethode)

Regressionsanalyse der Skala IZV als Prädiktor auf Folgebereitschaft untergliedert nach Followertypen

Modell	Eingeschlossene Skalen	R	R²	Korr. R²	Änderung in R²	B	SE B	β	t	p
1	Konstante	,286	,082	,075	,082	2,331	,327	--	7,126	,000
	IZV					,284	,082	,286	3,464	,001
2	Konstante	,297	,088	,075	,088	2,243	,478		4,692	,000
	IZV					,301	,118	,297	2,549	,013
3	Konstante	,418	,175	,171	,175	1,820	,254		7,151	,000
	IZV					,412	,061	,418	6,692	,000
4	Konstante	,242	,058	,038	,058	2,203	,683		3,227	,002
	IZV					,269	,159	,242	1,689	,098
5	Konstante	,412	,170	,164	,170	1,151	,416		2,765	,006
	IZV					,506	,096	,412	5,298	,000

Modell	Followertyp	
1	Bedürftiger	F = 11,999 / p = ,001
2	Blender	F = 6,498 / p = ,013
3	Mitläufer	F = 44,783 / p ≤ ,000
4	Experte	F = 2,851 / p = ,098
5	Aspirant	F = 28,065 / p ≤ ,000

Tab. 82: Regression der Skala IZV als Prädiktor auf FB untergliedert Followertypen (Einschlussmethode)

ANCOVA von FT als festem Faktor und den Kovariaten WFV und IZV auf OCB

Quelle	Quadratsumme vom Typ III	df	Mittel der Quadrate	F	p	Partielles Eta²
Korrigiertes Modell	22,927a	6	3,821	39,986	,000	,326
Konstanter Term	147,878	1	147,878	1547,439	,000	,757
WFV	,125	1	,125	1,307	,253	,003
IZV	8,336	1	8,336	87,235	,000	,150
Followertypen	7,660	4	1,915	20,040	,000	,139
Fehler	47,399	496	,096	--	--	--
Gesamt	8908,840	503	--	--	--	--
Korrigierte Gesamtvariation	70,327	502	--	--	--	--

a. R-Quadrat = ,326 (korrigiertes R-Quadrat = ,318)

Tab. 83: Zweifaktorielle ANCOVA des Einflusses des Followertyps als festem Faktor und den Kovariaten WFV und IZV auf OCB (Gesamtstichprobe)

ANCOVA des Einflusses von WFV und IZV auf OCB

Quelle	Quadratsumme vom Typ III	df	Mittel der Quadrate	F	p	B	SE	t	p	Partielles Eta²
Korrigiertes Modell	15,267a	2	7,633	69,320	--	--	--	--	,000	,217
Konstanter Term	142,085	1	142,085	1290,287	3,196	,089	35,921	,000	,721
WFV	,178	1	,178	1,613	,027	,021	1,270	,205	,003
IZV	10,655	1	10,655	96,763	,220	,022	9,837	,000	,162
Fehler	55,060	500	,110	--	--	--	--	--	--
Gesamt	8908,840	503	--	--	--	--	--	--	--
Korrigierte Gesamtvariation	70,327	502	--	--	--	--	--	--	--

a. R-Quadrat = ,217 (korrigiertes R-Quadrat = ,214)

Tab. 84: Zweifaktorielle ANCOVA des Einflusses von WFV und IZV auf OCB (Gesamtstichprobe)

ANCOVA des Einflusses von WFV & IZV auf OCB untergliedert nach Followertypen

	Quelle	Quadratsumme vom Typ III	df	Mittel d. Quadrate	F	B	SE	t	p	Partielles Eta²
1	Korrigiertes Modell	4,429	2	2,214	23,897	--	--	--	,000	,311
	Konstanter Term	15,223	1	15,223	164,275	2,639	,206	12,817	,000	,608
	WFV	,156	1	,156	1,681	,061	,047	1,298	,197	,016
	IZV	3,294	1	3,294	35,547	,286	,048	5,962	,000	,251
	Fehler	9,823	106	,093	--	--	--	--	--	--
	Gesamt	1743,085	109	--	--	--	--	--	--	--
	Korrigierte Gesamtvariation	14,252	108	--	--	--	--	--	--	--

		Quadratsumme vom Typ III	df	Mittel der Quadrate						
2	Korrigiertes Modell	1,421b	2	,710	7,891	--	--	--	,001	,240
	Konstanter Term	18,077	1	18,077	200,769	3,281	,232	14,169	,000	,801
	WFV	,001	1	,001	,012	-,006	,057	-,108	,914	,000
	IZV	1,232	1	1,232	13,678	,205	,055	3,698	,001	,215
	Fehler	4,502	50	,090	--	--	--	--	--	--
	Gesamt	887,040	53	--	--	--	--	--	--	--
	Korrigierte Gesamtvariation	5,923	52	--	--	--	--	--	--	--
3	Korrigiertes Modell	4,272	2	2,136	23,901				,000	,210
	Konstanter Term	64,206	1	64,206	718,526	3,375	,126	26,805	,000	,800
	WFV	,010	1	,010	,117	,012	,036	,342	,733	,001
	IZV	2,648	1	2,648	29,638	,189	,035	5,444	,000	,141
	Fehler	16,084	180	,089	--	--	--	--	--	--
	Gesamt	3227,510	183	--	--	--	--	--	--	--
	Korrigierte Gesamtvariation	20,356	182	--	--	--	--	--	--	--
4	Korrigiertes Modell	,373	2	,187	2,838				,072	,136
	Konstanter Term	13,701	1	13,701	208,472	3,834	,266	14,439	,000	,853
	WFV	,003	1	,003	,044	-,010	,048	-,209	,835	,001
	IZV	,360	1	,360	5,473	,139	,060	2,340	,025	,132
	Fehler	2,366	36	,066	--	--	--	--	--	--
	Gesamt	750,318	39	--	--	--	--	--	--	--
	Korrigierte Gesamtvariation	2,739	38	--	--	--	--	--	--	--
5	Korrigiertes Modell	2,090	2	1,045	8,760				,000	,131
	Konstanter Term	37,294	1	37,294	312,612	3,552	,201	17,681	,000	,729
	WFV	,134	1	,134	1,126	,042	,040	1,061	,291	,010
	IZV	1,183	1	1,183	9,915	,158	,050	3,149	,002	,079
	Fehler	13,838	116	,119	--	--	--	--	--	--
	Gesamt	2300,888	119	--	--	--	--	--	--	--
	Korrigierte Gesamtvariation	15,929	118	--	--	--	--	--	--	--

Modell	Followertyp	
1	Bedürftiger	R^2 = ,311 (korrigiertes R^2 = ,298)
2	Blender	R^2 = ,240 (korrigiertes R^2 = ,210)
3	Mitläufer	R^2 = ,210 (korrigiertes R^2 = ,201)
4	Experte	R^2 = ,136 (korrigiertes R^2 = ,088)
5	Aspirant	R^2 = ,131 (korrigiertes R^2 = ,116)

Tab. 85: Zweifaktorielle ANCOVA des Einflusses von WFV und IZV auf OCB untergliedert nach Followertypen

ANCOVA von FT als festem Faktor und den Kovariaten WFV und IZV auf FB

Quelle	Quadratsumme vom Typ III	df	Mittel der Quadrate	F	p	Partielles Eta²
Korrigiertes Modell	174,742a	6	29,124	115,909	,000	,583
Konstanter Term	5,898	1	5,898	23,473	,000	,045
WFV	127,436	1	127,436	507,177	,000	,505
IZV	,608	1	,608	2,421	,120	,005
Followertypen	6,652	4	1,663	6,619	,000	,050
Fehler	125,130	498	,251	--	--	--
Gesamt	6165,878	505	--	--	--	--
Korrigierte Gesamtvariation	299,872	504	--	--	--	--

a. R-Quadrat = ,583 (korrigiertes R-Quadrat = ,578)

Tab. 86: Zweifaktorielle ANCOVA des Einflusses des Followertyps als festem Faktor und den Kovariaten WFV und IZV auf FB (Gesamtstichprobe)

Quelle	Quadratsumme vom Typ III	df	Mittel der Quadrate	F	B	SE	t	p	Partielles Eta^2
Korrigiertes Modell	168,090a	2	84,045	320,154	--	--	--	,000	,561
Konstanter Term	8,467	1	8,467	32,255	,767	,135	5,679	,000	,060
WFV	126,896	1	126,896	483,388	,715	,033	21,986	,000	,491
IZV	,258	1	,258	,983	,034	,034	,991	,322	,002
Fehler	131,782	502	,263	--	--	--	--		
Gesamt	6165,878	505	--	--	--	--	--	--	
Korrigierte Gesamtvariation	299,872	504	--	--	--	--	--	--	

a. R-Quadrat = ,561 (korrigiertes R-Quadrat = ,559)

Tab. 87: Zweifaktorielle ANCOVA des Einflusses von WFV und IZV auf FB (Gesamtstichprobe)

ANCOVA des Einflusses von WFV & IZV auf FB untergliedert nach Followertypen

	Quelle	Quadratsumme vom Typ III	df	Mittel d. Quadrate	F	B	SE	t	p	Partielles Eta^2
1	Korrigiertes Modell	21,257	2	10,629	36,973	--	--	--	,000	,404
	Konstanter Term	2,301	1	2,301	8,006	,946	,334	2,829	,006	,068
	WFV	15,423	1	15,423	53,650	,616	,084	7,325	,000	,330
	IZV	,357	1	,357	1,242	,089	,080	1,114	,268	,011
	Fehler	31,334	109	,287	--	--	--	--	--	--
	Gesamt	1368,184	112	--	--	--	--	--	--	--
	Korrigierte Gesamtvariation	52,592	111	--	--	--	--	--	--	--
2	Korrigiertes Modell	22,298	2	11,149	55,502	--	--	--	,000	,681
	Konstanter Term	,552	1	,552	2,748	,572	,345	1,658	,103	,050
	WFV	18,297	1	18,297	91,085	,795	,083	9,544	,000	,637
	IZV	,059	1	,059	,296	,045	,082	,544	,589	,006
	Fehler	10,446	52	,201	--	--	--	--	--	--
	Gesamt	660,796	55	--	--	--	--	--	--	--
	Korrigierte Gesamtvariation	32,744	54	--	--	--	--	--	--	--
3	Korrigiertes Modell	63,823	2	31,912	168,186	--	--	--	,000	,654
	Konstanter Term	3,813	1	3,813	20,093	,829	,185	4,483	,000	,101
	WFV	47,014	1	47,014	247,782	,818	,052	15,741	,000	,582
	IZV	,212	1	,212	1,118	-,053	,050	-1,057	,292	,006
	Fehler	33,774	178	,190	--	--	--	--	--	--
	Gesamt	2301,367	181	--	--	--	--	--	--	--
	Korrigierte Gesamtvariation	97,597	180	--	--	--	--	--	--	--
4	Korrigiertes Modell	14,301	2	7,151	24,915	--	--	--	,000	,587
	Konstanter Term	,870	1	,870	3,032	,975	,560	1,741	,090	,080
	WFV	13,181	1	13,181	45,925	,644	,095	6,777	,000	,568
	IZV	,001	1	,001	,004	-,008	,130	-,065	,949	,000
	Fehler	10,045	35	,287	--	--	--	--	--	--
	Gesamt	433,653	38	--	--	--	--	--	--	--
	Korrigierte Gesamtvariation	24,346	37	--	--	--	--	--	--	--
5	Korrigiertes Modell	53,025	2	26,512	83,641	--	--	--	,000	,591
	Konstanter Term	,045	1	,045	,141	,119	,317	,376	,708	,001
	WFV	34,071	1	34,071	107,486	,681	,066	10,368	,000	,481
	IZV	1,634	1	1,634	5,154	,179	,079	2,270	,025	,043
	Fehler	36,770	116	,317	--	--	--	--	--	--
	Gesamt	1401,878	119	--	--	--	--	--	--	--
	Korrigierte Gesamtvariation	89,795	118	--	--	--	--	--	--	--

Modell	Followertyp	
1	Bedürftiger	R^2 = ,404 (korrigiertes R^2 = ,393)
2	Blender	R^2 = ,681 (korrigiertes R^2 = ,669)
3	Mitläufer	R^2 = ,654 (korrigiertes R^2 = ,650)
4	Experte	R^2 = ,587 (korrigiertes R^2 = ,564)
5	Aspirant	R^2 = ,591 (korrigiertes R^2 = ,583)

Tab. 88: Zweifaktorielle ANCOVA des Einflusses von WFV und IZV auf FB in untergliedert nach Followertypen

MANCOVA des Einflusses von den Kovariaten WFV & IZV auf OCB & FB

Quelle	Kriterium	Quadratsumme vom Typ III	df	Mittel d. Quadrate	F	p	Partielles Eta2
Korrigiertes Modell	OCB	14,976a	2	132,818	66,999	,000	,218
	FB	153,140b	2	8,671	289,157	,000	,546
Konstanter Term	OCB	132,818	1	10,561	1188,410	,000	,712
	FB	8,671	1	,140	32,744	,000	,064
IZV	OCB	10,561	1	,166	94,494	,000	,164
	FB	,140	1	118,114	,528	,468	,001
WFV	OCB	,166	1	,112	1,486	,223	,003
	FB	118,114	1	,265	446,043	,000	,481
Fehler	OCB	53,757	481	--	--	--	--
	FB	127,371	481	--	--	--	--
Gesamt	OCB	8586,345	484	--	--	--	--
	FB	5932,816	484	--	--	--	--
Korr. Gesamtvariation	OCB	68,733	483	--	--	--	--
	FB	280,511	483	--	--	--	--

a. R-Quadrat = ,218 (korrigiertes R-Quadrat = ,215)
b. R-Quadrat = ,546 (korrigiertes R-Quadrat = ,544)

Tab. 89: MANCOVA der Kovariate WFV & IZV auf OCB & FB (Gesamtstichprobe)

MANCOVA des Einflusses von IZV & WFV auf OCB & FB untergliedert nach Followertypen

	Quelle	Kriterien	Quadratsumme vom Typ III	df	Mittel der Quadrate	F	Sig.	Partielles Eta
1	Korrigiertes Modell	OCB	4,424a	2	2,212	23,473	,000	,313
		FB	17,593b	2	8,797	29,663	,000	,365
	Konstanter Term	OCB	15,139	1	15,139	160,647	,000	,609
		FB	2,625	1	2,625	8,853	,004	,079
	IZV	OCB	3,315	1	3,315	35,176	,000	,255
		FB	,126	1	,126	,425	,516	,004
	WFV	OCB	,097	1	,097	1,033	,312	,010
		FB	14,121	1	14,121	47,619	,000	,316
	Fehler	OCB	9,706	103	,094	--	--	--
		FB	30,545	103	,297	--	--	--
	Gesamt	OCB	1695,363	106	--	--	--	--
		FB	1299,082	106	--	--	--	--
	Korr. Gesamtvariation	OCB	14,130	105	--	--	--	--
		FB	48,138	105	--	--	--	--
2	Korrigiertes Modell	OCB	1,400c	2	,700	7,482	,001	,238
		FB	20,348d	2	10,174	47,638	,000	,665
	Konstanter Term	OCB	17,423	1	17,423	186,202	,000	,795
		FB	,541	1	,541	2,532	,118	,050
	IZV	OCB	1,236	1	1,236	13,207	,001	,216
		FB	,057	1	,057	,266	,609	,006
	WFV	OCB	,002	1	,002	,019	,892	,000
		FB	16,692	1	16,692	78,158	,000	,620
	Fehler	OCB	4,491	48	,094	--	--	--
		FB	10,251	48	,214	--	--	--
	Gesamt	OCB	853,798	51	--	--	--	--
		FB	613,571	51	--	--	--	--
	Korr. Gesamtvariation	OCB	5,892	50	--	--	--	--
		FB	30,599	50	--	--	--	--
3	Korrigiertes Modell	OCB	3,821e	2	1,910	21,170	,000	,198
		FB	58,389f	2	29,194	154,099	,000	,642
	Konstanter Term	OCB	58,878	1	58,878	652,426	,000	,791
		FB	3,580	1	3,580	18,897	,000	,099
	IZV	OCB	2,429	1	2,429	26,920	,000	,135
		FB	,085	1	,085	,447	,504	,003
	WFV	OCB	,011	1	,011	,122	,728	,001
		FB	42,117	1	42,117	222,311	,000	,564
	Fehler	OCB	15,522	172	,090	--	--	--
		FB	32,586	172	,189	--	--	--
	Gesamt	OCB	3097,110	175	--	--	--	--
		FB	2234,224	175	--	--	--	--
	Korr. Gesamtvariation	OCB	19,343	174	--	--	--	--
		FB	90,974	174	--	--	--	--
4	Korrigiertes Modell	OCB	,337g	2	,169	2,424	,104	,125

Konstanter Term	FB	13,878h	2	6,939	24,271	,000	,588
	OCB	12,924	1	12,924	185,836	,000	,845
IZV	FB	,637	1	,637	2,228	,145	,061
	OCB	,321	1	,321	4,622	,039	,120
WFV	FB	,005	1	,005	,019	,891	,001
	OCB	,002	1	,002	,031	,862	,001
Fehler	FB	12,835	1	12,835	44,894	,000	,569
	OCB	2,365	34	,070	--	--	--
Gesamt	FB	9,721	34	,286	--	--	--
	OCB	712,875	37	--	--	--	--
Korrigierte Gesamtvariation	FB	427,755	37	--	--	--	--
	OCB	2,702	36	--	--	--	--
5 Korrigiertes Modell	FB	23,598	36	--	--	--	--
	OCB	2,227i	2	1,114	9,233	,000	,142
Konstanter Term	FB	48,902j	2	24,451	76,865	,000	,579
	OCB	34,944	1	34,944	289,734	,000	,721
IZV	FB	,109	1	,109	,343	,559	,003
	OCB	1,262	1	1,262	10,462	,002	,085
WFV	FB	1,197	1	1,197	3,764	,055	,033
	OCB	,162	1	,162	1,346	,248	,012
Fehler	FB	33,204	1	33,204	104,381	,000	,482
	OCB	13,508	112	,121	--	--	--
Gesamt	FB	35,628	112	,318	--	--	--
	OCB	2227,200	115	--	--	--	--
Korr. Gesamtvariation	FB	1358,184	115	--	--	--	--
	OCB	15,735	114	--	--	--	--
	FB	84,530	114	--	--	--	--

Modell	Followertyp	
1	Bedürftiger	a. R^2 = ,313 (korrigiertes R^2 = ,300) // b. R^2 = ,365 (korrigiertes R^2 = ,353)
2	Blender	c. R^2 = ,238 (korrigiertes R^2 = ,206) // d. R^2 = ,665 (korrigiertes R^2 = ,651)
3	Mitläufer	e. R^2 = ,198 (korrigiertes R^2 = ,188) // f. R^2 = ,642 (korrigiertes R^2 = ,638)
4	Experte	g. R^2 = ,125 (korrigiertes R^2 = ,073) // h. R^2 = ,588 (korrigiertes R^2 = ,564)
5	Aspirant	i. R^2 = ,142 (korrigiertes R^2 = ,126) // j. R^2 = ,579 (korrigiertes R^2 = ,571)

Tab. 90: MANCOVA des Einflusses des Followertyps als festem Faktor und den Kovariaten WFV & IZV auf OCB & FB untergliedert nach Followertypen

Parameterschätzer - MANCOVA des Einflusses von IZV & WFV auf OCB & FB untergliedert nach Followertypen

	Kriterium	Parameter	B	SE	T	Sig.	Partielles Eta-Quadrat
1	OCB	Konstanter Term	2,653	,209	12,675	,000	,609
		IZV	,291	,049	5,931	,000	,255
		WFV	,051	,050	1,016	,312	,010
	FB	Konstanter Term	1,105	,371	2,975	,004	,079
		IZV	,057	,087	,652	,516	,004
		WFV	,610	,088	6,901	,000	,316
2	OCB	Konstanter Term	3,286	,241	13,646	,000	,795
		IZV	,206	,057	3,634	,001	,216
		WFV	-,008	,060	-,136	,892	,000
	FB	Konstanter Term	,579	,364	1,591	,118	,050
		IZV	,044	,085	,516	,609	,006
		WFV	,796	,090	8,841	,000	,620
3	OCB	Konstanter Term	3,387	,133	25,543	,000	,791
		IZV	,186	,036	5,188	,000	,135
		WFV	,013	,037	,349	,728	,001
	FB	Konstanter Term	,835	,192	4,347	,000	,099
		IZV	-,035	,052	-,669	,504	,003
		WFV	,796	,053	14,910	,000	,564
4	OCB	Konstanter Term	3,837	,281	13,632	,000	,845
		IZV	,138	,064	2,150	,039	,120
		WFV	-,009	,050	-,175	,862	,001
	FB	Konstanter Term	,852	,571	1,493	,145	,061
		IZV	-,018	,130	-,138	,891	,001
		WFV	,684	,102	6,700	,000	,569
5	OCB	Konstanter Term	3,510	,206	17,022	,000	,721

		IZV	,164	,051	3,234	,002	,085
		WFV	,048	,041	1,160	,248	,012
FB	Konstanter Term	,196	,335	,586	,559	,003
		IZV	,160	,082	1,940	,055	,033
		WFV	,684	,067	10,217	,000	,482

Modell   Followertyp
1   Bedürftiger
2   Blender
3   Mitläufer
4   Experte
5   Aspirant

Tab. 91: Parameterschätzer - MANCOVA des Einflusses des Followertyps als festem Faktor und den Kovariaten WFV & IZV auf OCB & FB untergliedert nach Followertypen

Anhang J: Interviewleitfaden

Begrüßung und Einleitung

Ich möchte mich zu Beginn herzlich für Ihre Zeit bedanken und dafür, dass Sie sich bereit erklärt haben, die von mir gestellten Fragen zu beantworten. Bevor wir mit dem Interview beginnen, möchte ich Ihnen noch einmal kurz darlegen, worum es in meinem Anliegen geht. Die Befragung wird im Rahmen meiner Dissertation des Doktoratsstudiums in Psychologie an der University of Nicosia durchgeführt und beschäftigt sich mit dem Thema: „**Followership und Führungsverhalten aus evolutionspsychologischer Perspektive.**", welches ich vor dem Hintergrund der vernachlässigten Followerperspektive in der Führungsforschung gewählt habe. Followership als Gegenstück zu Leadership hat in der Forschung bislang relativ wenig Aufmerksamkeit erlangt. Ob Organisationen erfolgreich am Markt bestehen oder scheitern, hängt gemäß der allgemeinen Auffassung meist davon ab, wie gut sie geführt sind. Dabei wird häufig außer Acht gelassen, wie sehr es auf die Personen ankommt, die den Führungskräften folgen. Ich möchte mit Hilfe dieses Interviews Ihre konkrete und subjektive Sichtweise hinsichtlich des Beitrags von Followership und Leadership am Unternehmenserfolg hören und ggf. Ihre diesbezüglichen Zweifel und Bedenken herausfinden. Ich werde Ihnen im Verlauf des Gesprächs verschiedene offene Fragen stellen und möchte Sie bitten, mir alles zu erzählen, was Sie diesbezüglich für relevant und wichtig halten. Ich werde Sie dabei nicht unterbrechen und es erfolgt keine Wertung der gegebenen Antworten. Das Interview wird vermutlich ca. 45-60 Minuten in Anspruch nehmen. Wie ich bereits erwähnt habe, möchte ich das Interview digital aufzeichnen und anschließend für Auswertungszwecke niederschreiben. Auf diese Weise kann ich mich vollkommen auf unser Gespräch und nicht auf das Notieren Ihrer Antworten konzentrieren. Es steht außer Frage, dass Ihre Daten absolut vertraulich und anonym behandelt werden und auch die Auswertung der Antworten anonymisiert erfolgt. Ich bitte Sie daher in diesem Zusammenhang, die von mir vorbereitete Einverständniserklärung zu unterzeichnen, auf der ich mich ebenfalls noch einmal schriftlich zur vertraulichen und anonymisierten Behandlung der von Ihnen erhaltenen Daten und Auskünfte verpflichte.

Einverständniserklärung

Ich, ..., erkläre mich damit einverstanden, dass das mit mir am .... von Frau Ruthus geführte Gespräch digital aufgezeichnet und niedergeschrieben werden darf, um dieses für den angegebenen Forschungszweck nutzen zu können. Ich erkläre mich damit einverstanden, dass das aufgezeichnete Interview unter Beschränkung auf kleine Ausschnitte auch für Publikationszwecke in der Dissertation verwendet werden darf. Mir wurde dabei zugesichert, dass alle persönlichen Daten, die Rückschlüsse auf meine Person zulassen, gelöscht oder anonymisiert verwendet werden.

Ort, Datum   Unterschrift (Interviewte/ Interviewter)

Ort, Datum   Unterschrift (Interviewer: Julia Ruthus)

Bevor wir mit der Beantwortung der offenen Fragen beginnen, möchte ich Sie bitten, mir noch die folgenden formellen Fragen zu beantworten.

Formaler Teil

Ort, Datum:		
Geschlecht:	☐ Männlich	☐ Weiblich
Interviewzeit:	Beginn:	Ende:
Geburtsjahr:		
Branche:		

1. Höchster Bildungsabschluss:
☐ Promotion
☐ Hochschulabschluss
☐ Anerkannte Fortbildungsgänge (z.b. Meister, Fachwirt, Techniker)
☐ Anerkannte Ausbildungsberufe
☐ Keine Ausbildung
☐ Sonstiges

2. Welche Art der Beschäftigung trifft am ehesten auf Sie zu:
☐ Angestellter
☐ Freischaffend/ Selbstständig
☐ Staatsangestellter
☐ Sonstige

3. Welche Positionsbezeichnung am ehesten auf Sie zu:
☐ Oberste Führungsebene (z.b. Geschäftsführung, **trifft** Vorstand)
☐ Mittlere Führungsebene (z.b. Bereichs-, und Abteilungsleitung)
☐ Untere Führungsebene (z.b. Teamleitung, Meister)
☐ Keine Führungsverantwortung (z.b. Fachkraft, Sachbearbeiter, Spezialist, Assistenz)

4. Einschlägige Berufserfahrung:
(Die mich für die Ausübung meines derzeitigen Berufs qualifiziert)
☐ Noch keine Berufserfahrung
☐ Weniger als 1 Jahr Berufserfahrung
☐ Weniger als 2 Jahre Berufserfahrung
☐ Weniger als 5 Jahre Berufserfahrung
☐ Weniger als 10 Jahre Berufserfahrung
☐ Mehr als 10 Jahre Berufserfahrung

5. Ich arbeite in einem Wirtschaftsunternehmen/ Konzern mit einer Mitarbeiteranzahl von insgesamt...
☐ 1-9
☐ 10-49
☐ 50-249
☐ 250-499
☐ 500 oder mehr
☐ Diese Frage trifft auf mich nicht zu, da ich Selbstständig/ Freiberufler bin
☐ Diese Frage trifft auf mich nicht zu, da ich Staatsangestellter bin

6. Ich arbeite in einem Team mit einer Kollegenanzahl von...
☐ 1-5
☐ 6-10
☐ 11-15
☐ 16-20
☐ 21 oder mehr

☐ Ich habe keine Kollegen

7. Ich bin in meinem derzeitigen...
Unternehmen tätig seit...
☐ Weniger als 6 Monate
☐ Weniger als 1 Jahr
☐ Weniger als 2 Jahre
☐ Weniger als 5 Jahre
☐ Weniger als 10 Jahre
☐ Mehr als 10 Jahre

8. Ich arbeite für meinen jetzigen
direkten Vorgesetzten seit...
☐ Weniger als 1 Jahr
☐ 1-2 Jahren
☐ 3-4 Jahren
☐ mehr als 5 Jahren
☐ Ich habe keinen Vorgesetzten

9. Das Geschlecht meines direkten
Vorgesetzen ist...
☐ männlich
☐ weiblich

A.2: Fragen zum eigenen Verhalten und der Motivation im beruflichen Umfeld

Nr.	D.1: Bitte beurteilen Sie die folgenden Aussagen	Trifft nicht zu	Trifft eher nicht zu	Trifft teilweise zu	Trifft eher zu	Trifft voll zu
A.2.1	Wenn im Beruf unerwartete Situationen auftauchen, weiß ich immer, wie ich mich verhalten soll.	☐	☐	☐	☐	☐
A.2.2	Für jedes Problem bei meiner Arbeit habe ich eine Lösung.	☐	☐	☐	☐	☐
A.2.3	Beruflichen Schwierigkeiten sehe ich gelassen entgegen, weil ich mich immer auf meine Fähigkeiten verlassen kann.	☐	☐	☐	☐	☐
A.2.4	Wenn ich bei der Arbeit mit einem Problem konfrontiert werde, habe ich meist mehrere Ideen, wie ich damit fertig werde.	☐	☐	☐	☐	☐
A.2.5	Wenn ich bei der Arbeit mit einer neuen Sache konfrontiert werde, weiß ich, wie ich damit umgehen kann.	☐	☐	☐	☐	☐
A.2.6	Was auch immer in meinem Berufsleben passiert, ich werde schon klarkommen.	☐	☐	☐	☐	☐
A.2.7	Durch meine vergangenen beruflichen Erfahrungen bin ich gut auf meine berufliche Zukunft vorbereitet.	☐	☐	☐	☐	☐
A.2.8	Ich erreiche die beruflichen Ziele, die ich mir setze.	☐	☐	☐	☐	☐
A.2.9	Ich fühle mich den meisten beruflichen Anforderungen gewachsen.	☐	☐	☐	☐	☐

Nr.	D.2: Bitte beurteilen Sie die folgenden Aussagen	Trifft nicht zu	Trifft eher nicht zu	Trifft teilweise zu	Trifft eher zu	Trifft voll zu
A.2.1	Bei Arbeiten in der Gruppe ziehe ich es meistens vor, die Gruppe zu führen, anstatt mich unterzuordnen.	☐	☐	☐	☐	☐
A.2.2	Ich bin der Typ Mensch, der kein Interesse daran hat, andere zu führen.*	☐	☐	☐	☐	☐
A.2.3	Ich bin definitiv nicht der geborene Anführer.*	☐	☐	☐	☐	☐
A.2.4	Ich bin der Typ Mensch, der gerne bestimmt, was andere zu tun haben.	☐	☐	☐	☐	☐
A.2.5	Ich denke, dass ich mehr zu einer Gruppe beitragen kann, wenn ich ein Follower bin anstatt ein Leader.*	☐	☐	☐	☐	☐
A.2.6	In Gruppen, in denen ich arbeite, möchte ich normalerweise der Anführer sein.	☐	☐	☐	☐	☐
A.2.7	Ich bin der Typ Mensch, der aktiv Leader unterstützt, selbst aber lieber keiner sein möchte.*	☐	☐	☐	☐	☐
A.2.8	Ich neige dazu, in den meisten Gruppen in denen ich arbeite, die Führung zu übernehmen.	☐	☐	☐	☐	☐
A.2.9	Ich scheue selten davor zurück, die Führung in einer Gruppe zu übernehmen.	☐	☐	☐	☐	☐

* Diese Items wurden vor der Berechnung invertiert.

B: Spezieller Teil

Im Großen und Ganzen geht es im folgenden Gespräch um drei Themenbereiche bezüglich Followership und Leadership in Ihrer Organisation: Zum einen Ihrer Identifikation mit den Zielen und der Vision der Organisation, Ihrem Verhalten und Ihrer Motivation am Arbeitsplatz und Ihrer Zusammenarbeit mit Ihrem direkten Vorgesetzen.

Themenfeld 1: Identifikation mit den Zielen und der Vision der Organisation
(Dimension: Indikatoren bzgl. der Überzeugung von den Organisationszielen)

1. **Erzählen Sie mir ein wenig über die Vision und die Ziele der Organisation, für die Sie tätig sind?**

   Ziel: Hinweise darauf zu erhalten, ob die Ziele und Vision der Organisation bekannt sind und welche Rolle diese für den Interviewten spielen.

2. **Inwieweit stimmen die Ziele der Organisation und Ihre persönliche Überzeugung überein?**

   Ziel: Hinweise darauf zu erhalten, ob sich die Person mit den Zielen und der Vision der Organisation identifizieren kann.

3. **Wie tragen Sie persönlich dazu bei, dass die Ziele und die Vision Ihrer Organisation erreicht werden?**

   Ziel: Hinweise darauf zu erhalten, inwiefern sich die Person für die Erreichung der Ziele und der Vision des Unternehmens einsetzt, wie viel Leistungsbereitschaft sie einsetzt (z.B. Extra-Rollenverhalten)

Themenfeld 2: Verhalten am Arbeitsplatz
(Dimension: Indikatoren auf Followerverhalten und Folgebereitschaft)

Um Ihr Verhalten und Ihre Rolle im Arbeitskontext besser zu verstehen, interessieren mich nun einige konkrete Sachverhalte:

4. **Beschreiben Sie mir Ihre Position bzw. Ihre Rolle im Unternehmen/ Ihrer Organisation?**

   Ziel: Nennung von Merkmalen, wie sich die Person im Unternehmen einschätzt. Weiterhin ein besseres Verständnis zu erhalten, wie die Struktur des Unternehmens aufgebaut ist (wie viel Vorgesetzte, Unterstellte, Kollegen etc.).

5. **Wie tragen Sie persönlich zum Erfolg der Organisation bei?**

   Ziel: Nennung von Merkmalen, wie die Person ihren Beitrag zum Unternehmenserfolg einschätzt; z.B. Umsatz, Innovationen, Neukunden, Teamgedanke, etc. aber auch Hinweise auf OCB Verhalten.

6. **Wie schätzen Sie Ihre beruflichen Fähigkeiten ein?**

   Ziel: Hinweise darauf zu erhalten, wie die Person ihre beruflichen Fähigkeiten und ihre berufliche Selbstwirksamkeit einschätzt.

   Ggf. Was tun Sie, wenn Sie mit beruflichen Problemen bzw. Herausforderungen konfrontiert sind?

7. **Was verbinden Sie mit den Begriffen Follower oder Followership?**

   Ziel: Herausfinden, wie die Person zu den Begrifflichkeiten steht und welche Auffassung die Person über die Rolle als Follower hat.

8. **Welche Verhaltensweisen und Qualitäten zeichnen für Sie einen guten Follower aus?**

   Ziel: Nennung von Merkmalen, die gutes/ schlechtes Followership auszeichnen.

   Ggf.: Was zeichnet im Gegenzug schlechte Follower aus?

9. Denken Sie es hat Vorteile ein Follower zu sein? Warum ja? / Warum nein?

   Ggf.: Welche Nachteile denken Sie sind mit der Rolle als Follower verbunden?

   Ziel: Hinweise darauf zu erhalten, weshalb sich die Person entscheidet zu folgen oder nicht.

10. Würden Sie sich selbst als Follower beschreiben? Warum ja/ warum nein?

    Ziel: Mehr Informationen über die Rollenorientierung/ Selbsteinschätzung der Person zu erhalten.

11. Würden Sie sich selbst als guten Follower bezeichnen? Warum ja?/ Warum nein?

    Ziel: Hinweise darauf zu erhalten, wie die Person Ihr eigenes Followerverhalten einschätzt. (Falls Person sich vorher nicht als Follower identifiziert hat, an dieser Stelle noch einmal auf die Unterstellung zum direkten Vorgesetzten verweisen)

Themenfeld 3: Zusammenarbeit mit dem Vorgesetzten
(Dimension: Indikatoren auf die Qualität des wahrgenommenes Führungsverhalten)

Um die Zusammenarbeit mit Ihrem Vorgesetzen und sein Führungsverhalten etwas genauer zu verstehen, habe ich diesbezüglich noch einige Fragen.

12. Betrachten wir nun Ihre Rolle als Unterstellter und die Zusammenarbeit mit Ihrem direkten Vorgesetzten. Beschreiben Sie mir diese Zusammenarbeit etwas näher.

    Ziel: Hinweise auf die wahrgenommene Qualität der Beziehung zwischen Unterstelltem und Vorgesetzten zu erhalten; Hinweise darauf zu erhalten, ob auch Unterstellte den Führungsprozess beeinflussen

    Ggf.: Welche Aufgaben erledigen Sie für Ihren Vorgesetzten?

    Ggf.: Welchen Einfluss üben Sie auf Ihren Vorgesetzten aus?

    Ggf.: Was tut Ihr direkter Vorgesetzter für Sie?

13. Würden Sie der Aussage zustimmen, dass Ihr Vorgesetzter hinter den Zielen der Organisation steht und die Vision vorlebt? Wie äußert sich das?

    Ziel: Hinweise darauf zu erhalten, ob die These stimmt, dass sich Follower zuerst den Zielen der Organisation verpflichten und sich dann in Abhängigkeit der wahrgenommenen Übereinstimmung mit den Zielen der Vorgesetzten und denen der Organisation entscheiden, den Vorgesetzten zu folgen oder nicht.

14. Wie schätzen Sie Ihren direkten Vorgesetzten als Mensch ein? Wie beurteilen Sie seinen Charakter?

    Ziel: Hinweise auf die Einschätzung des Charakters des Vorgesetzten zu erhalten: Hinweise darauf zu erhalten, ob es, wie die GLOBE Studie vorschlägt, universell geschätzte Charaktereigenschaften von Leadern gibt, denen wir uns bevorzugt anschließen und ihre Führung annehmen

    Ggf. Was schätzen Sie an Ihrem Vorgesetzten?

    Ggf. Welche Reputation genießt Ihr Vorgesetzter?

15. Wie würden Sie die Führung /den Führungsstil ihres Vorgesetzten beschreiben?

    Ziel: Hinweise auf den wahrgenommenen Führungsstil und somit die wahrgenommene Qualität der Führung zu erhalten, z.B. unterstützend, die persönliche Weiterentwicklung fördernd, wertschätzend, inspirierend oder eher autoritär, hierarchisch etc.

    Ggf. Beschreiben Sie mir einen Fall, bei dem Sie die Zusammenarbeit mit dem direkten Vorgesetzen als positiv bewerten würden und warum?

    Ggf.: Was kennzeichnet also für Sie einen guten Vorgesetzten bzw. eine gute Beziehung zum

Vorgesetzen?

Ziel: Hinweise auf eine als positiv wahrgenommene Qualität der Führung zu erhalten, falls die Qualität der Führung vom direkten Vorgesetzten als eher negativ beschrieben wird.

16. Würden Sie der Aussage, dass Sie die Führung Ihres Vorgesetzten bereitwillig annehmen, zustimmen? Warum ja?/ Warum nein?

Ziel: Hinweise darauf zu erhalten, ob die Person tatsächlich Follower im Sinne der Arbeitsdefinition ist oder rein Unterstellter im hierarchischen Sinne.

Ggf. Also Ihr Vorgesetzter ist für Sie eine wirkliche Führungskraft und nicht nur hierarchisch überstellt?

Ggf. Was bedeutet es für Sie, jemandem zu folgen?

17. Was würde sich für Sie beruflich verändern, wenn es Ihren direkten Vorgesetzten nicht gäbe?

Ziel: Hinweise auf Folgeverhalten, Unterordnung, Selbstführungsfähigkeit etc. zu erhalten, aber auch darauf, welche Aufgaben der direkte Vorgesetzte für Follower übernimmt und wie er ggf. (nicht) unterstützt.

Ggf. Welche Vorteile bzw. Nachteile sehen Sie darin, einen Vorgesetzten zu haben?

18. Ist ihr Vorgesetzter ein Vorbild für Sie, wenn es darum geht, selbst einmal Führungskraft zu sein? Warum ja?/ Warum nein?

Ziel: Hinweise darauf zu erhalten, ob die Person der Führungskraft nacheifert, so wie dies die Evolutionspsychologie vorschlägt und darauf, ob die Person Führungsaspiration besitzt.

Ggf.: Wie wichtig ist es für Sie, von Ihrem Vorgesetzten etwas lernen zu können?

Ggf.: Würden Sie selbst gerne einmal eine (höhere) Führungsposition innehaben?

Themenfeld 4: Key Learnings aus der quantitativen Befragung
Zuletzt noch ein paar weitere Fragen, bevor wir das Interview beenden.

Ziel: Ergebnisse aus der quantitativen Befragung vertiefen
Key Learnings: isoliere Unterscheidung in Folgebereitschaft zwischen den Followertypen, aber in Hinsicht Selbstmanagementfähigkeitseinschätzung
→ Genauer nachfragen, was Folgebereitschaft für die einzelnen Follower bedeutet

Gruppenunterschiede im OCB Verhalten, wie äußert sich wünschenswertes Followerverhalten?

Schluss und Danksagung

Vielen Dank, von meiner Seite bin ich am Ende angelangt und habe keine weiteren Fragen mehr. Gibt es von Ihrer Seite noch Aspekte, die nicht angesprochen wurden bzw. die Sie noch gerne bzgl. Followership und Leadership erwähnen würden?

Erneut herzlichen Dank für Ihre Zeit und das Beantworten meiner Fragen!

Mit freundlichen Grüßen
Julia Ruthus (Doktorandin)

Anhang K: Soziodemografische Einteilung der Interview-Teilnehmer und Kategorisierung nach Followertypen

Follower	Alter	Branche	Geschlecht	Bildungsabschluss	Führungsebene (FE)	Berufserfahrung (in Jahren)	MA-Anzahl (UN)	Kollegenanzahl	Beschäftigungszeitraum (in Jahren)	Zusammenarbeit mit VG (in Jahren)	Geschlecht VG	MW SW	MW MtL	Interview-Zeit (min)
AS 1	31-40	DL	m	AAB	Mittl. FE	<10	≥500	1-5	<10	<1	m	4,67	3,78	49:13
AS 2	21-30	DL	m	AAB	Keine FE	>10	50-249	≥21	<5	3-4	m	4,33	4,22	34:39
AS 3	31-40	DL	m	AAB	Keine FE	>10	250-499	1-5	<10	>5	w	4,56	3,67	33:08
AS 4	31-40	ÖH	m	AAB	Keine FE	<10	10-49	1-5	<10	3-4	m	4,56	3,89	27:27
AS 5	31-40	DL	w	HA	Untere FE	<10	≥500	6-10	<10	3-4	w	4,44	4,78	32:23

Abkürzungen: AS = Aspirant, DL = Dienstleistung, ÖH = Öffentliche Hand, AAB = Anerkannte Ausbildungsberufe, HA = Hochschulabschluss, FE = Führungsebene

Tab. 92: Soziodemografische Merkmale des Followertyps Aspirant

Follower	Alter	Branche	Geschlecht	Bildungsabschluss	Führungsebene (FE)	Berufserfahrung (in Jahren)	MA-Anzahl (UN)	Kollegenanzahl	Beschäftigungszeitraum (in Jahren)	Zusammenarbeit mit VG (in Jahren)	Geschlecht VG	MW SW	MW MtL	Interview-Zeit (min)
EX 1	41-50	DL	m	AAB	Keine FE	>10	50-249	≥21	<2	1-2	m	4,22	1,33	28:34
EX 2	41-50	DL	w	AAB	Keine FE	>10	≥500	1-5	<10	1-2	w	4,56	3,33	39:59
EX 3	21-30	DL	w	AAB	Keine FE	<5	≥500	1-5	<5	1-2	w	4,89	2,78	41:05
EX 4	41-50	DL	w	AAB	Keine FE	>10	≥500	6-10	>10	>5	m	4,33	1,67	37:45
EX 5	41-50	DL	w	AAB	Keine FE	>10	10-49	6-10	>10	>5	w	4,44	2,67	24:27

Abkürzungen: EX = Experte, DL = Dienstleistung, AAB = Anerkannte Ausbildungsberufe, FE = Führungsebene

Tab. 93: Soziodemografische Merkmale des Followertyps Experte

Follower	Alter	Branche	Geschlecht	Bildungsabschluss	Führungsebene (FE)	Berufserfahrung (in Jahren)	MA-Anzahl (UN)	Kollegenanzahl	Beschäftigungszeitraum (in Jahren)	Zusammenarbeit mit VG (in Jahren)	Geschlecht VG	MW SW	MW MtL	Interview-Zeit (min)
ML 1	31-40	DL	m	AF	Mittl. FE	>10	≥500	1-5	>10	1-2	w	4,0	4,0	37:42
ML 2	31-40	DL	w	AF	Mittl. FE	<10	≥500	1-5	<2	1-2	w	4,0	3,33	37:45
ML 3	31-40	DL	m	HA	Keine FE	>10	≥500	11-15	<10	1-2	m	4,0	3,22	27:11
ML 4	31-40	DL	m	HA	Keine FE	<10	≥500	1-5	<5	3-4	m	4,0	3,78	41:31
ML 5	51-60	DL	w	HA	Keine FE	>10	≥500	11-15	>10	<1	w	4,0	3,22	41:05

Abkürzungen: ML = Mitläufer, DL = Dienstleistung, AF = Anerkannte Fortbildungsgänge, HA = Hochschulabschluss, FE = Führungsebene

Tab. 94: Soziodemografische Merkmale des Followertyps Mitläufer

Follower	Alter	Branche	Geschlecht	Bildungsabschluss	Führungsebene (FE)	Berufserfahrung (in Jahren)	MA-Anzahl (UN)	Kollegenanzahl	Beschäftigungszeitraum (in Jahren)	Zusammenarbeit mit VG (in Jahren)	Geschlecht VG	MW SW	MW MtL	Interview-Zeit (min)
BL 1	21-30	DL	w	HA	Keine FE	<5	≥500	≥21	<0,5	<1	w	3,89	4,33	40:31
BL 2	51-60	ÖH	w	PR	Mittl. FE	>10	n/a	11-15	>10	3-4	w	3,11	4,33	48:45
BL 3	31-40	DL	w	HA	Mittl. FE	>10	≥500	1-5	<5	1-2	m	3,67	3,89	33:31
BL 4	21-30	PRO	w	HA	Keine FE	<2	≥500	11-15	<2	1-2	w	3,89	4,33	37:40
BL 5	21-30	DL	m	AAB	Untere FE	<10	≥500	6-10	<5	3-4	w	3,33	3,67	46:22

Abkürzungen: BL = Blender, DL = Dienstleistung, ÖH = Öffentliche Hand, PRO = Produktion, AAB = Anerkannte Ausbildungsberufe, HA = Hochschulabschluss, PR = Promotion, FE = Führungsebene

Tab. 95: Soziodemografische Merkmale des Followertyps Blender

Follower	Alter	Branche	Geschlecht	Bildungsabschluss	Führungsebene (FE)	Berufserfahrung (in Jahren)	MA-Anzahl (UN)	Kollegenanzahl	Beschäftigungszeitraum (in Jahren)	Zusammenarbeit mit VG (in Jahren)	Geschlecht VG	MW SW	MW MtL	Interview-Zeit (min)
BE 1	31-40	DL	w	AF	Keine FE	>10	10-49	11-15	<5	3-4	w	3,22	2,67	46:45
BE 2	31-40	DL	w	AAB	Keine FE	>10	10-49	6-10	<5	<1	w	3,78	2,22	43:06
BE 3	41-50	ÖH	w	Sonstiges	Keine FE	>10	≥500	≥21	>10	>5	m	3,56	1,78	22:02
BE 4	21-30	DL	m	AAB	Keine FE	<5	≥500	6-10	<2	1-2	m	3,0	2,33	44:16
BE 5	31-40	DL	w	HA	Keine FE	<10	10-49	11-15	<5	3-4	w	3,44	2,22	74:34

Abkürzungen: BE = Bedürftiger, DL = Dienstleistung, ÖH = Öffentliche Hand, AAB = Anerkannte Ausbildungsberufe, AF = Anerkannte Fortbildungsgänge, HA = Hochschulabschluss; FE = Führungsebene

Tab. 96: Soziodemografische Merkmale des Followertyps Bedürftiger

Die unter Dienstleistung zusammengefassten Branchen, in denen die befragten Follower tätig sind, umfassen Luftfahrt, Gastronomie, Hotellerie & Beherbergung, IT, Versicherung, E-Commerce, Steuerberatung und Strategieberatung. Unter öffentlicher Hand werden Wasserversorgung, Bildungswesen und Luftsicherung zusammengefasst und der in der Produktion beschäftigte Follower ist im Sektor Chemie und Pharmazie tätig. Alle befragten Personen befinden sich in einem Angestelltenverhältnis, bis auf den Teilnehmer „Blender 2", der sich im Staatsangestelltenverhältnis befindet.

Anhang L: Kategorisierung der Interviewantworten zum Themenfeld 1 - Identifikation mit den Zielen und der Vision der Organisation

Frage (2): Inwieweit stimmen die Ziele der Organisation und Ihre persönliche Überzeugung überein?

Übereinstimmung der Ziele der Organisation mit der eigenen Überzeugung	
Gesamtstichprobe	
Kategorie & Anzahl	Textevidenz
Voll und ganz (8 Nennungen =32 %)	• Ja, würde ich sagen, ja doch. (AS2) • Zu 100 %. (...) und da stehe ich auch dahinter (AS3) • Voll würde ich sagen (AS4) • Die stimmen schon überein (AS5) • Ich bin eigentlich nur dahin bzw. ich habe mich initiativ dort beworben, weil ich von der Firmenkultur (...) überzeugt war (ML4) • Voll und ganz (ML5) • Ich würde sagen, dass meine persönliche Überzeugung sehr stark damit übereinstimmt (BL1) • (...) würde ich sagen stimmen die schon überein. (BL4)
Überwiegend/ Eher ja (7 Nennungen =28 %)	• Ich habe auch ein großes Interesse, dass das Unternehmen weiterhin Nummer 1 bleibt. Natürlich sichert mir das meinen Arbeitsplatz und ich würde gern den behalten, weil der recht gut ist. Mit den ganzen Mitteln, wie das ganze gemacht wird im Moment, nicht. (AS1) • Also eigentlich schon zu 90 % (EX3) • Ziemlich hoch. Also prozentual gesehen 90-95 %. (ML1) • (...) dem stimme ich komplett zu (...) sind die Dinge, in denen ich grundsätzlich zustimme. Nicht immer im Bereich (...). (ML2) • Die stimmen sehr weit überein (BL3) • Schon sehr, auf jeden Fall. Ich stehe da schon dahinter (BE2) • Ja. Grundsätzlich schon (BE5)
Eher nicht (4 Nennungen =16 %)	• Vision und Ziele, die sind bei uns ein wenig verschwommen, weil die nicht konkret rübergebracht werden. (...) es ist recht undurchsichtig, was unsere Führungsebene (...) wirklich plant. Es wird nie richtig rübergebracht, man erwischt sie sehr oft mal dabei, was sie so von sich geben (EX1) • Bedingt stimmen sie überein, aber bei vielen Dingen, bin ich nicht unbedingt der Meinung, dass man die so durchführen müsste, wie sie durchgeführt werden. (...) Das was sich nett ausgerechnet haben, bleibt leider auf der Strecke. Die Theorie war schon nicht schlecht, aber die Praxis funktioniert nicht. (...) Das würde ich definitiv anders machen. Ich finde es nicht gut (EX4) • Eigentlich nicht mehr großartig, deshalb kuck ich mich auch um (BL5) • Leider fast gar nicht muss ich dir sagen (BE4)
Überhaupt nicht/ Ziele sind mir egal (4 Nennungen =16 %)	• UN-Ziele sind für mich eher zweitrangig. Für mich ist es wichtig, dass es mir gut geht, dass ich Spaß an der Arbeit habe und ich mich wohl fühle (EX2) • Meine Ziele persönlicher Natur sind nicht vereinbar mit den Unternehmenszielen (ML3) • Ganz persönlich ist mir das relativ egal (BE1) • Das eine hat mit dem anderen gar nichts zu tun. (BE3)
Teilweise (2 Nennungen =8 %)	• Nicht immer. (...) Weil es manche Sachen gibt, die wir nicht beeinflussen (...) Daher stehe ich da nicht 100 %ig dahinter. (EX5) • (...) Im Wesentlichen sehe ich das schon auch [so]. Auf der anderen Seiten sind die Stellenbeschreibungen und die tatsächlichen Tätigkeiten häufig so, dass sie sehr genau was anderes beinhalten, (...), die im Prinzip diesem Ziel überhaupt nicht dienlich sind. (BL2)

Tab. 97: Übersicht der Kategorienanzahl - Übereinstimmung der Ziele der Organisation mit der eigenen Überzeugung (Gesamtstichprobe)

Übereinstimmung der Ziele der Organisation mit der eigenen Überzeugung		
Followertyp Aspirant		
	Kategorie	Textevidenz
Aspirant 1	Überwiegend/ Eher ja	Ich habe auch ein großes Interesse, dass das Unternehmen weiterhin Nummer 1 bleibt. Natürlich sichert mir das meinen Arbeitsplatz und ich würde gern den behalten, weil der recht gut ist. Mit den ganzen Mitteln, wie das ganze gemacht wird im Moment, nicht. Wenn, dann habe ich Bauchschmerzen mit der Vision, dass es immer Wachstum gibt. Da glaube ich nicht dran. (...) Ich weiß, dass sie strategisch für das Unternehmen das Richtige machen und für den Anleger, aber in Punkto Mitarbeiterführung ist das nicht mein (...).
Aspirant 2	Voll und ganz	Ja, würde ich sagen, ja doch. Weil ich eigentlich überzeugt bin von dem Unternehmen und ich auch ganz gut finde, wenn wir größer werden und auch europaweit wachsen. (...) [Das Konzept] finde ich gut und da stehe ich dahinter-
Aspirant 3	Voll und ganz	Zu 100 %. Ich glaube, dass in dem Feld, in dem ich arbeite, [unser Angebot] eine gute Idee ist und da stehe ich auch dahinter
Aspirant 4	Voll und ganz	Voll würde ich sagen. Das ist ja schön, wenn alle Leute Wasser haben und Wärme haben. Auch mit der Vision, dass man sich etwas moderner aufstellen will, bin ich sehr einverstanden.
Aspirant 5	Voll und ganz	Die stimmen schon überein, weil Geld wichtig ist, aber man muss auch schauen, wo die Team-Member bleiben und das muss man halt in Einklang bringen. (...) Generell [ist mein Arbeitgeber] nicht schlecht als Organisation, ich glaube man nähert sich diesem Thema auch. (...) Aber letztendlich [die Vision] leben so schon, das geht. Weil ich schon dafür bin. Weil nur wenn es dem Unternehmen gut geht, geht es auch uns gut. Deswegen finde ich schon, dass man dafür kämpfen kann und auch diese Vision und diese Mission und die ganzen Values leben kann.

Tab. 98: Übereinstimmung der Ziele der Organisation mit der eigenen Überzeugung (Followertyp Aspirant)

Übereinstimmung der Ziele der Organisation mit der eigenen Überzeugung		
Followertyp Experte		
	Kategorie	Textevidenz
Experte 1	Eher nicht	Vision und Ziele, die sind bei uns ein wenig verschwommen, weil die nicht konkret rübergebracht werden. Ich weiß nicht, wie ich das am besten ausführen soll. Wir werden immer als große Einheit dargestellt, aber es ist recht undurchsichtig, was unsere Führungsebene, die ganz oberen im Endeffekt wirklich planen. Es wird nie richtig rübergebracht, man erwischt sie sehr oft mal dabei, dass das nicht ganz stimmt, was sie da so von sich geben. (...)Es ist jetzt schwierig zu sagen. Die Ziele an sich, die würden schon meiner Überzeugung entsprechen, wenn das alles so passt, wie sie das sagen. Bloß die letztendlich dabei, die ist ein bisschen schwierig, die ist ein bisschen schwer nachzuvollziehen. (...)Und bei uns ist eine relativ hohe Fluktuation, sage ich mal, allein aufgrund dieser ganzen Misere, wie die Ziele so kommuniziert werden und auch wie die Umsetzung jetzt so ist.
Experte 2	Überhaupt nicht/ Ziele sind mir egal	Ich persönlich habe innerhalb der Organisation keine großen Bestrebungen und mein Ziel besteht hauptsächlich darin, einen guten Job zu machen und die Fehlerquote so gering wie möglich zu halten in meiner Arbeit. Aber auch ein angenehmes Umfeld mit den Kollegen, denn man verbringt schon einiges an Zeit hier. Und das ist natürlich differenziert im Vergleich zum Unternehmensziel. Das UN hat globale Ziele (...), aber ganz ehrlich die UN-Ziele sind für mich eher zweitrangig. Für mich ist es wichtig, dass es mir gut geht, dass ich Spaß an der Arbeit habe und ich mich wohl fühle. Und dafür gebe ich auch den Anreiz dass das passt. (...)
Experte 3	Überwiegend/ Eher ja	Also eigentlich schon zu 90 %, weil die Ziele, die ich mir setze, die kann man ansprechen und dann werden sie meistens ja auch umgesetzt. Es war jetzt irgendwie selten so, dass ich andere Ziele hatte als die Company oder die Company andere Ziele hatte als ich. Weil, wenn ich nicht meine Ziele verwirklichen könnte oder nicht mit den Zielen mitgehen möchte, die die Company dir vorgibt, dann würde ich hier nicht mehr arbeiten.

Experte 4	Eher nicht	Bedingt stimmen sie überein, aber bei vielen Dingen, bin ich nicht unbedingt der Meinung, dass man die so durchführen müsste, wie sich durchgeführt werden. (...) Jetzt hat man das Problem, das wir eine Zielsetzung haben, Arbeitskräfte abzubauen und die Leute auch unter anderem schon gehen, aber die Arbeit trotzdem gleich bleibt, weil die Systemänderung nicht durchgeführt werden kann derzeit. Also haben wir irgendwann mal ein echtes Problem. Das was sie sich nett ausgerechnet haben, bleibt leider auf der Strecke. Die Theorie war schon nicht schlecht, aber die Praxis funktioniert nicht. (...) die Ziele sind sehr stark auf junge Leute ausgelegt, Digitalisierung etc. Und man vergisst oft ältere Leute, die oftmals auf der Strecke bleiben. Und ich denke, das sind auch häufige Kunden meines Arbeitgebers und die werden sie wahrscheinlich verlieren. So richtig kundenfreundlich betrifft wahrscheinlich nur einen Teil, den sie gerne hätten und lassen dafür einen anderen Teil hinten runter fallen. Also so macht es auf jeden Fall den Eindruck. (...) Das würde ich definitiv anders machen. Ich finde es nicht gut.
Experte 5	Teilweise	Nicht immer. (...) Weil es manche Sachen gibt, die wir nicht beeinflussen. Ich spreche jetzt von der Agentur selber - die wir nicht beeinflussen können und die in anderen Versicherungen besser laufen. Bei denen man den Vergleich hat, dass das bei uns nicht so gut läuft wie anderswo. Daher stehe ich da nicht 100 %ig dahinter.

Tab. 99: Übereinstimmung der Ziele der Organisation mit der eigenen Überzeugung (Followertyp Experte)

Übereinstimmung der Ziele der Organisation mit der eigenen Überzeugung		
Followertyp Mitläufer		
	Kategorie	Textevidenz
Mitläufer 1	Überwiegend/ Eher ja	Ziemlich hoch. Also prozentual gesehen 90-95 %. (...) Da würde ich ein wenig ausholen und zwar finde ich, dass [die Organisation] sich in den letzten 4-5 Jahren ziemlich gewandelt hat, ziemlich modern geworden ist und etwas diesen alten Touch abgelegt hat, was durch eine neuen Corporate Identity zum Tragen gekommen ist, durch eine ziemlich moderne, ansprechende Sprache sozusagen und auch das Design, was dahinter steckt. So wie es wird auch einfach gut kommuniziert. Es gibt im internen Netzwerk, über die man sich informieren kann, Newsletter. Es gibt eine sehr, sehr gute Kommunikation und Informationsweitergabe. Also ansprechend würde ich sagen, es ist am Nabel der Zeit so.
Mitläufer 2	Überwiegend/ Eher ja	In Bezug auf MA nicht immer und ganz grundsätzlich, aber dieser Glaube daran, dass in einer Dienstleitung und im Bereich der Hotellerie der Mitarbeiter der Kern ist, dem stimme ich komplett zu. Gleichzeitig stimme ich in Zeiten des Fachkräftemangels auch zu, wenn es darum geht, dass ein MA, der schon da, ist motiviert sein muss und weitergebracht werden muss in dem Wissen, dass jeder MA, der ersetzt werden muss einen deutlich höheren Kostenaufwand verursacht auf der einen Seite. Das sind die Dinge, in denen ich grundsätzlich zustimme. Nicht immer im Bereich Umsatzorientierung. Weil natürlich aus dem Fachbereich HR kommend, glaube ich, Umsatz ist wichtig, natürlich. Weil nur dann die Ressourcen für meine Tätigkeit da sind und trotzdem vielleicht nicht ganz primär zu setzen. Aber im Grundsatz stimme ich voll und ganz zu.
Mitläufer 3	Überhaupt nicht/ Ziele & Vision sind mir egal	Meine persönliche Überzeugung für die Firma zu arbeiten basiert darauf, dass die Firma mir die Option bietet, meine technischen Interessen zu verfolgen. Aber meine Ziele persönlicher Natur sind nicht vereinbar mit den Unternehmenszielen. (...) oder ich formuliere es anders: Das Geld, das wir verdienen, interessiert mich nicht. Weil mein Boni - es ist ein Boni-orientiertes UN - das hängt nicht [an meiner Tätigkeit].
Mitläufer 4	Voll und ganz	Ich bin eigentlich nur dahin bzw. ich habe mich initiativ dort beworben, weil ich von der Firmenkultur, so wie sie verkauft wurde, ziemlich überzeugt war. Das war tatsächlich der Grund, warum ich mich dort beworben habe. Sonst hätte ich das nicht gemacht. Und gerade diese Nachhaltigkeit, die sie da transportieren und dieses Miteinander, das halte ich ziemlich hoch. Ich finde gerade das Miteinander wichtig. Aber so wie es auch so oft ist, es wird viel geredet und wenig davon tatsächlich gelebt. Es ist schon ein gewisses Maß vorhanden, wo man sagt, man kann miteinander. Gerade auch im kollegialen Umgang. Es ist gut, es ist wertschätzend, man hat wirklich nicht das Gefühl, man wird hier dauert reingedrückt und muss dauernd Leistung abliefern und bekommt nichts zurück, es ist ein Miteinander, es stimmt insofern mit meiner Vision auch überein, wie ich arbeiten möchte in den Grundzügen. Es ist durchaus leistungsorientiert sein in der Abteilung, was ja vollkommen in Ordnung ist. Ohne, hätte ich auch keine Lust, so Beamtentum wäre nichts für mich. Aber auf der anderen Seite auch immer realistisch und wertschätzend.
Mitläufer 5	Voll und ganz	Voll und ganz, weil nur mit der Ausrichtung können wir das UN auch für die nächsten Jahre ausrichten.

Tab. 100: Übereinstimmung der Ziele der Organisation mit der eigenen Überzeugung (Followertyp Mitläufer)

Übereinstimmung der Ziele der Organisation mit der eigenen Überzeugung		
Followertyp Blender		
	Kategorie	Textevidenz
Blender 1	Voll und ganz	Ich würde sagen, dass meine persönliche Überzeugung sehr stark damit übereinstimmt. Wenn ich mich selbst generell als Kunde betrachte, dann ist es mir auch wichtig, dass es schnelle und einfache Abläufe sind. Und wenn ich das Ganze auf HR übertrage, dann sehe ich auch in der HR-Strategie selbst den Dienstleistungsgedanken ganz stark dahinter, dass wir die MA darin unterstützen und ihnen das Leben während der Arbeit zu vereinfachen, dass sie das an Kunden weitergeben können und das ist auch meine persönliche Überzeugung.
Blender 2	Teilweise	Also die Ziele sind die Wissenschaft zu fördern und dabei möglichst innovativ zu sein. Das Ganze auf einer internationalen Ebene - also zweigeteilt einmal im Forschungsbereich und einmal im Bereich der Lehre als in der Vermittlung und Generierung von Nachwuchsforschern. Das ist eigentlich auch Sinn der Lehre, obwohl genau genommen die Studierenden eigentlich was lernen sollen. Da dient das der Organisation natürlich in der anderen Hinsicht. (...) im Wesentlichen sehe ich das schon auch als Hauptziel, dass die Forschung auch die Gesellschaft und alles weiter entwickeln soll, vorantreiben soll, stabil halten soll. Auf der anderen Seiten sind die Stellenbeschreibungen und die tatsächlichen Tätigkeiten häufig so, dass sie sehr genau was anderes beinhalten, nämlich sehr viel Verwaltung und Dinge, die im Prinzip diesem Ziel überhaupt nicht dienlich sind. Und das andere, was ich denke, ist, dass die Studierenden ein sehr großes Recht haben, auch Kompetenzen vermittelt zu bekommen, die jetzt nicht nur in dem Forschungskontext eine Rolle spielen.
Blender 3	Überwiegend/ Eher ja	Die stimmen sehr weit überein. Einfach, weil [der Konzern] so viele Brands hat, für jeden Kunden ist eigentlich was dabei und trotzdem wollen wir aber nicht, dass eine Brand alle möglichen Kundenklientelen abdeckt, was ich gut finde. Also mehr Diversity, was ich gut finde. Was ich auch gut finde, ich muss auch sagen, (...) mir passt das ganz gut, dieser Fokus auf Full Service, auf Business Clients genau. Für mich wäre jetzt nichts, was mit Luxus etc. zu tun hat. (...). Das passt ganz gut. Und dass sie mehr Commercial Focus haben, ich glaube [die Organisation] ist da weit vorgeschritten mit den ganzen Revenue-Systemen. Und man wirklich jeden Pfennig zweimal umdreht. Was ich nicht gut finde ist, dass manchmal der Gast als Stammgast zu kurz kommt. (...), dass wir da auch zu viel Einsparungen an Guest Relation machen. Dass wir immer nur schauen, was hat der Gast als solches an Revenue zu bieten, aber als Mensch da mal einen Extraschritt zu gehen, da sind wir zu commercial-focused manchmal.
Blender 4	Voll und ganz	Ja Effizienz ist eines der größten Ziele, dass wir effiziente Prozesse schaffen, um unsere Produkte wieder besonders effizient herzustellen. (...) Ich bin auch ein effizient arbeitender Mensch, ich finde Effizienz und auch wichtig. Und ich finde alles, sowohl im privaten als auch im beruflichen Leben, hat immer Optimierungsbedarf. Ja gut, Kundenzufriedenheit in dem Sinne ist natürlich auch mein Anliegen, weil ohne zufriedene Kunden gibt es kein Produkt und kein UN, deswegen würde ich sagen stimmen die schon überein.
Blender 5	Eher nicht	Eigentlich nicht mehr großartig, deshalb kuck ich mich auch um. Weil, es ist eher gerade so der Verlust oder der Glaube an die Marke. Ich mag die Branche schon, es ist eine tolle Branche. Aber vielleicht ist die Marke oder die Firma nicht mehr das, oder ich müsste was anderes kennenlernen. Ich orientiere mich zwar gerade eher außerhalb der Branche, aber es wäre immer wieder eine Industrie, in die ich zurückgehen würde, weil ich da gelernt habe. Und das Umfeld gefällt mir schon sehr gut.

Tab. 101: Übereinstimmung der Ziele der Organisation mit der eigenen Überzeugung (Followertyp Blender)

Übereinstimmung der Ziele der Organisation mit der eigenen Überzeugung		
Followertyp: Bedürftiger		
	Kategorie	Textevidenz
Bedürftiger 1	Überhaupt nicht/ Ziele & Vision sind mir egal	[langes Überlegen]. Das ist schwierig, weil ich arbeite dafür, die Kunden zu beraten und die Steuererklärung zu erstellen und natürlich versucht man irgendwie, das halt fristgerecht und so gut wie möglich zu machen, aber mir persönlich ist das relativ egal. Also ich habe da jetzt keine Vision oder irgendetwas, da was zu verändern. Nichts was mich persönlich irgendwie tangiert. (...) Also das Ziel ist das, alles gut zu machen und fristgerecht abzugeben. Und meine persönliche Überzeugung ist auch, dass man versucht das im Rahmen zu schaffen. Aber ganz persönlich ist mir das relativ egal, wenn die ihre Steuererklärung bei uns einreichen und wann die das abgeben oder nicht abgeben. Das ist jedermanns eigenes Problem und ich merke da schon auch immer wieder, dass ich da vielleicht nicht ganz so richtig in meinem Beruf bin. Weil wenn dann irgendjemand anruft und irgendetwas sofort haben will, dann denke ich mir, ey es gibt schon wichtigere Dinge im Leben.
Bedürftiger 2	Überwiegend/ Eher ja	Schon sehr auf jeden Fall. Ich stehe da schon dahinter, hinter dem was die Firma an Zielen hat und was sie da so umsetzen möchte. Natürlich sind sie da sehr motiviert, indem sie sagen, o.k. wir rollen jetzt wirklich noch in kürzester Zeit viele Kunden aus. Haben teilweise natürlich wenig MA dafür und es ist schwer zu planen. Unser Vertrieb hat schon sehr motivierte Ziele, das schon.

Bedürftiger 3	Überhaupt nicht/ Ziele & Vision sind mir egal	Das eine hat mit dem anderen gar nichts zu tun. Wir sind eine ausführende Kraft, ich habe Vorschriften und nach denen muss ich Dienst leisten. Da ist nicht die persönliche Meinung gefragt, sondern die auszuführende Kraft. (...) Ich komme ja nicht aus, ich habe ja Vorschriften. Also ich habe ganz klare Vorschriften, ich werde überwacht. Und wenn ich die nicht ausführe, dann bin ich meinen Job los. Also schalte ich soweit mein Gehirn ab, also das logische Denken komplett aus. Ich mache meinen Dienst und alles andere ist egal.
Bedürftiger 4	Eher nicht	Für mich ist [die Organisation] eine absolute Geldmaschine. Ja sie gehen natürlich meiner Meinung nach auch total in diese Richtung, dass sie vieles ausquetschen und versuchen, das Maximale aus einem Minimum rauszuholen. Ansonsten, wenn mit der Frage auch gemeint ist, was diese einzelnen Unternehmenswerte so sind etc., das kann ich noch nicht mal aufzählen. (...) Leider fast gar nicht muss ich dir sagen. Weil ich glaube, ich eher so der Typ bin, der kuckt dass es auch MA gut geht, dass die Leute auch privat was Gutes machen und auch ihr Privatleben genießen. Und für mich ist [die Organisation] bzw. [die Branche] nur Arbeit, Arbeit, Arbeit... Und der Rest ist eigentlich egal. Also es ist nicht viel, was da übereinstimmt. Muss ich ehrlich sagen.
Bedürftiger 5	Überwiegend/ Eher ja	Ja. Grundsätzlich schon, weil ich auch der Meinung bin, dass es halt ein Quatsch ist, wenn alle immer abstrakt von bestimmten Dingen reden, und man da vielleicht auch mal feststellt, dass so schöne Buzz-Words wie Kundenorientierung, da versteht der Eine das Eine darunter und der Andere das Andere. Und da einfach für Klarheit zu sorgen, damit alle vom Gleichen reden und man diese Strategie auch wirklich so auf die Straße kriegt, dass die MA auch was damit anfangen können und es eben nicht nur ein Power Point Pamphlet gibt, dass irgendwo abliegt, das aber keiner liest oder keiner damit was anfangen kann, das bringt keinem was und ich glaube schon, dass man da einen Mehrwert leisten kann und ich glaube, dass das eine Lücke ist, die das UN schon füllt. Von daher würde ich schon sagen, dass das in eine Richtung geht, wo ich schon überzeugt davon bin. Klar es gibt die eine oder andere Ecke, wo man sich denkt, ob das jetzt wirklich gerade wieder sein muss, weiß ich jetzt nicht. Aber im Großen und Ganzen finde ich schon, dass es einen Mehrwert leistet, wenn es gut umgesetzt ist.

Tab. 102: Übereinstimmung der Ziele der Organisation mit der eigenen Überzeugung (Followertyp Bedürftiger)

Anhang M: Kategorisierung der Interviewantworten zum Themenfeld 2 - Verhalten am Arbeitsplatz

Frage (3): Wie tragen Sie persönlich dazu bei, dass die Ziele und die Vision der Organisation erreicht werden? &
Frage (5): Wie tragen Sie persönlich zum Erfolg der Organisation bei?

Persönliches Engagement, um Organisationsziele zu erreichen	
Gesamtstichprobe	
Kategorie & Anzahl	Textevidenz
Vorgaben Einhalten *(13 Nennungen =52 %)*	• Dass ich meine Arbeit so mache, wie sie auch von mir erwartet wird (AS1) • Indem ich das neu entwickelte [Konzept], was wir jetzt haben, nach bestem Gewissen ausübe. (AS2) • In erster Linie natürlich damit, dass man dafür sorgt, dass alles in sicheren Bahnen läuft und sämtliche Werte eingehalten werden. Dass alle Maschinen funktionieren (AS4) • Indem man sein Bestes am Arbeitsplatz gibt. (EX1) • Indem ich schlichtweg damit, dass ich meine Arbeit verrichte, dass ich meinen Job mache (EX2) • Ich befolge so die Zielsetzung, arbeite immer, wenn ich kann, (…) versuche nicht so oft krank zu sein. (…) meine Regelzeit zu arbeiten (…) und die Ziele, die mir vorgegeben werden, zu erfüllen, sprich Deadlines einzuhalten (EX3) • Ich arbeite und tue mein Bestes, was die Arbeit angeht. (EX4) • Dadurch dass wir (…) direkte Ziele gesetzt bekommen von unseren VGs und die auch ganz klar kommuniziert werden, weiß ich zum einen genau, was ich zu tun habe und was ich erreichen soll/ muss (ML1) • Indem ich meine Arbeitsleistung einbringe (ML3) • Indem ich einen Action-Plan aufsetze und den soweit wie möglich einhalte, von den Aktivitäten her (BL3) • Indem ich das umsetze, was mir aufgetragen wird (BE1) • Indem ich die korrekten Job mache, dass ich die Ausführung meiner Vorschriften korrekt durchführe (BE3) • Ich bin ein Arbeiter, der macht seine Arbeit wirklich sehr gut, aber so frei nach dem Motto: Das Pferd springt nur so hoch, wie es muss (BE4)
Effiziente Arbeitsweise *(11 Nennungen =44 %)*	• Konzentriert und schnell arbeiten und sich überflüssige Wege zu sparen. (AS2) • Dass ich mein Team auf den richtigen Track bringe (ML1) • Dass meine Sachen, die ich auf dem Tisch habe, möglichst schnell umgesetzt sind (ML4) • Je schneller ich die Rückmeldung bekomme oder von mir in dem Fall, umso schneller kann er seine weitere Arbeit eben antreten (BL1) • Wenn da ein Problem besteht, es sich zu eigen zu machen und das nicht zu übergeben etc. (BL3) • Ich schaffe u.a. (…) die Prozesse, um effizientes Arbeiten zu ermöglichen, deswegen würde ich sagen, leiste ich einen sehr großen Beitrag (BL4) • Indem ich das mache, was mir aufgetragen wird - so schnell und so gut wie ich kann. Ich versuche sehr genau zu arbeiten (BE1) • Ich schaue, dass das Projekt so strukturiert wie möglich stattfindet und dass das innerhalb von kürzester Zeit abgewickelt wird (BE2) • Dass ich so gut wie möglich meine Arbeit mache und die Sachen finde. Ich darf nichts übersehen (BE3) • Es bringt mir ja dann auch nichts, wenn ich nur Mist liefere und es dann fünfmal nacharbeiten muss. Nur durch die Eigenschaft und den Willen es richtig zu machen. Das ist dann auch mein persönliches Ziel, das ich dann auch habe. (BE4) • Ich dann bin, die sozusagen den Projektmanagement-Hut aufhat. Die, die dann Dienstleister organisiert, die mit den Kunden die Absprache macht, die mit sieht dass das Projekt nach vorne geht. Dass alle Sachen, die geliefert werden müssen, abgeliefert werden. (BE5)
Kollegialität/ Teamarbeit *(10 Nennungen =40 %)*	• Dass man über mehrere Tage, bei denen man zusammenarbeitet, das möglichst reibungslos schafft und das jeder danach zufrieden nach Hause gehen kann (AS1) • Indem ich neue Mitarbeiter versuche so gut es geht zu fördern und zu trainieren. (AS2) • Ich meine [die Ausbildung der Azubis] ist jetzt ein Punkt, den ich jetzt bei mir in der Firma schon relativ gut angestoßen habe (EX1) • Mein Team weiterzubringen (ML1) • Versuche mein Team dazu anzuleiten, genau das gleiche zu tun [wie ich] (ML2) • Ich meinen Kollegen unterstütze, technische Hindernisse auszuräumen, damit der Partner [das Produkt] erwirbt und er unterstützt mich, indem er mir neue Partner besorgt. (ML3) • Menschlich halte ich das Team, also wir haben bei Laune. (ML4) • Ich kann die MA begleiten, Veränderungen mitzutragen (ML5) • Ich sehe mich als internen Dienstleister, d.h. dass ich (…) für das Wohl der MA zuständig bin, damit die das Ganze weiter an den Kunden vermitteln können. (BL1) • Ich versuche schon, unser Team möglichst zu motivieren und auch einfach als Ansprechpartner jederzeit für die da zu sein (BL5)

Wirtschaft-lichkeit gewähr-leisten *(7 Nennungen =28 %)*	• Wirtschaftlich. Das fängt an, dass man nur so viel Sprit nimmt, wie man auch braucht. Dass man schaut, dass man Abkürzungen fliegt, dass man ökonomisch fliegt und unter dem Strich, dass mehr Geld hängen bleibt (AS1) • Das Konzept ist eigentlich entwickelt worden, um die Zusatzverkäufe zu steigern also Umsätze zu steigern, was ja das Ziel von jedem [Unternehmen] ist und dabei wenig Kosten zu haben (AS2) • Wie ich persönlich dazu beitragen kann ist, dass ich [die Organisation] auch online sichtbarer machen kann. Dass ich Angebote online hochlade, die attraktiv sind für Menschen, so dass wir quasi Geld generieren. (AS3) • Zufriedener Mitarbeiter ist gleich gut laufende Organisation. Es ist natürlich gerade wenn beim Geld etwas nicht stimmt und da irgendwelche Abzüge sind und ich nicht in der Lage bin, das dem MA zu erklären, dann ist er un-glücklich (...) wenn noch ein paar andere Kleinigkeiten hinzukommen, auch unglücklich im Job und geht eventuell. Dann brauchen wir jmd. Neuen. So sehe ich das schon, dass das UN dann durch Langzeit-MA ja auch Geld spart (EX2) • Versuche ich zu unterstützen, dass wir mehr Besucher, mehr Bestellungen, mehr Umsatz generieren.(ML4) • Die Zahlen zu schaffen und die Zahlenziele zu verstehen (BL5) • Kunden haben einen Wunsch, den die dann einfach gern umgesetzt hätten, (...) was für uns zusätzlichen Umsatz bringt und wir beim nächsten Projekt auch sagen können, das wir den Partner jetzt auch schon angebunden haben. (...) Das hilft auch nochmal (...) dass der Kunde (...) auch zufrieden ist und das so bekommt, wie er es gerne hätte ohne zur Konkurrenz zu gehen (BE2)
Verbesserungs-vorschläge ein-bringen *(7 Nennungen =28 %)*	• Und bei mir persönlich ist es auch noch so, dass ich Ideen selber mit einbringe und Verbesserungsvorschläge mache (AS4) • Indem man versucht teilweise auch Schwächen aufzuzeigen (EX1) • Sage meine Meinung ehrlich, (...) hinterfrage natürlich meine Arbeitsabläufe. Tue das kund, versuche auch manche Probleme wirklich zu beseitigen (EX4) • [Ich sage], dass [wir das] Geld besser da investieren, wo es uns etwas bringt (ML4) • Bin eher missionarisch unterwegs, (...) ich gebe da nicht auf, weil ich sage das Kapital des UNs sind die MA, und da muss man was dafür tun, wenn man das möchte. (ML5) • Ich Sachen hinterfrage und mir denke, das macht jetzt so für mich überhaupt keinen Sinn. Intuitiv hätte ich das an-ders gemacht (BL4) • An der Software kontinuierlich arbeiten, damit die verbessert wird. Was uns dann am Schluss auch wieder Zeit im Support einspart, dass da weniger Aufwand da ist und das System vorwärts gebracht wird (BE2)
Extra-leistungen/-aufgaben, Besondere Mo-tivation *(6 Nennungen =24 %)*	• Viel Einsatz, Energie, die ich da reinstecke, weil ich mich damit auch ganz gut identifizieren kann und ich mache mir sehr viele Gedanken (AS4) • Mit meiner Motivation und meiner Persönlichkeit. (AS5) • Ich habe bei uns jetzt die Ausbildung übernommen. (EX1) • (...) ich möchte das Aushängeschild von dem Haus sein. D.h. mein Lachen am Morgen oder am Abend soll signali-sieren, dass man sich wohlfühlt, wenn man kommt oder wenn man geht. Oder auch wenn jmd. schlechte Laune hat oder es einem nicht so gut geht, wegen irgendwelchen Herausforderungen oder Schicksalsschlägen, so dass ich dann das offene Ohr habe (...) ich möchte in diesem Haus ein Stück Familie für die MA sein (EX3) • Ich versuche das auf der einen Seite ganz persönlich zu tun, indem ich voran gehe mit Dingen, die motivierend sind aus einer positiven Lebenseinstellung heraus, die ich gerne auch nach außen bringen möchte (ML2) • Dass ich z.B. Rechnungen schreibe, obwohl das nicht meine Hauptaufgabe ist, aber nur dadurch kommt Geld rein und das trägt dann durchaus zum Erfolg bei. (BE5)
Kunden-zufriedenheit sicherstellen *(4 Nennungen =16 %)*	• Ich bin freundlich, immer freundlich und berate den Kunden immer gleich, egal ob das ein Großkunde ist oder nicht. (EX5) • Dem Kunden - vor allen Dingen mit denen, mit denen man sich gut versteht - das man dann schon was für die er-kämpft (BL5) • Ich versuche eine persönliche Bindung mit den Mandanten aufzubauen (BE1) • Indem ich dahinter bin, dass der Kunde zufrieden ist und ich stetig mit ihm in Kontakt bin. (...) Und da schaue ich, dass dann wirklich alles rechtzeitig bereitsteht (BE2)
Regelmäßige Fort-bildungen *(4 Nennungen =16 %)*	• Indem ich auch interne Fortbildungen mache (ML3) • Ich gehe (...) regelmäßig auf (...) Fachkonferenzen, damit mein Fachwissen stetig auf dem aktuellen Stand bleibt (ML4) • Indem ich mich weiterqualifiziere (ML5) • Verschiedene Dinge, die ich tue. Ich lese natürlich, ich forsche (BL2)
Austausch mit Kollegen *(3 Nennungen =12 %)*	• Ich versuche mich mit Kollegen auf internationaler Ebene auszutauschen, intern, extern (BL2) • Immer den Dialog zu suchen zu den anderen (BL3) • [Wir haben] ein großes Entwicklungs-Team und (...) einen häufigen Austausch mit den MA, dass wir einfach se-hen, o.k., wenn jetzt irgendwelche Fehler im System sind oder irgendwelche Verbesserungen da wären und wir uns dann mit denen auch noch austauschen (BE2)
Innovationen/ Trends *(3 Nennungen =12 %)*	• Suche neue Technik heraus. Was man alles noch besser machen kann (AS4) • Ich erweitere meinen Horizont, indem ich weiß, was gibt es neues (ML3) • Greife immer wieder einzelne Themen auf, die ich dann eben über längere Zeit verfolge und beobachte, die ich dann auch in die Lehre integriere (BL2)
Klare Kommu-nikation, Ziele vorleben *(3 Nennungen =12 %)*	• Also ganz klar, dass man das dem Team kommuniziert. Wo die Ziele sind, das ist ganz wichtig. Und dass man sie auch vorlebt (AS5) • Indem ich mein Team insoweit mit den Zielen des Unternehmens vertraut mache (ML1) • Indem ich eine offene Kommunikation habe zum Team, dass ich verfügbar bin (...), dass sie wissen, dass sie klare Zielvorgaben haben und was ich von denen erwarte (BL3)

Fachwissen (2 Nennungen =8 %)	• Durch mein Fachwissen natürlich, was ich in meiner Position habe und durch die Qualität der Arbeit (ML4) • Indem ich eine hohe Qualifikation in meinem Beruf erlernt habe, indem ich fachlich eine Ahnung habe und weiß, worauf es ankommt (BE1)

Tab. 103: Übersicht der Kategorienanzahl – Persönliches Engagement, um Organisationsziele zu erreichen (Gesamtstichprobe)

Persönliches Engagement, um Organisationsziele zu erreichen

Followertyp Aspirant

Textevidenz

Aspirant 1

[Kategorie: OCB-Verhalten] Dadurch,. Es geht um den Flug von A nach B und dass dieser in punkto eins erstmal sicher verläuft. (...) In zweiter Hinsicht wirtschaftlich und in dritter Hinsicht Passagierkomfort. Alles was eben dazu gehört. Aber wichtig ist natürlich erst mal sicher, dass nichts passiert und das zweite genau eben wirtschaftlich. Das fängt an, dass man nur so viel Sprit nimmt, wie man auch braucht. Dass man schaut, dass man Abkürzungen fliegt, dass man ökonomisch fliegt und unter dem Strich, dass mehr Geld hängen bleibt als das vielleicht ein anderer tun würde. (...) Genau das ist mein kleiner Beitrag. Aber dadurch, dass ich mittlerweile mit fast 6000 anderen Kollegen das so mache, springt da gut was für das Unternehmen dabei raus. Also wenn man so will, der Hauptverdienst wird gemacht mit der Fliegerei und das ist natürlich in direkter Linie davon abhängig, wie wir unsere Arbeit machen. (...) So dass das Arbeitsumfeld für uns so gut passt und dass wir das so managen, dass keiner auf der letzten Rille läuft oder nicht mehr kann. Und dass da eben mehr ist als nur Einzelheiten. Die Hauptarbeit ist das Management von der ganzen Crew. Dass man über mehrere Tage, an denen man zusammenarbeitet, das möglichst reibungslos schafft und dass jeder danach zufrieden nach Hause gehen kann.

Aspirant 2

[Kategorie: OCB-Verhalten] Indem ich neue Mitarbeiter versuche so gut es geht zu fördern und zu trainieren. (...) Indem ich das neu entwickelte [Konzept], was wir jetzt haben, nach bestem Gewissen ausübe. (...) Das Konzept ist eigentlich entwickelt worden, um die Zusatzverkäufe zu steigern also Umsätze zu steigern, was ja das Ziel von jedem [Unternehmen] ist und dabei wenig Kosten zu haben, d.h. konzentriert und schnell arbeiten und sich überflüssige Wege zu sparen. Und das versuche ich den neuen MA beizubringen.

Aspirant 3

[Kategorie: OCB-Verhalten] Wie ich persönlich dazu beitragen kann ist, dass ich [die Organisation] auch online sichtbarer machen kann. Dass ich Angebote online hochlade, die attraktiv sind für Menschen, so dass wir quasi Geld generieren. Dass da halt auch Übernachtungen reinkommen. Geld, das wir dann auch in solche Sachen stecken können, wie unser eigener Bildungsauftrag lautet. Wir müssen dann auch versuchen, dass wir wirtschaftlich Erfolg haben. (...) Also mein Aufgabengebiet sehe ich so, wenn ich Erfolg habe in meinen Job, dann heißt das, dass ich Übernachtungen steigere in den [Zweigstellen] und das direkt in dem Online-Segment. D.h. wenn ich jedes Jahr mehr Übernachtungen mit Programmen oder auf externen Channels generiere, daran orientiert sich mein Erfolg insgesamt. Daran kann man es messen, ob ich Erfolg damit habe, was ich mache. (...)

Aspirant 4

[Kategorie: OCB-Verhalten] In erster Linie natürlich damit, dass man dafür sorgt, dass alles in sicheren Bahnen läuft und sämtliche Werte eingehalten werden. Dass alle Maschinen funktionieren und bei mir persönlich ist es auch noch so, dass ich Ideen selber mit einbringe und Verbesserungsvorschläge mache (...) neue Technik heraussuche. Was man alles noch besser machen kann. (...) Ja mit viel Einsatz, Energie, die ich da reinstecke, weil ich mich damit auch ganz gut identifizieren kann und ich mache mir sehr viele Gedanken.

Aspirant 5

[Kategorie: OCB-Verhalten] Also ganz klar, dass man das dem Team kommuniziert, wo die Ziele sind, das ist ganz wichtig. Und dass man sie auch vorlebt. (...) Weil ich schon dafür bin. Weil nur wenn es dem UN gut geht, geht's auch uns gut. Deswegen finde ich schon, dass man dafür kämpfen kann und auch diese Vision und diese Mission und die ganzen Values leben kann. (...) Mit meiner Motivation und mit meiner Persönlichkeit. Ansonsten hätten wir weder [Kollege A] noch [Kollege B] hier herholen können. Und ich glaube, es ist uns gelungen, zwei Leute aus [Stadt A] hierher mit nach [Stadt B] zu nehmen. Und ich glaube, dass ist nur dadurch geschehen, dass man persönlich so gut miteinander konnte und dass es so viel Spaß gemacht hat. Man sagt ja, das ist das Beste - Persönlichkeit ist das.

Tab. 104: Persönliches Engagement, um Organisationsziele zu erreichen (Followertyp Aspirant)

Persönliches Engagement, um Organisationsziele zu erreichen

Followertyp Experte

Textevidenz

Experte 1

[Kategorie: OCB-Verhalten] (...) indem man sein Bestes am Arbeitsplatz gibt. (...) Indem ich meinen Teil der Arbeit leiste, den alle anderen auch machen. (...) indem man versucht, teilweise auch Schwächen aufzuzeigen. (...) ich habe bei uns jetzt die Ausbildung übernommen. Ich habe jetzt sechs Azubis und die Ausbildung vorher war bei uns für den Eimer. Wo ich gesagt habe, wir können uns die Leute selber züchten, wir können die unterstützen, wir können die ausbilden, wir können die richtig gut schulen und wir können was draus machen. Ich meine [die Ausbildung der Azubis] ist jetzt ein Punkt, den ich jetzt bei mir in der Firma schon relativ gut angestoßen habe, was jetzt auch ganz gut vorwärts geht.

348

Experte 2	[Kategorie: IRB-Verhalten] Ja, indem ich schlichtweg damit, dass ich meine Arbeit verrichte, dass ich meinen Job mache. Dass das ganze Werk, das Große und Ganze überhaupt funktioniert, da bin ich ein kleiner Bestandteil des Gesamtbildes. Ohne alle MA kann das UN seine Ziele auch nicht erreichen. (...) Zufriedener Mitarbeiter ist gleich gut laufende Organisation. Es ist natürlich, gerade wenn beim Geld etwas nicht stimmt und da irgendwelche Abzüge sind und ich nicht in der Lage bin, das dem MA zu erklären, dann ist er unglücklich. Somit ist er dann langfristig, wenn noch ein paar andere Kleinigkeiten hinzukommen, auch unglücklich im Job und geht eventuell. Dann brauchen wir jmd. Neuen. So sehe ich das schon, dass das UN dann durch Langzeit-MA ja auch Geld spart, Wissen anhäuft und somit auch erfolgreicher sein kann.
Experte 3	[Kategorie: OCB-Verhalten] Ja ich befolge so die Zielsetzung. (...) Ich arbeite immer, wenn ich kann. Und ich versuche, dann nicht so oft krank zu sein. Und ich versuche auch, meine Regelzeit zu arbeiten. Ja und versuche natürlich die Ziele, die mir vorgegeben werden, zu erfüllen. Sprich Deadlines einzuhalten. Das ist so mein persönliches dazu beitragen, dass es so funktioniert. Oder dass meine Position dazu beiträgt, dass diese Ziele erreicht werden. (...) Ich möchte das Aushängeschild von dem [Unternehmen] sein. D.h. mein Lachen am Morgen oder am Abend soll signalisieren, dass man sich wohlfühlt, wenn man kommt oder wenn man geht. Oder auch von jmd. schlechter Laune hat oder es einem nicht so gut geht, wegen irgendwelchen Herausforderungen oder Schicksalsschlägen, so dass ich dann das offene Ohr habe. Und einfach, wie ich schon gesagt habe, [die Organisation] ist für mich so eine Familie, (...) ich möchte in diesem Haus ein Stück Familie für die MA sein. Einfach in meiner Position sagen, ja wenn der Hamster gestorben ist, dann kommst du zu mir, wenn du eine Wohnung brauchst, dann kriegen wir das auch hin und wenn der Fernseher abstürzt, dann versuche ich mein Technik-Know-how auszupacken. Immer irgendwie ein Händchen für jmd. oder für was zu haben. Das ist so mein Beitrag.
Experte 4	[Kategorie: OCB-Verhalten] Na ja, ich arbeite und tue mein Bestes, was die Arbeit angeht. (...) Sage meine Meinung ehrlich und fülle jedes Jahr so eine Umfragebogen aus, der eben darauf abzielt, was uns stört, ob man das UN versteht. (...) Ich hinterfrage natürlich meine Arbeitsabläufe. Tue das kund, versuche auch manche Probleme wirklich zu beseitigen, was nicht unbedingt einfach ist. Weil man oft wirklich scheitert, weil das so groß und schwer zu bewegen ist. (...) Ich arbeite mit meinen Schnittstellen eigentlich recht gut zusammen und habe auch persönlichen Kontakt mit meinem Großkunden und den anderen Kunden auch.
Experte 5	[Kategorie: IRB-Verhalten] In der Beratung und Hilfestellung bei den Kunden im direkten Gespräch. (...) Ich bin freundlich, immer freundlich und berate den Kunden immer gleich, egal ob das ein Großkunde ist oder nicht.

Tab. 105: Persönliches Engagement, um Organisationsziele zu erreichen (Followertyp Experte)

Persönliches Engagement, um Organisationsziele zu erreichen	
Followertyp Mitläufer	
Textevidenz	
Mitläufer 1	[Kategorie: OCB-Verhalten] Dadurch dass wir als Abteilungsleiter auch direkte Ziele gesetzt bekommen von unseren VGs und die auch ganz klar kommuniziert werden, weiß ich zum einen genau, was ich zu tun habe und was ich erreichen soll/ muss und dadurch, dass ich viele meiner Stärken mit dem vereinbaren kann, was ich beruflich ja tue, also mit Menschen umgehen, also einfach ein guter Gastgeber zu sein, um das mal ganz grob zusammenzufassen, glaube ich dass ich da ganz gut dazu beitragen kann. (...) Plus, mein Team zu führen, mein Team weiterzubringen, jegliche Herausforderungen, die sich da stellen, gemeinsam zu meistern. (...) Indem ich mein Team insoweit mit den Zielen des Unternehmens vertraut mache (...), [dass ich mein Team] auf den richtigen Track bringe, dass wir gemeinsam als Team mein Abteilungsziel erreichen und damit die höher gesetzten UN-Ziele.
Mitläufer 2	[Kategorie: OCB-Verhalten] Ich hoffe maßgeblich. Ich glaube das ist Ziel meiner Arbeit gerade in Bezug auf Mitarbeiter. Ich persönlich versuche das auf der einen Seite ganz persönlich zu tun, indem ich voran gehe mit Dingen, die motivierend sind aus einer positiven Lebenseinstellung heraus, die ich gerne auch nach außen tragen möchte. (...) Versuche mein Team dazu anzuleiten, genau das gleiche zu tun [wie ich]. In dem Wissen, dass wir die Hüter von guter Laune und von positiver Art sein müssen, um Dinge weiterzutragen. (...) Also die beratende Funktion dahingehend, sich darüber Gedanken zu machen, wie agiere ich mit einzelnen Personen in meinem Team oder wie sollte ich agieren oder wie sollte ich nicht agieren. (...) Erfolg ist für mich auch wirtschaftlicher Erfolg. Erfolg ist nicht nur all das, was ich vorher gesagt habe hinsichtlich Motivation, Engagement und Außenwirkung. Sondern Erfolg ist ganz klar auch wirtschaftlich zu betrachten. D.h. ich muss mir auch die Frage stellen, was wir eigentlich brauchen und wie viel davon, wenn wir über klare Fakten sprechen möchten. Wie viele MA brauche ich für Abteilung X, Y, Z, warum brauche ich diese MA, wie werden sie vergütet und macht es nicht an der ein oder anderen Stelle Sinn, Prozesse zu vereinfachen, Synergien zu schaffen, dadurch Köpfe abzubauen und die verbleibenden Köpfe dadurch besser zu bezahlen. Wenn mir das gelingt, führt das für mich auch zum wirtschaftlichen Erfolg, weil ich langfristig Kosten plane.
Mitläufer 3	[Kategorie: OCB-Verhalten] Persönlich, indem ich meine Arbeitsleistung einbringe. Aber das ist ja durch mein Gehalt abgedeckt. (...) Indem ich einen der drei Wirkungskreise, die ich eingangs erwähnt habe oder alle drei Wirkungskreise mache. (...) Wir treten immer im Pärchen auf, immer eine Sales Person und ein Techi und gemeinsam motivieren oder unterstützen wir unsere Partner, unsere Dienste zu benutzen. Und indem ich meinen Kollegen unterstütze, technische Hindernisse auszuräumen, damit der Partner [das Produkt] erwirbt und er unterstützt mich, indem er mir neue Partner besorgt. (...) weil ich erweitere meinen Horizont, indem ich weiß, was gibt es neues, welche Probleme anderer und kann das wiederum in meine zukünftige Arbeit einfließen lassen. (...) indem ich auch interne Fortbildungen mache (...)

[Kategorie: OCB-Verhalten] Also ich halte eigentlich das Team bei Laune, menschlich halte ich das Team, das wir haben, bei Laune. Das ist so. Definitiv. Also das ist so meine Rolle, die ich einbringe. Wir sind zwei Jungs und vier Mädels und das ist ja irgendwie so, dass man das immer so ein wenig balancieren muss. Es gibt halt öfters Schwankungen und Stimmungen und da leiste ich dahingehend meinen Beitrag. (…) Ja durch mein Fachwissen natürlich, was ich in meiner Position habe und durch die Qualität der Arbeit, die ich abliefere. Damit versuche ich zu unterstützen, dass wir mehr Besucher, mehr Bestellungen, mehr Umsatz generieren. Das kann ich beeinflussen zumindest mit meinem Wissen oder meinem Beitrag. (…)Wenn wir Dienstleister aussuchen, versuchen wir natürlich Preis-Leistungs-mäßig gut zu fahren, d.h. möglichst nicht mehr Kosten produzieren als unbedingt sein müssen. (…) Das ich dann auch noch sage, wenn ich weiß, gewisse Dinge machen keinen Sinn, dass wir dafür kein Geld ausgeben, sondern tatsächlich das Geld besser da investieren, wo es uns etwas bringt. (…) Umsetzungskompetenz, sprich, ich sorge dafür, dass meine Sachen, die ich auf dem Tisch habe, möglichst schnell umgesetzt sind, dass sie implementiert sind und wir einen Schritt weiter kommen. (…) Ich gehe - also ein indirekter Erfolgsbeitrag - regelmäßig auf Konferenzen. Also Fachkonferenzen - ein bis zwei auf jeden Fall im Jahr - klar die zahlt mir der AG, aber ich will das, damit mein Fachwissen stetig auf dem aktuellen Stand bleibt. Sonst würde ich wahrscheinlich teilweise falsche Entscheidungen fällen.

[Kategorie: OCB-Verhalten] Das ist jetzt eine gute Frage. Im ersten Stepp hätte ich jetzt das Gefühl gar nicht, da ich ja nicht unmittelbar bei dieser Strategie mitwirken kann. Aber nachdem ich jetzt das Change Management mache und das Geschäftsmodell ja auch Veränderungen für die MA nach sich zieht, kann ich die MA begleiten, diese Veränderungen mitzutragen. Ich denke, das könnte mein Beitrag sein dazu. (…) Indem ich mich weiterqualifiziere, [indem ich] diverse Papiere aufsetze, die ich dann meinem Chef gebe, wie ich mir die Rolle des Change Managements vorstelle und jedem, der es nicht hören will, erzähle, warum man denn eigentlich Change Management braucht. Ich bin eher missionarisch unterwegs, was irgendwie an meinen alten Job erinnert. Da war ich auch so unterwegs. Fruchtet ein wenig, gefühlt. Aber ich gebe da nicht auf, weil ich sage das Kapital des UNs sind die MA, und da muss man was dafür tun, wenn man das möchte. Für Alibi Change Management bin ich nicht zu haben

Tab. 106: Persönliches Engagement, um Organisationsziele zu erreichen (Followertyp Mitläufer)

Persönliches Engagement, um Organisationsziele zu erreichen

Followertyp Blender

Textevidenz

Blender 1 — **[Kategorie: OCB-Verhalten]** Ich sehe mich selbst als internen Dienstleister, d.h. dass ich eben wie jetzt gerade schon angeschnitten, dass ich für das Wohl der MA zuständig bin, damit die das Ganze weiter an den Kunden vermitteln können. Dass sie sich eben wohl fühlen, dass sie einen einfachen internen Service erhalten, um entsprechend guten und einfachen Service auch nach außen weiterzugeben. Und so sehe ich das jeden Tag, wenn ich MA-Anfragen bearbeite und behandele, dass ich mir jeden Tag überlege, das ist mein persönlicher Kunde und dem möchte ich den bestmöglichen Service anbieten. (…) Ich schaue, dass der MA so positiv wie möglich rausgeht, weil er am Ende auch die Möglichkeit hat, wenn über ein Ticketsystem, wo er die Anfrage stellt, zu bewerten. Und da möchte ich natürlich dann auch entsprechend gut auffallen (…) Es macht mich persönlich glücklich, wenn ich sage: „Hey der MA hat jetzt innerhalb von 2 Stunden ein unheimlich komplexes Thema beantwortet bekommen." Und je schneller ein MA von uns die Rückmeldung bekommt oder von mir in dem Fall, umso schneller kann er seine weitere Arbeit eben antreten. Er hat das dann nicht mehr im Hinterkopf und überlegt, wie das jetzt abläuft (...) und so trage ich zum UN-Erfolg bei.

Blender 2 — **[Kategorie: OCB-Verhalten]** Das sind verschiedene Dinge auch, die ich tue. Ich lese natürlich, ich forsche, ich versuche mich mit Kollegen auf internationaler Ebene auszutauschen, intern, extern. (…) Dann will ich immer wieder z.B. nächste Woche im Rahmen einer Podiumsdiskussion, wo ich dann mit anderen aus anderen Bereichen wieder zusammen komme und über ein Thema spreche. Es sind verschiedene Aktivitäten, eben Lehre, kleinere Publikationen, nach außen gehen mit Ausstellungen, Präsentationen, natürlich Workshops geben, aber begrenzt. Natürlich eher intern, extern weniger. Und greife immer wieder einzelne Themen auf, die ich dann eben über längere Zeit verfolge und beobachte, die ich dann auch in die Lehre integriere und wenn es möglich ist auch ein bisschen ein Stück Forschung betreibe (…). Indem ich beobachte, was wir brauchen als Menschen, als Gesellschaft, als Wissenschaftler, was interessant ist gerade. Ich suche mir die spannendsten Themen raus, verfolge die und trage dazu bei, indem ich versuche mit anderen zusammen auch immer verschiedene Perspektiven kennenzulernen bezogen auf die Themen.

Blender 3 — **[Kategorie: OCB-Verhalten]** Immer den Dialog zu suchen zu den anderen [Zweigstellen], zu den anderen Führungskräften im Sales etc., auch in Interaktionen und mit der Globalisierung in Kontakt mit vielen anderen [unserer Zweigstellen] zu stehen und zu schauen, was machen die, was können wir noch machen. Indem ich einen Action-Plan aufsetze und den soweit wie möglich einhalte, von den Aktivitäten her. Dass ich mal eine offene Kommunikation habe zum Team, dass ich verfügbar bin für mein Team. Ansprechbar, dass sie keine Angst haben mit mir über Sorgen zu sprechen. Innerhalb des Teams, dass sie wissen, dass sie klare Zielvorgaben haben, was ich von denen erwarte. Wenn [der Umsatz] nicht erreicht wird, dann ist es aus der Sales Sicht an uns, Aktivitäten durchzuführen, um das Ziel zu erreichen. Anpassungsfähigkeit und auch Ownership, also wenn da ein Problem besteht, es sich zu eigen zu machen und das nicht zu übergeben etc.

Blender 4 — **[Kategorie: OCB-Verhalten]** Ich schaffe u.a. mit meiner Chefin die Prozesse, um effizientes Arbeiten zu ermöglichen, deswegen würde ich sagen, leiste ich einen sehr großen Beitrag dazu, so dass ich selbst auch effizient arbeite, aber auch andere Menschen das effizient umsetzen, was ich mir ausdenke. (…) Und dann arbeite ich halt natürlich wunderbar und gut [lacht]. Da ich ja noch relativ neu in der Position bin, bin ich bei vielen Sachen ja ahnungslos. Aber das führt eben dazu, dass ich Sachen hinterfrage und mir denke, das macht jetzt so für mich überhaupt keinen Sinn. Intuitiv hätte ich das anders gemacht, dass ist, glaube ich, sehr hilfreich, dass man noch nicht diese „Organisations-Brille" aufhat und Sachen noch sieht und hinterfragt, und auch mal aufmerksam macht auf Sachen, die auch gar nicht mehr so sein müssten und die man viel effizienter gestalten könnte. Anstöße geben und solche Sachen unter anderem.

Blender 5	[Kategorie: OCB-Verhalten] Ja man versucht das schon irgendwie so hinzudrehen, das mit dem Kunden - vor allen Dingen mit denen, mit denen man sich gut versteht - dass man dann schon was für die erkämpft, sage ich mal. Dass man was inkludiert, aber trotzdem halt schaut, dass die Zahlen stimmen. Das ist immer so ein Spagat zwischen dem, die Zahlen zu schaffen und die Zahlen-ziele zu verstehen und den Gast zu verstehen oder die Vision, die man auch selber hat, das auch immer noch für den Gast eine tolle Erfahrung sein soll. Also ich versuche schon, unser Team möglichst zu motivieren und auch einfach als Ansprechpartner jederzeit für die da zu sein. Auch wenn ich genervt oder sehr beschäftigt wirke, dass die mich immer wieder ansprechen dürfen. Ich denke einen Ansprechpartner zu haben, der immer Zeit hat oder ein offenes Ohr hat, das versuche ich mittlerweile auch den Mitarbeitern gegenüber klar zu machen, dass sie mich alles immer fragen dürfen.

Tab. 107: Persönliches Engagement, um Organisationsziele zu erreichen (Followertyp Blender)

Persönliches Engagement, um Organisationsziele zu erreichen	
Followertyp Bedürftiger	
	Textevidenz
Bedürftiger 1	[Kategorie: OCB-Verhalten] Indem ich eine hohe Qualifikation in meinem Beruf erlernt habe, indem ich fachlich eine Ahnung habe und weiß, worauf es ankommt und indem ich das umsetze, was mir aufgetragen wird. Indem ich das mache, was mir aufgetra-gen wird - so schnell und so gut wie ich kann. Ich versuche sehr genau zu arbeiten und versuche eine persönliche Bindung mit den Mandanten aufzubauen
Bedürftiger 2	[Kategorie: OCB-Verhalten] Ja zum Erfolg, indem ich dahinter bin, dass der Kunde zufrieden ist und ich stetig mit ihm in Kon-takt bin. (...) Und da schaue ich, dass dann wirklich alles rechtzeitig bereitsteht, was der Kunde an Tools braucht, damit er dann auch live gehen kann. Dass die Mitarbeiter geschult sind, dass das alles dann so weit wie möglich smooth läuft. Da schaue ich na-türlich, dass das Projekt so strukturiert wie möglich stattfindet und dass das innerhalb von kürzester Zeit abgewickelt wird. (...) Selber muss ich auch sehen, dass ich das mit meinem Projekt alles irgendwo überblicke und habe da meinen Projektplan dafür und nehme mir den auch immer wieder zur Hand und schaue, dass ich immer wieder in Kontakt mit dem Kunden bin und das alles schnell läuft. So dass ich mich so schnell wie möglich dem nächsten Projekt zuwenden kann oder auch parallel Projekte mache, was auch sehr häufig der Fall ist Das ist mal der Punkt und ansonsten auch intern mit den MA. Ich sage mal, wir haben auch noch ein großes Entwicklungsteam, das die Software entwickelt. Und auch da haben wir einen häufigen Austausch mit den MA, dass wir einfach sehen, o.k., wenn jetzt irgendwelche Fehler im System sind oder irgendwelche Verbesserungen da wären, und wir uns damit mit denen auch noch austauschen. Das geben wir dann über unsere Teamleitung weiter, und dann wird das an das Team weiterge-geben, dass die an der Software kontinuierlich arbeiten, damit die verbessert wird. Was uns dann am Schluss auch wieder Zeit im Support einspart, dass da weniger Aufwand ist und das System vorwärts gebracht wird. Weil sonst bleiben wir auf der Stelle stehen und entwickeln uns ganze nicht weiter. (...) Es gibt noch sehr häufig Anforderungen vom Kunden, der sagt: „Ich habe den und den Partner. Können wir den auch an euer System anbinden?" Oder die und die Anforderung oder den Wunsch, den die dann einfach gern umgesetzt hätten, was teilweise dann nicht vorhanden ist und wir dann einfach immer im Kontakt sind mit den MA in-tern und sehen, dass das dann umgesetzt wird. Was für uns zusätzlichen Umsatz bringt und wir dann beim nächsten Projekt auch sagen können, dass wir den Partner jetzt auch schon angebunden haben. Das ist wunderbar. Das hilft auch nochmal dem Ganzen, und dass der Kunde, der das wollte, auch zufrieden ist und das so bekommt, wie er es gerne hätte ohne zur Konkurrenz zu gehen
Bedürftiger 3	[Kategorie: IRB-Verhalten] Indem ich einen korrekten Job mache, dass ich die Ausführung meiner Vorschriften korrekt durch-führe. Egal wer von mir steht an Persönlichkeit. An VIPs, an kleinen Omas, die mich besänftigen wollen, weil sie ein Messer dabei haben, das muss man ausblenden [lacht]. Dass ich so gut wie möglich meine Arbeit mache und die Sachen finde. Ich darf nichts übersehen
Bedürftiger 4	[Kategorie: IRB-Verhalten] Also ich persönlich, ich kann ehrlicherweise sagen, ich bin jetzt kein Arbeiter, der total innovativ ist und der mega die Vision hat oder so, der eine Statistik nach der anderen raus haut. Ich bin ein Arbeiter, der macht seine Arbeit wirklich sehr gut, aber so frei nach dem Motto: Das Pferd springt nur so hoch, wie es muss. Ja, weil ich der festen Überzeugung bin, dass wenn du dich wirklich mit dem Thema befasst und alles dafür tust, dann musst du mehr dafür tun, als 8 Stunden arbeiten oder 10 oder 11. Da musst du durchpauken, das ist schwierig zu sagen. Ich sage mal so, ich mache das, was verlangt wird. Ich per-sönlich würde sagen, einfach nur durch die Eigenschaft - also es ist mir ja nicht ganz egal - aber dass ich halt persönlich trotzdem wirklich die richtigen Ergebnisse liefere. Es bringt mir ja dann auch nichts, wenn ich nur Mist liefere und es dann fünf Mal nachar-beiten muss. Nur durch die Eigenschaft und den Willen es richtig zu machen. Das ist dann auch mein persönliches Ziel, das ich dann auch habe.

Bedürftiger 5	**[Kategorie: OCB-Verhalten]** Also hauptsächlich trage ich eigentlich dadurch bei, dass ich das, was sich meine beiden Chefs ausdenken, in der Realität und bei dem Kunden auf die Straße bringe. (...) Meine Aufgabe ist es sehr viel mehr, zumindest empfinde ich das so und das funktioniert auch sehr gut in dieser Aufteilung, dass ich eben nicht so sehr der Kreativling bin, bei dem weiß der Kuckuck welche Ideen aus dem Kopf sprudeln, sondern dass diese Ideen und der kreative Input von meinen Chefs kommen und ich dann die bin, die sozusagen das Projektmanagementhut aufhat. Die, die dann Dienstleister organisiert, die mit dem Kunden die Absprache macht, die sieht, dass das Projekt nach vorne geht. Dass alle Sachen, die geliefert werden müssen, abgeliefert werden. Und Koordination usw. usw., das ist eigentlich meine Aufgabe. (...) Ansonsten trage ich, glaube ich, zum UN-Erfolg dadurch bei, dass ich, wie gesagt, Ordnung reinbringe, dass ich einen Überblick über das komplette Projekt habe, mich auch an viele Sachen erinnere und einfach so diese Gesamtsicht auch habe. (...) Und wo ich auch nützlich bin ist dadurch, dass ich eine der MA bin, die am längsten im UN ist, ich habe ich einfach einen relativ großen Überblick über das, was wir schon alles gemacht haben und kann da relativ gut Verknüpfungen herstellen und finde dann ggf. auch alte Dinge, die es schon mal gab (...)Also zum einen trage ich zum Erfolg des UNs bei, dass ich z.B. Rechnungen schreibe, obwohl das nicht meine Hauptaufgabe ist, zum UN-Erfolg dadurch kommt Geld rein und das trägt dann durchaus zum Erfolg bei. Dann alles in die Wege zu leiten und der tägliche Ansprechpartner des Kunden zu sein für die kleinen Wehwehchen und was die dann alles so wissen wollen und „könnten Sie sich da noch drum kümmern?"

Tab. 108: Persönliches Engagement, um Organisationsziele zu erreichen (Followertyp Bedürftiger)

Frage (6): Wie schätzen Sie Ihre beruflichen Fähigkeiten ein?

Einschätzung der Beruflichen Fähigkeiten	
Gesamtstichprobe	
Kategorie & Anzahl	**Textevidenz**
Sehr gut *(12 Nennungen)* *=48 %)*	• Durchschnittlich bis überdurchschnittlich. Mir fällt es leicht, Sachen zu lernen (...) Ist ein Riesenspaß und da ist auch meine Leistung jedes Mal nahezu 100 %. (AS1) • Meine beruflichen Fähigkeiten schätze ich eigentlich sehr gut ein (AS2) • Ich bin schon recht überzeugt davon (AS4) • Die sind sehr gut (AS5) • Also ich würde sagen sehr gut, würde ich schon sagen. (ML1) • Ich halte mich für jmd., der sehr fundiert ist in dem, was er tut und das sehr gut gelernt hat (ML2) • Sehr gut. Also das, was von mir verlangt wird, mache ich auch. Das erfülle ich zu 100 %, denke ich (BL-3) • Ich bin von meinen beruflichen Fähigkeiten überzeugt, weil ich glaube, ich eine sehr gute Ausbildung genossen habe (...) Ich arbeite gut, ich arbeite schnell, wenn ich das auch detailliert, dass es dann perfekt ist (BL-4) che Sachen abzuliefern sind, dann mache ich das auch. Das erfülle ich zu sehr pingelig, wenn irgendwelche Sachen abzuliefern sind, dann mache ich das auch detailliert, dass es dann perfekt ist (BL-4) • Schon sehr gut, muss ich sagen (...) [es gibt] noch so Sache[n]. [die] ich noch lernen muss, aber ich denke, da bin ich auf einem ganz guten Weg (BL5) • Würde ich schon als hoch einstufen (BE1) • Sehr gut (BE3) • Da glaube ich sind meine Fähigkeiten sehr gut (BE5)
Gut *(8 Nennungen)* *=32 %)*	• Fachlich schätze ich es gut ein (AS3) • Schon ganz gut (EX1) • Gut, das zeigen meine Ziele wenigstens (EX4) • Schon gut, ich habe mir ein gutes Wissen aufgebaut (EX5) • 7 von 10, wenn man das auf einer Skala machen (...) ich bin schon ziemlich gut dabei (ML4) • Habe einen relativ schnellen Überblick bzgl. der Zusammenhänge. Wenn ich an einem Fädchen ziehe, weiß ich was passiert dann an der anderen Ecke. Aufgrund (...) kann ich relativ schnell ableiten, was es für Herausforderungen für das UN, für das Projekt, für die MA geben könnte. Und habe, ich will es jetzt nicht übertreiben, die Gabe, die Leute mitzunehmen (ML5) • Einschätzen kann man sich immer gut oder schlecht oder richtig oder falsch (...) man kann sagen wie man bewertet wird. (...) wir werden mit diesem Evaluationsbögen bewertet, die aber nur dadurch kommt Geld lich sehr gut bis auf seltene Fälle (...) selber finde ich mich noch weiterentwickeln (...) habe zwar schon viel gemacht, auch immer wieder Seminare selber besucht (...), aber ich glaube da könnte schon noch was passieren (BL2) • Ich habe jetzt schon den Eindruck, dass es soweit gut funktioniert. Natürlich habe ich immer irgendwo im Hinterkopf, dass ich Quereinsteiger bin, dass ich keine Ausbildung in dem Sektor gemacht habe (BE2)
O.k./ Mittel *(5 Nennungen)* *=20 %)*	• Es ist noch Luft nach oben, aber da bin ich auch gerade dabei. Ich bin bereit, mich weiterzubilden und tue das auch gerade (EX2) • Einfach frei raus, sie sind o.k. (EX3) • Meine [technischen Fähigkeiten] schätze ich als sehr gut ein, meine [Verkaufsfähigkeiten] mittelmäßig und (...) politisch zu agieren (...) eher schlecht (ML3) • Fachlich gesehen würde ich nicht sagen, dass ich zu sehr hinten dran, aber auch nicht vorne dran bin (BL1) • Sie sind o.k. (BE4)

Tab. 109: Übersicht der Kategorienanzahl – Einschätzung der beruflichen Fähigkeiten (Gesamtstichprobe)

Einschätzung der Beruflichen Fähigkeiten

Followertyp Aspirant

	Kategorie	Textevidenz
Aspirant 1	Sehr gut	Ich hätte jetzt gesagt durchschnittlich bis überdurchschnittlich. Mir fällt es leicht, Sachen zu lernen und auch die Erfahrung zu sammeln beim Fliegen. Und das ist geprägt durch viel Erfahrung - mittlerweile 7 Jahre lang schon fliegen (…) Ich bin ein durchaus fleißiger erster Offizier und bin da auch mit dem Herzen dabei. Doch kann man schon so sagen. Ist ein Riesenspaß und da ist auch meine Leistung jedes Mal nahezu 100 %.
Aspirant 2	Sehr gut	Meine beruflichen Fähigkeiten schätze ich eigentlich sehr gut ein.
Aspirant 3	Gut	Gut, fachlich schätze ich es gut ein, weil (…) diese Software kenne ich auch seit mehr als zehn Jahren. Die hat sich zwar auch weiterentwickelt in der Zeit, aber das können wenige Leute besser als ich, weil ich mich eben auch schon so lange damit beschäftige.
Aspirant 4	Sehr gut	Klingt vielleicht großkotzig, aber ich bin schon recht überzeugt davon.
Aspirant 5	Sehr gut	Die sind sehr gut. (…) ich habe ja eine Ausbildung gemacht, ich habe studiert, ich habe mit einer 1 abgeschlossen. Ich habe mit einer Auszeichnung abgeschlossen. Habe einen Diplom-Betriebswirt, ich habe einen Bachelor, einen vierjährigen Bachelor. Ich bin absolut super qualifiziert für diesen Job, bin eigentlich unterfordert zurzeit.

Tab. 110: Einschätzung der beruflichen Fähigkeiten (Followertyp Aspirant)

Einschätzung der Beruflichen Fähigkeiten

Followertyp Experte

	Kategorie	Textevidenz
Experte 1	Gut	Das ist ein bisschen schwierig, weil ich Quereinsteiger bin. Aber ich glaube, ich habe mich da jetzt in den zwei Jahren eigentlich schon ganz gut entwickelt. Bin zwar jetzt nicht zu 100 % richtig auf der Stelle, aber ich mein das ergibt sich nach und nach. Das wird immer mehr, was man da jetzt macht. Und berufliche Fähigkeiten sind ständig am Wachsen, weil man immer was Neues dazulernt.
Experte 2	O.k./ Mittel	Jetzt so positionsbezogen. Es ist noch Luft nach oben, aber da bin ich auch gerade dabei. Ich bin bereit mich weiterzubilden und tue das auch gerade
Experte 3	O.k./ Mittel	Einfach frei raus, sie sind o.k... Also insgesamt bin ich jetzt knapp zwei Jahre hier und ein paar Monate. Und bin vor einem Monat befördert worden. Und bevor ich hier angefangen habe, hatte ich gar kein Wissen (…) und bin dann relativ gut aufgenommen worden. Indem man mir schon gesagt hat, dass ich Dinge wie Arbeitsrecht lernen kann, aber diese Social Skills schon mitbringe. Und finde auch, dass ich sowohl persönlich als auch fachlich gewachsen bin, einfach weil ich durch dieses „Daily Learning" einfach mehr fachliche Dinge lernen konnte und durch aktives Zuhören, Mitschreiben, aber natürlich auch persönlich gewachsen bin, weil ich genügend Herausforderungen hatte, die ich irgendwie bewerkstelligen konnte und auch musste
Experte 4	Gut	Gut, das zeigen meine Ziele wenigstens. (…) ich arbeite recht effektiv im Gegensatz zu vielen anderen. Ich hinterfrage manche Dinge und lasse vielleicht auch was weg, was andere schon seit 30 Jahren machen und das immer so weiter machen. Ich erfülle meine Ziele jedes Jahr. Meist mit erfüllt und übererfüllt (…) ich bilde mich im Notfall fort, wenn ich jetzt z.B. Excel-Probleme habe oder sonstiges.
Experte 5	Gut	Meine beruflichen Fähigkeiten sind eigentlich schon gut, ich habe mir ein gutes Wissen aufgebaut. Also ich glaube, dass ich dem UN schon ziemlich gut helfen kann und gut beitragen kann

Tab. 111: Einschätzung der beruflichen Fähigkeiten (Followertyp Experte)

	Kategorie	Textevidenz
Mitläufer 1	Sehr gut	Also ich würde sagen sehr gut, würde ich schon sagen. Dadurch, dass ich ja in dem Bereich, in dem ich arbeite im Hotel, auch meinen Meister gemacht habe vor ein paar Jahren, habe ich da schon ein sehr gutes Fachwissen. Habe mich auch immer weitergebildet konstant - zum einen privat, aber natürlich auch durch Angebote [vom UN]. Habe durch sehr viele Trainings, die von [dem UN] angeboten werden, die Leadership-Fähigkeiten sehr, sehr gut ausgebaut würde ich sagen. Ich würde sagen gut - sehr gut.
Mitläufer 2	Sehr gut	Grundsätzlich gut, ich halte mich für jmd., der sehr fundiert ist in dem, was er tut und das sehr gut gelernt hat. Und oftmals in der Vergangenheit gelernt hat, aus Erfahrungen zu lernen. Aus positiven Dingen, aus Dingen, die sicherlich ausbaufähig gewesen sind und darauf kann ich zurückgreifen. Das finde ich sehr wichtig, nicht irgendwas zu tun, ohne dass ich wirklich weiß, was ich tue. (...) Deshalb fühle ich mich insgesamt sehr fähig, das zu tun, was ich tue
Mitläufer 3	O.k./ Mittel	Meine beruflichen Fähigkeiten muss ich jetzt aufgliedern in drei Säulen, einmal natürlich in das technische. Wir sind in Deutschland eine Sales-Organisation, ich muss also auch ein wenig Sales können und ich muss Politik können, um intern voranzukommen. Das erste schätze ich als sehr gut ein, das zweite, da bin ich mittelmäßig und das dritte, politisch zu agieren, um sozusagen internen Streitigkeiten auszuleben, etc., eher schlecht.
Mitläufer 4	Gut	7 von 10, wenn man das auf einer Skala macht. Ich weiß, da ist noch Entwicklungspotenzial, aber ich bin schon ziemlich gut dabei. Ich weiß von meinem Fach viel, ich kann sehr viel, ich kann auch in dem Bereich relativ spontan reagieren, also wenn ich mal mit einem schwerwiegenden Thema konfrontiert werde, dann kann ich mich auf Fehlersuche begeben und finde dann relativ schnell den Fehler. Und kann mich fachlich mit Leuten, die das schon jahrelang machen, auf einer Höhe unterhalten und auch gemeinsam neue Ideen entwickeln oder auch mal einen Test aufsetzen, über den so noch keiner nachgedacht hat oder mal hinterfragen, was andere sagen, was das Beste wäre, um vielleicht was noch besseres zu finden. Ich würde definitiv, wenn du es auf einer Skala machen willst, 7 von 10 sagen.
Mitläufer 5	Gut	Also ich bin der Generalist, habe einen relativ schnellen Überblick bzgl. der Zusammenhänge. Wenn ich an einem Fädchen ziehe, ich weiß was passiert dann an der anderen Ecke. Aufgrund der Kenntnisse der Wertschöpfungskette im UN kann ich relativ schnell ableiten, was es für Herausforderungen für das UN, für das Projekt, für die MA geben könnte. Und habe, ich will es jetzt nicht übertreiben, die Gabe, die Leute mitzunehmen.

Tab. 112: Einschätzung der beruflichen Fähigkeiten (Followertyp Mitläufer)

Followertyp Blender

	Kategorie	Textevidenz
Blender 1	O.k./ Mittel	Ich würde es jetzt einfach mal mit den Kollegen vergleichen, die bei uns im Team sind. Da sind viele Kollegen dabei, die seit vielen langen Jahren im Team sind, die viel Hintergrundwissen dadurch haben und auch die Firma sehr gut kennen. Im Vergleich dazu bin ich sehr „Junior", würde ich sagen. Fachlich gesehen würde ich sagen, dass ich jetzt nach der Einarbeitungszeit die meisten Anliegen auch selbstständig bearbeiten kann. Immer wieder mit Unterstützung. Aber ich würde trotzdem sagen, dass ich in keiner Weise voll ausgebildet und nicht mehr lernfähig bin, weil es immer wieder neue Dinge gibt. Der Vorteil, den ich eher mitbringe, ist, dass ich aufgrund der Kürze meiner Zugehörigkeit doch sehr offen für Veränderungen bin, was bei langjährigen MA eher etwas schwerer fällt, aber das ist nur eine Einschätzung. Aber ansonsten, fachlich gesehen, würde ich nicht sagen, dass ich zu sehr hinten dran, aber auch nicht vorne dran bin.
Blender 2	Gut	Ich glaube da müsste man verschiedene Tätigkeiten anschauen. In der Lehre - also einschätzen kann man sich immer gut oder schlecht oder richtig oder falsch - da kann man sagen, wie man bewertet wird. Also von den Studierenden werden wir mit diesem Evaluationsbögen bewertet, die sind bei mir ziemlich gut, also eigentlich sehr gut bis auf seltene Fälle, wo ich mal irgendwie mit jmd. aneinander gerate oder mal eine ganz neue Sache ausprobiere, dann kann es da auch mal sein, dass da eine 2 davor steht. Selber finde ich, könnte ich mich noch weiterentwickeln in der Lehre, ich habe zwar viel gemacht, auch immer wieder Seminare selber besucht über Lehrmethoden und so, aber ich glaube, da könnte man noch was machen, aber das einfach immer so. Es gibt einfach geniale Lehrende und dazu zähle ich mich jetzt sicher nicht, aber ich mache meinen Job sicher nicht schlecht. Was Forschung anbelangt, da fehlt mir eigentlich die Übung. Seit die Dissertation fertig ist, habe ich das eigentlich nicht mehr so intensiv betrieben und das merke ich dann auch, dass ich da einfach lang dafür brauche. Und abgelenkt bin ich nicht mehr so konzentriert ran gehen kann, wie ich mir das vorstellen würde. Einmal durch fehlende Übung und zweitens dann einfach auch, weil ich viele Dinge gleichzeitig machen muss und machen muss und machen will.
Blender 3	Sehr gut	Sehr gut. Also das, was von mir verlangt wird, mache ich auch. Dass erfülle ich zu 100 %, denke ich, man kann natürlich immer noch besser sein. Weil Erwartung und das, was man wirklich macht teilweise ja auch auseinander geht. Ich glaube, ich könnte noch besser sein, wenn ich mehr Work-Life-Balance hätte. Dann könnte ich noch fokussierter sein und noch mehr proaktiv umsetzen, denke ich, und noch mehr Sales-Calls machen und noch mehr Kunden gewinnen. Einfach weil ich zu viel zu tun habe mit der Administration und gar nicht so viel [Verkauf] mehr machen kann.

Blender 4	Sehr gut	Ich arbeite gut, ich arbeite schnell, aber auch sehr genau. Ich bin da sehr pingelig, wenn irgendwelche Sachen abzuliefern sind, dann mache ich das auch detailliert, dass es dann perfekt ist. (...) Aber nicht, dass ich mich da so ins Detail verlieren würde, dass es dann keine Effizienz mehr hat. Ich würde sagen, dass ich da schon relativ strukturiert vorgehe und mir den Tag da so einteile, dass ich sage, o.k. das macht jetzt Sinn. (...) Also ich lob mich hier in den Himmel, das geht gar nicht. [lacht] (...)ich bin von meinen beruflichen Fähigkeiten überzeugt, weil ich glaube, ich eine sehr gute Ausbildung genossen habe. Das gute ist, dass ich vorher eine Ausbildung gemacht habe und auch weiß, wie man wirklich schuftet und ich glaube das gibt mir nochmal so einen anderen Blickwinkel (...) das hilft mir glaube ich auch nochmal, Dinge besser zu verstehen (...) das ist auch einfach nochmal eine Fähigkeit, sich in andere hineinzudenken und das nachzuvollziehen. (...) wenn man das als Fähigkeit bezeichnen kann - dann ist das glaube ich ganz gut. Und rein beruflich habe ich eine sehr gute Ausbildung in meinem Studium genossen, sehr theoretisch aber auch mit viel Praxis, weil ich auch während des Studiums viel gearbeitet habe, auch universitär sehr viel gearbeitet habe. Und ich glaube das Ganze hilft mir einfach, mich in neue Prozesse sehr schnell reinzudenken und das Wichtigste direkt mitzunehmen, auch wenn man nicht alle Details sofort versteht, so ist es wichtig, auch wenn man noch nicht gleich diesen Gesamtüberblick hat, dass man versteht, was brauchen wir vorne, damit hinten das rauskommt. Ich glaube, das ist sehr wichtig. Und ich glaube auch, dass wenn ich von was überzeugt bin, auch andere Leute begeistern kann, das so umzusetzen.
Blender 5	Sehr Gut	Also ich glaube eine inklusive Ausbildung schon sehr gut, muss ich sagen. Ich glaube, es wäre schlecht, wenn ich nicht an mich glauben würde. Und ich denke, ich habe auch schon viel erreicht so für mein Alter, also den Werdegang, den ich gemacht habe. Klar es gibt immer was zu lernen und ich freue mich auch auf was Neues. Und das mit der Personalverantwortung ist immer noch ein Ding, also ein Stepp, den ich noch wirklich lernen muss, weil das noch was ganz Neues ist. Es fing jetzt schon so ganz langsam an, aber das ist noch so eine Sache, Personalverantwortung, Training, Gespräche... Das ist alles, was ich noch lernen muss, aber ich denke, da bin ich auf einem ganz guten Weg.

Tab. 113: Einschätzung der beruflichen Fähigkeiten (Followertyp Blender)

Einschätzung der Beruflichen Fähigkeiten		
Followertyp Bedürftiger		
	Kategorie	Textevidenz
Bedürftiger 1	Sehr gut	In dem Bereich, was ich mache, (...) würde ich meine beruflichen Fähigkeiten schon als sehr hoch ansehen, [weil ich] schon über 10 Jahre Berufserfahrung habe und ich habe alle Weiterbildungen gemacht, die man bis zu der Ebene machen kann. Die würde ich schon als hoch einstufen.
Bedürftiger 2	Gut	Selber ist das schwer zu sagen. Ich habe jetzt schon den Eindruck, dass es soweit gut funktioniert. Natürlich habe ich immer irgendwo im Hinterkopf, dass ich Quereinsteiger bin, dass ich keine Ausbildung in dem Sektor gemacht habe, aber einfach meine letzte Ausbildung Hotellerie schon sehr viel bringt, weil es Software für Hotellerie ist. Somit sind unsere Kunden auch genau die, die ich kenne und auch weiß, was die wollen.
Bedürftiger 3	Sehr gut	Sehr gut
Bedürftiger 4	O.k./ Mittel	Sie sind o.k., also ich mache das jetzt seit noch nicht einmal 1,5 Jahren, (...) und ich hatte gar keine Ahnung von dem Job [zuvor], ich habe davor auch noch nie was davon gehört. Ich war zwar zuvor auch schon in der Buchhaltung, aber dieses F&B Cost Control, damit hatte ich noch gar nichts zu tun. Deswegen war das eigentlich so ein Wurf ins kalte Wasser. (...) auch wenn es ein Jahr her ist, aber jetzt so langsam kommt erst dieses Selbstvertrauen, das man auch braucht für einen Job, um mal mit [einem Abteilungsleiter] zu diskutieren oder Preise zu verhandeln und so alles. Und ich finde immer, wenn am Anfang Know-how fehlt, dann bist du auch viel unsicherer. Das merke ich halt, dass das definitiv ist.
Bedürftiger 5	Sehr gut	Da glaube ich sind meine Fähigkeiten sehr gut. Ich habe das eine oder andere vielleicht noch nicht gemacht, was sich meine Chefs neu ausdenken und dann muss ich mich da neu reinwuseln, aber im Großen und Ganzen habe ich inzwischen eine gute Bandbreite, um das abzudecken, was wir da normalerweise machen. Also was so das Operative angeht, wo ich definitiv noch besser werden kann, ist mehr Gelassenheit. (...).

Tab. 114: Einschätzung der beruflichen Fähigkeiten (Followertyp Bedürftiger)

Frage (6b): Was tun Sie, wenn Sie mit beruflichen Problemen oder Herausforderungen konfrontiert sind?

Umgang mit beruflichen Problemen und Herausforderungen	
Gesamtstichprobe	
Kategorie & Anzahl	Textevidenz
Erst selbst versuchen zu lösen, dann nachfragen bei anderen (10 Nennungen =40 %)	• Man muss sich dem stellen. (…) zuallererst probiere ich es mal selbst zu lösen und dann frage ich im Team nach. [An den Vorgesetzten würde ich mich nur] in Notwehr [wenden]. (EX1) • Erst mal selber zu verstehen (…) ansonsten frage ich VGs und Kollegen, ob die mir bei einem Lösungsansatz behilflich sein können (EX2) • Ich mache mir erst Gedanken darüber, versuche einen Lösungsweg zu finden (…) oder gehe an meinen VG und versuche, die entsprechenden Schnittstellen zu kontaktieren (EX4) • Immer zuerst zu sehen, dass ich es selbst lösen kann. Und ansonsten kann ich meine Chefs fragen (EX5) • Ich versuche es zunächst selbst zu lösen natürlich. Es gibt hin und wieder Situationen, wo ich mir Feedback suche oder mir Rat einhole (…) entweder vom Vorgesetzten oder manchmal von Kollegen, die auf gleicher Ebene sind (ML1) • [Wenn fachlich etwas ist], dann analysiere ich es erst einmal. Finde ich direkt einen Fehler, dann ist das also wirklich etwas, was ich schnell lösen kann. Wenn nein, dann informiere ich meinen Teamleiter (…).und dann beschließen wir zusammen (ML4) • Ich analysiere das erst mal für mich (…) und sage, o.k. und wo ist die Lösung. Und meistens kommt die dann auch. Es ist auch so, dass ich dann aber auch das Gespräch suche z.B. mit weiteren Betroffenen (ML5) • Wenn ich eine berufliche Herausforderung habe, dann schaue ich erst mal selber, wie ich damit umgehe. Spreche meistens mit meinem Mann darüber oder guten Freundinnen, gehe dann zum VG und schaue, ob ich das mit ihm besprechen kann (BL3) • Erst versuche ich es für mich zu lösen, mir selber Gedanken zu machen, wie ich es angehen kann. Und wenn ich wirklich nicht weiter komme, dann tausche ich mich aus mit den Kollegen (BE2) • Erst mal versuche ich das bis zu einem Punkt, an dem ich nicht weiterkomme und dann muss ich mir Hilfe holen (BE4)
Direkter Meinungsaustausch (6 Nennungen =24 %)	• Ich habe natürlich meine Frau, mit der ich mit darüber unterhalte. (…) das Problem habe ich dann erstmal [bei meinem Vorgesetzten] angesprochen (…) [um] zu hören, was würde er machen und das als Tipp nehmen (AS1) • Dann hole ich mir Meinungen ein (ML2) • Extern habe ich einen unglaublichen Pool an Leuten, auf die ich zurückgreifen kann (…) und intern habe ich einfach Kollegen, mit denen ich mich austausche kann (ML3) • Ich [bin] alleine am Standort (…) und ich [muss] für jedes Problem und jede Herausforderung, die erscheint, einen Kollegen anrufen. In dem Fall überlege ich mir - also es gibt für jedes Thema einen Themen-Owner im Team - dann kontaktiere ich den Themen-Owner (BL1) • Da bin ich also nicht der Typ, der dann sofort auf Problemlösungssuche geht, sondern sich erst mal beleidigt zurückzieht (…) und im zweiten Schritt reagiere ich dann so, (…), dass ich mich aus mir dann aktiv werde und mir Rat hole von anderen (…) und habe für mich versucht, mir wieder Handwerkszeug zu suchen (…), damit ich mit dem Problem, das ist hatte umgehen kann (…) (BL2) • Ich spreche mit meinem Team darüber oder mit den Team-Membern, die auch Freunde sind und das Vertrauen da ist. Oder auch mit Partner oder Familie zu Hause (BL5)
Kommt auf das Problem an (4 Nennungen =16 %)	• Schnellstmöglich nach Lösungen zu suchen oder Eigeninitiative zu ergreifen (…) Es gibt Probleme, die wir (…) selber lösen können und auch dürfen. Bei Problemen, die nicht in unser Gebiet fallen, sind Manager da, um das Problem zu lösen (AS2) • Je nachdem um was für ein Problem es sich handelt (AS3) • Fachliche Themen (…) da kann ich mir sehr gut helfen, indem ich weiß, wo ich nachlesen muss (…) persönliche Herausforderungen im zwischenmenschlichen Bereich, da versuche ich das anzusprechen und suche dann auch öfter mal das Gespräch zu dritt [und] ehrlich gesagt wende ich mich da schon oft auch an den VG, wie man da weitermachen soll (BE1) • Es kommt immer auf die Situation an (BE3)
Selbstständige Lösung (3 Nennungen =12 %)	• Ja die nehme ich an und suche eine Lösung. Entweder habe ich eine direkt eine parat oder ich suche mir eine. Dann versucht man den Problemursprung ausfindig zu machen und versucht, das abzustellen oder zu verbessern (AS4) • Ich schaue mir das an und dann schaue ich, was hat man schon Ähnliches in der Vergangenheit gemacht. Wenn man kein Bsp. in der Vergangenheit hat, dann versuche ich mich da irgendwie ranzutasten und versuche zu überlegen, wie machen das andere und dann geht das meistens auch irgendwie schon (AS5) • Mir eine Lösung zu suchen. Oder mir irgendwie zwei- bis drei Optionen im Kopf zu überlegen und dann zu kucken, (…) wie kann ich es am besten lösen mit einer der Optionen (EX3)
Handlungsalternativen präsentieren & abstimmen (2 Nennungen =8 %)	• Ich mir das erst mal anschaue und mir überlege, o.k. was könnte ich jetzt konkret machen. Dann überlege ich mir ein paar Handlungsalternativen, je nachdem was das eben halt ist. Würde dann meine VG dazu konsultieren und ihr das Problem schildern, also meine Handlungsalternativen, die ich mir überlegt habe und mir dann ihren Rat einholen, wie ich damit umzugehen habe (BL4) • Darüber nachzudenken, wie man diesem Problem begegnen könnte, also was Handlungsoptionen wären und dann (…), wenn das jetzt was Kleines ist, dann entscheide ich das alleine (…) wenn das was Größeres ist, dann würde ich mit diesen Handlungsoptionen zu meinem Chef gehen und das mit ihm durchsprechen, (…) die Handlungsoptionen präsentieren, die ich erarbeitet habe. Und dann halt mit ihm in der Diskussion zu versuchen, mit ihm eine gute Lösung zu finden (BE5)

Tab. 115: Übersicht der Kategorienanzahl - Umgang mit beruflichen Problemen und Herausforderungen (Gesamtstichprobe)

Umgang mit beruflichen Problemen und Herausforderungen		
Followertyp Aspirant		
	Kategorie	Textevidenz
Aspirant 1	Direkter Meinungs-austausch	Also das erste: Ich habe natürlich meine Frau, mit der ich mich darüber unterhalte. (...) und das Problem habe ich dann erstmal [bei meinem Vorgesetzten] angesprochen (...) [um] zu hören, was würde er machen und das als Tipp nehmen (...) Viel geht eben über meine Frau, dass ich mit ihr rede oder mit Kollegen.
Aspirant 2	Kommt auf das Prob-lem an	Schnellst möglich nach Lösungen zu suchen oder Eigeninitiative zu ergreifen. (...) Es gibt Probleme, die wir (...) selber lösen können und auch dürfen. Bei Problemen, die nicht in unser Gebiet fallen, sind Manager da, um das Problem zu lösen, Beschwerdemanagement z.B. da haben wir weniger damit zu tun, das geben wir dann weiter, und die kümmern sich dann um so was.
Aspirant 3	Kommt auf das Prob-lem an	Also wenn ich mit beruflichen Problemen konfrontiert bin, dann ist es einmal so, dass man natürlich auch zu seinem VG geht, um sich da eine Problemlösung zu beschaffen oder auch zu Externen. Bei mir ist das dann auch manchmal auf der technischen Ebene, auf der Probleme auftreten, aber das ist dann eher was für den Anbieter [der Software] di-rekt. Je nachdem um was für ein Problem es sich handelt.
Aspirant 4	Selbst-ständige Lösung	Ja, die nehme ich an und suche eine Lösung. Entweder habe ich direkt eine parat, oder ich suche mir eine. Dann ver-sucht man, den Problemursprung ausfindig zu machen und versucht, das abzustellen oder zu verbessern.
Aspirant 5	Selbst-ständige Lösung	Ich schaue mir das an und dann schaue ich, was hat man schon Ähnliches in der Vergangenheit gemacht. Wenn man kein Bsp. in der Vergangenheit hat, dann versuche ich, mich da ranzutasten und versuche zu überlegen, wie machen das andere und dann geht das meistens auch irgendwie schon. Eigentlich gibt es immer eine Lösung zu jedem Problem. Die muss es auch geben, ansonsten bleibt man stehen, das darf man nicht.

Tab. 116: Umgang mit beruflichen Problemen (Followertyp Aspirant)

Umgang mit beruflichen Problemen und Herausforderungen		
Followertyp Experte		
	Kategorie	Textevidenz
Experte 1	Erst selbst versuchen, dann nachfragen	Man muss sich dem stellen. (...) zuallererst probiere ich, es mal selbst zu lösen und dann frage ich im Team nach. [An den Vorgesetzten würde ich mich nur] in Notwehr [wenden].
Experte 2	Erst selbst versuchen, dann nachfragen	Ich versuche erst mal selber zu verstehen, warum es überhaupt zu dem Problem gekommen ist. Ich überlege mir, ob ich selber eine Lösung finde, ansonsten frage ich VGs und Kollegen, ob die mir bei einem Lösungsansatz behilflich sein können, wenn ich selbst nicht drauf komme.
Experte 3	Selbst-ständige Lösung	Also eigentlich zu 90 % wenn jetzt nicht irgendwie ein schlechter Tag ist, versuche ich erst mal ruhig zu bleiben (...) und mir eine Lösung zu suchen. Oder mir überlege zwei- bis drei Optionen im Kopf zu überlegen und dann zu ku-cken, o.k., wie kann ich es am besten lösen mit einer der Optionen. Wenn mal ein etwas schlechterer Tag ist, dann tief durchatmen und trotzdem nach einer Lösung suchen. (...) Also es gab jetzt nichts, was mich irgendwie über Ta-ge und Wochen aufgehalten hat oder so.
Experte 4	Erst selbst versuchen, dann nachfragen	Ich mache mir erst Gedanken darüber, versuche einen Lösungsweg zu finden, was mir eigentlich meistens gelingt oder gehe zu meinen VG und versuche die entsprechenden Schnittstellen zu kontaktieren, so dass das Problem gelöst wird. Denn oft ist es ja nicht bei uns.
Experte 5	Erst selbst versuchen, dann nachfragen	Immer zuerst zu sehen, dass ich es selbst lösen kann. Und ansonsten kann ich meine Chefs fragen. (...) Aber sonst bin ich die erste Ansprechpartnerin und alles, was zu erledigen ist, was ich auch machen kann in meinem Aufgaben-gebiet, das erledige ich sofort, und alles andere gebe ich an die Chefs weiter.

Tab. 117: Umgang mit beruflichen Problemen (Followertyp Experte)

Followertyp Mitläufer

	Kategorie	Textevidenz
Mitläufer 1	Erst selbst versuchen, dann nach-fragen	Ich versuche es zunächst selbst zu lösen natürlich. Es gibt hin und wieder Situationen, wo ich mir Feedback suche oder mir Rat einhole -ist ja Feedback in gewisser Weise. Entweder vom VG oder manchmal von Kollegen, die auf gleicher Ebene sind.
Mitläufer 2	Direkter Meinungs-austausch	Dann hole ich mir Meinungen ein. Wenn es fachliche Fragen sind, die ich nicht beantworten kann, dann recherchiere ich. Wenn es Inhalte sind, die ich nicht in meinem Erfahrungsrepertoire habe, dann suche ich mir Menschen, die das in ihrem Erfahrungsrepertoire haben. Sei es innerhalb meines Teams, in dem jeder spezialisiert ist auf das, was er tut, oder ich frage ganz plakativ den Rechtsanwalt für den Fall, dass nichts anderes zieht oder ich frage andere Kollegen, die ich kenne. Die mich seit vielen Jahren unterstützen und tausche mich da aus. Austausch ist wichtig, es dann fi-nal bei mir zur Meinungsbildung führt. Und Meinungsbildung führt dann tatsächlich zur Lösung des Sachverhalts in die eine oder andere Richtung.
Mitläufer 3	Direkter Meinungs-austausch	Extern habe ich einen unglaublichen Pool an Leuten, auf die ich zurückgreifen kann (...) und intern habe ich einfach Kollegen, mit denen ich mich austausche, um diese Probleme zu umschiffen. Und manchmal (...) muss [man] den Weg der direkten Konfrontation gehen. [An den Vorgesetzten] nicht, nee. Also warum, weil einfach kein Fall aufge-treten ist, wo ich ihn zu Rate ziehe. Ich bin sehr viel länger [in der Organisation] und bin auch sehr viel besser ver-drahtet innerhalb der Organisation, so dass ich seine Hilfe einfach nicht benötige. Und rein disziplinarische Tätigkei-ten hatten wir nie.
Mitläufer 4	Erst selbst versuchen, dann nach-fragen	[Wenn fachlich etwas ist], dann analysiere [ich] erst mal. Finde ich direkt einen Fehler, dann ist das also wirklich et-was, was ich schnell lösen kann. Wenn nein, dann informiere ich meinen Teamleiter erst mal auf dem Face-to-Face-Weg, weil man sieht sich ja, man sitzt sich ja jetzt längere Zeit als gegenüber. Und dann beschließen wir zusammen, o.k. ob wir einen Termin auch mit unserem Abteilungsleiter machen, wenn das also wirklich ein größeres Ding ist. Oder auch in Ab-stimmung mit ihm, welchen Weg ich dann weiter gehe. Kontaktiere ich jetzt direkt einen Entwickler, kontaktiere ich eine andere Schnittstelle, die da zur Problemlösung beiträgt, oder lassen wir es erst mal auf sich beruhen oder hat er vielleicht eine Idee, wo das an einer anderen Stelle hängen könnte. Ich gehe dann gleich direkt persönlich und mit Kollegen in die tiefere Analyse rein. Und wenn es dann wirklich was ist, wovon auch hierarchisch der Abteilungslei-ter wissen sollte, weil er damit auch konfrontiert werden kann, dann gehe ich auch proaktiv den Weg und informiere ihn zumindest.
Mitläufer 5	Erst selbst versuchen, dann nach-fragen	Ich analysiere das erst mal für mich, schaue das im Gesamtkontext an und schaue, was bedeutet denn das. Früher ha-be ich mich aufgeregt, so eins um Gottes Willen, was kommt da jetzt, jetzt bin ich deutlich gelassener und ana-lysiere das und sage, o.k. und wo ist die Lösung. Und meistens kommt die dann auch. Es ist auch so, dass ich dann aber auch das Gespräch suche, z.B. mit weiteren Betroffenen, wenn es mein Chef ist, dann mit meinem Chef. So dass man im Austausch ist, das ist wichtig

Tab. 118: Umgang mit beruflichen Problemen (Followertyp Mitläufer)

Followertyp Blender

	Kategorie	Textevidenz
Blender 1	Direkter Meinungs-austausch	Das kommt in letzter Zeit bzw. in den letzten zwei Monaten doch regelmäßig vor, weil ich alleine am Standort München bin. Und ich für jedes Problem und jede Herausforderung, die erscheint, einen Kollegen anrufen muss. In dem Fall überlege ich mir - also es gibt für jedes Thema einen Themen-Owner im Team - einen Themen-Owner. Oder ich habe auch einen Buddy, der mich betreut (...) und die ich dann auch fragen kann. (...) bevor da was falsche drinsteht, gehe ich da lieber nochmal auf Nummer sicher. Und ich finde das ist am Anfang, gerade auch in den ersten zwei Monaten, auch völlig legitim und da gibt es einfach noch viel nachzufragen, bevor irgendetwas schief geht.
Blender 2	Direkter Meinungs-austausch	Herausforderung empfinde ich als positiv und Probleme empfinde ich nicht als positiv. Und wenn ich mit Heraus-forderungen konfrontiert bin, dann ist es für mich gut, das mag ich, das motiviert mich. Wenn ich mit Problemen konfrontiert bin, wenn ich ja jetzt längere Zeit auch war, dann habe ich ein Problem. Dann habe ich insgesamt ein Problem, dann verliere ich das Interesse am Job, dann mag ich das nicht mehr, dann würde ich mich am liebsten nicht mehr blicken lassen, dann würde ich es am liebsten ausschalten. Da bin ich also nicht der Typ, der dann sofort auf Problemlösungssuche geht, sondern sich erst mal beleidigt zurückzieht und leidet, schmollt, leidet usw. Dann Gedanken und Wut entwickelt gegen diese vermeintlichen Verursacher dieses Zustandes, also da reagiere ich ein-fach emotional. Das ist der zweiten Schritt reagiere ich dann so, auf das letzte Problem bezogen, dass ich dann aktiv werde und mir Rat hole von anderen und in dem Fall habe ich Coachings gemacht und besucht, und geguckt wie es weiter geht. Und habe für mich versucht, mir wieder Handwerkszeug zu suchen (...), damit ich mit dem Problem, das ich hatte, umgehen kann (...).
Blender 3	Erst selbst versuchen, dann nach-fragen	Wenn ich eine berufliche Herausforderung habe, dann schaue ich erst mal selber, wie ich damit umgehe. Spreche meistens mit meinem Mann darüber oder guten Freundinnen, gehe dann zum VG und schaue, ob ich mit ihm das besprechen kann.

Blender 4	Handlungs-alternativen präsentieren & abstimmen	Das passiert mir sehr häufig in letzter Zeit, weil ich noch nicht so lange in der Stelle bin. Da ist es so, dass ich mir das erst mal anschaue und mir überlege, o.k. was könnte ich jetzt konkret machen. Dann überlege ich mir ein paar Handlungsalternativen, je nachdem was das eben halt ist. Würde dann meine VG dazu konsultieren und ihr das Problem schildern, also meine Handlungsalternativen, die ich mir überlegt habe und mir dann ihren Rat einholen, wie ich damit umzugehen habe. I.d.R. ist es ja irgendwas, was sie ja dann auch angeht, aber wo die Leute mich kontaktieren und sagen, was machen wir da. Und dann würde ich mir, wie gesagt, was überlegen, das dann mit meiner VG abstimmen, dann diskutieren wir vielleicht ein bisschen und dann sagt sie so und ich sage „Hier sind doch die und die Vorteile und die und die Nachteile" und dann kommen wir auf einen Konsens.
Blender 5	Direkter Meinungs-austausch	Also ich spreche schon mit meinem Team darüber oder mit den Team-Membern, die auch Freunde sind und das Vertrauen da ist. Oder auch mit Partner oder Familie zu Hause, weil ich manchmal auch eine kleine Meinung zu holen als nur im UN. Denn die wissen nicht, wie der Ablauf ist und dann kann man auch von außerhalb mal eine Stellungnahme hinzugeben. [Hilfestellung bei dem Vorgesetzten zu suchen] habe ich in der Vergangenheit schon gemacht, nur durch ein paar Situationen, die jetzt in den letzten Wochen und Monaten passiert sind, fängt es an weniger zu werden. Weil ich nicht denke, dass ich da die Unterstützung bekomme, die ich bekommen sollte. Und ich war jetzt lang im Urlaub und in der Zeit sind auch wieder Sachen aufgefallen und geschehen, wo ich mir denke, dass das Vertrauen in die Person langsam wirklich nicht mehr vorhanden ist.

Tab. 119: Umgang mit beruflichen Problemen (Followertyp Blender)

Umgang mit beruflichen Problemen und Herausforderungen		
Followertyp Bedürftiger		
	Kategorie	Textevidenz
Bedürftiger 1	Kommt auf das Problem an	Also berufliche Probleme und Herausforderungen sind auf der einen Seite natürlich - wie sagt man - fachliche Themen, die auf einen zukommen, die neu sind (...), die man so vielleicht noch nicht hatte. Da kann man mir sehr gut helfen, indem ich weiß, wo ich nachlesen muss, und wir haben offenen Kontakt in der [Organisation]. Wir haben auch drei angestellte Steuerberater, und dann arbeitet man sowas halt zusammen aus. Und das andere ist, wenn es persönliche Herausforderungen gibt im zwischenmenschlichen Bereich, da versuche ich das anzusprechen und suche dann auch öfter mal das Gespräch zu dritt. Also ehrlich gesagt, wende ich mich da schon oft auch an den VG, wie man da weitermachen soll.
Bedürftiger 2	Erst selbst versuchen, dann nach-fragen	Dann versuche ich daran zu arbeiten und erst mal für mich zu überlegen, wie ich das angehen kann. Je nachdem was es eben ist. Tausche mich dann entweder mit den Kollegen aus, um zu sehen, ob die eventuell so eine Herausforderung schon einmal meistern mussten oder wie die das angehen würden. Und wenn ich selber überhaupt nicht weiter komme, dann würde ich mit meiner Teamleiterin sprechen, natürlich. Wir sind alle sehr eng zusammen und tauschen uns grundsätzlich sehr viel aus untereinander. (...) Nochmal um die Frage zurückzukommen: Erst versuche ich es für mich zu lösen, mir selber Gedanken zu machen, wie ich es angehen kann. Und wenn ich wirklich nicht weiter komme, dann tausche ich mich aus mit den Kollegen.
Bedürftiger 3	Kommt auf das Problem an	Es kommt immer auf die Situation an. Ich versuche immer erst einmal in Ruhe darüber nachzudenken und dann eine Entscheidung zu treffen, aber die Möglichkeit ist nicht immer so da. (...) [Manchmal] muss man eine schnelle Entscheidung treffen. Wie gesagt, ich bin in einer Position, da verlernst du dieses selbstständige Denken, weil wir das gar nicht machen können.
Bedürftiger 4	Erst selbst versuchen, dann nach-fragen	Also in erster Linie, versuche ich erst mal eine Lösung zu finden, egal was es jetzt ist. Ich kucke mal, wen kann ich jetzt mit ins Boot holen, damit der mir hilft. Meistens ist das [mein Kollege], worüber ich sehr froh bin, dass der immer noch da ist. Ja, dann versuche ich es erst mal. Erst mal versuche ich das bis zu einem Punkt, an dem ich nicht weiterkomme und dann muss ich mir Hilfe holen, weil ich mich bestimmt nicht verschließe und komme dann nicht mehr weiter. Das ist ja für mich auch Schwachsinn.
Bedürftiger 5	Handlungs-alternativen präsentieren & abstim-men	Dann versuche ich immer, erst einmal ganz genau zu verstehen, was das Problem ist (...) Also erst mal verstehen, was wirklich das Problem und wer gehört da alles mit dazu, wer hat dieses Problem und wer ist beteiligt. Und wenn ich das dann irgendwann einmal rausgefunden habe, dann versuche ich normalerweise darüber nachzudenken, wie man diesem Problem begegnen könnte, also was Handlungsoptionen wären und dann (...), wenn das jetzt was Kleines ist, dann entscheide ich das selber und denke mir, ist ja egal, das machen wir jetzt so und (...). Wenn das was Größeres ist, dann würde ich mit diesen Handlungsoptionen zu meinem Chef gehen und das mit ihm durchsprechen und würde ihm halt die Handlungsoptionen präsentieren, die ich erarbeitet habe. Und dann halt mit ihm in der Diskussion zu versuchen, mit ihm eine gute Lösung zu finden. (...)

Tab. 120: Umgang mit beruflichen Problemen (Followertyp Bedürftiger)

Frage (7): Was verbinden Sie mit den Begriffen Follower und Followership?

Begriffsverständnis Follower	
Gesamtstichprobe	
Kategorie & Anzahl	**Textevidenz**
Eher negativ (8 Nennungen =32 %)	• Der Hinterherläufer, wenn man so will. Ein Follower ist jemand, der eine Führungsperson unterstützt. Mit ihr zusammen arbeitet (…) Der Arbeiter halt, der sich zwar auch miteinbringt, der sich aber inhaltlich nicht solche Gedanken macht (AS1) • [Jemand], der selber vielleicht nicht so viel denkt, sondern einfach macht, was ich ihm sage. (AS4) • Jemand, der einfach mit dem Strom schwimmt. Jemand, der in der breiten Masse auch schnell untergeht. (…) für mich eher aber jemand, der wenig Widerstand leistet und mit dem Mainstream geht (EX2) • Ich verbinde mit dem Begriff Follower: „Ich folge jmd." Wobei ich ihn jetzt nicht grundsätzlich positiv finde, weil dieses Folgen wenig aktiv, eher klassische devot ist, ich folge jmd. unabhängig davon ob ich jetzt stelle mir die Frage, wie ich finde, was jmd. tut, sondern ich folge relativ blind. Aber es ist für mich die Person, die einfach folgt. Eigentlich immer der Person, weniger den Zielen einer Person, sondern der Person an sich. (ML2) • Follower ist ganz salopp formuliert, keine eigene Meinung zu haben und die Meinung anderer zu adaptieren. (ML3) • Follower (…) im beruflichen Kontext jmd., der eben gerne mitgenommen werden will und erst dann aktiv wird. Wenn du jetzt von einem Team von Menschen ausgehst, dann gibt es Follower, d.h. die, die darauf warten, dass einer die Führung übernimmt und dann entscheiden bzw. vielleicht überhaupt erst dadurch mitgehen und aktiv sind, d.h. ihren Beitrag leisten oder sich überhaupt zu Wort melden. (ML4) • Wenn du viele Follower hast, dann ist natürlich die Chance da, dass du deine Themen auch durchbekommst. Also du hast keinen Widerstand. Aber bei diesen Followern, da können ja Low Performer mit drin sein, die halt einfach mitschwimmen. Die schwimmen einfach mit, ich habe keine eigene Meinung, ich will nur meine Ruhe. Kann für das UN irgendwann einmal teuer werden. (ML5) • Im Prinzip einfach ein Mitläufer. Einer, (…) der sich einfach darauf einlässt. (…) Der nur Teilhaber ist, teilnimmt an einem Meeting oder grundsätzlich im laufenden Betrieb, der einfach nur teilnimmt und mit dem Flow mitgeht, aber sich auch nicht wirklich einmischt, wenn es um eine Abstimmung geht oder eine Entscheidung, sondern einfach sagt o.k. ich stehe dahinter. Ich mache das mit und der Rest interessiert mich eigentlich nicht wirklich. (BE2)
Eher Neutral (10 Nennungen =40 %)	• Der folgt Anweisungen. Ist nicht wirklich derjenige, der die Anweisungen gibt oder die Richtung angibt (…) Also in meinem Berufsfeld ist es eher auf eine Sache oder auf ein Durchführen von Arbeiten bezogen. (AS2) • Das ist für mich jemand, der jemand nachfolgt. Der geführt wird (AS3) • Das ist jemand, der anderen folgt. (EX1) • Das [bedeutet] für mich, dass ich jemand dann wortwörtlich folge, aber nicht irgendwie Hörigkeit oder Zugehörigkeit, sondern eher im Sinne von, nicht negativ behaftet, „Handlanger". Im Sinne von Zuarbeiten. Miteinander arbeiten (EX3) • Eigentlich verbinde ich damit eine Masse, würde ich jetzt mal sagen. Man folgt immer einem Ziel, einem VG, was auch immer. Follower... Man geht einfach eine bestimmte Richtung und weicht nicht groß ab von der Masse (EX4) • [Es] wäre schon so, dass ich der Folgende bin und mache das, was meine Chefs wünschen. (EX5) • Wenn ich jemandem folge, denke ich mal. Wenn man das eins zu eins übersetzt. Wenn man jmd. ja leadershiptechnisch folgt, einfach weil man von ihm so begeistert ist, wie er Leadership ausführt in dem Fall (BL3) • Jemandem zu folgen. Das umzusetzen. Was mir jemand aufträgt. Auch das nicht so sehr in Frage zu stellen und da auch dahinter zu stehen, was man macht (BE1) • Ein Follower wäre für mich jemand, der gut im Team arbeitet, aber sonst im Team so mitschwimmt. (BE4) • [Ich muss] mich sowohl motivieren können, so dass ich sage, das, was wir hier machen, wird einen guten Sinn für mich ab, dass ich jeden Morgen aufstehe und (…) in die Firma komme. Und ich finde, dass es halt auch sicherlich verschiedene Typen an Followern gibt - die einen, die vielleicht immer Ja und Amen sagen und das immer alles schon ausführen und die anderen, die dann vielleicht trotzdem noch so versuchen, eigenes [Gedankengut mit in die Entscheidung einfließen zu lassen]. Deswegen darf ja trotzdem vorne gerne einer sein, der vorne herrennt, aber ich glaube dass es da schon nochmal Abstufungen gibt bei Followern an sich. Ich glaube „den Follower" gibt es nicht. (BE5)
Eher positiv (6 Nennungen =24 %)	• Ich würde jmd. folgen, also würde ein Follower sein von jmd., zu dem ich aufgucken kann und denke, dass ich noch was von demjenigen lernen kann und ich für mich persönlich mich weiterentwickeln könnte. (AS5) • Ich würde sagen, ein Follower ist jmd., der, ein positiv gesprochen, einen Leader, der durch eine inspirierende Art und Weise sein Führen und eine Vision so verkauft, dass man sich damit selber identifizieren kann, folgt. (ML1) • Mit dem Begriff Follower würde ich verbinden, dass ein MA ein Follower ist, der seinem VG oder jmd. auf den er heraufblickt, folgt. (…) Also, schaue ich mir auch viele Techniken bei [meiner Kollegin] ab, wie sie sie einsetzt und merke dann immer wieder, wie sie das Ganze angeht oder wie sie Probleme behandelt und versuche, die dann in meiner eigenen Art zu implementieren. Also nicht zu kopieren, sondern zu implementieren, weil ich ja natürlich am Ende niemals sie sein würde und auch nie sie sein möchte, weil jeder immer noch seinen eigenen Charakter mitbringt. (BL1) • Also ich verbinde damit, wenn ich mal von dem Wort ausgehe, dann verbinde ich da einmal die Vorstellung, dass jemand jemandem folgt, so wie das auch wörtlich ist. Und möglichst dies nicht in Frage stellt. (…). Da ist eine Leitfigur, die möglichst auch diese Fähigkeit hat zu leiten und was interessantes bietet, und ein anderer oder mehrere andere gehen auf dieser Fährte dieser Person mit und folgen. Und tragen dazu bei, etwas zum Gelingen zu bringen. (BL2) • Follower klingt ja erst mal so, o.k., der läuft so mit einem mit Augenklappen drauf hinterher. (…) ein Follower jmd. anderem folgt, was ich auch gerade mache, weil meine Chefin extrem super erfahren ist. Aber trotzdem Sachen auch hinterfragt (…), um Sachen zu verstehen. (BL4) • Follower, ja dass ich als Person jemandem folge. Jmd., dem ich vertraue. (…) Und auch an diese Person so glauben, dass die mich weiterbringt und das Team weiterbringt und die Organisation weiterbringt. Und nicht nur sich selbst. (BL5)

Tab. 121: Übersicht der Kategorienanzahl – Begriffsverständnis Follower (Gesamtstichprobe)

Begriffsverständnis Follower

Followertyp Aspirant

	Kategorie	Textevidenz
Aspirant 1	Eher negativ	Ein Follower ist der, der nicht führt bzw. der Hinterherläufer, wenn man so will. Ein Follower ist jemand, der eine Führungsperson unterstützt. Mit ihr zusammen arbeitet, selbst aber nicht die Initiative ergreift, die Führung zu übernehmen. Der Arbeiter halt, der sich zwar auch miteinbringt, der sich aber inhaltlich nicht solche Gedanken macht.
Aspirant 2	Eher neutral	Der folgt Anweisungen. Ist nicht wirklich derjenige, der die Anweisungen gibt oder die Richtung angibt (...) Also in meinem Berufsfeld ist es eher auf eine Sache oder auf ein Durchführen von Arbeiten bezogen.
Aspirant 3	Eher neutral	Das ist für mich jemand, der jemand nachfolgt. Der geführt wird. Das verstehe ich darunter.
Aspirant 4	Eher negativ	Das wäre in meinem Falle, also würde ich das verbinden mit meinem Mitarbeiter, der mir folgt. Den ich anleite und der macht, was ich ihm sage. Evtl. ein kleiner negativer Aspekt, der selber vielleicht nicht so viel denkt, sondern einfach macht, was ich ihm sage.
Aspirant 5	Eher Positiv	O.k., ich würde jmd. folgen, also würde ein Follower sein von jmd., zu dem ich aufgucken kann und denke, dass ich noch was von demjenigen lernen kann und ich, für mich persönlich, mich weiterentwickeln könnte. Das denke würde Followern am besten stehen. Das ist so mein Begriff.

Tab. 122: Begriffsverständnis Follower (Followertyp Aspirant)

Begriffsverständnis Follower

Followertyp Experte

	Kategorie	Textevidenz
Experte 1	Eher neutral	Das ist jemand, der anderen folgt.
Experte 2	Eher negativ	Jemand, der einfach mit dem Strom schwimmt. Jemand, der in der breiten Masse auch schnell untergeht. Und die wörtliche Übersetzung wäre wohl „verfolgen", „Verfolger", für mich eher aber jemand, der wenig Widerstand leistet und mit dem Mainstream geht.
Experte 3	Eher neutral	Also Follower, wenn ich jetzt ein Follower bin, bedeutet das für mich, dass ich jemand dann wortwörtlich folge, aber nicht irgendwie Hörigkeit oder Zugehörigkeit, sondern eher im Sinne von, nicht negativ behaftet, „Handlanger". Im Sinne von Zuarbeiten. Miteinander arbeiten. Aber auch hierarchisch gesehen.
Experte 4	Eher neutral	Heißt „Folger" oder, also jemand folgt jemandem. Eigentlich verbinde ich damit die Masse, würde ich jetzt mal sagen. Man folgt immer einem Ziel, einem VG, was auch immer. Follower... Man geht einfach eine bestimmte Richtung und weicht nicht groß ab von der Masse... So würde ich das sagen.
Experte 5	Eher neutral	[Es] wäre schon so, dass ich der Folgende bin und mache das, was meine Chefs wünschen. Das muss ich auch. Ist so.

Tab. 123: Begriffsverständnis Follower (Followertyp Experte)

Begriffsverständnis Follower

Followertyp Mitläufer

	Kategorie	Textevidenz
Mitläufer 1	Eher positiv	Ich würde sagen, ein Follower ist jmd., der, rein positiv gesprochen, einem Leader, der durch eine inspirierende Art und Weise sein Team führt und eine Vision so verkauft, dass man sich damit selber identifizieren kann, folgt.
Mitläufer 2	Eher negativ	Ich verbinde mit dem Begriff Follower: „Ich folge jmd." Wobei ich ihn jetzt nicht grundsätzlich positiv finde, weil dieses Folgen wenig aktiv, eher klassische devot ist, ich folge jmd. unabhängig davon oder ich stelle mir gar nicht die Frage, wie ich finde, was jmd. tut, sondern ich folge relativ blind. Aber es ist für mich die Person, die einfach folgt. Eigentlich immer der Person, weniger den Zielen einer Person, sondern der Person an sich.
Mitläufer 3	Eher negativ	Follower ist ganz salopp formuliert, keine eigene Meinung zu haben und die Meinung anderer zu adaptieren.
Mitläufer 4	Eher negativ	Follower (...) im beruflichen Kontext jmd., der eben gerne mitgenommen werden will und erst dann aktiv wird. Wenn du jetzt von einem Team von Menschen ausgehst, dann gibt es Follower, d.h. die, die darauf warten, dass einer die Führung übernimmt und dann entscheiden bzw. vielleicht überhaupt erst dadurch mitgehen und aktiv sind, d.h. ihren Beitrag leisten oder sich überhaupt zu Wort melden.
Mitläufer 5	Eher negativ	Ich würde mal sagen, das sind die, die mitschwimmen. Das kann positiv sein, das kann aber auch reine Bequemlichkeit sein. Wenn du viele Follower hast, dann ist natürlich die Chance da, dass du deine Themen auch durchbekommst. Also du hast keinen Widerstand. Aber bei diesen Followern, da können ja Low Performer mit drin sein, die halt einfach mitschwimmen. Die schwimmen einfach mit, ich habe keine eigene Meinung, ich will nur meine Ruhe. Kann für das UN irgendwann einmal teuer werden.

Tab. 124: Begriffsverständnis Follower (Followertyp Mitläufer)

Begriffsverständnis Follower

Followertyp Blender

	Kategorie	Textevidenz
Blender 1	Eher positiv	Mit dem Begriff Follower würde ich verbinden, dass ein MA ein Follower ist, der seinem VG oder jmd., auf den er heraufblickt, folgt. Jetzt nehmen wir mal als Bsp., die mir zugeteilt ist [meine Kollegin], die ist schon seit vielen Jahren bei [dem Unternehmen] und in der Position ist fachlich ganz toll. Und in dem Fall bin ich ihr Follower und weiß, dass ich mich für viele Anliegen an sie wenden kann. Ich weiß aber auch, dass ich mich mit Problemen oder Herausforderungen an sie wenden kann. Und so schaue ich mir auch viele Techniken bei ihr ab, die sie einsetzt z.B. und merke dann immer wieder, wie sie das Ganze angeht oder wie sie Probleme behandelt und versuche, die dann in meiner eigenen Art zu implementieren. Also nicht zu kopieren, sondern zu implementieren, weil ich ja natürlich am Ende niemals sie würde und auch nie sie sein möchte, weil jeder immer noch seinen eigenen Charakter mitbringt.
Blender 2	Eher positiv	Also ich verbinde damit, wenn ich mal von dem Wort ausgehe, dann verbinde ich da einmal die Vorstellung, dass jemand jemandem folgt, so wie das auch wörtlich ist. Und möglichst das nicht in Frage stellt. Das wäre so meine Idee. Da ist eine Leitfigur, die möglichst auch diese Fähigkeit hat zu leiten und was interessantes bietet und ein anderer oder mehrere andere gehen auf dieser Fährte dieser Person mit und folgen. Und tragen dazu bei, etwas zum Gelingen zu bringen.
Blender 3	Eher neutral	Wenn ich jemandem folge, denke ich mal. Wenn man das eins zu eins übersetzt. Wenn man jmd. ja leadership-technisch folgt, einfach weil man von ihm so begeistert ist, wie er Leadership ausführt in dem Fall. (...) Ich denke beruflich wird man nur jmd. folgen, wenn man von ihm überzeugt ist (...).
Blender 4	Eher positiv	Follower klingt ja erst mal so, o.k., der läuft so ein wenig mit Augenklappen drauf hinterher. Aber für mich direkt, weil ich ja gerade mich auch erst mal unterordne, würde ich schon sagen, dass ein Follower jmd. anderem folgt, was ich auch gerade mache, weil meine Chefin einfach super erfahren ist. Aber trotzdem Sachen auch hinterfragt und vielleicht schon auch, wenn die Entscheidung getroffen ist von jmd. auf höherer Ebene und das dann umsetzt, kein Frage. Aber auch Sachen kritisch zu hinterfragen und vor allem auch zu hinterfragen, um Sachen zu verstehen. Ich glaube, dass ist auch wichtig für einen Follower, dass er Sachen nicht einfach umsetzt, also für mich zumindest - so würde ich das sehen, dass man Sachen nicht nur umsetzt sondern auch versucht, Sachen zu verstehen. Das ist für mich ein Follower.

		Follower, ja, dass ich als Person jemandem folge. Jmd., dem ich vertraue. Also ich finde Vertrauen ist gerade, wenn man jmd. folgen soll, ziemlich wichtig. Und auch an diese Person zu glauben, dass die mich weiterbringt und das Team weiterbringt und die Organisation weiterbringt. Und nicht nur sich selbst.
Blender 5	Eher positiv	

Tab. 125: Begriffsverständnis Follower (Followertyp Blender)

Begriffsverständnis Follower		
Followertyp Bedürftiger		
	Kategorie	Textevidenz
Bedürftiger 1	Eher neutral	Jemandem zu folgen. Das umzusetzen, was mir jemand aufträgt. Auch das nicht so sehr in Frage zu stellen und da auch dahinter zu stehen, was man macht.
Bedürftiger 2	Eher negativ	Das ist für mich im Prinzip einfach ein Mitläufer. Einer, der wirklich jetzt nicht die Gruppe anführt, wenn jetzt ein Meeting wäre, der sich einfach darauf einlässt auf das, was im Prinzip besprochen wird oder vielleicht schon seinen Input dazu gibt, aber nicht sagt, dass es jetzt so und so laufen wird und die Richtung angibt. Der einfach nur Teilhaber ist, teilnimmt an einem Meeting oder grundsätzlich im laufenden Betrieb, der einfach nur teilnimmt und mit dem Flow mitgeht, aber sich auch nicht wirklich einmischt, wenn es um eine Abstimmung geht oder eine Entscheidung, sondern einfach sagt o.k., ich stehe dahinter. Ich mache das mit und der Rest interessiert mich eigentlich nicht wirklich.
Bedürftiger 3	n/a	(…) Ich bin keine Fan davon, dass man in Deutschland alles so „verenglischt". [Ich habe keine Vorstellung davon, was das ist.
Bedürftiger 4	Eher neutral	Ein Follower wäre für mich jemand, der gut im Team arbeitet, aber sonst im Team so mitschwimmt.
Bedürftiger 5	Eher neutral	[In Bezug auf Social Media] finde ich, ist es ein unproblematischer Begriff, weil es einfach nur bedeutet, ich interessiere mich für etwas, was du tust und daher möchte ich auf dem Laufenden bleiben. (…). Ich finde das geht im UN-Kontext aber darüber eigentlich hinaus. Oder wenn ich jetzt einfach meinen Kontext mal nehme, dann geht es darüber hinaus, weil ich muss ja schon - also es reicht ja nicht, um mich jeden Morgen in die Arbeit zu motivieren, dass ich sage, das ist eigentlich ganz flott, was ihr da macht, jetzt möchte ich hier mal ein bisschen auf dem Laufenden bleiben, - sondern ich muss ja schon irgendwie mich soweit motivieren können, so dass ich sage, das, was wir hier machen, wirft genug Sinn für mich ab, dass ich jeden Morgen aufstehe und zu euch in die Firma komme. Und ich finde, dass es halt auch sicherlich verschiedene Typen an Followern gibt - die einen, die vielleicht immer Ja und Amen sagen und das [Gedankengut oder in die Entscheidung einfließen lassen]. Deswegen darf ja trotzdem vorne gerne einer sein, der vorne weg geht, aber ich glaube, dass es da schon nochmal Abstufungen gibt bei Followern an sich. Ich glaube „den Follower" gibt es nicht.

Tab. 126: Begriffsverständnis Follower (Followertyp Bedürftiger)

Begriffsverständnis Followership	
Gesamtstichprobe	
Kategorie & Anzahl	Textevidenz
Begriffsverständnis vorhanden (15 Nennungen =60 %)	• Followership, hätte ich gesagt, ist die Verallgemeinerung. (AS1) • Das ist ja dann quasi der Begriff, sich in einer Gruppe einzugliedern, die geführt wird, also der übergeordnete Begriff. (AS2) • Einfach die Beschreibung dessen, dass er mir hinterherläuft und macht, was ich ihm sage. (AS4) • Ich finde jetzt nicht, dass das großartige Unterschiede macht [im Vergleich zu Follower]. (AS5) • Sowas wie das Wesen. (EX2) • Ja eigentlich genauso [wie Follower], nur eben in der Gruppe. (EX3) • Es sind Verhaltensweisen, die Follower ausmachen. (ML2) • Leute sind [Steve Jobs] gefolgt, weil sie von der Idee überzeugt waren. Das ist Followership. (ML3) • Das ist wahrscheinlich dann deren Haltung, mit der sie [das ausführen] oder das ist das Phänomen, könnte ich

		mir vorstellen. (ML4)
	•	Followership würde ich einfach als den Überbegriff sehen. (BL1)
	•	Eine Art Gefolgschaft. Mehrere miteinander, die miteinander zu tun haben in dem Job und in einer guten Struktur mit klaren Hierarchie-Verhältnissen in einem System funktionieren. (BL2)
	•	Die Substantivierung von dem Begriff Follower. (BL3)
	•	Die Fähigkeit (...), dass es Menschen gibt oder etwas, was definiert, was Follower ausmacht (...) die Kompetenzen (...), dass man sagt, die müssen bestimmte Sachen machen und bestimmte Sachen erfüllen. Und wenn das dann mehrere Follower zusammen machen, das ergibt dann Followership. (BL4)
	•	Das ist das Gesamte. (BL5)
	•	Das ist, glaube ich, so das hässliche Entlein gegenüber Leadership. (BE5)
Kein Begriffs- verständnis (7 Nennungen =28 %)	•	Weiß ich nicht, ist das eine Technik oder keine Ahnung. (EX1)
	•	[Ich kann mit dem Begriff] gar nichts [anfangen]. (EX5)
	•	Nein, keine Ahnung. (ML5)
	•	Ich verbinde damit gar nichts (BE1)
	•	Followership, [verbinde ich] nicht wirklich [etwas] ehrlich gesagt.(BE2)
	•	Nein, [damit kann ich nichts anfangen]. (BE3)
	•	Followership, damit kann ich gar nichts anfangen. (BE4)
Falsche Begriffs- verständnis (3 Nennungen =12 %)	•	[Followership], das wären bei uns ja die, die die Manager sind. (AS2)
	•	Wahrscheinlich eher die Führungsebene von dem Strang Menschen. (EX4)
	•	Du hast einen Leader oder einen Abteilungsleiter, wie auch immer man das nennen mag, der gewisse Ziele vorgibt und der durch inspirierende Arbeitsweisen oder Vision sein Team dazu bekommt, ihm zu folgen. (ML1)

Tab. 127: Übersicht der Anzahl der Kategorien – Begriffsverständnis Followership (Gesamtstichprobe)

Begriffsverständnis Followership		
Followertyp Aspirant		
	Kategorie	Textevidenz
Aspirant 1	Begriffs- verständnis vorhanden	Und Followership hätte ich gesagt ist die Verallgemeinerung. Könnte man vielleicht übersetzen auf das Unternehmen. Wie diese Follower ausschauen oder was für die besonders ist. Dass jedes Unternehmen vielleicht anders ist. Ich hätte jetzt gesagt bei uns - das Followership von Piloten - wir sind zwar auch alle Führungspersonen, aber natürlich hat wir beim Management, was jetzt die höhere Ebene ist, kein Leadership zu machen. Das ist die Führung und wir werden von denen geführt. Da hätte ich jetzt gesagt, da ist das Followership von den Piloten sicherlich ein anderes als der Bodenmitarbeiter gegenüber dem Management. Also da müsste ich jetzt einen Oberbegriff sagen, also inwiefern lassen die sich rumkommandieren vielleicht, inwiefern geben die auch Kontra und sagen so nicht. Und das muss eher so und so sein, mischen sich also wirklich ein. Das ist bei dem Followership von Bodenmitarbeitern vielleicht weniger, weil die vielleicht nicht so ausgesucht sind. Das sehe ich bei uns Piloten, wir sind alle dafür ausgesucht, dass wir irgendwann mal auch Kapitän werden und eben eine Leitung übernehmen und die Crew anführen können.
Aspirant 2	Falsches Verständnis	[Followership], das wären bei uns ja die, die die Manager sind.
Aspirant 3	Begriffs- verständnis vorhanden	Also das ist ja dann quasi der Begriff, sich in einer Gruppe einzugliedern, die geführt wird, also der übergeordnete Begriff
Aspirant 4	Begriffs- verständnis vorhanden	Im Grunde genommen, nicht viel anderes [als Follower]. Einfach die Beschreibung dessen, dass er mir hinterherläuft und macht, was ich ihm sage.
Aspirant 5	Begriffs- verständnis vorhanden	Ja, aber ich finde jetzt nicht, dass das großartige Unterschiede macht. Ich finde das eine tut man und das andere, dem folgt man halt. Followership.

Tab. 128: Begriffsverständnis Followership (Followertyp Aspirant)

Begriffsverständnis Followership

Followertyp Experte

	Kategorie	Textevidenz
Experte 1	Kein Begriffsverständnis	Ich habe mich jetzt nicht sonderlich mit dem Wort auseinandergesetzt, obwohl ich wusste, dass es hier heute vorkommt. Weiß ich nicht, ist das eine Technik oder keine Ahnung.
Experte 2	Begriffsverständnis vorhanden	Ich muss mal überlegen. Vielleicht sowas wie das Wesen - weiß ich jetzt nicht - leader - leadership. Ja vielleicht jmd., der zwar folgt, folgsam ist, aber doch auch seine eigenen Gedankengänge hat und die auch miteinbringen möchte.
Experte 3	Begriffsverständnis vorhanden	Ja, eigentlich genauso [wie Follower], nur eben in der Gruppe. Wenn du ein Team hast von 5 Leuten und einem Vorgesetzten, dann ist das einfach das Followership zu der Rolle des Vorgesetzten.
Experte 4	Falsches Verständnis	Wahrscheinlich eher die Führungsebene von dem Strang Menschen. Die, die vorne sind, aber ob das richtig ist, wüsste ich jetzt nicht.
Experte 5	Kein Begriffsverständnis	[Ich kann mit dem Begriff] gar nichts [anfangen].

Tab. 129: Begriffsverständnis Followership (Followertyp Experte)

Begriffsverständnis Followership

Followertyp Mitläufer

	Kategorie	Textevidenz
Mitläufer 1	Falsches Verständnis	Followership, würde ich sagen, ist das grob zusammengefasst. Also vielleicht nur nochmal in anderen Worten. Das man sagt, du hast einen Leader oder einen Abteilungsleiter, wie auch immer man das nennen mag, der gewisse Ziele vorgibt und der durch inspirierende Arbeitsweisen oder Vision sein Team dazu bekommt, ihm zu folgen. Besser kann ich das nicht beschreiben.
Mitläufer 2	Begriffsverständnis vorhanden	Followership ist dann für mich das Größere, ähnlich wie Leader und Leadership. Dass ich sage, die Person ist der Leader. Leadership bezieht sich für mich natürlich immer noch auf die Person, aber eher auf die Verhaltensweisen einer Person. Dann würde ich das direkt ableiten auf Follower und Followership. Es sind Verhaltensweisen, die Follower ausmachen.
Mitläufer 3	Begriffsverständnis vorhanden	Nein, aber ich würde darin eher sehen, dass ich von der Meinung eines anderen überzeugt bin und dementsprechend keine eigene Meinung habe, aber die Meinung des anderen gut finde und daher ihm folge. Bestes Bsp. gerade war z.B. eine Dokumentation von Steve Jobs im Fernsehen. Die Leute sind ihm gefolgt, weil sie von der Idee überzeugt waren. Das ist Followership.
Mitläufer 4	Begriffsverständnis vorhanden	Und Followership wiederum, das ist wieder ein bisschen was anderes. [Es gibt] bestimmt Menschen, die erst dann ihren Beitrag zu 100 % leisten können, wenn sie folgen dürfen. (...) Und das ist wahrscheinlich dann deren Haltung, mit der sie [das ausführen] oder das ist das Phänomen, könnte ich mir vorstellen, dass es eben in Unternehmen oder auch in Teams oder generell im Arbeitsleben gibt. (...) Das ist sicherlich was, wo die Leute sich in erster Linie auch gut dabei fühlen. Die wollen ja vermutlich gar nicht führen und das Zepter in der Hand haben und Entscheidungen fällen und die Leitplanken setzen. Die sagen dann: „Ja o.k., ich kenne den Bezugsrahmen, in dem ich agiere. Da mache ich mit." Und dann ist es aber auch gut, und so können die dann was beitragen.
Mitläufer 5	Kein Begriffsverständnis	Followership habe ich jetzt das erste Mal gehört, den Begriff, durch dich. Ist das dann so... Nee was ist der Unterschied. (...) Followership, das ist ja nicht der Leader in dem Ganzen. Oder gibt's dann in der Gemengelage einen, der sich dann doch hervortut und sagt, ich ziehe die anderen mit? (...) Nein, keine Ahnung.

Tab. 130: Begriffsverständnis Followership (Followertyp Mitläufer)

Followertyp Blender

	Kategorie	Textevidenz
Blender 1	Begriffs-verständnis vorhanden	Followership würde ich einfach als den Überbegriff sehen. (…) Ich würde sagen, Followership ist der Überbegriff, der einfach beschreibt, dass es einerseits Leader gibt und andererseits Follower, die den Leadern eben folgen. Kann ich jetzt nur so kurz halten, ehrlich gesagt.
Blender 2	Begriffs-verständnis vorhanden	Wenn ich das so ganz frei betrachte, würde ich sagen, in dem Sinn so eine Art Gefolgschaft. Mehrere miteinander, die miteinander zu tun haben in dem Job und in einer guten Struktur mit klaren Hierarchie-Verhältnissen in einem System funktionieren.
Blender 3	Begriffs-verständnis vorhanden	Das ist ja dann die Substantivierung von dem Begriff Follower, also dem Begriff Folgen.
Blender 4	Begriffs-verständnis vorhanden	(…) ich überlege gerade wo der Unterschied zwischen Leader und Leadership liegt. Also ein Leader ist ja Teil von Leadership oder? Ja wobei, vielleicht eher so ein bisschen die Fähigkeit. Ja o.k., vielleicht ist das jetzt total verrückt, aber vielleicht so ein bisschen, dass es Menschen gibt oder etwas was definiert, was Follower ausmacht. So wie man bei Leadership sagt, jmd. braucht die und die Kompetenzen, dass es vielleicht bei Followership auch so ist, dass man sagt, die müssen bestimmte Sachen machen und bestimmte Sachen erfüllen. Und wenn das dann mehrere Follower zusammen machen, das ergibt dann Followership. Keine Ahnung.
Blender 5	Begriffs-verständnis vorhanden	Ich denke, das ist das Gesamte. Glaube ich (…) also im Sinne von „wir zusammen". Ich weiß nicht genau, wie ich es beschreiben soll, wir als Team denke ich [mit mehreren Followern].

Tab. 131: Begriffsverständnis Followership (Followertyp Blender)

Followertyp Bedürftiger

	Kategorie	Textevidenz
Bedürftiger 1	Kein Begriffs-verständnis	Das weiß ich nicht, (…) Ich verbinde damit gar nichts.
Bedürftiger 2	Kein Be-griffs-verständnis	Followership, [verbinde ich] nicht wirklich [etwas], ehrlich gesagt. Ich kenne eigentlich nur Leadership und Follower. Aber Followership ist mir jetzt so noch nicht geläufig.
Bedürftiger 3	Kein Begriffs-verständnis	Nein, [damit kann ich nichts anfangen].
Bedürftiger 4	Kein Begriffs-verständnis	Followership, hat das wahrscheinlich was mit dem Chef zu tun oder? Followership, damit kann ich gar nichts anfangen

Bedürftiger 5	Begriffs-verständnis vorhanden	Also ich glaube, dass in unserer Gesellschaft, glaube ich, auch unterschätzt wird - also alle sprechen immer von Leader und von Leadership und das ist alles wahnsinnig wichtig - aber Leader funktionieren ja aber auch nur, wenn sie Follower haben und Followership irgendwie existiert. Und auch wenn man über eine Karriere nachdenkt, dann geht es eigentlich immer darum, dass man irgendwann in eine Führungsposition kommen soll, und das halte ich ei- gentlich für zu kurz gesprungen. Also ich finde, dass Followership aus meiner Perspektive durchaus seine Reize haben kann und ich will auch gar nicht dauernd vorne wegrennen. Das passt auch gar nicht so sehr zu mir. Ich bin schon gerne im Gefolge. Ich mag da schon auch meinen Kopf nicht ausschalten, ich möchte dann schon auch sinn- voll über Sachen nachdenken, aber so ein Team, das quasi in gemeinschaftlicher Arbeit etwas voranbringt, was dann möglicherweise jemand wieder eine Staffel höher trägt oder zum Kunden trägt oder wohin auch immer. Das ist schon einfach eine gute Sache und ich glaube da wird das so ein bisschen unterschätzt einfach. Das ist, glaube ich, so das hässliche Entlein gegenüber Leadership.

Tab. 132: Begriffsverständnis Followership (Followertyp Bedürftiger)

Frage (8): „Welche Verhaltensweisen und Qualitäten zeichnen für Sie gute bzw. schlechte Follower aus? &

Frage (10): „Würden Sie sich selbst als Follower beschreiben?" Warum ja bzw. warum nein?"

Frage (11): „Würden Sie sich selbst als guten Follower bezeichnen? Warum ja bzw. warum nein?"

Verhaltensweisen & Eigenschaften guter Follower	
Gesamtstichprobe	
Kategorie	Textevidenz
Kritisches Den-ken & Hinter-fragen *(20 Nennungen =80 %)*	• Meine Meinung dazu zu sagen oder Denkanstöße zu geben, ob das wirklich sinnvoll war, die Arbeitsanweisung. (AS2) • Auch Sachen in Frage stellen. (AS3) • [Der] denkt aber auch selber mit (...) [und] kann (..) auch gerne mal widersprechen, wenn man dann eine bessere Idee hat oder etwas als falsch erkennt. (AS4) • Jmd., der auch Sachen hinterfragt. (EX1) • Jmd., der auch mal was in Frage stellt. (EX2) • [Jmd.], der Sachen hinterfragt. (EX4) • Auch mal hinterfragt, oft, und auch kritisiert. (ML1) • Ist kritisch, diskutiert Dinge aus und folgt dann. (ML2) • Hinterfragen. (ML3) • [Ich] hinterfrage. (ML4) • Der auch kritische Punkte anspricht. (ML5) • Dazu gehört auch viel Fragen natürlich. (BL1) • Ich bin schon dann auch sehr kritisch. (BL2) • Dass er auch immer fragt, nicht nur das sieht, was der, dem er folgt (...) macht. (BL3) • Sachen auch zu hinterfragen. (BL4) • Auch den Mut hat zu fragen. (BL5) • Sachen zu hinterfragen. (BE1) • Wenn es irgendetwas gibt, was beschlossen wird und mir das nicht gefällt, dann wiederspreche ich auch. (BE2) • Sicherlich auch mal Kritik übt oder Kritik melden kann, aber zum richtigen Zeitpunkt. (BE3) • Seinen eigenen Kopf behalten und in Zeiten, in denen es notwendig erscheint, auch mal gegen reden können. (BE5)
Einsatz zeigen/ Motivation *(14 Nennungen =56 %)*	• Motivation (...) ist auch wichtig. (AS1) • Ich war auch immer aktiv und wollte auch immer. (AS5) • Seine eigene Meinung und seine eigenen Ansichten hat und diese mit in diese Gruppe bringt. (EX3) • Versuche, wirklich im Interesse meines Arbeitgebers zu arbeiten. Nicht nur weil das jeder macht, sondern weil das dann auch Sinn macht. (EX4) • Weil ich immer bemüht bin, dass ich das erledige, was der Chef oder die Chefs von mir wollen und ich zu- sehe, dass ich das umsetze. (EX5) • Ziemlich hohe Arbeitsergebnisse liefert, also qualitativ gute Arbeitsergebnisse abliefert. (ML4) • So ein wenig Herzblut und dass man auch noch was verändern möchte. (ML5) • Seine Fähigkeiten und seine Besonderheiten, die das Ganze eben fördern können, gut integriert und gut auslebt und sich zu 100 % einbringt. (BL2) • Ich arbeite gut, ich arbeite schnell, aber auch sehr genau. Ich bin da sehr pingelig, wenn irgendwelche Sachen ab- zuliefern sind, dann mache ich das auch detailliert, dass es dann perfekt ist. (BL4) • Insgesamt hier einen Beitrag zu leisten für alles. (BE1) • Der sich auch Gedanken dazu macht und nicht einfach nur mitschwimmt. (BE2) • Ich möchte zuverlässig meine Arbeit machen und das mache ich gern. (BE3) • Gut in seiner Arbeit, erledigt seine Arbeit schnell. (BE4)

Unterordnung & Gehorsam (10 Nennungen =40 %)	• [Jemand, der] sich führen lässt und das verinnerlichen kann, was ihm aufgetragen wird. (AS1) • Der sich unterordnen kann. Der sich auch Dinge sagen lässt. (AS2) • Jmd. der sich (..) unterordnet, trotz der Hierarchie. (EX3) • Dass man dahinter steht, was der Chef wünscht. Das man sich auch wirklich ausführen kann und sich in der Position auch wohl fühlt. (EX5) • Wenn ich das Gefühl habe ich muss dennoch folgen [auch wenn ich nicht einverstanden bin], weil es elementare Themen sind, dann folge ich trotzdem, habe aber dann für mich das Gefühl, ich kann das auch, weil ich meine Zweifel dargestellt habe. (ML2) • Ich lasse mich auch führen. (ML4) • Dass er sich selber zurücknimmt und die Vision, die im Vordergrund stehen sollte und die er auch hoffentlich kennt, dass er im Sinne dieses Ziels agiert und sich selbst soweit wie möglich rausnimmt. (BL2) • Man (muss) die Sachen auch ausführen und umsetzen, auch wenn man nicht der Meinung ist. (BL4) • Der auf seinen Teamleader eingeht. Der irgendwo dahinter steht, was der Teamleiter an Zielen umzusetzen hat. (BE2) • Dass man eben nicht der Eigenbrötler ist, der dann immer seinen eigenen Karren irgendwohin fahren muss und der einfach aus Prinzip, weil der andere rot gesagt hat jetzt blau sagt. (BE5)
Unterstützung/ Teamwork (10 Nennungen =40 %)	• Ich frage mich dann, was braucht der und kann den so unterstützen, dass ich, wenn ich in seiner Position wäre [denke], der hilft mir dabei sehr gut weiter. (AS1) • Ich bin sehr kollegial. (AS2) • [Jmd.], der auch immer ein Stück weit die Person weiterbringt, der er folgt. (ML2) • Indem er sagt, ich arbeite [nicht] nur für mich alleine. (ML3) • Ich bleibe nicht unbeteiligt, (..) ich steuere immer was dazu bei (…) oder bin im Austausch. (ML4) • Wenn etwas wäre, dann würde ich zu meinen Chef gehen und sagen, wir müssen da was tun. (ML5) • Dass man auch im Team gut funktioniert und das Zwischenmenschliche nicht außer Augen lässt. (BE1) • Mit dem Team zusammenarbeiten. (BE2) • Die Kollegen können sich auf mich verlassen. Es ist ein Miteinander. (BE3) • Ich bin auch so ein Typ, zu dem die Leute immer kommen können, egal was sie haben und da finden wir auch immer eine Lösung, das ist nie ein Problem. (BE4)
Anweisungen befolgen (7 Nennungen =28 %)	• Der das aufnimmt und auch umsetzen kann und sich nicht dagegen sträubt. (…) setze das um, was man von mir erwartet. (AS2) • Sich an vorgegebene Regeln hält. (AS3) • Der macht, was [man] ihm sagt. (AS4) • Die Regeln befolgt. (EX2) • Abmachungen einhält, Deadlines einhält. (BL5) • Sachen abzuarbeiten, so wie man sie auf den Tisch bekommt, ist sicherlich auch irgendwo eine Qualität. (BE1) • Der einfach seine Arbeit macht, so wie das von ihm verlangt wird. (BE3)
Initiative ergreifen/ Aktiv sein (7 Nennungen =28 %)	• Habe jetzt schon einige größere Projekte angestoßen bei uns, die ich auch selbst begleite und deshalb würde ich sagen, dass das auch wesentlich dazu beigetragen hat, dass auch meine Chefin erfolgreich ist. (AS3) • Mal etwas sagt und mal einen selber weiterbringt. Follower heißt nicht nur, dass man in der passiven Rolle ist, sondern auch wirklich aktiv mit umgehen. (AS5) • Auch jmd., der andere auch animiert zu folgen, wenn diese Zweifel haben. (ML1) • Jmd. der auch aktiv mitwirkt. (ML5) • Ich versuche Kollegen, die evtl. völlig in eine andere Richtung denken oder sich quer stellen, mit denen auch zu reden. Und mal einen anderen Blick (..) zu schaffen. (ML5) • Ich habe schon diesen Ehrgeiz, dass ich sage, das muss laufen. Und wenn das oder das dafür getan werden muss, dann bringe ich das ein. (BE2) • Seinen Leader „challenged". (BE5)
Eigenständig arbeiten (6 Nennungen =24 %)	• Dass man improvisieren kann. (AS3) • Auch eigenständig arbeitet. (EX4) • Ein guter Follower sollte gut selektieren können, was für ihn relevant ist oder nicht (BL1) • Ich da schon relativ strukturiert vorgehe und mir den Tag da so einteile, dass ich sage, o.k., das macht jetzt Sinn. (BL4) • Auch selbstständig sein kann. (BL5) • Und ich glaube ein guter Follower ist auch immer jmd., der einen Leader komplimentiert. Der Leader hat (..) gewisse Stärken, aber der Leader kann auch nicht alles alleine und ein guter Follower sollte nicht eine Blaupause vom Leader sein, der genauso denkt und genau alles so macht, wie der Leader. Sondern sinnvollerweise jmd. der Sachen abdeckt und Sachen besser kann als der Leader. (BE5)
Verbesserungen vorschlagen (7 Nennungen =28 %)	• Es ist auch schon häufiger vorgekommen, dass mein Chef eine Idee hatte, die in meinen Augen denkbar falsch war und man hat dann darüber sprechen können und hat teilweise dann auch andere Lösungen gefunden. (AS4) • Dass man versucht teilweise auch Schwächen aufzuzeigen. (EX1) • Dinge im Notfall anzusprechen, bei denen man sagt, man könnte die Arbeit auch besser und sinnvoller gestalten. (EX4) • Vorschläge bringt, die vielleicht besser zum Ziel führen. (ML1) • Auch mal Lösungen aufzeigt. (ML5) • Selbst Trends (..) erkennen. (BL1) • Bringe schon gern meine Meinung mit ein und möchte auch zusehen, dass das System vorankommt (BE2)
Gute Moral/ Positive Einstellung (5 Nennungen =20 %)	• Jmd., der relativ bescheiden, wenig aufbrausend, wenig impulsiv ist. (ML4) • Ich bin zuverlässig, hilfsbereit, wenn jeder mich braucht. (BL5) • Versucht insgesamt auch mal Stimmung zu motivieren und nicht nur schlechte Stimmung zu machen (BE1) • Das man Respekt vor dem Team hat und vor seinen Chef hat (…) bringt (..) nichts, wenn ich in der Gruppe einen Follower habe, der zwar gut arbeitet, aber permanent aufmüpfig ist und permanent irgendwie ein Quertreiber ist.

	(BE4)
	• Man da auch Spaß dran hat, das dann umzusetzen. (BE5)
Anpassungs-fähigkeit/ Offenheit *(4 Nennungen =16 %)*	• Anpassungsfähigkeit. (AS3) • Offen ist für Neues. (EX1) • Ich übernehme halt oft auch Aufgaben, die ich nicht kenne. (BL5) • Offen genug sein, um eine Diskussion über Themen zuzulassen. (BE5)
Zuhören *(3 Nennungen =12 %)*	• Dass die Leute wissen, wie man zuhören kann. (AS1) • Jmd. der zuhört, Gedanken aufnimmt. (AS5) • Dass er zuhört. (BL5)
Stärken kennen *(2 Nennungen =8 %)*	• [Wissen], was ihre Stärken [sind] und was sie als Follower machen können oder einbringen können. (AS1) • Versucht mit den eignen Mitteln und Stärken zu unterstützen. (BE5)
Weiter-bildungen *(2 Nennungen =8 %)*	• Ich habe an verschiedenen Programmen teilgenommen und ich glaube, das hat mich schon persönlich auch weitergebracht und mich auch auf meiner Karriereleiter weitergebracht. (AS5) • Sich entsprechend auch selbst weiterinformieren. (BL1)

Tab. 133: Übersicht der Kategorienanzahl - Verhaltensweisen & Eigenschaften guter Follower (Gesamtstichprobe)

Verhaltensweisen & Eigenschaften schlechter Follower

Gesamtstichprobe

Kategorie	Textevidenz
Fehlende Motivation/ Einsatz/ Moral *(15 Nennungen =60 %)*	• Wenn man merkt, es ist keine Motivation da, das ist sehr schlecht. (AS1) • Auch nur das Minimum oder sogar weniger als das Minimum bringt, was er leisten muss. (AS3) • Desinteresse zeigt. (AS5) • Der nur am meckern ist. (EX1) • Die gar nicht mitziehen. (EX2) • Wenig Eigeninitiative und bequeme Menschen. (EX4) • [Jmd., der] nur macht, was ihm gesagt wird in der Rolle, (…) sich beschwert oder (..) gar nicht damit zufrieden ist, es aber trotzdem tut, weil er den Job ja machen muss, um Geld zu verdienen. (ML1) • Jmd., den du anstupsen oder akquirieren musst. (ML4) • Meckert im Hintergrund und versucht, Stimmung zu machen und ist meines Erachtens nach auch nicht an Neuerungen interessiert. (ML5) • Jmd., der Konzepte eins zu eins übernimmt und kopiert. (BL1) • Dankbar ist, wenn jmd. anderer ihm sagt, was er zu tun hat. Ihm die Richtung gibt. (BL2) • Wenn man nur das macht, was einem gesagt wird. (BL4) • Kein Verlass. (BL5) • Jmd., der nur körperlich anwesend ist [und] schlechte Stimmung macht. (BE1) • Der einfach sagt, das interessiert mich nicht. Ich mache mein 9-5 und gehe dann heim. (BE2)
Unsicherheit/ Passivität *(4 Nennungen =16 %)*	• Vielleicht auch nicht sicher genug, um auch anzusprechen, wenn man etwas nicht verstanden hat.(AS1) • Jmd., der irgendwie möchte, dass ein anderer das Ruder in die Hand nimmt. (ML4) • Der kein Standing in dem Sinne hat, dass er selber was für sich behauptet, darstellt und in Anspruch nimmt. (BL2) • Keine Selbstständigkeit. (BL5)
Kein kritisches Denken *(10 Nennungen =40 %)*	• Alles immer nur nach den Regeln und Vorgaben macht, nicht über den Tellerrand hinausschaut. (AS3) • Jmd., der selber nicht denkt. (AS4) • Alle Umstände ganz billigend hinnehmen. (EX2) • Die folgen, ohne eine eigene Stimme zu haben. Sprich sich unterordnen und etwas verloren gehen. (EX3) • Die Dinge erst gar nicht hinterfragen. (EX4) • Konditioniert ohne zu hinterfragen. (ML2) • Ja-Sager. (ML5) • Wenn du nur jmd. folgst, weil andere sagen, du sollst ihm folgen. Und dass du ganz vielen folgst, und eigentlich gar nicht weißt, warum du ihnen folgst. (BL3) • Wenn er das alles so hinnimmt und nicht challenged.(BL4) • Nicht hinterfragt, warum jetzt bestimmte Sachen wie oder auch nicht gemacht werden. (BE5)
Anweisungen nicht befolgen *(5 Nennungen =20 %)*	• Jmd. der selber nicht denkt und im schlimmsten Falle auch nicht macht, was man ihm sagt. (AS4) • Wenn das nicht erfüllen kann, was der Chef wünscht. Wenn ich damit nicht einverstanden bin und mich selbst nicht in der Situation wohlfühlen würde. (EX5) • Komplettes Negieren der Anweisung des Vorgesetzten. (ML3) • Unpünktlichkeit bei Deadlines. (BL5) • Der seine Arbeit natürlich nicht macht. (BE4)
Kein Teamplayer *(5 Nennungen =20 %)*	• Ich arbeite nur für mich alleine, ich gebe keine Informationen weiter etc. (ML3) • Nichts für die Gemeinschaft zu tun. (…) So allgemeine Aufgaben zu übernehmen, die jetzt nicht dotiert sind. Z.B. dass man, wenn bei der Kaffeemaschine der Kaffee leer ist, dass man dann auch mal oben Neuen reinschüttet und dann das Wasser nachfüllt. (BE1)

	• Ich mache mein Ding, ich will nicht im Team arbeiten. (BE2)
	• Der immer motzt, immer alles (...) schlecht findet, aber selbst nichts auf die Füße bekommt. (...) wenn z.B. bei uns totaler Stress ist (...) die dann wirklich aggressiv und ausfallend werden oder die einfach nicht belastbar sind. (BE3)
	• Andere Kollegen [im Stich] lassen. (BE4)
Keine Verbesserungen vorschlagen *(2 Nennungen =8 %)*	• Es gibt ja immer Möglichkeiten, und wenn man dieses Potential nicht ausschöpft oder man sieht, dass etwas verbesserungsbedürftig wäre, aber trotzdem nur seine Aufgaben abhandelt jeden Tag. (AS3)
	• Es gibt ja viele, die in der Komfortzone sitzen und möglichst gar keine Veränderungen haben wollen. (ML5)

Tab. 134: Übersicht der Kategorienanzahl - Verhaltensweisen & Eigenschaften schlechter Follower (Gesamtstichprobe)

Selbstverständnis der Befragten als Follower

Gesamtstichprobe

Kategorie	Textevidenz
Ja *(14 Nennungen =56 %)*	• Ja, schon.(AS1)
	• Auf jeden Fall. Muss man ja auch, wenn man unter einer direkten Führungskraft ist. (AS3)
	• Ja, definitiv. (EX1)
	• Ja, weil ich ja doch linientreu bin (...) von daher beschreibe ich mich eher als Follower. (EX2)
	• Ich bin, glaube ich, der typische Follower. (EX3)
	• Ja (...) weil ich schon eher mit der Masse mitgehe und im Endeffekt weder aufsteigen will, noch Karriere machen möchte.(EX4)
	• Ja, weil ich eigentlich schon so bin, dass ich das immer vertrete oder meistens vertrete, was [mein Vorgesetzter] will und wie er die Führung macht. (EX5)
	• Ich muss auch in meiner Funktion ein Follower sein. (ML2)
	• [Ich] aktuell ein intensiverer Follower bin, als ich es später zu sein wünsche. (...), weil ich gerade darauf angewiesen bin, eingelernt zu werden. (BL1)
	• Ja, weil ich mit offenen Augen durch das Leben gehe. (BL3)
	• Aktuell ja.(BL4)
	• Ja. Weil ich das eigentlich seit 26 Jahren bin. Ich war nie in einer höheren Position, ich mache meine Arbeit und es ist gut. (BE3)
	• Ja, ich würde mich definitiv als Follower beschreiben. (BE4)
	• Ich glaube schon, dass ich eher ein Follower bin. (BE5)
Situationsabhängig *(8 Nennungen =32 %)*	• Ja, sowohl als auch (...) ich setze auch das um, was man mir sagt. Bin aber auch in der Situation, dass ich anderen Leuten sagen darf, was zu tun ist und was gemacht werden muss. (AS2)
	• Ja, ich war Follower, aber ich habe das im letzten Monat abgegeben, das Following. Und jetzt kuck ich nach dem neuen [Leader] (...) Na ja also ich wechsle die Firma aus bestimmten Gründen, weil man hier einfach nicht mehr weiterkommt und ich meine Chefin so satt habe und deswegen suche ich mir jetzt einen neuen und werde da auch wieder follower sein und bin gespannt, was da so kommt. (AS5)
	• Ist situationsabhängig. Auch nicht immer. (ML1)
	• Trifft teilweise zu. Es ist abhängig von der Thematik. (ML3)
	• Ähm, irgendwie nicht so richtig. Ich glaube, ich habe Anteile, ich denke ich bin eine Mischung (...) so eine Hybrid-Rolle. (ML4)
	• Das ist Themen- und Situationsabhängig. (ML5)
	• Nein. (...) Also im großen System ja, im kleinen System - im Mikrokosmos - nicht. Im großen System ja, weil ich denke, da habe ich ein Anliegen, das viele andere auch haben und da arbeite ich dafür. Aber ich bin schon dann auch sehr kritisch, wenn ich meine Sachen dann auch durchsetzen möchte, wenn ich etwas besonders finde über eine längere Zeit. (BL2)
	• Es kommt darauf an. Ich bin beides gerne mal. (BL5)
Nein *(3 Nennungen =12 %)*	• Nicht unbedingt, nein. (AS4)
	• Nein (...) Weil ich bisher nicht wirklich das Glück hatte, wirklich einen qualifizierten VG zu haben und ich damit einfach überhaupt nicht klar komme. (BE1)
	• Nein. Weil ich schon auch gern irgendwo zusehen will, dass das Team weiterkommt. Das auch das UN weiterkommt und ich genauso. (BE2)

Tab. 135: Übersicht der Kategorienanzahl - Selbstverständnis der Befragten als Follower (Gesamtstichprobe)

Selbsteinschätzung der Befragten als guter Follower

Gesamtstichprobe

Kategorie	Textevidenz
Ja *(19 Nennungen*	• Ich habe eine Vorstellung davon, wie ich einen guten Follower empfinden würde. So würde ich mich auch selbst reflektieren. (AS1)
	• Ich glaube, das was ich mache, das mache ich ziemlich gut. (AS2)

=76 %)	•	Würde ich machen (...) weil für mich eben auch das Große und Ganze zählt. (AS3)
	•	Ich denke schon. (AS4)
	•	Ich würde mich als guten Follower bezeichnen. (AS5)
	•	Ja, würde ich schon. (EX1)
	•	Ja. (...) ich sehe das immer so wie ein Personal Assistant. (EX3).
	•	Ja, das schon. (EX4)
	•	Ja, würde ich schon. (EX5)
	•	[Ja.] Weil ich glaube, dass ich eine ganz gute Mischung finden kann. (ML1)
	•	Ich (würde) sagen, ich (gebe) immer mein Bestes, dass ich in der Rolle das leisten kann. (ML4)
	•	Ich (würde) sagen, ich (bin) nicht der schlechteste Follower. (BL1)
	•	Ja, (...) weil ich offen bin für neue Initiativen. (BL3)
	•	Natürlich. Doch wie gesagt, würde ich machen. (BL4)
	•	Doch ich denke schon, würde ich ja. (BL5)
	•	Würde ich jetzt schon so sehen. (BE2)
	•	Ja. Ich (...) ich bin so gut wie nie krank, die Kollegen können sich auf mich verlassen. (BE3)
	•	Ja doch, würde ich auf jeden Fall. (BE4)
	•	Doch, ich denke schon. (BE5)
Situations-abhängig (5 Nennungen =20 %)	•	Ich würde mich als kritischen Follower bezeichnen. (...) einfach bin ich, glaube ich, nicht. (...) Das kommt auf die Gesamtsituation drauf an, das kann man so nicht generell festmachen (...) du dir von oben her [veräppelt] vorkommst, [da] leidet die Moral und es fährt alles ein wenig runter. (EX2)
	•	In meiner jetzigen Position bin ich ein guter Follower. Ich glaube ich hatte auch schon Situationen in meinem Leben, da war ich kein guter Follower, und das führte dann tatsächlich zu Frustration und das führte dazu, dass ich zumindest die Rolle, die ich hatte, so nicht mehr haben wollte oder vertreten konnte. (ML2)
	•	Das ist auch wieder situationsabhängig. (ML5)
	•	Also im großen System ja, im kleinen System - im Mikrokosmos - nicht. (BL2)
	•	Das ist so schwierig zu sagen, wenn man noch nie unter einem guten Chef gearbeitet hat, finde ich. (...) wenn man einen Chef hat, der einigermaßen strukturiert ist oder auch mal etwas Positives sagen kann, dann glaube ich schon, dass ich ein guter Follower wäre. (BE1)
Nein (1 Nennungen =4 %)	•	Nein. (...) ich bin halt eher jmd., also wie schon gesagt, wenn ich nicht davon überzeugt bin, dann kann ich auch (..) sehr ins Negative abdriften. (ML3)

Tab. 136: Übersicht der Kategorienanzahl - Selbstverständnis der Befragten als guter Follower (Gesamtstichprobe)

Selbstidentifikation, Verhaltensweisen & Qualitäten von Followern

Followertyp Aspirant

		Frage	Textevidenz
Aspirant 1		Attributionen guter Follower	Wichtig ist, finde ich, dass die Leute wissen, wie man zuhören kann. Dass man ganz normale Regeln einhält, wie man im Gespräch ist oder im Team arbeitet. Nicht reinplatzt, sondern erstmal gutes Zuhören. (...) Das nächste ist, dass die sich ihres Platzes bewusst sind, dass sie wissen, sie können da auch viel miteinbringen und wissen, was sie machen können und was ihre Stärken wären und was sie als Follower machen können oder einbringen können. (...) sich führen lassen. (...) auch Anweisungen verstehen oder bzw. zu wissen, dass das Reiben eben Führung ist und keine Kritik. [Jemand, der] sich führen lässt und das verinnerlichen kann, was ihm aufgetragen wird. Es nützt mir nichts, wenn eine Anweisung gegeben wird und es wird etwas ganz anderes ausgeführt, weil er meint selber führen zu müssen oder irgendwas anderes. Verstehen, was ist gefragt und was ungefähr soll der Output sein. Das definiere ich mit führen lassen... Dass sie sich gut führen lassen.
		Attributionen schlechter Follower	Nicht zuhören oder abgelenkt sein. Vielleicht auch nicht sicher genug, um auch anzusprechen, wenn man auch etwas nicht verstanden hat. (...) Motivation hatte ich vorher noch vergessen, das ist auch wichtig. Wenn man merkt, es ist keine Motivation da, das ist sehr schlecht. Da können die Leute sehr fähig sein oder auch nicht fähig. Wenn die Motivation nicht da ist, dann bringt mir das nichts.
		Follower-Selbstverständnis der Person	[Kategorie: Ja] Ja schon. (...) ich habe eine Vorstellung davon, wie ich einen guten Follower empfinden würde. So würde ich mich auch selbst reflektieren und schauen, dass ich auch so bin.
		Selbsteinschätzung als guter Follower	[Kategorie: Ja] [Ja:] Ich verstehe Hierarchien und wenn jemand leitet, erkenne ich das. Das muss nicht nur hier an Bord sein, wo klar ist, dass der Kapitän das Sagen hat. Das kann auch bei einer Gruppenarbeit, wie früher einmal in Seminaren, der Fall sein, wo keiner der Kapitän ist, sondern eigentlich alle gleich sind. Aber trotzdem kristallisieren (sich Leute heraus), die leiten. Dann nehmen man merkt, die nehmen das Zepter in die Hand. Die leiten da. Ich akzeptiere das, auch wenn ich wüsste, ich könnte das auch. Ich frage mich dann, was braucht der? Und wie kann ich den so unterstützen, dass ich, wenn ich in seiner Position wäre [denke], der hilft mir dabei sehr gut weiter?
Aspirant 2		Attributionen guter Follower	Der sich unterordnen kann. Der auch sich Dinge sagen lässt. (...) Der das aufnimmt und auch umsetzen kann und sich nicht dagegen sträubt.
		Attributionen schlechter Follower	Der sich allem widersetzt, was man ihm sagt. (...) Der sich dagegen wehrt oder nicht bereit ist, Kritik zu ertragen (...) [Der Kritik nicht annimmt.]

371

	Follower-Selbstverständnis der Person	[Kategorie: Situationsabhängig] Also aus meiner Position her ja, sowohl als auch. Weil ich bin ja auch in der Position, dass ich anderen Anweisungen geben darf oder kann. Also ich setze auch das um, was man mir sagt. Bin aber auch in der Situation, dass ich anderen Leuten sagen darf, was zu tun ist und was gemacht werden muss - Arbeitsanweisungen
Aspirant 3	Selbsteinschätzung als guter Follower	[Kategorie: Ja] [Ja]: Ich glaube, das was ich mache, das mache ich ziemlich gut. Ich bin sehr kollegial und setze das um, was man von mir erwartet. (…) Ja, weil ich mit Kritik umgehen kann. Ich kann Arbeitsanweisungen umsetzen, solange sie hilfreich sind. Ich kann auch Arbeitsanweisungen umsetzen, wenn ich sie nicht wirklich gut finde und zur richtigen Zeit dann auch noch mal meine Meinung dazu zu sagen oder Denkanstöße zu geben, ob das wirklich sinnvoll war, die Arbeitsanweisung. Aber prinzipiell würde ich es erstmal direkt tun. Daher denke ich, dass ich ein guter Follower bin. (…) wenn dann Zeit dafür da ist, nicht während des Geschäfts, weil bei uns wäre es nicht von Vorteil, wenn wir mitten im Geschäft anfangen mit unserem VG zu diskutieren. Das würde halt viele reinreißen und dann würde Chaos ausbrechen (…) ich damit beschäftigt bin, mich mit meinem VG zu streiten, nicht mehr am Gast bin, die Gäste warten. Das wäre eben nicht so von Vorteil.
	Attributionen guter Follower	Anpassungsfähigkeit, aber auch dass man improvisieren kann, dass man sich an vorgegebene Regeln hält, aber halt auch Sachen in Frage stellt, z.B. nicht immer alles als gegeben hinnimmt. Das würde ich unter einem guten Follower verstehen.
	Attributionen schlechter Follower	Ein schlechter Follower, glaube ich, ist der, der alles immer nur nach den Regeln und Vorgaben macht, nicht über den Tellerrand hinausschaut und vielleicht halt auch nur das Minimum oder sogar weniger als das Minimum bringt, was er leisten muss. Das wäre für mich ein schlechter Follower. (…) Also ich denke, dass jeder genau weiß, welche Aufgaben man machen muss. Das ist ja definiert. Und trotzdem gibt es ja immer Schnittstellen und Sachen, die man in Zukunft verbessern kann. Es gibt ja immer Möglichkeiten und wenn man dieses Potential nicht ausschöpft oder man sieht, dass etwas verbesserungsbedürftig wäre, aber trotzdem nur seine Aufgaben abhandelt jeden Tag. Das, würde ich eben denken, ist ein schlechter Weg, weil man eben nichts bewegt in diesem Sinne.
Aspirant 4	Follower-Selbstverständnis der Person	[Kategorie: Ja] Auf jeden Fall. Muss man ja auch, wenn man unter einer direkten Führungskraft ist. Dann ist man ja auch automatisch ein Follower, also ja bin ich. (…)Also Follower würde ich mit beschreiben, weil ich eben auch dahinter stehe. Ich habe jetzt eine Chefin, ich stehe schon dahinter, wie sie das macht. D.h., ich stehe auch hinter ihren Entscheidungen. Ich finde auch, dass sie das gut macht - ihren Job.
	Selbsteinschätzung als guter Follower	[Kategorie: Ja] [Ja:] Würde ich machen [lacht], weil für mich eben auch das Große und Ganze zählt - also für mich gibt es Leute, die nicht immer das Große und Ganze im Blick haben und irgendwelche Ziele, auf die man dann schneller draufkommen kann. Also ich habe jetzt schon einige größere Projekte angestoßen bei uns (…) die ich auch selbst begleite und deshalb würde ich sagen, dass das auch wesentlich dazu beigetragen hat, dass auch meine Chefin erfolgreich ist.
	Attributionen guter Follower	Der macht, was ich ihm sage, denkt aber auch selber mit. Man kann mir auch gerne mal widersprechen, wenn man dann eine bessere Idee hat oder etwas als falsch erkennt, dass man darüber sprechen kann. Ein guter Follower macht nicht immer nur genau das, was ich ihm sage, sondern denkt auch selber mit.
	Attributionen schlechter Follower	Jmd., der selber nicht denkt und im schlimmsten Falle auch nicht macht, was man ihm sagt. Der sich dann verkrümelt und die Aufgaben nicht oder nur teilweise macht, die er aufgetragen kriegt.
Aspirant 5	Follower-Selbstverständnis der Person	[Kategorie: Nein] Nicht unbedingt, nein. (…) Weil ich lieber meinen Kopf benutze und selber Ideen habe und mir selber was ausdenke und vorantreibe. Ich möchte gerne etwas schaffen. (…): [Als Follower ist das nur] eingeschränkt [möglich]. Wenn man einer ist, der sehr gut mitdenkt, dann hat das zwangsläufig für mich zur Folge, dass ein Follower dann auch aufsteigt und eine Führungsrolle übernimmt.
	Selbsteinschätzung als guter Follower	[Kategorie: Ja] Ich denke schon [,dass ich ein guter Follower bin]. Ich mache weder alles, was sie mir sagen, ohne darüber nachzudenken, noch wehre ich mich alles ab, was sie von mir wollen, weil ich denke Chefs sind. Ich denke halt mit und mache, was ich machen muss. (…) Also wenn ich an mich selber denke, dann tue ich im Grunde auch das, was ich mir vorstelle. Ich tue, was mir mein Chef sagt und denke aber selber auch mit. Es ist auch schon häufiger vorgekommen, dass mein Chef eine Idee hatte, die in meinen Augen denkbar falsch war, und man hat dann darüber sprechen können und hat teilweise dann auch andere Lösungen gefunden.
	Attributionen guter Follower	Also ein guter Follower für mich ist schon auch jmd., der zuhört, Gedanken aufnimmt. Aber auch mal etwas sagt und mal einen selber weiterbringt. Follower heißt nicht nur, dass man in der passiven Rolle ist, sondern auch wirklich aktiv damit umgehen kann. Und dass der auch zu jmd. kommt und sagt: „Das hier ist mein Vorschlag. Wie ist es denn?" Das finde ich auch wichtig. Und das ist, glaube ich, das, was ich vom Follower erwarte. Nicht nur passives Verhalten.
	Attributionen schlechter Follower	Schlechter Follower für mich ist, wenn er da sitzt, nichts macht, keine Persönlichkeit hat, Desinteresse zeigt, sowas...
	Follower-Selbstverständnis der Person	[Kategorie: Situationsabhängig] Ja, ich war Follower, aber ich habe das im letzten Monat abgegeben, das Following. Und jetzt kuck ich nach dem neuen [Leader] (…) Na ja also ich wechsle die Firma aus bestimmten Gründen, weil man hier einfach nicht mehr weiterkommt und mit meine Chefin satt habe und deswegen suche ich mir jetzt einen neuen und werde da auch wieder followen und ich bin gespannt, was da so kommt. Im Moment bin ich offen für alles.
	Selbsteinschätzung als guter Follower	[Kategorie: Ja] Ich würde mich als guten Follower bezeichnen. Weil ich war heute z.B. beim [nächst höheren VG], dem ich auch followe, ich (…) von Düsseldorf und Köln und Bonn hierher gefolgt. Und ich glaube, ich war auch immer aktiv und wollte auch immer, und das hat sie auch gesehen. Ich habe an verschiedenen Programmen teilgenommen und ich glaube das hat mich schon persönlich auch weitergebracht und mich auch auf meiner Karriereleiter weitergebracht. (…) Aber, ich glaube, man muss selber aktiv sein, wenn man selber nicht aktiv ist, kann man es vergessen.

Tab. 137: Follower-Verständnis (Followertyp Aspirant)

Selbstidentifikation, Verhaltensweisen & Qualitäten von Followern		
Followertyp Experte		

	Frage	Textevidenz
Experte 1	Attributionen guter Follower	Dass man versucht, teilweise auch Schwächen aufzuzeigen (...) Ich sage mal, jmd., der auch Sachen hinterfragt. Nicht blind folgt, sondern auch mal den Mund aufmacht, wenn er sieht, das geht in eine verkehrte Richtung. Ja halt nicht im Übermaß, aber das er halt angebrachte Kritik bringt.
	Attributionen schlechter Follower	Der nur am Meckern ist. Nichts macht, ständig unzufrieden ist und nichts an der Situation verändern will. Nicht offen ist für Neues.
	Follower-Selbstverständnis der Person	[Kategorie: Ja] Ja definitiv. (...) Weil ich keine Führungsverantwortung habe außer meinen Azubis gegenüber. Da geht es schon, aber da läuft das eher auf kumpelhafter Basis ab. So habe ich nicht viel zu melden, sage ich mal, bei uns.
	Selbsteinschätzung als guter Follower	[Kategorie: Ja] Ich würde mich als kritischen Follower bezeichnen. (...) Ich nehme nicht jede Entscheidung einfach so hin, sondern ich habe auch öfter mal Diskussionen mit meinem Chef. (...) Von dem her, einfach bin ich glaube ich nicht. (...) Das kommt auf die Gesamtsituation drauf an, das kann man so nicht generell festmachen. Wir haben jetzt einen Stand in der Firma erreicht, wo jetzt alles ein wenig kritisch ist. Und wenn das von oben nicht ausgeglichen wird oder du dir von oben her [veräppelt] vorkommst, [da] leidet die Moral, und es fährt alles ein wenig runter.
Experte 2	Attributionen guter Follower	Jetzt habe ich den Follower ja so als Mitläufer beschrieben, aber einen guten würde ich beschreiben als jmd., der auch mal was in Frage stellt. Also der nicht einfach alles abnickt, der nicht einfach nur macht, weil es ihm gesagt wird, sondern eventuell schon die Regeln befolgt, aber evtl. auch, wenn ihm etwas nicht klar ist, zu hinterfragen, warum ist das so. In den meisten Fällen gibt es ja schon eine plausible Erklärung. Jetzt nicht bei jedem bisschen [hinterfragen], aber eher wenn jmd. persönlich in Konflikt kommt, das zu hinterfragen.
	Attributionen schlechter Follower	Die, die gar nicht mitziehen oder halt alle Umstände ganz billigend hinnehmen. Schon eher so Gleichgültigkeit für den Job, fürs Gesamtbild. Das würde ich eher als schlecht beschreiben, wenn jmd. was so nie hinterfragt, ist doch merkwürdig.
	Follower-Selbstverständnis der Person	[Kategorie: Ja] Ja, weil ich ja doch linientreu bin, ist jetzt vielleicht zu viel gesagt. Ich halte mich an die Regeln, folge Anweisungen. Aber ich folge auch in vielen Fällen meinem Chef. Ich habe jetzt keine Person konkret, zu der ich aufschaue. Aber ich richte mich schon einfach nach den Grundwerten, die für mich wichtig sind. Einfach die Werte des gesellschaftlichen Zusammenlebens. Ich bin kein Quertreiber, war ich noch nie. Von daher beschreibe ich mich eher als Follower.
	Selbsteinschätzung als guter Follower	[Kategorie: Situationsabhängig] Ja, würde ich schon, weil wenn ich gewisse Dinge nicht gut finde, dann spreche ich es auch an. Kommt manchmal nicht so gut an [lacht], aber gut. Für mich ist es, denke ich, gerade hier auch in der Arbeit - darum geht's ja auch - da kommt mir meine Seniorität zu Gute. Ich glaube, dass ich in Augen anderer schon auch irgendwo ein Leader bin, auch wenn ich keine Führungsposition habe, aber in Verhaltensweisen denke ich, dass der ein oder andere ein bisschen kuckt. Wahrscheinlich hängt das eher mit der längeren Lebenserfahrung und der Erfahrung im Job zusammen.
Experte 3	Attributionen guter Follower	Jmd., der sich nicht unterordnet, trotz der Hierarchie. Der nicht sagt, so ich bin jetzt das unterste Stück dieser Kette. Sondern als wertvolles Mitglied in dieser interaktiven Followergruppe, der seine eigene Meinung auch einbringen hat und diese mit in diese Gruppe bringt. Aber angemessen. Nicht wie ein Leader, sondern wie ein Follower. Aufgrund der ganzen Follower, die man dann hat für diesen Vorgesetzten oder die Vorgesetzte, kann man einfach wie so eine Mind-Map oder ein gemeinsames Brainstorming zu einem gemeinsamen Ziel kommen.
	Attributionen schlechter Follower	Wirklich Follower, die sich unterordnen. Die folgen, ohne eine eigene Stimme zu haben. Sprich sich unterordnen und etwas verloren gehen. Irgendwie auch so ein bisschen so ein Ja-sager. Einer, der Anweisungen bekommt und diese ausführt, wahrscheinlich auch zur Zufriedenheit. Ja, weiß ich nicht, kann ich nicht so beschreiben einen schlechten Follower.
	Follower-Selbstverständnis der Person	[Kategorie: Ja] Ich bin, glaube ich, der typische Follower, also immer so die zweite Geige, weil ich gerne zuarbeite und irgendwie mich beratschlage. Und dann auch sehe, wie mit meinen Followertipps jmd. Erfolg hat.
	Selbsteinschätzung als guter Follower	[Kategorie: Ja] Ja. Weil ich einfach glaube, ich sehe das immer so wie ein Personal Assistant. Ich versuche immer so dem Leader den Rücken frei zu halten und mache so gerne dann so Sachen wie - also nur symbolisch und bildlich betrachtet - so wie Kaffeekochen, also im Sinne von Sachen erarbeiten, ausarbeiten, rapportieren, so dieses Kaffeekochen, Kaffee anreichen, wenn der Kaffee getrunken ist, wieder abräumen. So dieses im Hintergrund arbeiten. (...) Ich glaube, ich kann auch manchmal so ein bisschen Sachen übertragen. Z.B. wenn der Leader aufgeregt ist oder wenn der Leader unvorbereitet ist, dass ich ihm das nehme. Entweder gebe ich ihm die Ruhe, dass er nicht aufgeregt ist. Also jetzt auch bildlich betrachtet oder tue alles dafür, dass der oder diejenige steht.
Experte 4	Attributionen guter Follower	Auf jeden Fall jmd., der Sachen hinterfragt und auch eigenständig arbeitet. Bei Problemen auch wirklich darauf aufmerksam macht. Nicht einfach nur was machen, wie es angeschafft wird bekommt, sondern wirklich auch Dinge im Notfall anzusprechen, bei denen man sagt, man könnte die Arbeit auch besser und sinnvoller gestalten.
	Attributionen schlechter Follower	Na ja, wenig Eigeninitiative und bequeme Menschen, die Dinge erst gar nicht hinterfragen und sagen, da kann man eh nichts ändern.
	Follower-Selbstverständnis der Person	[Kategorie: Ja] Ja (...) weil ich schon eher mit der Masse mitgehe und im Endeffekt weder aufsteigen will, noch Karriere machen möchte. Von dem her bin ich doch eigentlich mit wenig Verantwortung oder mit weniger Verantwortung ganz gut bedient. Mir ist einfach das Privatleben wichtiger.
	Selbsteinschätzung als guter Follower	[Kategorie: Ja] Ja, das schon, weil ich eben meine Meinungen immer kund tue und jetzt auch versuche, wirklich im Interesse meines gesamten Arbeitgebers zu arbeiten. Von dem her bin ich halt auch nicht macht, sondern weil das einen Sinn macht. (...) Als unbequemen Follower vielleicht (...) [Ich] sage meine Meinung ehrlich und führe jedes Jahr so einen Umfragebogen aus, der eben darauf abzielt, was uns stört, ob man das UN versteht (...) Ich hinterfrage natürlich meine Arbeitsabläufe. Tue das kund, versuche auch manche Probleme wirklich zu beseitigen, was nicht unbedingt einfach ist. (...) manche Dinge kann man dann eben nicht bewegen und kann man dann halt auch einfach

		nicht ändern. Weil man halt auch einfach zu weit unten ist. Man zu wenig Mitspracherecht hat bei Projekten etc.
Experte 5	Attributionen guter Follower	Dass man dahinter steht, was der Chef wünscht. Dass man das auch wirklich ausführen kann und sich in der Position auch wohl fühlt.
	Attributionen schlechter Follower	Also wenn ich das nicht erfüllen kann, was der Chef wünscht. Wenn ich damit nicht einverstanden bin und mich selbst nicht in der Situation wohlfühlen würde.
	Follower-Selbstverständnis der Person	[Kategorie: Ja] Ja, weil ich eigentlich schon so bin, dass ich das immer vertrete oder meistens vertrete, was er will und wie er die Führung macht. Und ich habe auch gute Chefs. Und ich finde das schon alles im Endeffekt in Ordnung.
	Selbsteinschätzung als guter Follower	[Kategorie: Ja] Ja, würde ich schon, weil ich schon immer bemüht bin, dass ich das erledige, was der Chef oder die Chefs von mir wollen und ich zusehe, dass ich das umsetze

Tab. 138: Follower-Verständnis (Followertyp Experte)

Selbstidentifikation, Verhaltensweisen & Qualitäten von Followern		
Followertyp Mitläufer		
	Frage	Textevidenz
Mitläufer 1	Attributionen guter Follower	Indem er durchaus auch mal hinterfragt, und auch kritisiert. Das aber alles in einem Rahmen macht, also in einer positiven Art und Weise. Und ich glaube, wenn man das gut kultiviert, dann glaube ich, kann man mit einem Team den meisten Output rausholen. Also wenn man ein Team hat, das immer nur macht und immer nur tut, was der Leader sagt sozusagen. Dann ist es auch gut in gewisser Weise, aber ich glaube die besten Ergebnisse kriegt man, wenn man eine aktive oder gesunde Kritik an den Tag legt.
	Attributionen schlechter Follower	Ein schlechter Follower ist jemand, der vielleicht den Job nur als Job sieht und sich selber aber auch nicht ganz so gut identifizieren kann mit der Rolle, dann auch nur macht, was ihm gesagt wird in der Rolle, aber sich auch beschwert oder eigentlich gar nicht damit zufrieden ist, es aber trotzdem tut, weil er den Job ja machen muss, um Geld zu verdienen. Das wäre so ein schlechter Follower.
	Follower-Selbstverständnis der Person	[Kategorie: Situationsabhängig] In gewisser Weise, aber in einem gesunden Maß. Klar würde ich sagen, folge ich dem, was meine direkte VG vorgibt und natürlich auch ihr VG. In jedem Fall, aber ich würde sagen, ich bin schon jmd., der auch mal etwas sagt, also gesunde Kritik eben auch an den Tag legt und auch Vorschläge bringt, die vielleicht besser zum Ziel führen. Ist situationsabhängig. Auch nicht immer.
	Selbsteinschätzung als guter Follower	[Kategorie: Ja] Ja, weil ich glaube, dass ich eine ganz gute Mischung finden kann. Ich kann meine Meinung sagen in einer Art und Weise, die aber nicht arrogant oder zu kritisch rüberkommt. Bin dann aber auch zufrieden damit, wenn der Leader sagt: „Nehmen wir an, aber wir machen es vielleicht dann doch so und so." Also auf eine andere Art und Weise. (...) Ich glaube, weil ich so generell sehr harmoniebedürftig bin und eigentlich immer versuche, auch im Team, dass es allen gut geht und versuche, immer so ein wenig die ausgleichende Kraft zu sein. Wenn ich merke, dass jmd. nicht so zu Wort kommt bei verschiedenen Entscheidungsprozessen.
Mitläufer 2	Attributionen guter Follower	Ich glaube ein guter Follower hinterfragt die Person, der er folgt. Fragt nach dem Warum, ist kritisch, diskutiert Dinge aus und folgt dann. Nicht immer. weil er überzeugt ist von dem, aber weil er für sich das Gefühl hat, er hat alles platziert, was er an Fragen hat. Ich glaube, ein guter Follower ist niemand, der devot followed, sondern der auch immer ein Stück weit die Person weiterbringt, der er folgt. Das halte ich für ganz, ganz wesentlich. Und auf der anderen Seite auch jmd., der andere auch animiert zu folgen, wenn diese Zweifel haben, das ist dann für mich der nächste Schritt.
	Attributionen schlechter Follower	Jmd., der devot hinterherläuft, konditioniert oder devot folgt, konditioniert ohne zu hinterfragen. Oftmals ohne zu verstehen und ohne zu wissen, wo die Reise hingeht. Das ist für mich auch wesentlich. Manchmal folgt man jmd. und man weiß, das Ziel ist, dass man in jeder Form folgt oder es ist etwas, dem man folgen kann und man weiß der Weg dahin mag nicht immer der sein, den man selbst für sich sieht, aber wer nicht nach dem Weg fragt und trotzdem folgt, ist für mich ein schlechter Follower.
	Follower-Selbstverständnis der Person	[Kategorie: Ja] Ich glaube, ich muss auch in meiner Funktion ein Follower sein. Ich folge meiner Chefin, keine Frage. Allerdings folge ich meiner Chefin im Grundsatz, und bei Themen, bei denen ich mich nicht sicher bin, bei Vision und Strategien, die sich für mich auf den ersten Blick nicht gut anfühlen oder mir nicht gut erscheinen, dann stelle ich diese in Frage, diskutiere sie aus und wenn ich für mich das Gefühl habe, wir finden einen Kompromiss, dann finde ich das sehr gut. Und wenn ich das Gefühl habe, ich habe es dir ja gesagt, aber weil ich im Reinen bin und dann kann ich für mich folgen und dann bin ich auch ein Follower und dann bin ich auch ein guter Follower. Aber ich bin kein Follower aus der Begründung heraus, dass ich mir für mich persönlich etwas daraus verspreche.
	Selbsteinschätzung als guter Follower	[Kategorie: Situationsabhängig] In meiner jetzigen Position bin ich ein guter Follower. Ich glaube ich hatte auch schon Situationen in meinem Leben, da war ich kein guter Follower und das führte mittelfristig dann tatsächlich zu Frustration und das führte dazu, dass ich zumindest die Rolle, die ich hatte, so nicht mehr haben wollte oder vertreten konnte. Deshalb bin ich im Idealfall ein guter Follower und nur dann auch ein guter Follower. (...) In meiner vorherigen Rolle hatte ich eine VG, die im Grundsatz einen völlig anderen Verantwortungs- und Aufgabenbereich als ich hatte, was dazu geführt hat, dass die Schnittmenge nicht besonders groß war. Weshalb wir insgesamt so ein wenig aneinander vorbeigearbeitet hatten. Was im Grundsatz erstmal nicht schlimm war. Und dann gab es einzelne Themen, die sehr speziell und ganz klar mit dem Team zu tun hatten, wo ich folgen musste und nicht nur folgen, sondern auch umsetzen musste. Dinge, die ich weder diskutieren konnte im Vorfeld, weil sie nicht in meinem Verantwortungsradius lagen und ich sie trotzdem verantwortlich durchführen musste und das habe ich als sehr, sehr schwer empfunden (...) und auch als ganz klaren Bruch in der Beziehung meiner VG zu mir.

374

Mitläufer 3	Attributionen guter Follower	Indem er genau diese drei Wirkungskreise, die wir jetzt schon öfter erwähnt haben mit lebt. Ich finde den Gedanken da ganz gut, den meine Firma da fährt. Auch wenn er sich schlecht quantifizieren lässt.
	Attributionen schlechter Follower	Ja gut, jemand der genau diese drei Wirkungskreise nicht berücksichtigt. Indem er sagt, ich arbeite nur für mich alleine, ich gebe keine Informationen weiter etc. Lässt sich ja direkt daraus ableiten.
	Follower-Selbstverständnis der Person	[Kategorie: Situationsabhängig] Trifft teilweise zu. Es ist abhängig von der Thematik. Wenn ich von der Thematik nicht überzeugt bin, aber sie erledigen muss, dann bin ich eher Follower. Wenn ich die Thematik für mich als interessant empfinde, dann bin ich eher Leader. Weil ich dann auch meinen persönlichen Stempel setzen möchte.
	Selbsteinschätzung als guter Follower	[Kategorie: Nein] Nein. Ich hinterfrage sehr viele Entscheidungen meines Chefs. Das könnte man jetzt natürlich nochmal, um auf die Frage von vorher zurückzukommen, was einen guten MA oder Unterstellten auszeichnet, natürlich auch zu hinterfragen, nennen. Aber nicht komplett negieren der Anweisung des VGs und ich bin halt eher jmd., also wie schon gesagt, wenn ich nicht davon überzeugt bin, dann kann ich auch natürlich sehr ins Negative abdriften, indem ich ihn einfach zerlege mit sehr viel Fragen. (…) Na ja, es ist natürlich schon so, dass mir das dann auch Spaß macht.
Mitläufer 4	Attributionen guter Follower	Also ich denke jetzt ganz klassisch an jmd., der relativ bescheiden, wenig aufbrausend, wenig impulsiv ist. Der eigentlich relativ ruhig ist, man denkt so, die sind ja so ruhig und zerbrechlich von außen. Aber wenn du dann siehst, was machen die, siehst die Ergebnisse und lässt dir das erklären und hörst zu, dann merkst du, dass da sehr viel Grips dahinter steckt. Die brauchen, glaube ich, die Ruhe, die brauchen so diese „Lasst das mal in Ruhe machen, wenn ich fertig bin, dann zeige ich euch, ich bin fertig." Und die Ergebnisse können definitiv die derer übertrumpfen, die immer am lautesten schreien.
	Attributionen schlechter Follower	Jmd., der irgendwie möchte, dass ein anderer das Ruder in die Hand nimmt, dann aber in dem was er kann, schlampig agiert oder seinen Beitrag entsprechend qualitativ nicht leistet. Das wäre für mich ein schlechtes Attribut, weil du ihn anstupsen musst oder akquirieren musst. Das, was er dann aber eigentlich beitragen könnte, tut er nicht oder liefert er nicht ab.
	Follower-Selbstverständnis der Person	[Kategorie: Situationsabhängig] Ähm, irgendwie nicht so richtig. Ich glaube, ich habe Anteile, ich denke ich bin eine Mischung. Ich bin jetzt auch nicht der, der immer Führung übernehmen muss. Ich habe jetzt auch keinen Drang, immer zu sagen „Gebt mir das Zepter in die Hand", aber ich mache es gerne. Ich kann die Führung und genauso kann ich aber auch zurücktreten (…) ich mache dann schon von alleine immer mit. Ich weiß nicht, wie man das nennen kann, so eine Hybrid-Rolle. Ich lasse mich auch führen, aber ich bleibe nicht unbeteiligt, aber ich steuere immer was dazu bei oder hinterfrage oder bin im Austausch mit dem.
	Selbsteinschätzung als guter Follower	[Kategorie: Ja] Na ja, wenn ich muss. Also klassische Situation ist ja - ich bin ja nicht der Teamleiter unseres Teams - also bin ich irgendwo eine Form des Followers, also zumindest nicht der Chef. Und in der Rolle, würde ich sagen, gebe ich immer mein Bestes, dass ich in der Rolle das leisten kann, was ich leisten möchte und auch, was von mir erwartet wird. Und damit bin ich dann auch zufrieden. Ich denke, dass zeichnet jmd. aus, der das gut macht.
Mitläufer 5	Attributionen guter Follower	Der auch kritische Punkte anspricht, der vielleicht auch mal Lösungen aufzeigt und sagt mit der und der Erfahrung: „Sollten wir es nicht links herum oder rechts herum versuchen." Jmd. der auch aktiv mitwirkt. Das ist für mich einer, der sagt „Da kann was Großes und Ganzes entstehen." Weil wenn ich viele Follower habe, die sich auch mal konstruktiv äußern kann das Ergebnis nur umso besser werden.
	Attributionen schlechter Follower	Es gibt ja viele, die in der Komfortzone sitzen und möglichst gar keine Veränderungen haben wollen. Und der Weg des geringsten Widerstands ist, ich sage einfach ja und mache mit. Und ich sage jetzt mal, nicht jede Entwicklung muss ja positiv sein und derjenige, der die Entwicklung anstrebt, braucht ja auch mal ein paar Gegenspieler. Man muss sich auch reiben können, wer hat die Weisheit schon mit Löffeln gefressen, sage ich mal ganz platt. Und wenn ich nur Ja-sager habe, dann kann ich mich zwar als der Größte fühlen, aber ich kann voll gegen die Wand fahren. Also ich brauche auch jmd., der fragt: „Hast du an das gedacht?" oder „Wie sieht denn das aus?" oder „Können wir denn nicht vielleicht in eine andere Richtung gehen?" und wenn ich das nicht habe, dann ist die Gefahr groß, dass ich was in den Sand setze und das kann teuer werden. Dem MA ist das egal, aber dem UN kann Schaden entstehen, wenn ich ein Projekt gegen die Wand fahre. (…) Der schlechte hat eben überhaupt keine Meinung, der schwimmt so mit. Oder er meckert im Hintergrund und versucht, Stimmung zu machen und ist meinem Erachten nach auch nicht an Neuerungen interessiert. (…) Er ist wenig Herzblut und dass man auch noch was verändern möchte und im Dienste des UNs ist, weil ich habe ja einen Vertrag. D. h., ich bin jetzt nicht nur hier, um den Tag zu verbringen und von der Straße weg zu sein, sondern ich darf mich auch einbringen oder ich muss mich auch einbringen, denn dafür bekomm ich auch gutes Geld.
	Follower-Selbstverständnis der Person	[Kategorie: Situationsabhängig] Das ist themen- und situationsabhängig. Es gibt Themen, in Richtung Vorstand oder Geschäftsführung gehen, bei denen ich manchmal der Follower bin, um das Thema auch durchzukriegen und nutze dann die Gunst der Stunde, das einfach weiterzubringen. Oder halt als aktiver Follower kann ich dann ja auch oft leider meinen Mund nicht halten in diversen Workshops dann auch mitzuwirken, dass Themen dann auch zur Umsetzung kommen.
	Selbsteinschätzung als guter Follower	[Kategorie: Situationsabhängig] Das ist auch wieder situationsabhängig. Aktuell ja, also mit dem aktuellen Chef ja. Weil sehr viele innovative Ideen kommen, der möchte etwas vorantreiben und das kann ich mittragen. (…) Wenn wir Meetings haben, dann unterstütze ich da auch z.B. mit entsprechend Aussagen. Ich versuche Kollegen, die evtl. völlig in eine andere Richtung denken oder sich quer stellen, mit denen auch zu reden. Und mal einen anderen Blick quasi zu schaffen. Und das ist eigentlich das, was ich aktuell mache. Ich versuche, die Nebenkriegsschauplätze in irgendeiner Weise in Zaum zu halten, so dass es nicht explodiert. Und wenn etwas wäre, dann würde ich zu meinen Chef gehen und sagen, wir müssen da was tun.

Tab. 139: Follower-Verständnis (Followertyp Mitläufer)

	Frage	Textevidenz
Blender 1	Attributionen guter Follower	Ich würde sagen, wenn ich mich jetzt selbst als Follower sehe, dass ich nicht aufdringlich bin und dass ich nicht der Schatten bin, sondern dass ich viel mehr beobachte und das feststelle und das Ganze in mein eigenes Konzept mit implementiere. Dazu gehört auch viel Fragen natürlich, weil ich denke, jeder Leader weiß, wenn er einen Follower hat in dem Fall. Aber ich denke, ein guter Follower sollte gut selektieren können, was für ihn relevant ist oder nicht und sollte sich entsprechend auch selbst weiterinformieren und nur am Leader orientieren und selbst Trends z.B. erkennen.
	Attributionen schlechter Follower	Das ist jmd., der Konzepte eins zu eins übernimmt und kopiert. Und dabei selbst vielleicht nicht feststellt, dass es gar nicht zu seiner eigenen Art passt.
	Follower-Selbstverständnis der Person	[Kategorie: Ja] Ich würde einfach noch kurz ergänzen, dass ich aktuell ein intensiverer Follower bin, als ich es später zu sein wünsche. Zumindest was diese eine Person angeht, weil ich gerade darauf angewiesen bin, eingelernt zu werden.
	Selbsteinschätzung als guter Follower	[Kategorie: Ja] [Lacht]. Also ich überlege mir tatsächlich zweimal, ob das jetzt notwendig ist, sie anzurufen. Ich versuche vorher erst mal, das selbst zu lösen. Ich hatte letzte Woche mal den Fall, dass ich in einer Gehaltsberechnung einfach nicht auf den Punkt gekommen bin, wie es sein sollte. Wir haben so einen Gehaltsrechner, und da war ich kurz davor schon, die Nummer zu wählen und dann habe ich gemerkt, dass eine Zahl eine Feld gar nicht automatisch aktualisiert wird, sondern ich das manuell eintragen muss. Und in dem Moment war ich sehr stolz darauf, dass ich nicht sofort zum Telefonhörer gegriffen habe. Von daher würde ich sagen, bin ich nicht der schlechteste Follower.
Blender 2	Attributionen guter Follower	Dass er sich selber zurücknimmt und die Vision, die im Vordergrund stehen sollte und die er auch hoffentlich kennt, dass er im Sinne dieses Ziels agiert und sich selbst soweit wie möglich rausnimmt, aber seine Fähigkeiten und seine Besonderheiten, die das Ganze eben fördern können, gut integriert und gut auslebt und sich zu 100 % einbringt.
	Attributionen schlechter Follower	Das wäre für mich ein Mitläufer, der, auch wenn er eine ganz andere Meinung vertritt, trotzdem gegen seine Meinung handelt. Der kein Standing in dem Sinne hat, dass er selber kaum für sich behauptet, darstellt und in Anspruch nimmt. Der sozusagen ein sehr schwammiges Profil möglicherweise hat und dankbar ist, wenn jmd. anderer ihm sagt, was er zu tun hat. Ihm die Richtung gibt, ihn korrigiert, dem das sozusagen eher Halt gibt.
	Follower-Selbstverständnis der Person	[Kategorie: Situationsabhängig] Nein. (...) Also im großen System ja, im kleinen System - im Mikrokosmos - nicht. Im großen System ja, weil ich denke, da habe ich ein Anliegen, das viele andere auch haben und da arbeite ich dafür. Aber ich bin schon dann auch sehr kritisch, wenn ich meine Sachen dann auch durchsetzen möchte, wenn ich etwas besonders finde über eine längere Zeit. Also nicht jede Schnapsidee, die mir sofort irgendwie kommt oder jede Innovation, dir mir einfällt. Wenn ich überzeugt bin von einer Sache und das länger überprüft habe und sehe da einen Sinn darin, aber keine richtige Umgebung, in der ich das dann umsetzen kann, dann bin ich auch wahrscheinlich eher jmd., der dann die andere Richtung einschlägt für sich. (...) Selbst was aufbauen. Selbst wiederum entweder alleine oder mit anderen, die ich dann für mich gewinne, wieder eine neue Zelle öffnen (...) im Prinzip wieder die Leute um sich scharen und es umsetzen.
	Selbsteinschätzung als guter Follower	[Kategorie: Situationsabhängig] Also im großen System ja, im kleinen System - im Mikrokosmos - nicht
Blender 3	Attributionen guter Follower	Dass er auch immer fragt, nicht nur das sieht, was der, dem er folgt, was der macht. Sondern auch hinterfragt, warum er das vielleicht macht. Um das auch besser zu verstehen, damit er nicht nur dem folgt, weil er denkt, er versteht ihn und stattdessen versteht er ihn gar nicht und das dann falsch weitergibt.
	Attributionen schlechter Follower	Wenn du nur jmd. folgst, weil andere sagen, du sollst ihm folgen. Und dass du ganz vielen folgst und eigentlich gar nicht weißt, warum du ihnen folgst. (...) Wenn der MA z.B. was falsch interpretiert, das wäre ein schlechter Follower. Aber da liegt es halt in der Verantwortung der Person, der er folgt, das richtig zu sagen oder zu zeigen, dass er die Ziele richtig nach außen hin trägt, damit der Follower ihn auch wirklich aufgrund dessen folgt und ihn richtig versteht.
	Follower-Selbstverständnis der Person	[Kategorie: Ja] Ja, weil ich mit offenen Augen durch das Leben gehe und immer schaue, o.k., was könnte - gerade der VG oder andere (..) Leader, wenn wir jetzt wieder in Sales gehen oder andere Leader leadershiptechnisch, was machen die, was ich auch machen könnte oder haben die vielleicht eine Herausforderung gehabt, die auch auf mich zukommen könnte. Und einfach offen bin für andere, denen ich folge. Und ich das immer ausweite, dass ich noch mehr folge.
	Selbsteinschätzung als guter Follower	[Kategorie: Ja] Ja, (...) weil ich offen für neue Initiativen bin, aber die Gefahr naheliegt, dass man irgendwann eine Reizüberflutung hat mit allen Initiativen (...) Weil du kannst nicht auf jede Situation oder jede Herausforderung bestens vorbereitet sein, das geht nicht.
Blender 4	Attributionen guter Follower	Ich arbeite gut, ich arbeite schnell, aber auch sehr genau. Ich bin da sehr pingelig, wenn irgendwelche Sachen abzuliefern sind, dann mache ich das auch detailliert, dass es dann perfekt ist. (...) Ich würde sagen, dass ich da schon relativ strukturiert vorgehe und mir den Tag dann so einteile, dass ich sage, o.k., das macht jetzt Sinn. (...) Wie ich schon gesagt habe, Sachen auch zu hinterfragen. Das finde ich, glaube ich, gut, weil auch ein Leader kann einmal Fehler machen oder ein Leader hat auch nicht immer alles auf dem Schirm, was so passiert. Aber auch wenn es dann so ist, dann muss man die Sachen auch ausführen und umsetzen, auch wenn das nicht der Meinung ist.
	Attributionen schlechter Follower	Wenn man nur das macht, was einem gesagt wird. Ja, ich glaube schon so, wenn man das einfach so hinnimmt, was einem gesagt wird, das ist ein schlechter Follower. Klar ein Follower sollte jmd. folgen, aber ich glaube, wir sind auch alle nur Menschen, also schon Sachen mit Verstand hinterfragen muss und das wäre für mich ein schlechter Follower, wenn er das alles so hinnimmt und nicht challenged.
	Follower-Selbstverständnis der Person	[Kategorie: Ja] Aktuell ja. Weil ich momentan zwar selber Sachen entscheide, aber nicht auf so einer Wichtigkeit. Für mich sind Follower auch dazu da, Sachen zu challengen, also Sachen zu hinterfragen. Aber wenn von meiner VG gesagt wird, wir machen das so, dann setze ich das um.

	Selbsteinschätzung als guter Follower	[Kategorie: Ja] Natürlich. Doch, wie gesagt, würde ich machen. Weil ich Sachen hinterfrage, versuche diese zu verstehen, so dass ich beim nächsten Mal vielleicht auch gar nicht mehr fragen muss, sondern beim nächsten Mal auch gleich mit Alternativen kommen kann und sagen kann: „So und so sehe ich das, die Alternativen haben wir" und dann wird eine Entscheidung getroffen von meiner VG.
	Attributionen guter Follower	Dass er zuhört. Abmachungen einhält, Deadlines einhält, aber auch selbstständig sein kann. Aber auch den Mut hat zu fragen, wenn er nicht weiterkommt. Gerade auch die VGs zu fragen, ich denke, das ist ganz wichtig.
	Attributionen schlechter Follower	Keine Selbstständigkeit, kein Verlass, auch Unpünktlichkeit bei Deadlines, also eigentlich genau konträr dazu, was ich eben gesagt habe.
Blender 5	Follower-Selbstverständnis der Person	[Kategorie: Situationsabhängig] Es kommt darauf an. Ich bin beides gerne mal, ich folge auch gerne mal, wenn ich in einem Team sehe, einer hat die Idee oder die besseren Argumente, dann vertraue ich darauf und folge dieser Person dann. Wenn ich aber merke, ich kann mich viel mehr einbringen, dann gebe ich auch mal mehr, als nur zu folgen und leite dann auch eher mal. Es kommt wirklich auf die Situation an, würde ich sagen, oder auf das Thema, worum es sich gerade dreht. (...) Also jetzt gerade, wenn ich das bei mir ansehe, dann wird das alle kreativen Parts, das ist so meins. Und dann schon die Eventorganisation oder Organisation an sich, da bin ich schon gerne vorne mit dabei. Oder wenn es um Teamausflüge geht oder solche Aktivitäten, da mache ich schon gerne.
	Selbsteinschätzung als guter Follower	[Kategorie: Ja] Doch, ich denke schon, würde ich, ja (...) Ich bin zuverlässig, hilfsbereit, wenn jeder mich braucht. Und ich übernehme halt oft auch Aufgaben, die ich nicht kenne. Ohne jetzt irgendwas zu sagen und lerne dann ja dabei. (...). Das einzige, bei dem ich denke, dass es manchmal schwierig ist, ist wenn es manchmal so viel ist. Wenn man als Follower so viel von oben bekommt, dann kriegt man einfach auch manche Sachen nicht mehr hin und schafft manche Deadlines nicht. Und das ist dann aber auch für mich selbst enttäuschend. Weil eigentlich will man es ja schaffen, aber im Großen und Ganzen, sehe ich mich schon als guten Follower.

Tab. 140: Follower-Verständnis (Followertyp Blender)

Selbstidentifikation, Verhaltensweisen & Qualitäten von Followern		
Followertyp Bedürftiger		
	Frage	Textevidenz
	Attributionen guter Follower	Auf jeden Fall langfristig ist ein guter Follower, also [nicht] wenn jmd. nach drei Monaten wieder geht (...). Ich finde auf jeden Fall, Sachen zu hinterfragen, finde ich wichtig, nicht alles nur Stupide abzuarbeiten, sondern das Gespräch zu suchen und insgesamt halt einen Beitrag zu leisten für alles. Sowohl, dass natürlich die Kunden zufriedenstellend abgearbeitet werden, aber ich finde es auch wichtig, für jmd., dass man so das Gesamte im Überblick hält. Dass man auch im Team gut funktioniert und das Zwischenmenschliche nicht außer Augen lässt und man versucht, insgesamt auch die anderen zu motivieren und nicht nur schlechte Stimmung zu machen, sondern hinter dem zu stehen was man macht.
	Attributionen schlechter Follower	Jmd. der nur körperlich anwesend ist [lacht], der schlechte Stimmung macht. Die Sachen abzuarbeiten, so wie man sie auf den Tisch bekommt ist sicherlich auch irgendwo eine Qualität, das ist nicht nur negativ. Da muss dann halt der Chef damit umgehen können. Aber wirklich nicht dahinter zu stehen und schlechte Stimmung zu verbreiten, finde ich ganz schlimm. Nur körperlich anwesend zu sein ohne wirklich produktiv zu sein, finde ich auch schlimm. Nichts für die Gemeinschaft zu tun. (...) So allgemeine Aufgaben zu übernehmen, die jetzt nicht dotiert sind. Z.B. dass man, wenn bei der Kaffeemaschine der Kaffee leer ist, dass man dann auch mal oben Neuen reinschüttet und dann das Wasser nachfüllt. Oder wenn man bei jemandem am Schreibtisch gesessen ist, das man zusieht, dass man das dann auch ordentlich wieder hinterlässt. So zwischenmenschliche Sachen einfach.
Bedürftiger 1	Follower-Selbstverständnis der Person	[Kategorie: Nein] Nein (...) Weil ich bisher nicht wirklich das Glück hatte, wirklich einen qualifizierten VG zu haben und ich damit einfach überhaupt nicht klar komme (...) Ich habe schon immer noch meinen eigenen Anspruch, meine Arbeit gut zu machen. Aber zu sagen, ich stehe da wirklich hinter ihr, und ich würde da jetzt Vollzeit z.B. arbeiten, so wie ich das am Anfang gemacht habe, das würde ich nicht mehr und ich werde da auch definitiv in Zukunft aufhören. Das geht einfach nicht.
	Selbsteinschätzung als guter Follower	[Kategorie: Situationsabhängig] Als guten Follower... Das ist so schwierig zu sagen, wenn man noch nie unter einem guten Chef gearbeitet hat, finde ich. Obwohl einmal in der Steuerkanzlei, da war ich nach der Ausbildung gewesen, da waren eigentlich schon alle zufrieden mit mir, nur war es dann irgendwann mal eine finanzielle Frage, dass ich gegangen bin. Aber da hatte ich echt einen guten Chef, Sachen auch einmal angesprochen hat und der einem auch Feedback geben konnte, ohne einen zu beleidigen. Ich glaube, dass das schon sehr viel ausmacht, wenn man einen Chef hat, der einigermaßen strukturiert ist oder auch mal was positives sagen kann, dann glaube ich schon, dass ich ein guter Follower wäre.
	Attributionen guter Follower	Ein guter Follower ist jmd., der auf seinen Teamleader eingeht. Der irgendwo dahinter steht, was der Teamleiter an Zielen umzusetzen hat für das Management. Der mit dem Team zusammenarbeiten kann, der sich auch Gedanken dazu macht und nicht einfach nur mitschwimmt. Der auch wirklich was zum Team beiträgt und sich gut miteinbringen kann.
	Attributionen schlechter Follower	Der einfach sagt, das interessiert mich nicht. Ich mache mein 9-5 und gehe dann heim. Das wäre jetzt mal die Kurzfassung. Der sagt, ich mache mein Ding, ich will nicht im Team arbeiten. Und der Rest ist mir egal.
Bedürftiger 2	Follower-Selbstverständnis der Person	[Kategorie: Nein] Nein, weil ich schon auch gern irgendwo zusehen will, dass das Team weiterkommt. Das auch das UN weiterkommt und ich genauso. Ich bringe schon gern meine Meinung mit ein und möchte auch zusehen, dass das System vorankommt, dass der Kunde zufrieden ist usw. Also ich habe schon diesen Ehrgeiz, dass ich sage, das muss laufen. Und wenn das oder das dafür getan werden muss, dann bringe ich das ein, oder wenn es irgendetwas gibt, was besprochen wird und mir nicht gefällt, dann widerspreche ich auch.
	Selbsteinschätzung als guter	[Kategorie: Ja] [Nachdem Interviewer das Unterstelltenverhältnis und das unterordnende Verhalten betont hat] Würde ich jetzt schon so sehen. Also natürlich hängt es auch immer damit zusammen, wie man sich mit seiner di-

Bedürftiger 3	Follower	rekten VG versteht und das funktioniert bei uns einfach sehr gut, weil sie vorher auf meiner Ebene war und dann befördert wurde. Und wir eine gute Basis haben und ich auch hinter dem stehe, was sie macht und tut. Das hilft dem ganzen natürlich schon sehr bei. Und ansonsten bin ich natürlich ein Typ Mensch, der auch niemandem Steine in dem Weg legen möchte, wenn ich dahinter stehe und das ist bei uns in jedem Fall der Fall.
	Attributionen guter Follower	Der einfach seine Arbeit macht, so wie das von ihm verlangt wird und teamfähig ist. Das ist bei uns natürlich auch wichtig, weil wir immer einige Leute zusammen sind. Und der sicherlich auch mal Kritik übt oder Kritik melden kann, aber zum richtigen Zeitpunkt und nicht einfach vor anderen einfach so rausbrüllt, obwohl das jetzt eigentlich nicht sein sollte.
	Attributionen schlechter Follower	Der immer motzt, immer alles (…) schlecht findet, aber selbst nichts auf die Füße bekommt. (…) wenn z. B. bei uns totaler Stress ist und du mal 6 Stunden nicht auf die Toilette kommst oder unsere Raucherkollegen, die dann mal länger zum Rauchen kommen, die dann wirklich aggressiv und ausfallend werden oder die einfach nicht belastbar sind. Die immer nur schimpfen, aber selber, wenn sie mal eine Stunde Pause haben, nie jemanden ablösen, der vielleicht mal schnell Essen möchte. Also das sind für mich diejenigen, die in der Gruppe nicht gut sind
	Follower-Selbstverständnis der Person	[Kategorie: Ja] Ja. Weil ich das eigentlich seit 26 Jahren bin. Ich war nie in einer höheren Position, ich mache meine Arbeit und es ist gut. Also so ich habe auch kein Problem damit, weil ich zuverlässig meine Arbeit mache. (…) Ich bin keine FK, ich bin einfach der Arbeiter. Ich arbeite gerne, aber ich möchte nicht führen. Ich will die Verantwortung einfach nicht, ich möchte zuverlässig meine Arbeit machen und das mache ich gern. Aber ich will keine Führungskraft sein.
	Selbsteinschätzung als guter Follower	[Kategorie: Ja] Ja. Ich lege es z.B. auf die Krankheitsquote zurück, ich bin so gut wie nie krank, die Kollegen können sich auf mich verlassen. Es ist ein Miteinander. Wie gesagt, wenn man mal merkt, dass es jemand nicht gut geht, dann unterstützen wir uns gegenseitig und da bin ich auch jemand, die sofort dabei ist. Allerdings wenn ich merke, es wird ein falsches Spiel gespielt, dann bin ich auch der Elefant. Da bin ich kein guter mehr (…) Ja, solche Leute ignoriert man dann, denen kann es noch so schlecht gehen oder noch so dringend auf die Toilette müssen, die stehen da halt dann einfach mal.
Bedürftiger 4	Attributionen guter Follower	Ein guter Follower. Ich finde, ganz wichtig ist immer der Respekt. Dass man Respekt vor dem Team hat und vor seinen Chef hat. Es bringt mir nichts, wenn ich in der Gruppe einen Follower habe, der zwar gut arbeitet, aber permanent aufmüpfig ist und permanent irgendwie ein Quertreiber ist. Und deswegen ist ein guter Follower für mich definitiv auch respektvoll, gut in seiner Arbeit, erledigt seine Arbeit schnell. Ja das sind so die wichtigsten Punkte, denke ich.
	Attributionen schlechter Follower	Ja, einer, der einfach aufmüpfig ist, auch da dann das Gegenteil: keinen Respekt hat vor anderen Leuten oder noch Leute mobbt. Also genau das Gegenteil. Also der seine Arbeit natürlich nicht macht und andere Kollegen [im Stich] lässt, das wäre für mich ganz blöd. Also ein ganz blöder Follower.
	Follower-Selbstverständnis der Person	[Kategorie: Ja] Ja. Ich würde mich definitiv als Follower beschreiben, weil ich aber auch persönlich gar kein Interesse daran habe, ein Leader zu sein. Ich bin froh in der Rolle, so wie es jetzt ist. Und ich bin die Art Typ, der sagt, ich würde gern monatlich einfach mein Geld verdienen und lege sehr viel mehr Wert auf Privatleben und muss mich nicht auch mehr die Arbeit mit irgendwelchen Statistiken und Arbeiten. Deswegen bin ich voll damit zufrieden, meine Arbeit als Follower zu machen.
	Selbsteinschätzung als guter Follower	[Kategorie: Ja] Ja, doch, würde ich auf jeden Fall. Es ist noch Luft nach oben definitiv, aber das merkt man auch dann doch immer wieder vom Feedback vom Chef. Er gibt dir dann immer wieder Tipps, was du besser machen kannst und wie du dich verbessern kannst, was auch völlig in Ordnung ist. Aber er macht mir jetzt nicht den Eindruck, dass er mich raushaben will in einem halben Jahr oder so was oder in zwei Monaten und deshalb gibt mir das den Eindruck, dass ich da schon gut in einer Gruppe dabei bin. (…) Vielleicht auch, weil diese Punkte, die ich vorher besprochen habe, weil ich die auch wirklich befolge. Ich bin wirklich sehr respektvoll allen MA gegenüber, ich habe sehr viel Verständnis für die MA. Ich bin jemand, zu dem die Leute immer kommen können, egal was sie haben und da finden wir auch immer eine Lösung, das ist nie ein Problem.
Bedürftiger 5	Attributionen guter Follower	Ich glaube, ein guter Follower muss erst mal bereit sein, also offen genug sein, um eine Diskussion über Themen zuzulassen. Denn du kannst ja nicht davon ausgehen, dass man immer der Meinung von einem Leader ist. Gleichzeitig halte ich es aber auch nicht für sinnvoll, wenn der Follower immer sofort mit Ja und Amen alles tut, was der Leader sagt. Dann denkt er ja selber nicht mit. Und ich denke ein guter Follower muss schon seinen eignen Kopf behalten und in Zeiten, in denen es notwendig erscheint, auch mal gegen reden können und dann geht es halt einfach darum, dass man in die gleiche Richtung laufen will, wie der dem man sozusagen folgt. Und das man da auch Spaß dran hat, das dann umzusetzen, dass man eben nicht der Eigenbrötler ist, der jetzt immer seinen eigenen Karren irgendwohin fahren muss und der einfach aus Prinzip, weil der andere rot gesagt hat, jetzt blau sagt. Sondern, dass man da auch einen Sinn darin sieht, das was sich andere ausdenken, auf die Straße zu bekommen. Und dabei eben nicht sein Hirn an der Kasse abgibt, sondern das halt trotzdem noch versucht mit den eignen Mitteln und Stärken zu unterstützen. Und ich glaube, ein guter Follower ist auch immer jmd., der einen Leader komplimentiert. Der Leader hat bestimmt gewisse Stärken, aber der Leader kann auch nicht alles alleine, und ein guter Follower sollte nicht eine Blaupause vom Leader sein, der genauso denkt und genau alles so macht, wie der Leader. Sondern sinnvollerweise jmd., der Sachen abdeckt und Sachen besser kann als der Leader.
	Attributionen schlechter Follower	Also, ich glaube, ein schlechter Follower ist tatsächlich jmd., der immer alles nur nach Ja und Amen abfrühstückt und einfach auch nicht hinterfragt, warum jetzt bestimmte Sachen wie oder auch nicht gemacht werden. Das, glaube ich, ist ein schlechter Follower. Und ich glaube, ein schlechter Follower ist einfach auch jemand, oder zumindest auf lange Sicht ein schlechter Follower, wenn immer jemand sein, der selber eigentlich den Drang zum Leader hat, weil der auf Dauer sich in dieser Position des Followers nicht wohl fühlen wird und der da, glaube ich, Bedürfnisse, die er vielleicht hat, unterdrücken muss oder möchte oder wie auch immer, und das beeinträchtigt ihn in seiner Leistung, weil er Energie dafür aufbringen muss, Sachen nicht zu tun oder anders zu tun als er sie vielleicht würde. Das macht ihn jetzt nicht notwendigerweise zu einem schlechten Follower im Sinne von, er muss immer schlechte Leistung bringen, sondern ich glaube einfach, dass es dafür halt einen nicht so großen, weil das dann einfach Energie aus dem Gesamtumfeld abzieht, die man sinnvollerweise für etwas anderes verwenden würde.
	Follower-Selbstverständnis der Person	[Kategorie: Ja] Ich glaube schon, dass ich eher ein Follower bin. Ich merke im Moment, dass ich manchmal auch eher zufällig zum Leader werde, weil ich eben mit am längsten in der Firma drin bin und mich einfach oft andere Kollegen dann Sachen fragen, oder weil ich einfach auch länger unsere Projekte betreue, und die mich dann um

	Unterstützung bitten und ich auch einfach mehr Berufserfahrung habe als die eine oder andere. Aber grundsätzlich bin ich schon ein Follower, und ich bin auch ganz gerne ein Follower. Ja, würde ich schon sagen.
Selbsteinschätzung als guter Follower	[Kategorie: Ja] Ja, ich glaube schon. Doch ich denke schon. Ich versuche schon und ich glaube, da bin ich auch besser geworden. Als ich da angefangen habe, habe ich viel so gemacht, wie meine Chefs das halt vorgegeben haben, vielleicht auch weil ich diese Art Projekte zu führen auch noch nicht so kannte oder das, was wir da gemacht haben. Und inzwischen kenne ich das sehr gut und habe in manchen Bereichen auch mehr Herrschaftswissen als mein Chef, meinetwegen, weil ich in manchen Sachen tiefer drinstecke und da empfinde ich das schon auch als meine Aufgabe als guter Follower in bestimmten Momenten dann zu sagen: „Du kannst jetzt in diese Richtung gerne weiterrennen. Ich gebe aber zu bedenken, dass in dieser Richtung A, B und C lauern. (…) Dann mag er trotzdem noch entscheiden, in welche Richtung er rennen möchte, das ist sein Vorrecht als Leader und das diskutieren wir dann gesetzten Falles aus, aber das finde ich schon wichtig, dass man solche Diskussionen auch führt und seinen Leader - um dieses schöne denglische Wort zu benutzen „challenged", weil der ist auch nur ein Mensch und der kocht auch nur mit Wasser und der kann sich in seinen bestimmten Bereichen sicherlich gut bewegen, aber da kommt dann halt auch wieder dieses komplementierende Element rein, dadurch dass ich mich mit meinem Chef, glaube ich, schon sehr komplimentiere, erwartet der auch von mir, dass ich das mache, und das erwartet er auch von mir zu Recht, dass ich ihm sage: „Hey da vorne ist jetzt übrigens eine Wand, wenn du jetzt weiterrennst, dann könnte es halt ungünstig werden." Das finde ich schon wichtig, ich kann aber auch in bestimmten Momenten mir dann denken, ja o.k., dann machen wir es halt so. Also ich muss nicht auf meiner Meinung beharren, und ich muss nicht recht kriegen. Wenn es wirklich Sachen sind, von denen ich glaube, dass es sehr, sehr wichtig ist und dass es möglicherweise auch für den Kunden sehr wichtig ist, weil ich ja doch näher am Kunden oftmals dran bin und da so die Zwischentöne manchmal mehr mitkriege, dann stelle ich mich schon auf die Hinterfüße. Aber so im Großen und Ganzen, also ich hänge da jetzt nicht dran, dass ich Recht kriege. Und ich glaube, das ist so eine Balance - Mund aufmachen aber gleichzeitig auch sagen können, o.k., machen wir es so. Und ich glaube, das kann ich ganz gut.

Tab. 141: Follower-Verständnis (Followertyp Bedürftiger)

Frage (9): „Denken Sie, es hat Vorteile ein Follower zu sein? Warum ja/ warum nein? Ggf. Welche Nachteile sind mit der Rolle als Follower verbunden?

Vorteile der Rolle als Follower	
Gesamtstichprobe	
Kategorie	Textevidenz
Weniger Verantwortung *(10 Nennungen =40 %)*	• Indem ich vielleicht nicht die volle Verantwortung für etwas trage. (AS2) • Man (hat) eine gewisse Form von Sicherheit, weil man dann (…) weniger Verantwortung hat als ein Leader (…), wenn man einen Fehler macht, dann ist das nicht auf einer Ebene, die die gesamte Organisation betrifft, die dann in Mitleidenschaft gezogen werden kann. (AS3) • [Für] Leute, die vielleicht Angst vor Verantwortung haben, die sich selber nicht so belasten wollen mit solchen Themen oder es nicht können. (AS4) • Weniger Verantwortung, man kann einen gewissen Teil davon abgeben, man kann sich auf seine Aufgaben konzentrieren. (EX1) • Wenn ich persönlich zu viel Verantwortung habe, ich mich nicht wohlfühle und lieber die Verantwortung jmd. überlasse, der die Erfahrung hat. (EX3) • In meinem Bereich schon. Weil ich die Verantwortung von vielen Dingen nicht übernehmen möchte. (EX5) • Keine Verantwortung übernehmen. (ML3 • Nicht zu viel Verantwortung haben. (BL5) • Man hat weniger Verantwortung. (BE1) • Ich muss mir meinen Kopf nicht darüber zu zerbrechen, was in der Arbeit wieder los ist. Ich bekomme das gesagt, was wieder los ist. (BE3)
Vom Vorgesetzten lernen *(8 Nennungen =32 %)*	• Beobachten und Lernen vom [Vorgesetzten]. (AS1) • Dass man sieht, was macht derjenige und dann kann man auch sehen, ist der Weg richtig oder falsch. Und dann kann man sich auch gute Tipps geben lassen. (AS5) • [Es] gibt (die), die auch lernen können, während sie folgen. Also ich beobachte die Person, der ich folge und lerne daraus. (ML2) • Am Anfang als Follower. Gerade in den Zeiten der Unsicherheit, in denen man noch viel zu lernen hat und vor allem in dem Moment auch noch viel kopieren muss. (BL1) • Du musst nicht jedem folgen, sondern nur denen, die dich weiterbringen, denen solltest du folgen. (BL3) • Ich glaube, man kann enorm viel lernen, wenn man Follower ist. (BL4) • Gerade am Anfang lernt man dadurch ja auch noch ein Leader zu werden. (BL5) • Man hat nochmal eine Instanz, wo man nachfragen kann. (BE1)
Weniger Druck *(8 Nennungen =32 %)*	• Dieser Druck, den [der Vorgesetzte] hat, dadurch dass er die Verantwortung hat und das Team führen muss, der ist bei mir sehr viel geringer und dadurch habe ich Kapazitäten frei für [anderes]. (AS1) • Weniger Stress. Geregelte Arbeitszeiten, geregelten Urlaub. (EX5) • Du hast auf jeden Fall mehr Freizeit. (ML3) • Du kannst in Ruhe dein Zeug machen, solange deine Qualität stimmt. Das hat schon Vorteile. (ML4) • Und mehr ein Unterstützer sein wollen oder jmd. zuarbeiten. (BL5) • Es (ist) bequemer. Schon, weil ich mich zurücklehnen kann und sagen kann o.k., den Rest müssen die anderen machen. Die werden sich schon miteinbringen und ich kann einfach mitlaufen. (BE2)

	• Es hat Vorteile ein Follower zu sein, wenn du sagst, ich würde gern einfach nur arbeiten, ich würde gern monatlich mein Geld verdienen, ich würde gern meine Familie durchbringen. (BE4)
	• Daher hat man, glaube ich, ein etwas ruhigeres Leben als Follower. (BE5)
Weniger Entscheidung treffen müssen *(4 Nennungen =16 %)*	• Generell kann man sich als Follower in meinen Augen immer zurücklehnen und sagen: „Hey, das ist nicht mein Bier. Ihr macht das schon richtig." (EX1)
	• Manchen eher liegt zu folgen und evtl. Dinge zu hinterfragen und nicht unbedingt der zu sein, der sagt „Macht es so." (EX4)
	• Gewisse Entscheidungen (nicht) zu treffen. (ML3)
	• Ich muss bestimmte Entscheidungen einfach nicht treffen. (BE5)
Im Hintergrund sein können *(3 Nennungen =12 %)*	• Ich (…) auch gerne die Dinge präsentiere, die ich erarbeite, aber nichtsdestotrotz lieber im Hintergrund bin als im Rampenlicht. (EX3)
	• Manchmal ist es klüger, andere vorzuschicken, die ein Standing haben, die sich vielleicht da profilieren können und man dadurch ans Ziel kommt. (ML5)
	• Man kann auch im Hintergrund die Fäden ziehen und muss nicht der sein, der vorne auf der Bühne performt. (BE5)
Persönliche Vorteile *(3 Nennungen =12 %)*	• Dass man weiterkommt, wenn man Karrieremöglichkeiten hat (…) Weil ich denke, da ist das Netzwerk dabei, weil er hat ja sicher auch andere Follower und dann kann man networken, was ja auch ziemlich wichtig ist heutzutage. (AS5)
	• Sicherlich an der ein oder anderen Stelle um Kompensation meines Verhaltens, die sich niederschlägt in Gehaltserhöhungen oder in Beförderungen oder in was auch immer. (ML2)
	• Dass man einen relativ sicheren Arbeitsplatz hat. (AS3)
Einfach Anweisungen ausführen, *(2 Nennungen =8 %)*	• Arbeiten ohne sich selber Gedanken zu machen, was man eigentlich macht. Sondern einfach nach Anforderung arbeiten. (AS4)
	• Gezielt seine Kompetenz einbringen. (BL2)

Tab. 142: Übersicht der Kategorienanzahl - Vorteile der Rolle als Follower (Gesamtstichprobe)

Nachteile der Rolle als Follower	
Gesamtstichprobe	
Kategorie	Textevidenz
Weniger Einfluss *(12 Nennungen =48 %)*	• Wenn Entscheidungen getroffen werden. Das machen ja dann eher nicht die Follower. (AS1)
	• (Wenn) es nur darum geht, seine Aufgaben zu erledigen und nichts weiter, dann könnte ich mir vorstellen, dass es eher langweilig wird (…) als Follower. (AS3)
	• Man dann irgendwann in eine Situation kommt, die dich unverschuldet trotzdem trifft. Dass man sagt, da geht eine Firma kaputt jetzt hier geopfert für irgendetwas, was dein Chef verbockt hat (EX1)
	• Manche Dinge kann man dann eben nicht bewegen [oder] ändern. (EX4)
	• Entscheidungen, [die man] nicht ganz so mittragen kann, weil man selber denkt, das hätte ich jetzt vielleicht anders gemacht. (ML1)
	• Man folgt der falschen Person oder den falschen Inhalten, dann glaube ich persönlich könnte ich da sehr schwer mit umgehen. (ML2)
	• Man ist eingeschränkt in (…) seiner Selbstverantwortung. (ML3)
	• Es kann eben passieren, dass du übergangen wirst. (ML4)
	• [Du] teilweise vielleicht den Fokus verlierst, was die Richtung war. Dass dich zu sehr darauf konzentrierst, was dein Leader tut, als dass du dein eigenes Konzept entwickelst und dabei vielleicht auch den Absprung verpasst. (BL1)
	• Menschen die (…) eine gute Idee haben, dass die (..) ihre Ideen begraben müssen und (..) Dinge auf der Strecke bleiben, die sich (..) sonst vielleicht hätten realisieren lassen. (BL2)
	• Ich glaube, dass man als Follower Entscheidungen umsetzt und sie eigentlich nicht selber trifft. (BL4)
	• Meine Chefs entscheiden manchmal Sachen anders, als ich es mir denken würde, so hätte ich das jetzt nicht entschieden, wenn das meine Entscheidung gewesen wäre. (BE5)
Abhängigkeit vom VG *(4 Nennungen =16 %)*	• Wenn der VG oder in dem Fall der Manager seine Position ausnutzt und das zu seinem Vorteil macht. (AS2)
	• Dass ich nicht mehr ich bin, sondern nur noch das mache, was ich denke, dass ich sein muss, weil der, dem ich folge, das auch macht. (BL3)
	• Man ist halt abhängig vom Vorgesetzten. (BE1)
	• [Du] dann relativ klar auf der Spur unterwegs bist, die dein Leader vorgibt. (BE5)
Weniger finanzielle Benefits *(4 Nennungen =16 %)*	• Finanzielle auf alle Fälle. (EX1)
	• Wenn man einen guten Leader hat, dann bekommt man natürlich trotzdem einen Teil von diesen Lorbeeren ab, wenn man aber einen nicht so guten Leader hat, dann bekommt man nie die Lorbeeren ab als Follower. (EX3)
	• Weniger Gehalt. (EX5)
	• Finanzieller Natur, da kann man nicht so weit springen, wie man gerne möchte. (ML3)
Fehlende Anerkennung *(4 Nennungen =16 %)*	• Anerkennung fehlt (…) nicht wertgeschätzt (werden). (EX3)
	• Ja natürlich, weil ich dann immer irgendwo im Schatten stehe.(BE2)
	• Es kann eben passieren, dass du (…) für selbstverständlich genommen wirst.(ML4)
	• Ich denke, manchmal, wenn man gerade zu mehreren in einem Team ist, dann kann man untergehen. (BL5)
Fehlende Entwicklungs-	• Will ja dann doch irgendwo weiterkommen und habe meinen Ehrgeiz und als Follower habe ich da sicherlich kaum Chancen. (BE2)

möglichkeiten (3 Nennungen =12 %)	• Man kann nicht weiterkommen in seiner Karriere, weil andere einen überholen. (BL5)
	• Man ist eingeschränkt in seinen Entwicklungsmöglichkeiten. (ML3)
Keine Nachteile (3 Nennungen =12 %)	• Nein, für mich als Person fallen mir da keine Nachteile ein. (EX5)
	• Es ist immer Einstellungssache. Für mich persönlich nicht, nein. (BE3)
	• Ich finde, es gibt keine richtigen Nachteile. Wenn du ein guter Follower bist und dich gut in eine Gruppe einbringst, dann kannst du als Follower eigentlich gar keine großen Nachteile haben finde ich. (BE4)

Tab. 143: Übersicht der Kategorienanzahl - Nachteile der Rolle als Follower (Gesamtstichprobe)

Vor- und Nachteile ein Follower zu sein

Followertyp Aspirant

	Kategorie	Textevidenz
Aspirant 1	Vorteile	Ja, weil die Aufgabe der Führung eine durchaus schwierige ist. Die muss auch gelernt sein. Sowas lernt man oder man ist der Typ auch dafür. (...) ich bin der Stellvertreter, sprich, die Führung generell ist erstmal beim Kapitän (...) und das Gute ist, ich weiß ja, ich werde auch mal diesen Platz haben, dass ich wirklich der Oberste an Board bin. Aber im Moment habe ich noch die Position, dass ich umsteigen kann auf einen Follower und kucken kann, wie macht denn der Kapitän das. [Befürworte ich] das, wie können wir das vielleicht anders machen, auch mit ihm darüber reden können. Aber dieser Druck, den er hat, dadurch dass er die Verantwortung hat und das Team führen muss, der ist bei mir sehr viel geringer, und dadurch habe ich Kapazitäten frei für [anderes]. Und fürs Beobachten und Lernen von ihm. Also Follower hat sehr viele Vorteile.
	Nachteile	Ja, durchaus. Und zwar, wenn Entscheidungen getroffen werden. Das machen ja dann eher nicht die Follower, es sei denn es ist eine Demokratie. Wobei das bei uns (...) nicht gemacht wird und man mit den Entscheidungen leben muss von der Führungsperson. Das ist der Führungsperson bekannt, dass wenn eine Entscheidung getroffen wird, dann nicht so, dass jeder glücklich ist (...) Und ja, da bin ich nicht immer zufrieden damit. Das sind durchaus Nachteile.
Aspirant 2	Vorteile	Indem ich vielleicht nicht die volle Verantwortung für etwas trage.
	Nachteile	Wenn der VG oder in dem Fall der Manager seine Position ausnutzt und das zu seinem Vorteil macht, dann kann das ganz klar auch zu meinem Nachteil werden. (...) Indem er anfängt, Untergeordnete zu schikanieren, überflüssige Aufgaben zu verteilen oder ständige Kritik zu äußern. Das wäre negativ in dem Fall. (...) Also bei uns z. B., wenn der Manager seine Position ausnutzt (...) Oder wenn er jmd. nicht mag oder unsympathisch findet oder das nicht trennen kann - beruflich und privat, dann kann sowas passieren wie schlechtes Platzieren, was den Kellner dann ins Schwimmen bringt oder ihm Arbeitsanweisungen, die man in einer Schicht gibt, die nicht passen oder zeitlich nicht passen oder Zusatzaufgaben machen lassen. Aufgaben, die nicht in sein Aufgabengebiet fallen.
Aspirant 3	Vorteile	Ich denke, es ist personenbezogen, ob es Vorteile hat, ein Follower zu sein. Es gibt sehr wahrscheinlich Leute, die sich sehr gut in dieser Rolle fühlen. Da gehöre ich (..) auch dazu. Wenn man einen guten Leader hat, der einem das auch selber vorlebt, dann ist es absolut in Ordnung, auch ein guter Follower zu sein. Es kommt natürlich auch auf die Rolle von dem an, der da dann leitet. (...) Ja, natürlich hat man eine gewisse Form von Sicherheit, weil man dann halt quasi weniger Verantwortung hat als ein Leader. Das kann auch einfach ein Vorteil sein. Dass man einen relativ sicheren Arbeitsplatz hat. Und wenn man einen Fehler macht, dann ist das nicht auf einer Ebene, die die gesamte Organisation betrifft, die dann in Mitleidenschaft gezogen werden kann.
	Nachteile	Das wäre dann (..) darauf bezogen, wenn das nicht gewünscht wäre und es nur darum geht, seine Aufgaben zu erledigen und nichts weiter, dann könnte ich mir vorstellen, dass es eher langweilig wird in einer Position als Follower. Wenn es nicht gewünscht ist, mehr zu machen, als nur seine Aufgaben zu erledigen. Dann wäre es für mich eher ein Nachteil.
Aspirant 4	Vorteile	Das ist eine Einstellungssache. Für mich nicht, weil ich da ein bisschen zu viel Ehrgeiz habe. Es gibt aber mit Sicherheit auch Leute, die vielleicht Angst vor Verantwortung haben, die sich selber nicht so belasten wollen mit solchen Themen oder es nicht können und für die ist es von Vorteil (...) Na ja, keine Verantwortung. Arbeiten, ohne sich selber Gedanken zu machen, was man eigentlich macht. Sondern einfach nach Anforderung arbeiten. Nicht mein Fall.
	Nachteile	n/a
Aspirant 5	Vorteile	Kann Vorteile haben, aber dann muss man den Richtigen haben, dem man [folgt]. Weil ich glaube nicht, dass es mir was nützt, wenn ich jetzt meiner Chefin [folgen] würde. Im Gegenteil. (...) Es kann bestimmt ganz gute Vorteile haben, dass man weiterkommt, wenn man Karrieremöglichkeiten hat und auch hinsichtlich der Karriere, garantiert. Weil ich denke, da ist das Netzwerk dabei, weil er hat ja sicher auch andere Follower und dann kann man networken, was ja auch ziemlich wichtig ist heutzutage. Und auch, dass man sieht, was macht derjenige und dann kann man auch sehen, ist der Weg richtig oder falsch. Und dann kann man sich auch ganz gute Tipps geben lassen. Ich glaube das Networking ist ein ganz wichtiger Teil davon.
	Nachteile	Na ja, weil man schon auch aktiv sein muss. Also man darf nicht nur stehen bleiben und zuhören und nichts machen. Ich glaube schon, dass man als Follower sich zeigen sollte und präsent sein sollte... Das ist schon mal ganz wichtig.

Tab. 144: Genannte Vor- und Nachteile als Follower (Followertyp Aspirant)

Vor- und Nachteile ein Follower zu sein			
Followertyp Experte			
		Kategorie	Textevidenz
Experte 1		Vorteile	Für mich definitiv. Na ja, das ist immer so ein Ding. Man hat in Anführungszeichen weniger Verantwortung, man kann einen gewissen Teil davon abgeben, man kann sich auf seine Aufgaben konzentrieren. Ich sehe es bei unseren Führungskräften, das sind teilweise arme Schweine, weil die von oben immer mit was zugemüllt werden, wo selbst die VGs darüber wissen, dass es Bullshit ist, aber sie müssen es irgendwo abladen.
		Nachteile	Finanzielle auf alle Fälle. (...) Generell kann man sich als Follower in meinen Augen immer zurücklehnen und sagen: „Hey, das ist nicht mein Bier. Ihr macht das schon richtig." Man kann natürlich auch das Pech haben, das man dann irgendwann in eine Situation kommt, die dich unverschuldet trotzdem trifft. Dass man sagt, da geht eine Firma kaputt oder du wirst jetzt hier geopfert für irgendetwas, was dein Chef verbockt hat
Experte 2		Vorteile	Es kann ja nicht jeder ein Leader sein. Also gibt es auch mehr Follower als Leader. Da muss ja jeder für sich wissen, bin ich lieber Leader oder Follower. Vorteil ist natürlich, wenn ich ein Follower bin: Also wenn ich gegen alles rede meinetwegen [als Vorgesetzter], dann kann ich dadurch auch einige Nachteile haben. Man ist unbeliebt [als Vorgesetzter], man kommt nicht so gut voran. Als Follower ist es da schon besser - also ein kritischer Follower - das ist so meine ideale Welt.
		Nachteile	n/a
Experte 3		Vorteile	Ich glaube schon. Sage ich jetzt, die nie ein Leader werden wollte. Also ein starker Leader. Also ich kann mir schon vorstellen, Leader zu sein - und bin auch ein Leader ab und an. Aber ich bin lieber ein Follower, weil ich einfach finde, wenn ich persönlich zu viel Verantwortung habe, ich mich nicht wohlfühle und lieber die Verantwortung jmd. überlasse, der die Erfahrung hat. Nicht, dass ich die nicht auch irgendwann bekomme, aber trotzdem wenn ich die Erfahrung hätte, würde ich kein Leader sein wollen. Ich bin, glaube ich, der typische Follower, also immer so die zweite Geige, weil ich gerne zuarbeite und mich irgendwie beratschlage. Und dann auch sehe, wie mit meinen Followertipps jmd. Erfolg hat. (...) Und ich glaube, ich bin einfach so der typische Follower, weil ich schon gerne zu den Dingen stehe, die ich sage und auch gerne die Dinge präsentiere, die ich erarbeite, aber nichtsdestotrotz lieber im Hintergrund bin als im Rampenlicht.
		Nachteile	Dass man eben nie Leader wird. Also d.h., wenn man einen guten Leader hat, dann bekommt man natürlich trotzdem einen Teil von diesen Lorbeeren ab, wenn man aber einen nicht so guten Leader hat, dann bekommt man nie die Lorbeeren als Follower. Und da ist es eben typbezogen, ob der Follower damit zurechtkommt. Und in meinem Fall würde ich damit zurechtkommen, weil ich sehe, dass man als Follower-Leader trotzdem gemeinsam ans Ziel gekommen ist und die Lorbeeren ja irgendwie indirekt trotzdem abbekommt. Der Nachteil ist, wenn man eben nicht die Mentalität hat zu sagen, o.k., ich akzeptiere das, ich habe rapportiert und derjenige und diejenige wird jetzt dafür irgendwas gewonnen oder bekommen. (...) Ja, Anerkennung fehlt dann Followern viel, die dann sagen, o.k., ich werde hier nicht wertgeschätzt. Das könnte der Nachteil sein, wenn man Follower ist und sich nicht damit zufrieden gibt oder immer Follower bleibt, weil man nicht anerkannt wird.
Experte 4		Vorteile	Kommt auf die Person an. Also ich glaube, das manchem eher liegt zu folgen und evtl. Dinge zu hinterfragen und nicht unbedingt der zu sein, der sagt „Macht es so", weil es einem einfach nicht liegt. Und ich finde, manche Persönlichkeiten oder Eigenschaften sollte man auch hinnehmen, wie sie sind. Ich gehöre jetzt sicher nicht zu denen, die Karriere machen möchten. Mag ich nicht, ich wüsste auch gar nicht warum. Aber ich möchte auch nicht jmd. sein, der nie den Mund aufmacht. Wenn mich etwas stört, dann sage ich das sehr wohl und ich hoffe dann auch, dass das jmd. zur Kenntnis nimmt und versucht, was daran zu ändern.
		Nachteile	Ja gut, manche Dinge kann man dann eben nicht bewegen und kann man dann halt auch einfach nicht ändern. Weil man halt auch einfach zu weit unten ist. Man zu wenig Mitspracherecht hat bei Projekten und so.
Experte 5		Vorteile	Ja. In meinem Bereich schon. Weil ich die Verantwortung von vielen Dingen nicht übernehmen möchte. (...) Weniger Stress. Geregelte Arbeitszeiten, geregelten Urlaub.
		Nachteile	Weniger Gehalt. (...)Nein. Weil ein Führungsperson würde ich nicht sein wollen. Nein, für mich als Person fallen mir da keine Nachteile ein.

Tab. 145: Genannte Vor- und Nachteile als Follower (Followertyp Experte)

Vor- und Nachteile ein Follower zu sein			
Followertyp Mitläufer			
		Kategorie	Textevidenz
Mitläufer 1		Vorteile	Kommt auf die Person an. Es gibt mit Sicherheit Leute, die eher so in die Richtung gehen bzw. die diese Leadership-Fähigkeiten nicht so haben, oder die das auch nicht so wollen. Dann ist das mit Sicherheit gut, wenn man Follower ist. Wenn man den entsprechenden Leader hat dazu. Also kann es haben. Würde ich jetzt aber nicht verallgemeinem.
		Nachteile	Ja, gibt es definitiv und zwar, wenn man mit dem Großen und Ganzen nicht ganz so mittragen kann, weil man selber denkt, das hätte ich jetzt vielleicht anders gemacht und sich das häuft. Der Leader geht vielleicht in eine andere Richtung, als ich mir das so vorstelle, dann ist es definitiv ein Nachteil. Also es spielt bestimmt auch ein bisschen persönliche Sympathie eine Rolle.
Mitläufer 2		Vorteile	Ja. Ja, weil ich glaube, jeder ist irgendjemandem gegenüber ein Follower. Ja, ich glaube es hat Vorteile, die tatsächlich auch viel mit persönlicher Bindung, zumindest in meiner Wahrnehmung, und mit Loyalität zu tun haben. Also ich kann ein guter Follower sein, wenn ich das vorher besprochen habe, warum ich folge, wenn ich folge und welches Ziel ich folge. Dann muss ich für mich entscheiden, kann ich damit umgehen oder nicht und wo ist der Kompromiss und entscheide mich am Ende wieder für die Person und folge ihr. Und dann, wenn man das dann bedingungslos tut, dann führt das zu einer Loyalität und dann, glaube ich, kann Following gut sein. (...). Ich weiß nicht immer, ob ich diese Vorteile positiv empfinde, aber bestimmt. Die Tatsache, dass ich einem Leader das Gefühl gebe ich folge ihm sehr blind, offe-

Mitläufer 3		riert natürlich, abhängig vom Leader, keine Frage, Vorteile für mich persönlich. Wenn es sicherlich an der ein oder anderen Stelle um Kompensation meines Verhaltens geht, die sich niederschlägt in Gehaltserhöhungen oder in Beförderungen oder in was auch immer. Sicherlich wie gesagt, rein moralisch betrachtet keine positiven Dinge für mich, aber ich kann mir sehr wohl vorstellen, dass das persönlich sehr sinnvoll ist. Weg von Parametern wie Beförderungen oder monetär, was auch immer, glaube ich tatsächlich, dass es auch die gibt, die auch lernen können, während sie folgen. Also ich beobachte die Person, der ich folge und lerne daraus und dann dementsprechend die anderen Personen auf die gleiche Art und Weise zu animieren.	
	Nachteile	(…) Ich glaube es ist schwierig, jmd. zu folgen, dem man nicht folgen möchte auf der einen Seite. Und ich glaube, folgt man also oder folgt man jmd., man ist also ein Follower und hat das Gefühl, man folgt der falschen Person oder den falschen Inhalten, dann glaube ich persönlich, könnte ich da sehr schwer mit umgehen, weil mich das zu der Frage bringen würde, ob ich für mich authentisch bin in dem was ich tue. Was für mich ein ganz wesentlicher Faktor meiner Persönlichkeit ist. Wenn ich das Gefühl habe, ich kann das nicht, dann glaube ich, ist es nicht gut. Deshalb denke ich ja, es gibt ganz viele negative Aspekte im Following. Wobei das abhängig von demjenigen ist, dem gefolgt wird.	
Mitläufer 4	Vorteile	Du hast auf jeden Fall mehr Freizeit. (…) Du musst keine Verantwortung übernehmen, das bedeutet ja auch immer, eine gewisse Unsicherheit zu haben. Außer man ist dafür blind. Geschäftsführer sind eher Leader, haben auch gewisse Entscheidungen zu treffen, die den wirtschaftlichen Erfolg nicht nur von sich selbst, sondern auch von seinen Untergebenen negativ beeinflussen können und diese Verantwortung muss man auch erst mal tragen können.	
	Nachteile	Finanzieller Natur, da kann man nicht so weit springen, wie man gerne möchte. Man ist eingeschränkt in seinen Entwicklungsmöglichkeiten. Und vielleicht auch in seiner Selbstverantwortung. (…) Na ja, indem du dich in einer Hierarchie einordnest, gibt jemand Anweisungen, weil du Follower bist. Und du kannst dich dann innerhalb gewisser Grenzen nach links und rechts bewegen, aber du kannst jetzt nicht einfach sagen, ich bleibe mal zwei Wochen zu Hause oder ich möchte was ganz anderes machen. Weil du bist ja für einen speziellen Job eingekauft worden und musst den auch erledigen.	
	Vorteile	Ja, definitiv. Also nehmen wir jetzt mal den Fall, es wird akzeptiert, dass du einer bist, dann hat das definitiv Vorteile. Du bist eben wenig in Machtkämpfe, hierarchische Machtkämpfe, verwickelt. Du musst jetzt nicht - also du hast keine Beschützerrolle, du musst nicht bzw. darfst nicht auf dem Thron sitzen, um dann aber beschützen zu müssen, sondern du bist Teil des Teams und leistest deinen gleichberechtigten Beitrag im Regelfall, wenn du einen Chef hast, der zum Team steht, dann passiert dir relativ wenig. Dann bist du in deiner sicheren Blase, in der du agieren kannst. Du kannst in Ruhe dein Zeug machen, solange deine Qualität stimmt. Das ist ein dicker Bonus. Mir fällt auch sowas ein wie Entwickler, Programmierer. Das sind eigentlich auch Follower, wenn die wirklich ihre 8 Stunden verstöpselt ihr Zeug machen. Aber wenn was Gutes dabei rauskommt und die echt fähig sind und qualitativ was leisten, je nachdem, dann bekommen sie mal eine Fortbildung oder eine Schulung bewilligt, aber ansonsten machen die doch schon sehr, sehr entwickeln.	
	Nachteile	Es kann eben passieren, dass du übergangen wirst oder für selbstverständlich genommen wirst. Also jmd., der immer ruhig ist und sich immer mit einfügt und mitzieht, ja, der fällt eben auch nicht groß auf, in erster Linie im zwischenmenschlichen Miteinander oder im täglichen Leben, weil er sich eben jmd. präsentiert. Der fällt weniger auf, d.h. der wird leichter übergangen oder er wird für selbstverständlich genommen. Vielleicht bekommt er auch das Attribut „der Gute", „der Fleißige", der macht ja immer... und wir müssen nur ein bisschen aufpassen, dass wir ihn auch ihm sind. Ich könnte mir vorstellen, dass dem jetzt auch nicht immer besonders viel zugetraut wird. Obwohl er vielleicht mit einen Arbeitsergebnissen am Ende überzeugt, aber er wirkt halt nicht so. Aber das ist jetzt so mein Bild, was ich im Kopf habe.	
Mitläufer 5	Vorteile	Kann schon sein, dass es manchmal Vorteile hat. Es ist ja oft so, dass viel Politik in einer Organisation im Spiel und wenn ich einen infiziere, ich nenne es mal so - es ist zwar negativ behaftet - der meine Idee weiterträgt und der der Leader ist und ich der Follower, und ich dann trotzdem zu meinem Ziel komme, dann ist das auch o.k. Denn auch der Weg das Ziel, manchmal ist es klüger, andere vorzuschicken, die ein Standing haben, die sich vielleicht da profilieren können und man dadurch ans Ziel kommt.	
	Nachteile	Also wenn ich nichts von mir gebe, also wenn ich nur folge und das nur völlig kommentarlos mache, dann habe ich innerlich gekündigt, wenn man das als Nachteil sehen kann. Ansonsten... Das wäre aber so mit das Einzige. Weil auch ein Follower, der aktiv dabei ist, kann ja etwas bewegen. Und der Nachteil wäre halt, dass die wirklich innerlich gekündigt haben.	

Tab. 146: Genannte Vor- und Nachteile als Follower (Followertyp Mitläufer)

Vor- und Nachteile ein Follower zu sein			
Followertyp Blender			
	Kategorie	Textevidenz	
Blender 1	Vorteile	Ich denke, jeder ist am Anfang ein Follower. Gerade in den Zeiten der Unsicherheit, in denen man noch viel zu lernen hat und vor allem in dem Moment auch noch viel kopieren muss, weil es einfach Standards gibt, die eingehalten werden müssen. Und ich glaube auch, dass es später gut ist ein Follower zu sein, weil man jemand hat, zu dem du aufblickst. Ich selbst sehe das als Motivation, wenn ich ein Vorbild habe, auf den ich hinaufblicken kann und sage, hey, so in der Art möchte ich später auch mal sein, weil ich merke die MA kommen unheimlich gut mit ihm klar, und ich möchte, dass das bei mir später auch so funktioniert. Würde ich auf jeden Fall Ja sagen.	
	Nachteile	Dass du teilweise vielleicht den Fokus verlierst, was die Richtung war. Dass du dich zu sehr darauf konzentrierst, was dein Leader tut, dass du ein eigenes Konzept entwickelst und dabei vielleicht auch den Absprung verpasst. Angenommen ich würde mich jetzt monatelang nur an meinem Buddy orientieren und würde immer, immer nachfragen, obwohl ich die Antwort eigentlich schon kenne und nie meine eigene Richtung finden und selber mal ein Buddy sein. Weil das ist ja eigentlich mein Ziel, später auch mal so kompetent sein, um auch neue MA einzuarbeiten.	
Blender 2	Vorteile	Ich glaube im Gesamten gesehen schon, weil es braucht einfach Follower, weil sonst geht es ja nicht, sonst funktioniert kein System. Also wenn jeder gleich wäre und jeder gleich dominant und jeder gleich bestimmend auftreten	

		würde, dann gäbe es Mord und Totschlag. Das würde gar nicht gehen und dann ist es ja so, dass im Team gearbeitet werden sollte und möglichst auch in multidisziplinären Teams, wo vieles an Perspektiven zusammenkommt und irgendwo braucht es dafür dann auch eine Koordination, eine Struktur. Und wenn das jmd. jetzt nicht so negativ auffasst und dann einfach nur irgendwas macht, sondern ganz gezielt seine Kompetenz einbringt, dann hat das Vorteile.
	Nachteile	Es könnte sein, dass Menschen die so ein wenig geniale Ansätze haben oder die auch nur zu irgendeiner Zeit eine gute Idee haben, dass die dann ihre Ideen begraben müssen und dann Dinge auf der Strecke bleiben, die sich eben sonst vielleicht hätten realisieren lassen oder über die man hätten nachdenken lassen. Aber das ist dann auch das Risiko natürlich. Wenn ich irgendetwas oder irgendjemandem folge und ich folge der falschen Fährte, dann riskiere ich natürlich auch drum herum, dass möglicherweise ein Schaden entsteht.
Blender 3	Vorteile	Ja. Erstmal weil du dich für Sachen begeisterst und nicht alles weißt. Und man so auch auf verschiedene Sachen stößt. Die Interaktion wird da gefördert. Was nicht heißt, du musst jedem folgen, sondern nur denen, die dich weiterbringen, denen solltest du folgen.
Blender 3	Nachteile	Ja, dass es einfach zu viel Informationsflut gibt und du dann nicht mehr unterscheiden kannst, ist es jetzt für mich wichtig, was ich da mitbekommen habe. Muss ich das auch umsetzen? Muss ich jedes Detail von dem, dem ich folge für mich eins zu eins umsetzen, muss ich das aufnehmen? Zu viel Informationsflut auch, dass ich nicht mehr ich bin, sondern was ich denke, dass ich sein muss, weil der, dem ich folge das auch macht.
Blender 4	Vorteile	Ich glaube, am Anfang, wenn man in das Berufsleben startet, auf jeden Fall. Ich glaube, man kann enorm viel lernen, wenn man Follower ist. Und ich glaube auch für den Start, wenn man in einer neuen Position ist oder so, dann macht das auf jeden Fall Sinn. Da nimmt man bestimmt sehr, sehr viel mit. Aber wenn man sich irgendwann vom Follower zum Leader entwickeln kann, dann wäre das ja eine Ambition.
Blender 4	Nachteile	Ich glaube, dass man als Follower Entscheidungen umsetzt und sie eigentlich nicht selber trifft. Ich glaube, dass man da erst einmal rauskommen muss, aus diesem Bild. Dass Leute sagen, dass man doch nur das macht, was die VG sagt. Das muss einem irgendwie gelingen, dass man diese Denke umdreht und die Leute einen ernst nehmen und Leute auch Entscheidungen respektieren und was man sagt.
Blender 5	Vorteile	Ich denke manchmal schon, gerade am Anfang lernt man dadurch ja auch noch, ein Leader zu werden. Ich denke, wenn man zu schnell in die Rolle eines Leaders geschupst wird, dann kann es auch nach hinten losgehen. Ich denke erst mal Follower zu sein, die nicht so in dieser Position auch erst mal komfortabler fühlen, weil sie erst mal nicht die ganz Verantwortung haben und mehr ein Unterstützer sein wollen oder jmd. zuarbeiten. Ich glaube, so wie sich jeder wohlfühlt und manche sind einfach nicht dafür geboren. Oder müssen es langsam lernen, und dann eher ein Follower zu sein und dann erst mal so langsam ein paar Unterstellte zu bekommen oder dann erst mal für eine Person Leader zu sein, wie das Buddy System - einer ist der Leader einer ist der Follower, erstmal nur so zu zweit.
Blender 5	Nachteile	Ich denke, manchmal wenn man gerade zu mehreren in einem Team ist, dann kann man untergehen. Man kann nicht weiterkommen in seiner Karriere, weil andere einen überholen und ich denke, deshalb muss man versuchen auch Stärke zu zeigen und seine positiven Punkte oder Stärken herauszuarbeiten. Ich denke man kann leicht - oder man bleibt zu langen auf einem Punkt stehen und wird dadurch auch unzufrieden. Ich denke, jeder hat das Ziel, schon immer weiter zu kommen. Und wenn man nur Follower bleibt, dann ist das für manche sicherlich irgendwann unzufriedenstellend.

Tab. 147: Genannte Vor- und Nachteile als Follower (Followertyp Blender)

Vor- und Nachteile ein Follower zu sein		
Followertyp Bedürftiger		
	Kategorie	Textevidenz
Bedürftiger 1	Vorteile	Ja auf jeden Fall, man hat weniger Verantwortung, gerade wenn Sachen irgendwie schief gehen oder wenn man sich bei was unsicher ist, dann hat man einfach nicht die volle Verantwortung oder man hat nochmal eine Instanz, wo man nachfragen kann.
Bedürftiger 1	Nachteile	Ja, man ist halt abhängig vom VG und wenn der VG nicht gut ausgebildet ist in welchem Bereich auch immer - fachlich oder menschlich - dann bleibt einem eigentlich fast nichts anderes übrig als zu gehen. Das ist schon ein großer Nachteil.
Bedürftiger 2	Vorteile	Hat sicherlich auch Vorteile, weil es bequemer ist. Schon, weil ich mich zurücklehnen kann und sagen kann o.k., den Rest müssen die anderen machen. Die werden sich schon miteinbringen und ich kann einfach mitlaufen.
Bedürftiger 2	Nachteile	Ja, natürlich, weil ich dann immer irgendwo im Schatten stehe. Ich will ja dann doch irgendwo weiterkommen und habe meinen Ehrgeiz. Und als Follower habe ich da sicherlich kaum Chancen. Also wenn ich mich definitiv immer nur zurückhalte, wie soll das was ändern.
Bedürftiger 3	Vorteile	Ja. Also ich habe jetzt den Vergleich. Ich gehe in meine Arbeit, mache 8-10 Stunden meinen Job und so wie ich rausgehe, so kann ich am nächsten Tag wieder weitermachen. Wenn ich meinen Mann ansehe, der hat nach zwei Wochen schon wieder Panik, das 400 E-Mails die sind. Ich gehe einfach wieder auf meine Dienststelle und mache meine Arbeit. Und da wird sich erkundigt, was ist zu machen. Ich muss mir meinen Kopf nicht darüber zu zerbrechen, was in der Arbeit wieder los ist. Ich bekomme das gesagt, was wieder los ist.
Bedürftiger 3	Nachteile	Es ist immer Einstellungssache. Für mich persönlich nicht, nein.
Bedürftiger 4	Vorteile	Jein. Es kommt darauf an, was du willst, würde ich jetzt sagen. Ja, es hat Vorteile ein Follower zu sein, wenn du sagst, ich würde gern einfach nur arbeiten, ich würde gern monatlich mein Geld verdienen, ich würde gern meine Familie durchbringen.
Bedürftiger 4	Nachteile	Nein deswegen, wenn ich so schnell wie möglich nach oben will und ein Manager sein will, dann muss ich kein Follower sein, sondern Leader-Qualifikationen an den Tag bringen. (…) Ich finde es gibt keine richtigen Nachteile. Wenn du einer guter Follower bist und dich gut in eine Gruppe einbringst, dann kannst du als Follower eigentlich gar keine großen Nachteile haben, finde ich. Vor allem wenn du in einer guten Gruppe arbeitest und auch wirklich deinen Teil dazu bringst und trägst, dann kannst du - finde ich - keine großen Nachteile haben.

Bedürftiger 5	Vorteile	Ja, das glaube ich schon. Wenn man ein Follower ist, dann muss man nicht ständig vorne rumlaufen und in sein eigenes Horn tuten und man kann auch im Hintergrund die Fäden ziehen und muss nicht der sein, der vorne auf der Bühne performt. Wenn ich es jetzt auf meinen Berufskontext übernehme, ich muss bestimmte Entscheidungen einfach nicht treffen, die liegen auf Geschäftsführerebene, die dürfen die sich dann ausmachen. Das sind manchmal gar nicht so lustige Entscheidungen, aber das ist ja nicht mein Bier. Was ich z.B. auch sehr schätze ist, dass sehr oft mein Chef zum Kunden fährt und bei dem irgendwie performt. (...) Von daher hat man, glaube ich, ein etwas ruhigeres Leben als Follower, zumindest in meiner Position aktuell. Und das kommt mir entgegen. Das mag anderen nicht gefallen, aber ich finde das für mich zumindest ganz gut. (...) Deswegen finde ich das definitiv ein Vorteil ein Follower zu sein.
	Nachteile	Ja, sicher. Ich glaube, alles hat ja immer zwei Seiten. Meine Chefs entscheiden manchmal Sachen vielleicht so, wie ich mir denken würde, so hätte ich das jetzt nicht entschieden, wenn das meine Entscheidung gewesen wäre, hätte ich das so nicht gemacht. (...) und was auch manchmal ein Nachteil sein kann, ist, dass du natürlich schon dann relativ klar auf der Spur unterwegs bist, die dein Leader vorgibt. (...) Und da mag es natürlich sein, dass das eine oder andere, was man selber für richtiger gehalten hätte, nicht berücksichtigt wurde, aber das ist dann halt so. Solange ein Kompromiss rauskommt, mit dem alle irgendwie einigermaßen gut leben können, ist es ja auch o.k.

Tab. 148: Genannte Vor- und Nachteile als Follower (Followertyp Bedürftiger)

Anhang N: Kategorisierung der Interviewantworten zum Themenfeld 3 - Zusammenarbeit mit dem Vorgesetzten

Frage (12): Betrachten wir nun Ihre Rolle als Unterstellter und die Zusammenarbeit mit Ihrem direkten Vorgesetzten. Beschreiben Sie mir die Zusammenarbeit etwas näher.

Ggf. Welche Aufgaben erledigen Sie für Ihren Vorgesetzten?/ Welchen Einfluss üben Sie auf Ihren Vorgesetzten aus?/ Was tut ihr direkter Vorgesetzter für Sie?

Positive Einschätzung der Zusammenarbeit Unterstellter & direkter Vorgesetzter	
Gesamtstichprobe	
Kategorie	**Textevidenz**
Selbstständiges Arbeiten ohne Einmischen des VGs *(8 Nennungen = 32 %)*	• Sie lässt mich vieles einfach machen. Und wenn es dann Probleme gäbe, dann würde ich zu ihr hinkommen. (AS3) • Man eigentlich im Großen und Ganzen relativ autark arbeiten kann. (EX1) • Ich habe meine klaren Aufgabengebiete, die ich zu erledigen habe, bei denen ich meinen VG auch nicht dazu brauche. (EX5) • Wenig Vorgaben (...), eher so ein kreativer Raum sage ich mal. (ML1) • Die Zusammenarbeit mit meinem VG ist erst mal nicht fachlich, sondern rein disziplinarisch. Ich bin fachlich komplett unabhängig und disziplinarisch ist es so, dass er eigentlich im Großen und Ganzen nur "Travel und Expenses" unterzeichnet und natürlich wissen möchte, wie ich meine Zeit investiere das Jahr über. (ML3) • Er lässt mir völligen Freiraum, ich kann eigentlich tun und lassen, was ich will. (ML5) • Ich kann eigentlich fast alles machen, was ich möchte und er steht auch voll hinter mir. (BL3) • Also sie überträgt mir Aufgaben, die ich eigentlich relativ selbstständig abarbeite. (BE1)
Gute Atmosphäre *6 Nennungen = 24 %)*	• Es macht Spaß, man weiß sie haben es drauf, die merken auch, dass man es selber drauf hat. Es ist eine top Arbeitsatmosphäre. (BL1) • Generell funktioniert das sehr gut, aber ich wünschte mir manchmal etwas mehr Zeit und ein offenes Ohr für offene Fragen. (EX2) • Ich muss sagen, dass es sehr stark auf Vertrauensbasis läuft. (BL1) • Sehr vertraut, also ich kann meiner VG ziemlich alles anvertrauen, sowohl beruflich als auch privat. (BL4) • Wir sind ständig im Austausch. Ansonsten funktioniert das sehr gut. Wir kommen gut zurecht. (BE2) • Es ist eine sehr respektvolle Zusammenarbeit, eine sehr aufrichtige Zusammenarbeit. (BE4)
Gegenseitige Wertschätzung *(5 Nennungen = 20 %)*	• Zusammenarbeit ist geprägt von viel Respekt auf beiden Seiten. Für die fachliche Kompetenz des anderen. (...)Wir schätzen einander und respektieren uns, sowohl beruflich als auch persönlich. (ML2) • Und ansonsten haben wir eine ziemlich enge Zusammenarbeit. (...) Er ist sehr loyal, er ist sehr wertschätzend. (ML4) • Dass er mich auch sehr wertschätzt. (BL3) • Und ich schätze sie auch sehr. Und genauso andersherum. (BL4) • Funktioniert sehr gut und ich glaube da komplementieren wir uns wirklich sehr. (BE5)
Auf Augenhöhe/ Kollegial *(4 Nennungen = 16 %)*	• Das ist wirklich fast als wären wir auf einer Augenhöhe (...) als würde man mit einem guten Freund arbeiten. (AS1) • Wir uns gegenseitig zuarbeiten. Dass wir miteinander arbeiten - und auch müssen. Weil sonst würde es (...) einfach einen Stillstand geben. (AS2) • Ich würde jetzt nicht sagen freundschaftlich, aber schon sehr unhierarchisch. (...) man (ist) so auf einer Augenhöhe. (EX3) • Wir haben ein sehr kollegiales Verhältnis zueinander. Nicht von oben herab, sondern fast schon gleichwertig. Wobei ich immer noch weiß, dass er mein VG ist. (BL3)

Tab. 149: Übersicht der Kategorienanzahl - Positive Einschätzung der Zusammenarbeit Unterstellter und Vorgesetzter (Gesamtstichprobe)

Negative Einschätzung der Zusammenarbeit Unterstellter & direkter Vorgesetzter	
Gesamtstichprobe	
Kategorie	**Textevidenz**
Kritik an der Einstellung des VGs *(3 Nennungen = 12 %)*	• Mit meinem direkten Vorgesetzten kann es mitunter schon mal etwas schwierig werden (...) die Einstellung ist mir manchmal etwas zuwider, die er an den Tag legt. Von daher besteht da manchmal etwas Konfliktpotenzial. (AS4) • Dann mag ich es z. B. überhaupt nicht, dass man, wenn man zur Arbeit kommt, schon schlecht gelaunt ist. Das ist ein Riesenproblem. Wenn ich schon mit so einem Gesichtsausdruck da rein komme und schon die Türen zuschlage (...) das geht nicht. (AS5) • Wir sind sehr unterschiedlich von unseren Ansprüchen her, qualitativ gesehen - sie hat eher, was Kunst oder Design anbelangt und das ist schließlich unser Metier, eine ganz andere Auffassung. (BL2)

Kritik an feh-lender Kompe-tenz *(2 Nennungen =8 %)*	• Dass sie einfach keine Kompetenz hat. Sie hat einfach kein Wissen. (AS5) • Seine Fähigkeit als Manager ist manchmal fragwürdig. (ML3)
Mangelndes Vertrauen *(2 Nennungen =8 %)*	• Das sind so STASI-Methoden, die sie anwendet (...) der Mitarbeiter muss sich frei fühlen und er muss auch für sich selber denken (...) Empowerment. Und das gibt sie halt nicht. (AS5) • Als gut bis schwierig (..) beschreiben. (...) Dass man auch total kontrolliert wird, ist auch für mich schwer gewesen. (...) Das hat was von Kontrollzwang und kein Vertrauen. (BL5)
Mangelnde Es-kalation nach oben *(2 Nennungen =8 %)*	• Ja, das ist jetzt natürlich schwer, weil mein Chef nicht unbedingt ein Musterchef ist. (...) was ich an ihm bemän-geln würde (...) ist definitiv, dass er viel zu wenig eskalieren lässt und mit seinem Vorgesetzten, also mit dem eins darüber, meines Erachtens zu wenig kommuniziert. Was für mich wichtig wäre, denn ich kann noch so oft meine Meinung äußern, wenn die nicht dahin kommt, wo die wirklich was ausmacht, dann ist das schwierig. (EX4) • Natürlich sprechen wir Sachen an, ich meine das müssen wir, wenn es etwas Negatives ein sollte. Nur sie muss das dann an ihren direkten VG bringen und ich denke, manchmal geht es dann da verloren. Das es dann aufhört. (BL5)

Tab. 150: Übersicht der Kategorienanzahl – Negative Einschätzung der Zusammenarbeit Unterstellter und Vorgesetzter (Gesamtstichprobe)

Aufgabenerledigung des Followers für den Vorgesetzten	
Gesamtstichprobe	
Kategorie	Textevidenz
Völlig autarkes arbeiten *(7 Nennungen = 28 %)*	• Bisher noch keine, aber das wird kommen. (EX2) • Das ist wirklich schwer zu sagen, weil wir alle jeweils eigene (...) Bereiche (haben), die jeder von uns bearbei-tet. (EX4) • Also Aufgaben in dem Sinne gibt es eher weniger. (ML1) • Nichts. (...) Nichts, nein. (ML3) • Für ihn selbst überhaupt nicht. (ML5) • Direkt für meine VG keine. (BL1) • Konkret für sie Sachen erledigen war wirklich wenig gewesen. (BE2)
Zuarbeiten & Un-terstützen *(6 Nennungen = 24 %)*	• Ich (bin) dafür da, ihm zuzuarbeiten (...) parallel dazu die Überwachungsaufgabe, was er macht. (AS1) • Ja, indem ich einfach die Aufgaben, die ich habe schnell und sauber abarbeite. (AS2) • Er hat weniger Aufwand, wenn er zum Kundentermin geht, da ich ihn schon ziemlich gut vorbereitet habe. (EX5) • Alles Mögliche, sei es wenn das Umsatzziel nicht geschafft wird, Aktivitäten durchzuführen. (...) Strategische Übersichten, was wollen wir nächste Jahr machen. (BL3) • Wenn sie eine Entscheidung trifft, dann setzte ich das um. (BL4) • Ich denke, dass ich ihm da viel vorbereite für Meetings und Begründungen. Das er also auch Stoff hat, um sich rechtfertigen zu können. (BE4)
Anweisungen be-folgen/ Laufenden Be-trieb sicherstellen *(4 Nennungen = 16 %)*	• Führe Befehle aus, wenn er sie braucht. (AS1) • Dass ich (...) [den] Betrieb (...) sicherstelle, während er im Büro andere Dinge tut (AS4) • Ich ihr den Rücken frei halte. Also d.h. wenn Projekte gefragt sind oder so, die ihr aufgetragen werden, die führe ich natürlich aus. Sie sagt mir dann, was gefragt ist, was gebraucht wird und ich das umsetze. (EX3) • Dass ich jede Form von [Aktivitäten für Mitarbeiter] betreue und initiiere und dann umsetze. Das ist ihre Erwar-tungshaltung an mich. (ML2)
Delegierte Auf-gaben/ Aufgaben die beim Chef sein sollten *(3 Nennungen = 12 %)*	• Ich habe ein paar Aufgaben, die eigentlich auf seinem Tisch liegen sollten, schon angenommen. (...) Da bin ich schon mehr drin als er. Das habe ich schon so ein bisschen an mich gerissen. Und die Anleitung eigentlich „sei-ner" Mitarbeiter, die mache ich ja auch größtenteils. (AS4) • (...) das ist auch eigentlich ihre Aufgabe. Das ist das, wo das Geld reinkommt (...) Ich gebe die Trainings, die es bei uns gibt. Weil nur ich kann es... (...) das kann sie auch nicht. (AS5) • Wir wissen nicht mehr im Team, was unser VG den ganzen Tag eigentlich macht. Dadurch, dass unsere Stellver-tretung ist, wir beiden die nach ihr kommen, schon alles leiten. Und das Ding ist einfach, wir übernehmen auch viele Aufgaben, die unsere Abteilungsleitung nicht kann. Oder wir ihr die erst zeigen müssen. (BL5)
Erfolg garantieren *(2 Nennungen =8 %)*	• Dieses Projekt, welches ich gerade habe, das hat mit ihr jetzt nicht so viel zu tun. Das hätte eher was damit zu tun, dass das ihren Erfolg eher garantieren würde, wenn das Projekt abgeschlossen ist, weil das auch unter ihrem Dach passiert, also unter ihrer Abteilung. (AS3) • Nachdem sie die Institutsleitung innehat, leite ich für sie einen Studiengang. (BL2)

Tab. 151: Übersicht der Kategorienanzahl - Aufgabenerledigung der Unterstellten für den Vorgesetzten (Ge-samtstichprobe)

Gesamtstichprobe

Kategorie	Textevidenz
Meinung kundtuen & Rat geben *(15 Nennungen = 60 %)*	• Indem ein Meinungsaustausch stattfindet (…) indem er sich die Meinung von mir einholt, da beeinflusse ich ihn. (AS2) • Da wir manchmal unterschiedlicher Meinung sind, ist das manchmal schwierig. Wobei in den meisten Fällen gibt er tatsächlich nach, weil er keine Lust hat zu diskutieren (…) Und dann entscheidet man sich häufig für meine Variante, wie man sah macht. (AS4) • Ich informiere ihn über einige Punkte, bei denen ich sage, die bei uns verkehrt laufen. (…), wo ich sage „(..) überlege dir das. Das würde ich so nicht weiter kommunizieren. (…) Überdenk das Ganze nochmal." (EX1) • Merke aber auch, dass wenn sie merkt, dass ich z.B. nicht so gut gelaunt bin, dass das ihre Laune beeinflusst. (…) Also in vielen Entscheidungswegen. Also das ist so ein bisschen wie in der Berufsschule. Der Lehrer sagt es ist so und so, und du weißt ganz genau, es ist so niemals in der Praxis umsetzbar. (EX3) • Durch manche Konfrontationen ist er oft gezwungen etwas zu tun, was er vielleicht nicht tun würde, was aber einfach notwendig ist. (EX4) • Ich gesagt habe: „Ich finde das jetzt nicht so gut und würde es eher in die und die Richtung machen" und da merkt man dann schon, das wurde dann schon miteinbezogen. (ML1) • [Ich versuche] sie an der ein oder anderen Stelle auch davon zu überzeugen, dass es auch andere Wege gibt als ihre (…) bin ich für sie wichtige Ratgeberin. (ML2) • Ich ihn drangsaliere. Mit Fragen kann man natürlich eine gewisse Richtung einschlagen, aber normalerweise ist er mir egal. (ML3) • Er erwartet aber auch, dass man ihm gegenüber sehr ehrlich ist und sehr offen (…) ich fordere ihn schon auch mal. Ich konfrontiere ihn auch schon manchmal mit Ideen oder mit Situationen. (ML4) • Er lässt sich da schon ein wenig zum Nachdenken inspirieren. (ML5) • Im Sinne von Feedback. (BL1) • Gebe auch ich ihr Feedback zu kritischen Dingen. (BL4) • Ich spreche die Dinge eben auch an. (BL5) • Dass sie mich z.B. nach meiner Meinung fragt, wenn es um Leute geht, die sie übernehmen will oder nicht, was ich dann davon halte. (BE1) • Wenn sie mich um meine Meinung oder meinen Rat fragt. (BE2)
Sprachrohr sein *(5 Nennungen = 20 %)*	• Da bin ich der Kanal der kleine/ der kurze Dienstweg für den Kapitän und kann es ihm dann vertrauensvoll sagen. (AS1) • Dass ich ihr vieles erzähle, was sie sonst nicht mitkriegen würde. (AS3) • Ich konnte auch schon viel Einfluss nehmen, dass Leute, z.B. das Team eher auf mich zukommen und ich bespreche es dann mit ihr, anstelle des Teams, das dann direkt auf sie zugeht. (AS5) • Wenn ich mitbekomme, dass es bei meinen Arbeitskollegen kriselt, wo ich sage da sollte er mal ein wenig einschreiten. Ich nenne zwar keine Namen, aber so eine Richtung. (EX2) • Wir reden auch über das Team und auch über das Zwischenmenschliche und da bekommt er von mir auch mal Input, (…) manchmal verpacke ich das und trage das an ihn ran. (ML4).
Ausgleichende Verhaltensweisen *(4 Nennungen = 16 %)*	• Überwachungen oder Hinweise, wenn ich merke er macht Fehler. Das ich ihn darüber aufkläre (…) ich bin dann auch der Spiegel für ihn. (AS1) • Sie ist sehr aufbrausend, ich beruhige sie manchmal. Ich merke relativ schnell, wenn es ihr nicht gut geht oder wenn irgendwas vorgefallen ist, dann reden wir darüber, dann versuche ich ihr Beistand zu leisten oder eine Alternative aufzuzeigen. (BL4) • Ich ihr auch vieles schon beigebracht habe oder beibringen muss. (BL5) • Ich versuche ein bisschen Ordnung ins Chaos zu bringen und ihn auch immer mal wieder auf den Boden der Tatsachen zurückzuholen. (BE5)

Tab. 152: Übersicht der Kategorienanzahl - Einfluss des Unterstellten auf den Vorgesetzten (Gesamtstichprobe)

Gesamtstichprobe

Kategorie	Textevidenz
Karrieremöglichkeiten schaffen/ Weiterentwicklung *(11 Nennungen = 44 %)*	• Also er ist oder die sind mir alle Vorbilder, ja muss man wirklich sagen. Das ist das, wo ich mal hinmöchte. (AS1) • Meine direkte VG hat überhaupt erst möglich gemacht, dass ich diesen Job ausüben kann, weil es den vorher noch nicht gab. (AS3) • Wenn ich den [nächst höheren Vorgesetzten] nehme, der tut doch deutlich mehr für mich. Der hat das Potenzial erkannt, das ich vielleicht mitbringe. Der hat mich schon mit auf eine Messe genommen, dass wir uns Sachen ankucken. Gestattet mir diese Meisterschule, obwohl eigentlich noch kein Bedarf da ist. (AS4) • Dass sie mich persönlich schon entwickeln will und auch entwickelt hat. Und auch daran glaubt, was in mir steckt. (EX3) • Er beurteilt mich natürlich gut. Er stellt mich auch als positiv dar. (EX4) • Und sie fordert mich unheimlich gut. Wir haben ja in unserem [Jahresgespräch] gewisse Entwicklungsbedürfnisse festgestellt, (und da) pusht sie mich immer wieder. (ML1) • Man kann sich auf diese Sachen, seien es jetzt Fortbildungen oder Slots in größeren Runden zur Präsentation, zur Selbstdarstellung, (…) bewerben. (ML3) • Er hat schon ziemlich viel Wissen mit mir immer ausgetauscht. Ich habe dazu auch viel Wissen für mich neu gelernt, was ich vorher nicht hatte, was mich dann wiederum dazu befähigt auch aus seiner Perspektive manchmal schwierige Aufgaben zu tun, die andere nicht kriegen. (ML4)

	• Sie ist natürlich einerseits dafür da, mir zu sagen, wo ich besser werden kann und in welche Richtung ich gehen könnte. (BL1)
	• Sie challenged mich auch sehr (...) sie fördert mich, sie sieht zu, dass ich mich bei den entsprechen Stellen - also auf beruflicher Ebene - präsentieren kann. (BL4)
	• Ich habe jetzt auch eine Weiterbildung von ihm bezahlt bekommen. (BE5)
Unterstützung *(9 Nennungen =36 %)*	• Ich habe [dem Kunden] versprochen, (...) und dann hatte da eigentlich genau keiner [von den Vorgesetzten] Zeit, aber dann sprechen die sich untereinander ab und versuchen auf alle Fälle, dass das, was ich dem Kunden versprochen habe, auch eingehalten wird. (EX5)
	• Ist immer erreichbar, immer für mich da. (ML1)
	• Sie hört mir zu in Momenten, in denen ich mir nicht sicher bin. Sie gibt mir Feedback in Momenten, in denen ich emotional bin und - und das ist vielleicht das Wichtigste für mich in meiner Arbeit - sie vertraut mir. Und sie glaubt an mich und an meine Rolle und an meine Person in dieser Rolle. (ML2)
	• Ansonsten setzt er sich stark ein. (ML4)
	• Ist sie dafür da, mir zuzuhören. (BL1)
	• Sie sorgt sich sehr um mich. (...) stärkt mir immer den Rücken, also wenn irgendwer was Kritisches über mich sagt. (BL4)
	• Ich glaube schon, dass sie für vieles gekämpft hat, was wir jetzt auch erreicht haben. (BL5)
	• Sie ist einfach als Ansprechpartnerin da. Ich weiß, ich kann mich an sie wenden, egal ob ich fachliche oder persönliche Probleme habe, kann ich mich an sie wenden und sie hilft immer gerne. (BE1)
	• Sie hört mir zu, wenn es um etwas geht. Das ich irgendwie sage, Mensch da brauche ich deinen Rat, wie geht es da weiter? (BE2)
Rahmenbedingungen zu schaffen, um den Job gut zu machen *(8 Nennungen =32 %)*	• Wenn immer ich ein Problem habe, ich Budget brauche, dann versucht sie das alles möglich zu machen, damit ich meine Aufgaben gut erledigen kann. Und das ich halt Zeit habe, um solche großen Projektarbeiten zu machen bzw. mitzubetreuen. Das ist das, was sie direkt für mich macht, also was sie jeden Tag möglich macht. (AS3)
	• Ich glaube auch, dass sie sich schon auch freut, wenn es direkt einsetzt. (EX3)
	• Fürs Team organisiert er Sachen. (ML3)
	• Er ebnet mir so gut es geht meinen Weg, so dass ich in meinem Beruf das Beste machen kann, was mir möglich ist. (ML4)
	• Einfach von heute auf morgen [Dinge] (..) (zu implementieren) und das war überhaupt kein Thema, als ich da mit ihr darüber gesprochen habe. (BL1)
	• Wenn ich was möchte, so an die [nächst höhere VG] weitergibt und das auch meistens umgesetzt wird. (...) Dass was ich möchte, das setzt er um. (BL3)
	• Wenn irgendetwas zu einer gewissen Deadline erledigt werden muss, aber die Kollegen nicht spuren. Dann übernimmt sie das Follow-up. (BE2)
	• Persönlich, also was er persönlich für mich macht, ist wenn ich den nötigen Schutz brauche und nicht weiterkomme, dann gibt er dir den schon. Das ist so ein Punkt. (BE4)
Konflikte lösen/ Probleme lösen/ Tipps geben *(7 Nennungen = 28 %)*	• In Konfliktsituationen mit Kunden hilft er mir, weil es dann auch nicht mehr zu meinem Aufgaben gehört. (AS2)
	• Ich muss wirklich sagen, sie ist (...) wirklich up-to-date und kann mir sehr gut Auskunft geben und das spart mir diverse peinliche Anrufe. (EX2)
	• So ist das, wenn ich was vorschlage und sie hat einfach mehr Berufserfahrung und (...) mir dann die Augen öffnet. (EX3)
	• Wenn Dinge anfallen, bei denen ich nicht weiterkomme, (...) dann findet da ein kurzes Gespräch statt und dann weiß ich (...), ob es entweder direkt abgebe (...) oder ich weiß dann, was ich zu tun habe und mache es dann fertig. (EX5)
	• Sie ist natürlich diejenige, die mir eine Richtung vorgibt, oftmals. (ML2)
	• Durch sehr geschickte Hilfestellung von [dem Vorgesetzten] – [man] auf einen anderen Weg kommt und mal eine andere Betrachtungsweise an den Tag legen kann. (ML1)
	• Für mich trifft sie Entscheidungen. Wenn ich irgendwie habe, wo ich wissen muss, wie ich damit fortfahren soll. (BE2)
Angenehme Arbeitsatmosphäre schaffen *(4 Nennungen = 16 %)*	• Sie schafft immer doch auch oder größtenteils ein angenehmes Arbeitsumfeld. (EX2)
	• Sie gibt mir schon auch das Gefühl, dass ich gerne zur Arbeit kommen kann und wenn ich z.B. krank bin oder so, gibt sie mir auch das Gefühl, dass das nicht der Weltuntergang ist. (EX3)
	• Er sieht zu, dass ich einen schönen Arbeitsplatz habe. Er sieht zu, dass er meine Wünsche an Freitagen, Freizeiten etc., dass ich das auch bekomme. Also eigentlich geht er so ziemlich auf das ein, was ich will. (EX5)
	• Und es ist sehr vertrauensvoll. (...) Man kann sich auf ihn verlassen und er stärkt schon dieses Sicherheitsgefühl, (...) weil er schon dafür sorgt, indem er sagt: „Ihr seid hier alle zu Recht, ihr macht eine gute Arbeit und ich will auch, dass es so bleibt." (ML4)
Freie Entfaltung *(4 Nennungen =16 %)*	• So richtig fällt mir da nichts ein. Er lässt mir so ein bisschen freien Lauf. Er lässt mich frei entfalten. (AS4)
	• Er lässt uns in Ruhe, (...) da muss ich sagen, da hält er uns relativ den Rücken frei. (EX2)
	• Das Vertrauen zu besitzen [alles] auch einfach durchführen zu dürfen mit den Konsequenzen (...) ich habe zu keinem Zeitpunkt das Gefühl, ich fühle mich beschnitten in dem, was ich mache. (ML2)
	• Er zahlt mein Gehalt und sorgt dafür, dass ich doch eigentlich ganz gut leben kann. (BE5)
Monetäre Benefits *(4 Nennungen =16 %)*	• Er verhilft mir zu Gehaltserhöhungen. (EX4)
	• Eine Gehaltserhöhung. (ML4)
	• Dann versucht er schon, dass irgendjemand ein Ziel mit mir vereinbart, rückwirkend, und dass ich noch einen fetten Bonus bekommen habe. (ML5)
	• Sei es Bonuszahlungen, Beförderungen und so. (BL5)

Tab. 153: Übersicht der Kategorienanzahl - Aufgabenerledigung des Vorgesetzten für die Unterstellten (Gesamtstichprobe)

	Frage	Textevidenz
Aspirant 1	Zusammenarbeit mit VG	Das Hierarchiegefälle bei uns in der Firma ist sehr, sehr flach (...) und wir haben viele Schulungen, dass genau dieses Gefälle eben flach bleibt. Crew Resource Management heißt das bei uns, dass bei uns speziell gerade die Kapitäne, bevor sie Entscheidungen fällen, die jetzt im fliegerischen Alltag oft passieren, (...) erst mich fragen. Also erst mal schauen, was sagt denn der Co. Die Kapitäne sehen uns Co-Piloten, bis darauf, dass wir nicht so viel Erfahrung haben, als fliegerisch total ebenbürtig. (...) Um dann eben zu kucken, o.k., was sieht der denn? Hat er [selbst] vielleicht was übersehen? Also das ist wirklich fast als wären wir auf einer Augenhöhe und erst, wenn ich als Co-Pilot meine Entscheidung kundtue, also sage „O.k., so würde ich es entscheiden. Das sind meine Punkte, das sehe ich kritisch, dann packt der Kapitän aus und dann ist natürlich die Entscheidung bei ihm und ich muss damit leben können. (...) und sonst ist das wie als würde man mal einen guten Freund anleiten. Es macht Spaß, man weiß sie haben es drauf, die merken auch, dass man es selber drauf hat. Es ist eine top Arbeitsatmosphäre und sie wissen, wie viel Spielraum sie einem lassen können. Genauso wie ich dem auch seinen Spielraum lasse. Also sehr kollegial.
	Aufgabenerledigung für VG	Es wechselt immer, weil wir ja zu zweit vorne sind und jeweils einer fliegt den Flug und der andere arbeitet zu. Das wird aber gewechselt. Das ist unabhängig von Kapitän oder erster Offizier, sondern das wechselt. Wenn ich jetzt in der Rolle bin, also der erste Flug, den ich mit dem Kapitän mache, wenn ich ihn noch nicht kenne, dass er den ersten Flug dann fliegt. Dann bin ich dafür da, ihm zuzuarbeiten. (...) Führe Befehle aus, wenn er sie braucht. Das sind nach dem Losfliegen ganz klare Sachen, die auch definiert sind. (...) und wenn es dann mein Flug ist zu fliegen, dann ist es genau andersherum.
	Einfluss auf VG	(...) Überwachungen oder Hinweise, wenn ich merke er macht Fehler. Das ich ihn darüber aufkläre (...). Und wenn er irgendwo Defizite hat oder vielleicht auch nicht ganz bei der Sache ist. (...) auch die machen Fehler. Die versuchen sich an die Regularien zu halten, aber wenn ich was merke, dann soll ich was sagen. Oder wenn ich merke, dass die was anders machen als andere Kapitäne. Also ich bin dann auch der Spiegel für den, also macht der noch alles verfahrensgetreu. Genauso wie er da auch für mich der Spiegel ist, das ist wieder gegenseitig. (...) Mir gegenüber [ist die Crew] vielleicht entspannter und sprechen mal Sachen an, die sie gegenüber dem Kapitän nicht ansprechen würden. Dementsprechend bin ich auch ein guter Einblick in die Kabine für den Kapitän. Wenn ich also merke, in der Kabine geht ihnen das alles zu streng oder es ist zu viel Stress, die sollen mal langsam machen und das aber gegenüber dem Kapitän nicht zugeben würden, da bin ich der Kanal, (...) der kurze Dienstweg für den Kapitän und kann es ihm dann vertrauensvoll sagen: „So und so sieht es aus, die Stimmung ist so und so."
Aspirant 2	Aufgabenerledigung des VGs für Follower	Also er ist mir auch ein Vorbilder, ja, muss man wirklich sagen. Das ist das, wo ich mal hinmöchte. Und da frage ich dann auch, wenn mir irgendwas nicht klar ist an seinen Entscheidungen oder an seiner Führung, wie er das handhabt, dann spreche ich das auch an. (...) Das sind wirklich Vorbilder und ich schaue mir einfach Sachen ab, wie wird das gehandhabt und das das ist so das größte Ding. Natürlich höre ich mir auch gern Erfahrungen von denen an, die haben natürlich minimum 10 Jahre mehr Erfahrung als ich und das höre ich mir auch gerne an, weil das für mich auch lehrreich ist. Die haben Sachen schon erlebt, die sind bei mir noch nicht aufgekommen. Waren schon die meisten auf der Langstrecke, was auch ein anderes arbeiten ist. (...) So als hätte ich die Erfahrung dann auch selbst gemacht.
	Zusammenarbeit mit VG	(...) Es gibt wenig Zeit bei der Arbeit, wo ich wirklich mit dem VG auch zusammenarbeiten. (...) Dass wir uns gegenseitig zuarbeiten (...). Er mir dicht Gäste platziert. Ich die Gäste bediene und er mir dann hilft, wenn Not am Mann ist. Wenn ich gerade überfordert bin in Situationen, wo ich große Tischgruppen kassiere, dann hilft er mir. Hilft mal mit einzudecken, räumt Tische ab, macht sauber. Und so ist das eigentlich, dass wir miteinander arbeiten - und auch müssen. Weil es einen Stau geben würde, da würde es einfach nicht laufen.
	Aufgabenerledigung für VG	Ja, indem ich einfach die Aufgaben, die ich habe schnell und sauber abarbeite. (...) Genau. Was ja eigentlich auch ist, ist dass ich meine Gäste bediene und für ihn in Stoßzeiten auch schnell erledige. Weil wir auch häufig eine Warteschlange habe und wir Tische brauchen. Wenn ich meine Gäste dann langsam bediene und ich dann zu spät lasse, dann wird die Schlange immer länger und wir machen dann auch keinen Umsatz, wenn ich die Gäste dann stundenlang sitzen lasse. Also schnelles Abarbeiten von Gästen in Stoßzeiten.
	Einfluss auf VG	Einfluss... Das ist interessant. [längeres Überlegen] Indem ein Meinungsaustausch stattfindet, (...) wo ich eher sehe, dass es Punkte gibt, die nicht gut laufen und meinem VG das mitteile. (...) [Nächst höherer VG] Ja, indem er sich die Meinung von mir einholt, da beeinflusse ich ihn. Also was MA angeht oder auch was M Führung von unseren Managern wäre, da holt er sich auch meine Meinung ein, fragt, wie es läuft. Was verbesserungswürdig ist. Was gut läuft, was nicht so gut läuft. Er zählt schon stark auf meine Meinung.
	Aufgabenerledigung des VGs für Follower	Ja, in Konfliktsituationen mit Gästen hilft er mir, weil es dann auch nicht mehr zu meinen Aufgaben gehört. Beschwerdemanagement ist dann seine Aufgabe und das entlastet mich natürlich am Gast (...) [Nächst höherer VG]: Ja, unser Betriebsleiter schreibt z. B. unsere Pläne, wie wir arbeiten. Und wenn er auf meine Wünsche eingeht, dann ist das etwas, was er für mich tut. Oder die Stationspläne, die geschrieben werden, wo ich dann arbeite und ich dann gut abschneide, das ist etwas, was er für mich tut. Meinen Urlaub genehmigt oder auch eine Lohnerhöhung.
Aspirant 3	Zusammenarbeit mit VG	Projektbezogen - relativ viele in der Vergangenheit - da hatten wir Projekte, wo ich sehr eng mit ihr zusammengearbeitet habe. Jetzt wo diese Projekte eben zu Ende geführt wurden, da gibt es jetzt im Moment eher wenig Schnittpunkte. (...) Dann war das halt so, da gab es sehr wenige Termine, wo wir wirklich was miteinander zu tun hatten, da lässt mich viel einfach machen. Und wenn es dann Probleme gäbe, dann würde ich zu ihr hinkommen.
	Aufgabenerledigung für VG	Das wäre dann Projektbezogen auch wieder. Die Aufgaben, die mir zugeteilt worden sind, die haben jetzt nicht direkt mit ihr zu tun. Also d.h. die Schulungen, die ich gebe und diesen Support, den ich mache und dieses technische Projekt, welches ich gerade habe, das hat mit ihr jetzt nicht so viel zu tun. Das hätte eher was damit zu tun, dass ihre Erfolg eher garantieren würde, wenn das Projekt abgeschlossen ist, weil das auch unter ihrem Dach passiert, also unter ihrer Abteilung.
	Einfluss auf VG	Einfluss in dem Sinne, dass ich ihr vieles erzähle, was sie sonst nicht mitkriegen würde. Zusammenhänge innerhalb der [Geschäftsstellen] direkt, (...), die sie halt so nicht auf ihrer Ebene sehen würde, das kann ich ihr halt viel besser beibringen [vermitteln], weil bei uns auch viele Synergien zwischen den Häusern entstehen, die sie aber als Führungskraft und dadurch halt so sehr wenig mit den Häusern direkt zu tun hat, nicht mitkriegen würde, das erzähle ich ihr halt. Und dadurch kann sie auch manche Situationen oder Entscheidungen besser fällen. Von daher beeinflusse ich sie auch.

Aspirant 4	Aufgaben-erledigung des VGs für Follower	Also erstens hat meine direkte VG überhaupt erst möglich gemacht, dass ich diesen Job ausüben kann, weil den gab es vorher noch nicht. (...) Also erst mal hat sie mir die Stelle geschaffen und dann tut sie im Bereich ihrer Möglichkeiten, weil sie jetzt auch nicht die technisch versierteste Person ist, tut sie wirklich alles, was sie kann, für mich. Wann immer ich ein Problem habe, ich Budget brauche, dann versucht sie das alles möglich zu machen, damit ich meine Aufgaben gut erledigen kann. Und das ich halt Zeit habe, um solche großen Projektarbeiten zu machen bzw. mitzubetreuen. Das ist das, was sie direkt für mich macht, also was sie jeden Tag möglich macht.
	Zusam-menarbeit mit VG	Mit meinem direkten Vorgesetzten kann es mitunter schon mal etwas schwierig werden, weil ich ja nun gerade in der Ausbildung bin auf die gleiche Ebene wie er. Und wir dann parallel arbeiten und er ist schon etwas älter und er sieht da seine Position etwas in Gefahr. Er neigt auch dazu, Sachen abzulehnen, ohne darüber nachzudenken oder hektisch zu sein. Wir haben vor einem Jahr mal einen Stromausfall nach einem Blitzschlag gehabt und man beschried das ganz gut mit einem kopflosen Hühnchen... Und das ist manchmal etwas schwierig. Fachlich ist er gar nicht so schlecht, da kann man darüber streiten. Aber die Einstellung ist mir manchmal etwas zuwider, die er an den Tag legt. Von daher besteht da manchmal etwas Konfliktpotenzial.
	Aufgaben-erledigung für VG	Relativ viele mittlerweile. Grundsätzlich erstmal, dass ich (...) [den] Betrieb (...) sicherstelle, während er im Büro an-dere Dinge tut. Ich habe ein paar Aufgaben, die eigentlich auf seinem Tisch liegen sollten, dann angenommen. (...) Da bin ich schon mehr drin als er. Das habe ich schon so ein bisschen an mich gerissen. Und die Anleitung eigentlich „sei-ner" Mitarbeiter, die mache ich ja auch größtenteils.
	Einfluss auf VG	Ich bemühe mich einen guten Einfluss auf ihn auszuüben. Da wir manchmal unterschiedlicher Meinung sind, ist das manchmal schwierig. Wobei in den meisten Fällen gibt er tatsächlich nach, weil er keine Lust hat zu diskutieren, weil ihm das wohl zu anstrengend ist. Und dann entscheidet man sich häufig für meine Variante, wie man das macht.
	Aufgaben-erledigung des VGs für Follower	Klingt gemein, aber schon so richtig fällt mir da nichts ein. Er lässt mir so ein bisschen freien Lauf. Er lässt mich frei entfal-ten. Da kann er sich wohl auch drauf verlassen. Aber so richtig direkt, dass er was für mich tut, nee eher nicht so... [Nächst höherer VG:] Also wenn ich den technischen Leiter nehme, der tut doch deutlich mehr für mich. Der hat das Potenzial erkannt, dass ich vielleicht mitbringe. Der hat mich schon mit auf eine Messe genommen, dass wir uns Sa-chen ankucken. Gestattet mir diese Meisterschule, obwohl eigentlich noch kein Bedarf da ist, da der aktuelle Meister noch ca. 15 Jahr kann und man keine zwei braucht. Und ja, man merkt halt, dass da Vertrauen entgegengebracht wird. Selbstverständlich wird dann auch im Gegenzug gefordert, dass ich dann Leistung bringe. Das gehört eben dazu...
Aspirant 5	Zusam-menarbeit mit VG	Die ist recht schwierig. Sehr angespannt am Anfang. Am Anfang ganz, ganz schwer. Weil man mich nicht wollte und ich wurde ihr vorgesetzt (...) im Sinne von sie hat mich einfach als ihre Assistentin bekommen, ob sie wollte oder nicht, sie musste das akzeptieren. Und sie hat mir am Anfang wirklich das Leben zur Hölle gemacht. (...) Das Vertrauen muss ja erst mal in der eigenen Abteilung aufgebaut werden, und das hat sie auch lange Zeit nicht gemacht. (...) Und das Schlimmste, wo ich mit zu hadern habe, ist dass sie einfach keine Kompetenz hat. Sie hat einfach kein Wissen. Sie ist total unwissend. Sie kann weder organisieren, das ist wirklich ein Riesenproblem. Sie überorganisiert alles, das ist nicht gut. (...) Sie ist das Vorbild, sie sollte es vormachen. Dann mag ich es z. B. überhaupt nicht, dass man, wenn man zur Arbeit kommt, schon schlecht gelaunt ist. Das ist ein Riesenproblem. Wenn ich schon mit so einem Gesichtsaus-druck da rein komme und schon die Türen zuschlage (...) das geht nicht. Man repräsentiert ja was, man repräsentiert die Motivation und Arbeits. (...) Das sind so STASI-Methoden, die sie anwendet (...) der Mitarbeiter muss sich frei fühlen und er muss auch für sich selber denken, o.k., ich habe die Entscheidung in meinen Händen und muss da nicht zu mei-nem VG gehen. (...) Empowerment. Und das gibt es halt nicht. Weder fachlich hat sie Ahnung, noch menschlich. Es ist schlimm.
	Aufgaben-erledigung für VG	Gut, Strategieplanung habe ich übernommen für alle Jahre (...) das ist auch eigentlich ihre Aufgabe. Das ist das, wo das Geld reinkommt und wie wir haben wollen. Was mache ich noch... Ich kümmere mich um die gesamten Anfragenflu-ten, die reinkommen. Ich korrespondiere mit allen Sales Departments weltweit. Ja, das sind so die Hauptaufgaben. Ich gebe die Trainings, die bei uns gibt. Weil nur ich kann es... Sie kann weder quotieren, noch irgendwas anderes. Re-ports ziehen mache ich auch noch, das kann sie auch nicht.
	Einfluss auf VG	(...) Aber ich versuche ihr dann immer so das Positive zu vermitteln. (...) Da versuche ich sie immer zu beeinflussen, dass wir das jetzt machen müssen. Dass das wirklich wichtig ist, auch für die Reputation des [Unternehmens]. Weltweit sieht das ja jeder. Von dahingehend konnte ich doch schon relativ viel Einfluss nehmen. Ich konnte auch schon viel Einfluss nehmen, dass Leute, z. B. das Team, eher auf mich zukommen und ich bespreche es dann mit ihr, anstelle des Teams, das dann direkt auf sie zugeht. Denn das artet meistens aus und die Leute kommen heulend raus.
	Aufgaben-erledigung des VGs für Follower	Ja da habe ich mich auch letztens schon gefragt. Also eigentlich recht wenig. Eigentlich gar nichts. Ich kann auch von ihr nichts lernen. Ich kann nur lernen, dass man so nicht ist.

Tab. 154: Zusammenarbeit Unterstellter & Vorgesetzter (Followertyp Aspirant)

Zusammenarbeit Unterstellter & direkter Vorgesetzter		
Followertyp Experte		
	Frage	Textevidenz
Experte 1	Zusammen-arbeit mit VG	Die Zusammenarbeit, die ist dadurch, dass mein Chef eigentlich bis ans Limit ausgereizt ist, relativ selten, dass wir di-rekten Kontakt haben. Er sitzt zwar nur 1,5 Meter neben mir in seinem Büro, aber er ist selbst momentan sehr einge-spannt mit Meetings, Kunden-Telefonkonferenzen, was weiß ich, irgendwelchen neuen Ausschreibungen. So dass man eigentlich im Großen und Ganzen relativ autark arbeiten kann.
	Aufgaben-erledigung für VG	Z. B. die Ausbildung, die ich übernommen habe.

	Einfluss auf VG	Den gefühlten, oder? Anders kann ich da ja nichts sagen. Ich denke schon, dass er sich da einiges zu Herzen nimmt, was ich ihm sage. (…) Ich informiere ihn über einige Punkte, bei denen ich sage, die bei uns verkehrt laufen. Die jetzt meinetwegen von den obersten Chefs kommen oder er dann auch Sachen so weitergeben muss, wo ich sage „(…) überlege dir das. Das würde ich so nicht weiter kommunizieren. (…). Überdenk das Ganze nochmal." (…) Ja andere Sachen kann ich ihm nur durch die Blume sagen, wo ich sage, da muss er mal gegensteuern. Das ist so der Punkt, den ich vorher angekreuzt habe. Wenn ich mitbekomme, dass es bei meinen Arbeitskollegen kriselt, wo ich sage, da sollte er mal ein wenig einschreiten. Ich nenne zwar keine Namen, aber so eine Richtung. Wo ich sage, da musst du was tun, sonst passiert da was.
	Aufgabenerledigung des VGs für Follower	Er lässt uns in Ruhe, aber das ist momentan der Tatsache geschuldet, dass sie keinen Druck aufbauen wollen. Weil sie wissen, dass wir absolut überlastet sind. Und wenn er da jetzt noch irgendwo reinhauen würde, in irgendeine Kerbe, dann glaube ich hätte er Angst, dass sich noch mehr Leute bei uns aus dem Staub machen. Und da muss ich sagen, da hält er uns relativ den Rücken frei.
Experte 2	Zusammenarbeit mit VG	Generell funktioniert das sehr gut, aber ich wünschte mir manchmal etwas mehr Zeit und ein offenes Ohr für Fragen. Und frage dann eigentlich wirklich auch nur dann, wenn ich es selber nicht weiß. (…) Also legt man was in dieses Büro, dann ist das Risiko halt sehr, sehr groß, dass es verloren geht. Und das nervt und ist brutal anstrengend. Ich mag schon gar nichts in das [Eingangsfach] legen, weil entweder liegt es da drei Wochen völlig unbeobachtet. Und wenn es dann nicht mehr da ist, [dann heißt das auch nicht automatisch, dass das wieder zu mir zurückkommt. Von daher versuche ich schon, zu horten und zu sagen „So jetzt". Also ich versuche mir das zu erziehen. Ansonsten, das ist sowas was noch ausbaufähig ist in der Zusammenarbeit. Ansonsten passt es ganz gut.
	Aufgabenerledigung für VG	Bisher noch keine, aber das wird kommen. (…)Also weiß ich jetzt nicht, inwiefern … Das wird kommen. Sicherlich noch mehr Kontrollmechanismen, was [die jetzige VG] jetzt macht, was langfristig eventuell auf mich zukommen könnte. Gut das hatte [die frühere VG] mal angedeutet (…) Dadurch, dass ich mit dem Lohn ja auch ziemlich autark bin, ist das eher so, dass sie meine Urlaubsvertretung macht, also sie eher Jobs von mir übernimmt.
	Einfluss auf VG	So wie man in den Wald hineinschreit, so schallt es heraus. Ich schaue dann auch, auch wenn ich nicht so gut drauf bin, dass ich mich trotzdem um einen höflichen Umgang bemühe. Oder wenn ich eine blöde Antwort bekomme, (…), dann einfach nicht drauf einsteigen oder es ignorieren. Auch wenn man vielleicht über die ein oder andere Situation verärgert ist. Ggf. zu einem späteren Zeitpunkt ansprechen. Das ist oft so meine Strategie, wenn ich emotional berührt bin oder verärgert, dass ich das halt nicht in dem Moment kläre. Dann nehme ich das erst mal hin, warte bis für mich der richtige Zeitpunkt ist und bringe dann das Thema wieder auf.
	Aufgabenerledigung des VGs für Follower	Ja genau die Urlaubsvertretung. Und ich muss wirklich sagen, sie ist (…) wirklich up to date und kann mir sehr gut Auskunft geben und das spart mir diverse peinliche Anrufe (…). Ja, ich denke, sie schafft immer doch auch oder größtenteils ein angenehmes Arbeitsumfeld, ich finde schon, dass sie das tut.
Experte 3	Zusammenarbeit mit VG	Also eigentlich relativ, ich würde jetzt nicht sagen freundschaftlich, aber schon sehr unhierarchisch. Also sie weiß, wer sie ist und ich weiß, wer ich bin. (…) Man kann jmd. in Anführungszeichen duzen und trotzdem super Respekt verdeutlichen. Und so ist es auch bei uns. (…) Da sind noch ein paar Stufen dazwischen. Nichtsdestotrotz ist man so auf einer Augenhöhe
	Aufgabenerledigung für VG	Also eigentlich ist es so, wie ich auch vorhin schon gesagt habe, dass ich ihr den Rücken frei halte. Also d.h,. wenn Projekte gefragt sind oder so, die ihr aufgetragen werden, die führe ich natürlich aus. Wie sagt man schon, es wird gefragt ist, was gebraucht wird und ich das umsetze und ihr dann vorstelle, damit sie es dann wieder vorstellen kann an ihre Vorgesetzte und ich führe das dann meist auch gemeinsam mit ihr aus oder auch mit den anderen Kollegen.
	Einfluss auf VG	Eigentlich eher so im persönlichen Bereich. Also sprich, ich habe so das Gefühl, dass ich ihr gute Laune geben kann. Merke aber auch, dass, wenn sie merkt, dass ich z.B. nicht so gut gelaunt bin, dass das ihre Laune beeinflusst. (…) Also in vielen Entscheidungswegen. Also das ist so ein bisschen wie in der Berufsschule. Der Lehrer sagt es ist so und so, und du weißt ganz genau, es ist so niemals in der Praxis umsetzbar. So ist das, wenn ich was vorschlage und sie hat einfach mehr Berufserfahrung und dann sagt sie, o.k., es wird schwierig. Was mir dann die Augen öffnet. (…) Dann ist sie auch bereit für Kompromisse.
	Aufgabenerledigung des VGs für Follower	Ich glaube, dass sie mich persönlich schon entwickeln will und auch entwickelt hat. Und auch daran glaubt, was in mir steckt. Und sie gibt mir schon auch das Gefühl, dass ich gerne zur Arbeit kommen kann und wenn ich z.B. krank bin oder so, gibt sie mir auch das Gefühl, dass das nicht der Weltuntergang ist. Was man ja eigentlich so in einem Arbeitgeber-Arbeitnehmer-Verhältnis selten erwarten kann oder erwarten darf, dass man gesagt bekommt, hey, das ist in Ordnung was gerade ist und wir kriegen das schon hin. (…) Ich glaube auch, dass sie sich schon auch einsetzt. Wenn jetzt irgendwie Unstimmigkeiten sind oder so, dass sie dann immer hinter mir oder hinter anderen steht im Team. Und sie schon auch immer daran interessiert ist, beide Seiten zu hören.
Experte 4	Zusammenarbeit mit VG	Ja, das ist jetzt natürlich schwer, weil mein Chef nicht unbedingt ein Musterchef ist. Sie ist eigentlich recht eng und ich glaube, er weiß mich sehr zu schätzen, das sagt er auch jedes Mal und man sieht das auch an den Zielen und an den Zielbesprechungen. Das glaube ich schon. Auch wenn ich ihm manchmal vielleicht auch Konter in einer Besprechung oder so gebe und das ist nicht seiner Meinung bin. Aber was ich ihm bemängeln würde (…) ist definitiv, dass er viel zu wenig eskalieren lässt und mit seinem VG, also mit dem eins darüber meines Erachtens zu wenig kommuniziert. Was für mich wichtig wäre, denn ich kann noch so oft meine Meinung äußern, wenn die nicht dahin kommt, wo die wirklich was ausmacht, dann ist das schwierig.
	Aufgabenerledigung für VG	Für ihn direkt, ja, das ist wirklich schwer zu sagen, weil wir alle jeweils eigene Arbeitsstände haben. Eigene Bereiche, die jeder von uns bearbeitet. Von daher kann ich nicht direkt sagen, was ich für ihn tue, weil wir als Gruppe sozusagen für ihn arbeiten.
	Einfluss auf VG	Natürlich einen positiven [lacht]. (…) Ja, ich glaube durch manche Konfrontationen ist er oft gezwungen etwas zu tun, was er vielleicht nicht tun würde, was aber einfach notwendig ist, was aber meines Erachtens auch einfach seine Aufgabe ist als VG.
	Aufgabenerledigung des VGs für	Na ja [lacht], er beurteilt mich natürlich gut. Er stellt mich auch als positiv dar, wenn es jetzt um irgendwelche Gruppenevents etc. geht. Er verhilft mir zu Gehaltserhöhungen im Notfall, was ja auch schon getan hat.

	Follower	
	Zusammenarbeit mit VG	Ich habe meine klaren Aufgabengebiete, die ich zu erledigen habe, bei denen ich meinen VG auch nicht dazu brauche. Wenn Dinge anfallen, bei denen ich nicht weiterkomme, dann melde ich mich bei meinem VG an und sage, dass ich ihn mal 5 Minuten brauche. Je nachdem. Dann findet da ein kurzes Gespräch statt, und dann weiß ich im Endeffekt auch, ob ich es entweder direkt abgebe, denn es gibt auch Sachen, die die Chefs selbst bearbeiten wollen. Oder ich weiß dann, was ich zu tun habe und mache es dann fertig.
	Aufgabenerledigung für VG	Er hat weniger Aufwand, wenn er zum Kundentermin geht, da ich ihn schon ziemlich gut vorbereitet habe. Kundenakquise, Kundendaten einpflegen, das gehört alles zu meinem Aufgabengebiet. So dass wenn der Chef zum Kunden hingeht, so dass er dann schon die Mappe fertig hat und beim Kunden bereits alles hat, was er braucht.
Experte 5	Einfluss auf VG	Ich hoffe einen guten [lacht]. Ja, er ist schon zufrieden, weil ihm viel abgenommen wird. Ich nehme ihm schon einiges ab.
	Aufgabenerledigung des VGs für Follower	Er sieht zu, dass ich einen schönen Arbeitsplatz habe. Er sieht zu, dass er meine Wünsche an Freitagen, Freizeiten etc., dass ich das auch bekomme. Also eigentlich geht er so ziemlich auf das ein, was ich will. (...) ich habe [dem Kunden] versprochen, dass ich in jedem Fall bis zum nächsten Tag einer der Chefs bei ihm meldet (...) und dann hatte da eigentlich genau keiner [von den Vorgesetzten] Zeit, aber dann sprechen die sich untereinander ab und versuchen auf alle Fälle, dass das, was ich dem Kunden versprochen habe, auch eingehalten wird. Da heißt es dann nicht: „Hättest du da vorher nicht nochmal in unsere Termine reinschauen können!", sondern weil der Kunde das so wollte, dass alles innerhalb von 24 Stunden erledigt wird und ich das so zugesagt hatte. Und da sehen die Chefs auch zu, dass einer von ihnen das auch hinbekommt.

Tab. 155: Zusammenarbeit Unterstellter & Vorgesetzter (Followertyp Experte)

Zusammenarbeit Unterstellter & direkter Vorgesetzter		
Followertyp Mitläufer		
	Frage	Textevidenz
Mitläufer 1	Zusammenarbeit mit VG	Also Zusammenarbeit sieht so aus, dass sie mir außer jetzt den festgesteckten Zielen, die ich natürlich erfüllen muss, relativ wenig Vorgaben macht und eher so ein kreativer Raum, sage ich mal. (...) Ja klar, die Ziele sind zu erreichen, aber um sie zu erreichen gibt es wahnsinnig viel Spielraum und viele kreative Möglichkeiten, um dahin zu kommen. (...) und es ist nur manchmal so - durch sehr geschickte Hilfestellung von ihr – dass man vielleicht auf einen anderen Weg kommt und mal eine andere Betrachtungsweise an den Tag legen kann. (...) Es gibt Situationen, da ist man natürlich oder bin ich natürlich auch eingefahren. Muss man ganz klar sagen, oder es gab auch schon Fälle, wo ich gesagt habe, hier komme ich nicht weiter.
	Aufgabenerledigung für VG	Also Aufgaben in dem Sinne gibt es eher weniger. Was ich hin und wieder mal gemacht habe ist, dass ich sie unterstützt habe in einem Projekt z.B., was wir dann aber gemeinsam gemacht haben, also uns das ein bisschen teilen, so dass man sagt, du kümmerst dich um den Teil A, und ich mache den Teil B.
	Einfluss auf VG	Interessante Frage. Ich glaube dadurch, dass wir uns persönlich sehr, sehr gut verstehen und da eine gewisse Sympathie da ist, glaube ich, dass man in vielen Situationen ein Faktor ist, definitiv. (...) Wenn jetzt z. B., (...) kleinere Entscheidungen (...) getroffen werden mussten, wenn wir da verschiedene [Optionen] besprochen haben und ich gesagt habe: „Ich finde das jetzt nicht so gut und würde es eher in die und dir Richtung machen" und da merkt man dann schon, das wurde dann schon miteinbezogen.
	Aufgabenerledigung des VGs für Follower	Es gibt immer eine Open-Door-Policy, ich glaube, ich habe es in der ganzen Zeit, in der wir zusammen gearbeitet haben, nie erlebt, dass sie, weil sie gerade schlecht ist. Ich glaube es ist eine sehr gute Zahl, weil es waren doch 1,5 Jahre, sie ist immer erreichbar, immer für mich da. In jeglicher Hinsicht, ob das jetzt arbeitsbezogen ist oder ob es ums Team geht, also um jegliche Problemstellungen in sich eventuell stellen. Und sie fordert mich unheimlich gut. Wir haben ja in unserem [Jahresgespräch] gewisse Entwicklungsbedürfnisse festgestellt (und da) pusht sie mich immer wieder, aber nicht in einer pushy Art, sondern in einer coolen Art. Das wird dann immer mal wieder in den Raum geworfen und gefragt: „Hast du dich da und darum schon gekümmert?" Also eine sehr angenehme Sache, so wie sie das macht. So wie sie es gehandelt hat.
Mitläufer 2	Zusammenarbeit mit VG	Die Zusammenarbeit ist geprägt von viel Respekt auf beiden Seiten. Für die fachliche Kompetenz des anderen. Darüber hinaus ist die Zusammenarbeit im letzten Jahr tatsächlich auch auf persönlicher Natur sehr, sehr gut geworden. (...) wir haben eine persönliche Bindung, wir haben eine beruflich sehr vertraute Bindung. Und in meiner Funktion bin ich für sie wichtige Ratgeberin, bin es aber auch durchaus persönlich. (...) Wir schätzen einander und respektieren uns sowohl beruflich als auch persönlich.
	Aufgabenerledigung für VG	Meine VG hat die Erwartungshaltung an mich, dass ich in meiner Funktion und in meiner Rolle der Motivator unserer MA bin und dass ist das, was ich im Wesentlichen versuche zu erfüllen. Sie hat tatsächlich auch die Erwartungshaltung an mich, dass ich eine moralische Instanz in Sachen Mitarbeiterfragen bin - auch ihr gegenüber - das ist mittlerweile gewachsen. Auch das tue ich. Und sie hat die Erwartungshaltung, dass ich jede Form von MA-Kommunikation von Weiterentwicklung der MA betreue und initiiere und dann umsetze. Das ist ihre Erwartungshaltung an mich.
	Einfluss auf VG	Ich hoffe guten, (...) Ich versuche, den respektvollen Umgang und den Respekt voreinander und das Schätzen, das wir füreinander empfinden auch dazu zu nutzen, sie an der ein oder anderen Stelle auch davon zu überzeugen, dass es auch andere Wege gibt als ihre. Sie neigt manchmal dazu, Dinge aus der Hüfte heraus und ganz schnell zu entscheiden und dann auch entsprechend ganz schnell umzusetzen ohne ernsthaft darüber nachzudenken, was das für Konsequenzen hat oder wie durchdacht der Prozess an sich ist. Das funktioniert nicht immer, aber manchmal funktioniert das.
	Aufgabenerledigung des VGs für Follower	Sie hört mir zu in Momenten, in denen ich mir nicht sicher bin. Sie gibt mir Feedback in Momenten, in denen ich emotional bin und - und das ist vielleicht das Wichtigste für mich in meiner Arbeit - sie vertraut mir. Und sie glaubt an mich und an meine Rolle und an meine Person in dieser Rolle. Und das gibt mir das Gefühl, ganz viel tun zu können. Und das Vertrauen zu besitzen, das auch einfach durchführen zu dürfen mit einigen Konsequenzen. (...) ich habe zu keinem Zeitpunkt das Gefühl, ich fühle mich beschnitten in dem was ich mache. Sie ist natürlich diejenige, die mir eine Richtung vorgibt, oftmals.

393

Mitläufer 3	Zusammenarbeit mit VG	Seine Fähigkeit als Manager ist manchmal fragwürdig. (...) Die Zusammenarbeit mit meinem VG ist erst mal nicht fachlich, sondern rein disziplinarisch. Ich bin fachlich komplett unabhängig und disziplinarisch ist es so, dass er eigentlich im Großen und Ganzen nur „Travel und Expenses" unterzeichnet und natürlich wissen möchte, wie ich meine Zeit investiere das Jahr über. Und dazu haben wir wöchentlich ein Team-Meeting, wo jedes Teammitglied reportet, was es gerade macht, bei welchem Kunden es gerade unterwegs ist, ob es irgendwo Hilfe braucht
	Aufgabenerledigung für VG	Nichts. (...) Nichts, nein.
	Einfluss auf VG	Indem ich ihn - bayerisches Wort – „drangsaliere". Mit Fragen kann man natürlich eine gewisse Richtung einschlagen, aber normalerweise ist er mir egal.
	Aufgabenerledigung des VGs für Follower	Eine sehr gute Frage. Was tut mein VG für mich. [langes überlegen] Direkt nichts, indirekt fürs Team organisiert er Sachen und man kann sich auf diese Sachen, seien es jetzt Fortbildungen oder Slots in größeren Runden zur Präsentation zur Selbstdarstellung, sich darauf bewerben. Aber jetzt wirklich im Eins-zu-Eins macht er das nicht. Sondern immer nur teamorientiert.
Mitläufer 4	Zusammenarbeit mit VG	(...) Und ansonsten haben wir eine ziemlich enge Zusammenarbeit, und er hat schon ziemlich viel Wissen mit mir immer ausgetauscht. Ich habe dazu auch viel Wissen für mich neu gelernt, was ich vorher nicht hatte, was mich dann wiederum dazu befähigt, auch aus einer Perspektive manche schwierige Aufgaben zu tun, die andere nicht kriegen. Und es ist sehr vertrauensvoll. Er hat aber auch Erwartungen, er erwartet aber auch, dass man ihm gegenüber sehr ehrlich ist und sehr offen. Auch in Mitarbeitergesprächen setzt er sich stark ein, also wenn ich z. B. Fortbildungen möchte oder so wie das mit dem Coaching, da hat er sich auch eingesetzt, obwohl das nichts mit meinem Beruf zu tun hat. Er ist sehr loyal, er ist sehr wertschätzend. Er gibt viel, aber auf jeden Fall musst du von der Arbeitsqualität her mithalten, sonst ist das Ungleichgewicht schnell hergestellt. Das muss auf jeden Fall stimmen. Das erwartet er auch. Ansonsten ist es sehr, sehr miteinander. Da wird nicht gegen jmd. gearbeitet, da wird nicht toleriert, dass einer außen vor bleibt, da darf auch keiner von uns aus dem Team raus „Ich raste mal komplett aus und keiner kann mich mehr einfangen" machen. Als Team, da sollen wir funktionieren und das wird erwartet und so arbeitet er mit uns.
	Aufgabenerledigung für VG	z.B. Tracking, Implementierungen, sehr viele technische Themen, die mit dem Online-Marketing zu tun haben. Ich vertrete ihn in Terminen, wenn er mal nicht da ist. (...) Und Klärungsaufgaben mit unserem Abteilungsleiter. Also das gilt jetzt für seine Abwesenheit. Wenn er jetzt da ist, dann - wie soll man das denn sagen - also ich habe das ganz eingangs mal gesagt, dass ich derjenige bin, der irgendwie die Stimmung mitbestimmt bzw. versucht, das zu balancieren. Und das ist tatsächlich was, das hat er mir auch schon mal im Mitarbeitergespräch gesagt, dass das etwas ist, was er sehr an mir schätzt, diese Qualität und diese Art, die ich da habe. Unsere Kolleginnen auch immer wieder so miteinzufangen, also eine Arbeitsatmosphäre herzustellen, die einfach gut tut. Das ist etwas, wobei er sehr stark auf mich baut. Das macht sonst keiner im Team.
	Einfluss auf VG	Oje, ja, ist schwierig. Na ja, ich denke, ich fordere ihn schon auch mal. Ich konfrontiere ihn auch schon manchmal mit Ideen oder mit Situationen, wo ich dann tatsächlich auch sage: "Hey das finde ich jetzt nicht so cool. Wie denkst du darüber? Wie wollen wir damit umgehen?" Das mache ich schon und na ja, doch das stimmt schon, ich bin schon sehr direkt zu ihm und im Austausch mit ihm, da fordere ich ihn auf jeden Fall und das ist der Einfluss, den ich auf ihn ausübe. (...) Wir machen auch über das Team auch schon mal über das Zwischenmenschliche und da bekommt er von mir auch mal Input, (...) Weil es tatsächlich manchmal mit den Kolleginnen ist, dass sie manchmal nicht das Gefühl haben, dass er sie so versteht in ihrer Art, wie sie manchmal sind. Da ist er zu nüchtern. Deswegen verpacke ich das manchmal und trage das an ihn ran. Das ist die Form von Einfluss.
	Aufgabenerledigung des VGs für Follower	Der unterstützt mich, was Fortbildungen angeht. Er ebnet mir so gut es geht meinen Weg, so dass ich in meinem Beruf das Beste machen kann, was mir möglich ist. Ich bin jetzt ja nicht jemand, der sagt o.k., jetzt habe ich mal was und sitze jetzt hier 5 Jahre und mache das Gleiche jeden Tag. Sondern ich komme schon auch und sage, ich hätte gern dies. Oder ich wollte eine Gehaltserhöhung haben. (...) Er setzt sich stark ein und er spricht auch fachlich nur in hohen Tönen von mir - auch nach außen - Richtung Abteilungsleiter und auch Richtung Kollegen. (...) Man kann sich auf ihn verlassen und er stärkt schon dieses Sicherheitsgefühl, was man auch irgendwo hat, wenn man in einer Firma ist und sich nicht denkt, ich muss jetzt jeden Tag meinen Hintern retten. Das Gefühl hat man nicht, weil er schon dafür sorgt, dass er sagt: „Ihr seid hier alle zu Recht, ihr macht eine gute Arbeit und ich will auch, dass es so bleibt."
Mitläufer 5	Zusammenarbeit mit VG	Er lässt mir völligen Freiraum, ich kann eigentlich tun und lassen, was ich will. Zusammenarbeit: Er kommt halt nur, wenn er etwas braucht von mir. Und ansonsten sehe ich ihn so gut wie gar nicht.
	Aufgabenerledigung für VG	Für ihn selbst überhaupt nichts. Weil ich mache mein Change Management und gut ist es. Das ist ja das Schöne.
	Einfluss auf VG	Er würde sich Feedback wünschen, wir hatten das mal in einem MA-Gespräch vereinbart, er holt es sich aber nicht ab. Dann denke ich mir o.k.... Nachdem ich ja schon lange in dem UN bin, dann kann ich jetzt sagen: „Pass auf, das sind die Fettnäpfchen oder bei dem und dem musst du aufpassen". Er scheint kein Feedback zu brauchen. (...) also er lässt sich da schon ein wenig zum Nachdenken inspirieren. Aber ob ich groß einen Einfluss habe? Der ist so mit sich beschäftigt, ich glaube es ist nicht.
	Aufgabenerledigung des VGs für Follower	[Lacht]. Schon, wir haben ja ein Bonusverfahren und ich habe letztes Jahr in einem Projekt mitgewirkt und normalerweise muss man Ziele vereinbaren, so dass man sagt, o.k. du hast das Ziel erreicht, überschritten, stark überschritten und dann bekommst du so und so viel Prozent von deinem Jahresgehalt. (...) Und letztes Jahr wurden keine Ziele vereinbart. Meine Ex-Chefin hatte keine Zeit quasi, sie war auf dem Papier meine Ex-Chefin und ich habe ihm das erzählt und dann sagt er, das geht ja nicht. Und dann hat er organisiert, dass irgendjemand ein Ziel mit mir vereinbart rückwirkend, und dass ich noch einen fetten Bonus bekommen habe. Das war echt positiv, wo ich dachte cool. Das hätte ich nicht machen müssen, da hätte er echt nicht machen müssen.

Tab. 156: Zusammenarbeit Unterstellter & Vorgesetzter (Followertyp Mitläufer)

Followertyp Blender			
		Frage	Textevidenz
Blender 1		Zusammenarbeit mit VG	Ich muss sagen, dass es sehr stark auf Vertrauensbasis läuft. (…) Wichtig ist einfach Feedback in dem Moment, wenn es z. B. nicht gut läuft, aber auch natürlich wenn was gut läuft, und es besteht regelmäßiger E-Mail und Telefonverkehr und entsprechend aber auch Jours fixes, die alle paar Wochen dann stattfinden. Wo aber auch die VG sagt, dieser Jour fixe ist nicht für sie, sondern für uns als MA, wo wir offene Themen klären dürfen. Und so ist der Ablauf. Es ist eine sehr starke Vertrauensarbeit.
		Aufgabenerledigung für VG	Direkt für meine VG keine, (…) unsere VG ist viel mehr dafür zuständig, Supervision zu betreiben und uns als Team zu führen (…) es wird ihr zugearbeitet, d. h. sie schaut nur drauf, dass unsere Ergebnisse stimmen und sollten die nicht stimmen, dann ist sie dafür verantwortlich, Prozesse anzupassen oder eben erst einmal zu filtern, woran es überhaupt liegt.
		Einfluss auf VG	Wenig würde ich sagen, allerdings im Sinne von Feedback. (…) D. h. in dem Sinne übe ich Einfluss auf sie aus und sage, wenn wir das hier nicht geregelt bekommen, dann würde ich sie mit ihrer höheren Macht bitten, mit der IT mal zu sprechen und zu fragen, was das denn überhaupt gelegen ist. Aber normalerweise schaffen wir das selber auch. Wie schon angeschnitten, weil wir als sehr kompetente Ansprechpartner gesehen werden und nicht als ein leidiges Organ, was nebenbei noch ein wenig Gesetz steuert. Das wäre jetzt noch so der Einfluss, den ich auf sie ausübe, aber ansonsten eher weniger.
		Aufgabenerledigung des VGs für Follower	Sie ist an sich mein Business-Partner. Sie ist natürlich einerseits dafür da, mir zu sagen, wo ich besser werden kann und in welche Richtung ich gehen könnte, auf welche Themen ich mich z. B. spezialisieren könnte, was mir ganz gut liegt. Aber ansonsten ist sie primär gerade durch diese Jours fixes dafür da, mir zuzuhören. (…) Und das wurde einfach von heute auf morgen (..) implementiert und das war überhaupt kein Thema, als ich da mit ihr darüber gesprochen habe. Da ist sie unheimlich schnell, da werden Prozesse auch - gerade wenn es um interne Themen geht - unheimlich schnell umgesetzt.
Blender 2		Zusammenarbeit mit VG	Ja, also zusammen arbeiten tun wir eigentlich nie. Wir sehen uns ganz selten, ich bin eigentlich nur in Jour fixe vertreten und sonst eben meistens im E-Mail-Kontakt. (…) Guter Willen war auf beiden Seiten da und dann ist sie ausgestiegen und hat gesagt: „Wissen Sie was, machen Sie das doch alleine." und das war mir dann natürlich wahnsinnig recht und so war es dann auch gelaufen. Wir haben also nicht wirklich - wir sind sehr unterschiedlich von unseren Ansprüchen her, qualitativ gesehen - sie hat eher was Kunst oder Design anbelangt, und das ist schließlich unser Metier, eine ganz andere Auffassung. Also sie hängt auch irgendwie eine Zeichnung vor die Tür und das würde ich z. B. nie machen. Wir haben einfach komplett andere Sichtweisen auf das, was wir tun, so dass wir eigentlich auch nicht inhaltlich zusammen arbeiten können.
		Aufgabenerledigung für VG	Ja genau genommen schon. Wir haben [mehrere] Studiengänge, und einen davon leite ich. Also so gesehen, nachdem sie die Institutsleitung innehat, leite ich für sie einen Studiengang.
		Einfluss auf VG	Also willentlich gar keinen und indirekt, so ist zumindest die Wahrnehmung von manch anderen um uns herum, störe ich, weil ich einfach was mache und das einfach mache und nicht dauernd nachfrage, wie es denn besser wäre oder was ich anders tun kann. Also ich brauche ihre Hilfe dazu jetzt einfach nicht. Es ging ja auch als sie noch nicht da war und es geht auch jetzt einfach so. Ich störe sie genau genommen
		Aufgabenerledigung des VGs für Follower	Was sie für mich macht... Ich wüsste jetzt ehrlich gesagt nicht, was sie für mich macht. Also was macht sie für mich. Sie hat eigentlich nichts Positives für mich gemacht, ich wüsste jetzt wirklich nicht. Vielleicht bin ich jetzt ungerecht, aber ich glaube, sie tut nichts für mich.
Blender 3		Zusammenarbeit mit VG	Wir haben eine sehr gute Zusammenarbeit, weil er auch aus dem Verkauf kommt. Wir kennen uns auch schon sehr lange, wir kannten uns auch schon zuvor, bevor er mein VG wurde (…). Und als dieser Umbruch von [einer Betreibergesellschaft zu einer anderen] stattgefunden hatte, und ich schon vorher Kontakt zu meinem VG hatte, da hat er auch schon von die Sorgen und Nöte mitbekommen, wo ich noch nicht wusste, dass er mein neuer VG wird. Und er hat da eigentlich auch schon immer ein offenes Ohr und gab mir sehr viel Recht, dass Dinge hier schief gelaufen sind, die man hätte anders machen können. (…) Und dadurch haben wir ein sehr, sehr gutes Verhältnis. Ich glaube, es gibt eigentlich keinen besseren Leader, den ich bisher hatte. Wenn ich Ideen habe, wenn ich Herausforderungen habe, dann gehe ich eigentlich immer zu ihm, ich kann eigentlich fast alles machen, was ich möchte und er steht auch voll hinter mir.
		Aufgabenerledigung für VG	Alles Mögliche, sei es, wenn das Umsatzziel nicht geschafft wird, Aktivitäten durchzuführen. (…) Strategische Übersichten, was wollen wir nächstes Jahr machen. Viele Excel-Tabellen. Muss man so sagen.
		Einfluss auf VG	Einen hoffentlich positiven Einfluss, zu 70 %, denke ich schon. Dass er auch, wenn ich was möchte, das so an die [nächst höhere VG] weitergibt und das auch meistens umgesetzt wird. Und ich weiß auch, dass er mich auch sehr wertschätzt und ich ihn auch. Wir haben ein sehr kollegiales Verhältnis zueinander. Nicht von oben herab sondern fast schon gleichwertig. Wobei ich immer noch weiß, dass er mein VG ist.
		Aufgabenerledigung des VGs für Follower	Dass, was ich möchte, das setzt er um. Sei es jetzt, dass ich neue Mitarbeiter brauche, (…), wenn etwas nicht richtig läuft mit Urlaub, Trainings etc. Mit [Finance] wenn irgendwas mit Rechnungen nicht stimmt. Mit der [der nächst höheren Vorgesetzten], wenn ich Ideen habe, die wir vielleicht umsetzen können.
Blender 4		Zusammenarbeit mit VG	Sehr vertraut, also ich kann meiner VG ziemlich alles anvertrauen, sowohl beruflich als auch privat. Ich würde sagen, dass ich sie wirklich bei jedem beruflichen Problem konsultiere und zumindest nach ihrer Meinung frage. Und ich schätze sie auch sehr. Und genau andersherum gebe auch ich ihr Feedback zu kritischen Dingen. Und in meiner Wahrnehmung wird das auch sehr geschätzt. Mir wird auch freier Raum gelassen, etwas auszuprobieren. (…) Sie fördert mich sehr, sie challenged mich auch sehr, wenn wir (…) einen Vortrag halten müssen, dann fragt sie, ob ich mir das zutraue. (…) Also ich weiß nicht, wie man es am besten zusammenfasst: sehr vertraut, sehr guter Umgang. Macht Spaß. (…) Ja, wie gesagt, dieses persönliche ist halt für mich enorm wichtig. Wenn ich jmd. folge, zu dem ich gar keine persönliche Beziehung habe, dann würde ich Sachen vielleicht auch gar nicht so kritisch hinterfragen. Dann wäre es mir ein Stück weit mehr egal. Also egal klingt jetzt so negativ, aber ich wäre distanzierter zu vielen Sachen, glaube ich. Ich

		würde auch viele Sachen gar nicht so im Detail verstehen, weil ich gar nicht die Möglichkeit hätte, weil einfach diese Zeit und diese Nähe und dieses „Ich weiß es ist eine blöde Frage, aber kannst du mir das nochmal erklären?", würde ich dann vielleicht jmd. gar nicht fragen, zu dem ich keine Beziehung habe.
	Aufgaben-erledigung für VG	Alles [lacht]. Wirklich eine ziemliche Bandbreite. Wenn sie eine Entscheidung trifft, dann setzte ich das um. Von „Bringe das in Erfahrung" bis zu „Du müssen die Ablage neu machen", bis zu „hier das ist dein Prozess. Arbeite dich ein und bringe mir Ergebnisse". Also so ist wirklich alles, so kann man das sagen. Manchmal mehr Verantwortung und dann ist es auch ein bisschen banal, aber muss ja einer machen. Weil wir haben halt keinen mehr unter uns.
	Einfluss auf VG	Sie ist sehr aufbrausend, ich beruhige sie manchmal. Ich merke relativ schnell, wenn es ihr nicht gut geht oder wenn irgendwas vorgefallen ist, dann reden wir darüber, dann versuche ich ihr Beistand zu leisten oder eine Alternative aufzuzeigen: „So, das könnte man doch mal machen" oder ich schicke sie auch manchmal nach Hause, wenn sie überarbeitet ist.
	Aufgaben-erledigung des VGs für Follower	Sie schickt mich auch nach Hause, wenn ich überarbeitet bin. Sie sorgt sich sehr um mich. Wir telefonieren auch ab und zu mal nach der Arbeit noch. Wenn ich auf dem Weg bin oder sie auf dem Weg ist. (…) Was macht sie für mich... Ja sie fördert mich, sie sieht zu, dass ich mich bei den entsprechen Stellen - also auf beruflicher Ebene - präsentieren kann, damit die wichtigen Menschen sehen, o.k., ich bin hier und ich kann auch was. Sie stärkt mir immer den Rücken, also wenn irgendwer was Kritisches über mich sagt, dann sagt sie „Nee, nee so war das nicht" und das ist, was sie für mich macht.
	Zusam-menarbeit mit VG	Ich würde sie als gut bis schwierig (..) beschreiben. (…) Dass man auch total kontrolliert wird, ist auch für mich schwer gewesen. (…) Unter uns von Kontrollzwang und kein Vertrauen. (…) ist auch einfach so ein großer Vertrauensbruch, der gar nicht mehr gut zu machen ist mittlerweile. Und die VG bringt auch mittlerweile so viel negatives Privates mit ins Büro.
	Aufgaben-erledigung für VG	(…) Nicht regelmäßig, aber immer wieder in Vertretung. Ich muss schauen, dass alle MA ihre Aufgaben erledigen. Mittlerweile denke ich mir manchmal - oder wir wissen nicht mehr im Team - was unsere VG den ganzen Tag eigentlich macht. Dadurch dass unsere Stellvertretung und ich, wir beiden, die nach ihr kommen schon alles eigentlich leiten. Und das Ding ist einfach, wir übernehmen auch viele Aufgaben, die sie erst zeigen müssten. Aber wenn es dann gemacht ist, dann verkauft sie es immer als das Eigene.
	Einfluss auf VG	Ich spreche die Dinge eben auch an. Einfluss in dem Sinne, dass ich ihr auch vieles schon beigebracht habe oder beibringen muss. Das ist auch eigentlich das, was unser AL kann, durch uns gelernt hat oder ihm das durch uns beigebracht wurde. Gerade weil es einen Firmenwechsel gab, bei dem es jetzt andere Policen gibt.
	Aufgaben-erledigung des VGs für Follo-wer	Wenn ich das manchmal wüsste. Natürlich sprechen wir Sachen an, ich meine, das müssen wir, wenn es etwas Negatives ein sollte. Nur sie muss das dann an ihren direkten VG bringen und ich denke, manchmal geht es dann da verloren. Dass es dann aufhört. Ich glaube schon, dass sie für vieles gekämpft hat, was wir jetzt auch erreicht haben. Sei es Bonuszahlungen, Beförderungen und so. (…) Ich habe eigentlich nur die Unterstützung von ihr, wenn ich etwas Kunden-spezifisches wissen muss, was sie gerade nicht weiß oder sie etwas für mich an die nächsthöhere Instanz heran-tragen muss, weil das einfach der Gang ist.

Tab. 157: Zusammenarbeit Unterstellter & Vorgesetzter (Followertyp Blender)

Zusammenarbeit Unterstellter & direkter Vorgesetzter		
Followertyp Bedürftiger		
	Frage	Textevidenz
	Zusam-menarbeit mit VG	Also sie überträgt mir Aufgaben, die ich eigentlich relativ selbstständig abarbeite. Sie schaut dann noch einmal prüfend darüber und wenn ich Fragen habe, dann ist sie für mich da. Genauso arbeiten wir zusammen.
	Aufgaben-erledigung für VG	Also wirklich hauptsächlich [spezifische Nennung von Tätigkeiten].
	Einfluss auf VG	Das ist ganz unterschiedlich. Wir arbeiten hauptsächlich wirklich fachlich zusammen (…) Da haben wir hauptsächlich fachliche Berührungspunkte. Es sind aber schon immer so Sachen, dass sie mich z.B. nach meiner Meinung fragt, wenn es um Leute geht, die sie übernehmen will oder nicht, was ich dann davon halte. Oder sie lässt mich Azubi-Ausbildung machen und fragt mich dann, was ich von den Azubis halte und wie ich ihre Stärken und Schwächen einschätze. Also ich glaube, sie schätzt meine Meinung, aber ich glaube nicht, dass sie meine Meinung so hoch nimmt, dass sie jetzt aufgrund dessen Entscheidungen fällen würde.
	Aufgaben-erledigung des VGs für Follower	Sie ist einfach als Ansprechpartnerin da. Ich weiß, ich kann mich an sie wenden, egal ob ich fachliche oder persönliche Probleme habe, kann ich mich an sie wenden und sie hilft einem gerne.
	Zusam-menarbeit mit VG	Wir sitzen uns direkt gegenüber oder zumindest war das bisher so. Also wir tauschen uns rege aus. Wie vorhin schon gesagt, entweder direkt zwischendurch mal über den Schreibtisch rüber, oder wenn es was zu besprechen gibt, dann vielleicht kurz auch im Meetingraum. Entweder allein oder auch mit dem ganzen Team, also wir sind ständig im Austausch. Ansonsten funktioniert das sehr gut. Wir kommen gut zurecht, sind bei sehr vielen Punkten einer Meinung.
	Aufgaben-erledigung für VG	Das kann ich noch gar nicht so ganz genau sagen, weil sie erst vor kurzem in die Rolle geschlüpft ist und das auch noch so eine Übergangsphase war und teilweise jetzt auch noch Projekte selbst gemacht hat, weil sie ja vorher in der glei-chen Rolle war. (…) Konkret für sie Sachen erledigen war wirklich wenig gewesen.
	Einfluss auf VG	Also teilweise, wenn sie mich um meine Meinung oder meinen Rat fragt, dass ich ihr dann sage: „So und so würde ich das jetzt machen. Oder ich sehe das genauso oder ich sehe das anders." (…) Da habe ich sie immer unterstützt.

Bedürftiger 3	Aufgaben-erledigung des VGs für Follower	Für mich trifft sie Entscheidungen. Wenn ich irgendwas habe, wo ich wissen muss, wie ich damit fortfahren soll. Sie hört mir zu, wenn es um etwas geht. Dass ich irgendwie sage: „Mensch, da brauche ich deinen Rat, wie geht es da weiter?" Sie kümmert sich drum, wenn ich sage, ich komme intern nicht weiter. Wenn irgendetwas zu einer gewissen Deadline erledigt werden muss, aber die Kollegen nicht spuren. Dann übernimmt sie das Follow-up. Und ansonsten hat sie natürlich auch direkten Kontakt zur nächsten VG, wenn es um Sachen geht, die intern noch beschlossen werden müssen oder einfach administrative Sachen wie Urlaub oder bei mir Elternzeit, da hat sie sich gekümmert.
	Zusam-menarbeit mit VG	Das ist schwierig, wie gesagt, wir sind diejenigen, die an der Schleuse stehen und die Gepäckstücke kontrollieren. Hinter uns steht jemand, der uns beobachtet, dass wir das richtig machen nach Dienstvorschrift. Da gibt es keine großen Gemeinsamkeiten, die werden eben hinzugezogen, wenn wir irgendwelche Fundstücke haben oder die Landespolizei hinzugezogen werden muss. Und wir haben jeden Tag andere VGs und jeder von denen arbeitet auch immer etwas anders mit dem Team zusammen. Das kann man ganz schlecht sagen.
	Aufgaben-erledigung für VG	Ich suche die gefährlichen Sachen.
	Einfluss auf VG	Gar keinen.
Bedürftiger 4	Aufgaben-erledigung des VGs für Follower	Eigentlich nichts, weil er überwacht nur. Oder wenn wir etwas finden, dass er dann die nächsten Schritte einleitet.
	Zusam-menarbeit mit VG	Es ist eine sehr respektvolle Zusammenarbeit, eine sehr aufrichtige Zusammenarbeit. (...) du kannst halt alles zu ihm sagen, du kannst ihm immer Feedback geben, egal ob es positiv oder negativ ist und das gefällt mir. Und ich bin mir auch sehr sicher, dass das auch ihm gefällt. Wenn wir alle zwei Wochen One-to-ones haben, dann merkst du auch, dass es immer ein sehr offenes Gespräch ist, und dann merkst du auch, wenn ich mal was negatives habe, dann merke ich ihm auch an, dass er da wirklich dankbar dafür ist. Weil man das Gefühl hat, das hört er sonst nicht so oft. Und er nimmt das sehr gut auf, deshalb denke ich ist es einfach ein sehr ehrliches Miteinander. (...)
	Aufgaben-erledigung für VG	Das ist eigentlich das, was ich in den ersten Fragen schon mit beantwortet habe. Diese ganzen Statistiken, die ich alle ausfülle und bearbeite. Z.B. am Ende des Monats mache ich auch noch Statistiken (...) und [dass er] dann alles schwarz auf weiß hat und sehen kann, das, das und das ist gut und das, das und das ist schlecht. (...) dass er eben einen allgemeinen Überblick bekommt und nicht den Überblick verliert (...) Und dass er immer up to date ist, was im Haus passiert. (...) Ich denke, dass ich ihm da viel vorbereite für Meetings und Begründungen. Dass er also auch Stoff hat, um sich rechtfertigen zu können.
	Einfluss auf VG	Das ist wirklich schwer, weil [mein Vorgesetzter] eine Person ist, die ich persönlich sehr schwer einschätzen kann. Deswegen könnte ich dir nicht sagen, ob ich einen positiven oder negativen Einfluss auf ihn habe. Ich könnte dir nur sagen, dass er mit mir zufrieden ist, wo ich mir relativ sicher bin. Aber ob ich wirklich einen positiven oder negativen Einfluss auf ihn habe, das kann ich dir wirklich nicht sagen. Das weiß ich nicht
	Aufgaben-erledigung des VGs für Follower	Auch schwierig zu sagen. [Mein Vorgesetzter] ist auch eine Person, die wirklich extrem viel um die Ohren hat, den du, wenn du wirklich was dringend brauchst, ihn sehr oft darum bitten und permanent Follow-ups machen musst. Was ich ihm jetzt nicht übel nehme (...) Aber für mich ist er eine Person, bei der du sagst: „Ich brauche das jetzt bitte dringend, dringend, weil ansonsten komme ich nicht weiter", der das dann sofort macht. Sondern du musst ihn halt sehr oft daran erinnern. Deswegen, was macht er persönlich für mich. Ja, er macht halt persönlich für mich die Dinge, die ich von ihm verlange, wenn ich wirklich was von ihm brauche. Auch wenn es im bisschen dauert. (...) Ja gut, es gibt z.B. mal Meinungsverschiedenheiten mit [einer anderen Abteilung] und ich muss die ganze Zeit etwas durchboxen und die stellen sich dann halt gegen mich, dann muss ich halt manchmal den [Vorgesetzten] mit ins Boot nehmen, dass ich mehr Rückendeckung habe. (...) Persönlich, also was er persönlich für mich macht, ist, wenn ich den nötigen Schutz brauche und nicht weiterkomme, dann gibt er dir den schon. Das ist so ein Punkt.
	Zusam-menarbeit mit VG	Und das funktioniert sehr gut und ich glaube, da komplementieren wir uns wirklich sehr und das weiß auch mein Chef durchaus zu schätzen.
	Aufgaben-erledigung für VG	n/a
Bedürftiger 5	Einfluss auf VG	Ich versuche, ein bisschen Ordnung ins Chaos zu bringen und ihn auch immer mal wieder auf den Boden der Tatsachen zurückzuholen. (...) Also solche Sachen habe ich dann im Kopf und bin dann, glaube ich, schon manchmal so ein bisschen - fast schon ein regelndes Maß, würde ich schon fast sagen.
	Aufgaben-erledigung des VGs für Follower	Mein direkter VG tut für mich grundsätzlich mal natürlich solche Dinge wie, er zahlt mein Gehalt und sorgt dafür, dass ich doch eigentlich ganz gut leben kann. Ich habe jetzt auch eine Weiterbildung von ihm bezahlt bekommen (...) Was er ansonsten auch für mich tut, da muss ich mich manchmal daran erinnern, dass das auch einen Vorteil hat, er sprengt mich schon auch immer wieder so aus meiner Rille, in der ich da fräse. Wenn du mir am Anfang sagst, da vorne ist übrigens A und da wollen wir hin, dann sage ich dann laufe ich los, kürzester Weg nach A. Und da ist es schon immer wieder so, dadurch dass er zu diesen kreativ-chaotischen Neigungen tendiert, dass er da immer wieder kommt und mich auch so aus dieser Bahn heraussprengt, was anstrengend ist. Aber er findet mich dann auch wahrscheinlich mit meinem Ordnungswahn auch anstrengend, ab und zu. Ich sage nur Spaßbremse. Aber da erweitert er schon auch meinen Horizont, und da muss ich mich dann manchmal daran erinnern, dass das so ist. Weil manchmal geht er mir damit dann auch sehr auf den Keks, aber so im Großen und Ganzen sorgt er schon dafür, dass ich nicht zu festgefahren werde und das ist, glaube ich, gar nicht schlecht.

Tab. 158: Zusammenarbeit Unterstellter & Vorgesetzter (Followertyp Bedürftiger)

Frage (13): Würden Sie der Aussage zustimmen, dass Ihr Vorgesetzter hinter den Zielen der Organisation steht und die Vision vorlebt? Wie äußert sich das?

Identifikation mit den Zielen und Vorleben der Vision des Vorgesetzten	
Gesamtstichprobe	
Kategorie & Anzahl	Textevidenz
Ja *(14 Nennungen =56 %)*	• Ja, die allermeisten schon. (AS1) • Ja und da werden sie auch ziemlich gut trainiert drin. (AS2) • Auf jeden Fall. Da kann ich zu 100 % Ja sagen. (AS3) • Doch (...) schon (...) im Endeffekt arbeitet sie auch dafür, dass die Organisation das Ziel erreicht. (EX2) • Definitiv, 100 %. (ML1) • Ja, auf jeden Fall. (ML4) • Ja, 100 %. (ML5) • Absolut zu 100 %. (BL1) • Würde ich sagen ja. (BL2 • Ja. (BL3) • Ja, auf jeden Fall. (BL4) • Größtenteils ja, sie versucht es auf jeden Fall (...) der Wille ist auf jeden Fall da und sie versucht es natürlich soweit wie möglich abzuarbeiten oder in die Wege zu leiten, dass das dann auch so weit wie möglich funktioniert. Das schon. (BE2) • Soweit ich das beurteilen kann ja. (BE3) • Absolut. (...) das lebt er einfach. (BE4)
Identifikation mit Zielen ja - Vorleben nein *(6 Nennungen =24 %)*	• Das Ziel, (...), da steht er voll dahinter. Das Vorleben würde ich mal in Anführungszeichen setzen. Weil um das vorzuleben, erwarte ich, dass man sich damit mehr engagiert. (AS4) • Ich würde sagen, dass sie schon die Vision lebt, aber nicht immer vorlebt. (EX3) • Im Grundsatz ist das schon ihr Fleisch und Blut und sie kann das auch darstellen, aber vorleben nicht an jedem Tag. Nein. (ML2) • Was die Zahlenziele angeht bestimmt, weil das auch in ihrem Interesse ist. Aber ob sie sich mit der [Organisation] identifiziert oder identifizieren kann, glaube ich mittlerweile nicht mehr. (BL5) • Ja, in dem Bereich, also Kundenbindung ist ihr sehr wichtig und das macht sie sehr gut. Sie ist fachlich sehr gut im Gegensatz zu wirklich manch anderem (...). Aber man hat schon immer wieder das Gefühl, (...) dass sie einfach unzufrieden ist mit vielen Sachen. (...) [das] stört mich stellenweise schon, weil sie in meinen Augen zu wenig Zeit investiert, um sich mit den einzelnen MA auseinanderzusetzen. (BE1) • Also ja, er steht definitiv hinter den Zielen der Organisation. Das kann ich auf jeden Fall bejahen, definitiv. Und das ist ihm auch echt ein Anliegen, das bei den Kunden umzusetzen. (...) Lebt er das vor – jein. (BE5)
Teilweise *(2 Nennungen =8 %)*	• Bedingt. In manchen Sachen schon und bei vielen Sachen nicht.(EX4) • Nicht zu 100 %. Es äußert sich so wie bei mir auch, dass er sieht, dass einiges im Konzern selbst anders läuft oder nicht so gut läuft. (EX5)
Nein *(3 Nennungen =12 %)*	• Nein. Nein. Überhaupt nicht. (...) Nein. (AS5) • Nein, das hört man auch teilweise in persönlichen Gesprächen. (EX1) • Nein. (ML3)

Tab. 159: Übersicht der Kategorienanzahl - Zielidentifikation und Vorleben der Vision des Vorgesetzten (Gesamtstichprobe)

Identifikation mit den Zielen und Vorleben der Vision des Vorgesetzten		
Followertyp Aspirant		
	Kategorie	Textevidenz
Aspirant 1	Ja - Größtenteils	Ja, die allermeisten schon. Ich habe eigentlich noch keinen getroffen, bei dem das nicht so ist. Aber den VGs geht's genau wie mir, denen stinkt das, wie das Management diesen Tarifkonflikt angeht. Das ist massiv, aber egal wie schlimm die Situation jetzt mit dem Tarifkonflikt war. Ausnahmslos, wenn wir im Flieger sind und es darum geht, den Flug durchzuführen, dann ist das komplett Nebensache. (...) dann hat jeder die Ansprüche: Sicherer Flug, wirtschaftlicher Flug und bequemer Flug für die Gäste. Das ist wirklich durch die Bank immer gleich.
Aspirant 2	Ja	Ja und da werden sie auch ziemlich gut trainiert drin. Haben immer wieder Schulungen, Seminare etc. wo die lernen, Dinge umzusetzen, Dinge von uns (..) einzufordern. Doch die arbeiten da schon sehr für das UN und setzen das durch. Darauf werden sie von uns trainiert. (...) dass wir Events zusammen haben, um das Konzept vorgestellt zu bekommen. Alle neuen MA das Konzept vorgestellt [bekommen], woran wir arbeiten. Oder die Ziele, die wir versuchen zu erreichen. Das ist schon sehr offen alles bei uns und wird schon auch sehr mitgeteilt.

	Kategorie	Textevidenz
Aspirant 3	Ja	Auf jeden Fall. Da kann ich zu 100 % Ja sagen, dass sie hinter den Zielen der Organisation steht. (…) Auf jeden Fall. Weil wenn das nicht zusammenpassen würde, dann würde ich sagen, dass das was ich als Erfolg verstehe und meine Chefin das nicht als Erfolg versteht, dann würden wir da auch nicht zusammenkommen. (…) Ich glaube eine gute Beziehung zur VG ist, dass die vorlebt, was die Werte der Firma sind. (…) Also im Endeffekt äußert sich das an ihren Entscheidungen (…) und da sieht man halt, dass sie nicht nur einfach sagt, dass sie dahinter steht, sondern auch ihre Actions. Sie also schnell Erfolge reinfährt für das UN und sich auch demnach verhält.
Aspirant 4	Identifikation ja – Vorleben nein	Also die Ziele, das zu modernisieren und die Sicherheit noch besser zu gewährleisten, damit ist er schon sehr einverstanden mit. Er tut sich nur etwas schwer mit der Arbeit, die dafür getan werden muss. Das Ziel (…), da steht er voll dahinter. Das Vorleben würde ich mal in Anführungszeichen setzen. Weil um das vorzuleben, erwarte ich, dass man sich da mehr mit engagiert.
Aspirant 5	Nein	Nein. Nein. Überhaupt nicht. Sie hasst [die Organisation] und sie sagt das auch jedes Mal wieder und sie sagt, sie weiß auch gar nicht, warum sie hier arbeitet. (…) Aber hinter [der Organisation] und der Vision steht sie definitiv nicht. Nein.

Tab. 160: Zielidentifikation und Vorleben der Vision des Vorgesetzten (Followertyp Aspirant)

Identifikation mit den Zielen und Vorleben der Vision des Vorgesetzten		
Followertyp Experte		
	Kategorie	Textevidenz
Experte 1	Nein	Nein, das hört man auch teilweise in persönlichen Gesprächen. Teilweise kommt er daher, als ob er bei Scientology war und eine Gehirnwäsche hinter sich hat. Aber ich meine, er ist VG, er muss ja die UN-Ziele so weiterbringen und das ist teilweise auch eine Sache, wo ich sage, die geht mir tierisch auf die Nerven. Bei uns gibt es immer so alle vier Wochen eine Regelabstimmung, da gehe ich immer relativ schlecht gelaunt raus.
Experte 2	Ja	Also doch ist sie schon, aber sie sieht es erstmal im Kleinen, persönlichen. Es ist immer der Umgang mit anderen Team-Membern und hier bei uns schimpft sie dann über gewisse Dinge, aber im Endeffekt arbeitet sie auch dafür, dass die Organisation das Ziel erreicht. (…) Da weiß ich jetzt nicht, ob sie da wirklich aktiv was tut, aber hier thematisiert sie ja oft genug, auch in Meetings, dass sie sich da Gedanken macht, wie sie das positiv beeinflussen kann.
Experte 3	Identifikation mit Zielen ja - Vorleben nein	Ich würde sagen, dass sie schon die Vision lebt, aber nicht immer vorlebt. (…) aber ich würde schon sagen, dass sie zu 90 % die Vision lebt und auch die Ziele. (…) Und da hatte ich dann schon am Anfang das Gefühl, ob man die Vision so leben kann (..) oder auch die Philosophie. Aber ich glaube, dass man hinter manchen Dingen nicht steht. Das tue ich auch nicht. Und da merkt man dann schon, dass sie es zwar nicht vorlebt, aber schon versucht zu leben. Da sie ja auch die Vorgesetzte ist. (…) ich finde über die Jahre ist [die Organisation] schon immer krasser in Bezug auf Aktivitäten (…), so dass man eigentlich gar nicht mehr hinterherkommt. (…) tausend Sachen, die hier auch nicht zu 100 % ausgeführt werden können. (…)
Experte 4	Teilweise	Bedingt. In manchen Sachen schon und bei vielen Sachen nicht. Und da sind wir wieder bei dem Punkt, manchmal heißt es Extrameile gehen, aber die legt jeder für sich so aus, wie er das für richtig hält. Das würde viel gezielter klargelegt werden müssen, was erlaubt ist und was nicht. Man bewegt sich immer auf so einem dünnen Eis. „Ist nicht deine Aufgabe", das hört man ständig. Ist dann aber Kundenservice, sollte man doch tun. Das ist etwas ungut. Also jetzt nicht direkt [das der VG hinter den Zielen steht]. Aber manchmal sind die Ziele auch etwas schwammig.
Experte 5	Teilweise	Nicht zu 100 %. Es äußert sich so wie bei mir auch, dass er sieht, dass einiges im Konzern selbst anders läuft oder nicht so gut läuft. Und seine VGs wiederum nicht immer so handeln, auch für das UN, also dass da die Zufriedenheit auch nicht da ist (…).

Tab. 161: Zielidentifikation und Vorleben der Vision des Vorgesetzten (Followertyp Experte)

Identifikation mit den Zielen und Vorleben der Vision des Vorgesetzten		
Followertyp Mitläufer		
	Kategorie	Textevidenz
Mitläufer 1	Ja	Definitiv, 100 %. Das äußert sich, wir haben ja diese [Werte in der Organisation] und eines, was [der Vorgesetzte] sehr gut macht, wie ich finde ist das Wording, also in verschiedenen Situationen unseren Wert „Ownership" z.B. nicht nur gesagt hat, das ist gut, dass derjenige das an sich genommen hat, sondern sie hat gesagt, das ist super Ownership. [Der Vorgesetzte] hat ganz bewusst immer die Wörter gestreut und verwendet. (…) Das finde ich eine sehr, sehr gute Sache und dass es einfach auch benutzt und gelebt wird. Und sie hat Leading by Example sehr stark angewandt.
Mitläufer 2	Identifikation mit Zielen ja – Vorleben nein	Sie steht in jedem Fall hinter den Zielen der Organisation. Absolut. Ob sie immer wirklich die Vision vorlebt, ich glaube nicht. Ich glaube, auch sie, und das ist in meiner Wahrnehmung menschlich, verliert sich oftmals in Kleinigkeiten, die nicht wirklich mit der Vision zu tun haben oder lebt diese auch einfach nicht vor. (…) Im Großen und Ganzen tatsächlich schon, was auch in meiner Wahrnehmung damit zu tun hat, dass sie seit mehr als 30 Jahren für diese Organisation arbeitet und seit mehr als 30 Jahren eine sehr loyale Mitarbeiterin ist, weshalb natürlich die Vision des Unternehmens auch ein Stück weit ihre Visionen sind. (…) D.h. im Grundsatz ist das schon ihr Fleisch und Blut und sie kann das auch darstellen, aber vorleben nicht an jedem Tag. Nein.
Mitläufer 3	Nein	Nein. (…) Na ja durch Aussagen seinerseits.
Mitläufer 4	Ja	Ja, auf jeden Fall. (…) Er hat einen hohen Qualitätsanspruch, das ist auch was, wo unsere Firma tatsächlich sagt, wir wollen Qualität liefern, egal für wen. Und ganz konkret, er selber setzt sich immer als Maßstab. Also wenn er sagt, ich verhalte mich wie ein Idiot, dann kann ich von anderen nicht erwarten, dass sie sich besser verhalten. Das gehört auch zu den Leitlinien - zumindest die konkreten Leitlinien für FKs unterstützt er damit sehr stark.
Mitläufer 5	Ja	Ja, 100 %. Also in Runden bekommt man das nur mit, wenn er ein bisschen erzählt, welche Themen in unserem Haus laufen und wo er wieder Feuerlöscher spielen musste. Er ist sehr zielstrebig, er hat eine Vision, da will er mit seiner Abteilung hin. Wir wissen alle, dass er spätestens in einem Jahr den Vorstandsposten haben wird. Er hat da ganz konkrete Vorstellungen, was zu tun ist. Er bekommt das natürlich auch von der Geschäftsführung genannt, da fehlts, da müssen wir was machen. (…) Und nachdem er ja ein Jahr zuvor, die ganzen Strategien mitentwickelt hat als externer Berater, steht der natürlich auch voll dahinter. Und versucht auch die Leute immer einzunorden. Er schafft das auch.

Tab. 162: Zielidentifikation und Vorleben der Vision des Vorgesetzten (Followertyp Mitläufer)

Identifikation mit den Zielen und Vorleben der Vision des Vorgesetzten		
Followertyp Blender		
	Kategorie	Textevidenz
Blender 1	Ja	Absolut, zu 100 %. Da sie in keiner Weise versucht, Prozesse zu verkomplizieren, sie will Prozesse vereinfachen und versucht so schnell wie möglich Lösungen zu finden und auch Prozesse umzusetzen.
Blender 2	Ja	Ja, ich glaube, das Interesse ist auf jeden Fall da. Und sie wird sich sicher, auch wenn ich da noch nichts darüber gehört habe, mit den Zielen dieser Organisation identifizieren. (…) Und das dauert vermutlich einfach auch, bis das so routiniert abläuft, dass sie dann auch dazu wirklich was beitragen kann. Aber sie tut es natürlich in gewissen Punkten. Und ich denke mal, dass sie da - und vermutlich hat jeder von uns ein anderes Verständnis davon, was da erwartet wird und was da die Visionen sind - aber genau genommen dass sie der Wissenschaftlichkeit dient, das ist in jedem Fall der Fall. Und sie lehrt ja auch, das tut sie auch, also würde ich sagen ja.
Blender 3	Ja	Ja, z.B. (…) gibt (es) das Social Committee, das wir schauen, wo können wir uns noch mehr involvieren, wo können wir was an die Gemeinschaft zurückgeben. Uns als UN gibt es sehr gut, aber denken vielleicht nicht, also Flüchtlingen etc. Er ist der Vorsitzende des Komitees und ist bei allen Aktivitäten immer dabei (…).Dass er das auch lebt. Und von den Zielen her, (…), er weiß wann, wo, welche Aktivitäten eingesetzt werden müssen, erinnert uns, wann wir welche Aktivitäten machen müssen. Er trägt dazu bei, unsere Ziele zu übertreffen.
Blender 4	Ja	Ja. Auf jeden Fall. Sie ist auch sehr effizient in dem, was sie tut. (…) Weil sie einfach auch sehr mitdenkt und wenn ein Problem aufgeführt ist, dann denkt sie schon vier Schritte weiter. Und denkt, wenn wir das jetzt machen, dann passiert aber das und das und das. Dann zahlen wir hier Millionen von Beträgen, und wenn wir diese Alternativ machen, dann spart sie das und sie könnte das Probleme bringen. Wenn sie tut so, sieht sie so ganze Bild im Kopf. Wenn man eine winzige Schraube dreht, dann weiß sie schon was drei Schritte später passiert oder was für Schnittstellenprozesse etc. gemacht werden müssen, was für die zu Veränderungen führt, was für Kosten das herführt und so. Also Effizienz und kostenbewusstes Arbeiten.

Blender 5	Identifikation mit Zielen ja - Vorleben nein	Was die Zahlenziele angeht bestimmt, weil das auch in ihrem Interesse ist. Aber ob sie sich mit der [Organisation] identifiziert oder identifizieren kann, glaube ich mittlerweile nicht mehr. (...) Negative Äußerungen, wenn irgendwelche Neuigkeiten kommen (...) Da versucht sie das immer als etwas Positives zu verkaufen, aber das ist auch ihre Aufgabe. Weil diese persönliche Einstellung muss man als Abteilungsleiter schon zurückstellen, nur man merkt es einfach, weil man sich auch schon so lange kennt, jetzt drei Jahre. Da merkt man einfach, dass da so ein negativer Hauch dabei ist.

Tab. 163: Zielidentifikation und Vorleben der Vision des Vorgesetzten (Followertyp Blender)

Identifikation mit den Zielen und Vorleben der Vision des Vorgesetzten

Followertyp Bedürftiger

	Kategorie	Textevidenz
Bedürftiger 1	Identifikation mit Zielen ja - Vorleben nein	Ja, in dem Bereich, also Kundenbindung ist ihr sehr wichtig und das macht sie sehr gut. Sie ist fachlich sehr gut im Gegensatz zu wirklich manch anderem (...). Aber man hat schon immer wieder das Gefühl, dass es ihr selber auch über den Kopf wächst und dass sie einfach unzufrieden ist mit vielen Sachen. (...) indem sie äußert, dass es ihr schlecht geht und dass es ihr zu viel ist. Dass sie mal schnell eine Woche Urlaub einlegt und das kenne ich so eigentlich nicht vom VG - aber gut. (...) [das] stört mich stellenweise schon, weil sie in meinen Augen zu wenig Zeit investiert, um sich mit den einzelnen MA auseinanderzusetzen. Also sie hat auch, glaube ich, noch nie ein FK-Seminar gemacht in ihrem Leben und hat 12 Angestellte. Das stört mich schon.
Bedürftiger 2	Ja	Größtenteils ja, sie versucht es auf jeden Fall. Die sind halt sehr optimistisch, diese Ziele, und unser Vertrieb ist sehr neu aufgestellt und da extrem hohe Ziele sind, nachdem wir da jetzt von Asien aufgekauft worden sind. Somit versucht sie dahinter zu stehen, aber es ist teilweise einfach schwer nachzuvollziehen. Gerade weil sich jetzt so viel geändert hat und wir einfach so viel größer sind als vorher. Und wir auch wissen, wie schnell wir Sachen umsetzen können und sie dann einfach sieht, o.k., was die Ziele sind, dann ist es natürlich teilweise ganz schön schwierig, da dahinter zu stehen. Aber der Wille ist auf jeden Fall da und sie versucht es natürlich soweit wie möglich abzuarbeiten oder in die Wege zu leiten, dass das dann auch so weit wie möglich funktioniert. Das schon.
Bedürftiger 3	Ja	Soweit ich das beurteilen kann, ja.
Bedürftiger 4	Ja	Absolut. (...) das lebt er einfach. Wenn du dann auch irgendwelche Sachen hast wie „Mitarbeiter des Quartals", was für mich der größte Firlefanz auf dieser Erde ist. Sowas nimmt er dann extrem ernst. Oder wir hatten jetzt [eine neue Initiative des Unternehmens] und sowas nimmt er dann absolut ernst und versucht das direkt in die Tat umzusetzen, dass wir da nicht 5 Monate warten, sondern direkt am nächsten Freitag anfangen. (...). Und er versucht auch die Werte vorzuleben und die auch sofort umzusetzen.
Bedürftiger 5	Identifikation mit Zielen ja - Vorleben nein	Also ja, er steht definitiv hinter den Zielen der Organisation. Das kann ich auf jeden Fall bejahen, definitiv. Und das ist ihm auch echt ein Anliegen, das bei den Kunden umzusetzen. (...) Lebt er das vor - je in - ich glaube, es gibt immer so eine gewisse Diskrepanz und das ist wahrscheinlich in jeder Firma so, gerade in Beratungsfirmen oder in Kommunikationsagenturen oder wie auch immer, dass man dem Kunden sagt, es ist richtig geht. (...) Und zu Hause im eigenen UN ist man dann halt trotzdem wieder Mensch und hat seine blinden Flecken und dann funktioniert es halt manchmal nicht so. (...) Wir wissen bei uns normalerweise schon recht genau, in welche Richtung wir uns als UN entwickeln und warum wir dort oder eben nicht woanders hin wollen. Das kriegt er normalerweise schon ganz gut hin.

Tab. 164: Zielidentifikation und Vorleben der Vision des Vorgesetzten (Followertyp Bedürftiger)

Frage (14): Wie schätzen Sie Ihren direkten Vorgesetzten als Mensch ein?

Ggf.: Was schätzen Sie an Ihrem Vorgesetzten?

Ggf.: Welche Reputation genießt Ihr Vorgesetzter?

Positive Charaktereinschätzung des Vorgesetzten

Gesamtstichprobe

Kategorie	Textevidenz
Sympathie (15 Nennungen =60 %)	• Man versteht sich [sehr] gut, wie als würde man die schon seit Jahren kennen (...) und dass das generell durch die Bank interessante und nette Leute sind. (AS1) • Ja, sympathisch auf jeden Fall. (AS2) • Als Mensch finde ich sie auch sympathisch. (AS3) • Ein ganz netter Kerl, umgänglich, freundlich. Kann man auch mal mit losgehen. (AS4) • Er ist teilweise recht nett, teilweise auch zuvorkommend. (EX1)

	• Ein fröhlicher Mensch. (…) da (war) gleich so eine Sympathie. (EX2)
	• Dass man ein nettes Miteinander hat. (EX5)
	• Dass sie eine sehr, sehr positive Person ist. (ML1)
	• [Sie ist] freundlich und herzlich. (ML2)
	• Verlässlichkeit und seine Echtheit. (ML4)
	• Er ist angenehm. (ML5)
	• Höflich und freundlich. (BL1)
	• Herzlich, ein toller Mensch. (BL4)
	• Sehr positiv. Also wirklich sehr positiv. Sie ist einfach eine sehr, sehr feinfühlige Frau. (BE1)
	• Ich komme sehr gut mit ihr zurecht. (BE2)
Engagement, Einsatz & Leistungs- orientiert *(10 Nennungen =40 %)*	• Er ist sehr, sehr loyal, er hat ein starkes Arbeitnehmerdenken und setzt sich auch viel für uns ein. (AS2)
	• Dass es wenige Wartezeiten bei ihr gibt. Das ist sehr gut, dass sie schnell reagiert. (AS3)
	• Dass sie immer auf die Situation bezogen, versucht Ratschläge zu geben. (EX3)
	• Die immer offene Tür, die Open-Door-Policy, dass man nicht wie in anderen UN einen Termin machen muss und das beschleunigt auch viele Sachen unheimlich. (ML1)
	• Ihren stetigen Willen, sich noch weiter zu verbessern und den „Drive" mit dem jeden in ihrem Umfeld tat- sächlich auch mitzieht. (ML2)
	• Leistungsorientiert. (ML4)
	• Er ist sehr zielstrebig. (ML5)
	• Sie genießt die Reputation, dass sie Themen gerne schnell behandelt. (BL1)
	• Sehr zuverlässig, sehr fleißig (…), dass sie sich wirklich auch einsetzt für uns. (BE2)
	• Also was ich an ihm definitiv schätze, dass er sich grundsätzlich weigert, Probleme als etwas zu sehen, was ei- nen tatsächlich hindert, irgendetwas nicht zu machen. (…) er kriegt wahnsinnig viel weiter, er ist tatsächlich ein Arbeitstier. (BE5)
Entscheidungs- freudigkeit & Kompetenz *(9 Nennungen =36 %)*	• Die Fähigkeit, wenn analog etwas passiert, dass man cool bleibt und die Situation analysiert (…) ,dass (sie) sehr gut (sind) in dem, was sie machen (…) schnelle Entscheidungen fällen zu können und dann das Richtige zu tun. (AS1)
	• Zuvor schon ein langjähriger Mitarbeiter. (AS2)
	• Ist überlegt (…) Und das mit dem überlegt meine ich, dass sie sehr wenig auch emotional mit ihren Entschei- dungen beeinflussbar ist, was ich sehr schätze an ihr. (AS3)
	• Dieser „strikte" Charakter. „Das ist so und das ist nicht so." Es gibt immer nur schwarz und weiß. Es ist manchmal gar nicht schlecht, wenn man das hat. (AS5)
	• Von ihren Gedanken ist sie immer sehr strukturiert. (EX2)
	• Ich glaube, dass sie beruflich extrem kopfgesteuert ist. (EX3)
	• [VG] hat viel Erfahrung, ist viel herumgekommen und kann davon viel zehren und weitergeben. (ML1)
	• Die Disziplin, die sie selbst an den Tag legt, erwartet sie von jedem, mit dem sie zu tun hat. (ML2)
	• Hohes Fachwissen (…) sehr kompetent. (ML5)
Soziale Kompe- tenzen (Mitgefühl, Zuhören, Kommunikation) *(9 Nennungen =36 %)*	• Relativ unkompliziert ist, mit ihr zu kommunizieren. (AS3)
	• Sie hat Mitgefühl. (AS5)
	• Sehr sozial eingestellt. Familienmensch. (EX5)
	• Sehr geschickt in der Kommunikation. (ML5)
	• Manchmal in irgendeiner Art liebevoll oder auch mitfühlend. (BL5)
	• Dass sie zuhören kann. (EX3)
	• Sie auch immer ein offenes Ohr hat. (BL1)
	• Hat immer ein offenes Ohr. (BE2)
	• Du kannst tatsächlich mit [allem] zu ihm hingehen und das mit ihm klären (…) die Zeit nimmt er sich und das finde ich gut. (BE5)
Offenheit *(8 Nennungen =32 %)*	• Dass sie sehr offen sind (…) wenn sie Fehler machen oder ich Kritik an denen habe, dann wissen sie sofort, wie sie damit umzugehen haben. (AS1)
	• Ihre Offenheit. (EX2)
	• Dass man auch sagen darf, wenn was nicht so passt. (EX5)
	• Das ist eine Schwäche, die sie auch zuzugeben hat. Was ich aber dann auch wiederum gut finde, dass man da so offen darüber gesprochen hat. (ML1)
	• Diese offene Art, wenn man sich mal daran gewöhnt hat. (BL2)
	• Er ist offen für neue Ideen. (BL3)
	• Offen für alles Mögliche. (BL4)
	• Dass er mir da das Gefühl gibt, immer (…) offen zu sein. (BE4)
Ehrlichkeit *(7 Nennungen =28 %)*	• Er ist sehr ehrlich. (AS2)
	• Sie ist gerade heraus. (AS3)
	• Ich immer weiß, woran ich bei ihr bin (…) sie sehr ehrlich ist im Umgang mit uns allen. (EX2)
	• Sehr ehrlich. (BL1)
	• Diese Ehrlichkeit (…) gerade raus und ehrlich. (BL2)
	• Sagt auch was sie denkt, sowohl kritisch als auch positiv. (BL4)
	• Sehr ehrlich. (BE4)
Humor *(6 Nennungen =24 %)*	• Sehr humorvoll. (AS2)
	• Seinen Humor.(EX1)
	• Lebenslustig. Auf jeden Fall jmd. mit dem man auch Spaß haben kann. (EX2)
	• Positive Person mit viel Humor, gutem Humor. (ML1)
	• Dass sie witzig ist. (ML2)
	• Mag Humor, hat auch schwarzen Humor. Das schätze ich auch an ihm. (ML5)

Vertrauen entgegenbringen (5 Nennungen =20 %)	• Dass er mich auf jeden Fall mal sehr selbstständig arbeiten lässt. (EX4) • Dass er mir Freiraum gibt. (ML5) • Dass er mir das Vertrauen entgegenbringt. (AS4) • Ich schätze ihr Vertrauen. (BL1) • Dass sie mir Verantwortung überträgt. (BL4)
Gelassenheit & Ruhe (4 Nennungen =16 %)	• Ein bisschen stoisch, also sehr, sehr nüchtern und rational. Also sehr rational, verlässlich. (ML4) • Dass er da diese innere Ruhe beibehält und das nicht eins zu eins weitergibt. Das ist sehr positiv. Und er ist auch nicht nachtragend. (BL3) • Diese ruhige, nette und höfliche Art. (BE1) • Ein sehr ruhiger. (ML5)

Tab. 165: Übersicht der Kategorienanzahl - Positive Charaktereinschätzung des Vorgesetzten (Gesamtstichprobe)

Negative Charaktereinschätzung & Reputation des Vorgesetzten

Gesamtstichprobe

Kategorie	Textevidenz
Antipathie (6 Nennungen =24 %)	• Sie ist ein recht schwieriger Charakter, sehr, sehr schwierig (…) Weil man erst mal immer gegen alles ist. Man ist nie positiv gestimmt, sondern immer alles negativ. (AS5) • Menschlich würde ich sie ganz anders einschätzen als beruflich. Aufgrund ihres in der Arbeit fehlenden Herzens und Bauchs irgendwie ein bisschen unantastbar wirkt und auch so ein bisschen zu sehr von sich selbst überzeugt. (EX3) • [Ein] Fähnchen im Wind. Oft hat er einfach nicht den nötigen Mut, also gerade im Hinblick auf Vorgesetzte. (EX4) • Nicht unbedingt dieses Gespür oder die Sensibilität für den anderen. (BL2) • Eher oberflächlich. (BL5) • Also für mich ist er eiskal.t (BE4)
Geizig/ Kleinlich (3 Nennungen =12 %)	• Er ist sehr geizig. (AS4) • Sie ist sehr geizig, sehr, sehr geizig. (AS5) • Hängt sich (…) oft an Kleinigkeiten so auf. (EX4)
Egoismus (3 Nennungen =12 %)	• Zuerst mal komme ich, dann kommt lange nichts und dann kommen andere (…) sehr ichbezogen. (EX1) • Er ist egoistisch. (ML3) • Schwierig. Einzelgänger würde ich sagen, sehr auf sich bezogen. (BL5)

Tab. 166: Übersicht der Kategorienanzahl - Negative Charaktereinschätzung des VGs (Gesamtstichprobe)

Reputation des Vorgesetzten

Gesamtstichprobe

Kategorie	Textevidenz
Positiv (6 Nennungen =24 %)	• Einen sehr guten [Ruf], er war auch zuvor schon ein langjähriger Mitarbeiter. (AS2) • Ich glaube eine gute. Ich glaube, dass sie schon einen guten Ruf hier im [Unternehmen] genießt (EX2) • Einen guten. (EX5) • Er ist anerkannt, sehr zielorientiert, hohes Fachwissen, (…) sehr geschickt in der Kommunikation und ein sehr ruhiger, kompetenter, zielstrebiger Mensch. (ML5) • Ich glaube, sie ist relativ hoch anerkannt. (BL4) • Sie ist jetzt noch nicht so lange FK, aber hat schon einen sehr guten Ruf. (BE2)
Eher positiv (4 Nennungen =16 %)	• Er wird zwar sehr geschätzt, denn wenn es ihn nicht gäbe, dann müssten sie sich mal umsehen, aber ich glaube, ein bisschen als gleichgültig genommen. Er ist ja da, er macht schon. (ML4) • Ich glaube, sie genießt die Reputation, dass sie Themen gerne schnell behandelt. Das ist manchmal positiv, manchmal nicht so positiv. (…) Dafür ist sie, glaube ich, bekannt, aber ansonsten, dass sie auch immer ein offenes Ohr hat. (BL1) • Er (muss) sich noch etablieren. Aber ich glaube, er ist auf einem guten Weg. (BL3) • Also was ich schon sagen kann, er kriegt wahnsinnig viel weiter, er ist tatsächlich ein Arbeitstier und du kannst tatsächlich mit jedem [Mist] zu ihm hingehen und das mit ihm klären. Und wenn es nur drei Sekunden sind, aber die Zeit nimmt er sich und das finde ich gut. Ich habe in letzter Zeit bei einigen Sachen oder den speziellen Sache nicht übereingestimmt, was da mit einem Kunden gelaufen ist. Das trübt momentan seine Reputation bei mir ein bisschen. Aber er ist definitiv, wenn ich das jetzt mal außen vor lasse, zum einen wirklich jemand, der sein Zeug macht, der wirklich arbeitet und sich echt für nichts zu schade ist. (BE5)
Unterschiedlich (7 Nennungen =28 %)	• Das ist eher verschieden, wobei da muss ich sagen, egal was für einen Ruf ein Kapitän hat, wenn ich mal mit ihm geflogen bin, dann mache ich mir selbst ein Bild. (AS1) • Eine gute bis mittelmäßige [lacht]. Das kommt ein bisschen darauf an, wen man fragt. Innerhalb der Geschäftsstelle hat sie eine sehr gute, eine gut angesehene Führungskraft. In den [Zweigstellen] hat sie eher eine gemischte bis mittelmäßige Reputation. (AS3) • Bei uns ja, bei den Untergebenen sage ich mal. Bei den Oberen wissen sie, dass sie in ihm einen guten Spielball haben und dass sie mit ihm machen können, was sie wollen. Der folgt (EX1)

	• Aber [es] gibt Unterschiede. Muss ich leider sagen, weil ich glaube, dass Leute, die nicht direkt mit ihr zusammenarbeiten, wie auch in meinem ehemaligen Team, da waren 2-3 Stimmen dabei, die nicht immer so positiv gesprochen haben wie ich. (ML1)
	• Im Großen und Ganzen halte ich sie aber für eine Person mit einer sehr hohen Reputation in der Unternehmung. (...) Gleichzeitig weiß ich nicht oder glaube nicht, dass das für jeden im [Unternehmen] gilt. (ML2)
	• Er ist relativ neu in der Firma und er ist nicht sichtbar. (ML3)
	• Man da schon irgendwie damit umgehen, aber kann man ganz schwer beurteilen. (BE3)
Eher negativ (4 Nennungen =16 %)	• Ja, wie vielleicht schon aus meinen vorherigen Aussagen leicht zu entnehmen war, hat er einen etwas schwierigen Stand. Er neigt dazu, den Stuhl irgendwie selber abzusägen. (AS4)
	• Aber der Ruf ist nach wie vor sehr umstritten. (BL2)
	• (...), also es wird sehr wenig Negatives über sie gesagt. Die meisten Leute halten sich tatsächlich irgendwie bedeckt mit einer Aussage ihr gegenüber. Außer eine, die sagt: „Es ist ein führerloses Schiff.", wo sie wahrscheinlich auch nicht so unrecht hat. (BE1)
	• Ich glaube leider nicht so einen guten. Ich höre halt immer wieder von vielen Ecken, dass er nicht der beliebteste Mitarbeiter ist. (BE4)
Negativ (4 Nennungen =16 %)	• Schwierig. Ich weiß, dass sie im Haus als ein bisschen nervig gilt. Sie stößt auch sehr, sehr oft an. Sehr, sehr oft. (...)sie hat keine gute Reputation. (AS5)
	• Eine schlechte. Eine schlechte, weil sie, glaube ich, aufgrund ihres in der Arbeit fehlenden Herzens und Bauchs irgendwie ein bisschen unantastbar wirkt und auch so ein bisschen zu von sich selbst überzeugt ist. (EX3)
	• Dass er sehr geschwätzig ist, dass er nichts für sich behalten kann. Dass er eigentlich auch kein Fachwissen hat. Und dass er sich das Leben einfach sehr bequem macht. Ja [ein schlechter Ruf] (EX4)
	• Also ich denke, in der eigenen Abteilung keinen guten mehr, würde ich sagen. (BL5)

Tab. 167: Übersicht der Kategorienanzahl - Reputation des Vorgesetzten (Gesamtstichprobe)

Charaktereinschätzung, Wertschätzung und Reputation des Vorgesetzten		
Followertyp Aspirant		
	Frage	Textevidenz
Aspirant 1	Charaktereinschätzung des VG	[Kategorie: Sympathie] Ich sage mal, ich würde mit dem Großteil der Kapitäne auch abends mal ein Trinken gehen - nein, das ist falsch - aber man könnte Pferde mit ihnen stehlen gehen. Man versteht sich [sehr] gut, so als würde man die schon seit Jahren kennen, weil wir alle vom selben Schlag sind. Ich sage mal ähnlicher Bildungsabschluss, auch ähnlicher Typ. Da haben sie mal gesagt, eher Richtung Alpha-Typ, „Anführer sein wollen", eine gewisse Aggressivität, die damit einhergeht und die Fähigkeit, wenn analog etwas passiert, dass man cool bleibt und die Situation analysiert. Aber auch wenn es darum geht, jetzt muss aber schnell was passieren, dann auch da schnell da sein, schnelle Entscheidungen fällen zu können und dann das Richtige zu tun. Und da das Vertrauen zu haben und da sind wir uns alle sehr ähnlich. Und es ist wirklich mit wenigen Ausnahmen genau so. Wir sind alle vom Typ Mensch her gleich. Als wären das Leute, die jetzt nicht aufgewachsen sind, aber lustigerweise 300 verschiedene Kapitäne, aber alle so ähnlich. Ist halt alles Ergebnis des Auswahlverfahrens der [Organisation].
	Wertschätzung am VG	Ich schätze, dass sie sehr offen sind, sind sehr gut in dem, was sie führen sind gut und können aber auch gut darüber reden und bzw. wenn sie Fehler machen oder ich Kritik an denen habe, dann wissen sie sofort, wie sie damit umzugehen haben. Und die sind dann nicht beleidigt, das gibt's bei uns überhaupt nicht. (...) Aber hauptsächlich, (...) dass ich mich mit ihnen gut verstehe, dass sie ihren Job gut machen und das das generell durch die Bank interessante und nette Leute sind.
	Reputation des VG	[Kategorie: Unterschiedlich] Das ist eher verschieden, wobei da muss ich sagen, egal was für einen Ruf ein Kapitän hat, wenn ich mal mit ihm geflogen bin, dann mache ich mir eben mein eigenes Bild. Es gibt durchaus ein paar schwarze Schafe, mit denen es so blöd sein soll zu fliegen. Bei den einen, mit denen ich dann schon geflogen bin, hat man gemerkt, ja man muss mit denen anders fliegen, also es ist anders. Aber die sind auch super drauf. Also es gibt eigentlich, wenn, dann nur wenige mit einer schlechten Reputation, wo man da Geschichten hört. Aber da habe ich mir selbst noch kein Bild gemacht, weil mit den ganz Schlimmen noch nicht geflogen (bin). Aber die meisten... Man weiß, dass das passt. Man kann gut mit ihnen fliegen. Du sind wenige Ausreißer.
Aspirant 2	Charaktereinschätzung des VG	[Kategorie: Sympathie] Sehr gut eigentlich. Er ist sehr, sehr loyal, er hat ein starkes Arbeitnehmerdenken und setzt sich auch sehr für uns ein. Er ist sehr ehrlich. (...) Ja, sympathisch auf jeden Fall. Sehr humorvoll.
	Wertschätzung am VG	Seinen Fleiß, er ist sehr, sehr fleißig und die Ehrlichkeit. Und dass er sich wirklich für seine MA einsetzt, aber das wäre jetzt wieder berufsbezogen. (...) Dinge, die er vielleicht selber nicht ändern kann oder könnte, die versucht er dann auf anderem Wege über seinen VGs noch zu erwirken oder umzusetzen. Wenn es jetzt gerade um Lohnerhöhungen oder Urlaub geht. Da wo ihm auch die Hände gebunden sind, da scheut er dann nicht zurück, auch den nächsten Grad einzuschlagen und zu sagen, o.k. da hol ich mir seine Meinung ein oder frage, wie man es regeln könnte. Das macht er schon.
	Reputation des VG	[Kategorie: Positiv] Einen sehr guten [Ruf], er war auch zuvor schon ein langjähriger Mitarbeiter. War sehr lange stellvertretender Betriebsleiter und war auch die erste Wahl für den Betriebsleiterposten, als der frei wurde.

Aspirant 3	Charaktereinschätzung des VG	[Kategorie: Sympathie] Sie wäre für mich jetzt nicht ein Mensch, mit dem ich befreundet wäre, aber ich finde, das muss auch nicht sein. Als Mensch finde ich sie auch sympathisch, wir schätzen uns auf einer professionellen Ebene, was ich auch sehr gut finde. Das ist von Vorteil, aber so freundschaftlich, also dass ich sie mega sympathisch finde, das ist jetzt nicht der Fall. Aber das muss halt auch nicht sein. Wir schätzen uns sehr, ich bin z. B. auch einer der wenigen Personen, die sie noch „siezt", von allen ihren Mitarbeitern und das ist aber auch absolut in Ordnung. Für mich ist das sogar gar nicht so schlecht. Ich habe lieber etwas mehr professionelle Distanz, als wenn es dann zu freundschaftlich ist. Ich glaube, es würde mich sogar stören, wenn sie mir das Du anbieten würde. So wie es jetzt läuft, finde ich es eigentlich gut. (…) Sie ist halt nicht in meinem Alter, sondern ca. 2 Generationen älter und hat auch eine Familie mit Kindern, und unser Lebensentwurf ist einfach ein ganz unterschiedlicher (…) Sie ist überlegt, sie ist gerade heraus, was ich auch sehr schätze. Und das mit dem überlegt meine ich, dass sie sehr wenig, sehr emotional, mit ihren Entscheidungen beeinflussbar ist, was ich sehr schätze an ihr. Da hatte ich schon andere Cheffinnen und Chefs, die dann eher so die emotionale Ebene miteinbezogen haben und das macht sie gar nicht. Das ist eine Sache, die ich sehr an ihr schätze.
	Wertschätzung am VG	Dadurch, dass es relativ unkompliziert ist, mit ihr zu kommunizieren, das ist auch eine Sache, die ich an ihr schätze. Und dass es wenige Wartezeiten bei ihr gibt. Das ist sehr gut, dass sie schnell reagiert.
	Reputation des VG	[Kategorie: Unterschiedlich] Eine gute bis mittelmäßige [lacht]. Das kommt ein bisschen darauf an, wen man fragt. Innerhalb der Geschäftsstelle hat sie eine sehr gute, eine gut angesehene Führungskraft. In den [Zweigstellen] hat sie eher eine gemischte bis mittelmäßige Reputation. Das liegt natürlich daran, dass sie oft Entscheidungen trifft, die dann weh tun in den [Zweigstellen], z. B. dass sie sagt, kleinere [Zweigstellen] bekommen nicht mehr so viel Drucksachen zur Verfügung gestellt usw. Und das betrifft dann eben eine einzelne [Zweigstelle] und dadurch ist ihre Reputation draußen in den [Zweigstellen] nicht immer gut, sondern gemischt.
Aspirant 4	Charaktereinschätzung des VG	[Kategorie: Trennung von Privatem & Beruflichem] Also nicht als Chef gesehen ist er ein ganz netter Kerl, umgänglich, freundlich. Kann man auch mal mit losgehen. Manchmal etwas cholerisch, er ist sehr geizig, obwohl er es gar nicht nötig hat, weil man als Meister gar nicht so schlecht verdient. Grundsätzlich ist er aber ein netter Kerl.
	Wertschätzung am VG	Ja, dass er mir das Vertrauen entgegenbringt, dass er mich frei machen lässt, ohne direkt hinter meinem Nacken zu sitzen oder über die Schulter zu kucken.
	Reputation des VG	[Kategorie: Eher negativ] Ja, wie vielleicht schon aus meinen vorherigen Aussagen leicht zu entnehmen war, hat er einen etwas schwierigen Stand. Er neigt dazu, den Stuhl irgendwie selber abzusägen. Grundsätzlich hat er die Meisterprüfung ja auch bestanden und hat den Job ja auch schon ein paar Jahre gemacht. Also er wird nicht als Idiot gesehen, aber da er sich in seiner Einstellung manchmal etwas schwierig darstellt, mit Einschränkungen. (…) Mitunter gibt's da schon [Arbeitskollegen], die das noch schlimmer sehen. Wobei ich da einschränken würde, wenn jmd. aus einem fremden Bereich behauptet, der hat keine Ahnung, also er kann ja immer schwierig zu sehen. Weil keine Ahnung stimmt auch nicht. Es ist halt nur, ich sage mal so Bsp. wir haben bei uns eine Schicht sitzen, also Maschinisten, die rund um die Uhr da sind. Und wenn die ein Problem haben, dann rufen die denjenigen an, der Bereitschaft hat. Und wenn das was ist, wovon er keine Ahnung von hat, dann sagt er als Antwort „O.k., was soll ich da jetzt machen?" Anstelle, so wie das seine Arbeit ist, sich Gedanken zu machen. Wenn ich es nicht kann, wer kann es dann. Wie kann man das Problem lösen. Und das wird von diesem Maschinisten sehr argwöhnisch beobachtet. Die stellen ihn dann gerne etwas schlechter dar, als er eigentlich ist.
Aspirant 5	Charaktereinschätzung des VG	[Kategorie: Antipathie] Ich glaube, sie ist ein recht schwieriger Charakter, sehr, sehr schwierig. Weil man erst mal immer gegen sie ist. Man ist nie positiv gestimmt, sondern immer alles negativ. Ich glaube, das kommt ein bisschen vom Elternhaus, weil ich da doch schon so einiges mitbekommen habe. Sie ist sehr geizig, sehr, sehr geizig. (…) Sie ist wirklich ein ganz schwieriger Charakter. Sie hat auch gute Züge, z. B. hat sie Mitgefühl. Mitgefühl hat sie, aber auch nur so zu einer gewissen Art und Weise, wenn sie es verstehen kann. Was ich bei ihr sehr gut finde ist, dass sie sehr „strickt" ist und das ist es auch, was man von ihr mitnehmen kann, dieses „strikte". Dieser "strikte" Charakter. „Das ist so und das ist nicht so." Es gibt immer nur schwarz und weiß. Es ist manchmal gar nicht schlecht, wenn man das hat.
	Wertschätzung am VG	Ja dieses "strikte" ist eigentlich das, was ich am meisten an ihr schätze. Manchmal, aber auch nicht immer, da ist auch manchmal sehr, sehr viel Fehlanzeige. Und dass sie für eine Sache schon kämpfen kann, wenn es für sie einen Vorteil hat, aber nur wenn es für sie einen Vorteil hat. Wenn es für keinen Vorteil hat, dann kämpft sie auch nicht. Der Incentive z.B., also wenn sie merkt, der Incentive wird vielleicht nur gerade um 4000 Euro nicht [erreicht]. Dann versucht sie alles, um diese 4000 Euro irgendwo noch rauszuholen. Weil sie weiß, sie bekommt einen Incentive. Würde der Incentive jetzt aber nur für die [Mitarbeiter] draußen im anderen Büro [dem Team] sein, sprich nur für die Koordinatoren und Executives, dann würde sie sich doch die Mühe nicht machen.
	Reputation des VG	[Kategorie: Negativ] Schwierig. Ich weiß, dass sie im Haus ein bisschen nervig gilt. Sie stößt auch sehr, sehr oft an. Sehr, sehr oft. Ich weiß auch, dass der VG von ihr, zwei VG von ihr, auch nicht mit ihr zurechtkommen. Und immer sagen, „O.k., das muss man so hinnehmen" oder „Lass sie raus", das wurde mir auch schon nahegelegt „Ekel sie doch raus, du hast doch die Macht, du weißt es doch besser als sie". Es ist halt schwierig, wenn jeder weiß - selbst auch der [Generaldirektor] weiß - dass sie ein sehr schwieriger Charakter ist und eigentlich nicht zur Company passt, dann frage ich mich halt immer, warum man nicht mal eigentlich auf mit eher entlässt eigentlich denjenigen, der das alles kaputt macht, anstatt dass man sieht, wie das ganze Team sich mehr und mehr auflöst. Das finde ich schwierig. Finde ich eine ganz schwierige Sache und sie hat keine gute Reputation.

Tab. 168: Charaktereinschätzung, Wertschätzung und Reputation des Vorgesetzten (Followertyp Aspirant)

Followertyp Experte		
	Frage	Textevidenz
Experte 1	Charaktereinschätzung des VG	**[Kategorie: Sympathie]** Zuerst mal komme ich, dann kommt lange nichts und dann kommen andere (...) Ich meine, er ist teilweise recht nett, teilweise auch zuvorkommend. Bei manchen Sachen ist er einfach sehr ichbezogen.
	Wertschätzung am VG	Seinen Humor.
	Reputation des VG	**[Kategorie: Unterschiedlich]** Als Kollege, muss man so sagen, er ist ja auch erst kurz nachdem ich in der Firma angefangen habe, mein VG geworden, vorher war er ein Kollege. Und da sage ich mal, war er richtig kompetent und super in seinen Job und jetzt, wo er aufgestiegen ist, hat er das Ding, er ist überfordert. Er ist wirklich maßlos überfordert, er kommt nicht hinterher. Das ist das Problem. Er ist da in etwas reingeworfen worden, wo man vorher schon 2-3 Teamleiter verheizt hat. (...) Bei uns ja, bei den Untergebenen, sage ich mal. Bei den Oberen wissen sie, dass sie in ihm einen guten Spielball haben und dass sie mit ihm machen können, was sie wollen. Der folgt.
Experte 2	Charaktereinschätzung des VG	**[Kategorie: Sympathie]** Sie ist lebenslustig. Auf jeden Fall jmd., mit dem man auch Spaß haben kann. Ein fröhlicher Mensch. Ich glaube, sie kann auch sehr, sehr schwierig sein, wenn ihr was nicht passt. Ich glaube, dann ist wirklich nicht lustig. Ich finde sie sehr charakterstark, beeinflussend jetzt nicht, sie wird ihrer Vorbildrolle schon gerecht, zum Teil... Unordentlichkeit ist keine Charaktereigenschaft, aber ich glaube, das treibt uns alle in den Wahnsinn, dieses Chaos. Chaotisch ist sie schon. Sie ist sehr strukturiert, aber dann auch so oberflächlich chaotisch. Von ihren Gedanken ist sie immer sehr strukturiert, aber das äußere Erscheinungsbild sieht da anders aus. Ein organisierter Chaot.
	Wertschätzung am VG	Ihre Offenheit. Das schätze ich am meisten. Ich weiß immer noch ganz genau den ersten Tag als ich aus dem Urlaub kam und [die Vorgesetzte] dann hier war, irgendwie war da so gleich so eine Sympathie (...). Ich habe sie gesehen und es war gleich klar, o.k. mag ich (...) Das schätze ich am meisten, ihre Offenheit. Und ich meine auch, dass sie sehr ehrlich ist im Umgang mit uns allen.
	Reputation des VG	**[Kategorie: Positiv]** Ich glaube eine gute. Ich glaube, dass sie schon einen guten Ruf hier im [Unternehmen] genießt. Also im Großen und Ganzen, natürlich wir im Team kennen alle ihre Schwachstellen und regen uns alle über die gleichen Dinge auf, also sage ich mal, wir im Haus würde ich schon sagen, dass sie dafür geschätzt wird, was sie tut oder eher wie sie es tut. (...) Sie hat eine (...) direkte, relativ unverblümte Art. Ich persönlich habe das Gefühl, dass ich immer weiß, woran ich bei ihr bin.
Experte 3	Charaktereinschätzung des VG	**[Kategorie: Trennung von Privatem & Beruflichem]** Menschlich würde ich sie ganz anders einschätzen als beruflich. Ich glaube, dass sie beruflich extrem kopfgesteuert ist und privat so ein Misch-Masch aus Bauch, Herz und Kopf. Und sie, glaube ich, privat gerne manchmal mehr den Kopf entscheiden lassen würde als Bauch und Herz. Aber Bauch und Herz hier in der Arbeit nie zulassen würde.
	Wertschätzung am VG	Dass sie zuhören kann. Also dass sie zuhören kann und dass sie immer auf die Situation bezogen versucht Ratschläge zu geben.
	Reputation des VG	**[Kategorie: Negativ]** Generell im [Unternehmen]? Eine schlechte. Eine schlechte, weil sie glaube ich aufgrund ihres in der Arbeit fehlenden Herzens und Bauchs irgendwie ein bisschen unantastbar wirkt und auch ein bisschen zu sehr von sich selbst überzeugt. Das ist das, was ich selbst gehört habe. Und das war jetzt auch nicht nur ein Kollege, sondern mehrere Kollegen, die immer das gleiche gesagt haben. So dass ich dachte, dass es nach außen hin irgendwie stimmen muss, weil auch die Leute sich nicht wirklich kannten oder miteinander abgesprochen haben.
Experte 4	Charaktereinschätzung des VG	**[Kategorie: Antipathie]** Ich würde ihn beschreiben, als jmd. der gerne ehrlich wäre, aber doch eher zum Fähnchen im Wind neigt. Oft hat er einfach nicht den nötigen Mut, also gerade im Hinblick auf Vorgesetzte. Dafür hängt er sich dann aber oft an Kleinigkeiten so auf. Wenn es dann einmal hart wird, dann ändert er auch schon mal seine Meinung. Wobei man sich dann denkt, das hat er aber gerade eben noch anders erklärt. (...) Ich glaube, er wäre gerne ehrlicher oder das, was er gerne darstellen würde, aber er schafft es nicht.
	Wertschätzung am VG	Dass er mich auf jeden Fall mal sehr selbstständig arbeiten lässt. Dass er mich auch sehr zu schätzen weiß. Er gibt mir genug Wertschätzung in Gesprächen etc. Ja, was weiß ich noch zu schätzen? Tja, er ist sehr kommunikativ, aber ich weiß auch nicht, ob ich das wirklich zu schätzen weiß.
	Reputation des VG	**[Kategorie: Negativ]** Dass er sehr geschwätzig ist, dass er nichts für sich behalten kann. Dass er eigentlich auch kein Fachwissen hat. Und dass er sich das Leben einfach sehr bequem macht. Ja [ein schlechter Ruf] (...) Also bei unserer Abteilungsleitung vielleicht noch nicht den gleichen [Ruf]. Aber das liegt daran, dass die noch nicht lange mit ihm zusammenarbeitet. Und die beiden Gruppenleiter, die direkten Kontakt mit ihm haben oder auch die beiden Qualitätsmanager, sind mit Sicherheit gleicher Meinung [wie ich]. Hört man auch immer raus und er kommt auch mit ganz wenigen Leuten wirklich 100 % klar.
Experte 5	Charaktereinschätzung des VG	**[Kategorie: Sympathie]** Sehr sozial eingestellt. Familienmensch.
	Wertschätzung am VG	Dass es eben nicht nur für das Geschäft und um das Geschäft geht, sondern dass sie auch darauf bedacht sind, dass man ein nettes Miteinander hat, ein gutes Betriebsklima. Dass man auch sagen darf, wenn was nicht so passt.
	Reputation des VG	**[Kategorie: Positiv]** Einen guten. (...) Ja, wir sind nicht weit weg, also in der Nachbarortschaft. Und das spricht sich schon rum. (...) als Beratungsbüro oder Agentur, da haben wir einen guten Ruf. Sonst könnte man sich gar nicht halten über 25 Jahre in so einer Ortschaft. Und im Landkreis überhaupt, das sind ja alles Ortschaften bei uns, in [dem Nachbarort] haben wir auch viele Kunden, und da braucht man schon einen guten Ruf, um sich so zu halten und auch wachsen zu können.

Tab. 169: Charaktereinschätzung, Wertschätzung und Reputation des Vorgesetzten (Followertyp Experte)

Charaktereinschätzung, Wertschätzung und Reputation des Vorgesetzten		
Followertyp Mitläufer		

	Frage	Textevidenz
Mitläufer 1	Charakter-einschät-zung des VG	[**Kategorie: Sympathie**] Also ich glaube, dass sie eine sehr, sehr positive Person ist. Generell dem Leben sehr positiv zugewandt, sehr zufrieden auch in ihrer Rolle, die sie ausführt. Hat viel Erfahrung, ist viel herumgekommen und kann davon viel zehren und weitergeben. Und ist einfach eine sehr offene, positive Person mit viel Humor, gutem Humor. Was ist denn noch eine gute Eigenschaft: glücklich, zufrieden. (…) Ich habe von ein oder zwei Kolleginnen des Öfteren gehört, dass die Zusammenarbeit manchmal schwierig war, weil sie sich so ein bisschen benachteiligt gefühlt haben. Und es gab auch die Situation, in der sie auch zugegeben hat - und da waren auch mehrere dabei - dass sie auch prinzipiell mit Männern besser zusammenarbeiten kann, also das ist eine Schwäche, die sie auch zuzugeben hat. Was ich aber dann auch wiederum gut finde, dass man da so offen darüber gesprochen hat.
	Wert-schätzung am VG	Die immer offene Tür, die Open-Door-Policy, dass man nicht wie in anderen UN einen Termin machen muss und das beschleunigt auch viele Sachen unheimlich. Ich schätze an ihr, dass sie immer sehr präsent ist. Nicht nur im Office saß, sondern auch wirklich on the Floor war. (…) Also sie war gefühlt immer da, also das schätze ich schon. Habe ich so in der Form auch vorher noch nicht erlebt.
	Reputation des VG	[**Kategorie: Unterschiedlich**] Sie genießt auf jeden Fall so ein bisschen die Punkte, die vielleicht auch ihren Charakter beschreiben. Die sehr offene, offene, zugängliche Person, würde ich sagen. Ihr für ihr vorausteilt. Und dass sie die Fähigkeit hat, Dinge zu verändern und so festgefahrene Strukturen eben durch ihre wahnsinnig positive Art aufzubrechen. (…) [Aber es] gibt Unterschiede. Muss ich leider sagen, weil ich glaube, dass Leute, die nicht direkt mit ihr zusammenarbeiten, weil zum Beispiel in meinem ehemaligen Team, da waren 2-3 Stimmen dabei, die nicht immer so positiv gesprochen haben wie ich. Ich glaube da ging es um eine Karriereentscheidung, die sie getroffen hat, die nicht ganz dem Wunsch des Teams entsprochen hat. Da war einfach so ein wenig Unzufriedenheit im Raum. Und ich glaube, dass so 1-2 Ebenen unter mir, beim sog. Line-Staff, (…) ich weiß nicht, ob man sagen kann „schlechter Ruf" (…), aber vielleicht nicht ganz so positiv wie in der direkten Ebene unter ihr, weil die Leute einfach nicht so gut oder nicht so eng zusammenarbeiten mit ihr. Sie kommt jetzt nicht „bossy" rüber, aber da ist es vielleicht so, wenn sie eine Ansage macht oder was sagt, dann ist das vielleicht doch mehr „directive". Und auf meiner Ebene kommt das eben anders rüber. Blöd erklärt vielleicht.
Mitläufer 2	Charakter-einschät-zung des VG	[**Kategorie: Sympathie**] Ich glaube grundsätzlich, dass niemand perfekt ist. Es gibt ganz viele Charaktereigenschaften, die ich sehr schätze an ihr. (…) Dann bleibt es, dass sie freundlich ist, dass sie witzig ist und herzlich ist. Dass sie ein sehr guter Gastgeber ist. Es bleibt, dass ich sie auch als Person - wenn wir wirklich rein persönlich sprechen - empfinde ich sie dennoch als jmd. der andere Personen zusammenbringt, was ich auch als sehr schätzenswerte Eigenschaft empfinde. Und ganz persönlich empfinde ich sie manchmal auch als einsam. Und diese Einsamkeit kompensiert sie mit vielen Tätigkeiten, die sie macht und spiegelt aber wieder, dass sie das eigentlich auch von ihrem gesamten Umfeld erwartet. Die Disziplin, die sie selbst an den Tag legt, erwartet sie von jedem, mit dem sie zu tun hat. Und das empfinde ich persönlich als oftmals anstrengend. Wenn mir jmd. erzählt, ich war so und so viele 1000 km joggen am Wochenende und mein Wochenende darin bestand, dass ich die Couch nicht verlassen habe, dann ist das schwierig darzustellen. Wenn Wörter wie Disziplin eigentlich alles überwiegen. Aber ich schätze sie persönlich - Punkt [lacht].
	Wert-schätzung am VG	Ich schätze ihre Herzlichkeit, ihren Humor, ich schätze tatsächlich auch ihren stetigen Willen, sich noch weiter zu verbessern und den „Drive", mit dem sie jeden in ihrem Umfeld tatsächlich auch mitzieht. Ich schätze, dass, wenn man das (ganz klar) darauf hinweist, sie zuhören kann, anleiten kann und tatsächlich auch ein guter Mentor ist in vielen Fragen. Ich schätze zumindest bezogen auf meine Funktion ihr bedingungsloses Vertrauen, das muss ich wirklich sagen, schätze ich sogar sehr, weil ich das auch nicht häufig so in dieser Form erlebt habe. (…) Gleichzeitig schätze ich nicht, dass sie sich manchmal auch ihrer übergeordneten Position nicht bewusst ist und daraus resultierend das eine oder andere sagt. Auf eine Art und Weise, die man eigentlich nicht so tun würde. Also der einen MA kritisiert und die eine Art und Weise, die sicherlich wertschätzender sein kann, ist eine Eigenschaft, die ich an meinen Vorgesetzten noch nie geschätzt habe. Und auch an ihr nicht schätze. Das tut sie jetzt nicht rigoros und sie ist auch keine böse Person und trotzdem tut sie das an der ein oder anderen Stelle und das finde ich sehr, sehr schwierig.
	Reputation des VG	[**Kategorie: Unterschiedlich**] Das ist eine sehr schwierige Frage [lacht]. Meine VG besitzt natürlich eine gewisse Reputation, weil sie sehr, sehr viele, viele Jahre in der Firma arbeitet und in der Organisation tief verwurzelt ist. Was auch bedeutet, dass sie wirklich sehr, sehr gut vernetzt ist. Gleichzeitig gilt sie ihren VGs gegenüber auch als durchaus kritisch, und kritisch ist nicht immer gern gesehen. Als jmd., der gerne hinterfragt, wo denn jetzt der Benefit für uns liegt, warum wir Dinge machen müssen oder auch um Hilfe fragt oder um Hilfe bittet in strategischen Themen, das ist nicht immer gern gesehen. Gleichzeitig gilt sie auch als jmd., der sehr „micromanaging" ist, was ihrer Reputation nicht grundsätzlich schadet, sie jetzt aber auch nicht weiter fördert. Im Großen und Ganzen halte ich sie aber für eine Person mit einer sehr hohen Reputation in der Unternehmung. (…) Ich glaube, es gibt viele MA, die sie schon als sie als eine sehr, sehr gute Führungsposition für unser Hotel ansehen. Davon bin ich überzeugt. Das sind all jene MA, die in irgendeiner Form relativ eng mit ihr zusammenarbeiten oder die die gleichen Werte oder die gleichen Verhaltensweisen an den Tag legen wie sie. Gleichzeitig weiß ich nicht oder glaube nicht, dass das für jeden im Haus gilt. Das hat viel damit zu tun, na ja, sie kann sich keine Namen merken, d.h. sie neigt dazu durch Abteilungen zu laufen und „Hallo" zu sagen oder klassisch zu fragen, „wie geht es dann?" oder „wir haben uns schon lange nicht mehr gesehen" und die Person arbeitet den 10. Tag in Folge. Das alles sind Dinge, die nicht dazu führen, dass ihre Reputation im Haus sehr hoch ist. Nicht sehr nah an jedem Einzelnen. Ja...
Mitläufer 3	Charakter-einschät-zung des VG	[**Kategorie: Antipathie**] Er ist egoistisch. Ich weiß jetzt nicht, wie man es am besten sagt, aber er versucht zu fraternisieren und kann es nicht, also mit seinen Untergebenen. Und er ist intransparent, würde ich sagen, sehr transparent.
	Wert-schätzung am VG	Ich bin neutral ihm gegenüber.
	Reputation des VG	[**Kategorie: Unterschiedlich**] Innerhalb des Teams sind es eigentlich die Punkte, die ich gerade erwähnt habe [Fraternisierung, Intransparenz]. Wir haben natürlich auch einen teaminternen Austausch ohne den Manager. Und außerhalb des Team, er ist relativ neu in der Firma und er ist nicht sichtbar, also er hat keine Reputation innerhalb der Firma.

	Frage	Textevidenz
Mitläufer 4	Charakter-einschätzung des VG	[Kategorie: Sympathie] Leistungsorientiert, humorvoll ist er nicht. Also man kann schon einen Spaß mit ihm machen, aber er würde nie auf die Idee kommen rumzuwitzeln, von alleine. Er ist ein bisschen stoisch, also sehr, sehr nüchtern und rational. Also sehr rational, verlässlich. Ja, trotzdem irgendwie mitfühlend, aber anders als andere. (...) Er hat halt z. B. kein Mitleid mit Leuten, denen es vielleicht privat auch schlecht geht, die sich dann aber beruflich [nicht anstrengen]. Es gibt immer so eine Komponente, also dieses jmd. muss von sich aus Werte haben, und die auch in sein Arbeitsverhalten einfließen lassen, damit er so von seiner Kunst auch profitieren kann. Er hat auch eine hohe Erwartungshaltung anderen gegenüber. Das macht er vielleicht auch implizit, aber er tut's. ... Dankbar, ja er ist bescheiden, routiniert, strukturiert oder ja... vor allen Dingen das. Und sicherheitsbedürftig.
	Wert-schätzung am VG	Seine Verlässlichkeit und seine Echtheit.
	Reputation des VG	[Kategorie: Eher positiv] Meiner Meinung nach viel zu wenig. (...) Er wird zwar sehr geschätzt, denn wenn es ihn nicht gäbe, dann müssten sie sich mal umsehen, aber ich glaube ein bisschen als gleichgültig genommen. Er ist ja da, er macht schon. Also für selbstverständlich befunden, was er tut. Obwohl mein Abteilungsleiter auch definitiv weiß, dass er ohne ihn aufgeschmissen wäre, aber er sagt halt, na ja, der macht das schon. Das ist ein Guter. Aber ansonsten hat er abteilungsübergreifend Respekt. Also gegen ihn würde jetzt niemand was unter der Gürtellinie sagen.
Mitläufer 5	Charakter-einschätzung des VG	[Kategorie: Sympathie] Es ist ein sehr ruhiger, mag Humor, hat auch schwarzen Humor. Das schätze ich auch an ihm. Er ist sehr mit sich selbst beschäftigt und das hindert ihn manchmal daran, sich um seine MA zu kümmern. Z. B. wenn jetzt jmd. aus diesem Small Talk, so dieses Wenn wir uns treffen, aber ich glaube ein bisschen ... ihn darauf hinstößt. Schaue doch mal deine MA kommt von der Hochzeitsreise, ach ja, toll, da gibt's dann mal zwei Minuten und dann ist er schon wieder in seinem Thema drin. Er ist angenehm. Er tut niemandem weh, er ist sehr zielstrebig. Aber ich weiß nicht, wie es mit seiner Empathie steht. Da könnte er mehr auf seine MA eingehen. Er ist keine Führungskraft, er ist Manager. Das ist für mich ein riesiger Unterschied. (...) Führung heißt ja, gerne mit Menschen arbeiten, fördern, fordern, weiterentwickeln, sich für Menschen auch zu interessieren, sich für Menschen auch zu interessieren. Das hat er alles nicht. Er managed da alle Themen, was super für das UN ist, aber der MA an sich bleibt auf der Strecke.
	Wert-schätzung am VG	Dass er mir Freiraum gibt, dass ich Home-Office machen kann, wann ich möchte. Weil ich ja selbst einschätzen kann, geht das oder geht das nicht. Und dass ich mich auch finden kann in meiner neuen Rolle, dass er das auch zulässt.
	Reputation des VG	[Kategorie: Positiv] Er wirkt als sehr zielstrebig, er ist anerkannt, sehr zielorientiert. Hohes Fachwissen, (...) sehr geschickt in der Kommunikation und ein sehr ruhiger, kompetenter, zielstrebiger Mensch.

Tab. 170: Charaktereinschätzung, Wertschätzung und Reputation des Vorgesetzten (Followertyp Mitläufer)

		Charaktereinschätzung, Wertschätzung und Reputation des Vorgesetzten
		Followertyp Blender
	Frage	Textevidenz
Blender 1	Charakter-einschätzung des VG	[Kategorie: Sympathie] Auch schwer zu sagen, dadurch dass ich nicht jeden Tag persönlich mit ihr zusammen arbeite. Ich schätze sie - ich würde mir manchmal wünschen, dass sie doch noch ein bisschen näher am Mensch ist, also noch ein bisschen aktiver kommuniziert. Es ist teilweise manchmal nur auf Nachfrage, dass du Dinge erfährst. Es ist manchmal auch ein bisschen ein Eigenschutz, natürlich, wo du viele MA hast, die unter dir stehen. Aber ansonsten würde ich sie als sehr offen einschätzen. Sie ist in der Kommunikation überhaupt nicht forsch oder abwesend oder abwertend. Da ist sie sehr ehrlich und höflich und auch freundlich.
	Wert-schätzung am VG	Ich schätze ihr Vertrauen, obwohl sie mich noch kaum kennt. (...) ich schätze unheimlich ihr Vertrauen, dass sie sagt, du bist jetzt erst seit kurzem da und es war von Anfang an tatsächlich so und ich hatte noch nicht einmal das Interview mit ihr, ich hatte das Interview tatsächlich nur mit Kollegen und die Punkt da. (...) Und von Anfang an war niemals der Punkt da, wo sie gesagt hat, ich möchte dich jetzt kontrollieren oder wissen, was du jetzt jeden Tag machst.
	Reputation des VG	[Kategorie: Eher positiv] Ich glaube sie genießt die Reputation, dass sie Themen gerne schnell behandelt. Das ist manchmal positiv, manchmal nicht so positiv. Wir hatten jetzt in letzter Zeit das große Thema Home Office. Dass viele in [Standort A] verstärkt Home Office machen wollen, was einfach nicht geht, weil wir immer wieder eine Service-Abteilung sind, die auch teilweise anwesend sein muss. Und da ist sie eher die Frau, dass sie sagt: „Ich möchte gern, dass ihr das im Team klärt, und wenn ich zurück aus dem Urlaub komme, dann haben wir das Thema geklärt." Was ich an ihrer Stelle auch gemacht hätte, um ehrlich zu sein, denn es war eine stundenlange Diskussion im Endeffekt (...) ich glaube, dafür ist sie bekannt. Also dass sie gerne das Team Entscheidungen treffen lässt, weil sie auch uns selbst verantwortlich machen möchte. Sie will, dass wir eigenständig Entscheidungen treffen und dass wir nicht darauf angewiesen sind, von ihr die Hand gehalten zu bekommen. Dafür ist sie, glaube ich, bekannt, aber ansonsten, dass sie auch immer ein offenes Ohr hat.
Blender 2	Charakter-einschätzung des VG	[Kategorie: Antipathie] Schwierig. Für mich irgendwie so ein bisschen - auf der einen Seite sehr empfindlich, auf der anderen Seite sehr stark im Austeilen und sehr ungeschliffen. Und charakterlich irgendwie schon gerade raus, vielleicht eben zu nett gerade raus und zu ungeschliffen für die Position. Mag vielleicht gerade auch mit ihrem sich die Art, vielleicht nicht unbedingt dieses Gespür oder die Sensibilität für den anderen. Also wo habe ich gegenüber oder in welcher Situation kann ich was wirklich sagen, welchen Ton wähle ich oder wo mache ich auch mal Stopp? Wo take ich auch, dass ich ein eine Grenze überschreite. Also dieses Feingefühl, das ist vielleicht nicht ganz eine Charaktereigenschaft. Dieses robuste, dieses durchaus sehr selbstbewusste, denke ich mal, aber nicht unehrlich und auch nicht hinterfotzig, sondern gerade heraus. Also alles diese Dinge, die man anderen schaden, das was auch mir passiert ist so in 100 %iger Überzeugung in dem Moment, und da passiert es sicherlich auch im Nachhinein nicht, dass sie einmal drüber nachdenken würde, ob das jetzt richtig war. Das ist schon ein großes Selbstbewusstsein in ihrer Haltung, deswegen ist sie auch da, wo sie ist. Es ist auch sehr stark hinkommt in er so eine Position. Also dazu braucht es ja auch bestimmte charakterliche Eigenschaften. Aber sagen wir mal so, wenn Leute wegen ihr gehen oder sie Leute direkt auch entlassen hat, die sie entlassen konnte aus Zeitstellen, dann gibt's da keine Abschiedsfeier oder so - nichts.

		Der Mensch ist da egal, sie ist die Wichtigste, manche braucht sie und manche nicht, die sind halt auch da. Aber ich sage mal Lob oder so, ich glaube, das kennt sie jetzt bei uns nicht so. (...) Sie ist halt da und das ist das Wichtigste. Und wenn einer gehen muss oder gehen will, dann soll er gehen und dann gibt es eben den Nächsten - es gibt ja immer einen Nächsten. Und das ist so der Charakter, glaube ich.
	Wertschätzung am VG	Also wenn ich was schätzen soll daran, dann diese offene Art, wenn man sich mal daran gewöhnt hat. Diese Ehrlichkeit, weil man dann auch weiß, wenn sie das sagt, dann ist es auch so. Auch wenn es vielleicht unangenehm ist. Aber da kann man schon sagen, das kann ich schätzen. Ich brauche es, ich will es auch nicht zu laut hören, aber ich finde das eigentlich besser als wenn jmd. hintenrum redet. Und wenn man das jetzt nicht unbedingt vor dem Plenum macht, dann ist das vielleicht noch halbwegs akzeptabel. Dann ist das o.k. Sonst nichts.
	Reputation des VG	[Kategorie: Eher negativ] Also es war grottenschlecht natürlich. Es wurde unheimlich viel geredet in der Szene. Und es gab auch offizielle Beschwerden gegen sie. Von mir nicht, aber von verschiedenen anderen, unabhängig voneinander anscheinend mehrere Sachen, die losgetreten wurden. Bei der einen Aktion fiel dann der Verdacht auf mich, das hatte ich aber tatsächlich nicht initiiert. Ich habe zwar zugegebenermaßen gelächelt, als ich davon hörte, weil es war eben sehr viel... Ich habe das ja ausführlich beschrieben - es gab eine große Unruhe, und man hat dann auch ehrliche Rachegefühle in einem Moment (...) und denkt sich, ja das passt jetzt aber gut, endlich sagt mal einer was, so in dem Stil. Aber das mein ich auch wirklich nicht so böse. Also wenn irgendjemand gesagt hat, sie soll gehen, dann habe ich mir immer gedacht, dass sie nichts dafür kann, dass sie da reingeholt wurde. Und ich will auch nicht, dass jemand arbeitslos ist danach. So bin ich dann auch nicht. Aber der Ruf ist nach wie vor sehr umstritten.
Blender 3	Charaktereinschätzung des VG	[Kategorie: Sympathie] Sehr diplomatisch. (...) [lacht]. Ich hatte dieses Gespräch mit ihm auch schon und ich habe zu ihm gesagt, dass man ihn auch wirklich das Wort diplomatisch am besten beschreibt und das ist auch wirklich so. Mehr kann man gar nicht sagen und das äußert sich in jeglicher Handlungsweise von ihm. Wenn unser Generaldirektor ihn anschreit, er gibt das niemals weiter. Wenn meine Kollegin z. B. zickig zu ihm ist, dann lässt er sich darauf nicht ein, wo andere dem zickigen Verhalten gerne nachsteuern würden. Er wir öfter von unserem GM [Generaldirektor] angeschrien, ja. Und das ist halt so ein positiver Aspekt von ihm, dass er da diese innere Ruhe beibehält und das nicht eins zu eins weitergibt. Das ist sehr positiv. Und er ist offen für neue Ideen. Und er ist auch nicht nachtragend.
	Wertschätzung am VG	Dass er so diplomatisch ist. So ruhig. Ein Ruhepol.
	Reputation des VG	[Kategorie: Eher positiv] Dass er schon viel international gearbeitet hat, dass er gut in [seinem Fachbereich] und als [Positionsbezeichnung] hatte er noch keine Position, er war immer nur Sales. Da muss er sich noch etablieren. Aber ich glaube, er ist auf einem guten Weg. Dass er dadurch auch viele kennt, er ist sehr offen, auch von der MA-Führung her, da hat er ein sehr diplomatisches, offenes Verhältnis.
Blender 4	Charaktereinschätzung des VG	[Kategorie: Sympathie] Herzlich, ein toller Mensch [lacht] - wie das klingt. Sehr herzlich, aber sagt auch, was sie denkt, sowohl kritisch als auch positiv. Offen für alles Mögliche.
	Wertschätzung am VG	Forsch, falls das eine Charaktereigenschaft ist. Forsch, aber nicht im negativen Sinne direkt. Sympathisch, kümmert sich, so. (...) Dass sie mir immer ehrliches Feedback gibt und dass sie mir Verantwortung überträgt.
	Reputation des VG	[Kategorie: Positiv] Ich glaube, sie ist relativ hoch anerkannt. Sie hat halt mit diesem Prozess sehr viele Schnittstellen zu anderen Prozessen, und ich glaube schon, dass sie in dem, was sie macht, sehr gut ist, und dass das auch die Menschen bis hin zum Vorstand wissen.
Blender 5	Charaktereinschätzung des VG	[Kategorie: Antipathie] Schwierig. Einzelgänger. Einzelgänger würde ich sagen, sehr auf sich bezogen. Schon manchmal in irgendeiner Art liebevoll oder auch mitfühlend, aber ich habe manchmal das Gefühl, das ist eher oberflächlich, weil man in der Situation so handeln muss. Es gibt oder gab Situationen, bei denen man denkt, man konnte sich super unterhalten, aber es ist halt mehr, dass man merkt, dass diese Person sehr mit sich selbst beschäftigt ist.
	Wertschätzung am VG	Die kleinen Momente, wo dann auch die Freundlichkeit und das Mitgefühl am meisten hervortreten, sage ich mal. Die gibt es schon. Eine herzliche Person kann sie schon sein. Nur ist das selten.
	Reputation des VG	[Kategorie: Negativ] Also ich denke in der eigenen Abteilung keinen guten mehr, würde ich sagen. Durch dieses ganze Verhalten, auch anderen Team-Membern gegenüber. Im [Unternehmen] denke ich eher auch als forsch und streng. Ja ich weiß jetzt nicht, wie ich das beschreiben soll, direkt unhöflich manchmal auch. Man merkt einfach, wen sie mag und wen nicht. (...) Das ist so eine Hand voll Leute, die super mit ihr auskommen und die sie mögen, aber der Großteil hat es schon eher schwer mit ihr.

Tab. 171: Charaktereinschätzung, Wertschätzung und Reputation des Vorgesetzten (Followertyp Blender)

Charaktereinschätzung, Wertschätzung und Reputation des Vorgesetzten		
Followertyp Bedürftiger		
	Frage	Textevidenz
Bedürftiger 1	Charaktereinschätzung des VG	[Kategorie: Sympathie] Sehr positiv. Also wirklich sehr positiv. Sie ist einfach eine sehr, sehr feinfühlige Frau. Lobt auch mal, also vom Charakter her finde ich sie wirklich sehr, sehr gut. (...) sie ist sehr höflich, sie ist sehr darauf bedacht, wenn sie vielleicht gelaufen ist, dann pulvert sie nicht einfach drauf los und kritisiert einen der Maßen, sondern kann sich dann auch einfach zurücknehmen und sagen: „Na ja gut, ist jetzt nicht so toll gelaufen, aber davon geht die Welt jetzt auch nicht unter." Na ja und sie ist einfach auch so ein netter und geselliger Mensch, der viel erlebt und viel Erfahrung hat und mit dem man sich auch mal privat gut unterhalten kann. Die viele Interessen hat und viele Hobbies.

	Wert-schätzung am VG	Diese ruhige, nette und höfliche Art.
Bedürftiger 2	Reputation des VG	**[Kategorie: Eher negativ]** Gute Frage, (…), also es wird sehr wenig Negatives über sie gesagt. Die meisten Leute halten sich tatsächlich irgendwie bedeckt mit einer Aussage ihr gegenüber. Außer eine, die sagt: „Es ist ein führerloses Schiff.", wo sie wahrscheinlich auch nicht so unrecht hat [lacht]. (…) Dass halt eigentlich jeder wirklich das macht, was er gerne tut. Wenn jemand gerade Probleme hat, und er hat keine Lust in die Arbeit zu kommen, oder kommt so einfach nicht, dann wird da nichts darüber verloren. Oder wenn Kolleginnen untereinander anfangen, sich zu mobben, dann hält sie sich da einfach raus. Und sie tut einfach so, als ob sie das nichts angehen würde. Und wenn man zu ihr kommt und das sagt, dann sagt sie so von wegen, was sie denn da jetzt tun soll. Da ist sie einfach überfordert, aber komplett. Und das ist schon führerlos. Ich glaube, da würde ich einfach auch gut tun, ihre Meinung kund zu tun und auch zu derjenigen zu sagen, wenn die dann kommt und sich beschwert: „Nein, dass siehst du jetzt falsch" anstatt zu sagen „Das ist mir jetzt zu viel, das will ich gar nicht wissen."
	Charakter-einschät-zung des VG	**[Kategorie: Sympathie]** Ja ,sehr gut, ja. Wie schon gesagt, ich komme sehr gut mit ihr zurecht. Sie ist einfach immer gut drauf. Sie ist diskret, wenn es um irgendwelche Sachen geht. Hat immer ein offenes Ohr, auch wenn sie wahnsinnig viel zu tun hat. Sehr zuverlässig, sehr fleißig auch. Bodenständig würde ich sagen, und was kann man noch über sie sagen, ich denke das reicht.
	Wert-schätzung am VG	Das wiederholt schon fast wieder das, was ich schon gesagt habe, eigentlich. Ich schätze sehr an ihr, dass sie immer versucht und, wie schon gesagt, immer zu betrachten und dann das Beste daraus zu machen. Das schon. Dass sie definitiv auch Sachen für sich behalten kann. Das sie wirklich immer ein Ohr hat, wenn es brennt. Und dass sie sich wirklich auch einsetzt für uns. Wenn jetzt irgendwo was falsch gelaufen ist oder irgendwann von der Deadline her noch was geändert werden kann, dass sie dann auch notfalls den Hörer in die Hand nimmt und mit dem Kunden telefoniert und sagt so und so. Oder das auch intern klärt und dann sagt, kann man da nicht noch das und das draus machen oder etwas verschieben.
	Reputation des VG	**[Kategorie: Positiv]** Sie ist jetzt noch nicht so lange FK, aber schon einen sehr guten Ruf. Weil sie mit dem kompletten Team sehr gut zu Recht kommt. Es gibt wenige MA - also es waren viele MA schon da gewesen, als sie die Beförderung bekommen hat, was natürlich erstmal eine Umstellung ist - aber da haben eigentlich alle soweit ganz gut darauf reagiert, bis auf einen MA, der Projektleiter ist, der vorher auch die Aufgaben umgesetzt hat, der jetzt teilweise übernimmt. Somit ist er vielleicht auch so ein wenig auf die Seite geschoben worden und sie hat seine Position teilweise angenommen. Das ist für ihn einfach schwierig. Er weiß ganz genau, wie gut sie ist, aber will es natürlich nicht wahrhaben und versucht da schon immer quer zu treiben, und da hat sie schon auch oft bei uns Rat gesucht und sich mit uns ausgetauscht. Ja und da sind wir schon ziemlich einer Meinung, dass es offensichtlich ist, dass es gerade ein schwieriges Verhältnis ist.
Bedürftiger 3	Charakter-einschät-zung des VG	**[Kategorie: Neutral]** Also wir haben ca. 35 VGs, die täglich wechseln und jeder hat einen anderen Charakter. Jeder hat Vor- und Nachteile. Man kennt natürlich den einzelnen schon immer, wer was so macht und wie der oder die so ist. Daher kann man da schon irgendwie damit umgehen, aber kann man ganz schwer beurteilen.
	Wert-schätzung am VG	Wie gesagt, das kann man so auch nicht sagen. Jeder hat Vor- und Nachteile. Bei dem einen schätze ich das, also das ist ganz unterschiedlich.
	Reputation des VG	**[Kategorie: Unterschiedlich]** Man (kann) schon irgendwie damit umgehen, aber kann man ganz schwer beurteilen.
Bedürftiger 4	Charakter-einschät-zung des VG	**[Kategorie: Antipathie]** Also für mich ist er eiskalt. Für mich - mit der Aussage bin ich ein bisschen vorsichtiger - ich weiß nicht, ob er über Leichen gehen würde, das weiß ich wirklich nicht, aber ich bin mir halt sicher, dass wenn er sich was in den Kopf setzt, dann ist er ganz schwer, ihm das dann wieder auszutreiben. Und da braucht es schon gute Überredungskunst. Er ist schon sehr „straight". Wenn es geradeaus durch geht, dann geht er auch geradeaus durch.
	Wert-schätzung am VG	Eigentlich schätze ich an ihm nur, wenn wir wirklich Face-to-Face reden unter vier Augen, dass er mir da das Gefühl gibt, immer sehr ehrlich und offen zu sein. Das ist eigentlich so das, was ich an ihm schätze. In der Gruppe sieht es da leider immer etwas anders aus, aber da mag ich eigentlich immer ganz gerne und dass du mit ihm auch reden kannst, wenn du selber ein Problem hast.
	Reputation des VG	**[Kategorie: Eher negativ]** Ich glaube leider nicht so einen guten Ruf. Ich höre halt immer wieder von vielen Ecken, dass er nicht der beliebteste Mitarbeiter ist, wobei ich ihn dann auch immer wieder in Schutz nehme und sage, muss er ja auch nicht. Arbeit ist Arbeit und Privat ist Privat. Ich glaube, viele haben eben das Problem mit ihm, weil er eben ein Typ ist, der es absolut schafft, was ich teilweise bewundernswert finde, was ich aber teilweise auch [sehr] negativ finde, weil er ein Typ ist, der es schafft, Leute so in die Ecke zu drängen, dass die einfach nicht mehr rauskommen. Das sie entweder so kurz davor sind, den Tisch klein zu schlagen - das ist wirklich so, dass ist echt [heftig] - oder sie sind einfach nur wie kleine Schulkinder und sagen „Ja, o.k. ja, mache ich." Und ich glaube, damit gefällt vielen nicht, aber letztendlich bekommt er dann das durch, was er will und liefert damit letztendlich auch gute Arbeit ab. Gut für ihn, schlecht für den MA [lacht].
Bedürftiger 5	Charakter-einschät-zung des VG	**[Kategorie: Trennung von Privatem & Beruflichem]** Er ist sehr anders als ich. Mein Chef ist ein ganz typischer extrovertierter Mensch, der 100 Millionen verschiedene Menschen kennt, der sofort mit allen ins Gespräch kommt. Der aber manchmal auch wahnsinnig oberflächlich sein kann. Und der sich auch über viele Dinge einfach keine Gedanken macht und ich glaube, wo ich jetzt unbedingt Absicht, aber das ist ihm dann halt nicht gekommen, dass das eben sein könnte. (…) Ich glaube, dass, wenn wir nicht zusammenarbeiten würden, also befreundet wären wir nicht. Weil er da einfach an bestimmten Punkten andere Werte vertritt und mich halt als ich. Und bestimmte Sachen, die mir einfach sehr wichtig sind, so nicht lebt. Witzigerweise kommen wir als Arbeitsteam gut miteinander klar, aber rein menschlich gesehen, finde ich ihn manchmal anstrengend. Auch als Chef, aber das eine bedingt ja auch irgendwie das andere.
	Wert-schätzung am VG	Also was ich an ihm definitiv schätze, dass er sich grundsätzlich immer, Probleme als etwas zu sehen, was einen tatsächlich hindert, irgendetwas nicht zu machen. Also für ihn ist immer alles machbar. Und das finde ich schon bewundernswert, weil ich eher dazu tendiere, mir zu denken o Gott, ein Problem. Erst mal darüber nachdenken, was machen wir denn jetzt? Jetzt geht's da vielleicht doch nicht weiter. Und er sieht ein Problem und denkt sich, wie kommen wir denn jetzt hier außen rum. Das finde ich schon bewundernswert, weil er sich einfach weigert anzunehmen, dass er sein

	Ziel nicht erreichen könnte. Das findet in seinem Kopf überhaupt nicht statt. Er weiß zwar vielleicht noch nicht genau, wie der dahin kommt, aber dass er dahinkommt, das steht völlig außer Frage. (…) Davon hätte ich manchmal auch gerne ein bisschen mehr. Und was ich auch wirklich gut an ihm finde ist, dass er sich eigentlich nie die Laune verderben lässt.
Reputation des VG	[Kategorie: Eher positiv] Also bei uns im UN ist er, glaube ich, der nahbare Chef sozusagen, der greifbar ist, der selber auch ganz viel arbeitet und auf die Straße bringt, so nach dem Motto, nie irgendwas von seinen MA verlangt, was er nicht selber machen würde. Das ist dann irgendwann natürlich das Problem der Kapazitäten. Er kann als Chef nicht alles selber machen, aber der ist sich auch für keine Arbeit zu schade. Wenn, dann macht der das halt selber und er ist einfach so ein „Anpacker-Typ". Und wenn du ein Problem hast mit einem Kunden oder wie auch immer, dann hat er immer eine offene Tür. (…) Und bei mir, was für eine Reputation genießt er bei mir... Also was ich schon sagen kann, er kriegt wahnsinnig viel weiter, er ist tatsächlich ein Arbeitstier und du kannst tatsächlich mit jedem [Mist] zu ihm hingehen und das mit ihm klären. Und wenn es nur drei Sekunden sind, aber die Zeit nimmt er sich und das finde ich gut. Ich habe in letzter Zeit bei einigen Sachen oder einer speziellen Sache nicht übereingestimmt, was da mit einem Kunden gelaufen ist. Das trübt momentan seine Reputation bei mir ein bisschen. Aber er ist definitiv, wenn ich das jetzt mal außen vor lasse, zum einen wirklich jemand, der sein Zeug macht, der wirklich arbeitet und sich echt für nichts zu schade ist, der nahbar ist und definitiv ein kreativer Kopf. Und das bewundere ich schon - ohne jetzt in ein absolutes Fan-Dogma zu fallen.

Tab. 172: Charaktereinschätzung, Wertschätzung und Reputation des Vorgesetzten (Followertyp Bedürftiger)

Frage (15): Wie würden Sie die Führung/ den Führungsstil ihres Vorgesetzten beschreiben?

Ggf.: Beschreiben Sie einen Fall, bei dem Sie die Zusammenarbeit mit dem direkten Vorgesetzten als positiv beschreiben würden und warum?

Ggf.: Was kennzeichnet also für Sie einen guten Vorgesetzten oder eine gute Beziehung zum Vorgesetzten?

Kennzeichnung eines guten Vorgesetzten

Gesamtstichprobe

Kategorie	Textevidenz
Unterstützung & Hilfe *(13 Nennungen =52 %)*	• Wo ich nicht weiter weiß, (…) und er das sehr schnell umsetzt oder er eine Lösung findet (…), so dass mein Problem gelöst wird. (AS2) • Da war sie sehr unterstützend (…), da hat sie dann schon eingegriffen, um dann quasi zu helfen, zu unterstützen. (AS3) • Na ja, dass er für mich einen da ist. (AS5) • Muss dich halt auch unterstützen (EX1) • Wenn ich nicht weiterkomme, ich auch zu ihr gehen kann und um Rat fragen kann. (EX3) • Den ich ansprechen kann, wenn ich seine Unterstützung brauche. (BL1) • Er war hilfsbereit. (BL3) • [Sie] ist mir dann so zur Seite gesprungen. (BL4) • Wenn man ein Anliegen hat und auch mit jemandem redet. (BL5) • Also wenn es um etwas geht oder wenn es brennt, dann (…) eine Lösung für das Problem gefunden (wird). (BE2) • Der für sein Team immer da ist. (BE4) • Er unterstützt schon. (BE5)
Unhierarchisch & Menschlicher Umgang *(10 Nennungen =40 %)*	• (Flaches) Gefälle (…) Also das ist wirklich fast, als wären wir auf einer Augenhöhe. (AS1) • Der menschlich ist. (AS5) • Dass sich beide auf Augenhöhe begegnen können. (ML2) • Er war einfach auch menschlich. (ML3) • Menschlich. (ML4) • Er war im Umgang sehr angenehm. (BL2) • Demokratisch (…) Autorität, finde ich, braucht man heutzutage nicht mehr, man muss die nicht mehr ausleben. Alles so von oben aufgedrückt zu bekommen, da verliert man einen Mitarbeiter. (BL3) • Ich fände es schlimm, wenn ein VG so unnahbar ist. Ich würde mich dann immer unwohl fühlen, weil er dann ganz da oben wäre und ich ganz da unten. (BL5) • (Du) hast jahrelang (in einer Dienstgruppe (gedient) und dann sind sie eines Tages aufgestiegen und dann schauen sie dich nicht einmal mehr an. (BE3) • Respektvoll miteinander umgeht. (BE5)
Mitarbeiter fördern & Impulse geben *(9 Nennungen =36 %)*	• Er muss Schwächen ausmerzen und Stärken fördern. (AS4) • Mich zu bestätigen, dass ich die Fortbildung mache. (EX2) • Durch ihre Art und Weise in verschiedene Richtungen zu blicken, gesagt (hat) „Kuck doch nochmal in der Richtung und probiere es noch mal in der anderen Richtung." (ML1) • Sie tatsächlich Einflüsse mit dazu gebracht hat. (ML2) • MA fördern und weiterentwickeln. (ML5) • So in Richtung, sie möchte uns selbstständig erziehen (…) von daher möchte sie, dass wir die richtigen Trainings absolvieren und im Endeffekt selbstständig. (BL1)

	• Feedback gegeben, was gut war und was wir noch verbessern könnten. (BL4)
	• Der hat wirklich für jeden einzelnen Möglichkeiten gesehen. (BE1)
	• (Er) fordert auch, fördert auch, dass man selber Verantwortung übernimmt (...). (BE5)
Rückendeckung *(8 Nennungen =32 %)*	• Dass er hinter einem steht. (AS5)
	• In Konfliktsituationen sollte er hinter dir stehen. (EX1)
	• Er hat sehr viel mehr schützend seine Hand über das Team gehalten. (ML3)
	• Er tritt immer dafür ein, dass wir für die Sache im Endeffekt länger Zeit bekommen. (ML4)
	• Da zu sein, für die Leute, wenn es Probleme gibt. (ML5)
	• Dass der Leader sich auch für einen einsetzt. (BL5)
	• Wenn z. B. von außen irgendwelche Kunden wirklich blöd waren, dann ist er auch einfach dazwischen gegangen. (BE1)
	• Jmd., der hinter dir steht, falls mal was ist und keiner, der dir dann in den Rücken fällt. (BE3)
	• Dass, wenn was von außen einprasselt, er sich immer vor sein Team (stellt). (BE4)
Interesse am MA als Mensch *(9 Nennungen =36 %)*	• Er geht auf seine MA ein und ist nicht so oberflächlich. (...) Wir sind nicht nur Nummern, sondern er schätzt auch die Persönlichkeit eines jeden einzelnen. (AS2)
	• Dass der VG seine Teammitglieder kennt (...) auch den familiären Hintergrund. Auch persönliche Dinge. (EX2)
	• Man auch mal etwas Persönliches oder Privates besprechen kann, dass es nicht nur um das Geschäft geht. (EX5)
	• Dass ich mich für MA interessiere und auch mal in das Zwischenmenschliche gehe. (ML5)
	• Es (...) Gespräche gab, wo es darum geht: „Wie geht's Ihnen denn eigentlich am Arbeitsplatz?" (...) mal MA-Gespräche zu führen, wo man auch mal was sagen kann. (BL2)
	• Die Zeit zu nehmen, die Person auch kennenzulernen, was hat der für ein familiäres Umfeld etc. (BL3)
	• Also für mich ist diese persönliche Ebene sehr wichtig. (...) Und ich finde es sehr wichtig bei meiner VG, (...), dass sie (...) weiß, wenn ich Probleme habe. Sei es im Studium oder privat oder sonst irgendwas. (BL4)
	• Schon ein bisschen das Offene und Private, (...) nicht dass es immer nur um Arbeit geht. (BL5)
	• Der Verständnis hat und der auch wirklich die Mitarbeiter kennt. (BE2)
Sympathie *(9 Nennungen =36 %)*	• Dass [man sich] auch (...) sehr gut versteht. Dass man sich da gut unterhalten kann. (AS1)
	• Das wir halt ein sehr familiäres Verhältnis miteinander haben, dass sich da auch Freundschaften miteinander gebildet haben. (AS2)
	• Also er sollte mir nicht gänzlich unsympathisch sein. (EX4)
	• Dass ein gewisses Maß an Sympathie wichtig ist. (ML1)
	• Dass man Werte teilt. Sicherlich einzelne Verhaltensweisen ähnlich sind (...) das muss auf einer persönlichen Ebene in meiner Wahrnehmung matchen. (ML2)
	• Salopp, man kann auch mal einen Kaffee trinken gehen. (ML3)
	• Dass er einfach ein gutes Verhältnis hat zu allen MA, dass man sich gerne mit den Leuten trifft, z. B. mal zu einem Frühstück. (ML4)
	• Dass man, glaube ich, grundsätzlich so eine gemeinsame Vorstellung von Werten hat. (BE5)
Vertrauen *(9 Nennungen =36 %)*	• Er muss den MA das entsprechende Vertrauen entgegenbringen. (AS4)
	• Gibt mir (...) Vertrauen (...) so verständnisvoll und vertrauensvoll. (EX3)
	• Vertrauen. (ML2)
	• Er muss mein Vertrauen genießen. (ML3)
	• Dieses Vertrauen ist (...) wichtig. (BL4)
	• Das große Wort Vertrauen. (BL5)
	• Dass man ihr vertrauen kann, was auch immer es ist. (BE2)
	• Er da einfach seinem Team vertraut und das finde ich auch sehr wichtig. (BE4)
	• Dass man sich gegenseitig vertraut. (BE5)
Gruppen- koordination & Teamwork sicher- stellen *(8 Nennungen =32 %)*	• Und auch dass die Teamarbeit, die teilweise auch mal auseinander ging, wieder zusammengefunden hat. (...) Und das ging astrein, das lief toll. (AS1)
	• Er es geschafft hat, dass bei uns sehr viel gut läuft, weil wir miteinander arbeiten und füreinander und nicht gegeneinander oder jeder für sich. Oder Ellbogenverfahren anwendet. (AS2)
	• Er sollte fair sein. (EX4)
	• Teamorientiert auf jeden Fall, er legt keinen Wert darauf, dass Menschen individuell Spitzenleistungen erbringen, sondern das Team soll sich weiterentwickeln und nicht einzelne Mitglieder (..) besonders hervorstechen. (ML4)
	• Dass [der VG] nicht parteiisch ist. (BL5)
	• Wenn es untereinander Probleme gegeben hat, dann hat er sich das angehört und hat einem Tipps gegeben, wie man damit umgeht, ohne das zu bewerten. (BE1)
	• Jmd. der neutral ist, neutral all seinen Mitarbeitern gegenüber. (BE3)
	• Dass man gegenseitig weiß, was jeder gut kann, und was man aber vielleicht auch nicht so gut kann. (BE5)
Offenheit & Ehr- lichkeit *(8 Nennungen =32 %)*	• Ein recht offener Mensch muss er halt sein, der jetzt auch mal über seinen Schatten spring und sagt, o.k., ich erzähle euch jetzt mal was abgeht, damit ihr nicht blind irgendwo reinlaufe. (EX1)
	• Durch ihre Offenheit, glaube ich, hat keiner ein Problem, zu ihr zu gehen und was anzusprechen. (EX2)
	• Transparent, (...) wenn du nicht darüber sprichst, wie du dich fühlst, sondern erwartest vielleicht von deinem Follower oder deinem Team, dass man das riecht. (EX3)
	• Auf jeden Fall mal Ehrlichkeit in beiden Richtungen. (EX4)
	• Eine ehrliche, offene Art und Weise an den Tag zu legen, die transparent ist. (ML1)
	• Offenheit, Ehrlichkeit. (ML2)
	• Die Karten (..) offen auf den Tisch gelegt werden. (BE2)
	• Dass man aber auch offen und ehrlich miteinander umgeht. (BE5)
Kompetenz *(7 Nennungen =28 %)*	• Dass beim Dienstlichen alles nach Buch läuft, nach unseren Verfahren, und ich merke, er kann es und ist sicher darin. (AS1)
	• Er muss einen Plan haben, wer weiß es, wie kriege ich die Informationen raus und muss sich Gedanken machen. (AS4)

	• Also ich möchte Halt haben, jmd. der fachliche Kenntnisse hat. (AS5)
	• Sie ist wirklich up to date und kann mir sehr gut Auskunft geben. (EX2)
	• Dass man über ein Thema sprechen kann, also über Inhalte sprechen kann (...) wo ich merke, Mensch, da ist jemand kompetent. (BL2)
	• Jemand der auf jeden Fall auch Bescheid weiß, nicht einer der nur Halbwissen hat. (BE2)
	• Dass der andere schon weiß, was er tut. (BE5)
Umsetzungsstärke *(7 Nennungen* *=28 %)*	• Wenn irgendwelche Arbeiten zu erledigen sind, dann muss er dafür sorgen, dass das gemacht wird oder ggf. auch selbst mal ran. (AS4)
	• Sie hat mitgemacht und fand das auch ganz toll. Und dann hat sie auch versucht das zu pushen. (AS5)
	• Sie sich auch mal mit mir hinsetzt und Dinge mit mir zusammen ausarbeitet. (EX3)
	• Eigeninitiative von meinem Chef, wenn es jetzt um etwas geht, von dem man sagt, das ist untragbar, arbeitstechnisch. (EX4)
	• Strukturiert auf jeden Fall, leistungsorientiert. (ML3)
	• Durchsetzungskraft. (BL5)
	• Ein Chef, muss für mich Probleme einfach handeln und sie nicht zu lange herauszögern. (BE4)
Einfache Kommunikation *(7 Nennungen* *=28 %)*	• Kommunikation einfach ist. (AS3)
	• Haben wir sehr gut die Informationen ausgetauscht. (AS4)
	• Es war klar, was er kommuniziert hat, war gegeben. (ML3)
	• Dass er erreichbar ist, wenn ich sage, ich brauche dringend etwas und ich weiß, dass ich auch diese Antwort heute noch bekommen werde. (BL1)
	• Wenn man neue Strategien an sein Team weitergibt, die erste einmal zu besprechen, nachzufragen, ob die verstanden wurden, ob es Einwände gibt. Um gemeinsam die Strategien zu leben. (BL3)
	• Sehr direkt einfach - nicht groß über E-Mail oder Umwege. Man spricht direkt und aus. (BE2)
	• Dass klare Ansagen herrschen. Es wird nicht um den heißen Brei (...) geredet, sondern es wird ganz klar gesagt das oder das. (BE3)
Selbstständiges Arbeiten *(7 Nennungen* *=28 %)*	• Mich dann machen lassen. Das würde ich positiv sehen. (AS4)
	• Er ist relativ locker, er lässt uns in Ruhe. (EX1)
	• Lässt mich dann auch machen. (EX3)
	• Sie (...) die Umsetzung dann zugelassen hat, so wie wir sie gemacht haben. (ML2)
	• Dass sie mir auch Raum gibt, um Sachen auszuprobieren (BL4)
	• Also sie lässt jedem freie Hand. (BE1)
	• (Er) lässt schon (..) viel laufen. (BE5)
Empathie & Zuhören *(5 Nennungen* *=20 %)*	• Eigenschaft haben, sich in andere hineinversetzen zu können. (EX3)
	• (Sie) hört gern zu, hört gern aus. (ML1)
	• Der Empathie zeigt. (ML5)
	• Auf einen Mitarbeiter oder das Team eingehen kann. Der zuhören kann. (BE2)
	• Der ein offenes Ohr für das Team hat. (BE4)
Ausgeglichenheit & Harmonie *(5 Nennungen* *=20 %)*	• Er ist jetzt kein Choleriker. Und er versucht halt auch schnell nach Lösungen zu suchen und das Ganze sehr harmonisch zu führen ohne auszurasten oder seine MA zur Schnecke zu machen. (AS2)
	• Auf jeden Fall ausgeglichen. Nicht cholerisch. (EX5)
	• Ich finde persönlich, sie ist sehr ausgeglichen. (ML1)
	• Dadurch dass wir eigentlich ein sehr gutes, harmonisches Verhältnis haben. Da weiß ich einfach, wie ich ihn zu nehmen habe. (BL3)
	• Der mit einem normalen Ton mit dir umgeht. (BE3)
Vorbildfunktion *(4 Nennungen* *=16 %)*	• Dass die vorleben, was die Werte der Firma sind. (AS3)
	• Er muss natürlich mit gutem Beispiel vorangehen. (AS4)
	• Es muss ein Vorbild sein (AS5)
	• Leading by Example. (ML1)
Wertschätzung *(4 Nennungen* *=16 %)*	• Dass man sich auch wertgeschätzt fühlt als Mitarbeiter. (AS3)
	• Wertschätzung gegenüberzubringen für die Arbeit, die sie leisten. (EX2)
	• (Er) hat jeden Tag gesagt, er hat ein super Team, er ist total stolz auf jeden einzelnen MA, der für ihn arbeitet. (BE1)
	• Man schätzt sich und man achtet sich. (BE3)
Privates & Beruflich trennen *(4 Nennungen* *=16 %)*	• Wenn der gut Dienstliches und Privates trennen kann. (AS1)
	• Es sollte da schon auch eine Differenz geben zwischen Privatem und Beruflichem. (AS2)
	• Gute Balance zwischen beruflich bedingten Situationen und Privat zu finden. (ML1)
	• Für mich ist immer noch Arbeit Arbeit und Privat ist Privat. Und wenn sich das vermischt, dann finde ich das immer ganz schlecht. (BE3)
Berechenbarkeit *(2 Nennungen* *=8 %)*	• Er war berechenbar. (BL2)
	• Dass sie dann auch dahinter steht und ihre Meinung nicht ändert. (BE2)

Tab. 173: Übersicht der Kategorienanzahl – Kennzeichnung guter Vorgesetzter bzw. einer guten Beziehung zum Vorgesetzten (Gesamtstichprobe)

	Frage	Textevidenz
Aspirant 1	Führungs-stil des VGs	An Bord ist der VG der Kapitän, aber wir haben viele Schulungen, dass genau dieses Gefälle eben flach bleibt. CRM heißt das bei uns „Crew Resource Management", das bei uns speziell gerade die Kapitäne, bevor sie Entscheidungen fällen, die jetzt im fliegerischen Alltag oft passieren, dann bevor sie entscheiden, erst mich fragen. Also erst mal schauen, was sagt denn der Co. Die Kapitäne sehen uns Co-Piloten, bis darauf, dass wir nicht so viele Erfahrungen haben, als fliegerisch total ebenbürtig. Wissen auch, dass wir teilweise sehr gut fliegen können und dass das alles passt. Um dann eben zu kucken, o.k., was sieht der denn? Hat er vielleicht was übersehen? Also das ist wirklich fast als wären wir auf einer Augenhöhe und erst, wenn ich als Co-Pilot meine Entscheidung kundtue, also sage „O.k., so würde ich entscheiden. Das sind meine Punkte, da sehe ich das kritisch." Dann packt erst der Kapitän damit aus und dann ist natürlich die Entscheidung bei ihm und ich muss damit leben können.
	Fall positiver Zusammen-menarbeit	Ja könnte ich jetzt aus letzter Vergangenheit, vor erst ca. 1,5 Monaten. Ich spreche jetzt von einem Simulator-Ereignis. Da war ich mit dem Kapitän im Simulator, in dem ich erst kurz zuvor die Ausbildungstour mit ihm gemacht habe. (…) Und ich hatte mit dem zufällig einen Simulator einen paar Wochen später und das lief einfach total - nicht mal total glatt - aber es lief so gut und man hat da sehr viel daraus nehmen können. Weil er noch sehr, sehr frisch aus der Ausbildung war von dem Flieger und das einfach toll lief bzw. ich auch danach gemerkt habe, man kann mit dem sehr gut auch solche abnormalen Situationen, Notfälle machen und der hat super darauf reagiert plus, dass wir uns sehr gut verstanden haben. Und auch dass die Teamarbeit, die teilweise mal auch auseinander ging, wieder zusammengefunden hat. (…) Und das ging astrein, das lief toll. Das war einfach, ja, von seiner Führung her und von dem Zusammenfinden lief das super, lief das sehr gut.
	Kenne-zeichnung guter VG	Wenn ein gut Dienstliches und Privates trennen kann. Wenn ich weiß, dass beim Dienstlichen alles nach Buch läuft, nach unseren Verfahren und ich merke, er kann es und ist sicher darin. Das ist mir wichtig, dass ich merke, der ist sicher. Das sind die allermeisten. Dass ich aber auch privat, z. B. beim Layover sehr gut verstehe. Dass man sich da gut unterhalten kann. Das sind wichtige Sachen. Dass er aber auch immer weiß, wann was angebracht ist.
Aspirant 2	Führungs-stil des VGs	Angemessen für die Größe des Restaurants und für die Anzahl an MA, die wir haben, da finde ich seinen Führungsstil sehr angemessen. Es passt. Es passt zu diesem Unternehmen. Es würde jetzt wahrscheinlich nicht in ein Restaurant mit 20 MA passen. Es passt sehr gut, weil er sehr lange als stellvertretender Betriebsleiter gearbeitet hat und sich sehr viel von seinem damaligen VG auch abschauen konnte. Führungsstil und MA-Führung. (…) Also die Führung ist zu Zeiten, wo es darauf ankommt, auch mal etwas robuster. Gerade in der Gastronomie herrscht ja auch mal ein anderer Ton. Das hat er ziemlich gut im Griff. Er ist jetzt kein Choleriker. Und er versucht halt auch Lösungen zu suchen und das Ganze sehr harmonisch zu führen ohne auszurasten oder seine MA zur Schnecke zu machen. (…) Er geht auf seine MA ein und ist nicht so oberflächlich. Wir sind halt auch alle seine MA/ Freunde. Wir sind nicht nur Nummern, sondern er schätzt auch die Persönlichkeit eines jeden einzelnen. (…) Weil er das, glaube ich, mit den 140 Mitarbeitern, die wir sind, sehr gut macht. Und immer eine gute Stimmung herrscht. Und weil er es geschafft hat, dass bei uns sehr viel gut läuft, weil wir miteinander arbeiten und füreinander und nicht gegeneinander oder jeder für sich oder Ellbogenverfahren anwendet.
	Fall positiver Zusammen-menarbeit	Also da gibt's sehr viele, sehr häufige Fälle. Sind alle unterschiedlich. Es können Kleinigkeiten sein, wo ich nicht weiter weiß, was ich machen kann oder was nicht. Und er das sehr schnell umsetzt oder er eine Lösung dafür findet. Oder auch kurzen Manager anweist, dafür eine Lösung für zu finden, so dass mein Problem gelöst wird.
	Kenne-zeichnung guter VG	Das wir halt ein sehr familiäres Verhältnis miteinander haben, dass sich da auch Freundschaften miteinander gebildet haben, nicht so abgeklärt sind oder streng miteinander umgehen. Wir wissen, wann es drauf ankommt. Aber wir haben auch Spaß miteinander, wenn wir die Zeit dazu haben oder machen privat was. Wir unternehmen eben privat auch Dinge mit unseren MA, sowohl mit dem Managem als auch mit dem Betriebsleiter. Wo wir dann etwas privat unternehmen, essen gehen oder sonstige Dinge. (…) wenn er dabei nicht seine Arbeit außer Sicht lässt und das nicht zu sehr vermischt, dann finde ich also so ein gewisses Mittelmaß hat, dann finde ich das von Vorteil. Er darf halt nur nicht, seine Position verlieren. Er sollte immer noch authentisch als Betriebsleiter oder als VG sein. Ich glaube nicht, dass es von Vorteil ist, wenn man seine MA nur als Freunde sieht. Es sollte da schon auch eine Differenz geben zwischen Privatem und Beruflichem und Freund und Mitarbeiter. (…) Es kann halt auch ganz schnell passieren, dass dann MA denken, er ist ein Kumpel privat und halt auch beruflich. Das sollte halt nicht passieren. Man sollte immer noch die Autorität im Berufsleben haben. (…)
Aspirant 3	Führungs-stil des VGs	Ist eher Laissez faire, sie lässt machen. Also sie hält schon die Fäden in der Hand. Sie würde nur eingreifen, wenn sie merkt, dass etwas total falsch läuft. Und so hat sie sich auch mal selber beschrieben. Sie hält die Fäden in der Hand, aber lässt die Leute machen.
	Fall positiver Zusammen-menarbeit	Zusammenarbeit mit meiner Chefin war überaus positiv bei einem Beispiel, da ging es um das Projekt Schriftverkehr, was wir zusammen gemacht haben. Da haben wir sehr eng zusammengearbeitet, und dann haben wir das vorgestellt auf Regional-Meetings, wo die ganzen [Zweigstellen] pro Region zusammenkommen und dann wird da vorgestellt, was an neuem Schriftverkehr rausgeht an alle [Kunden] und natürlich auch intern. Und da war sie sehr unterstützend, weil sie sich da eigentlich rausgehalten hat. Sie hat im Endeffekt nur gesagt, dass ich das vorstellen soll und hat mit mir durchgearbeitet, was es dann so gibt. Aber sie war trotzdem sehr unterstützend im Hintergrund, was sich sehr an ihr geschätzt habe. Das war ein Bsp. an sehr guter Zusammenarbeit. (…) Also sie hat die finale Version, die wir vorgestellt haben, noch einmal überarbeitet. So dass es halt viel flüssiger war. Das ist etwas, was ich nicht so gut machen hätte können, wie sie. Das war einmal ein ganz großer Punkt, wo das immer runterbeten konnte und es hatte einen guten Fluss, der auch verständlich war für die Leute, die uns da zugehört haben. Und ein zweites Mal hat sie bei brenzligen, rechtlichen Fragen, bei denen sie sich auch einfach besser auskennt als ich, als es danach zu Diskussionen kam, da hat sie dann schon eingegriffen, um dann quasi zu helfen, zu unterstützen.
	Kenne-zeichnung guter VG	Ich glaube, eine gute Beziehung zu VGs ist, dass die vorleben, was die Werte der Firma sind. Dass die auch komplett dahinter stehen, dass man das in ihren Actions sehen kann, dass sie das tun. Dass die Kommunikation einfach ist, und dass man sich auch wertgeschätzt fühlt als Mitarbeiter. (…)
Aspi	Führungs-stil des VGs	Bei einfachen Aufgaben macht er das sehr gut, klare Ansagen, was zu machen ist. Hinweise darauf, auf Dinge, die man gut beobachten muss, Gefahrenpotenziale, es gibt da schon einiges zu beachten. Also für die leichteren Sachen ist das ganz gut. Für die etwas schwierigeren Sachen, da neigt er zur Hektik. Da ist das schon etwas schwierig manchmal mit

Followertyp Aspirant

414

		der Führung. Da neige ich dann wieder dazu irgendwie einzuspringen und das mehr oder minder zu übernehmen. (...) [Er neigt zur Hektik aus] Unsicherheit. Unsicherheit, dass er nicht immer die Antwort parat hat. Dass etwas schief gehen kann, was sehr verantwortungsvoll ist. Es darf im Trinkwasser, wie wir ja alle wissen, nichts schief gehen. Und da hat er wahrscheinlich ein wenig Angst, dass er was falsch macht.
	Fall positiver Zusammenarbeit	Sehr positiv war es bei diesem beschriebenen Ölschaden im Untergrund. Da haben wir sehr gut die Informationen ausgetauscht, die wir an die Ämter weitergeben müssen und an dieses Labor mit dem wir zusammenarbeiten. Und ja, da hat er mich auch machen lassen. Er hat mir alle Informationen gegeben, die ich brauche und mich dann machen lassen. Das würde ich positiv sehen.
	Kennezeichnung guter VG	Also generell muss ein guter VG nicht alles wissen, aber er muss zumindest wissen, wie man an die Ergebnisse kommt. Er muss einen Plan haben, wer weiß es, wie krieg ich die Informationen raus und muss sich Gedanken machen. Er muss natürlich mit gutem Beispiel vorangehen. Wenn irgendwelche Arbeiten zu erledigen sind, dann muss er dafür sorgen, dass das gemacht wird oder ggf. auch selbst mal ran. Er muss den MAs das entsprechende Vertrauen entgegenbringen bzw. wenn es Bereiche gibt, wo die MAs vielleicht nicht so sicher sind, muss er dafür sorgen, dass sie die Sicherheit gewinnen. Er muss Schwächen ausmerzen und Stärken fördern.
	Führungsstil des VGs	Autoritär. Autorität. Es ist nicht eine autoritäre Sache, dass man Fairness zeigt. Das ist es nicht. Fair ist sie nämlich nicht. Sie sagt sie ist fair, aber das ist sie nicht. Sie sieht auch nicht, dadurch dass sie kein Wissen hat, kein Fachwissen, was eigentlich jeder einzelnen dort leistet und unterschätzt auch oftmals die Aufgaben. (...) Also das ist schon sehr, sehr schwierig, wenn man autoritär ist und kein Fachwissen hat. Und eigentlich gar nicht weiß, wie die Systeme funktionieren und eigentlich gar nichts weiß von der Company selber und sich da noch nicht mal identifizieren kann mit der Company. Ja es ist eine schwierige Angelegenheit bei uns.
Aspirant 5	Fall positiver Zusammenarbeit	Es ging darum, dass wir Team Outing Geld bekommen konnten, wenn wir ein tolles Picture bei den Sales Contests einreichen. Dann habe ich gesagt, wir können 1000 US Dollar gewinnen, wenn wir dort ein Picture einreichen, das innovative, fresh, adventurous ist. Und dann habe ich das organisiert und sie hat mitgemacht und fand das auch ganz toll. Und dann hat sie auch versucht, das zu pushen, z.B. im Morning Meeting. Weil ich immer wieder gesagt habe „Du gehst jetzt da hin. Du pusht das. Alle müssen mitmachen." Und das hat sie sehr gut gemacht und dann haben wir das auch gewonnen.
	Kennezeichnung guter VG	Na ja, das er für einen da ist. Er kann auch streng sein, das ist nicht das Problem. Aber es muss ein Vorbild sein. Ich verlange auch nicht, dass man fachlich alles weiß. Aber man muss fachlich schon einschätzen können, was wie lange braucht und wie es ist. Und d.h., dass wenn jmd. ausfällt, man auch einspringen kann. Also das ist ein absolutes Muss und das ist auch das, was ich von einem VG will. Und dass er hinter einem steht. Den VG, den wir haben, da steht ja keiner dahinter. Also ich möchte Halt haben, jmd. der fachliche Kenntnisse hat und jemanden, der menschlich ist. Keine STASI. (...) wo ich aufgucken kann und denke, dass ich noch was von demjenigen lernen kann und ich, für mich persönlich, mich weiterentwickeln könnte (...).

Tab. 174: Führungsverhalten und Eigenschaften guter Vorgesetzter (Followertyp Aspirant)

Führungsverhalten und Eigenschaften guter Vorgesetzter		
Followertyp Experte		
	Frage	Textevidenz
	Führungsstil des VGs	Also autoritär würde ich ihn nicht beschreiben. Wie gesagt, er ist relativ locker, er lässt uns in Ruhe. Er ist auch nicht Laissez faire, aber ja.
Experte 1	Fall positiver Zusammenarbeit	Positiv war, als das alles losging mit der Azubi-Geschichte. Da hat er am Anfang ein offenes Ohr gehabt und hat mich dementsprechend auch unterstützt. Er ist mir zwar zwischendrin nochmal in die Parade gefahren, wir haben darüber geredet und seitdem unterstützt er mich da voll und ganz.
	Kennezeichnung guter VG	Ja das ist ein bisschen schwierig. Für den VG, er muss immer Firmeninteressen rüberbringen, aber ich meine, er muss das rüberbringen ohne dich zu verarschen. Wie soll man das sagen. Ein recht offener Mensch muss er halt sein, der jetzt auch mal über seinen Schatten springt und sagt, o.k., ich erzähle euch jetzt mal was abgeht, damit ihr nicht blind irgendwo reinlauft. Er muss dich halt auch so unterstützen. In Konfliktsituationen sollte er hinter dir stehen. Das Ganze auch mal ohne das großartig zu hinterfragen und sich gleich mal auf die andere Seite zu stellen, sondern erst mal miteinander sprechen und nach außen hin zu präsentieren, wir sind hier als Einheit da. Das klären wir danach erst mal intern, aber nach außen hin... wenn mein Untergebener das sagt, dann ist das erst mal so.
Experte 2	Führungsstil des VGs	Ja sie führt auch in einigen Punkten durch Vorbildfunktion. Ihr Führungsstil, er ist nicht autoritär, aber sie weiß genau was sie will. Ihr sind die Arbeitswege egal, Hauptsache die Arbeit wird erreicht in der Qualität, in der man sich das vorstellt. Sie lässt schon viel freie Hand, aber setzt dann eben auch da an, wenn sie sieht es funktioniert nicht. (...) Da setzt sie sich dann hin und optimiert das, weil sie sieht, von daher gebe ich ihr keiner ein Problem, zu ihr zu gehen und was anzusprechen. Sie verbindet so verschiedene Führungsarten, sage ich mal, Führungsstile. Sie ist jetzt nicht komplett nur eine Richtung. Und ich glaube, diese gesunde Mischung bringt sie dahin wo sie ist oder bringt sie zum Erfolg. Weiß ich nicht.
	Fall positiver Zusammenarbeit	Es gibt wenig, wo es negativ war [lacht]. Von daher ist es generell eine positive Zusammenarbeit, würde ich sagen. Es sind Ausnahmen, wo es nicht positiv läuft. (...) Positiv war auch, mich zu bestätigen, dass ich die Fortbildung mache. Das stand immer so im Raum, und ich habe dann freie Hand gelassen, mir rauszusuchen, wo ich hingehen möchte. (...) Und ich muss wirklich sagen, (...) sie ist wirklich up to date und kann mir sehr gut Auskunft geben und das spart mir diverse peinliche Anrufe (...).

Experte 3	Kenne-zeichnung guter VG	Dass der VG seine Teammitglieder kennt und zwar nicht nur den Lebenslauf, was er vorher gemacht hat, sondern auch den familiären Hintergrund. Auch persönliche Dinge. Das wird total unterschätzt, den Teammitgliedern Wertschätzung gegenüberzubringen für die Arbeit, die sie leisten. Aber auch Interesse - ehrliches Interesse. Nicht dieses klassische amerikanische „Wie geht's dir? - Danke". Wir ticken da ja eh anders in Deutschland. Wir sagen dann ja schon mal eher wie es einem wirklich geht. Da hat man ja auch nicht immer das Bedürfnis. Jmd. der zuhört und der sein Team kennt. Das ist für mich ein guter VG. (…) Ich muss nicht alles wissen als VG, aber ich muss zumindest einen ehrlichen Umgang haben mit meinem Team. Und dann sagen, ich weiß es nicht, aber ich finde es raus. Oder vielleicht hast du eine Idee, wie es sein könnte und nicht einfach Dinge beschließen und sagen, obwohl das in der Ausführung nicht korrekt ist.
	Führungs-stil des VGs	Also mich persönlich führt sie gut. Weil sie gibt mir so viel Vertrauen, dass sie sagt: „O.k., das, das und das hast du und das muss dann und dann fertig sein" und lässt mich dann auch machen. Und fragt maximal einmal wie weit der Stand der Dinge ist, ob ich Hilfe brauche oder wie es aussieht. Und dann kommt es eigentlich schon zum Ergebnis oder der Besprechung. Und ich habe das Gefühl, dass wenn ich nicht weiterkomme, ich auch zu ihr gehen kann und um Rat fragen kann oder sie sich auch mal mit mir hinsetzt und Dinge mit mir zusammen ausarbeitet. Wo ich dann immer super dankbar bin, weil ich das auch nicht unbedingt erwarte, dass sich jemand da mit hinsetzt und das mit ausarbeitet.
	Fall positiver Zusam-menarbeit	Also eigentlich war es so, dass ich ja sie kennengelernt habe, als ich selber ein Jahr da war und ich eigentlich vor einem großen Scherbenhaufen stand. Und sie gesagt hat, ich sehe gerade deine ganzen Schwerpunkte, die du bearbeitest, sind nicht deine tatsächlichen Schwerpunkte. Du führst sie eigentlich nur aus, weil sie ausgetragen wurden und hat dann meinen Aufgabenschwerpunkt verlagert, weil sie dachte, mir liegen andere Dinge besser und hat eigentlich das erreicht, was dringend notwendig war: Dass ich zu mir selbst finde, zu der Passion HR finde und auch innerhalb von sechs Monaten befördert werden konnte, was ich dann einfach „performen" konnte, so wie ich „performe". Und die Zusammenarbeit war auch das ausschlaggebende, so dass wir auch zueinander als Follower und Leader gefunden haben. Weil ich als Follower gesehen habe, o.k., ich kann ihr folgen, ich sehe ihr Vertrauen in mich und in sie als Leader gesehen hat, o.k. das ist ein guter Follower, weil sie mir vertrauen konnte.
	Kenne-zeichnung guter VG	Er muss also Hands-on sein. Und transparent, weil ich glaube, wenn du nicht mit anpackst, wenn du siehst, dass etwas vielleicht droht zu scheitern. Und wenn du nicht darüber sprichst, wie du dich fühlst, sondern erwartest vielleicht von deinem Follower oder deinem Team, dass man das riecht, dann wird man scheitern. Deswegen finde ich, sollte ein guter Leader die Eigenschaft haben, sich in andere hineinversetzen zu können und vielleicht auch ein bisschen der Vergangenheit zu bedenken, dass man selber mal in den Kinderschuhen gesteckt hat oder selber mal gescheitert ist. Ja einfach so verständnisvoll und vertrauensvoll.
Experte 4	Führungs-stil des VGs	Der hat keinen. (…) Er versucht, ich kann dir noch nicht einmal sagen, was er versucht. Das ist echt schwer. Ich glaube, er versucht schon, uns zu sagen, wie die Arbeit eigentlich sein sollte. Aber erstens hat er dafür einfach zu wenig Hintergrundwissen und Fachwissen. Und wie gesagt auch nicht die nötige Courage, wenn es dann wirklich eskalieren sollte. Von dem her führt er eigentlich gar nicht. (…) Also ich würde mal sagen, er ist definitiv nicht belastbar, (…) er versucht es mit Kleinigkeiten definitiv überfordert. (…)Er delegiert alles Mögliche, was jetzt vielleicht auch Chefsache ist. Hat auch null Fachwissen und meines Erachtens ist er eigentlich deplatziert, im Gegensatz zu den anderen Gruppenleitern.
	Fall positiver Zusam-menarbeit	O.k., ich habe kürzlich die Möglichkeit bekommen, alles aufzuschreiben, was nicht richtig läuft nach meiner Meinung, und diese Punkte wurden auch wirklich alle mit ihm durchgesprochen, obwohl meines Erachtens selbsterklärend waren. Und es wurde festgehalten - aufgrund einer Anforderung von oben - und dann auch endlich mal nach oben geleitet. Ob er jetzt wirklich alles verstanden hat, was ich wirklich wollte, das möchte ich bezweifeln. Aber immerhin hatte ich die Möglichkeit, die Meinung mitzuteilen und er hat es auch aufgenommen und zwar wirklich jeden Punkt. Er hat mich da nicht übergangen.
	Kenne-zeichnung guter VG	Auf jeden Fall Ehrlichkeit in beiden Richtungen. Eigeninitiative von meinem Chef, wenn es jetzt um etwas geht, von dem man sagt, das ist untragbar, arbeitstechnisch. Und man muss vielleicht auch mal in eine Richtung gehen, bei der man sagt, o.k. man eckt auch mal an, aber man bewegt was. Also schon jmd., der ganz gern auch was ändern würde, wenn es Sinn macht. Und nicht nur unbedingt immer den bequemen Weg geht, weil es einfach leichter ist, immer nett dazustehen und nichts zu tun und gute Zahlen zu machen. Obwohl die besser sein könnten. (…) Na ja eine offene in jedem Fall. Offen und ehrlich. (…) Also er sollte mir nicht gänzlich unsympathisch sein. Sympathisch muss er mir jetzt nicht unbedingt sein, aber er sollte fair sein.
	Führungs-stil des VGs	Locker und tolerant.
Experte 5	Fall positiver Zusam-menarbeit	Also da erzähle ich dann einfach mal irgendeinen Fall. Es kommt ein Kunde rein, ich war alleine im Büro. Der Kunde hat bei uns noch gar nichts gekauft. Das Ende vom Lied war, dass er aus unserem Büro rausgegangen ist und vorhatte, alle Verträge über unser Büro abzuschließen. D.h., da hängt dran, dass er seine Verträge kündigen muss, wir helfen ihm dabei einzig kündigen. Er kommt mit seinem Ordner vorbei und ich habe ihm versprochen, dass sich in jedem Fall bis zum nächsten Tag einer der Chefs bei ihm meldet wegen eines Hausbesuches bei ihm, d. h., dass man sein Haus besichtigt und die Daten aufnimmt und die Daten für die Wohngebäudeversicherung aufnimmt. Und dann hatte da eigentlich genau keiner Zeit, am Ende dann aber doch. Und das, was ich dem Kunden versprochen habe, auch eingehalten wird. Da heißt es dann nicht: „Hättest du da vorher nicht nochmal in unsere Termine reinschauen können!", sondern weil der Kunde das so wollte, dass alles innerhalb von 24 Stunden erledigt wird und ich das so zugesagt hatte. Und da sehen die Chefs auch zu, dass einer von ihnen das auch hinbekommt.
	Kenne-zeichnung guter VG	Wenn man auch mal etwas Persönliches oder Privates besprechen kann, dass es nicht nur um das Geschäft geht. Dass man schon von jedem in etwa weiß, der mag dieses gern, der mag jenes gern. Auch einmal ein Gespräch über die Familie oder die Kinder zu führen, machbar ist. Wie es gesundheitlich geht. oder auch dem Partner, wenn man weiß, dass der krank war. Das gehört dazu. Auf alle Fälle (…) Auf jeden Fall ausgeglichen. Nicht cholerisch. Das hatte ich auch schon mal - einen Choleriker als Chef [lacht]. Ja, ausgeglichen und freundlich, nett.

Tab. 175: Führungsverhalten und Eigenschaften guter Vorgesetzter (Followertyp Experte)

Followertyp Mitläufer

	Frage	Textevidenz
Mitläufer 1	Führungs-stil des VGs	Also ich würde sagen eine gesunde Mischung zwischen Laissez faire, aber der Anteil ist nicht so hoch und „directive". Würde ich so auch nicht sagen. Ich finde persönlich, sie ist sehr ausgeglichen. Sie hat von allen vier Richtungen ein gesundes Maß, sie ist sehr emotional, hört gern zu, hört gern heraus, was ist so das Problem ist und versucht da Lösungen zu finden. Sie kann sehr „directive" sein, wenn es sein muss. Ist auch vorgekommen, klar. Wenn durch verschiedene Sachen, die einfach schief gelaufen sind in den Abteilungen und dann die Zahlen nicht stimmen oder einfach unnötig Geld ausgegeben wurde, also das war ein Thema, was sehr sensibel war. Da konnte sie sehr directive sein und Laissez faire, da lasse ich denjenigen Abteilungsleitern die Freiheit. Ich würde sagen unheimlich gut ausgeglichen. So mittig.
	Fall positiver Zusam-menarbeit	Also ich hatte letztes Jahr das Vergnügen einen (…) Managementkurs zu machen, das geht jetzt eher so in die Richtung Fort-, Weiterbildung, wenn das auch zählt. Sonst habe ich einen sehr, sehr zu schätzen gewusst habe, im Nachhinein. Ich musste halt verschiedene Projekte bearbeiten und habe mit ihr immer darüber gesprochen und dadurch ist die Zusammenarbeit generell so für den normalen Job unheimlich besser geworden. Davon hat unsere Zusammenarbeit unheimlich profitiert. Wir haben dann auch am Wochenende mal telefoniert, was ich auch super fand, was vielleicht auch nicht jeder machen würde, also in der Freizeit sich die Zeit für mich genommen, das war super. Und da hat sie einfach, durch ihre Art und Weise in verschiedene Richtungen zu blicken, gesagt: „Kuck doch nochmal in die Richtung, und probiere es noch mal in der anderen Richtung", da hat sie das Gesamtbild zu einem sehr, sehr guten Ergebnis gebracht, sage ich mal. Das war eine gute Situation.
	Kenn-zeichnung guter VG	Was ich sehr schätze an VGs ist Leading by Example. Also nicht nur sagen, so und so sollten wir es machen oder es wäre schön, wenn wir... Sondern das auch wirklich vorleben. Das ist sehr, sehr wichtig finde ich. Und einfach eine ehrliche, offene Art und Weise an den Tag zu legen, die transparent ist. Das ist für mich ein guter VG, jetzt nicht irgendwelche Entscheidungen zu treffen, die man nicht 100 %ig untermauern kann oder zu sagen, ich habe entschieden aus dem und dem Grund, sondern dass man wirklich alles, was entschieden wird, erklären kann und jederzeit die Infos auch zugänglich sind. (…) Also ich glaube tatsächlich mittlerweile, nach all den Jahren, dass ein gewisses Maß an Sympathie wichtig ist. Früher habe ich immer gedacht, man muss das strikt trennen können. Dadurch dass ich mit dem ehemaligen VG so gut zusammengearbeitet habe und die Sympathie einfach so gestimmt hat, habe ich gemerkt, wie viel man dadurch erreichen kann. Oder wie sehr man das Ergebnis zum Positiven beeinflussen kann. Ich glaube, das spielt schon eine sehr große Rolle - Sympathie. Und eine gute Balance zwischen beruflich bedingten Situationen und Privatem zu finden.
Mitläufer 2	Führungs-stil des VGs	Ich glaube ich muss da differenzieren. In meinen Fachbereich als delegierend und Laissez faire geht sicherlich zu weit, aber als ergebnisorientierte Form von Führung. Also es gibt einen Auftrag und ich erbringe das Ergebnis. Mitunter erbringe auch in den Auftrag und das Ergebnis. Bezugnehmend auf andere Fachbereiche ist es sehr, sehr eng geführt. Sehr micromanaging. Sie ist sehr, sehr stark involviert in viele, wirklich sehr kleine operative Themen und ich glaube, wäre das für meinen Fachbereich so, würde ich das als sehr, sehr schwierig empfinden. D.h., sie wechselt ihren Führungsstil je nachdem, wie sich nach einbringen kann und wo nicht. Für meinen Fachbereich bedeutet das, sie hat nicht viel Ahnung von dem, was wir tun oder von dem, was ich tue und von den Dingen, die dahinter liegen und deshalb lässt sie mich machen. Hätte sie Ahnung würde sie mich stark beschneiden.
	Fall positiver Zusam-menarbeit	Ich habe festgestellt, dass wir im letzten Jahr, Anfang November zusammen eine Marschrichtung (…) festgelegt haben, die Umsetzung für die (..) Strategie 2017 festgelegt haben und uns Gedanken darüber gemacht haben, wie wir das runterbrechen in einzelne Monate und einzelne Aktionen. Diese gemeinsame Arbeit war sehr konstruktiv, weil wir beide gleichwertig Dinge eingebracht haben, die wir uns wünschen, die wir tatsächlich gerne hätten. Das Ganze dann auch immer weiter runtergebrochen haben, so dass am Ende ein monatlicher Kalender entstanden ist mit Aktivitäten auf der einen Seite, aber auch mit größeren Initiativen auf der anderen Seite. (…) Daraufhin habe ich diese Zusammenarbeit in dem Moment schon als sehr, sehr positiv empfunden, und als dann die einzelnen Tätigkeiten tatsächlich angelaufen sind und wir Anfang des Jahres tatsächlich sehr regelmäßig zusammengesessen haben und das eine oder andere nachjustiert haben und wieder festgestellt haben, diese wir beide Ideen haben, die wir einbringen. Ich bringe auch noch Ideen mit aus dem Team und wir verbessern, was wir bereits aufgesetzt haben, da habe ich das wieder als sehr positiv empfunden. (…) sie tatsächlich Einflüsse mit dazu gebracht hat und die Umsetzung dann zugelassen hat so wie wir es gemacht haben, und das empfinde ich als sehr positiv und hat sicherlich die Art und Weise, wie ich mir immer wünsche mit meinem VG zusammenzuarbeiten, beeinflusst.
	Kenn-zeichnung guter VG	Ich glaube, es gibt nicht den guten VG, aber es gibt den guten VG für mich. Mein VG oder für die einzelne Person und in meiner Wahrnehmung geht es darum, dass man Werte teilt. Sicherlich einzelne Verhaltensweisen ähnlich sind. Es sollte als nicht so sein, dass während der eine sehr, sehr herzlich ist und laut, dass der andere jetzt mit Herzlichkeit und laut nicht umgehen kann. Das muss auf einer persönlichen Ebene in meiner Wahrnehmung matchen, bevor es dann beruflich matchen kann. Die Beziehung zum VG macht aus, dass sie beide auf Augenhöhe begegnen können. Ich halte das für die allerwichtigste. Natürlich ist es Aufgabe eine VGs, final eine Entscheidung zu treffen und die auch nach außen zu bringen und dahinter zu stehen. Das ist keine Frage. Aber ich halte es für wichtig, sich davor auf Augenhöhe treffen zu können, Dinge diskutieren zu können, einander Kritik äußern zu dürfen, die zu keinem Zeitpunkt persönlich ist. Sich auch mal streiten zu dürfen, in dem Wissen, dass wir morgens am nächsten Tag trotzdem zusammenkommen und es wieder funktioniert. Offenheit, Ehrlichkeit und Vertrauen, das sind für mich so die drei Säulen, die das, glaube ich, für mich am besten ausdrücken.
Mitläufer 3	Führungs-stil des VGs	Chaotisch. Keine Struktur, intransparente Kommunikation von unternehmensweiten Entscheidungen, die über die normale Leiter runtergebrochen werden und wenig Weitsicht.
	Fall positiver Zusam-menarbeit	Nein, kann ich nicht, nee. Also warum, weil einfach kein Fall aufgetreten ist, wo ich ihn zu Rate ziehe. Ich bin sehr viel länger in und auch sehr viel besser verdrahtet innerhalb der Organisation, so dass ich seine Hilfe einfach nicht benötige. Und rein disziplinarische Tätigkeiten hatten wir nie.
	Kenn-zeichnung guter VG	Salopp, man kann auch mal einen Kaffee trinken gehen. (…) Das ist mein Ex-Manager. Der hat einfach die Qualität gehabt, der hat eine klare Struktur in seiner Teamführung gehabt, er ist keinen Millimeter abgewichen. Es war klar, was er kommuniziert hat, war gegeben. Er hat sehr viel mehr schützend seine Hand über das Team gehalten. Er hat unnötige administrative Trivialitäten von uns weg gehalten und er war einfach auch menschlich, eine ganz andere Hausnummer.

417

		(…) Er hat viel mehr das, was über die disziplinarische Leiter von oben nach unten durchgegeben wird, selber viel offenkundiger reflektiert ins Team hinein. Soll heißen, was normalerweise auf Managementlevel ist, bleibt auf Managementlevel und er spielt das natürlich auch mit seiner eigenen Note ins Team rein, soll heißen das Team hat die Möglichkeit, auch etwas mehr Einsicht zu bekommen, wie funktionieren Managementtätigkeiten. Was durchaus interessant ist, weil man sich dann auch sein eigenes Bild von der Zukunft seiner eigenen Position machen kann. (…) Er muss mein Vertrauen genießen. Und das Vertrauen, das kann man sich erarbeiten. Man kann es durch natürliche Autorität gewinnen oder durch kluge Entscheidung - gut das ist auch erarbeiten. Oder durch eine gute Idee.
Mitläufer 4	Führungs-stil des VGs	Gibt es eine Mischung aus autoritär und gemeinschaftlich. (…) Na ja, strukturiert auf jeden Fall, leistungsorientiert, aber gleichzeitig auch menschlich. Und teamorientiert auf jeden Fall, er legt keinen Wert darauf, dass Menschen individuell Spitzenleistungen erbringen, sondern das Team soll sich weiterentwickeln und nicht einzelne Mitglieder daraus besonders hervorstechen.
	Fall positiver Zusammenarbeit	Das kann ich dir sogar an spezifischen Verhaltensmustern sagen. Es ist immer dann so, wenn unser Abteilungsleiter mal wieder - unmögliche - Dinge erledigt haben möchte. Darauf besteht und die Dinge mit meiner Arbeit zusammenhängen, weil ich soll dies und das tun. Dann gehe ich in den Austausch mit meinem Teamleiter und sage, das geht aus diesen und jenen Gründen nicht so schnell, wie sich Herr Abteilungsleiter das vorstellt. Und dann kriegen wir das immer hin, und er tritt immer dafür ein, dass wir für die Sache im Endeffekt länger Zeit bekommen für die Arbeit und gleichzeitig klar wird, dass es so nicht funktionieren kann und dass das Arbeitsergebnis so nur geliefert werden kann, wenn wir dafür längere Zeit bekommen. Also dieses Verhalten hilft da immer sehr, den Beitrag kann er immer gut leisten.
	Kennezeichnung guter VG	Dass er tatsächlich auch für sein Team eintritt, dass er für seine MA eintritt, im gleichen Maße ihre Arbeitsleistung eintauschen für die Verantwortung, die er ihnen gegenüber hat. Und auch dann gegenüber Angriffen oder Anfragen von außen. (…)
Mitläufer 5	Führungs-stil des VGs	Also er führt nicht. Führen ist das nicht, er managt seinen Aufgabenbereich. Führen ist was anderes. Er sagt, er hat noch zwei Gruppen unter sich, da sagt er dann, wo es langgeht. Aber Führen in dem Sinne, wie vorher erwähnt, dass ich mich für MA interessiere und auch mal in das Zwischenmenschliche gehe, das tut er nicht
	Fall positiver Zusammenarbeit	[Lacht]. Schon, wir haben ja ein Bonusverfahren und ich habe letztes Jahr in einem Projekt mitgewirkt und normalerweise muss man Ziele vereinbaren, so dass man sagt, o.k., du hast das Ziel erreicht, überschritten, stark überschritten und dann bekommst du so und so viel Prozent von deinem Jahresgehalt. Und dafür muss ich dann auch einen Einsatz bringen. (…) Und letztes Jahr wurden keine Ziele vereinbart. Meine Ex-Chefin hatte keine Zeit, quasi, sie war gar nicht mehr da. Auf dem Papier meine Ex-Chefin und ich habe ihm das erzählt und dann sagt er, dass geht ja nicht. Und dann hat er organisiert, dass irgendjemand ein Ziel mit mir vereinbart, rückwirkend, und dass ich noch einen fetten Bonus bekommen habe. Das war echt positiv, wo ich dachte cool. Das hätte er nicht machen müssen, das hätte er echt nicht machen müssen.
	Kennezeichnung guter VG	Also ich differenziere ja jetzt noch mal VG und FK. Wenn du sagst VG, dann ist das für mich einer, der mir vorgesetzt wurde, der kein Interesse hat an MA-Förderung und Weiterentwicklung. Eine FK ist jmd. für mich, der Empathie zeigt, MA fördern und weiterentwickeln möchte, und der Manager ist für mich abgehoben, der kann das nicht. Von dem her bin ich mit dem Begriff VG überfordert. (…) Dann eine gewisse Nähe, also nicht zu nah, aber dass ich sage, ich interessiere mich für den anderen, ehrlich für den anderen. Eine FK für mich abgehoben, der kann das nicht. Von dem her bin ich mit dem Begriff VG überfordert. (…) Dann eine gewisse Nähe, also nicht zu nah, aber dass ich sage, ich interessiere mich für den anderen, ehrlich für den anderen. Eine FK für mich, dass ich sage, ich interessiere mich für den anderen, ehrlich für den anderen, im Urlaub, weil man das ja fragen muss, wenn jmd. zurückkommt. Sondern ich interessiere mich für meine MA, für das, was sie tun, für ihre Probleme und mein Job ist es, dafür zu sorgen, dass ihre Stärken gestärkt werden und dass sie sich weiterentwickeln kann und dass sie ihren Fähigkeiten entsprechend eingesetzt sind. Das ist das, was für mich eine FK ausmacht. Da zu sein, für die Leute. Wenn es Probleme gibt. (…) Ja, dieses sich ehrlich für den anderen interessieren und ich glaube, das ist es an sich. Und ihn fördern zu wollen und auch mit neuen Aufgaben zu fordern.

Tab. 176: Führungsverhalten und Eigenschaften guter Vorgesetzter (Followertyp Mitläufer)

Führungsverhalten und Eigenschaften guter Vorgesetzter		
Followertyp Blender		
	Frage	Textevidenz
Blender 1	Führungs-stil des VGs	Ja eben genau so in Richtung, sie möchte uns zur Selbstständigkeit erziehen und ich denke, dass ist auch eine richtige Richtung. Denn sie tut sich selbst keinen Gefallen, wenn sie uns so erzieht, dass wir für alles ihr Approval einholen müssen. Und von daher möchte sie, dass wir die richtigen Trainings absolvieren und im Endeffekt selbstständig werden und uns dadurch auch selbstständig weiterbilden und weiterkommen. Und da ist sie sehr stark dahinter, dass sie einfach sagt: „O.k., für das Thema Homeoffice z. B. setzen wir ein eigenes Meeting an, ihr setzt euch da zusammen, wir können auch viel freier miteinander sprechen, wenn die VG nicht mit dabei ist. Und dann kam sie aus dem Urlaub zurück und zwei Moderatoren hatte sie dafür bestimmt, oder die haben sich selbst dafür gemeldet, die haben ihr das Thema dann am Ende präsentiert
	Fall positiver Zusammenarbeit	Und da war jetzt vor kurzem ein ganz großes Thema Zeugnisse, was ich besonders gerne mache und das waren so viele Zeugnisse, die noch angefallen sind von meiner Vorgängerin. Dass sie das gar nicht wusste, dass die noch in unserer Hand sind, weil wir ein komplettes Zeugnisteam in Waldorf haben. Und das haben wir implementiert und das war überhaupt kein Thema, als ich da mit ihr darüber gesprochen habe. Da ist sie unheimlich schnell, da werden Prozesse auch - gerade wenn es um interne Themen geht - unheimlich schnell umgesetzt.
	Kennezeichnung guter VG	Ich finde es ist sehr wichtig, dass du mit allen Themen zu deinem VG gehen kannst und vor allem auch greifbar ist. In dem Sinne dann auch, dass er erreichbar ist, wenn ich sage, ich brauche dringend etwas und ich weiß, dass ich diese Antwort auch heute noch bekommen werde, weil ich sie einfach dringend brauche. Und dann habe ich keine Angst davor haben muss, eine Frage zu stellen oder die eine forsche Antwort zurückzubekommen. Das ist mir ganz wichtig, dass ein VG für mich viel mehr eigentlich ein Business-Partner ist, den ich ansprechen kann, wenn ich seine Unterstützung brauche als jmd., der von oben herab kontrolliert.
Blen-	Führungs-stil des VGs	Spontan, emotional, unstrukturiert. Manchmal unbeholfen. Ganz jungen gegenüber, wo sie sozusagen ihre selbstbewusste Haltung ausleben kann, da glaube ich - da bin ich zwar nie dabei - hat sie einen guten Weg. Es gibt so ein paar ganz junge Hilfskräfte, mit denen sie gut kann. Aber auch die weichen manchmal nach einem halben Jahr, indem sie mit ihr gearbeitet haben, auch wieder auf die andere Seite. Und reden dann irgendwas. Da gibt's vielleicht auch manchmal

		Störfaktoren. Aber im Großen und Ganzen hat sie da ein Händchen dafür, diese ganz Jungen, wenn die da noch höhere Semester sind, auf ihre Seite zu ziehen. Das scheint zu funktionieren.
	Fall positiver Zusammenarbeit	Wahrscheinlich sogar dieser eine Fall mit der Industrie, wo sie mir das dann ganz übergeben hat, weil das auch eigentlich eine gute Lösung war. Wir haben dann zwar nur im Vorfeld, also nur in der Vorbereitung zusammengearbeitet, aber zumindest ist dann das, was danach war, normal gewesen. Also danach konnte ich sagen: „Jetzt ist es so und so", und sie hatte sogar danach mal gefragt: „Wie ist es denn jetzt eigentlich damit?", also das war so eine Normalität, die ich sonst bis dahin noch nicht erlebt hatte. Und ich habe sonst nie mit ihr zusammengearbeitet. Wir tun nichts miteinander, ich kann sonst nichts beschreiben.
	Kennzeichnung guter VG	Also der letzte VG, der war eben ein erfahrener Professor, habilitiert mit sehr vielen Publikationen und mit sehr vielen Interessen. Auf der einen Seite war er berechenbar, er war im Umgang sehr angenehm, er war hilfsbereit. (…) dass man über ein Thema sprechen kann, also über Inhalte sprechen kann vor allem auch. Und das finde ich schön, wenn jmd. da ist, der mir auch mal halt sagen kann, wo ich dann auch mal was abholen kann. Wo ich merke, Mensch, da ist jemand kompetent. (…) Dass er einfach ein gutes Verhältnis hat zu allen MA, dass man sich gerne mit den Leuten trifft, z.B. mal zu einem Frühstück. Hatten wir früher, Anfangssemesterfrühstück. Da sind wir dann wo zusammen hingegangen, und dass nicht, wenn eine Einladung kommt, dass man sich überlegt, ob man da schon was anderes hat oder Kopfschmerzen. Also weil man einfach nicht hingehen möchte. Also das war jmd., der auch ein gutes Netzwerk hat, der auch eine gute Reputation hat. Der viel macht, muss nicht in Mengen sein oder zeitmäßig, aber der einfach gute Dinge ins Leben ruft, mal ein Symposium oder eben mal eine ganz andere Art der Veranstaltung, oder der auch Vorträge hält, außerhalb, ob man da jetzt hingeht oder nicht. (…) Wo man auch vertraulich mal ein Gespräch führen konnte. Wo es tatsächlich um Gespräche gab, wo es darum geht: „Wie geht's Ihnen denn eigentlich?" (…) mal MA-Gespräche zu führen, wo man auch mal sagen kann, was es einem auffällt oder man Verbesserungsvorschläge einbringen kann, die auch nicht gleich abgeschmettert werden, das war eigentlich schön, muss ich sagen. War gut.
	Führungsstil des VGs	Demokratisch (…) Also wenn er irgendwas umsetzen muss, dann fragt er erst nach unserer Meinung. Und dann nimmt er sich das entweder zu Herzen und ändert seine Meinung oder setzt trotzdem seine Meinung durch, aber hinterlegt das mit Argumenten.
Blender 3	Fall positiver Zusammenarbeit	Besonders positiv, dadurch dass wir eigentlich ein sehr gutes, harmonisches Verhältnis haben. Da weiß ich einfach, wie ich ihn zu nehmen habe, oder wie ich mit ihm umgehen muss. Das kann auch ein kurzfristiges Anliegen sein, deshalb ist die Zusammenarbeit einfach so o.k., ist einfach super. Deshalb gibt's da auch nicht so viele Punkte, wo es besonders gut ist, weil es immer gut ist. Ich kann mich das wiedergeben, was in Erinnerung geblieben ist, also das ist einfach so, dass ich aufgeatmet habe. Und der Wechsel von dem Vorgänger zu ihm war wie Tag und Nacht. Und er wusste ja, was ich für eine Meinung habe, da wir auch zuvor miteinander gesprochen hatten, wo ich noch nicht wusste, dass er mein neuer VG wird. Und wo er mein neuer VG wurde, brauchten wir auch gar keine one-to-one machen, um uns kennenzulernen, denn er wusste ja schon alles von mir. Und das hat er auch beherzigt. Und hat auch so mit mir die Arbeit zusammen fortgesetzt.
	Kennzeichnung guter VG	Dass man einfach fragt: „Geht's dir gut?" Einfach diese blöde Frage: „Geht's dir gut?", aber auch nicht zwischen Tür und Angel sondern sich Zeit nimmt. Und sich mal in die Augen schaut und fragt: „Geht's dir wirklich gut?" Weil die Frage kann sehr viel bewirken. Und sich einfach mal die Zeit zu nehmen, die Person auch kennenzulernen, nicht aber der für ein familiäres Umfeld etc. Weil man gerade mal halt zu Hause und das ist ein längeres Issue, dann kann sich das auch auf die Arbeit bemerkbar machen oder eine Frustration hervorheben. Und wenn man sich vorher mit dem Menschen auseinandergesetzt hat, dann kann man da auch viel bewirken. Autorität, finde ich, braucht man heutzutage nicht mehr, man muss die nicht mehr ausleben. Alles so von oben aufgedrückt zu bekommen, da verliert man einen MA. Einen guten Leader sollte das ausmachen, nicht aristokratisch zu sein. Wenn man neue Strategien an ein Team weitergibt, die erst einmal zu besprechen, nachzufragen, ob die verstanden wurden, ob es Einwände gibt. Um gemeinsam die Strategien zu leben, das sind so die wichtigsten Punkte eines Teamleiters.
	Führungsstil des VGs	Also manchmal, wie gesagt, ist ein bisschen so: „Das machen wir mal eben schnell.", wo ich mir lieber mehr Zeit nehmen würde. Im Moment, da wir ein bisschen überarbeitet sind, kommt so diese Mitarbeiterführung ein bisschen kurz, fällt unter den Tisch, was aber auch nicht schlimm ist. Ich habe auch gesagt, wir machen das, wenn wir mehr Zeit haben. Ich bin jetzt ihre erste MA in der Position. Sie ist ja jetzt seit 10 Jahren und ich bin ihre erste direkte Unterstellte. Aber dieses Vertrauen ist auch da und wichtig. Und dass sie mir auch Raum gibt, um Sachen auszuprobieren. Das ist sowohl positiv als auch negativ.
Blender 4	Fall positiver Zusammenarbeit	Ja meine erste Präsentation vor dem Betriebsrat - vorm Konzernbetriebsrat - war zu meinem Prozess, also ich betreue den Zeugnis-Prozess. Da habe ich das alles vorbereitet, und sie hat mir gesagt, worauf ich achten soll. Und dann waren wir beim Betriebsrat, und dann saßen da die 50-60 Leute, und eine Präsentation gehalten, und da wurden auch Rückfragen gestellt, und da war ich relativ neu in der Position und konnte entsprechend nicht alles direkt beantworten. Aber das hat sie dann direkt gemerkt und ist mir dann so zur Seite gesprungen. Also nicht, dass es offensichtlich ist, sondern hat dann Fragen beantwortet, bei denen ich mir relativ unsicher war und die ich so nicht hätte beantworten können. Und dann hat sie mir am Ende noch Feedback gegeben, was gut war und was wir noch verbessern könnten. Und ich glaube, die war eine gute Zusammenarbeit, die mir auch viel für mein Berufsleben gebracht hat.
	Kennzeichnung guter VG	Also für mich ist diese persönliche Ebene sehr wichtig. Gerade da wo ich arbeite, wird das leider nicht so gelebt. Das ist dann noch sehr hierarchisch, in der Regel. Also wenn man zwei Ebenen höher kuckt, also unsere Abteilungsleitern, die ist da eine ganz andere Persönlichkeit. Also da ist gar nichts persönlich an der, ehrlich gesagt. Und ich finde es sehr wichtig bei meiner VG, dass ich weiß, wenn es ihr nicht gut geht, dass ich darauf reagieren kann, dass sie aber genauso weiß, wenn ich Probleme habe. Sei es im Studium oder privat oder sonst irgendwas, dass sie darauf reagieren kann und mir nicht noch genau Druck macht, sondern sagt: „Komme, gehe doch nach Hause! Du hast schon genug gearbeitet" oder „Nimm dir mal einen Tag frei". Das ist für mich enorm wichtig.
Blender 5	Führungsstil des VGs	Kontrollierend, dieser Kontrollzwang ist da. Und sie versucht halt ihren Führungsstil auf uns, die, sage ich mal Follower sind und zu Leadern heranwachsen, uns den einzutrichtern. Z.B. bin ich oder jmd. - und deswegen ecken wir auch so an - der teilweise überhaupt nicht mit ihren Leader-Sachen einverstanden ist. Z.B. dieses kontrollmäßige, wie ich schon mal gesagt habe, wenn ich jmd. die Deadline gebe, dann vertraue ich diesem TM, dass es die einhält. Ich muss nicht kontrollieren, weil man so sein Team auch einfach unter Druck setzt. Gerade wenn man weiß, dass man viel zu tun hat. (…) Das ist halt eine Sache, z.B. dieser totale Perfektionismus bis ins letzte Detail. Natürlich müssen wir sauber und ordentlich arbeiten, aber das ist ja auch meist der Fall, denn ich habe ja gar nicht darum, dass man es genauso machen muss, wie sie es will. Und ich finde es einfach falsch und so möchte ich auch einfach nicht sein. Weil ich denke, jedes Teammitglied ist anders, wir haben so viele Charaktere, so viele eigene Personen, die alle selbst etwas anderes einbringen.

		Solange die Zahlen, was unser Ziel ist, stimmen und das rechtliche in allen Terms und Conditions, bin ich mit allen Sachen, die das Team erstellt, zufrieden.
	Fall positiver Zusammenarbeit	Positiv. Eigentlich schon bei der operativen Durchführung von Veranstaltungen, muss ich sagen. Wir helfen oben auch aus und sie ist halt auch sehr operativ begeistert, sage ich mal. Sie hilft gerne oben und gerade bei so großen Veranstaltungen von mir selber, da war die Unterstützung auch da. Damit der Service läuft, weil wir in der Operativen auch helfen. Da ist sie eigentlich immer ganz groß dabei. Und Unterstützung dahingehend, wenn man ein Anliegen hat, was aber an höherer Stelle angebracht wird. Sie bringt es schon weiter, aber da hängt es dann irgendwann und das ist halt schade. Da spricht sie dann auch gegen eine Mauer.
	Kennezeichnung guter VG	Also wieder das große Wort Vertrauen, dann aber auch schon ein bisschen das offene und private, also ein bisschen offener eben noch, nicht dass es immer nur um Arbeit geht. Ich fände es schlimm, wenn ein VG so unnahbar ist. Ich würde mich dann immer unwohl fühlen, weil er immer ganz da oben wäre und ich ganz da unten. Das ist so ein wenig schwierig, finde ich. Und dass der Leader sich auch für einen einsetzt, wenn man ein Anliegen hat und auch mit jemandem redet über Ergebnisse und nichts verfallen lässt. Also ich sage mal, wenn man ein Anliegen hatte, dass man das dann auch wieder aufgreift. (...) Also ich versteh darunter, dass man sich Respekt aufbauen sollte auf jeden Fall. Das ist ja immer das schwierige. Man darf ja trotzdem immer nicht vergessen, dass man der VG ist. Man sollte also auch immer den Respekt noch in irgendeiner Form halten. Und sonst halt wieder das große Vertrauen, denke ich, aber dass man auch eigenständig ist als VG. Und Durchsetzungskraft hat, das ist auch sehr wichtig und dass man nicht parteiisch ist.

Tab. 177: Führungsverhalten und Eigenschaften guter Vorgesetzter (Followertyp Blender)

Führungsverhalten und Eigenschaften guter Vorgesetzter		
Followertyp Bedürftiger		
	Frage	Textevidenz
Bedürftiger 1	Führungsstil des VGs	Sehr locker [lacht]. (...) Also, sie lässt jedem freie Hand, sie lässt jedem eigentlich seine Arbeit so machen, wie er das will. Mir persönlich kommt das sehr zu Gute. Ich mag das. Ich mag das eigentlich nicht so gerne, wenn mir Tag so vorgegeben ist, was ich tun und lassen muss, und ich bearbeite meine Mandanten ganz gern selbstständig. Ich brauche da nicht so viel Hilfe. Aber es gibt halt einfach Leute, die brauchen Hilfe, und da müsste sie in meinen Augen mehr eingreifen oder mehr schauen, was kann der und welche Arbeit kann ich ihm geben, dass er die Aufgaben dann macht, die man ihm zuteilt.
	Fall positiver Zusammenarbeit	Nee da fällt mir nicht so viel ein. Das positivste was so ist, ist, wenn ich ihr eine Steuererklärung oder einen Jahresabschluss erstelle und ihr zeige, und sie sagt passt alles, und ich kann es fertig machen.
	Kennezeichnung guter VG	Also ich kann nur von dem einen CEO sprechen, mit dem ich zusammengearbeitet habe, also mit dem habe ich sehr eng zusammen gearbeitet - und da habe ich dann erstmal gemerkt, was es heißt, wenn jmd. wirklich führen kann. Der war einfach erstens Mal - egal wie schlimm das gerade war, (...) trotzdem immer positiv. (...) Der ist jeden Tag einfach gut gelaunt da rein gegangen und hat jeden Tag gesagt, er hat ein super Team, er ist total stolz auf jeden einzelnen MA, der für ihn arbeitet. Jeder ist in seiner Position total wichtig, indem was er macht. Er konnte extrem gut motivieren, und er konnte aber auch, wenn es mal zwischenmenschliche Probleme gab, wenn z.B. von außen irgendwelche Kunden wirklich blöd waren, dann ist er auch einfach dazwischen gegangen. Bzw. hat das Gespräch zu dritt oder zu viert gesucht, und dann saß man da zusammen und hat es durch wirklich gute Fragestellungen geschafft, die Konflikte zu lösen. Und hat auch Stellung bezogen und hat dann auch wirklich in dem Gespräch also vor seinen Mitarbeitern gestanden und hat gesagt, dass es auch irgendwo eine Grenze gibt und er nicht will, dass die Leute hier irgendwie unmotiviert kommen, weil von außen irgendjemand meint, da Stunk zu machen. Ja und auch, wenn es zwischenmenschliche Probleme gegeben hat, dann hat er sich das angehört und hat einem Tipps gegeben, wie man damit umgeht, ohne das zu bewerten - ohne zu sagen, der ist blöd oder du bist blöd. Sondern einfach gut geführt. (...) Indem er wirklich die Arbeit von jedem wichtig und ernst genommen hat. Da hat man einfach das Gefühl gehabt, o.k., das was ich dazu beitrage - auch wenn ich in der Buchhaltung dort war, (...) - hat er mir trotzdem das Gefühl gegeben, dass das, was ich da mache, wichtig für ihn ist oder wichtig für das Bestehen der ganzen Firma ist und ich glaube, das hat er wirklich jedem von das jedem nahelegen konnte. (...) Und der hat wirklich für jeden Einzelnen Möglichkeiten gesehen. Entweder hat er dann manche zum Abteilungsleiter ernannt und hat auch - o.k., das glaube ich, habe nur ich gewusst - von den Gehaltsverhandlungen war er sehr bedacht und hat auch wirklich gute Leistungen gut ausbezahlt und gut anerkannt.
Bedürftiger 2	Führungsstil des VGs	Sehr gut. Also, wie soll man das beschreiben. Sie ist eine ziemlich junge MA und dafür macht sie das wirklich sehr überlegt und ist da schon sehr reif, wie sie das umsetzt und ansonsten ist es ein sehr offener Führungsstil. Es ist jetzt nicht so, dass es da irgendwo Grüppchen geben würde oder die Karten nicht offen auf den Tisch gelegt werden würden. Also wenn es um etwas geht oder wenn es brennt, dann wird einfach offen darüber gesprochen und eine Lösung für das Problem gefunden. Das auf jeden Fall. Sehr direkt einfach - nicht groß über E-Mail oder Umwege. Man spricht direkt und aus. Das finde ich auch sehr gut.
	Fall positiver Zusammenarbeit	Also wir hatten halt einmal den Fall, dass wir eine Installation machen mussten für einen Kunden. Das [Unternehmen] wird noch eröffnet und gibt es einfach wahnsinnig viele Systeme, die dazu noch installiert werden müssen, die aber von unserer Entwicklung noch umgesetzt werden müssen. Und da war es so gewesen, dass der Kunde sehr gepusht hat, dass das alles zu einer gewissen Deadline steht. (...) Da habe ich mich dann einfach mit ihr ausgetauscht und gesagt: „Mensch, das schaffen wir jetzt auf keinen Fall. Da musst du jetzt mit einspringen und zusehen, dass die Entwicklung schneller daran arbeitet oder vielleicht andere Sachen auch liegen lässt und sich genau um das kümmert. Oder du auch mal mit dem Kunden sprichst und sagst, o.k., wir schaffen das jetzt nicht genau zu der und der Deadline, sondern zwei Wochen später." Das hat sie dann auch gemacht, hat er dann auch verstanden. Sie hat sich mit dem MA im Team zusammengesetzt und auch mit dem Kunden telefoniert. Und dann hat das auch funktioniert, und dann war das für beide Seiten in Ordnung gewesen.
	Kennezeichnung	Einer, der auf jeden Fall auf einen Mitarbeiter oder das Team eingehen kann. Der zuhören kann auf jeden Fall auch, der Verständnis hat und der auch wirklich die Mitarbeiter kennt und auch die Fakten kennt, wenn es um ein konkretes

	guter VG	Thema geht, was diskutiert werden muss, oder ein Projekt, was abgearbeitet werden muss. Jemand der auf jeden Fall auch Bescheid weiß, nicht einer, der nur Halbwissen hat und keine passenden Entscheidung treffen kann. Das muss in jedem Fall passen. Der auch mal was für sich behalten kann. (…) Ja schon der Fakt, dass ich mit ihr direkt spreche kann, ohne dass das immer über den schriftlichen Weg gehen muss. Es gibt ja VG, die sagen, ich mache das alles schriftlich, weil ich sonst nichts in der Hand habe und man mir das am Schluss sonst irgendwie auslegen könnte. Man kann mit ihr direkt reden und das geht alles auf dem kurzen Dienstweg, und dann ist das auch gut. Es muss nicht immer alles über irgendwelche Formulare oder E-Mails gehen, sondern man kann sich mit ihr direkt austauschen. Und wie schon gesagt, dass man ihr vertrauen kann, was auch immer es ist. Und dass sie dann auch dahinter steht und ihre Meinung nicht ändert. Das ist auch immer noch ganz wichtig.
Bedürftiger 3	Führungsstil des VGs	Geht in die Richtung Bundeswehr, Landespolizei. Wir sind halt staatlich und das wurde lang von ehemaligen Bundeswehroffizieren geführt. Und genauso ist das ein wenig die Schiene. (…) Ja ist es schon sehr [autoritär]. Wir haben eine Uniform, wir müssen das dementsprechend auch so tragen, und wenn das einfach absolut neutral sein, dann heißt es nicht Frau XYZ, sondern Kollegin ins Büro. Also es ist schon sehr wie in der Bundeswehr. (…) Und ich mache das schon so lang, ich habe mich da total daran gewöhnt. Ich muss schon fast sagen, ich genieße es einerseits ein wenig, dass man klare Ansagen herrschen. Es wird nicht um den heißen Brei oder rosaroten Brei geredet, sondern es wird ganz klar gesagt das oder das. Das genieße ich eigentlich schon. Also was heißt genießen, aber für mich ist es o.k.
	Fall positiver Zusammenarbeit	Nein, kann ich wirklich nicht.
	Kennezeichnung guter VG	Jmd. der neutral ist, neutral all seinen Mitarbeitern gegenüber. Ob er die jetzt privat kennt oder nicht. Für mich ist immer noch Arbeit Arbeit und Privat ist Privat. Und wenn sich das vermischt, dann finde ich das immer ganz schlecht. Weil dann immer gerne Vorteile und Nachteile herausgearbeitet werden und wenn, dann muss der einfach absolut neutral sein. Und wenn er auch private Freundschaften hat, dann muss er das in der Arbeit wirklich ausblenden. Dann eben jmd., der hinter dir steht, falls mal was ist und keiner, der dir dann in den Rücken fällt mit einer anderen Entscheidung. Der mit einem normalen Ton mit dir umgeht. Das sind für mich so die Vorteile. (…) Man schätzt sich und man achtet sich. Jeder irgendwie mit diesem nötigen Respekt voreinander. Es soll meine Arbeit schätzen, und somit schätze ich auch seine Arbeit. (…) Ja, die haben dann schon so - also vorher ist es das Prinzip, vorher arbeite ich in der Gruppe und dann kommen die aus der Gruppe raus und sind dann VGs. Und vorher wird man immer gesagt, ja, man kennt dich doch, und dann verändern sie sich aber so, so dass sie dich teilweise nicht mehr anschauen oder grüßen. Und dann denkt man sich dann schon, Mensch du hast jahrelang in einer Dienstgruppe gedient und dann sind sie eines Tages aufgestiegen und dann schauen sie dich nicht einmal mehr an. Und da haben sich leider einfach viele zum Negativen verändert, nicht alle aber viele
Bedürftiger 4	Führungsstil des VGs	Sehr direkt, manchmal ein bisschen zu schludrig. Nicht immer ehrlich zum Team. Ich glaube, ich lasse es bei diesen drei Punkten erst mal. (…) Ich muss dir ehrlich sagen, ich weiß nicht, ob er immer ehrlich zu uns ist. Ich habe natürlich auch das Luxus-Problem, ich bin mit dem HR [Human Resources] verheiratet. Natürlich kommt nie was nach Hause [lacht], aber du hörst dann immer zwei Seiten. Und da weiß ich dann halt leider immer wieder, dass das, was er uns sagt, dass das nicht immer ist, wie es dann eigentlich war. Deshalb sage ich, nicht immer ehrlich zum Team. Schlechte Sachen verkauft er nur gut, dass das Team sagt o.k., gut alles klar, wir sind „safe". Aber das ist dann halt nicht die Wahrheit, und das ist dann schon immer etwas schwierig, vor allem auch für mich, weil ich ja die Arbeit kenne.
	Fall positiver Zusammenarbeit	Eigentlich arbeite ich gar nicht so viel mit ihm zusammen, wenn ich mal so bin. Du meinst jetzt wahrscheinlich direkte Arbeit, wir saßen Tisch an Tisch, er hat mir was beigebracht. (…) Also gibt es eigentlich, also einmal im Monat, wenn ich die Statistiken abliefere, dann besprechen wir die. Und das verläuft eigentlich immer positiv. Das ist eigentlich so die einzige Zusammenarbeit, die wir so am Tisch so haben. Und die verläuft deshalb positiv, weil dann auch solche Sachen besprochen werden wie: „Ich will das nicht haben. Ich will das lieber so, so und so." Dann weiß ich halt für das nächste Mal o.k., das muss ich noch verbessern. Deshalb eigentlich das so als positiv.
	Kennezeichnung guter VG	Ein guter VG ist für mich einer, der ein offenes Ohr für das Team hat, der für sein Team immer da ist. Was ich ihm [dem VG] aber auch lassen muss, dass wenn was von außen einprasselt, er stellt sich immer vor sein Team. Egal jetzt auch, ob er uns mal anlügt, aber das macht er definitiv. Er muss Probleme einfach für mich oder überhaupt ein Chef, muss für mich Probleme einfach handeln und sie nicht zu lange herauszögern. Letztendlich wartet jedes Teammitglied auch darauf, dass seine Probleme schnell gelöst werden und dass er Verständnis hat. Weil man halt nicht immer 24-7 arbeiten kann, sondern halt auch mal Privatleben. Aber das muss ich wirklich sagen, viele Punkte halt er auch an und das ist ganz top. Auch z. B. mit der Pünktlichkeit. Der würde nie was sagen, wenn man um 8.10 oder um 8.15 kommt, das finde ich auch sehr wichtig, dass ein Chef seinem Team vertraut und das weiß er auch mittlerweile, dass er das auch kann
Bedürftiger 5	Führungsstil des VGs	Dadurch, dass wir noch relativ klein sind, wir sind ja unter 15 Mitarbeiter, passiert das eigentlich alles gesetzten Falles stark auf Zuruf. Also es geht eigentlich normalerweise immer so, irgendwie kommt ein Auftrag rein, dann kuckt man welcher der beiden Chefs den Oberhut aufhat, und wenn es jetzt mein direkter Chef ist, dann sucht er quasi oder entscheidet dann relativ schnell, wer ihn da unterstützt bei dem Projekt, und dann wird da auch viel delegiert. Er ist da tatsächlich niemand, der da auf seinem Auftrag sitzt oder am Kunden sitzt, sondern unterstützt schon oder fordert auch, fördert auch. Dass man selber Verantwortung übernimmt und sich mit dem Kunden auseinandersetzt oder dem Projekt auseinandersetzt und gibt da schon auch viel ab. Er ist da schon ganz, dass man das spiegeln kann und wenn man da zwischenfragt, dann gibt er auch seinen Input rein, aber lässt schon auch viel laufen.
	Fall positiver Zusammenarbeit	Jetzt muss ich überlegen, wofür ich mich entscheide. Es gibt schon Projekte, die wirklich sehr gut waren. Aber irgendwie dadurch, dass das oftmals so durcheinander geht und so ein Gewusel ist, halt jedes Projekt auch so einen Nervfaktor und ich dann auch. Aber was, glaube ich, schon sehr gut gelaufen ist, war ein Projekt wo wir eine Repositionierung für einen Kunden aufgesetzt haben und da hatten wir sehr, sehr gute und sehr effiziente Meetings dazu und haben einfach insgesamt, glaube ich, in der Kürze der Zeit, einen viel auf die Straße gebracht. Einfach dadurch, dass wir reingegangen sind in diese Meetings und gesagt haben, o.k., es soll eine entsprechende Präsentation geben mit XYZ Inhalten, wir klauen aus der Präsentation diese Folien, wir klauen aus der Präsentation jene Folien, dann setzen wir das da und da drauf auf und so soll das sein, dann haben wir die Inhalte definiert. Und dann bin ich sozusagen in die Umsetzung gegangen und habe die ganze Präsentation aufgesetzt und habe den Research dazu gemacht usw. usw. Und ich glaube, in dem Projekt hat tatsächlich jeder von uns wirklich in seinen Stärken gearbeitet (…) Wie gesagt, ich mache

	dir das gerne schön, aber zieh du es dir mal aus der Nase und bei den ganzen Sachen vorher, wo es einfach darum ging, Ordnung in das kreative Chaos zu bringen, da hat er mich nicht gestört und ich habe ihn hinterher nicht gestört. Und zwischendrin haben wir uns immer wieder abgesprochen und vernetzt, so dass wir beide noch auf dem gleichen Weg unterwegs sind. Das hat wirklich gut funktioniert.
Kenne-zeichnung guter VG	Also, ich glaube, eine gute Beziehung zu einem VG kennzeichnet für mich, dass man erstmal respektvoll miteinander umgeht, dass man aber auch offen und ehrlich miteinander umgeht und dass man gegenseitig weiß, was jeder gut kann und was man aber vielleicht auch nicht so gut kann. Ich fand, dass unsere Arbeitsbeziehung echt nochmal besser geworden ist in dem Moment, in dem mich mich getraut habe, zu ihm zu sagen: „Du das ist nicht ganz so meine Stärke. Das kannst du doch besser, mache du mal". Und im Gegenzug er mir aber auch Zeug rübergibt, was er einfach nicht so gut kann und was er dann unter Umständen in der Tür steht und sagt: „Hilfe!" (...) Und ich glaube, wie gesagt, Respekt, offen und ehrlich miteinander umgehen. Die gegenseitigen Stärken kennen und schätzen, aber auch die Schwächen zugeben können. Und, ich glaube, dass es halt schon auch wichtig ist, dass man sich gegenseitig vertraut, dass der andere schon weiß, was er tut. Und dann funktioniert es glaube ich ganz gut. Was auch wichtig ist, ist, dass man, glaube ich, grundsätzlich so eine gemeinsame Vorstellung von Werten hat.

Tab. 178: Führungsverhalten und Eigenschaften guter Vorgesetzter (Followertyp Bedürftiger)

Frage (16): Würden Sie der Aussage, dass Sie die Führung Ihres Vorgesetzten bereitwillig annehmen, zustimmen?

Ggf.: Also ihr Vorgesetzter ist für Sie eine wirkliche Führungskraft und nicht nur hierarchisch überstellt?
Ggf.: Was bedeutet es für Sie, jemandem zu folgen?

Annahme der Führung des Vorgesetzten	
Gesamtstichprobe	
Kategorie	Textevidenz
Ja (14 Nennungen = 56 %)	• Ja. (...) Weil ich habe das Vertrauen in sie, dass die sehr gut führen und das tun sie alle. (AS1)
	• Ja, weil alles andere (...) würde uns schaden, wenn wir es nicht tun würden. (AS2)
	• Ja, würde ich. (AS3)
	• Ja. Es klafft nicht so weit von meinen Vorstellungen auseinander. (EX2)
	• Ja, weil ich das Vertrauen zu ihr habe. (EX3)
	• Ja, weil es mein Chef ist. Weil er mir am Monatsende mein Geld zahlt. (EX5)
	• Definitiv. (ML1)
	• Ja, würde ich, weil ich mich schon im Vorstellungsgespräch für genau diese Person entschieden habe. (ML2)
	• Also jetzt konkret auf ihn bezogen sage ich ja. (ML4)
	• Ja. (...) Also die Führung (...), die sie durchführt würde ich, glaube ich, an ihrer Stelle nicht anders machen. (BL1)
	• Ja. (BL3)
	• Ja. Weil sie sehr erfahren ist, in dem was sie tut und ich auch die Entscheidung mittrage. (BL4)
	• Ja, schon, weil ich das einfach wichtig finde, dass man schon dahinter steht. In die Richtung in die sie geht. (BE2)
	• Ja, weil das bei uns einfach Voraussetzung ist in der Ebene, auf der ich arbeite. Das hast du das zu tun, was dir die anderen sagen. (BE3)
Teilweise (5 Nennungen = 20 %)	• Eingeschränkt. Also solange ich mit ihm einer Meinung bin, dann mache ich ohne Probleme, was er sagt und folge dann auch gerne. Wenn ich aber erkenne, dass da Dinge sind, die so nicht funktionieren können oder gänzlich falsch sind, dann wird das ausdiskutiert. (AS4)
	• Ich nehme gezwungenermaßen an und akzeptiere bis zu einem gewissen Grad und solange meine Freiheiten bleiben. Im Rahmen des Beamtentums soweit ich muss ja, alles darüber hinaus nein. (BL2)
	• Ja und Nein. (BE1)
	• Nein, also ich bin jetzt kein Rebell ihm gegenüber, weil ich ja auch mit seiner Arbeit zufrieden bin und so wie er das Team gegenüber macht. Aber ich würde nicht alles machen, was er sagt. (BE4)
	• Jein. Meistens tue ich das, weil sich das so bewährt hat (...) bei manchen Sachen erlaube ich mir, ein Veto einzulegen. (BE5)
Nein (6 Nennungen = 24 %)	• Nee, weil mir der Führungsstil absolut nicht gefällt. (AS5)
	• Nein. Wie gesagt, da sind wir wieder bei Scientology. (...) weil man halt weiß, dass gewisse Sachen, die er uns erzählt, die können nicht stimmen, die stimmen nicht. (EX1)
	• Nein. (...) Weil er wie gesagt mit Kleinigkeiten überfordert ist. (EX4)
	• Nein. (...) Weil ich die Führung, so wie sie stattfindet, einfach nicht wertschätze und auch nicht verstehe. (ML3)
	• Die findet ja nicht statt. (...) Es ist keine Führung. Also für mich nicht. (ML5)
	• Komplett gar nicht. (BL5)

Tab. 179: Übersicht der Kategorienanzahl – Annahme der Führung des Vorgesetzten (Gesamtstichprobe)

Vorgesetzter als Führungskraft und nicht lediglich Überstellter	
Gesamtstichprobe	
Kategorie	Textevidenz
Ja (14 Nennun- gen = 56 %)	• Ja. Das ist eine wirkliche Führungskraft. (AS1) • Ja. (AS2) • Ja, sie ist eine wirkliche Führungskraft. (AS3) • Sie führt mich schon. (EX2) • Ja. (EX3) • Ja, ist er schon. Nein, er ist schon eine Führungskraft. (EX5) • Nee, nee. Nicht nur hierarchisch. (ML1) • Sie ist für mich ganz persönlich eine Führungsperson. (ML2) • Ja, auf jeden Fall. (ML4) • Absolut. (BL1) • Ja. (BL3) • Nein, sie ist eine Führungskraft. (BL4) • Ja. (BE2) • Ja, das würde ich auf jeden Fall. (BE5)
Teilweise (2 Nennun- gen = 8 %)	• Er ist nur hierarchisch überstellt. Und Führungskraft würde ich eingeschränkt zustimmen. (AS4) • Ja, es ist ein - na ja führen tut er mich nicht richtig - er gibt mir zwar die Tipps und sagt mir auch, was er will - für mich ist die richtige Hauptperson die [stellvertretende Abteilungsleitung]. (BE4)
Nein (9 Nennun- gen = 36 %)	• Ja, sie ist halt einfach die nächst höhere Position, aber das war's dann auch schon. (AS5) • Ich [sage] jetzt mal [, dass er nur hierarchisch überstellt ist]. Vor allem, wie gesagt, also wir haben relativ wenig mit ihm zu tun, er gibt uns immer nur irgendwelche Sachen weiter. (EX1) • Nur hierarchisch überstellt. (EX4) • Er ist einfach derjenige, der Travel und Expenses unterzeichnet. (ML3) • Nur hierarchisch überstellt. (ML5) • So wie es bisher war nicht. (BL2) • Nur hierarchisch überstellt. (BL5) • Die ist mir hierarchisch überstellt. (BE1) • Eher das Zweite. (BE3)

Tab. 180: Übersicht der Kategorienanzahl - Vorgesetzter als wirkliche Führungskraft (Gesamtstichprobe)

Bedeutung zu Folgen	
Gesamtstichprobe	
Kategorie	Textevidenz
Ziel gemein- sam verfol- gen (9 Nennun- gen = 36 %)	• Sagen wir die Führungskraft, die hat eine gute Idee, dann steige ich halt auf den Zug mit ein. (AS4) • Für mich persönlich heißt das, dass ich somit unserer Agentur helfe, dass wir das Ziel erreichen am Monatsende oder am Jahresende. (EX5) • Ich kann nur dann jmd. folgen, wenn er oder wenn ich fast zu 100 % den Zielen, die derjenige Leader vorgibt, auch zustimme. (ML1) • Unseren Strategien zu folgen und damit ganz maßgeblich dazu beizutragen, dass die miteinander definierten Ziele umgesetzt werden. (ML2) • Wenn man zusammen ein Ziel verfolgt. (ML4) • Dass du da mit dabei sein kannst, Teil eines Großen und Ganzen zu sein. Du musst nicht vorne im Rampenlicht ste- hen, sondern hast dazu beigetragen, dass das Große und Ganze entsteht (ML5) • Wenn das in eine Richtung geht alles (...), und ich so ein klares Modul habe, das diesem Ziel dienlich ist und ich be- treue dieses kleine abgekapselte Modul. Dann bedeutet mir das, in einem stimmigen System zu arbeiten. (BL2) • Ich unterstütze meinen Vorgesetzten, dass wir zusammen das erreichen. Weil wir von den gleichen Zielen überzeugt sind. (BL5) • Dass jmd. in eine Richtung unterwegs ist, die ich gut finde, die ich interessant finde und ich mich beteiligen oder ein- reihen möchte und ich das Gefühl habe, dass er davon mehr weiß oder mehr versteht. (BE5)
Werte- Abstimmung & Vertrauen (7 Nennun- gen = 28 %)	• Generell jmd. zu folgen, ist sich auch mit seinen Werten auseinanderzusetzen. Man kann nur jmd. folgen, wenn auch die Werte dieser Person mit den eigenen zusammen funktionieren. (AS3) • Ich meine Arbeit eben in dem Sinne umsetze, so wie meine Führungskraft das von mir verlangt. In eine gewisse Richtung. (...), weil ich Vertrauen in das habe, was er mir vorgibt. (EX1) • Einfach auch hinter der Person und hinter der Entscheidung der Person zu stehen, der ich folge. Auch brauche ich ein gewisses Vertrauen in die Richtigkeit der Sache oder in die Werte der Führungsperson. (EX2) • Ich glaube, dass meine Werte nicht verletzt werden - als Mensch und als Arbeitskraft. (EX3) • Ich würde nicht, Folgen macht bei mir nur bedingt Sinn, dann wenn es auch wirklich richtig ist, jmd. zu folgen. (EX4) • Er muss mein Vertrauen genießen. Und das Vertrauen, das kann man sich erarbeiten. Man kann es durch natürliche Autorität gewinnen oder durch kluge Entscheidung - gut, das ist auch erarbeiten. Oder durch eine gute Idee. (ML3) • Also jemandem zu folgen bedeutet für mich, ehrlich gesagt, schon auch, auf Augenhöhe zusammenzuarbeiten. (BE1)
Lehrstunde/ Vorbild (5 Nennun- gen	• Ich sehe es als Lehrstunde. (AS1) • Ich finde es auch ganz angenehm, weil man vielleicht ja auch noch was lernen kann und für sich persönlich was mit- nehmen kann. (AS5)

= 20 %)	• Wenn ich ihn wertschätze, wenn er irgendetwas hat, was ich toll finde. (BL3) • Für mich bedeute das, dass ich die richtige Person ausgewählt habe, bei der ich keine Bedenken haben muss, etwas Falsches zu übernehmen. (BL1) • Ich würde auch viele Sachen gar nicht so im Detail verstehen, weil ich gar nicht die Möglichkeit hätte, weil einfach diese Zeit und diese Nähe nicht da ist. (BL4)
Leben erleichtern/ Unterordnung (4 Nennungen = 16 %)	• Dass das uns allen das Leben erleichtert, wenn wir es grundsätzlich erst mal machen, anstelle immer gegen alle Anweisungen zu sein. (AS2) • Ja, dass mir schon jederzeit bewusst ist, dass ich nicht selbst derjenige bin, der die letzte Entscheidung trifft oder das letzte Wort hat. Und dass man das auch akzeptieren muss, was da entschieden wird von der Person. (BE2) • Auch da hast du einen Chef gehabt, der dir gesagt hat, was Sache ist. (BE3) • In erster Linie ist das für mich, der Person gegenüber loyal zu sein. Das kurz und knapp gesagt. (BE4)

Tab. 181: Übersicht der Kategorienanzahl - Bedeutung zu Folgen (Gesamtstichprobe)

Annahme der Führung des Vorgesetzten

Followertyp Aspirant

	Frage	Textevidenz
Aspirant 1	Annahme der Führung	[Kategorie: Ja] Ja. Weil die bei uns sehr - also die meisten Kapitäne - sehr gut führen und ich weiß, wie ich diese Führung annehmen kann, und wenn ich dann mit ihm dabei bin, dass die Tour oder die ganzen Ereignisse sehr gut funktionieren. Weil ich habe das Vertrauen in sie, dass die sehr gut führen und das tun sie alle.
	VG als FK	[Kategorie: Ja] Ja. Das ist eine wirkliche Führungskraft. Die allermeisten.
	Bedeutung zu Folgen	Ich sehe es als Lehrstunde. Ich kann zumindest bei der Arbeit kucken, wie die führen und dann im Kopf quasi mitführen und schauen, o.k., wie hätte ich das anders gemacht, oder warum hat er das jetzt gemacht. Das ist lehrreich.
Aspirant 2	Annahme der Führung	[Kategorie: Ja] Ja, weil alles andere (...) uns schaden würde, wenn wir es nicht tun würden. Wenn wir uns dagegen sträuben oder uns dagegen widersetzen [gegen die Führung]. Das würde nicht nur mir oder ihm schaden, sondern dem ganzen Team in dem Moment. (...) Was nicht bedeutet, dass wenn ich anderer Meinung bin, ich nicht versuchen würde, es auch im Nachgang nochmal anzusprechen. Also wenn ich mit dem Führungsstil oder den Entscheidungen, die getroffen worden sind, nicht ganz einverstanden bin oder ich glaube einen Verbesserungsvorschlag zu haben, und würde ich das auch mitteilen. Aber in erster Linie würde ich es erst mal machen.
	VG als FK	[Kategorie: Ja] Ja. (...) Bei den Managern dauert es halt immer erst einen Moment, gerade wenn sie neu bei uns anfangen, dann ist das immer noch so ein kleines Beschnuppern, und dann weiß man immer nicht so recht. Und viele Mitarbeiter widersetzen sich ganz gerne, um die Grenzen auszutesten. Aber da werden die Manager dann auch nochmal geschult, kriegen Seminare, was Führungsstile angeht und dann setzen sie das dann schon gut, um und das klappt dann auch. Weil sie auch die Rückendeckung vom Betriebsleiter haben, der hinter seinen Managern steht.
	Bedeutung zu Folgen	Ich persönlich habe damit keine Probleme. Ich glaube, dass uns allen das Leben erleichtert, wenn wir es grundsätzlich erst mal machen, anstelle immer gegen alle Anweisungen zu sein, die man bekommt.
Aspirant 3	Annahme der Führung	[Kategorie: Ja] Ja, würde ich, weil sie genau das macht. Sie lebt genau das vor, die Kommunikation ist einfach mit ihr, sie fördert mich, und sie lässt mich auch einfach machen, im Endeffekt. Ich könnte, wenn ich jetzt ein großes Problem gäbe, so einfach zu ihr kommen. Das wäre jetzt kein Problem für sie, dann würde sie auch eingreifen und ihr sagen, dass sind so die Sachen, die ich schätze. Deshalb ist sie eine gute Vorgesetzte.
	VG als FK	[Kategorie: Ja] Ja, sie ist eine wirkliche Führungskraft. Genau.
	Bedeutung zu Folgen	Generell jmd. zu folgen ist, sich auch mit seinen Werten auseinanderzusetzen. Man kann nur jmd. folgen, wenn auch die Werte dieser Person mit den eigenen zusammen funktionieren.
Aspirant 4	Annahme der Führung	[Kategorie: Teilweise] Eingeschränkt. Also solange ich mit ihm einer Meinung bin, dann mache ich ohne Probleme, was er sagt und folge dann auch gerne. Wenn ich aber erkenne, dass da Dinge sind, die so nicht funktionieren können oder gänzlich falsch sind, dann wird das ausdiskutiert.
	VG als FK	[Kategorie: Teilweise] Er ist mir hierarchisch überstellt. Und Führungskraft würde ich eingeschränkt zustimmen. Wie gesagt, in diesen Notsituationen und wenn es mal stressig wird, da fehlt ihm ein bisschen was. Da fehlen ihm die Ruhe, die man da ausstrahlen muss und der Plan, wie man da vorgehen muss. Da könnte man noch dran arbeiten.
	Bedeutung zu Folgen	Sagen wir mal die Führungskraft, die hat eine gute Idee, dann steige ich halt auf den Zug mit auf. D.h., dass ich folge in dem Sinne, dass ich die Arbeiten mache, die er mir aufträgt und selber mein Hirn mitbenutze und das vielleicht noch ein bisschen effizienter zu machen, noch ein bisschen besser zu machen.
Aspirant 5	Annahme der Führung	[Kategorie: Nein] Nö. Nee, weil mir der Führungsstil absolut nicht gefällt. Und ich da nicht dahinter stehen kann. Darum mache ich auch immer mein eigenes Ding, und das Team ist mir und sie hangelt da so ein bisschen rum. Aber sie geht ja auch nicht.
	VG als FK	[Kategorie: Nein] Ja, sie ist halt einfach die nächst höhere Position, aber das war's dann auch schon. Leider.
	Bedeutung zu Folgen	Also ich finde es manchmal ganz angenehm, wenn man einfach nur so dasitzen kann und zuhören kann, was man machen muss. Ich mache das nicht oft, aber manchmal finde ich's ganz angenehm, wenn man sich hinsetzt und sagt o.k., dem muss ich folgen und das mache ich dann ganz gern. Und ich finde es auch ganz angenehm, weil man vielleicht ja auch noch was lernen kann und für sich persönlich was mitnehmen kann. Es muss jetzt nicht für die Arbeit sein, aber für sich persönlich was mitnehmen.

Tab. 182: Annahme der Führung des Vorgesetzten (Followertyp Aspirant)

Followertyp Experte

	Frage	Textevidenz
Experte 1	Annahme der Führung	[Kategorie: Nein] Nein. Wie gesagt, da sind wir wieder bei Scientology. (...) weil man halt weiß, dass gewisse Sachen, die er uns erzählt, die können nicht stimmen, die stimmen nicht. Man weiß es, man kriegt es durch Gespräche mit anderen Abteilungen mit usw., und man weiß schon, was man zu hinterfragen hat. Dazu ist man schon zu lange in der Firma. Man kennt ja selber die Abläufe. (...) Das ist halt einfach von oben her seine Budgetplanung (...) Er muss halt einfach in seinem Führungsstil Anweisungen von oben verpacken, und das bringt er einfach nicht sonderlich gut rüber. (...) [Aufrichtig] kann er ja gar nicht [sein]. Das ist das, was ich vorher sagte, was einen guten Anführer ausmachen würde, aber das hat er halt nicht so drauf. Manche können das, er kann's nicht.
	VG als FK	[Kategorie: Nein] Ja, weil in meiner Situation sage ich jetzt mal ja [, dass er nur hierarchisch überstellt ist]. Vor allem wie gesagt, wir haben relativ wenig mit ihm zu tun, er gibt uns immer nur irgendwelche Sachen weiter, in irgendwelchen Meetings oder so. Aber so generell ist er nicht oft präsent.
	Bedeutung zu Folgen	Ja, dass ich meine Arbeit eben in dem Sinne umsetze, so wie meine Führungskraft das von mir verlangt. In eine gewisse Richtung. (...), weil ich Vertrauen in das habe, was er vorgibt.
Experte 2	Annahme der Führung	[Kategorie: Ja] Ja. Es klafft nicht so weit von meinen Vorstellungen auseinander. Wir sind da ziemlich gleich gestrickt.
	VG als FK	[Kategorie: Ja] Ja, würde ich schon sagen. Einfach auch, weil sie viel Erfahrung hat und ein fundiertes Fachwissen und ist von dem her nicht einfach nur da und mein Chef, sondern sie führt mich schon. Ja. Sie kann mir bei Problemlösungen behilflich sein oder ist es auch. Und wenn nicht, dann hat sie meistens eine Idee, wie man die Information gemeinsam oder jeder für sich irgendwie herausbekommt. Das zeichnet das schon aus. Ich denke, wenn ich jetzt zurückblicke und vergleiche mit [der Vorgesetzten] vorher, das fehlte halt total. [Die vorherige Vorgesetzte] war hierarchisch überstellt, aber die war weit entfernt von einer Führungsperson oder einer Führungskraft. (...) Weil sie - das hatte auch mit dem Alter jetzt nichts zu tun - na ja schon ein bisschen. Sie hat vorher nie ein Team geführt und dann war das für sie einfach eine zu große Nummer, hierher zu kommen. Und sie hat auch in dem Sinne nicht geführt. Wenn sie was nicht wusste, dann hat sie das auch nicht zugegeben. Ich muss schon alles wissen als Vorgesetzte, aber ich muss zumindest einen ehrlichen Umgang haben mit meinem Team. Und dann sagen, ich weiß es nicht, aber ich finde es raus. Oder vielleicht hast du eine Idee, wie es sein könnte?" und nicht einfach Dinge beschließen und sagen, obwohl das in der Ausführung nicht korrekt ist. Und dann hat sie viele Sachen abgestritten, die sie so entschieden hat oder so gemacht hat. Aber es gab dann den Beleg danach, dass es von ihr entschieden wurde. Und das war mangelndes Fachwissen. (...) Dann hatte sie auch nie ein ehrliches Interesse an den einzelnen Personen, die kannte uns nicht wirklich. Die war so mit sich selber beschäftigt.
	Bedeutung zu Folgen	Jmd. zu folgen, das ist ein bisschen wie Gehorsam und Folgsamkeit von früher. Jmd. zu folgen, da muss ich nochmal überlegen... Ja, folgen ist jetzt nicht hinterhertrotten, das nicht. Einfach auch hinter der Person und hinter der Entscheidung der Person zu stehen, der ich folge. Auch brauche ich ein gewisses Vertrauen in die Richtigkeit der Sache oder in die Werte der Führungsperson. Weil entweder führe ich oder ich folge. Ja, ich glaube damit habe ich das schon ganz gut beschrieben.
Experte 3	Annahme der Führung	[Kategorie: Ja] Ja, weil ich das Vertrauen zu ihr habe und weiß, dass die Aufgaben, die ich für sie oder das Team ausführe in Ordnung sind. Dass ich diesen gewachsen bin und ich das an sich gerne mache.
	VG als FK	[Kategorie: Ja] Ja.
	Bedeutung zu Folgen	[Kategorie: Ja] Ich glaube, dass meine Werte nicht verletzt werden - als Mensch und als Arbeitskraft. Und dass ich gefördert werde, aber auch gefordert. Und dass ich aber auch in Ruhe gelassen werde. Also so von allem etwas. Dass ich gefördert werde, wenn ich vielleicht an einem Punkt bin, der vielleicht mich nicht ausgelastet oder befriedigt. Aber auch in Ruhe gelassen werde, um meine Dinge zu 100 % auszuführen, wenn sie mir liegen.
Experte 4	Annahme der Führung	[Kategorie: Nein] Nein [lacht]. Tja weil es da nichts gibt, dem man direkt zustimmen kann. Manchmal denke ich mir, wir Sachbearbeiter sind oft mehr Führung als der Gruppenleiter selber. (...) Weil er, wie gesagt, mit Kleinigkeiten überfordert ist und oft wirklich dieses komplette Ausmaß an einem Problem gar nicht sieht. Es fehlt ihm das Fachwissen, um das überhaupt beurteilen zu können und es fehlt ihm auch, glaube ich, der Wille, überhaupt groß irgendwas zu ändern. Weil ändern ist bei uns oft eher, dass man aneckt und negativ wirkt.
	VG als FK	[Kategorie: Nein] Nur hierarchisch überstellt.
	Bedeutung zu Folgen	Arbeitstechnisch... Jmd. zu folgen, das ist schwierig, wenn man keinem zu folgen hat. Das muss ich ehrlich sagen, weil die Dinge, die so im Fokus sind, wo man eigentlich so hinläuft und denen man folgen sollte, die sind oft in meinen Augen nicht so zielführend. Von dem her... Ich weiß nicht, folgen macht bei mir nicht bedingt Sinn, dann wenn es auch wirklich richtig ist, jmd. zu folgen. Ansonsten haben wir eben die Möglichkeit, selbst sehr eigenständig arbeiten zu können und von dem her direkt folgen... viele Bereich sind bei uns auch total unterschiedlich, und die Kunden sind total unterschiedlich, die Bedürfnisse sind total unterschiedlich... Also von dem her, also von daher weiß ich nicht, ob ich mir die neuen Wege selbst stricke, um einfach den bequemsten und einfachsten und sinnvollsten und effektivsten Weg zu gehen. Und der ist mit Sicherheit anders als bei anderen oder meinem Vorgesetzten. (...) Wenn du eine Führungskraft hast zu der du auch aufblicken kannst und die man auch im Notfall was fragen kann und die den Bereich auch bis ins Detail verstehen kann. Ich denke, dass das bei uns nicht gewünscht ist. Weil die Vorgesetzten lieber aus der Vogelperspektive betrachten sollten und oft nicht zu nah am Mitarbeiter oder an der Arbeit. Ob das Sinn macht, glaube ich jetzt nicht.
Experte 5	Annahme der Führung	[Kategorie: Ja] Ja, weil es mein Chef ist. Weil er mir am Monatsende mein Geld zahlt.
	VG als FK	[Kategorie: Ja] Ja, ist er schon. Nein, er ist schon eine Führungskraft, weil er auch das Fachwissen hat, weil er für mich wirklich kompetent ist und für alle Fragen immer offen ist. Und jedes Mal die richtige und gute Antwort parat hat und auch die Hilfestellung.
	Bedeutung zu Folgen	Für mich persönlich heißt das, dass ich somit unserer Agentur helfe, dass wir das Ziel erreichen am Monatsende oder am Jahresende.

Tab. 183: Annahme der Führung des Vorgesetzten (Followertyp Experte)

Annahme der Führung des Vorgesetzten		
Followertyp Mitläufer		
	Frage	Textevidenz
Mitläufer 1	Annahme der Führung	[Kategorie: Ja] Definitiv. (…) weil sie einfach eine gute Mischung aus all den positiven Aspekten eines Leaders in sich vereint. Ich glaube, das ist eine gute Zusammenfassung. Deshalb würde ich definitiv sagen ja.
	VG als FK	[Kategorie: Ja] Nee, nee. Nicht nur hierarchisch.
	Bedeutung zu Folgen	Das bedeutet für mich, also ich kann nur dann jmd. folgen, wenn er oder wenn ich fast zu 100 % den Zielen, die derjenige Leader vorgibt, auch zustimme. Wenn das nicht der Fall ist, dann geht das natürlich auch, dann hat man bestimmt auch einen gewissen Grad an Followership, aber dann ist das mit Sicherheit nicht so effektiv oder effizient.
Mitläufer 2	Annahme der Führung	[Kategorie: Ja] Ja, würde ich, weil ich mich schon im Vorstellungsgespräch für genau diese Person entschieden habe, die natürlich das [Unternehmen] repräsentiert und natürlich auch die Aufgabe und die Funktion. Entschieden habe ich mich für die Person, die vor mir saß. Und ja, darum folge ich ihr bereitwillig, in dem Wissen, dass man das nachjustieren muss, dass man sich immer noch auf Augenhöhe begegnet, dass man Dinge immer noch hinterfragen muss, aber im Grundsatz erst mal ja.
	VG als FK	[Kategorie: Ja] Nein, sie ist für mich ganz persönlich eine Führungsperson.
	Bedeutung zu Folgen	Ihr zu folgen bedeutet für mich tatsächlich gar nicht zwingend, ihren Zielen und ihren Strategien zu folgen, sondern unseren Zielen zu folgen und damit ganz maßgeblich dazu beizutragen, dass die miteinander definierten Ziele umgesetzt werden in meinem Fachbereich und in dem Bereich oder dem Dunstkreis, den ich beeinflussen kann. Das bedeutet in meinem Fall ihr zu folgen. (…) Es bedeutet nicht, dass man einfach nur hinterhertrottet. Man kann, glaube ich, ganz grundsätzlich auch als Follower Dinge umsetzen, die einfach genau den Zielen entsprechen, die die Person vorgibt, der man folgt.
Mitläufer 3	Annahme der Führung	[Kategorie: Nein] Nein. (…) Weil ich die Führung, so wie sie stattfindet, einfach nicht wertschätze und auch nicht verstehe. Und erst mit dem Verständnis kann ich sie ja mittragen.
	VG als FK	[Kategorie: Nein] Man könnte fast sagen, er ist einfach derjenige, der Travel und Expenses unterzeichnet.
	Bedeutung zu Folgen	Er muss mein Vertrauen genießen. Und das Vertrauen, das kann man sich erarbeiten. Man kann es durch natürliche Autorität gewinnen oder durch kluge Entscheidung - gut das ist auch erarbeiten. Oder durch eine gute Idee.
Mitläufer 4	Annahme der Führung	[Kategorie: Ja] Also jetzt konkret auf ihn bezogen sage ich ja. Aber nicht vorbehaltlos. Also ich nehme an, dass er, wenn er eine verordnete Entscheidung bekommt, wir die mit ihm gemeinsam umsetzen, so gut es geht. Aber ich nehme nicht alle Details an, von Anfang an. Ich würde definitiv an der von oder anderen Stelle - wenn es so ist und es keinen Sinn macht - es zur Debatte stellen, ob wir dieses Detail einer Aufgabe eines Projekts, was vielleicht überhaupt keinen Sinn macht oder was nicht hilfreich ist, wirklich 100 % noch einmal diskutieren können oder weglassen.
	VG als FK	[Kategorie: Ja] Ja, auf jeden Fall. (…) wie gesagt, dadurch dass er wirklich das, was er von anderen erwartet bei sich erfüllen will, das ist für mich der Kern. (…). Und das dann auch wirklich lebt. Er stürzt sich nicht auf einen Status einer ihm verliehenen Position, sondern er reflektiert erst einmal, welche Anforderungen muss er erfüllen, um die Position überhaupt sinnvoll zu besetzen. Und das macht es für mich aus. Das ist für mich der Kern und diesen Anforderungen stellt er sich auch immer wieder. Er sagt jetzt nicht, ich bin jetzt hier schon seit drei Jahren Chef und hier wird nicht hinterfragt, ob ich das gut mache sondern anders herum. Was kann ich machen, um ein noch besserer Chef zu sein. Das ist mein Gefühl.
	Bedeutung zu Folgen	Für mich persönlich ist es manchmal etwas negativ belegt, muss ich gestehen. Weil ich da einen Teil von meiner freiwilligen Handlungskompetenz aufgebe, heißt, ich muss mich in gewissen Dingen zurücknehmen. Ich kann Sachen nicht für mich alleine entscheiden und umsetzen. Auf der anderen Seite ist es auch positiv, weil ich es gut finde, wenn man zusammen ein Ziel verfolgt. Das ist der positive Teil - gerade in der Teamkonstellation ein gemeinsames Ziel und alle arbeiten zusammen darauf hin. Da gibt's dann nämlich auch keine hierarchischen Querelen, sollte es zumindest nicht geben. Aber es kann eben auch vorkommen, dass man nicht alles an dem Ziel so toll findet, aber der Boss sagt: „Hey pass mal auf, du gehörst jetzt zu dem Gefolge" - in Anführungsstrichen. Wir diskutieren nicht darüber, ob wir das jetzt zu 100 % so machen, wir diskutieren vielleicht über die Details, wie wir es sinnvoll gemeinsam machen können, aber es wird trotzdem gemacht. Und das ist für mich so der negative Faktor dran. Dass ich mich zurücknehmen muss und ich nicht sagen kann: „Nein, da bin ich jetzt nicht dabei. Gehe du deinen Weg allein."
Mitläufer 5	Annahme der Führung	[Kategorie: Nein] Die findet ja nicht statt. (…) Es ist keine Führung. Also für mich nicht.
	VG als FK	[Kategorie: Nein] Nur hierarchisch überstellt, weil er ja ein Manager ist.
	Bedeutung zu Folgen	Situativ auch wieder, aber es gibt auch eine gewisse Sicherheit, auch für manche Themen auch eine Bestätigung, dass es auch weitergehen kann. Auch wenn Themen schon irgendwie verbrannt sind, dass du da mit dabei sein kannst und Teil eines Großen und Ganzen zu sein. Du musst nicht vorne im Rampenlicht stehen, sondern hast dazu beigetragen, dass das Große und Ganze entstehen kann. Und das ist auch das Schöne bei einem Follower. Ich muss es nicht vorne verkaufen vor 100 Leuten, sondern ich war ein Teil des Großen und Ganzen.

Tab. 184: Annahme der Führung des Vorgesetzten (Followertyp Mitläufer)

Annahme der Führung des Vorgesetzten		
Followertyp Blender		
	Frage	Textevidenz
Blender	Annahme der Führung	[Kategorie: Ja] Ja. (…) Also die Führung (…), die sie durchführt würde ich, glaube ich, an ihrer Stelle nicht anders machen. Weil Mitarbeiter nichts lernen und zweitens nicht zufrieden arbeiten, wenn sie permanent kontrolliert werden. Und bisher funktioniert das System einfach einwandfrei, was hier läuft. Ich höre ja so einiges immer von den

		Kollegen, die dann bisschen was plaudern, und ich habe darüber noch nie was Negatives erfahren, dass das System bei ihr schlecht ankommt.
Blender 2	VG als FK	[**Kategorie: Ja**] Absolut. Sie ist auch selbst noch sehr Junior in der Richtung, würde ich sagen. Sie ist noch nicht so lange in der Rolle, seit 2 Jahren mittlerweile. Es gibt teilweise Momente, wo ich mir sage, ich würde mir wünschen, dass sie mal mehr das Wort ergreift, aber das ist vielleicht auch einfach ihre Strategie, dass sie in dem Moment nicht das Wort ergreift, weil sie eben möchte, dass die Entscheidung innerhalb des Teams getroffen wird.
	Bedeutung zu Folgen	Für mich bedeutet das, dass ich die richtige Person ausgewählt habe, wo ich keine Bedenken haben muss, etwas Falsches zu übernehmen. Also ich würde jetzt nie jmd. folgen, wo ich weiß, wir haben nicht die Gleiche Lebensstrategie ungefähr, nicht die gleichen Perspektiven zur Arbeit und zum Leben. Und dass ich einfach sage, ich folge jemandem, der ein Vorbild für mich ist und dessen Philosophie ich gut nachvollziehen kann.
	Annahme der Führung	[**Kategorie: Teilweise**] Ich nehme sie gezwungenermaßen an und akzeptiere sie zu einem gewissen Grad, und solange meine Freiheiten bleiben wie sie sind, ist es in Ordnung. Wenn jetzt aber an meinem Werk, an meinem Projekt oder an meinem Studiengangsprojekt negative Einflüsse herrschen (…) dann nur noch begrenzt. (…) Im Rahmen des Beamtentums, soweit ich muss, ja, alles darüber hinaus nein. Und wenn noch mehr solche Störfaktoren aufgetreten wären oder noch mehr solche Störfaktoren auftreten sollten, dann geht's halt für mich nicht mehr. Und ich habe ja auch meine Arbeitszeit schon reduziert aus dem Grund. Habe mich auch ein Stück weit schon rausgenommen aus der Sache.
	VG als FK	[**Kategorie: Nein**] So wie es bisher war nicht. Und Tendenz zur Verbesserung hin. Und denke, es gibt ganz viele Maßnahmen, die möglicherweise ergriffen wurden und sie auch Kurse besucht. Und hier und da merke man ja auch schon, dass z.B. Moderation von Sitzungen jetzt geht. Das ging ja am Anfang auch nicht. Und das wird besser werden und vielleicht kann ich es eines Tages akzeptieren. Aber so wie es war, nein, nur begrenzt.
	Bedeutung zu Folgen	Wenn ich dem richtigen folge, dann kann es mir Halt geben. Wenn es die richtige Richtung ist, dann bin ich da begeistert dabei. Dann ist es eine gute Geschichte für mich persönlich und dann fühle ich mich da auch gut aufgehoben, angebunden, integriert. Also es bedeutet mir dann in dem Fall, wenn ich mir vorstelle, ich folge einer Persönlichkeit, der ich gerne folge, dann ist das eine tolle Angelegenheit. Das heißt ja deshalb nicht, dass ich in meinem Tun unbedingt eingeschränkt bin, wenn das alles in eine Richtung geht. Und ich so ein klares Modul habe, das dienstlich so ziel dienlich ist und ich betreue dieses kleine abgekapselte Modul. Dann bedeutet mir das eigentlich, in einem stimmigen System zu arbeiten. Und auch gerne in dem Fall. Ich sehe das gerade so, ich bin gerne in einer Führungsposition, aber ich brauche nicht die oberste Führungsposition. Ich würde gerne in so einem System funktionieren, an 2. oder 3. Stelle.
Blender 3	Annahme der Führung	[**Kategorie: Ja**] Ja, aus dem besagten Grund, weil er das - was ich eben gut finde an einem Leader - auch so umsetzt. Natürlich gibt es immer Kritikpunkte, weil niemand perfekt ist. Es wäre ja schlimm, wenn alle perfekt wären. Er könnte vielleicht noch mehr Wertschätzung ausüben, indem er zum Beispiel Mitarbeiter für bestimmte Preise vorschlägt etc.
	VG als FK	Ja.
	Bedeutung zu Folgen	[**Kategorie: Ja**] Für mich persönlich heißt es jmd., zu folgen, wenn ich mit seinem Führungsstil zufrieden bin, wenn ich ihn wertschätze, wenn er irgendetwas hat, was ich toll finde.
Blender 4	Annahme der Führung	Ja. Weil sie eben erfahren ist, in dem was sie tut und ich den auch die Entscheidung mittrage. Soweit ich das nachvollziehen kann, macht das auch immer alles Sinn. Und weil ich ja auch bei einigen Entscheidungen auch meinen Senf dazu gegeben habe und entsprechend eventuell sogar Mitspracherecht hatte.
	VG als FK	[**Kategorie: Ja**] Sie ist eine Führungskraft.
	Bedeutung zu Folgen	[**Kategorie: Ja**] Ja, schon das umzusetzen, was meine Vorgesetzte mir sagt. Aber auch dazu würde ich sagen, trotzdem Feedback zu geben, wenn ich anderer Meinung bin. Also ich glaube, dass würde ich auch, wenn ich ein Leader wäre und Follower hätte, würde ich auch erwarten, dass wenn ich eine Entscheidung treffe und die ist nicht gut, dann würde ich erwarten, dass mir jmd. das sagt, und das würde ich als Follower auch so unterschreiben. Dass wenn ich als Follower mit irgendetwas nicht übereinstimme, dann würde ich das auch so offen sagen. (…) Ja, wie gesagt, dieses persönliche ist halt für mich noch enorm wichtig. Wenn ich jmd. folge, zu dem ich gar keine persönliche Beziehung habe, dann würde ich die Sachen vielleicht auch gar nicht so kritisch hinterfragen. Dann wäre es mir ein Stück weit mehr egal. Also egal klingt jetzt so negativ, aber ich wäre distanzierter zu vielen Sachen, glaube ich. Ich würde auch viele Sachen gar nicht so im Detail verstehen, weil ich gar nicht die Möglichkeit hätte, weil einfach diese Zeit und diese Nähe nicht da ist und dieses: „Ich weiß es ist eine blöde Frage, aber kannst du mir das nochmal erklären?", würde ich dann vielleicht jmd. gar nicht fragen, zu dem ich keine Beziehung habe.
Blender 5	Annahme der Führung	[**Kategorie: Nein**] Komplett gar nicht. (…) Weil ich einfach dieses Kontrollierende und Misstrauische und das Perfektionistische nicht mag, also so bin ich z.B. nicht. Ich finde es gibt Punkte, die man als Leader lernen muss, aber jeder Leader muss ja gleich sein und jeder Leader bringt seine eigene Persönlichkeit mit rein oder so wie er mit Menschen umgeht. Und ich finde, wenn man selbst eher ein offener Mensch ist, der seinen Teammitgliedern vertraut, dann reingequetscht wird in eine Führungsposition, die kontrollierend und perfektionistisch sein muss, dann macht das die eigene Person auch total kaputt, weil man selbst ja nicht so ist. (…) Und deswegen ist der Punkt für mich jetzt erreicht, dass es eigentlich wechseln möchte. Auch wenn ich aus der [Branche] rausgehe. Aber ich möchte doch noch einen anderen Leader kennenlernen, so wie der arbeitet. Weil ich momentan so nicht werden möchte. Und dann nochmal von jemand anderes lernen möchte, von einem andere Leader.
	VG als FK	[**Kategorie: Nein**] Nur hierarchisch überstellt.
	Bedeutung zu Folgen	Jemanden unterstützen. Wenn diese Person eine Vision hat oder Ziele hat oder was gut verkaufen kann, was man vorhat. Und wenn ich dieser Person auch sehr gerne und unterstütze die Person auch mehr dabei. Wobei der Leader es dann auch schaffen muss, dass es auch die Vision von den Followern wird. Damit die auch wirklich überzeugt sind von dem Ganzen. Also nicht, dass ich nur Unterstützer bin, damit mein Vorgesetzter das erreicht, sondern ich unterstütze meinen Vorgesetzten, dass wir zusammen das erreichen. Weil wir von den gleichen Zielen überzeugt sind. Er muss überzeugend sein.

Tab. 185: Annahme der Führung des Vorgesetzten (Followertyp Blender)

Followertyp Bedürftiger

	Frage	Textevidenz
Bedürftiger 1	Annahme der Führung	[Kategorie: Teilweise] Ja und Nein. Also ich mache das, was mir aufgetragen wird, und ich mache das stellenweise auch gern, aber ich bin schon irgendwie nach 4 Jahren so unzufrieden, dass ich mir denke, ich will gehen. Das hat so viele Gründe, ich weiß nicht, ob das nur an ihr liegt.
	VG als FK	[Kategorie: Nein] Die ist mir hierarchisch überstellt. Auch vom Titel her, klar. Aber ich muss ganz ehrlich sagen, ich könnte jemandem, der fachlich weniger qualifiziert ist, also wenn sie jetzt jmd. organisatorisch einstellen würde, einfach nur um zu führen, dann könnte ich dem genauso gut folgen, wenn sie dann noch für mich da wäre, fachlich. Da könnte ich einer unqualifizierten Person genauso folgen. Ja, sie ist mir überstellt, aber führt eben nicht.
	Bedeutung zu Folgen	Also jemandem zu folgen bedeutet für mich, ehrlich gesagt, schon auch, auf Augenhöhe zusammenzuarbeiten. Also ich bin jetzt niemand, der stupide abarbeitet, was man mir vorsetzt. Also ich brauche schon bzw. ich muss schon selbstständig arbeiten.
Bedürftiger 2	Annahme der Führung	[Kategorie: Ja] Ja, schon, weil ich das einfach wichtig finde, dass man schon dahinter steht. In die Richtung in die sie geht einfach. Also ich verstehe, wie soll es funktionieren im Team zu arbeiten? Da versuche ich sie schon so weit wie möglich zu unterstützen und zu sehen, dass man auch das erreicht, woran gearbeitet werden muss. Und wenn es da irgendwelche Fragen gäbe, dann würde ich das hinterfragen und dann wirklich auch die Fakten wissen wollen. Ich würde jetzt nicht einfach so hinnehmen und mir denken, o.k., ich mache das jetzt so mit, stillschweigend. Sondern ich wünsche mir dann auch Details und gewisse Hintergründe. Und das macht sie dann auch. Das passt.
	VG als FK	[Kategorie: Ja] Ja.
	Bedeutung zu Folgen	Ja, dass mir schon jederzeit bewusst ist, dass ich nicht selbst derjenige bin, der die letzte Entscheidung trifft oder das letzte Wort hat. Und dass man das auch akzeptieren muss, was da entschieden wird von der Person und die sagt: „So und so wird es laufen und so wird das umgesetzt."
Bedürftiger 3	Annahme der Führung	[Kategorie: Ja] Ja, weil das bei uns einfach Voraussetzung ist in der Ebene, auf der ich arbeite. Das hast du das zu tun, was dir die anderen sagen.
	VG als FK	[Kategorie: Nein] Eher das Zweite. Bei uns sind eigentlich viele Vorgesetzte geworden oder Führungskräfte geworden, die sich einfach beworben haben auf diese Stelle und das dann geworden sind. Aber ganz selten ausgebildet wurden, Menschen zu führen. Da geht es bei Kleinigkeiten los. Ich war 10 Jahre in der Firma und als ich dann geheiratet habe, mein Vorgesetzter nur gesagt, ich bekomme ein neues Namensschild. Da wird einem nicht gratuliert oder sonstiges. Das sind dann schon so Sachen, bei denen ich sage... Also auch wenn es dann heißt, ja das kann er nicht, dann muss ich es lernen in seiner Position, wenn ich nicht mit einem Mitarbeiter umgeht oder wenn einmal ein Todesfall ist oder sonstiges. Dass dann auch mal ein Schichtarbeiter irgendwann einmal ganz plötzlich frei braucht, und da denke ich mir immer, da kommt schon sehr die Bundeswehr durch. Da sind sie schon noch sehr weit hinten.
	Bedeutung zu Folgen	Das sind wirklich für mich ganz schwierige Fragen, weil es nicht mehr anders kenne. Ich habe zwar im Verkauf gelernt, auch da hast du einen Chef gehabt, der dir gesagt hat, was Sache ist. Ich habe nie so selbstständig Jobs gehabt, und ich bin ja jetzt fast 26 Jahre in diesem Unternehmen. Ist schwierig.
Bedürftiger 4	Annahme der Führung	[Kategorie: Teilweise] Nö, also ich bin jetzt kein Rebell ihm gegenüber, weil ich ja auch mit seiner Arbeit zufrieden bin und so wie er das dem Team gegenüber macht. Aber ich würde nicht alles machen, was er sagt. Klar, ich weiß, dass die Sachen, die ich mache, dass die sehr wichtig sind für ihn und auch für das UN. Aber, und das haben wir auch schon besprochen, wir ecken halt immer mal wieder an, wenn es um Dinge wie „Team-Member of the Quarter" oder [so] geht. Weil das in meinen Augen einfach lächerlich ist. Und das weiß er aber auch über mich und das ist dann auch o.k. Oder z.B. Lobby Ambassador. Da muss ich dir ganz ehrlich sagen, ich habe nie in 100 Jahren nicht gemacht würde. Mit sowas hat er verloren bei mir. Ja, ich würde mit ihm mitgehen, aber dann halt wirklich nur bei Sachen, die mit der Arbeit zu tun haben.
	VG als FK	[Kategorie: Teilweise] Ja, es ist ein - na ja führen tut er mich nicht richtig - er gibt mir zwar die Tipps und sagt mir auch, was er will - für mich ist die richtige Hauptperson die [stellvertretende Abteilungsleitung], weil [sie] auch hingeht und sich immer Zeit für dich nimmt und egal was du für eine Frage hast und egal, was du machen musst, sie erklärt dir alles komplett. Und für mich schon schwierig, also er [der Abteilungsleiter] ist eine gute Führungsperson, eine sehr gute Führungsperson, die ich auch so anerkenne, wie er ist.
	Bedeutung zu Folgen	In erster Linie ist das für mich, der Person gegenüber loyal zu sein. Das kurz und knapp gesagt.
Bedürftiger 5	Annahme der Führung	[Kategorie: Teilweise] Jein. Meistens tue ich das, weil sich das so bewährt hat, und ich mir über viele Sachen denke, wenn du das so möchtest, dann möchtest du das so. Bei manchen Sachen erlaube ich mir, eine Veto einzulegen, wenn ich glaube, dass das Sinn macht und dann diskutieren wir. Und entweder kriegt er dann trotzdem recht, weil er mich überzeugt hat oder ich kriege Recht, weil ich ihn überzeugt habe.
	VG als FK	[Kategorie: Ja] Ja, das würde ich auf jeden Fall. Mein Chef ist schon ein Visionär und schafft es definitiv andere Leute von seiner Vision zu begeistern und andere Leute dazu zu bringen, dass sie sich einbringen wollen, für das was er tut und wo er hin will. Und klar ist er mir hierarchisch überstellt, aber diese ganze Firma würde gar nicht funktionieren, wenn er nicht zusammen mit seinem Kompagnon diese Vision in die Welt gesetzt hätte. Wo inzwischen 12 Leuten drunter rumwursteln, also jetzt mal hier in [Ortsname], die versuchen dieses Ziel, irgendwie umzusetzen oder diese Vision umzusetzen. Von daher definitiv. Er kann auch sehr inspirierend und sehr überzeugend sein.
	Bedeutung zu Folgen	Jmd. zu folgen heißt für mich, (...), dass ich sehe, dass jmd. in eine Richtung unterwegs ist, die ich gut finde, die ich interessant finde und ich mich beteiligen oder einreihen möchte und ich das Gefühl habe, dass er davon mehr weiß oder mehr versteht oder, ja, da einfach in die Sache reinbringen kann. Ja, irgendwie so eine Vision zeichnet oder irgendwie eine gute Idee hat (...). Und dass ich dann in diese Richtung mitlaufen möchte und (..) meine Energie und das, was ich beizutragen habe, da in den Dienst der Sache stelle.

Tab. 186: Annahme der Führung des Vorgesetzten (Followertyp Bedürftiger)

Frage (17): Was würde sich für Sie beruflich verändern, wenn es Ihren direkten Vorgesetzten nicht gäbe?

Ggf.: Welche Vorteile bzw. Nachteile sehen Sie darin, einen Vorgesetzten zu haben?

Vorteile eines Vorgesetzten	
Gesamtstichprobe	
Kategorie	Textevidenz
Rückende-ckung & Weniger Verant-wortung *(19 Nennungen =76 %)*	• Er muss den Kopf hinhalten, das ist bei mir nicht [der Fall]. (AS1) • Dann einfach immer jmd., auf den ich nochmal zugreifen kann, wenn ich mit irgendwas überfordert bin oder nicht weiter weiß. (AS2) • Dass man also eine Problemlösungsstelle hat, wo man hingehen kann und sich helfen lassen kann und Unterstützung bekommt. (AS3) • Fragen, die man selbst vielleicht nicht sofort beantworten kann, kann man sagen: „Oh der Vorgesetzte kümmert sich." (AS4) • Dass man nicht alles entscheiden muss. (AS5) • Gibt keine Verantwortung, ich kann Sachen nach oben abgeben (…) der Druck würde größer werden. (…) Er hält uns teilweise den Rücken frei und holt sich selber den Anpfiff ab und verteilt das nicht nach unten. (EX1) • Dass ich nicht alles entscheiden muss. (EX2) • In Härtefällen nicht an die Front (geschickt werden) (…) [weil man] immer noch jemanden hat, bei dem man am Rockzipfel festklemmt. (EX3) • Übernimmt er einiges an Verantwortung, die so definitiv nicht an mir hängt. (EX4) • Sachen, die vielleicht so ein bisschen gefiltert werden, so in einer natürlichen Hierarchie in einem großen Unternehmen. (ML1) • Man kann die Verantwortung für eine Entscheidung abgeben. (ML3) • Es gibt auch eine gewisse Sicherheit (…) die unangenehmen Dinge kann alle er machen. Gespräche mit der Personalabteilung, irgendwas organisieren, wie geht es weiter mit dem Team. Ich kann da ganz entspannt sein. (ML5) • Sehr froh, dass ich für so einen großen Konzern nicht den Kopf hinhalten muss. (BL1) • Dass Verantwortungen geteilt sind. (BL2) • Der fängt halt viel auf, von denen die über ihm oder ihr stehen. (BL3) • Erstmal würde der Druck von oben dann mal direkt auf uns fallen. Und die Erwartungshaltung liegt dann direkt bei mir. Ich nenne das mal den Puffer, weil der dann weggefallen ist. (BL5) • Ich fachlich schon eine Rücksicherung brauche, bevor ich Sachen rausschicken möchte oder kann. (BE1) • Dass sie die letzte Entscheidung trägt und auch die Verantwortung trägt, wenn es um etwas geht. (BE2) • Wenn so richtig Ärger kommt und bevor ich mir das seelisch und nervlich mit nach Hause nehme, dann hole ich meinen Vorgesetzten und dann kann der sich weiterärgern. (BE3)
Um Rat fragen können *(13 Nennungen =52 %)*	• Es jmd. gibt, auf den ich nochmal zurückgreifen kann oder um Rat fragen kann. (AS2) • Person (…), die man direkt mit irgendwelchen außergewöhnlichen Problemen belangen (kann). (AS3) • Weil ich immer jemand habe, an den ich mich wenden kann. Ein Ansprechpartner. (EX2) • Wenn man nicht weiter weiß, dann kann man ihn fragen. (EX3) • Jmd., der Probleme aufnehmen kann und Lösungswege mit dir finden kann. (EX4) • Es ganz gut, wenn man sich einfach austauschen kann. (ML1) • Jmd. der mit mir gemeinsam auf Augenhöhe die Weichen nochmal neu stellt und nachjustiert. (ML2) • Wenn irgendwas passiert, der mit mir dann gemeinsam an einer Lösung arbeitet. (BL1) • Dass ich mich austauschen kann. (BL2) • Sich da noch mal Rat einzuholen. (BL3) • Wenn man Probleme oder Fragen hat, auf jmd. zugehen kann. (BL4) • Immer nochmal einen Ansprechpartner, der vielleicht mehr Erfahrung hat oder über einem steht. (BL5) • Man einfach jemanden hat, (…) zu dem man mit Problemen kommen kann (…) oder einem Tipps gibt. (BE1)
Richtung wird vorgegeben *(11 Nennungen =44 %)*	• Viele meiner Kollegen wären auch gar nicht dazu im Stande zu führen. Die verlassen sich dann auch sehr häufig auf ihre Vorgesetzten. (AS2) • Dass man sich auch immer wieder orientieren kann. (AS3) • Dass man weiß, was ist nochmal das Ziel und das man das klar hat. (AS5) • Es ist auch ein wenig eine Richtfigur. (EX2) • Dass man sich immer orientieren kann (…), dass sie mir Themenbereiche zuordnet, dass ich Projekte ausarbeite, die sie mir aufgrund meiner Stärken ja auch gibt. (EX3) • Das Chaos im Team [ohne Vorgesetzten] (…) der das Team auch zusammen hält und organisiert auch vor allem. (BL1) • Mit voller Überzeugung hinter etwas steht und andere Leute mitnimmt (…) [um etwas] zum Erfolg zu bringen. (BL2) • Immer ein Vorbild, an dem man sich ein bisschen orientieren kann. (BL5) • Dass sie halt schon auch die Situation retten kann, wenn es irgendwo brennt. (BE2) • Vorgesetzten, der mir (..) Ziele gibt. (BE4) • Ich bin nicht die, die sich diese Vision aus dem Kopf pressen muss. (BE5)
Erleichtern die Arbeit *(10 Nennungen =40 %)*	• Die Arbeit für mich anspannter (…) habe dadurch einen den Kopf frei und kann für dieses Ereignis optimaler arbeiten und bin da befreiter als jeder Kapitän es wäre. (AS1) • Es erleichtert mir die Arbeit und auch meinen Kollegen. (AS2) • An mich werden halt auch viele Aufgaben herangetragen und sie kann dann auch immer noch abwehren (…) ansonsten könnte ich nicht mehr so strukturiert arbeiten, wie ich das jetzt tue. (AS3)

	• Meine Arbeit würde eindeutig schwieriger werden. (EX1) • Sehr viele Trivialitäten aus der Admin-Tätigkeit, die ein Vorgesetzter einem wegblockt. (ML3) • Kann mich mehr meiner fachlichen Kompetenzen widmen, ich müsste sonst viel mehr (…) tun. (ML4) • Du musst nicht vorne im Rampenlicht stehen, sondern hast dazu beigetragen, dass das Große und Ganze entstehen kann. (ML5) • Wir ein bisschen mehr Arbeit hatten, weil da eben eine Person fehlte. (BL2) • Sich für uns einsetzt, wenn (…) es wieder um irgendwelche Deadlines geht. Das ist in dem Fall natürlich schon ganz praktisch. (BE3) • Dass sich um ein paar Dinge kümmert, um die ich mich nicht kümmern muss. (BE5)
Etwas lernen können *(5 Nennungen =20 %)*	• Sie mir aufgrund ihrer Arbeitserfahrung auch Sachen beibringt. (EX3) • Die persönliche Entwicklung von mir. (ML1) • Ich habe jmd. der mir Impulse gibt. (ML2) • Ich kann enorm viel lernen. (BL4) • Um von dieser Person zu lernen. (BL5)
Feedback erhalten *(4 Nennungen =16 %)*	• [Ich] Feedback bekomme durch die Kapitäne, weil gefühlt ist es einfacher, die Hierarchie herunter ein Feedback zu geben. (AS1) • Der Nachteil, wenn man keinen hat, ist, dass man gewisse Dinge nicht abstimmen kann. (EX3) • Der mich auch die Schranken weist auf die ein oder andere Art und Weise. (ML2) • Dass es Impulse gibt von ihr oder ihm. (BL2)

Tab. 187: Übersicht der Kategorienanzahl - Vorteile von Vorgesetzten (Gesamtstichprobe)

Nachteile eines Vorgesetzten	
Gesamtstichprobe	
Kategorie	Textevidenz
Fremd-bestimmtheit & Einschränkungen *(9 Nennungen =36 %)*	• Das Tempo [nicht] selbst bestimmen. (AS1) • Das bremst einen manchmal in der freien Entfaltung. (AS4) • Ich wäre schon zwei Schritte weiter. (AS5) • Du kannst nicht machen, was du willst (EX2) • Dass man in gewissen Sachen eingebremst wird. (EX1) • Ich könnte [ohne Vorgesetzten] mit Sicherheit mehr bewirken. (EX4) • Ich kann mich natürlich nicht frei entfalten. (ML2) • Eigenen Ideen lassen sich sehr schnell implementieren [ohne Vorgesetzten]. (BL2) • Manchmal ist es ein Nachteil, weil man sich dem dann fügen muss, was die Geschäftsspitze oder der VG ggf. entscheidet. (BE5)
Bei Meinungs-verschiedenheiten *(6 Nennungen =24 %)*	• Wenn ich die Entscheidung bescheiden finde, die er trifft. (AS1) • Man bekommt natürlich schon auch Dinge vorgeschrieben, mit denen man sich nicht immer zu 100 % identifizieren kann. (EX3) • Ein Nachteil [ist], wenn die Meinungen jetzt völlig auseinander gehen. (ML1) • Es gibt dann auch nur eine Meinung, (…). Es gibt nur einen Chef und keine Meinungen daneben. (ML5) • Wenn man mal nicht einer Meinung ist, dann muss man die Sachen natürlich so tragen, wie der Vorgesetzte das macht. (BL4) • Der Vorgesetzte Dinge tut, die man selbst nicht so gut findet oder sich denkt, das hätte ich jetzt aber anders gemacht. (BE5)
Prozesse sind langsamer *(5 Nennungen =20 %)*	• Viele Dinge schneller und effizienter entschieden werden könnten. (ML1) • Viele Prozesse, die gehen sehr viel schneller [ohne Vorgesetzten]. (BL2) • Ja, du hast halt noch jmd., zu dem du was rapportieren musst etc. Es sind zu viele Menschen dazwischen geschaltet, und jeder sagt was anderes, und nachher ist dann nicht klar, was zu wem gesagt wurde. (BL3) • Man muss so für seine Meinung kämpfen und dann ewig lange eine Rechtfertigung ablegen. (BL5) • Manchmal nicht einfach Sachen entscheiden oder umsetzen kann, wie ich lustig bin und mich schon abstimmen muss. (BE2)
Folgen schlechten Führungs-verhaltens *(5 Nennungen =20 %)*	• Wenn es zu autoritär ist, dann kann man sich nicht wohlfühlen und die Mitarbeiter können nicht die Leistung bringen, die sie eigentlich bringen könnten. (AS5) • Wenn die Zusammenarbeit nicht gut ist. Dann ist es schwierig, weil der Vorgesetzte dich dann ja auch gängeln kann, wenn es ein schlechtes Verhältnis ist. (EX2) • Durch schlechte Managementfähigkeiten auch negative Effekte auf das Team haben. (ML3) • Dass man denen so oft hilflos ausgeliefert ist, egal was man von deren Qualitäten hält oder nicht. (BE1) • Wenn es ein schlechter Chef ist, dann wird das immer Nachteile haben. (…). Der versucht sich dann, seinen Respekt zu erkämpfen und stößt dann eigentlich die ganze Zeit nur auf Granit. (BE4)
Kein Nachteil *(7 Nennungen =28 %)*	• Ich jetzt persönlich nicht. (AS2) • In meinem Fall, nein. (AS3) • Für mich persönlich sehe ich keinen Nachteil. (EX2) • Eigentlich keinen. (EX5) • Kann es gar kein Nachteil sein. (ML5) • Sehe ich da persönlich überhaupt keinen Nachteil. (BL1) • Nein. (BE3)

Tab. 188: Übersicht der Kategorienanzahl – Nachteile von Vorgesetzten (Gesamtstichprobe)

Followertyp Aspirant	Frage	Textevidenz
Aspirant 1	Veränderung ohne VG	Es wäre irgendwann super, weil ich mir auch denke, es hat viele Vorteile. Nicht nur, dass man später mehr verdient. Aber es ist auch eine andere Sicht auf die Dinge (...) Das ist natürlich eine andere Art Stress am Boden, die ich im Moment nicht habe. Allerdings hat vor kurzem ein Kapitän gesagt, es ist total toll, wenn man der Kapitän ist, keinen über sich hat, weil man selber das Tempo vorgibt. Und das stelle ich mir auch so vor. (...) Es ist dann natürlich auch im Hinterkopf, (...) wenn man weiß o.k., die [Crew] kommen dann zu mir und jmd. fragt mich, warum das so ist. (...) ein vielleicht kleiner Nachteil ist, dass ich jetzt gutes Feedback bekomme durch die Kapitäne, weil gefühlt ist es einfacher, die Hierarchie runter ein Feedback zu geben und zu sagen, wenn man Kapitän ist, da gibt's eigentlich nur noch die Co-Piloten, die ihnen ein Feedback geben. Weil alle anderen das eigentlich nicht machen, weil sie sich wahrscheinlich nicht trauen.
	Vorteile VG	Dann ist die Arbeit für mich entspannter, weil man weiß, ich arbeite für jemanden und er würde (...) bzw. er muss den Kopf hinhalten, das ist bei mir nicht. Ich habe dadurch einfach den Kopf frei und kann für dieses Ereignis optimaler arbeiten und bin da befreiter als jeder Kapitän es wäre.
	Nachteile VG	Ja, wenn ich die Entscheidung bescheiden finde, die er trifft. Das durchaus [längeres Überlegen] und ja, das ist eigentlich so der größte Punkt.
Aspirant 2	Veränderung ohne VG	Dass eine Auswahl an MA mehr Verantwortung kriegen würde, wo ich dann mit Sicherheit auch drunter fallen würde, was Mehrarbeit bedeuten würde. Dass wir die Aufgaben von den Managern, die es dann nicht gäbe, mitübernehmen müssten, zusätzlich zu dem, was sowieso unsere Aufgabe ist.
	Vorteile VG	Es erleichtert mir die Arbeit und auch meinen Kollegen. Und viele Kollegen wären nicht bereit, Mehrarbeit zu leisten bzw. das ist vielleicht falsch gesagt. Viele meiner Kollegen wären auch gar nicht dazu im Stande zu führen. Die verlassen sich dann auch sehr häufig auf ihre Vorgesetzten oder unsere Manager, weil die uns auch Rückendeckung geben.
	Nachteile VG	Ich jetzt persönlich nicht. Ich bin sehr kollegial und ich kann auch glaube ich gut führen. Aber einen Nachteil einen Vorgesetzten zu haben, nein... Da gibt es dann einfach immer jmd. Für mich ist das nur von Vorteil, wenn es jmd. gibt, auf den ich mich mit irgendwas überfordert bin oder nicht weiter weiß. Für mich ist das nur von Vorteil, wenn es jmd. gibt, auf den ich nochmal zurückgreifen kann oder um Rat fragen kann.
Aspirant 3	Veränderung ohne VG	Für mich würde sich verändern, dass es keine Person mehr gibt, die man direkt mit irgendwelchen außergewöhnlichen Problemen belangen könnte. Dass es nicht mehr so eine Lösungsmöglichkeit in dem Weg gibt, Das würde sich gravierend für mich verändern.
	Vorteile VG	Vorteile sind auf jeden Fall, dass man sich auch immer wieder orientieren kann. Weil sie ja auch wirklich die Werte vorlebt. Das man also eine Problemlösungsstelle hat, wo man hingehen kann und sich helfen lassen kann und Unterstützung bekommt. Und vielleicht auch ein bisschen Struktur. An mich werden halt auch viele Aufgaben herangetragen und sie kann dann auch immer noch abwehren und sagen: „Gut, das machen wir jetzt erst mal nicht" und das dann auch rauskommunizieren an die Leute, die diese Aufgaben an mich herantragen. Ansonsten könnte ich nicht mehr so strukturiert arbeiten, wie ich das jetzt tue.
	Nachteile VG	In meinem Fall, nein.
Aspirant 4	Veränderung ohne VG	Dann wäre ich das in diesem Falle und hätte dementsprechend natürlich mehr Verantwortung. Müsste mich mehr mit Ämtern auseinandersetzen. Müsste noch mehr darauf achten, dass gewisse Dinge funktionieren, Maschinen und so was. Das die alle gewartet werden und ja, grundsätzlich in Teilen mache ich das bereits. Es wäre jetzt nicht so ein großer Unterschied. (...) es ist ja schön, wenn man was schafft. Weil es gibt so ein bisschen Ehrgeiz hat. Es gibt nichts Langweiligeres, als wenn man den ganzen Tag nur Fließbandarbeit macht und sich nicht anstrengen muss im Kopf. Ein bisschen den Kopf fördern ist schon manchmal gar nicht schlecht.
	Vorteile VG	Da wäre wieder die Thematik, dass man sich auf andere verlassen kann. Fragen, die man selbst vielleicht nicht sofort beantworten kann, kann man sagen: „Oh der Vorgesetzte kümmert sich". Entspricht nicht ganz meiner Vorstellung, ist aber grundsätzlich vielleicht als Vorteil zu sehen.
	Nachteile VG	Das bremst einen manchmal in der freien Entfaltung. Wobei das mitunter ja auch sein Job ist. Er soll als Vorgesetzter ja auch darauf achten, dass nicht allzu viel Blödsinn getrieben wird, sondern dass schon alles in seinen Bahnen ist. Man ist natürlich selber davon überzeugt, dass alle Ideen toll sind und das kann einen schon mal ein bisschen einbremsen, wenn er anderer Meinung ist.
Aspirant 5	Veränderung ohne VG	Ich bin absolut super qualifiziert für diesen Job, bin eigentlich unterfordert zurzeit. Sehr unterfordert, weil es eigentlich keiner will, was man für ein Potenzial hat. Ja das ist eigentlich so...
	Vorteile VG	Im Moment sehe ich da gar keine. Also wenn es auf sie bezogen ist, dann sehe ich da gar keine Vorteile. Sie kann auch wegbleiben. Es vermisst sie auch keiner, wenn sie krank ist oder im Urlaub. Es ist für mich auch absolut eine Erleichterung, wenn sie nicht da ist, und jeder atmet auf. Wenn man eine Führungsperson hat, wie gesagt, dass man halt jemanden hat, der einen verteidigt, da steht und die Ziele vorgibt. Dass man weiß, was ist nochmal das Ziel und dass man das klar hat.
	Nachteile VG	Ich wäre schon zwei Schritte weiter. (...) Es kann halt in dem Fall, wenn es zu autoritär ist, dann kann man sich nicht wohlfühlen und die Mitarbeiter können nicht die Leistung bringen, die sie eigentlich bringen könnten, weil sie sich eingeschüchtert fühlen. D. h. also, man verliert Geld. Eigentlich geht's wieder nur ums Geld und dann geht Geld verliert, und das ist nicht schön. Denn dazu ist man da, denn das Ziel ist Revenue. Wenn man das nicht macht und Leute hemmt und das nicht versteht und man den falschen VG hat, dann wird es darauf hinauslaufen, dass man kein Geld macht.

Tab. 189: Vor- und Nachteile von Vorgesetzten (Followertyp Aspirant)

	Followertyp Experte	
	Frage	**Textevidenz**
Experte 1	Veränderung ohne VG	Meine Arbeit würde eindeutig schwieriger werden. Der Druck würde größer werden. Er ist ja doch so ein „Pull-Weg", er hält uns teilweise den Rücken frei und holt sich selber den Anpfiff ab und verteilt das nicht nach unten. Weil die nächste Ebene darüber, die würde das ungefiltert durchgeben.
	Vorteile VG	Gibt es da Vorteile? [Lacht]. Das ist das, was ich sage, es gibt keine Verantwortung, ich kann Sachen nach oben abgeben.
	Nachteile VG	Dass man in gewissen Sachen eingebremst wird. Ein gutes Bsp. habe ich jetzt bei einem Azubi-Meeting gehabt. Da waren 9 Ausbilder und zwei vom Personal da. Wir haben drei Themen besprochen, alle drei waren von mir. Die haben alle - durch die Bank Teamleiter, ich bin der einzige Ausreißer da drin - na ja, die haben die Themen irgendwie für sich akquiriert und als ihre eigenen Ideen verkauft. Ich mein, das siehst du jetzt bei uns, dass du schon einen gewissen Rang erreicht haben musst, dass du überhaupt ernst genommen wirst.
Experte 2	Veränderung ohne VG	Jetzt im Moment würde sich da beruflich nichts ändern, ob da jetzt jemand anderer sitzt. Es hätte von der Zusammenarbeit Veränderungen sehr wahrscheinlich, weil man ja nie weiß, wer als nächstes kommt.
	Vorteile VG	Dass ich nicht alles entscheiden muss, das ist für mich ein großer Vorteil im Job. Ich muss zuhause fast alles entscheiden, da brauche ich das im Job nicht auch noch. Der Vorteil ist auch... Obwohl Fehler sehe ich dann meist selbst später. Aber es ist auch ein wenig eine Richtfigur. Mir gibt es ein gutes Gefühl einen Vorgesetzten zu haben, weil ich immer jemand habe, an den ich mich wenden kann, ein Ansprechpartner. Ich muss es nicht mit mir selbst ausmachen.
	Nachteile VG	Du kannst nicht machen, was du willst [lacht]. Für mich persönlich sehe ich keinen Nachteil. Klar gibt es Nachteile, wenn die Zusammenarbeit nicht gut ist. Dann ist es schwierig, weil der Vorgesetzte dich dann ja auch gängeln kann, wenn es ein schlechtes Verhältnis ist. Aber das wäre so der einzige Nachteil. Wenn ich das jetzt für mich persönlich sehe, dann gibt es keinen Nachteil, weil alles passt. Und wenn ich ein Problem damit hätte, dann müsste ich halt selbstständig sein, dass ich keinen Vorgesetzten habe, oder so weit hochklettern, dass ich keinen habe. Aber dann müsste ich CEO von einem Unternehmen werden und die Ambition hatte ich noch nie und werde ich auch nicht haben. Na ja, aber ich denke wirklich, dass viel steht und fällt mit dem Vorgesetzten. Das sehe ich an dem Bsp. von [meinem Ehemann] immer wieder. Hast du einen guten Vorgesetzten, mit dem du gut klarkommst und einigermaßen die gleiche Sprache sprichst, dann gibt es keine Nachteile. Aber ist das nicht gegeben, dann gibt es natürlich viele Nachteile.
Experte 3	Veränderung ohne VG	Dann wäre ich wahrscheinlich unzufriedener, weil sie als Vorgesetzte ja schon dafür zuständig ist, dass sie mir Themengebiete zuordnet, dass ich Projekte ausarbeite, die sie mir aufgrund meiner Stärken gibt. Weil sie mir aufgrund ihrer Arbeitserfahrung auch Sachen beibringt und sie mich auch persönlich einschätzen kann und das ein Geben und Nehmen ist. Und da würde sich schon vieles verändern, wenn sie nicht da wäre, weil es ja auch eine gewisse Gewohnheit ist.
	Vorteile VG	Also der Vorteil ist, dass man sich immer orientieren kann an demjenigen. Wenn man nicht weiter weiß, dann kann man ihn fragen, oder wenn man irgendwie ein paar Einfälle zu wenig hat, dann kann man brainstormen. Es ist irgendwie wie so ein Partner. Und der Vorteil ist, dass man keinen hat, ist, dass man gewisse Dinge nicht abstimmen kann. Und denjenigen auch in Härtefällen nicht an die Front schickt. Nicht, weil man irgendwie Angst davor hat oder weil man die Verantwortung übernehmen will, sondern weil man z. B. aufgrund der fehlenden Arbeitserfahrung oder aufgrund von Sprachbarrieren oder weiß ich nicht, immer noch jmd. hat, bei dem man am Rockzipfel festklemmt. Einfach vorgehen kann.
	Nachteile VG	Man bekommt natürlich auch Dinge vorgeschrieben, mit denen man sich nicht immer zu 100 % identifizieren kann, aber man führt sie eben aus, weil sie gefordert werden. Aber das hat man überall.
Experte 4	Veränderung ohne VG	O.k., mein VG wäre dann der nächste höhere, der Abteilungsleiter. Ich könnte mit Sicherheit mehr bewirken, was in meinen Augen sinnvoll wäre. Dass manche Änderungen einfach durchgeführt werden müssten oder auch gewisse Abteilungen auf Defizite hingewiesen werden müssten. Aber da könnte ich jetzt die Eins darüber nicht einschätzen, weil die noch zu wenig lange unsere Vorgesetzte ist. Von dem her schwer zu sagen.
	Vorteile VG	Auf jeden Fall übernimmt er einiges an Verantwortung, die er definitiv nicht an mich hängt. Also wenn man einen wirklich guten Vorgesetzten hat, dann hat man auch jmd., der Probleme aufnehmen kann und Lösungswege mit dir finden kann. [langes Überlegen]. (...) Solche Fragen wären immer leichter, wenn man Vorgesetzte hätte, die man auch gleich als [positives] Beispiel nehmen könnte.
	Nachteile VG	Man ist oft beschränkt in seinen eigenen Handlungen, weil der Vorgesetzte das vielleicht gerade nicht als sinnvoll erachtet, oder es einfach aus einer ganz anderen Perspektive heraus sieht. Und wo man vielleicht auch darüber diskutieren könnte, aber dann doch nicht diskutieren kann, weil es ein Vorgesetzter ist. Manche Dinge sind einfach unflexibler mit Vorgesetztem.
Experte 5	Veränderung ohne VG	Also wenn es meinen Chef nicht schon auch Dinge vorgeschrieben, mit denen man sich nicht immer zu zweierlei Antworten. Sollten von diesen vier Chefs zwei Chefs wegfallen, dann könnten immer noch die anderen beiden die Agentur weiterführen. Dann würde ich auch dabei bleiben. Aber wenn alle mit der Agentur aufhören würden, dann würde es mich auch nicht mehr geben, denn ich alleine kann keine Agentur führen. (...) Genau (die stellen sich dann auch wirklich keinen Arbeitsplatz sicher)
	Vorteile VG	Das gleiche. Wenn ich meinen Vorgesetzten nicht hätte, dann würde es auch die Agentur nicht geben und ich würde da nicht arbeiten.
	Nachteile VG	Eigentlich keinen. Wenn ich nicht selbstständig sein will, dann habe ich immer einen Vorgesetzten [lacht].

Tab. 190: Vor- und Nachteile von Vorgesetzten (Followertyp Experte)

	Frage	Textevidenz
Mitläufer 1	Veränderung ohne VG	Wenn sie ersetzt würde oder wenn die Rolle nicht da wäre? Also dann würde ich halt an die nächst höhere Position rapportieren, sozusagen und (...) das wäre mit Sicherheit auch o.k., klar, aber ich glaube, die Zusammenarbeit oder die Ergebnisse wären nicht unbedingt schlechter. Das will ich so nicht sagen, aber ich glaube, die persönliche Entwicklung von mir würde vielleicht nicht ganz so schnell und nicht ganz so gut vorangehen, weil vielleicht die Zeit dann nicht so da ist. Weil das Aufgabenfeld von der nächst höheren Position ist natürlich viel umfangreicher und dadurch die Zeit für den einzelnen Abteilungsleiter weniger vorhanden ist. Ich glaube aber auch, und das ist vielleicht noch ein positiver Aspekt, dass viele Dinge schneller und effizienter entschieden werden könnten tatsächlich.
	Vorteile VG	Ich denke mal, es sind viele Sachen, die vielleicht so ein bisschen gefiltert werden, so in einer natürlichen Hierarchie in einem großen Unternehmen, die von der direkten Geschäftsleitung kommen. Das wird in gewisser Weise gefiltert und prallt dann in Anführungszeichen nicht so hart auf den jeweiligen (...) ein oder wird wiedergegeben. Und jetzt ein bevorstehender Moment, glaube ich, ist es ganz gut, wenn man sich einfach austausche kann. Ich bin ein Mensch, der eine bevorstehende Entscheidung einfach diskutiert oder bespricht, weil ich dadurch durchaus auch mehr Sicherheit bekomme, Entscheidungen zu treffen.
	Nachteile VG	Ja, ein Nachteil ist natürlich, wenn man eigene Ideen hat oder Sachen umsetzen möchte, hinter denen man zu 100 % steht, die aber nicht vom VG geteilt werden und dann nicht umgesetzt werden können. Das ist definitiv eine Herausforderung, würde ich sagen. Weil man dann Kompromisse eingehen muss, um trotzdem ans Ziel zu kommen. Aber im ersten Moment vielleicht über einen Umweg. Das wäre also ein Nachteil, also wenn die Meinungen jetzt völlig auseinander gehen.
Mitläufer 2	Veränderung ohne VG	Ich glaube, das kommt ganz grundsätzlich darauf an, wer die Position meiner Vorgesetzten einnehmen würde. Beruflich, glaube ich, für den ersten Moment erst mal gar nichts. Beruflich oder fachlich weiß ich, wohin die Reise geht, ich weiß was ich zu tun habe, um Dinge umzusetzen. Beruflich würde sich nichts für mich ändern. Wenn wir von einem Mentor-Ebene, also einer kurzen Zeit, sprechen ohne irgendeine Form von Vorgesetzten. Das wird, ich glaube, insgesamt müsste ich auch beruflich darüber nachdenken, was es bedeutet, dann einen neuen Vorgesetzten zu haben, der dann gänzlich andere Ziele hat oder der die Vision des UN völlig anders lebt und für mich vielleicht auf die ein oder andere Art und Weise lebt, die ich auch beruflich nicht teilen kann. Aber im ersten Schritt würde sich nicht viel ändern.
	Vorteile VG	Die Frage ist für mich persönlich, bin ich in der Lage mich selbst mit den richtigen Impulsen zu belegen, um trotzdem beruflich innovativ bleiben zu können und beruflich das Gefühl zu haben, gefordert zu werden. Und wenn das so ist, dann geht das sicherlich auch in meiner Funktion über einen sehr langen Zeitraum. Ich glaube aber nicht, dass das in jeder Position grundsätzlich ohne Vorgesetzten funktioniert (...) Aber jmd., die eine [Filiale] in einer Organisation führt, braucht jemanden, (...), der immer wieder beruflich fordert hinsichtlich der Strategien und kann hinsichtlich der Umsetzung von Vision und Mission. Aber sicherlich nicht zwingend, der wirklich täglich da ist oder nicht jemanden, der nicht mal ein Jahr pausieren kann. (...) Ich bin der Meinung, ich habe jmd., der mir Impulse gibt, ich habe jmd. der mit mir gemeinsam auf Augenhöhe die Weichen nochmal neu stellt und nachjustiert, der aber mich auch in die Schranken weist auf die ein oder andere Art und Weise. Ich glaube, dass ich als Person hierarchisch genug geprägt bin, um einer Person, die über mir steht, eher auch einmal zu lassen, über Dinge unbequem sein können, als jmd., der neben mir ist oder unter mir ist. Was nicht bedeutet, dass ich das dann nicht auch umsetzen würde, aber die Selbstverständlichkeit wäre eine andere. Deshalb ist es, denke ich, ein komfortableres Leben mit Vorgesetztem.
	Nachteile VG	Ich kann mich natürlich nicht frei entfalten. Ich kann natürlich nicht völlig frei entscheiden, was ich machen möchte, wann ich arbeiten möchte, wann ich nicht arbeiten möchte, d. h. die natürlich Person, die über mir ist, auch eine Beschneidung meiner Freiheit. Aber für meinen speziellen Fall ist das tatsächlich das einzige, was ich sagen kann. Ich glaube, wenn das Verhältnis ein nicht gutes ist, dann wäre da sicherlich sehr viel mehr, was mir einfallen würde. Aber ich für mich muss sagen, eines ist es nicht mehr mein Vorgesetzter. Weil ich dann nicht folgen würde und weil ich mir dann was anderes suchen würde.
Mitläufer 3	Veränderung ohne VG	Ja gut, dann würde sich der „Span of Control" verändern und ich würde dann einfach andere Manager haben. Unsere Firma beruht darauf, dass ein Manager einfach [eine gewisse Anzahl Unterstellter] hat, wenn mein direkter Manager weg wäre, dann würde ich einfach unter einen anderen Manager gehängt werden. Was es durchaus gibt, das nennt sich Span of Control", teilweise mit 15-20 [direkten Unterstellten]. Um durch Gehaltseinsparung noch optimieren zu können, da gibt's auch Abteilungen mit teilweise 40 [direkten Unterstellten]. Wenn ein Manager jetzt 40 [direkte Unterstellte hat, dann hat er natürlich keinen Einblick mehr, was ein Individuum dann für Wünsche oder für Ziele hat. Und vor allem, was er erreicht hat. In den jährlichen Promotiondiskussionen, also Beförderungsdiskussionen, muss man ganz andere Sachen, Unternehmungen, Tätigkeiten machen, um sichtbar zu bleiben, wenn der Span of Control so groß ist.
	Vorteile VG	Wir haben das gerade schon mal diskutiert, dass es sehr viele Trivialitäten aus der Admin-Tätigkeit gibt, die ein Vorgesetzter einem wegblockt. Wenn er es gut macht. (...) Und man kann natürlich auch seine Verantwortung delegieren, seine eigene, indem man sich das Approval eines Managers holt. Damit wird natürlich die Verantwortung nicht von der Person selber getragen, sondern man kann die Verantwortung für eine Entscheidung abgeben.
	Nachteile VG	Na ja, es gibt mehrere Nachteile. Einer davon ist, dass der Manager keine direkten fakturierenden Tätigkeiten hat, dementsprechend muss der Wasserkopf von jemand anderem getragen werden. Und er kann sozusagen durch schlechte Managementfähigkeiten auch negative Effekte auf das Team haben, auf das Individuum, das unter ihm ist.
Mitläufer 4	Veränderung ohne VG	Dann würde wahrscheinlich ich in die Position rücken. Das hat er mir auch schon einmal gesagt. Nachdem ich ein Jahr da war, hat er gemeint, er würde auf jeden Fall, wenn er mal geht, mich als Nachfolger vorschlagen. Das hat er mir also recht früh gesagt.
	Vorteile VG	Ich kann mich mehr meiner fachlichen Kompetenz widmen, ich müsste sonst (...)definitiv (viel) mehr tun - mich mit Abteilungen abstimmen, koordinieren, vor allen Dingen auch mit den Menschen um mich herum, auf die Kollegen, Mitarbeiter um mich herum achten. Was entwickelt sich da, wer agiert hier wie, um da immer so ein bisschen den Überblick zu behalten.

Mitläufer 5	Nachteile VG	Ich kann halt selber keine Führungserfahrung sammeln, logischerweise. Und ich kann auch dementsprechend nichts lernen, was das angeht - also wenig. Ich kann in meinem begrenzten Rahmen lernen, der dann halt so heißt innerteamlich - ich weiß nicht, wie man es nennen will. Im Team halt das Miteinander zu fördern durch die Dinge, die ich tun kann. Aber ich kann nicht stellvertretend ein Team fördern oder führen. Das kann ich nicht.	
	Veränderung ohne VG	Ich wäre wahrscheinlich in einer anderen Abteilung oder ich würde mir überlegen, das Change-Management auf-zugeben und vielleicht doch Projektmanagement zu machen. Also je nachdem, was mir Spaß macht und wo ich ei-ne Herausforderung sehe. Das wird ja irgendwann so sein, dass er nicht mehr da ist. [Wenn die Position komplett gestrichen wäre,] dann würden wir ja direkt dem Vorstand unterstehen. Das kann gar nicht der Fall sein. Bei uns fließt ganz viel Kohle, von daher...	
	Vorteile VG	Situativ auch wieder, aber es gibt auch eine gewisse Sicherheit, auch für manche Themen auch eine Bestätigung, dass es auch weitergehen kann. Auch wenn Themen schon irgendwie verbrannt sind, dass du da mit dabei sein kannst und auch Teil eines Großen und Ganzen zu sein. Du musst nicht vorne im Rampenlicht stehen, sondern hast dazu beigetragen, dass das Große und Ganze entstehen kann. Und das ist auch das Schöne bei einem Follower. (...) Die unangenehmen Dinge kann alle er machen. Gespräche mit der Personalabteilung, irgendwas organisieren, wie geht es weiter mit dem Team. Ich kann da ganz entspannt sein.	
	Nachteile VG	Also es schmerzt nicht, es kommt immer auf die Person an, aber aktuell... Also wenn es zu viele Hierarchien wä-ren, dann ja. Aber in meinem Fall, wo ich sage, ich habe eine schlanke Hierarchie, selbstlernende Organisationen, dann kann es gar kein Nachteil sein. Weil dann die Denke für den Vorgesetzten eine andere ist. Aber wenn ich jetzt da einen Teamleiter habe, einen Fachbereichsleiter, den Bereichsleiter und weiß nicht wie viele tausend Stu-fen es da gibt. Und dann will jeder Chef sein und will nur sein eigenes Ding durchziehen. Das kann schon ein Nachteil sein. Und es gibt dann auch nur eine Meinung, das habe ich auch schon erlebt. Es gibt nur einen Chef und keine Meinungen daneben.	

Tab. 191: Vor- und Nachteile von Vorgesetzten (Followertyp Mitläufer)

Veränderung ohne Vorgesetzten sowie Vor- und Nachteile des Vorgesetzten			
Followertyp Blender			
	Frage	Textevidenz	
Blender 1	Veränderung ohne VG	Ich denke gerade viel mehr an das Chaos im Team, um ehrlich zu sein. Für mich persönlich betrachtet hätte ich nach wie vor auch Ansprechpartner, muss ich ganz ehrlich sagen. Ich weiß, dass unsere Business-Partner sehr kompetente Ansprechpartner sind. Ich weiß halt, dass die Kollegen [am anderen Standort] viel mehr darauf ange-wiesen sind, sie zu haben. (...) Und für die wäre das in jedem Fall ein ganz großer Unterschied, wenn sie nicht mehr da wäre. Sie müssten ganz andere Hierarchien auf einmal angreifen, und ich denke auch, dass das Team selbst, nicht so gut kontrolliert wäre, wie in dem Moment, in dem sie vorhanden ist. (...) Ja, ich denke jetzt adhoc daran, sie ist so ein Mensch, der dann auch sagt: „So jetzt atmen wir alle einmal durch und überlegen uns, was wir überhaupt wollen." (...) In dem Moment ist es einfach wichtig, dass da jmd. Überstelltes da ist, dessen gutes Recht es ist, das Ganze dann auch mal zu unterbrechen und nochmal von vorne zu leiten.	
	Vorteile VG	Ich würde sagen, dass sie (auf jeden Fall) ein sehr guter Moderator für das Team ist. Der das Team auch zusammen hält und vor allem organisiert.	
	Nachteile VG	Nein, gar nicht, im Gegenteil. Ich bin gerade jetzt im Moment sehr froh, dass ich für so einen großen Konzern nicht den Kopf hinhalten muss, weil ich da auch noch nicht in allem fit bin. Auch wenn ich das wirklich nicht in An-spruch nehme. Klar, ich schreibe mit ihr hin und wieder mal E-Mails, aber viel mehr zu Themen, zu denen ich sie updaten will. Aber ansonsten sehe ich da persönlich überhaupt keinen Nachteil, weil ich sie eher als jmd. sehe, der hinter mir steht, wenn irgendwas los ist, wenn irgendwas passiert, der mit mir dann gemeinsam an einer Lösung arbeitet.	
Blender 2	Veränderung ohne VG	Zunächst würde sich wahrscheinlich erst mal gar nichts verändern. Weil wir ja bisher auch schon kopflos in der Übergangsphase 3 Jahre gelebt haben, und da hat sich nicht wirklich was verändert. Damals auch schon nicht. Au-ßer, dass wir ein bisschen mehr Arbeit hatten, weil da eben eine Person fehlte, komplett fehlte. Also wenn sie, jetzt konkret auf die Person bezogen, weg wäre, dann würde ich wahrscheinlich erst mal eine Sektflasche aufmachen oder einen Champagner in dem Fall und denken, endlich ist es vorbei [lacht].	
	Vorteile VG	Dass ich mich austauschen kann, dass Verantwortungen geteilt sind, dass es Impulse gibt von ihr oder ihm, die auf einen aufspringen können. Die da sind, die das ganze Vorhaben bereichern, die das Vorhaben zum Gelingen brin-gen. Das jmd. da ist, der tatsächlich und wirklich mit voller Überzeugung hinter etwas steht und andere Leute mit-nimmt, in dem Fall mich auch, um dann eben eine Sache, die alle in seinem Team gut finden oder alle untergeben gut finden, zum Erfolg zu bringen. Wenn einen jmd. führt oder man jmd. folgt in dem Fall, der dann das Richtige tut und das Team stimmig zusammengesetzt ist, dann ist es eine fantastische Sache, finde ich. Ein Vorteil ist auf jeden Fall die Teilung der Verantwortlichkeiten, dass man alles schultern muss, dass es da Kompetenzen ver-schiedenster Art gibt, die zusammenkommen. Also eine geniale Geschichte.	
	Nachteile VG	Also in so einem großen System, in dem ich arbeite, da gibt es ja immer jmd. über einem. Ohne Vorgesetzten ist es dort nicht vorstellbar. Wenn ich das jetzt vergleiche mit einer Selbstständigkeit, wie ich sie ja mal sieben Jahre auch schon hatte. Klar, da gibt es halt viele Prozesse, die gehen sehr viel schneller, weil man selber oder im kleinen Kreis entscheidet und immer volle Mitsprache hat. (...) und auch eigenen Ideen sich sehr schnell implementieren lassen und keine Verzögerungen reinkommen. Und viel weniger Verwaltungsaufgaben vielleicht fällig werden, die in größeren Teams oder größeren Organisationen. Das war schön, das war auch gut.	
Blender 3	Veränderung ohne VG	Da würden viele Dinge mit einhergehen. Das einfachste wäre dann ich kündige. Aber man will ja auch wachsen. Also ich könnte auch sagen zu unserer Generaldirektorin, o.k., ich übernehme Aufgaben von [meinem Vorgesetz-ten] für einen gewissen monetären Ausgleich und lasse mich darauf ein. Und ich lasse mich darauf ein, [die bisher nächst höhere VG] als direkte VG zu haben, dann ist das schon irgendwo in Ordnung. Also manche finden ihren Führungsstil nicht so und ich müsste eben schauen, ob das dann für mich in Ordnung wäre, so weiterzuarbeiten. (...) Ja, also wenn man jemanden vorher hatte, dann würde er dann ja auch fehlen, irgendwo, weil man hat ja auch	

		miteinander gesprochen und kommuniziert und sich wertschätzen gelernt.
	Vorteile VG	Der fängt halt viel auf, von denen die über ihm oder ihr stehen. Gerade wenn man selber noch in der Entwicklung ist, dann ist es immer gut, sich da noch mal Rat einzuholen, entwicklungsmäßig.
	Nachteile VG	Ja, du hast halt noch jmd., zu dem du was rapportieren musst etc. Es sind zu viele Menschen dazwischen geschaltet und jeder sagt was anderes, und nachher ist dann nicht klar, was zu wem gesagt wurde. Dass [die nächst höhere VG] mich z.B. was fragt und ihn was fragt. Und einem erzähle ich es so und einem so. [Die nächst höhere VG] sagt wir machen das so, [Mein Vorgesetzter] sagt wir machen das so. Zu viele Meinungen zwischengeschaltet.
Blender 4	Veränderung ohne VG	Oh, da würde sich sehr viel ändern, tatsächlich. Dann hätte ich eine Führungskraft, die auf einer emotionalen Ebene gar nichts kann, das muss man leider so krass formulieren. Und das wäre für mich tatsächlich echt ein Verlust, weil ich dann einfach keine Führungsperson hätte, die mich führen würde und die mich fördern würde und auch fordert.
	Vorteile VG	Ich kann enorm viel lernen, wenn es eine erfahrene Führungskraft oder Person in dem Job ist, dann kann man, finde ich, enorm viel lernen, also nicht nur fachlich, sondern auch so, wie präsentiert sie sich, wir präsentiert sie das Thema, was ist relevant in dem Kontext. Ich finde, für eine Führungskraft ist auch wichtig, dass man auch gefördert wird und jmd. sieht, o.k. die Person kann was, die möcht ich fördern, da möchte ich Trainings ermöglichen. Die ist für mich persönlich und die stufe ich auch so ein. Wenn ich keine gute Führungskraft habe bzw. eine Führungskraft, die sehr weit weg von mir ist, dann kann die da ja gar nicht einschätzen, im Zweifel. Und auch einfach, wenn man Probleme oder Fragen hat, auf jmd. zugehen kann. Und deshalb ist die persönliche Beziehung für mich so enorm wichtig, weil man auf so eine Distanz wäre, dann würde sich halt bei vielen Sachen gar nicht fragen.
	Nachteile VG	Klar, wenn man mal nicht einer Meinung ist, dann muss man die Sachen natürlich so tragen, wie die Vorgesetzte das macht. Oder auch wenn man sagt, o.k., ein bestimmtes Vorgehen macht sie vielleicht und ich würde das ganz anders angehen, dann ist es natürlich ein Lerneffekt zu sehen, o.k., wie macht sie das, aber ich kann ja trotzdem der Meinung sein, dass ich das jetzt anders aufgezogen hätte. Das hast du natürlich nicht, wenn keine Führungskraft da ist.
	Veränderung ohne VG	Also erstmal würde der Druck von oben dann mal direkt auf uns fallen. Und die Erwartungshaltung liegt dann direkt bei mir. Ich nenne das mal den Puffer, weil der dann weggefallen ist. Und dann würde ich... - weil ich erst mal davon ausgehen würde, dass ich in der Position bleiben würde, weil ich gerade erste in diese Position gekommen bin - dass ich dann einen neuen Vorgesetzten bekomme. Das heißt, ich müsste mich wieder auf eine neue Person einstellen, was ich aber momentan nicht schlimm finden würde, eigentlich. Weil, wie ich schon gesagt habe, weil ich gern mal wieder jemand anders als Leader kennenlernen möchte, um von dieser Person zu lernen. Von daher ist es nicht schlimm, wenn für mich ein Wechsel stattfinden würde.
Blender 5	Vorteile VG	Man hat trotzdem immer nochmal einen Ansprechpartner, der vielleicht mehr Erfahrung hat oder über einem steht. Für mich ist eigentlich ein Vorgesetzter jemand - das ist der Idealfall - der mehr Erfahrung hat, teilweise auch älter sein kann, das muss aber nicht sein. Aber er ist ja irgendwie in diese Rolle gekommen und da spricht für mich immer dafür, dass es dann mehr Erfahrung ist und ich habe für mich etwas, wovon ich lernen kann. Als Vorgesetzter muss man sich nochmal ein neues Vorbild suchen im Unternehmen, was vielleicht ein bisschen schwieriger ist. Wenn man jetzt aber Follower ist, hat man ja eigentlich immer ein Vorbild, an dem man sich ein bisschen orientieren kann. Oder wie arbeitet die Person, ich denke das so. Das Orientieren ein bisschen.
	Nachteile VG	Ja, das Rechtfertigen manchmal. Oder man muss so für seine Meinung kämpfen und dann ewig lange eine Rechtfertigung ablegen. Was ich nicht mehr haben müsste, wenn ich keinen Vorgesetzten hätte. Weil dann ist es meine Entscheidung, die ist von mir gesetzt. Ich meine, es kann sein, dass ich sie trotzdem noch irgendwo durchboxen müsste, aber so ist es immer wieder das Rechtfertigen, das 1000mal erklären, warum man sich so entschieden hat, oder warum man das so gemacht hat.

Tab. 192: Vor- und Nachteile von Vorgesetzten (Followertyp Blender)

Veränderung ohne Vorgesetzten sowie Vor- und Nachteile des Vorgesetzten		
Followertyp Bedürftiger		
	Frage	Textevidenz
Bedürftiger 1	Veränderung ohne VG	Da würde sich gar nichts ändern. [Lacht]. Ja gut, dadurch dass ich ja meine Fälle selbstständig abarbeite und eigentlich nur fachlich öfters mal [nachfrage]. Na ja, also so ist ja schon so, dass ein Steuerberater die höhere Ausbildung hat und auch die Verantwortung übernimmt. Also das würde sich schon ändern und das würde ich, glaube ich, auch nicht wollen. Weil ich fachlich schon eine Rücksicherung brauche, bevor ich Sachen rausschicken möchte oder kann. Aber an meiner Arbeit, an meiner täglichen, da würde sich jetzt nichts ändern, ob sie das als meine Vorgesetzte anschaut oder eine Steuerberaterin, die angestellt ist, anschaut - das passiert ja auch oft, das macht keinen Unterschied.
	Vorteile VG	Also grundsätzlich würde ich die Vorteile darin sehen, dass man einfach jemanden hat, der für das Personal zuständig ist und wenn man dann mal oder zu dem man bei Problemen kommen kann. Also fachlich muss es eigentlich nicht so sein, ich finde eher zwischenmenschlich ist das wichtig. Weil fachlich brauche ich keinen Chef, der mir da weiterhilft. Aber zwischenmenschlich finde ich es schon schön, wenn man da jmd. hat, der aufgrund von seiner Position, in Anführungszeichen, ein Machtwort sprechen oder einem Tipps gibt.
	Nachteile VG	Dass man denen so oft hilflos ausgeliefert ist, egal was man von deren Qualitäten hält oder nicht.
Bedürftiger 2	Veränderung ohne VG	O.k., dann gäbe es diese Instanz, die eine Stufe darüber ist, und dann würde ich mich mit ihr austauschen. Natürlich nicht so häufig, weil sie nur begrenzt Zeit hat. Aber ansonsten würde ich mich vielleicht noch intensiver mit unserem Team austauschen und ansonsten auch sehr viele Entscheidungen selber treffen. Ich meine das merkt man ja schon, wenn sie im Urlaub ist, dass man das dann auch macht und sich denkt, o.k., jetzt kann ich sie ja nicht fragen und sich denkt, o.k., wie würde ich das jetzt machen und dann eben so machen. Wenn es jetzt irgendwo speziell drauf ankommt, dann würde ich ihr das noch per E-Mail mitteilen, damit sie das dann nach dem Urlaub weiß (...). Ich würde es dann eben so für mich entscheiden, oder wenn ich mir extrem unsicher bin, mich mit dem Team austauschen, und wenn es wirklich so ist, dass das größere Sachen sind, mir dann noch mal eine Rückbestä-

435

		tigung der Vorgesetzten von der Stufe höher holen, und meistens liege ich dann eh schon richtig und dann passt das.
Bedürftiger 3	Vorteile VG	Ja, schon die, dass sie die letzte Entscheidung trägt und auch die Verantwortung trägt, wenn es um etwas geht. Und dass sie halt schon auch die Situation retten kann, wenn es irgendwo brennt und sie sich für uns einsetzt, wenn wir Not am Mann haben oder es wieder um irgendwelche Deadlines geht. Das ist in dem Fall natürlich schon ganz praktisch. Also einerseits intern, andererseits auch mit dem Kunden. Beides.
	Nachteile VG	Im Prinzip das Gleiche umgekehrt. Dass ich vielleicht manchmal nicht einfach Sachen entscheiden oder umsetzen kann, wie ich lustig bin und mich schon abstimmen muss. Und ansonsten fällt mir nichts ein
	Veränderung ohne VG	Nichts, gar nichts. Dann ist es derjenige, der eins darüber ist, der das überwacht und macht. Meine Arbeit bzw. dieser Ablauf muss gemacht werden, und da wird sich bei mir jetzt nichts ändern.
	Vorteile VG	Also wenn so richtig Ärger kommt, und bevor ich mir das seelisch und nervlich mit nach Hause nehme, dann hole ich meinen Vorgesetzten, und dann kann der sich weiterärgern. Und das finde ich am idealsten, weil ich das nicht mit nach Hause nehmen muss. Wenn es dann persönlich wird und wirklich großer Ärger vor der Türe steht, das brauche ich nicht.
	Nachteile VG	Nein.
Bedürftiger 4	Veränderung ohne VG	Ehrlich gesagt weiß ich das gar nicht. Also für mich wäre es sehr schwer gewesen, vor allem jetzt mit dem Job, wenn ich noch am Anfang gestanden hätte, ich hätte keinen Vorgesetzten, der mir Ziele gibt, ich hätte keine Kollegen, die mir helfen. Dann wäre es extrem schwer für mich gewesen, weil ich eben keine Ahnung habe. Bei so was weiß ich dann auch nie, wo ich ansetzen soll. Aber sagen wir mal, er würde jetzt heute weg sein, dann würde ich persönlich so weitermachen und jetzt nicht sagen, jawohl, wir haben keinen Chef mehr und es gibt nur Larifari. Ich würde genau so weitermachen und würde halt arbeiten. Aber ich würde jetzt nicht irgendwie hingehen und kucken, dass ich jetzt selber Leader werde.
	Vorteile VG	Ich finde, das ist immer ein extrem wichtiger Punkt. Ich komme aus dem Sport und ich vergleiche das halt dann immer sehr gerne mit Fußball, weil ich das lange gespielt habe. Eine Mannschaft stellt sich oft selber auf, in dem Fall die Gruppe, aber du brauchst den Trainer, der dich führt. Und so ist für mich einfach auch ein Chef. Der Chef muss wissen, er muss nach rechts außen, stelle ich den nach links außen, dass das Team so zusammenläuft. Der Chef muss für mich dann auch diese taktischen Vorgaben geben, und so ist es im Team auch. Er muss sagen, was wir haben will, wie er es braucht, damit das Team das dann umsetzen kann, um letztendlich erfolgreich zu sein. Daher ist es für mich sehr wichtig, einen Chef zu haben.
	Nachteile VG	Ja, wenn es ein Schlechter ist, aber da steckt man ja nie drin. Klar, wenn es ein schlechter Chef ist, dann wird das immer Nachteile haben. Lasse den zu jung sein vielleicht, der noch gar keine Ahnung davon hat, Chef zu sein. Der muss sich selber erst mal reinfinden. Der versucht sich dann, seinen Respekt zu erkämpfen und stößt dann eigentlich die ganze Zeit nur auf Granit. Klar gibt es auch negative Chefs, aber das sollte eigentlich nicht sein in einem guten Team.
Bedürftiger 5	Veränderung ohne VG	Das wäre, also wenn der aufhören würde, da mein Chef zu sein? Dann wäre das das absolute Chaos. O Gott, da will ich gar nicht darüber nachdenken. (...) Das würde ganz klar bedeuten, dass ich zumindest in mancher Hinsicht, viel, viel mehr in den Gig gehen müsste. Ich glaube schon, dass es da dann ein Vakuum geben würde, das man versuchen müsste zu stopfen. Das müsste dann eine Gemeinschaftsanstrengung werden. Das würde sicherlich auch bedeuten, dass alle meine Kolleginnen mehr in den Lead gehen müssten in dem einen oder anderen Bereich. Und ich glaube aber auch, dass ich auch deshalb alleine schon mehr in den Lead gehen würde, weil das das ist, was ich normalerweise mache, wenn ich ein Vakuum empfinde. Also ich tendiere nicht dazu, wenn ich jetzt in der Gruppe arbeite, zu sagen: "So ich bin jetzt hier die, die anschafft, und ich sage euch jetzt, wo es hingehen soll", aber wenn ich merke, dass es ein Vakuum gibt und es keiner tut, dann mag ich es nicht aushalten zu sagen, o.k., dann macht halt keiner was. Sondern dann denke ich mir ja gut, jetzt gehört da halt irgendwas gemacht. So bin ich auch zu den Buchhaltungsaufgaben gekommen, als ich gemerkt habe, o.k., das funktioniert hier gar nicht. Hier muss jemand was tun, dann mache ich es halt. Von daher glaube ich, dass sich das ganze enorm verschieben würde.
	Vorteile VG	Der Vorteil einen VG zu haben ist definitiv, dass der sich um ein paar Dinge kümmert, um die ich mich nicht kümmern muss. (...), sondern ich komme in der Früh, mache meinen Computer an und dann arbeite ich halt. Da ist viel administrativer Krempel dabei, der für ihn dann zwar auch so nebenbei läuft, wenn das mal eingespielt ist. Aber sowas sind trotzdem Sachen, über die er sich zwischenzeitlich zumindest mal einen Kopf machen muss und das muss ich nicht. Er muss sich natürlich auch sehr viel mehr Gedanken darüber machen, wo will ich denn mit diesem Unternehmen eigentlich hin. Also ich habe ja den Vorteil sozusagen, dass ich jetzt sagen kann: „Und wo wollen wir denn jetzt hin?" und dann kann er sagen „Ja, da vorne" und dann kann ich sagen „Cool, dann gehe ich da auch hin." Aber ich bin nicht die, die sich diese Vision aus dem Kopf pressen muss.
	Nachteile VG	Ja, das kommt immer in solchen Momenten zum Tragen, wo der Vorgesetzte Dinge tut, die man selbst nicht so gut findet oder sich denkt, das hätte ich jetzt aber anders gemacht. (...) Aber klar, manchmal ist es ein Nachteil, weil man sich dem einen fügen muss, was die Geschäftsspitze oder der Vorgesetzte ggf. entscheidet oder für richtig empfindet. Und da kannst du dann deinen Kopf einfach nicht durchsetzen bzw. das tun, was du richtiger gefunden hättest bzw. was du lieber gemacht hättest. Das ist so gesetzten Falles der Nachteil. Und was auch ein Nachteil ist, dass du ja trotzdem der Vision von jemand anderem hinterherläufst. Wenn du Glück hast, deckt sich jetzt sagen wir mal: nein, ich mag jetzt nicht mehr meine ganze Kraft, meine ganze Energie und meine ganze Zeit da reinstecken, seine Vision unterstützen und vorantreiben, sondern ich will meine eigene Vision unterstützen und voranbringen. Und an dem Punkt bin ich jetzt definitiv noch nicht, aber vielleicht kommt der ja irgendwann noch, weiß ich nicht.

Tab. 193: Vor- und Nachteile von Vorgesetzten (Followertyp Bedürftiger)

Frage (18): Ist ihr Vorgesetzter ein Vorbild für Sie, wenn es darum geht, selbst einmal Führungskraft zu sein? Warum ja/ Warum nein?

Ggf.: Wie wichtig ist es für Sie, von Ihrem Vorgesetzten etwas lernen zu können?
Ggf.: Würden Sie selbst gerne einmal eine (höhere) Führungsposition innehaben?

Vorgesetzter als Vorbild	
Gesamtstichprobe	
Kategorie	Textevidenz
Voll und Ganz *(9 Nennungen = 36 %)*	• Ja. Ganz klar. (AS1) • Ja, schon. (AS2) • Ja schon, weil wie ich schon gesagt habe, wir denken ziemlich in die gleiche Richtung. (EX2) • Ja, schon. (EX5) • Ja, weil, wie schon gesagt, sie sehr stark „Leading by Example" lebt und die Werte des UNs sehr gut lebt. (ML1) • Ja, doch. Also er ist da sehr, sehr stringent, was dieses Vorleben angeht. (ML4) • Ja, weil er so ist wie er ist. (BL3) • Ja, weil sie meiner Meinung nach das sehr gut macht. (BL4) • Ja, schon, würde ich auf jeden Fall sagen. Weil sie sich schon sehr für ihre MA einsetzt, sich kümmert, dass wir wirklich vom Wissensstand her up to date sind. (BE2)
Teilweise *(6 Nennungen = 24 %)*	• Teilweise. Viele Sachen würde ich sehr wahrscheinlich genauso machen wie sie. Es gibt aber auch Punkte, die ich wirklich anders machen würde als sie .(AS3) • Teils, teils... Da würde ich fast sagen 70 zu 30. 70 ja, 30 nein. Aber einfach weil wir vom Typ her super unterschiedlich sind. (EX3) • Es gibt viele Verhaltensweisen, die ich von ihr gerne annehme. Es gibt aber auch viele Verhaltensweisen, die ich nicht gerne annehmen möchte. (ML2) • Dafür ist sie mir ehrlich gesagt noch ein bisschen zu soft. (BL1) • Ja und Nein. (BE1) • Ja und Nein. (BE5)
Nein *(10 Nennungen = 40 %)*	• Eher nein. (...) Ich erwarte mir da ein bisschen mehr Engagement, mehr Hingabe für den Beruf. (AS4) • Nein. Na ja, wie schon bereits beschrieben, es ist ja schlimm. Sie ist für mich ja keine Führungskraft die Frau. (AS5) • Nein. Wie gesagt, er macht den Job noch nicht so lange. Er ist seitdem relativ ausgebrannt. (EX1) • Definitiv nein, weil er definitiv einfach keine Führungskraft ist. (EX4) • Nein. Aus den erwähnten Punkten. (ML3) • Nein, weil der wichtige Aspekt - also der mir wichtig ist - diese Empathie und mit Mitarbeitern quasi gerne arbeiten zu wollen, einfach nicht da ist. (ML5) • Nein, weil ich so nicht sein möchte. (BL2) • Nein. Das ist ja das, was ich schon gesagt hatte. Einfach weil die Art und Weise, wie die Person arbeitet (...). (BL5) • Nein. [Vorgesetzte sind keine Vorbilder für mich] (...) Ich bin einfach keine Führungskraft, ich bin einfach der Arbeiter. Ich arbeite gerne, aber ich möchte nicht führen. (BE3) • Das ist für mich ganz schwierig zu beantworten, weil ich persönlich gar kein Chef werden will. (BE4)

Tab. 194: Übersicht der Anzahl der Kategorien - Vorgesetzter als Vorbild (Gesamtstichprobe)

Wichtigkeit vom Vorgesetzten etwas lernen zu können	
Gesamtstichprobe	
Kategorie	Textevidenz
Wichtig *(17 Nennungen = 68 %)*	• Das ist schon wichtig. (AS1) • Sehr wichtig, weil mich das ja auch weiterbringt. (AS2) • Wichtig, weil wenn sie mir nichts beibringen könnte, dann wäre es schwierig ihr zu folgen. (AS3) • Ist mir wichtig, weil ich glaube, mir so kommt man auch weiter. Wenn man offen ist für Neues und das auch stetig lernt. Und an sich selber arbeiten kann. Und deshalb ist mir das auch so wichtig, einen guten Vorgesetzten zu haben. (AS5) • Sehr wichtig, ja - spielt schon eine große Rolle. Deswegen glaube ich schätze ich sie auch. (EX2) • 100 % wichtig, weil sonst bräuchte ich ja keinen Vorgesetzten. (EX3) • O.k., eigentlich wichtig, weil ich schon zu denjenigen gehöre, die jederzeit dankbar sind über Vorschläge, wie man meine Arbeit effektiver machen kann. (EX4) • Sehr wichtig, weil es immer wieder Neuerungen gibt und die mir mein VG weitergeben muss. (EX5) • Das ist mir sehr wichtig. (ML5) • Sehr wichtig sogar. (...) selbst finde ich es auch wichtig, von ihr zu lernen. (BL1) • Das war lange Zeit wichtig und das würde ich auch gerne heute noch haben. (BL2) • Sehr wichtig, weil man sich ja selber immer entwickeln sollte. (BL3) • Sehr wichtig, weil ich glaube, ohne diesen Lerneffekt entwickelt man sich nicht weiter im Beruf. (BL4) • Schon sehr wichtig. (...) Weil ein Vorgesetzter schon eine Art Bezugsperson in der Abteilung ist. (BL5) • Das ist mir schon wichtig. (...) Wenn mir der nichts beibringen kann und nichts kann, dann sehe ich nicht ein, wa-

	rum ich unter dem arbeiten sollte. (BE1)
	• Ja, schon sehr wichtig, weil ansonsten, denke ich mir, wofür habe ich sie jetzt. Was macht sie eigentlich? (BE2)
	• Schon wichtig, ich muss zu einem Chef aufschauen können. (BE4)
Lernen wichtig, muss aber nicht der VG sein *(4 Nennungen = 16 %)*	• Also für mich ist es sehr wichtig, von anderen etwas lernen zu können. Ob das unbedingt jetzt der Vorgesetzte sein muss, sei mal dahin gestellt. Aber neue Dinge zu lernen und seinen Horizont zu erweitern, finde ich grundsätzlich wichtig. (AS4)
	• Eher nicht so [wichtig]. Da, glaube ich, bin ich eher so mit meinen Kollegen auf einer Ebene, wo ich sage von denen. Ein Vorgesetzter hat nicht unbedingt was auf dem Kasten, ein Vorgesetzter ist nur zum Führen da. Der muss noch nicht mal wissen, was du machst. Also kann er dir im Endeffekt noch nicht mal 100 %ig genau sagen, warum wir das Ganze jetzt so machen. (EX1)
	• Ja, ist wichtig oder anders ausgedrückt: Es ist schön, wenn man etwas lernen kann. Ich glaube aber nicht, dass man zwangsläufig von seinem Vorgesetzten etwas lernen muss, um gute Ergebnisse zu erzielen. (ML1)
	• Ich glaube das kommt darauf an (...) Ich glaube (...), dass Menschen trotzdem so unterschiedlich sind, dass mich andere Dinge mehr interessieren und die muss ich mir dann halt von außen holen. Also ich würde nicht sagen, dass ein guter VG notwendigerweise jmd. ist, von dem ich was lernen kann. (BE5)
Nicht wichtig *(4 Nennungen = 16 %)*	• Ich halte das grundsätzlich für immer weniger wichtig. (...) es ist mir nicht so wichtig von meiner VG etwas zu lernen als zu wissen, dass wir moralisch auf einem Level liegen. (ML2)
	• Da ich ja nicht in die Managementschiene möchte, sondern weiterhin als Spezialist tätig sein will, kann ich da wenig lernen. (...), es ist mir nicht wichtig. (ML3)
	• Es ist schön, wenn es so ist, aber für mich persönlich ist es nicht so wichtig. (ML4)
	• Gar nicht wichtig. (BE3)

Tab. 195: Übersicht der Anzahl der Kategorien - Vorgesetzter als Vorbild (Gesamtstichprobe)

Gründe, Führungsposition einnehmen zu wollen	
Gesamtstichprobe	
Kategorie	Textevidenz
Wissen weitergeben *(6 Nennungen = 24 %)*	• Dass, was auch ich während meiner Ausbildung oder meiner Berufserfahrung (gelernt) habe, das an Leute weiterzugeben, die Interesse daran haben oder sich weiterentwickeln wollen. (AS2)
	• Mir gibt das Freude, wenn ich Leuten was beibringen kann, was man ja als Führungskraft dann notwendigerweise auch ein bisschen mitmacht. (AS4)
	• Ich kann es mir vorstellen. (...). Nicht so stark fachlich gebunden, sondern (...) dass man wirklich Leute empowern kann. (ML4)
	• Einfach Wissen weiterzuvermitteln und anderen eine Richtung zu weisen. (BL1)
	• Ja sehr gern, weil ich es toll finde, selber Wissen zu vermitteln, Leuten etwas beizubringen (BL4)
	• Anderen Leuten auch etwas beibringen. (BE1)
Persönliche Weiterent-wicklung & Verantwortung übernehmen *(5 Nennungen = 20 %)*	• Natürlich eine riesige Verantwortung, bei dem man auch lernt, wie man mit so was umgeht. (AS1)
	• Grundsätzlich habe ich mit Verantwortung kein Problem. Es macht mir Freude, Probleme zu lösen. (AS4)
	• Ja, weil ich mich weiterentwickeln möchte. (BL3)
	• Weil man Feedback bekommt, weil man sich, glaube ich, selber ganz anders wahrnimmt als Menschen, die einem unterstellt sind. Und ich glaube, wenn man so einen Austausch hat, dann ist es auch wichtig sich weiterzuentwickeln. (BL4)
	• Ich finde, da sollte man sich auch immer das Feedback von seinem Team holen, irgendwann. Weil ich glaube, manchmal wird man ein wenig blind als Vorgesetzter, wie man wirkt. (BL5)
Spaß am Führen *(2 Nennungen = 8 %)*	• Allein ein Team zu führen, macht unglaublich Spaß. (AS1)
	• Ein Team zu leiten und erfolgreich ein Team zu leiten. Ich finde es einfach toll, andere für irgendetwas zu begeistern. (BL5)
Mehr Autonomie *(2 Nennungen = 8 %)*	• Dass man selber entscheiden könnte. (AS3)
	• Attraktiv ist es, eine gewisse Freiheit zu haben. (ML1)
Besseres Gehalt *(2 Nennungen = 8 %)*	• Dass man später mehr verdient. (AS1)
	• Ja, schon. Erstmal ist das Gehalt wichtig. Weil ich glaube, das ist so damit man erfüllt ist. (AS5)
Weiter Gründe	• Nicht um jeden Preis. Auch da, wenn das auf Kosten meiner Authentizität gehen würde oder die moralischen Werte nicht die gleichen sind. Aber wenn all das stimmt, dann natürlich gerne. (ML2)
	• Das kommt darauf an. (...) dann könnte ich mir vorstellen, wieder in die Führung zurückzugehen. Wenn sich die Möglichkeit ergeben würde. (ML5)
	• Also, ich würde es nehmen, aber nicht mehr unter jeder Bedingung. (BL2)
	• Ich glaube, ich mag mir da noch ein bisschen Zeit lassen, aber würde das nicht mehr kategorisch verneinen. Unter anderem auch deshalb, weil ich (jetzt), glaube ich, langsam auch verstehe, dass es "die" Führungskraft nicht gibt, sondern jeder halt so seine Stärken und seine Schwächen (hat). (BE5)

Tab. 196: Übersicht der Anzahl der Kategorien - Gründe für Führungsposition (Gesamtstichprobe)

438

Gründe, keine Führungsposition einnehmen zu wollen	
Gesamtstichprobe	
Kategorie	Textevidenz
Opportunitäts-kosten zu hoch (5 Nennungen =20 %)	• Nö. (...) Bei uns gerade das Negativbeispiel, du wirst verheizt. Hast einen Haufen Verantwortung und das Geld, glaube ich, macht es nicht wett. (EX1) • Bei mir spielt die familiäre Situation einfach auch eine große Rolle. (EX2) • Nein, weil ich dafür einfach zu viel aufgeben müsste an meiner Freiheit, an meiner freien Selbstbestimmung, welche Arbeitszeiten, irgendwelche Termine, dann fremdterminiert bin sozusagen... Und in Hinblick auf mein Privatleben ist mir das definitiv zu stressig. (EX4) • Nein. (...) Finanziell ist es nicht attraktiv bei uns. Da brauche ich mir die Verantwortung gar nicht anzutun. Die Stundenzahl: Die gehen nicht nach 8 Stunden nach Hause, die haben locker 10 oder 12 Stunden am Tag. Und das ist es mir einfach nicht wert. Da liebe ich mein Privatleben zu sehr als das ich sagen würde, das wäre es mir Wert. (BE3) • Also nein. Ich sage direkt nein. (...) [Lieber] habe irgendwann mal vielleicht vier Kinder und fahre die dann zum Karate, zum Sport oder zur Nachhilfe oder so. Und das ist mir persönlich immer sehr viel wichtiger, als zu sagen, ich bin Chef. Ich verdiene [so und so viel], habe aber nichts von meinem Privatleben oder meiner Familie, weil ich jeden Tag von 7-23 Uhr arbeite. (BE4)
Lieber Follower sein (5 Nennungen =20 %)	• Nein. (...) Ich habe schon immer lieber ausgeführt, als dass ich der Sprecher war. (EX3) • Hatte ich schon mal und habe für mich selber festgestellt, dass das nicht so meine Welt ist. Dass ich gerne im Team arbeite, aber nicht als Führungskraft. Ich möchte gerne im Team einbringe. (BE2) • Ich bin einfach keine Führungskraft, ich bin einfach der Arbeiter. Ich arbeite gerne, aber ich möchte nicht führen. (BE3) • Nein, weil ich die Verantwortung für mehrere nicht übernehmen möchte. (EX5) • Ich möchte keine disziplinarische Führungsposition innehaben. (ML3)

Tab. 197: Übersicht der Anzahl der Kategorien - Gründe gegen Führungsposition (Gesamtstichprobe)

Vorgesetzter als Vorbild & Lehrer		
Followertyp Aspirant		
	Frage	Textevidenz
Aspirant 1	VG als Vorbild	[Kategorie: Ja] Ja. Ganz klar. Und zwar viele verschiedene Vorbilder, weil jeder da ein wenig anders ist. Und da habe ich immer noch die Möglichkeit, mir das Beste davon herauszupicken. Da gibt es den, der in der einen Situation mehr weiß und dann den anderen, der mehr weiß und das ist natürlich recht praktisch. (...) Also er ist oder das sind mir alle Vorbilder, ja, muss man wirklich sagen. Das ist das, wo ich mal hinmöchte. Und da frage ich dann auch, wenn mir irgendwas nicht klar ist an seinen Entscheidungen oder an seiner Führung, wie er das handhabt, dann spreche ich das auch an. (...) Das sind wirklich Vorbilder und ich schaue mir einfach Sachen ab, wie wird das gehandhabt. (...) Natürlich höre ich mir auch gern Erfahrungen von denen an, die haben natürlich Minimum 10 Jahre mehr Erfahrung als ich und das höre ich mir auch gerne an, weil das für mich auch lehrreich ist. Die haben schon Sachen erlebt, die sind bei mir noch nicht vorgekommen. Waren schon die meisten auf der Langstrecke, was auch ein anderes Arbeiten ist. Aber mich die durchaus noch beeinflussen können und mir sagen, o.k., da müssen wir mehr machen. So als hätte ich die Erfahrung dann auch selbst gemacht. (...)
	Relevanz vom VG zu lernen	[Kategorie: Wichtig] Das ist schon wichtig, wenn es mal eine Tour gibt, wo ich wenig lernen konnte, dann heißt es eigentlich nur im Umkehrschluss, dass alle so glatt lief, dass nicht eingegriffen werden musste. Wir haben ja unsere Verfahren und alles, wie es laufen soll. Ich meine das Management von abnormalen Situationen kommt ja nur dann zum Tragen, wenn wirklich was passiert. Wenn das nicht ist, dann sehe ich generell, wie er Crew-Management macht oder wie er die Teamarbeit gestaltet oder wie er der Vorgesetzte ist von unserem kleinen 6 Leute-Team, da kommt er nie drum rum. Aber wenn alles glatt läuft, dann kann ich eher wenig lernen... Na ja, schwierig, man kann trotzdem was lernen, weil jeder Flug anders ist. Aber mal mehr, mal weniger.
	Wunsch Führungs-position	[Kategorie: Ja] Ja. (...) Was ist daran attraktiv. Mehreres... Allein ein Team zu führen macht unglaublich Spaß bzw. selbst als Kapitän kann man noch viel lernen und sich auch noch ändern. Dass man weiß, o.k., das geht unter meiner Führung. Das funktioniert, was dabei rauskommen soll. Aber ich glaube, es gibt sehr viel Befriedigung, ja... Doch das ist so, es ist natürlich, man muss auch sagen es ist immer noch die gleiche Arbeit, ein Flugzeug zu fliegen, aber dadurch dass es ein anderer Sitz ist und auch von den Aufgaben ist es schon ein bisschen was anderes. Das hat mehr mit der Managementfunktion am Boden zu tun, in der Luft bleibt es eigentlich gleich, aber am Boden kommt einiges hinzu. Und natürlich eine riesige Verantwortung, bei der man auch lernt, wie man mit so was umgeht. Kommt jetzt auch schon, weil ich fliege, ich auch die Verantwortung habe, wenn ich Mist baue. Aber da steckt als Kapitän schon noch mehr dahinter. (...)... Es wäre irgendwann super, weil ich auch denke, es hat viele Vorteile. Nicht nur, dass man später mehr verdient. Aber es ist auch eine andere Sicht auf die Dinge.
Aspirant 2	VG als Vorbild	[Kategorie: Ja] Ja schon. Weil er das, glaube ich, mit den 140 Mitarbeitern, die wir sind, sehr gut macht. Und auch immer eine gute Stimmung herrscht. Und weil er es geschafft hat, dass bei uns viel läuft, weil wir miteinander arbeiten und füreinander und nicht gegeneinander oder jeder für sich, oder Ellbogenverfahren anwenden.
	Relevanz vom VG zu lernen	[Kategorie: Sehr wichtig] Sehr wichtig, weil mich das ja auch weiterbringt. In meinem Job oder auch in meiner Zukunft. Das was ich bei ihm lerne, kann ich entweder bei uns im UN umsetzen oder ich nehme es mit auf meinen beruflichen Weg - wo auch immer der hingeht. Man kann da auch immer darauf zurückgreifen, was er mir beigebracht hat, oder was er mir ermöglicht hat zu lernen.
	Wunsch Führungs-position	[Kategorie: Ja] Ja. Zukunftsorientiert auf jeden Fall. Würde ich mir auch zutrauen. (...) [Attraktiv daran ist], mein Wissen weiterzugeben. Das, was auch ich während meiner Ausbildung oder meiner Berufserfahrung habe, das an Leute weiterzugeben, die Interesse daran haben oder sich weiterentwickeln wollen. Das kann man dann halt als VG ziemlich gut machen, sein Wissen mit jmd. teilen. Ich wäre auch jmd., der das auch wollen würde, seine Mitarbeiter so zu fördern, wie es halt geht und das Beste rauszuholen.

Aspirant 3	VG als Vorbild	[**Kategorie: Teilweise**] Teilweise. Viele Sachen würde ich sehr wahrscheinlich genauso machen wie sie. Es gibt aber auch Punkte, die ich wirklich anders machen würde als sie. Aber sie wäre teilweise ein Vorbild für mich. (...) Das mit der professionellen Distanz, das würde ich genauso halten wie sie. Das finde ich richtig gut, wie sie das macht. Sie geht individuell auf die Leute ein und schaut, was die brauchen, um funktionieren zu können. Das würde ich so machen wie sie. Ich würde auch die Leute eher machen lassen und dann auch nur eingreifen, wenn es dann halt brenzlig wird oder in eine Richtung geht, die für das Unternehmen nicht gut ist. Was ich anders machen würde als sie ist halt, insgesamt etwas präsenter zu sein als Person. Es kommt schon oft vor, dass wir uns wochenlang nicht sehen oder auch mal einen Monat. Und das ist einfach nur, weil sie halt nie auf unser Stockwerk kommt. Da wäre ich viel präsenter im Leben bzw. Arbeitsleben der Mitarbeiter. Das würde ich ganz anders machen als sie. (...) Das stört mich schon, ehrlich gesagt. Natürlich finde ich das sehr schade, dass sie mir vertraut und mich machen lässt. Aber wenn man jmd. dann monatelang nicht sieht, das finde ich dann schon eher schade. Ich schätze sie auch als Person. Ich mag das auch, dass sie mich machen lässt, aber trotzdem würde ich sie halt gerne eher häufiger sehen. (...) [Wir kommunizieren] per Mail. Natürlich rufen wir uns auch mal an, aber per Mail ist überwiegend der Fall.
	Relevanz vom VG zu lernen	[**Kategorie: Wichtig**] Wichtig, weil wenn sie mir nichts beibringen könnte, dann wäre es schwierig ihr zu folgen. Sie müsste auf jeden Fall mehr Expertise haben als ich, sonst würde sie sich als Führungskraft auch nicht durchsetzen können
	Wunsch Führungsposition	[**Kategorie: Ja**] Ja, könnte ich mir vorstellen. (...) Also attraktiv fände ich, dass man selber entscheiden könnte, mehr entscheiden könnte, wie man mit den Mitarbeitern umgeht, weil da auch viel Fingerspitzengefühl nötig ist. Und das haben nicht viele Führungskräfte. Und so könnte ich mir vorstellen, dass es mir Spaß machen würde das ander re, die ich schon miterlebt habe. Zu sehen, ob man das auch selber besser machen kann als das, was man selbst schon erlebt hat.
Aspirant 4	VG als Vorbild	[**Kategorie: Nein**] Eher nein. (...) Ich erwarte mir da ein bisschen mehr Engagement, mehr Hingabe für den Beruf. Nicht nur hingehen, Geld verdienen, nach Hause gehen. Ich möchte dann schon was leisten. (...) Ich würde wesentlich mehr mich darum kümmern, Dinge zu erneuern, zu verbessern. Nicht so sehr dagegen stehen. Ich würde Dinge erst mal raussuchen. Denn es gibt keinen Katalog, wo drin steht, das und das verbessert deine Anlage. Dazu ist die zu speziell. Z.B. auf Messen fahren. Die Messe hat er selber abgelehnt, weil er keine Zeit hatte - keine Zeit in Anführungszeichen. Dass man den Geist offen hat für neue Dinge. (...) [Der nächst höherer Vorgesetzte] stellt das tatsächlich so dar. Er ist sehr bemüht, mit dem Mitarbeiter führt er mittlerweile - was es vorher nicht gab bei uns - regelmäßig Gespräche, was man verbessern kann, nimmt das teilweise auch an, wenn es im Bereich des Möglichen ist. Schenkt den Mitarbeitern, die in seinen Augen fähig sind, auch sehr viel Vertrauen, lässt die relativ frei machen, gibt ihnen auch mal Aufgaben, wo sie selber entscheiden können, wie sie da rangehen. Das würde ich schon mal an, aber eher tatsächlich sagen, dass er das gut macht.
	Relevanz vom VG zu lernen	[**Kategorie: Lernen wichtig, aber nicht vom VG**] Also für mich ist es sehr wichtig, von anderen etwas lernen zu können. Ob das unbedingt jetzt der VG sein muss, sei mal dahin gestellt. Aber neue Dinge zu lernen und seinen Horizont zu erweitern, finde ich grundsätzlich wichtig. (...) Es muss nicht unbedingt [vom Vorgesetzten] kommen. Es ist natürlich schön, wenn er mir Fachwissen und vielleicht Umgang mit bestimmten Gruppen, mit denen man so zu tun hat während der Arbeit, näher bringen könnte oder das verbessern könnte, aber das ist jetzt nicht notgedrungen, dass er mir das beibringen muss.
	Wunsch Führungsposition	[**Kategorie: Ja**] Ja. Grundsätzlich ja. Im [Unternehmen] wird es demnächst der Fall sein, dass ich auch Meister bin oder zweiter Meister bin. Und wenn er dann mal in Rente geht, dann ist das ganz mein Laden. Ja, grundsätzlich habe ich mit Verantwortung kein Problem. Es macht mir Freude Probleme zu lösen. Daher würde mich nichts daran stören, eine höhere Aufgabe zu übernehmen. (...) Erstrebenswert für mich - mir gibt das Freude, wenn ich Leuten was beibringen kann, wenn ich die an etwas stetig lernt. Und deshalb ist mir das auch so wichtig, einen guten Vorgesetzten zu haben. Und wenn es nicht habe, ist es halt ein Problem. Jetzt habe ich in den letzten Jahren versucht, mir das so ein bisschen selber beizubringen und herausgezogen, was man alles falsch macht. Und das niemals so machen werde. Also so hatte jetzt ein Negativbeispiel gehabt die letzten drei Jahre. Eigentlich auch mal interessant.
Aspirant 5	VG als Vorbild	[**Kategorie: Nein**] Nein. Na ja, wie schon bereits beschrieben, es ist ja schlimm. Sie ist für mich ja keine Führungskraft, die Frau, wie gesagt. Sie ist alles andere. Ich würde sie bei uns noch nicht einmal als Koordinatorin einstellen, weil sie das nicht kann. Sie kann ihren Job nicht. Sie passt auch nicht in diese Abteilung rein. Sie ist völlig deplatziert bei uns. Sie gehört vielleicht eher in [eine andere Abteilung] mit ihrer peniblen Art oder als Quality Audit irgendwo hin, aber nicht [in unsere Abteilung].
	Relevanz vom VG zu lernen	[**Kategorie: Wichtig**] Ist mir wichtig, weil ich glaube, nur so kommt man auch weiter. Wenn man offen ist für Neues und sich was stetig lernt. Und an sich selber arbeiten kann. Und deshalb ist mir das auch so wichtig, einen guten Vorgesetzten zu haben. Und wenn es nicht habe, ist es halt ein Problem. Jetzt habe ich in den letzten Jahren versucht, mir das so ein bisschen selber beizubringen und herausgezogen, was man alles falsch macht. Und das niemals so machen werde. Also so hatte jetzt ein Negativbeispiel gehabt die letzten drei Jahre. Eigentlich auch mal interessant.
	Wunsch Führungsposition	[**Kategorie: Ja**] Ja, schon. Erstmal ist das Gehalt wichtig. Weil ich glaube, das ist so, damit man erfüllt ist. Im Moment bin ich noch nicht erfüllt, auf dem Level. So dass es mir Spaß macht und dass ich so ein bisschen was erreicht habe und das fände ich ganz gut. Und, ich glaube, ich könnte das auch. Und deswegen. Aber im Moment ist es nicht erreicht, leider.

Tab. 198: Vorgesetzter als Vorbild und Lehrer (Followertyp Aspirant)

440

	Frage	Textevidenz
Experte 1	VG als Vorbild	[Kategorie: Nein] Nein. Wie gesagt, er macht den Job noch nicht so lange. Er ist seitdem relativ ausgebrannt, hat abgenommen, schiebt seine Stunden. Für ihn ist das auch nicht unbedingt ein Vorteil, ein Vorgesetzter zu sein. Dadurch ist er überfordert ist und versucht alles richtig zu machen und das Ganze nicht schafft. Und das wird er auch nie schaffen können in unserer Firma. Da wie wird so gestrickt, dass seine Vorgesetzten auch wieder so sind, dass sie ihm das Leben zur Hölle machen. (…) Die müssten einen offenen Diskurs führen, die müssten mit den Leuten reden, mit ihren Untergebenen, wo ich sage von denen. Wir überschlagen uns in Prozessen.
	Relevanz vom VG zu lernen	[Kategorie: Lernen wichtig, aber nicht vom VG] Das wäre mir verdammt wichtig gewesen am Anfang, aber ich mein, ist bei uns… Also die Einarbeitung ist etwas schräg gelaufen. Ich war ein Experiment, also mich kann man nicht als die Masse nehmen. Bei mir war das damals, als ich hier eingestellt worden bin, da haben sie mal was Neues ausprobiert und ich musste mir mein Wissen im Endeffekt komplett selbst erarbeiten. Es wäre schon toll gewesen, wenn damals mehr Unterstützung gekommen wäre. (…) [Und jetzt ist es mir auch nicht wichtig], weil durch seine Art, dass sein Ansehen bei mir schon ziemlich gelitten. Ich nehme ihn schon nicht mehr 100 % für voll beruflich. (…) [Und auch losgelöst von ihm als Person, ist mir das Lernen vom Vorgesetzten] eher nicht so [wichtig]. Da glaube ich, bin ich eher so mit meinen Kollegen auf einer Ebene, wo ich sage von denen. Ein Vorgesetzter hat nicht unbedingt was auf dem Kasten, ein Vorgesetzter ist nur zum Führen da. Der muss noch nicht mal wissen, was du machst. Also kann er dir im Endeffekt noch nicht mal 100 %ig genau sagen, warum wir das Ganze jetzt so machen. Oder dir in diesem Sinne was beibringen kann, sondern einfach eine gewisse Position erreicht. War ei- gentlich in jeder Firma bisher so, die Vorgesetzten leben von ihren Untergebenen, von der Arbeit, die die machen. Und verkaufen die nach oben weiter. Und deswegen kannst du nicht viel lernen. Von [meinem Vorgesetzten] hät- test du noch viel lernen können in der Anfangszeit, aber mittlerweile ist er da raus.
	Wunsch Füh- rungs-position	[Kategorie: Nein] Nö. (…) Bei uns gerade das Negativbeispiel, du wirst verheizt. Hast einen Haufen Verantwor- tung und das Geld glaube ich, macht es nicht wett. Wir sind so und so schon sehr schlecht bezahlt, von daher wird er nicht recht viel mehr bekommen. Von daher hätte ich da Null Anreiz.
Experte 2	VG als Vorbild	[Kategorie: Ja] Ja, schon, (…) wir denken ziemlich in die gleiche Richtung. Sie ist mir in ihrer Führungsrolle o- der in ihrer Art zu führen sehr ähnlich. Ich habe ja auch schon Teams geführt in der Vergangenheit und war da sehr ähnlich.
	Relevanz vom VG zu lernen	[Kategorie: Sehr wichtig] Schon wichtig. Sehr wichtig, ja - spielt schon eine große Rolle. Deswegen glaube ich, schätze ich sie auch, weil ich schon viel von ihr lernen kann. Da sind wir wieder bei dem fundierten Fachwissen, das sie hat. Was ich nicht habe (…). Jetzt arbeite ich mich da ja heran
	Wunsch Füh- rungs-position	[Kategorie: Nein] Ich hatte das, ich brauche das jetzt nicht mehr. Bei mir spielt die familiäre Situation einfach auch eine große Rolle. Mit Mitte 40 nochmal anzufangen. Aber tatsächlich habe ich die Frage erst gestellt, falls es die Möglichkeit gibt. Ich habe mir tatsächlich die Frage gestellt, möchte ich irgendwann mal [Abteilungs- leitung] sein und auch konkret in den nächsten 5 Jahren, aber ich habe die Antwort noch nicht. Weil jetzt mit die- sem [Fortbildungsmodul], welches ich mache bei der IHK. Ich könnte dann [IHK-Zertifikaten machen], dazu müsste ich aber noch zwei weitere Module machen. (…) Das überlege ich tatsächlich die zwei Module auf eigene Kosten zu machen. Das wäre für mich tatsächlich nochmal ein zweiter Beruf, in den ich einsteigen könnte. Aber das lohnt sich nur, wenn ich dann auch eine Führungsrolle übernehmen könnte. Ich brauche mich dann nicht als Sachbearbeiter hinsetzen. (…) Dagegen spricht natürlich wieder das stärker eingebunden sein in die Arbeitswelt. Aber dafür spricht: Meine Kinder werden älter, und langfristig werde ich wieder Vollzeit arbeiten. Es ist wirklich, jetzt ganz konkret seit ich diesen Kurs ma- che, wo ich mir die Frage stelle, wo geht meine Reise beruflich hin. Ich sage zwar hier immer, ich bleibe bis zur Rente, aber wenn ich mich weiterentwickle, dann würde ich auch in Betracht ziehen, aus der [Branche] raus- zugehen. Einfach aus finanziellen Gründen und nicht, weil ich das Metier nicht mag. Bloß da muss ich auch sehen, wie sind die Chancen mit Ende 40. Wobei der Arbeitsmarkt [ohnehin] beschränkt ist und ich denke im Personal- wesen, da könnte mir das Alter auch eher gerecht werden. Ich werde halt nicht mehr schwanger und kann noch gut 20 Jahre [lacht].
Experte 3	VG als Vorbild	[Kategorie: Teilweise] Teils, teils… Da würde ich fast sagen 70 zu 30. 70 ja, 30 nein. Aber einfach weil vom Typ her sind wir super unterschiedlich. Was ich gut finde ist, dass sie - und das mit ist in diesen 70 % gemeint - dass sie immer sehr einfühlsam jedem gegenüber ist und immer versucht den anderen Standpunkt zu verstehen. Und in den 30 %, Nein kann ich mich nicht identifizieren oder so wäre ich nicht, die nicht, das sage ich: Dieses fehlende Bauch- oder Fingerspitzengefühl ab und an. Dieses wirklich nur rationale „So ist es. So wird's gemacht." Und es gibt auch keine Grauzone. Ja aber das macht eben auch einen Leader und einen Follower aus. Ich glaube, man muss als Leader manchmal einfach diese „Arschloch-Mentalität" haben.
	Relevanz vom VG zu lernen	[Kategorie: Sehr wichtig] 100 % wichtig, weil sonst bräuchte ich ja keinen Vorgesetzten. Weil sonst würde ich mir das alles selbst anlesen und würde mir das Learning by Doing aneignen. Aber ich will ja von jemandem, der die Station oder Situation schon erlebt hat, lernen können und ggf. zusammen „auf die Schnauze fliegen".
	Wunsch Füh- rungs-position	[Kategorie: Nein] Nein. Also wenn ich jetzt wirklich mal die Ebene Director-Manager-Assistant- Manager - Exe- cutive - Coordinator nehme, dann würde ich max. bis ein Assistant. Manager Position gehen. Irgendwie war das für mich immer so „Zweite Geige". Nicht weil ich Angst habe oder keine Verantwortung haben möchte, sondern weil ich irgendwie immer teilweise im Rampenlicht war, aber auch teilweise lieber etwas mehr hinter der Bühne. Ich habe schon immer lieber ausgeführt, als dass ich der Sprecher war.
Experte 4	VG als Vorbild	[Kategorie: Nein] Definitiv nein, weil er definitiv einfach keine Führungskraft ist. Und ich auch nicht aufschauen kann und keiner meiner Teammitglieder jemals mit Fragen auf ihn zugehen kann und er auch im Notfall nicht 100 % hinter uns steht. Weil er das oft nicht die Courage hat, das auch wirklich durchzusetzen oder da anzubringen, wo es hin sollte.
	Relevanz vom VG zu lernen	[Kategorie: Wichtig] Generell [lacht]. O.k., eigentlich wichtig, weil ich schon zu denjenigen gehöre, die jederzeit dankbar sind über Vorschläge, wie man meine Arbeit effektiver machen kann. Aber das stellt sich meistens bei uns leider nicht so dar.
	Wunsch Füh- rungs-position	[Kategorie: Nein] Nein, weil ich dafür einfach zu viel aufgeben müsste an meiner Freiheit, an meiner freien Selbstbestimmung, welche Arbeitszeiten, irgendwelche Termine, dann fremdterminiert bin sozusagen… Und in

		Hinblick auf mein Privatleben ist mir das definitiv zu stressig. Und meistens bleibt dann leider das Privatleben hängen, und da stimmen dann die Prioritäten für mich nicht mehr.
Experte 5	VG als Vorbild	[Kategorie: Ja] Ja, schon, weil die eben sozial eingestellt sind, weil sie positiv mit den Leuten umgehen, weil sie auch sehr großzügig mit den Angestellten sind. Gut, eigentlich bin ich die einzige Angestellte, aber wir haben schon immer wieder Lehrlinge und Praktikanten. Und es läuft immer alles sehr harmonisch ab.
	Relevanz vom VG zu lernen	[Kategorie: Sehr wichtig] Sehr wichtig, weil es immer wieder Neuerungen gibt und der mir mein VG weitergeben muss. Er muss mir das mitteilen, sonst bin ich nicht auf dem neuesten Stand, was der Konzern will und macht.
	Wunsch Führungs-position	[Kategorie: Nein] Eigentlich nicht. (…) Nein, weil ich die Verantwortung für mehrere nicht übernehmen möchte.

Tab. 199: Vorgesetzter als Vorbild und Lehrer (Followertyp Experte)

Vorgesetzter als Vorbild & Lehrer		
Followertyp Mitläufer		
	Frage	Textevidenz
Mitläufer 1	VG als Vorbild	[Kategorie: Ja] Ja, weil, wie schon gesagt, sie sehr stark „Leading by Example" lebt und die Werte des UNs sehr gut lebt, gut vertritt und auch immer wieder wiederholt oder in verschiedenen Situationen gut vorlebt. Und der letzte Punkt vielleicht, wenn man sich die ganzen verschiedenen Leadership-Stile ansieht, dann ist sie sehr ausgeglichen. Es ist jetzt nicht zu viel von dem einen, nicht zu wenig von dem anderen. Das finde ich sehr erstrebenswert.
	Relevanz vom VG zu lernen	[Kategorie: Lernen wichtig, aber nicht vom VG] Ja, ist wichtig oder anders ausgedrückt: Es ist schön, wenn man etwas lernen kann. Ich glaube aber nicht, dass man zwangsläufig von seinem VG etwas lernen muss, um gute Ergebnisse zu erzählen. Das würde ich so 50-50 einstufen. Es ist toll, wenn es vorhanden ist, aber ich glaube, dass es, wie gesagt, auch sehr, sehr gut funktionieren kann, wenn man fachlich gesehen nicht mehr unbedingt was lernen kann, aber in anderen Bereichen gut miteinander klar kommt.
	Wunsch Führungs-position	[Kategorie: Ja] Ich habe früher immer gedacht (…), wenn man sich so hocharbeitet über die Jahre, dass ich da so einen gewissen Drang verspüre, dass ich das auch gern selber machen würde. Ich glaube, ich habe ein sehr gesundes oder auch hohes Maß an Neugierde für neue Sachen und wie Prozesse funktionieren, und ich glaube, das war eine super Voraussetzung, um immer die nächsten Stepps zu gehen. (…) Attraktiv ist es, eine gewisse Freiheit zu haben. Dass man schon, wie gesagt, Ziele bekommt, die man auch umsetzen muss. Aber und das ist auch eine Sache, die ich sehr schätze an unserem UN, aber die Art und Weise, wie man die Ziele erreicht, ist sehr kreativ. Oder es ist eine gewisse Kreativität, die man ausleben kann. Und das reizt mich sehr. Und man kann sich die Zeit selbst einteilen. Man kann die Dienste selber planen, vorgeben. Das sind alles so Benefits, würde ich schon fast sagen, die mich daran sehr reizen.
Mitläufer 2	VG als Vorbild	[Kategorie: Teilweise] Ich glaube, jeder Mensch, der schon mal geführt wurde, lernt von seiner FK ganz viel und wenn es nur Dinge sind, die man nicht machen möchte. Es gibt viele Verhaltensweisen, die ich von ihr annehmen würde. Es gibt aber auch viele Verhaltensweisen, die ich nicht gerne annehmen möchte. Wenn wir z. B. über den Bereich des Micro-Managings sprechen würden, wenn wir über Vorgaben von Meinungen ohne Diskussion sprechen, dann sind das alles Dinge, die ich nicht übernehmen würde. Man muss fairerweise aber auch sagen, dass zwischen uns zwei Generationen liegen und ihre Prägung eine ganz andere ist als meine. Mein Glauben ist immer, dass man viele Dinge als Team erreichen kann und das es auch leichter ist, einem Team oder für ein Team jmd. zu folgen, wenn man gemeinsame Dinge erschafft. Das entspricht nicht dem, was so ihre Auffassung ist, und das ist bestimmt, weil sie eben so viel älter ist und weil einfach die Prägung eine andere ist. Aber im Grundsatz kann ich viel von ihr lernen und wenn es im Zweifel tatsächlich all das ist, was ich nicht machen möchte.
	Relevanz vom VG zu lernen	[Kategorie: Nicht wichtig] Ich halte das grundsätzlich für immer weniger wichtig. Zu einem früheren Zeitpunkt habe ich das als sehr wichtig empfunden, weil natürlich das fachliche Lernen noch ein anderes war und das war es für mich immer ganz wichtig, ganz viel zu lernen von meinen VGs, um einfach (…) meinen Erfahrungsschatz ausbauen zu können. Das was ich jetzt natürlich lernen kann oder was man, glaube ich, ganz grundsätzlich lernt, wenn die Karriere so weing vorangeschritten ist, sind dann eher persönliche Verhaltensweisen. Und ich glaube, es ist mir nicht so wichtig von meiner VG etwas zu lernen als zu wissen, dass wir moralisch auf einem Level liegen.
	Wunsch Führungs-position	[Kategorie: Ja] Ich glaube, wenn sich das ergeben würde, dann würde ich mich freuen darüber. Aber es bedingt für mich nicht den Zwang. Ich glaube aber nicht, dass es so sein muss, weil ich glaube, es kommt immer auf die Parameter an. Es geht immer um die Frage, wen führst du und von wem wirst du immer noch geführt und das muss einfach stimmen. Nicht um jeden Preis. Auch da, wenn das auf Kosten meiner Authentizität gehen würde oder die moralischen Werte nicht die gleichen sind. Aber wenn all das stimmt, dann natürlich gerne.
Mitläufer 3	VG als Vorbild	[Kategorie: Nein] Nein. Aus den erwähnten Punkten. Mein Ex-Manager wäre in so einer Position. Aber ich habe für mich beschlossen, ich möchte nicht ins Management, daher erübrigt sich für mich die Frage.
	Relevanz vom VG zu lernen	[Kategorie: Nicht wichtig]Da ich ja nicht in die Managementschiene möchte, sondern weiterhin als Spezialist tätig sein will, kann ich da wenig lernen. Ich kann was lernen, es ist mir nicht wichtig (…)
	Wunsch Führungs-position	[Kategorie: Nein] Ich möchte keine disziplinarische Führungsposition innehaben. Ich nehme gerne technische Führungspositionen bzw. fachliche Führungspositionen ein, was ich ja auch des Öfteren mache. [Unattraktiv an einer disziplinarischen Führungsposition], weil du – in der ersten Managementebene - nur die Durchlauferhitzer für Entscheidungen nach weiter oben bist. Und du sehr, sehr wenig Gestaltungsspielraum hast. In meiner Rolle als Spezialist mache ich entweder das oder ich mache eine administrative Tätigkeit. Beide Stellen zu kombinieren ist sehr, sehr schwierig. Vor allem bei so hochkomplexen Tätigkeiten wie bei mir. Dementsprechend müsste ich mich entscheiden, mache ich nur Manager oder nur Spezialist. Und da ist für mich der Manager nicht spannend genug und [um die nächst höhere Managementebene zu [erreichen], da bin ich zu wenig politisch, um diese Position zu erreichen.
Mit-läufer	VG als Vorbild	[Kategorie: Ja] Ja, doch. Also er ist da sehr, sehr stringent, was dieses Vorleben angeht. Dieses Vorleben von Führungspersönlichkeit, da ist er ein Vorbild für mich. Da sage ich, finde ich gut, wie er das tut. Und gleichzeitig zeigt er mir aber auch, so wie er das tut in vielerlei Hinsicht, dass es eine Nummer zu viel ist. Er ist wirklich oft humorbefreit. Und da habe ich gelernt, dass ist das, was Menschen sehr stutzig macht. Gerade als Führungskraft, wenn dir die

		Leichtigkeit verloren geht. Da bröckelt der Thron dann so ein bisschen, weil die Leute ja auch nicht dumm sind und sich fragen, vielleicht ist der ein bisschen überfordert, vielleicht ist es doch nicht so sein Ding. Ich lerne daraus viel, und ich würde sagen, er ist für mich ein Vorbild, was das Vorleben der Einstellung angeht, obwohl sie überspitzt ist. Und auch dieses menschliche Miteinander, das ist super. Und das Trennen von Beruf und Privatleben. Das habe ich schon immer relativ gut gemacht, aber he macht das auch sehr ordentlich.
Mitläufer 5	Relevanz vom VG zu lernen	**[Kategorie: Nicht wichtig]** Ist schön, muss aber nicht sein. Weil ich lerne ja immer was, selbst wenn er ein schlechter Chef ist, dann lerne ich daraus was. Ich muss nicht von seiner gut erfüllten Rolle lernen, sondern ich lerne eh was. Von dem her ist es nicht so wichtig. Es ist schön, wenn es so ist, aber für mich persönlich ist es nicht so wichtig.
	Wunsch Führungs- position	**[Kategorie: Ja]** Ich kann es mir vorstellen. (…) Na ja das Wirken auf einer anderen Ebene. Nicht so stark fachlich gebunden, sondern tatsächlich - so sehe ich das in meinem Verständnis - dass man wirklich Leute empowern kann, bei Leuten, das was sie haben, transportieren und wecken kann. Den Leuten geht's damit ja gut, wenn sie nicht ausbrennen, nicht gelangweilt sein werden. Sie werden nicht meutern, nicht kündigen. Bestenfalls mit ihrer Zeit, die sie auf der Arbeit haben, etwas tun, um ein Unternehmen weiterzubringen, was ja wieder nur aus Menschen besteht. Das fände ich spannend, und da hätte ich mal Lust darauf, da mitzumachen.
	VG als Vor- bild	**[Kategorie: Nein]** Nein, weil der wichtige Aspekt - also der mir wichtig ist - diese Empathie und mit Mitarbeitern quasi gerne arbeiten zu wollen, einfach nicht da ist. Ich war ja vorher in der Rolle, ich war ja selbst Führungskraft, und ich habe gewisse Ansprüche. Das Feedback hat mir gezeigt, dass das der richtige Weg ist. Und ich sehe mit diesem Vorgehen, also seine Führung ist für mich nicht zu fassen - es ist weder Fisch noch Fleisch. Ich meine, er ist ein Netter, keine Frage, er ist ein Netter, er macht auch Dinge für dich, aber ich brauche das halt schon auch, dass sich mal einer interessiert. Und wenn es nur ist, wenn jmd. fragt, wie es jetzt in meinem Urlaub war. Nur dieser Satz, mehr muss es nicht sein, aber auch das kommt halt.
	Relevanz vom VG zu lernen	**[Kategorie: Sehr wichtig]** Das ist mir sehr wichtig, weil ich finde, man lernt nie aus, und mein Chef ist jetzt 35, ist ein wahnsinnig helles Köpfchen und ich finde das toll, wie er manche Themen angeht und man sich vielleicht nochmal eine Scheibe abschneiden kann. Also was Führung angeht nicht, das ist jetzt nicht meine Welt, die er da lebt, aber Themen, die er vorantreibt, das finde ich echt toll, wie er das macht.
	Wunsch Führungs- position	**[Kategorie: Ja]** Das kommt darauf an. Ich bin ja in das Change-Management gegangen mit dem Ziel, mehr mit Menschen arbeiten zu können. Ich habe meine Führungsposition aufgegeben, das hatte auch Gründe, nicht sehr angenehme Gründe und habe mir gedacht, o.k... Mitarbeiterführung ist eigentlich so mein Lebenselixier, da habe ich es auf, das passt einfach. Dann denke ich mir, gut da mache ich jetzt Change-Management. Aber aktuell fehlt im Change noch das Faktum Mensch. Ich bin jetzt immer noch so in der Kommunikation und frage mich, wie ich an die einzelnen Leute herankomme, um sie bei der Veränderung zu unterstützen, neue Wege aufzuzeigen usw. Wenn das irgendwann nicht kommt, dann könnte ich mir vorstellen, wieder in die Führung zurückzugehen. Wenn sich die Möglichkeit ergeben würde.

Tab. 200: Vorgesetzter als Vorbild und Lehrer (Followertyp Mitläufer)

Vorgesetzter als Vorbild & Lehrer		
Followertyp Blender		
	Frage	**Textevidenz**
Blender 1	VG als Vor- bild	**[Kategorie: Teilweise]** Dafür ist sie mir, ehrlich gesagt, noch ein bisschen zu soft. Also ich glaube, auch viele im Team würden sich das manchmal wünschen, dass sie einfach mal ein bisschen mehr durchgreift. Das mag vielleicht daran liegen, dass sie erst seit 2 Jahren in der Rolle ist und dass sie zuvor eine noch war, so in der Richtung. Nicht für Deutschland zuständig, aber für ein anderes Land und da selbst auch erst noch ein wenig reinwachsen muss.
	Relevanz vom VG zu lernen	**[Kategorie: Sehr wichtig]** Sehr wichtig sogar. Ich kann sehr viel natürlich durch Trainingseinheiten lernen, die online ablaufen oder auch über Programme. Aber diese Programme werden mir niemals Lebenserfahrung vermitteln können, und meine Chefin kann das. Sie hat schon immer Beispiele. Also wenn du Herausforderungen hast, dann sagt sie, ach das hatte sie schon mal, und das ist so und so ausgegangen. Und diese Lebenserfahrung ist einfach unbezahlbar. Das kann dir kein Training - oder kein Online-Training - in diesem Sinne bieten. Und selbst finde ich es auch wichtig, von ihr zu lernen, weil sie ja auch schon in der Rolle war und sie ja auch schon weiter ist und mir viel vermittelt und was sie vielleicht früher falsch gemacht hat und ich dann wiederum nicht falsch machen werde. Dafür mache ich andere Fehler, aber nicht die gleichen wie sie.
	Wunsch Führungs- position	**[Kategorie: Ja]** Ja. Ich muss sagen, seitdem ich den Job gewechselt habe nicht mehr unbedingt an oberster Stelle, das liegt aber auch daran, dass der Aufbau ein ganz anderer ist. Wenn ich jetzt bei [unserem Unternehmen] von oberster Stelle spreche, dann würde ich tatsächlich vom Executive-Board sprechen. Aber im Moment könnte ich mir vorstellen, dass ich – (…) entweder mal in der Rolle von meiner VG bin oder auch in der Rolle eines Business-Partners reinwachse, weil das dann tatsächlich die fortgeschrittene Variante ist und ich mir dann vorstellen könnte, dass das dann auch etwas Langfristiges wird (…) Genau das, was ich zuvor beschrieben hatte, bzgl. warum ich von meiner Chefin lernen will. Weil ich unheimlich gern vermittle, ich gebe selbst auch sehr gerne Trainings(…) Einfach Wissen weiterzuvermitteln und anderen eine Richtung zu weisen und sie einfach zu führen. Ich fand z. B. als einfaches Bsp. in [meinem vorherigen Unternehmen] unheimlich spannend miterleben zu können, wie du einen Azubi einstellst und ihn am Ende verabschiedest und siehst, was aus ihm geworden ist. Und du konntest wahrscheinlich ein kleines Stück dazu beitragen, was aus ihm geworden ist. Vor allem, wenn ich an Azubis denke, mit denen man oft und ganz lange zusammen saß, mit denen man Krisengespräche geführt hat, mit deren Schule und Eltern man unzählige Male in Kontakt war und man am Ende sieht, hey aus dem ist was geworden, das macht mich sehr stolz. Und dann sehe ich, hey, das trägt Früchte, was ich selber mache und das ist eine sehr große Motivation, einfach auch in die Arbeit zu kommen und zu sehen, wir als Team sind erfolgreich und ich trage dazu bei, indem ich meine Mitarbeiter ein bisschen lenke und sie unterstütze.

Blender 2	VG als Vorbild	[**Kategorie: Nein**] Nein, weil ich so nicht sein möchte. Wenn ich Führungskraft wäre, wenn ich in der Position wäre, dann würde ich ein besseres Betriebsklima haben wollen. Ich würde auf Augenhöhe arbeiten wollen, auch mit denen, die zwei Etagen unter mir sitzen. Ich würde jetzt z. B. nicht eine Sekretärin anschreien, das würde ich z. B. nicht gerne machen. (…) Ich würde auch in der Öffentlichkeit so auftreten bzw. würde mehr in der Öffentlichkeit auftreten und im Moment ist es eher umgekehrt. Das viele andere mehr auftreten als sie, also nein, das würde ich nicht machen.
	Relevanz vom VG zu lernen	[**Kategorie: Wichtig**] Das war lange Zeit wichtig, und das würde ich auch gerne heute noch haben. Und wenn ich Professoren kennenlerne, ich kenne eine ganze Menge. Und ich habe auch solche Kontakte, wo ich mich extra treffe mit welchen. Die sind zum Teil alle viel jünger als ich, wo ich einfach davon profitiere, wo ich mich austauschen kann. Ja, ich möchte was lernen.
	Wunsch Führungsposition	[**Kategorie: Ja**] Ich wollte es lange, jetzt brauche ich es irgendwie nicht mehr. Nee, also ja, o.k., wenn es kommt o.k., (…) gerade (ist) im Gespräch, dass ich Promotionsrecht bekomme und (…) sie jetzt vielleicht doch eine Hausberufung mit mir machen - dann sage ich ja, o.k., habe ich auch gesagt. Aber vor 2-3 Jahren da hätte ich noch gesagt: „Ja, ja, wann kann es denn sein?", da war ich noch heiß darauf. Das ist mir jetzt eigentlich egal, das hängt wahrscheinlich auch an meinem Alter und den unglaublich schwierigen Jahren, die ich jetzt hinter mir habe mit der Frau. Da ist auch ein wenig die Faszination für vieles kaputt gegangen und da muss ich sagen, ich bin nicht mehr so scharf drauf. Also ich würde es nehmen, aber nicht mehr unter jeder Bedingung und ich glaube, ich hätte vorher eine Professur angenommen und hätte wahrscheinlich sogar ein anderes Fachgebiet unterrichtet, übertrieben gesagt. Also hätte mich da nochmal mega in etwas eingearbeitet, und da würde ich das heutzutage sagen, ist mir nicht mehr wert. Nur dass ich führen kann oder noch mehr führen kann, so hat man ja auch schon so seine (..) HIWIs usw., man hat ja immer ein Team und ein Netzwerk. Also es ist ja nicht so, dass man das gar nicht hat. Oder ich habe das ja trotzdem irgendwie ein bisschen, ich brauche das jetzt nicht noch im größeren Stil. Nein.
Blender 3	VG als Vorbild	[**Kategorie: Ja**] Ja, weil er so ist wie er ist. Mit dem ganzen diplomatischen Führungsstil, dem Interesse an seinem Team, an seinen Personen.
	Relevanz vom VG zu lernen	[**Kategorie: Sehr wichtig**] Sehr wichtig, weil man sich ja selber immer entwickeln sollte.
	Wunsch Führungsposition	[**Kategorie: Ja**] Ja, weil ich mich weiterentwickeln möchte
Blender 4	VG als Vorbild	[**Kategorie: Ja**] Ja, weil sie das meiner Meinung nach sehr gut macht. Da muss ich jetzt wieder darauf zurückkommen auf diese persönliche Ebene, dass sie wirkliches Interesse zeigt, auch für unsere Subteams, die für uns arbeiten. Wo wir jetzt nicht weisungsbefugt sind direkt, aber schon auch sagt, o.k., wir müsste das umsetzen, was wir tun. Und dass sie auch da Interesse an den Menschen zeigt. Und wenn etwas nicht gut läuft, dann redet sie nicht lang drum herum sondern sagt direkt: „Das fand ich blöd. Mich stört das, würde ich mir beim nächsten Mal anders wünschen." Ist dann aber auch nicht nachtragend, und das finde ich auch eine wichtige Eigenschaft.
	Relevanz vom VG zu lernen	[**Kategorie: Sehr wichtig**] Sehr wichtig, weil ich glaube, ohne diesen Lerneffekt entwickelt man sich nicht weiter im Beruf. (…) Ich würde sagen, sie ist wirklich bei jedem beruflichen Problem konsultiere und zumindest nach ihrer Meinung frage. (…) Sie fördert mich sehr, sie challenged mich auch sehr, wenn wir vor dem Betriebsrat oder dem Leadership-Team einen Vortrag halten müssen, dann fragt sie, ob ich mir das zutraue. Sie sagt nicht: „Du machst das jetzt einfach" - außer wenn es mein Prozess ist - dann sagt sie: "Traust du dir das zu, möchtest du das machen? Ich unterstütze dich dabei, wenn du das machen möchtest, mache das oder komme einmal noch mit und kuckt, wie ich das mache und beim nächsten Mal führen wir dich da so ein wenig ran."
	Wunsch Führungsposition	[**Kategorie: Ja**] Ja, sehr gern, weil ich es toll finde, anderer Leute Wissen zu vermitteln, Leuten etwas beizubringen und ich glaube, wenn man Teams hat, die unterstützt sind, man von denen auch noch mal lernen kann. Weil man Feedback bekommt, weil man sich, glaube ich, selber ganz anders wahrnimmt als Menschen, die einem unterstellt sind. Und ich glaube, wenn man Austausch hat, dann ist es auch wichtig, sich weiterzuentwickeln.
Blender 5	VG als Vorbild	[**Kategorie: Nein**] Nein. Das ist ja das, was ich schon gesagt hatte. Einfach weil die Art und Weise, wie die Person arbeitet, also perfektionistisch, dieses kontrollierende, stasimäßige Arbeiten. Das ist einfach nicht, wie ich als VG arbeiten möchte. Natürlich muss eine Kontrolle da sein, keine Frage. Aber gemäßigter.
	Relevanz vom VG zu lernen	[**Kategorie: Sehr wichtig**] Schon sehr wichtig. (…) Weil ein Vorgesetzter schon eine Art Bezugsperson in der Abteilung ist. Und gerade als ganz frische Person, jetzt. kommt aus der Schule, aus der Ausbildung oder dem Studium, da ist diese Arbeitswelt ganz, ganz, ganz neu. Es gab nie Berührungspunkte und ist der Vorgesetzte dann auch das Vorbild. Wie man arbeitet, wie man mit anderen umgeht. Und deswegen ist es schon wichtig, dass man vom Vorgesetzten lernen kann und auch muss. (…) Allein die Erfahrung, die die Person dann gemacht hat und auch andere Ansichten. Man kann ja einen Standpunkt haben, aber vielleicht ist der nicht richtig. Dann kann man sich von seinem VG nochmal eine Meinung einholen und nochmal darüber sprechen und dann lernt man vielleicht auch nochmal andere Sichtweisen kennen, die man vorher nicht hatte. Klar, das kann man auch mit dem Team an sich, aber der Vorgesetzte ist halt der Ansprechpartner Nummer 1, sage ich mal.
	Wunsch Führungsposition	[**Kategorie: Ja**] Doch, schon. (…) [Daran ist so attraktiv] ein Team zu leiten und erfolgreich ein Team zu leiten. Ich finde es einfach toll, andere für irgendetwas zu begeistern. Etwas zu leiten, was dann Erfolg hat. Natürlich kann man dann auch mal keinen Erfolg haben, aber ich finde, das ist so, Leute zu begeistern für ihren Job, dafür was sie machen. Ich bin immer gut drauf. Also gute Laune und so ja, das ist so, wie soll ich sagen, eine Respektsperson zu sein, aber auch so ein kleiner Hampelmann fürs Team. Beides so zusammen. Das hört sich jetzt doof an, aber gute Laune und hartes Arbeiten gehören für mich zusammen. Weil so motiviert man am besten. Und deswegen möchte ich das auch irgendwann mal rüberbringen in mein Team. Klar weiß ich nicht, wie ich dann letztendlich wird oder wie ich werde, aber ich finde so sollte man sich auch immer das Feedback von seinem Team holen, irgendwann. Weil ich glaube, manchmal wird man ein wenig blind als Vorgesetzter, wie man wirkt. Nimmt dann vielleicht doch Sachen an, die man nicht machen sollte und deswegen sollte man immer ein Feedback holen, und so wäre ich einfach, immer wieder Feedback holen.

Tab. 201: Vorgesetzter als Vorbild und Lehrer (Followertyp Blender)

	Frage	Textevidenz
Bedürftiger 1	VG als Vorbild	**[Kategorie: Teilweise]** Ja und Nein. Ja, weil sie fachlich einfach echt gut ist, und das finde ich sehr angenehm zu wissen, dass jmd. hinter einem steht, der fachlich ein gutes Wissen hat. Wo man nicht in die Haftung reinkommen kann, das ist ja auch wichtig. Und wenn man selbstständig ist und man hat einen Haftungsfall nach dem anderen, weil man selber wenig Ahnung hat und schlecht arbeitet, dann kann man relativ schnell zusperren, weil es dann echt teuer wird von dem her. Und auch dieses Freundschaftliche, das ist schon ein großer Vorteil von ihr, und das ist auch der Grund, warum ich schon 4 Jahre bei ihr bin, weil sie menschlich wirklich o.k. ist. Und das ist schon eine Eigenschaft, die positiv ist und die man sich behalten sollte. Auf der anderen Seite muss man auch als Chef ab und zu die „Arschlochkarte" ziehen, man kann es nicht jedem Recht machen und ab und zu auch sagen: „Nein, bis hier hin und nicht weiter und irgendwie müssen wir alle zusammenarbeiten, und es kann nicht immer jeder Einzelne vor alle anderen gestellt werden" Ja, dass sie nicht Nein sagen kann [in dem Aspekt ist sie kein Vorbild]. Also dass sie keine klaren Anweisungen gibt, dass sie keine guten Strukturen hat.
	Relevanz vom VG zu lernen	**[Kategorie: Wichtig]** Das ist mir schon wichtig. Da muss ich jetzt auch wieder auf die andere Firma zurückgehen, wo ich einen Ingenieur als Vorgesetzten hatte, der fachlich überhaupt gar keine Ahnung hatte. Das ist dann auch schwierig, Respekt zu haben. Wenn man einfach merkt, o.k., der ist bestimmt irgendwo anders gut, aber wenn mir der nichts beibringen kann und nichts lernen kann, dann sehe ich nicht ein, warum ich unter dem arbeiten sollte. Und wenn ich mit meinem Wissen schon weiter bin, sei es menschlich oder fachlich, dann bringt es mir nichts unter dem zu arbeiten. Da stumpfe ich eher ab, da komme ich ja nicht weiter.
	Wunsch Führungsposition	**[Kategorie: Ja]** Ja. Weil ich aufgrund meines Wissens und meiner Fortbildungen und der Zeit und dem Geld, das ich da investiert habe, glaube, dass ich das anderen Leuten auch beibringen kann. Aber ich merke mittlerweile schon, dass dieses Zwischenmenschliche, dass ich mich da schon noch schwer tun würde und dass ich da noch viele Fortbildungen und so (…) brauchen würde, bevor ich sowas machen kann. Und auch keine große Abteilung. Wenn dann vielleicht so 2-3 Leute, wie in der [Abteilung], wo wir vorher waren, da waren wir zu dritt. Und da hatte ich die inoffizielle Führungsposition. Und das hat mir schon Spaß gemacht, aber ohne Führungskräfteseminare und Fortbildungen wie man miteinander umgeht, finde ich das schon schwierig. Aber wenn das eine Firma machen würde und mich da fördern würde, dann würde ich das schon gerne machen.
Bedürftiger 2	VG als Vorbild	**[Kategorie: Ja]** Ja, schon, würde ich auf jeden Fall sagen. Weil sie sich schon sehr für ihre MA einsetzt, sich kümmert, dass wir wirklich vom Wissensstand her up to date sind, wenn es um firmeninterne Sachen geht, dass die ganzen Infos immer weitergeleitet werden. Dass man da Bescheid weiß. Und auch sonst, weil sie einfach schaut, dass wir soweit zufrieden sind und es soweit passt. Und wir die Arbeit so umsetzten können, dass wir dann auch sagen können, o.k., wir haben unsere Ziele so weit erreicht oder das Projekt erfolgreich abgeschlossen, in dem Sinne.
	Relevanz vom VG zu lernen	**[Kategorie: Sehr wichtig]** Ja schon sehr wichtig, weil ansonsten denke ich mir, wofür habe ich sie jetzt. Was macht sie eigentlich? Ist ihre Position überhaupt gerechtfertigt? Warum kann ich das nicht einfach für mich selber machen. Und ich möchte natürlich schon weiterkommen und dazulernen. Und meistens oder sehr häufig funktioniert das dann doch nur über die nächst höhere Instanz als mit den direkten Mitarbeitern.
	Wunsch Führungsposition	**[Kategorie: Nein]** Hatte ich schon mal und habe für mich selber festgestellt, das ist nicht so meine Welt ist. Dass ich gerne im Team arbeite, aber nicht als Führungskraft. Ich mich gerne im Team einbringe. Ich bin ja auch Senior in dem Fall, ich auch unterstützend da bin für die Teamleiterin oder für die Teamleitung, aber nicht selber mehr die Führungsposition habe. Weil es einfach auch belastend sein kann, Mitarbeiter zu führen. Man muss da schon der Typ dafür sein. Und das ja auch nicht immer so rund läuft. (…) Das fand ich anstrengend und es war auch einfach schwer, die Mitarbeiter zu führen. Dass die wirklich auch in die richtige Richtung mitgehen und nicht sagen: „Ich will das aber so machen, wie ich das am Liebsten mache oder denke mir, das was dich interessiert mich nicht. Ich ziehe mein Ding durch und fertig." Und das war schon teilweise sehr anstrengend, weil die noch sehr jung waren und rebellisch. (…) Extrem schwierig fand ich es, wenn es darum ging: „Da und da hast du was falsch gemacht, das müsstest du jetzt aber in Zukunft ändern." Das fand ich wahnsinnig schwierig, weil die das teilweise so auch nicht akzeptieren oder hinnehmen wollten, sondern einfach ihr Ding machen wollten. (…) Es war auch schon teilweise schwierig, seinen Standpunkt zu vertreten und akzeptiert und angesehen zu werden.
Bedürftiger 3	VG als Vorbild	**[Kategorie: Nein]** Nein. [Vorgesetzte sind keine Vorbilder für mich] (…) Ich bin einfach keine FK, ich bin einfach der Arbeiter. Ich arbeite gerne, aber ich möchte nicht führen. Ich will diese Verantwortung einfach nicht, ich möchte zuverlässig meine Arbeit machen, und das mache ich gern. Aber ich will keine Führungskraft sein.
	Relevanz vom VG zu lernen	**[Kategorie: Nicht wichtig]** Gar nicht wichtig.
	Wunsch Führungsposition	**[Kategorie: Nein]** Nein. (…) Finanziell ist es nicht attraktiv bei uns. Da brauche ich mir die Verantwortung gar nicht antun. Die Stundenzahl: Die gehen nicht nach 8 Stunden nach Hause, die haben locker 10 oder 12 Stunden am Tag. Und das ist es mir einfach nicht wert. Da liebe ich mein Privatleben zu sehr als dass ich sagen würde, das wäre es mir wert. Ich bin nicht der Mensch, der sich durch dieses eine Höhere dann profiliert. Da bin ich einfach nicht so dabei. (…) [Unsere Vorgesetzten], (…)- also vorher ist es das Prinzip vorher arbeite ich in der Gruppe, und dann kommen die aus der Gruppe raus und sind dann Vorgesetzte. Und vorher wird dann immer gesagt, ja man kennt sich doch, und dann verändern sie sich aber so, so dass sie dich teilweise nicht mehr anschauen oder grüßen. Und dann denkt man sich dann schon: „Mensch du hast jahrelang in einer Dienstgruppe [gedient] und dann ist eine Stufe aufgestiegen und dann schauen sie dich nicht einmal mehr an. Und da haben sich leider einfach viele zum Negativen verändert, wille aber viele. (…) vielleicht ist es ein bisschen die Gehirnwäsche, die da auch durchmachen für diesen Job. Ich weiß es nicht. Dass das vielleicht einfach verlangt wird. Ich sage, das ist Charaktersache. Für mich muss ein guter Vorgesetzter privat und dienstlich unterscheiden können und er muss auch immer so neutral sein zu sagen, ich kenne diese Frau von früher und dann werde ich sie auch noch in den nächsten 15 Jahren grüßen, wenn ich ihr über den Weg laufe. So sind aber viele.
Bedürft	VG als Vorbild	**[Kategorie: Nein]** Das ist für mich ganz schwierig zu beantworten, weil ich persönlich gar kein Chef werden will. Ich habe gar nicht die Muße dazu, mich irgendwann mal [Abteilungsleiter] zu nennen oder [Filialchef] zu werden, deswegen sehe ich in [meinem Vorgesetzten] auch keine Person, von der ich sage, so will ich irgendwann mal wer-

		den, deswegen ist es sehr schwierig zu beantworten
Bedürftiger 5	Relevanz vom VG zu lernen	[Kategorie: Wichtig] Schon wichtig, ich muss zu einem Chef aufschauen können. Das bringt mir nichts (…) ich finde trotzdem, zu einem Chef muss man - schon allein aus Respekt ihm gegenüber - aufschauen und sehen, was kann ich mir von ihm abschneiden und das wird es auch immer geben. Du musst ja trotzdem kucken, dass du immer nach oben schaust, wenn du nicht selbst Chef bist. (…) Absolut. Letztendlich ist er ja auch Chef, um nochmal auf das Sportthema zurückzukommen: Der Trainer hat alle Antworten, der Chef hat alle Antworten. Egal, was ich brauche, egal, was ich will. Und ich finde, er gibt seine Unterschrift dazu, um zu sagen o.k., es stimmt alles. Und wenn er keine Ahnung hat, was ich eigentlich mache, ganz ehrlich dann gibt es auch genug Leute, die dann einfach den [Rebellen geben] und ihre Chefs [veräppeln]. Und das ist halt sehr schlecht, deswegen ist es schon wichtig.
	Wunsch Führungsposition	[Kategorie: Nein] Also nein, ich sage direkt Nein. Komischerweise meine Mutter sagt zwar immer ja, das wirst du irgendwann machen. Lasse doch einfach mal die Zeit die Zeit sein und so. Aber ich habe, so wie es jetzt im Moment läuft, kein großes Interesse daran. (…) Weil ich persönlich noch keinen Job gefunden habe oder zumindest gesehen habe, wo ich Chef sein kann und mich auch um die Familie kümmern kann. Ich finde immer, dass man, wenn man Chef ist, dann hat man eine riesengroße Verantwortung, auf die ich mittlerweile überhaupt keine Lust mehr habe und mir denke wofür. Und ich bin da persönlich eher der, der sagt o.k., pass auf: 8-16 oder 8-17 oder höchstens 8-18 Uhr. Habe irgendwann mal vielleicht vier Kinder und fahre die dann zum Karate, zum Sport oder zur Nachhilfe oder so. Und das ist mir persönlich immer sehr viel wichtiger, als zu sagen, ich bin Chef. Ich verdiene 15.000 oder 20.000 im Monat, habe aber nichts von meinem Privatleben oder meiner Familie, weil ich jeden Tag von 7-23 Uhr arbeite.
	VG als Vorbild	[Kategorie: Teilweise] Ja und Nein. Ja im Sinne dessen, dass wenn ich selber mal Führungskraft werden sollte, dann würde ich mir von selber wünschen, dass ich erstens genauso nahbar bleibe wie mein Chef. Weil das ist wirklich unbezahlbar, zweitens würde ich mir wünschen, dass ich es auch schaffe, die schlechte Laune oder die blöden Sachen einfach launenmäßig von meinem Team fernzuhalten, so dass mein Team nie darunter leiden muss, wenn es für mich gerade mühsam ist, das fände ich wichtig. Und was ich auch noch sehr wichtig fände, also wo mein Chef wirklich wahnsinnig gut ist, ist Sachen delegieren. Der gibt das halt dann einfach jmd. und sagt, so kümmere dich drum und dann rennt er halt und macht sein eigenes Zeug. Und da wirklich auch so guten Gewissens zu delegieren und zu sagen: „Ja, das ist jetzt deines, kümmere dich drum." Und ich sitze aber nicht hinter dir und schaue dir über die Schulter und schaue, ob das Komma richtig gesetzt ist oder da oben der Punkt etc. Das finde ich, das macht der richtig gut. Und da ist er echt Vorbild und das finde ich, wenn ich wirklich mal Führungskraft sein sollte, dann hoffe ich, dass ich mich daran erinnere und das dann auch mache. Wo ich ihn nicht als Vorbild empfinde, ist dieses offen mit Mitarbeitern im Gespräch bleiben, dass das was sonst noch so passiert. (…). Das ist doch jetzt nicht so kompliziert. Also das, da hat er echt teilweise Führungsschwächen. Und das würde ich mir dann nicht abschauen wollen.
	Relevanz vom VG zu lernen	[Kategorie: Lernen wichtig, aber nicht vom VG] Das würde ich nicht pauschal beantworten. Ich glaube, das kommt darauf an, also wenn ich jetzt z. B. mal überlege, als ich dort angefangen habe zu arbeiten, da war es sehr, sehr wichtig von ihm lernen zu können, weil da kannte ich die Prozesse noch nicht, da kannte ich die Produkte noch nicht, da wusste ich noch nicht, wie wir mit dem Kunden umgehen usw. Da fand ich es wahnsinnig wichtig, dass man da was lernt. Und irgendwann weiß man ja irgendwie alles und ist so seine eigene Arbeitspersönlichkeit und da kommt es tatsächlich darauf an. Also klar, wenn der Chef jetzt irgendwas kann, was man selber bewundert oder bei dem man sich jeden Tag im Arbeitsalltag denkt, das hat er aber wieder gut hingekriegt, da möchte ich mich auch weiter hinentwickeln oder so. Oder da kann ich mir was abkucken, das ist super. Ich glaube aber auch, dass Menschen so unterschiedlich sind, dass man andere Dinge mehr interessieren und die muss ich mir dann wichtig, dann von außen holen. Also ich würde nicht sagen, dass ein guter Vorgesetzter notwendigerweise jmd. ist, von dem ich was lernen kann (…) Wenn ich grundsätzlich damit übereinstimme, was das oder ich mich in dem, was ich da mache wiederfinde, dann ist das nicht notwendigerweise ein zwingender Punkt, glaube ich.
	Wunsch Führungsposition	[Kategorie: Ja] Also vor einiger Zeit hätte ich wahrscheinlich noch gesagt nein, das ist mir alles viel zu stressig und das kann ich sowieso nicht. Inzwischen glaube ich, dass ich das könnte. Ich glaube, ich mag mir da noch ein bisschen Zeit lassen, aber ich würde das nicht mehr kategorisch verneinen. Unter anderem auch deshalb, weil ich glaube, ich jetzt langsam auch verstehe, dass es die Führungskraft nicht gibt, sondern jeder hat halt so seine Stärken und seine Schwächen. (…) sagt immer: "Gute Leader erkennt man daran, dass sie sich mit Leuten umgeben, die ihre Schwächen ausgleichen." Und ich glaube, dass man selber als Führungskraft nicht alles können muss, sondern dass man dann trotzdem immer noch ein Mensch mit seinen Ecken und Kanten ist und man nur mit Wasser kocht, also diese Erkenntnis hat da, glaube ich, geholfen, dass ich den Posten als Führungskraft durchaus als erstrebenswerter empfinde als früher. Das ich mir denke ja, da muss man halt kucken, dass man das Beste daraus macht, irgendwie, aber mag noch ein bisschen dauern, aber grundsätzlich vorstellen könnte ich mir das schon.

Tab. 202: Vorgesetzter als Vorbild und Lehrer (Followertyp Bedürftiger)

Anhang O: Übersicht der gebildeten Antwortkategorien der Interviews nach Followertyp

Nr	Followertyp	Übereinstimmung IZV	IZV des VGs	OCB/IRB	Berufliche Fähigkeiten	Problemlöseverhalten	Begriffsverständnis Follower	Begriffsverständnis Followership	Selbstverständnis Follower	Selbstverständnis guter Follower
1	Aspirant 1	Überwiegend/Eher ja	Ja	OCB	Sehr gut	Direkter Meinungsaustausch	Eher negativ	Begriffsverständnis vorhanden	Ja	Ja
2	Aspirant 2	Voll und ganz	Ja	OCB	Sehr gut	Kommt aufs Problem an	Eher neutral	Falsches Begriffsverständnis	Situationsabhängig	Ja
3	Aspirant 3	Voll und ganz	Ja	OCB	Gut	Kommt aufs Problem an	Eher neutral	Begriffsverständnis vorhanden	Ja	Ja
4	Aspirant 4	Voll und ganz	Identifikation ja/Vorleben nein	OCB	Sehr gut	Selbstständige Lösung	Eher negativ	Begriffsverständnis vorhanden	Nein	Ja
5	Aspirant 5	Voll und ganz	Nein	OCB	Sehr gut	Selbstständige Lösung	Eher positiv	Begriffsverständnis vorhanden	Situationsabhängig	Ja
6	Experte 1	Eher nicht	Nein	OCB	Gut	Erst selbst versuchen, dann nachfragen	Eher neutral	Kein Begriffsverständnis	Ja	Ja
7	Experte 2	Überhaupt nicht/Ziele sind mir egal	Ja	IRB	O.k./Mittel	Erst selbst versuchen, dann nachfragen	Eher negativ	Begriffsverständnis vorhanden	Ja	Situationsabhängig
8	Experte 3	Überwiegend/Eher ja	Identifikation ja/Vorleben nein	OCB	O.k./Mittel	Selbstständige Lösung	Eher neutral	Begriffsverständnis vorhanden	Ja	Ja
9	Experte 4	Eher nicht	Teilweise	OCB	Gut	Erst selbst versuchen, dann nachfragen	Eher negativ	Falsches Begriffsverständnis	Ja	Ja
10	Experte 5	Teilweise	Teilweise	IRB	Gut	Erst selbst versuchen, dann nachfragen	Ehern neutral	Kein Begriffsverständnis	Ja	Ja
11	Mitläufer 1	Überwiegend/Eher ja	Ja	OCB	Sehr gut	Erst selbst versuchen, dann nachfragen	Eher positiv	Falsches Begriffsverständnis	Situationsabhängig	Ja
12	Mitläufer 2	Überwiegend/Eher ja	Identifikation ja/Vorleben nein	OCB	Sehr gut	Direkter Meinungsaustausch	Eher negativ	Begriffsverständnis vorhanden	Ja	Situationsabhängig
13	Mitläufer 3	Überhaupt nicht/Ziele sind mir egal	Nein	OCB	O.k./Mittel	Direkter Meinungsaustausch	Eher negativ	Begriffsverständnis vorhanden	Situationsabhängig	Nein
14	Mitläufer 4	Voll und ganz	Ja	OCB	Gut	Erst selbst versuchen, dann nachfragen	Eher negativ	Begriffsverständnis vorhanden	Situationsabhängig	Ja
15	Mitläufer 5	Voll und ganz	Ja	OCB	Gut	Erst selbst versuchen, dann nachfragen	Eher negativ	Begriffsverständnis vorhanden	Situationsabhängig	Situationsabhängig
16	Blender 1	Voll und ganz	Ja	OCB	O.k./Mittel	Direkter Meinungsaustausch	Eher positiv	Kein Begriffsverständnis	Ja	Ja
17	Blender 2	Teilweise	Ja	OCB	Gut	Direkter Meinungsaustausch	Eher positiv	Begriffsverständnis vorhanden	Situationsabhängig	Situationsabhängig

18	Blender 3	Über-wiegend/ Eher ja	Ja	OCB	Sehr gut	Erst selbst versuchen, dann nach-fragen	Eher positiv	Begriffsver-ständnis vor-handen	Ja	Ja
19	Blender 4	Voll und ganz	Ja	OCB	Sehr gut	Handlungs-alternativen präsentieren & abstim-men	Eher neutral	Begriffsver-ständnis vor-handen	Ja	Ja
20	Blender 5	Eher nicht	Identifika-tion ja/ Vorleben nein	OCB	Sehr gut	Direkter Meinungs-austausch	Eher positiv	Begriffsver-ständnis vor-handen	Situations-abhängig	Ja
21	Bedürftiger 1	Über-haupt nicht/ Ziele sind mir egal	Identifika-tion ja/ Vorleben nein	OCB	Sehr gut	Kommt aufs Problem an	Eher neutral	Begriffsver-ständnis vor-handen	Nein	Situati-onsabhän-gig
22	Bedürftiger 2	Über-wiegend/ Eher ja	Ja	OCB	Gut	Erst selbst versuchen, dann nach-fragen	Eher negativ	Kein Be-griffsver-ständnis	Nein	Ja
23	Bedürftiger 3	Über-haupt nicht/ Ziele sind mir egal	Ja	IRB	Sehr gut	Kommt aufs Problem an	n/a	Kein Be-griffsver-ständnis	Ja	Ja
24	Bedürftiger 4	Eher nicht	Ja	IRB	O.k./ Mittel	Erst selbst versuchen, dann nach-fragen	Eher neutral	Kein Be-griffsver-ständnis	Ja	Ja
25	Bedürftiger 5	Über-wiegend/ Eher ja	Identifika-tion ja/ Vorleben nein	OCB	Sehr gut	Handlungs-alternativen präsentieren & abstim-men	Eher neutral	Begriffsver-ständnis vor-handen	Ja	Ja

Tab. 203: Übersicht der gebildeten Antwortkategorien der Interviews nach Followertyp zum Themenfeld 1 & 2

Nr.	Followertyp	Annahme der Füh-rung	VG als FK	Zusammen-arbeit mit VG	CE für VG	Reputation VG	VG als Vorbild	Lernen vom VG	Selbst VG sein wollen
1	Aspirant 1	Ja	Ja	Positiv	Sympathie	Unterschied-lich	Ja	Wichtig	Ja
2	Aspirant 2	Ja	Ja	Neutral	Sympathie	Positiv	Ja	Sehr wich-tig	Ja
3	Aspirant 3	Ja	Ja	Positiv	Sympathie	Unterschied-lich	Teilweise	Wichtig	Ja
4	Aspirant 4	Teilweise	Teilweise	Negativ	Trennung Privat/ Arbeit	Eher negativ	Nein	Lernen ja, nicht vom VG	Ja
5	Aspirant 5	Nein	Nein	Negativ	Antipathie	Negativ	Nein	Wichtig	Ja
6	Experte 1	Nein	Nein	Neutral	Sympathie	Unterschied-lich	Nein	Lernen ja, nicht VG	Nein
7	Experte 2	Ja	Ja	Positiv	Sympathie	Positiv	Ja	Sehr wich-tig	Nein
8	Experte 3	Ja	Ja	Positiv	Trennung Privat/ Arbeit	Negativ	Teilweise	Sehr wich-tig	Nein
9	Experte 4	Nein	Nein	Negativ	Antipathie	Negativ	Nein	Wichtig	Nein
10	Experte 5	Ja	Ja	Positiv	Sympathie	Positiv	Ja	Sehr wich-tig	Nein
11	Mitläufer 1	Ja	Ja	Positiv	Sympathie	Unterschied-lich	Ja	Lernen ja, nicht vom VG	Ja
12	Mitläufer 2	Ja	Ja	Positiv	Sympathie	Unterschied-lich	Teilweise	Nicht wich-tig	Ja
13	Mitläufer 3	Nein	Nein	Negativ	Antipathie	Unterschied-lich	Nein	Nicht wich-tig	Nein
14	Mitläufer 4	Ja	Ja	Positiv	Sympathie	Eher positiv	Ja	Nicht wich-tig	Ja

15	Mitläufer 5	Nein	Nein	Neutral	Sympathie	Positiv	Nein	Sehr wichtig	Ja
16	Blender 1	Ja	Ja	Positiv	Sympathie	Eher positiv	Teilweise	Sehr wichtig	Ja
17	Blender 2	Teilweise	Nein	Negativ	Antipathie	Eher negativ	Nein	Wichtig	Ja
18	Blender 3	Ja	Ja	Positiv	Sympathie	Eher positiv	Ja	Sehr wichtig	Ja
19	Blender 4	Ja	Ja	Positiv	Sympathie	Positiv	Ja	Sehr wichtig	Ja
20	Blender 5	Nein	Nein	Negativ	Antipathie	Negativ	Nein	Sehr wichtig	Ja
21	Bedürftiger 1	Teilweise	Nein	Neutral	Sympathie	Eher negativ	Teilweise	Wichtig	Ja
22	Bedürftiger 2	Ja	Ja	Positiv	Sympathie	Positiv	Ja	Sehr wichtig	Nein
23	Bedürftiger 3	Ja	Nein	Neutral	Neutral	Unterschiedlich	Nein	Nicht wichtig	Nein
24	Bedürftiger 4	Teilweise	Teilweise	Positiv	Antipathie	Eher negativ	Nein	Wichtig	Nein
25	Bedürftiger 5	Teilweise	Ja	Positiv	Trennung Privat/ Arbeit	Eher positiv	Teilweise	Lernen ja, nicht vom VG	Ja

Tab. 204: Übersicht der gebildeten Antwortkategorien der Interviews nach Followertyp zum Themenfeld 3

Anhang P: Kreuztabellen zur Zusammenhangsprüfung anhand der gebildeten Antwortkategorien der Interviews

		OCB/ IRB		
		IRB	OCB	Gesamt
Followertyp	Aspirant	0	5	5
	Bedürftiger	2	3	5
	Blender	0	5	5
	Experte	2	3	5
	Mitläufer	0	5	5
Gesamt		4	21	25

Tab. 205: Kreuztabelle Followertyp und OCB/ IRB-Verhalten

		Berufliche Fähigkeiten			
		Gut	O.k./ Mittel	Sehr gut	Gesamt
Followertyp	Aspirant	1	0	4	5
	Bedürftiger	1	1	3	5
	Blender	1	1	3	5
	Experte	3	2	0	5
	Mitläufer	2	1	2	5
Gesamt		8	5	12	25

Tab. 206: Kreuztabelle Followertyp & Einschätzung der beruflichen Fähigkeiten

		OCB/ IRB		
		IRB	OCB	Gesamt
Berufliche Fähigkeiten	Gut	1	7	8
	O.k./ Mittel	2	3	5
	Sehr gut	1	11	12
Gesamt		4	21	25

Tab. 207: Kreuztabelle Einschätzung beruflicher Fähigkeiten & OCB/ IRB-Verhalten

		Followertyp					
		Aspirant	Bedürftiger	Blender	Experte	Mitläufer	Gesamt
Annahme der Führung	Ja	3	2	3	3	3	14
	Nein	1	0	1	2	2	6
	Teilweise	1	3	1	0	0	5
Gesamt		5	5	5	5	5	25

Tab. 208: Kreuztabelle Annahme der Führung & Followertyp

		Followertyp					
		Aspirant	Bedürftiger	Blender	Experte	Mitläufer	Gesamt
VG als FK	Ja	3	2	3	3	3	14
	Nein	1	2	2	2	2	9
	Teilweise	1	1	0	0	0	2
Gesamt		5	5	5	5	5	25

Tab. 209: Kreuztabelle Vorgesetzter als tatsächliche Führungskraft und Followertyp

		OCB/ IRB		
		IRB	OCB	Gesamt
Identifikation mit den Zielen und der Vision der Organisation	Überhaupt nicht/ Ziele sind mir egal	2	2	4
	Eher nicht	1	3	4
	Teilweise	1	1	2
	Überwiegend/ Eher ja	0	7	7
	Voll und ganz	0	8	8
Gesamt		4	21	25

Tab. 210: Kreuztabelle Identifikation mit den Zielen und der Vision der Organisation & OCB/ IRB-Verhalten

		OCB/IRB		Gesamt
		IRB	OCB	
Einschätzung der Zusammenarbeit mit VG	Negativ	0	6	6
	Neutral	1	4	5
	Positiv	3	11	14
Gesamt		4	21	25

Tab. 211: Kreuztabelle Einschätzung der Zusammenarbeit mit dem VG & OCB/ IRB-Verhalten

		Vorgesetzter als Führungskraft			Gesamt
		Ja	Teilweise	Nein	
Einschätzung der Zu-	Negativ	0	1	5	6
sammenarbeit mit VG	Neutral	1	0	4	5
	Positiv	13	1	0	14
Gesamt		14	2	9	25

Tab. 212: Kreuztabelle Einschätzung der Zusammenarbeit mit dem VG & Vorgesetzter als tatsächliche Führungskraft

		Vorgesetzter als Führungskraft			Gesamt
		Ja	Teilweise	Nein	
Identifikation	Überhaupt nicht/ Ziele sind mir egal	1	0	3	4
mit den Zielen	Eher nicht	0	1	3	4
&	Teilweise	1	0	1	2
Vision der	Überwiegend/ Eher ja	7	0	0	7
Organisation	Voll und ganz	5	1	2	8
Gesamt		14	2	9	25

Tab. 213: Kreuztabelle Identifikation mit den Zielen und der Vision der Organisation & Vorgesetzter als Führungskraft

		IZV des VGs				Gesamt
		Nein	Teilweise	Identifikation ja/ Vorleben nein	Ja	
Identifikation	Überhaupt nicht/ Ziele sind mir egal	1	0	1	2	4
mit den Zielen	Eher nicht	1	1	1	1	4
& Vision der	Teilweise	0	1	0	1	2
Organisation	Überwiegend/ Eher ja	0	0	3	4	7
	Voll und ganz	1	0	1	6	8
Gesamt		3	2	6	14	25

Tab. 214: Kreuztabelle Identifikation mit den Zielen und der Vision der Organisation der Follower & Identifikation mit den Zielen der Organisation sowie Vorleben dieser des Vorgesetzten

		Selbst Führungskraft sein wollen		Gesamt
		Ja	Nein	
Identifikation	Überhaupt nicht/ Ziele sind mir egal	1	3	4
mit den Zielen	Eher nicht	1	3	4
und der Vision	Teilweise	1	1	2
der Organisation	Überwiegend/ Eher ja	5	2	7
	Voll und ganz	8	0	8
Gesamt		16	9	25

Tab. 215: Kreuztabelle Identifikation mit den Zielen und der Vision der Organisation & Selbst einmal Führungskraft sein wollen

Anhang Q: Validierung der Onlinebefragung und Gegenüberstellung der qualitativen und quantitativen Forschung

| **Identifikation mit den Zielen und der Vision der Organisation** | | | | | | |
| Quantitative Studie | | | | Qualitative Studie | | |
Nr	Items	M	SD	Kategorie	%	Textevidenz-Beispiel
1	Stehe hinter den Zielen	4,07	,906	IZV- Übereinstim- mung - voll & ganz (Tab. 82)	32 %	„Zu 100 %. (...) und da stehe ich auch dahinter (AS3 Abs. 4)"
2	Übereinstimmung eigene Zielsetzung und ORG- Vision	3,79	,983	IZV- Übereinstim- mung - voll & ganz (Tab. 82)	32 %	„Ich bin eigentlich nur dahin bzw. ich habe mich initiativ dort beworben, weil ich von der Firmenkultur (...) überzeugt war" (ML4 Abs. 4)
3	Mit Zielen kann ich mit nicht identifizieren*	3,98	1,214	IZV- Übereinstim- mung - eher nicht (Tab. 82)	16 %	„Leider [stimmen die Ziele] fast gar nicht muss ich dir sagen" (BE4 Abs. 6)
4	Persönlicher Einsatz für die Zielerreichung	4,26	,858	Persönliches En- gagement, um ORG-Ziele zu er- reichen - - Effiziente Ar- beitsweise (Tab. 88)	44 %	„Ich schaffe u.a. (...) die Prozesse, um effizien- tes Arbeiten zu ermöglichen, deswegen würde ich sagen, leiste ich einen sehr großen Beitrag" (BL4 Abs. 10)
5	Hauptsache ich werde an- ständig bezahlt*	4,28	1,050	IZV - Überein- stimmung – Ziele sind mir egal (Tab. 82)	16 %	„Ganz persönlich sind mir [die Ziele] relativ egal" (BE1)
	IZV	4,08	,744	**Zusätzliche Kategorien: --**		

*Item wurde vor der Auswertung rekodiert

Tab. 216: Gegenüberstellung der Ergebnisse zur Identifikation mit den Zielen und der Vision der Organisation aus quantitativer und qualitativer Forschung

Wahrgenommenes Führungsverhalten						
Quantitative Studie				Qualitative Studie		
		M	SD	Kategorie	%	Textevidenz-Beispiel
	WFV-LMX	3.60	,796			
Nr	Items					
1	Wissen um die Einschät- zung des VGs	3,80	,816	Gegenseitige Wertschätzung (Tab. 137)	20 %	„Zusammenarbeit ist geprägt von viel Respekt auf beiden Seiten. Für die fachliche Kompetenz des anderen. (...)Wir schätzen einander und res- pektieren uns sowohl beruflich als auch persön- lich." (ML2 Abs. 35)
2	Verständnis des VGs um Probleme und Bedürfnisse	3,59	,992	Gute Arbeits- atmosphäre (Tab. 137)	24 %	„Sehr vertraut, also ich kann meiner VG ziem- lich alles anvertrauen, sowohl beruflich als auch privat." (BL4 Abs. 44)
				Interesse am Mitarbeiter als Mensch (Tab. 168)	36 %	„Also für mich ist diese persönliche Ebene sehr wichtig. (...) Und ich finde es sehr wichtig bei meiner VG, (...), dass sie (...) weiß, wenn ich Probleme habe. Sei es im Studium oder privat oder sonst irgendwas" (BL4 Abs. 66))
3	VG erkennt Entwick- lungsmöglichkeiten	3,51	1,037	Weiterentwick- lung (Tab. 138)	44 %	„Dass sie mich persönlich schon entwickeln will und auch entwickelt hat. Und auch daran glaubt, was in mir steckt". (EX3 Abs. 67)
4	VG nutzt Einfluss, um bei Arbeitsproblemen zu hel- fen	3,69	1,055	Konflikte & Probleme lösen (Tab. 138)	28 %	„In Konfliktsituationen hilft er mir, weil es dann auch nicht mehr zu meinem Aufga- ben gehört." (AS2 Abs. 78)
				Rahmenbedin- gungen, um den Job gut zu ma- chen (Tab. 138)	32 %	„Persönlich, also was er persönlich für mich macht, ist wenn ich den nötigen Schutz brauche und nicht weiterkomme, dann gibt er mir den schon. Das ist so ein Punkt." (BE4 Abs. 44)
5	VG hilft auf seine Kosten aus der Klemme	3,08	1,219	Unterstützung (Tab. 141)	36 %	„Ich habe [dem Kunden] versprochen, (...) und dann hatte da eigentlich genau keiner [von den Vorgesetzten] Zeit, aber dann sprechen die sich untereinander ab und versuchen auf alle Fälle, dass das, was ich dem Kunden versprochen ha- be, auch eingehalten wird." (EX5 Abs. 84)

Nr	Items	M	SD		%	
				Rückendeckung (Tab. 161)	32 %	„Wenn z. B. von außen irgendwelche Kunden wirklich blöd waren, dann ist er auch einfach dazwischen gegangen." (BE1 Abs. 78)
6	Vertrauen in VG, um seine Entscheidungen zu verteidigen	3,72	,964	Vertrauen (Tab. 161)	36 %	„Dass man ihr vertrauen kann, was auch immer es ist." (BE2 Abs. 60)
7	Arbeitsverhältnis zum VG	3,87	,899	Auf Augenhöhe & Kollegialität (Tab. 137)	16 %	„Wir uns gegenseitig zuarbeiten. Dass wir miteinander arbeiten - und auch müssen. Weil sonst würde es (...) einfach einen Stillstand geben." (AS2 Abs. 70)
	Inhaltlich verwandte zusätzliche Kategorien: -Unhierarchischer & Menschlicher Umgang (Tab. 168: 40 %)					
Nr	**WFV-CE** *Items*	**3,65** *M*	**,918** *SD*			
1	VG ist Person, die als Mensch geschätzt wird	3,90	1,120	Sympathie (Tab. 153)	40 %	„Ein ganz netter Kerl, umgänglich, freundlich. Kann man auch mal mit losgehen" (AS4 Abs. 62)
2	VG hat ehrlichen und aufrichtigen Charakter	3,82	1,175	Ehrlichkeit (Tab. 153)	28 %	„Ich (weiß) immer, woran ich bei ihr bin (...) sie ist sehr ehrlich im Umgang mit uns allen." (EX2 Abs. 58)
				Offenheit (Tab. 153)	32 %	„Das ist eine Schwäche, die sie auch zugeben hat. Was ich aber dann auch wiederum gut finde, dass man da so offen darüber gesprochen hat. (ML1 Abs. 56)
3	VG verfügt über guten Ruf	3,76	1,099	Positive Reputation (Tab. 155)	24 %	„Einen sehr guten [Ruf], das war auch schon ein langjähriger MA zuvor." (AS2 Abs. 104)
4	VG ist überwiegend auf eigenen Vorteil bedacht*	3,34	1,265	Egoismus (Tab. 154)	12 %	„Zuerst mal komme ich, dann kommt lange nichts und dann kommen andere (...) sehr ich-bezogen" (EX1 Abs. 72)
5	VG setzt immer den eigenen Willen durch*	3,12	1,196	Egoismus (Tab. 154)	12 %	„Er ist egoistisch" (ML3 Abs.74)
6	VG ist stets fair und zuverlässig	3,61	1,099	Soziale Kompetenz (Tab. 153)	36 %	„...Du kannst tatsächlich mit [allem] zu ihm hingehen und das mit ihm klären (...) die Zeit nimmt er sich, und das finde ich gut." (BE5)
7	VG hat hohe Intelligenz und für Job relevante Fähigkeiten	4,01	1,061	Entscheidungsfreudigkeit & Kompetenz (Tab. 153)	40 %	„[VG] hat viel Erfahrung, ist viel herumgekommen und kann davon viel zehren und weitergeben." (ML1 Abs. 54)
	Inhaltlich verwandte zusätzliche Kategorien, die hinsichtlich einer positiven Charaktereinschätzung genannt werden: -Engagement, Einsatz, Leistungsorientierung (Tab. 160: 40 %) -Humor (24 %) -Vertrauen entgegenbringen (Tab. 160: 20 %) -Ausgeglichenheit & Harmonie (Tab. 168: 20 %) -Gelassenheit & Ruhe (Tab. 160: 16 %)					
Nr	**WFV-TFV** *Items*	**3,58** *M*	**,916** *SD*			
1	VG kommuniziert positive Zukunftsvision	3,56	1,024	Einfache Kommunikation (Tab. 161)	28 %	„Wenn man neue Strategien an sein Team weitergibt, die erst einmal zu besprechen, nachzufragen, ob die verstanden wurden, ob es Einwände gibt. Um gemeinsam die Strategien zu leben." (BL3 Abs. 70)
2	VG schätzt Individuen & unterstützt Entwicklung	3,67	1,057	Weiterentwicklung (Tab. 138)	44 %	„Er beurteilt mich natürlich gut. Er stellt mich auch als positiv dar." (EX4 Abs. 54)
3	VG ermutigt & wertschätzt Mitarbeiter	3,61	1,068	Wertschätzung (Tab. 161)	16 %	„(Er) hat jeden Tag gesagt, er hat ein super Team, er ist total stolz auf jeden einzelnen MA, der für ihn arbeitet." (BE1 Abs. 78)
4	VG fördert Vertrauen, Einbindung und Kooperation	3,53	1,117	Vertrauen entgegenbringen (Tab. 153)	20 %	„Dass er mir das Vertrauen entgegenbringt." (AS4 Abs. 58)
				Gruppenkoordination & Teamwork sicherstellen (Tab. 161)	32 %	„Er es geschafft hat, dass bei uns sehr viel gut läuft, weil wir miteinander arbeiten und füreinander und nicht gegeneinander oder jeder für sich. Oder Ellbogenverfahren anwendet." (AS2 Abs. 140)
5	VG fördert Innovation und hinterfragt Annahmen	3,59	1,077	Mitarbeiter fördern und Impulse geben (Tab. 168)	36 %	„Durch ihre Art und Weise in verschiedene Richtungen zu blicken, gesagt (hat): ‚Kuck doch nochmal in der Richtung und probiere es noch mal in der anderen Richtung'." (ML1 Abs. 68)
6	VG steht zu Werten und tut, was er sagt	3,77	1,045	Vorbild sein (Tab. 161)	16 %	„Dass sie vorleben, was die Werte der Firma sind." (AS3 Abs. 82)
				Berechenbarkeit (Tab. 161)	8 %)	„Dass sie dann auch dahinter steht und ihre Meinung nicht ändert." (BE2 Abs. 60)
7	VG verursacht Stolz und	3,36	1,180	Kompetenz (Tab.	28 %	„Also ich möchte Halt haben, jemand der fachli-

Nr	Items	M	SD	Kategorie	%	Textevidenz-Beispiel
	inspiriert mich			161) Positive Reputation (Tab. 155)	24%	che Kenntnisse hat." (AS5 Abs. 79) „Er ist anerkannt, sehr zielorientiert, hohes Fachwissen, (...)sehr geschickt in der Kommunikation und ein sehr ruhiger, kompetenter, zielstrebiger." (ML5 Abs. 64)
				Inhaltlich verwandte zusätzliche Kategorien: --		
	WFV-SL	3,14	,816			
Nr	Items	M	SD			
1	VG erkennt, wenn arbeitsbezogenes schief läuft	3,75	,945	Unterstützung & Hilfe (Tab. 161)	52%	„Da war sie sehr unterstützend (...), da hat sie dann schon eingegriffen, um dann quasi zu helfen, zu unterstützen." (AS3 Abs. 80)
2	VG macht meine berufliche Weiterentwicklung zur Priorität	2,82	1,154	Weiterentwicklung (Tab. 138)	44%	„Der hat das Potenzial erkannt, dass ich vielleicht mitbringe. Der hat mich schon mit auf eine Messe genommen, dass wir uns Sachen ankucken. Gestattet mir diese Meisterschule, obwohl eigentlich noch kein Bedarf da ist." (AS4 Abs. 58)
3	Suche bei persönlichen Problem Hilfe bei VG	2,89	1,364	Unterstützung (Tab. 141)	36%	„Sie ist einfach als Ansprechpartnerin da. Ich weiß, ich kann mich an sie wenden. Egal ob ich fachliche oder persönliche Probleme habe, kann ich mich an sie wenden und sie hilft einem gerne." (BE1 Abs. 54)
4	VG betont Wichtigkeit, an Gemeinschaft zurückzugeben	2,95	1,201	n/a	n/a	n/a
5	VG stellt mein Wohl vor das Seine	2,25	1,064	n/a	n/a	n/a
6	VG lässt Freiheit, schwierige Situationen selbst zu lösen	3,78	1,055	Selbstständiges Arbeiten (Tab. 137)	32%	„Er lässt mir völligen Freiraum, ich kann eigentlich tun und lassen, was ich will." (ML5 Abs. 46)
7	VG bricht keine ethischen Grundsätze	3,75	1,234	Sympathie (Tab. 161)	36%	„Dass man glaube ich grundsätzlich so eine gemeinsame Vorstellung von Werten hat." (BE5 Abs. 60)
	WFV	3,50	,808	Zusätzliche Kategorien ohne inhaltliche Nähe: -Privates & Berufliches trennen (Tab. 168: 16%)		

*Item wurde vor der Auswertung rekodiert

Tab. 217: Gegenüberstellung der Ergebnisse zur Qualität des wahrgenommenen Führungsverhaltens aus quantitativer und qualitativer Forschung

Selbstwirksamkeitserwartung (SW)						
Quantitative Studie				Qualitative Studie		
Nr	Items	M	SD	Kategorie	%	Textevidenz-Beispiel
1	In unerwarteten Situationen weiß ich, wie ich mich verhalte	3,71	,754	Einschätzung der Beruflichen Fähigkeiten (Tab. 94)	n/a	„Ich halte mich für jmd., der sehr fundiert ist in dem, was ich tue und das sehr gut gelernt hat." (ML2 Abs. 12)
2	Für jedes Problem habe ich eine Lösung	3,66	,781	Umgang mit beruflichen Problemen (Tab. 100)	n/a	„Ja [berufliche Probleme] nehme ich an und suche eine Lösung. Entweder habe ich direkt eine parat oder ich suche mir eine raus." (AS4 Abs. 20)
3	Verlass auf die eigenen Fähigkeiten	3,87	,857	Einschätzung der Beruflichen Fähigkeiten (Tab. 94)	n/a	„Ich bin von meinen beruflichen Fähigkeiten überzeugt, weil ich glaube ich eine sehr gute Ausbildung genossen habe." (BL4 Abs. 20)
4	Ideenreichtum, um mit Problemen fertig zu werden	3,84	,741	Umgang mit beruflichen Problemen (Tab. 100)	n/a	„Mir eine Lösung zu suchen. Oder mir irgendwie zwei- bis drei Optionen im Kopf zu überlegen und dann zu kucken, (...) wie kann ich es am besten lösen mit einer der Optionen." (EX3 Abs. 32)
5	Positiver Umgang gegenüber Konfrontation mit Neuem	3,87	,700	Umgang mit beruflichen Problemen (Tab. 100)	n/a	„Wenn ich eine berufliche Herausforderung habe, dann schaue ich erst mal selber, wie ich damit umgehe. Spreche meistens mit meinem Mann darüber oder guten Freundinnen." (BL3 Abs. 18)
6	Klarkommen, egal was im Berufsleben passiert	4,14	,778	Einschätzung der Beruflichen Fähigkeiten (Tab. 94)	n/a	„Habe einen relativ schnellen Überblick bzgl. der Zusammenhänge. Wenn ich an einem Fädchen ziehe, weiß ich was passiert dann an der anderen Ecke. Aufgrund (...) kann ich relativ schnell ableiten, was es für Herausforderungen für das UN, für das Projekt, für die MA geben könnte. Und habe die, ich will es jetzt nicht

7	Durch berufliche Erfahrung gut auf berufl. Zukunft vorbereitet	4,20	,778	Umgang mit beruflichen Problemen (Tab. 100)	n/a	übertreiben, die Gabe die Leute mitzunehmen." (ML5 Abs. 20) „Ich schaue mir das an und dann schaue ich, was hat man schon Ähnliches in der Vergangenheit gemacht (…) und dann geht das meistens auch irgendwie schon." (AS5 Abs. 20)
8	Erreichen der gesetzten beruflichen Ziele	3,98	,796	Einschätzung der Beruflichen Fähigkeiten (Tab. 94)	n/a	„Sehr gut. Also das, was von mir verlangt wird mache ich auch. Dass erfülle ich zu 100 % denke ich." (BL3 Abs. 16)
9	Fühle mich beruflichen Anforderungen gewachsen	4,22	,688	Einschätzung der Beruflichen Fähigkeiten (Tab. 94)	n/a	„Mir fällt es einfach Sachen zu lernen (…) Ist ein riesen Spaß und da ist auch meine Leistung jedes Mal nahezu 100 %." (AS1 Abs. 18)
	SW	3,95	,539	Zusätzliche Kategorien: --		

Tab. 218: Gegenüberstellung der Ergebnisse zur Einschätzung der eigenen Fähigkeiten aus quantitativer und qualitativer Forschung

Motivation to Lead (MtL)						
	Quantitative Studie			Qualitative Studie		
Nr	Items	M	SD	Kategorie	%	Textevidenz-Beispiel
1	Ziehe es vor die Gruppe zu führen	3,49	,930	Gründe für Führungsposition - Spaß am Führen (Tab. 181)	8 %	„Allein ein Team zu führen macht unglaublich Spaß." (AS1 Abs. 89)
2	Kein Interesse andere zu führen*	3,89	1,071	Vorteile der Followerrolle (Tab. 128)	n/a	„Wenn ich persönlich zu viel Verantwortung habe, ich mich nicht wohlfühle und lieber die Verantwortung jmd. überlasse, der die Erfahrung hat." (EX3 Abs. 44)
3	Nicht der geborene Anführer*	3,67	1,169	Vorteile der Followerrolle (Tab. 127)	n/a	„Ich (…) auch gerne die Dinge präsentiere, die ich erarbeite, aber nichts destotrotz lieber im Hintergrund bin als im Rampenlicht." (EX3 Abs. 50)
4	Bestimme gerne, was andere tun	2,99	1,001	Gründe für Führungsposition - mehr Autonomie (Tab. 181)	8 %	„Dass man selber entscheiden kann." (AS3 Abs. 110)
5	Bin einer Gruppe als Follower dienlicher*	3,56	1,026	Vorteile der Followerrolle (Tab. 127)	n/a	„Dieser Druck, den [der Vorgesetzte] hat, dadurch erade er die Verantwortung hat und das Team führen muss, ist bei mir sehr viel geringer und dadurch habe ich Kapazitäten frei für [anderes]." (AS1 Abs. 30)
6	Normalerweise möchte ich Leader in Gruppen sein	3,05	1,025	Gründe für Führungsposition - Spaß am Führen (Tab. 181)	8 %	„Ein Team zu leiten und erfolgreich ein Team zu leiten. Ich finde es einfach toll, andere für irgendetwas zu begeistern." (BL5 Abs. 100)
7	Unterstütze Leader, möchte aber keiner sein*	3,37	1,106	Vorteile der Followerrolle (Tab. 127)	n/a	„Man kann auch im Hintergrund die Fäden ziehen und muss nicht der sein, der vorne auf der Bühne performt." (BE5 Abs. 32)
8	Neigung die Führung zu übernehmen in Gruppen	3,28	1,057	Gründe für Führungsposition - Wissen weitergeben (Tab. 181)	24 %	„Einfach Wissen weiterzuvermitteln und anderen eine Richtung zu weisen." (BL1 Abs. 80)
9	Keine Scheu, Führung zu übernehmen	3,45	1,126	Gründe für Führungsposition - Verantwortung übernehmen (Tab. 181)	20 %	„Grundsätzlich habe ich mit Verantwortung kein Problem. Es macht mir Freude Probleme zu lösen." (AS4 Abs. 104)
	MtL	3,42	,779	Inhaltlich verwandte zusätzliche Kategorien: -Wissen weitergeben -Bessere Vorteile im Vergleich zu Followern		

*Item wurde vor der Auswertung rekodiert

Tab. 219: Gegenüberstellung der Ergebnisse zu Führungsmotivation aus quant. und qual. Forschung

Folgebereitschaft (FB)

	Quantitative Studie			Qualitative Studie		
Nr	Items	M	SD	Kategorie	%	Textevidenz-Beispiel
1	VG nicht nur weisungsbe-fugt, sondern richtungs-weisend	3,37	1,074	Annahme der Führung des VGs (Tab. 164)	56 %	„Ja. Weil sie sehr erfahren ist, in dem was sie tut und ich auch die Entscheidung mittrage." (BL4 Abs. 68)
2	VG bewegt mich zu be-sonderen Leistungen	3,35	1,111	Annahme der Führung des VGs (Tab. 164)	56 %	„Ja schon, weil ich das einfach wichtig finde, dass man schon dahinter steht. In die Richtung (geht), in die sie geht." (BE2 Abs. 62)
3	Bereitwillige Führungsan-nahme im Sinne der Ziel-erreichung	3,52	,976	Bedeutung zu folgen - Ziele gemeinsam ver-folgen (Tab. 167)	36 %	„Ich unterstütze meinen Vorgesetzten dass wir zusammen, das erreichen. Weil wir von den gleichen Zielen überzeugt sind." (BL5 Abs. 82)
4	Überzeugung den Job bes-ser als die VG machen zu können*	3,73	1,117	Nachteile von VGs - Einschrän-kungen	36 %	„Ich könnte [ohne Vorgesetzten] mit Sicherheit mehr bewirken." (EX4 Abs. 108)
5	Berechtigung der Überstel-lung des VG	3,84	1,119	Bedeutung zu folgen - Lehr-stunde (Tab. 167)	20 %	„Ich finde es auch ganz angenehm, weil man vielleicht ja auch noch was lernen kann und für sich persönlich was mitnehmen kann." (AS5 Abs. 85)
6	Kein Unterschied, ob es Vorgesetzten gibt oder nicht*	2,67	1,233	Veränderung oh-ne VG	n/a	„Es wäre jetzt nicht so ein großer Unterschied [, wenn es den direkten Vorgesetzten nicht gäbe]." (AS4 Abs. 84)
7	Überzeugung vom Vorge-setzten lernen zu können	3,39	1,248	Bedeutung zu folgen - Lehr-stunde (Tab. 167)	20 %	„Ich sehe es als Lehrstunde." (AS1 Abs. 73)
	FB	3,41	,773	**Inhaltlich verwandte zusätzliche Kategorien:** -Werteabstimmung/ Vertrauen		

*Item wurde vor der Auswertung rekodiert

Tab. 220: Gegenüberstellung der Ergebnisse zur Folgebereitschaft aus quant. und qual. Forschung

Wünschenswertes Followerverhalten

	Quantitative Studie			Qualitative Studie		
		M	SD	Kategorie	%	Textevidenz-Beispiel
	OCB-Hilfsbereitschaft	4,19	,554			
Nr	Items					
1	Anderen helfen bei Über-lastung	4,30	,733	Unterstützung/ Teamwork (Tab. 121)	40 %	„Ich frage mich dann, was braucht der und kann den so unterstützen, dass ich, wenn ich in seiner Position wäre [denke], der hilft mir dabei sehr gut weiter." (AS1 Abs. 38)
2	Bei Meinungsverschie-denheiten ausgleichend einwirken	4,08	,789	Initiative ergreifen/ Aktiv sein (Tab. 121)	28 %	„Ich versuche Kollegen, die evtl. völlig in eine andere Richtung denken oder sich quer stellen, mit denen auch zu reden. Und mal einen anderen Blick (..) zu schaffen." (ML5 Abs. 44)
3	Freiwillige Initiative zur Einarbeitung neuer Kolle-gen	4,08	,867	Teamwork/ Kollegialität (Tab. 88)	40 %	„Indem ich versuche neue Mitarbeiter so gut es geht zu fördern und zu trainieren." (AS2 Abs. 12)
4	Aktive Bemühung Schwie-rigkeiten mit Kollegen vorzubeugen	4,11	,804	Teamwork/ Kollegialität (Tab. 88)	40 %	„Dass man über mehrere Tage, bei denen man zusammenarbeitet, dass möglichst reibungslos schafft und jeder dann zufrieden nach Hause gehen kann." (AS1 Abs. 14)
5	Ermunterung von nieder-geschlagenen Kollegen	4,37	,705	Teamwork/ Kollegialität (Tab. 88)	40 %	„Menschlich halte ich das Team, das wir haben bei Laune." (ML4 Abs. 6)
				Inhaltlich verwandte zusätzliche Kategorien: -Wirtschaftlichkeit gewährleisten (28 %) -Kundenzufriedenheit sicherstellen (16 %)		
	OCB-Gewissenhaftigkeit	4,37	,526			
Nr	Items	M	SD			
1	Pünktlichkeit	4,52	,834	Anweisungen befol-gen (Tab. 121)	20 %	„Abmachungen einhält, Deadlines einhält." (BL5 Abs. 30)
2	Frühzeitige Information über Fehlzeiten	4,77	,558	n/a	n/a	n/a
3	Besonders wenige Fehlzei-ten	4,55	,735	Vorgaben einhalten (Tab.88)	52 %	„Versuche, nicht so oft krank zu sein." (EX3 Abs. 22)
4	Sorgfältige Beachtung von Vorschriften & Anweisun-gen	4,22	,803	Vorgaben einhalten (Tab. 88)	52 %	„Indem ich das neu entwickelte [Konzept], das wir jetzt haben, nach bestem Gewissen ausübe." (AS2 Abs. 20)
5	Freinehmen nur in drin-genden Fällen	3,77	1,178	Vorgaben einhalten (Tab. 88)	52 %	„Ich arbeite immer, wenn ich kann." (EX3 Abs. 22)
				Inhaltlich verwandte zusätzliche Kategorien: --		

	OCB-Unkompliziertheit	4,23	,617			
Nr	Items	M	SD			
1	Beklagen über Belanglosigkeiten*	4,08	,900	Gute Moral/ Positive Einstellung (Tab. 121)	20 %	„(...) bringt (..) nichts, wenn ich in der Gruppe einen Follower habe, der zwar gut arbeitet, aber permanent aufmüpfig ist und permanent irgendwie ein Quertreiber ist." (BE4 Abs. 20)
2	Aus einer Mücke einen Elefanten machen*	4,16	,898	Gute Moral/ Positive Einstellung (Tab. 121)	20 %	„Jmd., der relativ bescheiden, wenig aufbrausend, wenig impulsiv ist" (ML4 Abs. 25)
3	Negative Ansichten gegenüber dem Unternehmen*	4,49	,762	Fehlende Motivation/ Einsatz/ Moral (Tab. 122)	60 %	„Meckert im Hintergrund und versucht, Stimmung zu machen und ist meines Erachtens nach auch nicht an Neuerungen interessiert." (ML5 Abs. 34)
4	Kritik an Kollegen*	4,18	,824	n/a	n/a	n/a
5	Vorbehalte gegenüber Veränderungen im Unternehmen*	4,26	,857	Anpassungsfähigkeit/ Offenheit (Tab. 121)	16 %	„Offen ist für Neues." (EX1 Abs. 32)
				Inhaltlich verwandte zusätzliche Kategorien: --		
	OCB-Eigeninitiative	3,97	,677			
Nr	Items	M	SD			
1	Aktive Beteiligung Besprechungen & Versammlungen	4,01	,891	Austausch mit Kollegen (Tab. 88)	12 %	„Ich versuche, mich mit Kollegen auf internationaler Ebene auszutauschen, intern, extern." (BL2 Abs. 8)
2	Information über UN-Entwicklungen	4,12	,830	Innovationen & Trends (Tab.88)	12 %	„Ich erweitere meinen Horizont, indem ich weiß, was gibt es Neues." (ML3 Abs. 10)
3	Innovative Qualitätsverbesserungsvorschläge	4,04	,888	Innovationen & Trends (Tab. 88)	12 %	„Dass ich Ideen selber mit einbringe und Verbesserungsvorschläge mache, neue Technik heraussuche. Was man alles noch besser machen kann." (AS4 Abs. 8)
				Verbesserungen vorschlagen (Tab. 121)	28 %	„Vorschläge bringt, die vielleicht besser zum Ziel führen." (ML1 Abs. 32)
4	Laufende Fortbildungen zur Arbeitsqualitätsverbesserung	3,85	,956	Regelmäßige Fortbildungen (Tab. 88)	16 %	„Ich gehe (...) regelmäßig auf (...) Fachkonferenzen, damit mein Fachwissen stetig auf dem aktuellen Stand bleibt." (ML4 Abs. 12)
				Weiterbildungen (Tab. 118)	8 %	„Sich entsprechend auch, selbst weiterinformieren." (BL1 Abs. 22)
5	Initiativergreifung um Unternehmen vor Problemen zu schützen	3,78	,976	Verbesserungsvorschläge einbringen (Tab. 88)	28 %	„Sage meine Meinung ehrlich, (...) hinterfrage natürlich meine Arbeitsabläufe. Tue das kund, versuche auch manche Probleme wirklich zu beseitigen." (EX4 Abs. 18)
				Initiative ergreifen/ Aktiv sein (Tab. 121)	28 %	„Ich habe schon ein Ehrgeiz, dass ich sage, das muss laufen. Und wenn das oder das dafür getan werden muss, dann bringe ich das ein." (BE2 Abs. 36)
				Inhaltlich verwandte zusätzliche Kategorien: -Eigenständig arbeiten (24 % Nennungen); -Stärken kennen (8 % Nennungen); -Kritischen Denken & Hinterfragen (80 % Nennungen)		
	OCB-Gesamt-Konstrukt	**4,20**	,383	**Zusätzliche Kategorien ohne inhaltliche Nähe:** -Einsatz zeigen & Motivation (56 % Nennungen); -Extraleistungen & -aufgaben (24 %); -Unterordnung & Gehorsam (40 % Nennungen); -Zuhören (8 % Nennungen); -Klare Zielkommunikation und Vorleben der Ziele (12 % Nennungen); -Fachwissen (8 % Nennungen)		

*Item wurde vor der Auswertung rekodiert

Tab. 221: Gegenüberstellung der Ergebnisse zu wünschenswertem Followerverhalten aus quantitativer und qualitativer Forschung

Quellenverzeichnis

Agho, A. O. (2009). Perspectives of Senior-Level Executives on Effective Followership and Leadership. *Journal of Leadership & Organizational Studies, 16*(2), 159–166. https://doi.org/10.1177/1548051809335360

Alban-Metcalfe, R. J., & Alimo-Metcalfe, B. (2000). The transformational leadership questionnaire (TLQ-LGV): a convergent and discriminant validation study. *Leadership & Organization Development Journal, 21*(6), 280–296.

Alexander, R. D. (1961). Aggressiveness, Territoriality, and Sexual Behavior in Field Crickets (Orthoptera: Gryllidae).

Allen, T. D., Barnard, S., Rush, M. C., & Russell, J. E.A. (2000). Ratings of Organizational Citizenship Behavior: Does the Source Make a Difference? *Human Resource Management Review, 10*(1), 97–114. https://doi.org/10.1016/S1053-4822(99)00041-8

Allman, W. F. (1996). *Mammutjäger in der Metro: Wie das Erbe der Evolution unser Denken und Verhalten prägt.* Heidelberg, Berlin, Oxford: Spektrum, Akad. Verl.

Alznauer, M. (2007). Wie die Evolution die Essenz der Führung definierte. *Wirtschaftspsychologie aktuell.* (2), 12.

Alznauer, M. (2013). *Natürlich führen: Der evolutionäre Quellcode der Führung* (2. Aufl. 2013). Wiesbaden: Gabler Verlag.

Amit, K., & Bar-Lev, S. (2013). Motivation to Lead in Multicultural Organizations: The Role of Work Scripts and Political Perceptions. *Journal of Leadership & Organizational Studies, 20*(2), 169–184. https://doi.org/10.1177/1548051812467206

Antonakis, J., Avolio, B. J., & Sivasubramaniam, N. (2003). Context and leadership: An examination of the nine-factor full-range leadership theory using the Multifactor Leadership Questionnaire. *The Leadership Quarterly, 14*(3), 261–295. https://doi.org/10.1016/S1048-9843(03)00030-4

Antonakis, J., Cianciolo, A. T., & Sternberg, R. J. (2004). *The nature of leadership.* Thousand Oaks, CA: Sage Publications.

Arvey, R. D., Rotundo, M., Johnson, W., Zhang, Z., & McGue, M. (2006). The determinants of leadership role occupancy: Genetic and personality factors. *The Leadership Quarterly, 17*(1), 1–20. https://doi.org/10.1016/j.leaqua.2005.10.009

Arvey, R. D., Zhang, Z., Avolio, B. J., & Krueger, R. F. (2007). Developmental and genetic determinants of leadership role occupancy among women. *Journal of Applied Psychology, 92*(3), 693–706. https://doi.org/10.1037/0021-9010.92.3.693

Ashby, M. D., & Miles, S. A. (Eds.). (2002). *Leaders talk Leadership: Top Executives speak their Minds.* Oxford: Oxford University Press.

Avolio, B. J., & Bass, B. M. (1995). Individual consideration viewed at multiple levels of analysis: A multi-level framework for examining the diffusion of transformational leadership. *The Leadership Quarterly, 6*(2), 199–218. https://doi.org/10.1016/1048-9843(95)90035-7

Axelrod, R. M. (2006). *The evolution of cooperation* (Rev. ed.). New York: Basic Books.

Axelrod, R. M., & Hamilton, W. D. (1981). The Evolution of Cooperation. *Science, 211*(4489), 1390–1396.

Backhaus, K., Erichson, B., & Weiber, R. (Eds.). (2013). *Fortgeschrittene Multivariate Analysemethoden: Eine anwendungsorientierte Einführung* (2., Aufl.). *Springer-Lehrbuch.* Berlin: Springer.

Baker, S. D. (2007). Followership: The Theoretical Foundation of a Contemporary Construct. *Journal of Leadership & Organizational Studies, 14*(1), 50–60. https://doi.org/10.1177/0002831207304343

© Springer Fachmedien Wiesbaden GmbH, ein Teil von Springer Nature 2019
J. Ruthus, *Followership und Führungsverhalten,*
https://doi.org/10.1007/978-3-658-26001-9

Baltes-Götz, B. (2013). Behandlung fehlender Werte in SPSS und Amos. Retrieved from https://www.uni-trier.de/fileadmin/urt/doku/bfw/bfw.pdf

Barbuto, J. E. (2000). Influence triggers: A framework for understanding follower compliance. *The Leadership Quarterly*, *11*(3), 365–387. https://doi.org/10.1016/S1048-9843(00)00045-X

Barkow, J. H., Cosmides, L., & Tooby, J. (Eds.). (1992a). *The Adapted mind: Evolutionary psychology and the generation of culture*. New York: Oxford University Press.

Barkow, J. H., Cosmides, L., & Tooby, J. (Eds.). (1992b). *The Adapted mind: Evolutionary psychology and the generation of culture*. New York: Oxford University Press.

Bass, B. M. (1985). *Leadership and performance beyond expectations*. New York, London: Free Press; Collier Macmillan.

Bass, B. M. (1998). *Transformational Leadership: Industrial, military, and educational impact*. Mahwah, N.J.: Lawrence Erlbaum.

Bass, B. M., & Avolio, B. J. (1994). *Transformational leadership: Improving organizational effectiveness*. Thousand Oaks, CA: SAGE.

Bass, B. M., Avolio, B. J., & Atwater, L. (1996). The Transformational and Transactional Leadership of Men and Women. *Applied Psychology*, *45*(1), 5–34. https://doi.org/10.1111/j.1464-0597.1996.tb00847.x

Bass, B. M., & Riggio, R. E. (2006). *Transformational leadership* (2nd ed.). Mahwah, N.J.: L. Erlbaum Associates.

Bateman, T. S., & Organ, D. W. (1983). Job satisfaction and the good soldier: The relationship between affect and employee. *The Academy of Management Journal*, *26*(4), 587–595.

Behling, O., & McFillen, J. M. (1996). A Syncretical Model of Charismatic/Transformational Leadership. *Group & Organization Management*, *21*(2), 163–191. https://doi.org/10.1177/1059601196212004

Beller, S., & Bender, A. (2010). Kognitionsethnologie und Kognitionspsychologie: Synergien nutzen. *Zeitschrift für Ethnologie*, *135*, 233–248.

Bennis, W. (1999). The End of Leadership. Exemplary Leadership is impossible without full Inclusion, Initiatives, and cooperation of followers. *Organizational Dynamics*, *28*(1), 71–79.

Bennis, W., & Nanus, B. (1985). *Leaders: The strategies for taking charge*. New York: Harper Collins.

Bettge, S. (2004). Schutzfaktoren für die psychische Gesundheit von Kindern und Jugendlichen: Charakterisierung, Klassifizierung und Operationalisierung (Dissertation). Technische Universität Berlin, Berlin.

Beuttler, U. (2008). Noch immer Streit um Darwin. Zur aktuellen Diskussion um Kreationismus und Intelligent Design. *Verkündung und Forschung*, *54*(77-80). https://doi.org/10.1007/978-3-540-77936-0

Bewley, T. F. (1999). *Why wages don't fall during a recession*. Cambridge: Harvard University Press.

Bjugstad, K., Spotlight, C., Thach, E., Thompson, K., & Morris, A. (2006). A Fresh Look at Followership: A model for matching followership and leadership styles. *International Journal for Psychology and Behavioral Research*, *3*(2), 115–125.

Blake, R. R., & Mouton, J. S. (1964). *The managerial grid*. Houston, TX: Gulf.

Blake, R. R., Mouton, J. S., & Bidwell, A. C. (1962). Managerial Grid. *Advanced Management-Office Executive*, *1*, 12–15.

Blass, T. (1991). Understanding behavior in the Milgram obedience experiment: The role of personality, situations, and their interactions. *Journal of Personality and Social Psychology*, *60*(3), 398–413. https://doi.org/10.1037/0022-3514.60.3.398

Blass, T. (2009). From New Haven to Santa Clara: A historical perspective on the Milgram obedience experiments. *The American psychologist, 64*(1), 37–45. https://doi.org/10.1037/a0014434

Blau, P. M. (1964). *Exchange and power in social life*. New York: Wiley.

Bligh, M. C., Kohles, J. C., Pearce, C. L., Justin, J. E., Stovall, J. F. (2007). When the Romance is Over: Follower Perspectives of Aversive Leadership. *Applied Psychology, 2007 // 56*(4), 528–557. https://doi.org/10.1111/j.1464-0597.2007.00303.x

Bligh, M. C., Kohles, J. C., & Pillai, R. (2011). Romancing leadership: Past, present, and future. *The Leadership Quarterly, 22*(6), 1058–1077. https://doi.org/10.1016/j.leaqua.2011.09.003

Boal, K. B., & Bryson, J. M. (1988). Charismatic leadership: A phenomenological and structural approach. In Hunt, J. G., Baliga, B. R., Dachler, H. P., & Schriesheim, C. A. (Eds.), *Emerging Leadership Vistas*. Lexington, Mass.: Lexington Books.

Bogner, A., Littig, B., & Menz, W. (Eds.). (2014). *Interviews mit Experten: Eine praxisorientierte Einführung. Lehrbuch*. Wiesbaden, Wiesbaden: Springer VS.

Bolino, M. C. (1999). Citizenship and Impression Management: Good Soldiers or Good Actors? *The Academy of Management Review24, 24*(1), 82–98.

Borman, W. C., & Motowidlo, S. J. (2014). *Organizational citizenship behavior and contextual performance. Human Performance: v. 10, no. 2*. Mahwah, N.J., London: Lawrence Erlbaum.

Bortz, J., & Döring, N. (2006). *Forschungsmethoden und Evaluation: Für Human- und Sozialwissenschaftler. Springer-Lehrbuch Bachelor, Master*. Heidelberg: Springer-Medizin-Verl.

Bowlby, J. (1997). *Attachment and loss: Separation: Anger and anxiety* (Vol. 2). London: Pimlico.

Bowlby, R. (2004). Fifty years of attachment theory. In R. Bowlby & P. King (Eds.), *The Donald Winnicott memorial lecture. Fifty years of attachment theory* (pp. 11–26). London: Karnac on behalf of the Winnicott Clinic of Psychotherapy.

Bowles, S., & Gintis, H. (2011). *A cooperative species: Human reciprocity and its evolution*. Princeton, N.J., Oxford: Princeton University Press.

Boyd, R., & Richerson, P. J. (1988). The evolution of reciprocity in sizable groups. *Journal of theoretical biology, 132*(3), 337–356. https://doi.org/10.1016/S0022-5193(88)80219-4

Brähler, E., Holling, H., Leutner, D., Petermann, F., & Brinkenkamp, R. (Eds.). (2002). *Brickenkamp Handbuch psychologischer und pädagogischer Tests* (3., vollständig überarb. und erw. Aufl.). *Band 2*. Göttingen: Hogrefe.

Brandt, H., Hauert, C., & Sigmund, K. (2003). Punishment and reputation in spatial public goods games. *Proceedings. Biological sciences / The Royal Society, 270*(1519), 1099–1104. https://doi.org/10.1098/rspb.2003.2336

Brater, J. (2011). *Wir sind alle Neandertaler: Warum der Mensch nicht in die moderne Welt passt* (Ungekürzte Taschenbuchausg). *Piper: Vol. 5140*. München, Zürich: Piper.

Brosnan, S. F., Newton-Fisher, N. E., & van Vugt, M. (2009). A melding of the minds: when primatology meets personality and social psychology. *Personality and social psychology review: an official journal of the Society for Personality and Social Psychology, Inc, 13*(2), 129–147. https://doi.org/10.1177/1088868309335127

Brown, A. (2003). The new followership: A challenge for leaders. *The Futurist, 37*(2), 68.

Brown, L. (1993). *The new shorter Oxford English dictionary on historical principles* (Thumb index ed.). Oxford, New York: Clarendon Press; Oxford University Press.

Brown, M. E., & Treviño, L. K. (2006). Ethical leadership: A review and future directions. *The Leadership Quarterly, 17*(6), 595–616. https://doi.org/10.1016/j.leaqua.2006.10.004

Bühl, A. (2014). *SPSS 22: Einführung in die moderne Datenanalyse* (14., aktualisierte Auflage). *Pearson Studium - Scientific Tools*. Hallbergmoos: Pearson Studium ein Imprint von Pearson Deutschland.

Bühner, M. (2006). *Einführung in die Test- und Fragebogenkonstruktion* (2., aktualisierte Aufl.). München, Don Mills: Pearson Studium.

Burger, J. M. (2009). Replicating Milgram: Would people still obey today? *The American psychologist, 64*(1), 1–11. https://doi.org/10.1037/a0010932

Burke, C. S., Fiore, S. M., & Salas, E. (2003). The role of shared cognition in enabling shared leadership and team adaptability. In C. L. Pearce & J. A. Conger (Eds.), *Shared Leadership: Reframing the Hows and Whys of Leadership* (pp. 103–122). Thousand Oaks, CA: Sage Publications.

Burkitt, I. (2008). *Social selves: Theories of self and society* (2nd ed.). London, UK: Sage Publications.

Burks, S. V., Carpenter, J. P., Goette, L., & Rustichini, A. (2009). Cognitive skills affect economic preferences, strategic behavior, and job attachment. *Proceedings of the National Academy of Sciences, 106*(19), 7745–7750. https://doi.org/10.1073/pnas.0812360106

Burns, J. M. (1978). *Leadership*. New York: Harper & Row.

Burns, J. M. (2010). *Leadership* (1st Harper Perennial Political Classics ed.). New York: HarperPerennial.

Buss, D. M. (2003). Evolutionspsychologie - ein neues Paradigma für die psychologische Wissenschaft? In A. Becker, C. Mehr, A. A. Nau, & Reuter, G. & Stegmüller, D. (Eds.), *Suhrkamp Taschenbuch Wissenschaft: Vol. 1643. Gene, Meme und Gehirne: Geist und Gesellschaft als Natur ; eine Debatte* (1st ed., pp. 137–226). Frankfurt am Main: Suhrkamp.

Buss, D. M. (2004). *Evolutionäre Psychologie* (2., aktualis. Aufl). München [u.a.]: Pearson-Studium.

Buss, D. M. (2005). *The Handbook of Evolutionary Psychology*: Wiley.

Buss, D. M. (2016). Introduction: The Emerge and Maturation of Evolutionary Psychology. In D. M. Buss (Ed.), *The handbook of evolutionary psychology, Volume 1: Foundation* (2nd ed., pp. xxiii–xxvi). Hoboken, New Jersey: John Wiley & Sons, Inc.

Carless, S. A., Wearing, A. J., & Mann, L. (2000). A Short Measure of Transformational Leadership. *Journal of Business and Psychology, 14*(3), 389–405.

Carsten, M. K., & Uhl-Bien, M. (2013). Ethical Followership: An Examination of Followership Beliefs and Crimes of Obedience. *Journal of Leadership & Organizational Studies, 20*(1), 49–61. https://doi.org/10.1177/1548051812465890

Carsten, M. K., Harms, P., & Uhl-Bien, M. (2014). Exploring Historical Perspectives of Followership: The Need for an Expanded View of Followers and the Follower Role. In L. Lapierre & M. Carsten (Eds.), *Followership: What is it and why do people follow?* (pp. 3–25). Bingley, UK: Emerald Group Publishing Limited.

Carsten, M. K., & Uhl-Bien, M. (2012). Follower Beliefs in the Co-Production of Leadership. *Zeitschrift für Psychologie, 220*(4), 210–220. https://doi.org/10.1027/2151-2604/a000115

Carsten, M. K., Uhl-Bien, M., West, B. J., Patera, J. L., & McGregor, R. (2010). Exploring social constructions of followership: A qualitative study. *The Leadership Quarterly, 21*(3), 543–562. https://doi.org/10.1016/j.leaqua.2010.03.015

Chaleff, I. (1995). *The courageous follower: Standing up to and for our leaders* (1st ed). San Francisco: Berrett-Koehler Publishers.

Chan, K.-Y., & Drasgow, F. (2001). Toward a theory of individual differences and leadership: Understanding the motivation to lead. *Journal of Applied Psychology, 86*(3), 481–498. https://doi.org/10.1037/0021-9010.86.3.481

Chen, C.-Y., & Chin-Fang, Y. (2012). The Impact of Spiritual Leadership on Organizational Citizenship Behavior: A Multi-Sample Analysis. *Journal of Business Ethics*, *105*(1), 107–114.

Chen, C.-Y., & Li, C.-I. (2013). Assessing the spiritual leadership effectiveness: The contribution of follower's self-concept and preliminary tests for moderation of culture and managerial position. *The Leadership Quarterly*, *24*(1), 240–255. https://doi.org/10.1016/j.leaqua.2012.11.004

Cheng, J.-W., Chiu, W.-L., Chang, Y.-Y., & Johnstone, S. (2014). Do you put your best foot forward? Interactive effects of task performance and impression management tactics on career outcomes. *The Journal of Psychology*, *148*(6), 621–640. https://doi.org/10.1080/00223980.2013.818929

Chomsky, N. (2002). *Syntactic structures* (2nd ed.). Berlin, New York: Mouton de Gruyter.

Cleff, T. (2015). *Deskriptive Statistik und explorative Datenanalyse: Eine computergestutzte Einführung mit Excel, Spss und Stata*. Wiesbaden: Gabler.

Colangelo, A. J. (2000). Followership: Leadership Styles (Dissertation). University of Oklahoma

Collinson, D. (2006). Rethinking followership: A post-structuralist analysis of follower identities. *The Leadership Quarterly*, *17*(2), 179–189. https://doi.org/10.1016/j.leaqua.2005.12.005

Confer, J. C., Easton, J. A., Fleischman, D. S., Goetz, C. D., Lewis, D. M. G., Perilloux, C., & Buss, D. M. (2010). Evolutionary psychology. Controversies, questions, prospects, and limitations. *The American psychologist*, *65*(2), 110–126. https://doi.org/10.1037/a0018413

Conger, J. A., & Kanungo, R. N. (1987). Toward a Behavioral Theory of Charismatic Leadership in Organizational Settings. *Academy of Management Review*, *12*(4), 637–647.

Conger, J. A., & Kanungo, R. N. (1988a). The Empowerment Process: Integrating Theory and Practice. *Academy of Management Review*, *13*(3), 471–482.

Conger, J. A., Kanungo, R. N., & Menon, S. T. (2000). Charismatic Leadership and Follower Effects. *Journal of Organizational Behaviour*, *21*(7), 747–767.

Conger, J. A., & Kanungo, R. N. (1988b). *Charismatic leadership: The elusive factor in organizational effectiveness* (1st ed.). *The Jossey-Bass management series*. San Francisco: Jossey-Bass Publishers.

Conradt, L., & Roper, T. J. (2005). Consensus decision making in animals. *Trends in ecology & evolution*, *20*(8), 449–456. https://doi.org/10.1016/j.tree.2005.05.008

Conradt, L., & Roper, T. J. (2010). Deciding group movements: where and when to go. *Behavioural processes*, *84*(3), 675–677. https://doi.org/10.1016/j.beproc.2010.03.005

Cornwell, R. E., Palmer, C., Guinther, P. M., & Davis, H. P. (2005). Introductory Psychology Texts as a View of Sociobiology/Evolutionary Psychology's Role in Psychology. *Evolutionary Psychology*, *3*(1), 355–374. https://doi.org/10.1177/147470490500300124

Cosmides, L., & Tooby, J. (1987). From Evolution to Behavior: Evolutionary Psychology as the Missing Link. In J. Dupré (Ed.), *The Latest on the best: Essays on evolution and optimality* (pp. 277–306). Cambridge, Mass.: MIT Press.

Cosmides, L., & Tooby, J. (1992). Cognitive Adaptations for social Exchange. In J. H. Barkow, L. Cosmides, & J. Tooby (Eds.), *The Adapted mind: Evolutionary psychology and the generation of culture* (pp. 163–228). New York: Oxford University Press.

Cosmides, L., & Tooby, J. (1994). Beyond intuition and instinct blindness: Toward an evolutionarily rigorous cognitive science. *Cognition*, *50*(1-3), 41–77. https://doi.org/10.1016/0010-0277(94)90020-5

Cosmides, L., & Tooby, J. (2006). Evolutionary Psychology. A Primer. Retrieved from http://www.cep.ucsb.edu/primer.html

Couzin, I. D., Krause, J., Franks, N. R., & Levin, S. A. (2005). Effective leadership and decision-making in animal groups on the move. *Nature*, *433*(7025), 513–516. https://doi.org/10.1038/nature03236

Covey, S. R. (2004). *The 7 habits of highly effective people: Restoring the character ethic* ([Rev. ed.]). New York: Free Press.

Coyle-Shapiro, J. A. M. (2002). A psychological contract perspective on Organizational Citizenship Behavior. *Journal of Organizational Behavior*, *23*(8), 927–946. https://doi.org/10.1002/job.17

Cremer, D. de, & van Dijk, E. (2005). When and why leaders put themselves first: Leader behaviour in resource allocations as a function of feeling entitled. *European Journal of Social Psychology*, *35*(4), 553–563. https://doi.org/10.1002/ejsp.260

Crossman, B., & Crossman, J. (2011). Conceptualising followership - a review of the literature. *Leadership*, *7*(4), 481–497. https://doi.org/10.1177/1742715011416891

Cummins, D. D. (1998). Social norms and other minds: The evolutionary roots of higher cognition. In D. D. Cummins & C. Allen (Eds.), *The evolution of mind* (pp. 30–50). New York: Oxford University Press.

Cummins, D. D., & Allen, C. (Eds.). (1998). *The evolution of mind*. New York: Oxford University Press.

Dachler, H. P., Pless, N., & Raeder, S. (1994). Von der Dominanz zur Kooperation: Neue Werte in der Psychologie der Führung. *Psychoscope*, *9*(15), 7–10.

Dansereau, F., Graen, G., & Haga, W. J. (1975). A vertical dyad linkage approach to leadership within formal organizations: A longitudinal investigation of the role making process. *Organizational Behavior and Human Performance*, *13*(1), 46–78. https://doi.org/10.1016/0030-5073(75)90005-7

Darwin, C. (1859). *On the Origins of species: By means of natural selection, or the preservation of favoured races in the struggle for live*. London: Murray.

Darwin, C., Carus, J. V., & Bronn, H. G. (Eds.). (1867). *Über die Entstehung der Arten durch natürliche Zuchtwahl oder die Erhaltung der begünstigten Rassen im Kampfe um's Dasein*. Stuttgart: Schweizerbarth.

Dawkins, R. (1976). *The selfish gene*. New York: Oxford University Press.

Day, D. V., & Antonakis, J. (Eds.). (2012). *The nature of leadership* (2nd ed.). Thousand Oaks, Calif.: SAGE.

Deeg, J., & Weibler, J. (2012). Führungstheorien auf dem Prüfstand: Eine Spurensuche nach (proto-)integralem Denken in der Führungslehre. *Wirtschaftspsychologie*, *2012*(Heft 3), 21–33.

Den Hartog, D. N., House, R. J., Hanges, P. J., Ruiz-Quintanilla, S.A., Dorfman, P. W., Abdalla, I. A.,. . . Zhou, J. (1999). Culture specific and cross-culturally generalizable implicit leadership theories. *The Leadership Quarterly*, *10*(2), 219–256. https://doi.org/10.1016/S1048-9843(99)00018-1

DeRue, D. S., & Ashford, S. J. (2010). Who will lead and who will follow? A social process of leadership identity construction in organizations. *Academy of Management Review*, *35*(4), 627–647. https://doi.org/10.5465/AMR.2010.53503267

Deutsch Salamon, S., & Deutsch, Y. (2006). OCB as a handicap: an evolutionary psychological perspective. *Journal of Organizational Behavior*, *27*(2), 185–199. https://doi.org/10.1002/job.348

Dewsbury, D. A. (1992). Essay on Contemporary Issues in Ethology: On the Problems Studied in Ethology, Comparative Psychology, and Animal Behavior. *Ethology*, *92*(2), 89–107. https://doi.org/10.1111/j.1439-0310.1992.tb00951.x

Dixon, E. N. (2003). An exploration of the relationship of organizational level and measures of follower behaviors (Unveröffentlichte Dissertation). University of Alabama, Huntsville.

Dixon, G., & Westbrook, J. (2003). Followers Revealed. *Engineering Management Journal*, *15*(1), 19–25.

Beratungsunternehmen Gallup Deutschland. *Mitarbeitergespräche verfehlen zu häufig ihr eigentliches Ziel: Beratungsunternehmen Gallup veröffentlicht Engagement Index 2015*. Berlin.

Drickamer, L. C., & Gillet, L. L. (1998). Integrating Proximate and Ultimate Causation in the Study of Vertebrate Behavior: Methods Considerations. *American Zoologist, 38*, 43–58.

Dries, C. (2002). *Chef oder Chefin? Einfluss des Geschlechts auf Erleben und Verhalten von Mitarbeitern* (1. Aufl.). *Psychologie*. Wiesbaden: Dt. Univ.-Verl.

Duchaine, B., Cosmides, L., & Tooby, J. (2001). Evolutionary psychology and the brain. *Current Opinion in Neurobiology, 11*(2), 225–230. https://doi.org/10.1016/S0959-4388(00)00201-4

Dunbar, R. I. M. (1997). *Grooming, gossip and the evolution of language*. London: Faber.

Dunbar, R. I. M., & Barrett, L. (Eds.). (2007). *Oxford handbook of evolutionary psychology*. Oxford, New York: Oxford University Press.

Dunning, D., Johnson, K., Ehrlinger, J., & Kruger, J. (2003). Why People Fail to Recognize Their Own Incompetence. *Association for Psychological Science, 12*(3), 83–87.

Dutton, J. E., Dukerich, J. M., & Harquail, C. V. (1994). Organizational Images and Member Identification. *Administrative Science Quarterly, 39*(2), 239. https://doi.org/10.2307/2393235

Eckstein, P. P. (2006). *Angewandte Statistik mit SPSS: Praktische Einführung für Wirtschaftswissenschaftler* (5., aktualisierte Aufl.). *Lehrbuch*. Wiesbaden: Gabler.

Eden, D., & Leviata, U. (2005). From Implicit Personality Theory to Implicit Leadership Theory: A Side-trip on the Way to Implicit Organization Theory. In B. Schyns & J. R. Meindl (Eds.), *Leadership horizons series. Implicit leadership theories: Essays and explorations* (pp. 3–14). Greenwich, Conn.: Information Age Pub.

Eden, D., & Leviatan, U. (1975). Implicit leadership theory as a determinant of the factor structure underlying supervisory behavior scales. *Journal of Applied Psychology, 60*(6), 736–741.

Ehrhart, M. G. (2004). Leadership and procedural justice climate as antecedents of unit-level organizational citizenship behavior. *Personnel Psychology, 57*(1), 61–94. https://doi.org/10.1111/j.1744-6570.2004.tb02484.x

Ehrlinger, J., Johnson, K., Banner, M., Dunning, D., & Kruger, J. (2008). Why the Unskilled Are Unaware: Further Explorations of (Absent) Self-Insight Among the Incompetent. *Organizational Behavior and Human Decision Processes, 105*(1), 98–121. https://doi.org/10.1016/j.obhdp.2007.05.002

Elner, R. W., & Hughes, R. N. (1978). Energy Maximization in the Diet of the Shore Crab, Carcinus maenas. *The Journal of Animal Ecology, 47*(1), 103–116. https://doi.org/10.2307/3925

Emerson, R. M. (1962). Power-Dependence Relations. *American Sociological Review, 27*, 31–41.

Fahrenberg, J., Hampel, R., & Selg, H. (2010). Freiburg Personality Inventory FPI-R. Primary data from the standardization sample 1982.

Fairhurst, G. T., & Uhl-Bien, M. (2012). Organizational discourse analysis (ODA): Examining leadership as a relational process. *The Leadership Quarterly, 23*(6), 1043–1062. https://doi.org/10.1016/j.leaqua.2012.10.005

Felfe, J., Elprana, G., Gatzka, M., & Stiehl, S. (2012). *FÜMO - Hamburger Führungsmotivationsinventar.: Tests Review*. Göttingen: Hogrefe.

Felfe, J. (2006). Transformationale und charismatische Führung - Stand der Forschung und aktuelle Entwicklungen. *Zeitschrift für Personalpsychologie, 5*(4), 163–176. https://doi.org/10.1026/1617-6391.5.4.163

Felfe, J., & Schyns, B. (2006). Personality and the Perception of Transformational Leadership: The Impact of Extraversion, Neuroticism, Personal Need for Structure, and Occupational Self-Efficacy. *Journal of Applied Social Psychology, 36*(3), 708–739.

Fiedler, F. E. (1967). *A theory of leadership effectiveness.* New York: McGraw-Hill.

Fiedler, F. E. (1971). *Leadership.* Morristown, NJ: General Learning.

Fleishman, E. A. (1953). The Description of Supervisory Behavior. *Journal of Applied Psychology, 37*(1), 1–6.

Follett, M. P. (1949). *The essentials of leadership.* London: Management Publications Trust.

Follett, M. P. (1960). Management as a profession. In H. F. Merrill (Ed.), *Classics in management* (pp. 163–177). New York: American Management Association.

Follett, M. P., & Graham, P. (1995). *Mary Parker Follett: prophet of management: A celebration of writings from the 1920s. Harvard Business School Press classics.* Boston, Mass.: Harvard Business School Press.

Follett, M. P., & Graham, P. (2003). *Mary Parker Follett--prophet of management: A celebration of writings from the 1920s.* District of Columbia: Beard Books.

Foucault, M. (1990). *The history of sexuality: The use of pleasure. Haworth innovations in feminist studies.* New York: Harrington Park Press.

Foucault, M. (1995). *Discipline and punish: The birth of the prison* (2nd Vintage Books ed.). New York: Vintage Books.

Freud, S. (1920). *A general introduction to psychoanalysis.* New York: Horace Liveright.

Freud, S., & Crick, J. (1999). *The interpretation of dreams.* Oxford, New York: Oxford University Press.

Fromm, E. (1994). *Die Furcht vor der Freiheit* (Ungekürzte Ausg., 4. Aufl., 28. - 33. Tsd). *Dtv Dialog und Praxis: Vol. 35024.* München: Dt. Taschenbuch-Verl.

Fromm, S. (2012). *Datenanalyse mit SPSS für Fortgeschrittene* ([Verschiedene Aufl.]). *Springer-Lehrbuch.* Wiesbaden: VS Verlag für Sozialwissenschaften.

Fry, L. W. (2003). Toward a theory of spiritual leadership. *The Leadership Quarterly, 14*(6), 693–727. https://doi.org/10.1016/j.leaqua.2003.09.001

Fry, L. W., Vitucci, S., & Cedillo, M. (2005). Spiritual leadership and army transformation: Theory, measurement, and establishing a baseline. *The Leadership Quarterly, 16*(5), 835–862. https://doi.org/10.1016/j.leaqua.2005.07.012

Gangestad, S. W., & Simpson, J. A. (2000). The evolution of human mating: Trade-offs and strategic pluralism. *Behavioral and Brain Sciences, 23,* 573–644.

Garcia, J., Ervin, F. R., & Koelling, A. (1966). Learning with prolonged delay of reinforcement. *Psychonomic Science, 5*(3), 121–122.

Gardner, W. L., Cogliser, C. C., Davis, K. M., & Dickens, M. P. (2011). Authentic leadership: A review of the literature and research agenda. *The Leadership Quarterly, 22*(6), 1120–1145. https://doi.org/10.1016/j.leaqua.2011.09.007

Gardner, W. L., Lowe, K. B., Moss, T. W., Mahoney, K. T., & Cogliser, C. C. (2010). Scholarly leadership of the study of leadership: A review of The Leadership Quarterly's second decade, 2000–2009. *The Leadership Quarterly, 21*(6), 922–958. https://doi.org/10.1016/j.leaqua.2010.10.003

Geist, A. L. (2001). Leadership and Followership in NCAA Division II athletic directors (Unveröffentlichte Dissertation). The Ohio State University.

Geyer, A., & Steyrer, J. (1998). Messung und Erfolgswirksamkeit transformationaler Führung. *Zeitschrift für Personalforschung, 12*(4), 377–401.

Gibbons, P. T. (1992). Impacts of Organizational Evolution on Leadership Roles and Behaviors. *Human Relations, 45*(1), 1–18. https://doi.org/10.1177/001872679204500101

Giddens, A. (1984). *The constitution of society: Outline of the theory of structuration*. Cambridge [Cambridge-shire]: Polity Press.

Gilbert, D. T., & Malone, P. S. (1995). The Correspondence Bias. *Psychological Bulletin, 117*(1), 21–38.

Gillet, J., Cartwright, E., & van Vugt, M. (2011). Selfish or servant leadership? Evolutionary predictions on leadership personalities in coordination games. *Personality and Individual Differences, 51*(3), 231–236. https://doi.org/10.1016/j.paid.2010.06.003

Gottfried, A. E., Gottfried, A. W., Reichard, R. J., Guerin, D. W., Oliver, P. H., & Riggio, R. E. (2011). Motivational roots of leadership: A longitudinal study from childhood through adulthood. *The Leadership Quarterly, 22*(3), 510–519. https://doi.org/10.1016/j.leaqua.2011.04.008

Graen, G., Novak, M. A., & Sommerkamp, P. (1982). The effects of leader—member exchange and job design on productivity and satisfaction: Testing a dual attachment model. *Organizational Behavior and Human Performance, 30*(1), 109–131. https://doi.org/10.1016/0030-5073(82)90236-7

Graen, G. B., & Uhl-Bien, M. (1995). Relationship-based approach to leadership: Development of leader-member exchange (LMX) theory of leadership over 25 years: Applying a multi-level multi-domain perspective. *The Leadership Quarterly, 6*(2), 219–247. https://doi.org/10.1016/1048-9843(95)90036-5

Grafen, A. (1990). Biological signals as handicaps. *Journal of theoretical biology, 144*(4), 517–546. https://doi.org/10.1016/S0022-5193(05)80088-8

Grant, A. M., & Ashford, S. J. (2008). The dynamics of proactivity at work. *Research in Organizational Behavior, 28*, 3–34. https://doi.org/10.1016/j.riob.2008.04.002

Grant, V. J., & France, J. T. (2001). Dominance and testosterone in women. *Biological Psychology, 58*(1), 41–47. https://doi.org/10.1016/S0301-0511(01)00100-4

Griffin, R. W. (1979). Task design determinants of effective leader behavior. *The Academy of Management Review, 4*(2), 215–224.

Griskevicius, V., Cantú, S. M., & van Vugt, M. (2012). The Evolutionary Bases for Sustainable Behavior: Implications for Marketing, Policy, and Social Entrepreneurship. *Journal of Public Policy & Marketing, 31*(1), 115–128. https://doi.org/10.1509/jppm.11.040

Gronn, P. (2002). Distributed leadership as a unit of analysis. *The Leadership Quarterly, 13*(4), 423–451. https://doi.org/10.1016/S1048-9843(02)00120-0

Güth, W., Schmittberger, R., & Schwarze, B. (1982). An experimental analysis of ultimatum bargaining. *Journal of Economic Behavior & Organization, 3*(4), 367–388. https://doi.org/10.1016/0167-2681(82)90011-7

Güttler, P. O. (2000). *Statistik: Basic statistics für Sozialwissenschaftler* (3., völlig überarb. Aufl.). *Hand- und Lehrbücher der Sozialwissenschaften*. München, Wien: Oldenburg.

Guttmann, G., Kittner, I., Wegscheider, S., & Pirkner, P. (Eds.). (1994). *Allgemeine Psychologie: Experimental-psychologische Grundlagen* (2. Aufl.). *WUV-Studienbücher*. Wien: WUV-Univ.-Verl.

Hackman, J. R., & Wageman, R. (2007). Asking the right questions about leadership: Discussion and conclusions. *American Psychologist, 62*(1), 43–47. https://doi.org/10.1037/0003-066X.62.1.43

Haidt, J., McCauley, C., & Rozin, P. (1994). Individual differences in sensitivity to disgust: A scale sampling seven domains of disgust elicitors. *Personality and Individual Differences, 16*(5), 701–713. https://doi.org/10.1016/0191-8869(94)90212-7

Hamilton, I. M. (2013). The effects of behavioral plasticity and leadership on the predictions of optimal skew models. *Behavioral Ecology, 24*(2), 444–456. https://doi.org/10.1093/beheco/ars182

Hamilton, W. D. (1964a). The genetical evolution of social behaviour. I. *Journal of theoretical biology, 7*(1), 1–16. https://doi.org/10.1016/0022-5193(64)90038-4

Hamilton, W. D. (1964b). The genetical evolution of social behaviour. II. *Journal of theoretical biology, 7*(1), 17–52. https://doi.org/10.1016/0022-5193(64)90039-6

Hannah, S. T., Uhl-Bien, M., Avolio, B. J., & Cavarretta, F. L. (2009). A framework for examining leadership in extreme contexts. *The Leadership Quarterly, 20*(6), 897–919. https://doi.org/10.1016/j.leaqua.2009.09.006

Hardy, C. L. (2006). Nice Guys Finish First: The Competitive Altruism Hypothesis. *Personality and Social Psychology Bulletin, 32*(10), 1402–1413. https://doi.org/10.1177/0146167206291006

Harlow, H. F., & Harlow, M. (1966). Learning to love. *American Scientist, 54*(3), 244–272.

Harlow, H. F. (1971). *Learning to love.* San Francisco: Albion Pub. Co.

Hauschildt, K., & Konradt, U. (2012). Self-leadership and Team-Members' work role performance. *Journal of Managerial Psychology, 27*(5), 497–517. https://doi.org/10.1108/02683941211235409

Heinitz, K. (2006). Assessing the validity of the Multifactor Leadership Questionnaire: Discussing new approaches to leadership (Dissertation). Freie Universität Berlin, Berlin.

Henrich, J., & Gil-White, F. J. (2001). The evolution of prestige: Freely conferred deference as a mechanism for enhancing the benefits of cultural transmission. *Evolution and Human Behavior, 22*, 165–196.

Herrmann, D., & Felfe, J. (2009). Romance of Leadership und die Qualität von Managemententscheidungen. *Zeitschrift für Arbeits- und Organisationspsychologie A&O, 53*(4), 163–176. https://doi.org/10.1026/0932-4089.53.4.163

Hersey, P., & Blanchard, K. H. (Eds.). (1977). *Management of organizational behavior: Utilizing Human Resources.* Englewood Cliffs/ New Jersey: Prentice-Hall.

Hersey, P., & Blanchard, K. H. (1982). *Management of Organizational Behavior.* Englewood Cliffs/ New Jersey: Prentice-Hall.

Hinrichs, K. T. (2007). Follower Propensity to Commit Crimes of Obedience: The Role of Leadership Beliefs. *Journal of Leadership & Organizational Studies, 14*(1), 69–76. https://doi.org/10.1177/1071791907304225

Hippler, G., & Krüger, K. (1997). *Leistungsorientierung von Angestellten.*

Hoffrage, U., & Vitouch, O. (2008). Evolutionäre Psychologie des Denkens und Problemlösens. In J. Müsseler (Ed.), *Allgemeine Psychologie* (2nd ed., pp. 632–679). Berlin [u.a.]: Spektrum, Akad. Verl.

Hofstede, G. H. (2001). *Culture's consequences: Comparing values, behaviors, institutions, and organizations across nations* (2nd ed.). Thousand Oaks, Calif.: Sage Publications.

Hogan, R., & Kaiser, R. B. (2005). What we know about leadership. *Review of General Psychology, 9*(2), 169–180. https://doi.org/10.1037/1089-2680.9.2.169

Hogg, M. A. (2001). A Social Identity Theory of Leadership. *Personality and Social Psychology Review, 5*(3), 184–200. https://doi.org/10.1207/S15327957PSPR0503_1

Hogg, M. A., & Reid, S. A. (2006). Social Identity, Self-Categorization, and the Communication of Group Norms. *Communication Theory, 16*(1), 7–30. https://doi.org/10.1111/j.1468-2885.2006.00003.x

Hollander, E. P. (1958). Conformity, status, and idiosyncrasy credit. *Psychological Review, 65*(2), 117–127.

Hollander, E. P. (1961). Some effects of perceived status on responses to innovative behavior. *The Journal of Abnormal and Social Psychology, 63*(2), 247–250. https://doi.org/10.1037/h0048240

Hollander, E. P. (1971). Style, Structure, and Setting in Organizational Leadership. *Administrative Science Quarterly, 16*(1), 1–9.

Hollander, E. P. (1974). Processes of leadership emergence. *Journal of Contemporary Business, 3*(4), 19–33.

Hollander, E. P., & Webb, W. B. (1955). Leadership, Followership and Friendship: An analysis of peer nominations. *Journal of Abnormal and Social Psychology*, *50*, 163–167.

Hollander, E. P. (1992a). The Essential Interdependence of Leadership and Followership. *Current Directions in Psychological Science*, *1*(2), 71–75.

Hollander, E. P. (1992b). Leadership, followership, self, and others. *The Leadership Quarterly*, *3*(1), 43–54. https://doi.org/10.1016/1048-9843(92)90005-Z

Hollander, E. P., & Julian, J. W. (1969). Contemporary trend in the analysis of leadership processes. *Psychological Bulletin*, *71*(5), 387–397.

Hollander, E. P. (1984). *Leadership dynamics: A practical guide to effective relationships* (1st Free Press paperback ed.). New York: Free Press.

Homans, G. C. (1961). *Social behavior: its elementary forms*. New York: Harcourt, Brace & World.

Hong, Y., Catano, V. M., & Liao, H. (2011). Leader emergence: The role of emotional intelligence and motivation to lead. *Leadership & Organization Development Journal*, *32*(4), 320–343. https://doi.org/10.1108/01437731111134625

Hossiep, R., & Paschen, M. (2003). *Bochumer Inventar zur berufsbezogenen Persönlichkeitsbeschreibung*. o.O.: Hogrefe.

House, R. J., Aditya, & R. N. (1997). The social scientific study of leadership: Quo Vadis? *Journal of Management*, *23*(3), 409–473.

House, R. J. (1971). A path goal theory of leader effectiveness. *Administrative Science Quarterly*, *16*(3), 321–338.

Howell, J. P., & Méndez, M. J. (2008). Three Perspectives on Followership. In R. E. Riggio, I. Chaleff, & J. Lipman-Blumen (Eds.), *The art of followership: How great followers create great leaders and organizations* (1st ed.). San Francisco, CA: Jossey-Bass.

Hui, C., Law, K. S., & Chen, Z. X. (1999). A Structural Equation Model of the Effects of Negative Affectivity, Leader-Member Exchange, and Perceived Job Mobility on In-role and Extra-role Performance: A Chinese Case. *Organizational Behavior and Human Decision Processes*, *77*(1), 3–21. https://doi.org/10.1006/obhd.1998.2812

Hunter, E. M., Neubert, M. J., Perry, S. J., Witt, L. A., Penney, L. M., & Weinberger, E. (2013). Servant leaders inspire servant followers: Antecedents and outcomes for employees and the organization. *The Leadership Quarterly*, *24*(2), 316–331. https://doi.org/10.1016/j.leaqua.2012.12.001

Hurst, C. S., Baranik, L. E., & Clark, S. (2016). Job Content Plateaus: Justice, Job Satisfaction, and Citizenship Behavior. *Journal of Career Development*. Advance online publication. https://doi.org/10.1177/0894845316652250

Hurwitz, M., & Hurwitz, S. (2009). The romance of the follower: part 3. *Industrial and Commercial Training*, *41*(6), 326–333. https://doi.org/10.1108/00197850910983929

Hurwitz, M., & Hurwitz, S. (2015). *Leadership is half the story: Rethinking followership, leadership, and collaboration*. Toronto: University of Toronto Press.

Ilies, R., Arvey, R. D., & Bouchard, T. J. (2006). Darwinism, behavioral genetics, and organizational behavior: a review and agenda for future research. *Journal of Organizational Behavior*, *27*(2), 121–141. https://doi.org/10.1002/job.351

James, W. (2015). *The principles of psychology*: CreateSpace.

Johnstone, R. A., & Manica, A. (2011). Evolution of personality differences in leadership. *Proceedings of the National Academy of Sciences of the United States of America*, *108*(20), 8373–8378. https://doi.org/10.1073/pnas.1102191108

Jonason, P. K., & Webster, G. D. (2012). A protean approach to social influence: Dark Triad personalities and social influence tactics. *Personality and Individual Differences*, *52*(4), 521–526. https://doi.org/10.1016/j.paid.2011.11.023

Jones, G. R. (1986). Socialization Tactics, Self-Efficacy, and Newcomers' Adjustments to Organizations. *The Academy of Management Journal*, *29*(2), 262–279.

Judge, T. A., Bono, J. E., Ilies, R., & Gerhardt, M. W. (2002). Personality and leadership: A qualitative and quantitative review. *Journal of Applied Psychology*, *87*(4), 765–780. https://doi.org/10.1037//0021-9010.87.4.765

Judge, T. A., Piccolo, R. F., & Ilies, R. (2004). The forgotten ones? The validity of consideration and initiating structure in leadership research. *The Journal of applied psychology*, *89*(1), 36–51. https://doi.org/10.1037/0021-9010.89.1.36

Kaiser, R. B., Lindberg, J. T., & Craig, S. B. (2007). Assessing the Flexibility of Managers: A comparison of methods. *International Journal of Selection and Assessment*, *15*(1), 40–55. https://doi.org/10.1111/j.1468-2389.2007.00366.x

Katz, D., Maccoby, N., Gurin, G., & Floor, L. G. (1951). *Productivity, supervision and morale among railroad workers*. Ann Arbor, MI: Institute for Social Research, University of Michigan.

Katz, R., & Kahn, R. (Eds.). (1978). *The social psychology of organizations* (2nd ed.). New York: John Wiley & Sons.

Kelle, U. (2008). *Die Integration qualitativer und quantitativer Methoden in der empirischen Sozialforschung: Theoretische Grundlagen und methodologische Konzepte* (2. Auflage). Wiesbaden: VS Verlag für Sozialwissenschaften / GWV Fachverlage GmbH, Wiesbaden.

Kellerman, B. (2008). *Followership: How followers are creating change and changing leaders*. Boston, Mass.: Harvard Business School Press.

Kelley, R. E. (1988). In Praise of Followers. *Harvard Business Review*, *66* (6), 142–148.

Kelley, R. E. (1992). *The power of followership: How to create leaders people want to follow, and followers who lead themselves*. New York: Doubleday.

Kelley, R. E. (2008). The Language of Followership. *Conference Board Review*, *45*(2), 51.

Kenrick, D. T., Griskevicius, V., Neuberg, S. L., & Schaller, M. (2010). Renovating the Pyramid of Needs: Contemporary Extensions Built Upon Ancient Foundations. *Perspectives on psychological science : a journal of the Association for Psychological Science*, *5*(3), 292–314. https://doi.org/10.1177/1745691610369469

Kenrick, D. T., & Luce, C. L. (Eds.). (2004). *The functional mind: Readings in evolutionary psychology*. Boston: Pearson/A and B.

Kerr, S., & Jermier, J. M. (1978). Substitutes for leadership: Their meaning and measurement. *Organizational Behavior and Human Performance*, *22*(3), 375–403. https://doi.org/10.1016/0030-5073(78)90023-5

Kets de Vries, M. F. R. (1988). Prisoners of Leadership. *Human Relations*, *41*(3), 261–280. https://doi.org/10.1177/001872678804100305

Kiker, D. S., & Motowidlo, S. J. (1999). Main and interaction effects of task and contextual performance on supervisory reward decisions. *The Journal of applied psychology*, *84*(4), 602–609. https://doi.org/10.1037/0021-9010.84.4.602

Kilburn, B. R. (2010). Who Are We Leading? Identifying Effective Followers: A Review of Typologies. *International Journal of the Academic Business World, 4* (1), 9–17.

King, A. J., Johnson, D. D.P., & van Vugt, M. (2009). The Origins and Evolution of Leadership. *Current Biology, 19*(19), R911-R916. https://doi.org/10.1016/j.cub.2009.07.027

Kipnis, D., & Schmidt, S. M. (1988). Upward-Influence styles: relationship with performance, evaluations, salary, and stress. *Administrative Science Quarterly, 33*(4), 528–542.

Klein, K. J., & House, R. J. (1995). On fire: Charismatic leadership and levels of analysis. *The Leadership Quarterly, 6*(2), 183–198. https://doi.org/10.1016/1048-9843(95)90034-9

Könneker, C. (2000). Lexikon der Neurowissenschaften: Verhalten. Retrieved from http://www.spektrum.de/lexika/showpopup.php?lexikon_id=3&art_id

Koo, O. H., & Choi, O. S. (2000). The relationship between the nurse's followership, job satisfaction, and organizational commitment. *Journal of Korean Academy of Nursing, 30*(5), 1254–1264.

Kotter, J. P. (1999). *John P. Kotter on what leaders really do. A Harvard business review book*. Boston: Harvard Business School Press.

Kouzes, J. M., & Posner, B. Z. (1987). *The leadership challenge: How to get extraordinary things done in organizations* (1st ed.). *The Jossey-Bass management series*. San Francisco: Jossey-Bass.

Kouzes, J. M., & Posner, B. Z. (2012). *The leadership challenge: How to make extraordinary things happen in organizations* (Third edition). San Francisco, California: Pfeiffer.

Kramer, R. S. S., Arend, I., & Ward, R. (2010). Perceived health from biological motion predicts voting behaviour. *The Quarterly Journal of Experimental Psychology, 63*(4), 625–632. https://doi.org/10.1080/17470210903490977

Krumm, R., & Parstorfer, B. (Eds.). (2014). *Clare W. Graves: sein Leben, sein Werk: Die Theorie menschlicher Entwicklung* (1. Aufl.). Mittenaar-Bicken: Werdewelt Verl.- und Medienhaus.

Kunovich, S., & Slomczynski, K. M. (2007). Systems of Distribution and a Sense of Equity: A Multilevel Analysis of Meritocratic Attitudes in Post-industrial Societies. *European Sociological Review, 23*(5), 649–663. https://doi.org/10.1093/esr/jcm026

Kutschera, U. (Ed.). (2007). *Kreationismus in Deutschland: Fakten und Analysen. Naturwissenschaft und Glaube. Science and religion: v. 1*. Berlin: Lit.

Lapierre, L., & Carsten, M. (Eds.). (2014). *Followership: What is it and why do people follow?* (First edition). Bingley, UK: Emerald Group Publishing Limited.

Layder, D. (2006). *Understanding social theory* (2nd ed.). London, Thousand Oaks, Calif.: Sage Publications.

Liden, R. C., Wayne, S. J., Meuser, J. D., Hu, J., Wu, J., & Liao, C. (2015). Servant leadership: Validation of a short form of the SL-28. *The Leadership Quarterly, 26*(2), 254–269. https://doi.org/10.1016/j.leaqua.2014.12.002

Liden, R. C., Wayne, S. J., Zhao, H., & Henderson, D. (2008). Servant leadership: Development of a multidimensional measure and multi-level assessment. *The Leadership Quarterly, 19*(2), 161–177. https://doi.org/10.1016/j.leaqua.2008.01.006

Likert, R. (1961). *New patterns of management*. New York: McGraw-Hill.

Lipman-Blumen, J. (2005). Toxic leadership: When grand illusions masquerade as noble visions. *Leader to Leader, 36*, 29–36.

Lipman-Blumen, J. (2007). Toxic leaders and the fundamental vulnerability of being alive. In J. R. Meindl & B. Shamir (Eds.), *Follower-centered perspectives on leadership: A tribute to the memory of James R. Meindl* (pp. 1–17). Greenwich, Conn.: IAP.

Locke, J. (1690/ 1947). *An essay concerning human understanding.* New York: E. P. Dutton.

Lord, R. G. (2008). Followers' cognitive and affective structures and leadership processes. In R. E. Riggio, I. Chaleff, & J. Lipman-Blumen (Eds.), *The art of followership: How great followers create great leaders and organizations* (1st ed., pp. 255–266). San Francisco, CA: Jossey-Bass.

Lord, R. G., & Brown, D. J. (2001). Leadership, values, and subordinate self-concepts. *The Leadership Quarterly, 12*(2), 133–152. https://doi.org/10.1016/S1048-9843(01)00072-8

Lord, R. G., & Brown, D. J. (2004). *Leadership processes and follower self-identity.* Mahwah, N.J.: Lawrence Erlbaum. Retrieved from http %3A//www.worldcat.org/oclc/53721118

Lord, R. G., Brown, D. J., Harvey, J. L., & Hall, R. J. (2001). Contextual constraints on prototype generation and their multilevel consequences for leadership perceptions. *The Leadership Quarterly, 12*(3), 311–338. https://doi.org/10.1016/S1048-9843(01)00081-9

Lord, R. G., & Emrich, C. G. (2000). Thinking outside the box by looking inside the box: Extending the cognitive revolution in leadership research. *The Leadership Quarterly, 11*(4), 551–579. https://doi.org/10.1016/S1048-9843(00)00060-6

Lord, R. G., Foti, R. J., & Vader, C. L. de. (1984). A test of leadership categorization theory: Internal structure, information processing, and leadership perceptions. *Organizational Behavior and Human Performance, 34*(3), 343–378. https://doi.org/10.1016/0030-5073(84)90043-6

Ma, E., Qu, H., & Wilson, M. (2016). The Affective and Dispositional Consequences of Organizational Citizenship Behavior: A Cross-Cultural Study. *Journal of Hospitality & Tourism Research, 40*(4), 399–431. https://doi.org/10.1177/1096348013503991

Maccoby, M. (2007). *The leaders we need: And what makes us follow. Leadership for the common good.* Boston, Mass.: Harvard Business School Press.

Mael, F., & Ashforth, B. E. (1992). Alumni and Their Alma Mater: A Partial Test of the Reformulated Model of Organizational Identification. *Journal of Organizational Behavior, 13*(2), 103–123

Manchen Spörri, S. (2000). Alltagstheorien über Führung aus der Sicht von weiblichen und männlichen Führungskräften und ihren MitarbeiterInnen (Dissertation). Universität Konstanz, Konstanz.

Mann, R. D. (1959). A review of the relationship between personality and performance in small groups. *Psychological Bulletin, 56*, 241–270.

Manz, C. C. (1986). Self-Leadership: Toward an Expanded Theory of Self-Influence Processes in Organizations. *Academy of Management Review, 11*(3), 585–600. https://doi.org/10.5465/AMR.1986.4306232

Manz, C. C., & Sims, H. P. (1980). Self Management as a Substitute for Leadership: Social Learning Theory Perspective. *Academy of Management Review, 5*(3), 361–367.

Manz, C. C. (1983). *The art of self-leadership: Strategies for personal effectiveness in your life and work.* Englewood Cliffs, N.J.: Prentice-Hall.

Markus, H., & Wurf, E. (1987). The Dynamic Self-Concept: A Social Psychological Perspective. *Annual Review of Psychology, 38*(1), 299–337. https://doi.org/10.1146/annurev.ps.38.020187.001503

Markus, H. R., & Kitayama, S. (2003). Culture, Self, and the Reality of the Social. *Psychological Inquiry, 14*(3/4), 277–283.

Markus, H. R., & Kitayama, S. (2010). Cultures and Selves: A Cycle of Mutual Constitution. *Perspectives on Psychological Science, 5*(4), 420–430.

Markus, H. R., & Kitayama, S. (1991). Culture and the self: Implications for cognition, emotion, and motivation. *Psychological Review, 98*(2), 224–253. https://doi.org/10.1037/0033-295X.98.2.224

Maslow, A. (1970). *Motivation and personality*. New York: Harper & Row.

Masterson, S. S., Lewis, K., Goldman, B. M., & Taylor, M. S. (2000). Integrating Justice and Social Exchange: The Differing Effects of Fair Procedures and Treatment on Work Relationships. *The Academy of Management Journal*, *43*(4), 738–748.

Maynard Smith, J., & Price, G. R. (1973). The Logic of Animal Conflict. *Nature*, *246*(5427), 15–18. https://doi.org/10.1038/246015a0

Maynard Smith, J. (1982). *Evolution and the theory of games*. Cambridge, New York: Cambridge University Press.

Mayr, E. (1961). Cause and Effect in Biology: Kinds of causes, predictability, and teleology are viewed by a practicing biologist. *Science*, *134*(3489), 1501–1506. https://doi.org/10.1126/science.134.3489.1501

Mayring, P. (2015). *Qualitative Inhaltsanalyse: Grundlagen und Techniken* (12., Neuausgabe, 12., vollständig überarbeitete und aktualisierte Aufl.). *Beltz Pädagogik*. Weinheim, Bergstr: Beltz, J.

McCrae, R. R., & Costa, P. T. (1992). Discriminant Validity of NEO-PIR Facet Scales. *Educational and Psychological Measurement*, *52*(1), 229–237. https://doi.org/10.1177/001316449205200128

McNamara, P., & Trumbull, D. (2009). *An evolutionary psychology of leader-follower relations*. New York: Nova Science Pub Inc.

Mead, M. (1949). Problems of leadership and mental health. *World Federation for Mental Health Bulletin*, *1*(6), 7–12.

Meindl, J. R. (1990). On leadership: An alternative to the conventional wisdom. In B. M. Staw & L. L. Cummings (Eds.), *Research in organizational behavior* (pp. 159–203). Greenwich, Conn.: JAI Press.

Meindl, J. R., & Ehrlich, S. B. (1987). The Romance of Leadership and the evolution of organizational performance. *The Academy of Management Journal*, *30*(1), 91–109.

Meindl, J. R., Ehrlich, S. B., & Dukerich, J. M. (1985). The Romance of Leadership. *Administrative Science Quarterly*, *30*(1), 78–102.

Meindl, J. R. (1995). The romance of leadership as a follower-centric theory: A social constructionist approach. *The Leadership Quarterly*, *6*(3), 329–341. https://doi.org/10.1016/1048-9843(95)90012-8

Meindl, J. R., & Shamir, B. (Eds.). (2007). *Follower-centered perspectives on leadership: A tribute to the memory of James R. Meindl*. Greenwich, Conn.: IAP.

Milgram, S. (1974). *Das Milgram-Experiment: Zur Gehorsamsbereitschaft gegenüber Autorität*. Reinbek bei Hamburg: Rowohlt.

Mischel, W. (1973). Toward a cognitive social learning reconceptualization of personality. *Psychological Review*, *80*(4), 252–283. https://doi.org/10.1037/h0035002

Mithen, S. J. (1998). *The prehistory of the mind: A search for the origins of art, religion, and science*. London: Phoenix.

Mocek, R. (1986). Kreationismus — Märchenland, Wissenschaftsfossil und ein Stück amerikanische Realität. *Deutsche Zeitschrift für Philosophie*, *34*(3), 228–237.

Monö, C. (2013). *Beyond the Leadership Myth: Why We Follow Leaders and Lead Followers* (1st ed.): CreateSpace Independent Publishing Platform.

Monö, C. (2015). *Beyond the leadership myth: Discover the power of collaborationship* (Second edition). [s. l.: CreateSpace].

Moore, L. I. (1976). The FMI: Dimensions of Follower Maturity. *Group & Organization Management*, *1*(2), 203–222. https://doi.org/10.1177/105960117600100207

Moorman, R. H., Blakely, G. L., & Niehoff, B. P. (1998). Does Perceived Organizational Support Mediate the Relationship between Procedural Justice and Organizational Citizenship Behavior? *The Academy of Management Journal*, *41*(3), 351–357.

Morrison, E. W., & Phelps, C. C. (1999). Taking Charge at Work: Extrarole Efforts to Initiate Workplace Change. *Academy of Management Journal*, *42*(4), 403–419.

Müller, D. (2007). Moderatoren und Mediatoren in Regressionen. In S. Albers (Ed.), *Methodik der empirischen Forschung* (2nd ed., pp. 257–274). Wiesbaden: Gabler.

Mumford, M. D., Antes, A. L., Caughron, J. J., & Friedrich, T. L. (2008). Charismatic, ideological, and pragmatic leadership: Multi-level influences on emergence and performance. *The Leadership Quarterly*, *19*(2), 144–160. https://doi.org/10.1016/j.leaqua.2008.01.002

Naguib, M. (2006). *Methoden der Verhaltensbiologie. Springer-Lehrbuch.* Berlin, Heidelberg: Springer-Verlag Berlin Heidelberg.

Neck, C. P., & Manz, C. C. (2010). *Mastering self-leadership: Empowering yourself for personal excellence* (5th ed.). Upper Saddle River, N.J.: Prentice Hall.

Neider, L. L., & Schriesheim, C. A. (2011). The Authentic Leadership Inventory (ALI): Development and empirical tests. *The Leadership Quarterly*, *22*(6), 1146–1164. https://doi.org/10.1016/j.leaqua.2011.09.008

Nerdinger, F. W., Blickle, G., & Schaper, N. (2014). *Arbeits- und Organisationspsychologie* (3., vollst. überarb. Aufl.). *Springer-Lehrbuch.* Berlin: Springer.

Neuberger, O. (1995). *Führen und geführt werden.* Stuttgart: Enke Verlag.

Nicholson, N. (2000). *Managing the human animal.* London: Texere.

Nicholson, N. (2013). *The I of leadership: Strategies for seeing, being and doing.* Chichester, West Sussex, United Kingdom: John Wiley & Sons, Ltd.

Nohe, C., & Michaelis, B. (2016). Team OCB, leader charisma, and organizational change: A multilevel study. *The Leadership Quarterly*, *27*(6), 883–895. https://doi.org/10.1016/j.leaqua.2016.05.006

Nolan, J. S., & Harty, H. F. (1984). Followership greater than or equal to leadership. *Education*, *104*(3), 311–313.

Northouse, P. G. (2013). *Leadership: Theory and practice* (6th ed.). Thousand Oaks: SAGE.

Northouse, P. G. (2015). *Introduction to leadership: Concepts and practice* (Third Edition). Thousand Oaks, CA: Sage Publications.

Oc, B., & Bashshur, M. R. (2013). Followership, leadership and social influence. *The Leadership Quarterly*, *24*(6), 919–934. https://doi.org/10.1016/j.leaqua.2013.10.006

Offermann, L. R. (2004). When followers become toxic. *Harvard Business Review*, *82*(1), 54–60.

Organ, D. W. (1988). *Organizational citizenship behavior: The good soldier syndrome. Issues in organization and management series.* Lexington, Mass.: Lexington Books.

Padilla, A., Hogan, R., & Kaiser, R. B. (2007). The toxic triangle: Destructive leaders, susceptible followers, and conducive environments. *The Leadership Quarterly*, *18*(3), 176–194. https://doi.org/10.1016/j.leaqua.2007.03.001

Park, J. H. (2007). Persistent Misunderstandings of Inclusive Fitness and Kin Selection: Their Ubiquitous Appearance in Social Psychology Textbooks. *Evolutionary Psychology*, *5*(4), 860–873. https://doi.org/10.1177/147470490700500414

Parris, D. L., & Peachey, J. W. (2013). A Systematic Literature Review of Servant Leadership Theory in Organizational Contexts. *Journal of Business Ethics*, *113*(3), 377–393. https://doi.org/10.1007/s10551-012-1322-6

Paul, T., & Schyns, B. (2002). *Deutsche Leader-Member Exchange Skala (LMX MDM)*.

Pavlov, I. P. (1927). *Conditioned reflexes: An investigation of the physiological activity of the cerebral cortex*. London: Oxford University Press.

Pearce, C. L., & Conger, J. A. (Eds.). (2003). *Shared Leadership: Reframing the Hows and Whys of Leadership*. Thousand Oaks, CA: Sage Publications.

Perrin, E. (1995). Scientific advisory committee instrument review criteria. *Medical Outcomes Trust Bulletin*, *3*(4), 1–7.

Pfeffer, J. (1977). The Ambiguity of Leadership. *Academy of Management Review*, *2*(1), 104–112.

Pillai, R. (1996). Crisis and the Emergence of Charismatic Leadership in Groups: An Experimental Investigation1. *Journal of Applied Social Psychology*, *26*(6), 543–562. https://doi.org/10.1111/j.1559-1816.1996.tb02730.x

Pinker, S. (2003). *The blank slate: The modern denial of human nature*. London: Penguin.

Pinker, S. (2015). *How the mind works*. London: Penguin Books.

Podsakoff, P., MacKenzie, S. B., Paine, J. B., & Bachrach, D. G. (2000). Organizational citizenship behaviors: A critical review of the theoretical and empirical literature and suggestions for future research. *Journal of Management*, *26*(3), 513–563. https://doi.org/10.1016/S0149-2063(00)00047-7

Podsakoff, P. M., MacKenzie, S. B., Paine, J. B., & Bachrach, D. G. (2000). Organizational citizenship behaviors: A critical review of the theoretical and empirical literature and suggestions for future research. *Journal of Management*, *26*(3), 513–563. https://doi.org/10.1016/S0149-2063(00)00047-7

Podsakoff, P. M., MacKenzie, S. B., Moorman, R. H., & Fetter, R. (1990). Transformational leader behaviors and their effects on followers' trust in leader, satisfaction, and organizational citizenship behaviors. *The Leadership Quarterly*, *1*(2), 107–142. https://doi.org/10.1016/1048-9843(90)90009-7

Polelle, M. (2008). *Leadership: Fifty great leaders and the worlds they made*. Westport, Conn.: Greenwood Press.

Popper, M. (2012). *Fact and fantasy about leadership. New horizons in leadership studies*. Cheltenham: Edward Elgar.

Popper, M. (2014). Why do people follow? In L. Lapierre & M. Carsten (Eds.), *Followership: What is it and why do people follow?* (pp. 109–120). Bingley, UK: Emerald Group Publishing Limited.

Posner, B. Z., & Kouzes, J. M. (1993). Psychometric Properties of the Leadership Practices Inventory-Updated. *Educational and Psychological Measurement*, *53*(1), 191–199. https://doi.org/10.1177/0013164493053001021

Potter, E. H., Rosenbach, W. E., & Pittmann, T. S. (2001). Followers for the Times: Engaging Employees in a Winning Partnership. In W. E. Rosenbach & R. L. Taylor (Eds.), *Contemporary issues in leadership* (5th ed.). Colorado, USA: Westview PressBoulder.

Pratto, F., Sidanius, J., Stallworth, L. M., & Malle, B. F. (1994). Social dominance orientation: A personality variable predicting social and political attitudes. *Journal of Personality and Social Psychology*, *67*(4), 741–763. https://doi.org/10.1037/0022-3514.67.4.741

Price, M. E. (2003). Pro-community altruism and social status in a Shuar village. *Human nature (Hawthorne, N.Y.)*, *14*(2), 191–195. https://doi.org/10.1007/s12110-003-1003-3

Price, M. E., & van Vugt, M. (2014). The evolution of leader-follower reciprocity: the theory of service-for-prestige. *Frontiers in human neuroscience*, *8*, 363. https://doi.org/10.3389/fnhum.2014.00363

Price, M. E., & van Vugt, M. (2015). The Service-for-Prestige Theory of Leader-Follower Relations: A Review of the Evolutionary Psychology and Anthropology Literatures. In S. M. Colarelli & R. D. Arvey (Eds.), *The biological foundations of organizational behavior* (pp. 169–201). Chicago, London: University of Chicago Press.

Rachlin, H., & Jones, B. A. (2008). Altruism among relatives and non-relatives. *Behavioural processes, 79*(2), 120–123. https://doi.org/10.1016/j.beproc.2008.06.002

Raich, M. (2005). *Führungsprozesse: Eine ganzheitliche Sicht von Führung*. Wiesbaden: Deutscher Universitätsverlag.

Raithel, J. (2008). *Quantitative Forschung: Ein Praxiskurs* (2., durchges. Aufl.). *Lehrbuch*. Wiesbaden: VS, Verl. für Sozialwiss.

Reed, L. (2015). Servant Leadership, Followership, and Organizational Citizenship Behaviors in 9-1-1 Emergency Communications Centers: Implications of a National Study. *Servant Leadership: Theory and Practice, Volume 2*(Issue 1), 79–94.

Rentzsch, K., Leplow, B., & Schütz, A. (2009). *Psychologische Diagnostik: Grundlagen und Anwendungsperspektiven* (1. Aufl.). *Kohlhammer-Urban-Taschenbücher: Vol. 565*. Stuttgart: Kohlhammer.

Rey, G. D. (2017). *Methoden der Entwicklungspsychologie: Datenerhebung und Datenauswertung*. Norderstedt: Books on Demand.

Riggio, R. E., Chaleff, I., & Lipman-Blumen, J. (Eds.). (2008). *The art of followership: How great followers create great leaders and organizations* (1st ed). San Francisco, CA: Jossey-Bass.

Rindermann, H. (2003). Evolutionäre Psychologie im Spannungsfeld zwischen Wissenschaft, Gesellschaft und Ethik. *Journal für Psychologie, 11*(4), 331–367.

Roberts, S. C., van Vugt, M., & Dunbar, R. I. M. (2012). Evolutionary Psychology in the Modern World: Applications, Perspectives, and Strategies. *Evolutionary Psychology, 10*(5), 762–769.

Robinson, S. L., & Morrison, E. W. (1995). Psychological Contracts and OCB: The Effect of Unfulfilled Obligations on Civic Virtue Behavior. *Journal of Organizational Behavior, 16*(3), 289–298.

Röbken, H., & Wetzel, K. (2016). Qualitative und quantitative Forschungsmethoden.

Roos, S. (2010). Die Mission der Evolutionspsychologie – Risiken und Nebenwirkungen einer evolutionspsychologischen Metatheorie. Universität Wien, Wien.

Rosenbach, W. E., Pittman, T. S., & Potter, E. H. (Eds.). (1997). *The performance and relationship questionnaire*. Gettysburg, PA: Leading and Following.

Rosenbach, W. E., Pittman, T. S., & Potter, E. H. (2012). What Makes a Follower? In W. E. Rosenbach, R. L. Taylor, & M. A. Youndt (Eds.), *Contemporary issues in leadership, seventh edition* (7th ed.). Boulder, Colo.: Westview Press.

Rost, J. C. (1993). *Leadership for the Twenty-first Century*. Westport, CT: Praeger.

Rost, J. (2004). *Lehrbuch Testtheorie Testkonstruktion* (2., überarb. und erw. Aufl.). *Psychologie-Lehrbuch*. Bern: Huber.

Rozin, P. (2000). Evolution and Adaption in the Understanding of Behavior, Culture, and Mind. *American Behavioral Scientist, 43*(6), 970–986. https://doi.org/10.1177/0002764200043006006

Rozin, P. (2005). The Meaning of Food in Our Lives: A Cross-Cultural Perspective on Eating and Well-Being. *Journal of Nutrition Education and Behavior, 37*, S107-S112. https://doi.org/10.1016/S1499-4046(06)60209-1

Rozin, P., Millman, L., & Nemeroff, C. (1986). Operation of the laws of sympathetic magic in disgust and other domains. *Journal of Personality and Social Psychology, 50*(4), 703–712. https://doi.org/10.1037/0022-3514.50.4.703

Rush, M. C., Thomas, J. C., & Lord, R. G. (1977). Implicit leadership theory: A potential threat to the internal validity of leader behavior questionnaires. *Organizational Behavior and Human Performance*, *20*(1), 93–110. https://doi.org/10.1016/0030-5073(77)90046-0

Sadler, P. (2003). *Leadership. MBA masterclass series*. London, Sterling, VA: Kogan Page Ltd.

Schindler, J. H. (2012). Followership as Perceived by Leaders in the Hospitality Industry (Dissertation). Walden University.

Schlösser, T., Dunning, D., Johnson, K. L., & Kruger, J. (2013). How unaware are the unskilled? Empirical tests of the "signal extraction" counter explanation for the Dunning–Kruger effect in self-evaluation of performance. *Journal of Economic Psychology*, *39*, 85–100. https://doi.org/10.1016/j.joep.2013.07.004

Schneider, B. F. (2009). Zwischen Klassiker und Bestseller : erfolgreiche Kinder- und Jugendliteratur in evolutionspsychologischer Perspektive (Inaugural-Dissertation). Justus-Liebig-Universität Gießen, Gießen.

Schneider, D. J. (1973). Implicit personality theory: A review. *Psychological Bulletin*, *79*(5), 294–309.

Schön, B. (1979). Quantitative und qualitative Verfahren in der Schulforschung. In B. Schön & K. Hurrelmann (Eds.), *Beltz Monographien : Soziologie. Schulalltag und Empirie: Neuere Ansätze in d. schul. u. berufl. Sozialisationsforschung* (pp. 17–29). Weinheim, Basel: Beltz.

Schradin, C. (2002). Die Vier Fragen Tinbergens und väterliches Verhalten. In U. Ganslosser (Ed.), *Zoological library. Gruppenmechanismen: Entwicklung und Gruppenzusammenhalt (Studienhandbuch Biologie)* (pp. 1–15). Fürth: Filander-Verl.

Schriesheim, C. A., Neider, L. L., Scandura, T. A., & Tepper, B. J. (1992). Development and Preliminary Validation of a New Scale (LMX-6) to Measure Leader-Member Exchange in Organizations. *Educational and Psychological Measurement*, *52*(1), 135–147. https://doi.org/10.1177/001316449205200119

Schumann, S. (2012). *Repräsentative Umfrage: Praxisorientierte Einführung in empirische Methoden und statistische Analyseverfahren* (6., aktualisierte Aufl.). *Lehr- und Handbücher der Politikwissenschaft*. München: Oldenburg.

Schyns, B., & Collani, G. von. (1999). *Berufliche Selbstwirksamkeitserwartung*.

Schyns, B., & Felfe, J. (2006). The Personality of Followers and its Effect on the Perception of Leadership: An Overview, a Study, and a Research Agenda. *Small Group Research*, *37*(5), 522–539. https://doi.org/10.1177/1046496406293013

Schyns, B., & Paul, T. (2002). *Leader-Member Exchange Skala (LMX7)*.

Schyns, B., & Collani, G. von. (2002). A new occupational self-efficacy scale and its relation to personality constructs and organizational variables. *European Journal of Work and Organizational Psychology*, *11*(2), 219–241. https://doi.org/10.1080/13594320244000148

Schyns, B., & Meindl, J. R. (Eds.). (2005). *Implicit leadership theories: Essays and explorations. Leadership horizons series*. Greenwich, Conn.: Information Age Pub.

Sell, A., Tooby, J., & Cosmides, L. (2009). Formidability and the logic of human anger. *Proceedings of the National Academy of Sciences of the United States of America*, *106*(35), 15073–15078. https://doi.org/10.1073/pnas.0904312106

Sellers, J. G., Mehl, M. R., & Josephs, R. A. (2007). Hormones and personality: Testosterone as a marker of individual differences. *Journal of Research in Personality*, *41*(1), 126–138. https://doi.org/10.1016/j.jrp.2006.02.004

Shamir, B., House, R. J., & Arthur, M. B. (1993). The Motivational Effects of Charismatic Leadership: A Self-Concept Based Theory. *Organization Science*, *4*(4), 577–594.

Shamir, B. (2007). From passive recipients to active co-producers: Followers' roles in the leadership process. In J. R. Meindl & B. Shamir (Eds.), *Follower-centered perspectives on leadership: A tribute to the memory of James R. Meindl* (pp. ix–xxxix). Greenwich, Conn.: IAP.

Shamir, B., & Howell, J. M. (1999). Organizational and contextual influences on the emergence and effectiveness of charismatic leadership. *The Leadership Quarterly*, *10*(2), 257–283. https://doi.org/10.1016/S1048-9843(99)00014-4

Smith, C. A., Organ, D. W., & Near, J. P. (1983). Organizational Citizenship Behavior: Its Nature and Antecedents. *Journal of Applied Psychology*, *68*(4), 653–663.

Smith, J. E., Estrada, J. R., Richards, H. C., Dawes, S. E., Mitsos, K., & Holekamp, K. E. (2015). Collective movements, leadership and consensus costs at reunions in spotted hyaenas. *Animal Behaviour*, *105*, 187–200. https://doi.org/10.1016/j.anbehav.2015.04.023

Smith, J. E., Gavrilets, S., Mulder, M. B., Hooper, P. L., Mouden, C. E., Nettle, D.,. . . Smith, E. A. (2016). Leadership in Mammalian Societies: Emergence, Distribution, Power, and Payoff. *Trends in ecology & evolution*, *31*(1), 54–66. https://doi.org/10.1016/j.tree.2015.09.013

Smith, J. S. (2009). Followership Behaviors among Florida Community College Faculty (Dissertation). University of Florida.

Smith, K. B., Larimer, C. W., Littvay, L., & Hibbing, J. R. (2007). Evolutionary Theory and Political Leadership: Why Certain People Do Not Trust Decision Makers. *The Journal of Politics*, *69*(02). https://doi.org/10.1111/j.1468-2508.2007.00532.x

Spreitzer, G. M. (1995). Psychological Empowerment in the Workplace: Dimensions, Measurement, and Validation. *The Academy of Management Journal,38*, *38*(5), 1442–1465.

Stahl, I. (1972). *Bargaining Theory*. Stockholm: Ekonomiska forskningsinstitutet vid Handelshögskolan i Stockholm.

Staufenbiel, T., & Hartz, C. (2000). Organizational Citizenship Behavior: Entwicklung und erste Validierung eines Messinstruments. *Diagnostica*, *46*(2), 73–83. https://doi.org/10.1026//0012-1924.46.2.73

Steger, J. A., Manners, G. E., & Zimmerer, T. W. (1982). Following the Leader: How to Link Management Style to Subordinate Personalities. *Management Review*, *71*(10), 22–28.

Stentz, J. E., Plano Clark, V. L., & Matkin, G. S. (2012). Applying mixed methods to leadership research: A review of current practices. *The Leadership Quarterly*, *23*(6), 1173–1183. https://doi.org/10.1016/j.leaqua.2012.10.001

Sterelny, K., & Fitness, J. (2003). Introduction: The Evolution of Evolutionary Psychology. In K. Sterelny & J. Fitness (Eds.), *Macquarie monographs in cognitive science. From mating to mentality: Evaluating evolutionary psychology. Proceedings of the Macquarie Centre for Cognitive Science Workshop on Evolutionary Psychology* (pp. 1–12). Hove: Psychology.

Stewart, G. L., Courtright, S. H., & Manz, C. C. (2010). Self-Leadership: A Multilevel Review. *Journal of Management*, *37*(1), 185–222. https://doi.org/10.1177/0149206310383911

Steyer, S. A. (2001). An examination of public school teachers' perceptions of followership through the refinement of the Teacher Sentiment Inventory (Unveröffentlichte Dissertation). Bowling Green State University.

Stogdill, R. M. (1948). Personal factors associated with leadership: A survey of the literature. *Journal of Psychology*, *25*, 35–71.

Stogdill, R. M. (1950). Leadership, membership and organization. *Psychological Bulletin*, *47*(1), 1–14.

Stogdill, R. M. (1974). *Handbook of Leadership: A Survey of Theory and Research*. New York: The Free Press.

Stogdill, R. M., & Coons, A. E. (Eds.). (1957). *Leader behavior: Its description and measurement*. Columbus, OH: Ohio State University, Bureau of Business Research.

Strange, J. M., & Mumford, M. D. (2002). The origins of vision. *The Leadership Quarterly*, *13*(4), 343–377. https://doi.org/10.1016/S1048-9843(02)00125-X

Strube, G. (1996). Kognition. In G. Strube, B. Becker, C. Freska, U. Hahn, K. Opwis, & G. Palm (Eds.), *Wörter-buch der Kognitionswissenschaft* (pp. 303–317). Stuttgart: Klett-Cotta.

Sy, T. (2010). What do you think of followers? Examining the content, structure, and consequences of implicit followership theories. *Organizational Behavior and Human Decision Processes*, *113*(2), 73–84. https://doi.org/10.1016/j.obhdp.2010.06.001

Takezawa, M., & Price, M. E. (2010). Revisiting "The evolution of reciprocity in sizable groups": continuous reciprocity in the repeated n-person prisoner's dilemma. *Journal of theoretical biology*, *264*(2), 188–196. https://doi.org/10.1016/j.jtbi.2010.01.028

Tannenbaum, R., & Schmidt, W. H. (1958). How to Choose A Leadership Pattern. *Harvard Business Review*, *36*(2), 95–101.

Taylor, F. W. (1914). *The principles of scientific management*. New York: Harper & Bros. Retrieved from http://hdl.handle.net/2027/uc1.b5254275

Tepper, B. J. (2000). Consequences of abusive supervision. *The Academy of Management Journal*, *43*(2), 178–190.

Tepper, B. J., Uhl-Bien, M., Kohut, G. F., Lockhart, D. E., & Ensley, M. D. (2006). Subordinates' Resistance and Managers' Evaluations of Subordinates' Performance. *Journal of Management*, *32*(2), 185–209. https://doi.org/10.1177/0149206305277801

Tepper, B. J., Duffy, M. K., & Shaw, J. D. (2001). Personality moderators of the relationship between abusive supervision and subordinates' resistance. *Journal of Applied Psychology*, *86*(5), 974–983. https://doi.org/10.1037//0021-9010.86.5.974

Thau, S., Bennett, R., Stahlberg, D., & Werner, J. M. (2004). Why should I be generous when I have valued and accessible alternatives? Alternative exchange partners and OCB. *Journal of Organizational Behavior*, *25*(5), 607–626.

Thoroughgood, C. N., Padilla, A., Hunter, S. T., & Tate, B. W. (2012). The susceptible circle: A taxonomy of followers associated with destructive leadership. *The Leadership Quarterly*, *23*(5), 897–917. https://doi.org/10.1016/j.leaqua.2012.05.007

Tinbergen, N. (1969). *The study of instinct*. Oxford: Clarendon Press.

Tinbergen, N. (2005). On aims and methods of Ethology. *Animal Biology*, *55*(4), 297–321. https://doi.org/10.1163/157075605774840941

Tooby, J., & Cosmides, L. (1992). The Psychological Foundations of Culture. In J. H. Barkow, L. Cosmides, & J. Tooby (Eds.), *The Adapted mind: Evolutionary psychology and the generation of culture* (pp. 19–136). New York: Oxford University Press.

Tooby, J., & Cosmides, L. (2016). The Theoretical Foundations of Evolutionary Psychology. In D. M. Buss (Ed.), *The handbook of evolutionary psychology, Volume 1: Foundation* (2nd ed., pp. 3–87). Hoboken, New Jersey: John Wiley & Sons, Inc.

Tooby, J., Cosmides, L., & Price, M. E. (2006). Cognitive Adaptations for n-Person Exchange: The Evolutionary Roots of Organizational Behavior. *Managerial and Decision Economics*, *27*(2/3), 103–129.

Trivers, R. L. (1971). The Evolution of Reciprocal Altruism. *The Quarterly Review of Biology*, *46*(1), 35–57.

Trivers, R. L. (1972). Parental investment and sexual selection. In B. Campbell (Ed.), *Sexual selection and the descent of man: 1871-1971* (pp. 136–179). Chicago: Aldine.

Trivers, R. L. (1974). Parent-Offspring Conflict. *American Zoologist, 14*(1), 249–264.

Turner, N., Barling, J., Epitropaki, O., Butcher, V., & Milner, C. (2002). Transformational leadership and moral reasoning. *Journal of Applied Psychology, 87*(2), 304–311. https://doi.org/10.1037//0021-9010.87.2.304

Tversky, A., & Kahneman, D. (1973). Availability: A heuristic for judging frequency and probability. *Cognitive Psychology, 5*(2), 207–232. https://doi.org/10.1016/0010-0285(73)90033-9

Uhl-Bien, M. (2006). Relational Leadership Theory: Exploring the social processes of leadership and organizing. *The Leadership Quarterly, 17*(6), 654–676. https://doi.org/10.1016/j.leaqua.2006.10.007

Uhl-Bien, M., Riggio, R. E., Lowe, K. B., & Carsten, M. K. (2014). Followership theory: A review and research agenda. *The Leadership Quarterly, 25*(1), 83–104. https://doi.org/10.1016/j.leaqua.2013.11.007

Urban, D., Mayerl, J., & Wahl, A. (Eds.). (2016). *SISS: Schriftenreihe des Instituts für Sozialwissenschaften der Universität Stuttgart: Regressionsanalyse bei fehlenden Variablenwerten (missing values): Imputation oder Nicht-Imputation? Eine Anleitung für die Regressionspraxis mit SPSS* (2nd ed.). Stuttgart.

Van den Abeele, A., & Legrand, M. (2013). The Desirability to Develop Followership - a discussion on three perspective (Masterthesis). Linnaeus University, Vaxjö.

Van der Linden, W. J., & Glas, C. A. W. (2000). *Computerized adaptive testing: Theory and practice*. New York: Kluwer Academic Publishers.

Van Dick, R. (2004). *Commitment und Identifikation mit Organisationen. Praxis der Personalpsychologie: Vol. 5.* Göttingen: Hogrefe.

Van Dierendonck, D., & Nuijten, I. (2011). The Servant Leadership Survey: Development and Validation of a Multidimensional Measure. *Journal of Business and Psychology, 26*(3), 249–267. https://doi.org/10.1007/s10869-010-9194-1

Van Knippenberg, D., & van Schie, E. C. M. (2000). Foci and correlates of organizational identification. *Journal of Occupational and Organizational Psychology, 73*(2), 137–147. https://doi.org/10.1348/096317900166949

Van Knippenberg, D., & Hogg, M. A. (2003). A social identity model of leadership effectiveness in organizations. *Research in Organizational Behavior, 25*, 243–295. https://doi.org/10.1016/S0191-3085(03)25006-1

Van Vugt, M., Johnson, D., Kaiser, R., & O'Gorman, R. (2008). Evolution and the social psychology of leadership: The mismatch hypothesis. In J. B. Ciulla, C. Hoyt, A. Goethals, & D. Forsyth (Eds.), *Praeger. Leadership at the crossroads: Leadership and Psychology* (pp. 267–282). London: Praeger.

Van Vugt, M., & Kurzban, R. K. (2007). Cognitive and social adaptations for leadership and followership: Evolutionary game theory and group dynamics. In J. P. Forgas, M. G. Haselton, & W. v. Hippel (Eds.), *Sydney Symposium of Social Psychology series: v. 9. Evolution and the social mind: Evolutionary psychology and social cognition* (pp. 229–244). New York: Psychology Press.

Van Vugt, M. (2006). Evolutionary Origins of Leadership and Followership. *Personality and Social Psychology Review.* (Vol. 10, No. 4), 354–371.

Van Vugt, M. (2009). Despotism, democracy, and the evolutionary dynamics of leadership and followership. *American Psychologist, 64*(1), 54–56. https://doi.org/10.1037/a0014178

Van Vugt, M. (2012). The nature in leadership: Evolutionary, biological, and social neuroscience perspectives. In D. V. Day & J. Antonakis (Eds.), *The nature of leadership* (2nd ed., pp. 141–175). Thousand Oaks, Calif.: SAGE.

Van Vugt, M., & Ahuja, A. (2010). *Selected: Why some people lead, why others follow, and why it matters.* London: Profile Books.

Van Vugt, M., Hogan, R., & Kaiser, R. B. (2008). Leadership, followership, and evolution: some lessons from the past. *The American psychologist*, *63*(3), 182–196. https://doi.org/10.1037/0003-066X.63.3.182

Van Vugt, M., & Ronay, R. (2014). The evolutionary psychology of leadership: Theory, review, and roadmap. *Organizational Psychology Review*, *4*(1), 74–95. https://doi.org/10.1177/2041386613493635

Van Vugt, M., & Schaller, M. (2008). Evolutionary approaches to group dynamics: An introduction. *Group Dynamics: Theory, Research, and Practice*, *12*(1), 1–6. https://doi.org/10.1037/1089-2699.12.1.1

Vaughn, K. J., Eerkens, J. W., & Kantner, J. (Eds.). (2010). *The evolution of leadership: Transitions in decision making from small-scale to middle-range societies* (1st ed.). *School for Advanced Research advanced seminar series*. Santa Fe: School for Advanced Research Press.

Vroom, V. H., & Jago, A. G. (1988). *The new leadership: Managing participation in organizations*. Englewood Cliffs, N.J.: Prentice Hall.

Vroom, V. H., & Yetton, P. W. (1973). *Leadership and decision-making*. Pittsburg/ PA: University of Pittsburg Press.

Waldman, D. A., Galvin, B. M., & Walumbwa, F. O. (2013). The Development of Motivation to Lead and Leader Role Identity. *Journal of Leadership & Organizational Studies*, *20*(2), 156–168. https://doi.org/10.1177/1548051812457416

Ware, J. E., & Gandek, B. (1998). Methods for Testing Data Quality, Scaling Assumptions, and Reliability. *Journal of Clinical Epidemiology*, *51*(11), 945–952. https://doi.org/10.1016/S0895-4356(98)00085-7

Watson, J. B. (1924). *Behaviorism*. New York: Norton.

Weick, K. E. (1995). *Sensemaking in organizations. Foundations for organizational science*. Thousand Oaks: Sage Publications.

Weick, K. E. (2007). Romancing, following and sensemaking: James Meindl's Legacy. In J. R. Meindl & B. Shamir (Eds.), *Follower-centered perspectives on leadership: A tribute to the memory of James R. Meindl* (pp. 279–291). Greenwich, Conn.: IAP.

Weierter, S. J.M. (1997). Who wants to play "Follow the leader? A theory of charismatic relationships based on routinized charisma and follower characteristics. *The Leadership Quarterly*, *8*(2), 171–193. https://doi.org/10.1016/S1048-9843(97)90015-1

Whiteley, P., Sy, T., & Johnson, S. K. (2012). Leaders' conceptions of followers: Implications for naturally occurring Pygmalion effects. *The Leadership Quarterly*, *23*(5), 822–834. https://doi.org/10.1016/j.leaqua.2012.03.006

Williams, G. C. (1966). *Adaptation and natural selection: A critique of some current evolutionary thought. Princeton science library*. Princeton, N.J.: Princeton University Press.

Williams, L. J., & Anderson, S. E. (1991). Job Satisfaction and Organizational Commitment as Predictors of Organizational Citizenship and In-Role Behaviors. *Journal of Management*, *17*(3), 601–617. https://doi.org/10.1177/014920639101700305

Wilson, E. O. (1975). *Sociobiology: The new synthesis*. Cambridge: Harvard University Press.

Wofford, J. C., Goodwin, V. L., & Whittington, J.L. (1998). A field study of a cognitive approach to understanding transformational and transactional leadership. *The Leadership Quarterly*, *9*(1), 55–84. https://doi.org/10.1016/S1048-9843(98)90042-X

Wolf, B., & Priebe, M. (2003). *Wissenschaftstheoretische Richtungen* (3. Aufl.). *Forschung, Statistik & Methoden: Bd. 8*. Landau: Empirische Pädagogik e.V.

Wolfram, H.-J., & Mohr, G. (2004). *Führungsbeziehungsqualität Version MitarbeiterInnen*.

Wortman, M. S. (1982). Strategic Management and Changing Leader-Follower Roles. *The Journal of Applied Behavioral Science, 18*(3), 371–383. https://doi.org/10.1177/002188638201800310

Wright, G. H. v., Grewendorf, G., & Meggle, G. (1974). *Erklären und Verstehen. Fischer Athenäum Taschenbücher: 1002. Grundlagenforschung.* Frankfurt a.M.: Athenäum Fischer Taschenbuch.

Wuketits, F. M. (1988). *Evolutionstheorien: Historische Voraussetzungen, Positionen, Kritik. Dimensionen der modernen Biologie: Bd. 7.* Darmstadt: Wissenschaftliche Buchgesellschaft.

Wuketits, F. M. (2005). *Darwin und der Darwinismus* (Orig.-Ausg). *Beck'sche Reihe C.H.Beck Wissen: Vol. 2381.* München: Beck.

Yang, C., Ding, C. G., & Lo, K. W. (2016). Ethical Leadership and Multidimensional Organizational Citizenship Behaviors: The Mediating Effects of Self-Efficacy, Respect, and Leader-Member Exchange. *Group & Organization Management, 41*(3), 343–374. https://doi.org/10.1177/1059601115594973

Yukl, G. (2012). Effective Leadership Behavior: What We Know and What Questions Need More Attention. *Academy of Management Perspectives, 26*(4), 66–85. https://doi.org/10.5465/amp.2012.0088

Yukl, G., & van Fleet, D. D. (1992). Theory and research on leadership in organizations. In M. D. Dunnette & L. M. Hough (Eds.), *Handbook of industrial and organizational psychology* (2nd ed., pp. 147–197). Palo Alto, CA: Consulting Psychologists Press.

Yukl, G. A., & van Fleet, D. D. (1982). Cross-situational, multimethod research on military leader effectiveness. *Organizational Behavior and Human Performance, 30*(1), 87–108. https://doi.org/10.1016/0030-5073(82)90235-5

Yukl, G. A. (2006). *Leadership in organizations* (6th ed.). Upper Saddle River, NJ: Pearson/Prentice Hall.

Zahavi, A. (1995). Altruism as a Handicap: The Limitations of Kin Selection and Reciprocity. *Journal of Avian Biology, 26*(1), 1–3. https://doi.org/10.2307/3677205

Zahavi, A., & Zahavi, A. (1999). *The handicap principle: A missing piece of Darwin's puzzle* (New ed.). New York: Oxford University Press Inc, USA.

Zaleznik, A., & Kets de Vries, M. F. (1975). *Power and the corporate mind.* Boston: Houghton Mifflin.

Zaleznik, A. (1965). The Dynamics of Subordinacy. *Harvard Business Review, 43* (3), 119–131.

Zimbardo, P. G., Gerrig, R. J., & Graf, R. (2008). Psychologie. *Psychologie.*

Printed in Poland
by Amazon Fulfillment
Poland Sp. z o.o., Wrocław

73763385R00291